J. von Staudingers
Kommentar zum Bürgerlichen Gesetzbuch
mit Einführungsgesetz und Nebengesetzen
Buch 2 · Recht der Schuldverhältnisse
§§ 516–534
(Schenkungsrecht)

Kommentatorinnen und Kommentatoren

Dr. Christoph Althammer
Professor an der Universität Regensburg

Dr. Georg Annuß, LL.M., M.A.
Rechtsanwalt in München, Außerplanmäßiger Professor an der Universität Regensburg

Dr. Christian Armbrüster
Professor an der Freien Universität Berlin, Richter am Kammergericht a. D.

Dr. Arnd Arnold
Professor an der Universität Trier, Dipl.-Volksw.

Dr. Karin Arnold
Wiss. Mitarbeiterin an der Universität Tübingen

Dr. Markus Artz
Professor an der Universität Bielefeld

Dr. Martin Avenarius
Professor an der Universität zu Köln

Dr. Ivo Bach
Professor an der Universität Göttingen

Dr. Christian Baldus
Professor an der Universität Heidelberg

Dr. Wolfgang Baumann
Rechtsanwalt und Notar a. D. in Wuppertal, Professor an der Bergischen Universität Wuppertal

Dr. Winfried Bausback
Professor a. D. an der Bergischen Universität Wuppertal, bayerischer Staatsminister der Justiz a. D., Mitglied des Bayerischen Landtags

Dr. Oliver Becker
Notarassessor Notarkammer Pfalz

Dr. Roland Michael Beckmann
Professor an der Universität des Saarlandes, Saarbrücken

Dr. Andreas Bergmann
Professor an der Fernuniversität in Hagen

Dr. Falk Bernau
Richter am Bundesgerichtshof, Karlsruhe

Dr. Felix Berner, M. Jur.
Akad. Rat a. Z., Privatdozent an der Universität Tübingen

Dr. Martin Bialluch, LL.M.
Rechtsanwalt in Hamburg

Dr. Stephanie Bialluch-von Allwörden
Notarin in Hamburg

Dr. Marcus Bieder
Professor an der Universität Osnabrück

Dr. Werner Bienwald †
Professor an der Evangelischen Fachhochschule Hannover, Rechtsanwalt in Oldenburg

Dr. Tom Billing
Rechtsanwalt in Berlin

Dr. Reinhard Bork
Professor (em.) an der Universität Hamburg

Dr. Jan Busche
Professor an der Universität Düsseldorf

Dr. Georg Caspers
Professor an der Universität Erlangen-Nürnberg

Dr. Dr. h. c. Tiziana Chiusi
Professorin an der Universität des Saarlandes, Saarbrücken

Dr. Michael Coester, LL.M.
Professor an der Universität München

Dr. Dr. h. c. Dagmar Coester-Waltjen, LL.M.
Professorin an der Universität Göttingen

Dr. Johanna Croon-Gestefeld, LL.M.
Professorin an der Universität Lüneburg

Dr. Thomas Diehn, LL.M.
Notar in Hamburg, Lehrbeauftragter an der Universität Hamburg

Dr. Katrin Dobler
Richterin am Oberlandesgericht Stuttgart

Dr. Heinrich Dörner
Professor an der Universität Münster

Dr. Werner Dürbeck
Vorsitzender Richter am Oberlandesgericht Frankfurt a. M., Honorarprofessor an der Universität Frankfurt a. M.

Dr. Anatol Dutta, M. Jur.
Professor an der Universität München

Dr. Christina Eberl-Borges
Professorin an der Universität Mainz

Dr. Dres. h. c. Werner F. Ebke, LL.M.
Professor an der Universität Heidelberg

Dr. Jan Eickelberg, LL.M. †
Professor an der Hochschule für Wirtschaft und Recht, Berlin

Jost Emmerich
Richter am Oberlandesgericht München

Dr. Volker Emmerich
Professor an der Universität Bayreuth, Richter am Oberlandesgericht Nürnberg a. D.

Dr. Cornelia Feldmann
Rechtsanwältin in Freiburg i. Br.

Dr. Matthias Fervers
Professor an der Universität Kiel

Dr. Timo Fest, LL.M.
Professor an der Universität Erlangen-Nürnberg

Dr. Karl-Heinz Fezer
Professor em. an der Universität Konstanz, Honorarprofessor an der Universität Leipzig, Richter am Oberlandesgericht Stuttgart a. D.

Dr. Philipp S. Fischinger, LL.M.
Professor an der Universität Mannheim

Dr. Holger Fleischer
Direktor am Max-Planck-Institut für ausländisches und internationales Privatrecht in Hamburg, Professor an der Bucerius Law School, Hamburg

Dr. Robert Freitag, Maître en droit
Professor an der Universität Erlangen-Nürnberg

Dr. Jörg Fritzsche
Professor an der Universität Regensburg

Dr. Tobias Fröschle
Professor an der Universität Siegen

Dr. Susanne Lilian Gössl, LL.M.
Professorin an der Universität Bonn

Dr. Beate Gsell, Maître en droit
Professorin an der Universität München, Richterin am Oberlandesgericht München

Dr. Thomas Gutmann, M. A.
Professor an der Universität Münster

Dr. Martin Gutzeit
Professor an der Universität Gießen

Dr. Martin Häublein
Professor an der Universität Innsbruck

Dr. Johannes Hager
Professor an der Universität München

Dr. Felix Hartmann, LL.M.
Professor an der Freien Universität Berlin

Dr. Wolfgang Hau
Professor an der Universität München, Richter am Oberlandesgericht München a. D.

Dr. Rainer Hausmann
Professor an der Universität Konstanz

Dr. Stefan Heilmann
Vorsitzender Richter am Oberlandesgericht Frankfurt, Honorarprofessor an der Frankfurt University of Applied Sciences

Dr. Jan von Hein
Professor an der Universität Freiburg i. Br.

Dr. Jörn Heinemann
Notar a. D. in Neumarkt i.d. Opf., Professor an der Hochschule für Wirtschaft und Recht, Berlin

Dr. Christian Heinze
Professor an der Universität zu Köln

Dr. Stefan Heinze
Notar in Köln

Dr. Tobias Helms
Professor an der Universität Marburg

Dr. Silas Hengstberger, LL.B.
Wiss. Mitarbeiter an der Universität Mannheim

Dr. Dr. h. c. mult. Dieter Henrich
Professor an der Universität Regensburg

Dr. Carsten Herresthal, LL.M.
Professor an der Universität Regensburg

Christian Hertel, LL.M.
Notar in Weilheim i. OB.

Dr. Stephanie Herzog
Fachanwältin für Erbrecht in Würselen

Dr. Clemens Höpfner
Professor an der Universität zu Köln

Dr. Bernd von Hoffmann †
Professor an der Universität Trier

Dr. Rainer Hüttemann
Professor an der Universität Bonn

Dr. Martin Illmer, M. Jur.
Richter am Landgericht Hamburg, Privatdozent an der Bucerius Law School

Dr. Florian Jacoby
Professor an der Universität Bielefeld

Dr. Ulrich von Jeinsen
Rechtsanwalt und Notar in Hannover, Honorarprofessor an der Universität Hannover

Dr. Dagmar Kaiser †
Professorin an der Universität Mainz

Dr. Bernd Kannowski
Professor an der Universität Bayreuth

Dr. Christoph A. Kern, LL.M.
Professor an der Universität Heidelberg

Dr. Christian Kesseler
Notar in Düren, Honorarprofessor an der Universität Trier

Dr. Walter Klein
Rechtsanwalt in Köln

Dr. Fabian Klinck
Professor an der Universität Bochum

Dr. Frank Klinkhammer
Richter am Bundesgerichtshof a.D., Karlsruhe, Honorarprofessor an der Universität Marburg

Dr. Steffen Klumpp †
Professor an der Universität Erlangen-Nürnberg

Dr. Jürgen Kohler
Professor an der Universität Greifswald

Dr. Sebastian Kolbe
Professor an der Universität Bremen

Dr. Stefan Koos
Professor an der Universität der Bundeswehr München

Dr. Lena Kunz, LL.M.
Privatdozentin an der Universität Heidelberg

Dr. Steffen Kurth, LL.M.
Rechtsanwalt, Fachanwalt für Erbrecht, Notar und Fachberater für Unternehmensnachfolge (DStV e.V.) in Bielefeld

Dr. Friederike Lang
Richterin am Oberlandesgericht Celle

Dr. Clemens Latzel
Privatdozent an der Universität München

Dr. Arnold Lehmann-Richter
Professor an der Hochschule für Wirtschaft und Recht Berlin

Dr. Saskia Lettmaier, B.A., LL.M.
Professorin an der Universität Hamburg, Richterin am Schleswig-Holsteinischen Oberlandesgericht in Schleswig

Stefan Leupertz
Richter a. D. am Bundesgerichtshof, Honorarprofessor an der TU Dortmund

Dr. Johannes Liebrecht
Professor an der Universität Zürich

Dr. Jan Lieder, LL.M.
Professor an der Universität Freiburg i. Br., Richter am Schleswig-Holsteinischen Oberlandesgericht

Dr. Dimitrios Linardatos
Professor an der Universität des Saarlandes, Saarbrücken

Dr. Martin Löhnig
Professor an der Universität Regensburg

Dr. Dirk Looschelders
Professor an der Universität Düsseldorf

Dr. Stephan Lorenz
Professor an der Universität München

Dr. Sigrid Lorz
Professorin an der Universität Greifswald

Dr. Katharina Lugani
Professorin an der Universität Düsseldorf

Dr. Tobias Lutzi, LL.M., M.Jur.
Professor an der Universität Augsburg

Dr. Gerald Mäsch
Professor an der Universität Münster, Richter am Oberlandesgericht Hamm a. D.

Dr. Robert Magnus
Professor an der Universität Bayreuth

Dr. Ulrich Magnus
Professor an der Universität Hamburg, Affiliate des MPI für ausländisches und internationales Privatrecht, Hamburg, Richter am Hanseatischen Oberlandesgericht zu Hamburg a. D.

Dr. Mark Makowsky
Professor an der Universität Mannheim

Dr. Peter Mankowski †
Professor an der Universität Hamburg

Dr. Dr. h. c. Heinz-Peter Mansel
Professor an der Universität zu Köln

Dr. Peter Marburger †
Professor an der Universität Trier

Dr. Wolfgang Marotzke
Professor an der Universität Tübingen

Dr. Sebastian A. E. Martens
Professor an der Universität Passau

Dr. Dr. Dr. h. c. mult. Michael Martinek, M.C.J.
Professor an der Universität des Saarlandes, Saarbrücken, Honorarprofessor an der Universität Johannesburg, Südafrika

Dr. Annemarie Matusche-Beckmann
Professorin an und Vizepräsidentin der Universität des Saarlandes, Saarbrücken, Stellv. Richterin am Verfassungsgerichtshof des Saarlandes

Dr. Felix Maultzsch, LL.M.
Professor an der Universität Frankfurt a. M.

Dr. Johannes Meier
Akad. Rat a. Z. an der Universität Marburg

Dr. Patrick Meier
Notar in Bischofsheim i.d. Rhön, Privatdozent an der Universität Würzburg

Dr. Dr. Detlef Merten
Professor an der Deutschen Universität für Verwaltungswissenschaften Speyer

Dr. Tanja Mešina
Staatsanwältin, Stuttgart

Dr. Rudolf Meyer-Pritzl †
Professor an der Universität zu Kiel, Richter am Schleswig-Holsteinischen Oberlandesgericht in Schleswig

Dr. Morten Mittelstädt
Notar in Hamburg

Dr. Oliver Moufang
Rechtsanwalt in Frankfurt a. M., Honorarprofessor an der Hochschule Wiesbaden

Dr. Peter O. Mülbert
Professor an der Universität Mainz

Dr. Hans-Heinrich Nöll
Rechtsanwalt in Hamburg

Dr. Jürgen Oechsler
Professor an der Universität Mainz

Dr. Hartmut Oetker
Professor an der Universität zu Kiel, Richter am Thüringer Oberlandesgericht in Jena a. D.

Wolfgang Olshausen
Notar a. D. in Rain am Lech

Dr. Dirk Olzen
Professor an der Universität Düsseldorf

Dr. Sebastian Omlor, LL.M., LL.M.
Professor an der Universität Marburg

Dr. Gerhard Otte
Professor an der Universität Bielefeld

Dr. Frank Peters †
Professor an der Universität Hamburg, Richter am Hanseatischen Oberlandesgericht zu Hamburg a. D.

Dr. Christian Picker
Professor an der Universität Tübingen

Dr. Andreas Piekenbrock
Professor an der Universität Heidelberg

Dr. Jörg Pirrung †
Richter am Gericht erster Instanz der Europäischen Gemeinschaften i. R., Honorarprofessor an der Universität Trier

Dr. Paul Popescu
Rechtsanwalt in Köln

Dr. Maximilian Freiherr von Proff zu Irnich
Notar in Köln

Dr. Lukas Rademacher M.Jur.
Professor an der Universität zu Kiel

Dr. Thomas Raff
Notar in Ludwigshafen

Dr. Manfred Rapp †
Notar a. D., Landsberg am Lech

Dr. Dr. h.c. Dipl. math. Thomas Rauscher
Professor a. D. an der Universität Leipzig, Professor h.c. an der Eötvös Loránd Universität Budapest

Dr. Peter Rawert, LL.M.
Notar in Hamburg, Honorarprofessor an der Universität Kiel

Dr. Wolfgang Reetz
Notar in Köln

Eckhard Rehme
Vorsitzender Richter am Oberlandesgericht Oldenburg i. R.

Dr. Moritz Renner
Professor an der Universität Mannheim

Dr. Tilman Repgen
Professor an der Universität Hamburg

Dr. Robin Repnow, M.A.
Akademischer Mitarbeiter an der Universität Heidelberg

Dr. Bettina Rentsch, LL.M.
Professorin an der Freien Universität Berlin

Dr. Philipp Reuß, M.Jur.
Professor an der Universität Göttingen

Dr. Christoph Reymann, LL.M. Eur.
Notar in Landsberg am Lech, Professor an der Privaten Universität Liechtenstein

Dr. Reinhard Richardi
Professor an der Universität Regensburg, Präsident a. D. des Kirchlichen Arbeitsgerichtshofs der Deutschen Bischofskonferenz, Bonn

Dr. Volker Rieble
Professor an der Universität München, Direktor des Zentrums für Arbeitsbeziehungen und Arbeitsrecht

Dr. Daniel Rodi
Akad. Rat a. Z. an der Universität Heidelberg

Dr. Christian Rolfs
Professor an der Universität zu Köln

Dr. Dr. h. c. Herbert Roth
Professor an der Universität Regensburg

Dr. Ludwig Salgo
Apl. Professor an der Universität Frankfurt a. M.

Dr. Adam Sagan, M. Jur.
Professor an der Universität Bayreuth

Dr. Anne Sanders
Professorin an der Universität Bielefeld

Dr. Daniel Schäuble
Notar in Waldshut-Tiengen

Dr. Renate Schaub, LL.M.
Professorin an der Universität Bochum

Dr. Martin Josef Schermaier
Professor an der Universität Bonn

Dr. Gottfried Schiemann
Professor an der Universität Tübingen

Dr. Eberhard Schilken
Professor an der Universität Bonn

Dr. Martin Schmidt-Kessel
Professor an der Universität Bayreuth

Ulf Schönenberg-Wessel
Notar und Rechtsanwalt in Kiel

Dr. Günther Schotten
Notar a. D. in Köln, Honorarprofessor an der Universität Bielefeld

Dr. Andrea Schulz
Bundesministerium der Justiz und für Verbraucherschutz

Dr. Holger Schulz
Direktor des Amtsgerichts Meldorf

Dr. Roland Schwarze
Professor an der Universität Hannover

Dr. Andreas Schwennicke
Rechtsanwalt und Notar a. D. in Berlin

Dr. Stephan Seiwerth, LL.M.
Akademischer Rat a. Z., Privatdozent an der Universität zu Köln

Dr. Stephan Serr
Notar in Ochsenfurt

Dr. Reinhard Singer
Professor an der Humboldt-Universität Berlin, Richter am Oberlandesgericht Rostock a. D.

Dr. Stephanie Sittmann-Haury, M.M.
Wiss. Mitarbeiterin an der Universität Mainz

Dr. Martin Soutier
Notar in Roth

Dr. Dr. h. c. Ulrich Spellenberg
Professor an der Universität Bayreuth

Dr. Ansgar Staudinger
Professor an der Universität Bielefeld

Dr. Björn Steinrötter
Professor an der Universität Potsdam

Dr. Malte Stieper
Professor an der Universität Halle-Wittenberg

Dr. Markus Stoffels
Professor an der Universität Heidelberg

Dr. Benedikt Strauß
Notar in Illertissen

Dr. Michael Stürner, M. Jur.
Professor an der Universität Konstanz, Richter am Oberlandesgericht Karlsruhe

Dr. Felipe Temming, LL.M.
Professor an der Universität Hannover

Burkhard Thiele
Präsident des Oberlandesgerichts Rostock a. D., Präsident des Landesverfassungsgerichts Mecklenburg-Vorpommern a. D.

Dr. Christoph Thole
Professor an der Universität zu Köln

Dr. Karsten Thorn
Professor an der Bucerius Law School, Hamburg

Dr. Gregor Thüsing, LL.M.
Professor an der Universität Bonn

Dr. Madeleine Tolani, LL.M.
Professorin an der Hochschule Wismar

Dr. Johannes Ungerer, LL.M. oec.
Senior Research Lecturer in Law an der University of Oxford, Global Associate Professor of Law an der University of Notre Dame (USA) in England

Dr. Barbara Veit
Professorin an der Universität Göttingen

Dr. Bea Verschraegen, LL.M., M.E.M.
Professorin an der Universität Wien, adjunct professor an der Universität Macao

Dr. Klaus Vieweg
Professor an der Universität Erlangen-Nürnberg

Dr. A. Olrik Vogel
Rechtsanwalt in München

Dr. Markus Voltz
Notar in Offenburg

Dr. Reinhard Voppel
Rechtsanwalt in Köln

Dr. Rolf Wagner
Professor an der Universität Potsdam, Ministerialrat im Bundesjustizministerium

Dr. Christoph Andreas Weber
Privatdozent an der Universität München

Dr. Johannes Weber, LL.M.
Notarassessor, Geschäftsführer des Deutschen Notarinstituts, Würzburg

Gerd Weinreich
Vorsitzender Richter am Oberlandesgericht Oldenburg a. D., Rechtsanwalt in Oldenburg

Dr. Matthias Wendland, LL.M.
Professor an der Universität Oldenburg

Dr. Domenik H. Wendt, LL.M.
Professor an der Frankfurt University of Applied Sciences

Dr. Olaf Werner
Professor an der Universität Jena, Richter am Thüringer Oberlandesgericht Jena a. D.

Dr. Denise Wiedemann, LL.M.
Priv. Doz., Wiss. Referentin am Max-Planck-Institut für ausländisches und internationales Privatrecht, Hamburg

Dr. Daniel Wiegand, LL.M.
Rechtsanwalt in München

Dr. Wolfgang Wiegand †
Professor an der Universität Bern

Dr. Peter Winkler von Mohrenfels †
Professor an der Universität Rostock, Richter am Oberlandesgericht Rostock a. D.

Dr. Felix Wobst
Notar in Gerolzhofen

Heinz Wöstmann
Richter am Bundesgerichtshof, Karlsruhe

Dr. Luitpold Graf Wolffskeel von Reichenberg
Notar in Bamberg

Dr. Hans Wolfsteiner †
Notar a. D., Rechtsanwalt in München

Dr. Anton S. Zimmermann, B.Sc.
Professor an der Universität Heidelberg

Dagmar Zorn
Dipl.-Rechtspflegerin, Großbeeren

Redaktorinnen und Redaktoren

Dr. Christian Baldus
Dr. Christine Budzikiewicz
Dr. Dr. h. c. mult. Christian von Bar, FBA
Dr. Tobias Fröschle
Dr. Hans Christoph Grigoleit
Dr. Johannes Hager
Dr. Dr. h. c. mult. Dieter Henrich
Dr. Carsten Herresthal, LL.M.
Sebastian Herrler
Dr. Jürgen Kohler
Stefan Leupertz
Dr. Dr. h. c. Manfred Löwisch
Dr. Robert Magnus
Dr. Ulrich Magnus
Dr. Heinz-Peter Mansel
Dr. Peter O. Mülbert
Dr. Gerhard Otte
Dr. Thomas Raff
Dr. Volker Rieble
Dr. Christian Rolfs
Dr. Dr. h. c. Herbert Roth
Dr. Markus Stoffels
Dr. Barbara Veit

J. von Staudingers
Kommentar zum Bürgerlichen Gesetzbuch mit Einführungsgesetz und Nebengesetzen

Buch 2
Recht der Schuldverhältnisse
§§ 516–534
(Schenkungsrecht)

Neubearbeitung 2026
von
Tiziana J. Chiusi

Redaktor
Sebastian Herrler

ottoschmidt – **De Gruyter · Berlin**

Die Kommentatorinnen und Kommentatoren

Neubearbeitung 2026
TIZIANA J. CHIUSI

Neubearbeitung 2021
TIZIANA J. CHIUSI

Neubearbeitung 2013
TIZIANA J. CHIUSI

Neubearbeitung 2005
SUSANNE WIMMER-LEONHARDT

Dreizehnte Bearbeitung 1995
§§ 516–534: MATTHIAS CREMER

Sachregister

Dr. ANDREAS PICHLMEIER, Regensburg

Zitierweise

STAUDINGER/CHIUSI (2026) Vorbem 1 zu §§ 516–534
STAUDINGER/CHIUSI (2026) § 516 Rn 1

Zitiert wird nach Paragraph bzw Artikel und Randnummer.

Hinweise

Der **Staudinger ist online auf juris** abrufbar. Nähere Angaben dazu finden Sie auf www.staudinger-bgb.de.

Der **Stand der Bearbeitung** ist Januar 2026.

Am Ende eines jeden Bandes befindet sich eine Übersicht über den aktuellen Stand des Gesamtwerks STAUDINGER.

Die Deutsche Nationalbibliothek verzeichnet diese Publikation in der Deutschen Nationalbibliografie; detaillierte bibliografische Daten sind im Internet über http://dnb.dnb.de abrufbar.

ISBN 978-3-8059-0006-5

Satz: jürgen ullrich typosatz, Nördlingen.

Druck und Bindearbeiten: CPI books GmbH, Leck.

Umschlaggestaltung: Bib Wies, München.

♾ Gedruckt auf säurefreiem Papier, das die DIN ISO 9706 über Haltbarkeit erfüllt.

Fragen zur allgemeinen Produktsicherheit: productsafety@degruyterbrill.com

Inhaltsübersicht

* Zitiert wird nicht nach Seiten, sondern nach Paragraph bzw Artikel und Randnummer; siehe dazu auch „Zitierweise“.

Vorwort

Die letzte Bearbeitung des Schenkungsrechts in J. von Staudingers Kommentar zum Bürgerlichen Gesetzbuch liegt fast fünf Jahre zurück. Die neue Bearbeitung bringt die Kommentierung der §§ 516–534 BGB auf den neuesten Stand der Rechtsprechung und Literatur. Erstmals in Druckfassung enthalten ist die Kommentierung des § 516a BGB zum Verbrauchervertrag über die Schenkung digitaler Produkte, auch im Übrigen wurden die zwischenzeitlichen gesetzlichen Änderungen mit Bezügen zum Schenkungsrecht berücksichtigt, etwa die Reform des Vormundschafts- und Betreuungsrechts und das Gesetz zur Modernisierung des Personengesellschaftsrechts. Stand der Bearbeitung ist Januar 2026.

Wissenschaftlicher Schwerpunkt der Abhandlung ist weiterhin die dogmatische Erfassung des Schenkungsrechts nicht nur anhand der modernen Rechtsprechung und Literatur, sondern auch durch gebührende Berücksichtigung der rechtshistorischen und rechtsvergleichenden Perspektive. So werden in den Vorbemerkungen zu den §§ 516 ff BGB stellvertretend für die diversen Zweige der europäischen Rechtstradition die französische, italienische, österreichische, schweizerische und englische Rechtsordnung im Bereich des Schenkungsrechts erörtert; die Betrachtung der historischen und dogmatischen Wurzeln der gesetzlichen Strukturen bildet auch in dieser neuen Auflage eine notwendige Grundlage für das Verständnis der an späteren Stellen stattfindenden Diskussion der Normen.

Auf die vollständige Erfassung und Kommentierung der relevanten Rechtsprechung wurde auch in dieser neuen Bearbeitung großen Wert gelegt; die damit einhergehende dogmatische Durchdringung der Materie, die sowohl in den Vorbemerkungen als auch bei den einzelnen Paragraphen stattfindet, soll das vorliegende Werk für die Praxis wie die Wissenschaft gleichermaßen attraktiv machen.

Dem Redaktor des Bandes, Sebastian Herrler, gebührt mein Dank. Für die tatkräftige Unterstützung bei der Materialerfassung und Manuskriptkontrolle bin ich meinem Mitarbeiter Ass. jur. Dr. Tilman Sutor verpflichtet, dessen akribischer Einsatz unermüdlich und unersetzlich war. Für die sachkundige Unterstützung sei meinen Mitarbeitern Dipl. jur. Gerrit Hüls, Ass. jur. Daniela Mathis, MMag. Dr. Marlene Peinhopf, und Johannes Göddel, lic. en droit, herzlich gedankt. Ferner danke ich Dipl. jur. Marvin Hell, Dipl. jur. Florian Friedrichs sowie Julius Schäfer, Sandra Feit und Laura-Marie Kurz für die wertvolle Hilfe bei der redaktionellen Arbeit.

Questo libro è dedicato a Giuseppina „Pepita“ Isetta, pioniera ligure di Sardegna.

München/Costa Paradiso, im Januar 2026 — Tiziana J. Chiusi

Allgemeines Schrifttum

Das Sonderschrifttum ist zu Beginn der einzelnen Kommentierung bzw in den Fußnoten innerhalb der Kommentierung angeführt.

AUER-REINSDORFF/CONRAD, Handbuch IT- und Datenschutzrecht (3. Aufl 2019), § 12 bearb v KAST

Beck-OGK, Zivilrecht, §§ 516–534 BGB bearb v Harke (Stand 1.10.2025), §§ 2325–2332 BGB bearb v SCHINDLER (Stand 1.12.2025), § 1 WBVG bearb v DRASDO (Stand 1.10.2025)

Beck-OK, BGB (76. Edition 2025), §§ 516–534 bearb v GEHRLEIN

Beck'sches Handbuch der GmbH, Gesellschaftsrecht, Steuerrecht (6. Aufl 2021), § 7 bearb v PROTZ/KROME

BGB-RGRK, Band II, 2.Teil, §§ 414-610, Abzahlungsgesetz (12. Aufl 1978), §§ 516–534 bearb v MEZGER

BURANDT/ROJAHN, Erbrecht (4. Aufl 2022), § 14 HeimG bearb v MÜLLER-ENGELS

CROME, System des Deutschen Bürgerlichen Rechts II (1902)

EBENROTH/BOUJONG, Handelsgesetzbuch: Band 2, §§ 343–475h, Transportrecht, Bank- und Kapitalmarktrecht (5. Aufl 2024), BankR II – Wechselrecht bearb v HAKENBERG/ROCK

ENDEMANN, Lehrbuch des Bürgerlichen Rechts: Einführung in das Studium des Bürgerlichen Gesetzbuchs I, Einleitung, Allgemeiner Theil, Recht der Schuldverhältnisse (9. Aufl 1903)

ENNECCERUS, Lehrbuch des Bürgerlichen Rechts I (3. Aufl 1999)

ENNECCERUS/LEHMANN, Schuldrecht (15. Aufl 1958)

ENNECCERUS/NIPPERDEY, BGB AT I (15. Aufl 1959)

Erfurter Kommentar zum Arbeitsrecht (25. Aufl 2025), §§ 611–619a bearb v PREIS

ERMAN, Handkommentar zum Bürgerlichen Gesetzbuch (13. Aufl 2011), §§ 516–534 bearb v HERRMANN

ERMAN, Handkommentar zum Bürgerlichen Gesetzbuch (17. Aufl 2023), §§ 516–534 bearb v HÄHNCHEN; §§ 2371–2385 bearb v SIMON

ESSER/WEYERS, Schuldrecht Band II, Besonderer Teil 1 (8. Aufl 1998)

ESSER/WEYERS, Schuldrecht BT/1 (3. Aufl 1998)

HOPT, HGB (44. Aufl 2025), §§ 123–130b bearb v ROTH

FISCHER, Strafgesetzbuch: StGB und Nebengesetze (72. Aufl 2025)

FISCHER/PAHLKE/WACHTER, Haufe Erbschaft- und Schenkungssteuergesetz Kommentar (8. Aufl 2023), § 7 bearb v FISCHER

FLUME, Allgemeiner Teil des bürgerlichen Rechts II, Das Rechtsgeschäft (4. Aufl 1992)

GRÜNEBERG, Bürgerliches Gesetzbuch (85. Aufl 2026), §§ 516–534 bearb v Weidenkaff, §§ 1616–1921 bearb v Götz, §§ 1922–2385 bearb v Weidlich

HECK, Grundriss des Schuldrechts (1929)

Hk-BGB (12. Aufl 2024), §§ 516–534 bearb v SAENGER

JAEGER/HENCKEL, Konkursordnung Großkommentar, Band 4, §§ 29–42 (9. Aufl 1990), § 31 bearb v HENCKEL

JAEGER/METZGER, Open Source Software (5. Aufl 2020)

JAUERNIG, Bürgerliches Gesetzbuch (19. Aufl 2023), §§ 516–534, §§ 598–651 bearb v MANSEL, §§ 854–1296 bearb v BERGER

juris PraxisKommentar BGB (10. Aufl 2023), §§ 516–534 bearb v LINSLER

KASER, Das Römische Privatrecht (2. Aufl 1971)

KAYSER/THOLE, Heidelberger Kommentar zur Insolvenzordnung (11. Aufl 2023), § 129–134 InsO bearb v THOLE

KINDL/MELLER-HANNIG, Zwangsvollstreckungsrecht (4. Aufl 2021), §§ 1–20 AnfG bearb v HAERTLEIN

KOEPPEN, Das negotium mixtum cum donatione nach Pandektenrecht und Reichsgesetzen (1901)

LACKNER/KÜHL/HEGER, Strafgesetzbuch (31. Aufl 2025), §§ 331–358 bearb v HEGER

LARENZ, Schuldrecht BT II/1 (13. Aufl 1986)
LARENZ/CANARIS, Schuldrecht BT II/2 (13. Aufl 1994)
LOOSE, Erbschaftsteuer (6. Aufl 2025)
MARTINEK, Moderne Vertragstypen I (1991)
DÜRIG/HERZOG/SCHOLZ, Grundgesetz (108. EL 2025), Art 14 bearb v PAPIER/SHIRVANI
MEDICUS/PETERSEN, Bürgerliches Recht (30. Aufl 2025)
MEINCKE/HANNES/HOLTZ, ErbStG (19. Aufl 2025)
MünchKomm, Band 1: Allgemeiner Teil: §§ 1–240a, AllgPersönlR, StiftRG, ProstG, AGG (10. Aufl 2025), §§ 139–157 bearb v BUSCHE, §§ 158–163 bearb v WIETFELD
MünchKomm, Band 3: Schuldrecht Allgemeiner Teil II: §§ 311–432 (10. Aufl 2025), §§ 328–345 bearb v GOTTWALD, §§ 387–397 bearb v DERSTADT
MünchKommBGB, Band 3: Schuldrecht Besonderer Teil I §§ 433–610, Finanzierungsleasing, HeizkostenV, BetriebskostenV, CISG (4. Aufl 2004), §§ 516–543 bearb v KOLLHOSSER
MünchKommBGB, Band 4/2: Schuldrecht Besonderer Teil I/2 §§ 481–534, Finanzierungsleasing (9. Aufl 2023), §§ 516–534 bearb v KOCH
MünchKommBGB, Band 7: Schuldrecht Besonderer Teil IV §§ 705–853, Partnerschaftsgesellschaftsgesetz, Produkthaftungsgesetz (9. Aufl 2024), §§ 705–740c bearb v SCHÄFER, §§ 812–822 bearb v SCHWAB
MünchKommBGB, Band 8: Sachenrecht §§ 854–1296, Wohnungseigentumsgesetz, Erbbaurechtsgesetz (9. Aufl 2023), §§ 987–1007 bearb v RAFF
MünchKommBGB, Band 9: Familienrecht I §§ 1297–1588, Versorgungsausgleichsgesetz, Gewaltschutzgesetz, Lebenspartnerschaftsgesetz (10. Aufl 2025), §§ 1363–1390 bearb v E. KOCH
MünchKommBGB, Band 11: Erbrecht §§ 1922–2385, BeurkG §§ 27–35 (9. Aufl 2022), §§ 2265–2302 bearb v MUSIELAK
MünchKommBGB, Band 11: Erbrecht §§ 1922–2385, BeurkG §§ 27–35 (10. Aufl 2026), §§ 2287, 2288 bearb v BROCKMÖLLER, §§ 2289–2302 bearb v RUST, §§ 2303–2338 bearb v LANGE, §§ 2371–2385 bearb v KARCZEWSKI
MünchKomm InsO, Band 2: §§ 80–216 (5. Aufl 2025), §§ 129–134 bearb v FREUDENBERG, §§ 139–147 bearb v PIEKENBROCK
MünchKommAktG, Band 1, §§ 1–75 (6. Aufl 2024), §§ 68–70 bearb v BAYER
MünchKommHGB, Band 3: Zweites Buch. Handelsgesellschaften und stille Gesellschaft §§ 161–237 (4. Aufl 2019), §§ 171–237 bearb v SCHMIDT
MünchKommHGB, Band 5: Viertes Buch. Handelsgeschäfte. Erster Abschnitt. Allgemeine Vorschriften. Zweiter Abschnitt. Handelskauf. Dritter Abschnitt. Kommissionsgeschäft. §§ 343–406, CISG (6. Aufl 2025), §§ 343–354 bearb v MAULTZSCH
MünchKommZPO, Band 1: §§ 1–354 (7. Aufl 2025), §§ 279–299a bearb v PRÜTTING
MünchKommStGB, Band 5: §§ 263–297 (5. Aufl 2025), § 263 bearb v HEFENDEHL
MünchKommStGB, Band 6, §§ 298–358 (4. Auflage 2022), §§ 331–338 bearb v KORTE
MünchKommVVG, Band 2: §§ 100–216 (3. Aufl 2024), §§ 152–160 bearb v HEISS
MUSIELAK/VOIT Kommentar zur Zivilprozessordnung: ZPO (22. Aufl 2025) §§ 371–494a bearb v RÖSS
NERLICH/RÖMERMANN, InsO (49. EL 2024), §§ 129–147 bearb v NERLICH
NEUNER, Allgemeiner Teil des Bürgerlichen Rechts (13. Aufl 2023)
NK-StGB (6. Auflage 2023), §§ 263–263a bearb v KINDHÄUSER, §§ 331–345 bearb v KUHLEN
OECHSLER, Vertragliche Schuldverhältnisse (2. Aufl 2017)
OERTMANN, Recht der Schuldverhältnisse II (5. Aufl 1929)
Planck, Kommentar zum Bürgerlichen Gesetzbuch (4. Aufl 1928), §§ 516–534 bearb v KNOKE
PRÜTTING/WEGEN/WEINREICH, BGB Kommentar (20. Aufl 2026), §§ 516–534 bearb v STÜRNER
SAVIGNY, System des heutigen römischen Rechts, Band 3 (1840) ders, System des heutigen römischen Rechts, Band 4 (1841)
SCHMIDT, Gesellschaftsrecht (4. Aufl 2002)
SCHULTE/BIRNBAUM, Erbschaftsteuerrecht (3. Aufl 2022)
SOERGEL, Bürgerliches Gesetzbuch, Band 4/1, Schuldrecht III/1, §§ 516–651 (12. Aufl 1997), §§ 516–534 bearb v MÜHL/TEICHMANN

Soergel/Eckert, Bürgerliches Gesetzbuch, Band 5/3, Schuldrecht 3/3 §§ 328–432 (13. Aufl 2010) §§ 328–335 bearb v Hadding

Soergel/Eckert, Bürgerliches Gesetzbuch, Band 7, Schuldrecht 5, §§ 481–534 (13. Aufl 2014), §§ 516–534 bearb v Eckert

Staudinger BGB, §§ 80–89, Stiftungsrecht (2017), §§ 80–89 bearb v Hüttemann/Rawert

Staudinger BGB, §§ 90–124, §§ 130–133 Sachbegriff, Geschäftsfähigkeit, Willenserklärung, Anfechtung, Auslegung (2021), §§ 116–124 bearb v Singer

Staudinger BGB, §§ 134–138; ProstG, Gesetzliches Verbot, Verfügungsverbot, Sittenwidrigkeit (2024), bearb v Fischinger/Hengstenberger

Staudinger BGB, §§ 139–163 Teilnichtigkeit, Anfechtung, Vertrag, Bedingung und Zeitbestimmung (2025), §§ 139–144 bearb v Roth, §§ 145–156, §§ 158–163 bearb v Bork

Staudinger BGB, §§ 241–243, Treu und Glauben (2024), §§ 241–241a bearb v Olzen, § 242 bearb v Looschelders/Olzen

Staudinger BGB, §§ 255–304, Leistungsstörungsrecht 1 (2025), §§ 255–304 bearb v Feldmann

Staudinger BGB, §§ 311, 311a–c, Vertragsschluss (2023), §§ 311–311a bearb v Feldmann

Staudinger BGB, §§ 328–345 Vertrag zugunsten Dritter, Draufgabe, Vertragsstrafe (2020), §§ 328–335 bearb v Klumpp, §§ 336–345 bearb v Rieble

Staudinger BGB, §§ 397–432, Erlass, Abtretung, Schuldübernahme, Mehrheit von Schuldnern und Gläubigern (2022), § 397 bearb v Rieble, §§ 398–413 bearb v Busche

Staudinger BGB, §§ 433–480, Kaufrecht (2023), §§ 437–441 bearb v Bach

Staudinger BGB, §§ 611–613, Dienstvertrag und Arbeitsvertrag (2025), §§ 611a–613 bearb v Fischinger

Staudinger BGB, §§ 779–811, Vergleich, Schuldversprechen, Anweisung, Schuldverschreibung (2015), §§ 779–811 bearb v Marburger

Staudinger BGB, §§ 812–822, Ungerechtfertigte Bereicherung (2007), §§ 812–822 bearb v Lorenz

Staudinger BGB, §§ 985–1011 Eigentumsschutz und Eigentümer-Besitzer-Verhältnis (2023), §§ 985–1011 bearb v Thole

Staudinger BGB, Übersicht §§ 1297–1352, Anh zu §§ 1297 ff, Verlöbnis, Eheschließung, Aufhebung, Faktische Lebensgemeinschaft (2023), §§ 1297–1312 bearb v Löhnig

Staudinger BGB, §§ 1601–1615n, Unterhaltspflicht (2022), §§ 1601–1615n bearb v Klinkhammer

Staudinger BGB, §§ 1616–1624, Kindesname, Eltern-Kind-Verhältnis (2020), §§ 1616–1625 bearb v Lugani

Staudinger BGB, §§ 2064–2196 Testament, Erbeinsetzung, Vermächtnis, Auflage (2019), §§ 2064–2099 bearb v Otte, §§ 2100–2146 bearb v Avenarius

Staudinger BGB, §§ 2197–2228, Testament 2, Testamentsvollstreckung (2021), §§ 2197–2228 bearb v Dutta

Staudinger BGB, §§ 2229–2302, Errichtung und Aufhebung eines Testaments, Gemeinschaftliches Testament, Erbvertrag (2022), §§ 2265–2302 bearb v Raff

Staudinger BGB, §§ 2303–2345, Pflichtteil, Erbunwürdigkeit (2021), bearb v Herzog

Staudinger BGB, §§ 2303–2345, Pflichtteil, Erbunwürdigkeit (2015) bearb v Herzog), §§ 2325–2345 bearb v Olshausen

Staudinger BGB, §§ 2346–2385, Erbverzicht, Erbschein, Erbschaftskauf (2016), §§ 2371–2385 bearb v Olshausen

Studienkommentar zum BGB, 1.–3. Buch (1–1296), Schenkungsrecht bearb v Lüderitz

Thomas/Putzo, Zivilprozessordnung: ZPO, FamFG Verfahren in Familiensachen, GVG, Einführungsgesetze, EU-Zivilverfahrensrecht, (46. Aufl 2025), §§ 253–322 bearb v Seiler

Tiedtke, ErbStG (2009), Einl bearb v Tiedtke, § 7 bearb v Holthusen/Burgmann

Tipke/Lang, Steuerrecht (25. Aufl 2024) §§ 3, 8 bearb v Hey, § 5 bearb v Englisch, § 21 bearb v Seer

Troll/Gebel/Jülicher/Gottschalk, ErbStG (69. Aufl 2024) Einf bearb v Gottschalk, §§ 7, 10, 20 bearb v Gebel, §§ 3–6, §§ 8–9 bearb v Gottschalk, § 12 bearb v Gebel/Jülicher, §§ 14–19a, §§ 26–37a bearb v Jülicher

Tübinger Kommentar Strafgesetzbuch (31. Aufl 2025), §§ 263–266b bearb v Perron), §§ 331–338 bearb v Eisele

Uhlenbruck, InsO (16. Aufl 2025), Insolvenzanfechtung §§ 129–147 bearb v Borries/Huber/Hirte

vTuhr, Der Allgemeine Teil des Deutschen Bürgerlichen Rechts, Band 1, Allgemeine Lehren und Personenrecht (1910)

ders, Der Allgemeine Teil des Deutschen Bürgerlichen Rechts, Band 2, 2. Hälfte (1918)

Viskorf/Schuck/Wälzholz, Erbschaftsteuer- und Schenkungsteuergesetz, Bewertungsgesetz (Auszug) (7. Aufl 2023), Einf v Viskorf, § 3 ErbStG §§ 95–109 BewG bearb v Wälzholz §§ 7–11 ErbStG bearb v Schuck, §§ 157, 176–198 BewG bearb v Bock, § 12 ErbStG bearb v Hofmann, § 13a ErbStG bearb v Löcherbach, §§ 13b–c ErbStG, § 11 BewG bearb v Viskorf

Wellenhofer, Familienrecht (7. Aufl 2023)

Windbichler/Bachmann, Gesellschaftsrecht (25. Aufl 2024)

Windscheid/Kipp, Pandektenrecht (9. Aufl 1906)

Zeuner, Die Anfechtung in der Insolvenz, Ein Handbuch – unter Einbezug des AnfG 1999 (2. Aufl 2007)

Zöller, Zivilprozessordnung (35. Aufl 2024), Verfahren bis zum Urteil §§ 230–347 bearb v Greger.

Titel 4
Schenkung

Vorbemerkungen zu §§ 516–534

Schrifttum

Abel, Die Qualifikation der Schenkung (1997)
Archi, in: Enciclopedia del diritto XIII (1964) sv donazione (dir rom)
ders, La donazione. Corso di diritto romano (1960)
Atiyah, Essays on Contract (1995)
Baier, Das Traditionsprinzip bei der Übereignung beweglicher Sachen, ÖJZ 1971, 421
Bellomo, in: Enciclopedia del diritto XIII (1964) sv donazione (dir interm)
Bekker, System des heutigen Pandektenrechts II (1886)
Benöhr, Die Schenkung: Eine Skizze zur BGB-Gesetzgebung, in: Muscheler/Zimmermann, Zivilrecht und Steuerrecht, Erwerb von Todes wegen und Schenkung. Festschrift für J. P. Meincke zum 80. Geburtstag (2015) 49
vBernstorff, Einführung in das englische Recht (5. Aufl 2018)
Bianca, Diritto Civile III, Il Contratto (2. Aufl 2000)
Biondi, Le donazioni, in: Vassalli, Trattato di Diritto Civile Italiano XII t. IV (1961)
Brauneder, Österreichs Allgemeines Bürgerliches Gesetzbuch (ABGB), Eine europäische Privatrechtskodifikation Band 1, Entstehung und Entwicklung des ABGB bis 1900 (2014)
Brinz, Lehrbuch der Pandekten IV (2. Aufl 1892)
Bucher, Der Einfluss des französischen Code Civil auf das Obligationsrecht, in: Caroni, Das Obligationsrecht 1883–1983 (1984)
ders, Hundert Jahre schweizerisches Obligationsrecht: Wo stehen wir heute im Vertragsrecht, ZSR 1983 II, 251
ders, Obligationsrecht Besonderer Teil (3. Aufl 1988)
vBüren, Schweizerisches Obligationsrecht Besonderer Teil (1972)
Buongiorno, Il divieto di donazione fra coniugi nell'esperienza giuridica romana. I. Origini e profili del dibattito giurisprudenziale fra tarda repubblica ed età antonina (2018)
Bydlinski, Die Formpflicht bei der Schenkung ohne wirkliche Übergabe (§ 1 Abs 1 lit d NZwG), NZ 1991, 166
F Bydlinski, Die rechtsgeschäftlichen Voraussetzungen der Eigentumsübertragung nach österreichischem Recht, in: FS Karl Larenz (1973) 1022
P Bydlinski, Die Notariatsaktspflicht 1850 und heute, NZ 1990, 289
P Bydlinski/Perner/Spitzer, Kommentar zum ABGB (7. Aufl 2023)
Caroni, Der „demokratische" code unique von 1881, in Caroni, Das Obligationsrecht 1883–1983 (1984)
Casulli, in: Enciclopedia del diritto XIII (1964) sv donazione (dir civ)
Cataudella, La donazione mista (1970)
Cavin, Kauf, Tausch und Schenkung, in: Vischer, Obligationsrecht – Besondere Vertragsverhältnisse VII/1, 1
Chaix, La donation entre époux et par les époux, in: Baddeley, Planification du patrimoine: Journée de droit civil en l'honneur du professeur Andreas Bucher (2009)
Chiusi, Archaismen und „Wiederkehrungen" im Schenkungsrecht, IVRA 60 (2012) 234
dies, Die Heilung formnichtiger Schenkungen. Ein rechtsvergleichender Überblick, in: Arzu/Selin/Zehra/Vehbi Umut, Ankara Üniversitesi Hukuk 90. Kuruluş Yildönümü Armağani [Festschrift zum 90-jährigen Jubiläum der

Rechtswissenschaftlichen Fakultät der Universität Ankara] (2017) 353
dies, Auswirkungen des Abstraktionsprinzips auf die Formvorschriften des Schenkungsrechts, in: Revista de stiinte juridice, 2 (2016) 38–48
Cian/Trabucchi, Commentario breve al Codice civile (16. Aufl 2024)
Coing, Europäisches Privatrecht I (1985)
Deixler-Hübner, Schenkungswiderruf wegen groben Undanks nach Auflösung der Lebensgemeinschaft, iFamZ 2017, 101
Diamond, When is a gift …?, The Modern Law Review, 27 no 3 (1964) 357
Domat, Les lois civiles I.X, in: Remy, Oeuvres I (1835)
Dusil, Der verarmte Schenker – ein unlösbares Problem im Schweizer Recht?, RabelsZ 82, 31
Emmenegger, Schenkung und Gutglaubensschutz, in: FS Bruno Huwiler (2007) 219
Faber, Praxisfragen zum „Schenkungswiderruf" wegen Dürftigkeit des Geschenkgebers (§ 947 ABGB), ÖJZ 2019, 53
Farnsworth, Promises to make gifts, The American Journal of Comparative Law, vol 43, no 3 (1995) 359
Ferid/Sonnenberger, Das französische Zivilrecht II (2. Aufl 1986)
Francke, Entwurf eines allgemeinen deutschen Gesetzes über Schuldverhältnisse (1866)
Frank, Die Reform des Erbrechts in Frankreich – insbesondere – die neuen Rechte des überlebenden Ehegatten – Ein erster Überblick, RNotZ 2002, 270
Gauch/Schluep/Schmid, Schweizerisches Obligationsrecht Allgemeiner Teil (11. Aufl 2020)
Gauye, Eugen Huber und das deutsche bürgerliche Gesetzbuch, ZSR 1961 I, 63
Geiser/Fountoulakis, Basler Kommentar Zivilgesetzbuch I Art 1–456 ZGB (7. Aufl 2022)
Genovese, Mortis causa capitur. Di una speciale categoria di acquisti patrimoniali (2011)
Giller/Binder, Die wirkliche Übergabe geschenkter Liegenschaften – steht eine Judikaturwende bevor?, EF-Z 2015, 106
Gmür, Das schweizerische Zivilgesetzbuch verglichen mit dem deutschen bürgerlichen Gesetzbuch (1965)
Gnan, Das französische Ehegattenerbrecht bei der Vererbung einer Immobilie, ZEV 2008, 421
Gygi, Die Verfassungsgrundlagen des Schweizerischen Obligationsrechts, in: Caroni, Das Obligationsrecht 1883–1983 (1984)
Hackl, Dingliche oder obligatorische Wirkung der Vertragsaufhebung bei Irrtum, Rücktritt und Wandlung?, ÖJZ 1977, 533
Hamson, The reform of consideration, L.Q.Rev. 54 (1938) 233
Hausheer, Schuldrechtliche Rechtsgeschäfte und familienrechtliche Leistungen unter Ehegatten, insbesondere unbenannte Zuwendungen und ehebezogene Arbeitsleistungen in rechtsvergleichender Sicht, in: FS Dieter Henrich (2000) 219
Herresthal/Magnus/Stoffels, Staudinger – Eckpfeiler des Zivilrechts (9. Aufl 2024)
Hofmann, Der Anspruch auf Auskunft über Schenkungen nach den ErbRÄG 2015, NZ 2019, 322
Honsell, Schweizerisches Obligationsrecht Besonderer Teil, (10. Aufl 2017)
Huguenin, Obligationsrecht Allgemeiner und Besonderer Teil (3. Aufl 2019)
Kaser, Das Römische Privatrecht I (2. Aufl 1971) und II (2. Aufl 1975)
Kaufmann, Das Schweizerische Obligationsrecht und Eugen Huber, in: Caroni, Das Obligationsrecht 1883–1983 (1984) 69
Keinert, Schenkung auf den Todesfall (2015)
Keller, Pandekten I (2. Aufl 1866)
Klein-Bruckschwaiger, 150 Jahre österreichisches ABGB, JZ 1963, 739
Kleňová, Zuwendungen einer zur Mitgift bestimmten Sache (zugleich zur Schenkung unter Auflage), Societas et Iurisprudentia 4 (2019) 63
dies, Die Schenkung unter Auflage im römischen Recht (2023)
Klima, Die Reform des Erbrechts und der Vermögensübertragung in Frankreich, ZEV 2006, 440
Knellwolf, Zur Wirkung des Rücktrittes, ZSR 1990 I, 389
Kötz, Europäisches Vertragsrecht (2. Aufl 2015)
Koller, Schweizerisches Obligationsrecht Allgemeiner Teil (5. Aufl 2023)
Koziol/Bydlinski/Bollenberger, ABGB Kurzkommentar (5. Aufl 2017)
Kramer, Die Lebenskraft des schweizerischen Obligationsrecht (Gedanken zur Hundertjahr-

feier des aOR aus Anlass des Erscheinens einer Jubiläumsschrift), ZSR 1983 I 241
vKübel/Börner, Die Vorlagen der Redaktoren für die erste Kommission zur Ausarbeitung des Entwurfs eines Bürgerlichen Gesetzbuches. Recht der Schulverhältnisse II (1980), hrsg v Schubert
Kuhn/Rohlfing, Die Lebensversicherung im Erbrecht, ErbR 2006, 11
Kulka, Unentgeltlichkeit und Freigebigkeit, ÖJZ 1969, 477
Liedermann, Die „wirkliche Übergabe" im Schenkungsrecht, NZ 2011, 321
Liver, Das schweizerische Zivilgesetzbuch Kodifikation und Rechtswissenschaft, ZSR 1961 II, 193
Löffler, Ehegattenschenkungen und ihre Rückgängigmachung nach deutschem und französischem Recht (1987)
Lorenz, Entgeltliche und unentgeltliche Geschäfte. Eine vergleichende Betrachtung des deutschen und des anglo-amerikanischen Rechts, in: FS Max Rheinstein II (1969) 547
Malaurie/Brenner, Droit des successions et des libéralités (11. Aufl 2024)
Markesinis, Cause and consideration: a study in parallel, Cambridge Law Journal 37 (1978) 53
Meier, Der Widerruf von Schenkungen im schweizerischen Recht (1958)
Meyerfeld, Die Lehre von den Schenkungen nach römischen Recht I (1835)
Misera, Der Bereicherungsgedanke bei der Schenkung unter Ehegatten (1974)
ders, Die Drittwirkung des Schenkungsverbots unter Ehegatten. Erstreckung auf Hausverbände und Sklaven, ZRG Rom Abt 93 (1976) 33
ders, Ulp. D. 33 ad Sab. D. 24.1.32.14: Ein Juwel überlieferter klassischer Entscheidungsfindung, The Irish Jurist 25–27 (1990) 334
Möri, Durchführung der Herabsetzung nach Art 532 ZGB, insbesondere bei gewöhnlichen Schenkungen, Schenkungsversprechen und frei widerruflichen Schenkungen, AJP 2016, 803
Mugdan, Die gesammten Materialien zum Bürgerlichen Gesetzbuch für das Deutsche Reich II (1899)
F Müller, Formnichtigkeit am Maßstab der Verhältnismäßigkeit: Die Zwecke der verletzten Formvorschriften als objektive Grenze des Formzwangs im deutschen Vertragsrecht (2019)
K H Müller, Zur Problematik der Abgrenzung von Rechtsgeschäften unter Lebenden und von Todes wegen (1973)
Oberhummer, Die Schenkung auf den Todesfall – kein Zwitter, NZ 2008, 129
Ofner, Der Ur-Entwurf und die Berathungs-Protokolle des Österreichischen Allgemeinen Bürgerlichen Gesetzbuches, Band I und II (1976)
Palazzo, I singoli contratti II, Atti gratuiti e donazioni, in: Sacco, Trattato di Diritto Civile (2000)
Parapatitis/Perner, Die Neuregelung der Geschäftsfähigkeit im 2. Erwachsenenschutzgesetz, iFamZ Juni 2017, 160
Pfeifer, Causa als Erwerbsvoraussetzung, in: Handbuch des Römischen Privatrechts Band I (2023) 1145
Pothier, Traité des donations entre-vifs, Oeuvres XI (1819)
Pringsheim, Animus donandi, ZRG Rom Abt 42 (1921) 273
Puchta, Cursus der Institutionen I (9. Aufl 1881)
ders, Pandekten (12. Aufl 1877)
ders, System des gemeinen Civilrechts (1832)
E Rabel, Einige bemerkenswerte Neuheiten im Schweizerischen Zivilgesetzbuch, Allgemeine Österreichische Gerichtszeitung 1911, 161–168, abgedruckt in: Rabel, Gesammelte Aufsätze I (1965) 268
ders, Bürgerliches Gesetzbuch und Schweizerisches Zivilgesetzbuch, DJZ 15, 26–30 abgedruckt in: Rabel, Gesammelte Aufsätze I (1965) 141
C Rabl, Schenkung im gemeinsamen Haushalt, NZ 2015, 169
Reiff, Die Dogmatik der Schenkung unter Nießbrauchsvorbehalt und ihre Auswirkungen auf die Ergänzung des Pflichtteils und die Schenkungsteuer (1989)
Rescigno, Trattato di diritto privato VI (2. Aufl 1997)
Riedler, Studien zum Reformbedarf der §§ 938 bis 1001 ABGB aus Anlass des 200-jährigen Jubiläums des ABGB im Jahr 2011, ÖJZ 2008, 624
Rothenfluh, Zur Abgrenzung der Verfügung

von Todes wegen von den Rechtsgeschäften unter Lebenden (1984)
Rüger, Die donatio mortis causa im klassischen römischen Recht (2011)
Rummel, Kommentar zum Allgemeinen bürgerlichen Gesetzbuch (4. Aufl 2014)
ders, Kommentar zum Allgemeinen bürgerlichen Gesetzbuch (3. Aufl 2000)
Rusch, Schenkung und Verantwortung, AJP 2017, 1188
ders, Schenkungsversprechen und Form, AJP 2016, 431
Rusch/Bornhauser, Schenkung und Beweis, AJP 2013, 1135
Sacco, Il Contratto, in: Vassalli, Trattato di Diritto Civile Italiano VI t. II (1975)
Sacco/De Nova, Il Contratto (4. Aufl 2016)
Scevola, Archeologia e genealogia della donatio ex solo cogitatione mortalitatis, in: Reinoso Barbero, Principios generales del derecho. Antecedentes históricos y horizonte actual (2014) 299
Schauer, Zur Formpflicht der Vollmacht bei der Schenkung, NZ 1984, 185
Schwimann/Neumayr, ABGB – Taschenkommentar (6. Aufl 2024)
Siber, Confirmatio donationis, ZRG Rom Abt 53 (1937) 99
Smith, The Law of Contract – Alive or Dead?, The Law Teacher 13 (1979) 73
Sokołowski, Die gemischte Schenkung. Eine rechtsdogmatische und rechtsvergleichende Analyse (2013)
Stagl, Die Ratio des Schenkungsverbotes unter Ehegatten, TR 85 (2017) 141
Stefula/Thunart, Der Motivirrtum beim Rechtsgeschäft unter Lebenden zugleich ein Beitrag zur Auslegung des § 572 ABGB, NZ 2002, 193
Stober, Der deutsch-schweizerische Erbfall (2009)
Sutor, Billigkeitsansprüche und Vermögensauseinandersetzung bei Scheidung der Ehe im deutschen und schweizerischen Recht (2024)
Terré/Lequette/Gaudemet, Droit civil. Les successions, les libéralités (4. Aufl 2013)
vThur, Bemerkungen zur Schenkungslehre des schweiz. Obligationsrechts, SJZ 1921/22, 201
Torrente/Schlesinger, Manuale di diritto privato (26. Aufl 2023)
Treitel/Peel, The law of contract (16. Aufl 2025)
Vangerow, Lehrbuch der Pandekten I (7. Aufl 1876)
Wacke, Donner et retenir ne vaut: Kein Schenkungsvollzug ohne Aushändigung, AcP 201 (2001) 256
ders, Donatio non praesumitur, AcP 1991, 1
Welser/Kletečka, Grundriss des bürgerlichen Rechts, Band I (15. Aufl 2018)
Welser/Zöchling-Jud, Grundriss des bürgerlichen Rechts, Band II (14. Aufl 2015)
Wheeler/Shaw, Contract Law (1994)
Widmer Lüchinger/Oser (Hersg), Obligationsrecht I Art 1–529 OR (7. Aufl 2020)
Wimmer, Motivirrtum bei Schenkung und letztwilliger Verfügung: eine kritische, historisch-vergleichende Untersuchung des deutschen, französischen und österreichischen Rechts (2023)
Windscheid/Kipp, Lehrbuch des Pandektenrechts II (9. Aufl 1906)
Winistörfer, Die unentgeltliche Zuwendung im Privatrecht, insbesondere im Erbrecht (2000)
Wolkerstorfer, Eintritt des Vermögensopfers bei der Schenkung auf den Todesfall, NZ 2017, 418
Zimmermann, The law of obligations (1990)
Zweigert/Kötz, Einführung in die Rechtsvergleichung (3. Aufl 1996).

Systematische Übersicht

Alphabetische Übersicht

I. Historisch-dogmatische Grundlagen

1. Römisches Recht

a) Prolegomena zum Sprachgebrauch bei der donatio

Schon SAVIGNY hat darauf hingewiesen, dass der römische Ausdruck *donatio* eine nähere Betrachtung verdient, da sie anders als unser Ausdruck „Schenkung" von den Juristen aus der Alltagssprache übernommen wurde (SAVIGNY, System IV [1841] II 3 § 143, 13 f). So wird oft zuerst **untechnisch** von *donatio* gesprochen und dann wird erklärt, was dazukommen soll, damit eine im Rechtssinne „richtige" *donatio* angenommen werden kann (vgl D 24.1.5.8–18; D 24.1.5.18; D 24.1.18; D 24.1.31.1; D 41.6.3). Wenn die erforderlichen Elemente nicht vorhanden sind, wird gesagt, dass die *„donatio non valet"* (D 24.1.3.1), oder die *donatio* wird als *donatio iure civili impedita* (D 24.1.5.18) oder als *non concessa donatio* (D 24.1.6) bezeichnet. 1

In anderen Stellen dagegen wird *donatio* für die Fälle benutzt, in denen die Regeln der **„technischen"** *donatio* anwendbar sind, womit ausgeschlossen wird, dass in allen anderen Fällen eine *donatio* überhaupt vorhanden ist (SAVIGNY, System IV [1841] II 3 § 142, 14). So ist es dem Sinne nach bei ULPIAN (3. Jh n Chr) in D 24.1.21pr: *„Non locupletior, nulla donatio"*(„Ohne Bereicherung keine Schenkung"); bei POMPONIUS (2. Jh n Chr) in D 24.1.31.6: *„Quod vir uxori in diem debet, sine metu donationis praesens solvere potest"* („Was der Ehemann der Ehefrau zu einem bestimmten Termin schuldet, kann er ohne Furcht vor einer [verbotenen Ehegatten-]Schenkung gleich zahlen"), dh er hat nicht zu befürchten, dass diese Zahlung als *donatio* angesehen wird; und in D 24.1.31.7: *„Quod legaturus mihi … potes rogatus a me uxori meae relinquere et non videtur ea esse donatio, quia nihil ex bonis meis deminuitur"* („Was Du mir vermachen wirst, kannst Du auf meine Bitte meiner Ehefrau hinterlassen, und das wird nicht als Schenkung angesehen, da nichts von meinen Gütern vermindert wird"); bei GAIUS (2. Jh n Chr) in D 39.5.11: *„Cum de modo donationis quaeritur, neque partus nomine, neque fructum, neque pensionum, neque mercedum ulla donatio facta videtur"* („Wenn man nach dem Ausmaß der Schenkung fragt, scheint weder hinsichtlich der [Sklaven]Kinder noch der Früchte noch der Erträge noch der Löhne eine Schenkung vorzuliegen"). Für denselben Fall äußert sich ULPIAN – IULIAN (2. Jh n Chr) zitierend – in D 24.1.17 allerdings in dem Sinne, dass es eine nicht verbotene Schenkung sei: *„Fructus quoque, ut usuras licitam habere donationem"* („Hinsichtlich der Früchte wie der Zinsen liegt eine erlaubte Schenkung vor"). Weiterhin finden wir bei PAPINIAN (2./3. Jh n Chr) in D 42.8.18: *„Si pignus vir uxori, vel uxor viro remiserit: verior sententia est nullam fieri donationem existimantium"* („Wenn der Ehemann der Ehefrau oder umgekehrt ein Pfand erlassen hat, ist die richtigere Meinung die derer, nach der keine Schenkung gemacht wurde"). 2

In allen diesen Fällen wird wohl sowohl eine Freigiebigkeit des Gebers als auch ein Vorteil des Empfängers vorliegen, es fehlt aber ein *pauperior* und ein *locupletior* im juristischen Sinn. Das Wort *donatio* wird also in einem **weiteren** und aber auch in einem **engeren** Sinn verwendet (SAVIGNY, System IV [1841] II 3 § 143 S 14 f). Nach dem weiteren Sinn des alltäglichen Sprachgebrauchs kann jede Liberalität als *donatio* bezeichnet werden; bei der **juristischen Anwendung** kam es auf präzise Regeln an, die hinsichtlich der *donatio* des alltäglichen Gebrauchs einen einschränkenden Charakter haben. **Heute** gebrauchen wir das Wort Schenkung im engeren Sinn, um die ausschließliche Anwendbarkeit bestimmter Regelungen, vor allem das **Widerrufsrecht** und die **Formvorschriften**, spezifisch auf ein Rechtsgeschäft zu begrenzen, das be- 3 stimmte Merkmale vorweist (Rn 29 ff; dagegen Archi, La donazione [1960] 75 ff ausführlich sowie Archi, Enciclopedia del diritto XIII [1964] sv donazione [dir rom] 935 ff). Dies übrigens war (und ist) die Antwort der Rechtsordnung auf die anarchistischen und daher gefährlichen Züge der Schenkung, die sich in der willkürlichen und möglicherweise unüberlegten Auswahl der beschenkten Person und überhaupt in der Entscheidung äußern, sich selbst ohne Not eines Teils des eigenen Vermögens zu begeben.

4 Sowohl für uns als auch für die Römer ist für die Anerkennung dieses engeren Begriffs zum einen der Umstand fundamental, dass etwas von einem Vermögen in das andere **übergeht**, zum anderen, dass damit der Gesamtwert des Vermögens des Gebers **vermindert** wird, während der Gesamtwert des Vermögens des Beschenkten **vermehrt** wird. Die Römer fassen die zwei Elemente wie folgt zusammen: *„Hoc autem ex eo venit, quod definiri solet eam demum donationem, quae et donantem pauperiorem et accipientem faciet locupletiorem"* („Das kommt aber daher, dass man nur das als Schenkung zu definieren pflegt, was sowohl den Schenker ärmer [entreichert] als auch den Empfänger reicher [bereichert] macht"), D 24.1.5.8. Überall wo dies fehlt, darf keine Schenkung in engerem Sinn angenommen werden, selbst wenn das ihr typische Element, das uneigennützige Wohlwollen als Beweggrund, vorhanden sein sollte. Der terminologische Unterschied zu uns liegt darin, dass die Römer das Wort *donatio* auch in solchen Fällen mit der Maßgabe benutzten, dass die engeren Regeln der „juristischen" *donatio* nicht einschlägig sind und daher eine sonst verbotene Zuwendung doch möglich ist: Ulpian, D 24.1.5.16: *„Cum igitur nihil de bonis erogatur, recte dicitur valere donationem. ubicumque igitur non deminuit de facultatibus suis qui donavit, valet, vel etiamsi deminuat, locupletior tamen non fit qui accepit, donatio valet"* („Wenn also nichts aus dem Vermögen ausgegeben wird, sagt man zu Recht, dass die Schenkung gültig ist. Wo auch immer der Schenker nichts von seinem Vermögen vermindert hat, ist sie gültig, aber auch wenn er es vermindert hat, aber der Empfänger nicht bereichert worden ist, ist die Schenkung gültig"). In diesem Fall würden wir gar nicht von Schenkung sprechen.

b) Begriff und Voraussetzungen der Schenkung

5 Die Schenkung des klassischen römischen Rechts war **kein selbstständiges Rechtsgeschäft**, vielmehr stellte sie den **Rechtsgrund bestimmter Zuwendungen** dar (Chiusi IVRA 60 [2012] 234, 236). So konnte sie als *iusta causa* der *traditio* unmittelbar Eigentum verschaffen oder als Titel eine Ersitzung begründen oder als *causa* eine obligatorische Bereicherung „kondiktionsfest" machen usw.

6 Deswegen stellt Savigny sie in seinem System im **allgemeinen Teil** an die Seite des Vertrags: genau wie der Vertrag habe sie einen allgemeinen Charakter, welchen die verschiedensten Rechtsgeschäfte annehmen können (Savigny, System IV [1841] II 3 § 142 S 3).

7 Folglich war **Schenkung** jedes Rechtsgeschäft, das bestimmte Eigenschaften in sich vereinigte: es musste ein **Geschäft unter Lebenden** sein; es musste ein Vermögen **vermehren** durch **Verminderung eines anderen Vermögens** (vgl Savigny, System IV [1841] II 3 § 142 S 4).

8 Vermögensvermehrung und -verminderung stellen keine Schenkung dar, wenn sie nur **möglich** sind; somit schenkt nicht derjenige, der die Garantie für eine fremde Schuld übernimmt bzw ein Pfandrecht zugunsten eines anderen gestattet. Gleich-

wohl lag auch keine Schenkung vor, wenn man etwa auf ein **noch nicht im eigenen Vermögen enthaltenes Recht verzichtet hat**, wie wenn man auf eine Erbschaft verzichtet, um einen Miterben, Ersatzerben oder gesetzlichen Erben zu begünstigen.

Nach der Definition von Savigny musste schließlich der **Wille** desjenigen, der etwas verliert, auf die **Bereicherung des anderen durch eigenen Verlust gerichtet sein**, da zu der Minderung des einen Vermögens und der dadurch bewirkten Bereicherung des anderen Vermögens die auf **die Bereicherung gerichtete Absicht** hinzukommt, welche die Römer *donandi* oder *donationis causa, donandi animo* usw bezeichneten. Im Rahmen der Diskussion über die vom Willensdogma verursachten byzantinischen Interpolationen von Texten der klassischen Jurisprudenz wurde gerade dieses Element in der moderneren Literatur in Frage gestellt und der nachklassischen, am Willensdogma orientierten Welt zugeschrieben (vgl Pringsheim ZRG Rom Abt 42 [1921] 273 ff; Archi, Enciclopedia del diritto XIII [1964] sv donazione [dir rom] 934 ff). Doch bleibt die Rekonstruktion von Savigny grundsätzlich korrekt. **9**

Wenn also (was übrigens auch die moderne Schenkung charakterisiert, vgl für das BGB Rn 44 f, für den *Code civil* Rn 52, 54 f, für den *Codice civile* Rn 99 ff) sowohl das Element der ***liberalitas*** auf der Seite des Gebers als auch das des **unentgeltlichen Erwerbs** auf der Seite des Empfängers gleichzeitig das Rechtsgeschäft prägen, liegt eine Schenkung vor. Da sie aber – wie gesagt – eher eine **handlungscharakterisierende Eigenschaft** als ein autonomes Rechtsgeschäft darstellt, weist sie bis in die nachklassische Zeit grundsätzlich keine selbstständige Regelung auf, sondern folgt den Regeln der jeweiligen Rechtsgeschäfte; gleichzeitig lassen sich einige gemeinsame Regeln beobachten, denen die **Rechtsgeschäfte mit Schenkungsabsicht** unterworfen waren. Diese sind zum einen von der **Sorge um den freien Willen des Schenkers** inspiriert, der sich ohne Not eines Teils seines Vermögens entledigt und somit grundsätzlich das Interesse seiner Familie beeinträchtigt, zum anderen von der Idee, dass der **unentgeltliche Erwerb** des Beschenkten **weniger Schutz** im Verhältnis zum **entgeltlichen** verdient. **10**

Den ältesten Regelungsversuch bezüglich der Schenkung stellt die ***lex Cincia*** aus dem Jahr 204 v Chr dar, die Schenkungen zugunsten nicht verwandter Dritter **über einen bestimmten**, uns nicht mit Sicherheit bekannten **Wert verbot**. Die genauen Gründe des Gesetzes sind wenig klar. Man hat hierzu erwogen, dass die *lex Cincia* ein Mittel zur allgemeinen Luxusbekämpfung gewesen sei (vgl Cicero, *de officiis* 2.15.52–55) oder dass sie dem Versuch diente, die nach dem punischen Krieg am Boden liegende Wirtschaft zu stärken; schließlich, dass dadurch die mehr oder weniger erzwungenen Zuwendungen seitens der Angehörigen von sozial und wirtschaftlich abhängigen Schichten zugunsten Angehöriger der Oberschicht eingedämmt werden sollten. Jedenfalls sah das Gesetz so gravierende **Ausnahmen** hinsichtlich des Verbots zugunsten diverser Kategorien und Graden von Verwandten vor, dass seine **effektive Bedeutung** nicht überschätzt werden soll (Archi, La donazione [1960] 21 f sowie Archi, Enciclopedia del diritto XIII [1964] sv donazione [dir rom] 932), zumal es sich dabei um eine sog ***lex imperfecta*** handelt, dh deren Verletzung weder die Nichtigkeit des verletzenden Aktes impliziert noch Sanktionen gegen den Verletzter verursacht (Kaser, Das Römische Privatrecht I [2. Aufl 1971] 603 f für die prozessrechtlichen Einzelheiten). Aus ihr kann man allerdings sicherlich eine gewisse **Skepsis** der Rechtsordnung gegenüber dem unentgeltlichen Vermögensverzicht herauslesen. Das Verbot der *lex Cincia* ist spätestens ab der justinianischen Zeit obsolet. **11**

12 Eine weitere Regelung stellt das **Verbot der Schenkungen zwischen Ehegatten** dar, das zwischen dem Ende der Republik (1. Jh v Chr) und dem Anfang der Kaiserzeit (1. Jh n Chr) eingeführt wurde und in justinianischer Zeit (6. Jh n Chr) noch fortlebte. Auch über die Gründe dieses Verbots wird spekuliert. Die Angaben der Juristen der Severerzeit (Ende des 2./Anfang des 3. Jh n Chr), nach denen damit vermieden werden sollte, dass die Liebe zwischen den Ehegatten durch finanzielle Erwägungen getrübt wird (D 24.1.3.1), und die Ehegatten vor durch ihre Liebe verursachten unüberlegten und exzessiven Zuwendungen geschützt werden (Ulpian D 24.1.1), überzeugen traditionell die Doktrin nicht wirklich. Vielmehr wird vorgebracht, dass damit das **Verbleiben** des Vermögens in der **agnatischen Familie** gewährleistet sowie **die Erbteile der Kinder** nicht in ihrem Wert vermindert werden sollten (Kaser, Das Römische Privatrecht I [2. Aufl 1971] 331 f; vgl hierzu auch Archi, La donazione [1960] 195 ff). In Wirklichkeit passen die Argumente der Juristen sehr wohl zu der schon angedeuteten Absicht, die Schenkung an den Willen des Schenkers anzuknüpfen: eine emotionale Neigung kann die Freiheit des Willens bei seinem Entscheidungsprozess beeinflussen. Sie stehen auch nicht im Widerspruch dazu, das Familienvermögen soweit wie möglich intakt zu erhalten (s umfassend Buongiorno, Il divieto di donazione fra coniugi nell'esperienza giuridica romana [2018]; Stagl TR 85 141 ff).

13 Vom Verbot sind **bestimmte Zuwendungen ausgenommen**, zB diejenigen, welche den Zweck verfolgen, den anderen Ehegatten zur Übernahme von öffentlichen Ämtern zu verhelfen – wovon auch die Schenkerin profitieren würde (zu erstaunlichen Parallelitäten mit den modernen unbenannten Zuwendungen vgl Chiusi IVRA 60 [2012] 234, 239 ff) – oder die Freilassung von Sklaven betreffen. Die **verbotswidrig vorgenommene Zuwendung ist absolut nichtig**, daher kann der Schenker die Sache vindizieren bzw die Summe kondizieren. Ein Senatsbeschluss von 206 n Chr hat, vielleicht in Anlehnung an die ähnliche Regelung der *lex Cincia*, vorgesehen, dass die vollzogenen Schenkungen zwischen Ehegatten mit dem Tod des Schenkers geheilt werden (dazu Siber, Confirmatio donationis ZGR Rom Abt 53 [1937] 99 ff; Archi, La donazione [1960] 211 ff; Misera, Der Bereicherungsgedanke bei der Schenkung unter Ehegatten [1974] 151 ff; Kaser, Das Römische Privatrecht I [2. Aufl 1971] 248, 332 und zu weiteren Einzelproblemen Misera ZRG Rom Abt 93 [1976] 33 ff und Misera The Irish Jurist 25–27 [1990] 334 ff).

14 Da sie grundsätzlich nicht ein eigenes Rechtsgeschäft, sondern letztendlich eine Eigenschaft oder das Motiv des vorgenommenen Rechtsgeschäfts war, bedarf die Schenkung als solche in der klassischen Zeit **keiner Form**: der Zweck der Zuwendung wird durch die Formen des jeweiligen dazu benutzten Rechtsgeschäfts erreicht. Als sie in der nachklassischen Zeit die Natur eines Charakteristikums, das jedes Rechtsgeschäft prägen kann, verliert, um langsam die Konturen eines **autonomen Vertrags** anzunehmen, werden **Formen angeordnet**, die das Misstrauen der Rechtsordnung ausdrücken, indem sie den Schenker zwingen, über die Durchführung der Schenkung nachzudenken. Als erster ist es Kaiser Konstantin, der für die **Schenkung als autonomen Realvertrag**, aufgrund dessen das betroffene Recht übergeht, die **schriftliche Form** und die **öffentliche Registrierung** der entsprechenden Urkunden *(in actis insinuatio)* vorsieht, sowie – abgesehen von den Schenkungen zwischen Eltern und Kindern – die konkrete **Übergabe**, *traditio corporalis*, in Anwesenheit der Nachbarn (CTh 8.12.1.1–2; C 8.53.[54].25–26). Während auf die Voraussetzung der schriftlichen Form nicht mehr verzichtet wird (Ausnahme ist die Schenkung vor der Hochzeit, wenn sie aus anderen geeigneten Urkunden resultiert, C 8.53.[54].25–26), ist ab Kaiser Zeno, **428**

n Chr, die Übergabe für alle Schenkungen nicht mehr nötig (CTh 3.5.13). Noch weiter geht **Kaiser Justinian**, der die schriftliche Form und das Erfordernis der Registrierung nur für **Schenkungen über einem bestimmten Wert** (500 *solidi*) anordnet und damit für eine Regelung sorgt, die die Jahrhunderte überdauerte. In der Tat passt das Versprechen, das Eigentum an einer Sache als Geschenk zu übertragen, das schriftlich gemacht und registriert werden soll, zu keinem sonstigen vorhandenen Rechtsgeschäft mehr und muss konsequenterweise als selbstständiger Vertrag aufgefasst werden.

Die **Rückabwicklungsmöglichkeit** der Schenkung, die durch eine entsprechende **Stipulation** zwischen den Parteien stattfindet, ist in Zusammenhang mit dem Umstande anzusehen, dass sie in klassischer Zeit kein Vertrag war; zu demselben Zweck können die Parteien auch ein Rechtsgeschäft, die *fiducia*, vereinbaren, aufgrund dessen der Beschenkte das Eigentum erwirbt, sich aber verpflichtet, es unter bestimmten Umständen zurückzuübertragen. Im justinianischen Recht genügt dazu eine einfache Vereinbarung, mit der die Parteien die **Rückübertragung** des Eigentums vorgesehen haben (C 8.54.[55].2). **15**

Der gesetzliche **Widerruf** einer Schenkung in klassischer Zeit ist nur für den Fall der Undankbarkeit des von seinem *patronus* beschenkten Freigelassenen (C 8.55.[56].8) möglich. Das nachklassische Recht sieht ab dem 4. Jh den Widerruf wegen **Undankbarkeit** (Vat fr 248; CTh 8.13.2) und für das **spätere Hinzukommen von Kindern** im Fall der von einem kinderlosen *patronus* zugunsten seines Freigelassenen vorgenommenen Schenkung (CTh 8.13.3) vor. Die Undankbarkeit muss sich in schweren Beleidigungen, körperlichen Angriffen, im Attentat auf das Leben, in der Nichterfüllung von übernommenen Pflichten, in arglistiger Schädigung ausdrücken (C 8.55.[56].10pr). Das Widerrufsrecht kann nur vom **Schenker** ausgeübt werden und nur gegenüber dem **Beschenkten**, nicht gegenüber seinen Erben (C 8.55.[56].10.2). Die remuneratorische Schenkung kann nicht widerrufen werden (D 39.5.34.1; vgl auch PS 5.11.6; s auch Pfeifer, Causa als Erwerbsvoraussetzung, in: HRP I (2023) 1151). **16**

Die Problematik der sog *donatio sub modo*, der **Schenkung unter Auflage**, wird von den römischen Juristen – wie gewöhnlich – pragmatisch erörtert. Zum einen wird festgehalten, dass bei einer Bedingung im technischen Sinne unterworfenen Zuwendung nicht wirklich von Schenkung gesprochen werden kann, solange jene nicht eingetreten ist (D 39.5.1pr). Zum anderen wird klargestellt, dass nur dann eine Schenkung vorliegt, wenn ein bestimmtes **Verhalten** des Beschenkten von der Zuwendung zwar **ermöglicht** und **veranlasst** wird (D 24.1.13.2), mit dieser aber **nicht in einem Leistungs-/Gegenleistungsverhältnis steht**, das die Unentgeltlichkeit ausschließen würde (D 39.5.19.1,5,6; umfassend Kleňová, Die Schenkung unter Auflage im römischen Recht [2023] 40 ff; Kleňová, Zuwendungen einer zur Mitgift bestimmten Sache (zugleich zur Schenkung unter Auflage), Societas et Iurisprudentia 4 [2019] 63 ff). **17**

2. Von der Spätklassik zum Gemeinen Recht

a) Entwicklungslinien in der spät- und nachklassischen Zeit

Die Problematik der *donatio perfecta*, dh des Moments, in dem die Schenkung als definitiv anzusehen ist, prägt die Diskussion über die Schenkung in spät- und nachklassischer Zeit. Denn neben dem objektiv festzuhaltenden Tatbestand ist für die *donatio perfecta* die subjektive Voraussetzung der **Endgültigkeit des Schenkungswillens** **18** erforderlich. Wenn die Schenkung (noch) nicht als eigenständiger Vertrag konstruiert ist, stellt sich die Frage, wann ein entsprechender fester, über den reinen Impuls hinausgehender Wille anzunehmen ist. Ist sie nämlich ein eigenständiger Vertrag, kommt diese Funktion bekanntlich den **Formvorschriften** zu, wodurch der Schenker angehalten wird, über die **Entbehrung nachzudenken**, die vorzunehmen er imstande ist. In der Diskussion der römischen Juristen kristallisierte sich im Hinblick auf die Feststellung der *donatio perfecta* gerade eben dieses, von der Unentgeltlichkeit bedingte Element als maßgebend heraus: der Wille des Schenkers muss nicht nur **spontan**, sondern auch **endgültig** sein (vgl C 8.53.11; C 8.53.17pr-1; Archi, Enciclopedia del diritto XIII [1964] sv donazione [dir rom] 944).

19 Durch das Element der *perseverantia voluntatis*, **Dauerhaftigkeit des Willens**, lassen sich sowohl das Prinzip, nach dem die Erben des Schenkers nach seinem Tod dem Beschenkten gegenüber nicht das Verbot der *lex Cincia* entgegenhalten können (*„morte Cincia removetur“* Papinian Vat fr 259 und Vat fr 294; Ulpian Vat fr 266 aE; Rn 13) – was die Nichtgeltung des Verbots nach dem Tod des Schenkers impliziert – als auch die Regel, nach der vollzogene Schenkungen zwischen Ehegatten mit dem Tod des Schenkers geheilt werden, *confirmatio donationis*, erklären. Gerade diese letzte Bestimmung (D 24.1.32.2; dazu Rn 13), deren Interpretation insoweit problematisch ist, als sie mit dem Prinzip der absoluten Nichtigkeit der Schenkungen unter Ehegatten inkompatibel ist (Rn 12 f und Siber, Confirmatio donationis, ZRG Rom Abt 53 [1937] 99 ff; Archi, La donazione [1960] 211 ff; Misera, Der Bereicherungsgedanke bei der Schenkung unter Ehegatten [1974] 151 ff; Kaser, Das Römische Privatrecht I [2. Aufl 1971] 248, 332 und zu weiteren Einzelproblemen Misera ZRG Rom Abt 93 [1976] 33 ff und Misera The Irish Jurist 25–27 [1990] 334 ff), zeigt, dass die Juristen aus dem Umstand, dass die Schenkung lebzeitig durch den Schenker nicht widerrufen wurde, die **Endgültigkeit des Willens zur Verfügung konstruiert haben** (vgl Archi, Enciclopedia del diritto XIII [1964] sv donazione [dir rom] 946 f).

20 Daraus lässt sich ein tendenzieller ***favor donationis*** der kaiserlichen Kanzlei entnehmen, die die grundlegende Reform Kaiser Konstantins aus dem Jahr 323 (Rn 14) vorbereitet haben dürfte. Unmittelbar wurde sie allerdings von der praktischen Erwägung bedingt, dass trotz der dogmatischen Konstruktionsarbeit der spätklassischen Juristen die nachklassische Zeit nicht in der Lage war, das Problem der Klarstellung der *donatio perfecta* mit den prozess- und vertragsrechtlichen Formen der klassischen Zeit zu lösen (vgl Kaser, Das Römische Privatrecht II [2. Aufl 1975] 395; Archi, Enciclopedia del diritto XIII [1964] sv donazione [dir rom] 947). Der Kaiser selbst begründet die Anordnung der **Beurkundung**, der **Übergabe der Sache** und der **behördlichen Registrierung** als neue Form der Schenkung mit der Schwierigkeit, ansonsten das Moment, in dem die Schenkung perfekt wird, zweifellos festzustellen (Vat fr 249.2), und kommt somit zu der dogmatischen Erfassung der Schenkung als **autonomen, das Eigentum übertragenden Vertrags** neben den anderen Verträgen (Kaser, Das Römische Privatrecht II [2. Aufl 1975] 395 mwNw sowie Archi, Enciclopedia del diritto XIII [1964] sv donazione [dir rom] 947 ff). Rechtspolitisch dient das vor allem der **korrekten Steuererhebung**, also der Frage, wem und ab wann die Steuerpflicht obliegt (Vat fr 249.9). Eine Konsequenz daraus ist, dass ein solcher Vertrag die Sachübereignung, die Handschenkung, nicht das Schenkungsversprechen betrifft (s dazu Kaser, Das Römische Privatrecht II [2. Aufl 1975] 395 Fn 11 mwNw sowie Archi, Enciclopedia del diritto XIII [1964] sv donazione [dir rom] 949).

Hier nicht weiter zu thematisieren ist der Befund aus den **späteren Rechtsquellen**, va aus dem 4. Jh, welche den Eindruck erwecken, dass die **Praxis** sich der konstantinischen Reform **widersetzte** (daher die Notwendigkeit weiterer gesetzlicher Klarstellungen, s etwa CTh 8.12.5), indem entweder die Reform nicht erwähnt oder ihr zu entgehen versucht wird (zB mit der Konstruktion der Realschenkung unter Nießbrauchvorbehalt, um die Übergabe zu vermeiden, s Archi, Enciclopedia del diritto XIII [1964] sv donazione [dir rom] 949). Dem trägt die Gesetzgebung insoweit Rechnung, als das Erfordernis der Übergabe uU gemildert wird (CTh 8.12.9; 3.5.13); auf die Voraussetzung der Registrierung aber wird nicht verzichtet, um der rechtspolitischen Intention von Konstantin entsprechend die Publizität der Schenkung zu gewährleisten. Im *Codex Theodosianus* hat die Schenkung eine wichtige, ihre Erfassung als eigenständiger Vertrag angemessene Rolle, wobei insbesondere Form und Unentgeltlichkeit im Vordergrund stehen. In den Quellen des 5. Jh fällt die Tendenz auf, die Schenkung als Rechtsgeschäft zur **Regelung des Vermögens nach dem Tod zu benutzen** (*Interpr ad CTh* 8.12.1) oder im Allgemeinen aufgrund personen- und familienrechtlicher Motive als **Ersatz für andere Rechtsinstitute zu missbrauchen**. Die unpräzise Annäherung an die Erbeinsetzung oder an das Vermächtnis, die daraus resultiert, passt zur allgemeinen Dekadenz des juristischen Instrumentariums in dieser Zeit. 21

b) Die justinianische Systematisierung

Das **karitative Gedankengut** des Christentums begünstigt die Schenkung und prägt möglicherweise die gesetzgeberische Tätigkeit Justinians auf diesem Gebiet. Im Namen der ***humanitas*** fördert der Kaiser die Schenkung (vgl C 5.16.27.1 und C 8.53.35.3–3a), die bis auf einen **bestimmten Wert** (Rn 14) von dem Erfordernis der behördlichen **Registrierung** (*insinuatio*) **befreit** und definitiv als ein auf dem Willen basierender **Vertrag** angesehen wird (Inst 2.7.2). Deswegen ist auch die andere von Konstantin vorgesehene Voraussetzung, die Übergabe, zwar eine notwendige Pflicht des Schenkers und Rechtsfolge der Schenkung, sie ist aber **nicht** für ihr **Zustandekommen** erforderlich (C 8.53.35.5–5b). Somit verliert die Schenkung den **ausschließlichen Charakter als Realvertrag**, die sie mit der Reform von Konstantin angenommen hatte und kann wieder auch als **bloßes Versprechen** – ohne die Form der Stipulation – verbindlich sein (C 8.53.35.5b–5c; Kaser, Das Römische Privatrecht II [2. Aufl 1975] 306 mwNw; vgl Archi, Enciclopedia del diritto XIII [1964] sv donazione [dir rom] 953). Auffällig ist allerdings der Umstand, dass die so geregelte Schenkung systematisch in den *institutiones* **nicht zu den Konsensualverträgen gerechnet, sondern neben den sachenrechtlichen Erwerbstatbeständen eingeordnet wird**. *„Est autem aliud genus adquisitionis donatio"* („Die Schenkung stellt aber eine andere Art des Eigentumserwerbs dar", Inst 2.7pr) schreibt der Kaiser, offensichtlich der in der Praxis verwurzelten Idee der Schenkung als *causa* des Erwerbs trotz seiner Reform noch verpflichtet (vgl Kaser, Das Römische Privatrecht II [2. Aufl 1975] 396 Fn 12; Archi, La donazione [1960] 276 f sowie Archi, Enciclopedia del diritto XIII [1964] sv donazione [dir rom] 953). Dies wird sich bis hin zu den modernen Kodifikationen auswirken (für den *Code civil* s Rn 51). 22

Einen weiteren wirkungsreichen Aspekt der justinianischen Gesetzgebung stellt die Betonung der *liberalitas*, der **Freigiebigkeit**, dar (D 39.5.1pr; D 39.5.29pr). Diese steht hinter dem Schenkungswillen und drückt den notwendigerweise fehlenden rechtlichen Zwang zur Zuwendung aus: *„donari videtur quod nullo iure cogente conceditur"* („Als geschenkt wird das betrachtet, was ohne rechtlichen Zwang überlassen wird", D 39.5.29pr). 23

24 Justinian betont auch explizit die Trennung der **Schenkung von Todes wegen** von der Schenkung und regelt somit durch die *donatio mortis causa* als ein der *species* der Vermächtnisse zugehöriges Rechtsgeschäft einheitlich und autonom all die Bedürfnisse, die durch die Jahrhunderte immer wieder die Schenkung als solche in die Nähe der Zuwendungen von Todes wegen gebracht hatten (Archi, Enciclopedia del diritto XIII [1964] sv donazione [dir rom] 953). Hier entsteht auch die Bezeichnung der Schenkung als *donatio inter vivos* (Inst 2.7.2; 2.18.6; C 3.28.35.2; zu der Affinität zur modernen Unterscheidung zwischen Rechtsgeschäften *inter vivos* und *mortis causa* s Archi, La donazione [1960] 276 ff sowie Archi, Enciclopedia del diritto XIII [1964] sv donazione [dir rom] 953; vgl zur Abgrenzung auch Rüger, Die donatio mortis causa im klassischen römischen Recht [2011] 32 ff; s auch Genovese, Mortis causa capitur. Di una speciale categoria di acquisti patrimoniali [2011]; Scevola, Archeologia e genealogia della donatio ex solo cogitatione mortalitatis, in: Principios generales del derecho. Antecedentes históricos y horizonte actual [2014] 299 ff).

c) Spätere Diskussionsfelder

25 Die wirtschaftlich eher dunkle Zeit des Frühmittelalters **stellt keine für die Schenkung günstige Situation** dar, zumal dieses Rechtinstitut den germanischen Völkern ursprünglich fremd war. Das sog **launegild**, das in diesem Zusammenhang angeführt wird, ähnelt mehr einem Kauf als einer Schenkung, da der Beschenkte ein Entgelt anzubieten hatte, das letztendlich die Funktion des Preises übernimmt (vgl Bellomo, Enciclopedia del diritto XIII [1964] sv donazione [dir interm] 956; ausführlich dazu Ogris HRG IV [1990] sv Schenkung 1382). Daher sind in Gesetzgebung und Praxis **nur spärliche Zeugnisse** von Rechtsgeschäften, die als Schenkungen bezeichnet werden, überliefert. Diese dienten dazu, das Testament zur Regelung der Erbschaft zu ersetzen bzw sich einen Erben zu verschaffen, die Treue von Unterworfenen für sich zu gewinnen oder va sich das Seelenheil auf dem Sterbebett durch Zuwendungen an Menschen oder an die Kirche zu sichern. Die juristische Erfassung fällt entsprechend dürftig aus. Die Schenkung bleibt ein **auf dem Willen basierender Vertrag**, wobei die Quellen entsprechend praktischen Gewohnheiten von der Notwendigkeit der Übergabe zeugen (Bellomo, Enciclopedia del diritto XIII [1964] sv donazione [dir interm] 957), die auch unter und trotz der justinianischen Gesetzgebung in der Praxis verankert war (Rn 14, 22).

26 **Freigiebigkeit, Freiwilligkeit** und **Konsens** der Parteien bleiben auch für die hochmittelalterlichen Glossatoren und Kommentatoren fundamentale Voraussetzungen von Schenkungen. Diese werden zwar in *simplex* oder *ob causam* (Azo *Summa* C 8.53.[54].1–3), *verae* und *non proprie* (Accursius *Casus ad* D 39.5.1) bzw in *proprie* und *improprie* (Bartolus *Comm in* D 39.5.1.1) unterteilt, je danach, ob sie für einen bestimmten Zweck – von Todes wegen, Mitgift, Ehe – bestimmt waren oder unter einer Bedingung oder Auflage standen oder nicht (*mera, absoluta et libera donatio* in der Terminologie von Baldus *Comm in* D 39.5.2.5). Doch zeigen die Diskussionen gerade im Hinblick auf das Zustandekommen des Vertrags, dass weder der Wille als dafür notwendige Voraussetzung noch die Natur als eigenständiger Vertrag kritisch problematisiert werden. Auf der Basis der justinianischen *Institutiones* (Rn 14, 22) wird daher gefolgert, dass die Schenkung des **schriftlich manifestierten Willens des Schenkers bedarf** (Accursius *gl voluntatem ad Inst* 2.7.2). Das Problem, ob hierfür auch die **Übergabe** notwendig war, wird insoweit diskutiert, als weitere in die justinianische Kompilation übernommene ältere Texte dies veranlassten (Accursius *gl perfecta ad* C 4.38.3). Schließlich scheint sich mit Bartolus (*Comm in* C 8.53.[54].35.4) die *media sententia* durchzusetzen, nach der auch die ***traditio***, die Übergabe, erforderlich war, die allerdings auch *ficta* sein kann (zu allem s BELLOMO, Enciclopedia del diritto XIII [1964] sv donazione [dir interm] 958 f).

27 Die Problematik ist für die Juristen deshalb von Interesse, weil auch die Voraussetzung der *insinuatio*, der **behördlichen Registrierung** für Schenkungen über 500 *solidi*, erhalten bleibt (zur Umrechnung in jeweils geltende Währung s COING, Europäisches Privatrecht I [1985] 485). Das zeigt die Diskussion über die Frage, ob die *solutio indebiti*, Zahlung von Nichtgeschuldetem, eine Schenkung darstellen kann, die gerade so gestellt wurde, also ob bei der Zahlung des Nichtgeschuldeten die Registrierung wie bei einer Schenkung notwendig sei (s dazu BELLOMO, Enciclopedia del diritto XIII [1964] sv donazione [dir interm] 960). Die Antwort hängt auch hier insoweit mit dem **Willen der Parteien** zusammen, als dabei auf den Unterschied zwischen dem Fall, in welchem *solvens*, der Zahlende, und *accipiens*, der Empfänger, wissen, dass die Schuld nicht existiert, und dem Fall, in welchem eine oder beide der Parteien von der Existenz der Schuld ausgehen. Im ersten Fall folgt aus dem Wissen, dass man jeweils schenken will und beschenkt werden soll, dass es sich um eine Schenkung handelt; in dem zweiten fehlt gerade ein solcher Wille und deswegen kann keine Schenkung angenommen werden (BARTOLUS *Comm in* D 39.5.1; BELLOMO, Enciclopedia del diritto XIII [1964] sv donazione [dir interm] 960 auch zu der Problematik des Schulderlasses).

28 Die **Einigung** zwischen Schenker und Beschenktem, die **Formvoraussetzungen** im Sinne der Registrierung vor Gericht, die **Widerrufsmöglichkeiten** nach den justinianischen Bestimmungen (Rn 14, 16, 22) bleiben im **älteren Gemeinen Recht** weiterhin erhalten (COING, Europäisches Privatrecht I [1985] 485 ff). Dabei rückt im 16. Jh der Schenkungsvertrag als ***causa*** für die Übereignung des geschenkten Gegenstandes in das Zentrum der Diskussion (vgl BELLOMO, Enciclopedia del diritto XIII [1964] sv donazione [dir interm] 956; COING, Europäisches Privatrecht I [1985] 485 ff).

3. Die gemeinrechtliche Doktrin und das BGB

a) Die Rechtsnatur der Schenkung

29 Der Beobachtung von SAVIGNY, nach der das römische Recht den Ausdruck *donatio* im **engeren** und im **weiteren** Sinne gebraucht hat (Rn 3), korrespondierten letztendlich die Schwierigkeiten der gemeinrechtlichen Doktrin – und Praxis –, eine **feste Trennungslinie** zu zeichnen zwischen Zuwendungen im **ersten** Sinne, die den **besonderen Anforderungen der Schenkung** – Form, Verbot unter Ehegatten, Einschränkung der Haftung bei Mängeln, Widerruf – unterliegen sollen, und Handlungen im **zweiten**, in denen jemand, ohne dazu verpflichtet zu sein, einem anderem einen Vermögensvorteil verschafft und auf die die **spezifischen Regeln der Schenkung nicht anzuwenden seien** (vgl vKÜBEL/BÖRNER, Vorlagen der Redaktoren. Recht der Schuldverhältnisse II [1980] 146 f).

30 Dementsprechend bildeten sich zwei Meinungen über die Natur der Schenkung. Der wichtigste Vertreter der einen ist SAVIGNY, der die Schenkung **nicht als Vertrag**, sondern als ***causa* des Erwerbs** des Beschenkten sieht und somit zu der ursprünglichen römischen Auffassung zurückkehrte, die erst in der Spätklassik und definitiv durch Iustinian in den Hintergrund getreten war (Rn 22). Weil die Schenkung „ein **allgemeiner Charakter** ist, welchen die allerverschiedensten Rechtsgeschäfte annehmen können" (SAVIGNY, System IV [1841] 3; in dieselbe Richtung MEYERFELD, Die Lehre von den Schenkungen nach römischen Recht I [1835] 34; KELLER, Pandekten I [2. Aufl 1866] 157) stellt er sie

(genauso wie PUCHTA, System des gemeinen Civilrechts [1832] § 35) in den allgemeinen Teil seines Systems und zwar an die Seite des Vertrags, „welchem sie durch die Allgemeinheit ihrer Natur, und durch die Mannichfaltigkeit ihrer Anwendungen, gleichartig ist" (PUCHTA, System des gemeinen Civilrechts [1832] § 35). Er gibt zwar zu, dass in vielen und wichtigen Fällen, wenn sie nämlich „durch Tradition, Versprechen oder Erlassvertrag bewirkt wird", der Schenkung der Vertragscharakter nicht zu verkennen sei (System IV [1841] 145). Doch es gebe andere Fälle, in denen das Bewusstsein der Bereicherung seitens des Beschenkten und seine Einwilligung nicht notwendig seien, und das bedeutet, dass, auch wenn „die Schenkung als Vertrag erscheint, diese Eigenschaft nicht in ihrem Wesen als Schenkung begründet sein kann, sondern vielmehr in der besonderen Natur derjenigen Rechtsgeschäfte, wodurch sie gerade bewirkt wird" (System IV [1841] 146). Die Annahme letztendlich sei nur dann notwendig, wenn ohne sie die die Schenkung vollziehende Vermögenszuwendung nicht zustande kommen könnte; demnach ist sie bei der Schenkung durch Eigentumsübertragung nicht erforderlich (vgl WINDSCHEID/KIPP, Lehrbuch des Pandektenrechts [9. Aufl 1906] 546 Fn 5).

31 **Dagegen** stellt sich WINDSCHEID (WINDSCHEID/KIPP, Lehrbuch des Pandektenrechts [9. Aufl 1906] 545 f; VANGEROW, Lehrbuch der Pandekten I [7. Aufl 1876] § 121 Fn 3; BRINZ, Lehrbuch der Pandekten IV [2. Aufl 1892] 245 ff, bes 249), demzufolge die Schenkung ein **Vertrag** ist, zu dessen Zustandekommen die entsprechende **Willenseinigung** des Gebers und des Empfängers und daher die **Annahme durch den Empfänger** notwendig sind (insoweit auch PUCHTA, Pandekten [12. Aufl 1877] § 68). Auch für die Vertreter der Notwendigkeit der Willenseinigung genügt es freilich, dass der Beschenkte Kenntnis der Zuwendung erhalten hat und deren Wert in seinem Vermögen bleibt (PUCHTA, Pandekten [12. Aufl 1877] § 68; in die gleiche Richtung geht auch die Praxis, dazu s vKÜBEL/BÖRNER, Vorlagen der Redaktoren. Recht der Schuldverhältnisse II [1980] 148).

32 Dementsprechend stellt WINDSCHEID die Schenkung in den **speziellen Teil des Obligationenrechts**, und distanziert sich somit bewusst von der „jetzt herrschenden Meinung" (WINDSCHEID/KIPP, Lehrbuch des Pandektenrechts [9. Aufl 1906] 549 f Fn 18). Bezug nehmend auf die Definition von SAVIGNY (Rn 30) schreibt er, dass die Schenkung „gerade so sehr und gerade so wenig ‚ein allgemeiner Charakter' von Rechtsgeschäften [sei], wie der Kauf es ist" (WINDSCHEID/KIPP, Lehrbuch des Pandektenrechts [9. Aufl 1906] 549 f Fn 18); Schenkung sei nämlich jede unentgeltliche Zuwendung, (Ver)Kauf die Zuwendung für Geld (so resümiert BEKKER, System des heutigen Pandektenrechts II [1886] 176 die Position von WINDSCHEID). Sie als allgemeinen Charakter zu definieren, stelle die Verhältnisse gerade einmal um, da in der Wirklichkeit nie eine Eigentumsübertragung, eine Forderungsbegründung, eine Liberation als solche gemacht werden, sondern es gibt nur Eigentumsübertragungen aus den diversen Bestimmungsgründen, mit dem einen oder dem anderen „Charaktere" (Anführungszeichen von WINDSCHEID). Dieser ist es, welcher „**den Act aus der Abstraktion in die Realität hinüber zieht**, und einer dieser möglichen Realität schaffenden ‚Charaktere' ist die Schenkung" (WINDSCHEID/KIPP, Lehrbuch des Pandektenrechts [9. Aufl 1906] 550 f Fn 18).

33 Hinter der Diskussion verbirgt sich der Umstand, dass die Regelung der Schenkung nicht auf das zweifellos **zum Obligationenrecht gehörende Schenkungsversprechen** beschränkt werden kann, sondern auch die Zuwendungen betreffen soll, die zwar Schenkungen sind, **nicht** aber **durch ein Schenkungsversprechen** bewirkt worden sind

(vKübel/Börner, Vorlagen der Redaktoren. Recht der Schuldverhältnisse II [1980] 156). Bekanntlich nämlich kommt die Schenkung nicht nur in der obligatorischen Form des Schenkungsversprechens, sondern noch häufiger in dinglicher Form als Übergabe des geschenkten Gegenstandes vor (vgl Bluntschli, zit in: vKübel/Börner, Vorlagen der Redaktoren. Recht der Schuldverhältnisse II [1980] 156; s auch § 516 BGB Rn 1 und 3).

Die **Einordnung** der Schenkung nach Windscheid hat sich im BGB trotzt Widerständen (Bekker, System des heutigen Pandektenrechts II [1886] 175 ff) letztendlich ebenso wie seine Ansicht hinsichtlich deren **Vertragsnatur durchgesetzt** (vgl Mugdan Mot II 159 f). Ein der anderen Meinung entsprechender Antrag zur Fassung der §§ 437, 438 EI, wonach die Schenkung keiner Annahme bedarf, wenn der Schenker das Vermögen des anderen ohne dessen Willen vermehrt, wurde mit der Begründung abgelehnt, dass der Antrag auf der Fiktion aufbaue, die Schenkung sei schon zustande gekommen, bevor die Zuwendung einen Rechtsgrund erhalten habe (Mugdan Prot II 738). In Wirklichkeit bestehe aber die Schenkung aus einem **objektiven Bestandteil,** dem dinglichen Übertragungsgeschäft, **und aus einem subjektiven** nämlich dem Einverständnis der Parteien, dass die durch das dingliche Übertragungsgeschäft bewirkte Vermögenszuwendung unentgeltlich zum Zweck der Bereicherung erfolgen soll. Die zwei Momente können zeitlich zusammenfallen wie bei Schenkungen, die unmittelbar vollzogen werden, oder auseinanderfallen, und zwar nicht nur zeitlich, sondern auch in dem Sinne – wie bei der einseitigen Zuwendung –, dass die Parteien über das Übertragungsgeschäft, nicht aber bezüglich des Kausalgeschäfts Willensübereinstimmung erzielt haben. Die hier eingetretene Vermögensmehrung sei aber noch keine Schenkung; dazu sei ein weiterer Vertrag notwendig, der die Vermögensmehrung definitiv mache, in dem der **Beschenkte die beabsichtigte Schenkung annimmt** (Mugdan Prot II 738). 34

b) Das Problem der Form

Diese Diskussion wirkt sich auch auf eine seit der nachklassischen Zeit (Rn 18 ff, 26 ff) 35 für die Schenkung typische Bestimmung, das **Formerfordernis**, aus, das bisher an den Wert des geschenkten Gegenstands gebunden war. Schenkungen in Wert von mehr als einer bestimmten Summe – in der Antike waren es 500 *solidi* (Rn 14, 27) – bedurften nämlich zu ihrer Gültigkeit der sog Insinuation, dh der gerichtlichen bzw notariellen Registrierung (Windscheid/Kipp, Lehrbuch des Pandektenrechts [9. Aufl 1906] 556 nennt 500 Ducaten; vgl auch Bekker, System des heutigen Pandektenrechts II [1886] 190, 192 ff; die Motive, Mugdan Mot II 161, stellen auf 1000 Taler ab).

Die bereits existierenden Kodifikationen setzten eigene Akzente, womit sich die erste Kommission beschäftigte. So verlangte das **ALR** die gerichtliche Protokollierung des Schenkungsversprechens, während, wenn eine geschenkte bewegliche Sache oder Summe dem Beschenkten schon übergeben worden ist, man sie auf Grund des Fehlens eines gerichtlichen Vertrags nicht wird zurückfordern können (I 11 §§ 1063 ff). Das **ABGB** forderte die notarielle Errichtung für Schenkungsverträge ohne Übergabe; ist die Schenkung durch Übergabe vollzogen, ist sie ohne Rücksicht auf den Wert wirksam (§ 943). Handgeschenke, dh bewegliche körperliche Sachen, können im **französischen Recht** durch einfache Übergabe vollzogen werden, wenn der Beschenkte die Sache schon in der Hand hat und der Schenker eine formlose, den *animus donandi* ausdrückende Erklärung abgibt (vgl dazu Rn 57). Der **bayerische Entwurf** sah eine schriftliche Erklärung zur Gültigkeit des Schenkungsversprechens 36 bzw ab einem bestimmten Wert die Abfassung einer öffentlichen Urkunde vor; ein Rückforderungsrecht hatte allerdings der Schenker nicht, wenn er das formungültige Schenkungsversprechen durch Übergabe vollzogen hatte. Durch Übergabe von beweglichen Sachen ohne vorgängiges Versprechen vollzogene Schenkungen bedurften keiner besonderen Form, sondern nur der des entsprechenden Geschäftes; das Gleiche galt für Übertragung oder Aufgabe von Rechten an Sachen, Übernahme einer Verbindlichkeit bzw Befreiung von einer Schuld zugunsten eines anderen (Art 97 f).

37 Eine **Formvorschrift** wird in den Motiven schon im Hinblick auf diesen allgemeinen Rechtszustand für erforderlich erachtet. Im EI wird entgegen der gemeinrechtlichen Praxis und in mindestens partieller Anlehnung an die Orientierung der Kodifikationen **nicht mehr auf den Wert abgestellt**, sondern auf den Unterschied zwischen Schenkungsversprechen und „durch Veräußerung vollzogene Schenkungen" (Mugdan Mot II 163; krit zu dieser Definition Bekker, System des heutigen Pandektenrechts II [1886] 192 Fn aa). Danach musste jedes **Schenkungsversprechen** unabhängig vom Wert zu seiner Gültigkeit **einer besonderen Form** (§ 40 EI) bedürfen. Von dieser **Form befreit war die vollzogene Schenkung**, wobei damit diejenigen Schenkungen gemeint waren, „bei welchen der Vermögenserfolg, welcher erreicht werden soll, bereits erreicht ist" (vKübel/Börner, Vorlagen der Redaktoren. Recht der Schuldverhältnisse II [1980] 179).

38 Nach den Motiven soll die **gerichtliche** oder **notarielle Form** den Schenker **vor übereilten Schenkungsversprechungen schützen** bzw in den Fällen Klarheit schaffen, in denen gezweifelt wird, ob es sich um ein Schenkungsversprechen oder nur um die Ankündigung der Absicht handelt, in Zukunft schenken zu wollen (Mugdan Mot II 162; vgl die krit Anm von Bekker, System des heutigen Pandektenrechts II [1886] 195 f). Aus diesem Schutzgedanken heraus stellt der Entwurf auch das Schuldversprechen und das Schuldanerkenntnis einem Schenkungsversprechen gleich, die somit nicht als „eine (reell) vollzogene Schenkung" (195 f) angesehen wurden.

39 Diese Gründe treffen im Fall der **durch Veräußerung vollzogenen Schenkung** nicht zu, die deswegen unabhängig vom Wert ohne besondere Form gültig ist (§ 441 EI). Die Schenkung ist durch Veräußerung vollzogen, wenn die Voraussetzungen erfüllt sind, „welche nach den maßgebenden Gesetzesvorschriften je nach dem Gegenstande der Schenkung zur Perfektion des sog dinglichen Vertrags erforderlich sind" (Mugdan Mot II 163).

40 §§ 440 und 441 EI standen selbstständig nebeneinander. In der Intention des Ersten Entwurfs bedeutete die vom § 440 EI für das Schenkungsversprechen vorgesehene gerichtliche oder notarielle Form, dass das ohne diese Form abgegebene Schenkungsversprechen **nichtig und nicht durch eine nachträgliche Vollziehung heilbar ist** (Mugdan Mot II 163). Dogmatisch korrekt stellt daher der EI fest, dass aus dem vom Schenker zur Erfüllung eines formwidrigen und daher nichtigen Schenkungsversprechens irrtümlich Geleisteten ein **Rückforderungsanspruch** aus *condictio indebiti* entsteht und gerade keine **formfreie vollzogene Schenkung** im Sinne des § 441 EI vorliegt. In diesem Fall wird nämlich nicht **donandi animo**, schenkungsweise, geleistet, sondern **solvendi animo**, genauso wie „auch die Erfüllung eines gültigen Schenkungsversprechens an sich nicht selbst Schenkung ist, sondern Erfüllung einer bestehenden Verbindlichkeit" (Mugdan Mot II 164). Leistet dagegen der Schenker, was er formungültig versprochen hat, obwohl er weiß, dass er aufgrund der Nichtigkeit des Versprechens dazu nicht verpflichtet ist, handelt es sich um eine neue, vollzogene Schenkung nach § 441 EI (krit zu der Fassung des § 441 BEKKER, System des heutigen Pandektenrechts II [1886] 192 Fn aa). Dieses nämlich setzt kein Schenkungsversprechen voraus, sondern ein dem geschenkten Gegenstand entsprechenden dinglichen Akt, der ohne ein vorausgegangenes Schenkungsversprechen bzw trotz eines vorausgegangenen nichtigen Versprechens die Schenkung vollzieht (192).

Demgegenüber hat die zweite Kommission einen Antrag angenommen, wodurch **41** § 441 EI durch die Bestimmung des heutigen § 518 Abs 2 BGB ersetzt wurde (vgl dazu auch BENÖHR, in: FS Meincke [2015] 58 f). Die **Kommission schloss sich nicht der Auffassung des Ersten Entwurfs an**, dass die Nichtigkeit des Schenkungsversprechens nicht geheilt werden kann, wenn nachträglich die Schenkung zur Vollziehung gelangt (MUGDAN Prot II 741), und zwar mit der Begründung, „wolle man wie der Entwurf unterscheiden, ob die Leistung des Schenkers im Irrthume über die Nichtigkeit des Schenkungsversprechens oder unter Absehen vom Versprechen bzw in Kenntnis seiner Nichtigkeit erfolgt sei, so würden Feinheiten in das Gesetz hineingetragen, die der Verkehr nicht verstehen werde und durch welche die Handhabung des Gesetzes unnöthigerweise erschwert werden würde" (MUGDAN Prot II 741).

Durch die **Streichung** des § 441 EI und seine **Ersetzung** durch den heutigen § 518 **42** Abs 2 BGB ist der im Ersten Entwurf klar geregelte **Unterschied zwischen Schenkungsversprechen und vollzogener Schenkung** in den Hintergrund geraten. Der EI hatte die Leistung aufgrund eines Schenkungsversprechens als Erfüllung einer Verbindlichkeit behandelt (MUGDAN Prot II 742), was die Anwendung der *condictio* bei irrtümlicher Erfüllung trotz Formmangel zur Folge hat. Davon zu unterscheiden ist die durch Veräußerung (im Sinne der römischen *alienatio*, s Rn 43) vollzogene Schenkung, bei der irrelevant ist, ob ein Versprechen vorgenommen worden sei. Dass es gerade in diesen Fällen der Form nicht bedarf, soll freilich durch die Bestimmung des § 518 Abs 2 BGB, nach der die Heilung des nichtigen Schenkungsversprechens möglich ist, nicht in Frage gestellt werden. Genauso wenig soll dadurch die Erkennbarkeit der **Handschenkung als dinglicher Vertrag**, wie es vom EI vorgesehen und in der Definition der Schenkung von § 516 BGB vorausgesetzt ist, in Frage gestellt werden (s auch § 516 Rn 1 und 3).

c) Weitere Bestimmungen

Konsens herrschte in der gemeinrechtlichen Doktrin darüber, dass eine Schenkung **43** **Bereicherung** auf der einen Seite und **Verlust** auf der anderen Seite voraussetzt (Rn 9; WINDSCHEID/KIPP, Lehrbuch des Pandektenrechts [9. Aufl 1906] 547 Fn 6; vgl auch vKÜBEL/BÖRNER, Vorlagen der Redaktoren. Recht der Schuldverhältnisse II [1980] 149). SAVIGNY hatte dieses Erfordernis weiter präzisiert: a) Etwas muss aus einem Vermögen ausscheiden und in das andere hinübergehen; b) infolge dessen muss der „Totalwerth des einen Vermögens vermindert, des anderen vermehrt" werden (SAVIGNY, System IV [1841] 24). Das erste dieser zwei Elemente nannte SAVIGNY **Veräußerung**, welche dann jede Schenkung enthält; sie sei „ja … in der That die Grundlage aller Schenkung" (SAVIGNY, System IV [1841] 24 mit Fn b, in der er präzisiert, dass der Ausdruck Veräußerung normalerweise gerade wie bei den Römern der Ausdruck *alienatio* in einem beschränkteren Umfang gebraucht wird, nämlich für die Übertragung eines dinglichen Rechts). Dieser Standpunkt geht in den EI über (MUGDAN Mot II 159) und wird von der zweiten Kommission entgegen Änderungsanträgen übernommen, die glaubte „an dem Standpunkte des Entw. und des bisherigen Rechts festhalten und eine Schenkung im juristisch-technischen Sinne nur annehmen zu sollen, wenn thatsächlich eine Vermögensverschiebung zwischen Schenker und Beschenktem stattgefunden hat" (MUGDAN Prot II 736; Rn 44). Der Umstand, dass in der Bevölkerung auch „Liberalitäten" (MUGDAN Prot II 736) anderer Art als Schenkungen empfunden werden, bedeutet nicht, auch auf diese die Sonderregelungen des Schenkungsrechts anzuwenden.

44 Unumstritten im Gemeinen Recht war auch, dass die Vermögenszuwendung **freiwillig** und in der **Absicht**, den Beschenkten zu **bereichern**, erfolgen muss (vKÜBEL/BÖRNER, Vorlagen der Redaktoren. Recht der Schuldverhältnisse II [1980] 150), wobei in dem Zusammenhang schon SAVIGNY klarstellte, dass dafür nur notwendig sei, dass die Bereicherung ein vom Schenker verfolgter Zweck ist, während gleichgültig sei, welcher „entferntere Zweck" (SAVIGNY, System IV [1841] 87) hinter dem primären Zweck der Bereicherung verfolgt wird. Der Schenker kann hoffen, durch die Zuwendung eine Zuneigung zu begründen, die ihm in Zukunft noch größere Vorteile bringt, oder er kann aus Eitelkeit schenken oder aus reinem Wohlwollen bzw Mitleid. „In allen diesen Fällen ist es wahre Schenkung, weil zunächst die Bereicherung des Anderen wirklich gewollt wird, nur um durch diese zu einem entfernteren Zweck zu gelangen" (SAVIGNY, System IV [1841] 87; so auch WINDSCHEID/KIPP, Lehrbuch des Pandektenrechts [9. Aufl 1906] 545 Fn 4 mwNw aus der gemeinrechtlichen Doktrin). Entsprechend formuliert § 437 EI die Voraussetzung des *animus donandi* mit **„in der Absicht dieser Bereicherung"** (MUGDAN, Gegenüberstellung II S LIII), wobei in den Motiven bemängelt wurde, dass ohne den Zusatz „nächste" Absicht aus dem Begriff der Schenkung einige Konstellationen wie zB die Zuwendung zur Erfüllung einer Bedingung *(conditionis implendae causa)* nicht explizit ausgeschlossen werden. Gleichzeitig wurde allerdings betont, dass die Hervorhebung des Elements der Unentgeltlichkeit der Zuwendung nicht notwendig sei, wenn „eine *animo donandi* erfolgende Zuwendung erfordert [wird], durch welche der Zuwendende ärmer, der Andere reicher wird" (MUGDAN Mot II 159). Die **Kritiken** an der Redaktion des § 437 EI führten zu einem Antrag, der materiell nach der Einschätzung der zweiten Kommission nicht vom EI abwich, sondern dessen Fassung „vereinfachen und verdeutlichen" (MUGDAN Prot II 736) sollte. Der Antrag wurde daher angenommen und stellt den heutigen § 516 Abs 1 BGB dar, in welchem gerade die von den Motiven als überflüssig erachtete Erwähnung der Unentgeltlichkeit enthalten ist (§ 516 Rn 37 ff, 50 ff).

45 Genauso entbehrlich wie die Hervorhebung der Unentgeltlichkeit war im EI (anders als im Dresdner Entwurf, Art 497 Abs 2) die Erwähnung einzelner Schenkungsfälle, namentlich der **gemischten Schenkung** *(negotium mixtum cum donatione)* (§ 516 Rn 64 ff). Diesbezüglich wird als selbstverständlich erachtet, dass „wenn bei einem zweiseitigen Vertrage *animo donandi* eine den Werth der Gegenleistung übersteigende Leistung vereinbart wird, dieser Vertrag, soweit der Werth der Leistung den der Gegenleistung übersteigt, als Schenkung zu beurtheilen ist" (MUGDAN Mot II 159; vgl BEKKER, System des heutigen Pandektenrechts II [1886] 201 ff). In der Tat herrschte Einigkeit in der gemeinrechtlichen Doktrin, dass, soweit Schenkungen mit anderen Rechtsgeschäften verbunden waren, die Grundsätze des Schenkungsrechts auf die Schenkung anzuwenden waren (vKÜBEL/BÖRNER, Vorlagen der Redaktoren. Recht der Schuldverhältnisse II [1980] 153). Nach SAVIGNY (System IV [1841] 103) muss hier der **Wert** des auf die Schenkung entfallenden Anteils ermittelt werden, der dann **den Regelungen der Schenkung unterliegt** (Insinuation, Verbot in der Ehe, Widerrufsmöglichkeit). Nur dann solle das ganze Geschäft **nicht als Schenkung** behandelt werden, wenn die **Gegenleistung keinen Geldwert** hat und daher eine Trennung nicht möglich ist (Savigny, System IV [1841] 103 f). Hier knüpfte die Rechtsprechung des Reichsgerichts nach Inkrafttreten des BGB direkt an (§ 516 Rn 76).

Die sog **belohnende (remuneratorische) Schenkung** wird seit Savigny entgegen der **46** früheren gemeinrechtlichen Doktrin (vgl dazu Bekker, System des heutigen Pandektenrechts II [1886] 203 ff) als **gewöhnliche Schenkung** angesehen. Dieser Meinung schloss sich der EI an, der daher darüber schweigt. Die remuneratorische Schenkung unterliegt also den Beschränkungen des Schenkungsrechts einschließlich des Widerrufsrechts (Windscheid/Kipp, Lehrbuch des Pandektenrechts [9. Aufl 1906] 564 f). Savigny argumentierte, dass genauso wenig wie Mitleid, Großzügigkeit oder Eitelkeit auch die Dankbarkeit als Motiv der Zuwendung das Wesen der Schenkung nicht in Frage stellt (Savigny, System IV [1841] 88 f). Allerdings spricht er sich hinsichtlich der Vergütung von Diensten dafür aus, die Schenkung mit ihren Folgen dann auszuschließen, wenn die Zuwendung nach der Absicht des Zuwendenden die **bloße Bezahlung** einer Schuld sei (Savigny, System IV [1841] 94 f). Dagegen polemisiert Windscheid, demzufolge die Argumentation von Savigny hier „äußerst sowohl unbestimmt als gefährlich" sei (Windscheid/Kipp, Lehrbuch des Pandektenrechts [9. Aufl 1906] 565 Fn 11) und eigentlich in Widerspruch zu der von Savigny selbst vertretenen Meinung stehe, die remuneratorische Schenkung unterliege dem Schenkungsrecht. Die Diskussion, anhand feiner Exegesen von Digestenstellen geführt, betrifft auch den anderen von der gemeinrechtlichen Doktrin ausgiebig diskutierten Fall der Belohnung im Falle der Lebensrettung (vgl D 39.5.34.1). Hier waren allerdings Savigny (System IV [1841] 96 f) und Windscheid (Windscheid/Kipp, Lehrbuch des Pandektenrechts [9. Aufl 1906] 565) einer Meinung: im Falle der Lebensrettung gilt das Schenkungsrecht ausnahmsweise nicht. Ein Echo dieser Diskussion findet sich im BGB, das der remuneratorischen Schenkung keine Sonderstellung einräumt, wobei diese, wenn sie einer sittlichen Pflicht oder einer auf den Anstand zu nehmenden Rücksicht entspricht, nicht der Rückforderung wegen Armut des Schenkers und dem Widerruf wegen Undankbarkeit unterliegt (§ 534 Rn 8).

Die gemeinrechtliche Doktrin ging davon aus, dass die **Schenkung unter Auflage** dann **47** den Begrenzungen des Schenkungsrechts unterworfen sei, wenn sie wirklich eine Schenkung sei (vKübel/Börner, Vorlagen der Redaktoren. Recht der Schuldverhältnisse II [1980] 167). § 448 EI entbehrt explizit einer Bestimmung, dass eine Schenkung unter Auflage nur dann als Schenkung anzusehen sei, wenn der Wert des Geschenkes den der Auflage übersteigt; es sei selbstverständlich, dass die Schenkung sich um den Wert der Auflage mindert (Mugdan Mot II 166). Allerdings bringt er zum Ausdruck, dass der Schenker die Erfüllung der Auflage vom Beschenkten verlangen kann, wenn er vorgeleistet hat (Mot II 166). Dagegen sind konkrete Vorschriften im Hinblick auf den Fall, dass die Auflage vom Beschenkten nicht erfüllt wird, der Lehre von Windscheid entsprechend nicht vorgesehen, nach der die Rückforderung entweder nach dem Recht der Voraussetzung oder unter dem Gesichtspunkt der Undankbarkeit des Beschenkten erfolgen kann (Windscheid/Kipp, Lehrbuch des Pandektenrechts [9. Aufl 1906] 566). Infolge der Diskussion in der zweiten Kommission (Mugdan Prot II 754) bestimmt der heutige **§ 527 BGB** (§ 527 Rn 10, 17 ff), dass in diesem Fall das Geschenk nach den Grundsätzen der ungerechtfertigten Bereicherung zurückgefordert werden kann, allerdings anders als im gemeinen Recht nur, insoweit es zur Vollziehung der Auflage hätte verwendet werden müssen (Windscheid/Kipp, Lehrbuch des Pandektenrechts [9. Aufl 1906] 567).

48 Savigny leitete zu Recht die Möglichkeit des **Widerrufs einer Schenkung wegen Undankbarkeit des Beschenkten** aus den entsprechenden von **Justinian** eingeführten Bestimmungen her (Rn 16). Aus der Natur der Schenkung lässt sich nämlich die Einräumung eines Widerrufsrechts nicht ableiten, dank dessen der Schenker die an sich gültige Schenkung beseitigen kann. Folglich nimmt Savigny entgegen Donellus, der konstruiert hatte, jede Schenkung enthalte einen stillschweigenden Vertrag, dass der Beschenkte nicht undankbar sein werde und dessen Verletzung eine *condictio ob causa datorum* hervorrufen würde (Donellus XIV 31 § 7–14), eine *condictio ex lege* an (Savigny, System IV [1841] 231). Nach § 452 EI entsteht für den Schenker nach dem erklärten und begründeten Widerruf der Anspruch, das Geleistete vom Beschenkten nach Maßgabe der *condictio ob causam finitam* zurückzufordern (Mugdan Mot II 169). Dies wurde in der zweiten Kommission bestätigt und ist mittels eines generellen Verweises auf das Recht der ungerechtfertigten Bereicherung im **§ 531 Abs 2 BGB** (§ 531 Rn 1 ff, § 530 Rn 57 ff) enthalten. Ebenso auf justinianische Vorbilder sind die spezifischen Fälle der Undankbarkeit zurückzuführen, für die der Widerruf gelten soll. Diese entsprechen grundsätzlich den Fällen, die nach § 449 EI den Widerruf hervorrufen können, und zwar ohne Unterschied zwischen Schenkungsversprechen und vollzogener Schenkung und ohne Rücksicht auf den Wert der Zuwendung (Mugdan Mot II 168). Die explizite Erwähnung dieser Fälle wurde allerdings durch die zweite Kommission mit dem Argument gestrichen, dass „dem freien richterlichen Ermessen ein größerer Spielraum gelassen werden" müsse (Mugdan Prot II 756): Der EI gehe nämlich uU zu weit, wenn er zB in jeder körperlichen Misshandlung des Schenkers einen groben Undank erblicke; er sei allerdings zu eng, wenn zB im Fall der widerrechtlichen Herbeiführung der Entmündigung den Widerruf nicht zugelassen werde (Prot II 756). Weitere Widerrufsgründe, die sonst im Gemeinen Recht und in sonstigen Kodifikationen anerkannt waren, wie zB der Widerruf wegen nachgeborener Kinder, wurden gemäß Windscheids Meinung nicht übernommen (Mugdan Mot II 169; Windscheid/Kipp, Lehrbuch des Pandektenrechts [9. Aufl 1906] 562 mit Fn 22).

49 Auch hinsichtlich der **Unvererblichkeit des Widerrufsrechts** steht der EI im Einklang mit der gemeinrechtlichen Lehre: § 450 EI, der in **§ 530 BGB** (§ 530 Rn 54) übernommen wurde, gewährte dem Erben den Widerruf nur in dem Fall, dass der Beschenkte den Schenker vorsätzlich getötet hat (Mugdan Mot II 168). Dies wurde in der zweiten Kommission bestätigt. Das Widerrufsrecht habe seine Rechtfertigung in dem **„Pietätsverhältnisse"** (Mugdan Prot II 757), das durch die Schenkung zwischen Schenker und Beschenkten entstanden sei. Es stellte eine fortdauernde Kränkung für den Schenker dar, zuzusehen, wie der Beschenkte sich an dem Geschenk erfreut, „obwohl er die rechte Gesinnung, in welcher er dieses haben soll, verleugne" (Prot II 757). Die engen Grenzen des Widerrufsrechts der Erben des Schenkers nach dem EI wurden allerdings erweitert, indem der Widerruf auch für den Fall zugelassen wurde, dass der Beschenkte durch eine widerrechtliche Handlung den Schenker vorsätzlich an dem Widerruf gehindert hatte (Prot II 757), heute § 530 Abs 2 Alt 2 BGB (§ 530 Rn 54).

50 Strittig war dagegen im Gemeinen Recht die Frage, ob die Erben des Beschenkten dem Widerrufsrecht ausgesetzt sind. Windscheid hatte sich dafür ausgesprochen

(Windscheid/Kipp, Lehrbuch des Pandektenrechts [9. Aufl 1906] 561). Dementsprechend schloss § 451 EI den Widerruf wegen Undankbarkeit gegen den Erben des Beschenkten aus (Mugdan Mot II 168 f). Dies wurde in der zweiten Kommission mit dem weiteren Argument bestätigt, dass „das lediglich persönliche Verhältnis, welches die Schenkung zwischen Schenker und Beschenktem begründe, einer Ausdehnung des Widerrufsrechts gegen die Erben des Beschenkten entgegenstehe" (Mugdan Prot II 758), und ging in **§ 532 S 2 BGB ein**. Die Jahresfrist von **§ 532 S 1 BGB** wurde von **§ 451 Nr 2 EI** entgegen dem Gemeinen Recht, aber in Übereinstimmung mit dem *Code civil* eingeführt (Mugdan Mot II 169); das Erlöschen des Widerrufsrechts durch Verzeihung des Schenkers entsprach dagegen dem geltenden gemeinen Recht (Mugdan Mot II 169).

II. Rechtsvergleichender Überblick

1. Die Schenkung im französischen Recht

a) Einleitung

Im französischen Recht gehört die Schenkung, *donation entre vifs*, zu den freigiebigen Zuwendungen, ***libéralités***. Diese finden ihre Regelung im zweiten Titel des dritten Buchs des *Code civil*, das über die verschiedenen Arten des Eigentumserwerbs handelt (Das Schenkungsrecht hat seine aktuelle Fassung durch die Reform des allgemeinen Teils des Vertragsrecht im Jahr 2007 erhalten, insg dazu Babusiaux/Witz JZ 2017, 496, wobei diese im Rahmen des Schenkungsrechts im Wesentlichen nur die Neunummerierung der maßgeblichen Artikel im Bereich der Willensmängeln zu Folge hatte). Unter systematischen Gesichtspunkten unterscheidet sich der *Code civil* somit grundlegend vom BGB, das die Schenkung als eigenen obligatorischen Vertrag innerhalb des Besonderen Schuldrechts (Buch 2, Abschnitt 8, Titel 4) regelt (vgl Rn 29 ff, 34). 51

Als *libéralité* definiert der *Code civil* in Art 893 Abs 1 ein Rechtsgeschäft, *acte*, mit 52 dem jemand sein Vermögen oder einen Teil davon einem anderen unentgeltlich, **à titre gratuit**, zuwendet. Eine solche Zuwendung kann nach Art 893 Abs 2 Cciv ausschließlich durch **Schenkung oder Testament** erfolgen. Neben den einzelnen Bestimmungen über die Schenkung und ihre Unterarten in den Art 931 ff, 1048 ff, 1076 ff, 1081 ff, 1091 ff Cciv sind auf sie auch die allgemeinen Vorschriften für die *libéralités* in den Art 893 ff, 1075 ff Cciv anwendbar. Diese Normenkonstruktion begründet damit eine Art allgemeinen Teil der freigiebigen Zuwendungen, ein *régime légal des libéralités* bzw eine *théorie générale des actes à titre gratuit* (Ferid/Sonnenberger, Das französische Zivilrecht II [2. Aufl 1986] 2 H 6). Damit besteht sowohl hinsichtlich der systematischen Verortung als auch durch die gemeinsamen Bestimmungen eine **enge Verknüpfung zwischen den unentgeltlichen Zuwendungen unter Lebenden und den Verfügungen von Todes wegen**. Eine solche Gegenüberstellung war insbesondere auch bereits in Art 3 der *Ordonnance* von 1731 über die Schenkung bekannt (vgl Pothier, Traité des donations entre-vifs, art prél, Oeuvres XI [Paris 1819] 1).

Aus der **Wesensähnlichkeit** der Schenkung und der Verfügung von Todes wegen, die 53 beide einen unentgeltlichen Eigentumserwerb herbeiführen, lässt sich die Trennung der Schenkung von den sonstigen unentgeltlichen Schuldverträgen, *contrats à titre gratuit* (früher *contrats de bienfaisance*), erklären, die in Art 1107 Abs 2 (Art 1105 aF) Cciv im Rahmen der allgemeinen Bestimmungen über vertragliche Schuldverhältnisse eine Regelung gefunden haben (FERID/SONNENBERGER, Das französische Zivilrecht II [2. Aufl 1986] 2 H 1 f). Diese für die kontinentalen Rechtsordnungen nicht untypische Verbindung der Schenkung mit testamentarischen Zuwendungen (Rn 24 f; dazu KÖTZ, Europäisches Vertragsrecht [2. Aufl 2015] 77; vgl auch schon DOMAT, Les lois civiles I.X in: REMY, Oeuvres I [Paris 1835] 299) hat dabei eben auch zur Folge, dass **Dienstleistungen** aus dem Schenkungsgeschäft ausgenommen sind. Zudem dienen gerade auch die gemeinsamen Vorschriften dazu, die **Umgehung** erbrechtlicher Bestimmungen durch lebzeitige Schenkungen zu verhindern (FERID/SONNENBERGER, Das französische Zivilrecht II [2. Aufl 1986] 2 H 44; ABEL, Die Qualifikation der Schenkung [1997] 78). In der französischen Lehre wird die Schenkung überdies oft im Zusammenhang mit der **Stiftung**, *fondation*, erörtert (FERID/SONNENBERGER, Das französische Zivilrecht II [2. Aufl 1986] 2 H 4; vgl zB ebenso MALAURIE/BRENNER, Droit des successions et des libéralités [11. Aufl 2024] Nr 255 ff).

b) Definition der Schenkung

54 Die Schenkung selbst wird in Art 894 Cciv definiert. Sie ist ein Rechtsgeschäft, durch das sich der Schenker **gegenwärtig und unwiderruflich**, *actuellement et irrévocablement*, der geschenkten Sache zugunsten des Beschenkten begibt, der diese annimmt. Das insoweit zentrale Moment der Unwiderruflichkeit findet sich in dieser Art bereits bei POTHIER (POTHIER, Traité des donations entre-vifs, art prél, Oeuvres XI [Paris 1819] 1). Erst in Verbindung mit Art 893 Cciv wird das eigentlich Selbstverständliche im *Code civil* deutlich, nämlich, dass die Schenkung außerdem **unentgeltlich** erfolgen muss, was nicht direkt in der eigentlichen Definitionsnorm selbst enthalten ist (auf diese angebliche Merkwürdigkeit weisen FERID/SONNENBERGER, Das französische Zivilrecht II [2. Aufl 1986] 2 H 7 hin). Das ist aber durch die logisch-deduktive Systematik des Titels bedingt: In Art 893 Cciv wird die Unentgeltlichkeit als gemeinsames Merkmal von Schenkungen und Testamenten als Erwerbsarten des Eigentums genannt; daher bleiben in Art 894 Cciv nur die *differentia specifica* der Schenkung zu nennen übrig. Die Schenkung setzt zudem voraus, wie Art 894 Cciv andeutet und Art 932 Abs 1 Cciv bestätigt, dass der Beschenkte das Geschenk ausdrücklich akzeptiert. Ohne diese Annahme würde es nämlich an der vom *Code civil* geforderten aktuellen Entreicherung fehlen (so bereits DOMAT, Les lois civiles I.X.1.2 in: REMY, Oeuvres I [Paris 1835] 302). Denn die Schenkung unter Lebenden wird auch heute wie schon in der Zeit vor dem *Code civil* und anders als die *institutions contractuelles* erst mit der Annahme wirksam (POTHIER, Traité des donations entre-vifs II.1, Oeuvres XI [Paris 1819] 28 ff, 35 f). Trotz der Bezeichnung als *acte juridique* hat die Schenkung also einen **Vertragscharakter** (so auch FERID/SONNENBERGER, Das französische Zivilrecht II [2. Aufl 1986] 2 H 5; dies war bereits vor dem *Code civil* anerkannt und den Schenkungen von Todes wegen gegenübergestellt, DOMAT, Les lois civiles I.X, in: REMY, Oeuvres I [Paris 1835] 298; POTHIER, Traité des donations entre-vifs, art prél und II, Oeuvres XI [Paris 1819] 1, 28 ff; vgl dazu ABEL, Die Qualifikation der Schenkung [1997] 78; MALAURIE/BRENNER, Droit des successions et des libéralités [11. Aufl 2024] vor Nr 228, 297, die die Willensübereinkunft als Kernstück des *acte juridique* sehen). Anders noch als unter den *coutumes* bedarf es nach dem *Code civil* für die Wirksamkeit der Schenkung **keiner Übergabe** der Sache mehr (s zu diesem Erfordernis für die Wirksamkeit der Schenkung und des damit verbundenen Eigentumsübergangs, wobei die Übergabe ggf auch durch ein Besitzkonstitut ersetzt werden konnte, weil der Schenker in diesem Fall seine *possession* gegen eine bloße *détention* eintauschte, POTHIER, Traité des donations entre-vifs II.2.1, Oeuvres XI [Paris 1819] 37 ff). Dieses vormalige Erfordernis sollte dem grundlegenden Prinzip der Unwiderruflichkeit der Schenkung, *donner et retenir ne vaut*, Rechnung tragen, das in Art 273 der *Coutume de Paris* und Art 283 der *Coutume d'Orléans* enthalten war (POTHIER, Traité des donations entre-vifs II.2, Oeuvres

XI [Paris 1819] 36 f; WACKE AcP 201 [2001] 256, 260 f). Der *Code civil* begnügt sich hiergegen mit der notariellen Form (WACKE AcP 201 [2001] 256, 260 f; vgl zu dem Zweck auch schon zuvor DOMAT, Les lois civiles I.X, in: REMY, Oeuvres I [Paris 1835] 299).

Inhaltlich setzt die Schenkung also neben einem tauglichen Schenkungsobjekt eine **Vermögensminderung** beim Schenker, eine **Vermögensmehrung** beim Beschenkten, eine **Kausalverknüpfung** zwischen beidem, das **Fehlen einer Gegenleistung** und den **Willen** voraus, das **eigene Vermögen** ohne Gegenleistung **zum Zweck der Bereicherung des anderen zu mindern** (FERID/SONNENBERGER, Das französische Zivilrecht II [2. Aufl 1986] 2 H 8). Das Schenkungsobjekt selbst muss eine Sache, **chose**, sein, bei der es sich um körperliche und unkörperliche Gegenstände handeln kann; ausgeschlossen sind dagegen Dienstleistungen, die durch einen unentgeltlichen Schuldvertrag, *contrat à titre gratuit*, vereinbart werden können (FERID/SONNENBERGER, Das französische Zivilrecht II [2. Aufl 1986] 2 H 1, 3, 12, 14, s Nr 53; vgl auch bereits DOMAT, Les lois civiles I.X, in: REMY, Oeuvres I [Paris 1835] 299). Zentrale Voraussetzung für die Schenkung ist aber die **subjektive intention libérale** bzw *animus donandi* (MALAURIE/BRENNER, Droit des successions et des libéralités [11. Aufl 2024] Nr 268). Der Schenkungswille selbst wird im Übrigen vermutet, wenn die objektive Unentgeltlichkeit bekannt ist (FERID/SONNENBERGER, Das französische Zivilrecht II [2. Aufl 1986] 2 H 37 ff, 40). 55

Zur Vermeidung der Anwendbarkeit der Formvorschriften werden **Gelegenheitsgeschenke, Almosen und Spenden** nicht als Schenkung im Sinne des *Code civil* angesehen (FERID/SONNENBERGER, Das französische Zivilrecht II [2. Aufl 1986] 2 H 16 f; KÖTZ, Europäisches Vertragsrecht [2. Aufl 2015] 81 f). Voraussetzung in Bezug auf die Gelegenheitsgeschenke, *présents d'usage*, ist neben der Existenz einer solchen Gelegenheit, dass sie im Hinblick auf die Lebensverhältnisse der Beteiligten ein angemessenes Maß nicht übersteigen (MALAURIE/BRENNER, Droit des successions et des libéralités [11. Aufl 2024] Nr 282; s hierzu auch LÖFFLER, Ehegattenschenkungen und ihre Rückgängigmachung nach deutschem und französischem Recht [1987] 37 f, 42 ff mwNw zur dogmatischen Einordnung zwischen Naturalobligation und entgeltlichem Geschäft). **Verschleierte Schenkungen**, *donations déguisées*, werden aus dem Schenkungsrecht ausgegliedert, soweit es um die Einhaltung der Formvorschriften geht, für die die Form des vorgeschobenen Geschäfts maßgeblich ist; hinsichtlich der materiellen Wirkungen werden sie jedoch wie Schenkungen behandelt (FERID/SONNENBERGER, Das französische Zivilrecht II [2. Aufl 1986] 2 H 43, 116; vgl dazu MALAURIE/BRENNER, Droit des successions et des libéralités [11. Aufl 2024] Nr 323 ff). 56

Auch **Handschenkungen**, *dons manuels*, unterfallen nicht den schenkungsrechtlichen Formerfordernissen, wobei die sonstigen Schenkungsvorschriften auf sie Anwendung finden (FERID/SONNENBERGER, Das französische Zivilrecht II [2. Aufl 1986] 2 H 128; vgl dazu MALAURIE/BRENNER, Droit des successions et des libéralités [11. Aufl 2024] Nr 307 ff; ABEL, Die Qualifikation der Schenkung [1997] 83 f sieht in ihnen eine Schenkung, bei der die notarielle Form durch die Übergabe ersetzt wird; das ist allerdings nicht unproblematisch, da zumindest eine Heilung einer formnichtigen Schenkung durch die Übergabe nicht erfolgen kann, vgl dazu sogleich; rechtsvergleichend CHIUSI, in: FS Ankara [2017] 353 ff). Die Handschenkung selbst hat **keine eigene Regelung** im Gesetz gefunden. Man könnte sich auf den Standpunkt stellen, dass sich die Definition in Art 894 auch auf eine Handschenkung beziehen lässt, zumal das Gesetz von *acte juridique* spricht, und daher keine Notwendigkeit einer eigenen Regelung besteht. Doch gehen die französische Rechtsprechung und Doktrin einmütig von einem *aliud* aus; das dürfte daran liegen, dass die Schenkung tatsächlich an die 57

Einhaltung einer Form gebunden ist und eine Heilung nur in Bezug auf die Erben als möglich angesehen wird. Die Handschenkung setzt gleichsam als von der Schenkung verschiedenes Rechtsgeschäft eigener Art die **Willensübereinkunft** über die unentgeltliche Zuwendung und die Übergabe der Sache als rein tatsächliches Element, *tradition*, voraus, sofern der Zuwendungsempfänger nicht bereits die *détention* oder *possession à titre précaire* innehat (Ferid/Sonnenberger, Das französische Zivilrecht II [2. Aufl 1986] 2 H 124; Malaurie/Brenner, Droit des successions et des libéralités [11. Aufl 2024] Nr 309). Insoweit handelt es sich hierbei auch um einen Schuldvertrag, allerdings in Form eines **Realkontrakts** (Abel, Die Qualifikation der Schenkung [1997] 83 f; Wacke AcP 201 [2001] 256, 261). Wegen des Übergabeerfordernisses kann sich eine Handschenkung nur auf bewegliche, körperliche Gegenstände beziehen, wobei sich hinsichtlich von Geldforderungen eine Liberalisierung abzeichnet (vgl Malaurie/Brenner, Droit des successions et des libéralités [11. Aufl 2024] Nr 311). Soweit eine Übergabe allerdings ausschließlich der **Erfüllung einer formnichtigen Schenkung** dient, liegt keine Handschenkung vor, weil die konkret vollzogene Übergabe insoweit, also mit Hinblick auf den Abschluss einer Handschenkung, nicht von der *intention libérale* getragen wird (Malaurie/Brenner, Droit des successions et des libéralités [11. Aufl 2024] Nr 315; zu der Frage einer eventuellen Heilung der formnichtigen Schenkung s Rn 62). Die Übergabe muss im Übrigen **zu Lebzeiten des Schenkers** erfolgen, wobei eine Schenkung auch dann wirksam ist, wenn der Gegenstand nur den Beauftragten des Beschenkten vor dem Tode des Schenkers erreicht (Malaurie/Brenner, Droit des successions et des libéralités [11. Aufl 2024] Nr 313).

c) Wirksamkeitsvoraussetzungen

58 Abgesehen von ihren definitorischen Merkmalen unterliegt die Schenkung weiteren besonderen **Wirksamkeitsvoraussetzungen.** Hierunter fallen zunächst besondere Formerfordernisse. Außerdem sind nicht alle natürlichen bzw juristischen Personen fähig, Geschenke zu machen oder zu empfangen, wobei hier Aspekte der Schenkungsfähigkeit wie der Geschäftsfähigkeit eine Rolle spielen. Zuletzt wird der Inhalt von Schenkungen durch den *Code civil* in verschiedener Hinsicht beschränkt.

aa) Form

59 Die Schenkung unterliegt auch im französischen Recht **besonderen Formvorschriften**, von denen ihre Wirksamkeit abhängt. Eine Schenkung ist demnach nur dann wirksam, wenn die in Art 931 Cciv besonders vorgeschriebene Form eingehalten wird. Diese Formvoraussetzung erfasst die Schenkung selbst, nicht das Schenkungsversprechen, was aus deutscher Sicht mit dem in Frankreich **fehlenden Trennungsprinzip** zu erklären ist (vgl Ferid/Sonnenberger, Das französische Zivilrecht II [2. Aufl 1986] 2 H 1101). Danach müssen alle Rechtsgeschäfte, die eine Schenkung zum Gegenstand haben, **vor dem Notar** abgeschlossen werden, wobei die **Originalurkunde** bei diesem zu verbleiben hat, *il en restera minute* (zu dieser Begrifflichkeit s Malaurie/Brenner, Droit des successions et des libéralités [11. Aufl 2024] Nr 301; Ferid/Sonnenberger, Das französische Zivilrecht II [2. Aufl 1986] 2 H 102). Bei Nichtbeachtung dieser Formvorschriften ist die Schenkung nach der ausdrücklichen gesetzlichen Bestimmung **nichtig**. Die Formvorschrift dient dabei dem **Schutz der Willensbildung** und der **Beständigkeit der Schenkung** sowie der **Wahrung des Familienvermögens** (Malaurie/Brenner, Droit des successions et des libéralités [11. Aufl 2024] Nr 300; Ferid/Sonnenberger, Das französische Zivilrecht II [2. Aufl 1986] 2 H 103 ff). Im *Code civil* garantiert sie ua die Einhaltung des *donner et retenir ne vaut*-Prinzips (vgl Domat, Les lois civiles I.X, in: Remy, Oeuvres I [Paris 1835] 299). Bei ihrer Nicht-

einhaltung ist nämlich das Rechtsgeschäft bis zum Tode des Schenkers **absolut**, danach **relativ** nichtig; nach Art 931–1 Abs 1 Cciv (Art 1339 aF) kann die formnichtige Schenkung nur durch eine erneute Vornahme ersetzt, aber nicht geheilt werden, während Art 931–1 Abs 2 Cciv (Art 1340 aF) es den Erben des Schenkers überlässt, ob sie sich auf den Formfehler berufen möchten. Aus dieser Unterscheidung in Art 931–1 Cciv wird die Qualifikation der *nullité* gefolgert (Ferid/Sonnenberger, Das französische Zivilrecht II [2. Aufl 1986] 2 H 103 ff; krit zu dieser verbreiteten Sicht aber zu Recht Malaurie/Brenner, Droit des successions et des libéralités [11. Aufl 2024] Nr 304). Soweit der Schenker vertreten wird, bedarf die **Vollmacht** der notariellen Form, Art 933 Abs 2 Cciv.

Die **Annahmeerklärung** des Beschenkten unterliegt denselben Formerfordernissen 60
wie die Erklärung des Schenkers, wobei diese auch in einer **getrennten Urkunde** erfolgen kann, aber zu seinen Lebzeiten erfolgen muss; die Schenkung wird allerdings erst dann wirksam, wenn die Annahmeerklärung dem Schenker durch *notification* bekannt gegeben wird, Art 932 Cciv.

Handelt es sich bei dem geschenkten Gegenstand um eine **bewegliche Sache**, muss 61
gemäß Art 948 Cciv zudem noch ein von beiden Parteien unterzeichnetes **Gegenstands- und Schätzungsverzeichnis,** *état estimatif*, aufgestellt werden, das der zwingend notariellen Schenkungsurkunde beizufügen ist.

Eine **Heilung durch Vollzug** (s hierzu auch Chiusi, in: FS Ankara [2017] 358 ff) soll im Übri- 62
gen nicht in Betracht kommen, weil die Übergabe der Begründung einer Handschenkung, nicht der Erfüllung einer Schenkung dient und letztere ohne Einhaltung der Form absolut nichtig ist; eine Handschenkung kann aber in dem Erfüllungsversuch mangels einer hierauf bezogenen *intention libérale* nicht liegen (Ferid/Sonnenberger, Das französische Zivilrecht II [2. Aufl 1986] 2 H 127; Malaurie/Brenner, Droit des successions et des libéralités [11. Aufl 2024] Nr 315; zur Nichtqualifikation einer Übergabe, die mit dem alleinigen Ziel der Erfüllung einer nur vermeintlich wirksamen Schenkung erfolgt ist, s Rn 57; zur Unmöglichkeit einer Heilung s Cass civ 1re 12. 6. 1967, Bull civ I 1967 Nr 208; Kötz, Europäisches Vertragsrecht [2. Aufl 2015] 80 mit Fn 35 gehen wohl davon aus, dass die Rechtsanwendung hier zur einer Wirksamkeit kommen wird, wenn bei der Übergabe Schenkungsabsicht besteht). Es kann vielmehr nur eine Neuvornahme stattfinden, wie Art 931–1 Abs 1 Cciv (Art 1339 aF) fordert und dabei zugleich jede Form der Bestätigung ausschließt (Malaurie/Brenner, Droit des successions et des libéralités [11. Aufl 2024] Nr 304; Cass civ 1re 12. 6. 1967, Bull civ I 1967 Nr 208). Dies bestätigt auch Art 931–1 Abs 2 Cciv (Art 1340 aF) *e contrario*, demzufolge die Erben des Schenkers durch eine Bestätigung oder Genehmigung auf die Berufung auf einen Formmangel der Schenkung verzichten. Dies soll seinen Grund darin finden, dass der Schenker nur dann effizient durch die Formvorschrift geschützt wird, wenn er sie selbst nicht umgehen kann; die Erben hingegen werden nicht in gleicher Weise von dem Schutzgedanken erfasst und können die Schenkung daher unter erleichterten Voraussetzungen bestätigen (Malaurie/Brenner, Droit des successions et des libéralités [11. Aufl 2024] Nr 304).

Auf **Umgehungsgeschäfte** finden die Formvorschriften mangels Vorliegens einer ech- 63
ten Schenkung keine Anwendung (Ferid/Sonnenberger, Das französische Zivilrecht II [2. Aufl 1986] 2 H 43, 116). Auch **Handschenkungen** unterliegen keinen Formvorschriften (zu den Begründungsansätzen bei der Handschenkung, die sich zwischen textuellen, historischen und

teleologischen Gründen bewegen, s MALAURIE/BRENNER, Droit des successions et des libéralités [11. Aufl 2024] Nr 308; KÖTZ, Europäisches Vertragsrecht [2. Aufl 2015] 79 f). Dies gilt auch für **remuneratorische Schenkungen**, wenn sie sich in einem angemessenen Rahmen halten (MALAURIE/BRENNER, Droit des successions et des libéralités [11. Aufl 2024] Nr 276); eben solche Schenkungen werden auch dadurch privilegiert, dass sie von den Schenkungsverboten zugunsten bestimmter Berufsgruppen ausgenommen werden (Art 909 Abs 2 Cciv). Zuletzt werden auch indirekte Schenkungen nicht von den Formvorschriften erfasst (MALAURIE/BRENNER, Droit des successions et des libéralités [11. Aufl 2024] Nr 329 ff).

bb) Schutz des freien Willens: Geschäftsfähigkeit und Willensmängel

64 Die **Geschäftsfähigkeit** von Schenker und Beschenkten sind unterschiedlich geregelt. Der Schenker selbst kann gemäß Art 901 Cciv eine Schenkung wie auch sonstige freigiebige Zuwendungen nur vornehmen, wenn er bei geistiger Gesundheit, *sain d'esprit*, ist und seine Zustimmung nicht durch Irrtum, Betrug oder Gewalt, also durch ein *vice de consentement*, verfälscht wird. Der Hinweis auf die Abwesenheit von Willensmängeln, der sich auch bei den allgemeinen Bestimmungen findet, wurde hier deshalb aufgenommen, weil sich die Art 1129 ff Cciv (Art 1109 ff aF) ihrem Wortlaut nach eigentlich nur auf zweiseitige Rechtsgeschäfte beziehen (KLIMA ZEV 2006, 440, 442). Außerdem weichen diese Voraussetzungen insbesondere für den Fall einer Geltendmachung der fehlenden Geschäftsfähigkeit nach dem Tode des Schenkers von den allgemeinen Bestimmungen der Art 414–1 ff Cciv ab, die die Berufung darauf nur sehr restriktiv ermöglichen (MALAURIE/BRENNER, Droit des successions et des libéralités [11. Aufl 2024] Nr 228). **Minderjährige** können dagegen nach Art 903, 904 Cciv regelmäßig keine Schenkungen vornehmen, selbst nicht durch einen Vertreter (MALAURIE/BRENNER, Droit des successions et des libéralités [11. Aufl 2024] Nr 242). Auch hinsichtlich der *vices de consentement* lässt sich insbesondere deshalb, weil Dritttäuschungen auch ohne besondere Voraussetzungen (vgl Art 1138 Cciv; s dazu SONNENBERGER, ZEuP 2017, 6,34) zugelassen werden, eine Erweiterung des Willensschutzes zugunsten des Schenkers im Vergleich zu den allgemeinen Vorschriften erkennen (MALAURIE/BRENNER, Droit des successions et des libéralités [11. Aufl 2024] vor Nr 231). Ein Verstoß gegen diese Bestimmung führt zur relativen Unwirksamkeit der freigiebigen Zuwendung (MALAURIE/BRENNER, Droit des successions et des libéralités [11. Aufl 2024] Nr 234). Ein **Volljähriger unter** *curatelle* kann nur mit Zustimmung seines *curateur* schenken, Art 470 Abs 2 Cciv. Mit Zustimmung des Familienrates oder des Gerichts kann ein nach Art 476 Abs 1 Cciv unter *tutelle* **stehender Volljähriger** Schenkungen mit der Zustimmung oder vertreten durch seinen *tuteur* vornehmen.

65 Die **Annahme** der Schenkung erfolgt durch den volljährigen Beschenkten oder einen von ihm bestellten Vertreter, Art 933 Abs 1 Cciv. Für nicht emanzipierte **Minderjährige bzw betreute Personen** kann der Vormund bzw Betreuer, *tuteur*, die Schenkung annehmen; im Falle des Minderjährigen sind auch die Eltern und Voreltern dazu befugt, Art 935 Cciv. Nach Art 906 Cciv kann im Übrigen auch ein gezeugtes Kind beschenkt werden, sofern es lebend geboren wird.

cc) Schenkungsfähigkeit und schenkungsrechtliche Beteiligungsverbote

66 Neben den Bestimmungen, die die Wirksamkeit einer Schenkung an den freien Willen anknüpfen und damit die Frage der Geschäftsfähigkeit und sonstiger Willensmängel betreffen, können sich **bestimmte Personen** wegen der konkreten Umstände der Schenkung oder wegen ihrer Funktion in der Gesellschaft an einer Schenkung

nicht beteiligen. Insoweit bestimmen Art 902, 1145 Cciv (Art 1123 aF), dass jede Person schenken bzw beschenkt werden kann, sofern das Gesetz es nicht verbietet.

Ein solches **Verbot, eine Schenkung anzunehmen**, besteht nach Art 909 Abs 1 Cciv gegenüber Ärzten und Apothekern bzw Angehörigen von Pflegeberufen, wenn sie den Schenker wegen der Krankheit behandeln, an der er verstirbt. Auch diese Regelung findet ihren Ursprung in den Bestimmungen der *coutumes* im Einklang mit den römischen Quellen (vgl Pothier, Traité des donations entre-vifs I.8.7.2, Oeuvres XI [Paris 1819] 24 f). Art 909 Abs 2 und 4 Cciv erstrecken diese Regelung auch auf gerichtlich bestellte Betreuer bzw Organisationen, die solche Funktionen ausüben, sowie Geistliche (vgl zu den Vorgängerbestimmungen des *Code civil* im Einzelnen Pothier, Traité des donations entre-vifs I.8, Oeuvres XI [Paris 1819] 19 ff). Ausgenommen sind lediglich einzelfallbedingt **remuneratorische Schenkungen** bzw solche **universellen Zuwendungen**, die an Verwandte bis zum vierten Grad erfolgen, Art 909 Abs 3 Cciv. Schenkungen an ehemalige Betreuer kann der nunmehr Volljährige bzw emanzipierte Minderjährige außerdem nur vornehmen, wenn die Betreuung bereits definitiv abgewickelt wurde, Art 907 Abs 2 Cciv. 67

Eine *incapacité* in Bezug auf Schenkungen existiert insbesondere bei den **juristischen Personen.** In gewisser Hinsicht lässt sich hier sogar sagen, dass die **„schenkungsbezogene" Teilrechtsfähigkeit,** *capacité de jouissance*, eher die Ausnahme als die Regel ist; denn insbesondere die Furcht davor, dass Vermögen bei einer unsterblichen juristischen Person dem Rechtsverkehr dauerhaft entzogen ist, ***crainte de la mainmorte***, und das Risiko einer Einflussnahme durch politische, wirtschaftliche, soziale oder religiöse Vereinigungen ebenso wie der Schutz der Familie und die Besonderheiten der juristischen Person, *specialité de la personne morale*, sprechen aus französischer, historisch bedingter Sicht für grundsätzliche Vorbehalte diesen Rechtssubjekten gegenüber, soweit der unentgeltliche Erwerb in Rede steht Malaurie/Brenner, Droit des successions et des libéralités [11. Aufl 2024] Nr 248; vgl auch Abel, Die Qualifikation der Schenkung [1997] 148). Dies geht zurück bis in die Zeiten der *coutumes*, zu der Schenkungen an Gemeinschaften oder *établissements* insbesondere aus dem Gedanken der *crainte de la mainmorte* unter einen königlichen Genehmigungsvorbehalt gestellt waren (Pothier, Traité des donations entre-vifs I.2.4, Oeuvres XI [Paris 1819] 13 f), entspricht aber auch insoweit dem Geist der Kodifikation, die sich gegen die für das *Ancien Régime* typische Entziehung von Vermögen aus dem Rechtsverkehr richtete. Auch wenn der geltende Art 910 Abs 1 Cciv Schenkungen an *établissements*, die sozialen bzw medizinisch-sozialen Zwecken oder öffentlichen Interessen dienen, grundsätzlich einem staatlichen Genehmigungsvorbehalt unterstellt, wird diese Regel durch Spezialgesetze im Hinblick auf die jeweils spezifische Organisationsform und den privatrechtlichen oder öffentlichrechtlichen Charakter der Vereinigung aufgebrochen. 68

Besonders eingeschränkt ist dabei die **Erwerbsfähigkeit** von **juristischen Personen des Privatrechts.** Privatrechtliche Gesellschaften, *sociétés*, können allerdings durch Schenkungen erwerben, während bei nicht auf Gewinnerzielung ausgerichteten Vereinen, *associations* (zur Definition s Art 1 Gesetz v 1. 7. 1901), differenziert werden muss (Malaurie/Brenner, Droit des successions et des libéralités [11. Aufl 2024] Nr 250 f, wobei Umgehungsversuche von der Rechtsprechung sanktioniert werden): Nicht rechtsfähige Vereine können mangels juristischer Existenz gar nicht erwerben; nur angemeldete Vereine, *associations déclarées*, können lediglich Handschenkungen, Schenkungen von *établis-* 69 *sements d'utilité publique* und Einlagen, *apports*, annehmen (Malaurie/Brenner, Droit des successions et des libéralités [11. Aufl 2024] Nr 251 f; vgl auch Art 6, 17 Gesetz v 1. 7. 1901; die *Cour de Cassation* hat dabei auch hinsichtlich der Zeugen Jehovas den Gedanken abgelehnt, dass ihrerseits erhaltene Unterstützungszahlungen nicht unentgeltlich seien, weil sie diese zur Verfolgung ihrer Ziele nutzen, Cass com 5. 10. 2004, Bull civ IV Nr 178). Von einer **erweiterten Erwerbsfähigkeit** profitieren Vereine, die seit mindestens drei Jahren angemeldet sind und deren Zweck ausschließlich dem Allgemeinwohl dient (vgl die abschließende Aufzählung in Art 200 Nr 1 lit b) des *Code général des impôts*; Art 6 Gesetz v 1. 7. 1901) oder deren Gemeinnützigkeit anerkannt wurde, *associations reconnues d'utilité publique* (Art 11 Gesetz v 1. 7. 1901), sowie kultische Vereinigungen, *associations cultuelles* (Art 19 ff Gesetz v 9. 12. 1905), und Kongregationen, *congrégations* (Malaurie/Brenner, Droit des successions et des libéralités [11. Aufl 2024] Nr 253 f mwNw zur Frage, wann eine kultische Vereinigung und wann nur eine insoweit nicht erfasste Sekte vorliegt; dabei steht die Rechtsprechung gerade Gemeinschaften wie den Zeugen Jehovas auch einer Einordnung als Glaubensgemeinschaft sehr kritisch gegenüber, Conseil d'Etat 1. 2. 1985, RDP 1985, 483, 508 f [Ass chr Les Témoins de Jehovah] mit Schlussfolgerungen des *commissaire du gouvernement* Delon und Anm Robert; steuerrechtlich ebenso Cass com 5. 10. 2004, Bull civ IV Nr 178). Bis 2014 mussten diese Vereinigungsarten durch freigiebige Zuwendung erworbenen Grundbesitz weiterveräußern, soweit sie ihn zur Verwirklichung ihrer Ziele nicht bedurften (so noch Terré/Lequette/Gaudemet, Les successions, les libéralités [4. Aufl 2013] Rn 661). Durch das Gesetz Nr 2014-856 v 31. 7. 2014 ist diese Beschränkung für die genannten Vereinigungen mittlerweile aufgehoben worden (Malaurie/Brenner, Droit des successions et des libéralités [11. Aufl 2024] Nr 261). Eine Besonderheit besteht für Vereine mit Sitz in den Departements Bas-Rhin, Haut-Rhin und Moselle, für die aus historischen Gründen das Gesetz v 1. 7. 1901 nicht gilt; dort erlangen lokale Vereine nach dem sog *droit local* mit ihrer Eintragung in das Vereinsregister Rechtspersönlichkeit (vgl Art 21 Abs 2 des *Code civil local*) und damit eine umfangreiche Erwerbsfähigkeit (Cass civ 1re 31. 3. 1992 Nr 90–11574). Dagegen können **juristische Personen des öffentlichen Rechts** sehr umfangreich Schenkungen empfangen, sofern nicht ihre rechtlichen Besonderheiten dem entgegenstehen (Malaurie/Brenner, Droit des successions et des libéralités [11. Aufl 2024] Nr 249; vgl Art 910 Abs 1, Art 937 Cciv). Eine solche Besonderheit, die für alle juristischen Personen gilt, ist das *principe de spécialité de la personne morale*, das juristischen Personen den Erwerb von Gegenständen untersagt, die außerhalb ihres Vereinszwecks stehen bzw zur Erfüllung von Auflagen aus diesem Bereich verpflichten, *étranger à son activité*; allerdings kommt es hier selten zu einem Nichtigkeitsausspruch, weil im privaten Kontext schützenswerte Interessen Dritter zu berücksichtigen sind und im öffentlichen Recht die erforderliche staatliche Genehmigung einer zweckfremden Schenkung eine Sanktion ausschließen (Malaurie/Brenner, Droit des successions et des libéralités [11. Aufl 2024] Nr 261). Schenkungen an **ausländische Staaten** oder ausländische **Vereinigungen** sind möglich, sofern das Heimatrecht denen einen Erwerb ermöglicht; dagegen kann die in Frankreich zuständige Behörde *opposition* gemäß einem Dekret des *Conseil d'Etat* erheben, Art 910 Abs 5 Cciv.

70 Neben der Schenkungsfähigkeit, *capacité de jouissance*, selbst hängt die Wirksamkeit einer Schenkung an eine juristische Person noch davon ab, ob diese – die Schenkungsfähigkeit vorausgesetzt – allein oder nur mit einer **staatlichen Genehmigung** das Schenkungsangebot **annehmen** darf, *capacité d'exercice*. Gerade um die Achtung der Voraussetzung der Schenkungsfähigkeit zu sichern und, weil der Staat ideellen Vereinigungen skeptisch gegenübersteht und auch hier die Gefahr der *mainmorte* fürchtet, bedarf es zur wirksamen Annahme bestimmter freigiebiger Zuwendungen an juristische Personen noch nach Art 910, 937 Cciv der staatlichen Genehmigung bzw kann eine staatliche Behörde eine beabsichtigte Schenkung verhindern (Malaurie/Brenner, Droit des successions et des libéralités [11. Aufl 2024] Nr 262). Dieses Erfordernis, das auch als *tutelle administrative* bezeichnet wird, betrifft dabei überwiegend privatrechtliche Vereinigungen, da Personen des öffentlichen Rechts nach Art L 2242-1 ff des *Code général des collectivités territoriales* und Art L 1121-1 ff des *Code général de la propriété des personnes publiques* Schenkungen grundsätzlich für sich selbst akzeptieren können (Malaurie/Brenner, Droit des successions et des libéralités [11. Aufl 2024] Nr 262). Allerdings nimmt auch Art 910 Abs 2 Cciv die meisten schenkungsfähigen Stiftungen und Vereine mit Gemeinnützigkeitsstatus von der staatlichen Genehmigungspflicht des Art 910 Abs 1 Cciv aus, sofern es sich bei der Vereinigung nicht um eine Sekte im Sinne von Art 1 des Gesetzes Nr 2001-504 v 12. 6. 2001 handelt; dies gilt insbesondere auch für Kongregationen sowie lokale Vereine und öffentliche Kulteinrichtungen in den Departements Bas-Rhin, Haut-Rhin und Moselle. Gegen Schenkungen an diese Vereinigungen kann der Staat vielmehr nur noch nach Art 910 Abs 3 Cciv *opposition* mit der Folge der Unwirksamkeit der Schenkung erheben, wenn diese mit den Zielen der Vereinigung nicht in Einklang steht oder sie mit dem Grad deren Schenkungsfähigkeit nicht vereinbar ist (beachte aber die Ausnahmen in Art 910 Abs 4 Cciv).

Schenkungen an **natürliche Personen**, die eine Schenkung nicht empfangen können, **71**
sind nach Art 911 Abs 1 Cciv auch dann nichtig, wenn sie im Wege eines entgeltlichen **Scheingeschäfts** oder mittels einer zwischengeschalteten natürlichen oder juristischen Person, *personnes interposées*, geschlossen werden. Art 911 Abs 2 Cciv lässt vermuten, dass es sich bei einer Beteiligung von Eltern, Kindern, Abkömmlingen und Eheleuten um solche *personnes interposées* handelt.

dd) Erbrechtliche Beschränkungen hinsichtlich des schenkbaren Vermögens

Weiterhin wird der Anteil des Vermögens, hinsichtlich dessen der Schenker verfügen **72**
darf, unter bestimmten Umständen quotal durch die so genannte *réserve héréditaire*, die ein echtes Noterbrecht und nicht nur ein Pflichtteilsrecht darstellt (Eckpfeiler/Meyer-Pritzl [2024] Rn W 31; Klima ZEV 2006, 440, 442; Frank RNotZ 2002, 270, 274; Abel, Die Qualifikation der Schenkung [1997] 160; Reiff, Die Dogmatik der Schenkung unter Nießbrauchsvorbehalt und ihre Auswirkungen auf die Ergänzung des Pflichtteils und die Schenkungsteuer [1989] 190 f), gegenüber der *quotité disponible* begrenzt, Art 912 Cciv. Insoweit ist die französische Regelung restriktiver als die des BGB. So wird eine Schenkung auf die Hälfte, ein Drittel oder ein Viertel des Vermögens des Schenkers beschränkt, wenn der Schenker **ein, zwei bzw drei oder mehr Kinder** hat, Art 913 Cciv. **Dem anderen Ehegatten** steht dagegen gemäß Art 914-1 Cciv nur dann, wenn keine Abkömmlinge vorhanden sind, neben freigiebigen Zuwendungen ein Viertel als feste Erbquote zu (Frank RNotZ 2002, 270, 274). Für das Verhältnis **zwischen dem Ehegatten und den Kindern** des zuwendenden Ehegatten bestimmt Art 1094-1 Cciv, dass der zuwendende Gatte zugunsten des anderen Gatten wahlweise wie einem Dritten gegenüber über sein Eigentum oder ein Viertel seines Eigentums und weitere drei Viertel seines Eigentums als Nießbrauch oder aber über sein ganzes Vermögen als Nießbrauch verfügen kann. Für den Fall, dass eine Nießbrauchslösung gewählt wird, garantiert Art 1094-3 Cciv den Kindern ein Recht auf Inventarerrichtung. Soweit der Ehegatte Eigentum erhält, kann ein **nichteheliches Kind**, sofern es kein ausdrückliches Verbot

des Verfügenden gibt, dem überlebenden Gatten stattdessen den Nießbrauch des Teils überlassen, den er ohne diesen erhalten hätte, Art 1098 Abs 1 Cciv. Ohne Kinder kann ein Ehegatte dem anderen wie einem Dritten gegenüber Zuwendungen machen, Art 1094 Cciv (vgl zur gesamten Problematik mit Rechenbeispielen auch GNAN ZEV 2008, 421, 424 f). Werden diese Vorgaben verletzt, kommt es zur gerichtlichen Reduktion des Schenkungsbetrags nach den Art 918 ff Cciv (vgl dazu auch KLIMA ZEV 2006, 440, 442 und REIFF, Die Dogmatik der Schenkung unter Nießbrauchsvorbehalt und ihre Auswirkungen auf die Ergänzung des Pflichtteils und die Schenkungsteuer [1989] 190 ff).

ee) Inhaltliche Begrenzungen der Schenkung

73 Neben den persönlichen und erbrechtlichen Beschränkungen existieren auch solche in Bezug auf die inhaltliche Ausgestaltung der Schenkung. Zunächst wiederholt das Gesetz die auch sonst anerkannten Unwirksamkeitsgründe noch einmal für die Schenkung. So ist nach Art 900 Cciv eine Bestimmung einer freigiebigen Zuwendung unwirksam, wenn sie **unmöglich ist oder gegen Gesetze oder die guten Sitten verstößt**. Bei der Bestimmung des Gesetzesverstoßes kommt es nach mittlerweile einhelliger Ansicht nicht auf den abstrakten Schenkungswillen als relevante *cause* des Vertrags an; vielmehr ist nach einer **subjektiven Betrachtungsweise** im Einzelfall zu fragen, ob den Schenker ein subjektives, von der Kenntnis des Beschenkten unabhängiges, rechtwidriges Motiv, *motif impulsi et déterminant*, geleitet hat (FERID/SONNENBERGER, Das französische Zivilrecht II [2. Aufl 1986] 2 H 37 ff, 129 ff; s auch MALAURIE/BRENNER, Droit des successions et des libéralités [11. Aufl 2024] Nr 269). **Schenkungen an die Geliebte** stellen in der Regel keinen relevanten Sittenverstoß dar; das gilt insbesondere seit 2004, als die *assemblée plénière* der *Cour de cassation* eine Schenkung in Bestätigung früherer Kammerentscheidungen selbst dann für wirksam gehalten hat, wenn sie der Aufrechterhaltung einer ehebrecherischen Beziehung gegolten hat (Cass ass plén 25. 10. 2004, D 2004, 3175 mit krit Anm VIGNEAU mwNw zur Rechtsprechungsentwicklung; ebenso bereits zuvor Cass civ 1re 3. 2. 1999, D 1999, 267, 268 mit *rapport* SAVATIER; sehr krit dazu MALAURIE/BRENNER, Droit des successions et des libéralités [11. Aufl 2024] Nr 293, wo darauf hingewiesen wird, dass damit bis zur Reform 2007 Schenkungen an die Ehefrau wegen der bis dato geltenden ständigen Widerrufbarkeit weniger bindend waren als an die ehebrecherische Geliebte).

74 Jenseits dieser modifizierten allgemeinen Wirksamkeitsschranken folgen auch aus dem Charakter der Schenkung selbst weitere inhaltliche Beschränkungen. Dem Schenkungsrecht selbst liegt nämlich der Grundsatz des *donner et retenir ne vaut* zugrunde, der jedenfalls auf die Art 273 der *Coutume de Paris* und Art 283 der *Coutume d'Orléans* zurückgeht; danach werden bestimmte Schenkungen deshalb für unwirksam erklärt, weil **keine gegenwärtige bzw dauerhafte Entreicherung** eintritt (vgl dazu FERID/SONNENBERGER, Das französische Zivilrecht II [2. Aufl 1986] 2 H 137 ff; MALAURIE/BRENNER, Droit des successions et des libéralités [11. Aufl 2024] Nr 297, 342; s vor dem *Code civil* schon POTHIER, Traité des donations entre-vifs II.2, Oeuvres XI [Paris 1819] 36 f, der damit auch das seinerzeitige Übergabeerfordernis betont; zur Parömie und ihrem römischen Ursprung s mwNw WACKE AcP 201 [2001] 256 f, 260 f). Zunächst war Folge dieser Parömie, dass jede Schenkung erst mit der Übergabe wirksam wurde; mit der Aufnahme der notariellen Form für die Schenkung im *Code civil* beschränkt sie sich nun darauf, die Unwiderruflichkeit der Schenkung im Einzelnen zu konturieren (vgl zu diesem Erfordernis der *coutumes* POTHIER, Traité des donations entre-vifs II.2, Oeuvres XI [Paris 1819] 36 f und zur Entwicklung WACKE AcP 201 [2001] 256, 260 f). Ziel der überwiegend in den Art 943 ff Cciv geregelten Vorgaben ist es dabei, den Schenker durch das Verbot von die Schenkung mildernden Klauseln auf das Risiko hinzuweisen und ihn von der voreilig vollzogenen Schenkung abzuhalten und so zudem auch das Familienvermögen zu schützen; zugleich soll auch der Beschenkte vor einer etwaigen Willkür des Schenkers bewahrt werden (Abel, Die Qualifikation der Schenkung [1997] 154 f, der aber einen Schutz des Familienvermögens im Hinblick auf den fehlenden Familienbezug der einzelnen Bestimmungen sowie den bereits auf der *réserve héréditaire* beruhenden Schutz bezweifelt; Wacke AcP 201 [2001] 256, 260 f; s auch Löffler, Ehegattenschenkungen und ihre Rückgängigmachung nach deutschem und französischem Recht [1987] 15; bereits vor dem *Code civil* so Pothier, Traité des donations entre-vifs II.2, Oeuvres XI [Paris 1819] 36 f). Auch sie waren bereits in den *coutumes* enthalten und sollten verhindern, dass der Bestand der Schenkung einseitig vom Willen des Schenkers abhängt (vgl dazu Pothier, Traité des donations entre-vifs II.2.2 f, Oeuvres XI [Paris 1819] 42 ff). Dementsprechend ist zB ein **Veräußerungsverbot** in Bezug auf die geschenkte Sache gemäß Art 900-1 Cciv nur zulässig, wenn es zeitlich beschränkt und von einem vernünftigen und legitimen Grund getragen wird, sofern es sich bei dem Beschenkten nicht um eine juristische Person handelt. Ein legitimer Grund kann dabei in dem Gedanken liegen, den Gegenstand in der Familie zu bewahren, bei einem Nießbrauchsvorbehalt das fortwährende Eigentum dem beschenkten Kind zu belassen oder ein etwaiges Rückfallrecht im Falle des Vorversterbens des Beschenkten zu sichern (Malaurie/Brenner, Droit des successions et des libéralités [11. Aufl 2024] Nr 289; Cass civ 1re 15. 6. 1994, Bull civ I Nr 211). **Bedingungen und Auflagen**, die mit der Schenkung verbunden werden können, können gerichtlich angepasst werden, wenn deren Erfüllung durch ein *changement de circonstances* extrem schwierig geworden ist oder sie sich als *sérieusement dommageable* erweisen, Art 900-2 Cciv. Unzulässig sind dagegen **Schenkungen unter Potestativbedingung** des Schenkers, Art 944 Cciv. Ein solcher Fall ist insbesondere auch dann gegeben, wenn die Schenkung unter der Auflage erfolgt, dass der Beschenkte noch nicht existierende Schulden des Schenkers zu tilgen oder sonstige Auflagen zu erfüllen habe, Art 945 Cciv. Zudem kann sich der Schenker nicht die **Verfügung über die Sache oder einen Teil** von ihr vorbehalten, wobei in diesem Falle die Erben seine Rechte erwerben, wenn er nicht vor seinem Tode verfügt hat, Art 946 Cciv. Dagegen kann sich der Schenker den **Genuss oder den Nießbrauch** an der Sache gemäß Art 949 Cciv vorbehalten, wobei der Beschenkte die Sache in dem entsprechenden Zustand anzunehmen hat und ihm nur wegen eines eventuellen Verlusts ein Klagerecht eingeräumt wird, Art 950 Cciv. In jedem Fall muss sich aber der Schenker gegenwärtig und dauerhaft der *nue-propriété* an dem Grundstück begeben (Ferid/Sonnenberger, Das französische Zivilrecht II [2. Aufl 1986] 2 H 148). Jedoch kann sich der Schenker nach Art 951 Cciv auch die Rückgabe der Sache für den **Fall des Vorversterbens** des Beschenkten versprechen lassen.

Gegenstand einer Schenkung können – abgesehen von eherechtlichen Ausnahmen **75**
(vgl dazu Rn 92, 94 f) – nach Art 943 Cciv überdies **nur gegenwärtige Güter** des Schenkers bilden. Denn eventuelle künftige Güter stehen noch im Dritteigentum und können deshalb nicht die Wirkungen einer Schenkung zeitigen; außerdem würde die Beschaffung hier letztlich auch entgegen Art 944 Cciv von dem Willen des Schenkers abhängen (Malaurie/Brenner, Droit des successions et des libéralités [11. Aufl 2024] Nr 345; vgl zum Rechtszustand vor dem *Code civil* unter der *coutume* Pothier, Traité des donations entre-vifs II.2.3, Oeuvres XI [Paris 1819] 43 ff; anders dagegen Domat, Les lois civiles I.X.1.7, in: Remy, Oeuvres I [Paris 1835] 303). Letztlich fehlt es bei solchen Zuwendungen auf den Todesfall auch an einer aktuellen Bereicherung, die Art 894 Cciv gerade fordert (vgl dazu Domat, Les lois civiles I.X, in: Remy, Oeuvres I [Paris 1835] 298). Soweit dem Schenker aller-

dings an einem Gut bereits ein unwiderrufliches Recht zusteht, kann dieses sehr wohl Gegenstand einer Schenkung sein (MALAURIE/BRENNER, Droit des successions et des libéralités [11. Aufl 2024] Nr 345).

d) Wirkungen der Schenkung

76 Die wesentliche Wirkung der Schenkung liegt darin, das **Eigentum an dem Schenkungsgegenstand** nach Art 711, 938 Cciv zu **übertragen**. Gemäß Art 938 Cciv wird die Schenkung mit formgemäßer Anerkennung nur durch die Willensübereinstimmung *parfaite*; das Eigentum an dem Schenkungsgegenstand geht in diesem Moment über, ohne dass es einer weiteren Übergabe bedürfte. Eine solche ist anders als in der Zeit vor dem *Code civil* für den Eigentumsübergang nicht mehr erforderlich (vgl POTHIER, Traité des donations entre-vifs III.1.1 und 2, Oeuvres XI [Paris 1819] 68, 70). Allerdings muss bei der Schenkung einer nur **der Gattung nach bestimmten Sache** diese für den Eigentumsübergang noch konkretisiert werden (FERID/SONNENBERGER, Das französische Zivilrecht II [2. Aufl 1986] 2 H 203). **Dritten** kann die Schenkung von **Immobilien** nur entgegengehalten werden, wenn eine *publication* erfolgt und insoweit die *opposabilité* hergestellt wird. Bei **beweglichen Sachen** greifen die gewöhnlichen Vorschriften, insb Art 2276 Abs 1 Cciv: *„En fait de meubles, la possession vaut titre"*, ein. Soweit eine **Forderung** den Gegenstand der Schenkung bildet, kann diese gegenüber Dritten nur nach einer entsprechenden Mitteilung, *signification*, an den Schuldner geltend gemacht werden, wie Art 1690 Cciv bestimmt (zu den Drittwirkungen s FERID/SONNENBERGER, Das französische Zivilrecht II [2. Aufl 1986] 2 H 205 ff).

77 Neben ihrer **dinglichen Wirkung** begründet die Schenkung auch ohne ausdrückliche Normierung **obligatorische Pflichten** für die Parteien (FERID/SONNENBERGER, Das französische Zivilrecht II [2. Aufl 1986] 2 H 201). Bereits vor der Einführung des *Code civil* hatte DOMAT als erste Pflicht vom Schenker gefordert, dass er sich jeder Form des Widerrufs oder der Annullierung enthält (DOMAT, Les lois civiles I.X.2.2, in: REMY, Oeuvres I [Paris 1835] 306 mit Hinweis auf C 8.55.5 Impp Diocl, Max). Angesichts dessen, dass das Eigentum bereits *ipso iure* übergeht, wird der Schenker durch die Schenkung lediglich zur **Lieferung der Schenksache** verpflichtet; Inhalt dieser Pflicht ist dann auch **kein *donner***, sondern lediglich ein ***faire*** (ABEL, Die Qualifikation der Schenkung [1997] 77; FERID/SONNENBERGER, Das französische Zivilrecht II [2. Aufl 1986] 2 H 214; vgl auch DOMAT, Les lois civiles I.X.2.2, in: REMY, Oeuvres I [Paris 1835] 306). Es handelt sich insoweit um eine ***obligation de délivrance***, weil eine Pflicht zur Eigentumsübertragung nicht existiert (MALAURIE/BRENNER, Droit des successions et des libéralités [11. Aufl 2024] Nr 355). Da der Schenkungsgegenstand dem Beschenkten in dem Zustand, in dem er sich befindet, zugewendet wird, existiert nach der französischen Gesetzeskonzeption auch kein Gewährleistungsrecht (FERID/SONNENBERGER, Das französische Zivilrecht II [2. Aufl 1986] 2 H 215 f; ABEL, Die Qualifikation der Schenkung [1997] 77). Die **Nichthaftung für Mängel** – abgesehen von dem sog *fait personnel*, wenn der Schenker beispielsweise über die geschenkte Sache vor Lieferung noch anderweitig verfügt – ist insoweit derart evident, dass der *Code civil* diesen Umstand noch nicht einmal ausdrücklich zu erkennen gibt, sondern er nur durch die Abwesenheit einer entsprechenden Regelung bestätigt wird (MALAURIE/BRENNER, Droit des successions et des libéralités [11. Aufl 2024] Nr 355). Eine Haftung kam auch vor dem *Code civil* basierend auf den römischen Quellen nur im Falle von *dolus*, nicht auch von *culpa*, in Betracht (POTHIER, Traité des donations entre-vifs III.1.1 und 2, Oeuvres XI [Paris 1819] 68 ff; DOMAT, Les lois civiles I.X.2.4–5 in: REMY, Oeuvres I [Paris 1835] 306 f; dies wird aus D 39. 5. 18.3 Ulp 71 *ad ed* hergeleitet).

Auf der Seite des Beschenkten besteht allenfalls eine **Dankespflicht**. In diesem Sinne muss er die ihm zuteil gewordene Wohltat anerkennen (so auch schon DOMAT, Les lois civiles I.X.3.2, in: REMY, Oeuvres I [Paris 1835] 307). Dieser „Pflicht" wird aber **kein Leistungscharakter** beigemessen, so dass sie nicht klagbar, sondern nur über den Widerruf nach Art 953 ff Cciv sanktionierbar ist (FERID/SONNENBERGER, Das französische Zivilrecht II [2. Aufl 1986] 2 H 5, 217; zweifelnd auch MALAURIE/BRENNER, Droit des successions et des libéralités [11. Aufl 2024] Nr 356 mit dem Hinweis, dass im Falle der Undankbarkeit zwar ein Widerruf möglich ist, aber umgekehrt kein durchsetzbarer Anspruch auf das entsprechende Wohlverhalten besteht; vgl auch DOMAT, Les lois civiles I, in: REMY, Oeuvres I.X.3.2 [Paris 1835] 307 unter Hinweis auf C 8.55.9 Impp Theod, Valent). Insoweit handelt es sich dann allenfalls um eine **Naturalobligation** (LÖFFLER, Ehegattenschenkungen und ihre Rückgängigmachung nach deutschem und französischem Recht [1987] 114). **78**

e) Die Unwiderruflichkeit und ihre Ausnahmen

Bereits die Definitionsnorm des Art 894 Cciv bringt zum Ausdruck, dass dem Wesen der Schenkung die **Unwiderruflichkeit** immanent ist, *irrévocabilité*. Gleichwohl sieht das Gesetz in der *Section* II des Kapitels über die Schenkung (*Des exceptions à la règle de l'irrévocabilité des donations entre vifs*) **Ausnahmen** hierzu vor (WACKE AcP 201 [2001] 256, 260 f; Zweifel an dem Zusammenhang mit der Parömie *donner et retenir ne vaut* äußern aber MALAURIE/BRENNER, Droit des successions et des libéralités [11. Aufl 2024] Nr 358 im Hinblick auf die dogmatische Nähe der dortigen Bestimmungen zu denen über die Rückabwicklung gegenseitiger Verträge). Sie nehmen den vorher bestehenden Rechtszustand insoweit auf, als dieser von dem Grundsatz der Unwiderruflichkeit der Schenkung dann Abweichungen zuließ, wenn die Gründe nicht der Willenssphäre des Schenkers zuzuordnen waren (vgl POTHIER, Traité des donations entre-vifs II.2.2, Oeuvres XI [Paris 1819] 43 f, der so die verschiedenen Widerrufsgründe mit der Maxime des *donner* … für vereinbar hält). Zu den ausschließlichen **Widerrufsgründen** bestimmt Art 953 Cciv die **Nichterfüllung der Bedingungen** bzw **Auflagen**, unter denen die Schenkung zustande gekommen ist, *inexécution des conditions sous lesquelles elle aura été faite*, den **Undank des Beschenkten**, *ingratitude*, oder, unter bestimmten Voraussetzungen, die **Geburt eines Kindes**, *survenance d'enfant* (vgl §§ 527 ff BGB). In den prozessualen Voraussetzungen und in den Wirkungen unterscheiden sich die einzelnen Widerrufsgründe. **79**

Widerrufe wegen Nichterfüllung einer Auflage oder wegen Undanks wirken nicht *de plein droit*, sie müssen also nach Art 956 Cciv **gerichtlich durchgesetzt** werden, sofern keine auflösende Bedingung vereinbart ist (MALAURIE/BRENNER, Droit des successions et des libéralités [11. Aufl 2024] Nr 360, wobei diese Bedingung im Falle einer unzulässigen *charge* als nicht geschrieben gilt; Cass civ 1re 27. 1. 1981, Bull civ I Nr 32). **80**

Im Falle der Nichterfüllung von Auflagen oder Bedingungen fällt das Eigentum **frei von allen Belastungen**, die der Beschenkte verursacht hat, an den Schenker zurück, welcher auch gegen einen Dritten *détenteur* einen Herausgabeanspruch hat, Art 954 Cciv. Dieser wirkt damit *ex tunc* (MALAURIE/BRENNER, Droit des successions et des libéralités [11. Aufl 2024] Nr 361). Voraussetzung dafür, dass die Nichterfüllung tatsächlich den Widerruf legitimiert, ist allerdings, dass ihre Erfüllung die *cause impulsive et déterminante* der Schenkung gewesen ist (MALAURIE/BRENNER, Droit des successions et des libéralités [11. Aufl 2024] Nr 359; für den Fall, dass kein Verschulden des Beschenkten vorliegt, Cass civ 1re 27. 10. 1981, Bull civ I Nr 32). Ein Verschulden setzt der Widerruf in diesem Fall nicht voraus (vgl FERID/SONNENBERGER, Das französische Zivilrecht II [2. Aufl 1986] 2 H 307; Cass civ **81**

1re 27. 10. 1981, Bull civ I Nr 32), wohl aber eine *inéxecution grave* (Malaurie/Brenner, Droit des successions et des libéralités [11. Aufl 2024] Nr 359), die meist mit einem Verschulden zusammenhängen dürfte (vgl in diese Richtung die Entscheidungen Cass civ 1re 27. 10. 1981, Bull civ I Nr 32; 18. 12. 1990, Bull civ I Nr 298). Ausgeschlossen ist der Widerruf aber dann, wenn der Grund der Nichterfüllung bei einem Dritten liegt; bei teilweiser Nichterfüllung hat der Richter einen Entscheidungsspielraum (Ferid/Sonnenberger, Das französische Zivilrecht II [2. Aufl 1986] 2 H 308; Malaurie/Brenner, Droit des successions et des libéralités [11. Aufl 2024] Nr 359; vgl Cass civ 1re 19. 12. 1984, Bull civ I Nr 343 mit einer Fristgewährung oder Cass civ 1re 19. 1. 1988, Bull civ I Nr 12, wonach eine Pflegeauflage, die wegen den persönlichen Beziehungen unmöglich geworden ist, von Amts wegen in eine Geldrente umgewandelt werden kann).

82 Der Widerruf wegen groben Undanks gehört zum *ordre public* (Malaurie/Brenner, Droit des successions et des libéralités [11. Aufl 2024] Nr 366). Er ist nach Art 957 Cciv auf ein Jahr befristet und nur insoweit aktiv vererblich, als der Schenker bereits widerrufen hat oder binnen Jahresfrist verstorben ist. Art 955 Cciv definiert letztlich die Undankbarkeit, indem er die dafür zulässigen Gründe näher bestimmt. Danach liegt eine relevante Undankbarkeit nur dann vor, wenn der Beschenkte ein **Attentat auf das Leben des Schenkers** verübt hat, wenn er sich **Grausamkeiten, Straftaten oder Beleidigungen** dem Schenker gegenüber hat zuschulden kommen lassen oder wenn er einer **Unterhaltspflicht** nicht nachkommt. Die **Begehung der Straftaten** setzt dabei Vorsatz voraus und wird in Fällen von Notwehr oder Schuldunfähigkeit ausgeschlossen (Ferid/Sonnenberger, Das französische Zivilrecht II [2. Aufl 1986] 2 H 318; nach Löffler, Ehegattenschenkungen und ihre Rückgängigmachung nach deutschem und französischem Recht [1987] 115, 128 ist für das Attentat auf das Leben die Tötungsabsicht entscheidend, wobei der Widerruf nur bei Notwehr, nicht aber in den Fällen einer bloßen Entschuldigung ausgeschlossen sein soll; eine Verurteilung wegen der Tat ist nicht erforderlich, zu Beleidigungen vgl Löffler mwNw 134 ff, 139 f mit Einschränkungen hinsichtlich der Relevanz ehrenrühriger Äußerungen im Scheidungsverfahren). Sie umfassen auch die Begehung von Vermögensdelikten (Löffler, Ehegattenschenkungen und ihre Rückgängigmachung nach deutschem und französischem Recht [1987] 116, 131 ff mwNw zu Einzelfällen). Als relevante Handlungen für den zweiten Fall kommen neben Grausamkeiten eine schlechte Behandlung, Gewalttätigkeiten, Freiheitsberaubungen, beleidigende Äußerungen, öffentliche Bloßstellungen oder auch eine verletzende Kälte im Umgang in Betracht (Ferid/Sonnenberger, Das französische Zivilrecht II [2. Aufl 1986] 2 H 319). In jedem Fall muss eine schwere Verfehlung in allen Konstellationen dieser Bestimmung vorliegen (Löffler, Ehegattenschenkungen und ihre Rückgängigmachung nach deutschem und französischem Recht [1987] 116). Entscheidend ist insoweit weiterhin, dass das **undankbare Verhalten gegenüber dem Schenker** besteht; Dritten gegenüber vorgenommene Handlungen können im Falle von Verwandten allerdings auch ausnahmsweise als Undankbarkeit dem Schenker gegenüber gewertet werden, wenn dieser dadurch entsprechend berührt wird (Löffler, Ehegattenschenkungen und ihre Rückgängigmachung nach deutschem und französischem Recht [1987] 115; vgl auch § 530 BGB). Allerdings greift dieser Widerrufsgrund in der Praxis verhältnismäßig selten ein, da nicht jede Schädigung beim Schenker genügend ist (Malaurie/Brenner, Droit des successions et des libéralités [11. Aufl 2024] Nr 364). Der Widerruf **mangels Erfüllung einer Unterhaltspflicht** ist nicht ganz einfach zur behandeln. Einerseits geht es nicht um die Erfüllung einer einklagbaren Rechtspflicht, da dann bereits ein Widerruf mangels Auflagenerfüllung in Betracht käme; andererseits wird in dieser Konstellation dem Schenker wegen der Hingabe der Sache und in den Grenzen ihres Wertes Unterhalt

geschuldet (ABEL, Die Qualifikation der Schenkung [1997] 155 f; LÖFFLER, Ehegattenschenkungen und ihre Rückgängigmachung nach deutschem und französischem Recht [1987] 117 f; MALAURIE/BRENNER, Droit des successions et des libéralités [11. Aufl 2024] Nr 365). Art 959 Cciv verbietet den **Widerruf von Ehegeschenken** aus Undankbarkeit, wobei sein Anwendungsbereich auf Schenkungen von Seiten **Dritter** begrenzt wird. Denn in solchen Fällen würden der ebenso zumindest mittelbar begünstigte Ehegatte bzw die Kinder ebenfalls sanktioniert werden (ABEL, Die Qualifikation der Schenkung [1997] 157; LÖFFLER, Ehegattenschenkungen und ihre Rückgängigmachung nach deutschem und französischem Recht [1987] 160 f, wobei zudem darauf hingewiesen wird, dass bei einer intendierten Erfassung der Eheleute die Norm nicht auf *donations en faveur du mariage*, sondern auf *donations à l'occasion du mariage* abstellen müsste). Zwischen den Ehegatten kommt dagegen ein Widerruf wegen Undanks insbesondere auch wegen Eheverfehlungen durchaus in Betracht (LÖFFLER, Ehegattenschenkungen und ihre Rückgängigmachung nach deutschem und französischem Recht [1987] 142 ff).

Während der Widerruf wegen Undanks teilweise damit begründet wird, dass **eine bestehende Dankespflicht nicht erfüllt** wird, sehen andere darin eine Form der **privaten Sanktion** (vgl dazu die Übersicht bei MALAURIE/BRENNER, Droit des successions et des libéralités [11. Aufl 2024] Nr 362). Der Widerruf hat keinen Einfluss auf zwischenzeitliche Verfügungen und Belastungen durch den Beschenkten, für die der Beschenkte alleine aufzukommen hat, sofern der Widerruf nicht zuvor publiziert wurde; der Beschenkte hat zwar die Sache oder ihren Wert, aber nicht die bis zum Widerruf gezogenen Früchte herauszugeben, Art 958 Cciv. Der Widerruf hat also **keine Rückwirkung** (MALAURIE/BRENNER, Droit des successions et des libéralités [11. Aufl 2024] Nr 362, vgl aber auch Nr 368, wonach der Beschenkte mit den genannten Einschränkungen so behandelt wird, als habe er nie ein Recht an der Sache gehabt). **83**

Ein Widerruf wegen einer **Kindesgeburt**, *survenance d'enfant*, ist dagegen bei jeder Schenkung möglich, wenn der Schenker zur Zeit der Schenkung noch keine Kinder hatte und die Schenkung den Widerruf für einen solchen Fall in einer besonderen Klausel der Schenkungsurkunde vorsieht, Art 960 Cciv. Diese im BGB nicht angenommene Widerrufsmöglichkeit (vgl MUGDAN Mot II 169; dies ist wohl auf die Ablehnung seitens WINDSCHEID, Lehrbuch des Pandektenrechts [1879] § 367 Anm 22, zurückzuführen) geht dabei davon aus, dass der Schenker in der Kenntnis, dass er später doch noch Kinder haben wird, die Schenkung nicht vorgenommen hätte (so schon auf römischer Grundlage DOMAT, Les lois civiles I.X.3.4, in: REMY, Oeuvres I [Paris 1835] 308; vgl auch umfassend POTHIER, Traité des donations entre-vifs III.2, Oeuvres XI [Paris 1819] 73 ff). Ausgenommen sind nur Schenkungen unter Eheleuten, Art 1096 Abs 3 Cciv. Nach Art 961 Cciv greift diese Möglichkeit auch dann ein, wenn das Kind zum Zeitpunkt der Schenkung bereits gezeugt war. Art 962 Cciv ermöglicht den Widerruf auch dann, wenn der Beschenkte erst nach der Kindesgeburt in den Besitz der Sache gekommen ist. Mit dem Widerruf fallen die Güter an den Schenker nach Art 963 Cciv zurück. Auf diese Folge ist der Tod des Kindes ohne Einfluss, wie Art 964 Cciv bestimmt. Der Schenker kann nach Art 965 Cciv jederzeit auf den Widerruf verzichten, wobei die Widerrufsklage nach Art 966 Cciv binnen 5 Jahren nach der Geburt verjährt und nur durch den Schenker selbst geltend gemacht werden kann. Aus dem Gedanken des Familienschutzes heraus verliert die Schenkung ohne besondere Handlung *ipso iure*, also *de plein droit* mit der Geburt des Kindes ihre Wirkung, so dass der gerichtlichen Klage nur eine deklaratorische Wirkung zukommt (vgl FERID/SONNENBERGER, Das französische Zivilrecht II **84**

[2. Aufl 1986] 2 H 327, 331 und Abel, Die Qualifikation der Schenkung [1997] 158 mit Fn 626 noch zur Vorgängerregelung). Mit der Reform von 2006 (Gesetz Nr 2006-728 v 23. 6. 2006 mit Wirkung v 1. 1. 2007) hat sich allerdings der Text des Art 960 Cciv von „*demeureront révoquées de plein droit*" in „*peuvent être révoquées*" geändert. Doch erfolgt die Auflösung der Schenkung weiter *de plein droit*; nur die Widerrufsklausel und die Kindesgeburt sind als Voraussetzung des Widerrufs anzusehen (vgl Malaurie/Brenner, Droit des successions et des libéralités [11. Aufl 2024] Nr 369 ff, bes 371). Die damit verbundene **Rückwirkung**, die sich allerdings bis zur Mitteilung der Geburt nicht auf die Früchte bezieht, Art 962 Cciv, gilt auch für Dritte, sofern diese nicht durch allgemeine Regelungen wie Art 2276 Cciv geschützt werden (Malaurie/Brenner, Droit des successions et des libéralités [11. Aufl 2024] Nr 373).

f) Besondere Arten der Schenkung

aa) Libéralités graduelles und libéralités résiduelles

85 Freigiebige Zuwendungen und damit auch Schenkungen können unter der Maßgabe erfolgen, dass die Sache zunächst dem Beschenkten und im Falle des Todes an einen Dritten herauszugeben ist. Derartige Zuwendungen werden im *Code civil* als **libéralités graduelles bzw libéralités résiduelles** geregelt, wobei sich die Bindung des Beschenkten in Bezug auf den Erhalt der Sache bei beiden Zuwendungsarten unterscheidet.

86 Bei den *libéralités graduelles* trifft den Beschenkten nach Art 1048 Cciv neben der Auflage, *charge*, die Sache **nach seinem Tod einem bestimmten Dritten zukommen** zu lassen, auch die Pflicht, den **Gegenstand oder daran bestehende Rechte zu bewahren**. Mit Eintritt des Todes erwirbt der Dritte dann nach Art 1050 Cciv die Sache, wobei der Schenker auch ihm gegenüber gemäß Art 1051 Cciv als Zuwendender gilt. Der Beschenkte kann die Sache allerdings schon vorher an den Dritten weitergeben, wobei dies gemäß Art 1050 Cciv nicht zum Nachteil der Gläubiger des Beschenkten erfolgen darf. Die Schenkung kann sich auch hier gemäß Art 1050 Abs 1 Cciv nur auf bei der Zuwendung bestehende Sachen und identifizierbare Rechte, die auch bei der Weitergabe noch vorhanden sind, beziehen. Soweit sie eine bewegliche Sache zum Gegenstand hat, findet in Bezug auf zwischenzeitlich veräußerte Sachen eine **dingliche Surrogation** statt, Art 1049 Abs 2 Cciv. Soweit die *charge* eine Immobilie betrifft, muss auch diese nach Art 1049 Abs 3 Cciv im Grundstücksregister publiziert werden. Eine solche Weitergabeverpflichtung kann nur einem Erstempfänger gegenüber vereinbart werden, wie Art 1053 Cciv festlegt. Bei **Vorversterben des Zweitbegünstigten** fällt die Schenkung in das Erbe des Beschenkten, sofern nicht die Schenkungsurkunde die Erben des Zweitbegünstigten oder eine andere Person als Ersatz bestimmt, Art 1056 Cciv. Solange der Zweitbegünstigte die Schenkung nicht formwirksam angenommen hat, kann der Schenker sie widerrufen, wobei eine Annahme hier auch nach dem Tode des Schenkers erfolgen kann, Art 1055 Cciv.

87 Eine *liberté résiduelle* im Sinne von Art 1057 f Cciv liegt dagegen dann vor, wenn ein Zweitbegünstigter beim Tode des Beschenkten den noch **verbleibenden Rest einer Zuwendung** erhält, die der Beschenkte nicht zu verwahren und zu erhalten hatte. Dessen Verpflichtung erstreckt sich damit nur auf die Herausgabe dessen, was von der Zuwendung von einst noch übrig ist. In diesem Sinne schließen auch Art 1058 Abs 2, 1060 Cciv für den Veräußerungsfall eine **dingliche Surrogation** und eine **Rechenschaftspflicht** des Beschenkten dem Zweitbegünstigten gegenüber aus. Lediglich

in der **Verfügung durch freigiebige Zuwendung** unterliegt der Beschenkte den Beschränkungen des Art 1059 Cciv.

bb) Schenkung unter Auflage

Die **Schenkung unter Auflage**, *donation avec charge*, wird nur in **Einzelbestimmungen** 88
und nicht als eigenes Institut in einem zusammenhängenden Normenkomplex geregelt. Allerdings handelt es sich bei den *libéralités graduelles* bzw *libéralités résiduelles* letztlich um besondere Konstellationen der Auflagenschenkung (vgl Rn 86). Deren allgemeine Existenz kann man in Art 944 ff, 953 f Cciv erahnen, auch wenn der Begriff der *charge* dort nicht zu finden ist. So spricht zunächst Art 953 Cciv nur von der Nichterfüllung einer Bedingung, *condition*. Je nach Parteiwillen kann aber nur ein **bedingter Vertragsschluss** vorliegen oder eine **tatsächliche Auflage**, die allein nach diesen Normen zu einem Widerruf berechtigt und einen Vollziehungsanspruch begründet (Ferid/Sonnenberger, Das französische Zivilrecht II [2. Aufl 1986] 2 H 5, 31 mit Fn 36, 306 zum Verhältnis von Auflage und Bedingung nach der insoweit uneindeutigen gesetzlichen Terminologie; Malaurie/Brenner, Droit des successions et des libéralités [11. Aufl 2024] Nr 283 ff). Denn im Falle einer Bedingung fällt die Schenkung mit ihr *ipso iure* weg (Malaurie/Brenner, Droit des successions et des libéralités [11. Aufl 2024] Nr 285; zu den Wirkungen der Bedingung entgegen denen eines Motivs s auch Domat, Les lois civiles I.X.1.11 und 13, in: Remy, Oeuvres I [Paris 1835] 304 ff). Der Vollziehungsanspruch existiert allerdings dann nicht, wenn die Auflage im alleinigen Interesse des Beschenkten liegt (Ferid/Sonnenberger, Das französische Zivilrecht II [2. Aufl 1986] 2 H 311). Aus dem Umkehrschluss aus Art 945 Cciv lässt sich zudem ableiten, dass besonders die **Übernahme gegenwärtiger Schulden** als Auflage denkbar ist, während ein **Verfügungsvorbehalt** des Schenkers zu seinen Gunsten nach Art 946 Cciv der Schenkung die Wirkung nimmt. Nach Art 949 Cciv kann der Schenker sich aber die **Verfügung über die Nutzungs- und Genussrechte** vorbehalten oder sich ein **Rückgaberecht** für den Fall seines Todes versprechen lassen, *droit de retour*, Art 951 f Cciv. Wesentlich für die Qualifikation eines Rechtsgeschäfts als (Auflagen-)Schenkung ist allein, dass die Auflage die Schenkung nicht **völlig erschöpft** (Ferid/Sonnenberger, Das französische Zivilrecht II [2. Aufl 1986] 2 H 31). Soweit die Auflage selbst unmöglich ist bzw gegen gesetzliche Verbote oder die guten Sitten verstößt, ist anders als im Allgemeinen Zivilrecht nur die Auflage nach Art 900 Cciv nichtig (Malaurie/Brenner, Droit des successions et des libéralités [11. Aufl 2024] vor Nr 286). Historisch beruht diese Teilnichtigkeit auf der nachrevolutionären Bestrebung, den Beschenkten bei Schenkungen unter hierarchisch geprägten, feudalen und restaurativen Auflagen wirksam in seinem Erwerb zu schützen und ihn gleichzeitig von der Bedingung oder Auflage zu befreien (Malaurie/Brenner, Droit des successions et des libéralités [11. Aufl 2024] Nr 286). Wegen Sittenverstoßes kann eine Auflage sittenwidrig sein, wenn sie gegen die Eheschließungsfreiheit verstößt (Malaurie/Brenner, Droit des successions et des libéralités [11. Aufl 2024] Nr 292).

cc) Indirekte Schenkungen

Unter **indirekten Schenkungen** werden im französischen Recht solche Zuwendungen 89
verstanden, die zwar einer *intention libérale* entspringen, aber ohne notarielle Beurkundung in einem ungewöhnlichen Gewand auftreten und auf den ersten Blick nicht als Schenkung wahrgenommen werden; hierzu gehören **Lebensversicherungen** und sonstige **Verträge zugunsten Dritter**, die Kreation und Begebung eines **Wertpapiers**, der **Erlass** von Schulden oder der **„Verkauf“ unter Wert** (welcher im deutschen Recht unter der Rubrik „gemischte Schenkung“ behandelt wird, s § 516 Rn 74 ff). Ihnen ist

gemein, dass sie ohne Erfüllung der besonderen Form des Art 931 Cciv als Schenkungen wirksam sind, soweit sie in ihrem Erscheinungsbild als Rechtsgeschäft die *intention libérale* nicht erkennen lassen (Malaurie/Brenner, Droit des successions et des libéralités [11. Aufl 2024] Nr 329; Löffler, Ehegattenschenkungen und ihre Rückgängigmachung nach deutschem und französischem Recht [1987] 20 f, 90 ff). Bei den Verträgen mit **unausgeglichenen Leistungen** kommt es darauf an, ob die Parteien eine Schenkung oder einen entgeltlichen Vertrag gewollt haben (Malaurie/Brenner, Droit des successions et des libéralités [11. Aufl 2024] Nr 331 f). Insbesondere in Dreipersonenverhältnissen kann in der zunächst neutralen Zuwendung eines Forderungsrechts an den Versprechensempfänger gegen den Versprechenden eine indirekte Schenkung zwischen dem Versprechensempfänger und dem Drittbegünstigten je nach Ausgestaltung deren Binnenverhältnisses vorliegen (Malaurie/Brenner, Droit des successions et des libéralités [11. Aufl 2024] Nr 334 ff). Auch die Übernahme der Kosten zur Anschaffung eines Gegenstands zugunsten des Beschenkten kann eine solche indirekte Schenkung darstellen (Cass civ 1re 15. 2. 2009, Bull civ I Nr 40).

dd) Donations-partages

90 Die sogenannten ***donations-partages*** beinhalten Schenkungen, kraft derer eine Person ihre Güter und Rechte noch zu Lebzeiten unter ihren vermuteten Erben aufteilt. Diese Schenkungen, auf die grundsätzlich auch die allgemeinen Schenkungsvorschriften Anwendung finden, werden näher durch die Art 1075 ff Cciv geregelt, die im Wesentlichen das Zusammenspiel mit den erbrechtlichen Bestimmungen zum Inhalt haben.

ee) Schenkungen mit Ehebezug

91 Eine besondere Regelung haben auch die Schenkungen erhalten, die einen **Ehebezug** aufweisen, wobei hier die dem französischen Recht eigene Verbindung von Schenkungen unter Lebenden und testamentarischen Verfügungen besonders deutlich zum Ausdruck kommt. Dabei sind wiederum zwei Fallgestaltungen zu trennen. Zunächst existieren Sonderregelungen für Schenkungen, die **Dritte** einem Ehegatten oder beiden im Hinblick auf die Ehe in **einem Ehevertrag** machen. Die zweite Sonderkategorie erfasst die Schenkungen, die sich **Ehegatten untereinander** im Rahmen eines Ehevertrags oder auch unabhängig davon während der Ehe machen (zu den nach deutschem Recht sog unbenannten Zuwendungen s § 516 Rn 86 ff, 124 ff).

(1) Schenkungen durch Ehevertrag an die Eheleute und Ehekinder

92 Schenkungen gegenwärtiger Güter durch Ehevertrag an die Eheleute oder an Kinder, die aus dieser Ehe hervorgehen werden, werden nach Art 1081 Abs 1 Cciv zunächst entsprechend den allgemeinen Regeln behandelt. Soweit zukünftige Ehekinder bedacht werden, kann dies gemäß Art 1081 Abs 2 Cciv nur in Form einer *liberté graduelle* oder *résiduelle* erfolgen. Als Schenker kommen neben Eltern, Voreltern, Schwiegereltern auch Fremde in Betracht, die den Eheleuten oder bei deren Vorversterben den Ehekindern ihr Vermögen oder einen Teil davon **von Todes wegen** schenken, wobei die Ersatzberechtigung der Ehekinder auch ohne ausdrückliche Bestimmung vermutet wird, Art 1082 Cciv. Eine solche Schenkung ist nur in dem Sinne **unwiderruflich**, dass der Schenker grundsätzlich nicht mehr unentgeltlich über den Gegenstand verfügen kann; Gelegenheitsgeschenke bzw remuneratorische Schenkungen darf er dagegen gleichwohl weiter vornehmen, Art 1083 Cciv. Gemäß Art 1084 Cciv ist hier auch anders als nach den allgemeinen Grundsätzen (vgl

Art 943 Cciv) eine **kumulative Schenkung von aktuellen und künftigen Gütern möglich**; dabei können auch die formgemäß erklärten Auflagen und Schulden des Schenkers übernommen werden, wobei der Beschenkte beim Tode des Schenkers die Wahl hat, nur die gegenwärtigen oder auch die weiteren Güter anzunehmen. Fehlt es an der Schätzungsaufstellung, *état estimatif*, kann der Beschenkte die Schenkung nur ganz oder gar nicht ablehnen; nimmt er die Schenkung an, kann er alle beim Tode des Schenkers vorhandenen Güter gegen Übernahme aller Schulden und Auflagen verlangen, Art 1085 Cciv. Darüber hinaus kann der Schenker dem Beschenkten auch abweichend von den allgemeinen Regeln (Art 944 ff Cciv) die **Zahlung aller seiner auch künftigen Schulden** sowie **Potestativbedingungen** und **Verfügungsvorbehalte** auferlegen, wobei der Beschenkte im Todesfall zwischen Annahme und Ablehnung wählen kann und die Güter im Falle einer unterbliebenen Verfügung dem Beschenkten oder seinen Erben gebühren, Art 1086 Cciv. Neben diesen inhaltlichen Auflockerungen existieren auch solche in **formaler Hinsicht**. So bestimmt Art 1087 Cciv, dass die Schenkungen durch Ehevertrag nicht mit dem Einwand angegriffen werden können, es fehle an einer Schenkungsannahme, wodurch das **Annahmeerfordernis** des Art 932 Cciv **gemildert wird**. Hier findet sich der Gedanke wieder, dass es sich um eine Einsetzung auf den Todesfall handelt und deshalb eine vertragliche Bindung nicht vorausgesetzt wird (vgl dazu bereits DOMAT, Les lois civiles I.X, in: REMY, Oeuvres I [Paris 1835] 298 f und zu den indirekten Schenkungen und besonders den *institutions contractuelles* POTHIER, Traité des donations entre-vifs II.1, Oeuvres XI [Paris 1819] 35). Unwirksam, *caduque*, werden diese Schenkungen im Hinblick auf die Eheschließung allerdings dann, wenn die **Ehe nicht geschlossen** wird, Art 1088 Cciv. Erfolgt die Schenkung **nur zugunsten eines Ehegatten**, wird die Schenkung ebenso unwirksam, wenn der beschenkte Ehegatte und seine Nachkommen vor dem Schenker versterben. Soweit der Schenker über seine *quotité disponible* hinaus verfügt hat, schreibt Art 1090 Cciv eine Reduktion der Schenkung vor.

(2) Schenkungen unter Ehegatten

Auch die **Schenkungen, die Ehegatten einander machen**, unterliegen einem besonde- 93
ren Regime. Wie Art 1091 Cciv eingangs bestimmt, können sich Eheleute gegenseitig oder auch einseitig nach ihrem Gutdünken Geschenke machen, sofern das Gesetz nichts Abweichendes vorschreibt. Art 1092 Cciv unterwirft diese Schenkungen den gewöhnlichen Schenkungsvorschriften mit der Maßgabe, dass sie nur dann unter der Überlebensbedingung erfolgt, wenn dies ausdrücklich vereinbart ist.

Darüber hinaus erklärt Art 1093 Cciv wiederum in Abweichung von den allge- 94
meinen Grundsätzen auch die Schenkung **zukünftiger Güter** durch Ehevertragsschenkungen zwischen Partnern für möglich, wobei die daraus folgenden Rechte bei Vorversterben des Beschenkten nicht auf die Ehekinder übertragbar sind. Die Schenkungen künftigen Vermögens auf den Todesfall, *donations au dernier vivant*, stellen dabei eine Ausnahme von dem Verbot dar, dass über einen noch nicht eingetretenen Erbfall keine Vereinbarungen erfolgen dürfen (GNAN ZEV 2008, 421, 424). Zugleich ermöglicht Art 1099 Cciv **indirekte Schenkungen** unter Ehegatten dadurch grundsätzlich, dass er sie nur dann für unzulässig erklärt, wenn die Schenkung die sonstigen Vorschriften über die Schenkung nicht einhält (vgl hierzu LÖFFLER, Ehegattenschenkungen und ihre Rückgängigmachung nach deutschem und französischem Recht [1987] 20 f). Nach Streichung des früheren zweiten Absatzes des Art 1099 Cciv durch das Gesetz Nr 2004-439 v 26. 5. 2004 mit Wirkung v 1. 1. 2005 ist dabei das Verbot **verschleierter**

Schenkungen bzw von **Strohmannschenkungen** zwischen Ehegatten weggefallen (Malaurie/Brenner, Droit des successions et des libéralités [11. Aufl 2024] Nr 448 f; vgl zum früheren Verbot solcher Schenkungen dieselben Nr 594 f und Abel, Die Qualifikation der Schenkung [1997] 149 ff; Löffler, Ehegattenschenkungen und ihre Rückgängigmachung nach deutschem und französischem Recht [1987] 19 ff mit Überlegungen zur Rechtfertigung dieser Beschränkung). Bei einer **Geldschenkung für die Anschaffung eines Gegenstands** wird nur das Geld, nicht der angeschaffte Gegenstand selbst geschenkt, Art 1099-1 Abs 1 Cciv. Etwaige Rechte des Schenkers und seiner Erben erstrecken sich daher gemäß Art 1099-1 Abs 2 Cciv nur auf die Summe und im Veräußerungsfalle auf ihren Wert bzw den Gegenwert der für sie erhaltenen neuen Sache.

95 Soweit die Schenkung unter Ehegatten zulässigerweise **zukünftige Gegenstände** zum Gegenstand hat, ist diese **frei widerruflich**, Art 1096 Abs 1 Cciv. Alle sonstigen Schenkungen können nur nach den allgemeinen Bestimmungen widerrufen werden, wobei eine Ehegattenschenkung grundsätzlich nicht wegen einer Kindesgeburt widerrufen werden kann, Art 1096 Abs 3 Cciv. Anders als bis 2007 sind **gewöhnliche Eheschenkungen** also **nicht mehr frei widerruflich** (Malaurie/Brenner, Droit des successions et des libéralités [11. Aufl 2024] Nr 480 f). Eine solche freie Widerruflichkeit hatte ursprünglich im Hinblick darauf bestanden, dass die Ehegatten als in ihrer Willensbildung durch das Bestehen der ehelichen Lebensgemeinschaft und einer tiefen persönlichen Gefühlsbeziehung beeinträchtigt angesehen wurden (s so noch Abel, Die Qualifikation der Schenkung [1997] 156 f; zur früheren Widerruflichkeit außerhalb eines Ehevertrags gemachter Schenkungen und den Beschränkungsversuchen vgl auch Löffler, Ehegattenschenkungen und ihre Rückgängigmachung nach deutschem und französischem Recht [1987] 106 ff). Dieser Gedanke geht insoweit auf die römische Vorstellung zurück, dass die Ehegatten sich nicht aus Liebe entreichern sollten und führte in der Zeit vor Inkrafttreten des *Code civil* zu unterschiedlichen Regelungen im Bereich des *droit écrit* und der verschiedenen *coutumes*, wobei Letztere von einer Zulassung bestimmter Schenkungen über die freie lebzeitige Widerruflichkeit – wie im römischen Recht – bis zu einem generellen Verbot variierten; Schenkungen auf den Todesfall wurden im römischen Recht wie in einigen *coutumes* akzeptiert, weil hier nicht das Risiko bestand, dass der Schenker nach Auflösung der Ehe mittellos dasteht (Domat, Les lois civiles I.X, in: Remy, Oeuvres I [Paris 1835] 299 f; Pothier, Traité des donations entre-vifs I.2.5, Oeuvres XI [Paris 1819] 14 ff; herangezogen wird hierbei insbesondere D 24.1.1 und 3 Ulp 32 *ad Sab*; D 24.1.2 Paul 7 *ad Sab*).

96 Die Scheidung hat nach Art 265 Cciv nur noch eine Auswirkung auf die Schenkung künftiger Gegenstände, während die vollzogenen Schenkungen von ihr unberührt bleiben (vgl zur früheren Rechtslage Löffler, Ehegattenschenkungen und ihre Rückgängigmachung nach deutschem und französischem Recht [1987] 171 ff). Soweit die Ehegattenschenkungen **Immobilien** und insbesondere das **Familienheim** bzw einen Anteil daran zum Gegenstand haben, ergeben sich va in Fällen der Gütertrennung Schwierigkeiten bei der **Rückabwicklung** (Löffler, Ehegattenschenkungen und ihre Rückgängigmachung nach deutschem und französischem Recht [1987] 55 f). Solange die verschleierten Ehegattenschenkungen noch nichtig bzw jedenfalls frei widerruflich waren, konnten sie auf diese Weise rückgängig gemacht werden; allerdings hatte die Rechtsprechung an den Beweis dessen, dass die Anschaffungsmittel tatsächlich ursprünglich aus dem Mitteln des Zuwendenden kamen und dass dieser nicht nur eine Ehegattenmitarbeit oder die Haushaltsführung entlohnen wollte, sondern damit eine *intention libérale* verfolgte, hohe Anforderungen gestellt (s dazu Löffler, Ehegattenschenkungen und ihre Rückgängigmachung nach deutschem und französischem Recht [1987] 56 ff mwNw). Nunmehr bleibt nur noch eine Abwicklung über die Konstruktion der ***action de in rem verso***, während eine Anwendung der Grundsätze der *société* bzw *communauté de fait* abgelehnt wird (s dazu § 516 Rn 88 ff, 126 ff; vgl auch Löffler, Ehegattenschenkungen und ihre Rückgängigmachung nach deutschem und französischem Recht [1987] 56, der diese Möglichkeiten kurz streift, aber zu seiner Zeit noch die Nichtigkeit der Schenkung in den Vordergrund seiner Betrachtungen stellt).

Auch für die ***réserve héréditaire*** (Rn 72) existieren in Bezug auf Ehegattenschenkungen besondere Vorschriften. Unabhängig davon, ob der Ehegatte durch Ehevertrag oder während der Ehe seinem Gatten eine Schenkung macht, kann er ihn, sofern keine Kinder existieren, wie einen Dritten beschenken, Art 1094 Cciv. Sind dagegen Kinder vorhanden, kann der Ehegatte zugunsten des Ehepartners nur insoweit über sein Eigentum schenkweise verfügen, als er es gegenüber einem Dritten könnte, dh er kann ein Viertel seines Eigentums und die weiteren drei Viertel seines Eigentums als Nießbrauch oder aber das ganze Vermögen als Nießbrauch verschenken, Art 1094-1 Cciv. Für den Fall, dass eine Nießbrauchslösung gewählt wird, garantiert Art 1094-3 Cciv den Kindern ein Recht auf Inventarerrichtung. Soweit der Ehegatte Eigentum erhält, kann ein nicht eheliches Kind, sofern es kein ausdrückliches Verbot des Verfügenden gibt, dem überlebenden Gatten stattdessen den Nießbrauch des Anteils am Nachlass überlassen, den er ohne diesen erhalten hätte, Art 1098 Abs 1 Cciv. Minderjährige können solche Verträge nur mit Zustimmung dessen abschließen, der auch der Eheschließung selbst die Zustimmung erteilen muss, Art 1095 Cciv. **97**

(3) Begriff der institution contractuelle

Soweit die Schenkungen zwischen Ehegatten oder aber im Ehevertrag unter Abweichung von den allgemeinen Grundsätzen auch künftige Gegenstände zum Gegenstand haben können und damit letztlich mit dem Tode des Schenkers eintreten, werden diese auch als ***institutions contractuelles*** bezeichnet. Dem liegt der Gedanke zu Grunde, dass es hier letztlich um eine zumindest testamentsähnliche Vermögenszuwendung auf den Todesfall geht (vgl Malaurie/Brenner, Droit des successions et des libéralités [11. Aufl 2024] Nr 450 ff; Löffler, Ehegattenschenkungen und ihre Rückgängigmachung nach deutschem und französischem Recht [1987] 14 ff). **98**

2. Die Schenkung im italienischen Recht

a) Einleitung

Die Schenkung ist ein **typisierter Vertrag**, dessen Zweck die **freigebige Zuwendung** ist. Sie stellt das wichtigste Beispiel der unentgeltlichen Rechtsgeschäfte, *negozi a titolo gratuito*, dar. Anders als im französischen *Code civil* war die Schenkung in den vor der Einheit Italiens geltenden Zivilgesetzbüchern, sog *codici preunitari*, insbesondere im piemontesischen Zivilgesetzbuch, von den Regelungen des Testamentsrechts entkoppelt und als eigenständiges Institut zwischen den Rechtsgeschäften von Todes wegen einerseits und den Verträgen andererseits eingeordnet, wobei sie zu den letzteren verschiedene Schnittstellen aufweist. Der erste *Codice civile* des italienischen Staates aus dem Jahre 1865 folgte diesem Modell, das vom jetzigen *Codice civile* insoweit beibehalten wurde, als die Schenkung zwar klar als Vertrag definiert wird, aber gleichwohl an das Ende des Buches über das Erbrecht gestellt und in einigen Bereichen an das Erbrecht angelehnt wird (Rn 101 ff; zum geschichtlichen Hintergrund der **99** systematischen Stellung s Cian/Trabucchi/Delle Monache [16. Aufl 2024] Art 769 VII Rn 2). Hintergrund für die dogmatische Abgrenzung zum Erbrecht dürfte letztlich auch sein, dass die Erbeinsetzung trotz eines meist dahingehenden Willens des Erblassers nicht zwingend zu einer Bereicherung des Erben führen muss, sondern diesen im Gegenteil sogar erheblich belasten kann, zumal der Eintritt des Erbfalls gerade nicht auf dem freien Willen des Schenkers beruht (vgl Cian/Trabucchi/Delle Monache [16. Aufl 2024] Art 769 I Rn 3). Die Abgrenzung zwischen Schenkung und sonstigen unentgeltlichen Verträgen bzw Rechtsgeschäften beschäftigt traditionell die italienische Doktrin. So wird betont, dass nicht jedes unentgeltliche Rechtsgeschäft eine Schenkung darstellt, da die Unentgeltlichkeit zwar das Fehlen einer Gegenleistung, nicht aber die Bereicherung der anderen Partei impliziert, während gerade Letzteres typisch für die Schenkung ist (Torrente/Schlesinger, Manuale di diritto privato [26. Aufl 2023] § 676 S 1485, vgl Cian/Trabucchi/Delle Monache [16. Aufl 2024] Art 769 I Rn 1 ff u va II Rn 1 ff, IX 1; Casulli, Enciclopedia del diritto XIII [1964] sv donazione III 2 S 967 ff).

100 Der CC kennt verschiedene Verträge, die entweder **gänzlich unentgeltlich** sind wie die Leihe, Art 1803 Abs 2 CC, oder die nach dem Willen der Parteien sowohl **entgeltlich auch unentgeltlich** ausgestaltet werden können wie der Auftrag, die Verwahrung, das Darlehen oder der Beförderungsvertrag (Art 1709, 1767, 1815, 1681 CC). Werden eben diese Verträge als unentgeltlich vereinbart, stellen sie trotzdem **keine Schenkung** dar, da sie nicht den Zweck der freigebigen Zuwendung, *liberalità*, dh die **Bereicherung der anderen Partei** zu bewirken, verfolgen, sondern je nach Vertragstypus einen anderen Grund haben (vgl Cass 2000/3646; s auch Cian/Trabucchi/Delle Monache [16. Aufl 2024] Art 769 II 1). Allerdings soll, sofern die Freigebigkeit auch nicht der typische Grund des gewählten Geschäfts ist, dem Rechtsgeschäft der *animus donandi* (*spirito di liberalità*) als *causa* innewohnen (Cian/Trabucchi/Delle Monache [16. Aufl 2024] Art 769 V Rn 1). Diese Vertragstypen unterscheiden sich daher von den echten Schenkungen dadurch, dass es sich entweder um unentgeltliche Realkontrakte oder aber um Verträge handelt, die ein *facere*, also eine Dienstleistung, zum Gegenstand haben (Cian/Trabucchi/Delle Monache [16. Aufl 2024] Art 769 II Rn 1, wobei dies dann zu einem nicht unumstrittenen Abgrenzungsproblem zwischen Schenkung und atypischer freigebiger Zuwendung führt, wenn eine schenkweise begründete Forderung, was dem Grundsatz nach möglich ist, ein solches *facere* und eben kein *dare* zum Gegenstand hat, VII Rn 4). Ebenso von der Schenkung zu unterscheiden und daher ihrem Regelungssystem, va der Formvorschrift, nicht unterworfen sind auch die **untypischen unentgeltlichen Rechtsgeschäfte**, durch welche eine Zuwendung ohne Gegenleistung, aber nicht aufgrund von Freigebigkeit erfolgt (Leistungen für politische, religiöse, kulturelle Organisationen, Werbegeschenke usw; Cian/Trabucchi/Delle Monache [16. Aufl 2024] Art 769 II Rn 2, 5 f). Ebenso ist die **Naturalobligation**, durch die moralische oder soziale Pflichten erfüllt werden (Art 2034 CC) und die daher keinen liberalen Zweck verfolgt, **keine Schenkung** (vgl Cass 1965/1960, Foro it 1965 I 1837; Cian/Trabucchi/Delle Monache [16. Aufl 2024] Art 769 III Rn 3).

b) Definition der Schenkung

101 Gemäß ihrer Natur als **Konsensualvertrag** kommt die Schenkung durch eine Willensübereinstimmung zwischen Schenker und Beschenktem zustande (vgl zu der Erforderlichkeit eines Vertrags eindringlich Cian/Trabucchi/Delle Monache [16. Aufl 2024] mwNw Art 769 VII Rn 1). Dies bedeutet konkret, dass der Wille des Schenkers, den Beschenkten **ohne Gegenleistung zu bereichern,** mit dem Willen des Beschenkten, **die Schenkung anzunehmen,** korrespondieren muss. Art 769 CC definiert die Schenkung als ei-

nen Vertrag, durch welchen eine Partei die andere in freigebiger Absicht, *per spirito di liberalità*, bereichert. Die Voraussetzungen der Schenkung im italienischen Recht sind also zum einen der **animus donandi** als subjektives Merkmal, zum anderen die **Bereicherung** des Beschenkten als objektives Merkmal (vgl zu der objektiven Voraussetzung als aus der Rechtsprechung hervorgegangenes Schenkungsmerkmal Cian/Trabucchi/Delle Monache [16. Aufl 2024] Art 769 V Rn 1).

Der *animus donandi* stellt den **Rechtsgrund** des Vertrags dar und ist hier genauso wie **102** bei den anderen Verträgen nicht mit dem Motiv zu verwechseln, aufgrund dessen die Schenkung vorgenommen wurde: es macht demnach keinen Unterschied, ob der Schenker aus Liebe und selbstloser Großzügigkeit schenkt oder aus Eitelkeit und, um die Gunst eines anderen zu werben (Cian/Trabucchi/Delle Monache [16. Aufl 2024] Art 769 V Rn 2, 5). In beiden Fällen will der Schenker für seine Zuwendung gerade keine Gegenleistung bekommen (Cass 2000/6994, Giur it 2001, 243). Das bedeutet, dass eine Zuwendung als solche keine Schenkung darstellt, wenn sie nicht aufgrund des *animus donandi*, des *spirito di liberalità*, vorgenommen wurde. Dieser konkretisiert sich nicht anders als durch das Bewusstsein des Schenkers, die Zuwendung ohne jeglichen rechtlichen Zwang, *nullo iure cogente*, vorzunehmen (Cass1974/3929, Giur it 1976 I 1 95; Cian/Trabucchi/Delle Monache [16. Aufl 2024] Art 769 V Rn 2 mwNw hinsichtlich der Diskussion). Die Vorstellungen über die genaue Bedeutung des *animus donandi* schwanken allerdings zwischen dem Gedanken, dass dieser mit dem Schenkungswillen übereinstimme und nicht von diesem zu trennen sei; der Ansicht, dass die freie Auswahl des Begünstigten der zentrale Anknüpfungspunkt für die Freigebigkeit sei; der Überlegung, dass die Verfolgung eines nicht wirtschaftlichen Interesses wesentlicher Inhalt des *spirito di liberalità* sei, oder letztlich der Meinung, dass schon die intendierte Anwendung der Schenkungsbestimmungen in formaler Hinsicht für das Vorliegen einer Schenkung entscheidend sein solle (vgl Cian/Trabucchi/Delle Monache [16. Aufl 2024] Art 769 V Rn 2). In jedem Fall muss aber der *animus donandi* beiden Beteiligten der Schenkung, anders als es der Wortlaut des Art 769 CC vielleicht vermuten ließe, gemein sein; dies folgt nämlich aus dem Erfordernis eines Vertragsschlusses und damit einer Willensübereinstimmung zwischen Schenker und Beschenktem (Cian/Trabucchi/Delle Monache [16. Aufl 2024] Art 769 V Rn 3).

Die **Bereicherung** des Vermögens des Beschenkten kann gemäß Art 769 CC durch **103** Verfügung über ein eigenes Recht bzw durch Übernahme einer Verpflichtung erfolgen. Die Verfügung über ein Recht kann sowohl durch **Übertragung eines Rechts** des Schenkers auf den Beschenkten erfolgen, als auch durch **Bestellung eines dinglichen Rechts** an einem Vermögensgegenstand des Schenkers (vgl Cass 1950/576, Foro it 1950 I 385) bzw durch **Schenkung einer Forderung** (s zu den etwaigen Gegenständen der Schenkung Cian/Trabucchi/Delle Monache [16. Aufl 2024] Art 769 VII Rn 3). In diesem Fall entsteht ein Schuldverhältnis, in dem der Beschenkte den Schenker als Schuldner gewinnt, ohne dafür eine Leistung erbracht zu haben (Cass 1983/4618).

Nicht möglich ist es dagegen, sich durch einen Vertrag zu verpflichten, eine Schen- **104** kung vorzunehmen, da sich aus dem *animus donandi* ergibt, dass die **Zuwendung spontan** und **frei** geschehen muss. Daher ist das Versprechen, eine Schenkung vorzunehmen, **nichtig** (Cass 1979/3315, Foro it 1981 I 1702; Cass 2017/14262; vgl aber Sacco, Il Contratto II [3. Aufl 1975], Trattato di diritto civile 267 f, der, möglicherweise von seiner rechtsvergleichenden Perspektive beeinflusst, hierin eine den entsprechenden Formvorschriften unterfallende eigenständige Schenkung mit obligatorischem Charakter erkennen will, während dann die zweite Schenkung letztlich nur einen übertragenden und damit erfüllenden Charakter aufweisen und daher den Formvorschriften für die Rechtsübertragung des jeweiligen Schenkungsgegenstandes unterworfen sein soll; richtig bemerkt Cian/Trabucchi/Delle Monache [16. Aufl 2024] Art 769 V Rn 4 dazu, dass das Schenkungsversprechen jedenfalls ex Art 771 CC nichtig ist, wenn es vorgenommen wird, weil der Schenkungsgegenstand noch nicht existiert bzw sich noch nicht im Vermögen des Schenkers befindet; vgl Rn 120).

105 Die **remuneratorische Schenkung** nach Art 770 CC ist eine aus Dankbarkeit bzw wegen besonderer Verdienste des Beschenkten vorgenommene Schenkung, um sich zu revanchieren bzw zu belohnen (Cian/Trabucchi/Delle Monache [16. Aufl 2024] Art 770 I Rn 2–4). Insoweit charakteristisch für die Art der Schenkung nach Art 770 Abs 1 CC ist die juristische Relevanz des **Motivs** der Zuwendung, obgleich diese deswegen nicht den Charakter einer Gegenleistung annimmt, sondern ihre *causa* in der Freigebigkeit, *liberalità*, hat (Cass 1997/1411, Fallimento 1998, 17; Cass 2016/10262). Mit anderen Worten: Bei der remuneratorischen Schenkung wird die Zuwendung zwar wegen eines vom Beschenkten erbrachten bestimmten Dienstes vorgenommen, aber nicht aufgrund einer Verpflichtung, diesen Dienst entlohnen zu müssen (Cass 1971/2391; Cass 1970/1933, Giust civ 1970 I 1788; Cass 2002/14981; Cass 2016/10262). Daher muss es dem Schenker auch hier bewusst sein, dass er zur Vornahme der Zuwendung **nicht verpflichtet ist** (Cass 2009/5159; Cass 2016/10262; s insgesamt auch Cian/Trabucchi/Delle Monache [16. Aufl 2024] Art 770 I Rn 4).

106 Soweit bei einem Vertrag mit Gegenleistung ein zusätzlicher Teil einer der beiden Leistungen ohne Verpflichtung als Belohnung zugewendet wird, ist umstritten, **ob** es sich um ein **einheitliches Geschäft** handelt, das nach dem Schwerpunkt als Schenkung zu beurteilen ist oder nicht, oder ob vielmehr zwei unterschiedliche Rechtsgeschäfte vorliegen, also ein entgeltliches und ein unentgeltliches Geschäft (vgl Cian/Trabucchi/Delle Monache [16. Aufl 2024] Art 770 I Rn 5). Die Rechtsprechung nimmt in diesen Fällen eine einheitliche remuneratorische Schenkung an, wenn der **animus donandi überwiegt** (Cass 1995/7666; Cass 92/1751), während die hL von zwei unterschiedlichen Rechtsgeschäften ausgeht. Darüber hinaus fehle nach der besseren Ansicht bei einem auffälligen Missverhältnis zwischen Belohnung und geleistetem Dienst der Schenkung der remuneratorische Charakter (Cian/Trabucchi/Delle Monache [16. Aufl 2024] Art 770 I Rn 6). Remuneratorischen Charakter kann auch eine Schenkung haben, die **der Wiedergutmachung eines Unrechts** dienen soll (Cass 1955/3046, in dem Fall hatte der Verführer die Verführte, die dann seine Geliebte geworden war, beschenkt, um sie für den damit erlittenen Nachteil zu entschädigen). Die Zuwendungen zugunsten der Geliebten können allerdings als Naturalobligation angesehen werden, wenn in Anbetracht der spezifischen Umstände des Falles davon auszugehen sei, dass eine moralische Pflicht für den Mann bestehe, für den Unterhalt der Frau aufzukommen (Cass 1960/68, Giust civ 1960 I 478).

107 Die remuneratorische Schenkung unterscheidet sich insoweit von der normalen Schenkung, als sie **nicht widerrufbar** ist (Art 805 CC, vgl Rn 152), den Beschenkten **nicht zum Unterhalt** gegenüber dem Schenker (Art 437 CC) und den Schenker in den Grenzen des Art 797 Nr 3 CC zur **Eviktionshaftung** (Rn 142) verpflichtet (Cian/Trabucchi/Delle Monache [16. Aufl 2024] Art 770 II Rn 1).

Art 770 Abs 2 CC sieht explizit vor, dass **Anstandsgeschenke** keine Schenkung, und zwar auch keine remuneratorische Schenkung, darstellen (Cass 1993/4768; zum Begriff s CIAN/TRABUCCHI/DELLE MONACHE [16. Aufl 2024] Art 770 III 1–3). Grund dafür sei der Umstand, dass hier die Zuwendungen zwar nicht aufgrund einer juristischen Verpflichtung vorgenommen werden, sie aber nicht ganz frei und spontan sind; ihre *causa* liegt nämlich nicht in der Bereicherung des Beschenkten, sondern in dem Handeln nach bestimmten Usancen (Cass 1975/1218, Giust civ 1975, 1311, *contra* Cass 1980/3621; CIAN/TRABUCCHI/DELLE MONACHE [16. Aufl 2024] Art 769 III Rn 2–4, Art 2034 I 1). Ebenso stellen Geschenke, die wegen erbrachter Dienste erfolgen, keine Schenkung dar, wenn die Zuwendung im angemessenen Wertverhältnis zu den Diensten steht (Cass 1992/12142, mass Giur it 1993, 1106). Für die Beurteilung des Wertverhältnisses müssen sowohl die Vermögensverhältnisse des Schenkers, als auch seine sozialen Lebensverhältnisse herangezogen werden (Cass 2008/16550, Giust civ 2009 I 163). So können auch sehr wertvolle Geschenke noch immer als Anstandsgeschenke *liberalità d'uso* und daher nicht der Form der Schenkung unterworfen werden, wenn sie in einem sozialen Umfeld vorgenommen werden, in dem sie als angemessen betrachtet werden (vgl dazu den Fall von Cass 1988/6720, Giust civ 1989 I 596, in dem Ringe im Wert von 100 Millionen Lire anlässlich einer Verlobung geschenkt worden waren; der Tatrichter hatte geurteilt, dass in der sozialen Schicht der betroffenen Familien ein so kostbares Geschenk zu einem solchen Anlass den üblichen Gepflogenheiten entsprach; Cass 2016/18280; s hierzu auch CIAN/TRABUCCHI/DELLE MONACHE [16. Aufl 2024] Art 770 III Rn 8). **108**

c) Wirksamkeitsvoraussetzungen

aa) Form

Auch im italienischen Recht unterliegt die Schenkung einer besonderen Form; so erfordert die sog **öffentliche Schenkung**, Art 782 CC, die Abgabe der Erklärungen vor dem Notar oder einer anderen öffentlichen Stelle und vor zwei Zeugen (Art 48 Gesetz v 8. 2. 1913, Nr 89; CIAN/TRABUCCHI/DELLE MONACHE [16. Aufl 2024] Art 782 II Rn 2 f mwNw). Bei **Nichtbeachtung** dieser Formvorschriften, denen eine Warnfunktion für den Schenker beigemessen wird, der ohne Gegenleistung auf einen Gegenstand seines Vermögens zu verzichten beabsichtigt, ist die Schenkung gemäß Art 782 Abs 1 CC **nichtig**. Aus demselben Grund ist die Schenkung von **beweglichen Sachen** nichtig, die nicht spezifisch und mit deren Wert in der Schenkungsurkunde genannt werden (CIAN/TRABUCCHI/DELLE MONACHE [16. Aufl 2024] Art 782 II Rn 7). Da das italienische Recht genauso wie das französische das Trennungs- und Abstraktionsprinzip nicht kennt, betrifft die Nichtigkeit wegen Nichtbeachtung der Formvorschriften die Schenkung als solche. **109**

Die **Annahme** der Schenkung seitens des Beschenkten, die zur Perfektion des Vertrags notwendig ist, kann sofort beim **Abschluss des Rechtsgeschäfts** vor dem Notar erfolgen oder **später**, aber ebenso durch öffentlichen Akt (Abs 2). In letzterem Fall ist der Vertrag nicht perfekt, solange die Annahme dem Schenker nicht vom Rechtspfleger, *ufficiale giudiziario*, **notifiziert** wird (vgl CIAN/TRABUCCHI/DELLE MONACHE [16. Aufl 2024] Art 782 III Rn 7–9 mwNw; Cass 1977/1026; 1975/4153). Teilweise wird davon ausgegangen, dass nur die Annahme selbst formgerecht erfolgen muss und der Begriff der Notifizierung in Art 782 Abs 2 CC nicht technisch zu verstehen sei, so dass auch eine anderweitige Kenntniserlangung von der Annahme genüge (vgl CIAN/TRABUCCHI/DELLE MONACHE [16. Aufl 2024] Art 782 III Rn 1 und 8 mwNw). Beide Parteien können bis zur **Perfektion** der Schenkung ihre Erklärungen **widerrufen** (Abs 3). Der **110**

Vertragsschluss selbst soll dagegen schon in der Annahme liegen, so dass abgesehen von der Möglichkeit des Widerrufs ein Versterben des Schenkers oder der Verlust seiner Geschäftsfähigkeit auf die Perfektion der Schenkung keinen Einfluss mehr habe (vgl dazu Cian/Trabucchi/Delle Monache [16. Aufl 2024] Art 782 III Rn 15).

111 Nach der Notifizierung kann der Schenker sein Schenkungsangebot **nicht mehr widerrufen**, es sei denn, es liegt eine nichtige Annahme vor (Cass 1954/1138); das gilt auch, wenn die Formvoraussetzungen nicht erfüllt worden sind, weil die Annahme durch einen Minderjährigen selbst und nicht durch seinen Vormund erfolgte. Die Annahme ist hier nämlich nicht absolut nichtig, da die Vorschriften zur Rechtsunfähigkeit auch im Fall der Schenkung **zum Schutz** und **im Interesse des Minderjährigen** verstanden werden müssen (Cian/Trabucchi/Delle Monache [16. Aufl 2024] Art 774 I Rn 3 mwNw). Nur dieser oder sein gesetzlicher Vertreter sind zur Anfechtungsklage, *azione di annullabilità*, legitimiert; Art 1061 des CC von 1865, der auch für den Schenker eine solche Möglichkeit vorsah, ist nämlich abgeschafft worden (Cass 1954/1138, Foro it 1955 I 368). In Ermangelung einer spezifischen Regelung gilt für die Annahme der Schenkung die allgemeine Frist von **zehn Jahren** des Art 2946 CC (Cass 2001/14327). Die fehlende Notifizierung der Schenkungsannahme ermöglicht es dem Schenker, über die Sache anderweitig zu disponieren und Dritten gegenüber die Nichtigkeit des Aktes geltend zu machen (Cass 1958/269). Die Annahme setzt **keine besonderen Formen** voraus, sondern kann sich auch implizit aus dem Verhalten des Beschenkten ergeben (Cian/Trabucchi/Delle Monache [16. Aufl 2024] Art 782 III Rn 3 mwNw; Cass 1992/12280, Dir eccl 1993 II 197). Die entsprechende evtl notwendige Prüfung ist daher Aufgabe des Tatrichters, nicht der *Cassazione*, es sei denn, sie enthält logische oder rechtliche Fehler (Cass 1981/6057, Riv not 1982, 93). Aufgrund ihrer spezifischen Ausgestaltung liegt die Annahme bei der **Handschenkung**, *donazione manuale* (Rn 113), im **faktischen**, nicht im formgebundenen **Empfang** der Sache (Cass 1957/646).

112 Die Einhaltung der besonderen Form des Art 782 CC ist bei der **gemischten Schenkung**, bei der die Freigebigkeit der Zuwendung gegenüber dem entgeltlichen Element in den Hintergrund tritt, **nicht notwendig** (Cass 1999/3499, Giur it 1999, 2017). Gleiches gilt bei der **sog indirekten Schenkung** (Rn 154 ff), die typischerweise ihren Zweck durch ein anderes als das vom Gesetz vorgesehene Institut erreicht (Cass Sezioni Unite 2006/13524, Giust civ 2007 I 2855).

113 Die Form des Art 782 CC ist für Schenkungen **kleineren Werts**, *donazioni di modico valore*, nicht erforderlich. Hier sieht Art 783 CC vor, dass zur Gültigkeit des Vertrags die **Übergabe** der Sache notwendig ist; dh die bloße Erklärung, die Sache schenken zu wollen, genügt nicht. Deswegen spricht man in diesen Fällen auch von einer *donazione manuale*, **Handschenkung**, als einem **Realvertrag**, der erst mit Übergabe der Sache zustande kommt (s zur vergleichbaren Rechtslage im französischen Recht Rn 57). Die Übergabe kann insoweit symbolisch geschehen, als der Schenker dem Beschenkten seinen Willen zur Schenkung einer schon in dessen Besitz befindlichen Sache mitteilt und der Beschenkte akzeptiert (Cass 1979/529, Giust civ 1979 I 1497). Die Regelung von Art 783 CC kann auch auf **Aktien** und sonstige **Wertpapiere** angewendet werden, da diese Gegenstand des Besitzes sein können (Cass 1963/1685, Giust civ 1963 I 1812, vgl hierzu auch Cian/Trabucchi/Delle Monache [16. Aufl 2024] Art 783 Rn 7 mwNw). Dies gilt gleichermaßen für Geschenke zwischen Verlobten (Cass 1994/1260, Giust civ 1994 I 1192) und von Künstlern, wenn das geschenkte Werk von geringfügigem Wert ist (Cass 1957/3472).

Die **Geringfügigkeit** der Schenkung wird auch im Hinblick auf die Vermögensverhältnisse des Schenkers beurteilt, Art 783 Abs 2 CC. Das Gesetz gibt keine rigiden Kriterien zur Bewertung der Geringfügigkeit vor, sondern überlässt dem Tatrichter ein gewisses Ermessen (Cass 2001/7913; Cian/Trabucchi/Delle Monache [16. Aufl 2024] Art 783 Rn 5). Für die Feststellung der Geringfügigkeit muss der Richter das **objektive Kriterium** des Gegenstandswertes und darüber hinaus auch den **subjektiven Aspekt** der ökonomischen Möglichkeiten des Schenkers heranziehen, um zu beurteilen, ob die Schenkung sich **im Vermögen des Schenkers beachtlich niederschlägt** (Cass 1980/3672; Cass 1989/1873; Cass 1994/11304; Cass 2001/7913; Cian/Trabucchi/Delle Monache [16. Aufl 2024] Art 783 Rn 4). Nur wenn dies nicht der Fall ist und damit eine Schenkung geringen Wertes vorliegt, kann nämlich auf die Warnfunktion der öffentlichen Form verzichtet werden. Für die Einschätzung der Vermögensverhältnisse des Schenkers kommt es auf den **Zeitpunkt** der Schenkung an (Cass 1980/3672). **114**

bb) Schenkungsfähigkeit

Den allgemeinen Prinzipien entsprechend regeln die Art 774, 775, 776 CC die **Schenkungsfähigkeit**; hiernach können Geschäftsunfähige, beschränkt Geschäftsfähige und unerkannt Geschäftsunfähige nicht schenken (Torrente/Schlesinger, Manuale di diritto privato [26. Aufl 2023] § 678 S 1489). Soweit über die genaue Rechtsfolge des Art 774 CC Streit besteht, ob ein Verstoß zur Anfechtbarkeit *annullabilità* oder zur Nichtigkeit *nullità* führt, muss man von der ersten Variante ausgehen. Der Umstand, dass der gesetzliche Vertreter nicht für den Schenkungsunfähigen die Schenkung vornehmen kann, ist ausschließlich die Konsequenz eines höchstpersönlichen Verständnisses des *animus donandi*; daraus kann daher nicht abgeleitet werden, dass den Schenkungsunfähigen insoweit nicht nur die Geschäftsunfähigkeit, *incapacità di agire*, sondern sogar auch die Rechtsunfähigkeit, *incapacità giuridica* treffe, mit der Konsequenz der absoluten Nichtigkeit, *nullità* des Aktes (vgl Cian/Trabucchi/Delle Monache [16. Aufl 2024] Art 774 I Rn 3 mwNw). Nach Art 775 Abs 2 CC verjährt die Anfechtungsklage des Schenkers bzw seiner Erben in **fünf Jahren** ab dem Zeitpunkt der Schenkung. Dadurch werden die Erben, die nach Fristablauf geerbt haben und daher nicht mehr gerichtlich vorgehen können, nicht in verfassungswidriger Weise ungleich gegenüber denjenigen Erben behandelt, die schon vor dem Verstreichen der Frist geerbt haben, da die Stellung der beiden nicht vergleichbar ist. Während nämlich die einen die Anfechtungsmöglichkeit vom Erblasser geerbt haben, haben die anderen erst geerbt, als der Anspruch auch schon beim Erblasser selbst wegen Fristablaufs verjährt war (Corte Cost 13. 6. 2008 Nr 206; vgl Cian/Trabucchi/Delle Monache [16. Aufl 2024] Art 775 I Rn 8). Bedeutungslos für die Anfechtbarkeit ist weiterhin, ob die Schenkung einen hohen oder nur geringen Wert hat, da insoweit weder ein besonderer Schaden noch die Bösgläubigkeit des Beschenkten nach der Gesetzesfassung erforderlich sind (Cian/Trabucchi/Delle Monache [16. Aufl 2024] Art 775 I Rn 1). **115**

Die **Eheschenkung**, *donatio propter nuptias*, des Minderjährigen bzw beschränkt Geschäftsfähigen ist gültig, wenn sie in einem Ehevertrag unter Mitwirkung des gesetzlichen Vertreters zustande gekommen ist (vgl Art 165, 166 CC). Dies stellt eine Auswirkung des Prinzips dar, wonach es Folge der Ehefähigkeit ist, die Konsequenzen der Ehe tragen zu müssen (Torrente/Schlesinger, Manuale di diritto privato [26. Aufl 2023] § 678 S 1489; Cian/Trabucchi/Delle Monache [16. Aufl 2024] Art 774 II Rn 1). **116**

117 Aus dem Wortlaut des Art 774 CC ergibt sich die Schenkungsfähigkeit der juristischen Personen, freilich wenn und insoweit dies von ihrer Satzung vorgesehen ist (Torrente/Schlesinger, Manuale di diritto privato [26. Aufl 2023] § 678 S 1489). Nach der Abschaffung des Art 782 Abs 4 CC (Notwendigkeit einer behördlichen Erlaubnis) sowie des Art 786 CC (Unfähigkeit von nicht eingetragenen Vereinen zur Annahme einer Schenkung) können **juristische Personen und nicht eingetragene Vereine** ohne weiteres beschenkt werden (Torrente/Schlesinger, Manuale di diritto privato [26. Aufl 2023] § 678 S 1489 f; s auch Cian/Trabucchi/Delle Monache [16. Aufl 2024] Art 774 I Rn 6 f). Die höchstrichterliche Rechtsprechung hat die Gültigkeit auch von Schenkungen juristischer Personen des öffentlichen Rechts anerkannt, wenn damit ein öffentliches Interesse bezweckt wird, da keine Norm der Rechtsordnung sie verbiete (Cass 1965/452, Giust civ 1965 I 1387; Cass 2015/18449). Gültig sind außerdem Freigebigkeiten von Handelsgesellschaften zu Werbe- und Repräsentationszwecken sowie Geldzuwendungen für die Instandhaltung und Restaurierung von Kulturgütern bzw zur Finanzierung von kulturellen Veranstaltungen, wobei diese (mindestens auch) von den damit verbundenen steuerlichen Begünstigungen veranlasst sind und es daher an dem für die Schenkung notwendigen *animus donandi* mangelt (vgl Cian/Trabucchi/Delle Monache [16. Aufl 2024] Art 769 II Rn 5 sowie Torrente/Schlesinger, Manuale di diritto privato [26. Aufl 2023] § 678 S 1489).

118 Die Schenkung soll durch den Schenker **persönlich** erfolgen. So kann nach Art 777 CC der gesetzliche Vertreter keine Schenkung für das Mündel oder eine betreute Person vornehmen. Eine weitere Beschränkung sieht Art 778 Abs 1 CC vor, demzufolge der **Auftrag** an einen Dritten, den Gegenstand der Schenkung und den Beschenkten zu bestimmen, **nichtig** ist. Hat allerdings der Schenker **bestimmte Personen** bzw **Kategorien von Personen genannt**, aus denen der Beschenkte auszuwählen ist, ist die Schenkung gültig. Gleiches gilt, wenn der Dritte den Gegenstand der Schenkung unter vom Schenker vorbestimmten Gegenständen oder bis zu einem vom Schenker festgesetzten Wert auszuwählen hat, Art 778 Abs 2 und 3 CC. Mit dieser Beschränkung darf eine **Vollmacht** zur Schenkung mit den **gleichen Formerfordernissen** erteilt werden, die für die Schenkung gem Art 782 CC gelten (hM; vgl Cian/Trabucchi/Delle Monache [16. Aufl 2024] Art 778 I Rn 5). Nach Art 779 CC ist auch die Schenkung zugunsten des Vormundes und des Ergänzungspflegers **nichtig**.

119 Eine Schenkung zugunsten eines **noch nicht geborenen** oder **noch nicht erzeugten Kindes** einer zum Zeitpunkt der Schenkung lebenden Person ist gültig, Art 784 CC. Die Nichtigkeit von Schenkungen zugunsten des unehelichen, nicht anerkennungsfähigen Kindes nach Art 780 CC wurde durch das Familienrechtsreform-Gesetz von 1975 abgeschafft. Das **Verbot der Schenkungen zwischen Ehegatten**, Art 781 CC, wurde wegen Verstoßes gegen das Gleichheitsprinzip, Art 3 Cost, für **verfassungswidrig** erklärt (Corte Cost 27. 6. 1973 Nr 91; Foro it, 1973, I, 201).

cc) Inhaltliche Begrenzung der Schenkung

120 Die Begrenzungen bei der inhaltlichen Ausgestaltung der Schenkung drücken das Misstrauen der Rechtsordnung gegenüber einer ungebremsten Freigebigkeit aus und verfolgen das Ziel, den Schenker auf das **Risiko** seines Handelns hinzuweisen und ihn von einer **voreiligen** Schenkung abzuhalten (hM; vgl Cian/Trabucchi/Delle Monache [16. Aufl 2024] Art 771 I Rn 1). So können Gegenstände einer Schenkung nur **gegenwärtige Güter** des Schenkers bilden. Betrifft sie **zukünftige Güter**, ist sie daher diesbezüglich **nichtig**, es sei denn, es handelt sich um noch nicht gezogene Früchte, Art 771 CC. In diesem Zusammenhang wird auch der Fall der Schenkung von fremden Gütern diskutiert, deren Nichtigkeit zum Teil gerade aus dieser Norm hergeleitet wird. Fremde Güter seien nämlich subjektiv insoweit als künftige Güter zu betrachten, als sie zwar *in natura* existieren, aber noch nicht Teil des Vermögens des Schenkers sind (Cass 2009/10356 noch *contra* Cass 2001/1596). Dagegen wird angeführt, dass die Schenkung fremder Güter sich typischerweise nicht auf künftige Güter bezieht, sondern auf die vom Schenker übernommene Verpflichtung, den Gegenstand zu erwerben, um ihn dem Schenker zu übertragen (Cian/Trabucchi/Delle Monache [16. Aufl 2024] Art 771 I Rn 5 mwNw, s aber zur Nichtigkeit eines Schenkungsversprechens *promessa di donazione* Rn 104). Soweit man eine solche Schenkung jedoch zulässt, stellt sich allerdings das Problem, dass die Schenkung an und für sich nicht das Eigentum an der Sache übertragen kann; insoweit kommt es dann auf die Möglichkeiten des Erwerbs *a non domino* an (Cian/Trabucchi/Delle Monache [16. Aufl 2024] Art 771 Rn 5 f). Zuletzt hat die höchstrichterliche Rechtsprechung klargestellt, dass die Schenkung von fremden oder zum Teil fremden Sachen mangels *causa* nichtig ist, sie aber **obligatorische Wirkung** entfalten kann, wenn aus dem notariellen Schenkungsakt klar zu entnehmen sei, dass dem Schenker bewusst ist, dass die Sache nicht ihm gehört (Cass 2016/5068; bestätigt mit 2017/144). Dagegen ist die Schenkung **aller gegenwärtigen Güter** des Schenkers **gültig**; das Armutsrisiko des Schenkers wird gerade durch die Unterhaltspflicht des Art 437 CC aufgefangen.

Die Schenkung kann **bedingt** sein. Ein in Art 785 CC speziell geregelter Fall davon **121**
ist die sog *donatio propter nuptias* (Rn 116), die eine Schenkung im Hinblick auf die Ehe zwischen den künftigen Ehegatten oder durch andere Personen, zB durch die Eltern zugunsten eines oder beider Ehegatten bzw zugunsten deren noch ungeborener Kinder, darstellt. Hier vollzieht sich die Schenkung anders als nach den allgemeinen Regeln auch **ohne Annahme** seitens des Beschenkten. Bis zur Eheschließung entfaltet sie jedoch keine Wirkung, Art 785 Abs 1 CC; die Aufhebung der Ehe bewirkt die Nichtigkeit der Schenkung, wobei Dritte schadlos gehalten werden, die Rechte in der Zeit zwischen Eheschließung und Rechtskräftigkeit des Aufhebungsurteils erworben haben. Wie dieses Ergebnis dogmatisch zu erfassen ist, wird allerdings unterschiedlich beurteilt; der bereits eingangs vertretenen Ansicht, es handele sich bei der Eheschließung um eine aufschiebende Tatsachen- oder Rechtsbedingung, wird entgegen gebracht, dass die Eheschließung vielmehr die *causa* der Schenkung darstellt (Torrente/Schlesinger, Manuale di diritto privato [26. Aufl 2023] § 678 S 1492; Palazzo, Atti gratuiti e donazioni [2000] 236; vgl dazu Cian/Trabucchi/Delle Monache [16. Aufl 2024] Art 785 I Rn 5 mwNw). Noch grundsätzlicher stellt sich allerdings die Frage, ob hier überhaupt ein zweiseitiger Vertrag durch Schweigen des Beschenkten zustande kommt (Sacco/De Nova, Il Contratto [4. Aufl 2016] 269 ff). Richtiger ist mit der herrschenden Meinung in einer solchen Schenkung ein **einseitiges Rechtsgeschäft** zu sehen, welches mit der reinen Kenntniserlangung durch den Beschenkten perfekt wird und von Letzterem allenfalls mittels eines Ablehnungsrechts beseitigt werden kann (vgl dazu Cian/Trabucchi/Delle Monache [16. Aufl 2024] Art 785 I Rn 4 mwNw).

Die **Schenkungsurkunde** muss sich jedenfalls konkret auf eine bevorstehende Ehe be- **122**
ziehen und nicht nur eine allgemeine Eheabsicht enthalten (Cass 1989/5410, Giur It 1990 I 1 1590), wobei dies nach der Rechtsprechung der *Corte di Cassazione* nicht bedeutet, dass nur dann der Tatbestand des Art 785 CC erfüllt ist, wenn die Ehegatten in der

Schenkungsurkunde genannt werden (Cass 1954/2130). Daher obliegt dem Tatrichter die genaue Untersuchung, ob es sich um eine Schenkung nach Art 785 CC handelt.

123 Die Nichterfüllung der Voraussetzungen des Art 785 CC impliziert nicht, dass es sich um eine **unbedingte Schenkung** handelt (Cass 1968/2874, Giust Civ 1969 I 938). Wird die Ehe nicht geschlossen oder wird sie aufgehoben, ist der Erwerb ganz und gar nichtig, und das Eigentum an der Sache kehrt zum Schenker zurück, wie wenn er es nie verloren hätte; daher stehen ihm die Herausgabeklage und die Eigentumsfeststellungsklage zur Verfügung (Cass 1973/945). Während dies ohne weiteres passt, wenn man die Eheschließung als *causa* begreift, wird dagegen bei der dogmatischen Einordnung als Bedingung darauf hingewiesen, dass der vom Gesetzgeber im Art 785 Abs 2 CC benutzte Begriff der Nichtigkeit insoweit unpräzise sei und daher vorgeschlagen, für den Fall des Nichteintritts der Bedingung die Schenkung als unwirksam, *inefficace*, anzusehen (Cian/Trabucchi/Delle Monache [16. Aufl 2024] Art 785 I Rn 7 mwNw).

124 Nicht zu verwechseln mit der Schenkung aufgrund der Ehe, deren Zweck die Übertragung des Eigentums an den Beschenkten ohne Gegenleistung ist und die mit der Erklärung des Schenkers vollzogen wird, ist der **Ehevertrag**, der den Konsens der Parteien erfordert und der Güterstandsregelung zwischen den Ehegatten dient (Cass 1973/945).

125 Nach Art 787 CC ist die Schenkung **wegen Irrtums** über das Motiv anfechtbar, wenn sich das der Schenkung ausschließlich zugrunde liegende Motiv aus der Urkunde ergibt. Somit wird hier dem Motiv genauso wie beim Testament, Art 624 f CC, eine sonst untypische Bedeutung zugemessen, die ihren Grund in der Unentgeltlichkeit des Rechtsgeschäfts findet (hM; vgl Cian/Trabucchi/Delle Monache [16. Aufl 2024] Art 787 I Rn 1 mwNw). Dies geht noch insofern weiter, als die Erkennbarkeit des Irrtums zum Schutz des Schenkers für seine Anfechtungsmöglichkeit unerheblich ist (Cian/Trabucchi/Delle Monache [16. Aufl 2024] Art 787 I Rn 4). Dies lässt sich auch im Hinblick auf die Folgen der **Rechtswidrigkeit** des Motivs feststellen, die gemäß Art 788 CC unter der gleichen Voraussetzung zur Anfechtbarkeit der Schenkung führt, ohne dass das rechtswidrige Motiv – anders als nach der allgemeinen Disziplin des Art 1345 CC – beiden Parteien gemein sein muss (Cian/Trabucchi/Delle Monache [16. Aufl 2024] Art 788 I Rn 2).

126 Die Rechtsprechung interpretiert die Voraussetzung, dass sich die Rechtswidrigkeit des Motivs aus der Urkunde ergeben muss, zu Recht dahingehend, dass es sich durch **Auslegung** des aus der **Urkunde** resultierenden Willens des Schenkers entnehmen lässt (Cass 1992/2695; vgl Cian/Trabucchi/Delle Monache [16. Aufl 2024] Art 788 I Rn 4). Auch die Schenkung zugunsten der **Geliebten** ist wegen Rechtswidrigkeit gemäß Art 788 CC nur dann anfechtbar, wenn aus der Urkunde folgt, dass die Fortsetzung eines Verhältnisses *more uxorio* das ausschließliche Motiv für die Schenkung darstellt (Cass 1954/1514, Giur it 1958 I 1 55; vgl auch Cian/Trabucchi/Delle Monache [16. Aufl 2024] Art 788 Rn 6). Verfügungen zugunsten der Lebensgefährtin/des Lebensgefährten hat dagegen die *Corte di Cassazione* als Erfüllung einer Naturalobligation angesehen (Cass 2014/1277).

127 Ähnlich wie bei testamentarischen Verfügungen ist die **Heilung** der nichtigen Schenkung durch den Schenker **nicht möglich**; er kann sie nur erneut nach den vorgeschriebenen Formen mit Wirkung *ex nunc* vornehmen (Cian/Trabucchi/Delle Monache [16. Aufl 2024] Art 799 I Rn 2). Die **Erben** des Schenkers können nach Art 799 CC ausnahmsweise durch Vollzug der Schenkung bzw deren Bestätigung die Heilung bewirken, freilich nur, wenn sie den Nichtigkeitsgrund kennen (Cass 1974/1545). Eine solche Heilung wirkt dann *ex tunc* (Cian/Trabucchi/Delle Monache [16. Aufl 2024] Art 799 I Rn 11).

Aus Art 790 CC folgt, dass sich der Schenker die Möglichkeit **vorbehalten** kann, über einen Gegenstand der Schenkung oder eine Geldsumme daraus auch nach Vornahme der Schenkung **weiter zu verfügen**; dieser Vorbehalt **erlischt** jedoch mit seinem Tode und wird nicht auf seine Erben übertragen, so dass sich das Eigentum des Beschenkten konsolidiert. Insoweit unterscheidet sich das geltende italienische Recht sowohl von den Bestimmungen des *Codice civile* von 1865 wie auch von der französischen Regelung, die in teilweiser Abkehr vom Prinzip des *donner et retenir ne vaut* einen solchen Vorbehalt auch zugunsten der Erben für zulässig gehalten haben (Cian/Trabucchi/Delle Monache [16. Aufl 2024] Art 790 I Rn 1 f; vgl auch zum französischen Recht Rn 74, 79). Maßgeblich ist allerdings in jedem Fall, dass es sich um einen Vorbehalt bezüglich nur eines Teils des Schenkungsgegenstandes handeln darf, und seine vertragliche Ausdehnung auf die Erben nicht möglich ist (hM; vgl Cian/Trabucchi/Delle Monache [16. Aufl 2024] Art 790 I Rn 3). **128**

Der entsprechende Vorbehalt selbst zeitigt zunächst keine dingliche Wirkung, so dass der Beschenkte zunächst **Eigentümer** wird. Diese Position steht jedoch unter der **auflösenden Bedingung** der anderweitigen Verfügung des Schenkers; im Falle einer Reserve in Bezug auf eine Geldsumme, führt die Ausübung des zurückbehaltenen Rechts durch den Schenker dagegen dazu, dass ein Zahlungsanspruch entweder des Schenkers selbst oder eines Dritten gegen den Beschenkten entsteht, der als aufschiebend bedingte Auflage anzusehen ist (vgl dazu Cian/Trabucchi/Delle Monache [16. Aufl 2024] Art 790 I Rn 5 mwNw). **129**

Art 791 CC regelt einen Fall der **auflösend bedingten Schenkung** (Cian/Trabucchi/Delle Monache [16. Aufl 2024] Art 791 I Rn 1 mwNw). Für den Fall des Vorversterbens des Beschenkten oder des Beschenkten und seiner Erben kann der Schenker mit dem Beschenkten vereinbaren, dass der Schenkungsgegenstand wieder in sein Vermögen zurückkehren soll (Cian/Trabucchi/Delle Monache [16. Aufl 2024] Art 791 I Rn 3). Der Hinweis in der Urkunde auf die Möglichkeit des Vorversterbens ohne weitere personale Spezifizierung umfasst auch ein Vorversterben der Erben (Art 791 Abs 2 CC). **130**

Auch der italienische *Codice civile* sieht in seinem Art 793 die Möglichkeit einer **Schenkung unter Auflage** vor, wobei die Auflage in keiner Weise eine Gegenleistung darstellen darf (Cass 2005/13876). Daher liegt eine Schenkung unter Auflage nicht vor, wenn die Zuwendung eines Geldbetrags nicht mit *animus donandi*, sondern als Entgelt für eine bestimmte Leistung erfolgt (Cass 1971/2008). Sie stellt, obwohl sie faktisch eine Begrenzung der Bereicherung auf Seiten des Beschenkten beinhaltet, den **unentgeltlichen Charakter** der Schenkung **nicht in Frage** (Cass 1962/3261, Foro it 1963 I 38); sie ist von der gemischten Schenkung zu unterscheiden, in der die Unentgeltlichkeit nur einen Teil des Rechtsgeschäfts erfasst (Cass 1952/32). **131**

132 Die Frage, ob die Schenkung unter Auflage oder unter einer Bedingung erfolgt ist, stellt eine ***quaestio facti*** dar, die vom Tatrichter durch Ermittlung des wirklichen Willens der Parteien zu klären ist (Cass 1973/1602; Cass 2012/5702; s hierzu ausführlich Cian/Trabucchi/Delle Monache [16. Aufl 2024] Art 793 I Rn 2).

133 Die Auflage ist gültig, auch wenn sie nicht in der für die Schenkung vorgesehenen öffentlichen Form dokumentiert ist, da sie nur ein **akzessorisches Element** der Schenkung darstellt (Cass 1977/739, Giust civ 1977, I 567; Cian/Trabucchi/Delle Monache [16. Aufl 2024] Art 793 I 5 f mwNw). Eben der akzessorische Charakter unterscheidet sie von der Bedingung, wobei die Frage, ob es sich um eine Auflage oder eine Bedingung handelt, durch die Interpretation des Willens der Parteien zu beantworten ist. Kommt man damit zu keinem Ergebnis, wird wegen der aus Art 1371 CC folgenden überwiegenden Bedeutung des Schenkerinteresses gegenüber dem Interesse des Beschenkten, von einer Auflage auszugehen sein, wenn vom Beschenkten ein vertretbares *dare* oder *facere* verlangt wird; im umgekehrten Fall sei dagegen eine auflösende Bedingung anzunehmen (Cian/Trabucchi/Delle Monache [16. Aufl 2024] Art 793 I 2). Insoweit findet auch hier wiederum der Gedanke Anwendung, dass die Bedingung anders als der *modus* nicht zwingt, sondern nur aufschiebt (so auch Cian/Trabucchi/Delle Monache [16. Aufl 2024] Art 793 I 3; vgl zum deutschen Recht § 525 Rn 30).

134 Art 793 Abs 2 CC schreibt explizit vor, dass der Beschenkte **bis zum Wert des Schenkungsgegenstandes** zur Erfüllung der Auflage verpflichtet ist. Das bedeutet aber für die italienische Doktrin nicht, dass die Auflage aus dem Gegenstand der Schenkung selbst zu erfüllen ist (so eindringlich Cian/Trabucchi/Delle Monache [16. Aufl 2024] Art 793 I 4; s auch zu dieser Frage nach deutschem Recht § 525 Rn 4, 16).

135 Nicht nur der Schenker, sondern jeder, der ein Interesse hat, kann auf **Erfüllung** klagen, auch während der Schenker noch lebt (Abs 3). Der Wille des Schenkers wird nämlich geschützt und soll verwirklicht werden (Cass 2000/1036, Giust civ 2000 I 1693). Die Erfüllung der Auflage kann im Interesse des Schenkers oder eines Dritten liegen; soweit sie allerdings im ausschließlichen Interesse des Beschenkten selbst liegt, wird jedenfalls teilweise daran gezweifelt, ob nicht in Wirklichkeit nur eine einfache Schenkung vorliegt (vgl Cian/Trabucchi/Delle Monache [16. Aufl 2024] Art 793 II mwNw).

136 Die **Auflösung der Schenkung wegen Nichterfüllung der Auflage** kann beim Abschluss des Schenkungsvertrags vereinbart werden; in diesem Fall kann sie vom Schenker und seinen Erben geltend gemacht werden, Abs 4 (Cass 2000/1036). Dabei genügt es, wenn sich der Wille der Parteien aus der Gesamtauslegung der Urkunde ergibt (Cian/Trabucchi/Delle Monache [16. Aufl 2024] Art 793 III 8). Das Erfordernis der vertraglichen Vereinbarung beruht dabei wiederum auf dem Gedanken der Akzessorietät der Auflage; denn nur wenn die Parteien ihr eine entsprechende Bedeutung beimessen, soll sie sich dann auch auf die Schenkung als Ganze auswirken (hM; vgl dazu Cian/Trabucchi/Delle Monache [16. Aufl 2024] Art 793 III 8). Die entsprechende Klage setzt ein **Verschulden** des Beschenkten bei der Nichterfüllung voraus; sie wird nicht gegeben, wenn die Erfüllung der Auflage unmöglich geworden ist, Art 794 CC (Cass 1977/377; Cian/Trabucchi/Delle Monache [16. Aufl 2024] Art 794 I 4 f).

Die **rechtswidrige bzw unmögliche Auflage** gilt als nicht existent; sie bewirkt aber die **Nichtigkeit** der Schenkung, wenn sie das **einzige Motiv** der Zuwendung darstellt, Art 794 CC (Torrente/Schlesinger, Manuale di diritto privato [26. Aufl 2023] § 678 S 1493). Die Rechtswidrigkeit muss in der Sphäre des Schenkers oder des Beschenkten liegen. So hat die *Corte di Cassazione* in einem Fall, in dem die Auflage für einen beschenkten Sohn in der Zahlung der geschenkten Geldsumme an die Entführer seines Vaters bestand, entschieden, dass die Auflage nicht rechtswidrig und daher nicht gemäß Art 794 CC nichtig ist, da die Rechtswidrigkeit hier nur den *accipiens* des Geldes betrifft (Cass 1977/737, Giust civ 1977 I 567). Die Nichtigkeit der Schenkung nach Art 794 CC setzt die Unmöglichkeit der Auflagenvollziehung schon beim **Zustandekommen der Schenkung** voraus (Cass 1958/422; hM, s dazu Cian/Trabucchi/Delle Monache [16. Aufl 2024] Art 794 I 4 mwNw). **137**

Art 795 CC sieht bei der Schenkung die Möglichkeit der Ersetzung des Beschenkten in den Fällen und mit den Grenzen vor, die für die **Ersatzerbschaft** gelten (Art 688 ff CC). **138**

Explizit regelt Art 796 CC die Schenkung des Eigentums unter **Nießbrauchsvorbehalt** für den Schenker. Dieser kann auch verfügen, dass danach der Nießbrauch auf eine andere bzw mehrere Personen **übergeht**. Der Übergang kann allerdings nicht zeitlich aufeinander folgend angeordnet werden, damit das Eigentumsrecht von den Befugnissen des Eigentümers nicht auf Dauer getrennt wird. **139**

Die Rechtsprechung unterscheidet zwischen der Schenkung unter Nießbrauchsvorbehalt **zugunsten des Schenkers** und **zugunsten eines Dritten**. Im ersten Fall handelt es sich um die **sofortige** Übertragung des nackten **Eigentumsrechts** und die spätere Übertragung der unter den Nießbrauch fallenden Rechte. Der zweite Fall stellt dagegen **zwei unterschiedliche Rechtsgeschäfte** dar: die Schenkung des Eigentumsrechts an den Beschenkten und das Schenkungsangebot des Nießbrauchs an den Dritten, das erst von ihm unter der vorgesehenen öffentlichen Form und vor dem Tod des Schenkers angenommen werden muss. Geschieht Letzteres nicht, erwirbt der Beschenkte auch den Nießbrauch ab dem Moment, in dem der Schenker das Eigentum verliert (Cass 1975/2899, Foro it 1975 I 2465, vgl zur Gesamtkonstruktion auch Cian/Trabucchi/Delle Monache [16. Aufl 2024] Art 796 II und III, wobei in den Zweierkonstellationen ebenfalls zwei Konstruktionsmöglichkeiten erläutert werden: Einerseits kann man von einem einzigen Rechtsgeschäft des Schenkers ausgehen, mit dem er das Eigentum überträgt und sich den Nießbrauch vorbehält; andererseits von zwei Rechtsgeschäften, infolge derer der Schenker zunächst das Eigentum auf den Beschenkten überträgt und der Beschenkte gleichzeitig zur Bestellung des Nießbrauchs zugunsten des Schenkers verpflichtet wird; in den Dreierkonstellationen ist eindeutig, dass zwei Geschäfte vorliegen; umstritten ist jedoch, ob der Dritte vom Schenker oder im Rahmen eines Vertrags zugunsten Dritter, *contratto a favore di terzi* erwirbt). **140**

d) Wirkungen der Schenkung

Wie schon im Rahmen der Erörterung der Schenkung im französischen Recht hervorgehoben, ist die Schenkung auch im italienischen Recht ein Konsensualvertrag, infolge dessen das **Eigentum an dem Schenkungsgegenstand nach Art 769 CC übertragen wird**. Danach kommt die Schenkung durch die Willensübereinstimmung zustande; das Eigentum an dem Schenkungsgegenstand geht in diesem Moment über, ohne dass es einer Übergabe bedürfte. **141**

142 Die Konsequenzen der Nichterfüllung der Pflichten aus dem Schenkungsvertrag durch den Schenker sind aufgrund der freigebigen Natur der Schenkung **weniger streng** als bei den anderen Verträgen beurteilt (Cian/Trabucchi/Delle Monache [16. Aufl 2024] Art 789 I 3, Art 797 I 1). Nach Art 789 CC haftet er nur wegen **Arglist und grober Fahrlässigkeit**. Dasselbe Prinzip gilt auch für die **Eviktionsgarantie**. Anders als beim Kauf, wo diese zu den *essentialia negotii* zählt, muss sie bei der Schenkung explizit vom Schenker versprochen werden; ansonsten haftet er wiederum nur wegen Arglist, es sei denn, es handelt sich um eine Schenkung unter Auflage oder eine remuneratorische Schenkung, Art 797 CC. Aufgrund dieser Norm wird vereinzelt gefolgert, dass die Schenkung einer fremden Sache als Vertrag mit obligatorischen Wirkungen gültig sei (Cian/Trabucchi/Delle Monache [16. Aufl 2024] Art 797 I 2; s dazu Rn 120).

143 Ähnlich wie im französischen Recht wird der Schenker durch die Schenkung lediglich zur **Lieferung des Schenkungsgegenstandes** verpflichtet, da das Eigentum bereits *ipso iure* übergeht. Da der Schenkungsgegenstand dem Beschenkten in dem Zustand, in dem er sich befindet, zugewendet wird, kommt gem Art 798 CC eine Haftung für Mängel des geschenkten Gegenstandes basierend auf den römischen Quellen nur im Falle von **Arglist**, *dolus*, des Schenkers, nicht auch von *culpa* in Betracht, sofern eine weitergehende Gewährleistung nicht ausdrücklich („*patto speciale*") vereinbart wurde (zu der – überflüssigen – Diskussion, ob eine die Bestimmung des Art 797 Nr 1 CC derogierende weitergehende Haftungsvereinbarung ausdrücklich oder auch konkludent möglich ist, s Cian/Trabucchi/Delle Monache [16. Aufl 2024] Art 798 I Rn 2). Nach anderer Auffassung soll über den Wortlaut hinaus auch bei **grober Fahrlässigkeit**, *colpa grave*, eine Mängelhaftung des Schenkers anzunehmen sein (so Cian/Trabucchi/Delle Monache [16. Aufl 2024] Art 798 Rn I 4 mwNw). Arglist liegt dabei jedenfalls dann vor, wenn der Schenker das Vorliegen des Mangels kennt, diesen verschweigt und damit eine Schädigung des Beschenkten in Kauf nimmt (Cian/Trabucchi/Delle Monache [16. Aufl 2024] Art 798 Rn 3). Parallel dazu ist aber auch eine unbeschränkte deliktische Haftung für durch Mängel verursachte Schäden an Personen und anderen Gütern des Beschenkten möglich (Cian/Trabucchi/Delle Monache [16. Aufl 2024] Art 798 I Rn 7).

144 Aus dem Wortlaut des Art 801 CC ist zu entnehmen, dass auf der Seite des Beschenkten eine **Dankespflicht** besteht, die sich in der Pflicht zur **Unterhaltsgewährung** dem Schenker gegenüber konkretisiert.

e) Die Widerruflichkeit der Schenkung

145 Typisch für die Schenkung ist auch im italienischen Recht, dass sie in schwerwiegenden, vom Gesetz geregelten Fällen trotz ihrer vertraglichen Natur einen **Widerruf** zulässt. Daher sieht Art 800 CC vor, dass die Schenkung wegen **Undankbarkeit** des Beschenkten widerrufen werden kann; darüber hinaus ist ein Schenkungswiderruf auch dann möglich, wenn der Schenker nach der Schenkung entweder ein **Kind** bekommt oder Kenntnis davon erlangt, ein Kind zu haben, *sopravvenienza di figli* (Cass 2012/6761). Beide Möglichkeiten folgen dem gemeinrechtlichen Muster und sind dem französischen und zum Teil auch dem deutschen Recht bekannt (vgl Rn 48 ff, 97).

146 Der **präventive Verzicht** auf dieses Widerrufsrecht ist **ungültig**, Art 806 CC (Cian/Trabucchi/Delle Monache [16. Aufl 2024] Art 806 I). Dieses ist ein **potestatives Recht**, da es wirkt, ohne dass eine Erklärung des Beschenkten nötig ist, und es hat einen **höchst-**

persönlichen Charakter, da die entsprechende Klage nur vom Schenker, nicht aber von seinen Gläubigern erhoben werden kann (Torrente/Schlesinger, Manuale di diritto privato [26. Aufl 2023] § 680 S 1496).

Der erste Fall des Art 800 CC, in Art 801 und 802 CC ausführlich geregelt, basiert auf der gesetzgeberischen Annahme, dass der Schenker die Schenkung **nicht vorgenommen hätte**, wenn er vorhersehen hätte können, dass der Beschenkte sich ihm gegenüber **feindselig** und **undankbar** verhalten würde. Das Gesetz beschreibt das Verhalten, das die Undankbarkeit des Beschenkten begründet, zunächst mit Hinweis auf die **Tatbestände,** die gemäß Art 463 Nr 1, 2 und 3 CC zur **Erbunwürdigkeit** führen (Mord und versuchter Mord; Taten, die mit der Anwendung der Mordvorschriften sanktioniert werden; Anzeige des Schenkers wegen Straftatbeständen, die zu einer lebenslänglichen Verurteilung bzw zu einer mehr als dreijährigen Strafe führen, wenn die Anzeige im Prozess als verleumderisch bewiesen wurde). **147**

Darüber hinaus erwähnt Art 801 CC die **Beleidigung** des Schenkers durch den Beschenkten. In ständiger Rechtsprechung stellt die *Corte di Cassazione* fest, dass die Beleidigung iSd des Art 801 CC nicht nur iSd entsprechenden **strafrechtlichen Tatbestands** zu beurteilen ist, sondern auch unter **Heranziehung allgemeiner sozialer und ethischer Verhaltensvorstellungen** festgestellt werden kann, die auf ein evtl auch nur einmaliges feindseliges, respektloses, von Hass geprägtes Verhalten des Beschenkten gegenüber dem Schenker schließen lassen (Cass 2005/7033; Cass 2008/17188; Cass 2008/14093: die Ehefrau hatte hier eine ehebrecherische, für den Ehemann besonders respektlose Beziehung geführt und dann ihre Familie trotz Vorhandenseins von Kindern verlassen; Cass 2018/20722; vgl auch Cian/Trabucchi/Delle Monache [16. Aufl 2024] Art 801 I Rn 4). Daher erfüllen den Tatbestand der Beleidigung gegenüber dem Schenker nach Art 801 CC weder der Verkauf der geschenkten Wohnung durch den Beschenkten noch die Anzeige eines Verhaltens des Schenkers bei der Polizei, mit der der Beschenkte den Zweck verfolgt, ein illegitimes Verhalten des Schenkers zu beenden (Cass 1998/5310), ebenso wenig wird die Weigerung des Beschenkten erfasst, die geschenkte Wohnung zu verkaufen, da dies einer Rückgabe des geschenkten Gegenstandes gleichkommen würde (Cass 2004/5333, Giust civ 2005 I 199). **148**

Die **Verschuldensunfähigkeit** des Beschenkten **schließt die Beleidigung** iSd des Art 801 CC **aus** (Cian/Trabucchi/Delle Monache [16. Aufl 2024] Art 801 I Rn 8). Grundsätzlich soll auch die Stellung eines **Scheidungsantrags** oder die **Eingehung einer ehewidrigen Beziehung** keinen Undank begründen, sofern nicht die konkreten Umstände des Einzelfalls solchen zum Ausdruck bringen (Cass 2016/22013; Cass 2008/14093; Cian/Trabucchi/Delle Monache [16. Aufl 2024] Art 801 I Rn 9). **149**

Auch die **arglistige Schädigung des Vermögens des Schenkers** stellt nach Art 801 CC einen Widerrufsgrund wegen Undankbarkeit dar, wobei nicht unumstritten ist, ob neben der nachteiligen Handlung auch der Schadenseintritt selbst vom Vorsatz der Arglist umfasst sein muss (Cian/Trabucchi/Delle Monache [16. Aufl 2024] Art 801 I Rn 11). Gleiches gilt für die **Weigerung** des Beschenkten, **dem Schenker in den Fällen der Art 433 und 436 CC** (Unterhaltspflicht der Ehegatten, der Kindern bzw deren Abkömmlingen, der Eltern bzw Voreltern und Adoptierenden, Verschwägerten, Schwiegereltern oder Geschwistern) **Unterhalt zu leisten**. Der Widerruf kann innerhalb eines Jahres von der Kenntnisnahme des Widerrufgrunds an durch den Schenker geltend gemacht werden. **150**

151 Die *ratio legis* des zweiten Falls des Widerrufs einer Schenkung nach Art 800 CC, der in Art 803 CC näher geregelt ist, liegt in der Überlegung, dass der Schenker, wenn er zum Zeitpunkt der Schenkung gewusst hätte, dass **Kinder oder Abkömmlinge existieren bzw dass er später welche bekommen würde**, die Schenkung möglicherweise nicht vorgenommen hätte (hM; vgl Cian/Trabucchi/Delle Monache [16. Aufl 2024] Art 803 Rn 3 mwNw), sei es aufgrund seiner Unterhaltspflichten diesen Personen gegenüber, sei es in Anbetracht der bestmöglichen Wahrung deren Interessen (Cass 2017/5345). Art 803 CC sah früher insoweit einen Unterschied zwischen ehelichen und unehelichen Kindern vor, als der Widerruf nur möglich war, wenn die Anerkennung des Kindes innerhalb von zwei Jahren nach der Schenkung erfolgte. Nachdem diese Begrenzung für verfassungswidrig erklärt worden ist (Corte Cost 3. 7. 2000 Nr 250, Giust civ 2000 I 2513), wurde die Norm mit Gesetzesdekret Nr 154/2013 an die Vorgaben des Verfassungsgerichts angepasst (vgl Cian/Trabucchi/Delle Monache [16. Aufl 2024] Art 803 Rn 2). Die Widerrufsklage kann gem Art 804 CC innerhalb von **fünf Jahren** ab der Geburt des letzten Kindes bzw Abkömmlings oder der Kenntnisnahme von der Existenz des Kindes bzw Abkömmlings oder ab der Anerkennung des nichtehelichen Kindes erhoben werden.

152 Nach Art 805 CC gilt die Möglichkeit des Widerrufs nach Art 802 und 803 CC nicht für die **remuneratorische Schenkung** und für die **Schenkung wegen der Ehe**. Der Grund liegt in der Natur dieser Schenkungen, die entweder als Ausdruck von Dankbarkeit oder zum Wohl einer neuen Familie vorgenommen worden sind (Cass 1983/7170; Cian/Trabucchi/Delle Monache [16. Aufl 2024] Art 805 I Rn 1). Voraussetzung im Falle der remuneratorischen Schenkung ist jedoch, dass sie eine konkrete Belohnung beinhaltet und nicht lediglich einer allgemeinen Anerkennung dient (umstritten, vgl Cian/Trabucchi/Delle Monache [16. Aufl 2024] Art 805 I Rn 2). Ob Handschenkungen erfasst werden, ist trotz des eindeutigen, sie nicht nennenden Wortlauts vereinzelt diskutiert worden (Biondi, Le donazioni [1961] 1043 ff; vgl Cian/Trabucchi/Delle Monache [16. Aufl 2024] Art 805 I Rn 3 mwNw).

153 Nach dem Urteil über den Widerruf muss der Beschenkte den **Gegenstand** der Schenkung **zurückgeben** und seine evtl **Früchte** vom Zeitpunkt der Rechtshängigkeit an **herausgeben**, Art 807 Abs 1 CC. Hat der Beschenkte die Sache veräußert, muss er deren **Wert** im Zeitpunkt der Rechtshängigkeit zurückgeben, Art 807 Abs 2 CC. Das Urteil selbst hat eine konstitutive, dingliche Wirkung. Der Widerruf beeinträchtigt vor der Rechtshängigkeit erworbene Rechte Dritter nicht, Art 808 Abs 1 CC; hat der Beschenkte vor dem Eintritt der Rechtshängigkeit der Rückforderungsklage dingliche Rechte an der Sache bestellt, die deren Wert mindern, muss er dem Schenker jedoch deren entsprechenden Wert ersetzen, Art 808 Abs 2 CC. Im Übrigen haftet er dem Schenker vor der Rechtshängigkeit für einen verschuldeten Untergang oder eine verschuldete Verschlechterung der Sache, nach diesem Zeitpunkt auch für Zufall.

f) Besondere Arten der Schenkung

aa) Die indirekte Schenkung

154 In der italienischen Doktrin wird traditionell angeführt, dass der Zweck der Freigebigkeit entweder **direkt** durch die Schenkung erreicht werden kann oder **indirekt** durch Rechtsgeschäfte, deren juristische *causa* zwar nicht die Bereicherung ist, die aber einen Vorteil für einen anderen bewirken. Wenn die Parteien sich, um den

Zweck der Freigebigkeit zu erreichen, nicht dem vom Gesetz vorgesehen Schenkungsvertrag bedienen, sondern ein anderes Institut benutzen, dessen typischer Zweck aber nicht die Freigebigkeit ist, handelt es sich um eine **indirekte Schenkung**, *donazione indiretta* (Cass 1970/2565, Giust civ 1971 I 585; Cass 2002/5461, Giur it 2002, 1644; vgl auch Cass 2006/13524; vgl TORRENTE/SCHLESINGER, Manuale di diritto privato [26. Aufl 2023] § 677 S 1486 f).

Daneben wird auch darauf abgestellt, dass die Freigebigkeit letztlich der Verfolgung eines nicht wirtschaftlichen Zweckes dienen solle und dabei die typischen Schenkungen sich von den indirekten Schenkungen dadurch abheben, dass bei Letzteren die **Freigebigkeit** nur ein **einseitiges Motiv** des Schenkers darstelle und nicht in den Konsens Eingang finde (vgl CIAN/TRABUCCHI/DELLE MONACHE [16. Aufl 2024] Art 809 I Rn 1 mwNw). Ein weiteres Kennzeichen der indirekten Schenkungen, die auch die tatsächliche Anwendung der anwendbaren Schenkungsregeln beeinflusst, liegt darin, dass anders als bei der gewöhnlichen Schenkung der Gegenstand der Bereicherung des Beschenkten und der Gegenstand der Entreicherung des Schenkers **meistens differieren** (CIAN/TRABUCCHI/DELLE MONACHE [16. Aufl 2024] Art 809 III Rn 1 ff). 155

Im Allgemeinen liegt nach der höchstrichterlichen Rechtsprechung eine *donazione indiretta* letztlich immer dann vor, wenn im Ergebnis eine unentgeltliche Zuwendung zustande kommt, obwohl die Parteien dazu nicht das zu diesem Zweck vom Gesetz vorgesehene Institut mit seinen Formvorschriften benutzt haben (Cass 1971/2892; die Zuwendung muss dann nach der für das gewählte Rechtsgeschäft vorgesehenen Form erfolgen, vgl Cass 2006/13524). Die **Zahlung fremder Schulden** erfüllt zB den Tatbestand des Art 1180 CC, *pagamento del debito altrui*, dessen *causa* das Erlöschen der Schuld ist; sie bringt aber dem Schuldner genauso einen Vorteil, wie wenn ihm das Geld zur Zahlung der Schuld geschenkt worden wäre. Ein häufig praktizierter Fall der indirekten Schenkung ist die **Zahlung des Preises einer Immobilie** durch den Schenker zugunsten des Beschenkten, typischerweise durch die Eltern zugunsten eines Kindes. In solchen Fällen muss sichergestellt werden, dass das Geld auch zu diesem Zweck verwendet wird, falls nicht der Schenker selbst die Zahlung vornimmt. Daher liegt keine indirekte Schenkung vor, wenn das Geld zugewendet, aber nicht zu dem vom Schenker vorgesehenen Zweck verwendet worden ist (Cass 2008/26746). Darüber hinaus gibt es jedoch auch Stimmen, die in dieser Konstellation wegen der Geldzuwendung, die zu einer unmittelbaren Ent- und Bereicherung führt, eine direkte Schenkung mit entsprechender Geltung der Formerfordernisse annehmen (dagegen Cass 2008/26746; Cass 2004/3642; Cass 2000/15778 mindestens soweit das Geld für den vom Zuwendenden vorgesehenen Zweck, hier Erwerb einer Immobilie, verwendet wurde; vgl zu der Diskussion CIAN/TRABUCCHI/DELLE MONACHE [16. Aufl 2024] Art 809 III Rn 5 u 6). 156

Weitere **typische Beispiele** indirekter Schenkungen (s hierzu auch die Übersicht bei CIAN/TRABUCCHI/DELLE MONACHE [16. Aufl 2024] Art 809 I Rn 2 ff) sind: bei der Auseinandersetzung einer Gemeinschaft werden die Quoten absichtlich ungleich berechnet, damit einer der Miteigentümer eine höhere Quote bekommt, die indirekte Schenkung betrifft den ihm zugeflossenen Mehrwert; ein Forderungsverzicht zugunsten des Schuldners; der Verzicht auf ein dingliches Recht, wenn zwischen Verzicht und Bereicherung ein direkter Kausalzusammenhang besteht (Cass 1974/1545); die Schuldübernahme (Cass 1969/1465; einschränkend Cass 2006/7507 in einem Fall, in dem die Übernahme der Verpflichtung, Raten der Beschenkten zu zahlen, nur intern zwischen den Parteien geregelt war); 157

der Vertrag zugunsten Dritter; der Erlass oder das Begleichen der Schuld eines anderen; der Gesellschftsvertrag; der Verzicht auf ein dingliches Recht oder auf eine Miteigentumsquote; die Gewährung einer Garantie für die Schuld eines Dritten; der Verzicht auf die Rückgriffsklage (Cass 2019/23260); der Verzicht auf die Klage der Herabsetzung der letztwilligen Verfügung wegen Verletzung der Quote nach der gesetzlichen Erbfolge (Cass 2023/23036). Auch der Auftrag zur Verwaltung an den Auftragnehmer mit der Maßgabe, die daraus resultierende Rendite oder sonstige Beträge einem anderen als dem Beschenktem zu überweisen, begründet eine indirekte Schenkung (Cass 1969/1917). In diesen Fällen mag man erwägen, ob nicht der Verzicht auf eine Gegenleistung oder Entschädigung oder jedenfalls der Abschluss des günstigen Rechtsgeschäfts selbst der eigentliche Gegenstand der Schenkung ist; dies erklärt aber nicht alle denkbaren Fälle, so dass es im Wesentlichen darauf ankommt, dass letztlich eine unentgeltliche Bereicherung beabsichtigt wird.

158 Da sie keine Schenkung ist, **unterliegt** eine **indirekte Schenkung nicht** den für Schenkungen vorgesehenen strengen **Formvorschriften** des Art 782 CC. Gleichwohl muss sie nach den für das vorgenommene Rechtsgeschäft vorgesehenen Formvorschriften erfolgen. Wegen der von der indirekten Schenkung bezweckten Bereicherung hat gleichwohl das Gesetz mit Art 809 CC **die Anwendung** einiger Schenkungsvorschriften auf die indirekte Schenkung **ausgedehnt**. Danach sind die Vorschriften über den Widerruf wegen Undankbarkeit, Art 801 CC (Rn 147 ff), bzw wegen der späteren Geburt der Kinder, Art 803 CC (Rn 151), sowie über die Kollation (Art 555 CC) und die Minderung von Schenkungen (Art 737 CC), um die Rechte der Pflichtteilsberechtigten zu garantieren, auf die **indirekte Schenkung anwendbar**.

bb) Die gemischte Schenkung

159 Einen besonderen Fall der indirekten Schenkung stellt die **gemischte Schenkung**, *negotium mixtum cum donatione*, dar (Cass 2006/13337; Cass 2001/6711), bei der eine Sache für einen niedrigeren Preis als ihrem Marktwert mit dem Zweck verkauft wird, den Käufer in Höhe der Differenz zu beschenken (hM; Torrente/Schlesinger, Manuale di diritto privato [26. Aufl 2023] § 677 S 1487 ff; **aA** Cian/Trabucchi/Delle Monache [16. Aufl 2024] Art 809 I Rn 10 mwNw, der eine Gleichsetzung der gemischten Schenkung mit der indirekten Schenkung anders als die hM mit dem Argument ablehnt, da in dem entsprechenden Vertrag neben der Kaufabsicht auch die Realisierung einer Zuwendung iS einer Schenkung zu sehen sei, was freilich von niemandem in Frage gestellt wird). Dabei müssen sowohl Elemente der Schenkung als auch des Kaufs vorhanden sein, da der **Preis**, obgleich er niedriger als der Marktpreis ist und die Differenz zwischen Preis und Marktpreis die Bereicherung begründet, jedenfalls eine **Gegenleistung** darstellt (Cass 2006/13337).

160 Das **Missverhältnis** zwischen Marktpreis und bezahltem Preis und die darin liegende Zuwendung des Mehrwerts muss von dem Zuwendenden als Ausdruck des *animus donandi* gewollt werden (Cass 1979/526, Giur it 1979 I 1 935). Daraus ergibt sich, dass im Fall des Widerrufs der Zuwendung nur die Differenz zwischen Preis und nicht bezahltem Mehrwert der Sache als Gegenstand der Zuwendung vom Käufer/Beschenkten dem Verkäufer/Schenker zurückgegeben werden muss (Cass 1992/11499; Cass 2004/19601, Giust civ 2005 I 662). Das Missverhältnis zwischen Marktpreis und effektivem Preis muss **erheblich** und dem **Veräußerer bewusst** sein (Cass 2004/19601, Giust civ 2005 I 662). Im Grundsatz kommt es weiter für die Frage des anwendbaren Rechts darauf an, welcher Bestandteil des Geschäfts überwiegt (Torrente/Schlesinger, Manuale di diritto privato [26. Aufl 2023] § 677 S 1487 ff).

Die viel debattierte **Frage der Rechtsnatur** der gemischten Schenkung wird unterschiedlich beantwortet. Zum einen wird sie – überzeugend – als ein Instrument betrachtet, mit welchem **die Bereicherung**, natürlich in der Höhe des unbezahlten Werts der Sache, **indirekt vollzogen wird** (Torrente/Schlesinger, Manuale di diritto privato [26. Aufl 2023] § 677 S 1487 ff). Zum anderen wird sie in die Kategorie der **gemischten Rechtsgeschäfte** entsprechend der Auffassung eingeordnet, dass die Unentgeltlichkeit sich mit der für den Kauf typischen entgeltlichen *causa* vermischt (Cataudella, La donazione mista [1970] 11 ff, 128 ff; Rescigno, Trattato di diritto privato VI [2. Aufl 1997] 571 ff; Bianca, Il contratto [2. Aufl 2000] 480 f). **161**

Keine gemischte Schenkung stellt die sog Schenkung *nummo uno* dar, bei der der vereinbarte Preis nur ein symbolischer ist und auch nicht bezahlt werden muss. Da hier der Preis als Element des Kaufs fehlt, handelt es sich um eine **echte Schenkung**. Ebenso wenig ist der **simulierte Kauf** eine gemischte Schenkung, da sich hier hinter dem Schein eines Kaufs die Bereicherung einer Partei verbirgt und daher eine dissimulierte Schenkung gewollt wurde (Cass 1971/2892; Cass 1972/712). **162**

3. Die Schenkung im österreichischen Recht

a) Einleitung

Das am 1. 1. 1812 in Kraft getreten **Allgemeine Bürgerliche Gesetzbuch** (vgl hierzu das Kaiserliche Patent vom 1. 6. 1811, JGS 946, abgedruckt in Rummel I, 1) stellt neben dem preußischen ALR und dem französischen *Code civil* die dritte große Kodifikation dar, die aus der Zeit um die Wende vom 18. Jahrhundert zum 19. Jahrhundert stammt (ausführl zu den historischen Grundlagen Brauneder, Österreichs Allgemeines Bürgerliches Gesetzbuch [ABGB], Band 1, Entstehung und Entwicklung des ABGB bis 1900 [2014]; Klein-Bruckschwaiger JZ 1963, 739; Zweigert/Kötz, Einführung in die Rechtsvergleichung [3. Aufl 1996] 156). Ungeachtet mannigfaltiger Reformen wird das ABGB oftmals durch die Rechtsprechung angepasst, die maßgebliche Wertungen etabliert (Riedler ÖJZ 2008, 624). Daneben werden zahlreiche auch schenkungsrechtliche Bestimmungen durch Spezialgesetze materiell rechtlich derogiert, was das Verständnis der Rechtslage erschwert (Rn 192). **163**

Die **Gliederung** des ABGB knüpft an das Modell der Gaius-Institutionen an und sieht drei Teile vor, welche das Personenrecht, das Sachenrecht und gemeinsame Bestimmungen der Personen- und Sachenrechte enthalten. Im Gegensatz zu der pandektistischen Aufteilung des BGB und ähnlich wie im französischen Code Civil finden sich daher in dem Teil bezüglich des Sachenrechtes sowohl das Sachenrecht, was Besitz, Eigentum, Erwerb durch Zueignung, Zuwachs und Übergabe, Pfandrechte, Dienstbarkeiten, Erbrecht, betrifft, als auch in der Zweiten Abteilung das „persönliche Sachenrecht", worunter das gesamte Vertrags- und Deliktsrecht sowie das Recht der Geschäftsführung des ABGB zu verstehen ist (Zweigert/Kötz, Einführung in die Rechtsvergleichung [3. Aufl 1996] 163). **164**

Der **Schenkungsvertrag** ist somit im zweiten Teil und in dem Achtzehnten Hauptstück des ABGB in den §§ 938–956 geregelt. Unmittelbar hinter den allgemeinen vertrags- **165** rechtlichen Bestimmungen im Siebzehnten Hauptstück „von Verträgen und Rechtsgeschäften überhaupt" ist der Schenkungsvertrag somit als erster der besonderen Vertragstypen im ABGB behandelt (krit dazu STUBENRAUCH § 939 Rn 1 der – wie SAVIGNY s Rn 5 f – die Schenkung nicht als besonderen konkreten Vertragstypus, sondern als *causa* des Rechtsgeschäfts im allgemeinen Teil des Privatrechts behandelt wissen wollte). Dabei stellt der Schenkungsvertrag den Prototyp sämtlicher unentgeltlicher Verträge des ABGB dar (WELSER/ZÖCHLING-JUD, Bürgerliches Recht II [14. Aufl 2015] 220).

b) Definition der Schenkung

166 § 938 ABGB definiert die Schenkung als einen Vertrag, wodurch eine Sache jemandem unentgeltlich überlassen wird. Sie ist ein Konsensualvertrag (RUMMEL/KELLNER [4. Aufl 2014] § 938 Rn 3). Zur Abgrenzung von anderen unentgeltlichen Verträgen, wie etwa der Leihe, ist maßgeblich, dass die Schenkung auf eine **dauernde Zuordnung des Schenkungsobjekts zum Beschenkten** gerichtet ist (RUMMEL/KELLNER [4. Aufl 2014] § 938 Rn 1; vgl schon ZEILLER § 938 S 2, „so beschränkt man das Wort Schenkung gewöhnlich auf den Vertrag, wodurch das Eigentum einer [körperlichen oder unkörperlichen] Sache [nicht bloß die Benutzung oder das Recht auf einer Dienstleistung] unentgeltlich überlassen wird").

167 Als **Gegenstand der Schenkung** kommt nach § 938 ABGB jede Sache in Betracht. Hierunter ist nach § 285 ABGB „alles, was von der Person unterschieden ist, und zum Gebrauche der Menschen dient," zu verstehen. Nach dieser sehr weiten Bestimmung ist der Begriff der Sache mit jeglichem Vermögenswert gleichzusetzen (KOZIOL/BYDLINSKI/ECCHER ABGB [3. Aufl 2010] § 285 Rn 1) bzw mit jeglichem Rechtsgut, das Gegenstand des Rechtsverkehrs sein kann (BYDLINSKI/PERNER/RISS ABGB [7. Aufl 2023] § 285 Rn 1). Dabei stellt § 285 ABGB als bloß programmatische Bestimmung aber nur die äußersten Grenzen für das Vorliegen einer Sache im Rechtssinne auf (SCHWIMANN/NEUMAYR/KODEK [6. Aufl 2024] § 285 Rn 3; BYDLINSKI/PERNER/RISS ABGB [7. Aufl 2023] § 285 Rn 1). Als Sache iSd § 285 ABGB kommen insb **Mobilien** und **Immobilien** (OGH 29. 5. 2008 – 2 Ob 176/07g, JBl 2009, 37) und **Rechte** (OGH 18. 12. 1986 – 8 Ob 593/86) in Betracht. Eine Sache liegt jedoch mangels Unterscheidbarkeit von der Person nicht vor bei dem Menschen oder Körperteilen des Menschen selbst (OGH 12. 12. 1974 – 6 Ob 246/74).

168 Dieses **umfassenden Sachbegriffs** waren sich auch die Verfasser des Entwurfs des ABGB durchaus bewusst. Die entsprechende Regelung im ersten Entwurf des ABGB lautet freilich, dass der Vertrag, wodurch „eine Sache oder ein Recht" unentgeltlich übertragen werde, Schenkung heiße (OFNER, Der Ur-Entwurf und die Berathungs-Protokolle des Österreichischen Allgemeinen Bürgerlichen Gesetzbuches, Band I, XCIV). Dieser Fassung wurde entgegengehalten, dass der allgemeine Sprachgebrauch, welcher § 285 ABGB zugrunde liege, in den Begriff der Sache auch Rechte einbeziehe (OFNER, Der Ur-Entwurf und die Berathungs-Protokolle des Österreichischen Allgemeinen Bürgerlichen Gesetzbuches, Band II, 24). Daher sind nach allgemeiner Auffassung nicht bloß körperliche Gegenstände, sondern auch Rechte tauglicher Zuwendungsgegenstand der Schenkung (SCHWIMANN/NEUMAYR/LIEDERMANN [6. Aufl 2024] § 938 Rn 1).

169 Somit ist festzuhalten, dass neben dem Eigentum an einer Sache auch **weitere Rechte** Gegenstand der Schenkung sein können. In Betracht kommen dingliche und obligatorische Rechte, wie das Bezugsrecht aus einer Lebensversicherung (OGH 24. 4. 2003 – 6 Ob 181/02i), ein Wohnungsrecht (OGH 4. 9. 2014 – 5 Ob 147/14z, wobl 2015, 154) oder Forderungen (WELSER/ZÖCHLING-JUD Bürgerliches Recht II [14. Aufl 2015] 220). Während nach

der Rechtsprechung des OGH auch die unentgeltliche Erbringung von Dienstleistungen Gegenstand einer Schenkung sein kann (OGH 29. 4. 1925 – 1 Ob 372/25, SZ 7, 155), soll nach Stimmen in der Literatur in diesem Fall ein unentgeltlicher Dienstvertrag vorliegen (Welser/Zöchling-Jud Bürgerliches Recht II [14. Aufl 2015] 220; Bydlinski/Perner/Bollenberger/P Bydlinski ABGB [7. Aufl 2023] § 938 Rn 2), auf den ggf einzelne Schenkungsregelungen analog angewendet werden sollen. Hingegen kommen als Gegenstand einer Schenkung die zeitlich beschränkte unentgeltliche Gebrauchsüberlassung nicht in Betracht, da es in diesem Fall einer dauerhaften Zuordnung des Schenkungsobjekts an den Beschenkten fehlt (Schwimann/Neumayr/Liedermann [6. Aufl 2024] § 938 Rn 2). In diesem Fall ist, wie auch im deutschen Recht, eine Leihe anzunehmen (Ofner, Der Ur-Entwurf und die Berathungs-Protokolle des Österreichischen Allgemeinen Bürgerlichen Gesetzbuches, Band II, 24).

Charakteristisches Merkmal des Schenkungsvertrages ist, dass die Zuwendung in **Schenkungsabsicht** erfolgt. Dies bedeutet, dass die Zuwendung nach dem Parteiwillen unentgeltlich und freiwillig erfolgt (Rummel/Kellner [4. Aufl 2014] § 938 Rn 16). **Unentgeltlichkeit** ist als Gegenstück zur Entgeltlichkeit auszulegen. Letztere liegt vor, wenn für die Zuwendung eine Gegenleistung erbracht wird (Kulka ÖJZ 1969, 477). Dabei können Leistung und Gegenleistung in einer synallagmatischen, kausalen oder konditionalen Verknüpfung miteinander stehen (OGH 30. 3. 2016 – 4 Ob 18/16z, NZ 2016, 225; Rummel/Kellner [4. Aufl 2014] § 938 Rn 16; Bydlinski/Perner/Bollenberger/P Bydlinski ABGB [7. Aufl 2023] § 938 Rn 3). Die geforderte **Freiwilligkeit** liegt vor, wenn der Schenker die Leistung mit einem freigebigen Sinne erbringt (Kulka ÖJZ 1969, 477; Rummel/Kellner [4. Aufl 2014] § 938 Rn 16). Daran fehlt es, wenn eine Leistung auf die kein Rechtsanspruch besteht aus einer sittlichen oder moralischen Verpflichtung erbracht wird (OGH 16. 10. 1963 – 7 Ob 260/63; **aA** Welser/Zöchling-Jud Bürgerliches Recht II [14. Aufl 2015] 221; Bydlinski/Perner/Bollenberger/P Bydlinski ABGB [7. Aufl 2023] § 938 Rn 4; Rummel/Kellner [4. Aufl 2014] § 938 Rn 24, die auf die Unvereinbarkeit dieser Ansicht mit dem Wortlaut des § 784 ABGB [§ 785 Abs 3 aF] hinweisen). Eine sittliche Pflicht liegt – ähnlich wie bei der Anstandsschenkung nach § 534 BGB – vor, wenn ein Unterlassen der Leistung eine Minderung der gesellschaftlichen Achtung mit sich bringen würde (Schwimann/Neumayr/Liedermann [6. Aufl 2024] § 938 Rn 9). Keine Schenkung soll daher etwa bei Zuwendungen vorliegen, die der Versorgung der langjährigen Lebensgefährtin nach dem Tode des Zuwendenden sichern sollen (OGH 16. 10. 1963 – 7 Ob 260/63). Diese Auffassung hat zur Folge, dass auf **Zuwendungen**, die aus einer **sittlichen** oder **moralischen Verpflichtung** heraus vorgenommen werden, auch die **Formvorschrift** des § 943 ABGB **keine Anwendung** findet (OGH 26. 9. 2001 – 7 Ob 192/02p; iE so auch Bydlinski/Perner/Bollenberger/P Bydlinski ABGB [7. Aufl 2023] § 938 Rn 4; Rummel/Kellner [4. Aufl 2014] § 938 Rn 24, die zwar mit der hL von einer Schenkung ausgehen, aber aus Übereilungsschutzgründen dennoch die Formvorschriften anwenden wollen). Die **Beweislast** für das Bestehen oder Fehlen der Schenkungsabsicht trägt die Partei, die darauf ihren Anspruch oder ihre Einwendung stützt (Rummel/Kellner [4. Aufl 2014] § 938 Rn 22). 170

c) Wirksamkeitsvoraussetzungen

aa) Form

Wie in den übrigen europäischen Rechtsordnungen ist die Schenkung auch unter Geltung des ABGB **besonderen Formerfordernissen** unterstellt. Ausgangspunkt hierfür ist **§ 943 S 2 ABGB**, nach welchem die Schenkung der Schriftform unterliegt. Diese wurde von dem historischen Gesetzgeber als ausreichend angesehen, übereilte 171

Schenkungen zu vermeiden, da sich der Schenker möglicherweise zwar schnell zu einem mündlichen Schenkungsversprechen hinreißen lasse, nicht aber zur Errichtung einer schriftlichen Urkunde (Zeiller § 943 S 1; Ofner, Der Ur-Entwurf und die Berathungs-Protokolle des Österreichischen Allgemeinen Bürgerlichen Gesetzbuches, Band II, 29, jedoch wurde in den Beratungen dem Schriftformerfordernis entgegengehalten, dass dieses zu einer Benachteiligung derjenigen Bevölkerungskreise führe, die des Schreibens nicht mächtig seien, demgemäß solle nach dem Wahlspruch „Ein Wort, ein Mann" jedes wohlüberlegte Schenkungsversprechen Gültigkeit aufweisen. Dies wurde jedoch nicht in das ABGB aufgenommen; zu Formvorschriften im österreichischen Zivilrecht auch Müller, Formnichtigkeit am Maßstab der Verhältnismäßigkeit [2019] 55, 66). Zwar bewirkt die vorgeschriebene Schriftform zusätzlich auch andere Formzwecke, wie eine **Aufklärungs- und Beweisfunktion** (hierzu Liedermann NZ 2011, 321, 324), diese waren jedoch nicht das leitende Motiv des Gesetzgebers (Ofner, Der Ur-Entwurf und die Berathungs-Protokolle des Österreichischen Allgemeinen Bürgerlichen Gesetzbuches, Band II, 29).

172 Seit Inkrafttreten des Notariatsaktsgesetzes im Jahr 1871 wird das Schriftformerfordernis des § 943 S 2 ABGB **materiell-rechtlich derogiert** von § 1 Abs 1 NotAktG (zur Entwicklung der Notariatsaktspflicht Bydlinski NZ 1990, 289). Nach diesem bedarf die Schenkung zu ihrer Wirksamkeit eines **Notariatsaktes** (krit dazu Bydlinski NZ 1991, 166, der annimmt, dass der Übereilungsschutz auch bereits durch die einfache Schriftform erreicht werden könne). Auch in Bezug auf die Rechtsfolge der Unwirksamkeit stellt § 1 NotAktG höhere Anforderungen als § 943 ABGB, der lediglich die Klagbarkeit ausschließt (Binder/Giller EF-Z 2015, 105). Diese erhöhten Formanforderungen durch das NotAktG beruhten auf den sozialen Entwicklungen seit Inkrafttreten des ABGB. Aufgrund der fortschreitenden Alphabetisierung der Bevölkerung wurde die Schriftform nicht mehr als ausreichend angesehen, den Schutz des Schenkers vor Übereilung zu gewährleisten (Liedermann NZ 2011, 321, 328). Die Regelungen zur Form einer Schenkung werden aufgrund ihrer Unübersichtlichkeit in der Literatur teilweise als reformbedürftig angesehen (Riedler ÖJZ 2008, 624; zu verschiedenen Reformvorschlägen Keinert [2015] S 154 f).

173 Dieser **Formzwang** erstreckt sich auf das vom Schenker abgegebene **Schenkungsversprechen** (OGH 30. 10. 2018 – 2 Ob 13/18b, NZ 2019, 22; OGH 20. 10. 1999 – 5 Ob 266/99z, RdW 2000, 344; auch schon Bydlinski NZ 1991, 166). Dies rechtfertige sich aus der *ratio* des Formerfordernisses, den Schenker vor Übereilung zu schützen (OGH 30. 10. 2018 – 2 Ob 13/18b, NZ 2019, 22; Rummel/Kellner [4. Aufl 2014] § 943 Rn 2; Bydlinski NZ 1991, 166). Die zu Teilen in der Literatur vertretene Gegenauffassung, die beide Vertragserklärungen dem Formzwang unterstellen will (so noch Rummel/Schubert [3. Aufl 2000] § 943 Rn 6; Schauer NZ 1984, 185), kann sich zwar auf den Wortlaut des § 943 S 2 ABGB berufen, verkennt aber, dass die Einhaltung des Formzwanges oftmals gerade nicht im Interesse des Beschenkten liegt.

174 Dieser Form bedarf es jedoch dann nicht, wenn eine wirkliche Übergabe im Sinne des § 943 S 1 ABGB erfolgt ist. Grund für die **Herausnahme der Handschenkung** aus dem Anwendungsbereich der Formvorschrift ist, dass in diesem Falle der von § 943 S 2 ABGB verfolgte Schutz des Schenkers vor einer voreiligen Verpflichtung nicht erforderlich ist. Durch die tatsächliche Weggabe der Sache werden ihm nämlich hinreichend deutlich die Konsequenzen der Schenkung vor Augen geführt. In diesem

Falle ist für die Wirksamkeit des Schenkungsvertrages die Beachtung der Form des § 1 NotAktG nicht geboten.

Eine **wirkliche Übergabe** liegt vor, wenn ein neben dem Schenkungsvertrag als Über- 175
gabe erkennbarer weiterer Akt hinzutritt, der sinnfällig nach außen erkennbar und so beschaffen ist, dass aus ihm der Wille des Geschenkgebers hervorgeht, das Objekt der Schenkung sofort aus seinem Gewahrsam in den Besitz des Beschenkten zu übertragen (OGH 21. 11. 2022 – 8 Ob 129/22m; OGH 21. 6. 2005 – 5 Ob 82/05b, NZ 2006, 46; ausführlich zu den einzelnen Voraussetzungen LIEDERMANN NZ 2011, 321; RABL NZ 2015, 169). Diese erfolgt bei **beweglichen Sachen** durch eine körperliche Übergabe, die den Beschenkten in die Lage versetzt, die tatsächliche Herrschaft über die Sache ausüben zu können (OGH 21. 11. 2022 – 8 Ob 129/22m; OGH 20. 12. 2016 – 1 Ob 229/16g, NZ 2017, 110). Auch ausreichend ist eine Übergabe kurzer Hand gem § 428 Hs 2 ABGB, die mit der Bestimmung des § 854 Abs 2 BGB vergleichbar ist, bzw die Besitzanweisung, welche nicht ausdrücklich geregelt, aber allgemein anerkannt ist (OGH 21. 11. 2022 – 8 Ob 129/22m; OGH 20. 12. 2016 – 1 Ob 229/16g, NZ 2017, 110; WELSER/ZÖCHLING-JUD Bürgerliches Recht II [14. Aufl 2015] 222; zur Besitzanweisung BYDLINSKI/PERNER/RISS ABGB [7. Aufl 2023] § 428 Rn 1). Letztere betrifft den Fall, dass der Schenker, für den ein Dritter die Sache innehat, erklärt, dass der Dritte die Sache nunmehr für den Beschenkten innehaben solle (BYDLINSKI/PERNER/RISS ABGB [7. Aufl 2023] § 428 Rn 4). Die Vereinbarung eines Besitzkonstitutes zwischen Schenker und Beschenktem, auch bezeichnet als **Besitzauftragung**, soll hingegen mangels einer objektiv erkennbaren Veränderung nicht ausreichen, wobei Einzelheiten in der Rechtsprechung unklar sind (SCHWIMANN/NEUMAYR/LIEDERMANN [6. Aufl 2024] § 943 Rn 3). Bei **Immobilien** ist für die wirkliche Übergabe die Einräumung der tatsächlichen Verfügungsgewalt ausreichend, die etwa durch die Übergabe der Schlüssel geschehen kann; eine Eintragung des Beschenkten im Grundbuch ist nicht erforderlich (OGH 21. 11. 2022 – 8 Ob 129/22m; OGH 1. 3. 2012 – 1 Ob 29/12i; SCHWIMANN/NEUMAYR/LIEDERMANN [6. Aufl 2024] § 943 Rn 3; ausführlich BINDER/GILLER EF-Z 2015, 106; BINDER/GILLER EF-Z 2015, 153; für die Eintragung des Beschenkten als Eigentümer im Grundbuch ist aber nicht der Nachweis konkreter Übergabeakte erforderlich, die Urkundenfloskel, dass die Übergabe erfolgt sei reicht aus, vgl OGH 24. 3. 2015 – 5 Ob 227/14, ecolex 2015, 764). Bei der Schenkung von **Forderungen** erfolgt die wirkliche Übergabe durch Aushändigung einer Abtretungsurkunde bzw durch Verständigung des Drittschuldners durch den Zedenten (BYDLINSKI/PERNER/BOLLENBERGER/P BYDLINSKI ABGB [7. Aufl 2023] § 943 Rn 7).

Nicht ausdrücklich regelt § 943 ABGB hingegen den Fall, dass aufgrund eines zu- 176
nächst formunwirksamen Schenkungsversprechens **nachträglich die wirkliche Übergabe** erfolgt. Offensichtlich ist, dass in diesem Fall die Übergabe nicht ohne rechtliche Folgen bleiben darf. Welche Wirkung der nachträglichen Übergabe hingegen in dogmatischer Hinsicht zukommt, ist nicht eindeutig geklärt (eingehend LIEDERMANN NZ 2011, 321, 325). Während manche die tatsächliche Übergabe als **erneute Vornahme** der Schenkung ansehen wollen, die nunmehr als Handschenkung wirksam sei (so NIPPEL § 943 Rn 4) nehmen andere Stimmen – überzeugend – eine **Heilung** des ursprünglichen Schenkungsvertrages durch die tatsächliche Übergabe an (in diese Richtung unter Verweis auf § 1432 ABGB STUBENRAUCH § 943 Rn 3). Letztlich wird auch eine Einordnung des formunwirksamen Schenkungsvertrages als **Naturalobligation** vertreten (so LIEDERMANN NZ 2011, 321, 327; BYDLINSKI/PERNER/BOLLENBERGER/P BYDLINSKI ABGB [7. Aufl 2023]

§ 943 Rn 4). Letztlich führt die nachträgliche tatsächliche Übergabe aber nach sämtlichen Ansichten zu einem **Ausschluss der Rückforderung des Geschenks**.

bb) Schutz des freien Willens: Geschäftsfähigkeit und Willensmängel

177 Infolge der Einordnung der Schenkung als besonderen Vertragstypus finden die allgemeinen Vorschriften über Verträge des siebzehnten Hauptstücks des ABGB Anwendung. Das Recht der **Geschäftsfähigkeit** ist in § 865 ABGB geregelt, der durch das 2. Erwachsenenschutzgesetz mit Wirkung vom 1. 7. 2018 grundlegend geändert wurde (BGBl 2017/59). In Bezug auf das Schenkungsrecht ist dabei zunächst auf § 865 Abs 2 ABGB hinzuweisen, nach dem jede Person, unabhängig von ihrer Geschäftsfähigkeit, ein nur **zu ihrem Vorteil** gemachtes Schenkungsversprechen annehmen kann (Schwimann/Neumayr/Weitzenböck [6. Aufl 2024] § 170 Rn 2). Die zuvor bestehende Diskussion, ob auch ein Geschäftsunfähiger eine kleinere Schenkung, die keinerlei Belastungen auslöst, annehmen kann, erübrigt sich somit (vgl hierzu noch Koziol/Bydlinski/Bollenberger ABGB [5. Aufl 2017] § 865 Rn 3). Daher stellt sich die Frage der Geschäftsfähigkeit im Regelfall nur auf Seiten des Schenkers.

178 In Bezug auf die Geschäftsfähigkeit aufgrund des **Alters** gilt, dass geistig gesunde Personen über 18 Jahren unbeschränkt geschäftsfähig sind (Bydlinski/Perner/Bollenberger/P Bydlinski ABGB [7. Aufl 2023] § 865 Rn 1). Darüber hinaus sind nach §§ 865 Abs 4 S 3, 170 Abs 3 ABGB geringfügige Alltagsgeschäfte unabhängig von der Frage der Geschäftsfähigkeit wirksam. Liegt ein solcher Fall nicht vor, so ist bei der vor Vollendung des achtzehnten Lebensjahres nach dem konkreten Alter zu differenzieren: Nach § 865 Abs 4 S 1 ABGB sind Minderjährige unter sieben Jahren **geschäftsunfähig**. Folglich können sie keine rechtlich relevanten Willenserklärungen abgeben. **Beschränkt geschäftsfähig** sind gem § 865 Abs 4 S 2 ABGB Personen zwischen vollendetem siebtem Lebensjahr und vollendetem achtzehnten Lebensjahr (Bydlinski/Perner/Bollenberger/P Bydlinski ABGB [7. Aufl 2023] § 865 Rn 4). Diese bedürfen zum rechtsgeschäftlichen Handeln grundsätzlich der Genehmigung ihres gesetzlichen Vertreters. Fehlt eine solche, so ist der abgeschlossene Vertrag schwebend unwirksam und bedarf zu seiner Wirksamkeit der Genehmigung durch den gesetzlichen Vertreter (Schwimann/Neumayr/Kolmasch [6. Aufl 2024] § 865 Rn 14, 26). Eine Ausnahme hiervon macht jedoch § 170 Abs 2 ABGB, der Verfügungen, die ein Minderjähriger ab 14 Jahren über Sachen trifft, die ihm zur freien Verfügung überlassen worden sind, betrifft.

179 Bei **Volljährigen** ist nach § 865 Abs 1 ABGB maßgeblich, ob die Person entscheidungsfähig ist. Dabei wird die Geschäftsfähigkeit grundsätzlich vermutet. Nach der Neuregelung von 2018 wird die Handlungsfähigkeit nicht allein durch eine Vorsorgevollmacht oder Erwachsenenvertretung eingeschränkt, vgl § 242 Abs 1 ABGB. Somit ist auch bei Bestellung eines Erwachsenenvertreters die Geschäftsfähigkeit der Regelfall, die Geschäftsunfähigkeit die Ausnahme (Parapatits/Perner iFamZ 2017, 160, 164; Schwimann/Neumayr/Pfurtscheller [6. Aufl 2024] § 242 Rn 1). Jedoch kann das Pflegschaftsgericht nach § 242 Abs 2 ABGB einen Genehmigungsvorbehalt für bestimmte rechtsgeschäftliche Handlungen anordnen, wenn dies zur Abwendung einer ernsten und erheblichen Gefahr für die vertretene Person erforderlich ist. Tätigt die betroffene Person entgegen des Genehmigungsvorbehaltes eine Handlung oder erweist sich eine vertretene Person, bei der kein Genehmigungsvorbehalt angeordnet wurde, als geschäftsunfähig, so ist ihre Willenserklärung bis zur Genehmigung durch den Vertreter **schwebend unwirksam**, § 865 Abs 3 S 2 ABGB. Eine Willenserklärung, die ein

geschäftsunfähiger Volljähriger, dem kein Vertreter bestellt ist, abgibt, ist nach § 865 Abs 3 S 1 ABGB endgültig unwirksam.

Ist ein Schenkungsvertrag zunächst wirksam zustande gekommen, so kann dieser entfallen, wenn eine Partei wirksam die **Anfechtung** erklärt. Rechtlicher Ausgangspunkt hierfür ist § 901 ABGB der auf die Vorschriften, die auf die sog letzten Anordnungen Anwendung finden verweist. Unter diesen betreffen gerade die §§ 565, 570 AGBG die Anfechtung. Daneben sind aber auch die für entgeltliche Verträge geltenden Vorschriften der §§ 870, 871 ABGB zu betrachten, die weitere Voraussetzungen für die Anfechtung statuieren (Rn 184). **180**

Nach §§ 565, 870 ABGB stellen zunächst **List** und **Drohung** Anfechtungsgründe dar. Während man unter List die vorsätzliche, rechtswidrige Täuschung versteht (SCHWIMANN/NEUMAYR/KOLMASCH [6. Aufl 2024] § 870 Rn 2) ist eine Drohung die Ausübung von *vis compulsiva*. In beiden Fällen ist Voraussetzung der Anfechtung, dass die List oder die Drohung kausal für den Vertragsabschluss war (SCHWIMANN/NEUMAYR/KOLMASCH [6. Aufl 2024] § 870 Rn 9). **181**

Die Anfechtung wegen **Irrtums** setzt voraus, dass ein nach dem ABGB relevanter Irrtum vorliegt. Ein solcher kann in einem **Erklärungsirrtum** oder einem **Geschäftsirrtum** bestehen. Ein Erklärungsirrtum liegt vor, wenn der Erklärende meint, etwas anderes zu erklären als er wirklich erklärt, oder wenn ihm die Erklärung gar nicht als solche bewusst ist (WELSER/KLETEČKA [15. Aufl 2018] Bürgerliches Recht I 161). Dies ist etwa bei einem Versprechen oder Verschreiben der Fall. Ein Geschäftsirrtum liegt hingegen vor, wenn der Erklärende über die Natur des Geschäftes, dessen Inhalt oder über eine für das Geschäft bedeutsame Eigenschaft des Vertragsgegenstandes oder der Person des Geschäftspartners irrt (WELSER/KLETEČKA [15. Aufl 2018] Bürgerliches Recht I 163). Der Begriff des Geschäftsirrtums stellt somit einen Überbegriff zu den Kategorien des Inhaltsirrtums bzw Eigenschaftsirrtums der §§ 119 Abs 1 Alt 1, Abs 2 BGB dar. Liegt ein Irrtum vor, so berechtigt dieser nur zur Anfechtung, wenn er nach § 873 ABGB **wesentlich** ist, der Irrende somit ohne den Irrtum das Geschäft nicht geschlossen hätte (OGH 29. 10. 1975 – 1 Ob 197/75), was insb dann der Fall sein kann, wenn sich die Fehlvorstellung auf einen Hauptpunkt des Geschäfts bezieht (STUBENRAUCH § 871 Rn 2; WELSER/KLETEČKA [15. Aufl 2018] Bürgerliches Recht I 167). Ein unwesentlicher Irrtum ermöglicht nicht die Anfechtung, sondern lediglich die Anpassung des Vertrages. Dieser ist nach § 872 ABGB so zu gestalten, wie ihn die Parteien in Kenntnis der Sachlage geschlossen hätten (STUBENRAUCH § 871 Rn 3; WELSER/KLETEČKA [15. Aufl 2018] Bürgerliches Recht I 173). **182**

Eine bedeutende Abweichung zur Anfechtung entgeltlicher Verträge findet sich aufgrund der Verweisung des § 901 S 3 ABGB auf § 572 ABGB darin, dass auch ein **Motivirrtum** zur Anfechtung berechtigt (OGH 10. 1. 1989 – 4 Ob 606/88; SCHWIMANN/NEUMAYR/KOLMASCH [6. Aufl 2024] § 901 Rn 3; ausführlich STEFULA/THUNHART NZ 2002, 193; vgl auch WIMMER, Motivirrtum bei Schenkung und letztwilliger Verfügung [2023] 141 ff). Dies findet seine Rechtfertigung in der geringeren Schutzbedürftigkeit des Beschenkten (OGH 10. 1. 1989 – 4 Ob 606/88). Dieser Irrtum muss sich aber in der Regel auf bereits gegenwärtige Umstände beziehen, um ein Unterlaufen der besonderen Vorschriften der §§ 947 ff ABGB zu vermeiden (SCHWIMANN/NEUMAYR/KOLMASCH [6. Aufl 2024] § 901 Rn 3). Erforderlich ist, dass der **Wille des Schenkers** einzig und allein auf **irrigen Beweggrund** beruht **183** oder zumindest bei Wegfall desselben kein weiteres wesentliches Motiv für die Schenkung verbleibt (OGH 10. 1. 1989 – 4 Ob 606/88; Rummel/Rummel [4. Aufl 2014] § 901 Rn 40; **aA** Schwimann/Neumayr/Kolmasch [6. Aufl 2024] § 901 Rn 3).

184 Umstritten ist, ob im Falle einer Schenkung auch die zusätzlichen **einschränkenden Voraussetzungen des § 871 ABGB** Anwendung finden. Nach diesem entsteht keine Verbindlichkeit für den Teil, der über den Inhalt der von ihm abgegebenen oder dem anderen zugegangenen Erklärung in einem Irrtum befangen war, der die Hauptsache oder einer wesentlichen Beschaffenheit der Hauptsache betrifft, wenn der Irrtum durch den anderen veranlasst war, oder diesem aus den Umständen offenbar auffallen musste oder noch rechtzeitig aufgeklärt wurde. In diesen Fällen wird dem Irrenden das Anfechtungsrecht (dahin gehend wird heute allg „so entsteht für ihn keine Verbindlichkeit" verstanden, vgl Rummel/Rummel [4. Aufl 2014] § 871 Rn 30) zugestanden, da der andere Vertragspartner nicht schutzwürdig ist (vgl Rummel/Rummel [4. Aufl 2014] § 871 Rn 20). Ob auch im Falle der Anfechtung einer Schenkung diese Voraussetzungen erfüllt sein müssen, ist nicht abschließend geklärt. Der **OGH** geht in seiner Rechtsprechung davon aus, dass die **Beschränkungen** des § 871 ABGB **auch auf die Anfechtung einer Schenkung** Anwendung finden (OGH 29. 8. 1994 – 1 Ob 551/94, NZ 1997, 17; zusammenfassend Stefula/Thunhart NZ 2002, 193). Zwar gelte der Grundsatz, dass der Beschenkte weniger schutzwürdig sei, als derjenige, der Vertragspartei eines zweiseitigen Vertrages ist. Jedoch dürfe auch bei Anwendung dieses Grundsatzes berücksichtigt werden, dass der Beschenkte auf die Rechtsgültigkeit des Schenkungsvertrages vertraue. Dies steht im Einklang mit den Materialien zum Entwurf des ABGB, in denen sich bei den Beispielen für relevante Irrtümer auch Schenkungsverträge finden (Ofner, Der Ur-Entwurf und die Berathungs-Protokolle des Österreichischen Allgemeinen Bürgerlichen Gesetzbuches, Band II, 13). Diese Rechtsprechung ist in der Literatur auf Ablehnung gestoßen; danach kann die Anfechtung einer Schenkung auch ohne Vorliegen der Voraussetzungen des § 871 ABGB erklärt werden, da entgeltliche und unentgeltliche Rechtsgeschäfte grundsätzlich anders behandelt werden (dazu Rummel/Rummel [4. Aufl 2014] § 901 Rn 42; Bydlinski/Perner/Bollenberger/P Bydlinski ABGB [7. Aufl 2023] § 901 Rn 5; im Ergebnis auch Stefula/Thunhart NZ 2002, 193).

185 Liegt ein Anfechtungsgrund vor, so ist der Vertrag nicht allein aus diesem Grunde schon unwirksam. Vielmehr steht dem in seiner Willensbildung Beeinträchtigten ein **Gestaltungsrecht** zu, ob er sich von dem Vertrag lösen will (Welser/Kletečka [15. Aufl 2018] Bürgerliches Recht I 174). Kommt es nicht zu einer einvernehmlichen Aufhebung des Vertrages, so bedarf es der **gerichtlichen Geltendmachung** der Anfechtung; die außergerichtliche Erklärung reicht nicht aus (Rummel/Rummel [4. Aufl 2014] § 871 Rn 30). Jedoch ist es hierfür ausreichend, wenn der Kläger, nach erklärter Anfechtung, eine auf Rückabwicklung gerichtete Leistungsklage erhebt (OGH 19. 4. 2018 – 4 Ob 70/18z, Zak 2018, 239). Erweist sich die Anfechtung als wirksam, führt dies aufgrund des „Prinzips der kausalen Tradition" (Rn 188 f) auch zur *ex tunc* Unwirksamkeit des Eigentumserwerbs des Beschenkten, was als **dingliche Wirkung der Anfechtung** bezeichnet wird (Bydlinski/Perner/Bollenberger/P Bydlinski ABGB [7. Aufl 2023] § 871 Rn 20; Welser/Kletečka [15. Aufl 2018] Bürgerliches Recht I 172).

cc) Inhaltliche Begrenzungen der Schenkung

186 In Einzelfällen kann eine **Sittenwidrigkeit** eines Schenkungsvertrages nach § 879 Abs 1 ABGB in Betracht kommen. Danach liegt Sittenwidrigkeit vor, wenn zwar

kein Verstoß gegen eine konkrete Rechtsnorm gegeben ist, jedoch eine umfassende Interessenabwägung eine grobe Verletzung rechtlich geschützter Interessen aufzeigt oder bei einer Interessenkollision ein grobes Missverhältnis zwischen den durch die Handlung verletzten und den durch sie geförderten Interessen besteht (WELSER/KLETEČKA [15. Aufl 2018] Bürgerliches Recht I 196; SCHWIMANN/NEUMAYR/KOLMASCH [6. Aufl 2024] § 879 Rn 4). Nach diesen Maßstäben sind jedoch nicht zB bereits die Leistungen eines verheirateten Mannes an seine **Geliebte**, mögen auch sexuelle Beziehungen mitursächlich sein, als sittenwidrig einzustufen (so noch RUMMEL/SCHUBERT [3. Aufl 2000] § 938 Rn 11, das Beispiel ist in der 4. Aufl nicht mehr vorhanden).

Aus dem Wesen der Schenkung selbst ergeben sich nur wenige weitere **inhaltliche Beschränkungen** des Schenkungsvertrages. So ist nach § 939 ABGB auch ein künftiges („gehofftes") Recht tauglicher Gegenstand einer Schenkung. Eine Ausnahme hierzu bildet § 879 Abs 2 Nr 3 ABGB, nach welchem jede Übertragung oder Belastung einer **erhofften Erbschaft** nichtig ist, unabhängig davon, ob sie in einem entgeltlichen oder unentgeltlichen Rechtsgeschäft erfolgt (SCHWIMANN/NEUMAYR/KOLMASCH [6. Aufl 2024] § 879 Rn 11; RUMMEL/KREJCI [4. Aufl 2014] § 879 Rn 339). Die *ratio* dieser Norm ist, der unsittlichen Spekulation auf den Tod eines Dritten entgegenzutreten (RUMMEL/KREJCI [4. Aufl 2014] § 879 Rn 338; ZEILLER § 879 S 49, weist zusätzlich darauf hin, dass ein solcher Vertrag „nur zwischen Betrügern, oder mit ruchlosen oder leichtsinnigen Verschwendern, und Wucherern, oder verabscheuungswürdigen Erschleichern geschlossen zu werden pflegt und [...] zum Sittenverderbnisse, und zur Zerrüttung der Familieneintracht den Weg bahnt"). **187**

d) Wirkungen der Schenkung

Ein wirksamer Schenkungsvertrag begründet einen Anspruch des Beschenkten gegen den Schenker auf **Übereignung** und **Übergabe** des Schenkungsgegenstandes. Aufgrund der Geltung des **Trennungsprinzips** unter dem ABGB bewirkt allein der Abschluss des Schenkungsvertrages aber noch nicht den Übergang des Eigentums an dem Schenkungsgegenstand. Hierfür ist nach dem aus den §§ 424, 425 ABGB hervorgehenden **Grundsatz der kausalen Übergabe** erforderlich, dass neben einem Titel dem Schenkungsvertrag eine Übergabe in der Form der §§ 426 ff ABGB der zu übereignenden Sache vorliegt (RUMMEL/HOLZNER [4. Aufl 2014] § 425 Rn 1; ausführlich zur Übereignung nach dem ABGB BYDLINSKI, in: FS Larenz [1973] 1022; zum Traditionsprinzip unter Geltung des ABGB BAIER ÖJZ 1971, 421). Handelt es sich bei dem zu übereignenden Gegenstand um ein Grundstück, so ist zur Übereignung nach § 431 ABGB die Verbücherung des Eigentumserwerbs erforderlich, mithin die Eintragung im Grundbuch (BYDLINSKI/PERNER/RISS ABGB [7. Aufl 2023] § 425 Rn 1). **188**

Der wesentliche Unterschied des Prinzips der kausalen Übergabe zu dem deutschen Abstraktionsprinzip zeigt sich bei einem **Mangel des Titels**, der für den Eigentumserwerb erforderlich ist. Fehlt dieser oder ist er unwirksam, so geht das **Eigentum nicht über** (RUMMEL/HOLZNER [4. Aufl 2014] § 424 Rn 1). Gleiches gilt bei einem späteren Wegfall des Titels mit Wirkung *ex tunc*, wie etwa bei einer Anfechtung des Schenkungsvertrages (BYDLINSKI/PERNER/RISS ABGB [7. Aufl 2023] § 424 Rn 3; krit dazu HACKL ÖJZ 1977, 533, 539 der für eine *ex nunc* Wirkung der Anfechtung plädiert). Dieser Grundsatz soll vermeiden, dass ohne Titel erfolgte Rechtsänderungen wieder rückgängig gemacht werden müssen und von der Rechtsordnung unerwünschter Eigentumsübertragungen verhindern (RUMMEL/HOLZNER [4. Aufl 2014] § 424 Rn 1); dies erfolgt jedoch auf **Kosten der Interessen von Dritten**, die aufgrund des durch die Übergabe geschaffenen Rechts- **189** scheines berechtigt auf die Wirksamkeit der Eigentumsübertragung vertrauen (Hackl ÖJZ 1977, 533, 540).

e) Die Unwiderruflichkeit und ihre Ausnahmen

190 Da die Schenkung einen Vertrag darstellt, ist sie im Grundsatz unwiderruflich (Stubenrauch § 946 Rn 1; Bydlinski/Perner/Bollenberger/P Bydlinski ABGB [7. Aufl 2023] § 946 Rn 1). Dieser **Grundsatz der Unwiderruflichkeit** wird durch § 946 ABGB ausdrücklich normiert. Dieser Grundsatz wird jedoch von einer Reihe von Ausnahmen durchbrochen, die sich aus den §§ 947 ff ABGB ergeben. Diese Ausnahmen finden ihre Rechtfertigung darin, dass es sich bei dem Schenkungsvertrag nur um einen einseitig verpflichtenden Vertrag handelt, so dass eine für den Schenker günstigere Behandlung geboten sei (Zeiller § 946 S 2).

191 Sämtlichen Widerrufsgründen ist gemein, dass die **Ausübung des Widerrufs** durch eine **empfangsbedürftige Willenserklärung** erfolgt, die rechtsgestaltende Wirkung hat (OGH 19. 1. 2011 – 3 Ob 245/10s, NZ 2011, 309; Schwimann/Neumayr/Liedermann [6. Aufl 2024] § 946 Rn 2). Wurde der Widerruf wirksam erklärt, gestaltet dieser die Rechtslage dahin, dass der Beschenkte das Geschenk zurückzugeben hat. Der Beschenkte ist dann zwar noch formell der Eigentümer der geschenkten Sache, aber zur Herausgabe an den Geschenkgeber verpflichtet (OGH 19. 1. 2011 – 3 Ob 245/10s, NZ 2011, 309). Ist eine Herausgabe wegen einer tiefgreifenden Veränderung der Sache nicht möglich, ist nach bereicherungsrechtlichen Grundsätzen **Wertersatz** zu leisten (OGH 22. 12. 1971 – 6 Ob 252/71; Schwimann/Neumayr/Liedermann [6. Aufl 2024] § 946 Rn 3). Eine abweichende Rechtsfolge sieht das ABGB bei dem Widerruf wegen Bedürftigkeit und wegen Verkürzung des Unterhaltes vor (s dazu Rn 19). Im Gegensatz zum BGB, das für den Rücktritt als Gestaltungsrecht eine Ausschlussfrist vorsieht, unterliegt das Recht, die Schenkung zu widerrufen, gem § 1487 ABGB einer dreijährigen **Verjährung**. Zur Unterbrechung dieser Frist ist die bloße Erklärung des Widerrufs nicht ausreichend, vielmehr wird die gerichtliche Geltendmachung des Rückforderungsanspruchs gefordert (OGH 8. 3. 1978 – 1 Ob 503/78).

192 Als **Widerrufsgründe** kommen nach den §§ 947 ff ABGB Dürftigkeit, grober Undank des Beschenkten sowie die Verkürzung des Unterhaltsanspruchs in Betracht. Der Widerruf wegen **Dürftigkeit** nach § 947 ABGB ermöglicht, abweichend zu § 528 BGB, dem Schenker nicht, den Schenkungsgegenstand zurückzufordern. Er wird auf die Herausgabe der **gesetzlichen Zinsen des Wertes des Schenkungsgegenstandes** bzw der noch verbliebenen Vermögensmehrung verwiesen, welche sich nach § 1000 ABGB auf 4 % pa belaufen (Faber ÖJZ 2019, 53, 58; Bydlinski/Perner/Bollenberger/P Bydlinski ABGB [7. Aufl 2023] § 947 Rn 1; Rummel/Kellner [4. Aufl 2014] § 947 Rn 1 ff). Somit erweist sich der Widerruf wegen Dürftigkeit des Schenkers nach österreichischem Recht, insbesondere im Vergleich zu dem Widerruf nach § 528 BGB, als vorteilhaft für den Beschenkten (Faber ÖJZ 2019, 53). Der Widerruf wegen **groben Undanks** nach § 948 ABGB setzt, anders als das BGB, voraus, dass eine **Straftat** des Beschenkten gegen Leib, Ehre, Freiheit oder Vermögen des Schenkers oder eine diesem nahestehende Person festgestellt werden kann. Dabei ist diese Liste nur beispielhaft zu verstehen, so dass auch Straftaten gegen andere, gleichwertige Rechtsgüter, wie beispielsweise eine Nachstellung, den Schenkungswiderruf ermöglichen. Voraussetzung ist jedoch stets, dass die strafbare Handlung als schwere, die Entziehung des Geschenkes rechtfertigende Vernachlässigung der Dankespflicht zu werten ist und in dem Bewusstsein gesetzt wurde, den Geschenkgeber zu kränken (OGH 6. 4. 2017 – 4 Ob 201/16, ecolex 2017, 301; fragwürdig sind jedoch die Konsequenzen, die der OGH in dieser Entscheidung für Fälle der Nachstellung zieht: selbst wenn eine Strafbarkeit nach § 107 a StGB vorliege, führe dies nicht automatisch zu einem Widerrufsgrund nach § 948 ABGB, wenn es dem Beschenkten bei Vornahme der [strafbaren] Nachstellung nur darum gegangen sei, die Lebensgemeinschaft mit dem Schenker wiederherzustellen, so auch Deixler-Hübner iFamZ 2017, 101). § 950 ABGB, der den Widerruf wegen **Verkürzung des Unterhaltsanspruchs** regelt, erlaubt einem Dritten, der dem Schenker gegenüber unterhaltsberechtigt ist, gegenüber dem Beschenkten die Schenkung insoweit zu widerrufen, als dies erforderlich ist, um die Unterhaltsleistung in der Höhe zu erbringen, zu der der Schenker ohne die Schenkung verpflichtet gewesen wäre. Letztlich ermöglichte § 951 ABGB den Widerruf der Schenkung, wenn infolge dieser der Nachlass zur **Deckung des Pflichtteiles** nicht ausreichte. § 951 ABGB (und § 952 ABGB) wurde infolge des ErbRÄG vom 30. 7. 2015 (BGBl I 2015/87) durch die Bestimmungen der §§ 789, 792 ABGB systematisch passend im Anschluss an die Ermittlung des Pflichtteiles ersetzt (Schwimann/Neumayr/Nemeth/Niedermayr [6. Aufl 2024] § 789 Rn 1). Somit wird nun nicht mehr der Widerruf der Schenkung ermöglicht, sondern dem Pflichtteilsberechtigten einen **Ergänzungsanspruch** gegen den Beschenkten gewährt. Flankiert wird der Ergänzungsanspruch von einem Anspruch des Pflichtteilsberechtigten gegen den Beschenkten auf Auskunft über hinzurechnungspflichtige Geschenke, § 786 ABGB (hierzu ausführlich Hofmann NZ 2019, 322). Daneben sieht § 953 ABGB einen Schenkungswiderruf zugunsten der Gläubiger vor, die durch die Schenkung benachteiligt werden. Diese Bestimmung ist jedoch durch die Vorschriften zur Schenkungsanfechtung nach den § **440 EO** und § **29 IO** materiell-rechtlich derogiert (Schwimann/Neumayr/Liedermann [6. Aufl 2024] § 953 Rn 1).

Gerade in den Fällen des Widerrufs wegen groben Undankes bedarf das Verhältnis der §§ 947 ff ABGB zu der Lehre des **Wegfalls der Geschäftsgrundlage** weiterer Erörterung. Diese ist nicht gesetzlich geregelt, jedoch zurückgehend auf die Lehre Piskos in ständiger Rechtsprechung anerkannt (vgl nur OGH 17. 3. 1970 – 8 Ob 60/70; Bydlinski/Perner/Bollenberger/P Bydlinski ABGB [7. Aufl 2023] § 901 Rn 7). Geschäftsgrundlage unter dem ABGB ist die beim Geschäftsabschluss zu Tage tretende, **gemeinsame Vorstellung** mehrerer Beteiligter vom Vorhandensein oder dem Eintritt gewisser Umstände, auf deren Grundlage der Geschäftswille sich aufbaut (OGH 25. 9. 2014 – 9 Ob 46/14a, VbR 2015, 24). Tritt eine **Änderung** derselben ein, kann **Anpassung** oder, falls diese nicht möglich ist, die **Auflösung** des Vertrages verlangt werden (OGH 25. 9. 2014 – 9 Ob 46/14a, VbR 2015, 24). Jedoch ist für ein Eingreifen des Wegfalls der Geschäftsgrundlage nur Raum, wenn das Gesetz keine eigenständige Regelung für den bestimmten Fall trifft. Dies ist aber in den Fällen der §§ 947 ff ABGB gerade der Fall (OGH 8. 3. 1978 – 1 Ob 503/78; OGH 14. 7. 1989 Az 5 Ob 587/89; OGH 4. 11. 2013 – 10 Ob 22/13b, RdW 2014, 130, das ausführlich auf die verschiedenen Möglichkeiten des Widerrufs einer Schenkung eingeht). Daher sind die Regelungen der §§ 947 ff ABGB **abschließend** zu verstehen; auf einen Wegfall der Geschäftsgrundlage kann sich der Schenker nicht berufen (Schwimann/Neumayr/Liedermann [6. Aufl 2024] § 946 Rn 1). 193

f) Besondere Arten der Schenkung

aa) Gemischte Schenkung

Eine Definition der **gemischten Schenkung** findet sich in § 935 ABGB, der bei Vorliegen einer solchen den Grundsatz der *laesio enormis* für nicht anwendbar erklärt 194

(Welser/Zöchling-Jud Bürgerliches Recht II [14. Aufl 2015] 225). Danach liegt eine solche vor, wenn aus den Verhältnissen der Parteien zu vermuten ist, dass sie einen Vertrag schließen wollen, der aus der „Vermischung" entgeltlicher und unentgeltlicher Teile besteht. Nicht ausreichend ist eine objektiv bestehende Wertdifferenz zwischen Leistung und Gegenleistung; erforderlich ist vielmehr, dass beide die **teilweise Unentgeltlichkeit gewollt und zum Ausdruck gebracht haben** (OGH 30. 6. 1977 – 7 Ob 590/77, SZ 50/101). Die **rechtliche Behandlung** von gemischten Schenkungen solle nicht nach einheitlichen Grundsätzen erfolgen können, vielmehr solle für jedes Problem eine angemessene Lösung gefunden werden (OGH 17. 2. 2005 – 6 Ob 311/04, MietSlg 57.096; Rummel/Kellner [4. Aufl 2014] § 938 Rn 39; Welser/Zöchling-Jud Bürgerliches Recht II [14. Aufl 2015] 225). Daher solle etwa auf die gemischte Schenkung die **Formvorschrift** des § 943 ABGB Anwendung finden (Welser/Zöchling-Jud Bürgerliches Recht II [14. Aufl 2015] 225; so auch OGH 16. 12. 2014 – 5 Ob 192/14, NZ 2015, 414 der darauf abstellt, dass in der Regel der unentgeltliche Teil nicht von dem entgeltlichen zu trennen sei); zumindest jedoch dann, wenn das Geschäft überwiegend unentgeltlich sei (OGH 30. 6. 1977 – 7 Ob 590/77, SZ 50/101). Bei einer Mangelhaftigkeit des Gegenstandes sei eine Minderung nur zuzulassen, soweit der Minderungsbetrag den geschenkten Teil übersteige (Rummel/Kellner [4. Aufl 2014] § 938 Rn 41; Welser/Zöchling-Jud Bürgerliches Recht II [14. Aufl 2015] 225).

bb) Schenkung auf den Todesfall

195 Die **Schenkung auf den Todesfall** ist ausdrücklich in § 603 ABGB geregelt, einer Vorschrift, die sich systematisch bei den erbrechtlichen Regelungen findet. Während bis Inkrafttreten der ErbRÄG am 1. 1. 2017 nach § 956 ABGB aF die Schenkung auf den Todesfall jedenfalls nach dem Tode des Schenkers als Vermächtnis angesehen wurde (sog Vermächtnistheorie; OGH 27. 10. 2016 – 2 Ob 231/15, NZ 2017, 60, der ausdrücklich auf die nunmehr in Kraft getretene Änderung durch das ErbRÄG hinweist; vgl zur alten Rechtslage auch ausführlich Keinert, Schenkung auf den Todesfall [2015] 70 f; Oberhumer NZ 2008, 129), ist die Schenkung auf den Todesfall nach § 603 ABGB stets als Vertrag anzusehen (Keinert [2015] 282; Wolkerstorfer NZ 2017, 418; Schwimann/Neumayr/Nemeth [6. Aufl 2024] § 603 Rn 3; so auch schon Oberhumer NZ 2008, 129, 135), sog **Vertragslösung** (in dieser Richtung wollten auch schon die Verfasser des ABGB die Schenkung auf den Todesfall als Schenkung und nicht als „Mitteldin g" zwischen Schenkungsvertrag und Rechtsgeschäft von Todes wegen einstufen, dazu Keinert [2015] 55). Dies hat zur Folge, dass auf sie ausschließlich die schenkungsrechtlichen Vorschriften Anwendung finden (Keinert [2015] 63, 65). Zu ihrer **Gültigkeit** ist erforderlich, dass sie von dem Beschenkten angenommen wurde; darüber hinaus ist nach § 603 ABGB die Beachtung der Notariatsaktspflicht geboten. Weiteres zwingendes Erfordernis ist nach § 603 ABGB, dass sich der Schenker kein Widerrufsrecht vertraglich vorbehalten hat; unberührt bleibt die Möglichkeit bei Vorliegen der gesetzlichen Voraussetzungen die Schenkung auf den Todesfall nach den §§ 946 ff ABGB zu widerrufen (Schwimann/Neumayr/Nemeth [6. Aufl 2024] § 603 Rn 6).

cc) Schenkung unter Auflage

196 Die nicht ausdrücklich geregelte Schenkung unter Auflage ist auch im österreichischen Schenkungsrecht in Rechtsprechung und Doktrin allgemein **anerkannt**. Maßgeblicher Problemkreis ist hierbei die Abgrenzung der bloßen Auflage zur Vereinbarung einer Gegenleistung, die eine Schenkung ausschließt. Eine Auflage liegt dabei in der Verpflichtung zu einem Verhalten, das den **Wert** der Schenkung lediglich **mindert** (Schwimann/Neumayr/Liedermann [6. Aufl 2024] § 938 Rn 5). Bereichert ist der Be-

schenkte daher nur mit dem um die Auflage verminderten Wert des Geschenkes (OGH 14. 2. 2007 – 7 Ob 255/06, JBl 2007, 716). Beispielsweise liegt eine Auflage vor, wenn der Beschenkte verpflichtet ist, aus der Schenkung bestimmte Zahlungen etwa zur Begleichung der Begräbniskosten des Schenkers zu leisten (OGH 22. 1. 2015 – 1 Ob 1/15, NZ 2015, 231). Im Fall der **Nichterfüllung der Auflage** kann die geschenkte Sache zurückverlangt werden (Schwimann/Neumayr/Liedermann [6. Aufl 2024] § 938 Rn 6). Hierfür bedarf es keines Widerrufes der Schenkung, da die **Nichterfüllung als auflösende Bedingung wirkt** (Sokołowski, Die gemischte Schenkung. Eine rechtsdogmatische und rechtsvergleichende Analyse [2013] 94). Alternativ kann der Schenker oder der durch die Auflage begünstigte Dritte auch klageweise die Erfüllung der Auflage verlangen (OGH 8. 3. 1978 – 1 Ob 503/78; Bydlinski/Perner/Bollenberger/P Bydlinski ABGB [7. Aufl 2023] § 938 Rn 7). Der Beschenkte hingegen ist berechtigt, die **Erfüllung der Auflage zu verweigern**, soweit die Verpflichtung den Wert des Zugewendeten übersteigt (OGH 14. 2. 2007 – 7 Ob 255/06, JBl 2007, 716; Rummel/Kellner [4. Aufl 2014] § 938 Rn 35; Schwimann/Neumayr/Liedermann [6. Aufl 2024] § 938 Rn 6).

dd) Schenkungen mit Ehebezug

Dem österreichischen Zivilrecht ist der Begriff der ehebedingten Zuwendung fremd. **197**
Vielmehr geht aus § 1246 ABGB hervor, dass Zuwendungen unter Ehegatten im Regelfall eine Schenkung darstellen. Dieser bestimmt, dass sich **Schenkungen unter Ehegatten** nach den allgemeinen schenkungsrechtlichen Bestimmungen beurteilen. Daneben tritt nach allgemeiner Auffassung ein **besonderes Widerrufsrecht** für Schenkungen unter Ehegatten, das aus einer analogen Anwendung des § 1266 ABGB folgt. Dieses ermöglicht den Widerruf einer Schenkung, die im **Vertrauen auf den Fortbestand der Ehe** vorgenommen wurde, wenn die Ehe ohne oder mit einem gleichteiligen Verschulden geschieden wird (grundlegend OGH 23. 4. 1984 – 4 Ob 504/84; OGH 4. 11. 2013 – 10 Ob 22/13, RdW 2014, 130; Bydlinski/Perner/Koch ABGB [7. Aufl 2023] § 1246 Rn 1; Schwimann/Neumayr/Egger/Webhofer-Neumayr [6. Aufl 2024] § 1266 Rn 1a). Zu Fragen der Ausübung des Widerrufsrechts nach § 1266 ABGB und zu seiner gerichtlichen Durchsetzung können die Erwägungen zum Widerruf einer Schenkung wegen groben Undanks entsprechend herangezogen werden (eingehend Graf NZ 2007, 321, 328). Liegt mangels eines tauglichen Schenkungsgegenstandes keine Zuwendung vor wie etwa bei **Arbeits- oder Pflegeleistungen** kommt eine Rückforderung nach der *condictio causa data causa non secuta* gem § 1435 ABGB in Betracht (Schwimann/Neumayr/Leupold [6. Aufl 2024] § 1435 Rn 9). **Zuwendungen von Dritten an die Ehegatten** sind als Schenkungen einzuordnen, soweit die Definitionsmerkmale der Schenkung vorliegen (OGH 30. 3. 1982 – 5 Ob 669/81, SZ 55/45). Eine Rückforderung kommt nur unter den Voraussetzungen der §§ 948 ff ABGB in Betracht.

Hingegen stellt keine Schenkung dar, was Gegenstand eines **Ehepaktes** nach § 1217 **198**
ABGB bildet, da dieser der Verwirklichung der ehelichen Lebensgemeinschaft in vermögensrechtlicher Hinsicht dient (Rummel/Kellner [4. Aufl 2014] § 938 Rn 46). Ein solcher setzt jedoch voraus, dass der **gesetzliche Güterstand ersetzt oder modifiziert** wird (Rummel/Kellner [4. Aufl 2014] § 938 Rn 46; Schwimann/Neumayr/Egger/Webhofer-Neumayr [6. Aufl 2024] § 1217 Rn 1). Hieran fehlt es, wenn sich die Zuwendung auf einen beschränkten wirtschaftlichen Zweck, wie die Übertragung von einzelnen Gegenständen, begrenzt, auch wenn der Bestand der Ehe Anlass oder Bedingung für diese ist (Rummel/Kellner [4. Aufl 2014] § 938 Rn 46).

4. Die Schenkung im schweizerischen Recht

a) Einleitung

aa) Stellung der Schenkung in der schweizerischen Rechtsordnung

199 Wie das BGB regelt das schweizerische Obligationenrecht (OR) die Schenkung als obligatorischen Vertrag im **besonderen Teil des Schuldrechts** (in der zweiten Abteilung über „die einzelnen Vertragsverhältnisse" im siebenten Titel, der die Art 239–252 OR umfasst), wobei allgemeine Bestimmungen der Rechtsgeschäftslehre etwa über das Entstehen, die Wirkung oder das Erlöschen der Obligationen, die zumindest partiell bei der Schenkung zu beachten sind, in der ersten Abteilung des OR, die die Art 1–183 OR einschließt, zu finden sind. Art 7 des Schweizerischen Zivilgesetzbuchs (ZGB) ordnet des Weiteren die explizite Anwendung der Bestimmungen des OR im ZGB an. Implizit gilt das Gleiche bezüglich der Anwendung der ZGB-Artikel im OR, was vor allem für die personenrechtlichen Vorschriften über die Handlungsfähigkeit der natürlichen (Art 11 ff ZGB) oder juristischen Personen (Art 52 ff ZGB) im ersten Teil des ZGB oder die sachenrechtlichen Bestimmungen über Eigentum und Besitz im vierten Teil des ZGB (Art 641 ff ZGB) von Bedeutung ist.

200 Das OR und das ZGB sind als abschließende bundesrechtliche Kodifizierungen des Privatrechts zu verstehen, so dass den Kantonen, anders als etwa im öffentlichen Recht, keine Gesetzgebungskompetenz verbleibt (BSK OR I/Zellweger-Gutknecht [7. Aufl 2022], Einl vor Art 1 ff Rn 23; zu den Verfassungsgrundlagen des Schweizerischen Obligationenrechts Gygi, in: Caroni, Das Obligationenrecht [1883–1983] S 9 ff). Dahinter lässt sich die **romanistische Absicht** erkennen, das Privatrecht umfassend und systematisch zu ordnen (Gmür Das ZGB verglichen mit dem BGB S 21). Im Unterschied zum deutschen, aber auch zum französischen Recht kennt das schweizerische Recht – wie der italienische *Codice civile* von 1942 – die Trennung von Zivil- und Handelsrecht nicht und folgt mit dem ZGB und dem OR als *code unique* einem monistischen System (hierzu Caroni, in: Caroni, Das Obligationenrecht [1883–1983] S 19 ff; BSK OR I/Zellweger-Gutknecht [7. Aufl 2022], Einl vor Art 1 ff Rn 36 f; Bucher ZSR 1983 II 262 ff). Im Übrigen ist die Gliederung des ZGB in die Bücher Personenrecht, Familienrecht, Erbrecht, Sachenrecht und Schuldrecht pandektistisch (Gmür Das ZGB verglichen mit dem BGB S 21).

bb) Historische Grundlagen

201 Die Verwandtschaft des am 1. 1. 1883 in Kraft getretenen OR mit dem 17 Jahre später in Kraft getretenen BGB erschließt sich mit einem Blick auf die Entstehungsgeschichte, den Einfluss der **historischen Rechtsschule** und der starken gegenseitigen Beeinflussung (hierzu Kramer ZSR 1983 I, 244 ff mwNw). So lässt sich das OR als älteste Schuldrechtskodifikation bezeichnen, die bereits maßgeblich von der Lehre der historischen Rechtsschule des deutschen Sprachbereichs bestimmt ist (BSK OR I/Zellweger-Gutknecht [7. Aufl 2022], Einl vor Art 1 ff Rn 17). Als erstes gesamtschweizerisches Gesetzgebungswerk orientierte sich das von Munzinger entworfene OR maßgeblich am französischen *Code civil* von 1804, dem Berner Civil Gesetzbuch von 1830, dem zürcherischen Privatrechtlichen Gesetzbuch (PGB) von 1854/1856 und besonders dem sog Dresdner Entwurf von 1866 (vgl zu den legislatorischen Vorbildern die Botschaft des Bundesrats an die hohe Bundesversammlung zu einem Gesetzesentwurfe, enthaltend Schweizerisches Obligationen- und Handelsrecht vom 27. 11. 1879, BBl 1880 I 149, 165 f; zu den Materialien BSK OR I/Zellweger-Gutknecht [7. Aufl 2022], Einl vor Art 1 ff Rn 14 u 10 ff; zum Einfluss des französischen *Code Civil* auf das Obligationenrecht Bucher, in: Caroni, Das Obligationen-

recht [1883–1983] S 139 ff). Das PGB des Kanton Zürich seinerseits wurde von Bluntschli erarbeitet (zu dessen Beweggründen Liver ZSR 1961 II, 205 f), der als Schüler Sayignys mit dem preußischen Allgemeinen Landesrecht vertraut war (BSK OR I/ Zellweger-Gutknecht [7. Aufl 2022], Einl vor Art 1 ff Rn 15), was die Anlehnung des PGB an das gemeine Recht Deutschlands und den Einfluss der Pandektistik auf das Gesetzeswerk erklärt (Honsell, Schweizerisches OR BT [10. Aufl 2017] S 4). Ohnehin stand das Kanton Zürich nicht zuletzt durch die Lehre des Zürcher Kellers als Anhänger der historischen Rechtsschule unter dem Einfluss der **Pandektistik** (Zweigert/Kötz, Einführung in die Rechtsvergleichung [3. Aufl 1996] 167). Der die Kodifikation des OR maßgeblich prägende sog Dresdner Entwurf (Francke, Entwurf eines allgemeinen deutschen Gesetzes über Schuldverhältnisse, 1866) des Deutschen Bundes, der viel französisches Gedankengut des *Code civil* enthielt (hierzu Bucher, in: Caroni, Das Obligationenrecht [1883–1983] S 161 f), wurde zwar durch die Gründung des Deutschen Reichs im Jahr 1871 hinfällig und somit nie Gesetz, er sollte später aber das BGB beeinflussen (Honsell, Schweizerisches OR BT [10. Aufl 2017] S 4; Bucher, in: Caroni, Das Obligationenrecht [1883–1983] S 168 ff). Auch das OR selbst nahm sodann Einfluss auf die ab 1874 beginnende Kodifikation des BGB (Kaufmann, in: Caroni, Das Obligationenrecht [1883–1983] S 80; BSK OR I/ Zellweger-Gutknecht [7. Aufl 2022], Einl vor Art 1 ff Rn 16; Bucher ZSR 1983 II, 274).

Bei der Ausarbeitung des OR bemühte sich Munzinger, die „oft schleppende und allzu gelehrte Ausdrucksweise" der rezipierten Kodifikationen in eine „leichte und populäre Form zu bringen" (Botschaft des Bundesrats an die hohe Bundesversammlung zu einem Gesetzesentwurfe, enthaltend Schweizerisches Obligationen- und Handelsrecht vom 27. 11. 1879, BBl 1880 I 149, 166). Tatsächlich ist das OR weniger durch Abstrahierung und Systematisierung geprägt als das BGB und zeichnet sich durch sprachliche Einfachheit aus (Zweigert/Kötz, Einführung in die Rechtsvergleichung [3. Aufl 1996] 169 f; Honsell, Schweizerisches OR BT [10. Aufl 2017] S 2; Bucher ZSR 1983 II, 265 ff). Besonders hervorzuheben ist, dass sich im schweizerischen Recht formal kein Allgemeiner Teil im Sinne des BGB findet, sondern die einzelnen Bestimmungen etwa im Zusammenhang mit dem Personenrecht im ZGB, dem Sachenrecht oder dem Vertragsrecht geregelt werden, obgleich sich der materielle Gehalt der Regelungen etwa in Bezug auf die Vertragsentstehung, Willensmängel oder das Stellvertretungsrecht „nur in Nebensächlichkeiten" unterscheidet (Bucher ZSR 1983 II, 266). **202**

Nach der Kodifikation des schweizerischen ZGB (vgl zu dessen Verhältnis zum BGB Rabel, Bürgerliches Gesetzbuch und Schweizerisches Zivilgesetzbuch, DJZ 15, 26–30, abgedruckt in Rabel, Gesammelte Aufsätze, I S 141 ff; Gmür, Das ZGB verglichen mit dem BGB; Gauye ZSR 1961 I 63 ff) im Jahr 1907, basierend auf dem Werk „System und Geschichte des Schweizerischen Privatrechts" von Eugen Huber, sollte auch das OR erstmals revidiert werden. Dies geschah im Jahr 1911 ebenfalls beeinflusst von dem Wirken Hubers, der als ausgezeichneter Romanist und Rechtsvergleicher galt (hierzu Kaufmann, in: Caroni, Das Obligationenrecht [1883–1983] S 69 ff). Als „Bundesgesetz betreffend die Ergänzung des Schweizerischen Zivilgesetzbuchs" wurde das OR dem ZGB als fünfter Teil beigefügt (Huguenin [Hrsg], Obligationenrecht [3. Aufl 2019], Rn 11). Im Zuge dieser Revision wurde unter anderem die bis dato kantonal geregelte Schenkung in den Art 239–252 OR normiert (Rabel, Einige bemerkenswerte Neuheiten im Schweizerischen Zivilgesetzbuch, Allgemeine österreichische Gerichtszeitung, 1911, 161–168 abgedruckt in Rabel, Gesammelte Aufsätze, I S 269), wobei die Vorschriften der §§ 516–543 BGB als Vorbild dienten (Bucher ZSR 1983 II, 276 ff m krit Anm). **203**

b) Definition der Schenkung

204 Art 239 Abs 1 OR definiert die Schenkung als „jede Zuwendung unter Lebenden, womit jemand aus seinem Vermögen einen andern ohne entsprechende Gegenleistung bereichert". Daraus ergibt sich, dass die Schenkung im schweizerischen Recht ein **einseitig verpflichtender Vertrag** ist, der eine unentgeltliche Vermögenszuwendung zum Gegenstand hat. Anders als der Wortlaut vermuten lässt, umfasst Art 239 Abs 1 OR nicht jede Zuwendung, sondern nur eine solche in **Schenkungsabsicht**. Zwischen den Parteien muss demnach eine Einigung über die Zuwendung und über die Unentgeltlichkeit bestehen, obgleich die Einigung nicht ausdrücklich erwähnt wird (BSK OR I/Vogt/Vogt [7. Aufl 2022] Art 239 Rn 1).

205 Gleich dem deutschen Recht unterscheidet das Gesetz zwei Arten der Schenkung, nämlich das **Schenkungsversprechen** und die **Schenkung von Hand zu Hand**. Anders als das Schenkungsversprechen unterliegt die Handschenkung keiner besonderen Form, sondern nur den Formen, die sich aus der Art der Zuwendung ergeben (vThur SJZ 1921/22, S 203). Nach Art 242 Abs 1 OR erfolgt die Handschenkung **durch Übergabe** der Sache vom Schenker an den Beschenkten. Anders als früher vertreten (vThur SJZ 1921/22, S 204; BGE 47 II 120) setzt der Wortlaut des Art 242 Abs 1 OR „Übergabe der Sache" nicht zwingend die Übertragung des Fahrniseigentums nach Art 714 ZGB durch Übergang des Besitzes, also nach Art 922 ZGB durch Übergabe der Sache, voraus. Vielmehr hat das Bundesgericht der Übergabe einer Sache inzwischen die Vereinbarung eines Besitzkonstituts (BGE 63 II 1937, S 395) und die Besitzanweisung (BGE 52 II 1926, S 368) nach Art 924 ZGB gleichgestellt (vBüren, OR BT, S 271). Insofern besteht eine Übereinstimmung zur Rechtslage nach deutschem Recht bei Vollzug der Schenkung durch Eigentumsübertragung nach § 518 Abs 2 BGB (hierzu § 518 Rn 20 f).

206 Als Vertrag und damit zweiseitiges Rechtsgeschäft kommt die Schenkung durch ein Angebot und eine anschließende Annahme zustande, für welche die Art 3–6 OR gelten (BSK OR I/Vogt/Vogt [7. Aufl 2022] Art 239 Rn 3). In der Regel gilt Schweigen des Beschenkten auf das Schenkungsangebot als **stillschweigende Annahme** im Sinne des Art 6 OR (Huguenin [Hrsg], Obligationenrecht [3. Aufl 2019], Rn 2870). Nach Art 244 OR kann der Schenkungsantrag abweichend von Art 3–5 OR bis zur Annahme widerrufen werden (Cavin, SPR VII/1, S 183). Dahinter stehe der Grundsatz, dass eine Schenkung erst durch die **Annahme des Beschenkten zustande kommt** (BGE 114 II 36, S 38). Unter Abwesenden kann der Schenker seine Offerte nach schweizerischem Recht also nicht nur bis zum Zugang beim Beschenkten widerrufen, sondern bis zum Eintreffen der Annahmeerklärung des Beschenkten beim Schenker (BSK OR I/Vogt/Vogt [7. Aufl 2022] Art 245 Rn 1 ff).

207 Möglich ist eine Schenkung durch **Vertrag zugunsten Dritter** gemäß Art 112 OR (BGE 96 II 79, S 94 f) oder durch **Anweisung** nach Art 466 OR (BGE 136 III 142, S 144 f). In Abweichung zum deutschen Recht muss die Annahme der Schenkung jedoch zu Lebzeiten des Schenkers erfolgen (BGE 69 II 1943, S 305; Cavin, SPR VII/1, S 183).

208 **Schenkungsgegenstand** können bewegliche oder unbewegliche Sachen, Forderungen und Rechte, Immaterialgüterrechte und sonstige Vermögensgegenstände sein (Honsell, Schweizerisches OR BT [10. Aufl 2017], S 212; mit Einzelfällen BSK OR I/Vogt/Vogt [7. Aufl 2022] Art 239 Rn 6 ff). Es muss zu einer **Vermögensminderung** beim Schenker und einer

Bereicherung beim Beschenkten gekommen sein (Huguenin [Hrsg], Obligationenrecht [3. Aufl 2019], Rn 2875) Die Zuwendung des Schenkers hat dabei aus **„seinem Vermögen“** zu erfolgen (BGE 138 III 497, S 506). Hieraus folgert ein großer Teil der Lehre (zu den unterschiedlichen Begründungen mwNw Rusch AJP 2013, 1135, 1138), dass keine Schenkung nach Art 239 Abs 1 OR vorliege, wenn der unentgeltlich Zuwendende einen ihm von einem Eigentümer anvertrauten Gegenstand bzw einen gestohlenen oder sonst abhandengekommenen Gegenstand veräußert (BSK OR I/Vogt/Vogt [7. Aufl 2022] Art 239 Rn 42 f; Huguenin [Hrsg], Obligationenrecht [3. Aufl 2019], Rn 2875; **aA** offenbar Cavin, SPR VII/1, S 183 Fn 1). Wegen des im schweizerischen Rechts bei der Eigentumsübertragung geltenden **Prinzips der kausalen Tradition** (Art 974 Abs 2 ZGB zum Kausalitätsprinzip bei Grundstücken; BGE 55 II 302 ff, ferner BGE 96 II 146, S 150, BGE 109 II 26, S 30, aus der Lit anstelle aller Knellwolf, ZSR 1990 I 389, 395 mwNw zum Kausalprinzip bei Mobiliarübereignung), also der Rechtsgrundabhängigkeit der Wirksamkeit der Eigentumsübertragung, geht bei der **Nichtigkeit der** *causa* kein Eigentum auf den Zuwendungsempfänger über. Der bisherige Eigentümer könne mangels *causa* für die Eigentumsübertragung daher bei dem „Beschenkten“ nach Art 641 Abs 2 ZGB vindizieren, gleichgültig, ob dieser gut- oder bösgläubig war (BSK OR I/Vogt/Vogt [7. Aufl 2022] Art 239 Rn 42 f; Huguenin[Hrsg], Obligationenrecht [3. Aufl 2019], Rn 2875). Folglich wäre nach dieser Ansicht ein gutgläubiger Eigentumserwerb bei der unentgeltlichen Zuwendung fremder Sachen stets ausgeschlossen. Bei gestohlenen Sachen ergibt sich dies schon aus Art 934 ZGB. Bei anvertrauten Sachen ist nach Art 933 ZGB hingegen ein gutgläubiger Erwerb grundsätzlich möglich, jedoch scheitere dieser nach oben genannter Ansicht mangels Vorliegens einer Schenkung am Erfordernis der kausalen Tradition. Zum gleichen Ergebnis kommt man durch eine Beschränkung des Art 933 ZGB auf die entgeltliche Übertragung (Honsell, Schweizerisches OR BT [10. Aufl 2017], S 212), so dass der unentgeltliche Erwerber nicht in den Genuss eines gutgläubigen Erwerbs infolge der schenkweise Veräußerung durch den Entleiher, Verwahrer usw käme. Dementsprechend schließt auch § 367 ABGB im österreichischen Recht den gutgläubigen Erwerb bei geschenkten Sachen aus. Nach anderer Ansicht soll hingegen im schweizerischen Recht ein gutgläubiger Erwerb bei anvertrauen Sachen möglich sein (zum Meinungsstand umfassend Emmenegger, in: FS Huwiler [2007] 219, 221 ff). Mit Blick auf die hinter § 816 Abs 1 S 2 und § 822 BGB stehende Teleologie wird aber teilweise auch im schweizerischen Recht ein Bereicherungsanspruch erwogen (Koller, OR AT [5. Aufl 2023], Rn 32.14). Das Bundesgericht hat diese Frage – soweit ersichtlich – jedenfalls noch nicht abschließend entschieden (wohl für einen Bereicherungsanspruch BGE 71 II 90, S 93).

§ 517 BGB im deutschen Recht weitestgehend entsprechend bestimmt Art 239 **209**
Abs 2 OR, dass keine Schenkung vorliegt, wenn auf ein Recht vor dessen Erwerb verzichtet oder eine Erbschaft ausgeschlagen wird. Beim **Verzicht** auf ein noch nicht erworbenes Recht besteht kein rechtlicher Zusammenhang zwischen der Entreicherung des Verzichtenden und der Bereicherung des Begünstigten (BGE 102 II 313, S 323). Der **Erbverzicht** verhindert die künftige Entstehung des Erbrechts und bewirkt als solcher keine Vermögensverschiebung (BGE 138 III 497, S 506; krit Honsell, Schweizerisches OR BT [10. Aufl 2017], S 213).

Gemäß Art 239 Abs 3 OR wird die **Erfüllung einer sittlichen Pflicht** nicht als Schen- **210**
kung behandelt. Es soll sich hierbei vielmehr um eine Naturalobligation (Honsell, Schweizerisches OR BT [10. Aufl 2017], S 213) handeln, teilweise wird von einer unvollkom-

menen Obligation (Gauch/Schluep/Schmid [11. Aufl 2020], OR AT Rn 81 ff) oder einer unklagbaren Forderung gesprochen (Huguenin [Hrsg], Obligationenrecht [3. Aufl 2019], Rn 36 und 2860). Das BGB begreift solche Zuwendungen zwar grundsätzlich als Schenkungen, nimmt sie aber gemäß § 534 BGB von der Rückforderung wegen Verarmung des Schenkers und dem Widerruf wegen groben Undanks aus. Folge der schweizerischen Konzeption ist, dass solche Versprechen nicht der Formvorschrift der Schriftlichkeit für Schenkungsversprechen (s dazu Rn 211) unterfallen (krit vThur SJZ 1921/22, 202) und die Bestimmungen über die Rückforderung nach Art 249 OR und den Widerruf der Schenkung nach Art 250 OR nicht zur Anwendung kommen (BSK OR I/Vogt/Vogt [7. Aufl 2022] Art 239 Rn 35). Auch nach Art 63 Abs 2 OR kann die im Rahmen einer sittlichen Pflicht vorgenommene Leistung **nicht mehr zurückgefordert werden.** Die Folge der Formfreiheit solcher Versprechen ist nicht frei von Kritik geblieben (vThur SJZ 1921/22, 202; Bucher ZSR 1983 II, 278 f), so dass ein restriktives Verständnis der sittlichen Pflicht und erhöhte Anforderungen an die Äußerung des Rechtsbindungswillens empfohlen wurde (Bucher, OR BT [3. Aufl 1988], S 156). In welchen Fällen von einer sittlichen Pflicht in Abgrenzung zur Schenkung auszugehen ist, soll aufgrund der Umstände des Einzelfalls entschieden werden (BSK OR I/Vogt/Vogt [7. Aufl 2022] Art 239 Rn 35; mit Einzelfällen Winistörfer, Die unentgeltliche Zuwendung im Privatrecht, S 78 ff). Die Auslegung wird zusätzlich dadurch erschwert, dass sich Art 239 Abs 3 OR anders als § 534 BGB nicht auf die Anstandsschenkungen bezieht, so dass die Einordnung von Anstands- und Gelegenheitsgeschenken umstritten ist (Winistörfer, Die unentgeltliche Zuwendung im Privatrecht, S 80; vThur SJZ 1921/22, S 202).

c) Wirksamkeitsvoraussetzungen

aa) Form

211 Während die Handschenkung gemäß Art 242 Abs 1 OR keiner besonderen Form bedarf, erfordert das **Schenkungsversprechen** bei beweglichen Sachen nach Art 243 Abs 1 OR die **Schriftform.** Abweichend hiervon verlangen § 518 Abs 1 S 1 BGB wie auch das österreichische Recht (hierzu Rn 172) generell die notarielle Beurkundung des Schenkungsversprechens. Nach § 125 S 1 BGB führt die Nichtbeachtung der Form zur Nichtigkeit des Rechtsgeschäfts, sofern der Formmangel nicht nach § 518 Abs 2 BGB geheilt wird (s zu den Auswirkungen des Abstraktionsprinzips auf die Formvorschriften des Schenkungsrechts Chiusi, in: Revista de stiinte juridice, 2 [2016] 38 ff). Im schweizerischen Recht hingegen ist nicht abschließend geklärt, ob die Nichtbeachtung der Form zur **Ungültigkeit** (BGE 105 II 104, S 107 ff; BGE 136 II 142, S 142; vThur SJZ 1921/22, S 204; BSK OR I/Vogt/Vogt [7. Aufl 2022] Art 243 Rn 6) **oder nur zur Nichteinklagbarkeit** (hierfür Bucher, OR BT [3. Aufl 1988], S 151; Huguenin [Hrsg], Obligationenrecht [3. Aufl 2019], Rn 2877; Rusch AJP 2016, 431, 434) des Schenkungsversprechens führt. Jedenfalls wird durch Art 243 Abs 3 OR ein der Konvaleszenz nach § 518 Abs 2 BGB weitestgehend entsprechendes Resultat erreicht, indem anstelle der von den Parteien gewollten Leistung *solvendi causa* eine **Schenkungseinigung fingiert wird** (vThur SJZ 1921/22, S 205). Infolge der durch Art 243 Abs 3 OR bewirkten Gleichstellung mit der Handschenkung kann sich der Schenker, nachdem das Versprechen vollzogen worden ist, nicht mehr auf den Formmangel berufen (Cavin, SPR VII/1, S 189). Die Rückforderung des im Glauben an die Gültigkeit des formlosen Schenkungsversprechens Geleisteten mittels der auf Art 62 OR gestützten *condictio indebiti* wird so ausgeschlossen (vThur SJZ 1921/22, S 205). Dieses Prinzip der *nec actio, nec repetitio* spricht für ein Verständnis des Art 243 Abs 3 OR als kodifizierten Fall einer Naturalobligation (Rusch AJP 2016, 431, 431 f). Im Ergebnis entsprechen die Rechtsfolgen des Art 243 Abs 3 OR grundsätzlich denen der Heilung nach § 518 Abs 2 BGB (Honsell, Schweizerisches OR BT [10. Aufl 2017], S 217). Eine Abweichung zum deutschen Schenkungsrecht ergibt sich allerdings im Fall des **Vertrags zugunsten Dritter auf den Todesfall** (vgl zur Rechtsvergleichung umfassend Stober, Der deutsch-schweizerische Erbfall, S 93 ff). Während der Tod des Schenkers vor der Bewirkung nach allgemeiner Ansicht grundsätzlich keine Auswirkungen auf die Möglichkeit der Heilung durch Vollzug nach § 518 Abs 2 BGB hat (hierzu § 518 Rn 17), heilt nach schweizerischem Recht ein Vollzug der Schenkung erst nach dem Tod des Schenkers – zumindest nach Ansicht des Bundesgerichts – den Formmangel nicht (BGE 105 II 104, S 109; BSK OR I/Vogt/Vogt [7. Aufl 2022] Art 243 Rn 7, krit Honsell, Schweizerisches OR BT [10. Aufl 2017], S 217; für einen Vollzug *post mortem donatoris* Rusch AJP 2016, 431, 433 f). Mangels Vollzug nach Art 242 Abs 3 OR könne nämlich nach dem Erbfall kein gültiger Grund im Sinne von Art 62 Abs 2 OR für das dem Begünstigten nach dem Ableben des „Schenkers" über einen Dritten Zugewendete begründet werden (Stober, Der deutsch-schweizerische Erbfall, S 96; BGE 105 II 104, S 109).

Bei **Grundstücken und Rechten an solchen** setzt Art 243 Abs 1 OR dem allgemeinen Grundsatz des Art 657 ZGB entsprechend die **öffentliche Beurkundung** des Schenkungsversprechens voraus. Verspricht der Zedent dem Zessionär, ihm seine Forderung gegen den Debitor unentgeltlich abzutreten, liegt ein Schenkungsversprechen vor, so dass Art 243 Abs 1 OR dem allgemeinen Art 165 Abs 2 OR vorgeht (BSK OR I/Vogt/Vogt [7. Aufl 2022] Art 243 Rn 3). 212

bb) Schenkungsfähigkeit und Beschränkungen hinsichtlich des schenkbaren Vermögens

Die Schenkungsfähigkeit setzt auf Seiten des Schenkers **Handlungsfähigkeit** voraus. 213
Der Schenker muss also nach Art 240 Abs 1 OR iVm Art 13 ff ZGB volljährig und urteilsfähig sein. Eine Ausnahme kann sich aus der selbstständigen Verfügungsfähigkeit über das freie Kindsvermögen nach Art 323 Abs 1 ZGB ergeben.

Nach Art 304 Abs 3 ZGB „dürfen" **Eltern in Vertretung des Kindes** mit Ausnahme 214
üblicher Gelegenheitsgeschenke **keine Schenkungen** vornehmen. Gleiches gilt nach Art 412 Abs 1 ZGB für den Beistand in Vertretung der betroffenen Person. Dabei wird die Ungültigkeit oder gar Nichtigkeit der Schenkung bei Missachtung des Art 412 ZGB angenommen (vThur SJZ 1921/22, S 203; BSK ZGB I-Affolter [7. Aufl 2022] Art 412 Rn 9).

Beschränkungen der aktiven Schenkungsfähigkeit ergeben sich nach Art 240 Abs 1 215
OR aus dem **ehelichen Güterrecht** gemäß Art 169 Abs 1, Art 178 Abs 1 und Art 228 Abs 1 ZGB sowie dem **Erbrecht,** insbesondere dem Pflichtteilsrecht (Art 527, 529 ZGB). Ein Verstoß gegen eine Beschränkung der aktiven Schenkungsfähigkeit kann entweder zur **Ungültigkeit** der Schenkung oder deren **Anfechtbarkeit** führen (BSK OR I/Vogt/Vogt [7. Aufl 2022] Art 241 Rn 1). Nach Art 494 Abs 3 ZGB sind etwa Schenkungen anfechtbar, die Ansprüche eines durch Erbvertrag Begünstigten verletzen. Zwar sind Schenkungen nach der Rechtsprechung des Bundesgerichts prinzipiell mit einem Erbvertrag vereinbar, dies gilt jedoch nicht, soweit dieser explizit oder implizit das Gegenteil vorsieht (BGE 140 III 193, S 196) Der **Herabsetzungsklage** nach Art 522, Art 527 Ziff 3 und 4 ZGB unterliegen Schenkungen, die den Pflichtteil verletzten (zur Durchführung Möri, AJP 2016, 803 ff). Hat der in **Gütergemeinschaft** lebende Schenker hingegen die nach Art 228 Abs 1 ZGB **erforderliche Zustimmung** des Ehegatten

nicht eingeholt, liegt bei fehlender Zustimmung und Kenntnis oder Kennenmüssen des Dritten (Art 228 Abs 2 ZGB) keine gültige Schenkung vor, so dass der Dritte auch nicht gutgläubig Eigentum erwerben kann (Rn 208). Leben die Ehegatten im Güterstand der **Errungenschaftsbeteiligung**, kann es bei deren Auflösung nach dem Wortlaut des Art 208 Abs 1 Ziff 1 ZGB zur **güterrechtlichen Hinzurechnung** von Schenkungen kommen, die keine üblichen Gelegenheitsgeschenke sind und während der letzten fünf Jahre vor Auflösung des Güterstands ohne Zustimmung des anderen Ehegatten vorgenommen wurden.

216 Der Beschenkte, der nur **Vorteile** aus dem Vertrag erwirbt, muss nach Art 241 Abs 1 OR lediglich urteilsfähig sein, um eine Schenkung entgegenzunehmen, so dass ein Minderjähriger oder Entmündigter nach Art 19 Abs 2 ZGB Schenkungen entgegennehmen kann. Art 241 Abs 1 OR enthält eine Einschränkung zu Art 19 Abs 2 ZGB und räumt dem gesetzlichen Vertreter das Recht ein, die Annahme der Schenkung zu untersagen oder die Rückleistung anzuordnen, um etwa eine mit dem Schenkungsvertrag verknüpfte moralische Verpflichtungen zu beseitigen (Cavin, SPR VII/1, S 185).

cc) Schutz des freien Willens

217 Die vollzogene Schenkung kann der Schenker wegen **Willensmängel** nach den Art 23 ff OR **anfechten**. Durch die erfolgreiche Anfechtung entfällt der Rechtsgrund *ex tunc*, so dass der Schenker die geschenkte Sache als Folge des Prinzips der kausalen Tradition nach Art 641 Abs 2 ZGB **vindizieren**, geschenktes Geld nach Art 62 Abs 2 OR **kondizieren** oder **Grundbuchberichtigung** nach Art 975 Abs 1 ZGB **verlangen** kann (BSK OR I/Vogt/Vogt [7. Aufl 2022] Art 249 Rn 2). Durch die Berufung auf Irrtümer kann die Schenkungswiderrufsregel nach Art 249 Ziff 3 OR jedoch nicht umgangen werden (BSK OR I/Schwenzer/Fountoulakis [7. Aufl 2022] Vor Art 23–31 Rn 14a).

dd) Nichtanwendbarkeit schenkungsrechtlicher Bestimmungen und inhaltliche Begrenzungen der Schenkung

218 Die Schenkung bedarf der **Abgrenzung zur Gefälligkeit**, aber auch zu zahlreichen weiteren **unentgeltlichen Rechtsgeschäften** wie der Leihe nach Art 305 ff OR, dem Preisausschreiben und der Auslobung nach Art 8 OR, dem zinslosen Darlehen nach Art 312 ff OR, dem unentgeltlichen Auftrag nach Art 394 ff OR oder der unentgeltlichen Hinterlegung nach Art 472 OR, auf welche die schenkungsrechtlichen Vorschriften nicht angewendet werden. Vermutet wird hier die Schenkung nur in Ausnahmefällen (Honsell, Schweizerisches OR BT [10. Aufl 2017], S 215). Bei der kommentarlosen Überweisung eines Geldbetrags sei etwa von einem Darlehen auszugehen (BSK OR I/Vogt/Vogt [7. Aufl 2022] Art 239 Rn 44b). Anders als im deutschen Recht (hierzu § 516 Rn 339) ist der von Wacke (AcP 1991, 31) für das deutsche Recht postulierte gemeinrechtliche Beweisgrundsatz **donatio non praesumitur** im schweizerischen Recht übernommen worden (BSK OR I/Vogt/Vogt [7. Aufl 2022] Art 239 Rn 44; umfassend Rusch/Bornhauser, AJP 2013, 1135 ff). Wer aus der Behauptung des Vorliegens einer Schenkung Rechte ableitet, ist demnach für die Schenkung beweispflichtig und kann sich nicht auf die Vermutung des Art 930 Abs 1 ZGB berufen (BGE 141 III 7, S 11). Nach Rechtsprechung des Bundesgerichts sei bei der Hingabe von Schmuckgegenständen unter Ehegatten jedoch ausnahmsweise eine Schenkung zu vermuten (BGE 85 II 70 ff). Keine Schenkung liegt des Weiteren im Fall der unentgeltlichen Dienstleistung vor, da sich dadurch das Vermögen des Schenkers nicht mindert (Huguenin [Hrsg], Obligationenrecht [3. Aufl 2019], Rn 2867). Eine Schenkung durch Erlass liege hingegen vor, wenn der Arbeitnehmer dem Arbeitgeber seine Lohnforderung erlässt (BSK OR I/Vogt/Vogt [7. Aufl 2022] Art 239 Rn 28). Bei der Errichtung einer Stiftung liegt keine Schenkung vor (BSK OR I/Vogt/Vogt [7. Aufl 2022] Art 239 Rn 30).

Bei einem **Verstoß gegen die guten Sitten** ist die Schenkung nach Art 20 Abs 1 OR nichtig. Nicht mehr als sittenwidrig begreift die Rechtsprechung Schenkungen im Zusammenhang mit außerehelichen Beziehungen, solange es sich bei der Zuwendung nicht um ein eigentliches *pretium stupri* handelt (BGE 109 II 15, S 17). 219

d) Rechte des Beschenkten und Privilegierung des Schenkers

Bei einem wirksamen Schenkungsversprechen kann der Beschenkte auf **Erfüllung** klagen. Stirbt der Schenker vor Erfüllung des Schenkungsversprechens kann der Beschenkte den Anspruch **gegenüber den Erben** geltend machen (*argumentum e contrario* aus Art 252 OR). Im Fall wiederkehrender Leistungen erlischt die Verbindlichkeit jedoch nach Art 252 OR im Zweifel mit dem Tod des Schenkers. Die aktive Vererblichkeit des Schenkungsanspruchs bei Tod des Beschenkten ist nicht geregelt. Aus dem Wegfall des Vermächtnisses bei Tod des Vermächtnisnehmers nach Art 543 ZGB wird von der herrschenden Lehre – vorbehaltlich besonderer Verhältnisse – gefolgert, dass die **aktive Vererblichkeit** als aus ausgeschlossen zu gelten habe, da der Schenker nur den Beschenkten persönlich, nicht aber dessen Erbe habe begünstigen wollen (Bucher, OR BT [3. Aufl 1988], S 158; BSK OR I/Vogt/Vogt [7. Aufl 2022] Art 252 Rn 3). 220

Kann die Erfüllung bei anfänglich subjektiver oder nachträglicher Unmöglichkeit nicht erreicht werden, kann der Beschenkte gemäß Art 97 OR auf **Schadenersatz** klagen. Im Unterschied zum deutschen Recht ist der Schenkungsvertrag bei ursprünglicher objektiver Unmöglichkeit nach Art 20 Abs 1 OR nichtig. In diesem Fall kann sich ein Anspruch aus *culpa in contrahendo* ergeben, wenn der Schenker für das Ungültigkeitsrisiko einzustehen hat (BSK OR I/Meise/Huguenin [7. Aufl 2022] Art 19/20 Rn 59). 221

Grundsätzlich hat der Beschenkte **keinen Anspruch auf Sach- und Rechtsgewährleistung**. Etwas anderes gilt gemäß Art 248 Abs 2 OR nur im Fall einer entsprechenden Abrede. Bei einem solchen Gewährleistungsversprechen handele es sich nicht um eine bloße Angabe von Eigenschaften, sondern um ein Rechtsgeschäft, auf das bei fehlender Vereinbarung die Vorschriften des Kaufs analog anwendbar seien (Cavin, SPR VII/1, S 196; BSK OR I/Vogt/Vogt [7. Aufl 2022] Art 248 Rn 3). Für die Abtretung von Forderungen bestimmt Art 171 Abs 3 OR, dass der unentgeltlich Abtretende nicht für das Bestehen oder Bonität der Forderung haftet. 222

Bei **Schlechterfüllung** oder **Verletzung vertraglicher Nebenpflichten** haftet der Schenker dem Beschenkten ebenfalls aus Art 97 Abs 1 OR auf Schadenersatz. Der nach Art 97 Abs 1 OR haftende Schenker ist dabei in doppelter Hinsicht privilegiert. Gemäß Art 248 Abs 1 OR haftet er nur bei Vorsatz oder grober Fahrlässigkeit. Bei der Bemessung des Schadensersatzes kommt dem Schenker Art 99 Abs 2 OR zugute (Cavin, SPR VII/1, S 195). Neben der vertraglichen Haftung kommt eine **deliktische Haftung** des Schenkers nach den Art 41 ff OR in Betracht, wobei Art 248 Abs 1 OR analog zu berücksichtigen sei (Huguenin [Hrsg], Obligationenrecht [3. Aufl 2019], Rn 2879; zur Verantwortlichkeit aus Schenkung Rusch, AJP 2017, 1188 ff).

223 Gerät der Schenker in **Verzug** kann der Beschenkte auf Erfüllung des Schenkungsvertrags klagen. Ersatz des Verspätungsschadens kann sich aus Art 103 OR ergeben, wobei auch hier die Privilegierung des Art 248 Abs 1 OR zu beachten ist. Umstritten ist, ob der Beschenkte anstelle des Anspruchs auf Realerfüllung die Möglichkeit hat, **Ersatz des positiven Interesses** zu verlangen oder vom **Vertrag zurückzutreten** und **Ersatz des negativen Interesses** zu fordern. Da die Art 107 ff OR mangels gegenseitigen Vertrags nicht anwendbar seien, wird dies teilweise verneint (BSK OR I/Vogt/Vogt [7. Aufl 2022] Art 248 Rn 1b). Nach anderer Auffassung ergebe sich ein solcher Anspruch bei einem Verzicht des Beschenkten auf die Leistung aus Art 97 Abs 1 OR (Honsell, Schweizerisches OR BT [10. Aufl 2017], S 217) oder analog aus Art 107 OR, wobei freilich die Privilegierung des Art 248 Abs 1 OR zu berücksichtigen sei (Huguenin [Hrsg], Obligationenrecht [3. Aufl 2019], Rn 2878a mwNw). Das Bundesgericht ist dem nicht gefolgt und **verneint** eine Anwendung der Art 107 ff OR auf das Schenkungsrecht (BGE 133 III 421, S 428). Nach Art 105 OR schuldet der Schenker Verzugszinsen erst vom Zeitpunkt der Beitreibung bzw Klageerhebung an.

e) Erfüllung der Schenkung

224 Der Schenker einer beweglichen Sache schuldet die **Übergabe der Sache** und die **Übertragung des Eigentums** an ihr. Der Erwerb des Fahrniseigentums richtet sich nach den Art 714–728 ZGB. Gemäß Art 714 Abs 1 ZGB bedarf es hierzu des Übergangs des Besitzes auf den Erwerber. Der Übergang des Besitzes geschieht durch Tradition oder Traditionssurrogat. Anders als im deutschen Recht – Abstraktionprinzip – setzt die Wirksamkeit der Übertragung des Fahrniseigentums nach schweizerischem Recht einen Rechtsgrund voraus, mit welchem sich der Eigentümer verpflichtet, das Eigentum an der Sache dem Erwerber zu übertragen. Dieses Prinzip der **kausalen Tradition** (vgl bereits Rn 208) folgt für das Grundeigentum aus Art 974 Abs 2 ZGB, bezieht sich aber nach ständiger Rechtsprechung des Bundesgerichts in Übereinstimmung mit der herrschenden Lehre auch auf das Fahrniseigentum (BGE 55 II 302 ff, ferner BGE 96 II 146, S 150, BGE 109 II 26, S 30; BGE 119 II 326, S 328, aus der Lit anstelle aller Knellwolf, ZSR 1990 I 389, 395 mwNw zum Kausalprinzip bei Mobiliarübereignung). Daraus folgt, dass die Schenkung als Verpflichtungsgeschäft zur Eigentumsübertragung wirksam sein muss. Das Bundesgericht hat darüber hinaus wiederholt das Vorliegen einer dinglichen Einigung auf Eigentumsübertragung verlangt (BGE 55 II 302, S 305; BGE 83 III 141, S 153), was in der schweizerischen Lehre allerdings nicht unbestritten ist (Sutter-Strom, LBR Band 20, S 181 ff).

225 Die Übertragung des Grundeigentums richtet sich nach Art 656 Abs 1 ZGB. Nach Art 657 Abs 1 ZGB bedarf es der **öffentlichen Beurkundung** des Vertrags, was insoweit für die Grundstückschenkung in Art 243 Abs 2 OR wiederholt wird. Wie sich aus Art 974 Abs 2 ZGB ergibt, setzt die Eigentumsübertragung einen **gültigen Rechtsgrund** voraus. Ist folglich die der Grundbucheintragung zugrundeliegende Grundstückschenkung ungültig, geht das Eigentum nicht auf den Erwerber über und der Schenker kann nach Art 975 Abs 1 ZGB auf Berichtigung des Grundbuchs klagen.

Die Schenkung einer bereits bestehenden Forderung wird mittels Abtretung nach den Art 164 ff OR erfüllt. 226

f) Widerruf der Schenkung und Anfechtung bei Pfändung und Konkurseröffnung

aa) Widerruf der Schenkung

Das schweizerische OR unterscheidet zwischen dem **Widerruf** der vollzogenen Schenkung nach Art 249 OR und dem Widerruf des noch nicht vollzogenen Schenkungsversprechens nach Art 250 Abs 1 OR (umfassend Meier, Der Widerruf von Schenkungen im schweizerischen Recht). Art 251 OR regelt für beide Fälle des Widerrufs die Verwirkungsfrist in Abs 1, den Übergang des Widerrufsrechts auf die Erben in Abs 2 und einen speziellen Widerrufsgrund der Erben in Abs 3. Art 250 Abs 2 OR regelt die Aufhebung des Schenkungsversprechens *ex lege* bei Konkurs des Schenkers. 227

Nach Intention des Gesetzgebers sollte die **vollzogene Schenkung** nach Art 249 OR einerseits aus denselben Gründen widerrufen werden können, die nach Art 477 ZGB eine Enterbung zulassen (vThur SJZ 1921/22, S 203), also nach Art 249 Ziff 1 OR bei einer schweren Straftat des Beschenkten gegen den Schenker oder eine diesem nahestehenden Person sowie nach Art 249 Ziff 2 OR bei einer schweren Verletzung familienrechtlicher Pflichten gegenüber dem Schenker oder dessen Angehörigen und andererseits gemäß Art 249 Ziff 3 OR im Fall der ungerechtfertigten Nichterfüllung von Auflagen (vgl zu den einzelnen Widerrufsgründen BSK OR I/Vogt/Vogt [7. Aufl 2022] Art 249 Rn 9 ff). Anders als das BGB in § 528 BGB regelt das OR hingegen nicht ausdrücklich die **Rückforderung wegen Verarmung** des Schenkers nach vollzogener Schenkung. Art 250 Abs 1 Ziff 2 OR bezieht sich nur auf die Veränderung der Vermögensverhältnisse vor Erfüllung des Schenkungsversprechens. Nicht zuletzt unter rechtsvergleichenden Gesichtspunkten werden auch für das schweizerische Recht Lösungen erwogen, durch welche sich der verarmte Schenker nach vollzogener Schenkung vom Schenkungsvertrag lösen können soll, etwa eine Lösung über Art 249 Ziff 2 OR iVm Art 328 ZGB, ein Anfechtungsrecht wegen Grundlagenirrtums nach Art 24 Abs 1 Ziff 4 OR, durch die Annahme einer stillschweigenden, auflösenden Bedingung nach Art 151 Abs 1 OR oder einer Unwirksamkeit wegen Sittenverstoßes nach Art 20 OR, wenn sich der Schenker durch die Schenkung absichtlich in die Sozialhilfeabhängigkeit begibt. In Anbetracht des Gesetzeswortlauts und der Risikoverteilung dürfte die kautelarjuristische Problembewältigung zu empfehlen sein (so richtig Dusil, RabelsZ 82, 31 ff, mit einem umfassenden Überblick).

bb) Schenkungsanfechtung

Schenkungen, mit Ausnahme der üblichen Gelegenheitsgeschenke, die innerhalb des letzten Jahres **vor der Pfändung oder Konkurseröffnung** vorgenommen wurden, unterliegen nach Art 286, 289 ff SchKG der Anfechtung (sog Schenkungs-Pauliana). Wenn der Schenker die Schenkung innerhalb der letzten fünf Jahre vor der Pfändung oder Konkurseröffnung in der dem andern Teil erkennbaren Absicht vorgenommen hat, seine Gläubiger zu benachteiligen oder einzelne Gläubiger zum Nachteil anderer zu begünstigen, kommt die Anfechtung nach Art 288 SchKG in Betracht (Absichtsanfechtung, sog Delikts-Pauliana; Honsell, Schweizerisches OR BT [10. Aufl 2017], S 225). 228

g) Besondere Arten der Schenkung

aa) Schenkung auf den Todesfall

229 Nach Art 245 Abs 2 OR unterliegen Schenkungen auf den Todesfall nicht dem Schenkungsrecht, sondern den **Vorschriften über die Verfügungen von Todes wegen** (vgl zur Rechtsvergleichung Stober, Der deutsch-schweizerische Erbfall, S 93 ff). Auch In der schweizerischen Lehre ist die Rechtsnatur der Schenkung auf den Todesfall umstritten (Müller, Zur Problematik der Abgrenzung von Rechtsgeschäften unter Lebenden und von Todes wegen, S 85 ff; Winistörfer, Die unentgeltliche Zuwendung im Privatrecht, S 85 ff; zur Problematik nach österreichischem Recht Keinert, Schenkung auf den Todesfall, S 50 ff). Das Bundesgericht scheint die Frage, ob die Schenkung auf den Todesfall neben der Schenkung unter Lebenden und der Verfügung von Todes wegen ein eigenständiges Rechtsinstitut ist, offengelassen zu haben (BGE 89 II 87, S 92; ablehnend etwa BSK OR I/Vogt/Vogt Art 245 Rn 8). Jedenfalls kommen kraft der Verweisung die Art 481 ff ZGB in formeller sowie in materieller Hinsicht zur Anwendung (Cavin, SPR VII/1, S 183). Daraus ergibt sich, dass insbesondere die Formvorschriften für einen Erbvertrag (Art 512 ff ZGB) und die sich aus dem Pflichtteilsrecht (Art 470 ff ZGB) ergebenden Verfügungsbeschränkungen des Erblassers zu beachten sind. Ein Formmangel führt allerdings anders als bei der Schenkung nicht zur Nichtigkeit, sondern zur Anfechtbarkeit gemäß Art 520 ZGB (BGE 113 II 270, S 274). Für die Abgrenzung (im Einzelnen Rothenfluh, Zur Abgrenzung der Verfügungen von Todes wegen von den Rechtsgeschäften unter Lebenden, S 6 ff; BSK OR I/Vogt/Vogt [7. Aufl 2022] Art 245 Rn 10 f), ob ein Rechtsgeschäft unter Lebenden oder eine Verfügung von Todes wegen vorliegt, ist nach Ansicht des Bundesgerichts maßgebend, ob die Wirkungen beim Tode oder zu Lebzeiten des Handelnden eintreten sollen (BGE 93 II 223, S 226), also das Vermögen des Verpflichteten oder dessen Nachlass belastet werden soll (BGE 113 II 270, S 273).

bb) Bedingte Schenkung, Schenkung unter Auflage und gemischte Schenkungen

230 Nach Art 245 Abs 1 OR können mit einer Schenkung **Bedingungen** und **Auflagen** verbunden werden. Setzt der Schenker eine aufschiebende oder auflösende Bedingung nach den Art 151 ff OR, wird die Schenkung erst wirksam oder fällt weg, wenn die Bedingung eingetreten ist (Honsell, Schweizerisches OR BT [10. Aufl 2017], S 220). Nach Art 247 Abs 1 OR kann sich der Schenker für den Fall des Vorversterbens des Beschenkten den **Rückfall der Schenkung** vorbehalten, was sich bereits aus der grundsätzlichen Zulässigkeit der bedingten Schenkung ergibt. Selbstständige Bedeutung entfaltet Art 247 OR durch seinen Abs 2, der für die Sonderbestimmung über den Rückfall im Fall des Vorversterben des Beschenkten eine **Vormerkung** im Grundbuch gestattet (Cavin, SPR VII/1, S 193).

231 Den **Vollzug der Auflage** als selbstständige Verpflichtung des Beschenkten kann der Schenker nach Art 246 Abs 1 OR einklagen. Art 246 Abs 3 OR gestattet dem Beschenkten gegenüber der Klage auf Vollziehung die **Einwendung**, dass der Wert der Zuwendung die Kosten der Auflage nicht deckt und ihm der Ausfall nicht ersetzt wird. Nach Art 246 Abs 2 OR geht das Klagerecht nach dem Tod des Schenkers auf die zuständige Behörde über, wenn die Erfüllung der Auflage im öffentlichen Interesse liegt. Ein **Widerrufsrecht** des Schenkers bei Nichterfüllung der Auflage besteht nach Art 249 Ziff 3 OR. Entgegen einiger Stimmen in der Literatur (Honsell, Schweizerisches OR BT [10. Aufl 2017], S 220; Bucher, OR BT [3. Aufl 1988], S 155, der die Auflage als Obliegenheit eigener Art begreift; differenzierend BSK OR I/Vogt/Vogt [7. Aufl 2022] Art 246 Rn 6 ff) kann der Schenker nach Ansicht des Bundesgerichts bei Nichterfüllung der

Auflage nach Art 97 OR auf **Schadenersatz** klagen (BGE 80 II 260, S 266 f; BGE 131 III 421, S 428; zustimmend Cavin, SPR VII/1, S 191).

Von der Schenkung unter Auflage unterscheidet sich die **gemischte Schenkung** dadurch, dass das mit der Auflage verbundene Verhalten gerade **nicht als Gegenleistung** für das Empfangene erscheinen darf (BGer 16. 3. 2001 - 4C.346/2000, E. 1; BSK OR I/Vogt/Vogt [7. Aufl 2022] Art 246 Rn 5). Möglich ist auch eine gemischte Schenkung unter Auflage, solange dadurch nicht der Charakter der Unentgeltlichkeit verloren geht (BGer 16. 3. 2001 - 4C.346/2000, E. 1). 232

cc) Schenkungen mit Ehebezug

Die Möglichkeit einer **Schenkung unter Ehegatten** ist nicht *per se* ausgeschlossen (im Allgemeinen Chaix, La donation entre époux et par les époux, Planification du patrimoine [2009] 75, 79). Auch im schweizerischen Recht ist im konkreten Fall etwa anhand der **Anlassbezogenheit** und des **Zuwendungsgegenstands** zu beurteilen, ob die Zuwendung endgültig in das Vermögen des Zuwendungsempfängers zugewendet werden soll oder ob bei Auflösung des Güterstands ein Rückforderungsanspruch bestehen soll (Hausherr, in: FS Henrich [2000] 219, 234). Nach der Rechtsprechung des Bundesgerichts besteht bei **bewusst unentgeltlichen Leistungen** zwischen den Ehegatten dabei **keine Vermutung einer Schenkung** (BGer 6. 8. 2008 - 5A.329/2008, E. 3.3). So liege mangels abweichender Vereinbarungen weder eine Schenkung noch ein Darlehen vor, wenn die Braut dem Bräutigam zum Erwerb einer Liegenschaft ein Sparguthaben zur Verfügung stellt, so dass der Fall güterrechtlich zu lösen sei (BGE 109 II 92, S 94). Gleiches gelte für vor dem Güterstand angefallene Ausbildungskosten, die im Rahmen der güterrechtlichen Auseinandersetzung berücksichtigt werden können, soweit ein Zusammenhang mit der ehelichen Gemeinschaft besteht (BGer 6. 8. 2008 - 5A.329/2008, E. 3.2). Eine Vermutung einer Schenkung soll allerdings bei der **Hingabe von Schmuckgegenständen** bestehen, so dass diese im Falle der Scheidung nur zurückzugeben sind, wenn ausdrücklich eine Leihe vereinbart wurde oder die Schenkung unter der auflösenden Bedingung erfolgt, dass die Ehe nicht geschieden werde (BGE 71 II 256; BGE 85 II 70; BSK OR I/Vogt/Vogt [7. Aufl 2022] Art 245 Rn 3). Lässt sich eine Schenkung bejahen, liegt ein zum Widerruf der Schenkung zwischen Ehegatten berechtigender Grund nicht schon mit der Scheidung, sondern nur bei Hinzutreten besonderer Umstände vor (BGE 113 II 252, S 255). 233

Im Zuge der **Eherechtsreform von 1984** haben auf den ehelichen Lebensbereich bezogene Transaktionen der Ehegatten untereinander und/oder mit Dritten, bei denen ein entsprechender rechtsgeschäftlicher Wille zum Abschluss schuldrechtlicher Rechtsgeschäfte nicht hinreichend deutlich zum Ausdruck gebracht wurde, eine klare **gesetzliche Ausgestaltung** erfahren, so dass sich im schweizerischen Recht mangels Bedarfs **gegen eine Anerkennung sog unbenannter Zuwendungen** ausgesprochen wird (umfassend hierzu Sutor, Billigkeitsansprüche und Vermögensauseinandersetzung bei Scheidung der Ehe im deutschen und schweizerischen Recht [2024] 147 ff; Hausherr, in: FS Henrich [2000] 219, 223 ff). So sieht Art 165 ZGB einen eherechtlichen Anspruch *sui generis* zur Entschädigung für außerordentliche Beiträge eines Ehegatten vor, also solche, die die in der betreffenden Familie üblichen Unterhaltsbeiträge erheblich übersteigen (BSK ZGB I-Isenring/Kessler [7. Aufl 2022] Art 165 Rn 2 u 18). Art 206 ZGB gewährt einen Anspruch auf Mehrwertbeteiligung für den Fall, dass ein Ehegatte ohne entsprechende Gegenleistung und ohne Schenkungsabsicht zum Erwerb, zur Verbesserung oder zur 234

Erhaltung von Vermögensgegenständen beigetragen hat und im Zeitpunkt der güterrechtlichen Auseinandersetzung ein konjunktureller Mehrwert besteht (BSK ZGB I-Hausheer/Aebi-Müller [7. Aufl 2022] Art 206 Rn 1 ff). Schließlich enthält Art 200 Abs 2 ZGB eine Miteigentumsvermutung unter den Ehegatten und im Verhältnis zu Dritten und statuiert nach Art 200 Abs 3 ZGB eine **Errungenschaftsvermutung,** so dass alles Errungenschaft ist, was nicht als Eigengut eines Ehegatten nachgewiesen ist (BSK ZGB I-Hausheer/Aebi-Müller [7. Aufl 2022] Art 200 Rn 16 u 24).

5. Die Schenkung im englischen Recht

a) Unentgeltlichkeit und doctrine of consideration

235 Zwischen dem das kontinentaleuropäische Recht prägenden Grundsatz der Unentgeltlichkeit der Schenkung und den Prinzipien des Vertragsschlusses im *Common Law* besteht ein **dogmatischer Widerspruch**, der sich auf die Frage zuspitzt, ob die Schenkung in England als Vertrag angesehen werden kann. Denn zum Zustandekommen eines Vertrags ist in England eine *consideration* notwendig im Sinne einer – irgendwie gearteten – Gegenleistung. Nicht die Notwendigkeit der *consideration* nämlich, sondern ihre **Fokussierung auf den Gegenleistungscharakter** ist das Moment, das sie nicht vollständig deckungsgleich zur in der römisch-rechtlichen Tradition stehenden, ihr ansonsten **verwandten** *causa* erscheinen lässt (über die Verwandtschaft des Begriffes der *consideration* mit der gemeinrechtlichen *causa* s Zimmermann, The law of obligations [1990] 506 mwNw; s auch Lorenz, in: FS Rheinstein II [1969] 547, 553; zum Verhältnis zur französischen *cause* im Allgemeinen s Markesinis Cambridge Law Journal 37 [1978] 53 ff). Von Bedeutung ist diese zurückgenommene Verbindlichkeit von Schenkungen auch deshalb, weil den §§ 519, 528, 530 BGB vergleichbare Bestimmungen zum Schutze des Schenkers im englischen Recht nicht existieren (vgl Lorenz, in: FS Rheinstein II [1969] 547, 550).

236 Die frühere Definition, die entweder die Bereicherung der einen Partei oder die Entreicherung der anderen Partei genügen ließ (Exchequer Chamber, Currie v Misa [1875] L.R. 10 Ex. at 162: „*A valuable consideration, in the sense of the law, may consist either in some right, interest, profit, or benefit accruing to the one party, or some forbearance, detriment, loss, or responsibility, given, suffered, or undertaken by the other*"), wandelte sich jedoch alsbald in dem Sinn, dass es vielmehr allein auf die **Belastung oder Entreicherung einer Partei** ankam (Smith, The Law Teacher 13 [1979] 73, 77: „*The language of benefit and detriment is, and I believe long has been, out of date. So is the idea that consideration must be an economic benefit of some kind. All that is necessary is that the defendant should, expressly or impliedly, ask for something in return for his promise, an act or a promise by the offeree*"). Der Fokus liegt heute somit vielmehr darauf, dass der Antragende für sein Angebot eine Gegenleistung verlangen muss, damit, wenn der Empfänger diesen Antrag akzeptiert, ein klagbarer Vertrag entsteht. Dem entspricht es, dass das englische Recht betont, dass die Parteien „verhandelt" haben und so Leistung und Gegenleistung vereinbart haben, sog *bargain principle* (hierzu und zu kritischen Stimmen in der Literatur Wheeler/Shaw, Contract Law [1994] 317 und Lorenz, in: FS Rheinstein II [1969] 547 ff; s auch Zweigert/Kötz, Einführung in die Rechtsvergleichung [3. Aufl 1996] 385, die darauf hinweisen, dass dies keine echte Verhandlung mit gleichwertiger Gegenleistung darstellen müsse), wobei in Deutschland verlangt wird, dass sich die Parteien im Sinne „zweier übereinstimmender Willenserklärungen" geeinigt haben.

Die *doctrine of consideration* dient somit im *Common Law* dazu zu bestimmen, aus welchen sozialen Verhaltensweisen rechtliche Bindungen abgeleitet werden können und aus welchen nicht. Sie muss jedoch **von einem bloßen Motiv abgegrenzt** werden. So stellt es keine ausreichende *consideration* dar, wenn die Nachlassverwalter der Witwe des Erblassers dieser, entgegen den Verfügungen eines gültigen Testamentes, Grundbesitz übertragen, weil der Erblasser vor Zeugen geäußert hat, dies sei sein Wunsch. Die Übertragung *„in consideration of such desire"* ist ein bloßes Motiv, keine *consideration* (*Thomas v Thomas* [1842] 2 Q.B. 851, 114 E.R. 330). Die *consideration* muss von gewissem Wert sein und vom Antragenden her kommen, damit eine Rechtsbindung entsteht (Patteson, in: *Thomas v Thomas*: *„A consideration, such as is recognised and known to our law, means a consideration of some value, moving from the plaintiff"*). Plakativ ausgedrückt heißt dies dann: *„Natural affection is not sufficient consideration"* (*White v Bluett* [1853] 23 LJ Ex 36). 237

b) Die Klagbarkeit eines Schenkungsversprechens

Aus dem Gesagten lässt sich verstehen, warum die Schenkung im englischen Recht grundsätzlich kein klagbarer Vertrag ist, da es ihm an der *consideration* mangelt. So führte Blackstone aus: *„But if the gift does not take effect, by delivery of immediate possession, it is then not properly a gift, but a contract: and this a man cannot be compelled to perform, but upon good and sufficient consideration"* (Commentaries II, in: Ehrlichs' Blackstone [1973] 389; zum Seriositätskriterium und der Notwendigkeit der *consideration* dafür, dass ein Vertrag *enforceable* wird, s Zweigert/Kötz, Einführung in die Rechtsvergleichung [3. Aufl 1996] 384 f). Weiterhin wurde gar formuliert, dass *„to a gratuitious promise the common law notion of offer and acceptance does not apply"* (Hamson LQRev 54 [1938] 233, 234). Zum bloßen Willen der Parteien muss also noch etwas hinzutreten, um die Klagbarkeit herbeizuführen. Das **Schenkungsversprechen** ist somit nur dann durchsetzbar, wenn es entweder **in Form eines *deed*** oder **im Hinblick auf eine Gegenleistung** abgegeben wurde, also mit *consideration* (Zweigert/Kötz, Einführung in die Rechtsvergleichung [3. Aufl 1996] 384 f). 238

aa) Der *deed* oder *contract under seal*

Ein Vertrag kann förmlich dann abgeschlossen werden, wenn er **schriftlich festgehalten**, von dem Antragenden **unterzeichnet und gesiegelt** wird und sodann **eine Ausfertigung** dem Angebotsempfänger **übergeben** wird (vgl vBernstorff, Einführung in das englische Recht [5. Aufl 2018] § 3 III Nr 1; so auch die gängige Formel *„signed, sealed and delivered"*). Diese von den mittelalterlichen *covenants* herrührende Form kann insoweit die Feststellung einer *consideration* ersetzen, als sie impliziert, dass die Parteien dem Geschäft einen besonderen Wert beigemessen haben. Daraus leitet sich die Notwendigkeit einer schriftlichen Abfassung her, die generell nicht dem Schutz des Schuldners, hier des Schenkers, vor überstürzten unentgeltlichen Versprechen zu dienen scheint. Dazu muss im Vergleich zu § 518 Abs 1 BGB angemerkt werden, dass das *Common Law* kein Notariat im kontinentaleuropäischen Sinne kennt, so dass die Belehrungsfunktion eines Formerfordernisses bereits nicht greifen kann. In jedem Fall soll der tatsächliche Unterschied im Grundgedanken der Formerfordernisse bei den echten Schenkungen anders als bei sonstigen unentgeltlichen Geschäften im kontinentalen wie im anglo-amerikanischen Recht als gering anzusehen sein, wenn man von der Bedeutung der verschiedenen Beurkundungsarten absehe (Zweigert/Kötz, Einführung in die Rechtsvergleichung [3. Aufl 1996] 387, 394). 239

bb) Die promise with consideration

240 Haben die Parteien, wie häufig, jedoch keinen *deed* angefertigt, so muss ein klagbares Schenkungsversprechen eine *consideration* aufweisen. Der Richter im *Common Law* hat sich folglich alleine darauf zu konzentrieren, ob *consideration* vorhanden ist (Farnsworth, The American Journal of Comparative Law 43 no 3 [1995] 359, 366 zum US-amerikanischen Schenkungsrecht). Indes stellt sich die Frage, in welchen Konstellationen es möglich ist, einem Schenkungsversprechen eine Gegenleistung abzugewinnen. Das Erfordernis der *consideration* wird bereits dadurch abgeschwächt, dass die Gerichte in keiner Weise nachprüfen, ob die *consideration* eine gleichwertige Gegenleistung darstellt (*„consideration need not be adequate"*, vgl Treitel/Peel, The law of contract [16. Aufl 2025] 80 f; *Haigh v Brooks* [1840] 10 A. & E. 309 at 320). Dies geht sogar so weit, dass eine *nominal consideration* als **ausreichend** betrachtet wird. Soll eine Sache unentgeltlich zugewendet werden, so reicht es bereits aus, dass hierfür eine **Gegenleistung von einem Pfund vereinbart wird**, damit eine ausreichende *consideration* besteht und das Schenkungsversprechen klagbar wird (Treitel/Peel, The law of contract [16. Aufl 2025] 81; jedoch gegen einen Zusammenhang zwischen *adequacy of consideration* und *nominal consideration* Atiyah, Essays on Contract [1995] 194 mwNw).

241 Die bereits erwähnte Notwendigkeit, zur Durchsetzbarkeit eines Schenkungsversprechens eine *consideration* zu finden (vgl Rn 235 f, 238), wird dadurch abgemildert, dass diese Voraussetzung in einem sehr weiten Sinne interpretiert werden kann. So liegt bereits eine ausreichende *consideration* vor, wenn ein Spender durch sein **Schenkungsversprechen den Empfänger zu einem bestimmten Verhalten veranlassen will** (*Re Soames* [1897] 13 T.L.R. 439, hier handelte es sich um die Spende an eine Schule, bei der der Spender im Gegenzug an der Schulverwaltung beteiligt werden wollte, dazu Kötz, Europäisches Vertragsrecht [2. Aufl 2015] 83). Ebenfalls einer sehr weitgehenden Interpretation durch die Rechtsprechung zugänglich sind **Unterhaltsversprechen**: so ist das Unterhaltsversprechen eines Mannes gegenüber der Mutter seines nichtehelichen Kindes klagbar, weil sich die Mutter verpflichtet habe, das Kind gut zu betreuen und es glücklich zu machen (*Ward v Byham* [1956] 2 All E.R. 318 [C.A.] zit nach Kötz, Europäisches Vertragsrecht [2. Aufl 2015] 84; s auch Zweigert/Kötz, Einführung in die Rechtsvergleichung [3. Aufl 1996] 385 f).

242 Der Fall der **teilweisen Unentgeltlichkeit** (vgl hierzu § 516 Rn 64 ff) findet im englischen Recht insoweit ein Äquivalent, als gerade hier die *consideration* unproblematisch gegeben ist. So ist das Versprechen, werthaltiges Eigentum zu übertragen, dann bindend, wenn der Versprechensempfänger seinerseits verspricht, den Versprechenden von den Lasten, die mit der Sache verbunden sind, zu befreien (Treitel/Peel, The law of contract [16. Aufl 2025] 91). Ebenfalls ist das Versprechen bindend, den Nießbrauch an einem Haus zu übertragen, wenn der Beschenkte sich bereit erklärt, die mit dem Nießbrauch verbundenen Lasten zu tragen (*Price v Jenkins* [1877] 5 Ch D. 619: *„promise to give away a leasehold house in return for the performance of the donor's covenants under the lease"*). Letztlich ist auch das Versprechen bindend, das Eigentum an einem Haus zu übertragen, wenn als Gegenleistung der Versprechensempfänger sich verpflichtet, die ausstehenden Raten auf die Hypothek zu bezahlen (*Merritt v Merritt* [1970] 1 W.L.R. 1121: *„promise to give away a freehold house in return for the payment of outstanding mortgage instalments or other charges"*).

243 Die im deutschen Recht diskutierte Abgrenzung der **Schenkung unter Auflage** von einem synallagmatischen Vertrag erhält im *Common Law* eine **andere Sinnrichtung**:

hier stellt sich die Frage, ob durch das Hinzufügen einer Auflage (oder auch einer Bedingung) nicht eine Gegenleistung entsteht, die der Abrede der Parteien die notwendige *consideration* verleiht (Atiyah, Consideration in Contracts [1995] 33).

c) Die vollzogene Schenkung – delivery of gift

Ein **nicht klagbares Schenkungsversprechen** wird dadurch **bestätigt**, dass der Schenker 244
dem Beschenkten **den Schenkungsgegenstand übergibt** (vgl hierzu insgesamt die anschaulichen Ausführungen des Richters Harman in *In Re Cole* [1964] 1 Ch 175, CA; außerdem Diamond The Modern Law Review 27 no 3 [1964] 35; vgl § 518 Rn 15 ff, va 20). Es wurde allerdings als nicht ausreichend für die Erfüllung der Tatbestandvoraussetzung einer *delivery* erachtet, dass der Schenker dem Beschenkten den Schenkungsgegenstand (hier die Möbel des neuen Hauses) zeigt und dazu Worte, die auf eine Schenkung hindeuten, verlauten lässt. Vielmehr muss es **tatsächlich** zu einer **Übergabe** kommen (*In Re Cole* [1964] 1 Ch 175, CA). In **zeitlicher Hinsicht** kann die Übergabe der Schenkung sowohl vorausgehen als auch dieser nachfolgen oder gleichzeitig mit dieser geschehen (*Winter v Winter* [1861] 4 L.T.N.S. 639; *Alderson v Peel* [1891] 7 T.L.R. 418; *In Re Stoneham, Stoneham v Stoneham* [1919] 1 Ch 149).

Wenn es sich bei dem Schenkungsgegenstand um eine **sperrige Sache** oder gar eine 245
Immobilie handelt, so ist auch eine *symbolic delivery* zulässig. So wurde entschieden, dass die Schenkung dann Gültigkeit besitzt, wenn der Schenker dem Beschenkten eine Kirchenorgel dadurch übergibt, dass er die Hand auf diese legt und dem Schenker durch Worte deutlich macht, dass es sich um ein Geschenk handeln soll (*Rawlinson v Mort* [1905] 21 T.L.R. 774; 93 L.T. 555).

Keinen Anklang in der Rechtsprechung konnte die Konstruktion finden, einer 246
Schenkung durch einen sog ***constructive trust*** Gültigkeit zu verleihen, die als künstlich abgetan wurde (ablehnend bereits Richter Harman in *In Re Cole* [1964] 1 Ch 175, CA). Bei einem *trust* handelt es sich um ein mit dem Instrumentarium deutscher Dogmatik nicht wirklich fassbares Institut, bei dem die Eigentümerposition zwischen dem *trustee*, also demjenigen, welchem die Sache anvertraut worden ist, und dem *beneficiary*, dem Begünstigten, aufgespalten ist (näher hierzu vBernstorff, Einführung in das englische Recht [5. Aufl 2018] § 10). Ein *constructive trust* ist nunmehr ein solcher, der durch Gesetz und nicht durch Rechtsgeschäft zustande kommt und vermöge dessen eine Übergabe ohne tatsächlichen Besitzwechsel konstruiert werden kann.

6. Der Draft Common Frame of Reference (DCFR)

Der *DCFR*, der von der *Study Group on a European Civil Code* und von der *Re-* 247
search Group on EC Private Law (Acquis Group) bis 2009 erarbeitet wurde, sieht teils detaillierte Bestimmungen über die Schenkung beweglicher Sachen vor – für Immobilien trifft der Entwurf schon grundsätzlich keine Regelung (DCFR III [2009] 2811) – und ergänzt diese ausdrücklich um zukünftige und noch zu produzierende Güter (IV.H.–1:102), Geld (IV.H.–1:103), unkörperliche Gegenstände (Elektrizität, geistiges Eigentum), Wertpapierrechte sowie andere unentgeltliche Rechtsgeschäfte. Die Vorschläge **stellen kein** besonderes **Beispiel präziser Begrifflichkeiten dar**.

Die Schenkung im Sinne des *DCFR* ist ein **Vertrag**, mit dem eine Partei sich unent- 248
geltlich (die Unentgeltlichkeit wird extra definiert: Verpflichtung ohne Entgelt,

IV.H.–1:106) dazu verpflichtet, einer anderen Partei das Eigentum an einer Sache mit dem Willen zu übertragen, diese zu bereichern (IV.H.–1:101 [2]) (wobei dieser nicht durch das Bestehen einer sittlichen Verpflichtung oder dadurch, dass die Zuwendung zu Werbezwecken erfolgt, eingeschränkt wird, IV.H.–1:203). Während die Eigentumsübertragung in Abgrenzung zu anderen unentgeltlichen Verträgen das Kernstück der Definition darstellt, soll sie nicht ausschließen, dass das Eigentum bereits durch den Schenkungsvertrag übergeht (DCFR III [2009] 2799). Die Regelungen in IV.H. betreffen nur die schuldrechtlichen Verpflichtungen (DCFR III [2009] 2801). Verlangt wird grundsätzlich die **Schriftform** (IV.H.–2:102; es wird präzisiert, dass eine einfache elektronische Signatur nicht genügen soll); nicht aber bei unmittelbaren Schenkungen, also Handschenkungen (IV.H.–1:104), bei Schenkungen durch Unternehmer und bei in öffentlichen Medien bekannt gemachten Schenkungen, wenn Letztere nicht exzessiv sind (IV.H.–2:102).

249 Nicht nur hier verwendet der zu Prolixität und dogmatischer Unschärfe tendierende Entwurf – der ausgerechnet in der Sprache der einzigen europäischen Rechtsordnung formuliert wurde, die keinen wirklichen Schenkungsbegriff entwickelt hat – eine etwas unpräzise Sprache. So kann der in einem Rechtsverhältnis zu dem Beschenkten abhängige bzw verletzlichere Schenker den Schenkungsvertrag (der auch wegen Irrtums angefochten werden kann, IV.H.–2:103), wegen *unfair exploitation* **anfechten**, sofern der Beschenkte nicht beweist, dass er diese Lage des Schenkers nicht durch die Entgegennahme eines unangemessenen oder höchst unfairen Vorteils ausgenutzt hat (IV.H.–2:104). Bei der sehr ausgiebigen Erörterung der **Verpflichtungen des Schenkers** (IV.H.–3:101 f; IV.H.–3:201 ff) wird zB die Vertragsgemäßheit nach den vernünftigen Erwartungen des Beschenkten bestimmt (IV.H.–3:102); der Schenker haftet für ein Leistungshindernis nur dann, wenn er dieses vernünftigerweise hätte erwarten oder vermeiden können (IV.H.–3:204); zu dem als ersatzfähigen Schaden angesehenen Vertrauensschaden kann der Richter aus Billigkeitsgesichtspunkten auch einen Zuschlag zusprechen (IV.H.–3:205 f); der Beschenkte ist dazu verpflichtet, im Rahmen dessen, was von ihm vernünftigerweise erwartet werden kann, die Lieferung und Eigentumsverschaffung durch den Schenker anzunehmen und möglich zu machen (IV.H.–3:301).

250 Der **Widerruf aus Undankbarkeit** des Beschenkten (IV.H.–4:201), wegen **Verarmung** des Schenkers (IV.H.–4:202) sowie, wenn – mit deutscher Terminologie – die Geschäftsgrundlage des Vertrags weggefallen ist und dies zu untragbaren Ergebnissen führen würde (*Residual right to revoke*, IV.H.–4:203), ist – nicht innerhalb einer bestimmten Frist, sondern – während eines vernünftigen Zeitraums seit dem Moment zulässig, in dem der Schenker die einen Widerrufsgrund begründenden Tatsachen erfährt oder sie vernünftigerweise hätte kennen müssen (IV.H.–4:104). Dessen ungeachtet wird die Schenkung **grundsätzlich für unwiderruflich** erklärt (sofern der Vertrag oder die sich anschließenden Bestimmungen nichts Gegenteiliges bestimmen, IV.H.–4:101). Der Beschenkte hat das Geschenk unter Heranziehung des Bereicherungsrechts zurückzugeben (IV.H.–4:103).

§ 516
Begriff der Schenkung

(1) Eine Zuwendung, durch die jemand aus seinem Vermögen einen anderen bereichert, ist Schenkung, wenn beide Teile darüber einig sind, dass die Zuwendung unentgeltlich erfolgt.

(2) Ist die Zuwendung ohne den Willen des anderen erfolgt, so kann ihn der Zuwendende unter Bestimmung einer angemessenen Frist zur Erklärung über die Annahme auffordern. Nach dem Ablauf der Frist gilt die Schenkung als angenommen, wenn nicht der andere sie vorher abgelehnt hat. Im Falle der Ablehnung kann die Herausgabe des Zugewendeten nach den Vorschriften über die Herausgabe einer ungerechtfertigten Bereicherung gefordert werden.

Materialien: Mugdan, Mot II 158 ff; Prot II 737 ff; Jakobs/Schubert, Die Beratung des Bürgerlichen Gesetzbuches 337–348.

Schrifttum

Albers, Schuldanerkenntnis als Schenkungsversprechen: Gegen Kondiktionsausschluss und einseitigen Feststellungsvertrag, JZ 2020, 776
Althaus/Horndasch, Schenkung an Minderjährige, FuR 2019, 15
Arend, Übertragungen zwischen Ehegatten, MittRhNotK 1990, 65
Armbrüster, Zivilrechtliche Folgen des Gesetzes zur Regelung der Rechtsverhältnisse der Prostituierten, NJW 2002, 2763
ders, Anm zu BGH, Urt v 20. 11. 2018 – X ZR 115/16, LMK 2019, 417908
Auer-Reinsdorff/Conrad, Handbuch IT- und Datenschutzrecht (2019)
Baldauf, Gelegenheitsgeschenke – steuerfrei?, ErbR 2022, 569
Bayer, Der Vertrag zugunsten Dritter (1995)
C Becker, Ohne Rechtsgrund oder unentgeltlich? Zur Anfechtbarkeit gläubigerschädlicher Leistungen, DZWIR 2018, 201
P Becker, Anm zu BGH, Beschl v 2. 10. 2019 – XII ZB 164/19, FamRZ 2020, 190
ders, Anm zu OLG Saarbrücken, Urt v 15. 11. 2023 – 5 U 35/23, FamRZ 2024, 987
Beitzke, Anm zu BGH, Urt v 8. 10. 1955 – IV ZR 82/55, MDR 1957, 26
Bitter, Privilegierung der bösgläubigen Aktionäre bei der Anfechtung von Dividendenzahlungen nach § 134 InsO? Erwiderung auf Habersack, ZIP 2022, 1621 mit Kritik an der BGH-Rechtsprechung zur Anfechtung rechtsgrundloser Leistungen, ZIP 2023, 169
Bittner, Verträge über digitale Produkte – der Beginn des digitalen Zeitalters im BGB, VuR 2022, 9
Blusz, Reparatur unentgeltlicher Zuwendungen unter Ehegatten, ZEV 2016, 626
Böhr, Beweislastprobleme bei der Schenkung, NJW 2001, 2059
Borggräfe/Staud, Schenkung ohne Zuwendung: Der BFH im Abseits des Zivil- und Gesellschaftsrechts, DStR 2018, 833
Bork, Schenkungsvollzug mit Hilfe einer Vollmacht – Zugleich zu BGH, 18. 5. 1988 – IVa ZR 36/87, JZ 1988, 1059
ders, Die Anfechtung unentgeltlicher Leistungen nach § 134 InsO, NZI 2018, 1
Bosch, Widerruf von Schenkungen unter (geschiedenen) Ehegatten, in: FS Günther Beitzke (1979) 121
ders, Zur Wirksamkeit des Widerrufs einer Grundstücksschenkung an den Ehegatten des Kindes wegen groben Undanks, wenn dieser das Scheitern der Ehe durch Ehebruch herbeigeführt hat, FamRZ 1991, 568

de Bra, Anm zu BGH, Urt v 22. 10. 2009 – IX ZR 182/08, FD-InsR 2009, 294163
ders, Anm zu BGH, Urt v 4. 2. 2016 – IX ZR 77/15, LMK 2016, 378389
Braeuer, Anm zu BGH, Urt v 22. 9. 2010 – XII ZR 69/09, FamRZ 2010, 2058
ders, Zuwendungen innerhalb der Familie und gesetzlicher Zugewinnausgleich, FPR 2011, 75
Brambring, Abschied von der „ehebedingten Zuwendung“ außerhalb des Scheidungsfalls und neue Lösungswege, ZEV 1996, 248
Bredemeyer, Lebensversicherung vor und nach dem Todesfall, ZEV 2010, 288
ders, Einwirkungsmöglichkeiten für den Nachlasspfleger am Beispiel der Lebensversicherung, ZEV 2014, 287
Brock, Schenkung von Gesellschaftsbeteiligungen an einer GmbH & Co. KG an Minderjährige, GmbHR 2020, 349
Bruch, Zuwendungen unter Ehegatten – ein Überblick über Abgrenzungsfragen und Gestaltungsmöglichkeiten, MittBayNot 2008, 173
Brüggemann, Bewertungsgesetz: Schenkung: Besteuerung eines Erbbaurechts, ErbBstg 2018, 250
ders, Vorweggenommene Erbfolge: „Störfallvorsorge“: Geeignete Sicherungs- und Rücktrittsklauseln im Schenkungsvertrag, ErbBstg 2022, 259
Bruschke, Das Erlöschen der Erbschaftsteuer in besonderen Fällen, ErbStB 2017, 85
Budzikiewicz, Von freigiebigen (Schwieger-) Kindern – Unbenannte Zuwendungen außerhalb von Lebensgemeinschaften, in: FS Elisabeth Koch (2019) 343
Burckhard, Zum Begriff der Schenkung (1899)
Burger, Die aktuelle Rechtsprechung zum Vermögensausgleich nach beendeter nichtehelicher Lebensgemeinschaft, FamRB 2010, 214
Chiusi, Zu Archaismen und „Wiederkehrungen“ im Schenkungsrecht, IVRA 60 (2012) 234
dies, Schenkungen mit Ehebezug aus rechtshistorischer und rechtsvergleichender Sicht, in: FS Elisabeth Koch (2019) 3
Christandl, Anm zu BGH, Urt v 15. 11. 2022 – X ZR 40/20, FamRZ 2023, 396
Coenen, Formfreie Schenkung der Gesellschafterstellung in einer stillen Gesellschaft und einer Unterbeteiligung (2002)
Conradt, „Unbenannte“ Zuwendungen unter Ehegatten und Partnern einer nichtehelichen Lebensgemeinschaft (1998)
Crezelius, Das neue Erbschaft- und Schenkungsteuerrecht im Rechtssystem, ZEV 2009, 1
ders, Erbschaft- und Schenkungsteuer in zivilrechtlicher Sicht (1979)
ders, Schenkungsteuerpflicht ehebedingter Zuwendungen, NJW 1994, 3066
ders, Schenkungsteuerrechtliche Berücksichtigung gemischter Schenkungen, BB 1978, 1406
ders, Steuersystematische Überlegungen zur überhöhten Gewinnbeteiligung, BB 1980, 1481
ders, Unverzinsliches Darlehen und Schenkungsteuerrecht, BB 1978, 621
Croon-Gestefeld, Anm zu BGH, Urt v 7. 7. 2015 – X ZR 59/13, FamRZ 2016, 217
Damrau, Die Anordnung einer Zuwendungspflegschaft (§§ 1638, 1811 BGB) bei einem Lebensversicherungsvertrag zugunsten eines Minderjährigen, ZEV 2024, 720
ders, Zuwendung und Zuwendungspflegschaft (§§ 1638, 1811 BGB) unter Lebenden, FamRZ 2025, 574
Daragan, Freigebige Zuwendungen an und von Personengesellschaften im Schenkungs- und im Schenkungsteuerrecht, in: FS Jens Peter Meincke (2015) 89
ders, Gemeinsamer Konsum im Schenkungs- und Schenkungsteuerrecht, ZErb 2019, 171
Datta/Klein, Kostenlose Apps – eine vertragsrechtliche Analyse, CR 2017, 174
Dellios, Zur Präzisierung der Rechtsfindungsmethode bei „gemischten“ Verträgen (1981)
Derichs, Anm zu BGH, Urt v 6. 5. 2014 – X ZR 135/11, ErbR 2014, 533
Derleder, Anm zu BGH, Urt v 18. 9. 2012 – II ZR 50/11, EWiR 2013, 39
Dethloff, Anm zu BGH, Urt v 9. 7. 2008 – XII ZR 179/05, JZ 2009, 418
Dobmaier, Lebensversicherung und letztwillige Verfügung, AnwBl 1999, 692
Döser, Anm zu BGH, Urt v 18. 9. 2012 – II ZR 50/11, LMK 2013, 343831
Dutta, Europäische Güterrechtsverordnungen und deutsche Durchführungsgesetzgebung, FamRZ 2019, 1390
Eckstein, Das Schenkungsversprechen, seine

Erfüllung und sein Verhältnis zur Realschenkung, AcP 107 (1911) 384
Eich, Festsetzungsverjährung im Erbschaft- und Schenkungsteuerrecht. Systematische Darstellung der Besonderheiten, insbesondere Anlaufhemmung, ErbStB 2004, 262
ders, Probleme durch Vermögensvermischungen unter Ehegatten. Erbschaftsteuer und schenkungsteuerliche Probleme und ihre Vermeidung, ErbStB 2003, 360
Elden, Nichteheliche Lebensgemeinschaft im Steuerrecht, insbesondere im Erbschaft- und Schenkungsteuerrecht, NZFam 2021, 404
Elfring, Das System der drittbezogenen Ansprüche bei der Lebensversicherung, NJW 2004, 483
ders, Drittwirkungen der Lebensversicherung (2002)
ders, Die Lebensversicherung im Erbrecht, ZEV 2004, 305
Erbarth, Ansprüche bei Beendigung eines Verlöbnisses, für 2011, 89
Erman, Aus dem Rechtsleben. Zur dando- und promittendo-Schenkung, AcP 137 (1933) 335
Ernst, Entgeltlichkeit – Eine Untersuchung am Beispiel des Tauschs, der gemischten Schenkung und anderer Verträge, in: FS Eduard Picker (2010) 139
Esskandari/Bick, Anm zu BGH, Urt v 20. 11. 2018 – X ZR 115/16, ErbStB 2019, 166
Everts, Anm zu Schleswig-Holsteinisches OLG, Urt v 27. 3. 2012 – 3 U 39/11, MittBayNot 2013, 63
ders, Wohnungsrechtsverzicht und Sozialleistungsregress – Zugleich Anmerkung zum Urteil des OLG Nürnberg vom 22. 7. 2013, 4 U 1571/12 und zum Beschluss des BGH vom 25. 1. 2012, XII ZB 479/11 –, MittBayNot 2015, 14
Faust, Digitale Wirtschaft – Analoges Recht: Braucht das BGB ein Update?, NJW-Beil 2016, 29
Felix, Vermögensübertragung auf Minderjährige – Ein Überblick über rechtliche Hürden und gerichtliche Genehmigungspflichten bei der Vertretung von Minderjährigen im Rahmen von Vermögensübertragungen und Zuwendungen, NZFam 2024, 1105
Feller, Teleologische Reduktion des § 181 letzter Halbsatz BGB bei nicht lediglich rechtlich vorteilhaften Erfüllungsgeschäften, DNotZ 1989, 66
ders, Anm zu OLG München, Urt v 27. 2. 2003 – 19 U 4123/02, FamRZ 2004, 196
Fischer, Fragen aus dem Recht der stillen Gesellschaft, JR 1962, 201
Fischnaler, Anm zu BFH, Urt v 5. 2. 2020 – II R 9/17, FR 2020, 962
Förster/Heyeres, Vorweggenommene Erbfolge im Zivilrecht, Erbschaftsteuerrecht und Einkommensteuerrecht, BB 1991, 1458
Forschner, Anm zu BGH, Urt v 30. 1. 2018 – X ZR 119/15, MittBayNot 2018, 462
Frank, Zum Verhältnis von ehebedingter Zuwendung, Schenkung und Wegfall der Geschäftsgrundlage, MittBayNot 1990, 181
Franken, Absetzbarkeit von Kosten und Aufwendungen in Nachlass- und Schenkungsfällen, ZErb 2020, 438
Freiherr von Proff zu Irnich, Die nichteheliche Lebensgemeinschaft in der Kautelarpraxis, RNotZ 2008, 313
ders, Immobilienerwerb in der nichtehelichen Lebensgemeinschaft, NotBZ 2010, 73
ders, Der Ausgleich unentgeltlicher Zuwendungen an die Eltern der Lebensgefährtin, NJW 2015, 1482
ders, Die Abfindungsvereinbarung bei Erb- und/oder Pflichtteilsverzichten – eine Schenkung?, NJW 2016, 539
ders, Das schuldrechtliche Grundgeschäft zum Erbverzicht, DNotZ 2017, 84
Frey, Lebensversicherung und Nachlaßinteressen (1996)
Friz, Das Verhältnis der Erbschaft- und Schenkungsteuer zur Einkommensteuer, DStR 2015, 2409
Gaedeke, Anm zu RG 24. 7. 1941 – IV 96/41, DR 1941, 2611
Gebel, Einsatz von Erträgen aus hingegebenen Vermögensmitteln für eine mittelbare freigebige Zuwendung – Eigenleistung oder Zusatzschenkung?, DStR 2005, 358
ders, Mittelbare Schenkung einer Versicherungssumme durch unentgeltliche Einräumung eines Bezugrechtes aus einer Kapitallebensversicherung, ZEV 2005, 236
ders, Unentgeltliche Gebrauchs- und Nutzungs-

überlassungen als freigebige Zuwendungen, DStZ 1992, 577

Gehrlein, Neuere Entwicklungen zur Schenkungsanfechtung, ZInsO 2018, 2280

ders, Bewusste Zahlung auf Nichtschuld (§ 814 BGB) und Schenkungsanfechtung (§ 134 InsO), DZWIR 2022, 232

ders, Unentgeltlichkeitsanfechtung – ein anderer Ansatz, – Teil I – WM 2024, 1777

ders, Unentgeltlichkeitsanfechtung – ein anderer Ansatz, – Teil II – WM 2024, 1833

Georg, Anm zu BFH, Urt v 5. 2. 2020 – II R 9/17, ZEV 2020, 570

ders, Freigebige Zuwendungen an Personengesellschaften (2023)

Gerhardt, Anm zu BGH, Urt v 28. 2. 1991 – IX ZR 74/90, ZIP 1991, 454

Gitter, Zur Frage, wann die Schenkung von Wohnungseigentum von seiten des gesetzlichen Vertreters an einen über sieben Jahre alten Minderjährigen diesem lediglich rechtlichen Vorteil bringt, JR 1981, 283

Götz, Rückgängigmachung von Schenkungen, ZEV 2017, 371

Götzenberger, Abschaffung der österreichischen Erbschaft- und Schenkungsteuer – praktische Auswirkungen für deutsche Unternehmer, Wahlösterreicher und deren Erben, BB 2008, 2439

ders, Schenkungsteuerliche Risiken für Ehegatten im Bereich der Einkommensteuerveranlagung, ZEV 2016, 623

Goldschmidt, Die gemischte Schenkung nach Reichsrecht (1907)

Grädler/Nitze, Die Ausgleichspflicht bei Beendigung einer nichtehelichen Lebensgemeinschaft, ZGS 2009, 36

Gratzel, Schuldrechtliche Implikationen des Spielbankenrechts. Dargestellt am Gesetz über die Zulassung öffentlicher Spielbanken im Land Nordrhein-Westfalen, DZWir 1997, 226

Groh, Schenkung durch disquotale Einlagen?, DStR 1999, 1050

Gross, Anm zu BGH, Beschl v 3. 12. 2014 – XII ZB 181/13, NZFam 2015, 273

Grünenwald, Güterrechtlicher und schuldrechtlicher Ausgleich (1988)

Grunewald, Leistungen causa societatis als Sonderfall des Schenkungsrechts?, NZG 2011, 613

dies, Sportsponsoring und Schenkungsrecht, ZGS 2010, 164

dies, Anm zu BGH, Urt v 7. 7. 2015 – X ZR 59/13, ZErb 2016, 121

Grziwotz, Sexuelle (Vertrags-)Freiheit für Lebensgemeinschaften?, FamRZ 2002, 1154

ders, Kettenschenkung oder Gesamtplanung beim Familienwohnheim? – Schenkungsteuerpflicht ohne zivilrechtliche Grundlage, MDR 2007, 124

ders, Anm zu BGH, Urt v 8. 5. 2013 – XII ZR 132/12, FamRZ 2013, 1298

ders, Anm zu BGH, Urt v 6. 5. 2014 – X ZR 135/11, FamRZ 2014, 1549

ders, Auseinandersetzung bei Trennung und erbrechtliche Besonderheiten, MDR 2018, 907

ders, Anm zu BGH, Urt v 20. 11. 2018 – X ZR 115/16, FamRB 2019, 198

ders, Möglichkeiten einer vertraglichen Regelung, NZFam 2021, 410

Günther, Schenkungen zu Lasten der Sozialhilfe, NZS 1994, 66

Haas, Ehegatteninnengesellschaft und familienrechtlicher Vertrag sui generis, FamRZ 2002, 205

Haase, Anm zu BGH, Urt v 11. 11. 1981 – IVa ZR 182/80, JR 1982, 197

Habersack, Wie gewonnen, so zerronnen – Zur Anfechtbarkeit von Dividendenzahlungen an gutgläubige Aktionäre gem § 134 Abs 1 InsO, ZIP 2022, 1621

Hachenberg, Anm zu BGH, Urt v 14. 3. 2018 – IV ZR 170/16, NZFam 2018, 427

Hacker, Daten als Gegenleistung: Rechtsgeschäfte im Spannungsfeld von DS-GVO und allgemeinem Vertragsrecht, ZfPW 2019, 148

Härtl, Voreheliche Zuwendungen und Zugewinnausgleich, FF 2021, 185

Hain, Die Anfechtung der teilweise unentgeltlichen Leistung und deren Rückabwicklung in der aktuellen Rechtsprechung des IX. Zivilsenats, NZI 2021, 309

Halaczinsky, Ist eine Doppelbelastung mit Erbschaft- und Grunderwerbsteuer möglich?, ZEV 2003, 97

ders, Lebensversicherungen im Erbschaftsteuerrecht, ZErb 2002, 306

HAMMEN, Anm zu OLG Frankfurt, Urt v 25. 6. 1986 – 21 U 239/84, WM 1987, 1248
HARKE, Freigiebigkeit und Haftung (2006)
HARTMANN, Schenkungsteuerbare Zuwendungen durch Forderungsverzicht. Auf die Gestaltung des Schuldverhältnisses kommt es an!, ErbStB 2008, 9
ders, Trotz MoPeG weiterhin transparente Besteuerung bei Beteiligung rechtsfähiger Personengesellschaften an erbschaft- und schenkungsteuerbaren Erwerbsvorgängen. Neue Fiktionen im ErbStG mit dem geplanten Wachstumschancengesetz, ErbStB 2023, 293
HASSE, Lebensversicherung und Pflichtteilsergänzung, VersR 2009, 733
ders, Zur gemischten Lebensversicherung zu Gunsten Dritter, VersR 2005, 1176
ders, Zur „kondiktionsfesten" Anspruchszuwendung bei der Todesfalllebensversicherung zugunsten Dritter durch eine sachgerechte Konstruktion des Valutaverhältnisses, VersR 2008, 590
HAYMANN, Zur Grenzziehung zwischen Schenkung und unentgeltlichem Geschäft, JherJb 56 (1910) 86
HEIM, Schenkungsanfechtung bei Auszahlungen im verdeckten Schneeballsystem (2011)
HENGELER, Sogenannte Schenkung stiller Beteiligungen, ZHR 147 (1983) 329
HENKE/KESSLER, Der Anspruch auf Rückforderung von Zuwendungen, NZFam 2014, 307
HENNIG, Anm zu BGH, Urt v 17. 4. 2018 – X ZR 65/17, RNotZ 2018, 694
HEPTING, „Unbenannte" Zuwendungen – Ein Irrweg, in: FS Dieter Henrich (2000) 267
HERR, Anm zu BGH, Urt v 13. 11. 2012 – X ZR 80/11, FamFR 2013, 44
ders, Der Ausgleich schwiegerelterlicher Transferleistungen, NZFam 2014, 318
ders, Die Prüfungsreihenfolge der Anspruchshöhe bei ehebezogenen Zuwendungen unter Einbeziehung von Wertsteigerungen und gezogenen Nutzungen, FuR 2015, 8
ders, „Das ist schon lange her!" – Das Problem der „Abschreibung" im Nebengüterrecht und wie man es in den Griff bekommt: Eine kritische Stellungnahme mit Arbeitshilfe, NZFam 2015, 1033
ders, Schwiegerelternschenkungen: die Halbwertzeit der Ausgleichsansprüche – zwischen Freispruch und lebenslänglich?, FF 2021, 276
ders, Die Privilegierung funktionsäquivalenter elterlicher und schwiegerelterlicher Arbeitsleistungen nach § 1374 Abs 2 BGB, FF 2024, 56
HERRLER, Behandlung von Lebensversicherungen im Pflichtteilsrecht: Der goldene Mittelweg des BGH?, ZEV 2010, 333
ders, Risiken und Nebenwirkungen der Aufgabe von Nutzungsrechten (Nießbrauch, Wohnungsrecht etc.) – Zugleich Anmerkungen zum Urteil des BGH v 17. 4. 2018 – X ZR 65/17 –, DNotZ 2019, 493
HERRMANN, Sogenannte Schenkungen stiller Beteiligungen, ZHR 147 (1983) 313
HINDAHL, Die Rechtsnachfolge von natürlichen Personen bei der unselbstständigen Stiftung, ZStV 2022, 145
HÖFLING, Die Schenkung und die unentgeltliche Verfügung im Erbrecht (2019)
HÖLSCHER, Pflichtteilsansprüche bei Aufnahme in Personengesellschaften ohne Kapitalaufbringung, ErbR 2019, 730
HOENIGER, Untersuchungen zum Problem der gemischten Verträge I (1910)
HOEREN, Open Source und das Schenkungsrecht – eine durchdachte Liaison?, in: FS Helmut Kollhosser (2004) 229
HOLZHAUER, Schenkungen aus dem Vermögen Betreuter, FamRZ 2000, 1063
HOPPENZ, Die Zugewinnneutralität von Schenkungen – zugleich eine Verteidigung des Urteils des BGH v 3. 2. 2010, FamRZ 2010, 1718
ders, Anm zu BGH, Urt v 19. 9. 2012 – XII ZR 136/10, FamRZ 2012, 1791
ders, Ehegattenzuwendungen, FPR 2012, 84
ders, Anm zu OLG Frankfurt, Beschl v 14. 3. 2013 – 6 U 91/11, FamRZ 2013, 991
ders, Anm zu BGH, Beschl v 6. 11. 2013 – XII ZB 434/12, NZFam 2014, 20
HORN, Ansprüche des beeinträchtigten Vertragserben – Durchsetzung und Abwehr, NJW 2019, 1123
ders, Ehegattenzuwendungen im Pflichtteilsergänzungsrecht, NJW 2020, 1124
HÜBNER, Verdeckte Zuwendungen im Umfeld von Kapitalgesellschaften – Anmerkung zu den gleichlautenden Ländererlassen vom 15. 3. 1997, DStR 1997, 897

HUECK, Anm zu BAG, Urt v 13. 9. 1965 – 3 AZR 383/64, AP BGB § 242 Ruhegehalt Nr 102
HÜTTEMANN/RAWERT, Anm zu OLG Celle, Urt v 10. 3. 2016 – 16 U 60/15, npoR 2016, 166
JACOB, Franz Haymann und die Schenkung unter Auflage (1995)
JAKOB, Die Ausstattung (§ 1624 BGB) – ein familienrechtliches Instrument moderner Vermögensgestaltung?, AcP 207 (2007) 198
JAKOBY, Zur Schenkung im Grundstücksrecht. Abgrenzung der Handschenkung vom Schenkungsversprechen, Rpfleger 1994, 49
JASPERT, Die Bewertung von Grundstücksschenkungen im Rahmen des Pflichtteilsergänzungsanspruchs, ZEV 2020, 69
JEEP, Schenkung oder nicht Schenkung, das ist oft die Frage, NZFam 2014, 293
JERSCHKE, Ist die Schenkung eines vermieteten Grundstücks rechtlich vorteilhaft?, DNotZ 1982, 459
vJHERING, Das Trinkgeld (4. Aufl 1902)
JÜDT, Das Schicksal von Zuwendungen enttäuschter (Schwieger-)Eltern, FuR 2013, 431
JÜLICHER, Vertragliche Rückfallklauseln, Widerrufsvorbehalte, auflösende Bedingung und Weiterleitungsklauseln in Schenkungsverträgen, ZEV 1998, 201
KAMPS/GRAVENHORST, Schenkungsteuerneutrale Rückabwicklung von Schenkungen gem § 29 Abs 1 Nr 1, 2 ErbStG (Teil I), ErbR 2022, 300
KAPPLER/KAPPLER, Die vorweggenommene Erbfolge: ein schillerndes Konstrukt – Einordnung der vorweggenommenen Erbfolge im geltenden Rechtssystem sowie Ausblick auf neue Herausforderungen, MittBayNot 2019, 217
KARAKATSANES, Zum Widerruf von Schenkungen unter (geschiedenen) Ehegatten wegen Ehebruchs, FamRZ 1986, 1049
KARCZEWSKI, Pflichtteilsergänzungsansprüche gegen den beschenkten Ehegatten: Neue Entwicklungen bei § 2325 BGB, ZEV 2020, 733
ders, Unbenannte Zuwendungen im Rahmen von § 2325 BGB, ZEV 2023, 281
KEIM, Entgeltlicher Vertrag oder belohnende Schenkung? Pflichtteilsergänzung bei belohnenden Schenkungen, FamRZ 2004, 1081
ders, Anm zu BGH, Urt v 28. 9. 2016 – IV ZR 513/15, NJW 2017, 331
KEMPER, Ausgleichsansprüche bei Beendigung einer nichtehelichen Lebensgemeinschaft, NJ 2009, 177
KLAKA, Anm zu BGH, Urt v 29. 4. 1958 – I ZR 56/57, GRUR 1959, 31
KLEIN-BLENKERS, Steuerentstehung und Verfügungsmöglichkeit im Erbschaftsteuer- und Schenkungsteuerrecht (Teil I), DStR 1991, 1549
KLEINERT/KROGOLL/ANISSIMOV, Die disquotale Einlage im Schenkungsteuerrecht, DStR 2024, 785
KLEINSCHMIDT, Zur Frage der Abgrenzung von Entgeltlichkeit und Unentgeltlichkeit, JZ 2009, 1121
KLÜHS, Anfechtbarkeit ehevertraglicher Vereinbarungen wegen Unentgeltlichkeit, NotBZ 2010, 286
KLÜSENER, Grundstücksschenkung durch die Eltern. §§ 181, 107 BGB bei der Schenkung von Grundstücken, grundstücksgleichen Rechten und Grundstücksrechten an Minderjährige, Rpfleger 1981, 258
KNOBBE-KEUK, Verunglückte Schenkungen, in: FS Werner Flume II (1978) 149
KOCH, Die Bestandskraft von Zuwendungen an Schwiegerkinder beim Scheitern der Ehe, in: FS Dieter Schwab (2005) 513
dies, Entgeltlichkeit in der Ehe?, FamRZ 1995, 321
dies, Anm zu BGH, Urt v 3. 2. 2010 – XII ZR 189/06, DNotZ 2010, 861
dies, Anm zu BGH, Beschl v 6. 11. 2013 – XII ZB 434/12, FamRZ 2014, 103
dies, Rückforderung von Schenkungen in der Familie, NZFam 2014, 311
dies, Anm zu BGH, Beschl v 20. 5. 2015 – XII ZB 314/14, FamRZ 2015, 1275
dies, Investitionen der Schwiegereltern in die Ehe des Kindes, FF 2023, 20
KÖHLER, Grundstücksschenkung an Minderjährige – ein „lediglich rechtlicher Vorteil"?, JZ 1983, 225
KOEPPEN, Das negotium mixtum cum donatione nach Pandektenrecht und Reichsgesetzen (1901)
KÖSSINGER, Anm zu BGH, Urt v 27. 1. 2016 – XII ZR 33/15, MittBayNot 2017, 472
KOGEL, Die Lebenserwartung der Eheleute als Kürzungskriterium bei der Rückforderung ehe-

bezogener Zuwendungen – ein juristischer Irrweg, FamRZ 2013, 512
ders, Über Risiken und Nebenwirkungen einer Ehegatteninnengesellschaft im gesetzlichen Güterstand – Blick auf ein juristisches Absurdistan der Interessenlagen, FamRB 2017, 354
Kollhosser, Aktuelle Fragen der vorweggenommenen Erbfolge, AcP 194 (1994) 231
ders, Ehebezogene Zuwendungen und Schenkungen unter Ehegatten, NJW 1994, 2313
Krampe, Wohin mit dem „Leidenden Menschen" (76,50m + 12m)? Ein atypischer Rechtsstreit zwischen Künstler und Kunstakademie, NJW 1992, 1264
Kreutziger, Schenkungsteuerliche Auswirkungen beim Ausscheiden eines Gesellschafters aus einer Freiberuflerpraxis, ZEV 2013, 252
Kroppenberg, Anm zu BGH, Urt v 22. 3. 2013 – V ZR 28/12, JZ 2014, 47
Kubillus, Die Schenkung stiller Beteiligungen (2002)
Kühne, Anm zu BGH, Urt v 26. 11. 1981 – IX ZR 91/80, NJW 1982, 1093
Kümpel, Konto und Depot zugunsten Dritter auf den Todesfall, WM 1977, 1186
Kuhn/Rohlfing, Die Lebensversicherung im Erbrecht, ErbR 2006, 11
Kumkar, Herausforderungen eines Gewährleistungsrechts im digitalen Zeitalter, ZfPW 2020, 306
Kupisch, Leistungskondiktion bei Zweckverfehlung – Teil 1. Zum causa-Problem im Zivilrecht, JZ 1985, 101
A Lange, Gemeinsamer Konsum im Schenkungsteuerrecht, DStR 2019, 953
H Lange, Schenkungen an beschränkt Geschäftsfähige und § 107 BGB, NJW 1955, 1339
K W Lange, Stiftungszweck als Rechtsgrund für unentgeltliche Zuwendungen?, ZErb 2010, 137
ders, Der Pflichtteilsverzicht zwischen privatautonomer Gestaltung und gerichtlicher Inhaltskontrolle, ErbR 2017, 305
Langenfeld, Möglichkeiten und Grenzen notarieller Vertragsgestaltung bei Eheverträgen und Scheidungsvereinbarungen, Sonderbeilage DNotZ 1985, 167
ders, Zur Rückabwicklung von Ehegattenzuwendungen im gesetzlichen Güterstand, NJW 1986, 2541
Langheim, Auswirkungen von Zuwendungen der Schwiegereltern auf Zugewinnausgleichsansprüche, FF 2024, 91
Laukemann, Anm zu BGH, Urt v 30. 10. 2015 – V ZR 63/13, LMK 2015, 374506
Lehmann, Bilanzielle Behandlung von Zuwendungen (Spenden) an gemeinnützige Einrichtungen, DB 2006, 1281
Leipold, Zur Heilung von Formmängeln beim Schenkungsversprechen unter Lebenden und von Todes wegen, zur Abgrenzung beider Versprechenstypen voneinander und zur Notwendigkeit eines rechtsgeschäftlichen Bindungswillens bei Abgabe eines Schenkungsversprechens, JZ 1987, 362
Leithaus, Anm zu BGH, Urt v 15. 12. 2016 – IX ZR 113/15, NZI 2017, 153
Leszczenski, Rückforderung schwiegerelterlicher Zuwendungen (2016)
Lieb, Die Ehegattenmitarbeit im Spannungsfeld zwischen Rechtsgeschäft, Bereicherungsausgleich und gesetzlichem Güterstand (1970)
Liebrecht, Abschied von der unbenannten Zuwendung, AcP 217 (2017) 886
Lipp, Anm zu BGH, Urt v 4. 2. 1998 – XII ZR 160/96, JZ 1998, 908
ders, Zuwendungen an den Partner zwischen Familien- und Erbrecht, in: FS Dieter Schwab (2005) 529
vLipp, Zur Rückabwicklung ehebedingter Zuwendungen von Schwiegereltern bei einem Scheitern der Ehe, JZ 1998, 908
Löffler, Ehegattenschenkungen und ihre Rückgängigmachung nach deutschem und französischem Recht (1987)
Löhnig, Zum Ausgleich „unbenannter" oder „ehebedingter" Zuwendungen nach der Schuldrechtsmodernisierung, FamRZ 2003, 1521
ders, Ausgleich von Zuwendungen nach Beendigung einer nichtehelichen Lebensgemeinschaft, DNotZ 2009, 52
ders, Unbenannte Zuwendungen im Bereich der Pflichtteilsergänzung, NJW 2018, 1435
ders, Anm zu BGH, Urt v 11. 7. 2018 – XII ZR 108/17, NZFam 2018, 847
ders, Wegfall der Geschäftsgrundlage eines Schenkungsvertrages, JA 2019, 865
ders, Anm zu BGH, Urt v 18. 6. 2019 – X ZR 107/16, NZFam 2019, 827

LÖHNIG/PLETTENBERG, Anm zu BGH, Beschl v 20. 5. 2015 – XII ZB 314/14, NZFam 2015, 830
LOTTE, Anm zu BGH, Urt v 26. 4. 2022 – X ZR 3/20, FamRZ 2022, 1569
LÜDERITZ, Auslegung von Rechtsgeschäften: vergleichende Untersuchung anglo-amerikanischen und deutschen Rechts (1966)
MÄSCHER, Freigebige Zuwendungen im Geschäftsverkehr, DStR 2015, 193
MAGNUS, Anm zu BGH, Urt v 20. 11. 2013 – IV ZR 54/13, LMK 2014, 354195
MAIER-REIMER/MARX, Die Vertretung Minderjähriger beim Erwerb von Gesellschaftsbeteiligungen, NJW 2005, 3025
J MAYER, Ausgewählte erbrechtliche Fragen des Vertrages zugunsten Dritter, DNotZ 2000, 905
ders, Es kommt auf die Sekunde an – Zum Pflichtteilsrecht bei Lebensversicherungen (Zugleich Anmerkungen zum Urt. des BGH v 28. 4. 2010 – IV ZR 73/08), DNotZ 2011, 89
N MAYER, Schwiegerkinderzuwendungen: ein Dauerbrenner in der familienrechtlichen Gestaltungspraxis, ZEV 2016, 177
ders, Anm zu BGH, Urt v 18. 6. 2019 – X ZR 107/16, ZEV 2019, 723
MEINCKE, Zur Abstimmung von Einkommen- und Erbschaftsteuer, in: FS Klaus Tipke (1995) 391
ders, Anm zu BVerfG, Beschl v 27. 12. 1991 – 2BvR 72/90, StuW 1992, 188
ders, Ist das deutsche Erbschaftsteuerrecht EU-konform?, ZEV 2004, 353
ders, Anm zu BFH, Urt v 29. 6. 2005 – II R 52/03, ZEV 2005, 492
MEINERT, Die „gemischte Schenkung". Eine Studie zum Schenkungsbegriff und zur Teilentgeltlichkeit im System des BGB (2025)
MERKLE, Outbound-Compliance: Aktive Beteiligung an Open-Source-Projekten, MMR 2022, 251
MESSBACHER-HÖNSCH, Doppelbelastung mit Erbschaft-/Schenkungsteuer und Ertragsteuer: Eine Betrachtung anhand verschiedener Fallgruppen, ZEV 2018, 182
METZGER, Verträge über digitale Inhalte und Dienstleistungen: Neuer BGB-Vertragstypus oder punktuelle Reform?, JZ 2019, 577
ders, Dienst gegen Daten: Ein synallagmatischer Vertrag, AcP 216 (2016) 817
METZGER/JAEGER, Open Source Software und deutsches Urheberrecht, GRUR Int 1999, 839
dies, Open Source Software (2020)
MEYER, Die Schenkung von Todes wegen: Probleme de lege lata und Plädoyer für eine rein schuldrechtliche Lösung de lege ferenda, ZEV 2017, 682
dies, Die Übertragung von Vermögen anlässlich des Todes außerhalb des Erbrechts durch Schenkung (2022)
MICHAEL, Immobilienzuwendungen, notar 2017, 350
MILZER, Der Interessenausgleich bei gemeinsamen Bauvorhaben nichtehelicher Lebenspartner, NJW 2008, 1621
MOENCH, Schenkungsteuer und Erbschaftsteuer bei der Unternehmensnachfolge, DStR 1989, 594
ders, Telefonberatung zur mittelbaren Grundstücksschenkung, DStR 1990, 335
MOES, Der Vermögensausgleich bei aufgelöster Lebensgemeinschaft – Bestandsaufnahme, Würdigung und Plädoyer für die Verabschiedung der Zweckverfehlungskondiktion –, FamRZ 2016, 757
MORHARD, „Unbenannte Zuwendungen" zwischen Ehegatten – Rechtsfolgen und Grenzen der Vertragsgestaltung, NJW 1987, 1734
MÜLLER, Die kommerzielle Nutzung menschlicher Körpersubstanzen (1997)
ders, Die gemischte Schenkung, JherJb 48 (1904) 209
ders, Zur Unentgeltlichkeit der Verfügung als Schranke der Verfügungsmacht des Testamentsvollstreckers, WM 1982, 466
MÜNCH, Die Ehegatteninnengesellschaft, FamRZ 2004, 233
MÜNSTER, Unbenannte Zuwendungen – Rechtsgeschäfte auf der Grundlage eines atypischen unentgeltlichen Vertrages. Bestandsaufnahme und Perspektive einer Rechtsfigur (2007)
MÜSSIG, Ehebezogene Zuwendungen als Schenkungen unter Ehegatten, FPR 2007, 194
MUSCHELER, Der Zuwendungsvertrag zwischen Stiftung und Destinatär, NJW 2010, 341
ders, Die Rechtsstellung der Stiftungsdestinatäre, WM 2003, 2213
ders, Stiftung und Schenkung. Zum Kausalver-

hältnis zwischen Stifter, Stiftung, Destinatären, Anfallberechtigten, AcP 203 (2003) 469
ders, Der Übergang von der unselbstständigen Stiftung in die rechtsfähige Stiftung, ZEV 2018, 187
NEHLSEN-vSTRYK, Unentgeltliches schuldrechtliches Wohnrecht, AcP 187 (1987) 552
NIEHUS/KRÄNKE, Die steuer- und zivilrechtlichen Probleme von Oder-Konten, insbesondere beim Erbfall, DB 1996, 1158
OBERMANN, Anm zu BGH, Urt v 6. 5. 2014 – X ZR 135/11, NZFam 2014, 784
ders, Anm zu BGH, Beschl v 18. 3. 2020 – XII ZB 380/19, NJW 2020, 2024
ders, Anm zu OLG Oldenburg, Beschl v 14. 10. 2020 – 11 UF 100/20, NZFam 2021, 236
OERTMANN, Schenkung und Vertrag, Der junge Rechtsgelehrte 1937, 177
OLZEN, Die vorweggenommene Erbfolge (1983)
OTTE, Rez zu OLZEN, Die vorweggenommene Erbfolge (1984), AcP 186 (1986) 313
PAAL, Sittenwidrigkeit im Erbrecht, JZ 2005, 436
PABST, Vererben und Verschenken aus grundrechtlicher Sicht, JuS 2001, 1145
PELTNER, Die mittelbare Grundstücksschenkung im Schenkungsteuerrecht, DStR 1986, 72
PETER, Zuwendungen im Wege vorweggenommener Erbfolge – Fragen zur Ausgleichung und zur Anrechnung, BWNotZ 1986, 28
A PETERS, Die Lebensversicherung als echter Vertrag zugunsten Dritter, MDR 1995, 659
S PETERS, Schenkungsteuer: Eheliche Zuwendungen im Fokus der Betriebsprüfung, PFB 2021, 266
PETZOLDT, Zur subjektiven Seite bei freigebigen Zuwendungen, in: FG für Günther Felix zum 60. Geburtstag (1989) 331
PIEPENBROCK, Zur Rechtslage bei Zusendung unerbetener Geschenke an Bibliotheken, ZfBB 29 (1982) 300
PIESKE-KONTNY, Die ertrag- und umsatzsteuerliche Behandlung von Geschenken, StBp 2021, 190
POELZIG, Die Dogmatik der unbenannten unentgeltlichen Zuwendungen im Zivilrecht, JZ 2012, 425
PRAHL, Wem der VN eine Bezugsberechtigung aus einer Lebensversicherung auf den Todesfall schenkt, der behält sie, VersR 2022, 1405
PROBST, Anm zu BGH, Urt v 7. 4. 1989 – V ZR 252/87, JR 1990, 192
PROGL, Die Reichweite des Pflichtteilergänzungsanspruchs gemäß § 2325 BGB bei Lebensversicherungszuwendungen und die Rechtsfiguren der mittelbaren Schenkung und der ehebedingten Zuwendung, ZErb 2008, 288
RACHLITZ/VEDDER, Immobilienzuwendungen, notar 2020, 286
RAMB, Gemischte Schenkung und Schenkung unter Auflage. Verwaltung vereinfacht Rechtslage, NWB 2012, 138
RAUPACH, Zivilrechtliche und steuerrechtliche Fragen des Sponsoring, Non Profit Law Yearbook 2001/2002, 169
RAUSCHER, Dingliche Mitberechtigung in der Zugewinngemeinschaft. Betrachtungen über die Rechtsprechung des BGH zur Auseinandersetzung gemeinsamer Vermögenswerte nach der Scheidung, AcP 186 (1986) 529
ders, Ehegattenzuwendungen, NZFam 2014, 298
RAWERT, Charitable Correctness. Das OLG Dresden zu Spenden und Pflichtteilergänzung, NJW 2002, 3151
ders, Kapitalerhöhung zu guten Zwecken. Die Zustiftung in der Gestaltungspraxis, DNotZ 2008, 5
REIFF, Die Dogmatik der Schenkung unter Nießbrauchsvorbehalt (1989)
ders, Vorweggenommene Erbfolge und Pflichtteilsergänzung, NJW 1992, 2857
REIMANN, Anm zu BGH, Urt v 29. 11. 2011 – II ZR 306/09, ZEV 2012, 167
ders, Schenkungen und Eigengeschenke bei der Pflichtteilsergänzung, ZEV 2018, 198
REINICKE, Anm zu BGH, Urt v 6. 3. 1970 – V ZR 57/67, NJW 1970, 1447
RICHTER, Das Verhältnis von Zuwendungen an Stiftungen und Pflichtteilergänzungsansprüchen, ZErb 2005, 134
ROSENBERG, Zur Lehre vom qualifizierten Geständnis, AcP 94 (1903) 1
ROSSAK, „Benannte" und „unbenannte" Zuwendungen zwischen Ehegatten im gesetzlichen Güterstand, MittBayNot 1984, 74
ROSSMANN, „Schwiegerelternansprüche" nach Trennung und Scheidung, FuR 2019, 622
G ROTH, Wie gewonnen so zerronnen – Zum

Schicksal von Spenden in der Insolvenz, ZinsO 2010, 1617
M Roth, Die Ausstattung (§ 1624 BGB): ein vergessenes Rechtsinstitut zwischen familienrechtlicher Vermögensübertragung und regressrechtlichem Spagat, ZEV 2021, 352
W Roth, Der Schutz des Vertragserben vor beeinträchtigenden Schenkungen, NJW-Spezial 2014, 679
Röfer, Anm zu KG Berlin, Beschl v 6. 12. 2016 – 18 UF 33/16, FamRZ 2017, 610
Röthel, Rückgewähr von Zuwendungen durch Verlobte, Ehegatten, Lebenspartner, Jura 2006, 641
Röthel/Krackhardt, Lediglich rechtlicher Vorteil und Grunderwerb, Jura 2006, 161
Rupp, Verliebt, verlobt, rückabgewickelt? Ansprüche bei der Auflösung von Verlöbnissen aus grenzüberschreitender Perspektive, RabelsZ 83 (2019), 154
Saecker, Aktuelle Entwicklungen bei Schenkungen unter Beteiligung von Kapitalgesellschaften, ErbStB 2025, 160
Sailer, Die Ausstattung als Rechtsgrund von Überlassungsverträgen, NotBZ 2002, 81
Sanders, Das Nebengüterrecht und die EuGüVO, FamRZ 2018, 978
Sandweg, Ehebedingte Zuwendungen und ihre Drittwirkung, NJW 1989, 1965
ders, Die virtuelle Stiftung in der notariellen Praxis, BWNotZ 2017, 126
Sarres, Anm zu OLG Karlsruhe, Urt v 8. 1. 2019 – 9 U 5/17, FamRB 2019, 315
Schaden/Wagner/Zawodsky, Das Geschäftsmodell mit Non-Fungible Tokens – Eine ertragsteuerliche Einordnung, StuW 2022, 151
Scharfenberg/Dorn, Berücksichtigung eines Nießbrauchs beim Nachweis des niedrigeren Verkehrswerts nach § 198 BewG bei Schenkungen von Grundstücken und Miteigentumsanteilen, ZEV 2021, 431
Scherpe, Vermögensrechtliche Abwicklung beendeter nichtehelicher Lebensgemeinschaften, JZ 69 (2014), 659
ders, Anm zu BGH, Urt v 4. 3. 2015 – XII ZR 46/13, ErbR 2015, 439
Schiemann, Zur Darlegungs- und Beweislast hinsichtlich einer angeblichen Weisung oder Ermächtigung des verstorbenen Schenkers an den potentiell Beschenkten, JZ 2000, 570
Schild, Gemischte Schenkungen im Erbschaft- und Schenkungsteuerrecht, DB 1983, 1063
Schindler, Anm zu BGH, Beschl v 3. 12. 2008 – IV ZR 58/07, ZEV 2009, 80
ders, Beeinträchtigende Schenkungen gem § 2287 BGB aus forensischer Sicht, ErbR 2015, 526
Schlecht, Die schwiegerelterliche Zuwendung an das Schwiegerkind – zugleich eine Besprechung des Urteils des BGH v 3. 2. 2010, FamRZ 2010, 1021
Schlinker, Sachmängelhaftung bei gemischter Schenkung. Aktuelle Fragen nach der Reform des Schuldrechts, AcP 106 (2006) 28
Schlitt, Die Gewährung freien Wohnraums als pflichtteilsergänzungsrelevante Schenkung, ZEV 2006, 394
Schmid, Ausstattung und Schenkung, BWNotZ 1971, 29
Schmidt, Anm zu OLG Hamm, Urt v 30. 9. 1977 – 11 U 99/77, JuS 1978, 274
ders, Die Schenkung von Personengesellschaftsanteilen durch Einbuchung, BB 1990, 1992
ders, Formfreie Schenkung von stillen Beteiligungen und Unterbeteiligungen? – Nachdenken über eine fünfzig Jahre alte Rechtstradition, DB 2002, 829
ders, Anm zu BGH, Urt v 19. 6. 2007 – X ZR 5/07, JuS 2008, 87
ders, Anm zu BGH, Urt v 28. 5. 2009 – Xa ZR 9/08, JuS 2010, 71
ders, Anm zu BGH, Urt v 7. 10. 2009 – Xa ZR 8/08, JuS 2010, 160
ders, Schenkungsvollzug bei atypischer Unterbeteiligung („Unseld") – BGH 29. 11. 2011 – II ZR 306/09, JbFfSt 2012/2013, 404
Schmidt-Kessel/Grimm, Unentgeltlich oder entgeltlich? – Der vertragliche Austausch von digitalen Inhalten gegen personenbezogene Daten, ZfPW 2017, 84
Schmittmann, Steuerliche Konsequenzen für Anfechtungsgegner und Insolvenzverwalter nach der erfolgreichen Anfechtung gem § 134 InsO bei Scheingewinnen und ähnlichen Gestaltungen, ZRI 2022, 51
Benedikt Schmitz, Rückforderung einer Zu-

wendung der Schwiegereltern nach Scheitern der Ehe des Kindes, NJW 2010, 2207
ders, Anm zu BGH, Beschl v 3. 12. 2014 – XII ZB 181/13, NJW 2015, 1018
Bernhard Schmitz, Übertragung privaten Grundvermögens unter Nießbrauchsvorbehalt in vorweggenommener Erbfolge, DStR 1993, 497
Schnauder, Die Rechtsnatur der Anweisung, JZ 2009, 1092
ders, Anm zu OLG Karlsruhe, Urt v 8. 1. 2019 – 9 U 5/17, jurisPR-BKR 6/2019 Anm 5
ders, Nachlassstreit ums Sparbuch – Beweisfragen zur Schenkung im Prozess – zugleich Anmerkung zu LG Koblenz, Urt v 18. 4. 2024 – 3 O 457/23, juris-PR-BKR 4/2025 Anm 1
Schönenberg-Wessel, Der fiktive Nachlass – Pflichtteilsergänzungsansprüche im notariellen Nachlassverzeichnis, NJW 2019, 1481
Schoor, Darlehensverträge zwischen nahen Angehörigen, StBP 2008, 340
Schopp, Schweigen im Rechtsverkehr, insbesondere im Handelsverkehr, Rpfleger 1982, 321
Schotten, Die ehebedingte Zuwendung – ein überflüssiges Rechtsinstitut, NJW 1990, 2841
Schubert, Die Verfassungswidrigkeit der Erbschaft- und Schenkungsteuer und die verfassungsrechtlichen Anforderungen an eine Neuregelung (2011)
ders, Anspruchsgegner bei einer den Vertragserben beeinträchtigende Schenkung, – zu BGH 20. 11. 2013 – IV ZR 54/13, JR 2015, 132
Schütz, Schenkweise Sicherheiten, JR 1964, 453
Schulz, Die Auswirkungen der neuen Rechtsprechung des BGH auf die Rückforderung von Zuwendungen der Schwiegereltern und den Zugewinnausgleich zwischen den Eheleuten, FF 2010, 273
ders, Rückgewährsanspruch der Schwiegereltern in Altfällen, FamRZ 2011, 12
ders, Rückforderung der Zuwendungen von Schwiegereltern und die Auswirkungen auf den Zugewinnausgleich, FPR 2012, 79
Schulze-Osterloh, Der „Bereicherungswille" bei der freigebigen Zuwendung im Schenkungsteuerrecht. Ein Beitrag zur Bestimmung subjektiver Besteuerungsmerkmale und zur Auslegung der Vorschriften des § 7 Abs 1 Nr 4, Abs 5 bis 7 ErbStG 1974, StuW 1977, 122
Schulze Ueding, Zuwendungen von Ehegatten und Dritten im Verhältnis zum gesetzlichen Güterstand (2002)
Schulze zur Wiesche, Vermögensübertragung im Wege der vorweggenommenen Erbfolge, BB 1986, 1134
Schwab, Die Vermögensauseinandersetzung in nichtehelichen Lebensgemeinschaften, FamRZ 2010, 1701
ders, Anm zu BGH, Urt v 22. 3. 2013 – V ZR 28/12, FamRZ 2013, 1033
ders, Anm zu BGH, Urt v 20. 11. 2013 – IV ZR 54/13, FamRZ 2014, 203
ders, Anm zu KG, Beschl v 20. 7. 2020 – 17 UF 11/19, FamRZ 2021, 99
Seifred, Steuerermäßigung bei Zusammentreffen von Erbschaftsteuer und Einkommensteuer nach § 35b EStG, ZEV 2009, 285
Seiler, Über die sog. unbenannten Zuwendungen unter Ehegatten – ein skeptischer Zwischenbericht, in: FS Dieter Henrich (2000) 551
Seutemann, Anm zu OLG Hamm,Urt v 30. 11. 1989 – 22 U 166/89, FamRZ 1992, 547
Siebert, Zur atypischen stillen Gesellschaft, NJW 1953, 806
Sikora/Sommer, Gestaltungsfragen bei Immobilienerwerb durch nichteheliche Lebensgemeinschaften und Ehegatten – Teil 1, MittBayNot 2020, 415
dies, Gestaltungsfragen bei Immobilienerwerb durch nichteheliche Lebensgemeinschaften und Ehegatten – Teil 2, MittBayNot 2020, 537
Singbartl, Anm zu BGH, Beschl v 16. 12. 2015 – XII ZB 516/14, NZFam 2016, 165
Skalka, Negotium mixtum cum donatione nach gemeinem Recht und BGB (1907)
Slabon, Anm zu BGH, Urt v 3. 6. 2020 – IV ZR 16/19, ErbBstg 2020, 190
Slapnicar, Unentgeltliches Wohnen nach geltendem Recht ist Leihe, nicht Schenkung – Dogmengeschichtliches zu BGHZ 82, 354, JZ 1983, 326
Söffing, Mittelbare Schenkung im Erbschaft- und Schenkungsteuerrecht (2002)
Sokolowski, Die gemischte Schenkung, Eine dogmatische und rechtsvergleichende Analyse (2013)
Sorge, Condictio ob rem und Rückabwicklung gemeinschaftsbezogener Zuwendungen in nichtehelichen Lebensgemeinschaften, JZ 2011, 660

SPELLENBERG, Schenkungen und unentgeltliche Verfügungen zum Nachteil des Erben oder Pflichtteilsberechtigten, FamRZ 1974, 350
ders, Rez zu OLZEN, Die vorweggenommene Erbfolge (1984), FamRZ 1987, 1229
ders, Anm zu BSG, Urt v 7. 12. 1988 – 6 RKa 35/87, NJW 1989, 2351
STACKMANN, Die Insolvenzanfechtung von Auszahlungen aus Schneeballsystemen, ZInsO 2023, 128
STAUDINGER, Abschied von der Gesamtbetrachtungslehre?, Jura 2005, 547
STEGER, Die gemischte Schenkung (1935)
STEIN, Sind Rückforderungsansprüche aus schwiegerelterlichen Zuwendungen vererblich?, FamFR 2011, 243
ders, Zuwendungen in der nichtehelichen Lebensgemeinschaft, NZFam 2014, 303
ders, Die Grunderwerbsteuerbefreiung gem § 3 Nr 2 GrEStG in der Nachfolgeplanung, ZEV 2021, 362
STRAUB, Die Rechtsfolgen ehebezogener Zuwendungen im Erbrecht. Eine Untersuchung der Grenzen anerkennenswerter Vermögensteilhabe im Lichte familien- und erbrechtlicher Wertungen (2009)
STREITER, Die Rechtsnatur von Stipendien, WissR 2005, 2
STRNAD, Die verdeckte Einlage als zivilrechtliche Schenkung, NZG 2004, 28
STROBEL, Widerruf des Schenkungsantrags beim Vertrag zugunsten Dritter auf den Todesfall durch Verfügung von Todes wegen?, WM 2019, 1477
STÜRNER, Der lediglich rechtliche Vorteil, AcP 173 (1973) 402
STUTZ, Der Minderjährige im Grundstücksrecht, MittRhNotK 1993, 205
SUJECKI, Open Source Software im deutschen Vertrags- und Urheberrecht, medien und recht 2005, 40
SUTOR, Zu den Auswirkungen von Art 25 EuGüVO auf das „Nebengüterrecht“, FamRZ 2023, 1259
ders, Billigkeitsansprüche und Vermögensauseinandersetzung bei Scheidung der Ehe im deutschen und schweizerischen Recht (2024)
SUYTER, Neue Probleme bei der Testamentsgestaltung im Hinblick auf § 14 HeimG, ZEV 2003, 104
SZALAI, Die familienrechtliche Überlagerung zivilrechtlicher Ansprüche unter Eheleuten, NZFam 2018, 761
ders, Rechtsschutz bei Stipendienvergabe, SächsVBl 2010, 229
THOMALE, Anm zu BGH, Urt v 22. 3. 2013 – V ZR 28/12, LMK 2013, 347486
TIMME, Die Schenkung eines Tieres an einen beschränkt Geschäftsfähigen. Ein Schlusswort?, JA 2010, 848
TIMMERMANN, Vermögensrechtliche Ausgleichsansprüche bei Scheidung einer Unternehmerehe in Deutschland und Italien (2021)
TROLL, Ermittlung des Unternehmenswerts zur Feststellung einer steuerpflichtigen Schenkung, DStR 1984, 11
ders, Mittelbare Grundstücksschenkung und Einheitsbewertung, DB 1990, 2233
ders, Zur Wertermittlung von OHG- und KG-Anteilen bei der Erbschaftsteuer, BB 1990, 674
vRIEGEN/BARDUHN, Der Wettlauf der Erben gegen den bezugsberechtigten Dritten in Lebensversicherungsverträgen – Immerwährender Bonifatius, VersR 2024, 610
VISKORF, Kann die Werterhöhung eines im Vermögen vorhandenen Gegenstandes schenkungsteuerrechtlich zur objektiven Bereicherung führen?, DStR 1998, 150
ders, Anm zu BFH, Urt v 30. 6. 1999 – II R 70/97, FR 1999, 1255
ders, Anm zu BFH, Urt v 10. 11. 2004 – II R 44/02, FR 2005, 271
VOLLERSEN, Das Trennungs- und Abstraktionsprinzip beim Lebensversicherungsvertrag, Jura 2009, 923
ders, Die Hinterlegung durch den Lebensversicherer – Königsweg oder Holzweg?, ZGS 2009, 305
VOLMER, Schenkungen durch den Betreuer – ein Einfallstor für Bevormundung?, FamRZ 2025, 82
VOSSIUS, Änderung eines Teilgewinnabführungsvertrags, NotBZ 2013, 106
WAAS, Zur Dogmatik der sogenannten „ehebezogenen Zuwendungen“, FamRZ 2000, 453
WACHTER, Schenkungen unter Ehegatten, ZEV 2023, 333

Wacke, Donatio non praesumitur, AcP 191 (1991) 1
ders, Im Zweifel für den Beklagten aber nur in pari causa: Vom Nachrang der Schenkungscausa bei der Beweislastverteilung, in: FS Jens Peter Meincke (2015) 397
vWaldenfels, Der Gleichheitsgrundsatz im Erbschaft- und Schenkungsteuerrecht (2008)
Walker, Rückabwicklung gemeinschaftsbezogener Zuwendungen nach dem Scheitern der Gemeinschaft, in: FS Helmut Rüßmann (2013) 355
Wall, Das Valutaverhältnis des Vertrages zugunsten Dritter auf den Todesfall (2009)
ders, Welche Auswirkungen hat bei einer Lebensversicherung mit Begünstigung des Ehegatten die Scheidung auf das Bezugsrecht und auf das Valutaverhältnis?, ZErb 2011, 184
ders, Wider die Herrschende Meinung: Forderungsvermächtnis statt Schenkung im Valutaverhältnis des Vertrags zugunsten Dritter auf den Todesfall, ZEV 2011, 3
Weber, Anm zu BGH, Urt v 14. 3. 2018 – IV ZR 170/16, FamRZ 2018, 777
Wegmann, Anm zu BGH, Beschl v 6. 11. 2013 – XII ZB 434/12, MittBayNot 2015, 225
Weidlich, Erbrechtliche Verzichtsverträge, NotBZ 5/2009, 149
Weinreich, Vermögensrechtliche Beziehungen zwischen Ehegatten außerhalb des Güterrechts, FamRZ 2014, 1889
ders, Anm zu BGH, Urt v 4. 3. 2015 – XII ZR 46/13, NZFam 2015, 504
Wellenhofer, Anm zu BGH, Urt v 22. 9. 2010 – XII ZR 69/09, JZ 2011, 107
dies, Anm zu BGH, Urt v 3. 2. 2010 – XII ZR 53/08, FamRZ 2010, 544
dies, Ausgleich von Zuwendungen unter Ehegatten nach § 313 BGB, NZFam 2014, 314
dies, Die Vermögensauseinandersetzung nichtehelicher Lebensgemeinschaften bei Trennung der Partner, NZFam 2021, 381
dies, Die Ehegatteninnengesellschaft nach dem Gesetz zur Modernisierung des Personengesellschaftsrechts, NZFam 2024, 337
Wendland, Partnerschaftsverträge in faktischen Lebensgemeinschaften, FamRZ 2024, 657
Werner, Liegt bei Übertragungen von Anteilen an einer vermögensverwaltenden Familien-GbR eine Schenkung vor?, ZEV 2013, 66
Wernsmann/Meickmann, Gemeinsamer Konsum als steuerbare Schenkung?, DStR 2022, 911
Werthmann, Die unbenannte Zuwendung im Privatrechtssystem (1990)
Wever, Abschlag für Zweckerreichung bei Rückgewähr ehebezogener Zuwendungen – Erwiderung auf Kogel, FamRZ 2013, 514
ders, Anm zu BGH, Urt v 28. 3. 2006 – X ZR 85/04, FamRZ 2006, 1023
ders, Anm zu BGH, Urt v 3. 2. 2010 – XII ZR 189/06, FamRZ 2010, 1047
ders, Anm zu BGH, Urt v 20. 7. 2011 – XII ZR 149/09 – Zum Lauf der Regelverjährungsfrist gem §§ 195, 199 Abs 1 BGB von Rückforderungsansprüchen der Schwiegereltern wegen ehebedingter Zuwendungen FamRZ 2012, 276
ders, Rückgewähr ehebezogener Zuwendungen: der Abschlag für teilweise Zweckerreichung, FamRZ 2013, 1
ders, Abschlag für Zweckerreichung bei Rückgewähr ehebezogener Zuwendungen – Erwiderung auf Kogel, FamRZ 2013, 514
ders, Anm zu BGH, Beschl v 3. 12. 2014 – XII ZB 181/13, FamRZ 2015, 398
ders, Anm zu BGH, Beschl v 26. 11. 2014 – XII ZB 666/13, FamRZ 2015, 493
ders, Anm zu BGH, Urt v 4. 3. 2015 – XII ZR 46/13, FamRZ 2015, 836
ders, Anm zu BGH, Beschl v 16. 12. 2015 – XII ZB 516/14, FamRZ 2016, 462
ders, Die Rückabwicklung der Schwiegerelternschenkung in der Praxis, FamRZ 2016, 857
ders, Anm zu BGH, Urt v 3. 2. 2016 – XII ZR 29/13, FamRZ 2016, 968
ders, Anm zu BGH, Urt v 18. 6. 2019 – X ZR 107/16, FamRZ 2019, 1599
ders, Unentgeltliche Arbeitsleistungen und privilegierter Erwerb i. S. des § 1374 II BGB – Korrekturbedarf in der Rechtsprechung –, FamRZ 2024, 1261
Wever/Frank, Die Entwicklung der Rechtsprechung zur Vermögensauseinandersetzung der Ehegatten außerhalb des Güterrechts, FamRZ 2020, 885
dies, Die Entwicklung der Rechtsprechung zur Vermögensauseinandersetzung der Ehegatten außerhalb des Güterrechts, FamRZ 2022, 1241

Wieacker, Hoferbenbestimmung durch schlüssiges oder sozialtypisches Verhalten?, FamRZ 1957, 287

Wilhelm, Das Merkmal „lediglich rechtlich vorteilhaft“ bei Verfügungen über Grundstücksrechte, NJW 2006, 2353

Windel, Über die Modi der Nachfolge in das Vermögen einer Person nach dem Todesfall (1997)

Winkler, Anm zu BGH, Urt v 18. 9. 2012 – II ZR 50/11, BB 2013, 211

Worgulla, Die Übertragung von Lebensversicherungsverträgen. Besonderheiten bei Risiko-LV und der Bewertung nach § 12 Abs 4 BewG, ErbStB 2008, 234

Würdinger, Anm zu BGH, Urt v 19. 6. 2007 – X ZR 5/07, NJW 2008, 1422

Wulff, Zur Rechtsnatur des Übergabevertrags, RdL 1952, 113

Wurmnest, Die Brautgabe im Bürgerlichen Recht, FamRZ 2005, 1878

Zain, Unbenannte Zuwendungen und lebensgemeinschaftsdienliche Dienstleistungen. Praxisbezogene Ansätze zu ihrer Behandlung und Rückabwicklung unter besonderer Berücksichtigung von Rechtssicherheitsaspekten (2000)

Zech, Haftung für Trainingsdaten Künstlicher Intelligenz, NJW 2022, 502

Zimmer, Verzicht auf im Grundbuch eingetragene Rechte durch den Betreuer, NJW 2012, 1919

Zimmermann, Die ehebedingte Schwiegerelternzuwendung auf dem Prüfstand, FamFR 2010, 268.

Systematische Übersicht

Alphabetische Übersicht

I. Die Begrifflichkeit von § 516 BGB im System des Schenkungsrechts

1 Die Schenkung wird in § 516 Abs 1 BGB legal definiert (s zur Entwicklung des Schenkungsbegriffs überwiegend auf römisch-rechtlicher Grundlage und insbesondere schenkungsähnlichen Tatbeständen, die keinen rein juristischen Gehalt haben Burckhard, Zum Begriff der Schenkung [1899] 20 ff, 109 ff, 128). Dabei regelt die Vorschrift die **Hand-** oder **Realschenkung** (RG 25. 6. 1926 – IV 39/25, RGZ 111, 151, 152 f; gegen eine Einordnung als Realvertrag s Eckstein AcP 107 [1911] 384, 387 ff, der darin einen von dem mit ihm nur zeitlich zusammenfallenden Erfüllungsvertrag zu trennenden Konsensualvertrag sieht; **aA** Erman AcP 137 [1933] 335 ff; für einen Realvertrag auch Schnauder JZ 2009, 1092, 1098 und juris-PR-BKR 4/2025 Anm 1), die eine Sonderstellung innerhalb des Vertragsrechts des BGB einnimmt. Denn sie gibt keinen prozessual klagbaren Anspruch im Sinne von § 194 Abs 1 BGB auf Verschaffung des Zuwendungsgegenstandes, sondern bildet als Realvertrag selbst den **Rechtsgrund** für den Erwerb der **causa donandi** erfolgten Zuwendung (RG 25. 6. 1926 – IV 39/25, RGZ 111, 151, 152 f; Vorbem 30 ff, 37 ff, 42 zu §§ 516–534 ff; Mugdan Mot II 286 f; so noch Erman/Herrmann [13. Aufl 2011] § 516 Rn 3; anders Kupisch JZ 1985, 101, 106; den Vertragscharakter betonen energisch Oertmann, Der junge Rechtsgelehrte 1937, 177 f und Eckstein AcP 107 [1911] 384, 387 ff; gegen eine Versprechensschenkung bei § 516 BGB Erman AcP 137 [1933] 335 ff; zur *causa donandi* s Haymann JherJb 56 [1910] 86, 99 ff, 102 ff, der ihr irrigerweise – S 107, 109 – den Charakter als Rechtsgeschäft abspricht, weil sie, anders als bei den entgeltlichen Verträgen, gerade nicht auf die Herbeiführung einer Rechtsfolge gerichtet sei) im Sinne der §§ 812 ff BGB (RG 25. 6. 1926 – IV 39/25, RGZ 111, 151, 152; Planck/Knoke [4. Aufl 1928] § 516 Anm 3; MünchKommBGB/Koch § 516 Rn 2 nennt das missverständlich „Rechtsgrundabrede"; mit Blick auf § 812 Abs 1 S 2 Alt 2 BGB zweifelhaft) und ist Grundlage etwaiger Gewährleistungsansprüche des Beschenkten (Soergel/Eckert § 516 Rn 1; zur Entwicklung des Haftungsregimes bei Handschenkungen s Harke, Freigiebigkeit und Haftung [2006] 73 ff).

2 Das **Schenkungsversprechen**, dessen Charakteristikum darin besteht, dass hier eine verpflichtende Schenkungsabrede der Zuwendung zeitlich vorausgeht, ist dagegen erst in § 518 Abs 1 BGB geregelt, der ein besonderes gesetzliches Formerfordernis aufstellt, bei dessen Nichtbeachtung § 125 S 1 BGB eingreift. Demgegenüber regelt § 516 Abs 2 BGB den umgekehrten Fall, dass die unentgeltliche Zuwendung der Einigung **zeitlich vorausgeht** und statuiert dafür mit der Vermutung der Annahme Sonderregeln (näher Rn 62).

3 Die Schenkung – auch die Handschenkung – ist ein Vertrag (Mugdan Mot II 288; Eckstein AcP 107 [1911] 384, 387; Oertmann, Der junge Rechtsgelehrte 1937, 177 f; zur Geschichte s Vorbem 29 ff zu §§ 516–534 und Harke, Freigiebigkeit und Haftung [2006]). Die Vertragsnatur ergibt sich zum einen aus dem Merkmal des **Einigseins** über die Unentgeltlichkeit in § 516 Abs 1 BGB, zum anderen aus dem Erfordernis der Annahme, das sich aus der Annahmevermutung des § 516 Abs 2 BGB ergibt (Mugdan Mot II 289), die ausdrücklich vom Allgemeinen Teil teilweise abweichende Regelungen über Annahme und Antrag statuiert (näher Rn 62); schließlich aus den sekundären Vertragsansprüchen. Daher gelten die §§ 104 ff BGB über Rechtsgeschäfte vorbehaltlich der § 516 Abs 2 und § 518 Abs 2 BGB uneingeschränkt. Der **Vertragscharakter** kommt dadurch nicht weniger stark zum Ausdruck, dass der Gesetzgeber die Handschenkung als Realvertrag an den Anfang der Regelung gestellt hat (**aA** MünchKommBGB/Koch § 516 Rn 2). Jedem Vertrag, auch Realverträgen, liegt nämlich eine Einigung, eine *conventio* zugrunde (s Pedius in Ulpian, D. 2.14.1.3: ut eleganter dicat Pedius nullum esse contractum, nullam obligationem, quae non habeat in se conventionem, sive re sive verbis fiat: nam et stipulatio quae verbis fit, nisi habeat consensum, nulla est). Bei der Hand- oder Realschenkung, bei der kein vorgängiges Schenkungsversprechen vorgenommen wurde, übernimmt der Schenker keine Verpflichtung. Die nach § 516 Abs 1 BGB erforderliche Einigung zwischen den Beteiligten über die Unentgeltlichkeit schafft aber den Rechtsgrund, der die Zuwendung kondiktionsfest macht (so sehr richtig RG 25. 6. 1926 – IV 39/25, RGZ 111, 151, 153; Vorbem 30 ff, 37 ff, 42 zu §§ 516–534).

4 Unnötig ist daher bei der Handschenkung die Fiktion des Zusammenfallens eines – nicht existenten – Verpflichtungsgeschäfts mit dem Verfügungsgeschäft, die zum Teil vorgenommen wird (vgl BeckOGK/Harke [1. 10. 2025] § 516 Rn 1 ff; Jauernig/Mansel § 516 Rn 2; Soergel/Eckert § 516 Rn 2; für die Fiktion des Zusammenfallens Kupisch JZ 1985, 101, 106; Eckstein AcP 107 [1911] 384, 387; zur Abgrenzung der beiden bei Grundstücksübertragungen s Jakoby Rpfleger 1994, 49 ff, demzufolge bei zeitgleicher Erklärung des Schenkungsversprechens mit der Auflassung eine Handschenkung vorliegt). Soweit eine Auslegung der Erklärungen der Parteien, welche normalerweise nicht zwischen einer etwaigen schuldrechtlichen oder dinglichen Ebene unterscheiden, erforderlich ist, gelten die §§ 133, 157 BGB (BGH 19. 6. 2007 – X ZR 5/07, NJW 2007, 2844, 2845 m Bespr Schmidt JuS 2008, 87 und Würdinger NJW 2008, 1422, 1424). Lediglich das formbedürftige Schenkungsversprechen nach § 518 Abs 1 BGB gibt also im Falle formgerechten Abschlusses (§ 125 S 1 BGB) einen klagbaren Anspruch auf Verschaffung der Zuwendung (BeckOK-BGB/Gehrlein [1. 11. 2025] § 516 Rn 2).

5 Der Zuwendungswille muss von bloßen **Gefälligkeiten** nach den allgemeinen Regeln abgegrenzt werden (MünchKommBGB/Koch § 516 Rn 2; vgl allgemein zu Gefälligkeiten Staudinger/Bork [2025] Vorbem 79 ff zu §§ 145–156 und Staudinger/Olzen [2024] § 241 Rn 71 ff). Der Vertragsschluss kann wie üblich auch konkludent erfolgen (RG 25. 6. 1926 – IV 39/

25, RGZ 111, 151, 153) und gem § 516 Abs 2 BGB dem Verfügungsgeschäft zeitlich nachfolgen, wobei sich dann Abgrenzungsprobleme zum entgeltlichen Vertrag ergeben können.

6 Ein gesonderter Normenkomplex für die Erfüllung der Schenkung ist im BGB nicht vorgesehen. Der Gesetzgeber wollte dem Zuwendenden entgegenkommen und jede Unannehmlichkeit bei der Erfüllung vermeiden (Mugdan II Mot 165). Die Schenkung ist daher typischerweise **Holschuld** und am Wohnort des Schuldners zu erfüllen, § 269 Abs 1 BGB.

7 Das Schenkungsrecht normiert mit Rücksicht auf den unentgeltlichen Charakter des Rechtsgeschäfts mehrere **Privilegierungen** des Schenkers und betrachtet die unentgeltliche Zuwendung allgemein als weniger schutzwürdig. So haftet der Schenker für Mängel des Zuwendungsgegenstandes gem § 521 BGB bis § 524 BGB nur in engen Grenzen und kann die Erfüllung des Geschäfts im Falle des Notbedarfs durch Erhebung einer Einrede abwenden (§ 519 BGB). Bedarf er des Zuwendungsgegenstandes zur Erfüllung bestimmter Pflichten, darf er den Gegenstand kondizieren (§ 528 BGB) und vorbehaltlich § 534 BGB die Schenkung ganz widerrufen, wenn der Beschenkte sich grob undankbar zeigt (§ 530 BGB). Dagegen ist der Beschenkte eher Rückforderungsansprüchen ausgesetzt (§ 816 Abs 1 S 2, §§ 822, 988, 1390, 2287, 2329 BGB), muss den Gegenstand im Falle der Insolvenz des Schenkers gegebenenfalls dem Insolvenzverwalter überlassen (§§ 134, 143 Abs 2, § 145 Abs 2 Nr 3 InsO) oder den Gläubigern des Schenkers in der Zwangsvollstreckung zur Verfügung stellen (§§ 4, 11 Abs 2 AnfG).

II. Die Tatbestandsmerkmale der Schenkung nach § 516 Abs 1 BGB

8 Nach der Legaldefinition des § 516 Abs 1 BGB erfordert die Schenkung eine **Zuwendung**, die den Schenker **entreichert** und dadurch einen anderen **bereichert**, wobei beide Seiten **einig** sein müssen über deren **Unentgeltlichkeit**.

1. Die Zuwendung

9 Während bei allen übrigen Verträgen des BGB der Inhalt der Hauptleistung klar umrissen wird, ist dies bei der Schenkung nicht der Fall. Dies ist zwar historisch und dogmatisch dadurch begründet, dass sie vom Wesen her die **causa für das „Behaltendürfen"** des Schenkungsgegenstandes darstellt (Vorbem 5 ff, 30 ff zu §§ 516–534; vgl auch Haymann JherJb 56 [1910] 86, 99 ff, 102 ff). Doch hat dieser Umstand in Lehre und Rspr oft zu Diskussionen über die Abgrenzung zu anderen Verträgen geführt und manchen Problemfall des Schenkungsrechts erst aufkommen lassen, etwa die Beurteilung von lebenszeitlichen Wohnrechtsverträgen (s hierzu Nehlsen-vStryk AcP 187 [1987] 552 ff). In jedem Fall nach Erbrecht sind Zuwendungen von Todes wegen zu beurteilen.

10 Zuwendung ist die Verschaffung eines **vermögenswerten Vorteils** (Mugdan Prot II 736 f; Erman/Hähnchen § 516 Rn 3; Jauernig/Mansel § 516 Rn 4; Hk-BGB/Saenger [12. Aufl 2024] § 516 Rn 3; Larenz, Schuldrecht BT II/1 [13. Aufl 1986] § 47 I S 196) oder – neutraler – eines **Vermögensbestandteils** (Grüneberg/Weidenkaff [85. Aufl 2026] § 516 Rn 5; BeckOK-BGB/Gehrlein [1. 11. 2025] § 516 Rn 3; MünchKommBGB/Koch § 516 Rn 5). Damit sind rein ideel-

le Werte vom Zuwendungsbegriff ausgeschlossen, soweit sie keinen vermögensrechtlichen Aspekt aufweisen (MünchKommBGB/Koch § 516 Rn 5; BeckOK-BGB/Gehrlein [1. 11. 2025] § 516 Rn 3). Diese Frage wurde bei den Beratungen des BGB kontrovers diskutiert, da die Verkehrsauffassung „jede uneigennützige Bethätigung von Wohlwollen für einen Anderen, wodurch dieser einen wirtschaftlichen Vorteil erhalten hat, als Schenkungen beurtheilt", so etwa die unentgeltliche Zurverfügungstellung eines Theaterabonnements (Mugdan Prot II 735 ff). Der entsprechende Antrag wurde aber zugunsten der heutigen Fassung des BGB abgelehnt. Freilich relativiert sich das unter praktischen Gesichtspunkten, da eine Zuwendung auch gerade darin liegen kann, dass der Schenker auf eine Vergütung für die Zuwendung immaterieller Werte verzichtet und die Vergütung dem Beschenkten konkludent gem § 397 Abs 1, §§ 133, 157 BGB erlässt (vgl für Arbeitsleistungen: BeckOK-BGB/Gehrlein [1. 11. 2025] § 516 Rn 3; Erman/Hähnchen § 516 Rn 4; Jauernig/Mansel § 516 Rn 14; MünchKommBGB/Koch § 516 Rn 6; BGH 1. 7. 1987 – IVb ZR 70/86, BGHZ 101, 229, 232, NJW 1987, 2816, 2817 mwNw).

11 Zum Teil wird der Begriff zu eng verstanden: Danach könne Zuwendungsgegenstand bei der Schenkung nur sein, was auch den Gegenstand des entgeltlichen Vertragstypus „Kauf" bilden könne (BeckOK-BGB/Gehrlein [1. 11. 2025] § 516 Rn 3; so noch Soergel/Mühl/Teichmann [12. Aufl 1998] § 516 Rn 6). Dies würde nur Sachen gem §§ 90, 90a S 3 BGB, aber auch übertragbare Rechte erfassen, da, obwohl eine § 453 BGB vergleichbare Vorschrift bei der Schenkung fehlt, § 523 BGB den Schenker für Rechtsmängel haften lässt. Diese enge Definition schließt Dienst- und Arbeitsleistungen vom Zuwendungsbegriff aus (ohne Begründung Riezler AcP 27 [1906] 230, 237); sie wären typologisch Dienst-, Arbeits-, Geschäftsbesorgungs- oder Werkverträgen vorbehalten. Zutreffender erfasst die Zuwendung nach einer weiteren Definition zum einen die unentgeltliche Veräußerung eines Gegenstandes, zum anderen aber auch Zuwendungen, die auf andere Weise als durch Veräußerung erfolgen, etwa Zuwendung einer Versicherungssumme, Einräumung eines Nießbrauchs oder Erlass einer Forderung (Larenz, Schuldrecht BT II/1 [13. Aufl 1986] § 47 I S 197; Grüneberg/Weidenkaff [85. Aufl 2026] § 516 Rn 5). Meist wird der Zuwendungsbegriff aber insofern eingeschränkt, als dass nicht alle unentgeltlichen Zuwendungen hierhergehören. Namentlich das Unterlassen eines Vermögenserwerbs wird mit Blick auf § 517 BGB ausgenommen (Larenz, Schuldrecht BT II/1 [13. Aufl 1986] § 47 I S 197).

12 **Gegenstand einer Zuwendung** können eine einzelne Sache, ein Recht, ein Vermögen (§ 311b Abs 2 und 3 BGB) oder eine Erbschaft (§ 2386 BGB) bilden. Nur die Zuwendung künftigen Vermögens ist *ex lege* nicht möglich, § 311b Abs 2 BGB. Unter Zuwendungen fallen insbesondere Verfügungsgeschäfte schuld- und sachenrechtlicher Natur (§ 397 Abs 1, § 398 S 1, §§ 414, 415, 873 ff, 925 ff, 929 ff BGB etc), vor allem Eigentumsübertragungen, sonstige Rechtsübertragungen (zB Holzeinschlagsrecht: BGH 19. 7. 2005 – X ZR 92/03, NJW-RR 2005, 1718 f), die Verschaffung von Gesellschaftsanteilen (BFH 16. 1. 2008 – II R 10/06, BFHE 220, 513, 515 f, BStBl II 2008, 631, 632 f, NJW-RR 2008, 986, 987 – dort zur steuerrechtlichen Behandlung; BGH 2. 7. 1990 – II ZR 243/89, BGHZ 112, 40, 44 f, NJW 1990, 2616, 2617 – Zuwendung eines KG-Anteils, wenn und soweit die Einlage geleistet wurde, da andernfalls keine Schenkung). Aber auch willentliche Realakte (§§ 946 ff BGB) ebenso wie Schuldverträge, etwa die Begründung einer Forderung durch abstraktes Schuldversprechen (BGH 5. 12. 1979 – IV ZR 107/78, NJW 1980, 1158, 1159), können Gegenstand einer schenkweisen Zuwendung sein, wobei für letzteres dann § 518 Abs 1 S 2 BGB zu beachten ist (vgl Albers JZ 2020, 776, 785, nach dem das unentgeltliche Versprechen

einer nicht existierenden Schuld die materielle Beurkundung nach § 518 Abs 1 BGB benötigt). Auch der Verzicht auf entstandene Rechte kann eine Zuwendung darstellen, soweit nicht § 517 BGB entgegensteht (§ 517 Rn 5 ff, 9 ff). Selbstverständlich muss die Zuwendung freiwillig, also mit Willen des Schenkers erfolgen (Soergel/Eckert § 516 Rn 5). Wird eine Zuwendung erzwungen, führt dies zur Anfechtbarkeit nach § 123 BGB. Die §§ 104 ff BGB finden Anwendung.

13 Bisweilen kann der Gegenstand der Zuwendung schwierig zu bestimmen sein. Wenn der Schenker einen Geldbetrag zur Beschaffung eines bestimmten Grundstücks zur Verfügung stellt, können sowohl Besitz und Eigentum am Geld als auch das Grundstück Gegenstände der Zuwendung sein. Wichtig ist dies etwa für die Frage, was Gegenstand des Schenkungswiderrufs, was also das „Geschenkte" ist (so zB schon in RG 19. 6. 1941 – V 129/40, RGZ 167, 199, 201; BGH 3. 12. 1971 – V ZR 134/69, NJW 1972, 247, 248) oder was der Anfechtungsgegner im Falle der Insolvenzanfechtung an den Insolvenzverwalter gem §§ 134, 142 InsO zurückzugewähren hat (zB BGH 23. 10. 2003 – IX ZR 252/01, BGHZ 156, 350, 355, NJW 2004, 214, 215 mwNw – schenkweise Zuwendung einer Versicherungssumme). Fordert man in solchen Fällen, dass der Gegenstand der Zuwendung im Vermögen des Schenkers gewesen sein muss, scheidet das erworbene Grundstück als Gegenstand der Schenkung aus. Allerdings enthält § 516 Abs 1 BGB schon dem Wortlaut nach keine derartige Einschränkung zur Zulässigkeit solcher sog **mittelbarer Schenkungen** (so schon RG 19. 6. 1941 – V 129/40, RGZ 167, 199, 201; BGH 29. 5. 1952 – IV ZR 167/51, NJW 1952, 1171; BGH 23. 10. 2003 – IX ZR 252/01, BGHZ 156, 350, 355 f, NJW 2004, 214, 215; vgl hierzu insgesamt Söffing, Mittelbare Schenkung im Erbschafts- und Schenkungsteuerrecht [2002]). Die Norm verlangt nur, dass eine Zuwendung **„aus dem Vermögen"** des Schenkers zu einer Bereicherung beim Beschenkten führt. Daraus folgt **nicht**, dass der zunächst überlassene Vermögensgegenstand und der endgültige Zuwendungsgegenstand **identisch** sein müssen (RG 19. 6. 1941 – V 129/40, RGZ 167, 199, 201; MünchKommBGB/Koch § 516 Rn 9; Soergel/Eckert § 516 Rn 12; BeckOK-BGB/Gehrlein [1. 11. 2025] § 516 Rn 4). Das widerspräche auch den Bedürfnissen des Rechtsverkehrs und den Geboten der Wirtschaftlichkeit. Daher genügt es in allen Fällen mittelbarer Schenkungen, wenn eine hinreichend enge Kausalbeziehung zwischen dem Zuwendungsgegenstand und dem Vermögensgegenstand besteht. Sie ist zu bejahen, wenn der Beschenkte den Zuwendungsgegenstand auf Kosten des Vermögens des Schenkers erhalten hat (MünchKommBGB/Koch § 516 Rn 10). Was Zuwendungsgegenstand sein soll, hängt vom Parteiwillen ab (MünchKommBGB/Koch § 516 Rn 9; Soergel/Eckert § 516 Rn 12). Wurde das Geld zur freien Disposition überlassen, ist von einer Schenkung des Geldes selbst auszugehen, weil der Schenker in der Verfügung frei ist. Anders ist zu entscheiden, wenn der Beschenkte in der Verfügung über das Geld beschränkt ist, weil nur ein bestimmter Gegenstand angeschafft werden darf (RG 19. 6. 1941 – V 129/40, RGZ 167, 199, 202 f – Grundstücke; BGH 29. 5. 1952 – IV 167/51, NJW 1952, 1171; BGH 2. 7. 1990 – II ZR 243/89, BGHZ 112, 40, 46, NJW 1990, 2616, 2618 – KG-Anteil). In jedem Fall muss der Wille der Parteien anhand allgemeiner Auslegungsregeln ermittelt werden (BGH 3. 12. 1971 – V ZR 134/69, NJW 1972, 247, 248; Soergel/Eckert § 516 Rn 12). Zum Vollzug mittelbarer Schenkungen ist die Anschaffung des Zuwendungsgegenstandes notwendig. Andernfalls liegt ein Schenkungsversprechen – **Versprechensschenkung** genannt – vor, das nach § 518 Abs 1 BGB notariell zu beurkunden ist. Die Problematik der mittelbaren Schenkung ist insbesondere für die steuerliche Bewertung von Bedeutung (s näher Rn 245 ff).

14 Auf den Begriff der mittelbaren Zuwendung greift man bei **Lebensversicherungssummen** oder **Sparbüchern** zurück (vgl GEBEL ZEV 2005, 236 ff; PROGL ZErb 2008, 288, 291 f; zur Übertragung von Konto und Depot auf den Todesfall s KÜMPEL WM 1977, 1186 ff). Wie bei der mittelbaren Schenkung sind Vermögensgegenstand (Prämienzahlung gegenüber dem Versicherer oder Kapitalbetrag) und Zuwendungsgegenstand (Versicherungssumme bzw Ansprüche aus § 488 Abs 2 BGB) nicht identisch. Auch hier erbringt aber der Schenker anerkanntermaßen die Leistung (Versicherungssumme; Spareinlage) mittelbar über das Vermögen des Versicherers oder der Bank (BGH 23. 10. 2003 – IX ZR 252/01, BGHZ 156, 350, 355 f, NJW 2004, 214, 215). Bei Verträgen zu Gunsten Dritter gem §§ 328 ff BGB ist das regelmäßig unproblematisch, weil die Bereicherung des Beschenkten auf der Zuwendung des Schenkers gegenüber dem Dritten beruht, der Dritte wiederum vertraglich gerade wegen der Zuwendung des Schenkers zu einer bestimmten Leistung gegenüber dem Schenker oder jeder Person verpflichtet ist, welche vom Schenker bestimmt wird (BGH 23. 10. 2003 – IX ZR 252/01, BGHZ 156, 350, 355 f, NJW 2004, 214, 215 – Lebensversicherung). Ob hier die Versicherungsleistung oder die Prämienleistungen geschenkt sind, ist wichtig für die Insolvenzanfechtung oder für die Frage, was als Berechnungsgrundlage für den Pflichtteilsergänzungsanspruch des Enterbten nach § 2325 BGB zu Grunde zu legen ist. Die Judikatur löst die Frage unterschiedlich, je nach Art der Versicherungsleistung, der Betroffenheit des Rechtsgebietes und des Normzwecks. Streitträchtig war bisher nur die Lebensversicherung mit widerruflichem Bezugsrecht eines konkret benannten Berechtigten (MünchKommBGB/LANGE § 2325 Rn 43 ff): Während im Insolvenzrecht die Versicherungsleistung maßgeblich ist (BGH 23. 10. 2003 – IX ZR 252/01, BGHZ 156, 350, 355, NJW 2004, 214, 215), hat der BGH nach jahrzehntelangem Streit unter Aufgabe der früheren Rspr (RG 25. 3. 1930 – VII 440/29, RGZ 134, 187, 188; BGH 14. 7. 1952 – IV ZR 74/52, BGHZ 7, 134, 141 f, NJW 1952, 1173, 1174 – Prämien als Zuwendungsgegenstand) entschieden, dass im Fall von § 2325 BGB allein der Wert der Versicherungsleistung maßgeblich sei, den der Erblasser aus den Rechten seiner Lebensversicherung „in der letzten – juristischen – Sekunde seines Lebens“ nach objektiven Kriterien für sein Vermögen hätte umsetzen können (BGH 28. 4. 2010 – IV ZR 73/08 Tz 15 ff, BGHZ 185, 252, 266 ff, NJW 2010, 3232, 3233 f; s hierzu krit MAYER DNotZ 2011, 89, 91 f; vgl auch PROGL ZErb 2008, 288 ff und Rn 169 f).

2. Die Entreicherung des Schenkers

15 Die Zuwendung muss zu einer **Minderung der Vermögenssubstanz** des Schenkers führen (BeckOK-BGB/GEHRLEIN [1. 11. 2025] § 516 Rn 4; MünchKommBGB/KOCH § 516 Rn 6; SOERGEL/ECKERT § 516 Rn 8; BGH 1. 7. 1987 – IVb ZR 70/86, BGHZ 101, 229, 232, NJW 1987, 2816, 2817). Der Schenker muss „ärmer“ werden (SOERGEL/ECKERT § 516 Rn 8), woran es bspw fehlt, wenn der Zuwendende gegenüber einem Dritten zur Vornahme der Zuwendung verpflichtet war, weil er bei deren Leistung von dieser Verpflichtung frei wird (BGH 10. 1. 1951 – II ZR 18/50, NJW 1951, 268). An einer Entreicherung dürfte es zudem grundsätzlich bei der Überlassung von Daten fehlen (vgl zu Recht für die Bereitstellung kostenloser Apps DATTA/KLEIN CR 2017, 174, 178 f; für die fehlende Entreicherung im Fall des „Airdrop“ s SCHADEN/WAGNER/ZAWODSKY StuW 2022, 151, 156; mit Zweifeln hinsichltich der Entreicherung bei Überlassung von KI-Trainingsdaten zudem ZECH NJW 2022, 502, 505; vgl zur Problematik digitaler Produkte im Übrigen § 516a Rn 3).

16 Dieses allgemein anerkannte (vgl etwa MünchKommBGB/KOCH § 516 Rn 6), letztlich auf **Savigny** zurückzuführende Erfordernis stellt die Grundlage der Schenkung als auto-

nomen Vertrag dar und unterscheidet sie zB vom Kauf, in dem zwar „aus jedem Vermögen Etwas in das andere übergeht, und dennoch keiner reicher oder ärmer wird" (Savigny, System IV [1841] 23 f sowie Vorbem 43 zu §§ 516–534). Die Regelung des § 517 BGB, wonach keine Schenkung vorliegt, wenn der Schenker zugunsten eines anderen einen Vermögenserwerb unterlässt, auf ein angefallenes, noch nicht erworbenes Recht verzichtet oder eine Erbschaft und ein Vermächtnis ausschlägt, drückt das im Umkehrschluss aus: In diesen Fällen gibt der Schenker lediglich Chancen und Aussichten auf, so dass der **reale Umfang des Vermögens nicht berührt** wird (Savigny, System IV [1841] 26; vgl auch Weidlich NotBZ 2009, 149, 156 f).

17 Gerade diese Voraussetzung unterscheidet die Schenkung von den anderen unentgeltlichen Verträgen, wie zB dem Auftrag als unentgeltlicher Besorgung fremder Angelegenheiten (§ 662 BGB), der Verwahrung als unentgeltlicher Aufbewahrung fremder Sachen (vgl § 690 BGB), der Leihe als unentgeltlicher Gebrauchsüberlassung fremder Sachen (§ 598 BGB) oder der Gewährung eines zinslosen Darlehens (vgl § 488 Abs 3 BGB): Obgleich sich der Auftraggeber, Hinterleger, Entleiher oder Darlehensnehmer durch diese Rechtsgeschäfte Aufwendungen erspart, liegt keine Schenkung vor, „weil der Handelnde den Umfang seines Vermögens nicht verändert" (Savigny, System IV [1841] 27). Damit können bei rein **zivilrechtlicher Betrachtung** die Schenkungsregeln bei zinslosen Darlehen und Gebrauchsüberlassungsverträgen auf Zeit keine Anwendung finden, denn in beiden Fällen hat der Geber ein Rückforderungsrecht (§ 488 Abs 1, § 604 Abs 1 BGB), so dass es an der dauerhaften Entreicherung fehlt (vgl dazu Crezelius BB 1978, 621, 623 ff; Gebel DStZ 1992, 577 f und bereits Haymann JherJb 56 [1910] 86, 100; für eine differenzierte Betrachtung bei der Überlassung freien Wohnraums s Schlitt ZEV 2006, 394 f).

18 Prinzipienwidrig also weicht die **steuerrechtliche** Behandlung **zinslos gewährter Darlehen** von diesen bürgerlich-rechtlichen Wertungen ab; das Steuerrecht sieht hier eine schenkungsteuerrechtlich relevante Verschiebung von Vermögenswerten: Der Schenkungsteuer als Schenkung unter Lebenden gem § 1 Abs 1 Nr 2 ErbStG unterliegt jede freigebige Zuwendung unter Lebenden, soweit der Bedachte durch sie auf Kosten des Zuwendenden bereichert wird (§ 7 Abs 1 Nr 1 ErbStG). Daher solle nach – kritikwürdiger – Rechtsprechung des BFH auch ein zinslos gewährtes Darlehen hierunter fallen. Vermögenswerter Vorteil sei dabei nicht die Nutzungsmöglichkeit als solche, sondern gerade die unentgeltliche Nutzungsmöglichkeit des überlassenen Geldbetrages (statt Vieler: BFH 29. 6. 2005 – II R 52/03, NJW 2006, 398, 399, zusammenfassend 14. 1. 2010 – II 112/09 [NV], BeckRS 2010, 25016086 mwNw; **aA** aber noch Crezelius BB 1978, 621, 624 f). Diese erfolge auch aus dem Vermögen des Darlehensgebers, da sich dieser durch die unentgeltliche Hingabe des Darlehens der Möglichkeit begebe, seinerseits das Kapital zu nutzen. Schenkungsteuerrechtliche Bereicherung sei der nach § 13 Abs 2 Alt 2 BewG zu ermittelnde Kapitalwert (BFH 29. 6. 2005 – II R 52/03, BFHE 210, 459, 463, BStBl II 2005, 800, 802, NJW 2006, 398, 399). Jedoch erweist sich gerade im Hinblick auf § 517 BGB die Einordnung zinslos gewährter Darlehen als Schenkung als unzutreffend, es fehlt sowohl an einer Bereicherung des Darlehensnehmers als auch an einer Entreicherung des Darlehensgebers. Die gegenteilige, apodiktische Aussage des BFH ist insoweit eine systemwidrige *petitio principii.*

19 In diesen Fällen gibt der Schenker lediglich Chancen und Aussichten auf, was im Umkehrschluss zu § 517 BGB keine Schenkung darstellt, weil der **reale Umfang des**

Vermögens nicht berührt wird (Savigny, System IV [1841] 26; vgl auch Weidlich NotBZ 2009, 149, 156 f). Zweifelhaft postuliert hingegen der BGH die Entreicherung des Handelnden, wenn dieser dadurch auf einen Vermögenserwerb zum Vorteil eines anderen verzichtet hat, weil er seine Arbeitskraft oder die überlassene Sache bzw das zinslos gewährte Darlehen anderweitig **gegen Entgelt hätte einsetzen** können (BGH 1. 7. 1987 – IVb ZR 70/86, BGHZ 101, 229, 232 f, NJW 1987, 2816; zutreffend wie hier MünchKommBGB/Koch § 516 Rn 6 f).

Als Aufhänger hierfür hat sich in der Praxis die Einräumung eines **unentgeltlichen schuldrechtlichen Wohnrechts auf Lebenszeit** erwiesen. Die entscheidende Frage ist, ob wegen der Einräumung des Rechts auf Lebenszeit hier schon eine Schenkung oder nur eine Leihe vorliegt und ggf einzelne Normen des Schenkungsrechts wie vor allem § 518 Abs 1 BGB analog auf solche Verträge angewendet werden können. Zwar steht der lebenszeitigen Begünstigung des Einen nicht die dauerhafte Entreicherung des Anderen gegenüber, denn jedenfalls die Erben des Zuwendenden können nach dem Tod des Bedachten Erfüllung des Rückgabeanspruches verlangen, § 1922 Abs 1, § 604 Abs 1 BGB. Doch da je nach Alter und Gesundheitszustand des Bedachten ein solches Wohnrecht den Schuldner möglicherweise lange bindet, scheinen derartige Verträge schenkungsrechtliche Züge annehmen zu können (für eine differenzierte Betrachtung spricht sich auch Schlitt ZEV 2006, 394 f aus; vgl auch Nehlsen-vStryk AcP 187 [1987] 552, 566 ff, die grundsätzlich von einer Leihe ausgeht, aber je nach Ausgestaltung insbesondere bei Abbedingung der Kündigungsbestimmungen der Leihe ggf Schenkungsrecht anwenden möchte, und Slapnicar JZ 1983, 326, 329 ff). 20

Ursprünglich ging die Rspr hier von einer Schenkung aus und unterstellte solche Schenkungsversprechen dem Formzwang von § 518 Abs 1 BGB (BGH 6. 3. 1970 – V ZR 57/67, NJW 1970, 941, 942; m insoweit zust Besprechung Reinicke NJW 1970, 1447 f; LG Köln 10. 5. 1973 – 2 O 44/71, NJW 1970, 1880). Sie folgte damit im Wesentlichen der Lehre Savignys (Savigny, System IV [1841] 32 ff). Später verneinte die Judikatur zu Recht die Anwendung des Schenkungsrechts und schloss auch die analoge Anwendung einzelner Normen des Schenkungsrechts aus (grundlegend BGH 11. 12. 1981 – V ZR 247/80, BGHZ 82, 354, 356 f, NJW 1982, 820, 821, bestätigt in BGH 20. 6. 1984 – IVa ZR 34/83, NJW 1985, 1553; BGH 17. 3. 1994 – III ZR 10/93, BGHZ 125, 293, 298, NJW 1994, 3156, 3157 – Vertrag über die Nutzung von Grundstücken für Fernwasserleitungen; BGH 11. 7. 2007 – IV ZR 218/06, MittBayNot 2008, 62, 63; wegen fehlender Entscheidungserheblichkeit offen gelassen in BGH 30. 4. 2008 – XII ZR 110/06, BGHZ 176, 262, 269, NJW 2008, 2333, 2335; BGH 27. 1. 2016 – XI ZR 33/15, BGHZ 208, 357, NJW 2016, 2652; OLG Hamm 5. 2. 1996 – 2 U 139/95, NJW-RR 1996, 717). Die bloße Besitzüberlassung ist nach dieser Rspr folgerichtig deswegen nicht Schenkung, weil es an der dauerhaften Entreicherung des Schuldners fehle. Es komme nicht darauf an, für welchen Zeitraum die Überlassung erfolge, auch wenn die Gebrauchsüberlassung über den Tod des Überlassenden hinaus andauern solle (BGH 11. 12. 1981 – V ZR 247/80, BGHZ 82, 354, 356, NJW 1982, 820, 821; BGH 20. 6. 1984 – IVa ZR 34/84, NJW 1985, 1553). Eine analoge Anwendung schenkungsrechtlicher Normen scheide aus, weil das Bürgerliche Recht die bloße Gebrauchsüberlassung unabhängig von damit einhergehenden Vermögenseinbußen der Leihe unterstellt habe. Außerdem sei der Entleiher hinreichend über §§ 314, 605 BGB geschützt. Dies gelte sogar dann, wenn die Parteien in dem Gebrauchsüberlassungsvertrag eine Eigenbedarfskündigung nach § 605 Nr 1 BGB ausgeschlossen haben. Auch in diesem Fall stehe § 517 BGB einer Einordnung als Schenkung entgegen. Demnach liege nämlich keine Schenkung vor, wenn dem 21

Eigentümer infolge der Gebrauchsüberlassung Vermögensvorteile entgehen, die er bei eigenem Gebrauch hätte erzielen können (BGH 27. 1. 2016 – XI ZR 33/15, BGHZ 208, 357, NJW 2016, 2652; s auch Rn 11 und Rn 23). Ob anderes dann gelten kann, wenn die Gebrauchsüberlassung der wirtschaftlichen Weggabe der Sache gleichkommt, was etwa dann der Fall sein kann, wenn der wirtschaftliche Wert des Gegenstandes in Ansehung der Vertragslaufzeit vollständig ausgehöhlt wird, hat der BGH bislang ausdrücklich offengelassen (BGH 27. 1. 2016 – XII ZR 33/15, BGHZ 208, 357, NJW 2016, 2652, MittBayNot 2017, 472 m abl Anm Kössinger).

22 Zu Recht ist die **überwiegende Lehre** dieser Rspr im Grundsatz **gefolgt** (Larenz, Schuldrecht BT II/1 [13. Aufl 1986] § 47 I S 196; so noch Erman/Herrmann [13. Aufl 2011] § 516 Rn 10; BeckOK-BGB/Gehrlein [1. 11. 2025] § 516 Rn 4; MünchKommBGB/Koch § 516 Rn 7; Nehlsen-vStryk AcP 187 [1987] 552, 565 ff, 582 ff; Slapnicar JZ 1983, 326, 327 ff), wobei auch auf die mangelnde Abgrenzbarkeit zwischen der Schenkung und anderen unentgeltlichen Verträgen hingewiesen wurde. Zwar könnte man die analoge Anwendung jedenfalls mancher Schenkungsvorschriften – insbesondere § 518 Abs 1 BGB – erwägen, wenn die Gebrauchsüberlassung dauerhaft sei. Der Schutzzweck von § 518 Abs 1 BGB – Warnfunktion bei langfristiger Bindung bzw dauerhaftem Verlust eines wertvollen Vermögensgegenstandes und Wahrung der Belange der Erben durch Schutz der erbrechtlichen Formanforderungen – könne nämlich erfüllt sein, während die §§ 598 ff BGB nur für kurzfristige Besitzüberlassung konzipiert seien (Larenz, Schuldrecht BT II/1 [13. Aufl 1986] § 47 I S 197; Nehlsen-vStryk AcP 187 [1987] 552, 589 ff, 582 ff; Slapnicar JZ 1983, 326, 329 ff). Doch droht die Gefahr der Schmälerung der Rechtssicherheit, wollte man die §§ 518 ff BGB analog auf Fälle anwenden, in denen gewichtige Vermögensinteressen im Raum stehen (MünchKommBGB/Koch § 516 Rn 8; Soergel/Eckert § 516 Rn 9). Vor allem aber kollidiert die sich *de facto* ergebende Erweiterung der Formerfordernisse mit dem Gedanken der **Privatautonomie**.

23 Davon zu unterscheiden ist, ob der Bestellung eines **dinglichen Wohnrechts** ein Schenkungsvertrag zugrunde liegen kann. Harke weist darauf hin, dass die Bestellung eines dinglichen Wohnrechts ausschließlich die sachenrechtliche Ebene betreffe. Von dieser sei die schuldrechtliche Vereinbarung zu unterscheiden, welche im Regelfall ein Leihvertrag sei (BeckOGK/Harke [1. 10. 2025] § 516 Rn 23; im Ergebnis in diese Richtung gehend auch ausführlich LG Bielefeld 20. 7. 2016 – 8 O 473/15). Demgegenüber nimmt die Rechtsprechung an, dass die unentgeltliche Bestellung eines dinglichen Wohnrechts als Schenkung zu qualifizieren sei (ohne nähere Begründung BGH 13. 11. 2012 – X ZR 80/11, ZEV 2013, 215, FamFR 2013, 44 m Anm Herr; OLG Hamm 17. 5. 2017 – 30 U 117/16, BeckRS 2017, 145408; OLG Rostock 27. 5. 2011 – 6 U 6/10, BeckRS 2012, 25617; OLG Nürnberg 22. 7. 2013 – 4 U 1571/12, ZEV 2014, 37). Der Annahme einer Leihe stehe entgegen, dass es sich weder bei dem dinglichen Wohnrecht selbst noch bei dem Bestellungsvertrag um ein Dauerschuldverhältnis handele (BGH 11. 3. 2016 – V ZR 208/15, NJW-RR 2017, 140, ErbR 2016, 508). Entscheidend ist – wie bei der Einräumung eines schuldrechtlichen Wohnrechts – auch hier, ob eine dauerhafte Vermögensminderung beim Schenker vorliegt. Im Gegensatz zu einem bloß schuldrechtlichen Wohnrecht geht die Einräumung eines dinglichen Wohnrechts über eine Gebrauchsüberlassung hinaus (ähnlich auch OLG Hamm 17. 5. 2017 – 30 U 117/16, BeckRS 2017, 145408). Dieses besteht nämlich auch gegenüber dem Rechtsnachfolger des Eigentümers, wodurch dem Begünstigten nicht nur ein Nutzungsrecht, sondern faktisch ein Teil der Eigentümerbefugnisse zugewendet wird. Diese Zuwendung lässt sich durchaus kapitalisieren (BGH 22. 10. 2020 – IX ZR

208/18, MDR 2021, 58, 59 zu § 134 InsO für eine Kapitalisierung des dinglichen Wohnrechts entsprechend der vertraglichen Vereinbarung). Im Fall der Schenkung eines belasteten Grundstücks ist anerkannt, dass diese Belastungen von vornherein den Wert eines schenkweise zugewendeten Grundstücks mindern (BGH 28. 9. 2016 – IV ZR 513/15, NJW 2017, 329, BeckRS 2016, 17632; für das Wohnrecht OLG Saarbrücken 22. 7. 2015 – 2 U 47/14, BeckRS 2016, 9653). Dann muss sich aber auch bei der Einräumung des dinglichen Wohnrechts, welches nießbrauchsähnlich ist, nach der für den Nießbrauch anerkannten Berechnungsmethode (hierzu BGH 28. 9. 2016 – IV ZR 513/15, NJW 2017, 329, BeckRS 2016, 17632; OLG Celle 13. 6. 2002 – 22 U 104/01, NJW-RR 2002, 1448, FamRZ 2009, 462) eine Kapitalisierung ermitteln lassen, die dauerhaft aus dem Vermögen des Einräumenden abfließt bzw durch einen Vergleich zu der Rechtslage bei dem Verzicht auf ein dingliches Wohnrecht (vgl Rn 29; hierzu insb BGH 17. 4. 2018 – X ZR 65/17, NJW 2018, 3775, RNotZ 2018, 694 m Anm Hennig, der auf die statistische Lebenserwartung des Berechtigten und die ohne das Wohnrecht erzielbare Jahreskaltmiete abstellt). Wird ein Grundstück schenkweise zugewendet und behält sich der Schenker in dem Schenkungsvertrag ein Wohnungsrecht vor, handelt es sich dabei um eine Schenkung unter Auflage, die allein den Wert des zugewendeten Geschenks mindert und die nicht anders zu sehen ist, als die Schenkung eines bereits mit einem Wohnungsrecht belasteten Grundstücks (OLG Köln 31. 7. 2013 – I-2 U 153/12, FamRZ 2014, 1945). Diese Konstellation ist von derjenigen zu unterscheiden, nach der die Bestellung des Wohnrechts vor der Schenkung erfolgt.

Nach allgemeiner Ansicht entreichern **Dienst- und Arbeitsleistungen** den sie Erbringenden nicht (BGH 1. 7. 1987 – IVb ZR 70/86, BGHZ 101, 229, 232, NJW 1987, 2816, 2817; BeckOK-BGB/Gehrlein [1. 11. 2025] § 516 Rn 3f; Erman/Hähnchen § 516 Rn 4; MünchKommBGB/Koch § 516 Rn 6; Jauernig/Mansel § 516 Rn 14; Planck/Knoke [4. Aufl 1928] § 516 Anm 2; Soergel/Eckert § 516 Rn 6; Larenz, Schuldrecht BT II/1 [13. Aufl 1986] § 47 I S 197; PWW/Stürner [20. Aufl 2026] § 516 Rn 7), da das Versprechen unentgeltlicher Dienste schon den Begriff der Zuwendung nicht erfüllt (s dazu Rn 11): Darunter sei nur die Übertragung von gegenständlichen Vermögenswerten zu verstehen (BGH 13. 7. 1994 – XII ZR 1/93, BGHZ 127, 48, 51, NJW 1994, 2545). Unabhängig von dieser Frage kann eine Schenkung allenfalls in dem **Erlass** eines bereits entstandenen Vergütungsanspruchs nach Erbringung der Dienstleistung gesehen werden (vgl richtig BGH 1. 7. 1987 – IVb ZR 70/86, BGHZ 101, 229, 232, NJW 1987, 2816, 2817); vorher liegt nur das Unterlassen eines Vermögenserwerbs vor, das gem § 517 BGB *de lege lata* keine Schenkung ist (MünchKommBGB/Koch § 516 Rn 6; BeckOK-BGB/Gehrlein [1. 11. 2025] § 516 Rn 3; Jauernig/Mansel § 516 Rn 14). Auch kann der Anspruch auf Erbringung einer Dienstleistung, den der Schenker zuvor durch Vertrag mit einem Dritten erworben hat, Gegenstand der Schenkung sein (Daragan ZErb 2019, 171, 172). 24

Ein solcher Verzicht auf einen bereits entstandenen Vergütungsanspruch nach Erbringung der Dienstleistung dürfte jedoch nur in seltenen Ausnahmefällen angenommen werden können; so wurde er vom BGH noch nie bejaht: Der konkludente Verzicht sei strengen Anforderungen zu unterstellen; er müsse unzweideutig erklärt werden, sei nur unter Würdigung aller Gesamtumstände erwägenswert (BGH 15. 1. 2002 – X ZR 91/00, NJW 2002, 1044, 1046), auch dann nur bei Vorliegen eines triftigen Grundes anzunehmen (BGH 31. 3. 1982 – I ZR 69/80, WM 1982, 671) und müsse überdies vom vermeintlich Begünstigten strengbeweislich (§ 286 Abs 1 ZPO) bewiesen werden (MünchKommBGB/Derstadt § 397 Rn 3; Staudinger/Rieble [2022] § 397 Rn 118 ff mwNw). 25

26 Im Hinblick auf das Entreicherungserfordernis ist unerheblich, ob der Gegenstand der Zuwendung selbst unmittelbar aus dem Vermögen des Schenkers stammt oder nur mittelbar (vgl Rn 13 f, 169). Bei Verträgen zugunsten Dritter (§ 328 BGB) ist auf das **Valutaverhältnis** zwischen dem Zuwendungsempfänger/Dritten und dem Versprechensempfänger abzustellen, das auch für die Kondiktionsfestigkeit des Erwerbs entscheidend ist (st Rspr seit BGH 26. 11. 2003 – IV ZR 438/02, BGHZ 157, 79, 82, NJW 2004, 767, 768; BGH 21. 5. 2008 – IV ZR 238/06 Tz 21, NJW 2008, 2702, 2704, m in Bezug auf die Begründung krit Anm Vollersen Jura 2009, 923 ff; allgemein zum Valutaverhältnis auch MünchKommBGB/Gottwald § 328 Rn 29).

3. Die Bereicherung des Beschenkten

27 Nach der Struktur des Gesetzes, die über die Pandektistik auf die Systematisierung Savignys zurückzuführen ist (vgl Savigny, System IV [1841] 23 f), korrespondiert das Entreicherungserfordernis auf der einen Seite dem Bereicherungserfordernis auf der anderen. Da der Zuwendungsbegriff keine ideellen Werte erfasst, kann sich auch der Bereicherungsbegriff nur auf das Vermögen im wirtschaftlichen Sinne beziehen (iE ohne Begründung BeckOK-BGB/Gehrlein [1. 11. 2025] § 516 Rn 5; Larenz, Schuldrecht BT II/1 [13. Aufl 1986] § 47 I S 196; Jauernig/Mansel § 516 Rn 7; MünchKommBGB/Koch § 516 Rn 11; Erman/Hähnchen § 516 Rn 4) und erfordert nach allgemeiner Ansicht eine objektiv feststellbare, nicht nur formale, sondern materiell beständige Vermögensmehrung (RG 6. 2. 1905 – III ZR 273/1905, RGZ 68, 386, 390; ähnlich RG 8. 11. 1922 – IV 74/1922, RGZ 105, 305, 308). Diese objektive Bereicherung ist anhand der aus dem Schadensrecht entwickelten **Differenzhypothese** zu ermitteln.

28 Eine subjektive **Bereicherungsabsicht** im Sinne des *animus donandi* der römischen und gemeinrechtlichen Quellen ist keine Voraussetzung (siehe bereits RG 4. 2. 1919 – VII 315/18, RGZ 95, 12, 14; BeckOK-BGB/Gehrlein [1. 11. 2025] § 516 Rn 5; Jauernig/Mansel § 516 Rn 7; MünchKommBGB/Koch § 516 Rn 11; anders noch die Formulierung im BGB-EI, vgl Mugdan Mot II 159; s dazu Vorbem 44 zu §§ 516–534). Die innere Motivation ist belanglos (RG 3. 3. 1928 – V 320/27, RGZ 120, 253, 256 – „Hebung von Ansehen"), schon weil sie kaum je feststellbar sein wird. Weder spielt es eine Rolle, ob der Schenker egoistisch handelt (Mugdan Prot II 737), noch ob er sein eigenes Vermögen bereichern will (zB RG 16. 10. 1908 – VII 595/07, RGZ 70, 15, 17). Notwendig ist nur der Wille des Schenkers, etwas zuzuwenden, *arg ex* § 516 Abs 2 S 1 BGB. Die vereinzelt in der obergerichtlichen Rechtsprechung vertretene Auffassung, die Zuwendung müsse rein aus altruistischen Motiven erfolgen, ist daher unzutreffend. Darüber hinaus bleibt unklar, anhand welcher Kriterien das Vorliegen solcher festgestellt werden soll (so aber OLG Hamburg 15. 11. 2016 – 10 U 4/16, BeckRS 2016, 117432).

29 Eine Vermögensmehrung liegt entweder in einer Vergrößerung der Aktiva durch Erwerb von Forderungen und Rechten oder in einer Verminderung der Passiva (MünchKommBGB/Koch § 516 Rn 11; Soergel/Eckert § 516 Rn 11). Die Vermögensmehrung kann vielfältigste Formen annehmen. Die nachträgliche **Erhöhung der Vergütung** für geleistete Dienste fällt hierunter (BGH 15. 3. 1989 – IVa ZR 338/87, NJW-RR 1989, 706 – tatsächliche Vermutung von Schenkung im Pflichtteilsergänzungsrecht unter Ehegatten) ebenso wie unter Umständen die **Bestellung von Sicherheiten** (vgl hierzu Schütz JR 1964, 453 f). Keine Schenkung ist die Einräumung einer Sicherheit für eine eigene Schuld (so schon der Erste Entwurf zu § 516 BGB: Mugdan Mot II 161), denn der Empfänger erhält dadurch nur –

wenn auch sicherer –, was er ohnehin fordern darf (RG 24. 2. 1882 – III 528/81, RGZ 6, 85 – Hypothek; RG 8. 6. 1883 – II 121/83, RGZ 9, 100, 103 – vollstreckbare Urkunde). Eine Schenkung liegt dagegen vor, wenn **Grundpfandrechte** oder **Bürgschaften** unentgeltlich und unter Verzicht auf Rückgriffsansprüche zugewendet werden und der Bürge/Grundstückseigentümer die Verpflichtung übernimmt, die persönliche Schuld zu begleichen (BGH 17. 12. 1954 – V ZR 77/53, MDR 1955, 283, LM § 516 Nr 2). Gleiches kann für die Übernahme einer Sicherheit durch einen Dritten gegenüber dem Gläubiger gelten (Mugdan Mot II 161; vorsichtig RG 26. 4. 1917 – ZR VI 37/17, RGZ 90, 177, 181), jedenfalls dann, wenn die persönliche Forderung uneinbringlich ist und die Sicherheit unbedingt, sofort und vollständig verwertbar ist. Dann erhält der Gläubiger statt der uneinbringlichen Forderung auf jeden Fall die Sicherheit (RG 16. 4. 1903 – ZR VI 411/1902, RGZ 54, 282, 284; BGH 11. 1. 1956 – IV ZR 178/55, BB 1956, 447; zweifelnd Schütz JR 1964, 453). Auch in der **Verminderung von Verbindlichkeiten** kann eine Schenkung liegen, etwa beim Erlass einer (auch zukünftigen) Schuld (BGH 17. 9. 1986 – IVa ZR 13/85, BGHZ 98, 226, 234, NJW 1987, 122, 124 – Rente). Das gilt auch für die Übernahme einer fremden Verpflichtung im Wege privativer Schuldübernahme, sofern die Forderung beim Schuldner selbst einbringlich war (Soergel/Eckert § 516 Rn 11 mwNw). Die Verringerung oder Übernahme der Schuld kann im Einzelfall eine Schenkung darstellen, selbst wenn kein Verfügungsgeschäft vorgenommen wird, etwa in dem Fall, dass der Gläubiger dem Schuldner die Zahlung eines Restbetrages vollständig in dessen Ermessen stellt und zudem erklärt, der Klageweg sei ausgeschlossen, Zinsen würden nicht erhoben werden und die Zession der Forderung sei ebenfalls ausgeschlossen (RG 7. 2. 1908 – VII 187/07, RGZ 67, 390, 391 f). Darin könnte die **Umwandlung in eine Naturalobligation** liegen (angedeutet in RG 7. 2. 1908 – VII 187/07, RGZ 67, 390, 391: „Es verhält sich ähnlich wie bei einer Spiel- oder Wettschuld, §§ 762 ff BGB"). Auch kann die Einräumung einer Grundschuld ohne zugrundeliegende Forderung eine Schenkung des Grundpfandrechts darstellen. Hat der Eigentümer eine Sicherungsgrundschuld gewährt und entlässt ihn der Grundpfandgläubiger aus dieser Haftung, kann gleichfalls eine Schenkung vorliegen, wenn die besicherte Forderung noch besteht (OLG Hamburg 12. 6. 1987 – 1 U 64/80, ZIP 1987, 777 f). Soweit es um den **Verzicht auf beschränkte dingliche Rechte** geht, wird eine Schenkung des Berechtigten an den Eigentümer nur dann angenommen werden können, wenn das Recht **endgültig** eingeräumt worden war. Soweit solche Fälle überhaupt denkbar sind (vgl § 1059 BGB), wird die Aufhebung des Rechts eine Rückschenkung an den Eigentümer darstellen, in dessen Hand nun wieder alle Teilaspekte des Eigentums dauerhaft und endgültig vereint sind (vgl noch Erman/Herrmann [13. Aufl 2011] § 516 Rn 6). **Anderenfalls** erfüllt der Verzichtende nur die Pflicht zur Aufhebung des Rechts durch Verfügung (§§ 875, 1055 Abs 1, 1064, 1255 BGB). Behält sich der Schenker eines Wohngrundstücks ein dingliches Wohnrecht vor, so stellt der spätere Verzicht auf dieses eine Schenkung dar, selbst wenn das unbelastete Eigentum an dem Grundstück mit dem Tode des Schenkers ohnehin dem Beschenkten zugefallen wäre (BGH 17. 4. 2018 – X ZR 65/17, NJW 2018, 3775, RNotZ 2018, 694 m Anm Hennig; OLG Nürnberg 22. 7. 2013 – 4 U 1571/12, ZEV 2014, 37; OLG Köln 9. 3. 2017 – I-7 U 119/16, NJW-RR 2017, 915 in Bezug auf den Verzicht auf einen Nießbrauch, vgl dazu Michael notar 2017, 350, 352; zu den weitgehenden zivil- und steuerrechtlichen Konsequenzen Herrler DNotZ 2019, 493). Die Gegenansicht, dass eine Entreicherung des Schenkers nicht vorliege, wenn dieser dauerhaft faktisch gehindert ist, das Wohnrecht auszuüben, ist unzutreffend (so zumindest in Bezug auf § 1804 aF, entspricht § 1798 Abs 3 BGB nF, BGH 25. 1. 2012 – XII ZB 479/11, NJW 2012, 1956; im Ergebnis zustimmend Everts MittBayNot 2015, 14; Herrler DNotZ 2019, 493 plädiert für eine umfassende Abwägung, nach der nur ausnahmsweise dem nicht mehr genutzten Wohnrecht jeglicher Wert fehlen solle, dann solle aber auch keine Schenkung vorliegen). Jüngst hat der BGH diesbezüglich klargestellt, dass ein Recht nicht dadurch als völlig wertlos anzusehen sei, weil der Berechtigte im Zeitpunkt des Verzichts durch ein persönliches Ausübungshindernis – auch dauerhaft – an dessen Ausübung gehindert ist (BGH 20. 10. 2020 – X ZR 7/20, MDR 2021, 223 mit dem ausdrücklichen Hinweis, dass sich aus der Entscheidung BGH 25. 1. 2012 – XII ZB 479/11, NJW 2012, 1956 nichts Abweichendes ergebe). Eine Entreicherung setze nicht zwingend voraus, dass der zugewendete Gegenstand für den Schenker einen wirtschaftlichen Wert hatte, es genüge vielmehr, dass die Zuwendung aus dem Vermögen des Schenkers erfolgt sei (BGH 20. 10. 2020 – X ZR 7/20, MDR 2021, 223). An einer Entreicherung fehle es nur ausnahmsweise, wenn das Recht löschungsreif sei, also niemandem mehr einen Vorteil biete und die Zustimmung zur Löschung im Grundbuch nur dessen Berichtigung diene (BGH 20. 10. 2020 – X ZR 7/20, MDR 2021, 223). Eine **Bereicherung fehlt**, wenn durch die Zuwendung sogleich eine – wenn auch betagte – Pflicht zur Rückerstattung entsteht. Es kommt auch nicht auf die Natur des Anspruchs als **verhaltener Anspruch** an. Das ist etwa beim zinslosen Darlehen der Fall (Larenz, Schuldrecht BT II/1 [13. Aufl 1986] § 47 I S 198).

30 Das Erfordernis materieller Bereicherung schließt Zuwendungen aus, die nicht dauerhaft sind oder bei denen im Ergebnis kein Vermögenszuwachs vorhanden ist. Das betrifft vor allem die Übertragung von **treuhänderisch gebundenen Zuwendungsgegenständen** (BGH 5. 9. 2017 – X ZR 119/16, BeckRS 2017, 138605; BeckOK-BGB/Gehrlein [1. 11. 2025] § 516 Rn 5; Soergel/Eckert § 516 Rn 10; MünchKommBGB/Koch § 516 Rn 12), bspw Sicherungseigentum- und Grundschuld. Das gilt auch dann, wenn der Treuhänder die Nutzungen aus dem Gegenstand behalten darf. Das BGB erfasst diese Fälle als dingliche Teilabreden etwa gem § 1214 Abs 2 BGB (anders noch Erman/Herrmann [13. Aufl 2011] § 516 Rn 6).

31 Bei **Durchgangszuwendungen** wird in Lehre und Rspr differenziert: Keine Schenkung sind Zuwendungen, die der Empfänger als bloßer Mittelsmann oder Durchgangsperson **vollständig** weitergeben muss (RG 8. 11. 1922 – IV 74/1922, RGZ 105, 305, 308; BFH 13. 10. 1993 – II R 92/91, BFHE 172, 520, 522, BStBl II 1994, 128, 129, NJW 1994, 2248; BGB-RGRK/Mezger § 525 Rn 10; Soergel/Eckert § 525 Rn 7; Hammen WM 1987, 1249, 1250), da deren einziger Zweck gerade die Weitergabe an Dritte ist und keine Bereicherung verbleibt (Jülicher ZEV 1998, 201, 205). Darunter sollen vor allem Spendenleistungen auch an Sammelstellen fallen (vgl Soergel/Eckert § 516 Rn 10; krit gegen die Einschränkung bei Durchgangspersonen Roth ZinsO 2010, 1617 f; allerdings soll ein durch das Jugendamt vertretenes Kind, zu dessen Gunsten Dritte im Hinblick darauf, dass seine Eltern Opfer eines Verbrechens geworden sind, zu einer Spendenaktion aufgerufen haben, gegen diese Dritten keinen Herausgabeanspruch haben, DIV-Gutachten v 10. 4. 2000, DAVorm 2000, 317 ff; s zur Einordnung von Spenden in zivilrechtlicher und bilanzieller Hinsicht auch Lehmann DB 2006, 1281 ff). In einem solchen Fall vollständiger Weggabepflicht liegt mangels endgültiger materieller Bereicherung keine Schenkung vor. Der Empfänger wird gem §§ 662 ff BGB beauftragt, den Zuwendungsgegenstand der dritten Person zukommen zu lassen (BGH 10. 12. 2003 – IV ZR 249/02, BGHZ 157, 178, 182 f, NJW 2004, 1382, 1383). Darf der Empfänger dagegen einen Teil der Zuwendung behalten, soll eine Schenkung unter Auflage nach § 525 BGB vorliegen (Soergel/Eckert § 516 Rn 10).

32 Anderes gilt auch nicht, wenn der Zuwendungsempfänger eine juristische Person ist, die gemäß ihrer Satzung oder in Erfüllung einer gesetzlichen Pflicht den Zuwendungsgegenstand weggibt, und das von den Parteien auch gewollt ist (vgl RG 6. 2. 1905 – ZR III 273/1905, RGZ 61, 386, 391; RG 16. 12. 1908 – VII 595/1907, RGZ 70, 15, 17 – Verein von Beamten zur Versorgung der Witwen; RG 8. 11. 1922 – IV 74/1922, RGZ 105, 305, 308), denn hier kann die Bereicherung nicht im immateriellen Vorteil der Förderung des Satzungs- (oder Gesetzes-) Zweckes liegen (so aber MünchKommBGB/Koch § 516 Rn 12; Soergel/Eckert § 516 Rn 10; BGB-RGRK/Mezger § 525 Rn 4; Enneccerus/Lehmann, Schuldrecht [15. Aufl 1958] § 125 II; RG 8. 11. 1922 – IV 74/22, RGZ 105, 305, 309; vgl auch BeckOK-BGB/Gehrlein [1. 11. 2025] § 516 Rn 5; ohne spezifische Ausnahme soll nach Soergel/Mühl/Teichmann [12. Aufl 1998] § 525 Rn 10 eine Weitergabe die Schenkung aber ausschließen; nach Jacob, Franz Haymann und die Schenkung unter Auflage [1995] 61 f soll eine Auflagenschenkung erst vorliegen, wenn die juristische Person durch gesonderte Vereinbarung fiduziarisch gebunden wird). Eine Differenzierung nach der Rechtsform der Zuwendungsperson findet im Schenkungsrecht keine Stütze (ebenso krit noch Soergel/Mühl/Teichmann [12. Aufl 1998] § 516 Rn 8). Deshalb wird ebenso erwogen, in den Durchgangsfällen unabhängig von der Qualifikation der Parteien eine Schenkung zu bejahen (Rawert NJW 2002, 3151, 3152). Auch hier ist vielmehr vom Bereicherungsbegriff auszugehen. Verbleibt die Spende gegenständlich im Vermögen des Zuwendungsempfängers (etwa bei der Zuwendung von Geld für einen Kirchenbau, der dann im Eigentum des Empfängers stünde), liegt Schenkung vor, sonst Auftrag (vgl auch Soergel/Eckert § 516 Rn 10). Der bloß immaterielle Vorteil der Förderung des jeweiligen Zweckes der juristischen Person stellt keine Zuwendung eines vermögenswerten Vorteils dar und damit keine Bereicherung iSd § 516 BGB. Das in diesem Zusammenhang vorgebrachte Argument, die juristische Person sei von ihrem Zweck nicht zu trennen und verwende das Zweckvermögen für sich selbst, ist rein begriffsjuristischer Natur: Zweck der Spende ist eben nicht die Vermögensmehrung der fiduziarisch gebundenen Mittelsperson. Im oft unzutreffend für die Differenzierungsthese ins Feld geführten Urteil „Dresdner Frauenkirche“ (BGH 10. 12. 2003 – IV ZR 249/02, BGHZ 157, 178 ff, NJW 2004, 1382 ff) stellt auch der BGH klar, dass derjenige, der Geld als Sammelstelle erhält und es dann an den Destinatär ausschüttet, nicht beschenkt wird, sondern beauftragt. Behält er Teile zurück oder darf sie satzungsmäßig ausschließlich für sich verwenden, kann dagegen eine Schenkung vorliegen. Sie soll auch dann anzunehmen sein, wenn er die Zuwendung auch behalten darf, falls die Zweckerreichung unmöglich wird (BGH 10. 12. 2003 – IV ZR 249/02, BGHZ 157, 178, 183, NJW 2004, 1382, 1383). In jedem Fall ist im Einzelnen genau durch Auslegung zu prüfen, ob eine Schenkung angenommen werden kann (RG 7. 5. 1909 – VII 365/1908, RGZ 71, 141, 144 – Geldsumme zur Errichtung eines Gotteshauses).

Keine echten Schenkungen sind sog **Kettenschenkungen** (Knobbe-Keuk, in: FS Flume II 33
[1978] 149, 167). Hier werden die Mittelsglieder in der Kette nicht bereichert (BeckOK-BGB/Gehrlein [1. 11. 2025] § 516 Rn 5), weil sie keine dauerhafte Vermögensmehrung erfahren, die jeweiligen Beteiligten diese auch nicht wollen und es gerade Zweck der Zuwendung ist, den Gegenstand dem letztlich Begünstigten zuzuwenden. Nur dieser wird – in Vollzug des Auftrages – beschenkt.

Schenkungen können unter **Bedingungen** (§ 158 BGB) geschlossen werden. Auch die 34
sog **Potestativbedingung** (MünchKommBGB/Wietfeld § 158 Rn 18 ff) ist zulässig (MünchKommBGB/Koch § 516 Rn 13). Sie kommt bei der Übertragung von Grundeigentum sehr häufig vor und beschränkt sich wegen § 925 Abs 2 BGB auf das Kausalgeschäft. Der bei Eintritt der Bedingung entstehende Rückforderungsanspruch, der je nach Konstruktion bereicherungsrechtlicher oder vertraglicher Natur ist (näher Rn 35 f),

kann durch eine (Rück-)Auflassungsvormerkung nach § 883 Abs 1 S 2 BGB gesichert werden, was nach dem heutigen Stand der Verfügungslehre zulässig ist und insbesondere nicht gegen § 137 BGB verstößt (RG 25. 6. 1926 – IV 39/25, RGZ 111, 151, 153; weitergeführt und vertieft von BGH 5. 12. 1996 – V ZB 27/96, BGHZ 134, 182, 184 ff, NJW 1997, 861, 862). Fragwürdig ist die Einordnung der kostenlos zur Verfügung gestellten Open Source Software als bedingte Schenkung (Metzger/Jaeger GRUR Int 1999, 839, 847 f; Sujecki medien und recht [2005] 40, 41; Merkle MMR 2022, 251, 255). Zum einen fehlt es an der Entreicherung, da das Vermögen desjenigen, der die Software zur Verfügung stellt, dadurch nicht gemindert wird (unzutreffend stellen Metzger/Jaeger Rn 281 hier auf einen Vergleich zwischen Datenträger und Download ab; überzeugend Hoeren, in: FS Kollhosser [2004] 235 ff). Zum anderen ist die Unentgeltlichkeit nicht gegeben, da die Software typischerweise unter der Voraussetzung der gleichzeitigen oder zukünftigen Überlassung von Daten zur Verfügung gestellt wird (Auer-Reinsdorff/Conrad/Auer-Reinsdorff/Kast § 9 Rn 36). Damit verbunden ist auch die mangelnde subjektive Absicht, das Vermögen des Anwenders zu bereichern (s zur Überlassung von Daten ausführlich § 516 Rn 40 u § 516a Rn 3).

35 Für die richtige Anspruchsgrundlage und die Bemessung der korrekten Verjährungsfristen (§ 195 oder § 197 BGB bzw Unverjährbarkeit eingetragener Rechte; hinsichtlich der Nutzungen s § 197 Abs 2 BGB) bei der **Rückforderung einer Schenkung unter Bedingungen** kommt es darauf an, ob Kausal- oder Verfügungsgeschäft bedingt worden sind. Liegt eine aufschiebende Bedingung (§ 158 Abs 1 BGB) des Kausalgeschäfts vor, ist Anspruchsgrundlage die *condictio ob causam finitam* (§ 812 Abs 1 S 2 Alt 1 BGB). Im Falle der auflösenden Bedingung (§ 158 Abs 2 BGB) wird teilweise vertreten, das Kausalgeschäft sei dahin auszulegen, dass die Leistung bei Bedingungseintritt zurück übertragen werden müsse (Medicus/Petersen, Bürgerliches Recht [30. Aufl 2025] Rn 376). Den Hintergrund dieser Differenzierung bildete die ehemalige 30-jährige Regelverjährung des § 195 aF; durch deren Verkürzung seit 2002 hat das Problem etwas an Brisanz eingebüßt. Ist dagegen das Verfügungsgeschäft bedingt, kommen § 894 bzw § 985 BGB zum Tragen.

36 Auch **Widerrufsvorbehalte** für das **Kausalgeschäft** sind sowohl frei als auch unter Anknüpfung an den Eintritt bestimmter Voraussetzungen (zB Ehe, Scheidung, Tod) möglich. Hier liegt eine Schenkung vor; es fehlt insbesondere nicht an der Bereicherung des Schenkers, nur weil er den Gegenstand unter Umständen wieder herausgeben muss (BGH 28. 9. 2016 – IV ZR 513/15, NJW 2017, 329 m Anm Keim; BFH 13. 9. 1989 – II R 67/86, NJW 1990, 1750 f). Die gegenteilige Ansicht (Knobbe-Keuk, in: FS Flume II [1978] 149, 152 ff; Peltner DStR 1986, 72 ff) ist weder unter steuerrechtlichen noch zivilrechtlichen Gesichtspunkten überzeugend, zumal das Gesetz in § 530 BGB einen selbständigen Widerrufsgrund für die Schenkung normiert (s auch § 530 Rn 1 ff). An die Wirksamkeit der schenkweisen Übertragung von **Gesellschaftsanteilen** mit sog freier **Hinauskündigungsklausel** sind vor dem Hintergrund von § 138 BGB strenge Anforderungen zu stellen (s näher Rn 59; vgl auch § 530 Rn 55).

4. Die Unentgeltlichkeit der Zuwendung

37 Die Zuwendung muss einseitig sein, nur vom Zuwendenden ausgehen und rechtlich mit keinerlei Leistung des Zuwendungsempfängers – insbesondere nicht an Dritte – (BGH 4. 3. 1999 – IX ZR 63/98, BGHZ 141, 96, 99, NJW 1999, 1549, 1550) verknüpft sein. Die

Rspr spricht von einer Zuwendung, die nach dem **Parteiwillen** nicht von einer ausgleichenden Gegenleistung des Zuwendungsempfängers abhängig sein darf (BGH 17. 6. 1992 – XII ZR 145/91, NJW 1992, 2566, 2567; BGH 29. 11. 1990 – IX ZR 29/90, BGHZ 113, 98, 101 f, NJW 1991, 560, 561; in der Sache BeckOK-BGB/Gehrlein [1. 11. 2025] § 516 Rn 7).

38 In der Literatur wird die Unentgeltlichkeit zum Teil negativ definiert: Eine Zuwendung sei unentgeltlich, wenn mit ihr nach dem Inhalt des Rechtsgeschäfts **nicht** die Erlangung einer Gegenleistung oder eines Anspruches auf eine solche **verfolgt** wird und auch sonst die Zuwendung nicht zur Tilgung einer Verbindlichkeit **bestimmt** ist (MünchKommBGB/Koch § 516 Rn 24). Zum Teil wird sie als die einseitige Zuwendung ohne eine irgendwie geartete Gegenleistung des Zuwendungsempfängers bezeichnet (Soergel/Eckert § 516 Rn 27).

39 Zutreffend ist, dass die **objektive** Betrachtung, die für die Bereicherung allein maßgeblich ist, bei der Unentgeltlichkeit von der entsprechenden **subjektiven** Absicht der Parteien begleitet werden muss. Vor diesem dogmatischen Hintergrund ist die Aussage der Rspr zu verstehen, wonach die objektive Unentgeltlichkeit eine tatsächliche Vermutung für das Vorliegen einer Schenkung begründe (vgl in Fällen einer potentiellen gemischten Schenkung dazu BGH 21. 6. 1972 – IV ZR 221/69, BGHZ 59, 132, 136, NJW 1972, 1709, 1710; BGH 23. 9. 1981 – IVa ZR 185/80, BGHZ 82, 274, 281 f, NJW 1982, 43, 44 f; BGH 25. 9. 1986 – II ZR 272/85, NJW 1987, 890, 891; BGH 1. 2. 1995 – IV ZR 36/94, NJW 1995, 1349, 1350; BGH 18. 10. 2011 – X ZR 45/10 Tz 19, NJW 2012, 605, 606; Soergel/Eckert § 516 Rn 29 qualifiziert die objektive Einseitigkeit der Zuwendung als „Indiz“ für deren subjektive Unentgeltlichkeit), wobei aber der Schwerpunkt auf der subjektiven Seite liegen muss. Dieser Aspekt spielt vor allem bei der **gemischten Schenkung** eine Rolle (näher Rn 64 ff).

40 Unentgeltlichkeit bedeutet indes für den Erwerber nicht völlige **Kostenlosigkeit**, denn für ihn können gewisse finanzielle Aufwendungen (etwa Reise- oder Anwaltskosten) im Raum stehen (RG 30. 1. 1940 – V 76/38, RGZ 163, 348, 355). **Gegenleistungen** jeder Art schließen die Unentgeltlichkeit aus, wobei nicht die objektive Gleichwertigkeit zwischen Leistung und Gegenleistung, sondern die von den Parteien vorgenommene subjektive Beurteilung des Wertverhältnisses der erbrachten Leistungen für die Bejahung der Entgeltlichkeit der Zuwendung maßgeblich ist, sofern diese Bestimmung nicht willkürlich ist (BGH 9. 11. 1960 – V ZR 96/59, NJW 1961, 604, 605). Gerade im geschäftlichen Verkehr liegt die Annahme eines Schenkungsversprechens von vorneherein fern (OLG München 6. 12. 2017 – 20 U 1946/17, BeckRS 2017, 135581). Bei der Frage, ob eine Gegenleistung vorliegt, muss es sich **nicht** um **Leistungen in Geld** handeln. **Unterhaltsleistungen** sind nicht unentgeltlich, wenn sie ihren Grund in familienrechtlichen Verpflichtungen haben. Gleiches gilt für die Ausstattung des Kindes durch die Eltern (s aber § 1624 Abs 1 HS 2 BGB) oder hinsichtlich der Zuwendungen zwischen Ehegatten, Lebenspartnern und Lebensgefährten zum Erhalt der jeweiligen Beziehung (sog **unbenannte** oder **ehebedingte Zuwendungen**, näher Rn 88) sowie bezüglich der Zuwendung eines abstrakten Schuldversprechens an die Geliebte als Gegenleistung für die Geburt von Kindern im Fall der anderweitigen Heirat des Versprechenden (RG 23. 2. 1920 – VI 387/19, RGZ 98, 176, 177; vgl auch BGH 7. 12. 1983 – IVa ZR 160/82, NJW 1984, 797 f). Als eine die Unentgeltlichkeit ausschließende Gegenleistung kommt auch die Überlassung personenbezogener Daten in Betracht (s auch § 516a Rn 3; Bittner VuR 2022, 9, 12 „Währung der Digitalisierung“; Kumkar ZfPW 2020, 306, 322; Hacker ZfPW 2019, 148, 167; Metzger JZ 2019, 577, 579; Schmidt-Kessel/Grimm ZfPW 2017, 84, 89 ff; Faust

NJW-Beil 2016, 29; zu Recht gegen Unentgeltlichkeit der Zuwendung bei Bereitstellung kostenloser Apps DATTA/KLEIN CR 2017, 174, 177 f).

41 Auch **immaterielle Gegenleistungen** führen zur Entgeltlichkeit (BGH 17. 1. 1990 – XII ZR 1/89, NJW-RR 1990, 386; BGH 2. 10. 1991 – XII ZR 132/90, NJW 1992, 238, 239; vgl dazu auch MünchKommBGB/KOCH § 516 Rn 25), bspw die Zuwendung einer Mitgift an den künftigen Schwiegersohn als Gegenleistung für die Eheschließung und Übernahme der Ehelasten (RG 11. 1. 1906 – IV 329/05, RGZ 62, 273, 276), eine Zuwendung zur Veranlassung der Rückkehr des Ehegatten (RG 8. 6. 1931 – IV 474/30, HRR 1931 Nr 1752), eine Zuwendung von Unterhalt des potentiellen ehebrecherischen Erzeugers eines Kindes an dessen gesetzliche Eltern zur Abwehr ehe-, abstammungs- und strafrechtlicher Folgen (RG 28. 8. 1936 – 4 U 67/36, HRR 1937 Nr 80), die Übernahme einer Verpflichtung, um den allein sorgeberechtigten Teil zur Überlassung der Erziehung der Kinder zu bewegen (RG 8. 2. 1915 – VI 485/14, WarnR 1915 Nr 102), eine Entschädigung für die ehebedingte Aufgabe einer Beamtenstelle durch die Ehefrau (RG 28. 5. 1919 – IV 97/19, SeuffA 74 Nr 166), die Zuwendungen für die Einwilligung in eine oder die Beschleunigung einer Scheidung (BGH 8. 10. 1955 – IV ZR 84/55, MDR 1957, 26, 27 m zust Anm BEITZKE; RG 20. 2. 1918 – V 321/17, Recht 1918 Nr 1522; RG 24. 9. 1941 – IV 96/41, HRR 1942 Nr 15; BFH 28. 11. 1967 – II 72 63, BFHE 91, 104, 110 ff, BStBl II 1968, 239, 241 f; BFH 7. 12. 1966 – VI 298/65, BFHE 87, 610, 612 ff, BStBl III 1967, 245 f, NJW 1967, 1535, 1536), die Zuwendung an einen Trainer für den Fall des Gewinns der von ihm trainierten Sportmannschaft (BGH 28. 5. 2009 – Xa ZR 9/08 Tz 8 ff, NJW 2009, 2737 f, JZ 2009, 1120 f; eingehend zu der Entscheidung und den Abgrenzungsfragen KLEINSCHMIDT JZ 2009, 1121 ff; **aA** dagegen OLG München 11. 11. 1982 – 24 U 114/82, NJW 1983, 759 f), Sponsorenverträge (OLG Dresden 2. 3. 2006 – 13 U 2242/05, SpuRt 2007, 169, 170; differenzierend danach, ob ggf auch immaterielle Gegenleistungen vorliegen ROTH ZinsO 2010, 1617, 1620 f; s auch RAUPACH, Non Profit Law Yearbook 2001/2002, 169 ff; zu Sponsoring und Schenkung und der Bedeutung immaterieller Gegenleistung s GRUNEWALD ZGS 2010, 164 f), oder die Zuwendung von Pflegeleistungen (OLG Hamm 11. 12. 1992 – 29 U 214/91, NJW-RR 1993, 1412) sowie die Zuwendung eines Grundstücks, die mit einer Einschränkung der eigenen Lebensführung einschließlich der Wahl des Wohnsitzes auf Seiten des Beschenkten verbunden ist (OLG Hamm 23. 5. 1991 – 22 U 160/90, NJW-RR 1992, 1170, 1171). Bei Stipendien können die von den Stipendiaten übernommenen, oft immateriellen Verpflichtungen wie die Teilnahme an Seminaren oder die Abfassung von Berichten allerdings auch als Auflage oder Zweck verstanden werden, so dass in Bezug auf das Stipendium von einer schenkweisen Zuwendung auszugehen ist (OLG München 5. 7. 2017 – 21 U 787/17, BeckRS 2017, 115688; STREITER WissR 2005, 2, 24 ff; für Zweckschenkung JACOB, Franz Haymann und die Schenkung unter Auflage [1995] 71; für eine Einordnung als Vertrag *sui generis* spricht sich jedoch SZALAI SächsVBl 2010, 229, 232 f aus, der im Übrigen auch die verwaltungsrechtliche Seite unter Berücksichtigung etwaiger Rechtsschutzprobleme erörtert; vgl auch § 525 Rn 69 f).

42 Manchmal vermutet das Gesetz die Absicht unentgeltlicher Zuwendung mit der Wirkung von § 292 ZPO. Im Schuldrecht geschieht das bei der Gewährung von Unterhalt zwischen Eltern und Voreltern und deren Abkömmlingen nach § 685 Abs 2 BGB, im Familienrecht bei der Zuvielleistung von Unterhalt zwischen Ehegatten (§ 1360b BGB) oder bei Aufwendungen eines im Haushalt der Eltern lebenden Kindes, § 1620 BGB.

43 Wenn einverständlich auf eine **Schuld, die nicht besteht**, geleistet wird, ist die Unentgeltlichkeit zu **bejahen**, da erst die Zuwendung den Rechtsgrund zum Behaltendürfen schafft (OLG Hamburg 21. 5. 1912 – Bf II 397/11, Recht 1912 Nr 2524). Auch die **Besicherung einer fremden Schuld** ist unentgeltlich, wenn der Sicherungsgeber nicht anderweitig zur Gewährung verpflichtet war (BGH 15. 12. 1982 – VIII ZR 264/81, NJW 1983, 1679, 1680), mag er damit auch eigene wirtschaftliche Ziele verfolgen (BGH 1. 6. 2006 – IX ZR 159/04 Tz 10, NJW-RR 2006, 1281, 1282), ebenso die **Tilgung einer fremden Schuld**, sofern die Forderung des Zuwendungsempfängers nicht mehr durchsetzbar war (BGH 17. 6. 2010 – IX ZR 186/08 Tz 7, NZI 2010, 678; zweifelnd SCHÜTZ JR 1964, 453). Der Vertrag zur Übertragung von Besitz und Eigentum an einem Grundstück unter gleichzeitiger **Übernahme dinglicher Belastungen** durch den Zuwendungsempfänger ist je nach dinglicher Belastung (Wohnrecht, Nießbrauch, Grundschuld und Hypothek ja; Reallast wegen § 1105 Abs 1 BGB nein) in der Regel unentgeltlich. Der Zuwendungsempfänger erhält nämlich das Grundstück, wie es der Zuwendende im eigenen Vermögen hatte, nur in seinem Wert gemindert, so dass die Bereicherung geringer ausfällt. Die in solchen Verträgen zu findende Übernahmeverpflichtung hat meist nur klarstellende Wirkung (BGH 7. 4. 1989 – V ZR 252/87, BGHZ 107, 156, 159 f, NJW 1989, 2122), kann aber im Einzelfall den Charakter einer Auflage gemäß § 525 BGB annehmen (BGH 7. 4. 1989 – V ZR 252/87, BGHZ 107, 156, 160, NJW 1989, 2122, 2123). Die Unentgeltlichkeit fehlt dann, wenn ein anderweitiger Wille festgestellt werden kann (RG 7. 3. 1905 – VII 336/04, RGZ 60, 238, 243 mit Indizien).

Bei **vorweggenommener Erbfolge** sind zur Beurteilung, ob eine Schenkung vorliegt, allein die schenkungsrechtlichen Wertungen maßgeblich, nicht hingegen Entscheidungen zu dem Pflichtteils- oder Anfechtungsrecht. Danach sei eine Zuwendung bei vorweggenommener Erbfolge als unentgeltlich anzusehen, wenn der Zuwendungsempfänger im Gegenzug auf seinen Erb- oder Pflichtteil verzichtet, wobei dieser Verzicht nach dem Willen der Vertragsparteien dem Ausgleich der lebzeitigen Zuwendung im Rahmen der Erbfolge dienen soll. Ein solcher Wille der Parteien sei regelmäßig anzunehmen, wenn die Höhe der Zuwendung der Erberwartung entspricht oder diese übersteigt. Eine Schenkung sei aber fernliegend, wenn die Zuwendung nach ihrem Wert deutlich hinter der Erberwartung zurückbleibt (BGH 7. 7. 2015 – X ZR 59/13 Rn 16, BGHZ 206, 165, NJW 2016, 324, ZErb 2016, 117 m Anm GRUNEWALD, FamRZ 2016, 214 m Anm CROON-GESTEFELD, mwNw auch zum Verhältnis zur Rspr vor dieser Entscheidung PROFF ZU IRNICH NJW 2016, 539; krit PROFF ZU IRNICH DNotZ 2017, 84; insg auch LANGE ErbR 2017, 305). 44

Mangels Unentgeltlichkeit liegt grundsätzlich **keine Schenkung** vor, wenn die Zuwendung **synallagmatisch, konditional** oder **kausal** mit einer **Gegenleistung** verknüpft ist, wobei die Abgrenzung zwischen diesen Formen im Einzelfall schwierig zu bestimmen sein kann. Denn allen gemeinsam ist die über einen tatsächlichen, wirtschaftlichen Zusammenhang hinausgehende (BGB-RGRK/MEZGER § 516 Rn 9) rechtliche Verknüpfung von Zuwendung und Gegenleistung, die jeweils nur unterschiedlich stark ausgeprägt ist. Um eine **Schenkung unter Auflage** (§ 525 BGB) handelt es sich dagegen, wenn eine echte rechtsgeschäftliche Nebenabrede vorliegt, wonach der Zuwendungsempfänger aus dem Zuwendungsgegenstand selbst etwas tun oder unterlassen muss (SOERGEL/ECKERT § 516 Rn 32; näher bei § 525 Rn 14 ff, 41 ff). Als Abgrenzungskriterium zwischen Entgeltlichkeit und Unentgeltlichkeit gilt, dass umso eher Entgeltlichkeit vorliegt, je stärker ein Interesse des Zuwendenden an der Gegenleistung feststellbar ist; dabei ist die Wortwahl (§ 133 BGB) heranzuziehen. 45

46 Ist die Zuwendung von einer anderen Leistung rechtlich abhängig, fehlt es wegen der **synallagmatischen Verknüpfung** evident an der Unentgeltlichkeit (BGH 17. 6. 1992 – XII ZR 145/91, NJW 1992, 2566, 2567). Deswegen ist ein Vergleich nach § 779 BGB keine Schenkung, auch wenn er einzelne unentgeltliche Verfügungen enthalten kann (BGH 24. 10. 1990 – IV ZR 296/89, NJW 1991, 842, 843, wo es um die Unwirksamkeit der Verfügung eines Testamentsvollstreckers ging, § 2205 S 3 BGB). Auch ein Vertrag nach § 328 BGB, in dem sich zwei Personen zur Unterstützung eines Dritten verpflichten, ist je nach Ausgestaltung entgeltlich, da synallagmatisch verbundene Leistungsversprechen vorliegen. Indes kann im Verhältnis des Versprechensempfängers zum Zuwendungsempfänger eine Schenkung liegen (vgl MünchKommBGB/Koch § 516 Rn 27; BGB-RGRK/Mezger § 516 Rn 9), wobei im Hinblick auf § 2325 BGB genau zu ermitteln ist, was im Verhältnis zum Zuwendungsempfänger der Zuwendungsgegenstand ist (BGH 28. 4. 2010 – IV ZR 73/08 Tz 15 ff, BGHZ 185, 252, 256 f, NJW 2010, 3232, 3234 f, JZ 2011, 316 – Lebensversicherung). Die eventuelle Rückabwicklung hat nach Vertragsrecht zu erfolgen.

47 Auch bei **konditionaler Verknüpfung** von Zuwendung und Gegenleistung liegt ein entgeltliches Geschäft vor (MünchKommBGB/Koch § 516 Rn 27; BGB-RGRK/Mezger § 516 Rn 9). Es kommt nämlich nicht darauf an, ob der Zuwendungsempfänger eine Verpflichtung zur Vornahme der Handlung im Sinne einer Gegenseitigkeit (§ 320 BGB) übernimmt; Entgeltlichkeit ist auch dann zu bejahen, wenn die nicht geschuldete Leistung des Zuwendungsempfängers Bedingung für die Entstehung der Verpflichtung der anderen Seite sein soll (BGH 11. 11. 1981 – IVa ZR 182/80, NJW 1982, 436), so etwa bei der Auslobung (§ 657 BGB). Darüber hinaus ist die Feststellung einer solchen Verknüpfung schwierig und selten; so genügt es nicht, dass der Eintritt eines bestimmten Ereignisses Grundlage der Zuwendung sein soll (BGH 28. 5. 2009 – Xa ZR 9/08 Tz 9, NJW 2009, 2737 m Anm Schmidt JuS 2010, 71). Im Zweipersonenverhältnis kann die Verknüpfung etwa dann vorliegen, wenn der Beschenkte gerade aus seinem Vermögen – nicht aus dem Wert des Schenkungsgegenstandes, in diesem Fall läge eine Auflage vor – eine Leistung an den Zuwendenden erbringt (Soergel/Eckert § 516 Rn 32), die der andere nicht rechtlich verlangen kann, wie zB bei einem Rentenversprechen für die freiwillige Fortsetzung eines Angestelltenverhältnisses (RG 30. 10. 1919 – IV 22/19, JW 1920, 139 f; vgl MünchKommBGB/Koch § 516 Rn 27). Eher wird man die konditionale Verknüpfung im Dreipersonenverhältnis antreffen, wenn der Zuwendende eine Leistung eines Dritten zur Wirksamkeitsvoraussetzung seiner Zuwendung an den Empfänger macht und damit die Erwartung verknüpft, die Gegenleistung sei ausreichendes Äquivalent seiner Zuwendung (BGH 10. 1. 1951 – II ZR 18/50, NJW 1951, 268; OLG Saarbrücken 15. 11. 2023 – 5 U 35/23, FamRZ 2024, 983, 985 m krit Anm Becker; Gegenbeispiel BGH 8. 10. 1955 – IV ZR 82/55, MDR 1957, 26). Die Rückabwicklung richtet sich nach § 812 Abs 1 S 2 Alt 1 BGB.

48 Bei den sog **kausalen Verknüpfungen** von Zuwendung und Gegenleistung wird nicht um der Gegenleistung willen zugewendet. Vielmehr wird die eigene Zuwendung zur **Geschäftsgrundlage** erhoben, um den Zuwendungsempfänger zu einem rechtlich nicht einklagbaren Verhalten zu bewegen; auch das ist mangels Unentgeltlichkeit keine Schenkung. Abzugrenzen ist diese Konstellation zur einseitig gebliebenen, die Unentgeltlichkeit nicht ausschließenden Erwartung, was *in concreto* schwer festzustellen ist. Exemplarisch sind die Zuwendungen eines Ehegatten an den anderen in der Erwartung, die Ehe werde Bestand haben (BGH 17. 1. 1990 – XII ZR 1/89, NJW-RR 1990, 386; BGH 2. 10. 1991 – XII ZR 132/90, NJW 1992, 238, 239), oder Zuwendungen der Mutter an

die Tochter, die für die Tochter erkennbar in der Erwartung erfolgen, sie werde die Mutter zukünftig ständig betreuen (OLG Hamm 11. 12. 1992 – 29 U 214/91, NJW-RR 1993, 1412). Keine Schenkung ist auch das Versprechen einer Zuwendung, das für besondere Bemühungen des Zuwendungsempfängers gemacht wird, weil hier – in der Regel – ein entgeltlicher Vertrag über die Entlohnung einer noch zu erbringenden Leistung vorliegen dürfte (BGH 28. 5. 2009 – Xa ZR 9/08 Tz 10, NJW 2009, 2737 m Anm Schmidt JuS 2010, 71). Die Rückabwicklung erfolgt im Wege der *condictio ob rem*, § 812 Abs 1 S 2 Alt 2 BGB (BGH 23. 9. 1983 – V ZR 67/82, NJW 1984, 233).

Die Zuwendung kann auch **nachträglich** mit einer Gegenleistung verknüpft werden, 49
wenn die Zuwendung bereits in der für den Empfänger erkennbaren Absicht erfolgte, später dafür entlohnt zu werden. Hier ist die Zuwendung entgeltlich, weil sie eine **vorweggenommene Erfüllungshandlung** für einen entgeltlichen Vertrag darstellt, der jedenfalls konkludent mit der Entlohnung geschlossen wird (BGH 17. 6. 1992 – XII ZR 145/91, NJW 1992, 2566, 2567; BGH 19. 7. 2005 – X ZR 92/03, NJW-RR 2005, 1718, 1719; BGB-RGRK/Mezger § 516 Rn 8; Soergel/Eckert § 516 Rn 33; **aA** Keim FamRZ 2004, 1081, 1083).

5. Das Einigsein über die Unentgeltlichkeit der Zuwendung

Die Schenkung, auch in Form der Handschenkung, ist entsprechend dem in § 311 50
Abs 1 BGB niedergelegten Prinzip ein **Vertrag** (Mugdan Mot II 159 f; vgl Eckstein AcP 107 [1911] 384, 387 ff; Oertmann, Der junge Rechtsgelehrte 1937, 177 f; allerdings weist Haymann, JherJb 56 [1910] 86, 102 ff, bes 107, 109 darauf hin, dass mit dem *animus donandi* anders als bei den entgeltlichen Verträgen gerade keine Rechtsfolge bezweckt werde; gegen eine Versprechensschenkung bei § 516 Erman AcP 137 [1933] 335 ff). Durch einseitiges Leistungsversprechen kann keine Verpflichtung begründet werden (vgl MünchKommBGB/Koch § 516 Rn 14); entsprechend der römischen Rechtsregel *beneficium invito non datur* muss sich niemand etwas schenken lassen und dadurch fremdbestimmt werden (Mugdan Mot II 160). Die **Einigung** kann **konkludent** erfolgen (RG 25. 6. 1926 – IV 39/25, RGZ 111, 151, 153) und schafft den Rechtsgrund zum Behaltendürfen iSd Bereicherungsrechts. Fehlt es an einer ausdrücklichen Vereinbarung über die Unentgeltlichkeit, muss der Vertrag ausgelegt werden. Liegt ein Fall von Totaldissens vor (dazu MünchKommBGB/Busche § 154 Rn 3), weil eine Partei bspw von einem Kauf, die andere von einer Schenkung ausgeht, kommt mangels Einigung über die Unentgeltlichkeit kein Vertrag zustande. Anders liegt es, wenn die Parteien nur unterschiedliche Vorstellungen von der Unentgeltlichkeit haben und dies erkannt wird; in diesem Fall gilt § 154 BGB (so in einem *obiter dictum* BGH 11. 12. 1992 – V ZR 241/91, NJW-RR 1993, 450: Der Zuwendende will schenken, der Empfänger nimmt den Gegenstand als Ausgleich für Dienstleistungen in der Ehe).

Inhaltlich betrifft die **Einigung** der Parteien neben der Unentgeltlichkeit auch die Zu- 51
wendung (BGH 26. 11. 1981 – IX ZR 91/80, BGHZ 82, 227, 230, NJW 1982, 1093; BGH 12. 12. 1985 – III ZR 200/84, NJW-RR 1986, 866). Die Annahme einer sittlichen Pflicht steht der Unentgeltlichkeit nicht entgegen (RG 30. 9. 1929 – IV 800/28, RGZ 125, 380, 383), wie schon § 534 BGB belegt. Andererseits können einseitige Vorstellungen des Zuwendenden oder des Zuwendungsempfängers über mögliche, aber nicht direkt mit der Zuwendung zusammenhängende wirtschaftliche Vorteile keine Entgeltlichkeit begründen (BGH 29. 11. 1990 – IX ZR 29/90, BGHZ 113, 98, 101 f, NJW 1991, 560, 561; freilich mit Bezug zu § 37 KO).

52 Umstritten ist, ob eine Einigung über die Unentgeltlichkeit **nachträglich** in dem Sinne wieder **geändert** werden kann, dass die Zuwendung entgeltlich wird und damit nicht mehr dem Schenkungsrecht unterworfen ist. Nach einigen Urteilen soll das nicht möglich sein, weil für die Frage der Unentgeltlichkeit stets auf den Abschluss des Rechtsgeschäfts abgestellt werden müsse (BFH 10. 2. 1987 – VII R 122/84, BFHE 149, 204, 209 f, BStBl 1988 II 313, 315 f, NJW 1988, 3174, 3175; OLG Düsseldorf 5. 2. 2001 – 9 U 136/00, NJW-RR 2001, 1518, 1519; OLG Hamm 29. 11. 1994 – 29 U 80/94, NJW-RR 1995, 567, 568; einschränkend RG 22. 11. 1909 – VI 437/08, RGZ 72, 188, 191: jedenfalls nicht, solange die Beziehungen nicht abgeschlossen sind; so auch Keim FamRZ 2004, 1081, 1083). Doch zutreffender ist, dass die Parteien aufgrund ihrer **Privatautonomie** den Rechtsgrund für die Leistung grundsätzlich beliebig austauschen können, solange keine schützenswerten Interessen Dritter oder zwingendes Gesetzesrecht entgegenstehen (MünchKommBGB/Koch § 516 Rn 30; Soergel/Eckert § 516 Rn 33; RG 10. 1. 1911 – III 625/09, RGZ 75, 325, 327; RG 29. 11. 1918 – III 277/18, RGZ 94, 157, 159; BGH 15. 3. 1989 – IVa ZR 338/87, NJW-RR 1989, 706). Dabei muss für die danach zur Anwendung kommende Vorschrift teleologisch ermittelt werden, ob die nachträgliche Vereinbarung der Entgeltlichkeit **Rückwirkungen** erzeugen kann. Das ist für die Normenkomplexe zu verneinen, in denen es gerade um den **Schutz Dritter** vor erbteils- oder vollstreckungsverkürzenden Zuwendungen geht (für § 3 AnfG verneint von BFH 10. 2. 1987 – VII R 122/84, BFHE 149, 204, 209 f, BStBl 1988 II 313, 315 f, NJW 1988, 3174, 3175; ebenso für § 2325 BGB BGH 14. 2. 2007 – IV ZR 258/05, MittBayNot 2008, 225, 226). Diese Annahme liegt bei nachträglich gezahlten oder versprochenen **Provisionszahlungen** an einen Makler nach der Rspr eher fern, weil durch die Zuwendung häufig Dienste, die nicht unter § 652 BGB fallen, oder noch zu leistende Dienste des Maklers vergütet werden sollen (BGH 12. 10. 2006 – III ZR 331/04, NJW-RR 2007, 55, 56). Möglich ist es im Übrigen sogar, dem Schenker vertraglich das Recht einzuräumen, das zunächst unentgeltliche Geschäft durch **einseitige Erklärung** nachträglich in ein voll entgeltliches umzugestalten (BGH 6. 3. 1985 – IVa ZR 171/83, NJW-RR 1986, 164 – sogar bei Verfügung von Todes wegen bejaht).

53 Keinen Anlass zur Verwechslung (anders MünchKommBGB/Koch § 516 Rn 31) geben diese Konstellationen im Hinblick auf die im BGB nicht gesondert geregelten sog **belohnenden (remuneratorischen) Schenkungen**, da es hier bei der Unentgeltlichkeit und damit der Anwendung der §§ 516 ff BGB, insbesondere § 518 Abs 1 BGB, bleibt (vgl schon Mugdan Mot II 160; Planck/Knoke [4. Aufl 1928] § 516 Anm 4; Soergel/Eckert § 516 Rn 34), während bei der nachträglichen Umwandlung der Zuwendung in eine entgeltliche gerade eine vollständig neue und meist formfreie Einigung die *causa* der Leistung austauscht und die Schenkung damit ausschließt. Geht es dagegen darum, den Leistenden für eine bereits getane Arbeit zu entlohnen, weil der Zuwendende deutlich macht, die Leistung verdiene ein höheres als das ursprünglich vereinbarte Entgelt, liegt regelmäßig eine Vertragsanpassung vor. Handelt es sich jedoch um die Belohnung im Sinne eines Sicherkenntlichzeigens für getane Arbeit, aufgewendete Mühe, vielleicht auch überobligatorische Anstrengung des Leistenden, spricht vieles für die dann formbedürftige remuneratorische Schenkung (MünchKommBGB/Koch § 516 Rn 31; anders Keim FamRZ 2004, 1081, 1083, der keinen Raum für eine nachträgliche Umwandlung der Schenkung sieht und die Parteien an ihrer ursprünglichen Qualifikation festhalten will). In diesem Sinne ist das Trinkgeld als Schenkung zu sehen (BAG 19. 1. 2022 – 5 AZR 346/21, BeckRS 2022, 10697 Rn 40; MünchKommBGB/Koch § 516 Rn 31; vgl vJhering, Das Trinkgeld [4. Aufl 1902] 16 f, der es im Zweck von der Schenkung insoweit abgrenzt, als es trotz seiner unentgeltlichen Gewährung hinsichtlich seiner Motivation dem Lohn näher stehe; zur schenkwei-

sen Zuwendung eines Spielbankenbesuchers an die dortigen Beschäftigten nach erfolgreichem Spiel, sog tronc, vgl Gratzel DZWir 1997, 226 ff). Die Abgrenzung zwischen Vertragsanpassung und remuneratorischer Schenkung richtet sich nach dem Parteiwillen, §§ 133, 157 BGB.

Eine belohnende Schenkung liegt nach der Rspr immer dann vor, wenn eine **Zuwendung** versprochen wird, die **rechtlich nicht geschuldet** ist (BGH 11. 11. 1981 – IVa ZR 182/80, LM § 516 Nr 15 m Anm Haase JR 1982, 197). Hier ist die Leistung des Empfängers nur **Motiv** der Zuwendung des Schenkers aus dessen Gefühl der Dankbarkeit heraus. Deswegen liegt keine remuneratorische Schenkung vor, wenn jemand eine Vergütung für einen noch zu erbringenden Erfolg als eine Art Leistungsanreiz verspricht, denn der Empfänger soll sich diese Vergütung erst noch verdienen können (BGH 28. 5. 2009 – Xa ZR 9/08 Tz 11 f, NJW 2009, 2737). Belohnende Schenkungen sind weder zwingend Zweck- noch Anstandsschenkungen (**aA** noch Erman/Herrmann [13. Aufl 2011] § 516 Rn 17; Keim FamRZ 2004, 1081, 1085 f unter Hinweis darauf, dass es hier insbesondere um die „Entlohnung" von Pflegeleistungen geht), weil sie allein aus Dankbarkeit für geleistete Dienste vorgenommen werden und nicht einer sittlichen Pflicht entsprechen müssen. Die Anwendung der betreffenden Sondervorschriften (§§ 528, 530, 534, 1425 Abs 2, 1641, 1798 Abs 3, 2113 Abs 2, 2205, 2330 BGB) ist daher nur angezeigt, wenn im Einzelfall eine entsprechende Motivation festzustellen ist. 54

Aus der Vertragsnatur der Schenkung ergibt sich die Geltung der allgemeinen Regeln über Rechtsgeschäfte, §§ 104 ff BGB. Besondere praktische Relevanz hat in diesem Zusammenhang der Tatbestand der sog **verschleierten Schenkung**. Er ist erfüllt, wenn die Parteien die Schenkung in einem nur scheinbar entgeltlichen Rechtsgeschäft verbergen wollen (Soergel/Eckert § 516 Rn 25). So wenden etwa Eltern ihren Kindern bei sog **Überlassungsverträgen** im Wege vorweggenommener Erbfolge Grundstücke zu und bedingen sich Pflegeleistungen und ein lebenslanges Wohnrecht aus, oft auch, um die erhebliche Schenkungsteuerlast nach **§ 14 ErbStG** zu umgehen (Rn 332). Hier legt § 7 Abs 4 ErbStG, wonach eine Steuerpflicht nicht dadurch entfällt, dass die Schenkung in Form eines lästigen Vertrags gekleidet wird, steuerrechtlich fest, was für das Zivilrecht § 117 BGB regelt (s zur Abgrenzung von gemischter Schenkung und verschleierter Schenkung RG 6. 4. 1892 – V 344/91, RGZ 29, 265, 266 allerdings noch zum Gemeinen Recht), nämlich die Unbeachtlichkeit des simulierten Rechtsgeschäfts. Auch typisch zur Vermeidung von Ergänzungsansprüchen und steuerrechtlichen Forderungen des Fiskus sind der Abschluss eines Beratervertrages oder eines nicht rückzahlbaren Darlehens (MünchKommBGB/Koch § 516 Rn 20). Eine verschleierte Schenkung kann aber auch vorliegen, wenn Eheleute zunächst eine Gütergemeinschaft vereinbaren, kurz darauf Gütertrennung und die Vermögensgegenstände, die vor der Ehe praktisch allein einem Teil gehörten, geteilt werden und dies alles in der Absicht erfolgt, etwaige Erben auszuschließen (RG 22. 11. 1915 – IV 176/15, RGZ 87, 301, 302 f; vgl zu dieser Problematik umfassend Straub, Rechtsfolgen ehebezogener Zuwendungen [2009] 134 ff). Hierher gehören auch nachträgliche Vergütungsvereinbarungen unter Ehegatten, die in Art und Umfang nach dem Zuschnitt der Ehe nicht mehr angemessen sind und unterhalb dessen bleiben, was der Ehegatte nach § 1360 BGB ohnehin zur Lebensführung beizutragen hätte (BGH 5. 3. 1989 – IVa ZR 338/87, NJW-RR 1989, 706, 707). Theoretisch ebenfalls als Schenkung anzusehen sind Bewertungen von Einlagen an stillen Gesellschaften, wenn die Bewertung vorab zu einer festen Quote erfolgt, die der Wirklichkeit nicht entspricht und die Parteien dies wissen und wollen (vgl BGH 55

24. 9. 1952 – II ZR 136/51, BGHZ 7, 174, 177, NJW 1952, 1412, 1413; Herrmann ZHR 147 [1983] 313 ff hält allerdings die Begründung einer stillen Gesellschaft durch Schenkung mangels gemeinsamen Zwecks für unmöglich und geht demnach vom Vorliegen nur einer Schenkung aus; gegen diese Auffassung jedoch Hengeler ZHR 147 [1983] 329 ff).

56 Die dissimulierte Schenkung ist gem § 117 Abs 2 BGB zu beurteilen, dh es finden die §§ 516 ff BGB Anwendung, insbesondere § 518 Abs 1 BGB. In diesem Fall ist sie wegen Formmangels nichtig, wird aber bei Vollzug wirksam, § 518 Abs 2 BGB. § 117 Abs 2 BGB gilt auch im umgekehrten Fall. Ist eine Zuwendung in Wahrheit etwa zur Schuldtilgung erfolgt, ist die Schenkung als simuliertes Geschäft nichtig (BeckOK-BGB/Gehrlein [1. 11. 2025] § 516 Rn 6b). Ob eine Schenkung in diesem Sinne vorliegt und wirksam ist, bestimmt häufig über Grund und Höhe eines Pflichtteilsergänzungsanspruches gem § 2325 BGB und entscheidet über Lösungsmöglichkeiten des Zuwendenden nach §§ 528, 530, 534 BGB.

57 Manchmal ist die rechtliche Qualifikation schwierig, wenn die **verschleierte Schenkung** zugleich die Voraussetzungen einer **gemischten Schenkung** (Rn 70) erfüllt, dh ein teilweise entgeltlicher Vertrag vorliegt. Die Entgeltlichkeit setzt nicht zwingend voraus, dass Leistung und Gegenleistung objektiv gleichwertig sind (MünchKommBGB/Koch § 516 Rn 21). Im Hinblick auf die Tatbestände des § 2325 BGB und des § 2287 BGB hat die Rspr für den Fall des objektiven Missverhältnisses zwischen Leistung und Gegenleistung eine Beweiserleichterung zugunsten des Pflichtteilsberechtigten angenommen: Hier spreche die Lebenserfahrung dafür, dass die Vertragsparteien dieses Missverhältnis kannten und sie sich in Wahrheit über die unentgeltliche Zuwendung der Bereicherung einig waren, die sich bei einer verständigen und nach den Umständen vertretbaren Bewertung der beiderseitigen Leistungen ergeben hätte (BGH 6. 11. 2013 – XII ZB 434/12, NJW 2014, 294, MittBayNot 2015, 225 m Anm Wegmann, FamRZ 2014, 103 m Anm Koch, NZFam 2014, 20 m krit Anm Hoppenz; BGH 21. 6. 1972 – IV ZR 221/69, BGHZ 59, 132, 136, NJW 1972, 1709, 1710). Eine solche Vermutung darf allerdings nur für den Fall eines auffallend großen Missverhältnisses zwischen den wirklichen Werten von Leistung und Gegenleistung gelten (BGH 23. 9. 1981 – IVa ZR 185/80, BGHZ 82, 274, 181 f, NJW 1982, 43, 45). Denn die subjektiven Vorstellungen der Parteien sind im Rahmen der freien Ausübung der Privatautonomie grundsätzlich zu beachten (BGH 9. 11. 1960 – V ZR 96/59, NJW 1961, 604, 605; vgl MünchKommBGB/Koch § 516 Rn 21). Sie können daher eine objektiv zu geringe Gegenleistung subjektiv als gleichwertig ansehen, solange und soweit dies nicht zur Aushöhlung der §§ 2235, 2287 BGB führt. Man wird die Parteienherrschaft über die Frage der Unentgeltlichkeit dann aufzuheben haben, wenn die subjektive Bestimmung der Parteien jeder sachlichen Grundlage entbehrt (BGH 19. 11. 1960 – V ZR 96/59, NJW 1961, 604, 605; BGH 8. 2. 1961 – V ZR 137/59, FamRZ 1961, 272, 275; BGH 29. 4. 1970 – V ZR 150/66, FamRZ 1970, 376, 377 f). Ansonsten gilt das **Prinzip der subjektiven Äquivalenz**, demzufolge die Parteien auch bei wesentlich ungleichwertigen Leistungen vor dem Hintergrund des Grundsatzes der Privatautonomie subjektiv von einer Äquivalenz ausgehen können (MünchKommBGB/Koch § 516 Rn 21 ff, 34 f, § 528 Rn 7; Schindler ZEV 2009, 80, der auf die Willkürgrenze hinweist; OLG Frankfurt 20. 10. 1999 – 13 U 88/97, NJW-FER 2000, 292; OLG Köln 20. 4. 2000 – 15 U 159/99, BeckRS 2000, 30108639; OLG Brandenburg 27. 1. 2008 – 9 UF 219/07, NJW 2008, 2720, 2721; OLG Karlsruhe 26. 10. 2009 – 3 U 22/09, BeckRS 2010, 02826; OLG Düsseldorf 17. 2. 1999 – 9 U 125/98, MittRhNotK 2000, 208; zur Bedeutung des subjektiven Elements s auch RG 22. 2. 1940 – VIII 9/40, RGZ 163, 257, 259 f; BGH 19. 11. 1960 – V ZR 96/59, NJW 1961, 604, 605; BGH 8. 2. 1961 – V ZR 137/59, FamRZ

1961, 272, 275; BGH 18. 5. 1990 – V ZR 304/88, WM 1990, 1790, 1792). Nahe liegt die Annahme einer Entgeltlichkeit einer Zuwendung damit in **Familienverhältnissen** oder engen freundschaftlichen Beziehungen, wo für die Vereinbarung eines „Freundschaftspreises" typischerweise mehr Raum ist (so auch OLG Hamm 30. 10. 2017 – II-13 UF 256/16, NJW-RR 2018, 7; abl BeckOGK/Harke [1. 10. 2025] § 516 Rn 100). Das zeigen auch die §§ 685, 1620 BGB, in denen die Annahme einer Schenkung nur unter besonderen Voraussetzungen vermutet wird (MünchKommBGB/Koch § 516 Rn 21).

Ob eine Schenkung **lediglich vorteilhaft** nach § 107 BGB ist, beurteilt sich im Gegen- 58
satz zur früheren Rechtsprechung (BGH 9. 7. 1980 – V ZB 16/79, BGHZ 78, 28, 35, NJW 1981, 109, 111) nicht mehr nach einer **Gesamtbetrachtung** von dinglichem und schuldrechtlichem Geschäft, sondern für jedes Rechtsgeschäft allein (BGH 25. 11. 2004 – V ZB 13/04, BGHZ 161, 170, 173 ff, NJW 2005, 415, 416; s aber Staudinger Jura 2005, 547 ff, der nicht von einer Aufgabe der Gesamtbetrachtungslehre, sondern von einer Einschränkung spricht; grundsätzliche Zweifel, dass ein Grundstücksgeschäft lediglich rechtlich vorteilhaft sein kann, äußert allerdings Wilhelm NJW 2006, 2353 ff). Die Annahme des Schenkungsangebots ist dagegen lediglich rechtlich vorteilhaft; das Schenkungsangebot kann daher auch dem beschränkt Geschäftsfähigen zugehen (§ 131 Abs 2 S 2 HS 1 BGB). Anders verhält es sich bei gemischten Schenkungen oder Schenkungen unter einer Auflage, da sie Pflichten auferlegen; somit ist § 107 BGB auf solche Schenkungen nicht anwendbar. Vorbehaltlich der §§ 1641, 1789 Abs 2 iVm § 1824,§ 181 BGB hat die früher viel diskutierte Frage der Wirksamkeit des schuldrechtlichen Schenkungsvertrags (Lange NJW 1955, 1339 ff; Stürner AcP 173 [1973] 402 ff; Klüsener Rpfleger 1981, 258 ff; Köhler JZ 1983, 225 ff; Jerschke DNotZ 1982, 459 ff; Gitter JR 1981, 283 ff; Feller DNotZ 1989, 66 ff; Stutz MittRhNotK 1993, 205, 209 ff) an Bedeutung verloren. Problematisch im Hinblick auf § 107 BGB ist dagegen nach wie vor die Wirksamkeit des zur Erfüllung vorgenommenen Verfügungsgeschäfts. Für dieses Verfügungsgeschäft gilt, dass Grundstücksübereignungen an den beschränkt Geschäftsfähigen möglich sind (ausführlich Röthel/Krackhardt Jura 2006, 161), wobei die Belastung des Grundstücks mit öffentlichen Lasten (zB Grundsteuer), Grundpfandrechten oder einem Nießbrauch unerheblich ist, da sie nur den Wert des Zuwendungsgegenstands mindert. Rechtlich nachteilhaft ist dagegen die Übereignung eines Grundstücks, wenn der **Wohnraum vermietet** ist, da der Minderjährige in die Vermieterpflichten nach § 566 BGB eintritt (OLG Oldenburg 1. 10. 1987 – 5 W 43/87, NJW-RR 1988, 839). Eigentumswohnungen können dem beschränkt Geschäftsfähigen unabhängig von der konkreten Ausgestaltung der Gemeinschaftsordnung wegen § 9a Abs 4 WEG nicht übertragen werden (BGH 30. 9. 2010 – V ZB 206/10 Tz 14, BGHZ 187, 119, 124, NJW 2010, 3643, 3644 zu § 10 Abs 8 WEG aF). Nießbrauchsverfügungen und die Zuwendung einer Reallast sind nachteilig, weil der Minderjährige jeweils persönlich haftet (bspw §§ 1041, 1105 BGB). Entsprechendes gilt bei der Übertragung (§§ 413, 398 BGB) von Gesellschaftsanteilen, die daher der Mitwirkung des gesetzlichen Vertreters bzw ggf eines Ergänzungspflegers bedarf; eine Ausnahme stellen insoweit eingezahlte Aktien dar (s zu der Problematik des Gesellschaftserwerbs durch Minderjährige Maier-Reimer/Marx NJW 2005, 3025 ff). Die schenkweise Zuwendung des Anteils an einer nicht rechtsfähigen Gesellschaft (§ 740 BGB) ist rechtlich nachteilhaft, wenn dem Minderjährigen Tätigkeits- und Treuepflichten auferlegt werden oder mit der Zuwendung eine Verlustteilnahme impliziert ist (LG Aachen 21. 6. 1993 – 3 T 128/93, NJW-RR 1994, 1319 f; s auch BayObLG 5. 3. 1997 – 1 Z BR 210/96, NJW-RR 1997, 1163). So trifft den Minderjährigen zumindest die Nachschusspflicht aus § 737 BGB. Handelt es sich hingegen um eine rechtsfähige Gesellschaft, so kommt

des Weiteren noch eine Haftung nach § 721 BGB bzw § 126 HGB für die Schulden der Gesellschaft hinzu (sog Akzessorietät der Gesellschafterhaftung, vgl Hopt/Roth [44. Aufl 2025] HGB § 126 Rn 8; Maier-Reimer/Marx NJW 2005, 3025, 3026). Aber auch die schenkweise Übertragung einer Kommanditistenstellung kann, selbst wenn der Kommanditanteil bereits voll eingezahlt ist, aufgrund der Möglichkeit des Beschlusses eines Nachschusses und von Steuerforderungen gegenüber dem einzelnen Gesellschafter, nicht lediglich rechtlich vorteilhaft sein (OLG Celle 30. 1. 2018 – 9 W 13/18, NZG 2018, 303; OLG Oldenburg 7. 7. 2019 – 12 W 53/19, NJW-RR 2019, 1127; **aA** OLG Köln 26. 3. 2018 – 4 Wx 2/18, NJW-RR 2018, 1310; OLG München 4. 1. 2018 – 2 WF 1509/17, MittBayNot 2019, 132; Überblick bei Brock GmbHR 2020, 349). Im Hinblick auf § 90a BGB und weiterführend auch auf den Tierschutzgedanken soll bereits das Schenkungsversprechen in Bezug auf ein Tier grundsätzlich nicht lediglich rechtlich vorteilhaft sein (Timme JA 2010, 848 f mit Überlegungen auch zu den Folgen bei Bejahung der Wirksamkeit).

59 Schenkungen können **sittenwidrig** (§ 138 BGB) sein. So ist etwa die schenkweise Zuwendung eines **Radarwarngerätes** nichtig (BGH 23. 2. 2005 – VIII ZR 129/04, NJW 2005, 1490 – Kaufvertrag; BGH 25. 11. 2009 – VIII ZR 318/08 Tz 8, BGHZ 183, 235, 239, NJW 2010, 610, 611). Ob die als **„Schenkkreise“** bezeichneten, gleichfalls sittenwidrigen Zuwendungen dagegen wirklich rechtlich Schenkungen sind, ist zweifelhaft und wird auch in der Judikatur mangels Erheblichkeit nicht erörtert (BGH 10. 11. 2005 – III ZR 72/05 Tz 9, NJW 2006, 45, 46; OLG Köln 7. 2. 2006 – 15 U 157/05, NJW 2006, 3288), da die Probleme eher bei § 817 S 2 BGB liegen. **Ausschließlich sexuell motivierte Zuwendungen** – etwa an die Geliebte – sind nach traditioneller Ansicht des BGH sittenwidrig (und insoweit nicht unentgeltlich, da auf eine sexuelle Gegenleistung gerichtet), nicht aber Zuwendungen zwischen Partnern einer Liebesbeziehung (Grüneberg/Ellenberger [85. Aufl 2026] § 138 Rn 50; für letztwillige Verfügungen: BGH 31. 3. 1970 – III ZB 23/68, BGHZ 53, 369, 376, NJW 1970, 1273, 1275 f; ebenso, allerdings aus tatsächlichen Gründen in dem jeweiligen Sachverhalt abgelehnt, BGH 29. 6. 1973 – V ZR 187/71, NJW 1973, 1645, 1646; BGH 7. 12. 1983 – IVa ZR 160/82, NJW 1984, 797; BGH 12. 1. 1984 – III ZR 69/83, NJW 1984, 2150 f; offen gelassen nach der Einführung des ProstG vom OLG Düsseldorf 22. 8. 2008 – I-3 Wx 100/08, FamRZ 2009, 545; Armbrüster NJW 2002, 2763 ff; Grziwotz FamRZ 2002, 1154 ff; Paal JZ 2005, 436 ff; nach Einführung des ProstG gegen eine Sittenwidrigkeit nicht überzeugend Staudinger/Fischinger/Hengstberger [2024] § 138 Rn 724 mwNw). Für die Beurteilung der Sittenwidrigkeit eines unentgeltlichen Geschäfts sind dabei nicht nur die Motive des Zuwendenden relevant, sondern auch und **vor allem die Motive des Zuwendungsempfängers**. Wurden nämlich Vorteile aufgrund fremder Bedrängnis gezogen, geschieht dies in sittenwidriger Weise. Hierfür ist von Bedeutung, ob sich der Schenker den Wünschen des Beschenkten aufgrund seiner Persönlichkeitsstruktur nicht oder kaum hätte entziehen können, ob der Beschenkte dies wusste oder sich einer derartigen Erkenntnis leichtfertig verschloss und ob er die fehlende oder geschwächte Widerstandskraft des Schenkers eigensüchtig ausgenutzt oder es sogar darauf angelegt hat (BGH 26. 4. 2022 – X ZR 3/20, NJW 2022, 3147, 3148 f, FamRZ 2022, 1567, 1568 m Anm Lotte; BGH 4. 7. 1990 – IV ZR 121/89, FamRZ 1990, 1343 f). Der Vorwurf der Sittenwidrigkeit einer Schenkung bei Ausnutzung einer objektiven oder subjektiven Zwangslage des Schenkers kann dabei nicht nur solche Personen treffen, die diese Zwangslage herbeigeführt haben. Vielmehr kann es ausreichen, wenn der Zuwendungsempfänger sich eine bestehende Zwangslage bewusst zunutze macht (BGH 15. 11. 2022 – X ZR 40/20, NJW 2023, 846 f, FamRZ 2023, 395 f m Anm Christandl). Auch **Schenkungen einer juristischen Person des öffentlichen Rechts** können sittenwidrig sein. So ist etwa eine mit einer Gemeinde geschlossene Schenkung

eines Gemäldes sittenwidrig, wenn beide Vertragspartner wissen und billigen, dass die Vertragsleistung der Gemeinde nur unter Verletzung der im Interesse der Allgemeinheit bestehenden Haushaltsvorschriften erbracht werden kann. Das ist anzunehmen, wenn nicht mehr von einer sparsamen Ausgabe der öffentlichen Mittel und einer gewissenhaften fremdnützigen Verwaltung des Gemeindevermögens gesprochen werden kann (BGH 7. 3. 1962 – V ZR 132/60, BGHZ 36, 395, 398, NJW 1962, 955, 957 – Gemäldeschenkung Lukas-Cranach). Auch Schenkungen, die einen **Dritten benachteiligen**, können im Einzelfall sittenwidrig und nichtig sein (zu den Kriterien im Einzelnen s Staudinger/Fischinger/Hengstberger [2024] § 138 Rn 470 ff). Dies kann zB für eine Zuwendung gelten, infolge derer der Zuwendende anschließend auf Sozialhilfe angewiesen ist (ausführlich Günther NZS 1994, 66, 69), wenn beide Seiten es wissen. Nach der Rechtsprechung des BGH verstößt der Vollzug eines Schenkungsvertrages gegen § 138 BGB, wenn der Schenker dem Beschenkten einen Vermögensgegenstand zuwendet, den er zur Deckung seines Unterhaltsbedarfs benötigt, dieser Unterhaltsbedarf deshalb vom Sozialhilfeträger befriedigt werden muss und der Beschenkte annehmen muss, den zugewendeten Gegenstand mit der Schenkung einer Verwertung zur Deckung des Unterhaltsbedarfs des Schenkers zu entziehen. Dies ist der Fall, wenn der Beschenkte aufgrund seiner Vermögensverhältnisse berechtigt wäre, die Einrede des § 529 BGB zu erheben (BGH 20. 11. 2018 – X ZR 115/16, NJW 2019, 1229 ff, FamRB 2019, 198 f m Anm Grziwotz, ErbStB 2019, 166 f m Anm Esskandari/Bick, Armbrüster, LMK 2019, 417908). Jedoch soll aus einem solchen Sittenverstoß regelmäßig nicht die Nichtigkeit des Schenkungsvertrags folgen. Vielmehr sei dem Beschenkten die Erhebung der Notbedarfseinrede verwehrt (so fragwürdig BGH 20. 11. 2018 – X ZR 115/16, NJW 2019, 1229 ff, FamRB 2019, 198 f m Anm Grziwotz, ErbStB 2019, 166 f m Anm Esskandari/Bick, Armbrüster, LMK 2019, 417908; ausführl auch § 529 Rn 11). Bei vorgezogenen notariellen Erbauseinandersetzungen oder Vermögensverschiebungen kommt weiterhin eine Sittenwidrigkeit der Zuwendung aus sozialhilferechtlichen Erwägungen dann in Betracht, wenn beide Parteien dadurch dem Zuwendenden bewusst einsetzbares Vermögen entziehen wollen (OVG Münster 30. 12. 1996 – 8 A 3204/94, NJW 1997, 2901, 2902; VG Regensburg 14. 3. 2006 – Rn 4 K 05.392, juris Rn 62 ff). Die vorzitierten Entscheidungen, die weitgehend das dingliche Übertragungsgeschäft betreffen, qualifizieren das zugrundeliegende Geschäft regelmäßig nicht. Gleichwohl muss die Übertragung angesichts des Zwecks der Vermögensverschiebung aber im Bereich der unentgeltlichen Zuwendungen angesiedelt werden. Schenkungen in bewusster Absicht der **Verkürzung des Pflichtteilsanspruches** sind nicht ohne weiteres sittenwidrig (BGH 21. 6. 1972 – IV ZR 221/69, NJW 1972, 1709). Vielmehr müssen in einem solchen Fall besondere, im Einzelfall nach der *ratio* des § 138 BGB festzustellende Umstände hinzutreten, die das Geschäft als anstößig und damit *sittenwidrig* erscheinen lassen (BeckOGK/Schindler [1. 12. 2025] § 2325 Rn 146). Die Sittenwidrigkeit der Schenkung von Gesellschaftsanteilen kann sich aus einer unbegrenzten **Hinauskündigungsmöglichkeit** eines Gesellschafters durch einen anderen Gesellschafter ergeben, weil der eintretende Gesellschafter so den anderen ausgeliefert ist und auch aus sachfremden, vielleicht egoistisch emotional motivierten Gründen ausgeschlossen werden kann (st Rspr; s für alle BGH 13. 7. 1981 – II ZR 56/80, BGHZ 81, 263, 266 ff, NJW 1981, 2565 f). Das widerspräche der Konzeption des Gesellschaftsvertrages, der auf ein gedeihliches Zusammenwirken angelegt ist. Nur bei Vorliegen außergewöhnlicher Umstände sind solche Klauseln wirksam, so etwa, wenn als Ermessensausübungsgrundlage für den Ausschluss aus der Gesellschaft der Tod eines Mitgesellschafters vereinbart wird (BGH 19. 9. 1988 – II ZR 329/87, NJW 1989, 834, 835) oder der Zuwendende der Empfängerin aufgrund einer engen eheähnlichen

Beziehung mit dem Ziel der Alimentierung die Position als Mehrheitsgesellschafterin einer GmbH verschafft hat (BGH 9. 7. 1990 – II ZR 194/89, BGHZ 112, 103, 110 f, NJW 1990, 2622, 2623). Sittenwidrig können letztlich auch Schenkungen von abgetrennter Körpersubstanz (zB Haare, Blut, Sperma, Organe) sein, wobei hier jeweils eine Abwägung der Bedeutung für den Gesamtorganismus, der persönlichen Bindungen der Parteien sowie der Umstände der Schenkung erforderlich ist und insoweit eine differenzierte Antwort zu geben ist; dagegen kann ein Embryo nach § 2 Abs 1 ESchG iVm § 134 BGB nicht Gegenstand einer Zuwendung sein (s zu dem Ganzen MÜLLER, Die kommerzielle Nutzung menschlicher Körpersubstanzen [1997] 127 f).

60 Auch Verstöße gegen **§ 134 BGB** sind denkbar. Dabei führt nicht jeder Verstoß gegen ein Verbotsgesetz zwingend zur Nichtigkeit des Rechtsgeschäfts (vgl STAUDINGER/FISCHINGER/HENGSTBERGER [2024] § 134 Rn 57 ff; NEUNER, Allgemeiner Teil des Bürgerlichen Rechts [13. Aufl 2023] § 45 I [S 548]). So bewirkt die gegen **§ 10 Abs 1 BAT** verstoßende Annahme eines Geschenks nicht die Nichtigkeit der Schenkung nach § 134 BGB, wenn es sich – wie im Falle eines beschenkten Sparkassenangestellten – um einen nur einseitigen Gesetzesverstoß des Annehmenden handelt und der Zuwendende nicht zugleich gegen die §§ 333 ff StGB verstößt (BGH 14. 12. 1999 – X ZR 34/98, BGHZ 143, 283, 286 ff, NJW 2000, 1186, 1187). Zuwendungen von Heimbewohnern an die Träger und Beschäftigten eines Heims sind gem **§ 14 Abs 1 HeimG** verboten, es sei denn, dass ein Fall des § 14 Abs 2 BGB vorliegt. Ein solcher Ausnahmefall ist dann gegeben, wenn andere als die in § 5 HeimG genannten Leistungen (diese Vorschrift, die die typischen Heimleistungen beschrieb, ist allerdings zum 1. 10. 2009 außer Kraft getreten und wurde ohne gesetzliche Anpassung in § 14 Abs 2 Nr 1 HeimG durch die Bestimmungen der §§ 7 ff WBVG ersetzt) abgegolten werden oder geringwertige Aufmerksamkeiten oder aber Leistungen in Bezug auf einen Heimplatz zu Bau, Erwerb, Instandsetzung oder Ausstattung oder Betrieb des Heimes gewährt oder versprochen werden (ausführlich dazu SUYTER ZEV 2003, 104; s zu Verfahrensfragen DNotI-Gutachten DNotI-Report 2001, 169 ff). Die Situation der besonderen Schutzbedürftigkeit der Heimbewohner darf nicht von Heimpersonal ausgenutzt werden, um sich beschenken zu lassen. Außerdem erhalten die Bedachten ein Entgelt für ihre Pflegeleistungen und der Heimfrieden soll nicht von einer durch Schenkungen motivierten qualitativ besseren Behandlung der Zuwendenden gefährdet werden (BGH 9. 2. 1990 – V ZR 139/88, BGHZ 110, 235, 239, NJW 1990, 1603, 1604). Entsprechend hat die Rspr die Anwendung von § 14 HeimG auf benachbarte Konstellationen ausgeweitet (BGH 27. 4. 1995 – III ZR 147/94, NJW-RR 1995, 1272 – Ausweitung auf Heimbewerber; vgl auch OLG Karlsruhe 22. 2. 1995 – 9 U 160/94, ZEV 1996, 146, 147: Anwendbarkeit auf den Heimbewerber, der zu Gunsten des Heimträgers verfügt und nach Einzug in das Heim seine Verfügung aufrechterhält). Die Vorschrift ist auch auf Verträge zu Gunsten Dritter anzuwenden (BGH 24. 1. 1996 – IV ZR 84/95, NJWE-FER 1997, 84). In Folge der Föderalismusreform ist die Gesetzgebungskompetenz für das Heimrecht auf die Länder übergegangen. Mittlerweile haben alle Bundesländer Regelungen erlassen (Übersicht bei BeckOGK/DRASDO [1. 10. 2025] § 1 WBVG Rn 55 ff), die § 14 HeimG entsprechende Vorschriften enthalten, so dass die zu § 14 HeimG ergangene Rechtsprechung zu berücksichtigen bleibt (BURANDT/ROJAHN/MÜLLER-ENGELS, Erbrecht [4. Aufl 2022] § 14 HeimG Rn 5).

61 Auch wegen **Wettbewerbswidrigkeit (§ 3 UWG)** können Schenkungen nichtig sein. Dabei müssen neben der unentgeltlichen Weggabe von Waren weitere Umstände hinzutreten, die den Verstoß gegen § 3 UWG konkretisieren. Danach müssen Art

und Umfang der unentgeltlichen Leistung den Empfänger in unsachlicher Weise zum Abschluss entgeltlicher Verträge veranlassen oder ihn an die kostenlos abgegebene Leistung gewöhnen, so dass er davon absieht, Leistungsangebote anderer Mitbewerber auf Güte und Wirtschaftlichkeit zu überprüfen (grundlegend BGH 3. 7. 1981 – I ZR 84/79, BGHZ 81, 291 ff, NJW 1982, 335 f; BGH 29. 4. 1993 – I ZR 92/91, NJW-RR 1993, 1066, 1067). Somit ist etwa die unentgeltliche Zurverfügungstellung von Übernachtungsmöglichkeiten mittels Reservierungsgutschein ebenso zulässig (BGH 29. 4. 1993 – I ZR 92/91, 1067) wie das gelegentliche Schenken von Werbeartikeln geringen Verkehrswerts (Feuerzeug, Lederetui) aus begründeten Motiven wie bspw aufgrund einer Weihnachtsaktion (BGH 29. 4. 1958 – I ZR 56/57, GRUR 1959, 31 m Anm Klaka).

III. Die Zuwendung vor der Einigung der Parteien nach § 516 Abs 2 BGB

§ 516 Abs 2 BGB beinhaltet **keine weiteren Begriffsmerkmale** der Schenkung, sondern 62
widmet sich lediglich dem Fall, in dem die Einigung zwischen den Parteien dem Erfüllungsgeschäft zeitlich nachfolgt. Danach ist gemäß der Vertragsnatur der Schenkung die vor der Einigung erfolgte Zuwendung als konkludentes Angebot anzusehen (Mugdan Mot II 160; Erman/Hähnchen § 516 Rn 43; dagegen will Oertmann, Der junge Rechtsgelehrte [1937] 177, 178 ff in § 516 Abs 2 eine „Mittellinie" zwischen Vertrag und einseitiger Erklärung des Schenkers sehen, weil es auf einen Annahmewillen in letzter Konsequenz nicht ankomme), wobei abweichend vom Allgemeinen Teil die rechtlichen Folgen des Schweigens des Beschenkten auf das Angebot des Zuwendenden geregelt werden. Der Zuwendende kann hier durch **Aufforderung** und **Fristsetzung** nach § 516 Abs 2 S 2 BGB eine Klärung herbeiführen; das Schweigen des Empfängers auf eine solche Aufforderung ist als Fall **gesetzlich normierten Schweigens** dann Annahme (vgl MünchKommBGB/Koch § 516 Rn 48 f; Soergel/Eckert § 516 Rn 37; gegen eine Vertragskonstruktion unter Hinweis auf eine reine Fiktion der Annahme Oertmann, Der junge Rechtsgelehrte [1937] 177, 178 ff; letztlich werde hier eine Willenserklärung fingiert, Schopp Rpfleger 1982, 321, 323 f; Rosenberg AcP 94 [1903] 1, 26). Die von der Konstruktion des Gesetzes implizierte Notwendigkeit der Annahmeerklärung des Beschenkten verschafft zum einen dem bis zur Ablehnung an sein Angebot gebundenen Schenker Sicherheit, da er damit erfährt, ob er noch mit der Weggabepflicht rechnen muss oder über den Gegenstand wieder uneingeschränkt disponieren kann (MünchKommBGB/Koch § 516 Rn 14, 48). Zum anderen ermöglicht sie nach dem Vertragsprinzip dem Beschenkten, die vor seiner Annahme erfolgte Bereicherung abzulehnen, da ihm die Zuwendung nicht aufgedrängt werden kann (Vorbem 30 ff, insbes 34 zu §§ 516–534). Soweit aber eine Aufforderung zur Annahme der Schenkung nebst Fristsetzung nicht erfolgt, sondern der vermeintliche Schenker dem zu Beschenkenden eine Urkunde über seine nach eigenem Vortrag schon vorgenommene Schenkung zusendet, kann in der Inaktivität des Empfängers keine Annahme erblickt werden; hier greift nämlich § 151 BGB, der einen Zugang der Annahmeerklärung, nicht aber die bei einem solchen Verhalten fehlende Annahme als solche ersetzt (LG Berlin 5. 2. 1990 – 9 O 176/89, NJW 1992, 1327, 1328; s zu dieser skurrilen Entscheidung, bei der ein Maler die Feststellung begehrt, dass eines „seiner" Werke infolge einer Schenkung im Eigentum einer Galerie steht, ausführlich und krit Krampe NJW 1992, 1264 ff, der allerdings eine Bejahung der Schenkung unter dem Gesichtspunkt des § 242 BGB erwägt). Allerdings soll aus dem Rechtsgedanken des § 516 Abs 2 BGB folgen, dass bei unentgeltlichen oder rechtlich vorteilhaften Rechtsgeschäften der Zugang einer Annahmeerklärung durch stillschweigenden Verzicht darauf nach § 151 BGB regelmäßig entbehrlich sei, solange die Annahme erfolgt und für einen objektiven Dritten erkennbar ist; dabei reicht

es für die Bejahung einer Annahme aber schon aus, dass es in Bezug auf ein so zu qualifizierendes Angebot an einer erkennbaren Manifestation der Ablehnung seitens des Begünstigten fehlt (BGH 12. 10. 1999 – XI ZR 24/99, NJW 2000, 276, 277; auch Oertmann, Der junge Rechtsgelehrte [1937] 177, 179 weist auf die besondere Bedeutung des Zugangs der Ablehnung hin, wenn der Beschenkte die Schenkung beseitigen will; zur Behandlung der Zusendung unerbetener Geschenke an Bibliotheken Piepenbrock ZfBB 29 [1982] 300 ff). Konsequenterweise kann der Zuwendende gem § 516 Abs 2 S 3 BGB ab dem **Zeitpunkt der Ablehnung** mit der *condictio ob causam finitam*, § 812 Abs 1 S 2 Alt 1 BGB, kondizieren (Mugdan Mot II 160; für die allgemeine Leistungskondiktion noch Erman/Herrmann [13. Aufl 2011] § 516 Rn 18; für Rechtsfolgenverweisung MünchKommBGB/Koch § 516 Rn 50 und Erman/Hähnchen § 516 Rn 43; für Anwendung der Zweckverfehlungskondiktion BeckOGK/Harke [1. 10. 2025] § 516 Rn 118).

63 Keine Anwendung kann die Vorschrift aber auf gemischte Schenkungen oder Schenkungen unter Auflage finden, weil diese auch Verpflichtungen für den Beschenkten enthalten; das gleiche gilt, wenn die Wirksamkeit der Schenkung durch ein positives Tun des Empfängers bedingt ist (MünchKommBGB/Koch § 516 Rn 49; Soergel/Eckert § 516 Rn 36; Erman/Hähnchen § 516 Rn 43). Im Prozess muss derjenige, der sich auf den Abschluss des Vertrags beruft, nur eine Zuwendung ohne den Willen des Beschenkten sowie die Fristsetzung nachweisen; dem Beschenkten dagegen obliegt es, seine Ablehnung darzulegen und ggf zu beweisen (s dazu schon Rosenberg AcP 94 [1903] 1, 26).

IV. Die gemischte Schenkung

1. Begriff und Abgrenzung

64 Kraft **privatautonomer Gestaltungsfreiheit** können die Parteien ein objektives Missverhältnis von Zuwendung und Gegenleistung festlegen und dahin übereinkommen, dass der Mehrwert unentgeltlich zugewendet werden soll (Mugdan II Mot 159; Rn 57: Prinzip der subjektiven Äquivalenz; BGH 21. 6. 1972 – IV ZR 221/69, BGHZ 59, 132, 136, NJW 1972, 1709, 1710, LM § 2325 BGB Nr 7; BGH 25. 9. 1986 – II ZR 272/85, NJW 1987, 890, 892; ausführl Sokolowski, Die gemischte Schenkung [2013] und Meinert, Die »gemischte Schenkung« [2025]). Diese Art Rechtsgeschäft, die sog **gemischte Schenkung**, *negotium mixtum cum donatione*, enthält dann kraft Einigung der Parteien eine teilweise entgeltliche und teilweise unentgeltliche Zuwendung (BGB-RGRK/Mezger § 516 Rn 11; ähnlich Larenz, Schuldrecht BT II/1 [13. Aufl 1986] § 47 I 198) und ist insoweit ein **Typenverschmelzungsvertrag** (Jauernig/Mansel § 516 Rn 17; Larenz/Canaris, Schuldrecht BT II/2 [13. Aufl 1994] § 63 III 1a, 54; MünchKommBGB/Koch § 516 Rn 34; Larenz/Canaris, Schuldrecht BT II/2 [13. Aufl 1994] § 63, 41; Martinek, Moderne Vertragstypen I [1991] 3 ff, 10 ff, 19 ff; eine frühe umfassende Analyse findet sich bei Hoeniger, Untersuchungen zum Problem der gemischten Verträge I [1910] 168 ff und insbes 284 ff, 292 ff, der die Schenkung als „Typenvermengung durch vermischte Entgeltlichkeit“ bzw Vertrag „mit gemischter causa“ kennzeichnet und hierbei davon ausgeht, dass Entgeltlichkeit und Unentgeltlichkeit zwei extreme Pole darstellen, die sich nicht streng gegenüberstünden, sondern zwischen denen fließende Übergänge möglich seien, sog Prinzip der abgestuften Beurteilung, s auch Rn 75). Zu seinen konstitutiven Elementen gehört daher das **objektive Ungleichgewicht** von Leistung und Gegenleistung und dazu (BGH 6. 3. 1996 – IV ZR 374/94, NJW-RR 1996, 754, 755; Planck/Knoke [4. Aufl 1928] § 516 Anm 6) die Einigung der Parteien, dass der **überschießende Wert** der Zuwendung unentgeltlich überlassen wird (BGB-RGRK/Mezger § 516 Rn 11).

65 Gerade weil die Parteien kraft privatautonomen Gestaltungsspielraums auch eine objektiv geringwertige Gegenleistung als adäquat ansehen können, ergibt sich das Problem, wann eine gemischte Schenkung anzunehmen ist. Was im Einzelnen gewollt ist, muss durch **Auslegung** des betreffenden Rechtsgeschäfts gem §§ 133, 157 BGB festgestellt werden. Dabei arbeitet die Rspr in bestimmten Konstellationen mit **tatsächlichen Vermutungen**, um die erb-, anfechtungs- und insolvenzrechtlichen **Interessen Dritter** zu achten (s schon Rn 39, 57 und Rn 66). Die **Feststellung des objektiven Elements** – Missverhältnis von Leistung und Gegenleistung – richtet sich für die Rspr danach, ob die Bewertung der Parteien nach den Umständen **haltbar** sein kann (BGH 21. 6. 1972 – IV ZR 221/69, BGHZ 59, 132, 136, NJW 1972, 1709, 1710; erläuternd noch BGH 27. 5. 1981 – Iva ZR 132/80, NJW 1981, 2459). Die objektive Wertigkeit der Leistungen sei zu ermitteln und einander gegenüberzustellen. Dabei sei – die Rspr deutet das nur an (BGH 27. 5. 1981 – Iva ZR 132/80) – eine **Gesamtbewertung** der einzelnen Leistungen durchzuführen; auf den Wert der Einzelleistung kommt es dementsprechend nicht an (BGH 27. 5. 1981 – Iva ZR 132/80, NJW 1981, 2459). Eine bloße Wertdifferenz – nicht eines Überwiegens des unentgeltlichen Teils über den entgeltlichen Teil – reicht für die Annahme einer gemischten Schenkung aus. Der Wert der geschenkten Zuwendung muss daher nicht mindestens das Doppelte der etwaigen Gegenleistung betragen (BGH 15. 5. 2012 – X ZR 5/11, ZEV 2013, 213; OLG Saarbrücken 22. 7. 2015 – 2 U 47/14, BeckRS 2016, 9653). Zur Ermittlung des objektiven Missverhältnisses zwischen Leistung und Gegenleistung kommt es grundsätzlich auf die Wertverhältnisse bei Vollzug des Vertrags an (BGH 25. 11. 2009 – XII ZR 92/06, ZEV 2010, 145, 149, FamRZ 2010, 277, 281 m Anm Grziwotz; BGH 17. 4. 2002 – IV ZR 259/01, NJW 2002, 2469, 2470, ZEV 2002, 282 m Anm Kummer; soweit es nach BGH 22. 10. 2019 – X ZR 48/17, FamRZ 2020, 204 m Anm Wever, MDR 2020, 153, JZ 2020, 419 m Anm Koch/Holle auf den Zeitpunkt der Fälligkeit der Gegenleistung ankommt, ist darin – anders als Grziwotz FamRB 2020, 74, 75 scheinbar suggeriert – keine Rechtsprechungsänderung zu sehen, da nur deshalb nicht der Wert der Zahlungsansprüche mit dem Wert der belasteten Grundstücke im Zeitpunkt des Vertragsschlusses verglichen werden durfte, weil der Beschenkte nach den tatbestandlichen Feststellungen die Zahlungsverpflichtung erst zu einem Zeitpunkt erbringen muss, zu dem die dinglichen Belastungen erloschen sind und ihm so der volle Wert der Gegenleistung zugutekommt).

66 Außerdem müssen die Parteien um die objektive Wertdifferenz wissen (kognitives Element) und wollen, dass der nicht durch die Gegenleistung abgegoltene Teil unentgeltlich zugewendet wird, **subjektives** (voluntatives) **Element** (Soergel/Eckert § 516 Rn 45; BGH 23. 9. 1981 – IVa ZR 185/80, BGHZ 82, 274, 281, NJW 1982, 43, 45). So kann eine Einigung über eine teilweise Unentgeltlichkeit auch dann abzulehnen sein, wenn zwischen den Parteien der Kaufpreis anhand eines zuvor eingeholten Wertgutachtens bestimmt werden sollte, welches sich im Nachhinein als zweifelhaft herausstellt. In diesem Fall obliegt es demjenigen, der sich auf das Vorliegen einer Schenkung beruft, die Einigung über die Unentgeltlichkeit zu beweisen (OLG Düsseldorf 11. 7. 2014 – I-7 U 177/11, ErbR 2015, 93).

Die Feststellung, ob die Parteien unentgeltliche und entgeltliche Zuwendung kombinieren wollten oder ob sie Leistung und Gegenleistung trotz objektiv erkennbaren Missverhältnisses für gleichwertig befunden und damit gerade nicht dem Schenkungsrecht unterstellen wollten, stellt allerdings den Kern des Problems dar. Exemplarisch sind die Freundschaftskauffälle oder Zuwendungen im Verwandtschaftsverhältnis (BGH 6. 3. 1996 – IV ZR 374/94, NJW-RR 1996, 754; BGH 8. 11. 2002 – V ZR 398/01, NJW

2003, 510 – Notverkauf zu niedrigem Preis). Je enger und persönlicher das Verhältnis zwischen Zuwendungsempfänger und Zuwendendem ist, desto weniger wird es sicherlich auf den objektiven Wert der Leistungen ankommen und desto mehr kann Entgeltlichkeit vorliegen (RG 22. 2. 1940 – VIII 9/40, RGZ 163, 257, 259; so auch OLG Hamm 30. 10. 2017 – II-13 UF 256/16, NJW-RR 2018, 7; abl BeckOGK/Harke [1. 10. 2025] § 516 Rn 100). Die Rspr lässt den Parteien in engen Näheverhältnissen insgesamt einen sehr breiten Einschätzungsspielraum bei der Bestimmung der Leistungswertigkeit zu (BGH 29. 4. 1970 – V ZR 150/66, FamRZ 1970, 376). Größte Relevanz kommt dieser Judikatur vor allem im Eltern-Kind-Verhältnis zu.

67 Bei Zuwendungen im Zusammenhang mit einer Ehe kann sich zusätzlich auch das Problem der **Abgrenzung zur ehebedingten Zuwendung** ergeben (dazu BGH 8. 11. 2002 – V ZR 398/01, NJW 2003, 510): Maßgeblich ist hier wie auch sonst bei der Feststellung ehebedingter Zuwendungen, ob die Zuwendung in der Vorstellung erfolgte, die Ehe werde Bestand haben (BGH 8. 11. 2002 – V ZR 398/01, NJW 2003, 510 f; Rn 88).

68 Freilich trägt das Prinzip der subjektiven Äquivalenz (Rn 57, 64) ein gewisses Missbrauchspotenzial in sich, denn Schenkungen können häufig die Vermögensinteressen Dritter berühren. Der Gefahr, dass die Parteien eine eigentliche Schenkung als entgeltliches Geschäft tarnen oder etwa deren Einbeziehung in die Berechnung des Pflichtteilsergänzungsanspruches dadurch ganz oder teilweise verhindern, begegnet die Rspr durch die oben schon erwähnte Feststellung der Wertigkeit von Leistung und Gegenleistung und die Überprüfung des von den Parteien zu Grunde gelegten Wertverständnisses. Weist dieses Wertverständnis ein grobes Missverhältnis zwischen Leistung und Gegenleistung auf, eine willkürliche und nach keiner Betrachtung nachvollziehbare Wertfestlegung, liegt es nahe, anzunehmen, dass den Parteien das Missverhältnis bewusst war, dass die Parteien dies auch wollten und sich daher über die Unentgeltlichkeit einig waren (BGH 21. 6. 1972 – IV ZR 221/69, BGHZ 59, 132, 136, NJW 1972, 1709, 1710; BGH 23. 9. 1981 – IVa ZR 185/80, BGHZ 82, 274, 281 f, NJW 1982, 43, 44 f; BGH 25. 9. 1986 – II ZR 272/85, NJW 1987, 890, 891; BGH 1. 2. 1995 – IV ZR 36/94, NJW 1995, 1349, 1350; BGH 18. 10. 2011 – X ZR 45/10 Tz 19, NJW 2012, 605, 606). Die Judikatur nennt dies eine **tatsächliche Vermutung** (so nun auch Soergel/Eckert § 516 Rn 46; anders noch Soergel/Mühl/Teichmann [12. Aufl 1998] § 516 Rn 22: „Indiz", s auch Rn 39). In der Sache bedeutet dies, dass der außenstehende Dritte, der sich auf den unentgeltlichen Teil des Geschäfts beruft, der Darlegungs- und Beweislast für die Unentgeltlichkeit und für das Einigsein darüber enthoben wird. Als Faustregel für das Eingreifen einer solchen Vermutung gilt für die Rspr grundsätzlich, dass der Wert der Gegenleistung nicht weniger als die Hälfte des objektiven Wertes der Zuwendung betragen darf (BGH 19. 1. 1999 – X 42/97, NJW 1999, 1626, 1627 [insoweit nicht abgedruckt in BGHZ 140, 275 ff]). Jedoch relativiert der BGH dies, als eine solch starre Regelung nicht zur Feststellung des Vorliegens einer gemischten Schenkung an sich in Ansatz gebracht werden kann, sondern nur für die Frage von Bedeutung ist, ob das Geschenk in Natur herauszugeben ist (BGH 18. 10. 2011 – X ZR 45/10, ZEV 2012, 110, 111; s auch Rn 65 am Ende). Der Dritte kann sich auf diese Beweiserleichterung berufen, solange das Vorliegen einer Schenkung seine Interessen tangiert (§§ 528, 2325, 2287 BGB etc). Das schließt auch öffentliche Stellen wie das Finanzamt (vgl BFH 10. 9. 1986 – II R 81/84, BFHE 148, 69, 71, BStBl 1987, 80, 81, MittBayNot 1987, 111) und den Träger der Sozialhilfe (BGH 1. 2. 1995 – IV ZR 36/94, NJW 1995, 1349, 1350 – Überleitung auf den Sozialversicherungsträger gem § 528 BGB) mit ein.

Zu beachten ist, dass diese tatsächliche Vermutung nur zugunsten Dritter besteht, deren schutzwürdige Interessen durch das Vorliegen einer gemischten Schenkung tangiert würden. Sie gilt nicht zwischen den Parteien des Schenkungsvertrags selbst. Dies findet seine Rechtfertigung darin, dass die Vertragsparteien das von ihnen tatsächlich zugrunde gelegte Verständnis des Rechtsgeschäfts in dem Vertrag hätten ausdrücken können (BGH 6. 11. 2013 – XII ZB 434/12, NJW 2014, 294, MittBayNot 2015, 225 m Anm Wegmann, FamRZ 2014, 103 m Anm Koch, NZFam 2014, 20 m krit Anm Hoppenz).

Notwendig ist eine Abgrenzung zu anderen Erscheinungsformen wie sog **Zugaben, verschleierten Schenkungen, Schenkungen unter Auflage** und Vertragsformen, bei denen entgeltliches und unentgeltliches Geschäft **nur äußerlich verbunden** werden, real aber ohne weiteres teilbar sind. 69

Eine **verschleierte Schenkung** ist keine gemischte; für sie gelten über § 117 Abs 2 die §§ 516 ff BGB (Planck/Knoke [4. Aufl 1928] § 516 Anm 6; Rn 55 ff). Hier liegt nur das verdeckte unentgeltliche Geschäft vor; das andere in Erscheinung tretende entgeltliche ist nach § 117 Abs 1 BGB nichtig. Bei einer gemischten Schenkung treten dagegen beide Geschäfte nebeneinander und sollen beide wirksam sein. Im Hinblick auf die Interessen Dritter bedeutet dies, dass klargestellt werden muss, ob die Parteien nur eine Schenkung wollten, die sie verdecken oder wirklich einen Typenverschmelzungsvertrag. 70

Treten entgeltliches und unentgeltliches Geschäft nur rein **äußerlich verbunden** nebeneinander auf – Verkauf des Grundstückes, aber separat vereinbarte Schenkung des Zubehörs (entgegen der im Zweifel geltenden Regelung des § 311c BGB) – und erweisen sich diese als teilbar, liegen in Wahrheit zwei Rechtsgeschäfte vor: Grundstückskauf und Mobiliarschenkung (MünchKommBGB/Koch § 516 Rn 34). 71

Die **Abgrenzung zur Schenkung unter Auflage** (§ 525 Rn 42 f) kann schwierig werden, wenn die Auflage gerade in einer Leistung an den Schenker besteht (Geldschenkung und Auflage, Zinsen an den Schenker zu zahlen). § 526 BGB geht nämlich auch in einem solchen Fall von einer Auflagenschenkung aus, die allein nach §§ 516 ff BGB zu beurteilen ist und gerade nicht von einem gemischten Geschäft begleitet wird (RG 7. 3. 1905 – VII 336/04, RGZ 60, 238, 240 – Grundstücksschenkung unter der Auflage, die privaten Lasten abzulösen). So sah es schon der historische Gesetzgeber (Mugdan Mot II 166). 72

Werden bei einem entgeltlichen Geschäft (meist Kauf) zusätzlich zur Hauptleistung noch weitere unentgeltliche Zuwendungen gemacht (Reklamebild neben Hauptprodukt; Sammelposter neben Zeitschrift etc), um den Kaufentschluss auszulösen, liegt keine gemischte Schenkung vor. Vielmehr handelt es sich um eine sog **Zugabe** (vgl die Legaldefinition in § 1 Abs 1 der außer Kraft gesetzten ZugabeV; s auch Staudinger/Rieble [2020] § 336 Rn 8), einen Teil der Hauptleistung des Verkäufers. Denn sie wird gerade von der Hauptleistung abhängig gemacht. 73

2. Die dogmatische Erfassung der gemischten Schenkung

Obwohl es sich bei der gemischten Schenkung um einen Typenverschmelzungsvertrag handelt, haben Rspr und überwiegende Literatur sich nicht auf die üblicherweise zur Problematik der unbenannten Verträge entwickelten Lehren (Stichworte **Ab-** 74

sorption und **Kombination**; vgl LARENZ/CANARIS, Schuldrecht BT II/2 [13. Aufl 1994] § 63 I 3 a, 44; STAUDINGER/FELDMANN [2023] § 311 Rn 38 ff) beschränkt, sondern neue Ansätze entwickelt. Im Wesentlichen werden drei Ansichten zur Lösung des Rechtsfolgenproblems bei der gemischten Schenkung vertreten (s hierzu auch SCHLINKER AcP 106 [2006] 28, 33 ff).

75 Die vor allem **früher vertretene Einheitstheorie** geht im Grundsatz von einem gemischten Vertrag aus, der **einheitlich** zu behandeln ist. Dabei wird dem **Schenkungsrecht** grundsätzlich der **Vorrang** eingeräumt, wobei dem Umstand Rechnung getragen werden soll, dass der Schenker für seine Zuwendung ein teilweises Äquivalent erhält (vTUHR, AT II 2 [1. Aufl 1918] § 72 II 3, 77 f). Bei Kollisionen soll das Recht anzuwenden sein, das dem Vertragszweck am ehesten entspricht. Nach dieser Ansicht ist die gemischte Schenkung formbedürftig (§ 518 Abs 1 BGB). Die Haftung für Sach- und Rechtsmängel folge dem Schenkungsrecht. Im Falle des Rücktritts oder der Anfechtung – gleich ob nach Anfechtungsgesetz, InsO oder §§ 119, 123, 142 BGB – sei der gesamte Gegenstand zurückzugeben (vTUHR, AT II 21 § 72 II 3, 78). Dieser Ansicht wird man auch den Ansatz (HOENIGER, Untersuchungen zum Problem der gemischten Verträge I [1910] 168 ff, 292 ff) zuordnen können, der für die gemischte Schenkung eine abgestufte Behandlung erwägt. Danach sollen von der Schenkung und noch stärker vom Kauf jeweils die Vorschriften Anwendung finden, die nicht Ausdruck der Entgeltlichkeit bzw Unentgeltlichkeit sind; nach diesem sogenannten „Prinzip der abgestuften Beurteilung" sei für alle Bestimmungen, die ihren Geltungsgrund eben in diesem dieser Ansicht nach nur vermeintlichen Gegensatzpaar finden, von Zwischenstufen auszugehen. Wo bspw die Schenkung grobe Fahrlässigkeit erfordere und der Kauf auch leichteste Fahrlässigkeit genügen lasse, sei dann bei der gemischten Schenkung entsprechend von einem mittleren Fahrlässigkeitsgrad auszugehen. Weiterhin müsse beim Widerruf wegen groben Undanks eine umso schwerere Verfehlung des Beschenkten gefordert werden, je entgeltlicher das Geschäft sei.

76 Die hauptsächlich vom Reichsgericht vertretene **Trennungstheorie** geht von einer Teilbarkeit der gemischten Schenkung aus und wendet auf den jeweiligen Teil das Recht des entgeltlichen Vertrages bzw Schenkungsrecht an (RG 2. 5. 1908 – V 387/07, RGZ 68, 326, 329 – zu §§ 531, 812 BGB; RG 27. 6. 1935 – IV 28/34, RGZ 148, 236, 239 f; RG 22. 2. 1940 – VIII 9/40, RGZ 163, 257, 260; MUGDAN Mot II 159; PLANCK/KNOKE [4. Aufl 1928] § 526 Anm 6; **aA** für das Vorkaufsrecht RG 15. 12. 1920 – V 320/20, RGZ 101, 99, 101 – kein Ausübungsrecht gegenüber der gemischten Schenkung, da kein Kauf vorliege; s auch KOEPPEN Das negotium mixtum cum donatione nach Pandektenrecht und Reichsgesetzen [1901] 68 ff, der aber bei faktischer Unmöglichkeit der Trennung auf den Schwerpunkt des Geschäfts abstellen möchte). Danach greife § 518 Abs 1 BGB nur für den unentgeltlichen Teil (RG 27. 6. 1935 – IV 28/35, RGZ 148, 236, 240); der Widerruf führe aber zur Herausgabe des gesamten Gegenstandes (RG 2. 5. 1908 – V 387/07, RGZ 68, 326, 329).

77 Die heute wohl herrschende **Zweckwürdigungstheorie** favorisiert hingegen **zu Recht** einen flexibleren mittleren Ansatz: sie stellt Sinn und Zweck der Vermögensverschiebung in den Vordergrund und versucht daher festzustellen, welcher Regelung nach dem Willen der Parteien der Vertrag unterworfen werden sollte (st Rspr, bereits in BGH 2. 10. 1951 – V ZR 77/50, BGHZ 3, 206, 210 f, NJW 1952, 20, 21 implizit angelegt, äußert sich der BGH explizit in BGH 23. 5. 1959 – V ZR 140/58, BGHZ 30, 120, 122 f, NJW 1959, 1363 f dazu, dass der wirtschaftliche Zweck des Rechtsgeschäfts unter Berücksichtigung der beiderseitigen Interessen im Vordergrund steht; BGH 2. 7. 1990 – II ZR 243/89, BGHZ 112, 40, 44, NJW 1990, 2616, 2617). Ein solcher Ansatz sieht grundsätzlich nicht die Anwendung eines Vertragsregimes *in toto* vor, sondern vielmehr die Heranziehung derjenigen Norm, die im Einzelfall zu interessengerechten Ergebnissen führt (MünchKommBGB/Koch § 516 Rn 39; Medicus/Petersen, Bürgerliches Recht [30. Aufl 2025] Rn 380 f; Larenz/Canaris, Schuldrecht BT II/2 [13. Aufl 1994] § 63 III 1 b, 54; s hierzu bereits Müller JherJb 48 [1904] 209 ff), wobei es aufgrund der Feststellung eines eventuell überwiegend prägenden wirtschaftlichen Zwecks des Rechtsgeschäftes auch zur ausschließlichen Anwendung des überwiegenden Vertragstypus kommen kann. Im Ergebnis kommen freilich die verschiedenen Theorien oftmals zu ähnlichen Ergebnissen; denn unabhängig davon, ob man den gemischten Vertrag als einheitliches Rechtsgeschäft sieht, dessen Inhalte jedoch im Einzelnen zu bestimmen sind, oder ihn in seine rechtlichen Elemente zerlegt, sind schenkungs- und kaufvertragliche Vertragselemente zu unterscheiden und deren Wert ggf mit einer Quote zu bestimmen (Schlinker AcP 206 [2006] 28, 39 f).

Zu Recht kaum Beachtung hat die **Lehre von der Abschlussschenkung** (Enneccerus, 78
Lehrbuch des Bürgerlichen Rechts I [3. Aufl 1908] § 347) gefunden: Danach soll bei einer gemischten Schenkung nicht der jeweilige Gegenstand die Zuwendung darstellen, sondern der Abschluss eines Kaufvertrages zu einem geringen oder zu hohen Preis (dagegen vTuhr, AT II 2 [1. Aufl 1918] § 72 I 3, 77 Fn 103), so dass zwei Verträge hintereinandergeschaltet werden, Schenkung und Kauf. Der Kauf ist dann die Erfüllung des Schenkungsvertrages und unterliegt nach § 530 BGB auch dem Widerruf (dazu Medicus/Petersen, Bürgerliches Recht [30. Aufl 2025] Rn 380).

3. Rechtsfolgenprobleme der gemischten Schenkung

Die **Lösung der rechtlichen Streitfragen**, die sich aus der Zulässigkeit der gemischten 79
Schenkung ergeben (Anwendbarkeit des Schenkungsrechts, va § 518 Abs 1, § 530 BGB; Mängelhaftung; Rechte Dritter wegen des Rechtsgeschäfts etc), wird davon beeinflusst sein, welchem der beschriebenen Theorieansätze im Einzelnen gefolgt wird.

So ist die Anwendung der **§ 134 Abs 1 InsO und § 4 Abs 1 AnfG** bei einer gemischten 80
Schenkung fraglich. Es wurde vertreten, das Geschäft sei insgesamt anfechtbar, wenn es sich nicht insgesamt in einen entgeltlichen und einen unentgeltlichen Teil teilen ließe, wobei die Auswirkungen einer solchen Teilanfechtung zweifelhaft sind (vgl RG 25. 11. 1940 – VIII 484/39, RGZ 165, 223, 224 f). Nach ganz herrschender Ansicht soll eine solche Teilanfechtung dazu führen, dass nur der überschießende unentgeltliche Teil in die Insolvenzmasse zurückgeführt wird (so bspw MünchKommInsO/Freudenberg § 134 Rn 58).

§ 516 Abs 2 BGB ist im Rahmen der gemischten Schenkung nicht anwendbar. Die 81
Regelung geht begriffslogisch davon aus, dass der Vertrag ohne Mitwirkung des Beschenkten zustande kommt, was jedoch bei einem gemischten Vertrag mit entgeltlicher Komponente nicht denkbar ist (MünchKommBGB/Koch § 516 Rn 49; Soergel/Eckert § 516 Rn 36; Erman/Hähnchen § 516 Rn 43).

In der Frage, ob und in welchem Umfang ein gemischtes Schenkungsversprechen 82
dem **Beurkundungserfordernis des § 518 BGB** genügen muss, zeigt sich eine gewisse

Konvergenz der Ergebnisse trotz unterschiedlicher Ansätze. Bereits das Reichsgericht (RG 27. 6. 1935 – IV 28/35, RGZ 148, 236, 240) ging in Anlehnung an die vorherrschende Ansicht in der gemeinrechtlichen Literatur (vgl nur CROME, System des Deutschen Bürgerlichen Rechts II [1902] 511; KOEPPEN, Das negotium mixtum cum donatione nach Pandektenrecht und Reichsgesetzen [1901] 72) davon aus, dass § 518 Abs 1 BGB stets angewendet werden soll, aber nur den unentgeltlichen Teil der Zuwendung betreffe. Das Rechtsgeschäft wurde also im Geiste der **Trennungstheorie** aufgespalten. Zu einer Gesamtunwirksamkeit des Vertrages kommt das Reichsgericht jedoch durch Anwendung des § 139 BGB (RG 27. 6. 1935 – IV 28/35, RGZ 148, 236, 240). Dieser Linie ist auch der Bundesgerichtshof gefolgt (BGH 29. 7. 2007 – IX ZR 12/06, juris Tz 3), wobei jedoch insbesondere hier durch die Anwendung des § 139 BGB die Unterschiede zur **Einheitstheorie** im Ergebnis recht marginal sein dürften. Im Ergebnis ist auch zur Zweckwürdigungstheorie kein großer Unterschied erkennbar (aus der Literatur auch ENNECCERUS/LEHMANN, Schuldrecht [15. Aufl 1958] § 124 II 1; ERNST, in: FS Picker [2010] 139, 173; SCHLINKER AcP 206 [2006] 28, 39 f). Bei deren Anwendung müsste nämlich untersucht werden, ob der entgeltliche oder unentgeltliche Teil des Rechtsgeschäfts überwiegt. Überwiegt der unentgeltliche Teil, dann ist § 518 BGB auf das ganze Geschäft anwendbar mit der Konsequenz der Nichtigkeit bei Nichtbeachtung der Form. Überwiegt dagegen der entgeltliche Teil, dann ist § 518 BGB nicht anwendbar, was allerdings nur ausnahmsweise anzunehmen sein dürfte, wenn die Parteien dem unentgeltlichen Teil nur eine ganz untergeordnete Rolle zugewiesen haben (LARENZ/CANARIS, Schuldrecht II/2 [13. Aufl 1994] § 63 III 1 b, 54 f). Zutreffend dürfte daher die in der Literatur geäußerte Ansicht sein, die eine generelle Anwendung des § 518 Abs 1 BGB befürwortet, wenn die Unentgeltlichkeit nicht an einer „Bagatellschwelle" scheitert (MEDICUS/PETERSEN, Bürgerliches Recht [30. Aufl 2025] Rn 381).

83 Dagegen zeigen sich bei einem **Widerruf** der Schenkung nach **§ 530 Abs 1 BGB** je nach Ansatz beträchtliche Unterschiede in der Rechtsfolge (s im Einzelnen § 531 Rn 4, 7). Nach § 531 Abs 2 BGB kann der Schenker bei Schenkungswiderruf wegen groben Undanks die Herausgabe des Geschenks nach den Vorschriften über die Herausgabe einer ungerechtfertigten Bereicherung verlangen (§ 530 Rn 55). Geht man mit der Einheitstheorie davon aus, dass ein einheitliches Rechtsfolgenregime gelten muss, so wird der Schenker die Herausgabe des zugewendeten Geschenks *in natura* verlangen können, wenn das Schenkungsrecht zur Anwendung kommt (OGHBrZ Köln 18. 11. 1948 – II ZS 16/48, NJW 1949, 260, 261 – wobei hier jedoch über eine Schenkung unter Auflage entschieden wurde und diese Rechtsfolge nur als *obiter dictum* erwähnt wurde). Folgt man hingegen der insbesondere vom Reichsgericht vertretenen strengen Trennungstheorie, nach der eine gemischte Schenkung in einen entgeltlichen und einen unentgeltlichen Teil zu zerlegen sei, hat das zur Folge, dass derjenige Teil, der wertmäßig die Gegenleistung übersteigt, stets nach §§ 531, 812 ff BGB in Form von **Wertersatz** herauszugeben ist (RG 7. 3. 1903 – V 450/02, RGZ 54, 107, 110; RG 2. 5. 1908 – V 387/07, RGZ 68, 326, 329; RG 27. 6. 1925 – IV 28/35, RGZ 148, 236, 239; RG 22. 2. 1940 – VIII 9/40, RGZ 163, 257, 260). Richtigerweise ist mit der herrschenden, auch vom BGH angewendeten Zweckwürdigungstheorie danach zu unterscheiden, ob es sich um einen **teilbaren** oder einen **unteilbaren** Zuwendungsgegenstand handelt (BGH 23. 5. 1959 – V ZR 140/58, BGHZ 30, 120, 122 ff, NJW 1959, 1363, 1364 sowie BGH 27. 11. 1952 – IV ZR 146/52, BGH NJW 1953, 501, 502; s auch BGH 3. 12. 1971 – V ZR 134/69, BGH NJW 1972, 247, 248). Ist der Gegenstand der Zuwendung teilbar, so erfasst der Widerruf und damit der Rückforderungsanspruch aus § 531 Abs 2 BGB nur den unentgeltlichen Teil des Rechtsgeschäfts, was im Regelfall zu plausiblen Ergebnissen führen dürfte. Handelt es sich dagegen um einen **unteilbaren** Gegenstand, so ist zu ermitteln, ob das Schenkungsrecht und somit § 530 Abs 1, § 531 Abs 2 BGB Anwendung finden sollen; zu prüfen ist in dieser Konstellation daher, ob der unentgeltliche Teil des Rechtsgeschäfts überwiegt (hierzu BGH 18. 10. 2011 – X ZR 45/10 Tz 15, NJW 2012, 605, 606, ZEV 2012, 110, 111; st Rspr seit BGH 23. 5. 1959 – V ZR 140/58, BGHZ 30, 120, 122 ff, NJW 1959, 1363, 1364; BGH 23. 9. 1999 – X ZR 114/96, NJW 2000, 134, 135, ZEV 2000, 69 [insoweit in BGHZ 142, 300 nicht abgedruckt]; BGH 2. 7. 1990 – II ZR 243/89, BGHZ 112, 40, 53, NJW 1990, 2616, 2620; BGH 7. 4. 1989 – V ZR 252/87, BGHZ 107, 156, 158 f, NJW 1989, 2122, DNotZ 1989, 775, JR 1990, 192 m Anm Probst im Anschluss an BGH 2. 10. 1987 – V ZR 85/86, WM 1987, 1533, DNotZ 1988, 364 f), was durch einen Vergleich des Wertes des übergebenen Gegenstandes und des Wertes der Gegenleistung festzustellen ist (BGH 2. 10. 1987 – V ZR 85/86; für eine generell objektive Betrachtung des Wertverhältnisses wohl auch MünchKommBGB/Koch § 516 Rn 43). Ist das der Fall, dann ist der zugewendete Gegenstand zurückzugewähren, wobei der Beschenkte ihn nur Zug um Zug gegen Ausgleichung der Aufwendungen, die er im Vertrauen auf die Rechtsbeständigkeit der Schenkung gemacht hat, auskehren muss (BGH 7. 4. 1989 – V ZR 252/87, BGHZ 107, 156, 158 f, NJW 1989, 2122, DNotZ 1989, 775, 776; BGH 2. 10. 1987 – V ZR 85/86, DNotZ 1988, 364, 365 mwNw; vgl auch BGH 11. 7. 2000 – X ZR 78/98, NJW-RR 2001, 6, 7). Eine Einrede muss der Beschenkte hierbei nicht erheben. Unzutreffend wird zT im Rahmen der Unentgeltlichkeitsfeststellung mit dem Argument auf den Parteiwillen abgestellt, dass man dadurch dem Vorrang der Privatautonomie gerecht werde (vWaldenfels, Der Gleichheitsgrundsatz im Erbschaft- und Schenkungsteuerrecht [2008] 46). Doch dürfte die Feststellung des angeblichen Parteiwillens meist reine Fiktion sein, die anhand von objektiven Indizien herbeigeführt wird.

Auch die **Einrede des § 519 BGB** im Fall der Verarmung des Versprechenden vor 84
Vollzug des Rechtsgeschäfts kann bei gemischten Schenkungen anwendbar sein. Hierbei soll die Lösung nicht anders erfolgen als bei § 530 BGB, so dass je nach dem Wertverhältnis des entgeltlichen und des unentgeltlichen Teils des Rechtsgeschäfts Schenkungsrecht Anwendung findet (so auch MünchKommBGB/Koch § 516 Rn 41; früher jedoch streng nach der Trennungstheorie Steger, Die gemischte Schenkung [1935] 44). Strittig ist jedoch, wie die Konstellation zu behandeln ist, in der bei einem unteilbaren Gegenstand das Schenkungsrecht aufgrund der überwiegenden Entgeltlichkeit der Zuwendung keine Anwendung finden kann, gleichwohl aber ein Notbedarf des Versprechenden eintritt. Hier wurde einerseits vertreten, der teilweise Beschenkte könne nicht zu Wertersatz für den geschenkten Teil Zug um Zug gegen Erfüllung des unentgeltlichen Teils der Schenkung verpflichtet werden, sondern müsse sich auch hier die Einrede aus § 519 BGB entgegenhalten lassen. Dies solle nur dann nach Treu und Glauben nicht gelten, wenn sich der teilweise Beschenkte bereit erklärt, die Gegenleistung um den Notbedarf aufzustocken. Hingegen möchte die Gegenauffassung ihm bei unteilbaren Gegenständen ein Wahlrecht einräumen: er kann entweder dem Notbedarf durch Aufstockung abhelfen und so die Einrede aus § 519 BGB beseitigen oder den erlangten Gegenstand Zug um Zug gegen Rückerhalt seiner Leistung zurückgeben (MünchKommBGB/Koch § 516 Rn 41; Dellios, Zur Präzisierung der Rechtsfindungsmethode bei „gemischten“ Verträgen [1981] 133 ff; zu §§ 528, 530 BGB s Ernst, in: FS Picker [2010] 139, 171 f). Auch wenn man den Zweck des *beneficium competentiae* (dazu § 519 Rn 1 ff) darin sieht, den Schenker vor der Unbill unvorhergesehener Verarmung zu schützen, soll diese Einrede den Beschenkten jedoch nicht übermäßig belasten. Ein **Wahlrecht**

des zum Teil Beschenkten entspricht somit den beiderseitigen Parteiinteressen am ehesten.

85 Auch was das Haftungsregime für **Mängel und Mangelfolgeschäden** angeht, muss zwischen teilbaren und unteilbaren Leistungen differenziert werden. Bei teilbaren Leistungen kann unproblematisch das Haftungsregime des jeweiligen Vertragstypus angewendet werden, so dass in dieser Hinsicht keine Besonderheiten bestehen (vgl Schlinker AcP 206 [2006] 28, 41 ff, 55). Handelt es sich hingegen um eine unteilbare Leistung, so ist der Leistungsschwerpunkt maßgeblich (**aA** MünchKommBGB/Koch § 516 Rn 44, der den Vertrag stets in seine Anteile aufspalten möchte). Daher sind die Privilegierungen des Schenkungsrechts auf den gesamten Vertrag anzuwenden (**aA** Medicus/Petersen Bürgerliches Recht [30. Aufl 2025] Rn 381; Enneccerus/Lehmann, Schuldrecht [15. Aufl 1958] § 124 II 3; Grüneberg/Weidenkaff [85. Aufl 2026] § 516 Rn 17), wenn der unentgeltliche Teil des Vertrages überwiegt. Wenn hingegen der entgeltliche Teil im Vordergrund steht, stellt sich im Rahmen der speziellen Gewährleistungsregeln bspw im Kaufrecht die Frage, wie der Berechnungsmodus bei den einzelnen Gewährleistungsrechten anzusetzen ist: Verlangt der Käufer nach § 437 Nr 1, § 439 Abs 1 BGB **Nacherfüllung**, so kann der Verkäufer/Schenker bereits dann die Unverhältnismäßigkeit des § 439 Abs 4 BGB einwenden, wenn die Kosten der Nacherfüllung unverhältnismäßig im Verhältnis zum entgeltlichen Teil der Leistung sind (Oechsler, Vertragliche Schuldverhältnisse [2. Aufl 2017] Rn 785). Die **Minderung** des Kaufpreises ist ebenfalls möglich, wenn hierbei nur der entgeltliche Teil des Vertrages in Ansatz gebracht wird, mithin also nur eine anteilsmäßige Verrechnung stattfindet (vgl aber MünchKommBGB/Koch § 516 Rn 45, der hier die altruistische Motivation des Schenkers gefährdet sieht; ebenfalls **aA** Goldschmidt, Die gemischte Schenkung nach Reichsrecht [1907] 59; Skalka, Negotium mixtum cum donatione nach gemeinem Recht und BGB [1907] 68, die die Minderung bei gemischter Schenkung völlig ausschließen wollten). Verlangt der Käufer/Beschenkte schließlich **Schadensersatz**, so stellt sich die Frage, ob § 521 BGB Anwendung findet. Dies wird von Befürwortern einer generellen Aufspaltung der Haftungsregeln bejaht (vgl etwa MünchKommBGB/Koch § 516 Rn 46), kann jedoch in dieser Form nicht überzeugen. Verhaltensnormen sind nicht teilbar (so bereits MünchKommBGB/Kollhosser [4. Aufl 2004] § 516 Rn 38). Hieran kann es nichts ändern, dass der Schadensersatzanspruch selbst auf Geld gerichtet ist (so aber MünchKommBGB/Koch § 516 Rn 46), da dies lediglich den haftungsausfüllenden Aspekt betrifft.

V. Die Schenkung in anderen Rechtsgebieten

1. Familienrecht

a) Schenkungen zwischen Ehegatten

86 Die eheliche Lebensgemeinschaft ist an sich geprägt von einem fortwährenden Austausch von Zuwendungen (MünchKommBGB/Koch § 516 Rn 55), ohne dass jeweils eine **direkte Gegenleistung** greifbar wäre (vgl Sandweg NJW 1989, 1965, 1968; Poelzig JZ 2012, 425, 426). Solche Vermögensverschiebungen zwischen den Eheleuten bewegen sich dabei zwischen Unterhalts- und Güterrecht und verwandten Instituten auf der einen Seite und der Schenkung auf der anderen Seite. Bei dem Zusammenspiel dieser Rechtsmaterien wird das Schenkungsrecht nach dem **Spezialitätsgrundsatz** (vgl OLG Düsseldorf 31. 1. 1997 – 7 U 59/96, NJW-RR 1997, 1497, 1498, wonach zur Anwendung des Schenkungsrechts die familienrechtliche *causa* durch den schuldrechtlichen Schenkungsvertrag verdrängt

werden müsse; s auch zu den Rechtsfolgen POELZIG JZ 2012, 425, 431 ff, wobei sie in den unbenannten Zuwendungen ein von der Schenkung in Zweck und *causa* abweichendes Rechtsinstitut sieht, 428 ff) vielfach durch familienrechtliche Prinzipien verdrängt bzw modifiziert (ein Überblick findet sich bei SZALAI NZFam 2018, 761).

aa) Ausschluss des Schenkungsrechts aufgrund des Familienrechts

Das Schenkungsrecht wird insbesondere durch die Figur **der unbenannten Zuwendung** 87
jedenfalls derogiert. Diese geht auf die Arbeit von M LIEB zurück (Die Ehegattenmitarbeit im Spannungsfeld zwischen Rechtsgeschäft, Bereicherungsausgleich und gesetzlichem Güterstand [1970] 121 ff; zur Geschichte der Rechtsprechung s BGH 27. 11. 1991 – IV ZR 164/90, BGHZ 116, 167, 169, NJW 1992, 564, zur historischen Dimension CHIUSI IVRA 60 [2012] 234 ff und CHIUSI, in: FS Koch [2019] 3 ff). Mit ihr werden bestimmte Zuwendungen zwischen Ehepartnern aus dem Schenkungsbegriff des BGB ausgeklammert, die dann als „unbenannte" Zuwendung, „ehebedingte" Zuwendung oder ehebezogenes Rechtsgeschäft eigener Art bezeichnet werden (MünchKommBGB/KOCH § 516 Rn 60 mwNw; POELZIG JZ 2012, 425 ff; auch LESZCZENSKI, Rückforderung schwiegerelterlicher Zuwendungen, plädiert für eine Einordnung als familienrechtlichen Vertrag *sui generis*, der auch schwiegerelterliche Zuwendungen umfassen solle; krit LIEBRECHT, Abschied von der unbenannten Zuwendung, AcP 217, 886 ff). Die unbenannten Zuwendungen stellen dabei die **Mehrzahl** der Vermögensverschiebungen zwischen Ehegatten dar (WELLENHOFER, Familienrecht [7. Aufl 2023] § 18 Rn 2; BGH 27. 11. 1991 – IV ZR 164/90, BGHZ 116, 167, 169, NJW 1992, 564). Ihre Existenz schließt aber gleichzeitig die Möglichkeit von echten Schenkungen zwischen den Eheleuten nicht *per se* aus (BGH 26. 11. 1981 – IX ZR 91/80, BGHZ 82, 227, 230 f; BGH 24. 3. 1983 – IX ZR 62/82, BGHZ 87, 145, 146, NJW 1983, 1611; BGH 18. 4. 1986 – V ZR 208/04, NJW-RR 1986, 1202; BGH 17. 1. 1990 – XII ZR 1/89, NJW-RR 1990, 386; BGH 13. 11. 2012 – X ZR 80/11 Tz 7 f, BeckRS 2012, 25607 allerdings bei nichtehelicher Lebensgemeinschaft; ROSSAK MittBayNot 1984, 74 f plädiert für einen nur subsidiären Rückgriff auf die Kategorie der unbenannten Zuwendung; zu [echten] Schenkungen unter Ehegatten s jedoch auch LÖFFLER, Ehegattenschenkungen und ihre Rückgängigmachung nach deutschem und französischem Recht [1987], wobei hiernach insbesondere Gelegenheitsgeschenke in Betracht kommen, während Schenkungen größeren Ausmaßes oft der Schenkungscharakter abgesprochen werde, 36 ff, 66 ff, 85 ff, 101 ff). Dogmatisch gesehen gewährt die unbenannte Zuwendung keinen vertraglichen Erfüllungsanspruch, sondern stellt nur eine *causa* für die erfolgte Zuwendung dar (vgl SANDWEG NJW 1989, 1965, 1969; AREND MittRhNotK 1990, 65 f; MORHARD NJW 1987, 1734; SCHWAB FamRZ 2010, 1701, 1702). Hauptsächliches Ziel dieses Konstrukts ist die **Nichtanwendbarkeit** der Vorschriften über Rückforderung und Widerruf, §§ 528, 530 BGB (vgl POELZIG JZ 2012, 425, 426 ff; KOCH FamRZ 1995, 321, 322 ff; RAUSCHER AcP 186 [1986] 529, 558; zum gegenteiligen Fall WAAS FamRZ 2000, 453 f; für anwendbar hält sie aber SEILER, in: FS Henrich [2000] 551, 564). Anwendbar hingegen bleibt die **Formvorschrift** des § 518 BGB für den Fall, dass die unbenannte Zuwendung nicht unmittelbar vollzogen wird (zweifelhaft BGH 18. 3. 2020 – XII ZB 380/19, NJW 2020, 2024 m Anm OBERMANN; vgl ausführlich § 518 Rn 5). Da es sich bei der unbenannten Zuwendung jedoch nicht um eine Vereinbarung über den ehelichen Güterstand handelt, gelten die Formanforderungen des Art 25 Abs 1 S 1 EuGüVO hingegen nicht (SUTOR FamRZ 2023, 1259, 1263 ff; DUTTA FamRZ 2019, 1395, 1396; SANDERS FamRZ 2018, 978, 983).

(1) Abgrenzung zur unbenannten Zuwendung

Die Abgrenzung zwischen Schenkung und unbenannter Zuwendung erfolgt anhand 88
des Merkmals der **Unentgeltlichkeit**. Während die Rechtsprechung früher eine Einordnung als **objektiv unentgeltlich** annahm, stellt sie seit Anfang der 90er Jahre nur

noch auf die **subjektive Seite des Einigseins über die Unentgeltlichkeit** und damit den **Parteiwillen** ab und verneint dann ggf eine freigiebige Motivation (BGH 27. 11. 1991 – IV ZR 164/90, BGHZ 116, 167, 169 ff, NJW 1992, 564 f; BGH 23. 9. 1999 – X ZR 114/96, BGHZ 142, 300, 303 f, NJW 2000, 134, 137; BGH 17. 1. 1990 – XII ZR 1/89, NJW-RR 1990, 386 f; BGH 2. 10. 1991 – XII ZR 132/90, NJW 1992, 238, 239; OLG Bamberg 12. 4. 1995 – 2 W 5/95, NJW-RR 1996, 1347; OLG München 20. 7. 2001 – 21 U 1873/01, NJW-RR 2002, 3, 4; anders zB noch BGH 5. 10. 1989 – IVb ZR 52/87, NJW-RR 1989, 66 f; zur Bewertung MünchKommBGB/Koch [6. Aufl 2012] § 516 Rn 60 f; in diese Richtung schon Sandweg NJW 1989, 1965, 1966 f; für den schenkungsteuerrechtlichen Schenkungsbegriff wird auch subjektiv eine Unentgeltlichkeit angenommen, vgl BFH 2. 3. 1994 – II R 59/92, BStBl 1994 II 366, 369 f; von einer Unentgeltlichkeit geht auch noch Werthmann, Die unbenannte Zuwendung im Privatrechtssystem [1990] 21 ff, 140 ff aus). Zentraler Maßstab ist insoweit, dass die Zuwendung an den anderen **Ehegatten um der Ehe willen** und damit als **Beitrag zur Verwirklichung, Ausgestaltung, Erhaltung oder Sicherung der ehelichen Lebensgemeinschaft** erfolgt. Zugleich muss der zuwendende Ehegatte in der Erwartung bzw Vorstellung handeln, dass die eheliche Lebensgemeinschaft **Bestand** haben und er selbst in dieser Gemeinschaft an dem zugewendeten Vermögenswert und dessen Früchten weiter **teilhaben** können wird (BGH 27. 1. 1988 – IVb ZR 82/86, NJW-RR 1988, 962, 964; BGH 27. 11. 1991 – IV ZR 164/90, BGHZ 116, 167, 169 f, NJW 1992, 564; BGH 13. 7. 1994 – XII ZR 1/93, BGHZ 127, 48, 52, NJW 1994, 2545 f; BGH 17. 1. 1990 – XII ZR 1/89, NJW-RR 1990, 386; BGH 30. 6. 1999 – XII ZR 230/96, BGHZ 142, 137, 148, NJW 1999, 2962, 2965; BGH 28. 3. 2006 – X ZR 85/04, NJW 2006, 2330; BGH 9. 7. 2008 – XII ZR 179/05 Tz 15, BGHZ 177, 193, 198, NJW 2008, 3277, 3278; BGH 19. 9. 2012 – XII ZR 136/10 Tz 21, NJW 2012, 3374, 3375, FamRZ 2012, 1789 m Anm Hoppenz; OLG Düsseldorf 30. 3. 1995 – 13 U 110/94, NJW-RR 1996, 467, 468; OLG München 20. 7. 2001 – 21 U 1873/01, NJW-RR 2002, 3, 4; MünchKommBGB/Koch § 516 Rn 60). Damit sind zwei wesentliche Aspekte genannt, die im Bewusstsein beider Partner vorherrschen müssen: die Förderung der ehelichen Lebensgemeinschaft einerseits und andererseits die fortdauernde Nutznießung des Zuwendenden als Partner dieser Gemeinschaft. Dabei ist die **auf den Fortbestand der Ehe bezogene Geschäftsgrundlage** letztlich der Grund dafür, **subjektiv eine Unentgeltlichkeit auch eines objektiv entgeltlichen Geschäfts anzunehmen** (vgl zB BGH 17. 1. 1990 – XII ZR 1/89, NJW-RR 1990, 386 f; BGH 27. 11. 1991 – IV ZR 164/90, BGHZ 116, 167, 169 f, NJW 1992, 564; BGH 13. 7. 1994 – XII ZR 1/93, BGHZ 127, 48, 52, NJW 1994, 2545 f; BGH 30. 6. 1999 – XII ZR 230/96, BGHZ 142, 137, 148, NJW 1999, 2962, 2965; OLG Düsseldorf 30. 3. 1995 – 13 U 110/94, NJW-RR 1996, 467, 468; OLG Naumburg 14. 2. 2006 – 8 W 4/06, NJW 2006, 2418 f; so in der Bewertung auch Frank MittBayNot 1990, 181). Dementsprechend handelt es sich bei der Haushaltstätigkeit des Zuwendungsempfängers auch nicht um eine objektive Gegenleistung, sondern vielmehr um die Erfüllung der Pflicht zum Familienunterhalt; auch diese übersteigende Leistungen sind nach § 1360b BGB im Zweifel nicht zu vergüten, denn in einer unbenannten Zuwendung liege „regelmäßig nur die Anerkennung eines gleichwertigen Beitrags beider Ehepartner“ (BGH 26. 11. 1981 – IX ZR 91/80, BGHZ 82, 227, 231, NJW 1982, 1093; BGH 27. 11. 1991 – IV ZR 164/90, BGHZ 116, 167, 171, NJW 1992, 564 f; vgl zum Verhältnis zu den ehelichen Pflichten auch BFH 2. 3. 1994 – III R 59/92, BStBl 1994 II 366 f). Darin geht es nicht um die rechtliche Verknüpfung eines Austauschvertrags wie mit Hausangestellten, sondern kommt ein remuneratorischer Gedanke zum Tragen (BGH 27. 11. 1991 – IV ZR 164/90, BGHZ 116, 167, 171 f, NJW 1992, 564 f). Die unbenannte Zuwendung steht der Schenkung damit wegen der Erbringung einer Leistung ohne direkte Gegenleistung nahe, unterscheidet sich aber von ihr durch ihre Motivation (Sandweg NJW 1989, 1965, 1968; vgl auch Poelzig JZ 2012, 425, 426). Soweit allerdings die Ehe bereits gescheitert ist, kann eine Zuwendung nur noch eine Schenkung darstellen, die ggf auch unter dem Gesichtspunkt des Wegfalls der Geschäftsgrundlage abzuwickeln ist (so BGH 27. 6. 2012 – XII ZR 47/09 Tz 19, NJW 2012, 2278, 2279, der eine Rückabwicklung nach § 313 BGB in Bezug auf die mittelbare Zuwendung eines Grundstücks an die vom Ehemann getrennt lebende Ehefrau für möglich hält, wenn dadurch ihr mit dem scheinehelichen Sohn eine Wohnung als Unterhalt zur Verfügung gestellt werden sollte und sich die Nichtabstammung des Kindes nachträglich im Anfechtungsverfahren herausstellt; vgl umgekehrt zur Problematik vorehelicher Zuwendungen und Zugewinnausgleich Härtl FF 2021, 185 ff). Nach neuerer Auffassung wird insbesondere in Bezug auf den Rechtsprechungswechsel hinsichtlich der Einordnung von Schwiegerelterngeschenken (vgl dazu Rn 143 ff) zur Abgrenzung zwischen Schenkung und unbenannter Zuwendung weniger auf die subjektive Einigung über die Unentgeltlichkeit abgestellt, sondern die Frage in den Vordergrund gerückt, ob der Zuwendende den zugewendeten Gegenstand gerade vollständig verliert oder er wie im Falle der Ehegatten untereinander über die Gemeinschaft weiterhin an diesem partizipiert (so Poelzig JZ 2012, 425, 426 zur Rechtsprechung in BGH 3. 2. 2010 – XII ZR 189/06, BGHZ 184, 190 ff, NJW 2010, 2202 ff; BGH 21. 7. 2010 – XII ZR 180/09, NJW 2010, 2884 ff; BGH 20. 7. 2011 – XII ZR 149/09, NJW 2012, 523 ff).

Da es für die Annahme einer unbenannten Zuwendung mithin auf den Parteiwillen ankommt, ist die **Bezeichnung einer Zuwendung als „Schenkung" im notariellen Vertrag** der Auslegung zugänglich. Bei **älteren Verträgen** dürfte dabei mehr Spielraum existieren als bei jüngeren. Denn die Rezeption der Lehre von der unbenannten Zuwendung in der notariellen Praxis war erst in den 80er Jahren feststellbar, während entsprechende Zuwendungen zuvor als „Schenkungen" beurkundet wurden (BGH 17. 1. 1990 – XII ZR 1/89, NJW-RR 1990, 386 f; BGH 28. 3. 2006 – X ZR 85/04, NJW 2006, 2330, 2331; hierzu s auch MünchKommBGB/Koch § 516 Rn 63). Bis in diese Zeit konnte demnach selbst bei ausdrücklicher Beurkundung einer Schenkung noch von einer unbenannten Zuwendung ausgegangen werden (OLG München 20. 7. 2001 – 21 U 1873/01, NJW-RR 2002, 3, 4 mwNw; OLG Bamberg 12. 4. 1995 – 2 W 5/95, NJW-RR 1996, 1347 setzt 1983 als Datum der Beurkundung an; OLG Düsseldorf 30. 3. 1995 – 13 U 110/94, NJW-RR 1996, 467, 468 das Jahr 1981; ebenso zum Datum Arend MittRhNotK 1990, 65, 66). Insoweit kann bzw konnte eine Ausnahme vom Grundsatz der Vollständigkeit und Richtigkeit der notariellen Urkunde gemacht werden (BGH 17. 1. 1990 – XII ZR 1/89, NJW-RR 1990, 386, 387). Gleichwohl wurde auch zu dieser Zeit der vertraglichen Bezeichnung durchaus Bedeutung beigemessen (ohne Diskussion für Schenkung BGH 13. 7. 1994 – XII ZR 1/93, BGHZ 127, 48, 53, NJW 1994, 2545, 2546; krit dazu daher Sandweg NJW 1989, 1965, 1969; bei BGH 18. 4. 1986 – V ZR 208/04, NJW-RR 1986, 1202 bestanden keine Anhaltspunkte). Damit ist im Streitfalle der Aussage des Notars in Bezug auf seine Beurkundungspraxis vom Gericht nachzugehen (BGH 28. 3. 2006 – X ZR 85/04, NJW 2006, 2330, 2331; ausschlaggebend bei Angabe einer bewussten Schenkungsbeurkundung BGH 30. 6. 1993 – XII ZR 210/91, NJW-RR 1993, 1410, 1411; zur Beurkundung als Zuwendung oder Übertragung Langenfeld Sonderbeilage DNotZ 1985, 167, 178). Die Beurkundung der „Übertragung ohne besondere Gegenleistung" kann auf eine typische unbenannte Zuwendung hindeuten (OLG Celle 5. 3. 1999 – 4 U 56/98, FamRZ 2000, 668, 669). Ein prozessuales Geständnis kann jedenfalls nicht in dem Vortrag einer Schenkung gesehen werden (BGH 4. 11. 1991 – II ZR 26/91, NJW 1992, 906 f). Mittlerweile wird man allerdings der Bezeichnung als Schenkung Glauben schenken dürfen (Wever FamRZ 2000, 993, 998; zu den Prüfanforderungen des Notars Rossak MittBayNot 1984, 74, 76 f). 89

Gleichwohl ist aber auch nicht jede Zuwendung gleich eine unbenannte Zuwendung; vielmehr müssen hierfür Anhaltspunkte für eine positive Feststellung vorliegen 90

(BGH 28. 3. 2006 – X ZR 85/04, NJW 2006, 2330 mit Anm Wever FamRZ 2006, 1023 f, der ergänzend betont, dass eine Anwendung von § 530 BGB bereits bei Nichterweislichkeit des Schenkungswillens, nicht erst bei Beweis einer unbenannten Zuwendung ausgeschlossen ist; bestätigt in BGH 13. 11. 2012 – X ZR 80/11 Tz 8, BeckRS 2012, 25607; anders zur Abgrenzung von Schenkung und unbenannter Zuwendung als die eingangs zitierte Entscheidung wohl BGH 26. 11. 1981 – IX ZR 91/80, BGHZ 82, 227, 230 f; OLG Frankfurt 13. 1. 2020 – 8 UF 167/19, NZFam 2020, 531 zur Abgrenzung einer unbenannten Zuwendung von einem Darlehen). Eine Rückfallklausel für den Fall der Scheidung deutet auf eine Ehebedingtheit hin (OLG Stuttgart 5. 6. 2019 – 18 UF 67/19, FamRZ 2019, 1925; OLG Bamberg 12. 4. 1995 – 2 W 5/95, NJW-RR 1996, 1347). Auch die Geschäftsgrundlage hat der Kläger zu beweisen (BGH 30. 11. 1994 – IV ZR 290/93, BGHZ 128, 125, 134, NJW 1995, 1082, 1085).

91 Die unbenannten Zuwendungen lassen sich trotz ihrer Vielgestaltigkeit in **Fallgruppen** zusammenfassen (vgl entsprechende Einteilungen bei Frank MittBayNot 1990, 181 f; Lipp, in: FS Schwab [2005] 529, 534 ff; Straub, Rechtsfolgen ehebezogener Zuwendungen [2009] 104 ff; Haas FamRZ 2002, 205, 213 f).

92 Hierzu gehört zunächst die Zuwendung eines ggf hälftigen Miteigentumsanteils am **Familienheim** und dessen Abzahlung (zB BGH 27. 1. 1988 – IVb ZR 82/86, NJW-RR 1988, 962, 964; OLG Bamberg 12. 4. 1995 – 2 W 5/95, NJW-RR 1996, 1347; OLG Düsseldorf 30. 3. 1995 – 13 U 110/94, NJW-RR 1996, 467, 468; OLG Koblenz 13. 6. 1990 – 5 U 75/90, NJW-RR 1991, 1218 f mit Geld der Schwiegermutter) oder aber die Zurverfügungstellung von Mitteln zum Erwerb bzw Ausbau einer Immobilie des Partners als Familienheim (BGH 8. 7. 1982 – IX ZR 99/80, BGHZ 84, 361, 364 f, NJW 1982, 2236 f; BGH 4. 4. 1990 – IV ZR 42/89, NJW-RR 1990, 834 f; BGH 21. 10. 1992 – XII ZR 182/90, BGHZ 119, 392, 395, NJW 1993, 385, 386 [Geld für die Auszahlung der Geschwister der Frau und für die Renovierung]; BGH 9. 7. 2005 – XII ZR 209/02, NJW 2005, 1310, 1315; OLG Celle 5. 3. 1999 4 U 56/98, FamRZ 2000, 668, 669; vgl auch differenzierend Löffler, Ehegattenschenkungen und ihre Rückgängigmachung nach deutschem und französischem Recht [1987] 66 ff). Auch bei der Zuwendung eines Wohnrechts muss aber ein entsprechender Zweck vorliegen, was aber nicht der Fall ist, wenn der Partnerin, einer ehemaligen Prostituierten, durch die Zuwendung eines Wohnrechts auch für den Fall der Trennung die Möglichkeit eröffnet werden soll, das Rotlichtmilieu zu verlassen (BGH 13. 11. 2012 – X ZR 80/11 Tz 7 f, 15, BeckRS 2012, 25607).

93 Neben diesen auf den Wohnsitz der Familie bezogenen Zuwendungen wurden auch Einzelzuwendungen als unbenannte Zuwendung gewertet, wie die **Übergabe von Geld** zum Erwerb des Alleineigentums eines nur vom Empfänger selbst genutzten **Pkw** (OLG Celle 18. 11. 1982 – 12 U 15/82, NJW 1983, 1065 f) oder zur Anschaffung eines nur vom Empfänger beruflich genutzten Röntgengeräts (so im Rahmen der Beendigung einer NELG KG 20. 7. 2020 – 17 UF 11/19, FamRZ 2021, 97, 97 m Anm Schwab, der zu Recht darauf hinweist, dass mangels Teilhabe-Erwartung von einer Schenkung auszugehen war).

94 Auch rein **vermögensrechtliche Dispositionen** können als unbenannte Zuwendungen aufgefasst werden. Einen Fall kann ebenso der Verzicht auf Zugewinnausgleich bei Vereinbarung der Gütertrennung darstellen (BGH 23. 4. 1997 – XII ZR 20/95, NJW 1997, 2747, 2748). Insbesondere auch im Hinblick auf die Ehe gemachte Zuwendungen zur **Alterssicherung des anderen Partners** fallen va bei Gütertrennung hierunter (BGH 27. 1. 1988 – IVb ZR 82/86, NJW-RR 1988, 962, 964; BGH 7. 1. 1972 – IV ZR 231/06, NJW 1972, 580; Löffler, Ehegattenschenkungen und ihre Rückgängigmachung nach deutschem und französischem Recht [1987] 101 ff geht hier allerdings von einer eher unterhaltsrechtlichen Verpflichtung aus). Hierbei kommt auch die Zuwendung eines Sparbuchs (BGH 6. 5. 2014 – X ZR 135/11, NJW 2014, 2638, NZFam 2014, 784 m Anm Obermann, ErbR 2014, 533 m Anm Derichs, FamRZ 2014, 1547 m Anm Grziwotz), von Bausparverträgen (BGH 5. 10. 1989 – IVb ZR 52/87, NJW-RR 1989, 66 f; BGH 3. 11. 1993 – XII ZR 90/92, NJW-RR 1994, 258), die Übertragung eines Wertpapierdepots (BGH 24. 11. 1993 – XII ZR 130/92, FamRZ 1994, 503) bzw eines Sparguthabens von Todes wegen (OLG Düsseldorf 31. 1. 1997 – 7 U 59/96, NJW-RR 1997, 1497, 1498) oder des Bezugsrechts aus einer Lebensversicherung in Betracht (BGH 30. 11. 1994 – IV ZR 290/93, BGHZ 128, 125, 133 ff, NJW 1995, 1082, 1084 f; offen gelassen, ob Schenkung oder unbenannte Zuwendung, in OLG Hamm 13. 3. 2002 – 20 U 6/01, VersR 2002, 1409, 1410; vgl auch Elfring, Drittwirkungen der Lebensversicherung [2003] 73 ff; Wall ZErb 2011, 184 ff). Auch der hälftige Erwerb einer nicht als Familienheim genutzten Immobilie kann diesem Zweck dienen (BGH 15. 2. 1989 – IVb ZR 105/78, NJW 1989, 1986, 1987). Letztlich kommen auch Vermögensübertragungen in Betracht, die einer haftungsmäßig günstigen Organisation des Familienvermögens oder einer steuerlich günstigen Gestaltung der ehelichen Vermögensverhältnisse mit dem Ziel der Mehrung des gemeinsamen Vermögens dienen (BGH 17. 1. 1990 – XII ZR 1/89, NJW-RR 1990, 386 f; BGH 2. 10. 1991 – XII ZR 132/90, NJW 1992, 238, 239; BGH 30. 6. 1999 – XII ZR 230/96, BGHZ 142, 137, 148, NJW 1999, 2962, 2965; BGH 30. 6. 1993 – XII ZR 210/91, NJW-RR 1993, 1410 f). Denkbar ist auch eine Schuldübernahme zur gemeinsamen Umschuldung (OLG Karlsruhe 11. 2. 1993 – 11 U 20/92, NJW-RR 1994, 1157, 1158).

Arbeitsleistungen, die dem Eigentum des anderen Partners zB in dessen Betrieb oder **95**
seinen Immobilien zugutekommen, können dagegen begrifflich nicht als Zuwendung verstanden werden (vgl Rn 11, 19, 24; von Arbeitsleistungen als gemeinschaftsbezogene Zuwendungen spricht dagegen – wohl versehentlich – BGH 12. 5. 2021 – XII ZR 152/19, FamRZ 2021, 1297, 1299; krit dazu Wever/Frank FamRZ 2022, 1241, 1250). Unter bestimmten Voraussetzungen werden sie jedoch wie unbenannte Zuwendungen behandelt und es wird insoweit von einem familienrechtlichen **Kooperationsvertrag eigener Art** ausgegangen (BGH 6. 7. 2011 – XII ZR 190/08 Tz 20 f, NJW 2011, 2880, 2881 f; BGH 13. 7. 1994 – XII ZR 1/93, BGHZ 127, 48, 51 ff, NJW 1994, 2545 f; BGH 8. 7. 1982 – IX ZR 99/80, BGHZ 84, 361, 364 f, NJW 1982, 2236 f; BGH 9. 7. 2008 – XII ZR 179/05 Tz 41 f, BGHZ 177, 193, 209, NJW 2008, 3277, 3281; dagegen meint Seiler, in: FS Henrich [2000] 551, 555 f, dass außerhalb von § 516 BGB auch Arbeitsleistungen als Ursprung einer Vermögensmehrung dem Zuwendungsbegriff des Gesetzes entsprächen). Die Annahme eines solchen Vertrags setzt aber eine gewisse Dauerhaftigkeit und Regelmäßigkeit des Einsatzes bzw die Ersparnis fremder Arbeitskraft voraus, während der Charakter der Tätigkeit bedeutungslos ist; sie muss weder gleichwertig noch selbstständig sein, sondern kann auch einfach und untergeordnet sein; die Entlohnung liegt in der Beteiligung am wirtschaftlichen Erfolg (BGH 13. 7. 1994 – XII ZR 1/93, BGHZ 127, 48, 53, NJW 1994, 2545, 2546).

Die Qualifikation einer Vermögensverschiebung als unbenannte Zuwendung führt **96**
zu einer **Derogation** schenkungsrechtlicher Bestimmungen. Im Vordergrund steht hier die intendierte **Nichtanwendbarkeit** der Vorschriften über Rückforderung und Widerruf, §§ 528, 530 BGB (Poelzig JZ 2012, 425, 426 ff; zu dieser festgestellten Zielsetzung krit Koch FamRZ 1995, 321, 322 ff; Koch NZFam 2014, 311; Rauscher AcP 186 [1986] 529, 558; zum gegenteiligen Fall Waas FamRZ 2000, 453 f). Gleichwohl ist zu konstatieren, dass sich die Folgen beider Institute in den Ergebnissen abgesehen von den §§ 528, 530 BGB annähern (Seiler, in: FS Henrich [2000] 551, 564 hält sie für anwendbar). Besonders bei Dritt-

beteiligung bzw anderen Fragen lässt sich eine Gleichbehandlung mit der Schenkung feststellen (MünchKommBGB/Koch § 516 Rn 64; Kollhosser NJW 1994, 2313, 2316; Poelzig JZ 2012, 425, 431 führt dies allerdings schon darauf zurück, dass viele Bestimmungen an die Unentgeltlichkeit anknüpfen bzw nach ihrem Zweck drittschützend sind; s auch Conradt, „Unbenannte" Zuwendungen unter Ehegatten und Partnern einer nichtehelichen Lebensgemeinschaft [1998] 201 ff). Aber auch im Verhältnis zwischen den Ehegatten werden im Ergebnis Parallelen zum Schenkungsrecht gezogen (vgl BGH 10. 7. 1991 – XII ZR 114/89, BGHZ 115, 132, 139 f, NJW 1991, 2553, 2555). Besonders die Frage einer etwaigen Rückabwicklung wird dabei in einer wechselvollen Rechtsprechung nach allgemeinen Grundsätzen gelöst, da trotz vielfältiger kautelarjuristischer Vorschläge (Conradt, „Unbenannte" Zuwendungen unter Ehegatten und Partnern einer nichtehelichen Lebensgemeinschaft [1998] 229 ff; zu Partnerschaftsverträgen: Sandweg BWNotZ 1990, 49 ff, Kemper NJ 2009, 177 f, Proff zu Irnich RNotZ 2008, 313, 321 ff; Milzer NJW 2008, 1621; zu einer Ehegatteninnengesellschaft: Münch FamRZ 2004, 233 ff; zum gemeinschaftlichen Immobilienerwerb: Proff zu Irnich RNotZ 2008, 313, 325 ff und NotBZ 2010, 73 ff; zur Darlehenslösung: Bruch MittBayNot 2008, 173 f, 182) eine ausdrückliche Regelung solcher Zuwendungen auch bei der später noch genauer zu behandelnden nichtehelichen Lebensgemeinschaft (NELG) praktisch selten ist. Eine Abwicklung über Vorschriften des Verlöbnisrechts scheitert zudem meist daran, dass ein entsprechendes Eheversprechen zum Zeitpunkt der Zuwendung nicht besteht (Kemper NJ 2009, 177, 178).

97 Im gesetzlichen Güterstand der **Zugewinngemeinschaft** wird das **Vorliegen einer unbenannten Zuwendung** für den Fall der Rückforderung bei Beendigung der Ehe besonders unter dem Gesichtspunkt eines **Wegfalls der Geschäftsgrundlage** bedeutsam (vgl zur Kodifizierung der früheren Grundsätze durch § 313 BGB Löhnig FamRZ 2003, 1521 ff, wonach die Unzumutbarkeit als Voraussetzung nicht mehr aufrecht zu erhalten sei; zu den Folgen für die notarielle Praxis bei Trennung und Scheidung vgl Bruch MittBayNot 2008, 173 ff). Diese Grundsätze sollen insoweit bei unbenannten Zuwendungen anders als bei der Schenkung eingreifen (OLG Naumburg 14. 2. 2006 – 8 W 4/06, NJW 2006, 2418, 2419 mwNw zur gegenteiligen Auffassung). Allerdings stellen die Bestimmungen über den **Zugewinnausgleich** richtigerweise für den Regelfall eine abschließende Regelung dar. Denn die Zuwendungen lassen sich im Zugewinnausgleich angemessen berücksichtigen, während eine gesonderte Abwicklung zu Friktionen zwischen dem allgemeinen Schuldrecht und dem Güterrecht führen würde (BGH 26. 11. 1981 – IX ZR 91/80, BGHZ 82, 227, 233 ff, NJW 1982, 1093, 1094; BGH 10. 7. 1991 – XII ZR 114/89, BGHZ 115, 132, 136 ff, NJW 1991, 2553, 2554 f; OLG Koblenz 13. 6. 1990 – 5 U 75/90, NJW-RR 1991, 1218 f; vgl auch Grünenwald, Güterrechtlicher und schuldrechtlicher Ausgleich [1988] 85 ff, 123 ff; Conradt, „Unbenannte" Zuwendungen unter Ehegatten und Partnern einer nichtehelichen Lebensgemeinschaft [1998] 117 ff, 169 f; Langenfeld NJW 1986, 2541 ff). Für die Rechtslage vor der Schuldrechtsreform wurde zudem darauf verwiesen, dass die nur aus § 242 BGB hergeleiteten allgemeinen Grundsätze lediglich in Ermangelung einer ausdrücklichen Regelung des Sachverhalts eingriffen (BGH 26. 11. 1981 – IX ZR 91/80, BGHZ 82, 227, 233, NJW 1982, 1093, 1094; sehr krit dazu Kühne JR 1982, 237 ff).

98 Neben diesen Vorschriften ist daher nur ausnahmsweise Raum für den Wegfall der Geschäftsgrundlage, und zwar wenn die gesetzlichen Bestimmungen den Interessenkonflikt nicht hinreichend erfassen und es zu **schlechthin unzumutbaren bzw untragbaren Ergebnissen** kommen würde, da Treu und Glauben nie ausgeschlossen sein können (BGH 26. 11. 1981 – IX ZR 91/80, BGHZ 82, 227, 235 f, NJW 1982, 1093, 1094 mit krit

Anm KÜHNE JR 1982, 327 ff; BGH 10. 7. 1991 – XII ZR 114/89, BGHZ 115, 132, 135 ff, NJW 1991, 2553, 2554 f; BGH 21. 10. 1992 – XII ZR 182/90, BGHZ 119, 392, 395 ff, 400 f, NJW 1993, 385, 386 f; BGH 27. 1. 1988 – IVb ZR 82/86, NJW-RR 1988, 962, 964; 27. 11. 1991 – IV ZR 164/90, BGHZ 116, 167, 169 f, NJW 1992, 564; 5. 10. 1989 – IVb ZR 52/87, NJW-RR 1989, 66, 67; BGH 13. 7. 1994 – XII ZR 1/93, BGHZ 127, 48, 50 f, NJW 1994, 2545; BGH 23. 4. 1997 – XII ZR 20/95, NJW 1997, 2747; BGH 9. 7. 2005 – XII ZR 209/02, NJW 2005, 1310, 1315; BGH 3. 11. 1993 – XII ZR 90/92, NJW-RR 1994, 258; BGH 30. 11. 1994 – IV ZR 290/93, BGHZ 128, 125, 134, NJW 1995, 1082, 1085 aber mit Hinweis auf Gütertrennung; OLG München 20. 7. 2001 – 21 U 1873/01, NJW-RR 2002, 3, 4; nach dem SMG mangels entsprechender Positivierung des Unzumutbarkeitskriteriums **aA** LÖHNIG FamRZ 2003, 1521, 1522 f, wonach im Falle einer weiteren Anwendung der Prinzipien über die Geschäftsgrundlagenstörung keine unangemessenen oder unzumutbaren Ergebnisse mehr vorliegen müssten bzw nunmehr an deren Stelle eine an § 242 BGB orientierte Auslegung der Zugewinnvorschriften in Betracht komme; krit auch MÜSSIG FPR 2007, 194, 197 f; zur Rechtsprechung allgemein s WEVER FamRZ 2000, 993, 998 f; zu den Kriterien vgl die Übersicht bei GRÜNENWALD, Güterrechtlicher und schuldrechtlicher Ausgleich [1988] 157 ff). Gerade weil aber die güterrechtliche Lage zu berücksichtigen ist, wird es nur in seltenen Ausnahmefällen zu einem Ausgleich kommen (BGH 10. 7. 1991 – XII ZR 114/89, BGHZ 115, 132, 139, NJW 1991, 2553, 2555; BGH 21. 10. 1992 – XII ZR 182/90, BGHZ 119, 392, 395 f, NJW 1993, 385, 386; BGH 4. 4. 1990 – IV ZR 42/89, NJW-RR 1990, 834, 835; BGH 9. 7. 2005 – XII ZR 209/02, NJW 2005, 1310, 1315; OLG München 20. 7. 2001 – 21 U 1873/01, NJW-RR 2002, 3, 4). Daher ist zunächst zu klären, zu welchem Ergebnis der vorrangige Zugewinnausgleich zwischen den Ehegatten führt (OLG Bremen 18. 10. 2016 – 4 UF 61/16 = NJW 2017, 1120). Ein Ausgleich kommt außerdem dann nicht in Betracht, wenn der Partner nach der Scheidung noch die Möglichkeit versäumt, die Zuwendung einseitig zu beseitigen (vgl OLG Hamm 13. 3. 2002 – 20 U 6/01, VersR 2002, 1409, 1410 f zu dem Fall, in dem der Ehemann auch nach der Scheidung das widerrufliche Bezugsrecht seiner Frau hinsichtlich der Lebensversicherung nicht widerruft). Möglich ist dagegen eine Rückforderung, wenn eine vom Versorgungsgedanken bestimmte Altersehe nach kurzer Zeit scheitert und der Ehemann ein wertvolles Depot überträgt, welches auf den Ersparnissen während seiner früheren langjährigen Ehe beruht (BGH 24. 11. 1993 – XII ZR 130/92, FamRZ 1994, 503).

Demnach ist ein nur **hälftiger Ausgleich** in Anwendung der güterrechtlichen Grund- 99
sätze ebenso **unbedenklich** (BGH 10. 7. 1991 – XII ZR 114/89, BGHZ 115, 132, 139 f, NJW 1991, 2553, 2555; BGH 7. 9. 2005 – XII ZR 209/02, NJW 2005, 3710, 3715) wie der Umstand, dass die Zuwendung den Betrag übersteigt, den der Empfänger ohne diese Leistung als Zugewinnausgleich erhält (BGH 26. 11. 1981 – IX ZR 91/80, BGHZ 82, 227, 232 f, NJW 1982, 1093, 1094; BGH 10. 7. 1991 – XII ZR 114/89, BGHZ 115, 132, 137 f, NJW 1991, 2553, 2554 f, in früheren Entscheidungen war dies offen geblieben; krit zur Berechnung des Zugewinnausgleichs KÜHNE JR 1982, 327, 328 f). Ein Interesse des finanziell zuwendenden Ehegatten am Erhalt eines möglichst ungeschmälerten Vermögens reicht für eine Rückforderung allein nicht aus; es müssen vielmehr besondere Umstände hinzutreten (BGH 26. 11. 1981 – IX ZR 91/80, BGHZ 82, 227, 237, NJW 1982, 1093, 1095; BGH 10. 7. 1991 – XII ZR 114/89, BGHZ 115, 132, 138 f, NJW 1991, 2553, 2555; OLG München 20. 7. 2001 – 21 U 1873/01, NJW-RR 2002, 3, 4). Eine Ausnahme ist jedoch dann denkbar, wenn ein Zugewinnausgleichsanspruch deshalb ausscheidet, weil die Zuwendung nur den Bestand des Anfangsvermögens des Empfängers erhalten hat und der Zuwendende vergleichbar § 528 BGB bedürftig ist (BGH 10. 7. 1991 – XII ZR 114/89, BGHZ 115, 132, 139 f, NJW 1991, 2553, 2555). Besondere Berücksichtigung können hier auch ausländisches Güterrecht (BGH 21. 10. 1992 – XII ZR 182/90, BGHZ 119, 392, 397, NJW 1993, 385, 386) sowie eine hohe Verschuldung des

anderen Gatten finden (BGH 12. 4. 1995 – XII ZR 58/94, BGHZ 29, 259, 266 f, NJW 1995, 1889, 1891 bei Schwiegereltern). Umgekehrt sind aber auch zusätzliche Leistungen des Empfängers in die Abwägung einzustellen (BGH 21. 10. 1992 – XII ZR 182/90, BGHZ 119, 392, 402, NJW 1993, 385, 387).

100 Nur unter diesen engen Voraussetzungen ist eine **Rückforderung des zugewendeten Gegenstands selbst** in Ermangelung anderer gesetzlicher Regelungen regelmäßig gegen einen Ausgleich möglich (BGH 4. 2. 1998 – XII ZR 160/96, FamRZ 1998, 669, 670; BGH 26. 11. 1981 – IX ZR 91/80, BGHZ 82, 227, 236 f, NJW 1982, 1093, 1094 f; BGH 10. 7. 1991 – XII ZR 114/89, BGHZ 115, 132, 138 f, NJW 1991, 2553, 2555; BGH 9. 7. 2005 – XII ZR 209/02, NJW 2005, 1310, 1315; OLG Celle 5. 3. 1999 – 4 U 56/98, FamRZ 2000, 668; allg OLG München 20. 7. 2001 – 21 U 1873/01, NJW-RR 2002, 3, 4; OLG Stuttgart 5. 6. 2019 – 18 UF 67/19, FamRZ 2019, 1925; Hoppenz FPR 2012, 84, 86 will in § 313 BGB einen dinglichen Rückgewähr- und einen familienrechtlichen Ausgleichsanspruch sehen; **aA** wohl Conradt, „Unbenannte" Zuwendungen unter Ehegatten und Partnern einer nichteheliche Lebensgemeinschaft [1998] 117 ff, 171 ff, 199, der wegen des Zugewinnausgleichs Geldansprüche aus einer Lösung über die Geschäftsgrundlage ablehnt und hier eine Rückgabe der Sache für zulässig erachtet). Denn die Rückgewähr ist nur ein Element des Ausgleichs (BGH 4. 2. 1998 – XII ZR 160/96, FamRZ 1998, 669, 670) und erfordert daher ein besonders schützenswertes Interesse (Wever FamRZ 2000, 993, 999). Ein Interesse des finanziell zuwendenden Ehegatten am Erhalt eines möglichst ungeschmälerten Vermögens reiche hierfür allein nicht aus, es müssten besondere Umstände hinzutreten (BGH 26. 11. 1981 – IX ZR 91/80, BGHZ 82, 227, 237, NJW 1982, 1093, 1095; BGH 10. 7. 1991 – XII ZR 114/89, BGHZ 115, 132, 138 f, NJW 1991, 2553, 2555; OLG München 20. 7. 2001 – 21 U 1873/01, NJW-RR 2002, 3, 4). Auch Geldbeträge sind dabei allerdings meist nicht in voller Höhe zu erstatten (BGH 7. 1. 1972 – IV ZR 231/06, NJW 1972, 580). Dass ein Ehemann ein gemeinsames Grundstück ausschließlich mit seinen Geldmitteln bezahlt habe, zwinge nicht dazu, ihm das Alleineigentum zuzusprechen (BGH 26. 11. 1981 – IX ZR 91/80, BGHZ 82, 227, 237, NJW 1982, 1093, 1095). Eine nur hälftige Beteiligung sei zumutbar (BGH 12. 4. 1995 – XII ZR 58/94, BGHZ 29, 259, 267, NJW 1995, 1889, 1891 bei Schwiegereltern). Auch bei einem im Wesentlichen gemeinsam bewohnten Haus und einem finanziell möglichen aufwendigen Umzug eines 72-Jährigen besteht keine Notwendigkeit der Rückgabe (OLG München 20. 7. 2001 – 21 U 1873/01, NJW-RR 2002, 3, 4). Noch weitergehend wird der Anspruch aus dem Wegfall der Geschäftsgrundlage auch schon gar nicht als Herausgabeanspruch aufgefasst. (So prüft das OLG Bamberg 12. 4. 1995 – 2 W 5/95, NJW-RR 1996, 1347 für die beantragte Herausgabe des Schenkungsgegenstandes nur eine von ihm abgelehnte Rückgabeverpflichtung aus einem schenkungsrechtlichen Widerruf und schließt hinsichtlich des Herausgabeantrages andere Anspruchsgrundlagen global aus; damit muss dann aber davon ausgegangen werden, dass das Gericht der Abwicklung über eine Geschäftsgrundlagenstörung unter dem Gesichtspunkt der Rechtsfolge, nämlich dem Fehlen einer daraus sich ergebenden Herausgabepflicht, eine Absage erteilt.) Andererseits wurde ein Anspruch auf Herausgabe bejaht, wenn der Zuwendende auf dem Grundstück ein Museum mit dem Ziel der Alterssicherung betrieb und eine Teilung nach dem Scheitern der kurzen Ehe dies unmöglich machen würde (OLG Celle 5. 3. 1999 – 4 U 56/98, FamRZ 2000, 668). In Bezug auf den Schwiegervater spricht für die dingliche Rückgewähr, dass dieser das Grundstück im Familienbesitz halten und seiner Frau ein Wohnrecht sichern wollte (BGH 4. 2. 1998 – XII ZR 160/96, FamRZ 1998, 669, 670). Jedenfalls unterliegt der Anspruch nicht der analogen Anwendung der Fristen aus § 1378 Abs 4 S 1 BGB, da der Zugewinnausgleich zeitlich zuvor erfolgen soll (BGH 3. 11. 1993 – XII ZR 90/92, NJW-RR 1994, 258). In jüngster Zeit wird zunehmend vertreten, die Rückforderung auch von der Dauer

der Ehe abhängig zu machen (s dazu Wever FamRZ 2013, 1 ff und krit Kogel FamRZ 2013, 512 ff).

Auch **bereicherungsrechtliche Ansprüche** bestehen in der Regel nicht. Denn das Schei- 101
tern der Ehe oder die Scheidung selbst führen nicht zu einer Rechtsgrundlosigkeit der Zuwendung (BGH 26. 11. 1981 – IX ZR 91/80, BGHZ 82, 227, 231, NJW 1982, 1093; BGH 5. 10. 1989 – IVb ZR 52/87, NJW-RR 1989, 66, 67; vgl umfassend zu den bereicherungsrechtlichen Ansprüchen Grünenwald, Güterrechtlicher und schuldrechtlicher Ausgleich [1988] 93 ff, ausnahmsweise will er aber die Zweckverfehlungskondiktion zulassen, 114 ff; s auch Conradt, „Unbenannte" Zuwendungen unter Ehegatten und Partnern einer nichtehelichen Lebensgemeinschaft [1998] 178 ff mit Überlegungen zur Zweckanstaffelung). Allerdings können nach einer Entscheidung des Bundesgerichtshofs wegen eines Zusammenfallens von Zweck und Geschäftsgrundlage wertvolle Schmuckstücke zurückgefordert werden, die vor der Eheschließung im Hinblick auf eine Altersehe, die entgegen der Erwartungen des Zuwendenden doch von kurzer Dauer gewesen ist, zugewendet worden waren (BGH 24. 11. 1993 – XII ZR 130/92, FamRZ 1994, 503 f). Dazu ist allerdings dogmatisch festzustellen, dass sich beide Rückabwicklungssysteme unterscheiden. Das Bereicherungsrecht setzt voraus, dass der Zweck Vertragsinhalt geworden ist, was für die Geschäftsgrundlage nicht gilt, so dass ein Ausschließlichkeitsverhältnis vorliegt (vgl Schulz FPR 2012, 79, 80; Hoppenz FPR 2012, 84, 86 f). Ob diese Anspruchsgrundlagen an und für sich im Hinblick auf eine Lockerung der Rechtsprechung zur Rückforderung von unbenannten Zuwendungen im Rahmen der **nichtehelichen Lebensgemeinschaft** in Zukunft einfacher in Betracht zu ziehen sein oder aber weiterhin am Vorrang des Güterrechts scheitern werden, bleibt abzuwarten (vgl allgemein ohne güterrechtliche Aussage für eine Übertragung Schwab FamRZ 2010, 1701, 1706; dagegen Wellenhofer JZ 2011, 107 und zur NELG Rn 127 ff; s auch Poelzig JZ 2012, 425, 432).

Diese Einschränkungen des Ausgleichs ergeben sich bei der **Gütertrennung** in Er- 102
mangelung spezieller Ausgleichsregelungen nicht (OLG Düsseldorf 30. 3. 1995 – 13 U 110/94, NJW-RR 1996, 467, 468). Ein Ausgleich ist besonders bei Gütertrennung möglich, denn die angemessene Beteiligung beider Ehegatten an dem zusammen erarbeiteten Vermögenswerten entspricht dem Wesen der ehelichen Lebensgemeinschaft (BGH 19. 9. 2012 – XII ZR 136/10 Tz 26 f, NJW 2012, 3374, 3376; BGH 30. 6. 1999 – X ZR 230/96, BGHZ 142, 137, 148, NJW 1999, 2962, 2965; BGH 5. 10. 1989 – IVb ZR 52/87, NJW-RR 1989, 66, 67; BGH 23. 4. 1997 – XII ZR 20/95, NJW 1997, 2747, 2748). Der Anspruch auf einen angemessenen Ausgleich entsteht mit dem Scheitern der Ehe, welches regelmäßig spätestens in der Zustellung des Scheidungsantrags zum Ausdruck kommt (BGH 16. 12. 2015 – XII ZB 516/14, NJW 2016, 629, FamRZ 2016, 857 m Anm Wever, NZFam 2016, 165 m Anm Singbartl; hingegen stellt das OLG Köln 23. 2. 2015 – 4 UF 8/15, FamRZ 2015, 1333 auf die Rechtskraft der Scheidung ab). Jedoch kann ein Scheitern der Ehe auch schon zu einem früheren Zeitpunkt feststellbar sein, was etwa beim Auszug aus der gemeinsamen Wohnung der Fall sein kann (OLG Bremen 12. 7. 2017 – 4 U 1/17, FamRZ 2018, 225; Schulz FPR 2012, 79). Im Falle einer nachfolgenden Versöhnung der Ehegatten kann der Anspruch unter Billigkeitsaspekten nach § 242 BGB nicht mehr geltend gemacht werden, ein etwaiger Rechtsstreit ist für erledigt zu erklären (Henke/Kessler NZFam 2014, 307).

Auch hier wird aber gefragt, ob die Beibehaltung der durch die Zuwendung geschaf- 103
fenen Vermögenslage nach dem Scheitern der Ehe für den Zuwendenden **unzumutbar ist,** da die Ehegatten die Zuwendung vor dem Scheitern der Ehe für richtig gehal-

ten haben (BGH 19. 9. 2012 – XII ZR 136/10 Tz 25, NJW 2012, 3374, 3376; BGH 30. 6. 1999 – X ZR 230/96, BGHZ 142, 137, 148, NJW 1999, 2962, 2965; BGH 27. 1. 1988 – IVb ZR 82/86, NJW-RR 1988, 962, 964; BGH 15. 2. 1989 – IVb ZR 105/78, NJW 1989, 1986, 1987; OLG Düsseldorf 30. 3. 1995 – 13 U 110/94, NJW-RR 1996, 467, 468). Trotz der auf den ersten Blick ähnlichen Formulierung im Vergleich zu den Fällen über die Zugewinngemeinschaft müssen hier aber eben nicht schlechthin unangemessene bzw untragbare Ergebnisse vorliegen, sondern es genügt, wenn die Aufrechterhaltung der Vermögensverhältnisse einem Teil nach **Treu und Glauben** nicht zugemutet werden kann (BGH 23. 4. 1997 – XII ZR 20/95, NJW 1997, 2747; BGH 4. 4. 1990 – IV ZR 42/89, NJW-RR 1990, 834, 835 spricht aber noch von ganz besonderen Umständen). Entscheidend für die Beurteilung dieser Frage und die Höhe des Ausgleichs im Einzelfall sind unterschiedliche Umstände: Ehedauer, Dauer und Erfolg der Zuwendung in Bezug auf ihren Zweck, Alter der Ehegatten, Art und Umfang der vom Zuwendungsempfänger im eigenen Bereich erbrachten Leistungen, Einsatz des eigenen Vermögens, verbliebene Vermögensmehrung beim Zuwendungsempfänger, Vereinbarungen über den wirtschaftlichen Zuschnitt der Ehe, Ausmaß und Dauer der erwarteten und tatsächlichen Tätigkeit des Empfängers im ehelichen Haushalt, die beiderseitigen Einkommens- und Vermögensverhältnisse zur Zeit von Zuwendung und Scheidung, ein etwaiger Ausgleich während der Ehe (BGH 19. 9. 2012 – XII ZR 136/10 Tz 25 ff, NJW 2012, 3374, 3375 f; BGH 27. 1. 1988 – IVb ZR 82/86, NJW-RR 1988, 962, 965; BGH 30. 6. 1999 – X ZR 230/96, BGHZ 142, 137, 149, NJW 1999, 2962, 2965; BGH 4. 4. 1990 – IV ZR 42/89, NJW-RR 1990, 834, 835; BGH 7. 1. 1972 – IV ZR 231/06, NJW 1972, 580; BGH 8. 7. 1982 – IX ZR 99/80, BGHZ 84, 361, 368 f, NJW 1982, 2236, 2237; OLG Düsseldorf 30. 3. 1995 – 13 U 110/94, NJW-RR 1996, 467, 468; eingehend Wellenhofer NZFam 2014, 314; vgl zu den Billigkeitsgesichtspunkten, von denen die Höhe eines möglichen Rückzahlungsanspruchs abhängen kann Sutor, Billigkeitsansprüche und Vermögensauseinandersetzung bei Scheidung der Ehe im deutschen und schweizerischen Recht [2024] 87 ff; für eine stärkere Berücksichtigung der Vermögensentwicklung Hoppenz FPR 2012, 84, 87 f; zu der Frage, inwieweit Wertsteigerungen des Zuwendungsobjekts zu berücksichtigen sind Herr FuR 2015, 8). Dabei können die Absprachen, aus denen die Geschäftsgrundlage herzuleiten ist, auch bereits vor der Eheschließung getroffen werden (BGH 19. 9. 2012 – XII ZR 136/10 Tz 22 f, NJW 2012, 3374, 3375). Zu prüfen ist auch, ob schon eine **ergänzende Vertragsauslegung** zu einem Ausgleich führt (BGH 27. 1. 1988 – IVb ZR 82/86, NJW-RR 1988, 962, 965). Irrelevant sind dagegen etwaige Verfehlungen eines Teils (OLG Düsseldorf 30. 3. 1995 – 13 U 110/94, NJW-RR 1996, 467, 468). Der Ausgleichsanspruch selbst ist dann auf die bestehende Bereicherung beschränkt, wobei verschiedene Leistungen unabhängig voneinander ausgleichsfähig sind (BGH 30. 6. 1999 – X ZR 230/96, BGHZ 142, 137, 149, NJW 1999, 2962, 2965). Daher kommt es hinsichtlich des Ausgleichs der Tilgung eines Kredits, den der Ehemann zur teilweisen Finanzierung des Erwerbs eines Grundstücks durch seine Ehefrau und dessen Bebauung mit ihr zusammen aufgenommen hat, für den klagenden Ehemann darauf an, ob seine Zahlungen einen nicht ersatzfähigen Beitrag zu den Wohnkosten darstellen oder sie den Wert der Immobilie nachhaltig gemehrt und so die Frau bereichert haben; weiterhin setzt dies aber voraus, dass der der Frau verbleibende Gebäudewert den bei ihr verbleibenden Wert der Restvaluta aus den aufgenommenen Darlehen übersteigt (BGH 19. 9. 2012 – XII ZR 136/10 Tz 29 f, NJW 2012, 3374, 3376). Ungeklärt und umstritten ist zuletzt die Frage, inwieweit ein **Abschlag für eine teilweise Zweckerreichung** – also für die Zeit, für die die Ehe nach der Zuwendung fortdauert – vorzunehmen und ggf zu berechnen ist (vgl zu dieser Problematik im Rahmen der Schwiegerelterzuwendungen Rn 146). Wie auch im Rahmen von Schwiegerelternzuwendungen entscheidet letztlich jedenfalls eine umfassende Abwägung aller Umstände des Einzelfalles über den Umfang des Rückforderungsanspruchs.

Bereicherungsrechtlich bestehen dagegen keine Ansprüche (BGH 8. 7. 1982 – IX ZR 99/ 104
80, BGHZ 84, 361, 363 f, NJW 1982, 2236). Denn mit der Errichtung des Familienheims ist unabhängig von der weiteren Nutzung durch den Zuwendenden der Zweck iSd *condictio ob rem* erfüllt und mangels Verpflichtung zur Vornahme der Zuwendung kann auch keine Pflicht iSd *condictio ob causam finitam* entfallen (vgl auch Grünenwald, Güterrechtlicher und schuldrechtlicher Ausgleich [1988] 93 ff; ähnlich auch Conradt, „Unbenannte" Zuwendungen unter Ehegatten und Partnern einer nichtehelichen Lebensgemeinschaft [1998] 187 ff). Im Hinblick auf eine Lockerung der Rechtsprechung zu bereicherungsrechtlichen Ansprüchen im Rahmen der nichtehelichen Lebensgemeinschaft ist diese Einschränkung allerdings für die Zukunft zu überprüfen (vgl Schwab FamRZ 2010, 1701, 1706; Wellenhofer JZ 2011, 107; Rauscher NZFam 2014, 298 und zur NELG Rn 128 ff; für eine Anwendung unter Ehegatten und dabei vorrangig vor § 313 BGB Poelzig JZ 2012, 425, 432).

Im **Verhältnis zu Dritten** wird die unbenannte Zuwendung zu Recht wie eine **Schen-** 105
kung behandelt (vgl dazu und zu anderen Gestaltungsmöglichkeiten Brambring ZEV 1996, 248 ff; Kollhosser NJW 1994, 2313, 2316; Sandweg NJW 1989, 1965, 1969 ff; dezidiert **aA** noch Morhard NJW 1987, 1734 ff, der hierzu – unpassend – auf den Charakter als Schicksalsgemeinschaft und den Gedanken des vorweggenommenen Zugewinnausgleichs abstellt, und Werthmann, Die unbenannte Zuwendung im Privatrechtssystem [1990] 50 ff, 140 ff, der die unbenannte Zuwendung grundsätzlich wie ein entgeltliches Geschäft und zwar auch Dritten gegenüber behandeln will; s auch Conradt, „Unbenannte" Zuwendungen unter Ehegatten und Partnern einer nichtehelichen Lebensgemeinschaft [1998] 201 ff). Dies zeigt nunmehr auch das Gesetz im Steuerrecht in § 13 Abs 1 Nr 4a ErbStG, welches nur bestimmte Formen der unbenannten Zuwendung aus dem Anwendungsbereich der Schenkungsteuer herausnimmt (s zu früherer Rechtsprechung MünchKommBGB/Koch § 516 Rn 67). Auch im Anfechtungsrecht beurteilt die Judikatur zugunsten der Drittgläubiger alle Zuwendungen unter Ehegatten, die objektiv unentgeltlich sind, wie Schenkungen (BGH 13. 3. 1978 – VIII ZR 241/76, BGHZ 61, 66 ff, NJW 1978, 1326, 1327; BGH 28. 2. 1991 – IX ZR 74/90, BGHZ 113, 393, 396 ff, NJW 1991, 1610, 1611; dagegen Morhard NJW 1987, 1734, 1736 f). In erbrechtlichen Konstellationen (hierzu umfassend Straub, Rechtsfolgen ehebezogener Zuwendungen [2009]) soll die eheliche Begünstigung der unbenannten Zuwendung nichts daran ändern, dass diese Vermögenstransaktionen grundsätzlich den §§ 2325, 2287, 2288 BGB unterfallen und eine Umgehung dieser Vorschriften nicht gerechtfertigt ist. Zur Abgrenzung ist zu prüfen, ob es sich um einen unentgeltlichen Vorgang handelt, oder die Zuwendung unterhaltsrechtlich – etwa zu einer angemessenen Alterssicherung – geschuldet bzw von einer Gegenleistung abhängig war und ob im Hinblick auf Pflichtteil und Zugewinn eine Benachteiligung möglich ist (BGH 14. 3. 2018 – IV ZR 170/16, ZEV 2018, 274 m Anm Horn, NZFam 2018, 427 m Anm Hachenberg, FamRZ 2018, 775 m Anm Weber; BGH 27. 11. 1991 – IV ZR 164/90, BGHZ 116, 167, 174 ff, NJW 1992, 564, 565 f; nach OLG Schleswig-Holstein 10. 12. 2013 – 3 U, ZEV 2014, 260 liegt eine ergänzungspflichtige Zuwendung auch dann nicht vor, wenn diese zwar nicht unterhaltsrechtlich geschuldet ist, jedoch einer angemessenen Altersversorgung dient; insg dazu Löhnig NJW 2018, 1435; s auch Horn NJW 2020, 1124 ff zu Ehegattenzuwendungen im Pflichtteilsergänzungsrecht; zum historischen Schenkungsbegriff der erbrechtlichen Bestimmungen Kollhosser NJW 1994, 2313, 2316; umfassend Lipp, in: FS Schwab [2005] 529, 532 ff, der zu einer Einzelanalyse rät und Ausnahmen bei Unterhalts- und Vorsorgeleistungen annimmt, die Mehrleistungen des Partners oder Zugewinn kompensieren, vgl 541; **aA** Morhard NJW

1987, 1734, 1735 f; krit bei Bezugsrechten PROGL ZErb 2008, 288, 292). Die Übertragung der erbrechtlichen Grundsätze auf die unbenannte Zuwendung hänge weniger von dogmatischen als von wertungsmäßigen Fragen ab, wobei nach der gesetzlichen Vorstellung der Pflichtteilsanspruch vorgehe und nur bei einer (bei einer widerruflichen Schenkung auf den Todesfall nicht gegebenen) tatsächlichen Entlohnung für geleistete Dienste hier eine Ausnahme gemacht werden könne (OLG Düsseldorf 31. 1. 1997 – 7 U 59/96, NJW-RR 1997, 1497, 1499). Dabei werden aber unbenannte Zuwendungen, soweit sie angemessene Vorsorgeleistungen zum Inhalt haben, auch gegenüber Pflichtteilsberechtigten als entgeltlich angesehen (BGH 14. 3. 2018 – IV ZR 170/16, ZEV 2018, 274 m Anm HORN, NZFam 2018, 427 m Anm HACHENBERG, FamRZ 2018, 775 m Anm WEBER; OLG Stuttgart 26. 1. 2011 – 19 W 52/10, ZEV 2011, 384; OLG Schleswig 16. 2. 2010 – 3 U 39/09, ZEV 2010, 369 f; dafür auch LIPP, in: FS Schwab [2005] 529, 532 ff, 541). So werden zB Zuwendungen, die zu einer angemessenen Alterssicherung zu dienen bestimmt sind oder Leistungen zu einer privaten Krankenversicherung der Ehefrau, die eine angemessene Unterbringung bei einer zu erwartenden Pflegebedürftigkeit absichern sollen, unter Festhaltung an der grundsätzlichen Liquidierbarkeit von Schenkungen und unbenannten Zuwendungen als pflichtteilsfest akzeptiert (BGH 14. 3. 2018 – IV ZR 170/16, ZEV 2018, 274 m Anm HORN, NZFam 2018, 427 m Anm HACHENBERG, FamRZ 2018, 775 m Anm WEBER; OLG Stuttgart 26. 1. 2011 – 19 W 52/10, ZEV 2011, 384). Allerdings kann ein Vertragserbe des Erblassers nach dessen Tod den langjährigen Ehegatten des Erblassers wegen etwaiger Empfänge in Anspruch nehmen, da insoweit die erbrechtlichen Dispositionen Vorrang genießen, die Eheleute sich bewusst für Gütertrennung entscheiden und eine abweichende testamentarische Lösung möglich sei (BGH 4. 4. 1990 – IV ZR 42/89, NJW-RR 1990, 834, 835). Aus demselben Gedanken, dass sich das Innenverhältnis nicht gegenüber Dritten auswirken kann, folgt, dass unbenannte Zuwendungen auch einen unentgeltlichen Erwerb iSd § 822 BGB darstellen (BGH 23. 9. 1999 – X ZR 114/96, BGHZ 142, 300, 302 ff, NJW 2000, 134, 135). Maßgeblich ist insgesamt der Zweck der entsprechenden Vorschrift im Sinne einer funktionalen Betrachtungsweise (AREND MittRhNotK 1990, 65, 70 f). Zusammenfassend kommt es dabei darauf an, dass gerade viele erbrechtliche und drittschützende Bestimmungen schon nicht an den Begriff der Schenkung, sondern an die Unentgeltlichkeit anknüpfen, die bei der unbenannten Zuwendung gegeben ist; soweit Normen mit Drittbezug in ihrer Anwendung tatbestandlich vom Vorliegen einer Schenkung abhängen, wird hier – wie im Pflichtteilsrecht – der im Schutz des Dritten liegende Gesetzeszweck deren analoge Anwendung auf die unbenannte Zuwendung rechtfertigen (POELZIG JZ 2012, 425, 432 f).

106 Zum Zweck einer **kritischen Würdigung** muss **festgehalten** werden, dass das **Schenkungsrecht in seinen tatbestandlichen Voraussetzungen wie in seinen Rechtsfolgen nicht auf die unbenannten Zuwendungen passt**, was auch dem Gedanken der Rechtsprechung sowie ihrer Befürworter entspricht (POELZIG JZ 2012, 425 ff; KEMPER NJ 2009, 177, 178; STRAUB, Rechtsfolgen ehebezogener Zuwendungen [2009] 16 ff; MÜNSTER, Unbenannte Zuwendungen [2007]; WERTHMANN, Die unbenannte Zuwendung im Privatrechtssystem [1990]). Auch kann auf den fehlenden Vollziehungsanspruch hingewiesen werden (SCHWAB FamRZ 2010, 1701; anders aber für die Möglichkeit einer Leistungspflicht POELZIG JZ 2012, 425, 431 mwNw). Ferner soll der Gedanke der remuneratorischen Schenkung nicht verfangen, da Hintergrund der Zuwendungen weniger die Belohnung, sondern die Erwartung künftiger Leistungen sei (AREND MittRhNotK 1990, 65, 66).

Das richterrechtlich geformte Konzept der unbenannten Zuwendung ist nicht zuletzt wegen der **unterschiedlichen Behandlung von Zuwendungen im Innen- und Außenverhältnis** auf Kritik gestoßen, allerdings mit zum Teil fragwürdigen Argumenten. So soll schon die Terminologie zeigen, dass sie sich letztlich nicht friktionsfrei in das System des BGB einordnen lasse (HEPTING, in: FS Henrich [2000] 267 f). Vielfach wird daher eine (ggf auch modifizierte) Unterstellung unter das Schenkungsrecht vertreten (KOLLHOSSER NJW 1994, 2313, 2316; RAUSCHER AcP 186 [1986] 529, 549 ff; KÜHNE JR 1982, 327 ff; ZAIN, Unbenannte Zuwendungen [2000] 22 ff, 251; JEEP NZFam 2014, 293), wobei das Argument, dass das Schenkungsrecht für den Zuwendenden günstiger sein könne (KOCH FamRZ 1995, 321, 322), methodisch zu kurz greift. Zwingende Gründe gegen eine Anwendung des Schenkungsrechts sollen nicht vorliegen, weil die Rückabwicklung nach Schenkungsrecht keinen güterrechtlichen Einfluss habe, § 1380 BGB nicht abschließend und gerade auch das Vorliegen einer besonderen Motivationslage nicht schenkungsfremd sei (KOCH FamRZ 1995, 321, 322 f). Etwaige Unstimmigkeiten könnten auch durch die teilweise Anpassung des Schenkungsrechts (MünchKommBGB/KOCH § 516 Rn 76; RAUSCHER AcP 186 [1986] 529, 558 ff; SCHOTTEN NJW 1990, 2841, 2844 ff; KOLLHOSSER NJW 1994, 2313, 2314 f; MÜSSIG FPR 2007, 194, 195; ZAIN, Unbenannte Zuwendungen [2000] 22 ff, 251) oder eine an Treu und Glauben orientierte Korrektur des Güterrechts behoben werden (LÖHNIG FamRZ 2003, 1521, 1522 f lehnt die Abwendung von § 313 BGB tatbestandlich ab). Letzterem soll insoweit auch der Vorrang gebühren (SCHOTTEN NJW 1990, 2841, 2844 ff). Im Übrigen werden auch die Ausnahmen bei §§ 528, 530 BGB und der Gegensatz zwischen deren Anwendung bei der Schenkung und dem des Wegfalls der Geschäftsgrundlage bei der unbenannten Zuwendung kritisiert. Für die Billigkeitsvorschrift des § 528 BGB sei die objektive Unentgeltlichkeit wesentlich, während eine Einigung über eine entsprechende Geschäftsgrundlage nur bei der unbenannten Zuwendung anzunehmen, unrealistisch sei (KOLLHOSSER NJW 1994, 2313, 2316 ff). 107

Ein nicht unerheblicher Kritikpunkt geht dahin, dass die Bestimmung insbesondere der Geschäftsgrundlage gerade nicht anhand des konkreten wirklichen Willens der Parteien, sondern abstrakt erfolge. Insoweit werden dann auch weniger das Ergebnis als die Anwendungsprobleme und die Missachtung des Parteiwillens kritisch betrachtet (HEPTING, in: FS Henrich [2000] 267, 269 ff; s zum Ganzen auch krit SCHULZE UEDING, Zuwendungen von Ehegatten und Dritten im Verhältnis zum gesetzlichen Güterstand [2002] 8 ff, 25 f, 37 f, 151 ff). Zudem sei die Bestimmung des Willens schwierig und auch die unterschiedliche Behandlung auf den einzelnen Rechtsgebieten mit Rechtsunsicherheit verbunden (MünchKommBGB/KOCH § 516 Rn 74 f). Doch das Argument, trotz anderslautender Bekundungen der Judikatur sei maßgeblich, was bezweckt sein könne und nicht das, was konkret bezweckt sei (HEPTING, in: FS Henrich [2000] 267, 268 f; dagegen hat im Ergebnis keine Probleme mit der Annahme entsprechender Willenserklärungen HAAS FamRZ 2002, 205, 206 ff und neutral SANDWEG NJW 1989, 1965, 1967), ist eher polemischer Natur. 108

Vielfach wird auch von einer **Vermischung des Inhalts des Geschäfts mit der Geschäftsgrundlage** gesprochen (HEPTING, in: FS Henrich [2000] 267, 268 f). Dies gelte auch im Hinblick auf die Annahme der subjektiven Entgeltlichkeit, zumal auch Schenkungen unter Verfolgung bestimmter Zwecke möglich sind (MÜSSIG FPR 2007, 194, 195). Als problematisch wird überdies erachtet, dass die Rechtsprechung bei der unbenannten Zuwendung statt der vereinbarten *causa* jenseits üblicher Auslegungsmaximen diese durch eine andere ersetze; dabei werde aber nicht der Inhalt und die Art des Vermögenstransfers, sondern der Zweck der Zuwendung als im Übrigen unscharfes Kri- 109 terium beschrieben, der für gewöhnlich für den Inhalt eines Rechtsgeschäfts irrelevant ist (Seiler, in: FS Henrich [2000] 551, 556 ff).

110 Auch die **Trennung zwischen objektiver und subjektiver Unentgeltlichkeit**, die dem Konzept der unbenannten Zuwendungen zugrunde liegt, erfährt Widerspruch. Einmal abgesehen davon, dass von der grundlegenden Einteilung der Rechtsgeschäfte abgewichen werde, fehle im Falle einer postulierten subjektiven Entgeltlichkeit einer unbenannten Zuwendung letztlich tatsächlich die Einigung darüber, ob eine Gegenleistung erfolgt, und damit über einen essentiellen Vertragsbestandteil (Seiler, in: FS Henrich [2000] 551, 558 ff). Vielmehr sollen sich beide Kategorien, nämlich die objektive und die subjektive Entgeltlichkeit, weitgehend decken. Entscheidend für das Vorliegen der Unentgeltlichkeit ist nämlich, dass kein Rechtsanspruch auf den Erwerb besteht und dieser nicht durch eine Gegenleistung bedingt wird und den Parteien eben dieses jedenfalls bei einer Parallelwertung in der Laiensphäre bewusst ist (Kollhosser NJW 1994, 2313, 2318).

111 Insgesamt wird in der Rechtsprechung zur unbenannten Zuwendung eine möglicherweise historisch erklärbare **Ablehnung** gegenüber der vom Gesetz eigentlich vorgesehenen grundsätzlichen Gütertrennung gesehen (Koch FamRZ 1995, 321, 323 f, 326 f, es werde letztlich auf sittlich-moralischer Grundlage meist zugunsten der Frau davon ausgegangen, dass aus Gründen der Teilhabegerechtigkeit eine wirtschaftliche Einheit bestehe, was aber angesichts der Individualisierungstendenzen immer weniger passe). Dementsprechend wird auch von einer reinen Billigkeitsrechtsprechung gesprochen (Schulze Ueding, Zuwendungen von Ehegatten und Dritten im Verhältnis zum gesetzlichen Güterstand [2002] 8 ff, 25 f, 37 f, 151 ff). Weiter wird auch gefragt, ob nicht angesichts der Abweichung von vorhandenen Grundprinzipien des bürgerlichen Rechts die unbenannte Zuwendung nur durch ein Gesetz bzw Gewohnheitsrecht legitimiert werden kann, zumal mehr Probleme damit geschaffen als gelöst würden (Seiler, in: FS Henrich [2000] 551, 562 ff). Infolge der konsolidierten Judikatur dürfte sich allerdings ein solches Gewohnheitsrecht bereits herausgebildet haben.

112 Ohne vollständige Ablehnung der Rechtsprechung wird aber im Hinblick auf die Frage der Entgeltlichkeit vorgeschlagen, der unbenannten Zuwendung einen **Beitragscharakter** zuzusprechen (Waas FamRZ 2000, 453, 458 ff). Nach anderer Ansicht wird jede rechtsgeschäftliche Abrede über eine *causa* und damit auch jede Konstruktion über ein unbenanntes Rechtsgeschäft *sui generis* (allerdings in Bezug auf die NELG) abgelehnt, von faktischen bzw rechtsgeschäftsähnlichen Handlungen ausgegangen und ein Ausgleich nur über die Zweckverfehlungskondiktion vorgeschlagen (Sorge JZ 2011, 660 ff).

113 Diese ablehnende Haltung ist allerdings zu Recht nicht ohne Reaktion geblieben. So wurde unlängst noch einmal betont, dass in der familienrechtlichen, aber auch gesellschafts- und stiftungsrechtlichen unbenannten Zuwendung ein eigenes unentgeltliches und zudem notwendiges Rechtsinstitut liege, das in den Regelungen über die Ausstattung (§ 1624 BGB) sein speziell geregeltes Vorbild finde (Poelzig JZ 2012, 425 ff). Im Grunde kehrt mit der Diskussion über die unbenannten Zuwendungen letztlich der Gedanke der Abneigung gegenüber Schenkungen unter Ehegatten wieder, der schon im römischen Verbot der Ehegattenschenkung angelegt ist (vgl Vorbem 10 f zu §§ 516–534). Richtig bleibt jedenfalls, dass sich die unbenannte Zuwendung in ihrer *causa* **mangels genuin altruistischer Motivation** deutlich von der Schenkung unterscheidet (vgl Poelzig JZ 2012, 425 ff).

(2) Abgrenzung zur Ehegatteninnengesellschaft

Vermögensrechtliche Zuwendungen bzw Arbeitsleistungen können statt als Schenkung bzw unbenannte Zuwendung auch einen gesellschaftsrechtlichen Hintergrund in Form einer **Ehegatteninnengesellschaft** haben (zur Ehegatteninnengesellschaft nach dem Gesetz zur Modernisierung des Personengesellschaftsrechts [MoPeG] vgl umfassend Wellenhofer NZFam 2024, 337 ff). Eine solche nicht rechtsfähige Gesellschaft (§ 740 BGB) kann auch vorehelich entstehen und sich in der Zeit nach der Eheschließung fortsetzen (OLG Brandenburg 10. 12. 2014 – 10 WF 63/14, NJW-RR 2015, 516). Die Beendigung erfolgt dann nach § 740a BGB. Nach der Beendigung findet wiederum die Auseinandersetzung unter den Gesellschaftern statt, für die § 740b Abs 2 BGB die § 736d Abs 2, 4 und 6 sowie § 737 BGB für anwendbar erklärt (vgl zur Rechtslage vor dem MoPeG bereits Conradt, „Unbenannte" Zuwendungen unter Ehegatten und Partnern einer nichtehelichen Lebensgemeinschaft [1998] 193 ff). Schwierigkeiten in der Abgrenzung bereitet es dabei, dass eine solche Ehegatteninnengesellschaft in den meisten Fällen nicht ausdrücklich, sondern nur bzw allenfalls **konkludent** geschlossen wird. Zu beachten ist bei ihrer Annahme aber auch, dass ein Ausgleich oftmals schon güterrechtlich erreicht wird bzw gewisse Tätigkeiten bereits in §§ 1353, 1356, 1360 BGB ihren Rechtsgrund finden (vgl BGH 9. 7. 2008 – XII ZR 179/05 Tz 20, BGHZ 177, 193, 200 f, NJW 2008, 3277, 3278). Davon und von den unbenannten Zuwendungen unterscheidet sich die Ehegatteninnengesellschaft daher dadurch, dass ihr gerade der Bezug zur ehelichen Lebensgemeinschaft fehlt (Hoppenz FPR 2012, 84; zu Gesellschaftsverträgen unter Ehepartnern s auch Conradt, „Unbenannte" Zuwendungen unter Ehegatten und Partnern einer nichtehelichen Lebensgemeinschaft [1998] 48 ff). Eine gesellschaftsrechtliche Abwicklung hat zudem bei umfangreichen Projekten den Vorteil, dass nicht im Einzelnen auszugleichende Leistungen nachgewiesen werden müssen; dementsprechend greifen die Grundsätze über die unbenannte Zuwendung auch nur subsidiär ein (BGH 30. 6. 1999 – XII ZR 230/96, BGHZ 142, 137, 151 ff, NJW 1999, 2962, 2965 f). 114

So kann insbesondere bei **Gütertrennung** dann, wenn die Ehegatten planvoll und zielstrebig über viele Jahre gemeinsam am **Aufbau eines Vermögens** zB in Form von Immobilien arbeiten, um auch im Alter aus dessen Erträgen leben und daraus ggf neues Vermögen bilden zu können, eine gesellschaftsrechtliche Abwicklung zu angemessenen Ergebnissen führen, wenn der formal nicht mitberechtigte Ehegatte sonst an den Früchten der gemeinsamen Arbeit nicht mehr beteiligt ist (BGH 30. 6. 1999 – XII ZR 230/96, BGHZ 142, 137, 143, 150 f, NJW 1999, 2962, 2963, 2965). Die Eheleute müssen durch ihre beiderseitigen Leistungen einen über den typischen Rahmen der ehelichen Lebensgemeinschaft hinausgehenden Zweck verfolgen, indem sie durch den Einsatz von Vermögenswerten oder Arbeitsleistungen ein gemeinsames Vermögen bilden oder eine berufliche bzw gewerbliche Tätigkeit ausüben; anders ist dies, wenn wie bei dem Bau des Familienheims der Zweck nicht über die Verwirklichung der Lebensgemeinschaft und das für eine Ehegattenmitarbeit übliche Maß hinausgeht (BGH 19. 9. 2012 – XII ZR 136/10 Tz 17 f, NJW 2012, 3374, 3375; BGH 30. 6. 1999 – XII ZR 230/96, BGHZ 142, 137, 144 f, 153 f, NJW 1999, 2962, 2964, 2966; BGH 26. 4. 1995 – XII ZR 132/92, NJW 1995, 3383, 3384). Maßgeblich ist, dass das **Erreichte** nicht nur dem formal Berechtigten, sondern wirtschaftlich **beiden Ehegatten** zustehen soll; anders als bei einer nichtehelichen Lebensgemeinschaft, bei der ein Rechtsbindungswille gar nicht bestehe, müsse 115 ein zumindest schlüssig zustande gekommener Vertrag nachgewiesen werden (BGH 19. 9. 2012 – XII ZR 136/10 Tz 17, NJW 2012, 3374, 3375; BGH 30. 6. 1999 – XII ZR 230/96, BGHZ 142, 137, 153 f, NJW 1999, 2962, 2966). Davon zu trennen sind die Fälle, in denen der Zuwendende bewusst das Privatvermögen des anderen mehren möchte und die so geschaffenen Werte nach dem übereinstimmenden Willen der Partner bei diesem auch verbleiben sollen (BGH 30. 6. 1999 – XII ZR 230/96, BGHZ 142, 137, 143 f, NJW 1999, 2962, 2963 f). Auch ausdrückliche Vereinbarungen über einen nicht nur zum Schein abgeschlossenen und tatsächlich ausgeübten Anstellungsvertrag schließen die Anwendung gesellschaftsrechtlicher Bestimmungen aus (BGH 26. 4. 1995 – XII ZR 132/92, NJW 1995, 3383, 3384 f). Als **Indizien** für einen Gesellschaftsvertrag taugen hier die Planung, der Umfang und die Dauer der Vermögensbildung oder etwaige Absprachen über die Verwendung und Wiederanlage der Gewinne (BGH 30. 6. 1999 – XII ZR 230/96, BGHZ 142, 137, 154, NJW 1999, 2962, 2966). Ein möglicher Fall wurde hierbei darin gesehen, dass gemeinsam finanzierte Immobilien vermietet und mit den Gewinnen weitere Immobiliengeschäfte getätigt wurden (BGH 30. 6. 1999 – XII ZR 230/96, BGHZ 142, 137, 154 f, NJW 1999, 2962, 2966 f). Dagegen genügt die bloße Zurverfügungstellung von Geldmitteln ohne Beteiligung an Aufbau und Führung des Betriebs jedoch nicht; eine gleichberechtigte Mitarbeit und Beteiligung, die aber nicht gleichwertig sein müsse, sei erforderlich (BGH 30. 6. 1999 – XII ZR 230/96, BGHZ 142, 137, 145, NJW 1999, 2962, 2964). Dass der Zweck in der Sicherung des gemeinsamen Lebensunterhalts liege, sei jedoch unschädlich. Nicht notwendig ist auch eine bewusste Bezeichnung als Gesellschaft, es genügt vielmehr das erkennbare Interesse, über die bloßen Innenwirkungen hinaus dem gemeinsamen Handeln einen dauerhaften, auch die Vermögensfolgen mit umfassenden Rahmen zu geben, was auch in Abreden über die Gewinnverwendung seinen Ausdruck finden kann (BGH 30. 6. 1999 – XII ZR 230/96, BGHZ 142, 137, 145 f, NJW 1999, 2962, 2964). Bei einer **Zugewinngemeinschaft** kann eine Ehegatteninnengesellschaft vorliegen, wenn der Ehegatte im auf den Namen seines Gatten laufenden Geschäft tätig ist und selbstständig die Geschäfte führt. Bei einer Zugewinngemeinschaft kommt eine Ehegatteninnengesellschaft nämlich dann in Betracht, wenn ein über die Verwirklichung der ehelichen Lebensgemeinschaft hinausgehender Zweck verfolgt wird, eine gleichberechtigte Beschäftigung vorliegt und kein Widerspruch zu ausdrücklichen Vereinbarungen erkennbar ist (BGH 28. 9. 2005 – XII ZR 189/02, BGHZ 165, 1, 6 f, NJW 2006, 1268, 1269; KG 6. 12. 2016 – 18 UF 33/16, NJW 2017, 3246, FamRZ 2017, 608 m Anm Röfer).

116 Der Anspruch selbst geht auf Auseinandersetzung zwischen den Gesellschaftern, § 740b Abs 1 BGB (Conradt, „Unbenannte" Zuwendungen unter Ehegatten und Partnern einer nichtehelichen Lebensgemeinschaft [1998] 193 ff). Er entsteht mit dem Zeitpunkt, zu dem die Ehegatten ausdrücklich oder konkludent durch einseitige Kündigung (§§ 740a Abs 1 Nr 4, 725 BGB) ihre Zusammenarbeit beendet haben (dazu Wellenhofer NZFam 2024, 337, 340 f; zur Rechtslage vor dem MoPeG bereits Kogel FamRB 2017, 354, 355), welcher sowohl vor als auch nach der Trennung liegen kann. Die Auseinandersetzung bestimmt sich in erster Linie nach den Abreden des Gesellschaftsvertrags oder falls ein solcher nicht ausdrücklich vorliegt, gemäß § 740 Abs 2 BGB nach den Vorschriften der § 736d Abs 2, 4 und 6 sowie § 737 BGB (s allg zum Ablauf der Auseinandersetzung BeckOK-BGB/Wenzel [1. 11. 2025] § 740b Rn 5). Geleistete Beiträge bzw (Sach-) Einlagen können nach § 736d Abs 5 BGB zurückzuerstatten sein, ggf ist Wertersatz zu leisten. Im Zweifel kann aber kein Ersatz für Beiträge verlangt werden, die in der

Leistung von Diensten oder in der Überlassung der Benutzung eines Gegenstandes, etwa eines Grundstücks, bestanden haben (vgl Wellenhofer NZFam 2024, 337, 341).

(3) Freiwillige Unterhaltsverpflichtung nach Scheidung

Übernimmt ein Ehegatte freiwillige **Unterhaltsverpflichtungen** nach der Ehe – dies 117
wurde insbesondere bei der Konventionalscheidung nach § 72 EheG bedeutsam –, dann muss hierin keine formbedürftige Schenkung gesehen werden. Vielmehr dienen solche Verpflichtungen dazu, den anderen Teil zum Nachgeben und damit einer schnelleren Abwicklung des Scheidungsverfahrens zu bewegen (vgl BFH 7. 12. 1966 – VI 298/65, BFHE 87, 610, 611 f, BStBl III 1967, 245 f, NJW 1967, 1535, 1536). Auch das Versprechen des Ehemanns an seine frühere Frau sittlich geschuldeten Unterhalt nach der Scheidung und dem Beitritt der neuen Frau fortzuzahlen, sei gerade wegen der sittlichen Pflichten keine Schenkung (BGH 8. 10. 1955 – IV ZR 82/55, MDR 1957, 26, 27 mit Anm Beitzke; vgl auch RG 20. 2. 1918 – V 321/17, Recht 1918 Nr 1522; RG 24. 9. 1941 – IV 96/41, HRR 1942 Nr 15; BFH 28. 11. 1967 – II 72/63, BFHE 91, 104, 110 ff, BStBl 1968 II 239, 241 f; BFH 7. 12. 1966 VI 298/65, BFHE 87, 610, 612 ff, BStBl III 1967, 245 f, NJW 1967, 1535, 1536). Nehme eine Frau ein zu geringes Unterhaltsurteil nach der Scheidung hin, könnten freiwillige Leistungen des Mannes dies kompensieren und stellten keine Schenkung dar, da sich die rechtliche Ausgestaltung der Ehe vor und nach ihrem Scheitern den schuldrechtlichen Begriffen entziehe (BFH 28. 11. 1967 – II 72/63, BFHE 91, 104, 107 ff, BStBl II 1968, 239, 240 ff, NJW 1968, 1543 [nur Leitsatz]). Auch der Erhalt eines Grundstücks gegen den **Verlust von Unterhaltsrechten** stellt dann keine Schenkung dar, wenn die Grundpfandrechte übernommen und gegenüber dem Zuwendenden ein Rückgriff aus Mithaftung nach § 426 BGB beseitigt wird und letztlich die eheliche Lebensgemeinschaft geregelt werde (BFH 26. 1. 1971 – II B 32/70, BFHE 101, 136, 137 ff, BStBl 1971 II 184, 185 f). Eine schon während des Scheidungsverfahrens besprochene und später gewährte freiwillige Verpflichtung ist keine Schenkung, weil in ihr entweder ein Vergleich über das noch offene Scheidungsverfahren oder eine Belohnung für ein Entgegenkommen in diesem Verfahren gesehen werden kann (RG 24. 7. 1941 – IV 96/41, DR 1941, 2611 mit Anm Gaedeke DR 1941, 2611 ff zum Vergleich).

(4) Versorgungsverträge

Nicht als Schenkung zu betrachten sind auch sog **Versorgungsverträge**. Eine **Ver-** 118
mögenszusage des Arbeitgebers an die Witwe eines Beschäftigten ist beispielsweise nur dann eine unentgeltliche Schenkung, wenn sie nicht im Hinblick auf das Arbeitsverhältnis abgegeben wurde, wobei eine Verwandtschaft der Frau mit dem Arbeitgeber keine Vermutung für eine Schenkung begründet. Maßgeblich sind ua die Dauer des Arbeitsverhältnisses, die Zeit seit dessen Beendigung, die Stellung des Arbeitnehmers und die Höhe seiner Bezüge bei der Frage, ob die Zusage in dem Verwandtschaftsverhältnis oder in dem abgelaufenen Arbeitsverhältnis läge (BAG 19. 6. 1959 – 1 AZR 417/57, BAGE 8, 38, 42 ff, NJW 1959, 1746 f, AP BGB § 242 Ruhegehalt Nr 102 m Anm Hueck, BB 1965, 1458). Auch das **Versprechen des Erzeugers** gegenüber der Kindesmutter, **Unterhaltsleistungen** an das Kind zu erbringen, ist, unabhängig von der Frage, ob ein Vertrag zugunsten Dritter vorliegt, wegen des von der Kindesmutter an seiner Stelle geleisteten Unterhalts und seiner Freihaltung keine Schenkung (BGH 3. 4. 1952 – IV ZR 136/51, BGHZ 5, 302, 304 f, NJW 1952, 741). Ebenso stellt das Versprechen an die gesetzlichen Eltern eines Kindes, sich gegen einen Verzicht des Ehemannes auf Vaterschaftsanfechtung, Ehescheidung und Anzeige wegen Ehebruchs an dessen Unterhalt zu beteiligen, keine Schenkung dar und ist nicht sittenwidrig (OLG Königs-

berg 28. 8. 1936 – 4 U 67/36, HRR 1937, 80 f). Auch der Umstand, dass der mutmaßliche Erzeuger der Kindesmutter Unterhalt für die Kinder gewährt, kann subjektiv als entgeltlich aufgefasst werden, wenn die Fürsorge für die Kinder als Gegenleistung verstanden wird (RG 13. 11. 1916 – VI 289/16, JW 1917, 103). Als Schenkung wurde es dagegen beurteilt, wenn die Schwiegermutter und Schwiegergroßmutter der Witwe ihres gefallenen Sohnes bzw Enkels nach der Familientradition Unterhaltsleistungen ohne Rechtspflicht zukommen lassen (BVerwG 30. 6. 1964 – III C 181.62, WM 1964, 177 f). Ebenso beurteilt die jüngste Rechtsprechung die Übertragung einer Immobilie an die vom Ehemann getrenntlebende Kindesmutter zur Unterstützung des vermeintlich ehelichen Kindes als Schenkung (BGH 27. 6. 2012 – XII ZR 47/09 Tz 19, NJW 2012, 2278, 2279).

bb) Modifikationen des Schenkungsrechts durch das Familienrecht

(1) Zugewinngemeinschaft

119 Schenkungen, die nicht von Dritten, sondern von den Ehegatten selbst stammen, wie auch unbenannte Zuwendungen, werden nicht von § 1374 Abs 2 BGB erfasst, sondern sind bei Berechnung des Zugewinnausgleichs im Endvermögen des Empfängers einzustellen (BGH 10. 7. 1991 – XII ZR 114/89, BGHZ 115, 132, 137 f, NJW 1991, 2553, 2554 f; BGH 26. 11. 1981 – IX ZR 91/80, BGHZ 82, 227, 234 f, NJW 1982, 1093, 1094; BGH 20. 5. 1987 – IVb 62/86, BGHZ 101, 65, 68 ff, NJW 1987, 2814, 2815 f; vgl zu dieser Problematik umfassend Grünenwald, Güterrechtlicher und schuldrechtlicher Ausgleich [1988]; Conradt, „Unbenannte" Zuwendungen unter Ehegatten und Partnern einer nichtehelichen Lebensgemeinschaft [1998] 103 ff; Langenfeld NJW 1986, 2541 ff). Nach Sinn und Zweck betrifft § 1374 Abs 2 BGB nämlich nur Schenkungen von Dritten, weil bei Zuwendungen unter Ehegatten die **persönliche Beziehung** zum Zuwendenden gerade für eine Einrechnung spricht (BGH 20. 5. 1987 – IVb 62/86, BGHZ 101, 65, 68 ff, NJW 1987, 2814, 2815 f). Die güterrechtlichen Vorschriften ermöglichen einen Ausgleich unabhängig davon, ob eine überschüssige, also über § 1380 BGB hinausgehende Zuwendung vorliegt oder nicht (BGH 10. 7. 1991 – XII ZR 114/89, BGHZ 115, 132, 137 f, NJW 1991, 2553, 2554 f; BGH 26. 11. 1981 – IX ZR 91/80, BGHZ 82, 227, 234 ff, NJW 1982, 1093, 1094). Diese Lösung wird aber zu Unrecht deshalb angezweifelt, weil es bei einer Nichtberücksichtigung der Zuwendung im Anfangsvermögen des Empfängers nicht nur zu einem anteiligen, sondern zu einem güterrechtsfremden vollständigen Ausgleich komme (MünchKommBGB/E. Koch § 1374 Rn 44; Kühne JR 1982, 327, 329). Damit wird nämlich verkannt, dass über die güterrechtlichen Normen gerade auch die Folgen des rechtsgeschäftlichen Handelns zwischen den Ehegatten ausgeglichen werden sollen. Zutreffend also hat der BGH seine Lösung noch einmal bestätigt und auch auf eine verwandte vorweggenommene Erbfolge durch Überlassungsvertrag angewendet; denn auch hier stamme der Erwerb gerade aus dem Vermögen des Zuwendenden, zumal ohne einen güterrechtlichen Ausgleich ein solcher über die Regelungen für unbenannte Zuwendungen erfolgen müsste (BGH 22. 9. 2010 – XII ZR 69/09 Tz 8 f, BGHZ 187, 82, 84 ff, NJW 2011, 72, 73; zustimmend Braeuer FamRZ 2010, 2058 f und Wellenhofer JZ 2011, 107 f).

(2) Gütergemeinschaft

120 Die **Begründung einer Gütergemeinschaft** könnte grundsätzlich auch eine Schenkung darstellen, wenn dadurch der vermögenslose Ehegatte über seine Beteiligung am Gesamtgut erhebliche Vermögenswerte ohne Gegenleistung erhält. Gleichwohl gehen den schenkungsrechtlichen Vorschriften diejenigen über die vertragliche Vereinbarung der Gütergemeinschaft vor (BGH 27. 11. 1991 – IV ZR 266/90, BGHZ 116, 178, 180 ff, NJW 1992, 558 f; BGH 20. 10. 1971 – VIII ZR 112/69, BGHZ 57, 123, 126 f, NJW 1972, 48 f; OLG

Düsseldorf 31. 1. 1997 – 7 U 59/96, NJW-RR 1997, 1497, 1498; KOLLHOSSER NJW 1994, 2313 f; LÖFFLER, Ehegattenschenkungen und ihre Rückgängigmachung nach deutschem und französischem Recht [1987] 87 f). Demnach liegt in dieser Vermögensverschiebung keine unentgeltliche Zuwendung iSe Schenkung, sondern die vom Gesetz anerkannte **Gestaltungsmöglichkeit** der ehelichen Güterlage. Eine Ausnahme lässt sich aber dann annehmen, wenn ein Umgehungsgeschäft vorliegt und beide über die Unentgeltlichkeit auch subjektiv einig sein sollten. Das ist dann der Fall, wenn die Ehegatten in Wahrheit keine Schenkung wollen, sondern zB durch die aufeinander folgende Durchführung von Gütergemeinschaft und Gütertrennung Pflichtteilsrechte zu entwerten suchen (BGH 27. 11. 1991 – IV ZR 266/90, BGHZ 116, 178, 180 ff, NJW 1992, 558, 559; BGH 10. 7. 1975 – II ZR 154/72, FamRZ 1975, 572, 574; RG 22. 11. 1915 – IV 176/15, RGZ 87, 301, 302 ff; LÖFFLER, Ehegattenschenkungen und ihre Rückgängigmachung nach deutschem und französischem Recht [1987] 88) und damit geradezu ehefremde Zwecke verfolgen (KOLLHOSSER NJW 1994, 2313, 2314). Dementsprechend ist auch ein Auseinandersetzungsvertrag in Bezug auf das Gesamtgut einer Gütergemeinschaft nicht anfechtbar, wenn die Verteilung den gesetzlichen Vorgaben in etwa entspricht (BGH 20. 10. 1971 – VIII ZR 112/69, BGHZ 57, 123, 127 f, NJW 1972, 48, 49). Damit finden einmal abgesehen vom Fiskus (§ 7 Abs 1 Nr 4 ErbStG) weder zugunsten von Dritten als Gläubigern oder Pflichtteilsberechtigten noch eines Ehepartners gesetzliche Bestimmungen Anwendung, die tatbestandlich eine Schenkung voraussetzen (KOLLHOSSER NJW 1994, 2313, 2314; vgl aber zur Anfechtbarkeit „unentgeltlicher" ehevertraglicher Vereinbarungen KLÜHS NotBZ 2010, 286 ff). Auch Zuwendungen, die beim Ausschluss der Zugewinngemeinschaft zur Beseitigung eines wirtschaftlichen Ungleichgewichts erfolgen, sind keine Schenkungen (BGH 25. 1. 1977 – VI ZR 85/75, JZ 1977, 341, 342).

(3) Verlobungsgeschenke, § 1301 BGB

121 Die Rückabwicklung von Verlobungsgeschenken ist in § 1301 BGB spezialgesetzlich geregelt (vgl hierzu die Kommentierung bei STAUDINGER/LÖHNIG [2023] § 1301 sowie § 530 Rn 58; ERBARTH FPR 2011, 89 ff; RÖTHEL Jura 2006, 641 ff; zu rechtsvergleichenden Aspekten RUPP RabelsZ 83 [2019] 154 ff).

(4) Hochzeitsgeschenke

122 Hochzeitsgeschenke sind grundsätzlich nach **Schenkungsrecht** zu behandeln. Ihre einzige Besonderheit liegt darin, dass ein Versprechen unter der Bedingung der vollzogenen Trauung steht. Mangels anderweitiger Vereinbarung oder eindeutig einem Gatten zuzuordnenden Gegenständen sind die Eheleute gemeinsam beschenkt und erwerben zu Miteigentum (MünchKommBGB/KOCH § 516 Rn 54). Denn bei Schenkungen an beide Eheleute spricht kein Anscheinsbeweis dafür, dass nur das eigene Kind bereichert werden soll (OLG Düsseldorf 9. 2. 1994 – 5 UF 17/91, NJW-RR 1994, 1411, 1412; OLG Oldenburg 22. 12. 1993 – 3 U 44/93, NJW 1994, 1539; RG 19. 1. 1907, SeuffA 62 Nr 181).

(5) Ausstattung, § 1624 BGB

123 In Bezug auf eine Ausstattung, also das, was einem Kind mit Rücksicht auf seine Heirat oder auf die Erlangung einer selbstständigen Lebensstellung zur Begründung oder Erhaltung seiner wirtschaftlichen Lebensstellung von einem Elternteil zugewendet wird, gilt, selbst im Falle einer fehlenden Verpflichtung, das Zugewendete lediglich insoweit als Schenkung, als die Zuwendung das den Umständen und dabei den Vermögensverhältnissen des Elternteils entsprechende Maß übersteigt, § 1624 Abs 1 BGB (BGH 12. 4. 1995 – XII ZR 58/94, BGHZ 129, 259, 263, NJW 1995, 1889, 1890; zum

Ausstattungszweck bei der Übertragung eines Grundstücks mit Wohnhaus und Betrieb s OLG Brandenburg 15. 8. 2012 – 4 U 175/11, BeckRS 2012, 18814; umfassend s Jakob AcP 207 [2007] 198, 202 ff; Schmid BWNotZ 1971, 29 ff und Sailer NotBZ 2002, 81 ff; s dazu auch Straub, Rechtsfolgen ehebezogener Zuwendungen [2009] 282 ff und Schmid BWNotZ 1971, 29 ff; zur Qualifikation der Überlassung freien Wohnraums als Ausstattung s Schlitt ZEV 2006, 394). Im Umkehrschluss kann dann aber eine Schenkung angenommen werden, soweit diese Grenzen überschritten werden und zudem ihre tatbestandlichen Voraussetzungen vorliegen (RG 23. 12. 1907 – VI 350/07, JW 1908, 71 f; OLG Düsseldorf 13. 1. 2004 – 4 U 104/03, NJW-RR 2004, 1082; zu Darlegungs- und Beweislast auch Sailer NotBZ 2002, 81 ff). Dies ist ggf sorgfältig zu prüfen (vgl MünchKommBGB/Koch § 516 Rn 84) und hierbei großzügig zu verfahren (Jakob AcP 207 [2007] 198, 221 ff; zu den Abgrenzungskriterien vor allem bei Regressforderungen des Sozialhilfeträgers Roth ZEV 2021, 352, 355 f). Solange letzteres aber nicht gegeben ist und eine Ausstattung vorliegt, handelt es sich bei ihr weder um einen normalen noch um einen Sonderfall einer Schenkung (Poelzig JZ 2012, 425, 429; vgl auch zur dogmatischen Vergleichbarkeit Werthmann, Die unbenannte Zuwendung im Privatrechtssystem [1990] 37 ff). Im Übrigen kann eine zu Ausstattungszwecken gemachte Schenkung auch mit einem entgeltlichen Geschäft kombiniert werden (RG 7. 3. 1903 – V 450/02, RGZ 54, 107, 111). Bei einem Mitgiftversprechen, bei dem die Eingehung der Ehe letztlich auf ein Zahlungsversprechen zurückgeht bzw an dieses geknüpft ist, wird es entsprechend dieser Problematik bei der Ausstattung an der Unentgeltlichkeit fehlen (RG 11. 1. 1906 – IV 329/05, RGZ 62, 273, 275 ff; RG 23. 12. 1907 – VI 350/07, JW 1908, 71, 72; zur Brautgabe s Wurmnest FamRZ 2005, 1878 ff; OLG Stuttgart 23. 8. 2006 – 13 W 54/06, NJOZ 2006, 3867 f; vgl zur Abgrenzung der unterschiedlichen Typen von hochzeitsbezogenen Geldleistungen im türkischen Kulturkreis LG Limburg 12. 3. 2012 – 2 O 384/10, juris Rn 39 ff). Seit der Normierung der Verpflichtung zum Ausbildungsunterhalt (§ 1610 Abs 2 BGB) hat die Ausstattung nach § 1624 BGB freilich stark an praktischer Bedeutung verloren (vgl Grüneberg/Götz [85. Aufl 2026] § 1624 Rn 1).

b) Schenkungen bei nichtehelicher Lebensgemeinschaft

aa) Unbenannte Zuwendungen

(1) Übertragbarkeit der Grundsätze aus dem ehelichen Schenkungsrecht

124 Die Grundsätze über die unbenannte Zuwendung aus dem Eherecht sind auf die nichteheliche Lebensgemeinschaft (NELG) **übertragbar**. Denn auch hier sollen Leistungen nicht für den Empfänger frei disponibel sein, sondern dem Zuwendenden weiterhin zugutekommen (BGH 9. 7. 2008 – XII ZR 179/05 Tz 16, BGHZ 177, 193, 198 f, NJW 2008, 3277, 3278). Zwar stehen auch bei der NELG die persönlichen Bindungen der Partner derart im Vordergrund, dass diese das die Gemeinschaft betreffende vermögensmäßige Handeln bestimmen. Jedoch kann daraus, wie auch unter Ehegatten, nicht geschlossen werden, dass bei überobligatorischen Zuwendungen im Grundsatz keine Rechtsgemeinschaft existiert. Zudem vermag auch das Argument, der leistende Partner einer nichtehelichen Lebensgemeinschaft habe deren Scheitern bewusst in Kauf genommen, mithin nicht auf deren Bestand vertrauen dürfen, nicht zu überzeugen. Der Partner weiß zwar, dass die Lebensgemeinschaft jederzeit beendet werden kann, seiner Zuwendung wird aber regelmäßig die Erwartung zu Grunde liegen, dass die Gemeinschaft von Bestand sein werde (BGH 9. 7. 2008 – XII ZR 179/05 Tz 16, BGHZ 177, 193, 198 f, NJW 2008, 3277, 3278).

125 Darüber hinaus schließt die Übertragung der Rechtsprechung zur Vermögensauseinandersetzung zwischen Ehegatten auf die NELG nicht aus, dass die Parteien ihre

Verhältnisse auch **vertraglich** gestalten können (zu Partnerschaftsverträgen: SANDWEG BWNotZ 1990, 49 ff; KEMPER NJ 2009, 177 f; MILZER NJW 2008, 1621; GRZIWOTZ NZFam 2021, 410 ff; WENDLAND FamRZ 2024, 657 ff; zum gemeinschaftlichen Immobilienerwerb PROFF ZU IRNICH RNotZ 2008, 313, 325 ff; s auch SIKORA/SOMMER MittBayNot 2020, 415 ff bzw 537 ff; NotBZ 2010, 73 ff). Teilweise hat die Rechtsprechung solchen Verträgen während einer zu einem anderen Partner bestehenden Ehe die Wirksamkeit im Hinblick auf § 138 BGB abgesprochen, wobei die Ausgleichsverpflichtung auch bei Nichtzustandekommen der Partnerschaft die Partner in ihrer persönlichen Entscheidung binde (LG Paderborn 19. 8. 1998 – 4 O 192/98, FamRZ 1999, 790 f). Überwiegend werden aber solche Verträge für wirksam gehalten (OLG Hamm 20. 4. 2000 – 29 U 186/98, FamRZ 2000, 95 ff; ebenso auch OLG Köln 22. 11. 2000 – 11 U 84/00, FamRZ 2001, 1608, 1609 f und bei testamentarischer Einsetzung BayObLG 24. 7. 2001 – 1 Z BR 20/01, FamRZ 2002, 915, 916 f; zum Unterhaltsversprechen an die Frau zur Erleichterung der Scheidung BGH 8. 10. 1955 – IV ZR 82/55, MDR 1957, 26 f m Anm BEITZKE). Danach sind Vereinbarungen innerhalb einer NELG nur unter besonderen Umständen sittenwidrig (BGH 24. 3. 1980 – II ZR 191/79, BGHZ 77, 55, 59, NJW 1980, 1520, 1521; zur Schenkung BGH 7. 12. 1983 – IVa ZR 160/82, NJW 1984, 797 f; zum zinslosen Darlehen BGH 12. 1. 1984 – III ZR 69/83, NJW 1984, 2150, 2151). Auch kann die Zusage, im Falle der Trennung einen nach der Dauer der Partnerschaft zu bemessenden Betrag zu zahlen, dem anerkennungswürdigen Bedürfnis einer Absicherung des Partners dienen, so dass hierin weder eine sittenwidrige Abrede noch eine unzulässige Vertragsstrafe zu sehen ist (OLG Köln 22. 11. 2000 – 11 U 84/00, FamRZ 2001, 1608 ff). Neben derartigen Versorgungsversprechen oder Schenkungen sind auch – allerdings wohl nur ausdrücklich geschlossene – **Darlehensverträge** möglich (BGH 15. 1. 2001 – II ZR 121/99, FuR 2001, 366, 367 f). Unentgeltliche Zuwendungen, die dem einen Partner zugutekommen, aber nicht der Verwirklichung der nichtehelichen Lebensgemeinschaft dienen, sondern nur anlässlich dieser erfolgen, sind **Schenkungen** und richten sich nach den Schenkungsvorschriften (OLG Karlsruhe 3. 10. 1985 – 4 U 51/84, FamRZ 1986, 1095 f). Dies wurde angenommen, wenn ein Bezug für die gemeinsame Lebensgemeinschaft nicht festgestellt werden kann und der Partner seiner Lebensgefährten ein vom Bestehen der Partnerschaft unabhängiges **Wohnrecht** zuwendet, um ihr so die Aufgabe der Prostitution zu ermöglichen (BGH 13. 11. 2012 – X ZR 80/11 Tz 7 f, 15, BeckRS 2012, 25607). Auch die Tilgung der Schulden des Partners anlässlich eines Gewinnes bei „Wer wird Millionär?" im Überschwang der Gefühle ist zu Recht als Schenkung eingeordnet worden (LG Wuppertal 26. 6. 2023 – 2 O 328/21, FamRZ 2024, 1772, 1774). Eine Schenkung liegt aber dann nicht vor, wenn die Lebensgefährtin dem Lebensgefährten den Geldbetrag für einen von diesem genutzten Pkw gibt, dieser aber selbst auf andere Weise zur Lebensgemeinschaft beiträgt (OLG Celle 18. 11. 1982 – 12 U 15/82, NJW 1983, 1065, 1066 mit Überlegungen zu § 826 BGB) oder wenn das Alleineigentum an einem gemeinsam bewohnten Grundstück über die Einräumung von Miteigentum sukzessive dem Partner zu Alleineigentum übertragen wird (BGH 25. 11. 2009 – XII ZR 92/06 Tz 30, BGHZ 183, 242, 251, NJW 2010, 998, 1000) oder zur Anschaffung eines nur vom Empfänger beruflich genutzten Röntgengeräts (KG 20. 7. 2020 – 17 UF 11/19, FamRZ 2021, 97, 97 m Anm SCHWAB, der zu Recht darauf hinweist, dass mangels Teilhabe-Erwartung von einer Schenkung auszugehen war). Die Übernahme von **medizinischen Verhütungskosten** ist jedoch unter keinem Gesichtspunkt ausgleichsfähig, selbst bei nachfolgender Untreue (AG Trier 6. 4. 2001 – 32 C 61/01, NJW-RR 2001, 1441).

(2) Rückabwicklung unbenannter Zuwendungen

Bei gemeinsam übernommenen Schulden der Partner einer nichtehelichen Lebens- 126
gemeinschaft kommt der in **§§ 427, 426 BGB** angeordnete hälftige **Gesamtschuldner-**

ausgleich nicht ohne Modifikation zur Anwendung (vgl hierzu WEVER FamRZ 2000, 993, 995 f). Im Sinne des § 426 BGB gilt vielmehr regelmäßig gerade nicht ein Ausgleich nach Kopfteilen als bestimmt, sondern das Gesamtschuldverhältnis wird mit der Folge eines Nichtausgleichs überlagert (BGH 25. 11. 2009 – XII ZR 92/06 Tz 16 f, BGHZ 183, 242, 247, NJW 2010, 998 f; vgl auch OLG Köln 7. 12. 1994 – 13 W 62/94, NJW-RR 1995, 1282 f). Dies gilt gerade auch bei Ausgaben zum täglichen Leben, bei denen auch ein Ausgleich über die Instrumente der unbenannten Zuwendung ebenso scheitert (BGH 3. 2. 2010 – XII ZR 53/08 Tz 10 f, NJW 2010, 868, 869; zust auch WELLENHOFER FamRZ 2010, 544). Erwerben die nichtehelichen Lebenspartner etwa darlehensfinanziertes Wohneigentum kann sich im Innenverhältnis eine andere Aufteilung bis zur Trennung daraus ergeben, dass der alleinverdienende Teil zugunsten des haushaltführenden Teils die gemeinsamen Verpflichtungen allein trägt und daher ein Ausgleichsanspruch ausscheidet (BGH 11. 7. 2018 – XII ZR 108/17, NZFam 2018, 844 m Anm LÖHNIG; zur parallelen Rechtslage bei Ehegatten BGH 20. 5. 2015 – XII ZB 314/14, NZFam 2015, 827 m Anm LÖHNIG/PLETTENBERG, FamRZ 2015, 1272 m Anm KOCH). Daher kann, wenn die Kindesmutter sich ohne Einkünfte um den Haushalt kümmert, während der Mann das Einkommen sichert, davon ausgegangen werden, dass eine alleinige Begleichung der finanziellen Lasten durch den Mann vereinbart ist, was auch seiner Unterhaltsverpflichtung nach § 1615 l BGB entspricht. Das gilt auch dann, wenn er die ihm nach dem gemeinsamen Lebenszuschnitt und gesetzlichen Unterhaltspflichten obliegenden Mietzinszahlungen eines gemeinsamen Mietvertrags nicht erfüllt (BGH 3. 2. 2010 – XII ZR 53/08 Tz 12 f, NJW 2010, 868, 869). Nach Auflösung der Gemeinschaft entfällt regelmäßig der Grund für eine von einer hälftigen Ausgleichsregelung abweichenden Gestaltung. Eine hälftige Ausgleichsregelung kommt in diesem Fall zum Tragen, wenn beide Partner das Anwesen trotz der Trennung gemeinsam fortnutzen oder beide die Nutzung aufgeben. Nutzt hingegen einer der Partner einverständlich das Anwesen weiter, trägt hierfür alleine die Lasten und verlangt der andere Partner hierfür kein Nutzungsgeld, besitzt dies Indizwirkung, dass keinerlei Ausgleichsansprüche mehr bestehen sollen (BGH 11. 7. 2018 – XII ZR 108/17, NZFam 2018, 844 m Anm LÖHNIG). Für alleinige Kreditschulden des anderen Partners ist dieser im Innenverhältnis aber nur insoweit ausgleichsberechtigt, als beide einen gemeinsamen Wert schaffen wollten oder der Kredit im ausschließlichen Interesse des anderen Partners aufgenommen wurde (BGH 23. 2. 1981 – II ZR 124/80, NJW 1981, 1502; OLG Celle 10. 2. 1982 – 12 U 35/82, NJW 1983, 1063, 1064).

127 Auch wenn die Grundsätze der unbenannten Zuwendung auf Vermögensverschiebungen zwischen den Lebensgefährten übertragen wurden, stand die Rechtsprechung einem Ausgleich über den Wegfall der Geschäftsgrundlage (jetzt § 313 BGB) ursprünglich **ablehnend** gegenüber. Grundlage dieser Haltung war der zutreffende Gedanke, dass eben die persönlichen Beziehungen im Vordergrund stünden, in wirtschaftlicher Hinsicht keine Rechtsgemeinschaft bestehe und einer solchen Gemeinschaft der Ausgleich wie bei einer Ehe fremd sei, weil die Bedürfnisse bei ihrem Auftreten von demjenigen erfüllt würden, der dazu in der Lage sei (vgl in der Zusammenfassung BGH 9. 7. 2008 – XII ZR 179/05 Tz 17, BGHZ 177, 193, 199, NJW 2008, 3277, 3278 mwNw, so zB noch BGH 25. 9. 1997 – II ZR 269/96, NJW 1997, 3371, 3372; BGH 8. 7. 1996 – II ZR 193/95, NJW-RR 1996, 1473, 1474; OLG Braunschweig 30. 4. 1998 – 7 W 9/98, MDR 1998, 1294, 1295). Bei der Zuwendung von widerruflichen Bezugsrechten zur Absicherung des anderen wurde zudem auch darauf abgestellt, dass die Zuwendung hätte widerrufen werden können und besonders eine Fortzahlung der Prämien nach Beendigung der NELG gegen eine spätere Rückforderung (ggf durch die Erben) spricht (BGH 8. 7. 1996 – II ZR 340/95, WM 1996, 1496, 1497; OLG Koblenz 15. 1. 1998 – 11 U 28/97, FamRZ 1998, 770, 771; ebenso zur Zuwendung eines Sparguthabens von Todes wegen OLG Düsseldorf 31. 1. 1997 – 7 U 59/96, NJW-RR 1997, 1497, 1498).

Diese Haltung hat der BGH – nach einem Wechsel der Zuständigkeit auf den XII Zivilsenat (Scherpe JZ 2014, 659, 663) – mit seinen Entscheidungen vom 9. 7. 2008 (BGH 9. 7. 2008 – XII ZR 179/05, BGHZ 177, 193 ff, NJW 2008, 3277 ff) und vom 25. 11. 2009 (BGH 25. 11. 2009 – XII ZR 92/06, BGHZ 183, 242 ff, NJW 2010, 998 ff; zustimmend Grädler/Nitze ZGS 2009, 36, 40 f; Kemper NJ 2009, 177, 181 ff und Dethloff JZ 2009, 418 ff, die aber die unscharfen Konturen kritisiert; vgl auch Burger FamRB 2010, 214 ff; Schwab FamRZ 2010, 1701 ff insbes auch zur Zweckverfehlungskondiktion; früher schon für eine Anwendung Conradt, „Unbenannte" Zuwendungen unter Ehegatten und Partnern einer nichtehelichen Lebensgemeinschaft [1998] 162 ff) grundlegend **geändert** (in der Folge bestätigt durch BGH 6. 5. 2014 – X ZR 135/11, NJW 2014, 2638, NZFam 2014, 784 m Anm Obermann, ErbR 2014, 533 m Anm Derichs, FamRZ 2014 1547 m Anm Grziwotz; Moes FamRZ 2016, 757 begrüßt diese Rechtsprechung, plädiert aber für eine Aufgabe des Begriffs der gemeinschaftsbezogenen Zuwendung und stattdessen für eine Einordnung als „Vermögensausgleich bei aufgelöster Lebensgemeinschaft" mit § 242 BGB als Anspruchsgrundlage). Bei über reine Unterhaltsleistungen hinausgehenden Zuwendungen könne nämlich schon wegen der eintretenden dinglichen Wirkungen nicht davon ausgegangen werden, dass die Partner gar keine rechtlichen Bindungen gewollt haben, sondern es sei vielmehr wie bei überobligatorischen Leistungen in einer Ehe von einer **unbenannten Zuwendung** oder einem **Kooperationsvertrag eigener Art** auszugehen. Deshalb könnten aber dann allgemeine, nicht güterrechtliche Rückabwicklungsgründe nicht außer Acht gelassen werden (BGH 9. 7. 2008 – XII ZR 179/05 Tz 24 ff, BGHZ 177, 193, 202 ff, NJW 2008, 3277, 3279; so schon OLG Karlsruhe 11. 2. 1993 – 11 U 20/92, NJW-RR 1994, 1157, 1158). Diese kommen mit dem Scheitern der nichtehelichen Lebensgemeinschaft in Betracht, welches sich – mangels eines förmlichen Scheidungsverfahrens – regelmäßig an den Wohnverhältnissen festmachen lässt (Stein NZFam 2014, 303, 304; zu weitgehend Grziwotz MDR 2018, 907, 909, der annimmt, dass auch bei einem „faktischen" Ende der Lebensgemeinschaft ein Ausgleichsanspruch in Betracht käme, etwa wenn ein Partner langfristig in ein Pflegeheim muss). Wird kein nach Gesellschaftsrecht abzuwickelnden Grundsätzen gemeinsamer Wert geschaffen, kann abgesehen von ersatzlos erbrachten Leistungen **§ 313 BGB** angewendet werden (BGH 25. 11. 2009 – XII ZR 92/06 Tz 25, BGHZ 183, 242, 250, NJW 2010, 998, 999 f). Hierzu wird das fragwürdige Paradoxon herangezogen, dass im Hinblick auf die Scheidungsraten auch nicht angenommen werden könne, dass das Vertrauen in den Fortbestand einer NELG weniger schützenswert sei (BGH 9. 7. 2008 – XII ZR 179/05 Tz 32 f, BGHZ 177, 193, 205 f, NJW 2008, 3277, 3280; OLG Karlsruhe 11. 2. 1993 – 11 U 20/92, NJW-RR 1994, 1157, 1158). Demnach greifen die Grundsätze über den Wegfall der Geschäftsgrundlage ein, wenn vorrangige gesellschaftsrechtliche Bindungen oder eine Zweckabrede – die Grenzen zu einer solchen sind jedoch unklar (MünchKommBGB/Koch § 516 Rn 83) – nicht feststellbar sind (BGH 9. 7. 2008 – XII ZR 179/05 Tz 40, BGHZ 177, 193, 208 f, NJW 2008, 3277, 3281; dem Problem, dass nach allgemeinen Lehren der vertragliche Anspruch aus § 313 BGB dem Bereicherungsrecht vorgehen müsste, begegnet Schwab FamRZ 2010, 1701, 1705 f damit, dass jedenfalls bei einer Vertragsanpassung nach § 313 Abs 1 BGB eine Kondiktion nach § 812 Abs 1 S 2 Alt 1 BGB eingreife; für eine alleinige Lösung über das Bereicherungsrecht Scherpe JZ 2014, 659; in diesem Sinne auch Weinreich FamRZ 2014, 1889). Hierbei seien dann aber weder tägliche Leistungen noch eine ihnen korrespondierende größere Einmalleistung auszugleichen (BGH 9. 7. 2008 – XII ZR 179/05 Tz 40, BGHZ 177, 128

193, 208 f, NJW 2008, 3277, 3281). Ein Kooperationsvertrag kann daher angenommen werden, wenn eine gesellschaftsrechtliche Bindung scheitert, aber über Gefälligkeiten und die Bedürfnisse des täglichen Zusammenlebens hinaus bei dem anderen messbare und noch vorhandene **Vermögenswerte** geschaffen werden; diese können angesehen werden, als auf Grund einer **stillschweigenden Übereinstimmung zur Ausgestaltung der Lebensgemeinschaft mit entsprechender Geschäftsgrundlage** erbracht worden zu sein (BGH 9. 7. 2008 – XII ZR 179/05 Tz 43, BGHZ 177, 193, 209 f, NJW 2008, 3277, 3281). Diese Grundsätze sind dann allerdings nicht auf NELG beschränkt, sondern beanspruchen auch für andere Formen gemeinschaftlichen Wirtschaftens und Lebens **unabhängig von einem sexuellen Bezug** Geltung (BGH 9. 7. 2008 – XII ZR 179/05 Tz 33, BGHZ 177, 193, 206, NJW 2008, 3277, 3280; dazu Löhnig DNotZ 2009, 52 f).

129 Da die Partner der NELG aber die Leistung einmal für zweckmäßig erachtet haben, kommt auch hier eine Rückforderung nur bei **Unzumutbarkeit** des Fortbestands der Güterlage in Betracht (BGH 9. 7. 2008 – XII ZR 179/05 Tz 44, BGHZ 177, 193, 210, NJW 2008, 3277, 3281). Grundsätzlich ist eine Unzumutbarkeit abzulehnen, da es der Partner einmal für richtig erachtet hat, dem anderen diese Leistungen zu gewähren (BGH 8. 5. 2013 – XII ZR 132/12, NJW 2013, 2187). Die Unzumutbarkeit kann sich jedoch aus der Dauer der Lebensgemeinschaft, dem Alter der Parteien, Art und Umfang der erbrachten Leistungen, der Höhe der dadurch bedingten Vermögensmehrung und den Einkommens- und Vermögensverhältnissen ergeben (BGH 8. 5. 2013 – XII ZR 132/12, NJW 2013, 2187). Unterschreiten etwa die Tilgungsraten eines Darlehens, das der Finanzierung einer selbstbewohnten Immobilie dient, die Mietkosten für vergleichbaren Wohnraum, ist eine Unzumutbarkeit in der Regel zu verneinen (BGH 8. 5. 2013 – XII ZR 132/12, NJW 2013, 2187; jedoch kann auch in diesem Fall die Unzumutbarkeit sich aus anderen besonderen Umständen ergeben, etwa OLG Brandenburg 5. 8. 2014 – 3 U 45/13, FamRZ 2015, 346). Eine Rückforderung ist hingegen ausgeschlossen, wenn aus einer langjährigen engen persönlichen Bindung eine moralische Verpflichtung des Zuwendenden resultiert, dem Begünstigten den Vermögenswert auch bei Scheitern der Beziehung zu überlassen (BGH 6. 5. 2014 – X ZR 135/11, NJW 2014, 2638, NZFam 2014, 784 m Anm Obermann, ErbR 2014, 533 m Anm Derichs, FamRZ 2014 1547 m Anm Grziwotz). Ist ein Ausgleich geschuldet, geht es nicht um Bezahlung, sondern um eine **Beteiligung an dem Erwirtschafteten**. Daher ist der Ausgleichsbetrag auf die ersparten Kosten und die verbleibende Vermögensmehrung begrenzt (BGH 9. 7. 2008 – XII ZR 179/05 Tz 45, BGHZ 177, 193, 210 f, NJW 2008, 3277, 3281; zur Abwägung und Bezifferung vgl ausführlich KG 8. 10. 2009 – 8 U 196/07, NJW-RR 2010, 295, 296 ff; Stein NZFam 2014, 303, 305; vgl ausführlich zu der Rechtslage bei schwiegerelterlichen Zuwendungen Rn 146 f). Besteht allerdings die NELG bis zum **Tode des Zuwendenden**, hat sich die Erwartung einer gemeinsamen Beteiligung bestätigt und ist eine Rückforderung durch seine Erben regelmäßig ausgeschlossen. Nur in Ausnahmefällen mag das anders sein, nicht aber, wenn eine Vermögensübertragung auch für den Erbfall gewollt ist (BGH 25. 11. 2009 – XII ZR 92/06 Tz 26 ff, BGHZ 183, 242, 250 f, NJW 2010, 998, 1000). Im Fall der Beendigung der Lebensgemeinschaft durch den **Tod des Zuwendungsempfängers dagegen** sind Ansprüche wegen eines Wegfalls der Geschäftsgrundlage nicht ausgeschlossen (BGH 25. 11. 2009 – XII ZR 92/06 Tz 26 ff, BGHZ 183, 242, 250 f, NJW 2010, 998, 1000; Grziwotz MDR 2018, 907, 909; **aA** hingegen OLG Dresden 27. 8. 2019 – 4 U 656/19, FamRZ 2020, 521). Ansonsten bestünde die Gefahr, dass dessen Erben die geschaffenen Vermögenswerte allein für sich in Anspruch nähmen, ohne dass der Zuwendende an diesen partizipieren könne (BGH 25. 11. 2009 – XII ZR 92/06 Tz 26 ff, BGHZ 183, 242, 250 f, NJW 2010, 998, 1000; Stein NZFam 2014, 303, 305).

Bei der Bemessung des Ausgleichs ist neben den persönlichen Verhältnissen der beiden Partner auch besonders die fortdauernde Vermögensmehrung beim begünstigten Partner zu berücksichtigen (BGH 6. 7. 2011 – XII ZR 190/08 Tz 22 ff, NJW 2011, 2880, 2882). Insoweit ist auch der konkrete Wille zu erforschen; so kann eine beabsichtigte Altersversorgung der Frau nicht einfach angenommen werden (BGH 6. 7. 2011 – XII ZR 190/08 Tz 26, NJW 2011, 2880, 2882). Die Zuwendung von 60.000 € aus dem Verkauf des Hauses eines 79 Jahre alten Partners, der seiner 74-jährigen Partnerin zunächst nach dreivierteljähriger Partnerschaft ein Wohnrecht unter Rückfallbedingung für den Fall der Trennung eingeräumt hatte, kann nach 4 Jahren Lebensgemeinschaft auf eben diese Partnerschaft bezogen sein und ist angesichts der Vermögensverhältnisse im Falle der Trennung auch ohne entsprechende Vereinbarung nach der höchstrichterlichen Judikatur nach § 313 BGB rückabzuwickeln (OLG Düsseldorf 23. 10. 2008 – I-13 U 60/08, FamRZ 2009, 1219, 1220 f).

Auch eine **Rückabwicklung** unter dem Gesichtspunkt der **condictio ob rem** wurde zunächst von der Rechtsprechung abgelehnt (zB OLG Karlsruhe 11. 2. 1993 – 11 U 20/92, NJW-RR 1994, 1157, 1158). Diese Position wurde mit den Entscheidungen zum Wegfall der Geschäftsgrundlage gleichfalls revidiert. Nach Scheitern der NELG soll in Bezug auf Vermögensübertragungen während der intakten Beziehung ein Bereicherungsanspruch wegen Zweckverfehlung grundsätzlich in Betracht kommen, soweit das Vermögen des Empfängers durch die Leistungen über die Trennung hinaus gemehrt ist (BGH 27. 1. 2021 – XII ZR 21/20, NJW-RR 2021, 718 ff, FamRZ 2021, 699 ff; ablehnend Wellenhofer NZFam 2021, 381, 386). Voraussetzung der Rückabwicklung nach § 812 Abs 1 S 2 Alt 2 BGB sei aber eine **Willensübereinstimmung**; nur einseitige Vorstellungen genügen nicht, sofern nicht der eine Teil eine Leistung mit einem bestimmten Zweck vornimmt, der andere diesen erkennt und die Sache ohne Widerspruch annimmt (BGH 6. 7. 2011 – XII ZR 190/08 Tz 31, NJW 2011, 2880, 2882; BGH 25. 11. 2009 – XII ZR 92/06 Tz 33, BGHZ 183, 242, 252, NJW 2010, 998, 1000; BGH 9. 7. 2008 – XII ZR 179/05 Tz 33 ff, BGHZ 177, 193, 206 ff, NJW 2008, 3277, 3280 f; s auch BGH 13. 11. 2012 – X ZR 80/11 Tz 21, BeckRS 2012, 25607; ausführlich und zustimmend Grädler/Nitze ZGS 2009, 36, 39 ff). Dies lässt sich bei Zuwendungen und Leistungen feststellen, die weit über das Übliche hinausgehen und zwar keinen gemeinschaftlichen Vermögenswert schaffen, sondern das Vermögen des anderen mehren, bei denen aber davon ausgegangen wird, langfristig weiter an dem entsprechenden Wert zu partizipieren (BGH 25. 11. 2009 – XII ZR 92/06 Tz 34, BGHZ 183, 242, 252 f, NJW 2010, 998, 1000; BGH 6. 7. 2011 – XII ZR 190/08 Tz 32, NJW 2011, 2880, 2882 f; BGH 13. 11. 2012 – X ZR 80/11 Tz 21, BeckRS 2012, 25607; OLG Stuttgart 25. 2. 1992 – 6 U 32/91, NJW-RR 1993, 1475, 1476 f). Daher bedarf es einer **Zweckabrede** der Gestalt, dass zwar keine gemeinsamen Werte geschaffen werden sollen, das Vermögen des anderen aber in der Erwartung vermehrt wird, langfristig an dem Gegenstand zu partizipieren (BGH 9. 7. 2008 – XII ZR 179/05 Tz 35, BGHZ 177, 193, 206 f, NJW 2008, 3277, 3280). Insbesondere dann, wenn ganz erhebliche Leistungen zugunsten einer gemeinsam benutzten, aber (gleichwohl) dem Partner gehörigen Immobilie erbracht werden, kann bei einer geringen Altersversorgung eine entsprechende Zweckabrede naheliegen (vgl BGH 6. 7. 2011 – XII ZR 190/08 Tz 33 ff, NJW 2011, 2880, 2883). Bei der bewussten Gestaltung des Immobilienerwerbs dahingehend, dass die Partnerin zur Vermeidung eines Zugriffs der Erben des Partners Alleineigentum erwirbt, liegt, sofern nichts Besonderes vereinbart ist, eine Zweckbindung nicht vor (KG 8. 10. 2009 – 8 U 196/07, NJW-RR 2010, 295, 296). Besteht die NELG bis zum **Tode des Zuwendenden**, ist auch hier der Zweck erreicht (BGH 25. 11. 2009 – XII ZR 92/06 Tz 35, BGHZ 183, 242, 253, NJW 2010, 998, 1000). Er- 130 folgt die Zuwendung hingegen in der Erwartung eines späteren Eigentumserwerbs des Zuwendenden durch Erbeinsetzung und wird diese Erwartung aufgrund des Vorversterbens des Zuwendendens enttäuscht, kommt ein Anspruch aus Zweckverfehlungskondiktion in Betracht. Dieser entsteht mit dem Tode des Zuwendenden und geht auf dessen Erben über (BGH 22. 3. 2013 – V ZR 28/12, BGHZ 197, 110, NJW 2013, 2025, JZ 2014, 47 m Anm Kroppenberg FamRZ 2013, 1030 m Anm Schwab, LMK 2013, 347486 m Anm Thomale). Gleichwohl wird in vielen Fällen eine Zweckabrede dieser Gestalt nicht nachweisbar sein; wenn die Voraussetzungen vorliegen, greift jedoch § 815 BGB nur bei einer treuwidrigen Auflösung der NELG durch den Kläger ein, § 820 BGB wegen der nur fernen Möglichkeit des Scheiterns und die Saldotheorie dagegen nicht (BGH 9. 7. 2008 – XII ZR 179/05 Tz 49 f, BGHZ 177, 193, 211, NJW 2008, 3277, 3282; gleichwohl geht Poelzig JZ 2012, 425, 432 von einem strukturellen Vorrang des Bereicherungsrechts nach der neueren höchstrichterlichen Rechtsprechung aus). Soweit eine Abwicklung über **gesellschaftsrechtliche Grundsätze** möglich ist, scheidet ein Bereicherungsausgleich aus (OLG Köln 3. 10. 1995 – 3 U 74/94, NJW 1995, 2232 f).

bb) Auseinandersetzung einer Innengesellschaft

131 Auch nach dem Schwenk der Rechtsprechung hinsichtlich der Anwendbarkeit der §§ 313, 812 BGB für die Rückabwicklung von NELG kommt hierfür ein **Ausgleich über gesellschaftsrechtliche Bestimmungen** nach wie vor in Betracht, freilich in reduziertem Maß. Der Abschluss einer Innengesellschaft der Partner setzt voraus, dass diese die Absicht verfolgen, mit dem Erwerb eines Vermögensgegenstandes einen **wirtschaftlich gemeinschaftlichen Wert** zu schaffen, der von ihnen nicht nur für die Dauer der Partnerschaft gemeinsam benutzt würde, sondern ihnen nach ihrer Vorstellung auch gemeinsam gehören sollte (BGH 24. 3. 1980 – II ZR 191/79, BGHZ 77, 55, 56 f, NJW 1980, 1520; BGH 2. 7. 1982 – II ZR 263/81, BGHZ 84, 388, 390 f, NJW 1982, 2863, 2864; BGH 25. 11. 2009 – XII ZR 92/06 Tz 22, BGHZ 183, 242, 249, NJW 2010, 998, 999; BGH 8. 5. 2013 – XII ZR 132/12, NJW 2013, 2187, FamRZ 2013, 1295 m Anm Grziwotz; BGH 8. 7. 1996 – II ZR 340/95, WM 1996, 1496, 1497; zur Substantiierung vgl BGH 10. 1. 2000 – II ZR 247/98, NJWE-FER 2000, 209 f). Dabei sollte für die entsprechende Anwendung der Vorschriften über die Auseinandersetzung einer Gesellschaft bürgerlichen Rechts (§§ 730 ff aF) zunächst noch nicht einmal eine ausdrückliche oder stillschweigende Abrede erforderlich sein, sondern auch eine **faktische Willensübereinstimmung ohne rechtsgeschäftliche Bindung** genügen (BGH 8. 7. 1996 – II ZR 193/95, NJW-RR 1996, 1473; BGH 2. 7. 1982 – II ZR 263/81, BGHZ 84, 388, 389, NJW 1982, 2863, 2864; BGH 8. 7. 1996 – II ZR 340/95, WM 1996, 1496, 1497; BGH 30. 6. 1999 – XII ZR 230/96, BGHZ 142, 137, 146 f, NJW 1999, 2962, 2964). Anders als bei Ehegatten sollte es auch nicht darauf ankommen, ob die typische Mitarbeit eines Ehegatten übersteigen werde, da in der NELG keine Unterhaltspflichten bestünden und somit eine großzügigere Anwendung angebracht sei (BGH 2. 7. 1982 – II ZR 263/81, BGHZ 84, 388, 391 f, NJW 1982, 2863, 2864; BGH 30. 6. 1999 – XII ZR 230/96, BGHZ 142, 137, 146 f, NJW 1999, 2962, 2964). Bei nichtehelichen Lebensgemeinschaften komme dies beispielsweise in Betracht, wenn Geld und Arbeitsleistungen für ein dem anderen Partner gehörendes, aber als gemeinsames Vermögen betrachtetes Haus erbracht wurden (BGH 30. 6. 1999 – XII ZR 230/96, BGHZ 142, 137, 146, NJW 1999, 2962, 2964). Diese Voraussetzungen **wurden später verschärft**. Erforderlich ist nunmehr die **Feststellung eines Rechtsbindungswillen** und damit eines Vertragsschlusses, da eine faktische Willensübereinstimmung mangels Rechtsgemeinschaft jedenfalls bei einem nicht über die Lebensgemeinschaft hinausgehenden Zweck nicht für entsprechende Vorstellungen über vertragliche Bindungen spreche (BGH 8. 5. 2013 – XII ZR 132/12, NJW 2013, 2187, FamRZ 2013, 1295 m Anm

Grziwotz; BGH 6. 7. 2011 – XII ZR 190/08 Tz 14, NJW 2011, 2880, 2881; BGH 25. 11. 2009 – XII ZR 92/06 Tz 22, BGHZ 183, 242, 249, NJW 2010, 998, 999; BGH 9. 7. 2008 – XII ZR 179/05 Tz 18, 30, BGHZ 177, 193, 199 f, 204 f, NJW 2008, 3277, 3278, 3280; BGH 28. 9. 2005 – XII ZR 189/02, BGHZ 165, 1, 9 f, NJW 2006, 1268, 1270). Zwar muss auch weiterhin anders als bei einer Ehe in Ermangelung bestehender Pflichten nach §§ 1353, 1356, 1360 BGB kein über die Ausgestaltung der NELG hinausgehender Zweck verfolgt werden, ohne einen solchen kann aber nur schwer von einem Rechtsbindungswillen ausgegangen werden (BGH 6. 7. 2011 – XII ZR 190/08 Tz 16 f, NJW 2011, 2880, 2881; BGH 25. 11. 2009 – XII ZR 92/06 Tz 22, BGHZ 183, 242, 249, NJW 2010, 998, 999; BGH 9. 7. 2008 – XII ZR 179/05 Tz 20, 22, BGHZ 177, 193, 200 f, NJW 2008, 3277, 3278; BGH 28. 9. 2005 – XII ZR 189/02, BGHZ 165, 1, 9 f, NJW 2006, 1268, 1270; Dethloff JZ 2009, 418, 419 geht aber davon aus, dass die Aussage des BGH, dass die Anwendung der gesellschaftsrechtlichen Grundsätze auf die NELG von geringeren Voraussetzungen als bei der Ehe abhängig sei, nur ein Postulat bleibe, wenn man die Anforderungen des BGH an die Feststellung des auf eine Gesellschaft bezogenen Rechtsbindungswillens hinzunimmt; zum Begriff des Rechtsbindungswillens, der hier nur eine rechtsgeschäftliche Übereinstimmung, aber keine Verpflichtung meine, s auch Schwab FamRZ 2010, 1701, 1702). Maßgebend seien Planung, Umfang und Dauer des Zusammenwirkens, die Art des geschaffenen Vermögenswerts, die von den Parteien erbrachten Leistungen und ihre finanziellen Verhältnisse (BGH 9. 7. 2008 – XII ZR 179/05 Tz 18, BGHZ 177, 193, 200, NJW 2008, 3277, 3278). Hintergrund der unterschiedlichen Beurteilung ist dabei, dass der gesellschaftsrechtliche Ausgleich va bei der Zugewinngemeinschaft anders als bei der Beteiligung einer NELG nur der Lückenfüllung dient (Kemper NJ 2009, 177, 180).

Eine gesellschaftliche Bindung kann vorliegen, wenn dem Partner Grundstücke für private wie für betriebliche Zwecke überlassen werden (BGH 2. 7. 1982 – II ZR 263/81, BGHZ 84, 388, 390 f, NJW 1982, 2863, 2864). Das ist zB dann der Fall, wenn dem Partner Räumlichkeiten für seine Firma überlassen werden und dort mitgearbeitet wird (BGH 2. 7. 1982 – II ZR 263/81, BGHZ 84, 388, 389 f, NJW 1982, 2863, 2864 auch noch ohne rechtsgeschäftliche Bindung). Soweit jedoch ein Partner **Alleineigentum** erwirbt, sind Zweifel an der Gründung einer Gesellschaft angebracht; allerdings handelt es sich hierbei nur um ein Indiz, so dass auch etwaige Absprachen und eine Gesamtwürdigung aller Umstände erforderlich ist (BGH 1. 2. 1993 – XII ZR 106/92, NJW-RR 1993, 774; BGH 4. 11. 1991 – II ZR 26/91, NJW 1992, 906, 907; BGH 25. 9. 1997 – II ZR 269/96, NJW 1997, 3371, 3372; BGH 8. 7. 1996 – II ZR 193/95, NJW-RR 1996, 1473; OLG Braunschweig 30. 4. 1998 – 7 W 9/98, MDR 1998, 1294 f). Angenommen wurde dagegen eine Gesellschaft beim Erwerb eines gemeinsamen Hausgrundstücks mit beiderseitigen Finanzierungsleistungen (OLG Köln 3. 10. 1995 – 3 U 74/94, NJW 1995, 2232). Bei über langer Zeit wechselseitig erbrachten Leistungen ohne Fixierung der Beteiligungen soll dagegen die Schaffung eines beiden zustehenden Wertes fernliegen (OLG Braunschweig 30. 4. 1998 – 7 W 9/98 MDR 1998, 1294, 1295). Ein wesentlicher Beitrag zum Vermögen des anderen kann ein Indiz für die Absicht der gemeinsamen Wertschöpfung darstellen, diese aber nicht ersetzen, wobei der Wertzuwachs als solcher irrelevant ist (BGH 21. 7. 2003 – II ZR 249/01, NJW-RR 2003, 1658). Der Erwerb zu Alleineigentum wurde bei der Leistung einer Teilzahlung des Lebensgefährten nicht als Gesellschaft gedeutet (BGH 24. 3. 1980 – II ZR 191/79, BGHZ 77, 55, 57, NJW 1980, 1520). Nicht ausreichend für die Annahme einer Gesellschaft war auch die Aufnahme eines risikohaften Darlehens und der hälftigen Übertragung eines Grundstücks gegen die Einräumung eines Wohnrechts (BGH 25. 11. 2009 – XII ZR 92/06 Tz 23, BGHZ 183, 242, 249 f, NJW 2010, 998, 999). Das gilt auch für den Erwerb und die Finanzierung eines Hauses, das der andere Partner lediglich zur 132

Lagerung von Gegenständen benutzt (BGH 1. 2. 1993 – XII ZR 106/92, NJW-RR 1993, 774 f). Keinen Fall einer gesellschaftlichen Verbindung stellt es außerdem dar, wenn die Lebensgefährtin, die selbst keinen Führerschein besitzt, dem Lebensgefährten den Betrag für den Kauf eines gebrauchten Pkw überlässt, der dann auf diesen zugelassen wird, in dessen Alleineigentum tritt und für den der Lebensgefährte alle Kosten trägt. Hier kann nicht von der Schaffung eines gemeinsamen Vermögenswerts ausgegangen werden, auch wenn sich die Parteien kurz danach trennen und es sich um ein langlebiges Konsumgut handelt (OLG Celle 18. 11. 1982 – 12 U 15/82, NJW 1983, 1065 f).

133 **Rechtliche Folgen in Bezug auf Dritte** werden unterschiedlich beurteilt. Einerseits soll es gegen eine Gesellschaft sprechen, wenn die Lebensgefährtin ein Haus, an dessen Finanzierung sich der Zuwendende beteiligt, zu Alleineigentum erwirbt, um dieses dem Zugriff der früheren Ehefrau des Partners zu entziehen (OLG Stuttgart 25. 2. 1992 – 6 U 32/91, NJW-RR 1993, 1475, 1476). Ebenfalls verneint wurde eine Gesellschaft, wenn die Partnerin, um den Sohn des Partners als Erben auszuschließen, eine Immobilie allein erwirbt und sie die von beiden übernommenen Kredite abträgt; dann ist es auch irrelevant, dass der Partner ihr Beträge zugewendet hat, die von seiner Mutter stammen (KG 8. 10. 2009 – 8 U 196/07, NJW-RR 2010, 295 f). Andererseits soll eine erhebliche Beteiligung an den Kosten sowie an der Ausgestaltung der im Alleineigentum der Partnerin stehenden Immobilie dann nicht gegen eine Gesellschaft sprechen, wenn die dingliche Lage durch steuerrechtliche Gründe bedingt ist (BGH 8. 7. 1996 – II ZR 193/95, NJW-RR 1996, 1473 f).

134 Soweit die Annahme einer nicht rechtsfähigen Gesellschaft nach § 740 BGB in Betracht kommt, richtet sich die Beendigung der Gesellschaft nach § 740a BGB sowie die anschließende Auseinandersetzung nach § 740b BGB.

c) Schwiegerelterliche Zuwendungen

135 Ein besonders diskutiertes Problem ist das der **Schwiegerelternzuwendungen**; hierbei wenden die Schwiegereltern dem Schwiegerkind alleine oder zusammen mit ihrem eigenen Kind einen Vermögenswert zu. Auch in letzterem Fall spricht nämlich keine tatsächliche Vermutung dafür, dass die Zuwendung eigentlich nur an das eigene Kind erfolgen soll (OLG Düsseldorf 9. 2. 1994 – 5 UF 17/91, NJW-RR 1994, 1411, 1412; OLG Oldenburg 22. 12. 1993 – 3 U 44/93, NJW 1994, 1539). Abgesehen von gewöhnlichen Anstandsschenkungen können hier gerade umfangreiche Zuwendungen im Vertrauen auf den Bestand der Partnerschaft des Kindes mit dem Empfänger erfolgen. Im Falle der Trennung stellt sich dann auch hier die Frage einer etwaigen Rückabwicklung. Deren Beantwortung hängt nicht unmaßgeblich von der Qualifikation der Zuwendung ab.

aa) Bisherige Rechtsprechung

(1) Kategorisierung

136 In der **bis 2010** ergangenen Rechtsprechung war die Einordnung von Schwiegerelternzuwendungen unklar. Ausdrücklich als Schenkungen deklarierte Vermögensübertragungen wurden dabei als solche behandelt (BGH 19. 1. 1999 – X ZR 60/97, NJW 1999, 1623 ff; OLG Celle 27. 3. 2003 – 6 U 198/02, NJW-RR 2003, 721, 722). Aber auch Vermögensverschiebungen, die ihrer Art und Zwecksetzung entsprechend unbenannten Zuwendungen ähnelten, wurden unter schenkungsrechtlichen Gesichtspunkten be-

urteilt (OLG Hamm 30. 11. 1989 – 22 U 166/89, FamRZ 1990, 1232, 1233; OLG Köln 10. 11. 1993 – 27 U 220/93, NJW 1994, 1540 f; OLG Oldenburg 22. 12. 1993 – 3 U 44/93, NJW 1994, 1539 f: Zuwendung eines Drittels des Kaufpreises des Familienheims). Andere Entscheidungen ließen aber letztlich offen, ob es sich in derartigen Konstellationen um Schenkungen oder doch wie unter Ehegatten um unbenannte Zuwendungen handelte (OLG Düsseldorf 9. 2. 1994 – 5 UF 17/91, NJW-RR 1994, 1411, 1413; OLG Naumburg 14. 10. 1999 – 11 U 121/99, NJW-RR 2000, 1673 f). Vielfach und dabei insbesondere in der höchstrichterlichen Rechtsprechung wurde dagegen davon ausgegangen, dass je nach Zielsetzung entsprechend den Grundsätzen zwischen Eheleuten eine **unbenannte Zuwendung** vorliegt, wenn diese um des Fortbestands der Ehe des Kindes willen erfolgte, welches über die eheliche Lebensgemeinschaft an dem zugewendeten Gegenstand partizipieren sollte. Denn die Zuwendung, die über eine Gefälligkeit hinausgehe, erfolge subjektiv nicht unentgeltlich, wenn das Schwiegerkind **nicht einseitig und frei disponibel** empfängt, sondern auf Grund eines **familienrechtlichen Verhältnisses eigener Art** (BGH 12. 4. 1995 – XII ZR 58/94, BGHZ 129, 259, 263 f, NJW 1995, 1889, 1890; BGH 4. 2. 1998 – XII ZR 160/96, FamRZ 1998, 669 f mit abl Anm Lipp JZ 1998, 908, 909 f; OLG München 27. 2. 2003 – 19 U 4123/02, FamRZ 2004, 196; OLG Celle 27. 3. 2003 – 6 U 198/02, NJW-RR 2003, 721, 722 f; OLG Koblenz 18. 12. 2002 – 9 UF 530/01, NJW 2003, 1675). So sollte insbesondere eine Zuwendung von über 100.000 € dann keine Schenkung, sondern eine unbenannte Zuwendung sein, wenn die Zahlung nicht auf ein freies Konto, sondern an das Bauunternehmen für das Familienheim erfolgte; denn eine Schenkung solle nur bei ausdrücklicher Abrede oder zweifelsfreien Umständen vorliegen (OLG Brandenburg 23. 4. 2008 – 13 U 52/07, FamRZ 2009, 117 f). Neben einem Erbausgleich an das Kind liege eine unbenannte Zuwendung an das Schwiegerkind nahe, wenn dieses mitbedacht wurde (OLG Düsseldorf 9. 2. 1994 – 5 UF 17/91, NJW-RR 1994, 1411, 1412 f). Die Übertragung des hälftigen Grundstückanteils sollte dagegen eine Zweckschenkung sein, wobei objektiv eine Schenkung unter Auflage vorliege; Abfindungen des Empfängers an andere Verwandte des Partners machten daraus kein entgeltliches Geschäft, sondern entsprachen einer vorweggenommenen Erbfolge (OLG Köln 10. 11. 1993 – 27 U 220/93, NJW 1994, 1540, 1541).

(2) Rückabwicklung

Soweit eine schenkungsrechtliche Einordnung erfolgte, war ein Widerruf wegen gro- **137**
ben Undanks theoretisch denkbar (vgl § 530 Rn 14, 42 und va auch historisch Bosch, in: FS Beitzke [1979] 121, 123 ff; zudem umfassend Karakatsanes FamRZ 1986, 1049 ff und 1178 ff jeweils im Verhältnis zum Kind). Gleichwohl müssen eheliche Verfehlungen gegenüber dem Kind der Schwiegereltern abgesehen von Ausnahmesituationen keinen groben Undank gegen den Schenker darstellen (BGH 19. 1. 1999 – X ZR 60/97, NJW 1999, 1623 ff; schwierig ist dies insbesondere, wenn keine häusliche Gemeinschaft zu den Schwiegereltern besteht). Das Scheitern der Ehe stellt selbst bei Zuwendung des Schwiegerkindes zu einem neuen Partner (OLG Köln 20. 10. 1994 – 18 U 64/94, NJW-RR 1995, 584, 585; OLG Oldenburg 22. 12. 1993 – 3 U 44/93, NJW 1994, 1539) ebenso wenig wie ein Ehebruch mit Schwangerschaft einen Grund für die Annahme groben Undanks dar (OLG Düsseldorf 5. 10. 2004 – 24 U 83/04, NJW-RR 2005, 300, 301; krit noch Karakatsanes FamRZ 1986, 1178 ff). Die Verkehrssitte erwartet nämlich nicht von einem Partner, auf Grund von Angehörigengeschenken den intimen Umgang mit anderen Partnern zu unterlassen (OLG Hamm 30. 11. 1989 – 22 U 166/89, FamRZ 1990, 1232, 1233; krit dagegen Seutemann FamRZ 1992, 547, 548 und Bosch FamRZ 1991, 568 f). Dies gilt mit Hinblick auf die Wertungen des Grundgesetzes auch unabhängig von anderweitigen kulturellen Anschauungen (LG Limburg 12. 3. 2012 – 2 O 384/10, juris Rn 39 ff). Die Nichterfüllung von Pflegeleistungen führte

nicht zu grobem Undank, wenn die Schwiegermutter die Schwiegertochter zuvor bereits auf Rückübereignung verklagt hatte (OLG Köln 10. 11. 1993 – 27 U 220/93, NJW 1994, 1540 f), genauso wenig wie das Verhalten der neuen Freundin des Schwiegersohns gegenüber den Schwiegereltern (OLG Naumburg 14. 10. 1999 – 11 U 121/99, NJW-RR 2000, 1673, 1675).

138 Anstelle der schenkungsrechtlichen Spezialvorschriften wurde unabhängig von der Frage der Einordnung der Zuwendung als Schenkung oder unbenannte Zuwendung eine Lösung über den **Grundsatz des Wegfalls der Geschäftsgrundlage** erwogen (zB BGH 19. 1. 1999 – X ZR 60/97, NJW 1999, 1623, 1624 f; OLG Düsseldorf 9. 2. 1994 – 5 UF 17/91, NJW-RR 1994, 1411, 1413; OLG Naumburg 14. 10. 1999 – 11 U 121/99, NJW-RR 2000, 1673 f). Insgesamt wurden die Erfolgsaussichten einer solchen Lösung allerdings skeptisch beurteilt. In der Tat musste den zuwendenden Eltern klar sein, dass eine Ehe nicht auf Dauer halten müsse bzw erhebliche Eigenleistungen des Schwiegerkindes gegen eine Rückgabe stritten (BGH 19. 1. 1999 – X ZR 60/97, NJW 1999, 1623, 1624 f). Auch spreche die Bezeichnung des Empfängers als Schwiegersohn für sich genommen noch nicht für eine entsprechende Geschäftsgrundlage (BGH 19. 1. 1999 – X ZR 60/97, NJW 1999, 1623, 1625). Überwiegend wurde aber ein Ausgleich wegen des insoweit vorrangigen Zugewinnausgleichs zwischen den Partnern selbst verneint (BGH 12. 4. 1995 – XII ZR 58/94, BGHZ 129, 259, 265 ff, NJW 1995, 1889, 1890 f; OLG Brandenburg 23. 4. 2008 – 13 U 52/07, FamRZ 2009, 117, 118; zugelassen aber ohne güterrechtliche Aussage in OLG Dresden 19. 12. 1996 – 16 U 670/95, MDR 1997, 482). Denn selbst bei freiwilligem Zugewinnverzicht sei das Kind noch als Miteigentümer an dem Zuwendungsgegenstand beteiligt (OLG Brandenburg 23. 4. 2008 – 13 U 52/07, FamRZ 2009, 117, 118 f, anders aber bei der Zuwendung von Alleineigentum). Eine **Beteiligung des Kindes über den Zugewinn** sollte eine Unzumutbarkeit entfallen lassen und ein **Rückgriff der Schwiegereltern** das Risiko einer doppelten Inanspruchnahme des Schwiegerkindes begründen (BGH 12. 4. 1995 – XII ZR 58/94, BGHZ 129, 259, 265 ff, NJW 1995, 1889, 1890 f; OLG Celle 27. 3. 2003 – 6 U 198/02, NJW-RR 2003, 721, 723; ablehnend Koch, in: FS Schwab [2005] 513, 519 f, die ua eine unzulässige Vermischung der Rechtsbeziehungen kritisiert). Andere Entscheidungen wollten die Grundsätze der Gütertrennung übertragen (OLG Oldenburg 22. 12. 1993 – 3 U 44/93, NJW 1994, 1539 f). Soweit die Zuwendungen nach türkischen Bräuchen der Absicherung der Schwiegertochter für den Fall der Scheidung dienen, soll bei einer Trennung nicht von einem Wegfall der Geschäftsgrundlage ausgegangen werden können (LG Limburg 12. 3. 2012 – 2 O 384/10, juris Rn 44 ff).

139 Auch jenseits güterrechtlicher Erwägungen wurde ein Wegfall der Geschäftsgrundlage jedenfalls bei einer Zuwendung zum Zeitpunkt einer bereits eingetretenen Zerrüttung angezweifelt (OLG Düsseldorf 5. 10. 2004 – 24 U 83/04, NJW-RR 2005, 300, 301). Eine ehebedingte Geschäftsgrundlage ist auch dann abzulehnen, wenn der Schwiegersohn einen deutlich geringeren Betrag als die eigene Tochter für eine Wohnung als Kapitalanlage erhält (OLG Koblenz 6. 10. 2005 – 5 U 1220/04, NJW-RR 2006, 437, 438 f). Sie ist ebenso wenig betroffen, wenn das Schwiegerkind erhebliche Eigenleistungen vornimmt und die Zuwendungen nach der Trennung zunächst fortgesetzt werden (OLG Naumburg 14. 10. 1999 – 11 U 121/99, NJW-RR 2000, 1673, 1674). Eine Unbilligkeit liegt auch dann nicht vor, wenn die zugewendeten Gegenstände bei der Restfamilie verbleiben, sie bereits teilweise verbraucht sind und die Zuweisung an das Schwiegerkind auf Gewalttätigkeiten des Kindes beruhe (OLG Düsseldorf 5. 10. 2004 – 24 U 83/04, NJW-RR 2005, 300, 301 f). Bei einer gemeinsamen Zuwendung an das Paar und teilweiser gemeinschaftlicher Nutzung kommt ein Ausgleich nicht zwingend in Betracht, da dieser nicht die allgemeine Regel darstellt (OLG Köln 20. 10. 1994 – 18 U 64/94, NJW-RR 1995, 584, 585).

Soweit ein entsprechender Ausgleich zugelassen wurde, galt zum einen, dass für die Durchführung des Ausgleichs eine **Gesamtwürdigung** vorzunehmen war. Auf Wertsteigerungen kam es bei diesem Billigkeitsanspruch anders als bei Bereicherungsansprüchen nicht an, so dass auch Erhaltungs- und Verschönerungsmaßnahmen im Hinblick auf den Bestand der ehelichen Lebensgemeinschaft zu berücksichtigen waren. Insbesondere war eine **volle Rückgewähr** nach 10-jähriger Partnerschaft wegen teilweiser Zweckerreichung nicht geschuldet (BGH 18. 10. 1998 – XII ZR 255/96, NJW 1999, 353, 354 f). Grundsätzlich war auch eine **dingliche Rückgewähr** beim Wegfall der Geschäftsgrundlage selten, da die Rückgewähr nur ein Element der nach Treu und Glauben gebotenen Vertragsanpassung ist (BGH 4. 2. 1998 – XII ZR 160/96, FamRZ 1998, 669, 670; BGH 18. 10. 1998 – XII ZR 255/96, NJW 1999, 353, 354; für den Ausgleichsanspruch ist im Übrigen der Rückfordernde darlegungspflichtig). Ausnahmsweise kam eine solche Rückgabe dann in Betracht, wenn es sich um den Familienbesitz handelte und ein Wohnrecht der Ehefrau gesichert sein sollte; für die Berechnung des Ausgleichs konnte auf § 287 ZPO mit der Obergrenze des noch vorhandenen Vermögens, also den Wert des hälftigen Grundstücks bei Scheitern der Partnerschaft, zurückgegriffen werden, wobei im Rahmen der Billigkeit die Dauer der Ehe und das beiderseitige Einkommen ohne Berücksichtigung des Zugewinnausgleichs zu berücksichtigen seien (BGH 4. 2. 1998 – XII ZR 160/96, FamRZ 1998, 669, 670). Der Wegfall der Geschäftsgrundlage erforderte eine gestaltende Rücktrittserklärung, die auch aus einem Schenkungswiderruf im Wege der Auslegung ermittelt werden konnte (vgl OLG München 27. 2. 2003 – 19 U 4123/02, FamRZ 2004, 196 f m Anm Fellner, wobei das OLG noch von einer Abwicklung über Bereicherungsrecht ausging). 140

Wegen dieses ggf vorrangigen vertraglichen Ausgleichs wurden **bereicherungsrechtliche Ansprüche** über lange Zeit jedenfalls insoweit verneint, als unbenannte Zuwendungen im Vordergrund der Debatte standen. Dem lag der Gedanke zugrunde, dass nur der Wegfall der Geschäftsgrundlage einen an die Billigkeit angepassten Rückgabeanspruch biete und nur so gerade einer teilweisen Zweckerreichung hinreichend Rechnung getragen werden könne (BGH 12. 4. 1995 – XII ZR 58/94, BGHZ 129, 259, 264, NJW 1995, 1889, 1890; OLG Oldenburg 22. 12. 1993 – 3 U 44/93, NJW 1994, 1539; OLG Celle 27. 3. 2003 – 6 U 198/02, NJW-RR 2003, 721, 722). Bei Zweckschenkungen wurde eine Rückabwicklung unter dem Gesichtspunkt der Zweckverfehlungskondiktion allerdings bejaht (OLG Düsseldorf 30. 3. 1995 – 13 U 98/94, NJW-RR 1996, 517 f; LG Köln 12. 1. 1994 – 23 O 295/93, NJW-RR 1995, 136). Dies galt ebenso für den Fall, in dem ein Haus mit dem Hinweis übertragen wurde, die Familie solle darin leben oder das Haus solle ihr auf andere Weise zugutekommen (OLG Hamm 30. 11. 1989 – 22 U 166/89, FamRZ 1990, 1232, 1233). Auch mag der Fortbestand der Ehe einer Zuwendung als Zweck zugrunde liegen, wenn die besonders erwähnte Schwiegertochter in einen die sie eigentlich nicht betreffende Erbfolge regelnden Überlassungsvertrag einbezogen wurde (OLG Köln 10. 11. 1993 – 27 U 220/93, NJW 1994, 1540, 1542). Eine Rückabwicklung kam dagegen dann nicht in Betracht, wenn der Fortbestand der Ehe nicht Zweck der Zuwendung war, die Gelder verbraucht wurden und die Tochter auch nach der Trennung von ihnen weiter profitiert (OLG Köln 20. 10. 1994 – 18 U 64/94, NJW-RR 1995, 584, 585). 141

(3) **Dogmatische Struktur**

142 Besonderer Beachtung bedarf insoweit der Unterschied zwischen der Lösung über § 313 BGB und der über § 812 BGB (vgl zur Frage des Vorrangs der Rückabwicklungsmöglichkeiten zugunsten des Bereicherungsrechts nach der höchstrichterlichen Rechtsprechung Poelzig JZ 2012, 425, 432). Während eine Abwicklung nach den an Treu und Glauben ausgerichteten Maßstäben des Wegfalls der Geschäftsgrundlage eine **teilweise Rückabwicklung** und eine **flexible Anpassung** zulässt, muss nach Bereicherungsrecht prinzipiell das gesamte Geschäft rückgängig gemacht werden. Daher erfordert auch der Zweck im Sinne der *condictio ob rem* anders als die Annahme einer Geschäftsgrundlage nicht nur eine einseitige Erwartung einer Partei, der sich die andere nicht entziehen kann. Vielmehr ist für diese umfassende Rückabwicklung eine Willensübereinstimmung erforderlich. Eine solche auch stillschweigende Einigung kann allerdings bereits dann angenommen werden, wenn der Zuwendende mit seiner Leistung einen bestimmten Zweck verfolgt, der andere Teil dies erkennt und die Leistung widerspruchslos annimmt (BGH 19. 1. 1999 – X ZR 60/97, NJW 1999, 1623, 1625 f; krit zum Argument der Flexibilität Sorge JZ 2011, 660, 667 ff). Umgekehrt darf die **Zweckabrede auch keinen vertraglichen Charakter** haben, weshalb eine fehlende Vereinbarung einer etwaigen Rückforderung der Annahme einer Zweckbindung gerade nicht entgegensteht (OLG Köln 10. 11. 1993 – 27 U 220/93, NJW 1994, 1540, 1541 f; dementsprechend kann die Nichterfüllung einer vertraglich geschuldeten Pflegeleistung auch kein Fall der weggefallenen Geschäftsgrundlage darstellen, OLG Naumburg 14. 10. 1999 – 11 U 121/99, NJW-RR 2000, 1673, 1674 f).

bb) **Neue Rechtsprechung seit BGHZ 184, 190**

143 Die *crux* der Problematik der Schwiegerelternschenkung lag im Grunde genommen in einer Vermengung zweier Kategorien. Zum einen ging es um Zuwendungen an einen Dritten, zum anderen wurden diese im Fall der Scheidung der Ehe als für das eigene Kind im Hinblick auf die vermögensrechtliche Auseinandersetzung als relevant betrachtet. Somit wurden die Schwiegereltern unzulässigerweise in die Ehe des eigenen Kindes mit einbezogen. Demgegenüber ist festzuhalten, dass die Schwiegereltern infolge der Zuwendung aus ihrem eigenen Vermögen das Schwiegerkind einverständlich ohne dessen Gegenleistung ihnen gegenüber bereichern: Pflichten hat das Schwiegerkind nur gegenüber seinem Ehegatten aufgrund der Ehe, sicherlich nicht aufgrund der Zuwendung der Schwiegereltern. Somit sind grundsätzlich alle Voraussetzungen des § 516 Abs 1 BGB erfüllt. Der Umstand, dass das begünstigte Schwiegerkind an dem zugewendeten Gegenstand jemand anderen, nämlich das Kind der Zuwendenden, partizipieren lässt, ist im Prinzip für die dogmatische Erfassung der Zuwendung als Schenkung genauso irrelevant wie das Motiv der zuwendenden Schwiegereltern, nämlich das Bestehen der Ehe des eigenen Kindes. Die Konstellation der Schwiegerelternzuwendungen ist daher durchaus vereinbar mit den Prinzipien des Schenkungsrechts, das im Übrigen ausdrücklich die Schenkung unter Auflage oder die bedingte Schenkung kennt.

144 Dies hat die Rspr inzwischen zutreffend erkannt, wobei sie ihre bisherigen Grundsätze (ablehnend dazu und auf einen Widerspruch zur erbrechtlichen Judikatur bei der testamentarischen Begünstigung des Schwiegerkindes hinweisend Koch, in: FS Schwab [2005] 513 ff; Lipp JZ 1998, 908, 909 f) durch Entscheidungen des BGH im Jahre 2010 **tiefgreifend verändert** hat (BGH 3. 2. 2010 – XII ZR 189/06, BGHZ 184, 190 ff, NJW 2010, 2202 ff; bestätigt durch BGH 21. 7. 2010 – XII ZR 180/09, NJW 2010, 2884 ff und BGH 20. 7. 2011 – XII ZR 149/09, NJW 2012, 523 ff, FamRZ 2012, 276 m Anm Wever; zust Schmitz NJW 2010, 2207 f, Hoppenz, FamRZ 2010,

1718 und, allerdings offener, KOCH DNotZ 2010, 861 ff mit Überlegungen zu den Hintergründen der Rechtsprechungsänderung; krit bis abl SCHULZ FF 2010, 273 ff, SCHWAB FamRZ 2010, 1701, 1706 f, ZIMMERMANN FamFR 2010, 268 ff, BRAEUER FPR 2011, 75, 77 f va wegen der Stichtagsregelung, der teilweisen Zweckerreichung und möglichen Wertveränderung des Geschenks, WEVER FamRZ 2010, 1047, 1049 ff; WEVER FamRZ 2016, 857 ff; vgl auch zu den Folgen und dem Verhältnis der Rückforderungs- und Zugewinnprozesse SCHLECHT FamRZ 2010, 1021 ff; JÜDT FuR 2013, 431; LESZCZENSKI, Rückforderung schwiegerelterlicher Zuwendungen, stuft schwiegerelterliche Zuwendungen als einen familienrechtlichen Vertrag *sui generis* ein, auf den jedoch auch § 313 BGB anwendbar sei). Ausgangspunkt dieser Entscheidung über die Rückforderungen von Geldzuwendungen an den Schwiegersohn und von Arbeitsleistungen an dem in dessen Eigentum stehenden Familienheim ist, dass sie zutreffend **Sachzuwendungen als Schenkungen** beurteilt. Zugleich wurden diese als für den Zugewinnausgleich irrelevant angesehen und damit eine Rückabwicklung auf das Verhältnis zwischen den Schwiegereltern und dem Schwiegerkind beschränkt. Solche Zuwendungen erfüllen nämlich vollständig den **Tatbestand der Schenkung**, selbst wenn sie um des Fortbestands der Ehe willen erfolgen. Denn die Eltern verlieren anders als der Ehegatte den zugewendeten Gegenstand vollständig und die Vorgabe bezüglich der konkreten Verwendung ist dem Schenkungsrecht nicht fremd, wie die Schenkung unter Auflage oder die Zweckschenkung beweisen. Insoweit unterscheiden sie sich nicht von Schenkungen an das eigene Kind (BGH 3. 2. 2010 – XII ZR 189/06 Tz 21 ff, BGHZ 184, 190, 195 f, NJW 2010, 2202, 2203; BGH 21. 7. 2010 – XII ZR 180/09 Tz 12, NJW 2010, 2884; BGH 20. 7. 2011 – XII ZR 149/09 Tz 18 ff, NJW 2012, 523, 524). Für die Frage, ob das eigene Kind oder das Schwiegerkind Empfänger des schenkweise zugewendeten Vermögenswertes ist, sind insbesondere folgende Kriterien von Bedeutung: die Angaben auf dem Überweisungsträger, die Art und die Zweckbestimmung des Empfängerkontos sowie der vorgesehene Verwendungszweck (OLG Bremen 17. 8. 2015 – 4 UF 52/15, NZFam 2015, 959). Eine abweichende Einordnung einer Zuwendung als **Darlehen** kann aber dann erfolgen, wenn der Empfänger eines Geldbetrages zur Rückzahlung verpflichtet werden soll. Dabei kann eine ergänzende Vertragsauslegung dahingehend geboten sein, dass im Falle des Scheiterns der Beziehung der Darlehensnehmer gehalten ist, alles in seiner Kraft Stehende zu tun, um die Mittel in die Hand zu bekommen, um die Rückzahlung des Darlehens zu ermöglichen (OLG Köln 20. 1. 2016 – 11 U 153/15, ZEV 2016, 712).

Auch bei Schenkungen ist der **Grundsatz des Wegfalls der Geschäftsgrundlage** trotz **145**
der existierenden Sondervorschriften anwendbar (BGH 3. 2. 2010 – XII ZR 189/06 Tz 25 ff, BGHZ 184, 190, 196 f, NJW 2010, 2202, 2203 f; BGH 21. 7. 2010 – XII ZR 180/09 Tz 13 ff, NJW 2010, 2884 f; BGH 20. 7. 2011 – XII ZR 149/09 Tz 21 f, NJW 2012, 523, 524). Als Geschäftsgrundlage der Schenkung ist der Fortbestand der Ehe anzusehen. Unklar ist hingegen, für welchen Zeitraum die Ehe des Kindes fortbestehen muss. Denn die Rechtsprechung des BGH und infolgedessen die obergerichtliche Rechtsprechung ist uneinheitlich. Ausgangspunkt ist, dass der **dauerhafte** Fortbestand der Ehe des Kindes Geschäftsgrundlage der Schenkung ist (BGH 26. 11. 2014 – XII ZB 666/13, NJW 2015, 690, FamRZ 2015, 490 m Anm WEVER). Demgegenüber geht der X. Zivilsenat davon aus, dass die Geschäftsgrundlage in dem nicht nur kurzfristigen Fortbestand der Ehe bestehe. Zur Definition des Merkmals „nicht nur kurzfristig“ könne § 1579 Nr 1 BGB herangezogen werden. Dies rechtfertigt der X. Zivilsenat damit, dass der Schenker nach der allgemeinen Lebenserfahrung regelmäßig damit rechnen müsse, dass die Ehe seines Kindes nicht auf Lebenszeit Bestand habe. Nur im Einzelfall könne aufgrund besonderer Umstände angenommen werden, dass der Schenker von einem lebenslangen

Bestand der Ehe ausgehe (BGH 18. 6. 2019 – X ZR 107/16, NZFam 2019, 822, FamRZ 2019, 1595 m Anm WEVER, ZEV 2019, 718 m Anm MAYER; im Anschluss daran OLG Oldenburg 14. 10. 2020 – 11 UF 100/20, BWNotZ 2021, 157, 160, RNotZ 2021, 214, 217; OLG Celle 10. 5. 2021 – 6 U 9/21; im Einzelfall gegen die dauerhafte Ehe als Geschäftsgrundlage auch OLG Frankfurt 12. 10. 2021 – 6 UF 67/20, FamRZ 2022, 775, 776). Dies wird in der Literatur zu Recht überwiegend kritisiert (WEVER/FRANK FamRZ 2020, 885, 894; SUTOR, Billigkeitsansprüche und Vermögensauseinandersetzung bei Scheidung der Ehe im deutschen und schweizerischen Recht [2024] 80 ff mwNw). Zunächst ist darauf hinzuweisen, dass die überwiegende Zahl der Ehen und stabilen nichtehelichen Partnerschaften weiterhin mit dem Tod eines Partners endet (LÖHNIG JA 2019, 865; LÖHNIG NZFam 2019, 827). Weiterhin widerspricht die Entscheidung des X. Zivilsenats dem gesetzlichen Leitbild der Ehe, welches unabhängig von der Anzahl der geschiedenen Ehen, weiterhin von einer grundsätzlich auf Lebenszeit angelegten Ehe ausgeht. Deswegen ist die obergerichtliche Rechtsprechung zu begrüßen, die weiterhin die Auffassung des XII. Zivilsents zugrunde legt (vgl OLG Koblenz 31. 3. 2021 – 13 UF 698/20, FamRZ 2022, 143, 144 f; OLG Brandenburg 9. 5. 2023 – 3 U 55/22, FamRZ 2024, 26, 29 m Anm WEVER; OLG Karlsruhe 4. 12. 2023 – 5 UF 48/23, FamRZ 2024, 759 f).

146 Die Kehrseite dieser Diskrepanz in der Rechtsprechung stellt sich bei der **Rechtsfolge** des Wegfalls der Geschäftsgrundlage. Der X. Zivilsenat scheint insoweit von einem „alles oder nichts"-Prinzip auszugehen. Eine Anpassung des Vertrages im Sinne einer nur teilweisen Rückgewähr komme nicht in Betracht, da sie regelmäßig den mutmaßlichen Parteiwillen verfehle. Bleibe die Dauer der Beziehung hinter dem vorstellbaren Maximum zurück, sei vielmehr die Annahme gerechtfertigt, der Schenker hätte in Kenntnis dieses Umstands von der Schenkung abgesehen, und es sei ihm in diesem Fall, sofern nicht besondere Umstände vorliegen, nicht zuzumuten, dem Beschenkten das Geschenk auch nur teilweise zu belassen (BGH 18. 6. 2019 – X ZR 107/16, NZFam 2019, 822, FamRZ 2019, 1595 m Anm WEVER; bei Immoblien als Schenkungsgegenstand soll nach OLG Oldenburg 11. 10. 2020 – 11 UF 100/20, BWNotZ 2021, 157, 159 zudem die Nutzungsart von Relevanz sein: Während eine zur Selbstnutzung geschenkte Immobilie mit der Fortsetzung der ehelichen Lebensgemeinschaft in direktem Zusammenhang stehe, weil sie die Lebens- und Haushaltsführung der Ehegatten unmittelbar betreffe, stelle sich die Situation bei Anlage- und Renditeobjekten anders dar. So müsse damit gerechnet werden, dass angelegtes Vermögen in eine andere Anlageart umgeschichtet oder gar verbraucht wird. Anders als bei der Übertragung einer Immobilie zu Wohnzwecken könne der Schenker bei Übertragung sonstigen Vermögens gerade nicht damit rechnen, dass dieses langfristig für die Lebens- und Beziehungsgestaltung der Ehegatten genutzt werde; **aA** HERR FF 2021, 276, 286 und OBERMANN NZFam 2021 236, wonach der erforderliche Gemeinschafts- oder Paarbezug bei der Zuwendung von Anlagevermögen und Renditeobjekten in der (Alters-)Sicherung der ehelichen Lebensgemeinschaft liegen könne). Zwar scheint die Lösung, die der X. Zivilsenat vorschlägt, mit Ablauf der zeitlichen Grenzen des § 1579 Nr 1 BGB in der Praxis einfach handzuhaben zu sein. Jedoch kann nur eine umfassende Interessenabwägung zu im Einzelfall gerechten Ergebnissen führen (so auch WEVER, FamRZ 2019, 1599; aufgrund der Ausklammerung steuerlicher Aspekte durch den BGH kritisch GRZIWOTZ ZNotP 2019, 449, 450 f). Nach der Rechtsprechung des XII. Zivilsenats führt das Scheitern der Ehe von Kind und Schwiegerkind nicht automatisch zum Entstehen eines Rückgewähranspruchs. Stattdessen ist die Unzumutbarkeit des Festhaltens an der Schenkung gesondert festzustellen. Maßgebliche **Kriterien** hierfür sind die Ehedauer, die persönlichen und wirtschaftlichen Verhältnisse der Schwiegereltern und der früheren Ehegatten, der Umfang der durch die Schenkung bedingten und beim Schwiegerkind noch vorhandenen Vermögensmehrung sowie die mit der Schenkung verbundene Erwartung des Zuwendenden (BGH 3. 12. 2014 – XII ZB 181/13, NJW 2015, 1014 m Anm Schmitz, FamRZ 2015, 393 m Anm Wever, NZFam 2015, 268 m Anm Gross; BGH 26. 11. 2014 – XII ZB 666/13, NJW 2015, 690, FamRZ 2015, 490 m Anm Wever). Daher ist auch nicht zwingend eine ungekürzte Rückgewähr zu leisten; bei einer teilweisen Zweckerreichung aufgrund einer gewissen Fortdauer der Ehe kann nur eine **anteilige Rückgewähr** zu leisten sein (BGH 3. 12. 2014 – XII ZB 181/13, NJW 2015, 1014 m Anm Schmitz, FamRZ 2015, 393 m Anm Wever, NZFam 2015, 268 m Anm Gross; BGH 26. 11. 2014 – XII ZB 666/13, NJW 2015, 690, FamRZ 2015, 490 m Anm Wever; Herr NZFam 2014, 318, 321; NZFam 2015, 1033; vgl zu der parallelen Problematik bei ehebedingten Zuwendungen Rn 103). Umstritten ist hierbei wiederum, inwieweit der Abschlag wegen teilweiser Zweckerreichung für die Zeit des Fortdauerns der Ehe nach der Zuwendung bei der Anspruchsbemessung zu berücksichtigen ist (zu verschiedenen Vorschlägen zur Berechnung der Anspruchsminderung Sutor, Billigkeitsansprüche und Vermögensauseinandersetzung bei Scheidung der Ehe im deutschen und schweizerischen Recht [2024] 115 ff). Auf Zustimmung in der Literatur und obergerichtlichen Rechtsprechung ist insoweit vor allem der Vorschlag gestoßen, den Abschlag nach der verbleibenden Lebenserwartung der Ehegatten vorzunehmen, der anhand der Sterbetabellen zu berechnen sei (vgl Wever FamRZ 2013, 1; Wever FamRZ 2021, 329, 335; im Anschluss daran OLG Brandenburg 9. 5. 2023 – 3 U 55/22, FamRZ 2024, 26, 30; BGH 26. 10. 2016 – 4 U 159/15; OLG Bremen 17. 8. 2015 – 4 UF 52/15; Herr FF 2021, 276, 286; Koch FF 2023, 20, 23; krit dagegen Timmermann, Vermögensrechtliche Ausgleichsansprüche bei Scheidung einer Unternehmerehe in Deutschland und Italien [2021] 88 f). Auch zeitliche Höchstgrenzen einer Rückforderungsmöglichkeit werden diskutiert (OLG Köln 23. 2. 2015 – 4 UF 8/15, FamRZ 2015, 1333, 1336 mit zeitlicher Höchstdauer von 30 Jahren, jedenfalls bei einer Investition in ein „wertbeständiges Immobiliarvermögen; für einen Ausschluss der Rückforderung nach 20 Jahren seit der Zuwendung s Kogel FamRZ 2013, 512; dazu krit Wever FamRZ 2013, 514; 20 Jahre legten auch OLG Frankfurt 4. 6. 2012 – 6 UF 12/12, OLG Düsseldorf 25. 4. 2014 – II-3 UF 2/14, FamRZ 2015, 173, 175 und OLG Koblenz 31. 3. 2021 – 13 UF 698/20, FamRZ 2022, 143, 146 zugrunde; für eine Obergrenze von 10 Jahren vgl Jüdt FuR 2013, 431, 438 und BeckOGK/Harke [1. 10. 2025] § 516 Rn 90). Der XII. Zivilsenat hat die vorgeschlagenen Berechnungsansätze und zeitlichen Höchstgrenzen bisher zurückgewiesen (BGH 26. 11. 2014 – XII ZB 666/13, NJW 2015, 690, FamRZ 2015, 490 m Anm Wever). Eine schematische Betrachtungsweise verbiete sich. Über die Art und Weise, wie dem Gesichtspunkt Geltung zu verschaffen sei, habe der Richter im Rahmen seines tatrichterlichen Ermessens zu befinden (BGH 3. 2. 2010 – XII ZR 189/06, BGHZ 184, 190 ff, NJW 2010, 2202 ff). Entscheidend bleibt danach stets eine umfassende Interessenabwägung im Einzelfall.

In Abkehr zur früheren Rechtsprechung soll es für die Eltern an der Unzumutbarkeit der Aufrechterhaltung der Vermögenslage nichts ändern, dass die Tochter weiter über den **Zugewinn** beteiligt ist, wie ein Vergleich ehelicher und schwiegerelterlicher Zuwendungen zeige; während nämlich bei Ehegattenschenkungen der Zuwendende sein Endvermögen in gleicher Höhe verringere wie er das des Empfängers erhöhe und damit ein vollständiger Ausgleich möglich sei, werde durch die Zuwendung der Schwiegereltern nur das Endvermögen des Schwiegerkinds mit der Folge einer maximal hälftigen Beteiligung des eigenen Kindes erhöht, während die Schwiegereltern die Zuwendung selbst definitiv verlieren (BGH 3. 2. 2010 – XII ZR 189/06 Tz 31 ff, BGHZ 184, 190, 198 f, NJW 2010, 2202, 2204). Eine Halbteilung ist zwar unter den Ehegatten selbst unbedenklich, beruht aber auf **güterrechtlichen Spezialvorschriften**, die die Schwiegereltern nicht erfassen. Denn diese schenken anders als die Eheleute selbst, die ihre eheliche Lebensgemeinschaft ausgestalten wollen, um ihres eigenen Kindes 147 wegen (BGH 3. 2. 2010 – XII ZR 189/06 Tz 34 ff, BGHZ 184, 190, 199 ff, NJW 2010, 2202, 2204 f). Die Erwägung, hier liege eine Kettenschenkung vor, ist unzutreffend (vgl BGH 3. 2. 2010 – XII ZR 189/06 Tz 37, BGHZ 184, 190, 201, NJW 2010, 2202, 2205). Auch sonst ist die **Schwiegerelternschenkung zugewinnneutral**, so dass weder eine Benachteiligung des Kindes noch eine doppelte Inanspruchnahme des Schwiegerkindes droht. Denn die Schenkung an das Schwiegerkind ist einerseits in dessen Anfangsvermögen nach § 1374 Abs 2 BGB und andererseits im Endvermögen zu verbuchen; gleichzeitig ist aber auch der Rückgewähranspruch nicht nur im End-, sondern auch im Anfangsvermögen zu berücksichtigen (BGH 3. 2. 2010 – XII ZR 189/06 Tz 38 ff, BGHZ 184, 190, 201 ff, NJW 2010, 2202, 2205 f; BGH 21. 7. 2010 – XII ZR 180/09 Tz 19 ff, NJW 2010, 2884, 2885). **Altfälle** sollen über Billigkeitsentschädigungen geregelt werden können (BGH 3. 2. 2010 – XII ZR 189/06 Tz 44, BGHZ 184, 190, 203 f, NJW 2010, 2202, 2206, hierzu Schulz FamRZ 2011, 12 ff). Bei der Abwägung sind alle bisherigen Kriterien bis auf güterrechtliche Aspekte zu berücksichtigen, wobei die Dauer von Bedeutung ist (BGH 3. 2. 2010 – XII ZR 189/06 Tz 58 ff, BGHZ 184, 190, 207 ff, NJW 2010, 2202, 2207). Bezüglich erbrachter **Arbeitsleistungen** ist der Ausgleich auf den Betrag der verbleibenden Vermögensmehrung und die ersparten Aufwendungen für eine fremde Arbeitskraft beschränkt (BGH 3. 2. 2010 – XII ZR 189/06 Tz 61, BGHZ 184, 190, 209, NJW 2010, 2202, 2207). Eine Rückforderung kann dabei aber weder deswegen ausgeschlossen werden, weil das Kind teilweise von den Leistungen profitiert habe, noch weil es Miteigentum erlangt habe (BGH 20. 7. 2011 – XII ZR 149/09 Tz 30, NJW 2012, 523, 525). Auch ein Wertverlust der Immobilie genügt an und für sich nicht für den Ausschluss einer Ausgleichspflicht, wenn bei dem Schwiegerkind noch eine Vermögensmehrung feststellbar ist (BGH 20. 7. 2011 – XII ZR 149/09 Tz 31, NJW 2012, 523, 525). Bei nach der Trennung geleisteten Zahlungen scheidet ein Wegfall der Geschäftsgrundlage aber aus (BGH 20. 7. 2011 – XII ZR 149/09 Tz 36, NJW 2012, 523, 525).

148 Die **Verjährung** des Anspruchs auf Vertragsanpassung bei einer Schwiegerelternschenkung richtet sich gewöhnlich nach § 195 BGB und beträgt somit drei Jahre. Diese beginnt nicht erst mit der Rechtskraft der Scheidung, sondern bereits sobald die Eltern vom Scheitern der Ehe (vgl dazu Rn 102) ihres Kindes Kenntnis erhalten haben oder ohne grobe Fahrlässigkeit hätten erlangen müssen. Lag das Scheitern der Ehe vor der Veröffentlichung der Senatsentscheidung vom 3. 2. 2010, kommt ein Hinausschieben des Verjährungsbeginns aufgrund einer unklaren Rechtslage bis zu deren Veröffentlichung nicht in Betracht (BGH 16. 12. 2015 – XII ZB 516/14, NJW 2016, 629, FamRZ 2016, 457 m Anm Wever, NZFam 2016, 165 m Anm Singbartl). Abweichend davon beträgt die Verjährungsfrist nach § 196 BGB zehn Jahre, wenn der Anspruch auf Vertragsanpassung eine Grundstücksschenkung betrifft; dies gilt sogar wenn der Anspruch nicht auf Rückgewähr des Grundstücks gerichtet ist, sondern auf einen anstatt der Grundstücksrückgabe verlangten finanziellen Ausgleich (BGH 3. 12. 2014 – XII ZB 181/13, NJW 2015, 1014, FamRZ 2015, 393 m Anm Wever; anders noch in der Vorinstanz OLG Frankfurt 14. 3. 2013 – 6 UF 91/11, FamRZ 2013, 988 m krit Anm Hoppenz).

149 Auch wenn der BGH eine Schenkung annimmt, lässt er wie bei den unbenannten Zuwendungen unter Ehegatten nunmehr nicht ganz überzeugend auch zwischen den Schwiegereltern und dem Schwiegerkind grundsätzlich eine *condictio ob rem* zu. Denn die Flexibilität der Gestaltung über § 313 BGB vermag bei – wohl tatsächlich eher seltenem Vorliegen der Voraussetzungen – den Anspruch aus § 812 BGB nicht zu verdrängen. Und ein entsprechender Zuwendungszweck wird nicht durch einen gewissen Zeitablauf erreicht (BGH 3. 2. 2010 – XII ZR 189/06 Tz 47 ff, BGHZ 184, 190, 204 ff, NJW 2010, 2202, 2206; BGH 21. 7. 2010 – XII ZR 180/09 Tz 27 ff, NJW 2010, 2884, 2886; vgl zu den Folgen SCHLECHT FamRZ 2010, 1021, 1025 ff; insbes auch zum teilweisen Zweckfortfall, krit zum Flexibilitätsargument SORGE JZ 2011, 660, 667 ff). Soweit aber die Leistungen nur an das Kind erbracht werden, schließen etwaige Ansprüche der Eltern gegen dieses einen Bereicherungsanspruch gegen das Schwiegerkind aus (BGH 20. 7. 2011 – XII ZR 149/09 Tz 37 ff, NJW 2012, 523, 525 f). Gegen eine Anwendbarkeit der Zweckverfehlungskondiktion wurde allerdings grundsätzlich und zu Recht eingewendet, dass bei einem unentgeltlichen Geschäft eine Zweckabrede nicht möglich sei (so auch SCHWAB FamRZ 2010, 1701, 1706 f; WALKER, in: FS Rüßmann [2013] 366).

Diese Neuerungen werden auch auf **Arbeitsleistungen** erstreckt; gehen diese über 150
Gefälligkeiten hinaus, kann in dem Verhalten der Parteien der schlüssige Abschluss eines besonderen familienrechtlichen Vertrags (so genannter Kooperationsvertrag) gesehen werden, dessen Geschäftsgrundlage durch das Scheitern der Partnerschaft entfallen ist (BGH 3. 2. 2010 – XII ZR 189/06 Tz 52 ff, BGHZ 184, 190, 206 f, NJW 2010, 2202, 2207; zu besonderen Konstellationen insbesondere beim Güterstandsausgleich s SCHULZ FPR 2012, 79, 82 ff; zur Vererblichkeit vgl STEIN FamFR 2011, 243 ff).

cc) Konsequenzen für § 1374 Abs 2 BGB

Aus den vorstehenden Erwägungen zur Rückabwicklung von Schwiegerelternzuwen- 151
dungen ergeben sich auch Folgen für die **künftige Berechnung des Zugewinnausgleichs**. Nach dem früheren Verständnis als unbenannte Zuwendungen wurden sie aus dem Anwendungsbereich des § 1374 Abs 2 BGB weitgehend herausgenommen und nur im Endvermögen des Empfängers berücksichtigt (OLG Koblenz 18. 12. 2002 – 9 UF 530/01, NJW 2003, 1675 f; OLG Celle 27. 3. 2003 – 6 U 198/02, NJW-RR 2003, 721, 723; OLG Düsseldorf 9. 2. 1994 – 5 UF 17/91, NJW-RR 1994, 1411 f; anders für Schenkungen OLG Oldenburg 22. 12. 1993 – 3 U 44/93, NJW 1994, 1539). Hintergrund dieser Lösung war der Gedanke, dass die Zuwendung nicht auf der persönlichen Bindung zwischen dem Zuwendenden und dem Empfänger, sondern – ähnlich der unbenannten Zuwendung unter Ehegatten – um der Ehe und dabei des eigenen Kindes willen erfolgt ist. **Nach der Kehrtwende** der höchstrichterlichen Rechtsprechung sind sie als Schenkung nunmehr **„zugewinnneutral“**, da sie gemäß § 1374 Abs 2 BGB dem Anfangsvermögen des Empfängers zugerechnet werden und in dessen Endvermögen – jedenfalls theoretisch – noch vorhanden sind. Eine Ausnahme gilt nur dann, wenn die Zuwendung nicht der **Vermögensbildung**, sondern von vorneherein nur dem Verbrauch dient. In diesem Falle handelt es sich um Einkünfte gem § 1374 Abs 2 BGB, die nicht der Privilegierung von Schenkungen unterfallen (BGH 6. 11. 2013 – XII ZB 434/12, NJW 2014, 294, MittBayNot 2015, 225 m Anm WEGMANN, FamRZ 2014, 103 m Anm KOCH, NZFam 2014, 20 m krit Anm HOPPENZ; OLG Brandenburg 17. 4. 2014 – 9 UF 177/13, MittBayNot 2014, 535; nicht an der Privilegierung des § 1374 Abs 2 BGB nehmen mangels Zuwendungscharakters, s Rn 24, auch unentgeltliche Arbeitsleistungen teil; für eine Auslegung des Schenkungsbegriffs dahingehend, dass dieser auch „funktionsäquivalente Arbeitsleistungen von Eltern an das eigene Kind“ erfassen soll daher HERR FF 2024, 56, 64 und WEVER FamRZ 2024, 1261 ff). Gleichzeitig wird der Rückforderungsanspruch in seiner konkreten Höhe im Anfangs- und Endvermögen berücksichtigt (BGH 21. 7. 2010 – XII ZR 180/09, NJW 2010, 2884; OLG Düsseldorf 19. 3. 2014 – 8 UF 271/13, NJW 2014, 2512; krit zur Neutralität ZIMMERMANN FamFR 2010, 268 ff und LANGHEIM FF 2024, 91, 95 f; zum Verhältnis der Entscheidungen im Rückforderungs- und im Zugewinnverfahren vgl SCHLECHT FamRZ 2010, 1021, 1022 ff).

152 Von den vorherigen zu unterscheiden ist die Konstellation, dass ein Ehegatte Investitionen in das Hausanwesen der Schwiegereltern vornimmt, das als Familienheim genutzt wird. Eine Schenkung kann hier nicht angenommen werden. Ausgleichsansprüche des Ehepartners gegen die Schwiegereltern nach der Trennung werden grundsätzlich verwehrt (BGH 4. 4. 1990 – VIII ZR 71/89, BGHZ 111, 125, NJW 1990, 1789); dies gilt auch bei Partnern einer nichtehelichen Lebensgemeinschaft (BGH 4. 3. 2015 – XII ZR 46/13, NJW 2015, 1523, NZFam 2015, 502 m Anm Weinreich, FamRZ 2015, 833 m Anm Wever, ErbR 2015, 439 m Anm Scherpe; vgl dazu Mayer ZEV 2016, 177, 178). Denn in dieser Konstellation bestehe ausschließlich ein Leihvertrag zwischen den Parteien, aus dem sich kein Ersatzanspruch ableiten lässt. Ein darüberhinausgehender Kooperationsvertrag bezüglich erbrachter Arbeitsleistungen bestehe nicht, da die Parteien weder Ehegatten noch Partner einer NELG seien und es sich auch nicht um fremdnützige Investitionen handele. Vielmehr dienten diese nur der Verbesserung der eigenen Wohnverhältnisse bzw der der eigenen Familie. Bezüglich eingebrachter Materialien scheide eine Schenkung aus demselben Grunde aus. Der bereicherungsrechtliche Anspruch aus § 812 Abs 1 S 2 Alt 1 BGB scheitere in der Regel daran, dass nur ein Partner aus dem gemeinsamen Anwesen ausziehe, während der andere darin wohnen bleibe, was zur Konsequenz hat, dass der abgeschlossene Leihvertrag zumindest mit dem verbleibenden Partner fortbesteht (OLG Rostock 9. 6. 2016 – 10 UF 206/15, BeckRS 2016, 117292, FamRB 2017, 366) und daher ein Wegfall des Rechtsgrundes nicht vorliegt. Ein Anspruch aus § 812 Abs 1 S 2 Alt 2 BGB scheide mangels Bereicherung der „Schwiegereltern" jedenfalls dann aus, wenn diese aufgrund des fortbestehenden Leihvertrags nicht an den Verbesserungen des Anwesens partizipieren können. Ist dagegen das Leihverhältnis mit beiden Parteien beendet, können ausnahmsweise Ausgleichsansprüche in Betracht kommen (BGH 4. 4. 1990 – VIII ZR 71/89, BGHZ 111, 125, NJW 1990, 1789; Rossmann FuR 2019, 622, 627). Für den ausziehenden Partner bedeutet es, dass bereicherungsrechtliche Ansprüche zwar grundsätzlich möglich sind, sie in der Regel jedoch aufgrund des Fortbestehens des Leihvertrags ausscheiden, was unbefriedigend ist (krit dazu auch Proff zu Irnich NJW 2015, 1482; zu dem möglichen Bestehen eines Anspruchs gegen den ehemaligen Partner auf Zustimmung zur Kündigung den Leihvertrags Weinreich NZFam 2015, 502, 505; für eine Anwendbarkeit der Rechtsfigur der unbenannten Zuwendung als Rechtsgrund für Investitionen des Schwiegerkindes Budzikiewicz, in: FS Koch [2019] 350 ff).

d) Allgemeine Modifikationen des Schenkungsrechts durch das Familienrecht

aa) Schenkungsverbote und Restriktionen

153 Zugunsten des Vermögens von **Kindern und Mündeln** verbieten die §§ 1641, 1798 Abs 3, 1813 Abs 1 BGB den Eltern, Vormündern bzw Pflegern, Schenkungen daraus vorzunehmen (zur Nichtigkeitsfolge eines Verstoßes gegen diese absoluten Verfügungsverbote vgl die Einzelkommentierungen; s auch Sandweg NJW 1989, 1965, 1970). Im Rahmen des § 1798 Abs 3 BGB ist der Schenkungsbegriff dabei enger zu verstehen als ihn § 516 BGB vorgibt. Voraussetzung dafür ist, dass die aufgegebene Rechtsposition einen realen Vermögenswert des Betreuten darstellt, was nur dann der Fall ist, wenn eine Rechtsposition weggegeben wird, die einen wirtschaftlichen Wert darstellt (BGH 25. 1. 2012 – XII ZB 479/11, NJW 2012, 1956; BGH 2. 10. 2019 – XII ZB 164/19, FamRZ 2020, 188 m Anm Becker). Hieran kann es fehlen, wenn der Betreuer auf ein Wohnungsrecht des Betreuten verzichtet, dass für diesen, mangels eigener Nutzungsmöglichkeit und mangels der Möglichkeit dieses anderweitig zu verwerten, wirtschaftlich wertlos geworden ist (BGH 25. 1. 2012 – XII ZB 479/11, NJW 2012, 1956; dazu Zimmer NJW 2012, 1919). Nach

§ 1641 S 2 BGB und § 1798 Abs 3 S 2 BGB von dem Schenkungsverbot ausgenommen sind Schenkungen der Eltern in Vertretung des Kindes bzw des Vormunds in Vertretung des Mündels, durch die einer sittlichen Pflicht oder einer auf den Anstand zu nehmenden Rücksicht entsprochen wird. Nichtig sind im Übrigen Schenkungen eines Ehegatten an Dritte, soweit er mit dem anderen Ehegatten im Güterstand der Zugewinngemeinschaft lebt und es sich um Gesamtvermögensgeschäfte oder Verfügungen über Haushaltsgegenstände handelt, §§ 1365 ff BGB (vgl hierzu die jeweiligen Einzelkommentierungen).

Zugunsten des **Betreuten** ist seit der Reform des Vormundschafts- und Betreuungs- 154
rechts (Gesetz v 4. 5. 2021, BGBl 2021 I 882) demgegenüber in § 1854 Nr 8 BGB ein Genehmigungsvorbehalt vorgesehen. Hiernach sind Schenkungen durch den Betreuer zulasten des Vermögens des Betreuten grundsätzlich zulässig, unterliegen also nicht länger einem Schenkungsverbot (vgl zum Schenkungsverbot bei Betreuten mit historischen und rechtsgestalterischen Überlegungen noch HOLZHAUER FamRZ 2000, 1063 ff). Allerdings bedarf der Betreuer für Schenkungen der betreuungsgerichtlichen Genehmigung, es sei denn, diese sind nach den Lebensverhältnissen des Betreuten angemessen oder als Gelegenheitsgeschenke üblich (vgl dazu VOLMER FamRZ 2025, 28). Auf ehebedingte Zuwendungen sind die genannten Vorschriften wegen der vergleichbaren Gefahren für das Vermögen des schutzbedürftigen Beteiligten gleichfalls anwendbar (str, vgl HOLZHAUER FamRZ 2000, 1063, 1066; SANDWEG NJW 1989, 1965, 1970). Das bringt § 1854 Nr 8 BGB inzwischen durch die Klarstellung zum Ausdruck, wonach der Tatbestand in Nr 8 nunmehr neben Schenkungen ausdrücklich auch „unentgeltliche Zuwendungen" umfasst (MünchKommBGB/KROLL-LUDWIGS § 1854 Rn 40).

bb) Anordnungen

Bestimmte familienrechtliche Vorschriften ermöglichen es dem Schenker, Anord- 155
nungen für die **weitere Verwendung** des zugewendeten Gegenstands zu treffen. Dies betrifft neben § 1418 Abs 2 Nr 2 BGB (Bestimmung, dass die zugewendete Sache zum Vorbehaltsgut gehören soll) vor allem Anordnungen des Schenkers bei Zuwendungen an Minderjährige (vgl mit einem Überblick etwa FELIX NZFam 2024, 1105). Hier sind §§ 1638, 1811 Abs 1 BGB, wonach die Verwaltung des zugewendeten Vermögens den Eltern oder dem Vormund durch den Schenker entzogen werden kann, und die §§ 1639, 1798 Abs 2, 1837, 1811 Abs 2 BGB zu nennen, die dem Schenker einen Einfluss auf die Verwaltung durch Eltern, Vormund, Betreuer oder Pfleger ermöglichen (zur Benennung eines Zuwendungspflegers bei Zuwendung unter Lebenden DAMRAU FamRZ 2025, 574).

2. Erbrecht

a) Schenkungen zwecks vorweggenommener Erbfolge

Bei der vorweggenommenen Erbfolge (generell zur Thematik vgl FÖRSTER/HEYERES BB 156
1991, 1458; KOLLHOSSER AcP 194 [1994] 231 ff; OLZEN, Die vorweggenommene Erbfolge [1984] sowie dazu die Besprechungen von SPELLENBERG FamRZ 1987, 1229 und OTTE AcP 186 [1986] 313; PETER BWNotZ 1986, 28; REIFF NJW 1992, 2857; SCHMITZ DStR 1993, 497; SCHULZE ZUR WIESCHE BB 1986, 1134; KAPPLER/KAPPLER MittBayNot 2019, 217) handelt es sich um die **Übertragung des Vermögens** (oder eines wesentlichen Teiles davon) durch den (künftigen) **Erblasser** auf einen oder mehrere als (künftige) **Erben** in Aussicht genommene **Empfänger** (BGH 30. 1. 1991 – IV ZR 299/89, BGHZ 113, 310, 313, NJW 1991, 1345, DNotZ 1992, 32, 33; BGH

1. 2. 1995 – IV ZR 36/94, NJW 1995, 1349, 1350). Mit einer Schenkung zum Zweck der vorweggenommenen Erbfolge werden überwiegend steuerrechtliche Ziele verfolgt, da gemäß § 14 ErbStG dem Beschenkten alle zehn Jahre der Schenkungsteuerfreibetrag aufs Neue zusteht (dazu Rn 205 und va Rn 332). Zivilrechtlich handelt es sich um eine Schenkung unter Lebenden (BGH 30. 1. 1991 – IV ZR 299/89, BGHZ 113, 310, 313, NJW 1991, 1345; BGH 1. 2. 1995 – IV ZR 36/94, NJW 1995, 1349, 1350).

157 Die Schenkung unter Auflage sowie die gemischte Schenkung dienen vielfach dem Zweck der vorweggenommenen Erbfolge. Als Auflage wird besonders häufig die Pflicht zur Zahlung von sog **Gleichstellungsgeldern** gewählt: Der Beschenkte verpflichtet sich dazu, als Ausgleich für den Erhalt der Schenkung Leistungen an dem Schenker/Erblasser nahestehende Personen zu erbringen (vgl hierzu BGH 30. 1. 1991 – IV ZR 299/89, BGHZ 113, 310, 313, NJW 1991, 1345; ferner BGH 27. 6. 1990 – XII ZR 95/89, NJW-RR 1990, 1283, 1284; BFH 23. 10. 2002 – II R 71/00, BFHE 200, 402, 404 f, BStBl 2003 – II 162, 163 f, NJW 2003, 1207, 1208; Olzen, Die vorweggenommene Erbfolge [1984] 25 ff; MünchKommBGB/Koch § 516 Rn 85). Die in der Praxis wichtigsten Konstellationen der vorweggenommenen Erbfolge sind die **Unternehmensnachfolge** (Kollhosser AcP 194 [1994] 231, 233 ff) und der **Hofübergabevertrag**. Hierbei handelt es sich um einen Vertrag, durch den die Eltern ihr Unternehmen bzw ihren landwirtschaftlichen Grundbesitz an eines ihrer Kinder übertragen, welche im Gegenzug zu Zahlungen an die Eltern zwecks Sicherung ihres Lebensunterhaltes bzw einer Abfindung an nicht bedachte gesetzliche Erben verpflichtet werden (RG 9. 7. 1927 – V B 20/27, RGZ 118, 17, 20; BGH 27. 6. 1990 – XII ZR 95/89, NJW-RR 1990, 1283, 1284; OLG Düsseldorf 5. 2. 2001 – 9 U 136/00, NJW-RR 2001, 1518 ff; vgl Wieacker FamRZ 1957, 287; Wulff RdL 1952, 113, 115 ff lehnt eine Einordnung als Schenkung für den Regelfall ab). Da Bauernhöfe oft in langjähriger Tradition als Familienbetriebe geführt werden, kann, abweichend von den allgemeinen Regelungen, ein Hofübergabeversprechen aber unter bestimmten Bedingungen auch formlos gültig sein (BGH 16. 2. 1954 – V BLw 60/53, BGHZ 12, 286; OLG Karlsruhe 23. 10. 2014 – 9 U 9/11, BeckRS 2014, 22687).

158 Die **Abgrenzung** zwischen einer Verfügung von Todes wegen und einer Schenkung in vorweggenommener Erbfolge erfolgt anhand des **§ 2301 Abs 1 BGB**: Steht die Schenkung unter der (aufschiebenden) Bedingung des Überlebens des Beschenkten, so finden die erbrechtlichen Vorschriften Anwendung, es sei denn, die Schenkung ist iSd § 2301 Abs 2 BGB vollzogen worden. Auf diese Weise soll die Umgehung erbrechtlicher Vorschriften durch Verfügungen unter Lebenden erschwert werden (MünchKommBGB/Rust § 2301 Rn 1; Meyer, Die Übertragung von Vermögen anlässlich des Todes außerhalb des Erbrechts durch Schenkung [2022] 205 ff hält die kritische Haltung gegenüber lebzeitigen unentgeltlichen Rechtsgeschäften auf den Todesfall dagegen für nicht gerechtfertigt und fordert eine Neufassung des § 2301 BGB). Da § 2301 Abs 1 BGB vom BGH eng verstanden wird, verbleibt für das Schenkungsrecht ein sehr weiter Anwendungsbereich (BGH 30. 10. 1974 – IV ZR 172/73, NJW 1975, 382, 383; BGH 20. 6. 1984 – IVa ZR 34/83, NJW 1985, 1553, 1554; BGH 12. 11. 1977 – IVa ZR 77/85, BGHZ 99, 97, 100, NJW 1987, 840; BGH 18. 5. 1988 – IVa ZR 36/87, NJW 1988, 2731, 2732; krit Olzen, Die vorweggenommene Erbfolge [1984] 94 ff; Windel, Über die Modi der Nachfolge in das Vermögen einer Person nach dem Todesfall [1997] 343 ff; so auch MünchKommBGB/Koch § 516 Rn 87). So fallen solche Versprechen nicht unter § 2301 Abs 1 BGB, deren Erfüllung nur auf den Todestag des Schenkers hinausgeschoben sind (RG 17. 1. 1903 – I 286/02, RGZ 53, 294, 296), oder solche unter aufschiebender Befristung des Todes des Schenkers (BGH 18. 5. 1988 – IVa ZR 36/87, NJW 1988, 2731;

BGH 12. 11. 1986 – V ZR 266/85, NJW 1987, 839, 840; BGH 20. 6. 1984 – IVa ZR 34/83, NJW 1985, 1553, 1554). Zur schwierigen Abgrenzung der auf den Todesfall befristeten Schenkung und der Schenkung unter Überlebensbedingung zieht der BGH die Auslegungsregel des § 2084 BGB heran, womit zwar durch eine erbrechtliche Norm entschieden wird, ob das Erbrecht Anwendung findet (so auch die formal-logischen Bedenken bei MünchKommBGB/Koch § 516 Rn 88; Leipold JZ 1987, 362, 364; Bork JZ 1988, 1059, 1063), aber doch ein sachgerechtes Ergebnis erreicht wird. Danach soll nämlich nur dann eine Verfügung von Todes wegen vorliegen, wenn dies dem Erblasserwillen am besten entspricht (BGH 18. 5. 1988 – IVa ZR 36/87, NJW 1988, 2731). Unzutreffend ist es also, im Zweifel eine Schenkung unter Überlebensbedingung anzunehmen, weil eine größere sachliche Nähe zur Verfügung von Todes wegen bestünde (MünchKommBGB/Koch § 516 Rn 88; Leipold JZ 1987, 362, 364; Bork JZ 1988, 1059, 1063).

b) Nachlass gefährdende Schenkungen

Nach § 2113 Abs 2 iVm Abs 1 BGB sind Schenkungen eines **Vorerben** insoweit unwirksam, als sie das Recht des Nacherben beeinträchtigen oder zerstören, wobei Pflicht- und Anstandsschenkungen ausgenommen sind (s näher Staudinger/Avenarius [2019] § 2113 Rn 57 ff und Spellenberg FamRZ 1974, 350 ff). **159**

Gemäß § 2205 S 3 BGB kann der **Testamentsvollstrecker** unentgeltliche Verfügungen nur dann treffen, wenn diese einer sittlichen Pflicht oder einer auf den Anstand zu nehmenden Rücksicht entsprechen (Staudinger/Dutta [2021] § 2205 Rn 74 ff; s hierzu auch Müller WM 1982, 466 ff). Rechtsfolge einer unzulässigen unentgeltlichen Verfügung ist jedoch nur deren schwebende Unwirksamkeit (vgl BGH 24. 9. 1971 – V ZB 6/71, BGHZ 57, 84, 91 ff, NJW 1971, 2264, 2266 f). Auch durch die Möglichkeit eines gutgläubigen Erwerbs nach §§ 932 ff BGB lässt sich die Vorschrift des § 2205 S 3 BGB nicht ausschalten, da hierbei alleine die fehlende Eigentümerstellung des Veräußerers durch den guten Glauben des Erwerbers überwunden wird (Staudinger/Dutta [2021] § 2205 Rn 75; vgl zum Bezugspunkt des guten Glaubens RG 3. 7. 1918 – I 423/17, RGZ 93, 230, 231; BGH 2. 11. 1920 – VII 190/20, RGZ 100, 190, 194). Der Begriff der Unentgeltlichkeit wird hierbei genauso verstanden wie in den §§ 516 ff BGB (vgl nur Staudinger/Dutta [2021] § 2205 Rn 77), so dass sowohl subjektive als auch objektive Merkmale erfüllt sein müssen (vgl Rn 39; Müller WM 1982, 466). **160**

Nach § 2287 Abs 1 BGB kann der **Vertrags- oder Schlusserbe** von dem Beschenkten die Herausgabe des Geschenks nach den Vorschriften über die Herausgabe einer ungerechtfertigten Bereicherung fordern, wenn der Erblasser in der Absicht, den Vertrags- bzw Schlusserben zu beeinträchtigen, eine Schenkung vorgenommen hat (§ 2287 Abs 1 BGB wird analog für den Fall der schädigenden Verfügung bei einem gemeinschaftlichen Testament iSd §§ 2265 ff BGB angewendet – aktiv legitimiert ist dann der eingesetzte Schlusserbe, vgl nur MünchKommBGB/Brockmöller § 2287 Rn 2; s hierzu Spellenberg NJW 1986, 2351 ff und FamRZ 1974, 350, 357 ff). Für den Fall, dass der Beschenkte den Gegenstand weiterschenkt, kommt nach Ansicht des BGH ein Anspruch gegen den Dritten aus §§ 2287, 822 BGB in Betracht. Letzterer sei auch im Rahmen des § 2287 BGB anwendbar, da der unentgeltliche Erwerb des Dritten weniger schutzwürdig sei als das Interesse des Vertragserben oder unwiderruflich eingesetzten Schlusserben, die Erbschaft ungeschmälert von Schenkungen zu erhalten (BGH 20. 11. 2013 – IV ZR 54/13, NJW 2014, 782, FamRZ 2014, 203 m zust Anm Schwab, LMK 2014, 354195 m Anm Magnus, JR 2015, 132 m Anm Schubert; nun auch Staudinger/Raff [2022] **161**

§ 2287 Rn 26). Da bei jeder Schenkung des Erblassers eine Benachteiligung des Erben droht, bedarf es, um einer ausufernden Anwendung des § 2287 Abs 1 BGB zuvorzukommen, einer **restriktiven Auslegung** dahingehend, dass der Erblasser sein Recht zu lebzeitigen Verfügungen missbraucht hat (BGH 5. 7. 1972 – IV ZR 125/70, BGHZ 59, 343, 350, NJW 1973, 240, 241 f). Ein solcher Missbrauch liegt nicht vor, wenn der Erblasser ein lebzeitiges Eigeninteresse an der von ihm vorgenommenen Schenkung hatte (BGH 5. 7. 1972 – IV ZR 125/70; BGH 23. 4. 1986 – IVa ZR 97/85, FamRZ 1986, 980; BGH 23. 9. 1981 – IVa ZR 185/80, BGHZ 82, 274, 282, NJW 1982, 43, 45; umfassend Schindler ErbR 2015, 526 534). Dieses muss sich nicht zwingend auf den gesamten Schenkungsgegenstand beziehen, sondern kann auch lediglich einen Teil der Schenkung rechtfertigen und nur insoweit einen Missbrauch der lebzeitigen Verfügungsmacht ausschließen (BGH 28. 9. 2016 – IV ZR 513/15, NJW 2017, 331 m Anm Keim). Ein lebzeitiges Eigeninteresse ist anzunehmen, wenn nach dem Urteil eines objektiven Beobachters die Verfügung in Anbetracht der gegebenen Umstände auch unter Berücksichtigung der erbvertraglichen Bindung als billigenswert und gerechtfertigt erscheint (so BGH 12. 6. 1980 – IVa ZR 5/80, BGHZ 77, 264, 266, NJW 1980, 2307, 2308); so etwa, wenn es dem Erblasser im Alter um seine Versorgung und gegebenenfalls auch Pflege durch den Beschenkten geht (BGH 27. 1. 1982 – IVa ZR 240/80, BGHZ 83, 44, 46, NJW 1982, 1100, 1101; s auch BGH 23. 9. 1981 – IVa ZR 185/80, BGHZ 82, 274, 282, NJW 1982, 43, 45) oder wenn der Beschenkte ohne rechtliche Bindung Leistungen vornimmt bzw dies für die Zukunft intendiert (BGH 26. 10. 2011 – IV ZR 72/11, NJW-RR 2012, 207 für die Konstellation, dass in einem Grundstücksübergabevertrag explizit Pflegeleistungen für den Übergeber ausgeschlossen worden waren). Beweispflichtig für das fehlende lebzeitige Eigeninteresse ist der Vertrags- bzw Schlusserbe (BGH 23. 9. 1981 – IVa ZR 185/80, BGHZ 82, 274, 282, NJW 1982, 43, 45; BGH 21. 5. 1986 – IVa ZR 171/84, WM 1986, 977, 978; BGH 17. 6. 1992 – IV ZR 88/91, NJW 1992, 2630, 2631; OLG München 30. 4. 1987 – 24 U 472/86, NJW-RR 1987, 1485 f; OLG München 1. 10. 1999 – 23 W 1996/99, NJW-RR 2000, 526, 528; OLG Köln 30. 9. 1991 – 2 W 140/91, NJW-RR 1992, 200; MünchKomm-BGB/Brockmöller § 2287 Rn 28), wobei es dem Beschenkten zunächst obliegt, substantiiert und schlüssig Umstände vorzutragen, die für ein lebzeitiges Eigeninteresse sprechen (OLG Hamm 12. 9. 2017 – I-10 U 75/16, ZEV 2018, 93).

162 Da Schenkungen des Erblassers auch den Anspruch des Pflichtteilsberechtigten grundsätzlich beeinträchtigen können, gewährt § 2325 BGB einen **Pflichtteilsergänzungsanspruch** in Höhe des Betrags, um den sich sein Pflichtteil erhöhen würde, wenn die Schenkung nicht stattgefunden hätte. Schenkungen, die mehr als zehn Jahre zurückliegen, werden dabei nach § 2325 Abs 3 S 2 BGB nicht berücksichtigt (näher s Staudinger/Herzog [2021] § 2325 Rn 155 ff; vgl auch Spellenberg FamRZ 1974, 350, 357 ff und Karczewski ZEV 2020, 733 ff; zur unbenannten Zuwendung s Rn 105 sowie Karczewski ZEV 2023, 281 ff). Ausgenommen sind insoweit nach § 2330 BGB nur Pflicht- und Anstandsschenkungen (zur Frage der remuneratorischen Schenkung s Keim FamRZ 2004, 1081, 1085 f; und vgl zur remuneratorischen Schenkung allg Rn 53 f). Schenkungsgegenstand iSd § 516 Abs 1 BGB ist bei einer pflichtteilsrechtlich relevanten Schenkung unter **Nießbrauchsvorbehalt** die gesamte zugewendete Sache, die jedoch mit einer Auflage iSd § 525 BGB belastet ist (hM, vgl § 525 Rn 17, 65). Für die Berechnung des Pflichtteilsergänzungsanspruchs geht die wohl überwiegende Auffassung in Rechtsprechung und Literatur davon aus, dass der Wert des Nießbrauchs vom Wert der geschenkten Sache in Abzug zu bringen ist; Gegenstand ist dann der sog **Hüllenwert** (BGH 8. 4. 1992 – IV ZR 2/91, NJW 1992, 2887; BGH 27. 4. 1994 – IV ZR 132/93, NJW 1994, 1791, ZEV 1994, 233; BGB-RGRK/Johannsen § 2325 Rn 22; **aA** Reiff, Die Dogmatik der Schenkung unter Nießbrauchsvorbehalt [1989] § 9 II – unter Hinweis auf unstimmige Ergebnisse in „Auszehrungsfällen"). Der BGH zieht dazu das in § 2325 Abs 2 S 2 BGB niedergelegte **Niederstwertprinzip** heran: Die Werte zum Zeitpunkt der Schenkung und zum Zeitpunkt des Erbfalles werden verglichen und der niedrigere der Berechnung zugrunde gelegt (BGH 8. 4. 1992 – IV ZR 2/91, BGHZ 118, 49, 50, NJW 1992, 2887; BGH 27. 4. 1994 – IV ZR 132/93, BGHZ 125, 395, 397, NJW 1994, 1791, ZEV 1994, 233; krit zu dieser Berechnungsmethode wegen ihres aleatorischen Charakters noch STAUDINGER/OLSHAUSEN [2015] § 2325 Rn 104; für eine rein objektive Bewertung von vorbehaltenen Nutzungsrechten bzw sonstigen Gegenleistungen aus der Perspektive des Erbfallzeitpunktes JASPERT ZEV 2020, 69).

c) Die Schenkung von Todes wegen, § 2301 BGB

§ 2301 Abs 1 BGB ordnet für den Fall eines Schenkungsversprechens von Todes wegen die Geltung der erbrechtlichen Regeln an. Nach überwiegender Ansicht sind aufgrund der Vertragsnatur des Schenkungsversprechens die Formvorschriften des **Erbvertrags** (§ 2276 BGB) einzuhalten (GRÜNEBERG/WEIDLICH [85. Aufl 2026] § 2301 Rn 6; BREDEMEYER ZEV 2010, 288, 289, **aA** noch MünchKommBGB/MUSIELAK [9. Aufl 2022] § 2301 Rn 13, der auch jede zulässige Form eines Testaments gelten lassen möchte). Dafür sprechen die systematische Stellung der Vorschrift, der Wille des historischen Gesetzgebers (MUGDAN Mot V 185 ff; Prot V 761 f) und der Normzweck, der gerade eine Umgehung der erbrechtlichen Formen durch auf den Todesfall bezogene Rechtsgeschäfte unter Lebenden verhindern will (für eine ersatzlose Streichung der Norm wegen Unklarheiten auf Rechtsfolgenseite MEYER ZEV 2017, 682; mit dem Vorschlag einer Neufassung MEYER, Die Übertragung von Vermögen anlässlich des Todes außerhalb des Erbrechts durch Schenkung [2022] 209 ff). 163

Die Schenkung von Todes wegen wird nach § 2301 Abs 2 BGB dann wiederum den §§ 516 ff BGB unterworfen, wenn ein **lebzeitiger Vollzug** des Schenkungsversprechens vorgenommen wird. Darunter ist nur die Erbringung des Vermögensopfers unmittelbar aus dem Vermögen des Erblassers zu verstehen; ein Vermögensopfer des Erben ist nicht ausreichend (BGH 23. 2. 1983 – IVa ZR 186/81, BGHZ 87, 19, 25 f, NJW 1983, 1487, 1489; MünchKommBGB/RUST § 2301 Rn 21). Ein Unterschied zwischen den Heilungsvorschriften des § 2301 Abs 2 und des § 518 Abs 2 BGB besteht insofern, als in letzterem Falle eine Heilung von den Erben nach dem Tode des Schenkers bewirkt werden kann (BGH 12. 11. 1986 – IVa ZR 77/85, BGHZ 99, 97, 100, NJW 1987, 840; zu den Einzelheiten der Vollziehung vgl STAUDINGER/RAFF [2022] § 2301 Rn 18 ff sowie § 518 Rn 18). Eine Schenkung von Todes wegen nach § 2301 Abs 1 BGB kann jedoch nach dem Tod des Schenkers nicht mehr vollzogen werden, auch nicht durch unwiderruflich über den Tod hinaus Bevollmächtigte (BGH 18. 5. 1988 – IVa ZR 36/87, NJW 1988, 2731; BGH 12. 11. 1986 – IVa ZR 77/85, BGHZ 99, 97, 100, NJW 1987, 840; BGH 5. 3. 1986 – IVa ZR 141/84, NJW 1986, 2107; Brandenburgisches OLG 21. 3. 2023 – 3 U 34/22, ZEV 2023, 596, 597). Deutlich wird dieser Unterschied am sog **Bonifatius-Fall** (RG 28. 10. 1913 – VII 271/13, RGZ 83, 223). Dort war die Frage entscheidend, ob die von einem vom Verstorbenen beauftragten Boten schenkungshalber dem Begünstigten überbrachten Wertpapiere als Schenkung unter Lebenden oder von Todes wegen zu betrachten waren. Im ersten Fall wäre eine Heilung nach § 518 Abs 2 BGB eingetreten, im zweiten wäre die Schenkung nach § 2301 Abs 1 BGB unrettbar unwirksam gewesen. Das RG entschied zu Recht im letzteren Sinne: Der Verstorbene hatte den Boten in Erwartung seines baldigen Todes beauftragt. 164

165 Die Erteilung einer unwiderruflichen Verfügungsvollmacht genügt den Anforderungen des § 2301 Abs 2 BGB nicht (BGH 23. 2. 1983 – IVa ZR 186/81, BGHZ 87, 19, 25 f, NJW 1983, 1487, 1489; Brandenburgisches OLG 21. 3. 2023 – 3 U 34/22, ZEV 2023, 596, 597). Bei der Einräumung einer **Unterbeteiligung an einem Gesellschaftsanteil** liegt lebzeitiger Vollzug iSd § 2301 Abs 2 BGB jedoch vor, wenn neben dem rein schuldrechtlichen Gewinnbeteiligungsanspruch mitgliedschaftliche Mitbestimmungs- und Kontrollrechte begründet werden, die ausgleichen sollen, dass der Unterbeteiligte nicht dinglich berechtigt wird (Schmidt DB 2002, 829 ff; MünchKommBGB/Koch § 518 Rn 32; MünchKommBGB/Schäfer Vorbem § 705 Rn 101, § 705 Rn 44 f; so nun auch OLG Frankfurt 13. 11. 2008 – 1 U 127/07, juris Rn 39; BFH 26. 1. 2008 – II R 10/06, BFHE 220, 513, 515 f, BStBl 2008 II 631, 632 f, NJW-RR 2008, 986, 987; BGH 29. 11. 2011 – II ZR 306/09 Tz 22 ff, 26, BGHZ 191, 354, 360 ff, ZEV 2012, 167, 169 f m Anm Reimann; Schmidt JbFfSt 2012/2013, 404 – „Suhrkamp-Urteil"; noch generell den lebzeitigen Vollzug ablehnend, da keine dingliche Berechtigung eingeräumt werde, aber BGH 24. 9. 1952 – II ZR 136/51, BGHZ 7, 174, 178 f, NJW 1952, 1413; BGH 29. 10. 1952 – II ZR 16/52, BGHZ 7, 378, 379 f, NJW 1953, 219, allerdings zum gleich gelagerten Fall der stillen Beteiligung). Wertungsmäßig kann es in der Tat keinen Unterschied machen, ob der Vollzug durch eine dingliche Rechtsänderung untermauert wird oder nicht. Gerade auch bei Fällen der schenkweisen Zuwendung von Forderungen geht die Rechtsprechung ebenfalls nicht davon aus, dass ein Vollzug iSd § 2301 Abs 2 BGB mangels dinglicher Rechtsänderung nicht möglich wäre (vgl BGH 10. 11. 1984 – IVa ZR 30/82, FamRZ 1985, 693, 696; BGH 16. 4. 1986 – IVa ZR 198/84, NJW-RR 1986, 1133; BGH 10. 5. 1989 – IVa ZR 66/88, NJW-RR 1989, 1282; BGH 14. 7. 1997 – II ZR 122/96, NJW 1997, 3370, ZEV 1997, 416; MünchKommBGB/Rust § 2301 Rn 31 – zur Frage des Vollzuges einer Forderungsschenkung durch Abtretung).

d) Der Vertrag zugunsten Dritter auf den Todesfall

166 Ziel des Vertrags zugunsten Dritter auf den Todesfall gem §§ 328, 331 BGB (Staudinger/Klumpp [2020] § 331 Rn 4 ff) ist es, neben den Verfügungen von Todes wegen ein Mittel der Vermögensnachfolgegestaltung zu schaffen, das es ermöglicht, Vermögenswerte gleichsam „am Nachlass vorbei" weiterzugeben. Auf diese Weise wird insbesondere die **Versorgung von Hinterbliebenen** gesichert, die vor dem Zugriff etwaiger Nachlassgläubiger geschützt werden sollen (gegen eine solche Möglichkeit aber eindeutig Mugdan Prot II 709; vgl Wall, Das Valutaverhältnis des Vertrags zugunsten Dritter auf den Todesfall [2010] Rn 606 ff, 1168 ff; Hasse, Interessenkonflikte bei der Lebensversicherung zugunsten Dritter [1981]; zur gemischten Lebensversicherung s Hasse VersR 2005, 1176 ff; zur Anordnung einer Zuwendungspflegschaft gem §§ 1638, 1811 BGB bei einem Lebensversicherungsvertrag zugunsten eines Minderjährigen s Damrau ZEV 2024, 720). Zudem ermöglicht es ein entsprechender Lebensversicherungsvertrag dem Erblasser, einer Person ohne zeitaufwendigen Nachweis bzw Durchsetzung ihrer Erbenstellung durch Einräumung der Position eines Bezugsberechtigten unmittelbar nach seinem Tode erforderliche finanzielle Mittel zuzuweisen (Bredemeyer ZEV 2010, 288, 290; Wall, Das Valutaverhältnis des Vertrags zugunsten Dritter auf den Todesfall [2010] Rn 1172 ff). Der historische Gesetzgeber hatte mutmaßlich bei der Konzeption der Norm bereits den heute in der Praxis wichtigsten Anwendungsfall, die **Lebensversicherung mit widerruflichem Bezugsrecht zugunsten eines Dritten**, zugrunde gelegt. (Jedenfalls spielt der Lebensversicherungsvertrag in den Materialien zu den §§ 328 ff BGB eine bedeutende Rolle, vgl für die §§ 328 ff BGB insbes zu den Lebensversicherungsfällen Mugdan Mot II 147, 151 und Prot II 703 ff, 708 f; vgl auch die explizite Regelung des § 159 Abs 2 VVG nF; zur Zuwendung von Konten und Depots Kümpel WM 1977, 1186 ff).

Bei dieser Vertragskonstellation wird im Deckungsverhältnis zwischen dem versprechenden Versicherer und dem Versprechensempfänger (dem zukünftigen Erblasser) regelmäßig eine entgeltliche Leistung vorliegen. Handelt es sich im Valutaverhältnis zwischen Versprechensempfänger und Begünstigtem um eine Schenkung, so kommt dort § 518 Abs 1 BGB zur Anwendung, nicht § 2301 BGB (mittlerweile im Wesentlichen konsentiert, s nur BGH 30. 1. 2018 – X ZR 119/15, MittBayNot 2018, 462 m Anm Forschner; BGH 21. 5. 2008 – IV ZR 238/06 Tz 21, NJW 2008, 2702, 2703; BGH 26. 11. 2003 – IV ZR 438/02, BGHZ 157, 79, 82, NJW 2004, 767, 768; BGH 29. 1. 1964 – V ZR 209/61, BGHZ 41, 95, 96 f, NJW 1964, 1124, 1125; MünchKommBGB/Koch § 516 Rn 89; Staudinger/Klumpp [2020] § 331 Rn 26 ff; Bredemeyer ZEV 2010, 288, 289; Hasse VersR 2008, 590, 598 f; Wall, Das Valutaverhältnis des Vertrags zugunsten Dritter auf den Todesfall [2010] Rn 122 ff, 279 f kommt über eine Einordnung der Zuwendung des Versicherungsanspruchs als Rechtsgeschäft von Todes wegen zur Unanwendbarkeit des § 2301 BGB; krit Peters MDR 1995, 659, 662). Begründet wird dies va im Hinblick auf die vorrangige Sonderregelung in § 331 BGB sowie §§ 159 f VVG, früher §§ 166 f VVG aF. Die Schenkung im Valutaverhältnis führt aber nicht dazu, dass auch das Geschäft im Deckungsverhältnis der Form des § 518 Abs 1 BGB zu unterwerfen wäre (OLG Stuttgart 3. 2. 1953 – 6 W 151/53, VersR 1954, 186; Bredemeyer ZEV 2010, 288, 289). Liegt im Valutaverhältnis freilich – etwa aufgrund der Nichtbeachtung des Formerfordernisses – keine wirksame Schenkung vor, so ist die Leistung des Versprechensempfängers an den Dritten, obgleich sie abstrakt erfolgte, kondizierbar (BGH 29. 5. 1984 – IX ZR 86/02, BGHZ 91, 288, 290, NJW 1984, 2156; MünchKommBGB/Gottwald § 328 Rn 29; Bredemeyer ZEV 2010, 288, 289 ff; Hasse VersR 2008, 590, 592 f). Sind die Person des Bezugsberechtigten und des Erben nicht identisch, kommt es auf die Frage an, ob der Bezugsberechtigte den Anspruch gegen den Versicherer kondiktionsfest erworben hat. Soweit eine Schenkung zu Lebzeiten nicht formwirksam zustande gekommen ist, kann sie nur noch vermittelt durch das Versicherungsunternehmen nach dem Tode vereinbart werden. Dies ist aber nur dann möglich, wenn der Schenker/Erblasser seine auf den Abschluss eines Schenkungsvertrages gerichtete Willenserklärung nicht gem § 130 Abs 1 S 1 BGB noch vor Zugang an den Bezugsberechtigten widerrufen hat. Entsprechend der Wertungen des § 2258 Abs 1 BGB kann der Widerruf auch durch ein Testament erfolgen, in welchem der Erblasser umfassend über sein Vermögen verfügt, ohne den Gegenstand der Schenkung ausdrücklich zu erwähnen. Abgegeben ist der Widerruf des Schenkungsangebots jedenfalls dann, sobald das Testament in amtliche Verwahrung genommen wurde. Zugegangen ist der Widerruf, wenn der Bezugsberechtigte von den Verfügungen in dem Testament Kenntnis erlangt (BGH 30. 1. 2018 – X ZR 119/15, MittBayNot 2018, 462 m Anm Forschner; krit dazu Strobel WM 2019, 1477). Da auch die Erben vor Zugang des Schenkungsangebots dieses widerrufen können, kann es zu einem Wettlauf zwischen den Erben und dem Bezugsberechtigten kommen (vgl zu dieser Problematik Bredemeyer ZEV 2010, 288, 291 f; Hasse VersR 2008, 590 ff; Dobmaier AnwBl 1999, 692 f; Vollersen Jura 2009, 923 ff; Wall, Das Valutaverhältnis des Vertrags zugunsten Dritter auf den Todesfall [2010] Rn 1563 ff und ZEV 2011, 3, 7 f; für Konten und Depots s Kümpel WM 1977, 1186, 1192 ff; Peters MDR 1995, 659, 661 ff; für Lebensversicherungsverträge vRiegen/Barduhn VersR 2024, 610 ff; Prahl VersR 2022, 1405 ff; zu den Konsequenzen für das Verhalten des Versicherers s BGH 10. 4. 2013 – IV ZR 38/12, NJW 2013, 2588; OLG Saarbrücken 17. 5. 2017 – 5 U 35/16, NJW-RR 2018, 35; OLG Nürnberg 21. 12. 2015 – 8 U 1255/15, NJW-RR 2016, 737; Vollersen ZGS 2009, 305 ff; Winkens VersR 2018, 133 ff; Wall, Das Valutaverhältnis des Vertrags zugunsten Dritter auf den Todesfall [2010] Rn 1184 ff; zu den Einwirkungsmöglichkeiten für den Nachlasspfleger s OLG Saarbrücken 6. 6. 2024 – 5 U 28/24, FamRZ 2024, 1974, 1975 und Bredemeyer ZEV 2014, 287 ff). Ist ein Widerruf des Schenkungsange- 167 botes durch die Erben erfolgt, wirkt dieser ausschließlich in dem Verhältnis zwischen ihnen und dem Bezugsberechtigten. Ein hieraus folgender Bereicherungsanspruch ist daher nicht im Deckungsverhältnis zum Versicherer, sondern im Valutaverhältnis der Erben gegenüber den Bezugsberechtigten zu verfolgen (OLG Dresden 9. 10. 2018 – 4 U 808/18, VersR 2019, 85; OLG Zweibrücken 23. 8. 2023 – 1 U 12/23, FamRZ 2023, 1993, 1995). Jedenfalls im Falle eines evident wirksamen Widerrufs ist aber der Versicherer berechtigt – und gegebenenfalls gegenüber den Erben verpflichtet –, dem Zahlungsbegehren des Bezugsberechtigten den Einwand einer unzulässigen Rechtsausübung (§ 242 BGB) gegenüber den Erben entgegen zu halten, was zu einer Durchbrechung des Abstraktionsprinzips zwischen dem Deckungs- und Valutaverhältnis führt (OLG Saarbrücken 17. 5. 2017 – 5 U 35/16, NJW-RR 2018, 35, zust Winkens VersR 2018, 133 ff; im Anschluss daran OLG Hamm 24. 4. 2019 – 20 U 135/18, VersR 2020, 89; OLG Zweibrücken 23. 8. 2023 – 1 U 12/23, FamRZ 2023, 1993, 1995 betont jedoch, dass aus dem *dolo agit* Einwand keinen Zahlungsanspruch der Erben bzw des für sie handelnden Nachlasspflegers gegenüber dem Versicherer hergeleitet werden kann und dass im Übrigen – entgegen dem OLG Saarbrücken – keine Verpflichtung des Versicherers bestehe, die Leistung an den Bezugsberechtigten zu verweigern).

168 Geht man mit der überwiegenden Ansicht davon aus, dass beim Vertrag zugunsten Dritter auf den Todesfall im Valutaverhältnis zwischen Schenker und begünstigtem Dritten eine Schenkung vorliegt (vgl nur BGH 8. 2. 1960 – II ZR 136/58, BGHZ 32, 44, 52, NJW 1960, 912, 914; BGH 20. 9. 1995 – XII ZR 16/94, BGHZ 130, 377, 380, NJW 1995, 3113; BGH 28. 4. 2010 – IV ZR 73/08 Tz 15 f, BGHZ 185, 252, 256 f, NJW 2010, 3232, 3234 f; umfassend Elfring, Drittwirkungen der Lebensversicherung [2003] 53 ff; Hasse VersR 2008, 590 ff; Peters MDR 1995, 659, 661 ff; s auch die krit Analyse von Wall, Das Valutaverhältnis des Vertrags zugunsten Dritter auf den Todesfall [2010] Rn 103 ff, der diese Einordnung allerdings zugunsten der Annahme eines Forderungsvermächtnisses ablehnt), so muss zwingend auch der Anspruchserwerb des Dritten, insbesondere im Falle der Lebensversicherung mit widerruflichem Bezugsrecht eines Dritten, mittels einer zwischen Versicherungsnehmer und Versicherer vereinbarten **aufschiebend bedingten Novation** des Versicherungsanspruchs zugunsten des Dritten konstruiert werden (Esser, Schuldrecht I [3. Aufl 1968] § 53 III [396]). Zu Lebzeiten des Schenkers bleibt das Bezugsrecht des Dritten nach § 159 Abs 1 VVG widerruflich, es besteht somit nur eine ungesicherte Erwerbschance für den Dritten, der rechtlich noch keinerlei Wert zukommt (MünchKommBGB/Gottwald § 328 Rn 148). Erst mit dem Tode des Versicherungsnehmers/Schenkers erwirbt der Dritte originär einen Zahlungsanspruch gegen den Versicherer (s hierzu BGH 10. 4. 2013 – IV ZR 38/12, NJW 2013, 2588; BGH 28. 4. 2010 – IV ZR 73/08, BGHZ 185, 252, NJW 2010, 3232; OLG Saarbrücken 2. 3. 2022 – 5 U 64/21, NJW-RR 2022, 1045, 1046, VersR 2022, 810, 811; OLG Dresden 9. 10. 2018 – 4 U 808/18, VersR 2019, 85; OLG Saarbrücken 17. 5. 2017 – 5 U 35/16, NJW-RR 2018, 3; Vollersen Jura 2009, 923, 924 ff; Bredemeyer ZEV 2010, 288, 290; Peters MDR 1995, 659). Vorteil dieser Konstruktion ist, dass somit der dem Dritten zukommende Versicherungsanspruch niemals das Vermögen des Versicherungsnehmers passiert hat und folglich auch keinerlei Nachlassverbindlichkeiten an ihm haften können (BGH 23. 10. 2003 – IX ZR 252/01, BGHZ 156, 350, 353, NJW 2004, 214; MünchKommBGB/Gottwald § 328 Rn 155 f; Peters MDR 1995, 659). Das Postulat eines originären Forderungserwerbs ist in der Literatur aber immer wieder auf Widerstand gestoßen (vgl nur Wall, Das Valutaverhältnis des Vertrags zugunsten Dritter auf den Todesfall [2010]; Bayer, Der Vertrag zugunsten Dritter [1995]; Elfring, Drittwirkungen der Lebensversicherung [2003]). Das Valutaverhältnis zwischen Erblasser/Versicherungsnehmer und Drittem wird vielmehr als Forderungsvermächtnis nach § 2169 Abs 3 BGB qualifiziert, so dass ein

Forderungserwerb des Dritten mit dem Tode des Versicherungsnehmers eintritt (WALL ZEV 2011, 3). Dabei wird betont, dass die Intention des historischen Gesetzgebers, den Dritten von Nachlassverbindlichkeiten freizuhalten, nicht realisierbar sei, da im Anfechtungs- und Insolvenzrecht in solchen Fällen eine anfechtbare Verfügung vorliege (WALL ZEV 2011, 3, 5, der den historischen Normzweck der §§ 328, 331 BGB durch die Einführung des § 851c ZPO als obsolet betrachtet; zur Konstellation der Insolvenzanfechtung beim Vertrag zugunsten Dritter auf den Todesfall BGH 23. 10. 2003 – IX ZR 252/01, BGHZ 156, 350, 353, NJW 2004, 214).

Beim Lebensversicherungsvertrag mit widerruflichem Bezugsrecht eines Dritten ist umstritten, was den genauen Gegenstand der Zuwendung ausmacht. Im Rahmen des Pflichtteilsergänzungsanspruchs nach § 2325 Abs 1 BGB hat der BGH nunmehr anders als früher entschieden, dass als Bemessungsgrundlage für die Pflichtteilsergänzung und damit implizit als Zuwendungsgegenstand nicht die durch den Erblasser gezahlten Versicherungsprämien heranzuziehen sind (so die bis zu diesem Zeitpunkt st Rspr, vgl RG 25. 3. 1930 – VII 440/29, RGZ 128, 187, 190; BGH 14. 7. 1952 – IV ZR 74/52, BGHZ 7, 134, 141, NJW 1952, 1173, 1174; BGH 2. 4. 1976 – IV ZR 156/73, FamRZ 1976, 616; BGH 20. 9. 1995 – XII ZR 16/94, BGHZ 130, 377, 380, NJW 1995, 3113; BGH 23. 10. 2003 – IX ZR 252/01, BGHZ 156, 350, 354, NJW 2004, 214, 215, NZI 2004, 78, 79), sondern derjenige Wert, den der Erblasser aus den Rechten seiner Lebensversicherung in der letzten juristischen Sekunde seines Lebens nach objektiven Kriterien für sein Vermögen hätte umsetzen können (BGH 28. 4. 2010 – IV ZR 73/08 Tz 7, 14 ff, BGHZ 185, 252, 254, 256 ff, NJW 2010, 3232, 3233 ff). Hierbei wird es sich im Regelfall um den Rückkaufwert der Lebensversicherung iSd § 169 VVG handeln; dem Gläubiger des Pflichtteilsergänzungsanspruchs steht jedoch die Möglichkeit offen, einen höheren Marktwert im konkreten Falle zu beweisen (BGH 28. 4. 2010 – IV ZR 73/08 Tz 7, 14 ff; zur Gegenansicht, welche immer den Rückkaufswert als Zuwendungsgegenstand angesetzt wissen möchte, vgl OLG Colmar 10. 12. 1912 – III U 26/12, LZ 1913, 876, 878; FREY, Lebensversicherung und Nachlassinteressen [1996] 130 f). Dogmatisch wird dieses Ergebnis damit begründet, dass hier gerade nur eine **mittelbare Schenkung** vorliege, mithin also keine Identität zwischen Entreicherung des Schenkers und Bereicherung des Beschenkten gegeben sei. Geht man vom Zweck des § 2325 Abs 1 BGB aus, welcher Schmälerungen des Nachlasses aufgrund unentgeltlicher Verfügungen zulasten des Pflichtteilsberechtigten verhindern soll (MUGDAN Mot V 240; vgl auch BGH 10. 12. 2003 – IV ZR 249/02, BGHZ 157, 178, 187, NJW 2004, 1382, 1384), so könne nur auf die Entreicherung des Schenkers abgestellt werden. So sei es bereits ausgeschlossen, den Anspruch auf die Versicherungsleistung als solchen dem Pflichtteilsergänzungsanspruch zugrunde zu legen, da dieser gerade die Bereicherung des Beschenkten betreffe (so jedoch eine weit verbreitete Gegenauffassung, vgl OLG Düsseldorf 22. 2. 2008 – 7 U 140/07, ZEV 2008, 292; LG Göttingen 23. 3. 2007 – 4 S 6/06, ZEV 2007, 386, NJW-RR 2008, 19; ELFRING NJW 2004, 483, 485 und ZEV 2004, 305, 309 ff; HASSE VersR 2009, 733 ff; KUHN/ROHLFING ErbR 2006, 11, 15 f; MAYER DNotZ 2000, 905, 927). Kritisch wurde zu dieser Rechtsprechungsänderung des BGH angemerkt, dass es wenig konsistent erscheine, wenn der BGH von zwei unterschiedlichen Zuwendungsgegenständen ausgehe; er stelle nämlich im Valutaverhältnis zwischen dem Versicherungsnehmer und dem Bezugsberechtigten auf die Versicherungsleistung als Schenkungsgegenstand ab, während er bei einem Pflichtteilsergänzungsanspruch dagegen den Wert als geschenkt ansieht, den der Versicherungsnehmer in der letzten juristischen Sekunde seines Lebens durch Verkauf hätte realisieren können (MAYER DNotZ 2011, 89, 91 f; für PROGL ZErb 2008, 288 ff, 292 ist dagegen der sich im Vermögen des Versicherungsnehmers befindliche Wert 169 in der letzten Minute seines Lebens gerade die Versicherungssumme). Um die an den Beschenkten gezahlte Versicherungssumme kondiktionsfest zu machen, wird im Valutaverhältnis zwischen Schenker und Beschenktem sehr wohl der Anspruch auf die komplette später ausgezahlte Versicherungssumme und nicht nur die Prämienzahlungen oder ein sonstiger unter der Versicherungssumme liegender Wert als Zuwendungsgegenstand angesehen (so explizit BGH 28. 4. 2010 – IV ZR 73/08 Tz 22, BGHZ 185, 252, 259 f, NJW 2010, 3232, 3234; BGH 1. 4. 1987 – IVa ZR 26/86, NJW 1987, 3131, 3132; BGH 14. 7. 1976 – IV ZR 123/75, WM 1976, 1130, 1131; zur Maßgeblichkeit des Leistungsanspruchs Elfring, Drittwirkungen der Lebensversicherung [2003] 53 ff, 98 ff und NJW 2004, 483, 484 f; Hasse VersR 2009, 733 ff; Peters MDR 1995, 659, 661 f; Vollersen Jura 2009, 923 ff; Wall ZEV 2011, 3; für eine differenzierte Bewertung des Schenkungsgegenstands aber MünchKommBGB/Koch § 516 Rn 90). Ein solcher „gespaltener Schenkungsbegriff" (so Mayer DNotZ 2011, 89, 92) scheint fragwürdig (anders aber Gebel ZEV 2005, 236, 237 ff, der – allerdings unter steuerrechtlichen Gesichtspunkten – die Versicherungssumme als Bereicherungs- und Zuwendungsgegenstand, die Prämien als Entreicherungsgegenstand verstanden wissen will). Weiterhin lässt sich ins Feld führen, dass konstruktiv der Anspruch des Schenkers gegen den Versicherer mit dem Todesfall gerade untergegangen sei und in der Person des Beschenkten durch Novation neu entstehe (vgl hierzu Rn 168). Der Erblasser könne durch den Anspruch des Beschenkten nicht entreichert sein, da dieser Anspruch originär im Todesfalle im Vermögen des Beschenkten entstehe (so auch Mayer DNotZ 2011, 89, 94; zur Lösung dieser Streitfrage unter Annahme eines derivativen Erwerbs des Dritten aufgrund eines Forderungsvermächtnisses vgl Wall ZEV 2011, 3, 9). Letztlich führt auch rechtspolitisch die Wertbestimmung des Pflichtteilsergänzungsanspruches durch die neue Formel des BGH dazu, dass nicht mehr griffig von dem – feststehenden – Wert der Versicherungsleistung oder der gezahlten Prämien ausgegangen werden kann, sondern, dass vielmehr durch einen aufwendigen Folgeprozess der genaue Wert, den der Erblasser hätte realisieren können, ermittelt werden muss (so auch Herrler ZEV 2010, 333, 336, der darauf hinweist, dass es in gewissen Konstellationen gar keinen Marktwert gibt, der ermittelt werden kann).

170 Für den Bereich der Insolvenzanfechtung hat der BGH entschieden, dass die gesamte Versicherungsleistung als zugewendet gilt, so dass diese auch *in toto* in die Insolvenzmasse zurückgeführt werden muss (BGH 23. 10. 2003 – IX ZR 252/01, BGHZ 156, 350, 355, NJW 2004, 214, 215, NZI 2004, 78, 79). Ob insofern ein Unterschied zwischen Insolvenz- und Pflichtteilsrecht gemacht werden kann – im ersten Fall wird die Versicherungsleistung als Schenkungsgegenstand betrachtet, im zweiten Fall dagegen die Summe der Prämien –, erscheint fraglich (für eine generell einheitliche Bestimmung der Zuwendung durch den Anspruch auf die Versicherungsleistung zB auch Elfring, Drittwirkungen der Lebensversicherung [2003]; Mayer DNotZ 2011, 89 ff).

e) Schenkung einer Erbschaft

171 Verträge über den Nachlass eines noch lebenden Dritten sind grundsätzlich nichtig (§ 311b Abs 1 S 4 BGB). Davon unberührt bleibt die Schenkung einer bereits angefallenen Erbschaft. Diese unterfällt als Vertrag, der auf die Veräußerung einer dem Veräußerer angefallenen oder anderweit von ihm erworbenen Erbschaft gerichtet ist, § 2385 Abs 1 BGB (vgl Staudinger/Olshausen [2016] § 2385 Rn 5). Danach finden die **Vorschriften über den Erbschaftskauf** grundsätzlich **entsprechende Anwendung.** Folglich bedarf der auf die Übertragung der Erbschaft gerichtete Schenkungsvertrag der Form des § 2371BGB; die Beurkundung des Schenkungsversprechens allein, wie nach § 518 Abs 1 BGB vorgesehen, genügt nicht (Erman/Simon § 2385 Rn 2). § 2385

Abs 2 BGB enthält im Übrigen Sonderregelungen für die Schenkung einer Erbschaft: Der Schenker ist nicht verpflichtet, für die vor der Schenkung verbrauchten oder unentgeltlich veräußerten Erbschaftsgegenstände oder für eine vor der Schenkung unentgeltlich vorgenommene Belastung dieser Gegenstände Ersatz zu leisten, wie nach § 2375 Abs 1 BGB im Fall des Erbschaftskaufs vorgeschrieben. Außerdem wird der Schenker von der Verpflichtung zur Gewährleistung wegen eines Mangels im Recht (§ 2376 BGB) freigestellt – es bleibt vielmehr bei der begrenzten Haftung des Schenkers entsprechend § 523 Abs 1 BGB (vgl im Einzelnen MünchKommBGB/Karczewski § 2385 Rn 5).

3. Gesellschaftsrecht

a) Die Zuwendung *societatis causa*

Es handelt sich **nicht um eine Schenkung**, wenn zwar objektiv unentgeltlich zugewendet wird, die Leistung jedoch den Zweck hat, das **Wohlergehen der Gesellschaft** zu fördern. Dies ist etwa der Fall, wenn ein Gesellschafter eine Verlustübernahmeerklärung abgibt, zu der er satzungsmäßig nicht verpflichtet ist (BGH 8. 5. 2006 – II ZR 94/05, NZG 2006, 543; BGH 14. 1. 2008 – II ZR 245/06, NJW 2008, 1589) bzw wenn die Zuwendung durch ein Mitglied zur Erfüllung der gegenüber dem Verein bestehenden Treue- und Förderungspflicht erfolgt (OLG Hamm 2. 9. 2016 – I-12 U 37/16, BeckRS 2016, 18539) oder die Zuwendung satzungsmäßig vorgesehen ist (OLG Frankfurt 7. 12. 2017 – 3 U 167/14, NZG 2018, 870 zu der Verpflichtung von Gewerkschaftsmitgliedern, erhaltene Tantiemen für ihre Tätigkeit im Aufsichtsrat eines Unternehmens an die Gewerkschaft abzuführen). Gleiches gilt bei einer freiwilligen Zuwendung einer Gesellschaft an einen stillen Gesellschafter mit dem Ziel, diesen von einer sofortigen Kündigung abzuhalten oder durch Stillhalten die Reputation der Gesellschaft am Markt zu erhalten (BGH 18. 9. 2012 – II ZR 50/11 Tz 18 ff, ZEV 2013, 218, 219 m Anm Winkler BB 2013, 211; Döser LMK 2013, 343831; Vossius NotBZ 2013, 106 ff; Derleder EWiR 2013, 39 f, anders noch in der Vorinstanz OLG Hamburg 11. 2. 2011 – 11 U 12/10, NZG 2011, 619; dieser Fall betraf Sonderzahlungen der HSH-Nordbank an ihre stillen Gesellschafter; die Begründung des OLG Hamburg ist wenig tragfähig, wenn man einerseits bedenkt, dass das OLG wohl die *causa*, welche vorliegend in Rede steht, mit der Geschäftsgrundlage iSd § 313 BGB gleichsetzt und sie nicht im Bereicherungsrecht verortet, andererseits bloß mittelbare Vorteile der Gesellschaft aus dem Anwendungsbereich dieser Art der Zuwendungen herausnimmt, obwohl die Frage der Unmittelbarkeit des Vorteils wertungsgemäß keine Rolle spielen kann; OLG Schleswig-Holstein 2. 3. 2011 – 9 U 22/10, NZG 2011, 620). Nach den Ausführungen des BGH „sei mit vordergründiger Abgrenzung zwischen Entgeltlichkeit oder Unentgeltlichkeit der Leistung [in diesen Fällen] nichts gewonnen" (BGH 8. 5. 2006 – II ZR 94/05, NZG 2006, 543). Da hier meist ohne unmittelbare Gegenleistung zugewendet wird, subjektiv gleichwohl für die Parteien erkennbar ist, dass die Leistung nur zwecks Erhalts und Förderung der Gesellschaft erfolgt, sei das Rechtsfolgenregime des Schenkungsrechts unangebracht (BGH 8. 5. 2006 – II ZR 94/05, NZG 2006, 543). Es geht also auch hier lediglich um die subjektive Bewertung des Zuwendungsvorganges. Die subjektive Unentgeltlichkeitsvereinbarung iSd § 516 BGB muss als Willenserklärung nach §§ 133, 157 BGB ausgelegt werden, damit im Einzelfall bestimmt werden kann, ob tatsächlich Unentgeltlichkeit vorliegt (ebenso auch Grunewald NZG 2011, 613, 615). Eine – wenn auch nur mittelbare – Selbstbereicherung des Zuwendenden ist dabei nicht notwendig (so überzeugend OLG Schleswig-Holstein 2. 3. 2011 – 9 U 22/10, NZG 2011, 620 zur Frage, ob es ausreicht, dass eine Gesellschaft durch eine Sonderzahlung einen stillen Gesellschafter aus Reputationsgründen in der stillen Gesellschaft halten möchte). Dem 172 wurde insbesondere entgegengehalten, dass eine bloße unsichere Erwartung der Förderung eines Gesellschaftszieles nicht ausreichen könne, um die Entgeltlichkeit zu begründen. Vielmehr müsse ein irgend konkretisierbarer zumindest mittelbarer eigener Vermögensvorteil des Zuwendenden feststellbar sein (OLG Hamburg 11. 2. 2011 – 11 U 12/10, NZG 2011, 619). Dies kann jedoch gerade nicht im Rahmen einer Leistung *societatis causa* verlangt werden, deren Vorliegen nach subjektiven Kriterien zu bewerten ist.

173 Es lässt sich hier eine **Parallele** zur Konstellation der **unbenannten Zuwendung** im Familienrecht ziehen (vgl Rn 88): hier wie dort sollen in erster Linie solche Zuwendungen aus dem Rechtsregime der Schenkung herausgenommen werden, die nicht durch einen *animus donandi* motiviert sind, sondern vielmehr im Hinblick auf Erhalt und Förderung des Verbandes gemacht werden, dem der Zuwendende angehört (gedanklich jedoch trennend zwischen „unbenannter Zuwendung" und Zuwendung *„societatis causa"* STRNAD NZG 2004, 28, 30). Gegen die Kategorisierung solcher unentgeltlicher Zuwendungen *societatis causa* als eigenständiger Rechtsgrund wird zwar angeführt, dass auch außerhalb des Gesellschaftsrechts Zuwendungen, die subjektiv erkennbar mit dem Ziel vorgenommen werden, eine Gegenleistung zu bezwecken, nicht als unentgeltlich betrachtet werden können (GRUNEWALD NZG 2011, 613, 616). Doch muss in jedem Falle die freiwillige Zuwendung von einer *causa* getragen sein. Diese kann nicht im Gesellschaftsvertrag gesehen werden, da der Gesellschafter in den vorliegenden Konstellationen eben nicht zur Leistung verpflichtet ist. Ratsam scheint es daher, diese Form der Zweckverfolgung als *causa* eigener Art über das Gesellschaftsrecht hinaus anzuerkennen.

b) Zuwendungsgegenstand der Schenkung

aa) Übertragung eines bestehenden Gesellschaftsanteils

174 Als Zuwendungsgegenstand im Rahmen des Gesellschaftsrechts kommt in erster Linie die Übertragung eines bestehenden Gesellschaftsanteils in Betracht; dies stellt insbesondere bei Kapitalgesellschaften den Normalfall dar (SCHMIDT BB 1990, 1992). Bei einer Personengesellschaft ist die Übertragung zusätzlich durch sog **Einbuchung** möglich (BGH 2. 7. 1990 – II ZR 243/89, BGHZ 112, 40, 44 f, NJW 1990, 2616, 2617; MünchKomm-BGB/KOCH § 516 Rn 91). Hierbei wird dem neu eintretenden Gesellschafter in der Weise ein Anteil unentgeltlich eingeräumt, dass aus dem Rücklagenkonto eines Gesellschafters der entsprechende Betrag umgebucht wird (vgl näher SCHMIDT BB 1990, 1992).

175 Weiterhin stellt die einem Dritten durch schuldrechtlichen Vertrag eingeräumte Mitberechtigung am Gewinn des Gesellschaftsanteils eines Gesellschafters (sog **Unterbeteiligung**) eine Schenkung dar; hier entsteht zwischen dem Hauptbeteiligten und dem Unterbeteiligten eine Innengesellschaft, auf die die §§ 230 ff HGB analog anwendbar sind (BGH 29. 11. 2011 – II ZR 306/09, BGHZ 191, 354 ff, ZEV 2012, 167 ff m Anm REIMANN; SCHMIDT JbFfSt 2012/2013, 404 – „Suhrkamp-Urteil"; grundlegend BGH 11. 7. 1968 – II ZR 179/66, BGHZ 50, 316, 320, NJW 1968, 2003).

176 Bei der Zuwendung der Stellung eines **stillen Gesellschafters** als Gegenstand einer Schenkung (umfassend hierzu COENEN, Formfreie Schenkung der Gesellschafterstellung in einer stillen Gesellschaft und einer Unterbeteiligung [2002]; KUBILLUS, Die Schenkung stiller Beteiligungen [2002]) beschäftigt sich die Praxis hauptsächlich mit dem Problem, ob die Einräumung der Gesellschafterstellung der Beurkundung nach § 518 Abs 1 S 1 BGB bedarf. Der dogmatische Ansatzpunkt liegt dabei in der Frage, was eigentlich Zuwendungsgegenstand ist („Standardproblem" nach Kubillus, Die Schenkung stiller Beteiligungen [2002] 1; Zweifel an der Möglichkeit einer solchen Gesellschaftsgründung hat Herrmann ZHR 147 [1983] 313 ff, mit abl Erwiderung Hengeler ZHR 147 [1983] 329 ff). So wurde vertreten, dass Gegenstand der Schenkung die Gewinnzahlungen und der Liquidationserlös seien (BGH 24. 9. 1952 – II ZR 136/51, BGHZ 7, 174, 179, NJW 1952, 1412; BGH 29. 10. 1952 – II ZR 16/52, BGHZ 7, 378, 379 ff, NJW 1953, 138 ff *e contrario*; Fischer JR 1962, 201, 203; Herrmann ZHR 147 [1983] 313, 325) mit der Konsequenz, dass die bloße Einräumung der Gesellschafterstellung ein Schenkungsversprechen iSd § 518 Abs 1 BGB darstellt, welches bei Nichteinhaltung der Form erst durch die Auszahlung *in concreto* nach § 518 Abs 2 BGB geheilt werden kann. Zutreffend ist aber, dass der Schenkungsgegenstand die **Gesellschafterstellung an sich** ist, also die Gesamtheit der Mitgliedschaftsrechte des Stillen (so auch Kollhosser AcP 194 [1994] 231, 246; Schmidt, Gesellschaftsrecht [4. Aufl 2002] § 47 III 1a; Siebert NJW 1953, 806, 807). Nach dem Willen der Parteien wird man nämlich typischerweise annehmen können, dass die Gesellschafterposition als Ganze eingeräumt werden soll, nicht bloß der Anspruch auf Gewinnzahlungen und Liquidationserlös. Gerade bei atypischen stillen Gesellschaften begründet die Gesellschafterstellung nämlich viel mehr als diese abgesonderten Rechte (in diese Richtung auch Kubillus, Die Schenkung stiller Beteiligungen [2002] 215). Somit ist die Zuwendung der Gesellschafterposition als Handschenkung iSd § 516 Abs 1 BGB zu qualifizieren, die daher nicht der Form des § 518 BGB bedarf (zu weiteren Auffassungen umfassend Kubillus, Die Schenkung stiller Beteiligungen [2002] 2 mwNw). Eines weiteren Vollzugsaktes bedarf es daher nicht.

bb) Vorgänge innerhalb bestehender Gesellschaftsverhältnisse

Bei Vorgängen innerhalb bestehender Gesellschaftsverhältnisse stellt die allseitige **177**
Vereinbarung eines **Abfindungsausschlusses** grundsätzlich zwar keine Schenkung dar (vgl BGH 26. 3. 1981 – IVa ZR 154/80, NJW 1981, 1956; BGH 22. 11. 1956 – II ZR 222/55, BGHZ 22, 186, 194, NJW 1957, 180, 181, die sich darauf stützen, dass subjektiv auch die Erwartung zu berücksichtigen ist, im Rahmen der Anwachsung den Anteil eines anderen Gesellschafters ohne Abfindungszahlung zu erhalten), besondere Umstände können die subjektive Unentgeltlichkeit im Einzelfall jedoch begründen, wenn ersichtlich ist, dass nur ein Gesellschafter ausscheiden wird (so bei BGH 3. 6. 2020 – IV ZR 16/19, BeckRS 2020, 12564, FamRB 2020, 366 f m Anm Grziwotz, in dem eine Zweipersonengesellschaft bürgerlichen Rechts allein dem Zweck diente, die Eigentümerposition an einer selbstgenutzten Wohnung wahrzunehmen, dem zustimmend Slabon ErbBstg 2020, 190, 191, krit zur Urteilsbegründung Rachlitz/Vedder notar 2020, 287 ff; BGH 26. 3. 1981 – IVa ZR 154/80, NJW 1981, 1956, in dem der Abfindungsausschluss wohl in dem Wissen vereinbart wurde, dass einer der Gesellschafter alsbald an einem Hirntumor sterben würde; s zum Abfindungsausschluss auch Götz ZEV 2020, 342 ff). Die **Leistung einer verdeckten Einlage** an die Gesellschaft seitens eines Gesellschafters könnte eine Schenkung darstellen, wenn der Zuwendende für seine Mehrung des Gesellschaftsvermögens keine Gesellschaftsanteile erhält (vgl Strnad NZG 2004, 28). Das Reichsgericht hatte hier nicht Schenkungsrecht anwenden wollen, da die Zuwendung den inneren Wert der Aktionärsrechte steigere und somit mittelbar Entgeltlichkeit vorliege (RG 30. 11. 1904 – Rep I 318/04, RGZ 59, 423, 425). Diesem Argument ist zutreffend entgegengehalten worden, dass die Korrelation zwischen Zuwendung und Wertsteigerung der Aktionärsrechte keineswegs zwingend sei, da eine wirtschaftliche Betrachtung unter bilanz- und steuerrechtlichen Gesichtspunkten zu anderen Ergebnissen komme (Strnad NZG 2004, 28, 30). Doch wenn auch die Annahme einer Schenkung bei verdeckten

Einlagen nicht schon objektiv scheitert, erfolgt eine solche Leistung subjektiv aber ausschließlich zur Förderung der Gesellschaft, so dass entsprechend der hier vertretenen Meinung zur Tragweite der Leistung *societatis causa* (Rn 172 f) das **Schenkungsrecht im Ergebnis keine Anwendung** finden kann (anders wohl Strnad NZG 2004, 28, 31). Umgekehrt stellt auch die ohne Verpflichtung erfolgte Zuwendung aus dem Gesellschaftsvermögen selbst an einen stillen Gesellschafter mit Hinblick auf ihre gesellschaftsrechtliche *causa* keine Schenkung dar (BGH 18. 9. 2012 – II ZR 50/11 Tz 18 ff, ZEV 2013, 218, 219 m Anm Winkler BB 2013, 211; Döser LMK 2013, 343831; Vossius NotBZ 2013, 106 ff; Derleder EWiR 2013, 39 f).

c) Unentgeltlichkeit und persönliche Haftung

178 Streitig ist die Konstellation der unentgeltlichen Zuwendung eines Gesellschaftsanteiles, der die persönliche Haftung des eintretenden Gesellschafters nach sich zieht. Diese bei der OHG und der Komplementärstellung bei der KG von Gesetzes wegen (vgl §§ 128, 161 Abs 2 HGB) bedingte Folge führt nach der Rechtsprechung dazu, dass die **Zuwendung insgesamt als entgeltlich** angesehen werden müsse (BGH 11. 5. 1959 – II ZR 2/58, NJW 1959, 1433; vgl auch BGH 26. 3. 1981 – IVa ZR 154/80, NJW 1981, 1956; offen gelassen in BGH 2. 7. 1990 – II ZR 243/89, BGHZ 112, 40, 44, NJW 1990, 2616, 2617; wohl **aA** BFH 1. 7. 1992 – II R 108/88, BFHE 168, 386, 387, 388 f, BStBl 1992 II 923). Nur in **Ausnahmefällen** – insbesondere wenn offensichtlich der Beschenkte einseitig von der Zuwendung profitieren sollte – komme eine **gemischte Schenkung** in Betracht (BGH 11. 5. 1959 – II ZR 2/58, LM § 516 Nr 3 [insoweit nicht abgedruckt in NJW 1959, 1433] und BGH 25. 1. 1965 – II ZR 233/62, BB 1965, 472; vgl auch BGH 13. 6. 1977 – II ZR 150/76, WM 1977, 862, 864; BGH 26. 3. 1981 – IVa ZR 154/80, NJW 1981, 1956, 1957). Demgegenüber wird in der Literatur danach differenziert, ob es sich um eine gesunde oder überschuldete und somit wirtschaftlich wertlose Gesellschaft handelt (MünchKommBGB/Koch § 516 Rn 92; Kollhosser AcP 194 [1994] 231, 246 ff). Gesellschaften haben nämlich einen wirtschaftlichen Wert, welcher mithilfe des Ertragswertverfahrens auch sehr genau bestimmt werden kann. Daher müsse im Rahmen eines objektiven Vergleiches von Leistung und Gegenleistung festgestellt werden, ob der Eigenwert des zugewendeten Gesellschaftsanteiles die persönliche Haftung und die Pflicht zur Geschäftsführung ausgleicht oder gar übersteigt (so wohl iE MünchKommBGB/Koch § 516 Rn 92). Wenn ein solch überschießender unentgeltlicher Teil festgestellt wird, könne bei Vorliegen der subjektiven Voraussetzungen von einer **gemischten Schenkung** gesprochen werden (vgl Rn 64). Dieser differenzierenden Ansicht ist zu folgen (daher geht die grundsätzliche Annahme einer Schenkung bei Aufnahme eines Gesellschafters ohne Kapitalaufbringung in eine Personengesellschaft, Hölscher ErbR 2019, 730, 735, zu weit). Die Annahme, dass die persönliche Haftung als Gesellschafter die Unentgeltlichkeit in jedem Falle ausschließt, würde ein Abweichen von der sonstigen Schenkungsdogmatik darstellen, welches nicht begründbar ist. Bereits begrifflich ist fraglich, ob die persönliche Haftung des Gesellschafters als Gegenleistung angesehen werden kann, da diese gegenüber der Gesellschaft und ihren Gläubigern besteht, nicht jedoch gegenüber dem Schenker (so auch MünchKommBGB/Koch § 516 Rn 92; nach Hölscher ErbR 2019, 730, 735 soll es sich bei den Haftungsrisiken um wertbildende Faktoren handeln, die im Rahmen der Unternehmensbewertung den Wert der Zuwendung reduzieren können). Für den Fall der unentgeltlichen Übertragung von Anteilen an einer **GbR** hat sich nunmehr das OLG Schleswig für eine solche differenzierte Betrachtungsweise ausgesprochen, wobei für den Fall eines geringen Haftungsrisikos eine gemischte Schenkung vorliegen könne (OLG Schleswig 27. 3. 2012 – 3 U 39/11, MittBayNot 2013, 59 m Anm Everts; Werner ZEV 2013, 66).

4. Arbeitsrecht

Zuwendungen im Rahmen eines Arbeitsverhältnisses sind regelmäßig nicht unentgeltlich. In der weit überwiegenden Anzahl der Fälle weist die Zuwendung nämlich einen direkten oder indirekten Bezug zum Arbeitsverhältnis auf, dh zu den bereits erbrachten oder noch zu erbringenden Diensten des Arbeitnehmers, und ist Ausfluss der Fürsorgepflichten des Arbeitgebers. Sie bildet daher einen Teil des vereinbarten Entgelts (allg Ansicht Erman/Hähnchen § 516 Rn 29; Jauernig/Mansel § 611 Rn 32 ff; BGB-RGRK/Mezger § 516 Rn 13; Soergel/Eckert § 516 Rn 53; Staudinger/Fischinger [2025] § 611a Rn 1559 f mwNw) und ist als **Sondervergütung** zu betrachten. Dieser Begriff umfasst alle Leistungen des Arbeitgebers, die nicht regelmäßig mit dem Arbeitsentgelt ausgezahlt werden, sondern aus bestimmten Anlässen oder zu bestimmten Terminen gewährt werden und nicht in einem Abrechnungszeitraum fällig werden (ErfKomm/Preis [25. Aufl 2025] § 611a Rn 527). Die Unentgeltlichkeit fehlt solchen Zuwendungen gerade wegen dieser konditionalen oder jedenfalls kausalen Verbindung zur Leistung des Arbeitnehmers. Dass es sich dabei nicht um Schenkungen gemäß §§ 516 ff BGB handelt, wird durch eine andere Bezeichnung seitens des Arbeitgebers nicht in Frage gestellt (BAG 23. 10. 2002 – 10 AZR 48/02, BAGE 103, 151, 156, NJW 2003, 2043, 2044, AP BGB § 611 Gratifikation Nr 243). 179

Keine Schenkungen sind daher freiwillige Gratifikationen wie **Urlaubs- und Weihnachtsgeld, Jubiläumszuwendungen** (BAG 23. 10. 2002 – 10 AZR 48/02, BAGE 103, 151, 156, NJW 2003, 2043, 2044, AP BGB § 611 Gratifikation Nr 243), **Ruhegeldzusagen** (BAG 29. 7. 1967 – 3 AZR 55/66, BAGE 20, 11 ff, NJW 1967, 2425, 2426 mwNw) oder Zuwendungen an **Unterstützungs- und Rentenkassen** (BGB-RGRK/Mezger § 516 Rn 14; Soergel/Eckert § 516 Rn 53). Auch bei **Geschäftsjubiläen** bzw persönlichen Jubiläen des Arbeitnehmers wie anlässlich der Dauer der Zugehörigkeit zum Unternehmen, Pensionierung etc liegt ein Bezug zum Arbeitsverhältnis vor, der die Zuwendung entgeltlich macht (Soergel/Eckert § 516 Rn 53). Unerheblich ist es, ob die Leistung während eines laufenden oder schon beendeten Arbeitsverhältnisses erfolgt (BAG 29. 7. 1967 – 3 AZR 55/66, BAGE 20, 11 ff, NJW 1967, 2425, 2426). 180

Allenfalls sind Schenkungen denkbar bei Zuwendungen, die keinerlei Bezug zur Leistung des Arbeitnehmers und zum Arbeitsverhältnis haben, bei denen die Loslösung vom Arbeitsverhältnis deutlich zu Tage tritt und die daher gelegentlich aus ganz persönlichen Anlässen erfolgen. Unter solchen Gelegenheitsgeschenken sind Zuwendungen zu verstehen, bei denen der Gedanke, dem Empfänger eine persönliche Aufmerksamkeit zu erweisen, ihm Freude zu bereiten oder ihn zu ehren, so im Vordergrund steht, dass die arbeitsrechtlichen Beziehungen zurücktreten (BFH 22. 3. 1967 – VI R 256/66, BFHE 88, 329, 330, BStBl 1967 III 375, NJW 1967, 1776 mwNw). 181

So können bspw **Hochzeits- und Verlobungsgeschenke** unentgeltlich sein (ErfKomm/Preis [25. Aufl 2025] § 611a Rn 527; Soergel/Eckert § 516 Rn 53), gerade weil sie (in der Regel) einmalig erfolgen. Gleiches gilt für Zuwendungen wegen der Geburt eines Kindes (Staudinger/Fischinger [2025] § 611a Rn 1559 f mwNw). **Geburtstagsgeschenke** sind dagegen keine Schenkungen, sondern Teil der Vergütung, wenn sie regelmäßig erfolgen (BFH 22. 3. 1967 – VI R 256/66, BFHE 88, 329, 330 f, BStBl 1967 III 375, NJW 1967, 1776). 182

183 Zweifelhaft kann die Qualifizierung von Zuwendungen etwa an die Witwe des Arbeitnehmers sein. Wenn sie in einem Bezug zum Arbeitsverhältnis stehen, handelt es sich um ein nach § 518 BGB formbedürftiges **Versorgungsversprechen** und zwar unabhängig davon, ob der verstorbene Arbeitnehmer selbst versorgungsberechtigt war (BAG 19. 6. 1959 – 1 AZR 417/57, BAG 8, 38, 42 f, NJW 1959, 1746, AP BGB § 518 Nr 2). Wird dagegen an die Witwe gezahlt, weil der Arbeitgeber auch der Bruder des verstorbenen Arbeitnehmers ist, spricht viel für einen rein **familiären Bezug** und ein formbedürftiges **Schenkungsversprechen** (BAG 13. 9. 1965 – 3 AZR 383/64, BB 1965, 1458, AP BGB § 242 Ruhegehalt Nr 102 m Anm Hueck).

5. Strafrecht

184 Im Strafrecht spielt die Schenkung vor allem beim **Betrug** (§ 263 StGB) wie auch bei den **Amtsdelikten** (§§ 331 ff StGB) eine große Rolle. Daneben gibt es einige spezielle Delikte (vgl § 264 StGB).

185 Die freiwillige Zuwendung an Bettler, Spendeneinrichtungen oder die Toilettenreinigungsfachkraft kann zivilrechtlich (belohnende) Schenkung sein; strafrechtlich kann deren Annahme durch den Empfänger **Betrug** (§ 263 StGB) sein, wenn die Zuwendung auf einer Täuschung beruht. Hier ist vor allem umstritten, wann die freiwillige Weggabehandlung einen betrugsrelevanten Vermögensschaden für den Schenkenden begründet. Denn er rechnet ja gerade nicht mit einer ausgleichenden Gegenleistung, sondern weiß, dass er die betreffenden Werte endgültig aus seinem Vermögen entlässt. Die wohl hM stellt auf den **sozialen Sinngehalt der Zuwendung** ab, dh darauf, ob der mit der Zuwendung intendierte Zweck verfehlt wurde. Im letzten Fall liegt ein relevanter Vermögensschaden vor (ausführlich NK-StGB/Kindhäuser [6. Aufl 2024] § 263 Rn 287 ff; MünchKommStGB/Hefendehl § 263 Rn 1190 ff; TK-StGB/Perron [31. Aufl 2025] § 263 Rn 101 ff). Daraus folgt, dass bspw (versuchter) Betrug seitens des Arbeitgebers vorliegen kann, wenn er die Reinigungsfachkraft von Toiletten Trinkgeld annehmen lässt und dabei der Eindruck erweckt wird, die Fachkraft dürfe das Geld als belohnende Schenkung erhalten, sie es tatsächlich aber aus arbeitsrechtlichen Gründen an ihren Arbeitgeber abführen muss, der es für sich behält.

186 Im Rahmen der **Korruptionsdelikte** (§§ 331 ff StGB) genügt die Handschenkung als strafrechtsrelevanter Vorteil. Denn unter Vorteil versteht man jede Leistung, auf die der Amtsträger keinen Rechtsanspruch hat und die seine wirtschaftliche, rechtliche oder auch nur persönliche Lage objektiv verbessert (MünchKommStGB/Korte § 331 Rn 82). Erst recht fällt auch das wirksame Schenkungsversprechen (MünchKommStGB/Korte § 331 Rn 93) darunter. Ist es nichtig, weil den Parteien die Formbedürftigkeit unbekannt war, kann natürlich Versuch in Frage kommen (§ 12 Abs 1 StGB, § 23 Abs 1 StGB). Der Entfall der Unentgeltlichkeit wegen kausaler oder konditionaler Verknüpfung von Zuwendung und Gegenleistung (insbesondere bei §§ 331, 333 StGB mangels Notwendigkeit der sog Unrechtsvereinbarung) ändert nichts an der Strafbarkeit.

187 Schenkungen **außerhalb des Aufgabenfeldes** des Amtsträgers sind tatbestandlich irrelevant (Fischer [72. Aufl 2025] § 331 Rn 7; Lackner/Kühl/Heger [31. Aufl 2025] § 331 Rn 9; TK-StGB/Eisele [31. Aufl 2025] § 331 Rn 32). In Zweifelsfällen soll der Amtsträger sich das Geschenk vom Dienstherrn genehmigen lassen, da damit die Strafbarkeit entfällt

(§ 331 Abs 3, § 333 Abs 3 StGB). Diese Möglichkeit gibt es freilich in den Qualifikationsfällen von §§ 332, 334 StGB nicht.

Das Kriterium der **Sozialadäquanz** ist für Schenkungen an Amtsträger maßgeblich, wobei seine Tragweite für die teleologische Reduktion des Tatbestandes, für das Entfallen der Rechtswidrigkeit etc umstritten ist. Straflos bleiben daher Geschenke, die sich im Rahmen des sozial üblichen und von der Allgemeinheit gebilligten Rahmens halten (MünchKommStGB/Korte § 331 Rn 134 ff; NK-StGB/Kuhlen [6. Aufl 2024] § 331 Rn 63). So sind bspw alle Arten von kleineren **Jubiläumsgeschenken** (Flasche Wein etc) anlässlich von Geburtstagen, Neujahrstagen etc straflos, weil hier der Schutzzweck der Korruptionsdelikte nicht greift. Denn durch solche Zuwendungen wird das Vertrauen in die Redlichkeit staatlicher Entscheidungen nicht tangiert. Gleiches soll auch dann gelten, wenn selbst größere Geschenke aus Gründen der Höflichkeit und mit Rücksicht auf soziale Regeln nicht zurückgewiesen werden können (TK-StGB/Eisele [31. Aufl 2025] § 331 Rn 40 ff mwNw). 188

6. Stiftungsrecht

Im Bereich der Stiftung spielt das Schenkungsrecht trotz der Häufigkeit unentgeltlicher Zuwendungen eine relativ untergeordnete Rolle (vgl dazu allg Muscheler AcP 203 [2003] 469 ff). Soweit es um unentgeltliche **Zuwendungen an die Stiftung** geht, entscheiden die unter Rn 8 ff genannten Kriterien über das Vorliegen einer Schenkung. Demnach können bspw Zuwendungen in das Grundstockvermögen durch sog Zustiftung als Schenkungen qualifiziert werden (vgl § 83b Abs 2 Nr 2 BGB; dazu MünchKommBGB/Weitemeyer § 83b Rn 11; Richter ZErb 2005, 134 ff; zur Zustiftung s allg Rawert DNotZ 2008, 5 ff; zur Qualifikation bes 6 ff; MünchKommBGB/Koch § 516 Rn 100). Aber auch die **Errichtung und erstmalige Ausstattung der Stiftung** kann bei entsprechender Ausgestaltung des Vertrags eine Schenkung darstellen, welcher durch Auslegung von einem Treuhandvertrag abzugrenzen ist (OLG Celle 10. 3. 2016 – 16 U 60/15, npoR 2016, 166 m Anm Hüttemann/Rawert, ZStV 2016, 218 m krit Anm Gödeke/Jördening). Bei der unselbstständigen Stiftung werden insoweit Vermögenswerte auf eine natürliche oder juristische Person mit der Maßgabe übertragen, diese als ein vom übrigen Vermögen des Empfängers getrenntes wirtschaftliches Sondervermögen zu verwalten und dauerhaft zur Verfolgung der vom Stifter gesetzten Zwecke zu verwenden (BGH 12. 3. 2009 – III ZR 142/08, NJW 2009, 1738). Hierbei kann es sich um eine Schenkung unter Auflage oder um ein fiduziarisches Rechtsgeschäft als Auftrag bzw bei Entgeltlichkeit als Geschäftsbesorgungsvertrag handeln. Entscheidend ist, welche Rechtsform die Parteien gewählt haben, nicht welche sie hätten wählen sollen (BGH 22. 1. 2015 – III ZR 434/13, MDR 2015, 286; BGH 12. 3. 2009 – III ZR 142/08, NJW 2009, 1738; vgl zur Einordnung der unselbstständigen Stiftung Staudinger/Hüttemann/Rawert [2017] Vorbem 329 ff zu §§ 80–88; Sandweg BWNotZ 2017, 126, 128 ff; Muscheler ZEV 2018, 187, 192; Hindahl ZStV 2022, 145 ff). 189

Unentgeltliche **Zuwendungen einer Stiftung an die Destinatäre** sind dagegen keine Schenkung; *causa* ist das Stiftungsgeschäft (§ 80 BGB) selbst (hM, vgl schon Enneccerus/Nipperdey, BGB AT I [15. Aufl 1959] § 118 III und vTuhr, AT I [1. Aufl 1918] § 41 VII [614]; MünchKommBGB/Koch § 516 Rn 103; BGH 15. 12. 2016 – I ZR 63/15, BGHZ 213, 179, NZG 2017, 268; BGH 16. 1. 1957 – IV ZR 221/56, NJW 1957, 708; BGH 7. 10. 2009 – Xa ZR 8/08 Tz 12, 14, NJW 2010, 234 f m Anm Schiffer/Lange ZErb 2010, 137 ff mit Überlegungen zu den pflichtteilsrecht- 190 lichen Konsequenzen und Schmidt JuS 2010, 160; **aA** BGH 16. 11. 2017 – XII ZB 362/15, NJW 2017, 734, NZFam 2017, 30 m Anm Reinken; Staudinger/Hüttemann/Rawert [2017] § 85 Rn 43 f; Muscheler NJW 2010, 341, 342, 343 ff, der das Schenkungsrecht anwenden will mit Ausnahme von § 518 Abs 1 BGB, der von § 81 Abs 1 BGB als *lex specialis* verdrängt wird, und Muscheler WM 2003, 2213, 2216 f und AcP 203 [2003] 469, 478 ff).

7. Anfechtung der Schenkung nach Insolvenzordnung und Anfechtungsgesetz

a) Begriff und Normzweck

191 Der bereits aus dem römischen Recht stammende Gedanke der Restitution von Vermögensgegenständen im Klagewege im Falle der **Gläubigerbenachteiligung** (sog *actio Pauliana*; vgl D 22.1.38.4; zur Entstehung der *actio Pauliana* aus der *in integrum restitutio* und dem *interdictum fraudatorium* vgl Kaser, Das Römische Privatrecht [2. Aufl 1971] § 203 III mwNw) hat in der deutschen Rechtsordnung **keine einheitliche Verwirklichung** gefunden (anders etwa das Schweizerische Vollstreckungsrecht, welches in Art 285 ff SchKG eine einheitliche Anfechtungsklage innerhalb und außerhalb des Konkursverfahrens kennt, welche als „paulianische Anfechtung" bezeichnet wird). Vielmehr wird zwischen einer Anfechtung im Rahmen des Insolvenzverfahrens, **§§ 129 ff InsO**, und einer Anfechtung außerhalb des Insolvenzverfahrens, **§§ 1–20 AnfG**, unterschieden (allg zu Entwicklungen der Schenkungsanfechtung Gehrlein ZinsO 2018, 2280). Strukturell und dogmatisch sind jedoch beide Anfechtungsverfahren identisch ausgestaltet, so dass Ausführungen zur Insolvenzanfechtung auch für die Anfechtung nach dem AnfG gelten und umgekehrt (Römermann/Nerlich [49. Aufl 2024] § 134 Rn 2). Mit der bürgerlich-rechtlichen Anfechtung von Willenserklärungen nach §§ 142 ff, 119 ff BGB hat diese Art der Anfechtung freilich nur den Namen gemein (Staudinger/Roth [2025] § 142 Rn 8; Kindl/Meller-Hannich/Lutz/Haertlein [4. Aufl 2021] AnfG Vorbem zu §§ 1–20 Rn 21). Hat die Anfechtung generell den Sinn, eine Gläubigerbenachteiligung sowohl innerhalb als auch außerhalb der Insolvenz zu vermeiden (MünchKommInsO/Freudenberg Vorbem §§ 129–147 Rn 2), so steht bei der sog **Schenkungsanfechtung** der **§ 134 InsO** und **§ 4 AnfG** im Vordergrund, die beschränkte Schutzwürdigkeit des unentgeltlichen Erwerbs herauszustellen (Zeuner, Anfechtung [2. Aufl 2007] Rn 207). Die schwache Position des unentgeltlichen Erwerbs ergibt sich hierbei bereits aus einer Zusammenschau der §§ 519, 528, 816 Abs 1 BGB, § 822 BGB und § 988 BGB.

b) Tatbestand der Insolvenzanfechtung nach § 134 InsO und § 4 AnfG

192 § 134 Abs 1 InsO und § 4 Abs 1 AnfG begründen einen Anfechtungstatbestand für unentgeltlich erfolgte Leistungen, welcher mit allen anderen Tatbeständen der Insolvenz- bzw Gläubigeranfechtung außer § 133 Abs 2 InsO bzw § 3 Abs 2 AnfG frei konkurriert (s umfassend MünchKommInsO/Freudenberg § 134 Rn 3). Gemäß § 134 Abs 1 InsO bzw § 4 Abs 1 AnfG ist eine unentgeltliche Leistung des Schuldners anfechtbar, es sei denn, sie ist früher als vier Jahre vor dem Antrag auf Eröffnung des Insolvenzverfahrens bzw der Anfechtung vorgenommen worden.

aa) Leistung des Schuldners

193 Der Begriff der **Leistung** ist in diesem Zusammenhang **weiter zu verstehen** als im bürgerlichen Recht. Er beinhaltet jede Rechtshandlung, die dazu dient, einen Gegenstand aus dem haftenden Vermögen des Schuldners zugunsten eines Dritten – sei es auch nicht mit unmittelbar dinglicher Wirkung – zu entfernen (BGH 21. 1. 1993 – IX ZR 275/91, BGHZ 121, 179, 182, NJW 1993, 663; BGH 24. 6. 1993 – IX ZR 96/92, NJW-RR 1993, 1379,

1381; MünchKommInsO/FREUDENBERG § 134 Rn 5). Hierbei orientieren sich Rechtsprechung und Lehre an der bereits zu § 32 KO geprägten Definition, welche allerdings den engeren Begriff der „Verfügungen“ umschrieb (vgl näher MünchKommInsO/FREUDENBERG § 134 Rn 5). Die Bezeichnung **„Schenkungsanfechtung“** ist somit eng, da der Tatbestand der § 134 Abs 1 InsO und § 4 Abs 1 AnfG neben der Schenkung auch unentgeltliche Leistungen wie bspw die Gewährung eines zinslosen Darlehens (BGH 15. 11. 2018 – IX ZR 229/17, NJW-RR 2019, 553) oder Schuldenerlässe nach § 397 BGB erfasst (zu weiteren Beispielen vgl MünchKommInsO/FREUDENBERG § 134 Rn 31). Entsprechend sind als schenkungsrechtlich relevante Leistungen iSd § 134 Abs 1 InsO und des § 4 Abs 1 AnfG sowohl das schuldrechtliche Schenkungsversprechen des § 518 BGB als auch Erfüllungshandlungen zur Tilgung unentgeltlicher Verbindlichkeiten zu betrachten (RG 19. 6. 1914 – VII 112/14, LZ 1914, 1912, 1913; OLG Jena 2. 11. 1910, LZ 1911, 241, 242 f; MünchKommInsO/FREUDENBERG § 134 Rn 7). Auch nicht rechtsgeschäftliche Handlungen – bspw gesetzlicher Eigentumserwerb nach §§ 946 ff BGB – fallen unter diesen weiten Leistungsbegriff (BGH 13. 3. 1978 – VIII ZR 241/76, BGHZ 71, 61, 65 f, NJW 1978, 1326 f; BGH 11. 11. 1954 – IV ZR 64/54, WM 1955, 407, 410 f; MünchKommInsO/FREUDENBERG § 134 Rn 9), der sich somit fundamental vom bürgerlich-rechtlichen Leistungsbegriff im Erfüllungs- und Bereicherungsrecht unterscheidet (vgl hierzu BGH 31. 10. 1963 – VII ZR 285/61, BGHZ 40, 272, 277, NJW 1964, 399; BGH 30. 5. 1968 – VII ZR 2/66, BGHZ 50, 227, 231, NJW 1968, 1822, 1823; BGH 27. 5. 1971 – VII ZR 85/69, BGHZ 56, 228, 240 f; BGH 26. 10. 1978 – VII ZR 71/76, BGHZ 72, 246, 248 f, NJW 1979, 157). Der Anfechtungstatbestand der § 134 Abs 1 InsO und § 4 Abs 1 AnfG kann dabei nach dem eindeutigen Wortlaut der Normen nur ausgelöst werden, wenn sich der Schuldner selbst an der Leistungshandlung beteiligt, so dass einseitige Zugriffsrechte eines Gläubigers nicht zur Anfechtung führen können (MünchKommInsO/FREUDENBERG § 134 Rn 11; **aA** zu § 32 KO, dessen Wortlaut eine solch weite Auslegung jedoch ebenfalls nicht zuließ, JAEGER/HENKEL KO [9. Aufl 1997] § 31 Rn 25).

bb) Leistungsempfänger

194 Der Leistungsempfänger kann nur dann Gegner einer Anfechtung nach § 134 Abs 1 InsO bzw § 4 Abs 1 AnfG sein, wenn er kausal durch die Leistung einen Vermögenswert erlangt hat. Im Gegensatz zum Tatbestand der Schenkung des § 516 BGB (vgl Rn 27 ff) verlangt der Anfechtungstatbestand jedoch keine endgültige Bereicherung des Empfängers (RG 19. 2. 1918 – Rep VII 407/17, RGZ 92, 227, 228; BGH 10. 3. 1913 – VI 487/12, LZ 1913, 562 f; zur Ausdehnung auf objektiv unentgeltliche Verfügungen s BGH 28. 2. 1991 – IX ZR 74/90, NJW 1991, 1610, 1611, ZIP 1991, 454 m Anm GERHARDT). Da Zweck der Anfechtungstatbestände der Schutz der Gläubiger ist, genügt bloße Kausalität zwischen Schuldnerleistung und Vermehrung des Leistungsempfängervermögens. Einer Entreicherung des Anfechtungsgegners wird durch § 143 Abs 2 S 1 InsO bzw § 11 Abs 2 S 1 AnfG erst auf der Rechtsfolgenseite Rechnung getragen, indem dem Anfechtungsgegner der Entreicherungseinwand des § 818 Abs 3 BGB gewährt wird (BGH 27. 10. 2016 – IX ZR 160/14, NJW-RR 2017, 111 zur Entreicherung durch Tilgung bestehender Verbindlichkeiten; BGH 8. 9. 2016 – IX ZR 151/14, NZI 2017, 71 zu der Frage des Ausschlusses des Entreicherungseinwandes bei Kenntnis bzw grob fahrlässiger Unkenntnis der Gläubigerbenachteiligung; OLG Hamburg 22. 11. 1984 – 6 U 114/84, KTS 1985, 556, 558; KINDL/MELLER-HANNICH/LUTZ/HAERTLEIN [4. Aufl 2021] § 11 AnfG Rn 11; MünchKommInsO/PIEKENBROCK § 143 Rn 102).

cc) Unentgeltlichkeit

195 Weiterhin verlangen § 134 Abs 1 InsO und § 4 Abs 1 AnfG, dass der Schuldner eine Leistung unentgeltlich vorgenommen hat. Hier darf wiederum der Begriff der an-

fechtungs- und insolvenzrechtlichen Unentgeltlichkeit nicht mit dem der schenkungsrechtlichen Unentgeltlichkeit im Sinne des § 516 Abs 1 BGB gleichgesetzt werden. Kommt es im Rahmen der zivilrechtlichen Schenkung maßgeblich darauf an, ob die Parteien subjektiv über die Unentgeltlichkeit der Leistung einig sind (vgl Rn 50 ff), so folgt der Begriff der Unentgeltlichkeit im Rahmen der Insolvenz- und Gläubigeranfechtung einem **objektiven Maßstab** (BGH 13. 3. 1978 – VIII ZR 241/76, BGHZ 71, 61, 69, NJW 1978, 1326, 1327 aE; BGH 29. 11. 1990 – IX ZR 29/90, BGHZ 113, 98, 103, NJW 1991, 560, 561; BGH 28. 2. 1991 – IX ZR 74/90, BGHZ 113, 393, 396, NJW 1991, 1610, 1611; vgl zu den verschiedenen Unentgeltlichkeitsbegriffen umfassend Höfling, Die Schenkung und die unentgeltliche Verfügung im Erbrecht [2019] 322 ff; krit zur Entwicklung der jüngeren Rechtsprechung Gehrlein WM 2024, 1777 ff und 1833 ff; zur Behandlung von Spenden und Sponsorenverträgen s Roth ZInsO 2010, 1617 ff; zum Verhältnis von Unentgeltlichkeit und immateriellen Vorteilen beim Sportsponsoring s Grunewald ZGS 2010, 164 f). Deswegen gelten auch sog **unbenannte Zuwendungen** zwischen Ehegatten, welche aus schenkungsrechtlicher Perspektive entgeltlich erfolgen (vgl Rn 88), als unentgeltlich im anfechtungsrechtlichen Sinne (BGH 17. 7. 2008 – IX ZR 245/06 Tz 9, NJW-RR 2008, 1629, 1630; BGH 13. 3. 1978 – VIII ZR 241/76, BGHZ 71, 61, 66 ff, NJW 1978, 1326; BGH 21. 1. 1999 – IX ZR 429/97, NJW 1999, 1033; OLG München 20. 3. 2003 – 23 U 4260/02, WM 2004, 1044, 1045; OLG Saarbrücken 14. 12. 2004 – 4 U 639/03, OLGR 2005, 188 [nur Leitsatz]; OLG Celle 17. 10. 1989 – 20 U 25/89, NJW 1990, 720 f; OLG Hamm 29. 9. 1992 – 27 U 235/91, ZIP 1992, 1755, 1756 f). Unentgeltlichkeit liegt somit dann vor, wenn ein Vermögenswert des Verfügenden zugunsten einer anderen Person aufgegeben wird, ohne dass dem Verfügenden ein entsprechender Vermögenswert vereinbarungsgemäß zufließen soll (BGH 20. 7. 2017 – IX ZR 7/17, NZI 2017, 802; BGH 5. 3. 2015 – IX ZR 133/14, NJW 2015, 1672; Gehrlein ZInsO 2018, 2280, 2281). Für die Bewertung soll also in erster Linie die objektive Wertrelation zwischen der Leistung des Schuldners und der Gegenleistung des Empfängers ausschlaggebend sein (BGH 22. 7. 2021 – IX ZR 81/20, NZI 2021, 973, 974). Diese objektive Betrachtung unterliegt jedoch Einschränkungen bei Irrtümern der Parteien (krit dazu Bork NZI 2018, 1, der für eine rein objektive Bestimmung der Unentgeltlichkeit plädiert). So liegt keine unentgeltliche Leistung vor, wenn der Schuldner, der auf eine nicht bestehende Schuld leistet, irrtümlich annimmt, zu einer entgeltlichen Leistung verpflichtet zu sein (BGH 12. 9. 2017 – IX ZR 316/16, NZI 2017, 975; BGH 20. 4. 2015 – IX ZR 252/16, NJW 2017, 2199; dazu Becker DZWIR 2018, 201). Da der Empfänger die Leistung nämlich nach bereicherungsrechtlichen Grundsätzen auszugleichen hat, fehlt es an einer kompensationslosen Minderung des Schuldnervermögens (umgekehrt kann es zur Annahme von Unentgeltlichkeit und damit ihrer Anfechtbarkeit führen, wenn eine rechtsgrundlose Leistung in Kenntnis der Nichtschuld, § 814 BGB, oder unter den Voraussetzungen des § 817 Satz 2 BGB vorgenommen wird, vgl BGH 14. 12. 2023 – IX ZR 10/23, NZI 2024, 215, 216; BGH 2. 12. 2021 – IX ZR 112/20, BeckRS 2021, 41229; BGH 22. 7. 2021 – IX ZR 81/20, NZI 2021, 973, 974 f; hierzu Gehrlein DZWIR 2022, 232 ff und krit Gehrlein WM 2024, 1777, 1779). Ähnliches gilt bei einem gemeinsamen Irrtum der Parteien. Vereinbaren diese eine Gegenleistung, die bei zutreffender Betrachtung nicht werthaltig ist, ist die Anwendung des § 134 InsO mangels Unentgeltlichkeit jedenfalls dann ausgeschlossen, wenn beide Teile nach den objektiven Umständen der Vertragsanbahnung, der Vorüberlegungen der Parteien und des Vertragsschlusses selbst von einem Austauschgeschäft ausgehen und zudem in gutem Glauben von der Werthaltigkeit der dem Schuldner gewährten Gegenleistung überzeugt sind, die sich erst aufgrund einer nachträglichen Prüfung als wertlos erweist (BGH 15. 9. 2016 – IX ZR 250/15, NZI 2017, 68; Gehrlein ZInsO 2018, 2280, 2281; vgl zur Darlegungs- und Beweislast insoweit BGH 22. 10. 2020 – IX ZR 208/18, NZI 2021, 26). Irrt hingegen der Leistungsempfänger über die

Unentgeltlichkeit der Leistung, ist dies sogar dann irrelevant, wenn dieser Irrtum durch den Schuldner hervorgerufen wurde (BGH 21. 12. 2010 – IX ZR 199/10, ZIP 2011, 484). Zurückzuführen ist die **unterschiedliche Begriffsbildung** zwischen Anfechtungs- und Schenkungsrecht auf deren unterschiedlichen Funktionen: während das Schenkungsrecht des BGB dem Ausgleich der Interessen der an der Schenkung beteiligten Parteien dient, soll das Anfechtungsrecht die an der Vermögensverschiebung unbeteiligten Gläubiger schützen (MünchKommInsO/Freudenberg § 134 Rn 1; krit zur unterschiedlichen Begriffsbildung Gehrlein WM 2024, 1777, 1782). Die Auszahlung von Scheingewinnen im Rahmen eines sog Schneeballsystems ist eine unentgeltliche Leistung iSd § 134 Abs 1 InsO (st Rspr; vgl BGH 14. 12. 2023 – IX ZR 10/23, NZI 2024, 215, 216; BGH 2. 12. 2021 – IX ZR 112/20; BGH 10. 6. 2021 – IX ZR 157/20, NZI 2021, 883; BGH 20. 7. 2017 – IX ZR 7/17, NZI 2017, 802; BGH 20. 4. 2016 – IX ZR 189/16, NZI 2017, 713; zum Falle der „Phoenix"-Insolvenz BGH 11. 12. 2008 – IX ZR 195/07 Tz 6, BGHZ 179, 137, 140, NJW 2009, 363; BGH 29. 11. 1990 – IX ZR 29/90, BGHZ 113, 98, 104 f, NJW 1991, 560, 562 – allerdings noch zu § 32 KO; Stackmann ZInsO 2023, 128 ff; umfassend zu der gesamten Problematik Heim, Schenkungsanfechtung bei Auszahlungen im verdeckten Schneeballsystem [2011]; zur umstr Anfechtbarkeit von Dividendenzahlungen an Aktionäre vgl Habersack ZIP 2022, 1621 ff und Bitter ZIP 2023, 169 ff; zu den steuerlichen Konsequenzen nach erfolgreicher Anfechtung s Schmittmann ZRI 2022, 51 ff).Wird eine dritte Person in den Zuwendungsvorgang einbezogen, kommt es für die Beurteilung der Unentgeltlichkeit der Leistung nicht entscheidend darauf an, ob der Verfügende selbst einen Ausgleich erhalten hat. Zu fragen ist vielmehr, ob der Empfänger seinerseits eine Gegenleistung zu erbringen hat (BGH 29. 4. 2021 – IX ZR 266/19, NJW-RR 2021, 836, 837; s zur Anfechtung im Drei-Personen-Verhältnis auch Gehrlein WM 2024, 1777, 1779 f). Eine Drittzahlung ist etwa unentgeltlich, wenn der Schuldner des Leistungsempfängers im Zeitpunkt der Bewirkung der Leistung insolvenzreif war (BGH 25. 2. 2016 – IX ZR 12/14, NJW-RR 2016, 570; BGH 22. 10. 2009 – IX ZR 182/08 Tz 8 f, NJW-RR 2010, 477 f m Anm de Bra FD-InsR 2009, 294163; BGH 16. 11. 2007 – IX ZR 194/04 Tz 8, BGHZ 174, 228, 231, NJW 2008, 655; anderes kann gelten, wenn ausnahmsweise die getilgte Forderung trotz der Insolvenz als werthaltig zu beurteilen ist, etwa wenn sich der Zahlungsempfänger durch Aufrechnung gegen eine Forderung des Schuldners Befriedigung verschaffen kann, BGH 18. 4. 2013 – IX ZR 90/10, NJW-RR 2013, 1203). Hingegen stellt das Stehenlassen einer ungekündigten, aber kündbaren Darlehensforderung keine zur Entgeltlichkeit führende Leistung dar (BGH 7. 5. 2009 – IX ZR 71/08 Tz 12, NJW 2009, 2065, 2066; zur Anfechtbarkeit ehevertraglicher Vereinbarungen nach § 134 Abs 1 InsO und § 4 Abs 1 AnfG vgl Klühs NotBZ 2010, 286). Liegt eine teils entgeltliche, teils unentgeltliche Leistung vor, kann im Falle der Teilbarkeit nur der unentgeltliche Teil angefochten werden. Ist die Leistung hingegen unteilbar, ist sie insgesamt anfechtbar, allerdings Zug um Zug gegen Rückgabe der erbrachten Gegenleistung (BGH 22. 10. 2020 – IX ZR 208/18, NZI 2021, 26, 28; BGH 15. 12. 2015 – IX ZR 113/15, NZI 2017, 151 m Anm Leithaus; dazu Hain NZI 2021, 309, 312 f). Für die Bewertung der Unentgeltlichkeit einer Handlung kommt es gemäß § 140 Abs 1 InsO und § 8 Abs 1 AnfG auf den **Zeitpunkt der Vornahme** der angefochtenen Leistung an (BGH 14. 12. 2023 – IX ZR 10/23, NZI 2024, 215, 216; BGH 6. 12. 2018 – IX ZR 143/17, BGHZ 220, 280, NJW 2019, 1446; näher MünchKommInsO/Freudenberg § 134 Rn 27).

dd) Gläubigerbenachteiligung

Die Anfechtungstatbestandsvoraussetzung der Gläubigerbenachteiligung wird syste- **196**
matisch aus § 129 Abs 1 InsO und § 1 Abs 1 AnfG abgeleitet. Erforderlich und ausreichend ist ein objektiv nachteiliger Erfolg, der unabhängig von einem etwaigen Vorsatz des Schuldners ist (vgl zur Gläubigerbenachteiligung MünchKommInsO/Freudenberg

§ 134 Rn 59). Hierbei muss ein Kausalzusammenhang zwischen der unentgeltlichen Leistung und der Gläubigerbenachteiligung bestehen (vgl Zeuner, Anfechtung [2. Aufl 2007] Rn 48). Für die Bewertung des Vorliegens einer Gläubigerbenachteiligung kommt es auf den **Zeitpunkt der letzten mündlichen Verhandlung** an (BGH 21. 2. 2013 – IX ZR 219/12, BeckRS 2013, 4501).

ee) Ausschlussfrist

197 Nach § 134 Abs 1 HS 2 InsO und § 4 Abs 1 HS 2 AnfG ist die Anfechtbarkeit ausgeschlossen, wenn die Leistung mehr als **vier Jahre** vor dem Antrag auf Eröffnung des Insolvenzverfahrens bzw vor der Anfechtung liegt. Damit wurde die komplexere Regelung des § 32 Nr 1 und 2 KO aF ersetzt und die **Anfechtungsfrist** generell **verlängert**, um betrügerische Rückdatierungen zu verhindern (BT-Drucks 12/3803, 56; BT-Drucks 12/2443, 161 zu § 149 RegE-InsO; zur Entstehungsgeschichte generell MünchKommInsO/Freudenberg § 134 Rn 2).

ff) Sozialadäquanzklausel

198 Gemäß § 134 Abs 2 InsO und § 4 Abs 2 AnfG ist die Anfechtbarkeit dann ausgeschlossen, wenn sich die Leistung auf ein gebräuchliches Gelegenheitsgeschenk geringen Werts richtet. Dem Wortlaut lässt sich bereits entnehmen, dass der Ausschluss der Anfechtung nur für Geschenke, mithin unentgeltliche Zuwendungen iSd § 516 Abs 1 BGB, gelten soll (BGH 4. 2. 2016 – IX ZR 77/15, NJW 2016, 2412; MünchKommInsO/Freudenberg § 134 Rn 62; HeidelbergerKommInsO/Thole [11. Aufl 2023] § 134 Rn 23; Uhlenbruck/Borries/Huber/Hirte [16. Aufl 2025] § 134 Rn 159). Die Bezeichnung als „Gelegenheitsgeschenk“ impliziert nicht, dass die Schenkung mit einem bestimmten Anlass verknüpft sein muss (MünchKommInsO/Freudenberg § 134 Rn 62). Doch geht der BGH davon aus, dass es sich um Geschenke zu bestimmten Gelegenheiten oder Anlässen wie Weihnachten, Geburtstag, Hochzeit, Kommunion, Firmung handeln muss, wobei aber auch unregelmäßig vorgenommene Spenden an Parteien, an Wohltätigkeitsorganisationen oder an Kirchen umfasst sind (BGH 4. 2. 2016 – IX ZR 77/15, NJW 2016, 2412; so auch Gehrlein ZinsO 2018, 2280, 2287). „Gebräuchlich“ ist ein Geschenk grundsätzlich dann, wenn es in den Gesellschaftskreisen des Schenkenden nach Anlass, Art und Maß üblich ist (vgl HeidelbergerKommInsO/Thole [11. Aufl 2023] § 134 Rn 24; MünchKommInsO/Freudenberg § 134 Rn 63). Das verkennt der BGH, wenn er in einer absoluten Betrachtungsweise bestimmt, dass ein geringwertiges Geschenk vorliegt, wenn das einzelne Geschenk einen Wert von 200 € nicht überschreitet und im gesamten Kalenderjahr bezüglich des einzelnen Beschenkten ein Wert von 500 € nicht überschritten wird (BGH 4. 2. 2016 – IX ZR 77/15, NJW 2016, 2412; damit so Roth npoR 2016, 263, 267; de Bra LMK 2016, 378389 – wird jedenfalls in der Praxis die Rechtssicherheit erhöht). Vielmehr sollte die Geringwertigkeit des Geschenks aber objektiv nach dem generellen Gläubigerinteresse bestimmt werden, wobei maßgebend sein muss, welchen Umfang die verbleibende Haftungsmasse im konkreten Falle aufweist (MünchKommInsO/Freudenberg § 134 Rn 64 mwNw).

8. Schenkungsteuerrecht

a) Verfassungsrechtliche Grundlagen

199 Die der Schenkungsteuer immanente Problematik besteht darin, dass sie ebenso wie die Erbschaftsteuer einen unentgeltlichen Erwerb belastet, der aus dem bereits versteuerten Vermögen des Schenkers stammt, grundsätzlich einseitig den Beschenkten

trifft und damit das gerade bei höherwertigen Schenkungen oft gegebene Motiv der Fürsorge für nahe Angehörige dem Grunde nach konterkariert. Die mit ihr vordergründig bezweckte Abschöpfung einer erhöhten Leistungsfähigkeit wirkt somit *de facto* wie eine **staatliche Missbilligung des unentgeltlichen Erwerbs**. Die Gründe für ihre Existenz sind historischer Natur (vgl Vorbem 10 ff, 18 ff, 30 ff zu §§ 516–534); eine Diskussion darüber, ob diese unter den heutigen Bedingungen noch maßgeblich sind, ist eher akademischer Natur, da die staatliche Entscheidung zu ihren Gunsten eindeutig ist (anders zB in Österreich, s hierzu und zu den grenzüberschreitenden Folgen GÖTZENBERGER BB 2008, 2439 ff).

aa) Gesetzgebungskompetenz

Die Gesetzgebungskompetenz für die Erbschaft- und Schenkungsteuer steht dem Bund aufgrund des **Art 105 Abs 2 GG iVm Art 106 Abs 2 Nr 2 GG** zu. Da Art 106 Abs 2 Nr 2 GG den Ertrag der Steuer den Ländern zuweist, kann sie jedoch nur unter den zusätzlichen Voraussetzungen des **Art 72 Abs 2 GG** wahrgenommen werden. Im Zusammenhang mit vergangenen Steuerreformen wurde wiederholt die Frage der Notwendigkeit einer entsprechenden Bundeskompetenz in Zweifel gezogen; der Gesetzgeber ist dem bisher nicht gefolgt (vgl zu der Diskussion aber im Ergebnis im Rahmen einer einstweiligen summarischen Prüfung skeptisch FG Köln 13. 10. 2010 – 9 V 2566/10, DStrE 2011, 811, 812 f; zum Problem s weiter auch MEINCKE/HANNES/HOLTZ [19. Aufl 2025] Einf Rn 8). Das BVerfG hat zudem mittlerweile hinsichtlich der Verschonungsregelungen der §§ 13a und 13b ErbStG explizit die Gesetzgebungskompetenz des Bundes unterstrichen (BVerfG 17. 12. 2014 – 1 BvL 21/12, BVerfGE 138, 136, 176). Die hierbei angeführte Argumentation, dass ohne bundesgesetzliche Regelung eine Rechtszersplitterung mit nicht unerheblichen Nachteilen für Erblasser, Erben und auch für die Finanzverwaltung zu befürchten sei, muss bei konsequenter Betrachtungsweise auch für die Gesamtheit der Vorschriften des ErbStG gelten. 200

Obwohl die Ausgestaltung der direkten Steuern nicht der Kompetenz der EU unterfällt, sondern in der Zuständigkeit der Mitgliedstaaten bleibt, sind die Versuche des EuGH unübersehbar, unter dem Deckmantel des Schutzes der Kapitalverkehrsfreiheit immer mehr Einfluss auf deren Inhalt zu gewinnen. So hat der EuGH im Hinblick auf das deutsche ErbStG entschieden, dass Bewertungsregelungen und Befreiungstatbestände inländisches Vermögen nicht besser als ausländisches innerhalb der EU stellen dürfen (EuGH 17. 1. 2008 – C -256/06, DStRE 2008, 174). Weiterhin ließe es sich nicht mit dem Gemeinschaftsrecht vereinbaren, wenn für Schenkungen von im Inland belegenen Grundstücken zwischen Personen, die zur Zeit des Vollzugs im EU-Ausland wohnhaft sind, geringere Freibeträge vorgesehen werden als zwischen den Parteien einer solchen Schenkung, von denen zumindest ein Beteiligter im jeweiligen Inland seinen Wohnsitz hat (EuGH 22. 4. 2010 – C-510/08, DStR 2010, 861; zu Recht krit zu den Auswirkungen der Rechtsprechung des EuGH auf die direkten Steuern MEINCKE ZEV 2004, 353). Vorlagebeschlüsse zum Bewertungs- und ErbStG an den EuGH häufen sich (MEINCKE/HANNES/HOLTZ [19. Aufl 2025] Einf Rn 7; BFH 11. 4. 2006 – II R 35/05, BStBl II 2006, 627; FG Hamburg 11. 8. 2006 – 6 K 156/02, DStRE 2007, 232; BFH 16. 1. 2008 – II R 45/05, BStBl II 2008, 623; BFH 15. 12. 2010 – II R 63/09, BStBl II 2011, 221; BFH 1. 10. 2014 – II R 29/13, BStBl II 2015, 232; BFH 20. 1. 2015 – II R 37/13, BStBl II 2015, 497; FG Düsseldorf 22. 10. 2014 – 4 K 488/14, DStR 2016, 1360; FG Düsseldorf 20. 7. 2020 – 4 K 1095/20 Erb, ZEV 2020,vgl auch TROLL/GEBEL/JÜLICHER/GOTTSCHALK/GOTTSCHALK [69. Aufl 2024] ErbStG Einf Rn 50 ff). 201

bb) Grundrechte

(1) Art 14 GG

202 Inhaltliche Grenzen werden der Gesetzgebung im Bereich des **Erbschaftsteuer- und Schenkungsteuergesetzes** durch Art 14 GG gesetzt (vgl umfassend zur grundrechtlichen Dimension Pabst JuS 2001, 1145). Art 14 Abs 1 S 1 GG gewährleistet das Eigentum und das Erbrecht. Da sich der Erwerbsvorgang des Erben als Erwerb des mit der Steuerschuld belasteten Eigentums – diese entsteht nach § 9 Abs 1 Nr 1, Nr 2 ErbStG zum Zeitpunkt des Erwerbs – auffassen lässt (Meincke/Hannes/Holtz [19. Aufl 2025] Einf Rn 11), soll die **Gewährleistung** des Art 14 GG nicht bereits das **Eigentumsgrundrecht** des Erwerbers betreffen, sondern den um die Erbschaftsteuer geminderten Nettovermögensanfall. Das Eigentumsrecht ist jedenfalls aus Sicht des Veräußerers berührt, da zu diesem auch die **Veräußerungsfreiheit** und Verfügungsbefugnis gehören (BVerfG 19. 6. 1969 – 1 BvR 353/67, BVerfGE 26, 215, 222, NJW 1969, 1475; Dürig/Herzog/Scholz/Papier/Shirvani [108. EL 2025] GG Art 14 Rn 11; Pabst, JuS 2001, 1145, 1148).

203 Die **Erbrechtsgarantie** wird auf beiden Seiten tangiert. Sie sichert auf Seiten des Veräußerers seine **Testierfreiheit**, dh das Recht, über eine Vermögensposition im Todesfall zu verfügen (BVerfG 14. 12. 1994 – 1 BvR 720/90, BVerfGE 91, 346, 360, NJW 1995, 2977, 2978), und auf Seiten des Erwerbers das Eigentumserwerbsrecht durch Erbfolge (BVerfG 16. 10. 1984 – 1 BvR 513/78, BVerfGE 67, 329, 340, NJW 1985, 1455; Dürig/Herzog/Scholz/Papier/Shirvani [108. EL 2025] GG Art 14 Rn 404; vgl dazu auch Stöcker WM 1979, 220 ff).

204 Eine allgemeine Schranke für die normative Ausgestaltung der Erbschaft- und Schenkungsteuer findet der Gesetzgeber in der **Wesensgehaltsgarantie** des Art 14 GG. Auf diese generelle Grenze einer erbschaftsteuerlichen Belastung wird explizit vom BVerfG hingewiesen (BVerfG 22. 6. 1995 – 2 BvR 552/91, BVerfGE 93, 165, 172, NJW 1995, 2624, 2625, BStBl II 1995, 671, 673). Hinsichtlich der Frage der konkreten Grenzen, die sich aus Art 14 GG für eine Erbschaft- und Schenkungsteuer ergeben, hat das BVerfG nur postuliert (BVerfG 22. 6. 1995 – 2 BvR 552/91, BVerfGE 93, 165), dass der Familie ein signifikanter Teil des Vermögens zukommen müsse (s zu Art 6 GG Rn 206; zur Kritik und Rechtfertigung der Steuererhebung vgl die Übersicht bei Meincke/Hannes/Holtz [19. Aufl 2025] Einf Rn 2; zur Rechtsprechung hinsichtlich der realitätsgerechten Bewertung der Steuerbelastung vgl Troll/Gebel/Jülicher/Gottschalk/gottschalk [69. Aufl 2024] ErbStG Einf Rn 216; krit zu verfassungsrechtlichen Zulässigkeit der Fassung des ErbStG nach der Reform 2009 Schubert, Die Verfassungswidrigkeit der Erbschaft- und Schenkungsteuer und die verfassungsrechtlichen Anforderungen an eine Neuregelung [2011]). Grundsätzlich wird man eine Erbschaft- und Schenkungsteuer **insoweit für zulässig** erachten müssen, als Art 14 Abs 1 S 2 GG dem Gesetzgeber die Möglichkeit eröffnet, Inhalt und Schranken des Eigentums und des Erbrechts auszugestalten (idS BVerfG 22. 6. 1995 – 2 BvR 552/91, BVerfGE 93, 165, 174, NJW 1995, 2624, 2625, BStBl II 1995, 671, 673 f im Hinblick auf die Erbrechtsgarantie; Tiedtke/Tiedtke [1. Aufl 2009] ErbStG Einl Rn 66).

205 Die Erbrechtsgarantie erstreckt sich nicht auf Schenkungen unter Lebenden, es sei denn es handelt sich um eine **vorweggenommene Erbfolge** (Troll/Gebel/Jülicher/Gottschalk/Gottschalk [69. Aufl 2024] ErbStG Einf Rn 202). Schenkungen, die keine vorweggenommene Erbfolge beinhalten, sind an der Eigentumsgarantie zu messen. Sie bietet einen gegenüber der Erbrechtsgarantie im Hinblick auf einen bestimmten

Personenkreis geringeren Schutz vor steuerlicher Belastung. Dies wird klar, wenn man den Einfluss des Art 6 Abs 1 GG auf die Erbrechtsgarantie betrachtet.

(2) Art 6 GG

Die Erbrechtsgarantie des Art 14 GG gewährleistet iVm dem Schutz von Ehe und Familie nach Art 6 Abs 1 GG ein **Verwandtenerbrecht** idS, dass dem Ehegatten, den Abkömmlingen oder den Eltern kinderloser Erblasser ein angemessener Teil des Nachlasses zukommen muss (BVerfG 19. 4. 2005 – 1 BvR 1644/00, 1 BvR 188/03 Tz 61, BVerfGE 112, 332, 348, NJW 2005, 1561, 1562; Dürig/Herzog/Scholz/Papier/Shirvani [108. EL 2025] GG Art 14 Rn 419). Für Schenkungen ist das Prinzip des Verwandtenerbrechts nur relevant, wenn es sich um eine vorweggenommene Erbfolge handelt (Rn 205). 206

(3) Art 3 GG

Von großer praktischer Bedeutung ist der Gleichheitssatz des Art 3 GG in seinen verschiedenen Ausprägungen (zur Bedeutung des allgemeinen Gleichheitssatzes im Steuerrecht umfassend Tipke/Lang/Hey [25. Aufl 2024] Steuerrecht Kap 3 Rn 110 ff), da Art 14 Abs 1 S 2 GG dem Gesetzgeber einen großen Ausgestaltungsspielraum sowohl bei der Auswahl des Steuergegenstandes als auch bei der Bestimmung des Steuersatzes zugesteht (BVerfG 22. 6. 1995 – 2 BvL 37/91, BVerfGE 93, 121, 135, NJW 1995, 2615, 2617; BVerfG 4. 12. 2004 – 2 BvR 400/98 – 2 BvR 1735/00 Tz 49, BVerfGE 107, 27, 47, NJW 2003, 2079, 2080; BVerfG 17. 11. 2006 – 1 BvL 10/02 Tz 94, BVerfGE 117, 1, 30, NJW 2007, 573, 574), welcher lediglich durch den Wesensgehalt des Grundrechts (Rn 204) begrenzt wird. Mit anderen Worten ausgedrückt: Der Gesetzgeber kann die Materie **unter Beachtung des Gleichheitssatzes frei ausgestalten**, wobei die steuerrechtliche Ausprägung des Gleichheitssatzes im **Grundsatz der Steuergerechtigkeit** liegt. Obwohl die Besteuerung grundsätzlich an der wirtschaftlichen Leistungsfähigkeit auszurichten ist (BVerfG 17. 11. 2006 – 1 BvL 10/02 Tz 94, BVerfGE 117, 1, 15, NJW 2007, 573, 574; BVerfG 6. 3. 2002 – 2 BvL 17/99 Tz 174 f, BVerfGE 105, 73, 125, NJW 2002, 1103, 1104; BVerfG 4. 12. 2002 – 2 BvR 400/98, 2 BvR 1735/00 Tz 50, BVerfGE 107, 27, 46 f, NJW 2003, 2079, 2080; BVerfG 27. 6. 1991 – 2 BvR 1493/89, BVerfGE 84, 239, 268, NJW 1991, 2129, 2130), muss das Steuerrecht als Massenverwaltungsrecht bestimmte Sachverhalte **typisierend und pauschalierend** betrachten (BVerfG 20. 4. 2004 – 1 BvR 1748/99, 1 BvR 905/00 Tz 55, BVerfGE 110, 274, 292, NJW 2004, 2297; dazu umfassend Tipke/Lang/Hey [25. Aufl 2024] Steuerrecht Kap 3 Rn 145 ff). 207

Bei der Ausgestaltung des steuerrechtlichen Tatbestandes hat der Gesetzgeber die einmal getroffene Belastungsentscheidung folgerichtig iS dieser **Belastungsgleichheit** umzusetzen. Abweichungen und Ausnahmen davon bedürfen eines besonderen sachlichen Grundes (BVerfG 30. 9. 1998 – 2 BvR 1818/91 Tz 23 f, BVerfGE 99, 88, 95, NJW 1998, 3769; BVerfG 11. 11. 1998 – 2 BvL 10/95 Tz 49 f, BVerfGE 99, 280, 290, NJW 1999, 1457; BVerfG 4. 12. 2002 – 2 BvR 400/98, 2 BvR 1735/00 Tz 49 f, BVerfGE 107, 27, 47, NJW 2003, 2079, 2080; BVerfG 7. 11. 2006 – 1 BvL 10/02 Tz 97, BVerfGE 117, 1, 16, NJW 2007, 573, 575). Dieser kann in außerfiskalischen Förderungs- und Lenkungszielen liegen (st Rspr BVerfG 30. 9. 1998 – 2 BvR 1818/91 Tz 24, BVerfGE 99, 88, 95, NJW 1998, 3769; BVerfG 11. 11. 1998 – 2 BvL 10/95 Tz 73, BVerfGE 99, 280, 290, NJW 1999, 1457; BVerfG 4. 12. 2002 – 2 BvR 400/98, 2 BvR 1735/00 Tz 50 f, BVerfGE 107, 27, 47, NJW 2003, 2079, 2080; BVerfG 7. 11. 2006 – 1 BvL 10/02 Tz 98, BVerfGE 117, 1, 16, NJW 2007, 573, 575; vgl dazu Tipke/Lang/Hey [25. Aufl 2024] Steuerrecht Kap 3 Rn 116 ff). In Anbetracht dessen hatte der BFH dem BVerfG das ErbStG als Ganzes vorgelegt, da er in § 19 Abs 1 iVm §§ 13a, 13b ErbStG einen Verstoß gegen Art 3 Abs 1 GG begründet sah (BFH 27. 9. 2012 – II R 9/11, BStBl II 2012, 899). Dem folgte das BVerfG 208

(BVerfG 17. 12. 2014 – 1 BvL 21/12, BStBl. II 2015, 50) zum Teil und erklärte das ErbStG für teilweise verfassungswidrig. Die Verschonung von Erbschaftsteuer beim Übergang betrieblichen Vermögens in §§ 13a und 13b ErbStG in Verbindung mit der Tarifvorschrift des § 19 Abs 1 ErbStG verstoße angesichts ihres Ausmaßes und der eröffneten Gestaltungsmöglichkeiten gegen den allgemeinen Gleichheitssatz des Art 3 GG. Ein Steuergesetz sei verfassungswidrig, wenn es Gestaltungen zulasse, mit denen Steuerentlastungen erzielt werden könnten, die es nicht bezwecke und die gleichheitsrechtlich nicht zu rechtfertigen seien. Auf die Aufforderung des BVerfG, die verfassungswidrigen Regelungen neu zu formulieren, reagierte der Gesetzgeber mit dem Gesetz zur Anpassung des Erbschaftsteuer- und Schenkungsteuergesetzes an die Rechtsprechung des Bundesverfassungsgerichts (Gesetz v 4. 11. 2016, BGBl 2016 I 2464), welches rückwirkend zum 1. 7. 2016 in Kraft trat (vgl zur Reform Troll/Gebel/Jülicher/Gottschalk/Gottschalk [69. Aufl 2024] ErbStG Einf Rn 475 ff und Rn 484 ff zur Entwicklung seit 2016).

b) Weitere normative Grundlagen

aa) Gesetze und Verordnungen

209 Die steuerliche Behandlung der Schenkung regelt das **Erbschaftsteuer- und Schenkungsteuergesetz** vom 17. 4. 1974 in der Fassung vom 27. 2. 1997 (BGBl I 1197, 378), zuletzt geändert durch Art 34 des Jahressteuergesetzes vom 2. 12. 2024 (BGBl I 387). Das Erbschaftsteuer- und Schenkungsteuergesetz ist in dieser Fassung grundsätzlich auf alle Erwerbe anzuwenden, für welche die Steuerschuld nach dem 31. 12. 2009 entsteht (§ 37 Abs 1 ErbStG). Ausnahmen von diesem Grundsatz sind für einzelne Bestimmungen vorgesehen (vgl dazu § 37 Abs 2–22 ErbStG).

210 Ergänzt wird das ErbStG durch die **Erbschaftsteuer-Durchführungsverordnung** vom 8. 9. 1998 (BGBl I 1998, 2658). Sie wurde zuletzt durch VO vom 25. 6. 2020 (BGBl I 1495) geändert. Die Verordnungsermächtigung zu ihrem Erlass findet sich in § 36 Abs 1 Nr 1 lit e) ErbStG. Demgemäß sind in der ErbStDV Bestimmungen über Anzeige-, Mitteilungs- und Übersendungspflichten geregelt. Die ErbStDV ist als Gesetz im materiellen Sinne für die Steuerpflichtigen, für die Finanzbehörden und für die Gerichte verbindlich. Sie ist auf alle Erwerbe anzuwenden, für die die Steuerschuld nach dem 31. 12. 2010 entstanden ist (§ 12 Abs 1 ErbStDV).

211 Die Ermittlung des **steuerlichen Wertes der Bereicherung** richtet sich, soweit nicht durch das Erbschaftsteuergesetz etwas Besonderes bestimmt ist, nach den Vorschriften des **Bewertungsgesetzes** (§ 12 Abs 1 ErbStG). Zurzeit gilt das Bewertungsgesetz in der Fassung vom 1. 2. 1991 (BGBl I 1991, 230) mit den danach vorgenommenen Änderungen; es wurde zuletzt geändert durch Art 35 und 36 des Jahressteuergesetzes vom 2. 12. 2024 (BGBl I 387).

212 Wichtige Bestimmungen, die im Zusammenhang mit der Erbschaft- und Schenkungsteuer zu beachten sind, enthalten auch die allgemeinen Verfahrensvorschriften der **Abgabenordnung** in der Fassung der Bekanntmachung vom 23. 1. 2025 (BGBl I 24, 4), zuletzt geändert durch Art 16, 17, 18 des Jahressteuergesetzes vom 2. 12. 2024 (BGBl I 387) Nach **§ 40 AO** ist es für die Besteuerung unerheblich, ob ein gesetz- oder sittenwidriges Handeln vorliegt. Gemäß **§ 41 Abs 1 AO** ist die Unwirksamkeit eines Rechtsgeschäfts steuerrechtlich unerheblich, wenn die Beteiligten das wirtschaftliche Ergebnis gleichwohl eintreten oder bestehen lassen. Nach **Abs 2** sind **Scheingeschäfte**

steuerlich irrelevant. Allenfalls wird ein **verdecktes Geschäft** steuerlich relevant. **§ 42 AO** behandelt den **Missbrauch von Gestaltungsmöglichkeiten**. Es wird eine **rein wirtschaftliche Betrachtung** des Rechtsgeschäfts vorgenommen und die entsprechende steuerliche Folge daran geknüpft (exemplarisch zur Schenkungsteuerpflicht trotz vorgetäuschten Darlehensvertrages vgl BFH 3. 12. 1991 – IX R 142/90, BStBl II 1992, 397). Voraussetzung der steuerlichen Anerkennung von **Verträgen zwischen Angehörigen** ist nach der Rechtsprechung, dass die Vereinbarungen zivilrechtlich wirksam, klar und eindeutig sind, ihre Gestaltung dem zwischen Fremden Üblichen entspricht, dh einem sog Fremdvergleich standhält, und sie auch tatsächlich durchgeführt werden (BFH 7. 5. 1996 – IX R 69/94, BStBl II 1997, 196; BFH 17. 2. 1998 – IX R 30/96, BStBl II 1998, 349; BFH 3. 3. 2004 – X R 14/01, BStBl II 2004, 826; BFH 9. 11. 2011 – X R 60/09, BStBl II 2012, 638; zu den Voraussetzungen vgl Tipke/Lang/Hey [25. Aufl 2024] Steuerrecht Kap 8 Rn 162 ff; speziell zur Problematik kombinierter Schenkungs- und Darlehensverträgen zwischen Angehörigen Schoor StBP 2008, 340, 346 f).

bb) Verwaltungsvorschriften

Zur Auslegung der für die Erbschaft- und Schenkungsteuer maßgebenden gesetzlichen Bestimmungen werden von den obersten Finanzbehörden zudem Verwaltungsanordnungen in Form von Einzelerlassen festgesetzt. Sie sind für die Steuerpflichtigen und die Steuergerichte nicht verbindlich, müssen aber von den Finanzämtern befolgt werden (zur praktischen Auswirkung und Relevanz Tipke/Lang/Englisch [25. Aufl 2024] Steuerrecht Kap 5 Rn 32 ff). Die Finanzverwaltung hat zur Anwendung des Erbschaft- und Schenkungsteuergesetzes sowie des Bewertungsgesetzes Erbschaftsteuer-Richtlinien als allgemeine Verwaltungsvorschriften des Bundes (BStBl I 1998, Sondernummer 2/1998, 2) und Erbschaftsteuer-Hinweise – diese beinhalten gleichlautende Erlasse der obersten Finanzbehörden der Länder – (BStBl I 1998, 1529) erlassen, die durch die überarbeiteten **Erbschaftsteuer-Richtlinien 2019** vom 16. 12. 2019 (BStBl I 2019 Sondernummer 1/2019, 2) und die aktualisierten **Erbschaftsteuer-Hinweise 2011** vom 19. 12. 2011 (BStBl I 2011, Sondernummer 1/2011, 117) ersetzt worden sind. 213

c) Steuersystematische Einordnung und Zielsetzung des ErbStG

Durch die **Erbschaftsteuer** soll der wirtschaftliche Vorgang des Substanzübergangs des Vermögens anlässlich des Todes einer natürlichen Person auf einen Dritten besteuert werden (vgl § 1 Abs 1 Nr 1 ErbStG). Es handelt sich um eine Erbanfallsteuer. Besteuert wird nicht der Nachlass selbst, sondern nur die Bereicherung, die dem einzelnen Erwerber zufließt, sog **Bereicherungsprinzip** (BFH 9. 5. 1958 – III 131/56 U, BStBl III 1959, 271, 272). Steuersystematisch handelt es sich grundsätzlich um eine **Verkehrsteuer** (so BFH 22. 9. 1982 – II R 61/80, BStBl II 1983, 179, 180; BFH 7. 11. 2007 – II R 28/06, BStBl II 2008, 258, 259; Viskorf/Schuck/Wälzholz/Viskorf [7. Aufl 2023] ErbStG Einf Rn 1 ff; Loose, Erbschaftsteuer [6. Aufl 2025] Rn A1; anders aber BVerfG 10. 2. 1976 – 1 BvL 8/73, BVerfGE 41, 269, 281, BStBl II 1976, 311, 315, das von einer „Bereicherungssteuer" ausgeht; die Vermögensnachfolge kraft Gesetzes, dh ohne Verkehrsgeschäft, spricht im Grunde gegen eine Qualifikation als Verkehrsteuer, krit zu einer solchen Qualifikation Schulte/Birnbaum [3. Aufl 2023], Erbschaftsteuerrecht Rn 27 f), jedoch mit den Modifikationen, die sich daraus ergeben, dass die Steuer sich auf die eingetretene Bereicherung des Erwerbers bezieht. Gleiches gilt für die Schenkungsteuer. Der Vermögenstransfer als Verkehrsakt gilt dabei als Indiz für eine bestimmte Leistungsfähigkeit des Steuerpflichtigen. Das ErbStG knüpft zwar an Verkehrsakte an, will inhaltlich aber wirtschaftliche Vorgänge erfassen und zwar anders als die insofern vergleichbare Einkommensteuer im Wege einer **Substanz-** 214

besteuerung (Meincke/Hannes/Holtz [19. Aufl 2025], Einf Rn 1 zum „Doppelgesicht" der Erbschaft- und Schenkungsteuer). Erbschaft- und Schenkungsteuer sind **Personensteuern**.

d) Steuertatbestand

aa) Verhältnis zum Zivilrecht

215 Das Erbschaft- und Schenkungsteuerrecht ist von zivilrechtlichen Begriffen geprägt; das ErbStG knüpft in zahlreichen Bestimmungen an diese Terminologie an. Insofern kann man zumindest im Grundsatz von einer **Maßgeblichkeit des Zivilrechts** für das Erbschaft- und Schenkungsteuerrecht sprechen (Crezelius, Erbschaft- und Schenkungsteuer in zivilrechtlicher Sicht [1979] § 9 [37]; Viskorf/Schuck/Wälzholz/Wälzholz [7. Aufl 2023] § 3 ErbStG Rn 2; kurze Einführung in dieses Prinzip auch bei Crezelius BB 1978, 1406, 1408). Das Erbschaftsteuerrecht knüpft die steuerlichen Folgen an Vermögensanfälle, regelt aber nicht, wie diese erfolgen. Das Gesetz knüpft auf der Ebene des Steuertatbestandes vielmehr zT an zivilrechtlich geregelte Voraussetzungen an und ist dann auch an diese gebunden (zB § 3 Abs 1 Nr 1, 2 ErbStG, § 4 ErbStG, § 5 ErbStG, § 7 Abs 1 Nr 4–6 ErbStG). Der BFH geht ebenfalls davon aus, dass das Erbschaftsteuerrecht „bürgerlich-rechtlich geprägt" sei (BFH 26. 11. 1986 – II R 190/91, BStBl II 1987, 175, 176) und spricht davon, dass es keine Erbschaft im wirtschaftlichen Sinn gebe (BFH 30. 6. 1960 – II 254-57 U, BStBl III 1960, 348, 349; dies steht im Zusammenhang damit, dass zum Zweck der Zuordnung einer Erbschaft und ihrer Bewertung nicht die im Steuerrecht häufige wirtschaftliche Betrachtungsweise, sondern die bürgerlich-rechtliche Begrifflichkeit angewendet werden kann; zur wirtschaftlichen Zuordnung des Eigentums nach § 39 AO auf dem Gebiet des ErbStG ablehnend BFH 22. 9. 1982 – II R 61/80, BStBl II 1983, 179).

216 Jedoch gibt es im ErbStG auch **eigenständige Regelungen**, die nicht an zivilrechtliche Begrifflichkeit anknüpfen (zB den Begriff der „freigebigen Zuwendung" nach § 7 Abs 1 Nr 1 ErbStG). Zudem nutzt das Steuerrecht auch **zivilrechtliche Begriffe, denen aber eine andere Bedeutung zukommt.** Die steuerrechtlichen Tatbestandsmerkmale müssen laut BVerfG in ihrem Bedeutungszusammenhang, nach dem Zweck des ErbStG und dem Inhalt der einschlägigen Einzelregelung interpretiert werden. Dies müsse deshalb geschehen, weil das Steuerrecht und das Zivilrecht gleichrangig nebeneinanderstehen und das Zivilrecht keinen Vorrang beanspruchen könne (BVerfG 27. 12. 1991 – 2 BvR 72/90, NJW 1992, 1219, BStBl II 1992, 212, 213 f). Jedoch darf im Falle einer Anlehnung an die Begrifflichkeiten des Zivilrechts angesichts des Art 3 Abs 1 GG **nur dann eine andere Auslegung** dieser Begriffe im ErbStG erfolgen, wenn es **hinreichende sachliche Gründe** dafür gibt (BVerfG 24. 1. 1962 – 1 BvR 845/58, BVerfGE 13, 331, 340, NJW 1962, 435). Solche Gründe können im Wege der Auslegung ermittelt werden; der erste Schritt auf diesem Weg muss, ausgehend vom Wortlaut des Gesetzes, **im Zweifel der zivilrechtlich geprägte Begriff** sein (idS auch Anm zu Beschluss des BVerfG 27. 12. 1991 – 2 BvR 72/90, NJW 1992, 1219; Meincke StuW 1992, 186, 189 f).

217 In **§ 7 Abs 1 ErbStG** wird der Begriff der „Schenkung unter Lebenden" gemäß § 1 Abs 1 Nr 2 ErbStG durch eine **enumerative Aufzählung** herausgearbeitet. Hier zeigt sich, dass der Begriff der „freigebigen Zuwendungen" in § 7 Abs 1 Nr 1 ErbStG als Oberbegriff gilt, der sowohl die Schenkung als auch andere Zuwendungen erfasst. Der Gesetzgeber geht gleichwohl von der Schenkung iSd BGB als Grundmodell der Schenkung unter Lebenden aus (vgl Meincke/Hannes/Holtz [19. Aufl 2025] § 7 Rn 3). Freilich muss bei der Interpretation der spezifische steuerrechtliche Zusammenhang, der auch eine vom Zivilrecht abweichende Beurteilung rechtfertigen kann, berücksich-

tigt werden (Troll/Gebel/Jülicher/Gottschalk/Gottschalk [69. Aufl 2024] ErbStG § 7 Rn 3).

Die Schenkung unter Lebenden des Erbschaftsteuergesetzes steht in einem funktionalen Zusammenhang mit dem eigentlichen Grundfall der Erbschaftsteuer, dem **Erwerb von Todes wegen** (§ 1 Abs 1 Nr 1 ErbStG). Um eine Umgehung der Erbschaftsteuer durch freigebige Zuwendungen unter Lebenden zu verhindern, wurde diese Steuer auf die unentgeltliche Vermögensübertragung unter Lebenden und auf Zweckzuwendungen ausgedehnt (§ 1 Abs 1 Nr 2 und Nr 3 ErbStG; vgl amtliche Begründung ErbStG 1906, RTDrs Nr 10 Anl 5, 1905/06, 1060). Folglich sind die Regelungen betreffend den Erwerb von Todes wegen gem § 1 Abs 2 ErbStG grundsätzlich auch auf Schenkungen unter Lebenden iSd ErbStG und auf Zweckzuwendungen (§ 1 Abs 1 Nr 3 ErbStG) anwendbar. 218

bb) Verhältnis zu anderen Steuerarten

(1) Verhältnis zur Einkommensteuer

Schenkungsteuer und Einkommensteuer knüpfen an einen **Vermögenszuwachs** an, wobei das EStG am Markt **erwirtschaftete** Vermögenszuwächse erfasst, das ErbStG hingegen den **unentgeltlichen** Vermögenserwerb (Troll/Gebel/Jülicher/Gottschalk/Gottschalk [69. Aufl 2024] ErbStG Einf Rn 35). Wenn hinsichtlich des Besteuerungsgegenstandes auch Ähnlichkeiten bestehen, verhindern auf der anderen Seite die Unterschiede in der Regel, dass es zu einer doppelten steuerlichen Belastung kommt (vgl BFH 20. 10. 1999 – X R 132/95, BStBl II 2000, 82, 84; vgl dazu Meincke/Hannes/Holtz [19. Aufl 2025], Einf Rn 3 f). Schenkungsteuer und Einkommensteuer schließen sich aber nicht grundsätzlich aus (BFH 22. 12. 1976 – II R 58/67, BStBl II 1977, 420, 421; krit dazu Meincke, in: FS Tipke [1995] 391, 396 ff). Ein und derselbe Lebenssachverhalt kann tatbestandlich sowohl der Einkommen- als auch der Schenkungsteuer unterfallen (vgl BFH 12. 9. 2011 – VIII B 70/09, DStRE 2012, 154, 156 vgl zur Doppelbelastung eines Vermögenszuflusses und möglicher Lösungsansätze Friz DStR 2015, 2409). 219

Zu einer **Doppelbelastung** kann es kommen, wenn ein Vermögenszugang bei demselben Steuersubjekt als Einkunft iSd EStG (vgl § 1 Abs 1 Nr 1–7 EStG) und zugleich als Bereicherung iSd ErbStG (vgl § 10 Abs 1 S 1 ErbStG) zu bewerten ist. Aufgrund des Wegfalls der Übernahme der Steuerbilanzwerte durch das ErbStRG 2009 und dem Ansatz des gemeinen Wertes kommt es erbschaftsteuerrechtlich regelmäßig zu einer Erfassung der stillen Reserven. Diese werden der zu zahlenden Erbschaftsteuer zugrunde gelegt. Werden die einkommensteuerverhafteten Gegenstände in der Folge veräußert, realisieren sich die stillen Reserven auch iSd ErbStG, und es kommt zu einer Doppelbelastung mit Einkommen- und Erbschaftsteuer (vgl dazu Meincke/Hannes/Holtz [19. Aufl 2025], Einf Rn 3 mit Beispielen). Um dieses Problem zu entschärfen, wurde die Regelung des **§ 35b EStG** im Zuge der Erbschaftsteuerreform 2009 eingeführt (Meincke/Hannes/Holtz [19. Aufl 2025], Einf Rn 4). Die Norm verringert die Doppelbelastung mit Erbschaftsteuer und Einkommensteuer, indem sie einen prozentualen Nachlass auf die Einkommensteuer gewährt. Jedoch gilt sie nur für Erwerbe von Todes wegen. Die Doppelbelastung bei Schenkungen unter Lebenden wird nicht verringert (krit dazu Crezelius ZEV 2009, 1, 3; umfassend Seifred ZEV 2009, 285; Fallgruppen der Doppelbelastung mit Erbschaft- bzw Schenkungssteuer und Ertragsteuer bei Messbacher-Hönsch ZEV 2018, 182 ff; vgl zur ertrags- und umsatzsteuerlichen Behandlung von Geschenken auch Pieske-Kontny StBp 2021, 190). 220

221 Unentgeltliche Zuwendungen in das **Betriebsvermögen** von Gewerbetreibenden bzw Kapitalgesellschaften lösen eine Einkommensteuer bzw Körperschaftsteuer aus (BFH 6. 9. 1990 – IV R 125/89, BStBl II 1990, 1028, 1029 f; BFH 14. 3. 2006 – VIII R 60/03, BStBl II 2006, 650, 651). Eine Ausnahme ist jedoch dann zu machen, wenn entsprechende Sonderregelungen im EStG bestehen (zB § 4 Abs 1 S 1 EStG als Sonderregelung für die Nichtberücksichtigung von Einlagen iRd Gewinnermittlung; letztwilliger Erwerb von einem verstorbenen GmbH-Geschäftsführer kann eine gewinnneutrale Einlage für die Gesellschaft sein, vgl BFH 24. 3. 1993 – I R 131/90, BStBl II 1993, 799, 800 f).

(2) Verhältnis zur Grunderwerbsteuer

222 Grunderwerbsteuer und Schenkungsteuer schließen sich gem **§ 3 Nr 2 S 1 GrEStG** aus. Ziel und Zweck der Vorschrift ist es, die Doppelbelastung eines Lebenssachverhalts mit Erbschaft- und Schenkungsteuer sowie Grunderwerbsteuer zu vermeiden (BFH 25. 8. 2020 – II R 30/18, DStR 2021, 107). Demnach sind der Grundstückserwerb von Todes wegen und die Grundstücksschenkung unter Lebenden iSd ErbStG von der Grunderwerbsteuer ausgeschlossen. Dies gilt auch dann, wenn der Vorgang dem Grunde nach dem ErbStG unterfällt, aber aufgrund von Steuerbefreiungen oä keine Steuer festgesetzt wird (Halaczinsky ZEV 2003, 97, 98). Grunderwerbsteuer fällt aber an, soweit der Beschenkte bei der gemischten Schenkung zur Gegenleistung (BFH 20. 4. 1977 – II R 48/76, BStBl II 1977, 676), bei einer Schenkung unter Auflage zur Vollziehung der Auflage verpflichtet ist (vgl § 3 Nr 2 S 1 GrEStG; Meincke/Hannes/Holtz [19. Aufl 2025], Einf Rn 5). Die **Prävalenz** der Erbschaft- und Schenkungsteuer gegenüber der Grunderwerbsteuer ist bei der Auslegung der Norm zu berücksichtigen (BVerfG 15. 5. 1984 – 1 BvR 464/81, 1 BvR 427/82, 1 BvR 440/82, 1 BvR 605/81, BVerfGE 67, 70, 89, NJW 1984, 2514, 2515, BStBl II 1984, 608, 614; vertiefend zu den einzelnen Konstellationen Halaczinsky ZEV 2003, 97; vgl auch Stein ZEV 2021, 362 mit Beispielen in der Nachfolgeplanung).

cc) Sachliche Steuerpflicht

223 **§ 1 Abs 1 Nr 2 ErbStG** gibt die sachliche Grundlage der Steuerpflicht an (Meincke/Hannes/Holtz [19. Aufl 2025] § 1 Rn 1).

(1) Grundtatbestand der freigebigen Zuwendung unter Lebenden

224 Gem § 7 Abs 1 Nr 1 ErbStG gilt als Schenkung unter Lebenden jede freigebige Zuwendung unter Lebenden, **soweit der Bedachte durch sie auf Kosten des Zuwendenden bereichert wird**. Die Schenkung iSd BGB wird von dem weiteren Begriff der freigebigen Zuwendung erfasst, wenn die Zuwendung auf einer **vertraglichen Grundlage** basiert. Ist dies nicht der Fall, kann es sich um eine sonstige freigebige Zuwendung handeln (Troll/Gebel/Jülicher/Gottschalk/Gebel [69. Aufl 2024] § 7 Rn 3; kurzer historischer Überblick zur Entwicklung bei Meincke/Hannes/Holtz [19. Aufl 2025] § 7 Rn 2 f).

225 Die Abgrenzung zu dem Erwerb von Todes wegen iSd § 1 Abs 1 Nr 1 ErbStG erfolgt anhand des Zeitpunkts der Vermögensbewegung. Wird die Vermögensbewegung erst mit dem Tod des Zuwendenden ausgelöst, liegt ein Erwerb von Todes wegen vor. Demgemäß erfassen Schenkungen unter Lebenden nur Zuwendungen, die bereits zu Lebzeiten des Zuwendenden zu einem Vermögenszuwachs beim Bedachten führen (Troll/Gebel/Jülicher/Gottschalk/Gebel [69. Aufl 2024] § 7 Rn 1). Die **Schenkung auf den Todesfall** (§ 2301 BGB) gilt so nach § 3 Abs 1 Nr 2 ErbStG als Erwerb von Todes wegen. Die **vorweggenommene Erbfolge** enthält typischerweise eine Schenkung (BFH 8. 12. 1993 – II R 61/89, BFH/NV 1994, 373; BFH 25. 1. 2001 – II R 52/98, BStBl II 2001, 414,

415) und ist daher als freigebige Zuwendung unter Lebenden zu behandeln (zu den atypischen Konstellationen und der Betriebsübergabe MEINCKE/HANNES/HOLTZ [19. Aufl 2025] § 7 Rn 4).

Nichtige, aber tatsächlich ausgeführte Schenkungen unterliegen der Schenkungsteuer, solange die Bereicherung des Bedachten bestehen bleibt, vgl § 41 Abs 1 AO (1977) (vgl dazu auch VISKORF/SCHUCK/WÄLZHOLZ/SCHUCK [7. Aufl 2023] § 7 ErbStG Rn 36 ff). Diese Vorschrift bringt zum Ausdruck, dass es für Zwecke der Besteuerung auf den tatsächlich verwirklichten Sachverhalt und nicht auf die zivilrechtliche Wirksamkeit der zugrunde liegenden Vereinbarung ankommt, soweit und solange die Beteiligten aus der anfänglichen oder späteren Unwirksamkeit keine Folgerungen ziehen und das wirtschaftliche Ergebnis eintreten und bestehen lassen, den Vollzug also nicht rückgängig machen (BFH 10. 8. 2010 – VIII R 44/07, BeckRS 2010, 25016611, Rn 24). 226

Zuwendung im schenkungsteuerrechtlichen Sinn ist eine **substantielle Vermögensbewegung**. Der Zuwendungsgeber muss einen Gegenstand seines Vermögens hingeben, dh es muss **objektiv** auf seiner Seite eine **Entreicherung** vorliegen, und es muss bei dem Bedachten dadurch eine Vermögensmehrung als Ergebnis dieser Vermögensverschiebung eintreten, dh eine **objektive Bereicherung** (TROLL/GEBEL/JÜLICHER/GOTTSCHALK/GEBEL [69. Aufl 2024] § 7 Rn 17). Deswegen ist Gegenstand der Besteuerung im Falle der freigebigen Zuwendung erst die **Ausführung der Zuwendung** als solche. Die Schenkungsteuer knüpft nicht bereits an die Abgabe des Versprechens einer unentgeltlichen Leistung an, weil es bis zur Erfüllung des Versprechens an einer objektiven Bereicherung des Versprechensempfängers fehlt (BFH 16. 9. 2020 – II R 24/18, DStR 2021, 796 mwNw). 227

(a) Objektiver Tatbestand

Die **objektiven Voraussetzungen** der freigebigen Zuwendung unter Lebenden – Zuwendung unter Lebenden, Bereicherung des Bedachten und Entreicherung des Zuwendenden – **decken sich** mit den objektiven Voraussetzungen der **Schenkung iSd BGB** (Rn 215 ff). 228

Die Voraussetzung der **objektiven Bereicherung des Bedachten** erfordert, dass ein Vermögensgegenstand in sein Vermögen gelangt, der die Bereicherung verkörpert, wodurch eine Erhöhung des Vermögensbestands entsteht (TROLL/GEBEL/JÜLICHER/GOTTSCHALK/GEBEL [69. Aufl 2024] § 7 Rn 17 u 144 ff). Bloße Wertsteigerungen vorhandener Vermögensgegenstände wirken sich nicht bereichernd aus (TROLL/GEBEL/JÜLICHER/GOTTSCHALK/GEBEL [69. Aufl 2024] § 7 Rn 43; VISKORF DStR 1998, 150, 152 f; **aA** HÜBNER DStR 1997, 897, 901; DARAGAN DStR 1998, 1241, 1246; vgl dazu Rn 257 ff zur mittelbaren Zuwendung von Gesellschaftsanteilen). Die Bereicherung kann auch durch den Wegfall von negativen Vermögensgegenständen, wie zB den Erlass von Schulden oder Minderung von Belastungen, eintreten (TROLL/GEBEL/JÜLICHER/GOTTSCHALK/GEBEL [69. Aufl 2024] § 7 Rn 45; ErbStR RE 7.1 Abs 2 S 1). Die Bewertung der Bereicherung im Sinne des Zuwendungsbegriffs und damit auf der Tatbestandsebene bemisst sich nach dem gemeinen Wert (Verkehrswert), nicht nach dem Steuerwert iSd § 12 ErbStG (TROLL/GEBEL/JÜLICHER/GOTTSCHALK/GEBEL [69. Aufl 2024] § 7 Rn 44). Dieser wird erst auf der zweiten Stufe und somit nachrangig relevant für die Frage, ob sich aus einem steuerbaren Vorgang ein steuerpflichtiger Erwerb nach § 10 ErbStG ergibt (MEINCKE/HANNES/HOLTZ [19. Aufl 2025] § 7 Rn 7). 229

230 Wie die Formulierung „auf Kosten des Zuwendenden" in § 7 Abs 1 Nr 1 ErbStG zeigt, erfordert eine freigebige Zuwendung auch eine durch Vermögenshingabe erfolgte **objektive Entreicherung des Zuwendenden**. Jene kann durch rechtsgeschäftliche oder tatsächliche Handlungen, auch durch Unterlassen erfolgen (Troll/Gebel/Jülicher/Gottschalk/Gebel [69. Aufl 2024] § 7 Rn 22; zur Frage, wann ein Unterlassen zu einer Vermögenshingabe führen kann, vgl Rn 11, 16, 19, 24 f). Eine Identität des hingegebenen Vermögens mit dem die Bereicherung verkörpernden Zuwendungsgegenstand ist nicht erforderlich (BFH 7. 4. 1976 – II R 87/70, BStBl II 1976, 632, 633; Troll/Gebel/Jülicher/Gottschalk/Gebel [69. Aufl 2024] § 7 Rn 43; vgl Rn 13 ff, 25).

(b) Subjektiver Tatbestand

231 Die Rechtsprechung verlangt einen Willen zur Freigebigkeit bzw Unentgeltlichkeit (BFH 20. 12. 2000 – II R 42/99, BStBl II 2001, 454, 455; vgl Troll/Gebel/Jülicher/Gottschalk/Gebel [69. Aufl 2024] § 7 Rn 267). Abweichend von den Grundsätzen der Schenkung iSd BGB ist dafür keine Einigung der Vertragspartner über die Unentgeltlichkeit der Zuwendung erforderlich. Der **einseitige Wille des Zuwendenden** ist maßgeblich; auf den Willen des Bedachten, die bereichernde Zuwendung unentgeltlich entgegenzunehmen, soll es nicht ankommen (Troll/Gebel/Jülicher/Gottschalk/Gebel [69. Aufl 2024] § 7 Rn 269 f; zur Frage der freigebigen Zuwendungen im Geschäftsverkehr Mäscher DStR 2015, 193). In Wirklichkeit scheidet eine Versteuerung freilich aus, wenn der Empfänger die als in Schenkungsabsicht erfolgte Zuwendung als Darlehen annimmt (vgl die exakte Richtigstellung von Meincke/Hannes/Holtz [19. Aufl 2025] § 7 Rn 12). Ein Wille zur Unentgeltlichkeit wird dabei vom BFH bereits angenommen, wenn sich der Zuwendende der Unentgeltlichkeit der Zuwendung einseitig bewusst ist (BFH 1. 9. 2021 – II R 40/19, DStR 2022, 148). Der Wille zur Unentgeltlichkeit ist somit gegeben, wenn der Zuwendende in dem Bewusstsein handelt, zu der Vermögenshingabe weder rechtlich verpflichtet zu sein noch dafür eine mit seiner Leistung in einem synallagmatischen, konditionalen oder kausalen Zusammenhang stehende Gegenleistung zu erhalten (BFH 29. 10. 1997 – II R 60/94, BStBl II 1997, 832, 834; ebenso wie die FinVerw, vgl ErbStR RE 7.1 Abs 3 S 1; krit dazu Meincke/Hannes/Holtz [19. Aufl 2025] § 7 Rn 85 ff, nach dem der Wille zur Unentgeltlichkeit und der Wille zur Freigebigkeit gerade nicht deckungsgleich sind; zur Irrtumsproblematik in diesem Zusammenhang s Troll/Gebel/Jülicher/Gottschalk/Gebel [69. Aufl 2024] § 7 Rn 271 f).

(2) Zuwendungsgegenstand

(a) Allgemeines

232 Der Zuwendungsgegenstand verkörpert die durch Erhöhung des Vermögensbestandes eingetretene **Vermögensmehrung**. Seine Bedeutung liegt zum einen darin, auf der Tatbestandsebene den Umfang der freigebigen Zuwendung nach dem Verkehrswert zu bestimmen, zum anderen darin, auf einer zweiten Stufe den **Steuerwert nach § 12 ErbStG** und somit die **Bemessungsgrundlage nach §§ 10, 12 ErbStG** zu ermitteln. Auch nach dem Bewertungsunterschiede abbauenden ErbStRG 2009 kann es aber dazu kommen, dass der Steuerwert niedriger ist als der Verkehrswert (Troll/Gebel/Jülicher/Gottschalk/Gebel [69. Aufl 2024] § 7 Rn 57). Im Recht der sachlichen **Steuerbefreiungen** (§§ 13, 13a ErbStG) wird zwischen unterschiedlichen Zuwendungsgegenständen differenziert. Zudem hängt das Datum der Ausführung der Zuwendung und damit der Entstehungszeitpunkt der Steuerpflicht von der genauen Bestimmung des Gegenstands der Zuwendung ab (Meincke/Hannes/Holtz [19. Aufl 2025] § 7 Rn 15).

Die **Bestimmung des Zuwendungsobjekts** richtet sich nach dem **bürgerlichen Recht** und betrifft so eine nicht der steuerrechtlichen Beurteilung unterworfene Vorfrage (BFH 5. 2. 1986 – II R 188/83, BStBl II 1986, 460, 461; besonders eindringlich BFH 3. 10. 1984 – II R 194/82, BStBl II 1985, 73: „Dessen Gegenstand [des Vermögensanfalls] richtet sich nach bürgerlichem Recht, denn dieses, nicht das Steuerrecht verfügt über den Inhalt eines sich nach bürgerlichem Recht vollziehenden Erwerbs.“). Auszugehen ist bei Schenkungen im Sinne des Zivilrechts zunächst vom Parteiwillen, im Falle einer sonstigen freigebigen Zuwendung vom Willen des Zuwendenden (BFH 19. 8. 1959 – II 259/57 S, BStBl III 1959, 417, 417; BFH 10. 11. 2004 – II R 44/02, BStBl II 2005, 188, 189; zur Frage der Änderung des Parteiwillens vor Ausführung der Zuwendung Troll/Gebel/Jülicher/Gottschalk/Gebel [69. Aufl 2024] § 7 Rn 74). 233

Die Ermittlung des Willens wird nach den allgemeinen **Auslegungsregeln** vorgenommen (exemplarisch BFH 7. 4. 1976 – II R 87/70, BStBl II 1976, 632, 634). Ggf ist eine besondere Berücksichtigung der steuerlichen Intention angezeigt (BGH 18. 11. 1976 – VII ZR 150/75, BGHZ 67, 334, 337 f, NJW 1977, 294, 295 und BGH 17. 1. 1990 – XII ZR 1/89, FamRZ 1990, 600, 602). Der BGH hebt zu Recht hervor, dass eine vertragliche Regelung nicht gleichzeitig steuerlich gewollt, aber zivilrechtlich nicht gewollt sein kann. Wäre die Regelung zivilrechtlich nicht gewollt, läge ein Scheingeschäft mit dem Ziel einer Steuerhinterziehung vor (vgl Lüderitz, Auslegung von Rechtsgeschäften [1966] 350 f, der die steuersparende Auslegung als einen Fall der Ermittlung des interessengemäßen Willens sieht, wobei man sich hier nicht am Kollektivinteresse im Sinne des Interesses der Allgemeinheit an der Steuererhebung, sondern am individuellen Eigeninteresse orientieren solle). 234

Dabei müssen vor dem Hintergrund der §§ 133, 157 BGB auch die **objektiven Umstände** der Zuwendung beachtet werden. Der (vereinbarte) **Parteiwille** kann nur relevant werden, wenn er auch tatsächlich ausgeführt und vollzogen wird (BFH 6. 3. 1985 – II R 114/82, BStBl II 1985, 380, 382; BFH 4. 12. 2002 – II R 75/00, BStBl II 2003, 273, 275). In der Sache handelt es sich hierbei um eine Anwendung des Grundsatzes *protestatio facto contraria non valet* (idS auch Peltner DStR 1986, 72, 75). Indes ist für die Bestimmung des Zuwendungsgegenstandes ein alleiniges Abstellen auf die Zuwendung ohne Berücksichtigung des **Zuwendungsversprechens** nicht zulässig (so noch BFH 9. 11. 1994 – II R 87/92, BStBl II 1995, 83, 84; jetzt idS BFH 10. 11. 2004 – II R 44/02, BStBl II 2005, 188, 190); freilich wird es aber zu weit gehen, seine Festlegung ausschließlich davon abhängig zu machen, was der Bedachte nach dem Willen des Zuwendenden erhält (so noch RG 19. 6. 1941 – V 129/40, RGZ 167, 199, 202; dies ablehnend BFH 7. 4. 1976 – II R 87/70, BStBl II 1976, 632, 634). Vielmehr muss auch im Rahmen der Auslegung des Willens berücksichtigt werden, ob und wie der Zuwendende dem Bedachten den Zuwendungsgegenstand verschafft (BFH 7. 4. 1976 – II R 87/70, BStBl II 1976, 632, 634). 235

Eine Zuwendung kann auch mittels eines **gesetzlichen Erwerbs** durchgeführt werden. Dies verhindert nicht, dass der kraft Gesetzes übergegangene Gegenstand steuerlich tauglicher Zuwendungsgegenstand sein kann (BFH 3. 8. 1988 – II R 39/86, BStBl II 1988, 1025 zur Schenkung eines Hauses durch die Eltern durch Bau auf dem Grundstück des Kindes). Das Zuwendungsobjekt als Sache, Recht, Sach- oder Rechtsbruchteil muss keineswegs selbständig zuwendungsfähig sein (BFH 15. 11. 1978 – II R 69/72, BStBl II 1979, 201; BFH 12. 12. 1979 – II R 157/78, BStBl II 1980, 260; BFH 21. 10. 1981 – II R 176/78, BStBl II 1982, 83; BFH 14. 7. 1982 – II R 125/79, BstBl II 1982, 714). 236

237 Im Ergebnis lässt sich die **Rechtsprechung des BFH** zur Bestimmung des Zuwendungsgegenstandes auf folgende Aussagen reduzieren: Die Bestimmung des Zuwendungsgegenstandes erfolgt nach den **Regeln des Zivilrechts**. Ansatzpunkt ist immer die Ermittlung des **Parteiwillens bzw des Willens des Zuwendenden**. Diese Ermittlung erfolgt nach den allgemeinen Grundsätzen zu **§§ 133, 157 BGB** und in ihrem Rahmen werden objektive Umstände berücksichtigt. Ein verstärktes Abstellen auf rein objektive Kriterien, das der BFH in einigen Urteilen praktizierte, ist eher dem Problem des Nachweises subjektiver Tatbestände im Steuerrecht geschuldet. Dies kann aber für zivilrechtliche Vorfragen zu keiner anderen Bewertung führen.

(b) Mittelbare Zuwendung

238 Die **steuerrechtliche Anerkennung der mittelbaren Zuwendung** (zum Begriff s Rn 13 f) ist nur konsequent, wenn man für die Bestimmung des Zuwendungsgegenstands vom Parteiwillen bzw dem Willen des Zuwendenden ausgeht (idS auch Troll/Gebel/Jülicher/Gottschalk/Gebel [69. Aufl 2024] § 7 Rn 82). Das bedeutet, dass auch im Hinblick auf die Besteuerung Positionen, die niemals zum Vermögen des Zuwendenden gehört haben, Gegenstand der Zuwendung sein können, wenn sie auf Kosten des Vermögens des Zuwendenden verschafft wurden (BFH 13. 3. 1996 – II R 51/95, BStBl II 1996, 548, 549; vgl Meincke/Hannes/Holtz [19. Aufl 2025] § 7 Rn 19).

239 Die Konstellation der Zuwendung durch einen **Vertrag zugunsten eines Dritten** ist relativ unproblematisch (zu Besonderheiten bei Versicherungen s Rn 243 f). Beim echten Vertrag zugunsten Dritter ist der Erwerb des Forderungsrechts als mittelbare Zuwendung der Forderung zu qualifizieren, wenn der Bedachte über die Forderung frei verfügen kann (Letzteres soll nach FG Hamburg 12. 6. 2018 – 3 K 77/17, DStRE 2018, 1260, dazu Lange DStR 2019, 953, ausscheiden wenn nach der Abrede im Valutaverhältnis die Leistung lediglich im Rahmen eines gemeinsamen Konsums, hier kostenfreie Mitnahme auf eine Kreuzfahrt, erbracht werden soll. Der BFH 16. 9. 2020 – II R 24/18, DStR 2021, 796 konnte die Frage der Steuerbarkeit in seiner Revisionsentscheidung dahinstehen lassen; vgl näher zur Frage des gemeinsamen Konsums als steuerbare Schenkung Wernsmann/Meickmann DStR 2022, 911). Die Schenkung der Forderung ist zu diesem Zeitpunkt auch ausgeführt (BFH 22. 10. 1980 – II R 73/77, BStBl II 1981, 78, 79; BFH 20. 1. 2005 – II R 20/03, BStBl II 2005, 408, 410). IdR wird allerdings ein Anspruch auf Sachleistung nicht der der Parteivereinbarung zu entnehmende Zuwendungsgegenstand sein, sondern die Sache selbst (vgl dazu Troll/Gebel/Jülicher/Gottschalk/Gebel [69. Aufl 2024] § 7 Rn 127 ff). Die Ausübung der Zurückweisung des Forderungsrechts durch den Bedachten nach § 333 BGB stellt, da das Forderungsrecht *ex tunc* entfällt, ein rückwirkendes Ereignis iSd § 175 Abs 1 S 1 Nr 2 AO dar und zieht eine Korrektur des Steuerbescheides nach sich (Troll/Gebel/Jülicher/Gottschalk/Gebel [69. Aufl 2024] § 7 Rn 132; zur Zurückweisung s Staudinger/Klumpp [2020] § 333 Rn 10; vgl dazu die Regelung des § 29 ErbStG unter Rn 329).

240 Überlässt der Zuwendende dem Bedachten selbst den Abschluss des Vertrags unter **Übernahme** der dem Bedachten daraus entstehenden **Kosten** oder **stellt** er ihm die **Mittel zur Verfügung**, mit denen dieser den Zuwendungsgegenstand dann selbst erwerben kann (zu Einschränkungen s Meincke/Hannes/Holtz [19. Aufl 2025] § 7 Rn 17), ist **Zuwendungsgegenstand** nach der Rechtsprechung das, über was der Bedachte nach der Verwendungsabrede im Verhältnis zum Zuwendenden **tatsächlich und rechtlich endgültig frei verfügen kann** (BFH 28. 11. 1984 – II R 133/83, BStBl II 1985, 159, 160). Die Bestimmung des Schenkungsgegenstandes durch die freie Verfügungsmöglichkeit sieht der

BFH dadurch begründet, dass die Schenkung erst dann vollzogen ist, wenn eine endgültige materielle Bereicherung des Beschenkten eingetreten ist. Die Zuwendung eines Gegenstandes, durch die der Bedachte nicht endgültig bereichert wird, stellt somit keine Schenkung dar, was bedeutet, dass dieser nicht Objekt der Schenkung bzw freigebigen Zuwendung ist (BFH 6. 3. 1985 – II R 19/84, BStBl II 1985, 382, 38).

Die Überlassung von Vermögenswerten an den Bedachten zum Erwerb des Zuwendungsgegenstandes erfordert eine **Abgrenzung zur Schenkung unter Auflage** (Rn 245). Während bei der mittelbaren Schenkung die zur Verfügung gestellten Mittel mit der Abrede überlassen worden sein müssen, einen **bestimmten Gegenstand** zu erwerben (BFH 11. 10. 1978 – II R 142/72, BStBl II 1979, 533, 534; ErbStR RE 7.3 Abs 1 S 1; Meincke/Hannes/Holtz [19. Aufl 2025] § 7 Rn 20 spricht von Bestimmbarkeit; idS auch Troll/Gebel/Jülicher/Gottschalk/Gebel [69. Aufl 2024] § 7 Rn 98), liegt eine Schenkung unter Auflage vor, wenn dem Bedachten die **Auswahl** überlassen ist, welchen Gegenstand er mit diesen Mitteln erwerben will (s ErbStR RE 7.3 Abs 2 S 1; vgl Meincke/Hannes/Holtz [19. Aufl 2025] § 7 Rn 20); mithin ist hier der überlassene Vermögenswert Gegenstand der Zuwendung und geht endgültig in das Vermögen des Bedachten über. Indiz für eine Schenkung unter Auflage stellt zB ein größerer **zeitlicher Abstand** zwischen Überlassung des Vermögenswertes und Anschaffung eines Gegenstandes mit diesen Mitteln dar (BFH 28. 11. 1984 – II R 133/83, BStBl II 1985, 159, 160; vgl FinVerw in ErbStR RE 7.3 Abs 1 S 6, die restriktiv davon ausgeht, dass dieser Zusammenhang bestehen muss; zur Möglichkeit einer Steuerersparnis durch Ausnutzung der in der Zeitspanne erzielten Zinserträge als Eigenleistung auf den damit erworbenen Gegenstand im Wege einer mittelbaren Teilschenkung vgl Gebel DStR 2005, 358). Wer einen Geldbetrag als Schenkung mit der Auflage erhält, ihn einer steuerbegünstigten Körperschaft zuzuwenden, ist mit diesem Betrag grundsätzlich nicht wirtschaftlich belastet und daher nicht spendenabzugsberechtigt (BFH 15. 1. 2019 – X R 6/17, BStBl II 2019, 318, DStRE 2019, 464 Ls). 241

Der überlassene Vermögenswert sollte dem Bedachten zur Verfügung stehen, bevor sich der erworbene Gegenstand in seinem Vermögen befindet. Ist der Erwerb des Gegenstandes bereits erfolgt, kommt bei einer **nachfolgenden Überlassung von Vermögenswerten** zwecks Finanzierung des Erwerbs eine mittelbare Zuwendung nur in Betracht, wenn die Zusage des Vermögenswertes bereits zum Zeitpunkt des Erwerbs vorliegt und die Hingabe des zugesagten Vermögenswertes bis zum Zeitpunkt der Tilgung der Erwerbsverbindlichkeit erfolgt (BFH 10. 11. 2004 – II R 44/02, BStBl II 2005, 188, 190 unter Aufgabe der Entscheidung BFH 9. 11. 1994 – II R 87/92, BStBl II 1995, 83, soweit diese Entscheidung davon ausgeht, dass allein die Zuwendung und nicht das Versprechen der Zuwendung maßgeblich für die Bestimmung des Zuwendungsgegenstandes ist, dh es kann nicht mehr allein auf die „Natur der Zuwendung“ [BFH 1. 6. 2004 – IX R 61/03 DStRE 2005, 24, 24] abgestellt werden; vgl auch ErbStR RE 7.3 Abs 1 S 4, 5). Nach Zahlung der Erwerbskosten ist der überlassene Vermögenswert Gegenstand der Zuwendung. Daher empfiehlt es sich, die Zusage des Vermögenswertes möglichst schriftlich abzugeben und den zu erwerbenden Gegenstand bzw die durchzuführende Maßnahme genau zu bezeichnen (Viskorf FR 2005, 271, 271). 242

Zuwendungen aufgrund eines **Versicherungsvertrages** an eine dritte Person sind grundsätzlich mittelbare Zuwendungen aufgrund eines Vertrages zugunsten Dritter (vgl BGH 23. 10. 2003 – IX ZR 252/01, BGHZ 156, 350, 355, NJW 2004, 214, 215; zur schenkungsteuerlichen Behandlung von Versicherungen s umfassend Troll/Gebel/Jülicher/Gottschalk/Gebel 243

[69. Aufl 2024] § 7 Rn 139 ff; zur mittelbaren Teilschenkung vgl GEBEL ZEV 2005, 236). Die Entreicherung auf Seite des Zuwendenden bzw Versicherungsnehmers liegt in der Zahlung der Versicherungsprämien, die Bereicherung auf Seiten des Bedachten liegt in der Auszahlung der Versicherungssumme (Rn 14, 169). Wird dem Bedachten ein unwiderrufliches Bezugsrecht eingeräumt, ist gleichwohl nicht die Forderung Zuwendungsgegenstand, sondern nur die ausgezahlte Leistung der Versicherung (so BFH 30. 6. 1999 – II R 70/97, BStBl II 1999, 742, 744 unter Hinweis auf den Rechtsgedanken des § 7 Abs 1 Nr 10 ErbStG, der erkennen ließe, dass die abgetretene künftig entstehende Forderung gegen die Versicherung nur im Falle einer Abfindung für diese Anwartschaft zu einer Realisierung der Forderung und damit einer Schenkungsteuerpflicht führe. Maßgeblich sei erst der nachfolgende Erwerb des Vollrechts; vgl zum Urteil Anm VISKORF FR 1999, 1255, nach dem eine freigebige Zuwendung vorliege, wenn statt dem unwiderruflichen Bezugsrecht eine Vertragsübernahme durchgeführt wird, da dann über den noch nicht fälligen Anspruch voll disponiert werden kann; zu den Konsequenzen einer Vertragsübernahme vgl WORGULLA ErbStB 2008, 234, 235 f). In diesem Zusammenhang ist auch die Auslegung des Willens des Zuwendenden heranzuziehen (BFH 10. 11. 2004 – II R 44/02, BStBl II 2005, 188, 189). Typischerweise wird dieser nicht daran interessiert sein, ein Forderungsrecht zuzuwenden, sondern die Versicherungsleistung (allerdings mag es auch Konstellationen geben, in denen sich ein atypischer Wille ergibt; zu Lebensversicherungen umfassend HALACZINSKY ZErb 2002, 306).

244 Steht das Forderungsrecht des Bedachten gegen den Versicherer nur für den Fall des Todes des Versicherungsnehmers zu, handelt es sich nicht um eine freigebige Zuwendung unter Lebenden, sondern um einen **Erwerb von Todes wegen nach § 3 Abs 1 Nr 4 ErbStG** (s dazu auch ErbStR RE 3.7 Abs 2; vgl WORGULLA ErbStB 2008, 234, 238 ff).

245 Der Fall der **mittelbaren Grundstücksschenkung** ist der **praktisch bedeutsamste Anwendungsfall** der mittelbaren Zuwendung (für die Grundsätze, die die FinVerw zur mittelbaren Grundstücksschenkung anwendet, s ErbStR RE 7.3 und ErbStH HE 7. 3). Die Abgrenzung einer Geldschenkung unter Auflage von der mittelbaren Schenkung eines Grundstücks erfolgt nach den oben dargestellten Grundsätzen. Umgekehrt ist bei der Schenkung eines Grundstücks, mit der Abrede, es zu verkaufen, ebenfalls die Grundstücksschenkung unter Auflage von der mittelbaren Zuwendung des Verkaufserlöses abzugrenzen. Eine zeitnahe Weiterveräußerung des Grundstücks nach Auflassung und Eintragungsbewilligung des Schenkers nach § 19 GBO, aber vor Umschreibung im Grundbuch führt dabei nicht zwangsläufig zur Annahme einer mittelbaren Geldschenkung (BFH 26. 9. 1990 – II R 150/88, BStBl II 1991, 320, 321, dessen Schwerpunkt die Frage des Zeitpunkts der Ausführung der Schenkung ist, wobei der BFH hier wohl eine Parallele zur Bewirkung der Schenkung iSd § 518 Abs 2 BGB zieht; vgl KLEIN-BLENKERS DStR 1991, 1549, insbes 1552 ff). Die Annahme, dass das veräußerte Grundstück Zuwendungsgegenstand ist, erfordert aber, dass Auflassung und Eintragungsbewilligung des Zuwendenden zum Zeitpunkt der Veräußerung bereits vorlagen (Hess FG 12. 12. 2002 – 1 K 1546/01, EFG 2003, 870, bestätigt Beschl nach § 126a FGO von BFH 10. 3. 2005 – II R 19/03).

246 In schenkungsteuerrechtlicher Sicht war die schenkweise Übertragung eines Grundstücks vor allem nach alter Rechtslage attraktiv, da der steuerliche Wert des Grundstücks im Vergleich zum überlassenen Kapital wesentlich niedriger angesetzt wurde, als dies nach heutiger Rechtslage der Fall ist (vgl zur Rechtslage mit Ansatz des Einheitswertes bis zum 31. 12. 1995 mit Rechenbeispielen TROLL DB 1990, 2233 ff und TROLL/GEBEL/JÜLICHER/GOTTSCHALK/GEBEL/JÜLICHER [69. Aufl 2024] § 12 Rn 502 ff; in der Folge wurde die Bewertungsdiskrepanz zwischen Kapital- und Grundvermögen durch das JStG 1997 mit dem Ansatz der Grundbesitzwerte aufgrund einer Bedarfsbewertung verringert, aber nicht aufgehoben, vgl dazu TROLL/GEBEL/JÜLICHER/GOTTSCHALK/GEBEL/JÜLICHER [69. Aufl 2024] § 12 Rn 505). Diese unterschiedliche Bewertung wurde vom BVerfG als Verstoß gegen Art 3 Abs 1 GG gewertet (BVerfG 7. 11. 2006 – 1 BvL 10/02 Tz 92, 113 ff, BVerfGE 117, 1, 30, 37 ff, NJW 2007, 573, 574, 576 ff) und in der Folge mit dem ErbStRG 2009 durch eine **Änderung der Grundstücksbewertung** weitestgehend ausgeglichen (vgl Rn 311 f). Dennoch bietet sich die mittelbare Grundstücksschenkung auch heute noch als **Steuersparmodell** an, wenn für bestimmte Grundstücke Verschonungstatbestände gelten (vgl § 13d ErbStG). Somit gibt es nach wie vor Fallkonstellationen, in denen sich eine mittelbare Grundstücksschenkung anbietet (dazu VOLLAND ZEV 2019, 68 hinsichtlich der steuerlichen Gestaltung bei der Nachfolge in Immobilien durch mittelbare Grundstücksschenkung).

Die **Kostenübernahme** für die Errichtung eines Gebäudes auf dem Grundstück des 247
Bedachten kann **als Teilschenkung eines Grundstücks** behandelt werden (idS MEINCKE/HANNES/HOLTZ [19. Aufl 2025] § 7 Rn 22). Eine mittelbare Grundstücksschenkung kann nämlich auch angenommen werden, wenn auf einem Grundstück, das dem Bedachten bereits gehört, ein Haus errichtet wird und der Schenker die Kosten für die Errichtung übernimmt (BFH 3. 8. 1988 – II R 39/86, BStBl II 1988, 1025). Das erscheint angesichts der zivilrechtlichen Möglichkeit, kraft Gesetzes nach § 946 BGB Eigentum an dem errichteten Haus zu erwerben, folgerichtig. Der Umstand, dass das Gebäude als wesentlicher Bestandteil des Grundstücks (§ 94 BGB) nicht Gegenstand besonderer Rechte sein kann (§ 93 BGB), verhindert nicht seine Qualifikation als Schenkungsgegenstand. Denn der Begriff der Schenkung setzt nicht voraus, dass der zugewendete Gegenstand nach Ausführung der Schenkung noch rechtlich selbstständig ist (BFH 3. 8. 1988 – II R 39/86, BStBl II 1988, 1025 f; Rn 236). Der BFH hat auch die Möglichkeit einer mittelbaren Schenkung durch Übernahme der Kosten für die Errichtung eines Gebäudes auf einem vom Bedachten noch zu erwerbenden, dh **fremden Grundstück** zugelassen (BFH 6. 3. 1985 – II R 19/84, BStBl II 1985, 382, 383 f mit dem Argument, dass mit dem Erwerb des Grundstücks nur beim Bedachten eine endgültige Bereicherung eintritt, zumal dem jetzigen Eigentümer des Grundstücks bis zur Übertragung des Grundstücks ein Bereicherungsanspruch nach §§ 946, 951, 812 BGB entgegensteht). Die FinVerw betrachtet sogar die Kostenübernahme für die Errichtung eines Hauses auf dem **Grundstück eines Dritten** als mittelbare Grundstücksschenkung, wenn dieses Grundstück nach Fertigstellung auf den Bedachten übertragen werden soll, es dazu aber nicht kommt (vgl ErbStH HE 7.3 Mittelbare Grundstücksschenkung – Einzelfälle, Nr 5; **aA** wohl BFH 17. 6. 1998 – II R 51/96, DStRE 1998, 808, 809, jedoch war hier von Anfang an keine Übertragung des Grundstücks verabredet, sondern der Bedachte wohnte lediglich in dem Gebäude).

Auch auf die Übernahme der Herstellungskosten für Um-, Aus- und Anbauten an 248
einem Grundstück bzw Gebäude können die Grundsätze der mittelbaren Grundstücksschenkung iSv **grundstücksbezogenen Zuwendungen** angewendet werden (BFH 13. 3. 1996 – II R 51/95, BStBl II 1996, 548, 549; ErbStH HE 7.3 Mittelbare Grundstücksschenkung – Einzelfälle, Nr 7). Wie bei der Errichtung eines ganzen Gebäudes auf fremdem Grund muss der Gegenstand der Schenkung weder rechtsgeschäftlich übergehen noch nach der Zuwendung weiter rechtlich selbständig bleiben (BFH 13. 3. 1996 – II R 51/95, BStBl II 1996, 548, 550). Die Kostenübernahme für Reparatur- oder Modernisierungsmaßnahmen wird nur eingeschränkt als mittelbare Grundstücksschenkung anerkannt. Die FinVerw verlangt dafür einen wirtschaftlichen Zusammenhang mit der Zuwen-

dung eines bestimmten Gebäudes oder Grundstücks (vgl ErbStH HE 7.3 Mittelbare Grundstücksschenkung – Einzelfälle, Nr 7). Hierfür spricht, dass der Vermögensbestand durch diese Maßnahmen, anders als bei Um-, Aus- und Anbauten, nicht erhöht wird (Troll/Gebel/Jülicher/Gottschalk/Gebel [69. Aufl 2024] § 7 Rn 111). Zudem wird man unwesentliche kleine Reparaturmaßnahmen ausnehmen müssen (zB Schenkung von Tapetenrollen, so Moench DStR 1990, 335, 336).

249 Gewährt der Schenker dem Bedachten ein Darlehen zwecks Erwerbs des Grundstücks bzw Baufinanzierung und erlässt ihm dieses schenkweise, ist eine **mittelbare Grundstücksschenkung** gegeben, wenn in der Verwendungsabrede vereinbart wird, dass das Darlehen nur für den Erwerb eines bestimmten Grundstücks bzw zur Durchführung einer bestimmten Baumaßnahme eingesetzt werden darf. Außerdem muss die Umwandlung des Darlehens in eine Schenkung noch vor dem Erwerb des Grundstücks bzw der Durchführung der Baumaßnahme zugesagt werden und diese Umwandlung muss vor Zahlung der Kosten tatsächlich stattgefunden haben (BFH 2. 2. 2005 – II R 31/03, BStBl II 2005, 531, 532).

250 Auch wenn der Zinsvorteil als Einräumung einer Nutzungsmöglichkeit an dem Kapital Gegenstand einer Schenkung sein kann (BFH 12. 7. 1979 – II R 26/78, BStBl II 1979, 631, 632; BFH 4. 12. 2002 – II R 75/00, BStBl II 2003, 273, 276), ist ein **zinsloses oder niedrig verzinsliches Darlehen** trotz entsprechender Verwendungsabrede **nicht** als mittelbare Grundstücksschenkung anzusehen, weil nach dem BFH die Vorteile aus der unentgeltlichen Kapitalnutzung dem Bedachten bereits vor Zahlung des Kaufpreises für das Grundstück zur Verfügung stehen müssen. Dies wird in der Regel nicht der Fall sein, eröffnet aber Gestaltungsräume (BFH 29. 6. 2005 – II R 52/03, BStBl II 2005, 800, 801, kritische Anm Meincke ZEV 2005, 492, 494, nach dem der BFH eine Gestaltung als mittelbare Grundstücksschenkung anerkennen müsste, bei der zunächst ein entgeltliches Darlehen vereinbart wird und dann in einem zweiten Schritt nach einer gewissen Karenzzeit die Darlehenszinsen für die gesamte Laufzeit mit der Abrede, diese ersparten Mittel für den Grundstückserwerb zu nutzen, schenkweise erlassen werden; der Erlass der Zinsforderung müsste lediglich vor dem Erwerb des Grundstücks zugesagt und vor Bezahlung des Kaufpreises tatsächlich vorgenommen werden, vgl BFH 2. 2. 2005 – II R 31/03, BStBl II 2005, 531, 532).

251 Eine mittelbare Grundstücksschenkung kann auch durch die **Abtretung eines Anspruchs auf Grundstücksübereignung** erfolgen (BFH 21. 5. 2001 – II R 10/99, BFH/NV 2001, 1404; BFH 10. 11. 2004 – II R 44/02, BStBl II 2005, 188, 190). Der Bedachte muss aber gegenüber dem Schenker verpflichtet sein, die Erfüllung des Anspruchs herbeizuführen. Anderenfalls handelt es sich um eine Anspruchsschenkung (Troll/Gebel/Jülicher/Gottschalk/Gebel [69. Aufl 2024] § 7 Rn 112; zur Möglichkeit einer zweistufigen mittelbaren Grundstücksschenkung, vgl FG München 21. 7. 1999 – 4 K 1628/95, EFG 99, 1193).

252 Zum Zeitpunkt des Grundstückerwerbs bzw Baubeginns muss die Geldhingabe oder zumindest die Geldzusage bereits vorliegen und ggf müssen die Mittel dem Bedachten vor Bezahlung der Rechnung zur Verfügung stehen (BFH 10. 11. 2004 – II R 44/02, BStBl II 2005, 188, 190; vgl Rn 236).

253 Werden nur ein Teil der Kosten des Erwerbs oder der Errichtung übernommen, kann eine **mittelbare Teilschenkung des Grundstücks** vorliegen (BFH 13. 4. 1977 – II R 162/71, BStBl II 1977, 663, 664; s zur Teilschenkung Rn 247). Schenkungsgegenstand ist dann

der dem hingegebenen Betrag wertmäßig entsprechende Teil des Grundstücks (BFH 12. 12. 1979 – II R 157/78, BStBl II 1980, 260, 262; Troll/Gebel/Jülicher/Gottschalk/Gebel [69. Aufl 2024] § 7 Rn 101; vgl auch ErbStR RE 7.3, Abs 1 S 2, 3). Die **Erwerbskosten**, die der Bedachte trägt, können ebenfalls nur in diesem Verhältnis **anteilig** berücksichtigt werden (Troll/Gebel/Jülicher/Gottschalk/Gebel [69. Aufl 2024] § 7 Rn 101). Im umgekehrten Fall, dass der Schenker zu viel Geld zum Erwerb des Grundstücks überlässt, ist der überschießende Kapitalbetrag Gegenstand einer Geldschenkung (BFH 4. 12. 2002 – II R 75/00, BStBl II 2003, 273, 276). Hier kann es ausnahmsweise zu einem einheitlichen Steuerentstehungszeitpunkt kommen, wenn der überschießende Kapitalbetrag in seiner Höhe erst nach Erstellung einer abschließenden Rechnung feststeht (Meincke/Hannes/Holtz [19. Aufl 2025] § 7 Rn 29). Die Finanzverwaltung interpretiert die Übernahme eines Teils von **weniger als 10 % der Erwerbskosten** des Grundstücks durch den Schenker als eine bloße Geldzuwendung (vgl ErbStR RE 7.3 Abs 3; **aA** Hess FG 9. 3. 1994 – 1 K 3149/93 UVR 1994, 248, 249; FG Rheinland-Pfalz 18. 7. 1996 – 4 K 2896/95, ZEV 1996, 356, 357; das FG Rheinland-Pfalz stellt zu Recht allein auf die Verwendungsabrede und den daraus zu ermittelnden Parteiwillen ab, wenn diese klar und eindeutig sei. Eine endgültige Zuwendung eines Grundstücksteils könne nicht allein deshalb nicht gewollt sein, weil ein geringerer Betrag für den Grundstückserwerb aufgewendet werde. Ein solcher Erfahrungssatz könne nicht angenommen werden).

Eine **Geldschenkung** ist mit dem Zeitpunkt der Hingabe des Geldes bereits ausgeführt, wohingegen eine **mittelbare Grundstücksschenkung** erst ausgeführt ist, wenn die zum Rechtserwerb erforderlichen Erklärungen abgegeben sind oder das zu errichtende Gebäude bezugsfertig ist (vgl ErbStR RE 9.1 Abs 1, Abs 2). Somit wirkt sich die Annahme einer mittelbaren Grundstücksschenkung auf den Zeitpunkt des Entstehens der Steuerpflicht aus. 254

Eine mittelbare Schenkung kann ferner bei der **Finanzierung eines Gesellschaftsanteils** 255 vorliegen, wobei es auch hier darum geht, ob Zuwendungsgegenstand das hingegebene Vermögen oder der damit erworbene Gesellschaftsanteil ist (BFH 7. 4. 1976 – II R 87/70, BStBl II 1976, 632 zur mittelbaren Schenkung von Kommanditanteilen; FG Münster 18. 10. 2001 – 3 K 2640/98 Erb, EFG 2002, 338 zur mittelbaren Schenkung von Geschäftsanteilen an einer GmbH, vgl dazu auch BFH 16. 2. 2005 – II R 6/02, BStBl II 2005, 411). Ausgangspunkt dieser Beurteilung ist wiederum die **Verwendungsabrede** und der in ihr zum Ausdruck kommende **Parteiwille** (BFH 7. 4. 1976 – II R 87/70, BStBl II 1976, 632, 634; vgl Hess FG 7. 3. 1990 – 10 K 377/84, EFG 90, 433, 433 zur Zuwendung eines Geldbetrages mit der Abrede, das Geld für eine stille Einlage zu verwenden) sowie der vom Bedachten zur **rechtlich und tatsächlich freien und endgültigen Verfügung** erworbene Gegenstand. Der Parteiwille ist freilich nur dann für die Steuerpflicht relevant, wenn er auch tatsächlich ausgeführt und vollzogen wird. So sind, wenn ein Alleingesellschafter einen GmbH-Geschäftsanteil unentgeltlich auf seinen Sohn überträgt und die Gesellschafter sich anschließend auf eine Umwandlung der GmbH zu einer GbR einigen, gleichwohl nicht die Anteile an der GbR Zuwendungsgegenstand, sondern die GmbH-Geschäftsanteile, da der Bedachte nur als Gesellschafter der GmbH frei und endgültig über seine Gesellschaftsrechte verfügen kann und somit eine Umwandlung beschließen kann. Daher liegt eine endgültige Bereicherung mit dem Erwerb der GmbH-Anteile vor. Ein eventuell anderer auf Zuwendung des GbR-Anteils gerichteter Parteiwille kann nicht zu einem anderen steuerlichen Ergebnis führen (vgl dazu BFH 4. 7. 1984 – II R 73/81, BStBl II 1984, 772, 773).

256 Stellt der Zuwendende dem Bedachten die Vermögensmittel zum originären oder derivativen Erwerb der Gesellschaftsanteile zur Verfügung, handelt es sich um eine **offene Zuwendung** der Gesellschaftsanteile. Diese können allerdings auch im Wege einer **verdeckten Zuwendung** dergestalt mittelbar geschenkt werden, dass eine Gesellschaft gegründet wird, an der dem Bedachten ein Anteil zusteht, der nicht seiner geleisteten Einlage entspricht (vgl BGH 2. 7. 1990 – II ZR 243/89, BGHZ 112, 40, 44 ff, NJW 1990, 2616, 2617 f für eine KG; BFH 12. 7. 2005 – II R 8/04, BStBl II 2005, 845 und BFH 7. 6. 1989 – II B 4/89, BFH/NV 1990, 235 für eine GmbH). In diesen Konstellationen wird die Vermögensverschiebung durch eine Über- bzw Unterbewertung von Gesellschaftsanteilen umgesetzt.

257 Jedoch liegt **keine mittelbare Zuwendung** vor, wenn durch eine Einlage in eine Kapitalgesellschaft der Wert des Anteils an der Kapitalgesellschaft der übrigen Anteilseigner erhöht wird, da es an einer substantiellen Vermögensverschiebung vom Zuwendenden zum Bedachten fehlt. Für die Annahme einer Bereicherung des Bedachten ist eine Erhöhung des Vermögensbestandes erforderlich (vgl BFH 25. 10. 1995 – II R 67/93, BStBl II 1996, 160, 161 sowie BFH 19. 6. 1996 – II R 83/92, BStBl II 1996, 616, 618 mit gleichem Ergebnis, aber etwas abweichender Begründung: Hier geht der BFH davon aus, dass der GmbH-Anteil originär durch Leistung der Stammeinlage erworben wurde und die nachfolgende Sacheinlage eines GmbH-Gesellschafters zwar den Wert der Geschäftsanteile erhöhe, dies aber nicht auf einer Zuwendung beruhe. Der Gesellschafter sei nicht auf Kosten des Zuwendenden bereichert, sondern die Werterhöhung der Geschäftsanteile sei Folge der Gesellschafterstellung und beruhe auf ihr; bestätigt durch BFH, BStBl II 2010, 566 betreffend disquotaler Einlagen, dazu Groh DStR 1999, 1050; anders im Falle einer effektiven Kapitalerhöhung BFH 20. 12. 2000 – II R 42/99, BStBl II 2001, 454, vgl Troll/Gebel/Jülicher/Gottschalk/Gebel [69. Aufl 2024] § 7 Rn 119). Eine der Gründung nachfolgende Einlage kann auch mittelbare Zuwendung eines Gesellschaftsanteils sein, wenn aufgrund der zeitlichen Nähe der Rechtsgeschäfte ein **einheitlicher Vorgang** anzunehmen ist (BFH 12. 7. 2005 – II R 8/04, BStBl II 2005, 845, 847).

Anders verhält es sich, sofern es nicht nur um eine Erhöhung des Werts des Anteils an der Kapitalgesellschaft geht, wenn der Gesellschafter durch die Einlage eine von der bloßen Wertsteigerung zu unterscheidende Position erhält (zu denken ist beispielsweise an eine offene oder verdeckte Gewinnausschüttung bzw zusätzliche Mitgliedschaftsrechte, vgl BFH 19. 6. 1996 – II R 83/92, BStBl II 1996, 616, 618).Wird zudem einer einem Gesellschafter einer Kapitalgesellschaft nahestehenden Person mit Rücksicht auf die Gesellschafterstellung des Gesellschafters ein Vorteil gewährt, liegt eine weitere Leistung des Gesellschafters an die nahestehende Person vor, die unter den Voraussetzungen des § 7 Abs 1 Nr 1 ErbStG steuerbar sein kann (BFH 13. 9. 2017 – II R 54/15, BStBl II 2018, 292, DStRE 2018, 224, dazu Trollhübner/Friz/Grünwald DStR 2019, 1945).

258 Bei **Personengesellschaften** ist indes die Sachlage in dieser Konstellation anders. Bei diesen ergab sich aus § 718 aF, dass das Gesellschaftsvermögen in seiner gesamthänderischen Bindung den Gesellschaftern zuzuordnen war. Zwar kann eine Gesamthandsgemeinschaft zivilrechtlich Beschenkte und damit Vertragspartnerin eines Schenkungsvertrages sein, jedoch folgte aus § 718 aF, dass die Gesellschafter schenkungsteuerlich als bereichert betrachtet wurden (BFH 14. 9. 1994 – II R 95/92, BStBl II 1995, 81, 82 f). Dies führte dazu, dass Personengesellschaften – auch wenn sie zivilrechtlich rechtsfähig sind – nicht Steuersubjekt iSd ErbStG sein konnten. Diese „transparente“ Behandlung der Personengesellschaft hatte der BFH noch im Jahr

2020 bestätigt (BFH 5. 2. 2020 – II R 9/17, dazu FISCHNALER FR 2020, 962 ff und GEORG ZEV 2020, 574 ff; BFH 30. 8. 2017 – II R 46/15, DStR 2017, 2606, dazu BORGGRÄFE/STAUD DStR 2018, 833). Im Fall einer Schenkung sei nicht die Personengesellschaft Zuwendende, sondern deren Gesellschafter. Damit führte eine Einlage in eine Personengesellschaft dazu, dass eine unmittelbare Zuwendung an die Gesellschafter anzunehmen sei und ihr Vermögensbestand um die eingelegten Güter erhöht werde (TROLL/GEBEL/JÜLICHER/GOTTSCHALK/GEBEL [69. Aufl 2024] § 7 Rn 188; zur schenkungsteuerlichen Beurteilung von Vermögensverschiebungen zwischen Gesellschaften und Gesellschaftern s TROLL/GEBEL/JÜLICHER/GOTTSCHALK/GEBEL [69. Aufl 2024] § 7 Rn 182 ff). Gleiches sollte in dem Fall gelten, dass ein Gesellschafter eine disquotale Einlage an die Gesellschaft leiste, welche die Gesellschaftsanteile der Gesamthänder entsprechend erhöht, auch wenn zivilrechtlich betrachtet eine Zuwendung an die Gesamthandsgemeinschaft erfolgte (BFH 5. 2. 2020 – II R 9/17, DStR 2020, 1721). Mit dem Gesetz zur Modernisierung des Personengesellschaftsrechts wurde die Regelung des § 718 BGB und damit das Gesamthandsprinzip jedoch zum 1. 1. 2024 abgeschafft (Gesetz v 10. 8. 2021, BGBl 2021 I 53). Im Hinblick darauf, dass wegen der Abschaffung des Gesamthandsprinzips bei Personengesellschaften eine disquotale Einlage in eine Personengesellschaft nicht mehr von § 7 Abs 1 Nr 1 ErbStG erfasst würde, fügte der Gesetzgeber die Regelung des § 2a ErbStG ein (vgl dazu krit HARTMANN, ErbStB 2023, 293). Danach **gelten rechtsfähige Personengesellschaften für Zwecke der Erbschaft- und Schenkungsteuer als Gesamthand und deren Vermögen als Gesamthandsvermögen**. Bei einem Erwerb nach § 1 Abs 1 Nr 1 bis 3 ErbStG durch eine rechtsfähige Personengesellschaft gelten deren Gesellschafter als Erwerber. Bei einer Zuwendung durch eine rechtsfähige Personengesellschaft gelten deren Gesellschafter als Zuwendende. Nach der Gesetzesbegründung soll an den bisherigen Grundsätzen der Besteuerung der Erwerbe von Todes wegen und Schenkungen unter Lebenden und damit an der bisherigen Rechtsprechung des BFH hierzu festgehalten werden (BT-Drucks 20/9782, 191; vgl umfassend GEORG, Freigebige Zuwendungen an Personengesellschaften [2023] 29 ff zur Schenkungsteuersubjektivität der Personengesellschaft, 177 ff zu Zuwendungen von Gesellschaftern sowie 507 ff zu Zuwendungen gesellschaftsfremder Dritter; zur disquotale Einlage im Schenkungsteuerrecht KLEINERT/KROGOLL/ANISSIMOV, DStR 2024, 785).

(c) Gemischte Schenkung

Ist für eine Zuwendung eine **Gegenleistung** vereinbart, verbleibt aber auf der Seite des Bedachten gleichwohl eine **Bereicherung**, liegt eine gemischte Schenkung vor (Rn 63 ff; MEINCKE/HANNES/HOLTZ [19. Aufl 2025] § 7 Rn 30; VISKORF/SCHUCK/WÄLZHOLZ/SCHUCK [7. Aufl 2023] § 7 ErbStG Rn 44; zum Fall des Fehlens des Bewusstseins der Unentgeltlichkeit der Zuwendung vgl BFH 1. 7. 1992 – II R 70/88, BStBl II 1992, 921, 923). Fehlt eine Bereicherung, handelt es sich um eine bloße **Vermögensumschichtung** und damit um einen **schenkungsteuerlich neutralen Vorgang**. Kann der Zuwendungsgegenstand tatsächlich aufgespalten werden, stellen sich bei der gemischten Schenkung keine Probleme (TIEDTKE/HOLTHUSEN/BURGMANN [1. Aufl 2009] § 7 Rn 30; TROLL/GEBEL/JÜLICHER/GOTTSCHALK/GEBEL [69. Aufl 2024] § 7 Rn 144). 259

Liegt ein einheitlicher, tatsächlich nicht trennbarer Zuwendungsgegenstand vor, wurde früher die **Einheitstheorie** vertreten, wonach auf der ersten Stufe des Steuertatbestandes der zugewendete Gegenstand noch in Gänze als Zuwendungsgegenstand qualifiziert wurde. Erst auf der zweiten Stufe der steuerlichen Wertermittlung wurde die Gegenleistung als bereicherungsmindernder Abzugsposten berücksichtigt 260

(Meincke/Hannes/Holtz [19. Aufl 2025] § 7 Rn 28; BFH 15. 7. 1964 – II 43/62, HFR 1965, 269, 272; Rechenbsp zum Vergleich Einheits-/Trennungstheorie bei Schild DB 1983, 1063, 1065). Heute vertritt der BFH (BFH 12. 12. 1979 – II R 157/78, BStBl II 1980, 260; BFH 21. 10. 1981 – II R 176/78, BStBl II 1982, 83; BFH 14. 7. 1982 – II R 125/79, BStBl II 1982, 714; BFH 12. 4. 1989 – II R 37/87 BStBl II 1989, 524) die sogenannte **Trennungstheorie**: Nur der unentgeltliche Teil des Vorgangs, dh die von Gegenleistungspflichten freie Zuwendung erfülle die Merkmale der freigebigen Zuwendung iSd § 7 Abs 1 Nr 1 ErbStG (Meincke/Hannes/Holtz [19. Aufl 2025] § 7 Rn 29). Dieser wird ermittelt, indem die Differenz aus dem Verkehrswert des einheitlichen Zuwendungsgegenstandes und dem Verkehrswert der Gegenleistung gebildet wird (Viskorf/Schuck/Wälzholz/Schuck [7. Aufl 2023] § 7 ErbStG Rn 47 f; auch Verhältnisrechnung genannt, Troll/Gebel/Jülicher/Gottschalk/Gebel [69. Aufl 2024] § 7 Rn 206 f; zur Berechnungsweise vgl ErbStR [2003] R 17 Abs 2; konkrete Bsp vgl ErbStH [2003] H 17, 2). Für eine solche Vorgehensweise, die nur den unselbstständigen, unentgeltlichen Teil der Zuwendung erfasst, spricht der Wortlaut des § 7 Abs 1 Nr 1 ErbStG (eine freigebige Zuwendung ist nur eine Zuwendung unter Lebenden, „soweit der Bedachte durch sie auf Kosten des Zuwendenden bereichert ist"; vgl BFH 12. 4. 1989 – II R 37/87, BStBl II 1989, 524, 526). Die im Zivilrecht herrschende **Zweckwürdigungstheorie** (Rn 77, 82 f) steht dem nicht entgegen, da sich aus ihr eben keine strikte Zuordnung des Rechtsgeschäfts zu einem bestimmten Vertragstyp ergibt, sondern flexibel anhand der Parteiinteressen über die Zuordnung entschieden wird (Tiedtke/Holthusen/Burgmann [1. Aufl 2009] § 7 Rn 31; im Übrigen nimmt das Zivilrecht auch eine andere Perspektive ein, da es dort um Widerrufs- und Rückforderungsrecht bzw Formerfordernisse geht, Crezelius BB 1978, 1406, 1408 f).

261 Während auf der Ebene des **§ 7 ErbStG** der neue Ansatz der Rechtsprechung gegenüber der früheren Ansicht zu keinen praktischen Auswirkungen führt, ergibt sich im Rahmen der Ermittlung des steuerpflichtigen Erwerbs nach **§ 10 ErbStG** ein anderes Vorgehen als nach früherer Ansicht. Nach letzterer wurde vom nach § 12 ErbStG ermittelten Steuerwert die komplette Gegenleistung abgezogen nach Maßgabe der § 10 Abs 1 S 2 iVm § 1 Abs 2 ErbStG. Hier konnte es dazu kommen, dass der Steuerwert der einheitlichen Sache niedriger war als die Gegenleistung, so dass ein negativer Steuerwert festzustellen war mit der Konsequenz, dass keine Steuer anfiel (Meincke/Hannes/Holtz [19. Aufl 2025] § 7 Rn 30 mit Rechenbsp). Diese zT negativen Steuerwerte wurden durch einen Steuerwert verursacht, der vor allem früher deutlich unter dem Verkehrswert liegen konnte (Viskorf/Schuck/Wälzholz/Schuck [7. Aufl 2023] § 7 ErbStG Rn 49). Auch nach der Erbschaftsteuerreform 2009 sind Diskrepanzen zwischen Verkehrswert und Steuerwert denkbar, obgleich in einem wesentlich geringeren Umfang (idS auch Troll/Gebel/Jülicher/Gottschalk/Gebel [69. Aufl 2024] § 7 Rn 204). Den aus der alten Vorgehensweise resultierenden **„überproportionalen Verrechnungseffekt"**, der durch die Verrechnung des Steuerwerts der zugewendeten Sache mit der in aller Regel mit dem Verkehrswert anzusetzenden Gegenleistung entstand (BFH 22. 5. 2002 – II R 61/99, BStBl II 2002, 598, 613 mit Rechenbsp), wollte der BFH mit der neueren Rechtsprechung begegnen. Die heute vertretene Trennungstheorie führt auf der Ebene des § 10 ErbStG dazu, dass lediglich der unentgeltliche Teil des einheitlich zugewendeten Gegenstandes steuerlich bewertet wird. Dies schließt aus, dass überhaupt keine Steuer anfällt, weil der Steuerwert 0 beträgt (Meincke/Hannes/Holtz [19. Aufl 2025] § 7 Rn 30 mit Rechenbsp; Troll DStR 1984, 11, 12). Vom Ergebnis her kann daher die Rechtsprechung des BFH als Abzugsbegrenzung hinsichtlich der Gegenleistung verstanden werden, wie auch aus der Maxime des Gerichts zu entnehmen ist, nach der „[d]ie Gegenleistung nicht vollen Umfangs, sondern nur entsprechend ihre[s] Anteil[s] am Verkehrswert der Leistung des Zuwendenden von deren Steuerwert abzuziehen [sei]“ (BFH 17. 10. 2001 – II R 72/99, BStBl II 2002, 25, 26; so auch MEINCKE/HANNES/HOLTZ [19. Aufl 2025] § 7 Rn 30).

Dieses Ziel wird zwar von Teilen der Literatur geteilt (vgl TROLL/GEBEL/JÜLICHER/GOTTSCHALK/GEBEL [69. Aufl 2024] § 7 Rn 207; MEINCKE/HANNES/HOLTZ [19. Aufl 2025] § 7 Rn 30). Doch ist zu betonen, dass der BFH für die Erreichung dieses Ziels einen **Systembruch** begeht. Indem er die Verkehrswerte des zugewendeten Gegenstandes und der Gegenleistung saldiert, verlässt er für die Ermittlung der objektiven Bereicherung die Ebene des § 7 ErbStG und wechselt zur Ebene der Bemessungsgrundlage nach § 10 ErbStG, nur um nach Feststellung eines positiven Saldos zur Ebene des Steuertatbestandes iSv § 7 ErbStG zurückzukehren und dort eine Bereicherung zu bejahen (vgl VISKORF/SCHUCK/WÄLZHOLZ/SCHUCK [7. Aufl 2023] § 7 ErbStG Rn 49). Aufgrund der Grundverschiedenheit – zumindest im Regelfall – zwischen Schenkungen unter Lebenden und Erwerb von Todes wegen ist dagegen das Argument wenig überzeugend, dass die Rechtsprechung des BFH zu einer Ungleichbehandlung von Erwerben von Todes wegen und Schenkungen unter Lebenden führe (MEINCKE/HANNES/HOLTZ [19. Aufl 2025] § 7 Rn 32; vgl BFH 8. 10. 2003 – II R 46/01, BStBl II 2004, 234, 235). 262

Eine bloße **Stundung der Kaufpreisforderung** führt regelmäßig nicht zu einer steuerrechtlich relevanten gemischt freigebigen Zuwendung. Ergibt sich aus der Gegenüberstellung, Bewertung und Saldierung der gesamten im Kaufvertrag begründeten gegenseitigen Leistungspflichten ein größeres Missverhältnis, kann man auf ein Bewusstsein der Unausgewogenheit und damit der Teilunentgeltlichkeit schließen (BFH 30. 3. 1994 – II R 7/92, BStBl II 1994, 580, 582). 263

Nach dem ErbStRG 2009 hat die Rechtsprechung zur gemischten Schenkung an Relevanz verloren, da die Steuerwerte den Verkehrswerten weitestgehend angenähert wurden. Abgesehen von den Altfällen bis zum 31. 12. 2008 besteht lediglich im Bereich der Land- und Forstwirtschaft weiterhin eine erhebliche Differenz zwischen Verkehrs- und Steuerwert. Für die übrigen Fälle der gemischten Schenkungen bietet sich das Vorgehen an, das die FinVerw unter Abkehr von der bisherigen Vorgehensweise nutzt (vgl ErbStR RE 7.4, insbes Abs 1 S 2; BFH 5. 7. 2018 – II B 122/17, DStR 2018, 1709; zum alten Verfahren ErbStR [2003] R17 Abs 2; Gegenüberstellung der ErbStR 2011 und 2003 mit zahlreichen Rechenbsp bei RAMB NWB 2012, 138, 139 ff): Nunmehr soll der Steuerwert des Leistungsgegenstandes mit dem Steuerwert der Gegenleistung saldiert werden, um die steuerliche Bereicherung festzustellen (vgl dazu TROLL/GEBEL/JÜLICHER/GOTTSCHALK/GEBEL [69. Aufl 2024] § 7 Rn 209), dh die Berücksichtigung der Gegenleistung findet vollständig und systemkonform auf der Ebene der Bemessungsgrundlage statt. Erwerbsnebenkosten sind keine Gegenleistungen, die die Annahme einer gemischten Schenkung rechtfertigen können. Sie sind Erwerbsfolgekosten und als solche unbeschränkt abzugsfähig (zu Berechnungsmodellen vgl FRANKEN ZErb 2020, 438 ff). Steuer- und Rechtsberatungskosten im Vorfeld der Schenkung sind hingegen nicht abzugsfähig (ErbStR RE 7.4; zur abweichenden früheren Lage vgl RAMB NWB 2012, 138, 148 mwNw). 264

(d) Schenkung unter Auflage

Nachdem die FinVerw die Grundsätze zur gemischten Schenkung auf die Auflagenschenkung für anwendbar erklärte (**Erlass vom 10. 2. 1983**, BStBl I 1983, 238, Tz 2; dazu vgl MEINCKE/HANNES/HOLTZ [19. Aufl 2025] § 7 Rn 40), gab der BFH seine vorherige, auf 265 den Unterschied zwischen gemischter Schenkung und Schenkung unter Auflage nach **§ 7 Abs 4 ErbStG** als einheitliches unentgeltliches Geschäft abstellende Rechtsprechung (BFH 21. 10. 1981 – II R 176/78, BStBl II 1982, 83, 85; der BFH folgte hier der zivilrechtlichen Auffassung, vgl BGH 23. 5. 1959 – V ZR 140/58, BGHZ 30, 120, 123, NJW 1959, 1363, 1364) auf. Allerdings wurde die Ansicht der FinVerw nicht *in toto* übernommen (vgl BFH 12. 4. 1989 – II R 37/87, BStBl II 1989, 524; BFH 12. 4. 1989 – II R 46/86, BFH/NV 1990, 373; BFH 5. 4. 1989 – II R 45/86, BFH/NV 1990, 506; bestätigt durch BFH 16. 12. 1992 – II R 114/89, BFH/NV 1993, 298; vgl Moench DStR 1989, 594, 597); demnach ist zwischen Leistungsauflagen und solchen, die eine Duldung- oder Nutzung zum Gegenstand haben, zu differenzieren.

266 Eine **Leistungsauflage** verpflichtet den Beschenkten zu Aufwendungen in Form von **Sach- oder Geldleistungen**, die unabhängig vom Innehaben des Zuwendungsgegenstands und ggf sogar aus dem sonstigen Vermögen zu erbringen sind (BFH 12. 4. 1989 – II R 37/87, BStBl II 1989, 524, 526; Meincke/Hannes/Holtz [19. Aufl 2025] § 7 Rn 41; nach zivilrechtlicher Betrachtung wird dagegen davon ausgegangen, dass die Auflage jedenfalls auf der Grundlage des Wertes des Geschenks erfolgen soll, s Rn 45 ff, § 525 Rn 4, 16). Der BFH sieht nun eine solche Auflage als vergleichbar mit der Gegenleistungspflicht im Rahmen einer gemischten Schenkung an und wendet die Grundsätze zur gemischten Schenkung auf die Leistungsauflage entsprechend an (BFH 12. 4. 1989 – II R 37/87, BStBl II 1989, 524, 526; zu dieser Vorgehensweise vgl auch ErbStR [2003] R17). Eine Leistungsauflage liegt auch vor, wenn der Bedachte ein Recht zur Fruchtziehung erhält, aber die jeweils von ihm selbst gezogenen Früchte an den Berechtigten, sei es der Schenker, sei es eine sonstige Person, auskehren muss (BFH 13. 4. 2011 – II R 27/09, BStBl II 2011, 730, 731).

267 Eine **Nutzungs- oder Duldungsauflage** liegt vor, wenn dem Beschenkten ein Teil der mit dem zugewendeten Gegenstand verbundenen Nutzungen vorenthalten und zeitweise einer anderen Person zugewiesen wird (BFH 12. 4. 1989 – II R 37/87, BStBl II 1989, 524, 526 f; Meincke/Hannes/Holtz [19. Aufl 2025] § 7 Rn 41; Troll/Gebel/Jülicher/Gottschalk/Gebel [69. Aufl 2024] § 7 Rn 212). Die Duldungsauflage kann durch obligatorische Nutzungsrechte, aber auch durch dingliche Nutzungsrechte, wie zB einen Nießbrauch oder beschränkt persönliche Dienstbarkeiten, wie zB ein Wohnrecht, am Zuwendungsgegenstand bestellt werden (BFH 12. 4. 1989 – II R 37/87, BStBl II 1989, 524, 526). Der BFH behandelt diese Schenkung unter Nutzungs- bzw Duldungsauflage einheitlich als freigebige Zuwendung und saldiert den Bruttowert des Zuwendungsgegenstands mit dem Wert der vom Beschenkten zu tragenden Nutzungseinschränkung und zwar auf der Ebene des § 10 ErbStG (Meincke/Hannes/Holtz [19. Aufl 2025] § 7 Rn 41; für die Rechtslage vor dem 1. 1. 2009 sei auf die mittlerweile aufgehobene Vorschrift des § 25 ErbStG aF hingewiesen, die diesen Abzug ausschließen konnte).

268 Bei den sogenannten **Mischfällen**, in denen eine Leistungsauflage mit einer Nutzungs-/Duldungsauflage verbunden ist, wird zunächst die Leistungsauflage nach den Grundsätzen der gemischten Schenkung berücksichtigt und dann vom unentgeltlichen Teil der Schenkung die Nutzungs-/Duldungsauflage mit ihrem Steuerwert, dh auf der Ebene der steuerlichen Bemessungsgrundlage des § 10 ErbStG, abgezogen, soweit § 25 ErbStG aF (aufgehoben zum 1. 1. 2009) dem nicht entgegensteht (BFH 14. 12. 1995 – II R 18/93, BStBl II 1996, 243, 245; so auch FinVerw ErbStR [2003] R17 Abs 4; Meincke/Hannes/Holtz [19. Aufl 2025] § 7 Rn 42).

Mit dem ErbStRG 2009 ist die Problematik der gemischten Schenkung entfallen, da diese einheitlich nach § 10 ErbStG beurteilt wird (Rn 264). Gleiches gilt inzwischen für die Leistungsauflage, die steuerlich ebenfalls allein im Rahmen der Bemessungsgrundlage berücksichtigt wird. Da dies auch für die Nutzungs-/Duldungsauflage vom BFH vertreten wird, ist eine **Differenzierung** zwischen Leistungs- und Nutzungs-/Duldungsauflagen **nicht mehr geboten** (so jetzt FinVerw ErbStR RE 7.4 Abs 1, insbes S 2). 269

(e) Unentgeltlich gewährte Darlehen

Eine freigebige Zuwendung nach § 7 Abs 1 Nr 1 ErbStG soll auch bei einem zinslosen oder zu niedrig verzinsten Darlehen vorliegen. Freilich kommt zivilrechtlich keine Schenkung in Betracht, da der Darlehensvertrag, auch wenn er unentgeltlich erfolgt, als eigenständiger Vertragstypus geregelt ist (Rn 17 ff; idS Meincke/Hannes/Holtz [19. Aufl 2025] § 7 Rn 50). Diese Vertragstypologie hat auf das Steuerrecht aber keine Auswirkungen (Gebel DStZ 1992, 577, 579). Zugewendeter Gegenstand sei dabei nicht die zu keiner endgültigen Bereicherung führende Darlehensvaluta, sondern das dem Darlehensnehmer gewährte **Recht, das überlassene Kapital zu nutzen** (BFH 12. 7. 1979 – II R 26/78, BStBl II 1979, 631, 632; BFH 29. 6. 2005 – II R 52/03, BStBl II 2005, 800, 801). Diesem Ansatz liegt die fragwürdige Überlegung zugrunde, dass Anlass für die Besteuerung auch der Umstand sein kann, dass eine Einnahmemöglichkeit aufgegeben wird, die verkehrsüblich regelmäßig genutzt wird (zu Recht krit Meincke/Hannes/Holtz [19. Aufl 2025] § 7 Rn 50, da das Recht zur Nutzung aus dem übertragenen Eigentum resultiere und Gebel DStZ 1992, 577, 579 ff unter Hinweis auf die fehlende Entreicherung des Zuwendenden). Umgekehrt kann eine überdurchschnittliche Verzinsung zu einer freigebigen Zuwendung an den Darlehensgeber führen (Meincke/Hannes/Holtz [19. Aufl 2025] § 7 Rn 51; zur steuerlichen Erfassung von vor Ausführung der freigebigen Zuwendung von Wertpapieren angefallenen, aber noch nicht fälligen Wertpapierzinsen, vgl BFH 3. 10. 1984 – II R 194/82, BStBl II 1985, 73). 270

(3) Bereicherung

Bereicherung kann jede Vermögensmehrung und jede Minderung von Schulden und Verbindlichkeiten beim Bedachten sein (Rn 228 ff; ErbStR RE 7.1 Abs 2 S 1; Meincke/Hannes/Holtz [19. Aufl 2025] § 7 Rn 56). **Bewertungsmaßstab** ist dabei der **Verkehrswert des Zuwendungsgegenstandes** (ErbStR RE 7.1 Abs 2 S 2; Meincke/Hannes/Holtz [19. Aufl 2025] § 7 Rn 5 u 52). Auch der Verzicht auf eine wertlose Forderung führt zu einer Minderung der Verbindlichkeiten des Schuldners und zu einer Bereicherung des Schuldners (FG Rheinland-Pfalz 15. 9. 2005 – 4 K 2436/02, DStRE 2006, 33, 34; umfassend dazu Hartmann ErbStB 2008, 9). Jedoch fehlt es bei wertlosen Forderungen, auf die zwecks Sanierung des Unternehmens mit Besserungsabrede verzichtet wird, an einer Entreicherung des Zuwendenden, da dem Verzicht Ertragsaussichten gegenüberstehen (daher lehnte das FG Rheinland-Pfalz im og Fall eine freigebige Zuwendung aufgrund des Forderungsverzichts ab, vgl FG Rheinland-Pfalz 15. 9. 2005 – 4 K 2436/02, DStRE 2006, 33, 35; zum schenkweisen Erwerb einer Forderung mit Besserungsabrede, vgl auch BFH 21. 4. 2009 – II R 57/07, BStBl II 2009, 606). 271

Anders als nach zivilrechtlicher Betrachtungsweise gilt der Bedachte steuerrechtlich erst mit **Eintritt der aufschiebenden Bedingung** hinsichtlich des erworbenen Rechts als bereichert (Troll/Gebel/Jülicher/Gottschalk/Gebel [69. Aufl 2024] § 7 Rn 49). Dies zeigt sich an den Regelungen der § 3 Abs 2 Nr 5, § 7 Abs 1 Nr 10, § 9 Abs 1 Nr 1 lit a), lit h) ErbStG und § 4 BewG (Meincke/Hannes/Holtz [19. Aufl 2025] § 7 Rn 52). Das Feh- 272 len einer Bereicherung bereits nach zivilrechtlichen Grundsätzen ist für die steuerliche Beurteilung der Frage, ob eine Bereicherung im Rahmen einer freigebigen Zuwendung vorliegt, verbindlich (s auch die Regelung des § 517 BGB zum unterlassenen Vermögenserwerb und § 517 Rn 1 ff).

273 Eine **Schenkung unter Widerrufsvorbehalt** führt nicht zu einem Ausschluss der Bereicherung des Bedachten (hM, Meincke/Hannes/Holtz [19. Aufl 2025] § 7 Rn 53 f; Troll/Gebel/Jülicher/Gottschalk/Gebel [69. Aufl 2024] § 7 Rn 54; Viskorf/Schuck/Wälzholz/Schuck [7. Aufl 2023] § 7 ErbStG Rn 103 f; BFH 13. 9. 1989 – II R 67/86, BStBl II 1989, 1034, 1036; BFH 28. 6. 2007 – II R 21/05 2007, 669, 672; **aA** Knobbe-Keuk, in: FS Flume II [1978] 149, 161 f; Überblick bei Viskorf/Schuck/Wälzholz/Schuck [7. Aufl 2023] § 7 ErbStG Rn 102). Insoweit besteht kein Unterschied zur zivilrechtlichen Beurteilung des Widerrufsvorbehalts. Im Falle der Ausübung des Widerrufs erlischt die Steuer gem **§ 29 Abs 1 Nr 1 ErbStG** mit Wirkung für die Vergangenheit und auf Antrag des Steuerschuldners muss der Steuerbescheid berichtigt werden gem **§ 175 Abs 1 S 1 Nr 2 AO** (vgl dazu Troll/Gebel/Jülicher/Gottschalk/Jülicher [69. Aufl 2024] § 29 Rn 76 f).

274 Wird bei einer Zuwendung ein **Nießbrauch** am Zuwendungsgegenstand und damit das wirtschaftliche Eigentum iSd § 39 Abs 2 Nr 1 AO **vorbehalten**, ist eine Bereicherung des Bedachten nicht ausgeschlossen. Der BFH hat nämlich festgestellt, dass § 39 Abs 2 Nr 1 AO als Ausdruck der wirtschaftlichen Betrachtungsweise nicht auf Steuerarten, die an bürgerlich-rechtliche Vorgänge anknüpfen wie die Schenkung- und Erbschaftsteuer als Verkehrssteuer, anwendbar ist (BFH 22. 9. 1982 – II R 61/80, BStBl II 1983, 179, 180; BFH 28. 6. 2007 – II R 21/05, BStBl II 2007, 669, 671). Erlischt der Nießbrauch und erhält der Bedachte neben dem rechtlichen Eigentum das wirtschaftliche Eigentum, ist darin keine erneute Bereicherung durch eine Zuwendung zu sehen, sondern nur eine in der früheren Zuwendung bereits angelegte Vervollständigung der Rechtsposition des Beschenkten. In der Sache gehört dieser Vorgang zur ursprünglichen Zuwendung (Meincke/Hannes/Holtz [19. Aufl 2025] § 7 Rn 55). Der vorzeitige unentgeltliche Verzicht auf einen Nießbrauch führt hingegen zu einer Bereicherung und einer freigebigen Zuwendung (BFH 17. 3. 2004 – II R 3/01, BStBl II 2004, 429, 430).

275 Relevant wird bei der **Einräumung einer Zugriffsposition auf das Vermögen des Zuwendenden** die Frage der Bereicherung, wenn ein Oder-Konto zugunsten eines Berechtigten eingerichtet wird. Das entscheidende Kriterium für die Frage, ob eine Bereicherung vorliegt, ist grundsätzlich, dass der Bereicherte über das Zugewendete rechtlich und tatsächlich frei verfügen kann (BFH 28. 6. 2007 – II R 21/05, BStBl II 2007, 669, 671); das Oder-Konto führt somit nicht in jedem Fall zu einer Bereicherung des Berechtigten. Im Fall der Errichtung eines **Oder-Kontos unter Ehegatten** ist streitig, ob die Annahme einer Gesamtgläubigerschaft iSd § 430 BGB zu einer gleichen Anteilsberechtigung auch dann führt, wenn ein Ehegatte deutlich mehr als der andere einzahlt. Hier stellt sich nämlich die Frage, ob dadurch eine freigebige Zuwendung bewirkt wird. Dabei soll die Antwort davon abhängig sein, ob die Ehegatten im Innenverhältnis abweichend von der gesetzlichen Regelung keine gleiche Anteilsberechtigung gewollt haben (der diesbezügliche Parteiwille wird anhand des Verhaltens der Eheleute nach BFH 22. 8. 2007 – II R 33/06, BStBl II 2008, 28, 30 zu ermitteln sein, wenn – wie typischerweise der Fall – ausdrückliche Vereinbarungen fehlen; zur Verteilung der Feststellungslast vgl BFH 29. 6. 2016 – II R 41/14, ZEV 2016, 529 und BFH, BStBl II 2012, 473; zur Annahme einer Aus-

gleichspflicht vgl FG Rheinland-Pfalz 7. 7. 1994 – 4 K 2118/93, EFG 1995, 125, 126 und FG Düsseldorf 19. 7. 1995 – 4 K 7813/91 Erb, EFG 1996, 242, 243; FG Nürnberg 25. 3. 2010 – 4 K 654/2008, DStRE 2011, 690 ff). Jedenfalls wirkt es befremdlich, jede Einzahlung eines Ehegatten in das gemeinsame Oder-Konto als steuerpflichtige Zuwendung an den anderen anzusehen (vgl Meincke/Hannes/Holtz [19. Aufl 2025] § 7 Rn 57; in der Rspr auch HessFG 26. 7. 2001 – 1 K 2654/00, DStRE 2002, 1023; krit dazu Niehus/Kränke DB 1996, 1158, 1159 mit dem nachvollziehbaren Ansatz, die eingezahlten Beträge nach „natürlicher Lebensauffassung" zuzuordnen; zu anderen praxisrelevanten Konstellationen im Umfeld der Oder-Konten-Rspr vgl Eich ErbStB 2003, 360). Laufende Zuwendungen unter Lebenden zum Zwecke angemessenen Lebensunterhalts sind gem § 13 Abs 1 Nr 12 ErbStG steuerfrei (zur eventuellen Bereicherung durch Schuldtilgung, Sicherheitsleistung oder Verstärkung der Sicherheit im Wege des Rangrücktritts durch einen Dritten vgl Meincke/Hannes/Holtz [19. Aufl 2025] § 7 Rn 57).

Für die **Feststellung der Bereicherung** iSd § 7 ErbStG müssen von der bereichernden 276
Zuwendung die damit verbundenen Lasten und Verbindlichkeiten, die **bereicherungsmindernden Posten**, abgezogen werden. Dazu gehören vorbehaltene Rechte an dem Zuwendungsgegenstand, aber auch Verbindlichkeiten, die den Bedachten im Zusammenhang mit dem zugewendeten Gegenstand treffen (Meincke/Hannes/Holtz [19. Aufl 2025] § 7 Rn 60; ErbStR RE 7.1 Abs 2 S 2; eine Treuhand neutralisiert die Bereicherung aufgrund der Verwaltungs- und Rückgabeverpflichtung, vgl dazu BFH 6. 5. 2020 – II R 34/17, ZIP 2020, 2012–2014). Diese müssen gem § 7 Abs 3 ErbStG aber in Geld veranschlagt werden können (zu § 7 Abs 3 ErbStG im Hinblick auf den subjektiven Tatbestand vgl Troll/Gebel/Jülicher/Gottschalk/Gebel [69. Aufl 2024] § 7 Rn 282). Als bereicherungsmindernder Posten kommt auch die Herausgabepflicht des Empfängers einer unwirksamen Zuwendung, vor allem nach §§ 812 ff BGB, in Betracht (Meincke/Hannes/Holtz [19. Aufl 2025] § 7 Rn 62). Dies gilt aber nur, wenn die Beteiligten nicht das wirtschaftliche Ergebnis der unwirksamen Zuwendung stehen lassen wollen gem § 41 Abs 1 S 1 AO. Anders verhält es sich bei anfechtbaren, aber gleichwohl noch nicht angefochtenen Rechtsgeschäften. Da hier noch kein dinglicher Rückfall des zugewendeten Gegenstands erfolgt bzw kein Anspruch auf Rückgewähr entstanden ist, existiert noch kein bereicherungsmindernder Posten (Meincke/Hannes/Holtz [19. Aufl 2025] § 7 Rn 62). Die Steuer erlischt in Folge der Anfechtung gem § 29 Abs 1 Nr 1 ErbStG. Eine aufschiebend bedingte Verbindlichkeit, die den Bedachten trifft, kann eine Bereicherung iSd § 7 ErbStG vor Eintritt der Bedingung nicht mindern (BFH 7. 6. 1989 – II R 183/85, BStBl II 1989, 814, 815; zu weiteren Abzugsverboten für bereicherungsmindernde Posten auf Ebene des § 7 ErbStG vgl Meincke/Hannes/Holtz [19. Aufl 2025] § 7 Rn 60 ff).

Bei **Kettenschenkungen** geht es um Zuwendungen, die über mehrere Personen als 277
Zwischenpersonen laufen (Crezelius, Erbschaft- und Schenkungsteuer in zivilrechtlicher Sicht [1979] § 27 [147]), wobei der Erstbeschenkte mit der Weiterschenkung zwar dem Wunsch des Schenkers entspricht, dazu aber nicht rechtlich verpflichtet ist. Die zweite Schenkung ist von der ersten Schenkung vollkommen unabhängig zu beurteilen, was zu höheren Freibeträgen und günstigeren Steuerklassen führt (Meincke/Hannes/Holtz [19. Aufl 2025] § 7 Rn 69; Viskorf/Schuck/Wälzholz/Schuck [7. Aufl 2023] § 7 ErbStG Rn 96, etwa bei einer Schenkung des Schwiegervaters an den Schwiegersohn über die Tochter/Ehefrau als Mittelsperson im Rahmen einer vorweggenommenen Erbfolge).

Wenn der Erstempfänger jedoch den Zuwendungsgegenstand verbunden mit der 278
Verpflichtung erhält, ihn **an die dritte Person weiterzuleiten**, liegt schenkungsteuer-

rechtlich eine Zuwendung aus dem Vermögen des Zuwendenden an die dritte Person vor (vgl BFH 25. 8. 2020 – II R 30/18, DStR 2021, 107 mwNw). Entscheidend ist dabei die fehlende freie Verfügungsbefugnis des Mittelsmannes hinsichtlich der Verwendung des Zuwendungsgegenstandes (BFH 10. 3. 2005 – II R 54/03, BStBl II 2005, 412, 413; krit zu diesem Urteil GRZIWOTZ MDR 2007, 124, 127). Der Erstempfänger ist als Mittelsperson aufgrund seiner Pflicht zur Weitergabe nicht bereichert (BFH 13. 10. 1993 – II R 92/91, BStBl II 1994, 128, 129). Ebenfalls als Zuwendung des ersten Schenkers an die dritte Person gilt die Zuwendung an die Mittelsperson unter der Auflage, ihn an den Dritten weiterzuleiten, denn die Zuwendung an den Dritten beruht auf der Anordnung des Schenkers (MEINCKE/HANNES/HOLTZ [19. Aufl 2025] § 7 Rn 70, zur Schenkung unter Weiterschenkklausel vgl § 7 Rn 71). Ob ein Bedachter über einen zugewendeten Gegenstand frei verfügen kann oder diesen einem Dritten zuwenden muss, ist also nach der Gesamtheit der objektiven Gegebenheiten unter Berücksichtigung der abgeschlossenen Verträge, ihrer inhaltlichen Abstimmung untereinander sowie der mit der Vertragsgestaltung erkennbar angestrebten Ziele der Vertragsparteien zu entscheiden (BFH 28. 7. 2022 – II B 37/21, ZEV 2022, 614). Bei der schenkweisen Übertragung eines Grundstückes auf ein Kind durch ein Elternteil, bei der das bedachte Kind unmittelbar im Anschluss an die ausgeführte Schenkung einen Miteigentumsanteil an dem Grundstück an seinen Ehegatten weiter schenkt, ohne dem Elternteil gegenüber zur Weiterschenkung verpflichtet zu sein, liegt nach der Rspr des BFH schenkungsteuerrechtlich keine Zuwendung des Elternteils an das Schwiegerkind vor (BFH 18. 7. 2013 – II R 37/11, BStBl II 2013, 934, DStRE 2013, 1341 Ls). Vielmehr handele es sich um zwei Schenkungen, eine des zuwendenden Elternteils an das bedachte Kind und eine des Bedachten an den Dritten.

279 Eine Bereicherung durch **Zuwendung von Gesellschaftsanteilen** ist grundsätzlich nach den Umständen des Einzelfalls zu beurteilen (MEINCKE/HANNES/HOLTZ [19. Aufl 2025] § 7 Rn 72 ff; zum Ausschluss der Bereicherung durch Geschäftsführungspflichten und Haftungsrisiken, BGH 26. 3. 1981 – IVa ZR 154/80, NJW 1981, 1956 f).

(4) Wille zur Freigebigkeit

280 Im Rahmen der sachlichen Steuerpflicht ist weiterhin in subjektiver Hinsicht ein Wille zur Freigebigkeit bzw Unentgeltlichkeit erforderlich (BFH 20. 12. 2000 – II R 42/99, BStBl II 2001, 454, 455; ErbStR RE 7.1 Abs 3). Rechtsprechung und FinVerw gehen dabei davon aus, dass das **einseitige Bewusstsein der Unentgeltlichkeit** seitens des Zuwendenden ausreicht, dem klar sein muss, dass er zu der Vermögenshingabe rechtlich nicht verpflichtet ist (BFH 1. 7. 1992 – II R 70/88, BStBl II 1992, 921, 923; ErbStR RE 7.1 Abs 3 S 1). Mithin muss dem Zuwendenden die **objektive Unentgeltlichkeit** der Zuwendung **bewusst** sein. Ein Bereicherungswille iS einer inneren Bereicherungsabsicht *(animus donandi)* ist somit nicht erforderlich (Rn 28; BFH 2. 3. 1994 – II R 59/92, BStBl II 1994, 366, 369; ErbStR RE 7.1 Abs 3 S 2; zu Recht präzisierend MEINCKE/HANNES/HOLTZ [19. Aufl 2025] § 7 Rn 89). Das subjektive Tatbestandsmerkmal der freigebigen Zuwendung zielt nicht auf eine Bereicherung des Bedachten ab, sondern bezieht sich auf die Unentgeltlichkeit der Zuwendung (BFH 1. 7. 1992 – II R 70/88, BStBl II 1992, 921, 923). Der Wille zur Unentgeltlichkeit ist auf Grundlage der dem Zuwendenden bekannten Umstände nach den Maßstäben des allgemein Verkehrsüblichen festzustellen (BFH 12. 7. 1979 – II R 26/78, BStBl II 1979, 631, 632; ErbStR RE 7.1 Abs 3 S 3). Dabei reicht aus, dass der Zuwendende die Tatsachen oder Umstände kennt, aufgrund derer eine Zuwendung als objektiv unentgeltlich qualifiziert werden kann (BFH 2. 3. 1994 – II R 59/92, BStBl II 1994,

366, 369; ErbStR RE 7.1 Abs 3 S 4). Freilich kommt der BFH dem von ihm als nicht erforderlich betrachteten Willen zur schenkweisen Zuwendung mindestens im Ergebnis nahe, wenn er im Bereich des Geschäftsverkehrs die Möglichkeit eröffnet, die Vermutung für das Bewusstsein der Unentgeltlichkeit zu widerlegen, wenn der Zuwendende den Bedachten in Erwartung objektiver, nahezu ausschließlich geschäftlicher Vorteile bereichert hat (BFH 29. 10. 1997 – II R 60/94, BStBl II 1997, 832, 835; vgl dazu va Meincke/Hannes/Holtz [19. Aufl 2025] § 7 Rn 91; ferner zu den terminologischen und dogmatischen Unklarheiten der BFH-Rechtsprechung zur subjektiven Seite der Schenkung s Petzoldt, in: FG Felix [1989] 331 ff sowie Fischer/Pahlke/Wachter/Fischer [7. Aufl 2020] § 7 Rn 300 ff). Hinsichtlich des Nachweises des subjektiven Tatbestandsmerkmales dürfen keine übersteigerten Anforderungen gelten, da anderenfalls die Steuerpflicht allein von der Ehrlichkeit des Zuwendenden abhinge (Meincke/Hannes/Holtz [19. Aufl 2025] § 7 Rn 99). Die **Feststellungslast** trifft die Behörde, jedoch kann es daneben eine objektive Beweislast des Steuerpflichtigen geben (BFH 5. 3. 1980 – II R 148/76, BStBl II 1980, 402, 404, wo dem Steuerpflichtigen der Nachweis eines inneren Vorbehalts – hier ein verdecktes Treuhandverhältnis – oblag; vertiefend zur Feststellungslast Troll/Gebel/Jülicher/Gottschalk/Gebel [69. Aufl 2024] § 7 Rn 285 ff).

Wird eine Zuwendung als sogenannte **unbenannte (ehebedingte) Zuwendung unter** 281 **Ehegatten** zum Zwecke der Verwirklichung oder Ausgestaltung, Erhaltung oder Sicherung der ehelichen Lebensgemeinschaft vorgenommen, liegt zivilrechtlich keine Schenkung vor, sondern ein ehebezogenes Rechtsgeschäft eigener, familienrechtlicher Art (Rn 88). Das Erbschaft- und Schenkungsteuerrecht stellt dagegen auf die objektive Unentgeltlichkeit ab und nicht auf den im Rahmen der §§ 516 ff BGB für die eheliche Konfliktlage verwendeten Begriff der Unentgeltlichkeit (BFH 2. 3. 1994 – II R 59/92, BStBl II 1994, 366, 368 f; 2008, 256; der Rspr folgend FinVerw in ErbStR RE 7.2). Danach erfolgt eine sogenannte unbenannte Zuwendung unter Ehegatten objektiv unentgeltlich (BFH 2. 3. 1994 – II R 59/92, BStBl II 1994, 366, 367 f; ErbStR RE 7.2 S 3, 4). Hinsichtlich des Bewusstseins der Unentgeltlichkeit ist, wenn der Zuwendende keinem entsprechenden Irrtum unterliegt, davon auszugehen, dass er bei unbenannten Zuwendungen Vermögen in der Kenntnis hingibt, dazu nicht verpflichtet zu sein (BFH 2. 3. 1994 – II R 59/92, BStBl II 1994, 366, 369). Damit sind **unbenannte Zuwendungen unter Ehegatten als freigebige Zuwendungen steuerpflichtig** (krit dazu Meincke/Hannes/Holtz [19. Aufl 2025] § 7 Rn 94 und JZ 1995, 55; ebenfalls krit Crezelius NJW 1994, 3066; daran anknüpfend Wachter ZEV 2023, 333; zu ehelichen Zuwendungen im Fokus der Betriebsprüfung Peters PFB 2021, 266), was den Begriff der unbenannten Zuwendung gründlich konterkariert. Zuwendungen unter Ehegatten das Familienwohnheim betreffend sind allerdings steuerfrei gem § 13 Abs 1 Nr 4a ErbStG sowie laufende Zuwendungen unter Lebenden zum Zwecke des angemessenen Unterhalts gem § 13 Abs 1 Nr 12 ErbStG. Zudem soll nach Auffassung des BFH keine freigebige Zuwendung vorliegen, wenn zukünftige Eheleute die Rechtsfolgen ihrer Eheschließung umfassend individuell regeln und für den Fall der Beendigung der Ehe Zahlungen eines Ehepartners in einer bestimmten Höhe vorsehen, die erst zum Zeitpunkt der Ehescheidung zu leisten sind (sog Bedarfsabfindung, vgl BFH 1. 9. 2021 – II R 40/19, DStR 2022, 148). Obwohl dies in den meisten Fällen nicht zutreffen dürfte, tendiert die Finanzverwaltung zunehmend dazu, **Steuerzahlungen durch nur einen Ehegatten** als schenkungsteuerbare Zuwendung einzustufen (ausführlich zu schenkungsteuerlichen Risiken für Ehegatten im Bereich der Einkommensteuerveranlagung Götz ZEV 2016, 623).

282 Bei der **gemischten Schenkung** (Rn 29, 64 ff, 259 ff) führt ein **auffallendes Missverhältnis** zwischen Leistung und Gegenleistung zu der Vermutung, dass dem Zuwendenden die Teilunentgeltlichkeit bewusst war. Eine Wertdiskrepanz von über 51 % gilt dabei als auffälliges Missverhältnis (FG München 5. 2. 2001 – 4 V 3339/00, EFG 2001, 701, 702). Zum Teil wird bereits ab 20 % Wertdiskrepanz ein erhebliches Ungleichgewicht angenommen (Ramb NWB 2012, 138, 139). Die Vermutung kann durch anderweitige Feststellungen oder konkreten Vortrag des Steuerpflichtigen entkräftet werden (BFH 10. 9. 1986 – II R 81/84, BStBl II 1987, 80, 81).

283 Übertragen die Gesellschafter im Rahmen eines **Gesellschaftsverhältnisses** Vermögen auf eine Kapitalgesellschaft, erfolgt diese Zuwendung **nicht unentgeltlich**, da sie im Zusammenhang mit dem Gemeinschaftszweck erfolgt (Rn 166 f, 171; BFH 17. 10. 2007 – II R 63/05, BStBl II 2008, 381, 381 f; zur Problematik einer iE abzulehnenden mittelbaren Zuwendung an die Anteilseigner aufgrund einer Werterhöhung der Anteile s Rn 177). Erwirbt schenkweise ein Nichtgesellschafter von einem Gesellschafter Anteile an einer Personengesellschaft, stellen die aus dem Erwerb der Gesellschafterstellung folgenden Pflichten, wie zB Haftungsrisiken oder Geschäftsführungspflichten, keine Gegenleistung für die Zuwendung der Gesellschaftsanteile dar. Die Pflichten des (Neu-)Gesellschafters beruhen vielmehr auf dem durch Gesellschaftsvertrag begründeten Gesellschaftsverhältnis und gerade nicht auf dem davon unabhängigen Rechtsgrund der freigebigen Zuwendung (BFH 1. 7. 1992 – II R 108/88, BStBl II 1992, 923, 924 f betreffend der Schenkung von Kommanditanteilen; zur Problematik der Schenkung von Personengesellschaftsanteilen durch Einbuchung, vgl Schmidt BB 1990, 1992).

(5) Ersatz- und Ergänzungstatbestände sowie Sonderregelungen nach § 7 Abs 1 Nr 2–10, Abs 2–7 ErbStG

284 In § 7 Abs 1 Nr 2–10 ErbStG werden weitere **Einzelfälle** der Schenkung unter Lebenden aufgeführt. Zwei weitere finden sich in Abs 6 und 7. Die Abs 2–5 enthalten **ergänzende Bestimmungen**, die eine Schenkungsteuerpflicht voraussetzen (Meincke/Hannes/Holtz [19. Aufl 2025] § 7 Rn 1; zu den einzelnen Tatbeständen vertiefend Meincke/Hannes/Holtz [19. Aufl 2025] § 7 Rn 94 ff; Troll/Gebel/Jülicher/Gottschalk/Gebel [69. Aufl 2024] § 7 Rn 294 ff; Viskorf/Schuck/Wälzholz/Schuck [7. Aufl 2023] § 7 ErbStG Rn 117 ff).

285 Gem **§ 7 Abs 1 Nr 2 ErbStG** gilt als Schenkung unter Lebenden, was infolge Vollziehung einer von dem Schenker angeordneten Auflage oder infolge Erfüllung einer einem Rechtsgeschäft unter Lebenden beigefügten Bedingung ohne entsprechende Gegenleistung erlangt wird, es sei denn, dass eine einheitliche Zweckzuwendung vorliegt. Die Schenkung unter Auflage verknüpft zwei freigebige Zuwendungen und führt zu einer zweifachen Steuerpflicht. Die Norm befasst sich nicht mit der Erst-, sondern mit der Zweitschenkung (Meincke/Hannes/Holtz [19. Aufl 2025] § 7 Rn 103), bietet aber kein vollständiges Regelungsprogramm, da sich bereits aus § 7 Abs 1 Nr 1 ErbStG die Steuerpflicht des Dritten ergibt, wenn dieser einen Anspruch auf Vollziehung der Auflage hat (BFH 23. 10. 2002 – II R 71/00, BStBl II 2003, 162, 164). Da dies nach § 330 S 2 BGB im Zweifel der Fall ist, verbleibt für § 7 Abs 1 Nr 2 ErbStG nur ein Anwendungsbereich, wenn der Bedachte aufgrund der Auflage nicht unmittelbar selbstständig forderungsberechtigt ist (Meincke/Hannes/Holtz [19. Aufl 2025] § 7 Rn 104). Hinsichtlich der Besteuerung des auflagebegünstigten Dritten erwirbt dieser vom Schenker der Schenkung unter Auflage (vertiefend dazu Meincke/Hannes/Holtz [19. Aufl 2025] § 7 Rn 105; zur Zweckzuwendung s Rn 294 f).

286 Nach § 7 Abs 1 Nr 4 ErbStG gilt eine Bereicherung, die ein Ehegatte oder ein Lebenspartner bei **Vereinbarung der Gütergemeinschaft** (§ 1415 BGB) erfährt, als Schenkung unter Lebenden. Es kommt also nicht auf das Bewusstsein der Unentgeltlichkeit an (vgl ErbStR RE 7.6 Abs 1). Somit muss lediglich der objektive Tatbestand einer freigebigen Zuwendung erfüllt sein. Die Norm betrifft nur die Bereicherung des Ehegatten bei Vereinbarung der Gütergemeinschaft. Später erfolgende Bereicherungen durch die Überführung von Vorbehaltsgut ins Gesamtgut sind nicht mehr von dieser Vorschrift erfasst und allenfalls nach § 7 Abs 1 Nr 1 ErbStG steuerbar (Meincke/Hannes/Holtz [19. Aufl 2025] § 7 Rn 109). Schenkungen von Dritten an einen Ehegatten, die nicht in das Vorbehaltsgut, sondern ins Gesamtgut fallen, führen nicht zu einer Zuwendung an den kraft Gesetzes miterwerbenden Ehegatten, da die Zuwendung nicht für ihn bestimmt ist (Troll/Gebel/Jülicher/Gottschalk/Gebel [69. Aufl 2024] § 7 Rn 309; ErbStR RE 7.6 Abs 3 S 1, 2). Für eine Zuwendung unter den Ehegatten ist ebenfalls kein Raum, da hier ein Erwerb kraft Gesetzes erfolgt (ErbStR RE 7.6 Abs 3 S 4). Ein Wechsel vom Güterstand der Zugewinngemeinschaft zur Gütergemeinschaft führt dazu, dass der Ausgleichsanspruch nach § 1378 BGB in das Gesamtgut eingebracht wird (Troll/Gebel/Jülicher/Gottschalk/Gebel [69. Aufl 2024] § 7 Rn 311; ErbStR RE 7.6 Abs 2). Wird die **Zugewinngemeinschaft** auf andere Weise als durch den Tod eines Ehegatten beendet oder wird der Zugewinn nach § 1371 Abs 2 BGB ausgeglichen, ist eine Ausgleichsforderung (§ 1378 BGB) gem § 5 Abs 2 ErbStG nach § 3 oder § 7 ErbStG nicht steuerbar (vgl dazu auch ErbStR RE 5.2).

287 § 7 Abs 1 Nr 10 ErbStG bringt zum Ausdruck, dass Rechtspositionen, die aufschiebend bedingt, betagt oder befristet erworben werden, selbst wenn sie sich bereits zu einem Anwartschaftsrecht verdichtet haben, nach dem ErbStG **keine Zuwendungen** darstellen, solange das Ereignis oder die Bedingung noch nicht eingetreten ist (Troll/Gebel/Jülicher/Gottschalk/Gebel [69. Aufl 2024] § 7 Rn 350; vgl dazu auch BFH 30. 6. 1999 – II R 70/97, BStBl II 1999, 742). Gleiches gilt für den unbedingten Erwerb aufschiebend bedingter, betagter oder befristeter Forderungen, wenn der Schenker nicht selbst die Bedingungen gesetzt hat, sondern die Forderung in diesem Zustand erworben hatte (Meincke/Hannes/Holtz [19. Aufl 2025] § 7 Rn 129). Ein unentgeltlicher Verzicht auf die Forderung vor Eintritt der Bedingung bleibt steuerfrei. Zur Erfassung des **entgeltlichen Verzichts** wurde § 7 Abs 1 Nr 10 ErbStG gerade geschaffen (Meincke/Hannes/Holtz [19. Aufl 2025] § 7 Rn 129).

288 Nach der ergänzenden Regelung des § 7 Abs 3 ErbStG wird eine **Gegenleistung, die nicht in Geld veranschlagt werden kann**, bei der Feststellung, ob eine Bereicherung vorliegt, nicht berücksichtigt. Würde die Vorschrift auf die Feststellung der Bereicherung im Rahmen des § 7 ErbStG bezogen (so BFH 28. 11. 1967 – II 72/63, BStBl II 1968, 239, 241; BFH 23. 6. 1971 – II R 59/67 1972, 43, 44 „Ausmaß der Bereicherung"), wäre die Aussage, dass nicht geldwerte Gegenleistungen nicht berücksichtigt werden können, trivial und die Norm damit weitgehend sinnentleert (Meincke/Hannes/Holtz [19. Aufl 2025] § 7 Rn 132; Troll/Gebel/Jülicher/Gottschalk/Gebel [69. Aufl 2024] § 7 Rn 356). Daher wird sie entgegen ihres Wortlauts auch auf die Unentgeltlichkeit der Zuwendung idS erstreckt, dass auch entgeltliche Leistungen steuerbar sind, wenn die Gegenleistung nicht in Geld bemessen werden kann (BFH 25. 1. 2001 – II R 22/98, BStBl II 2001, 456, 457; BFH 28. 6. 2007 – II R 12/06, BStBl II 2007, 785, 787; Meincke/Hannes/Holtz [19. Aufl 2025] § 7 Rn 132; Troll/Gebel/Jülicher/Gottschalk/Gebel [69. Aufl 2024] § 7 Rn 357).

289 § 7 Abs 4 ErbStG stellt klar, dass **remuneratorische Schenkungen** steuerbar sind, was sich aber schon aus Abs 1 ergibt (Meincke/Hannes/Holtz [19. Aufl 2025] § 7 Rn 134). Das der Vorschrift zugrunde liegende Problem dürfte eher sein, ob das Motiv der Belohnung die subjektive Komponente des Tatbestandes der freigebigen Zuwendung ausschließt (vgl Meincke/Hannes/Holtz [19. Aufl 2025] § 7 Rn 134), was verneint wird. Unter einem lästigen Vertrag iS der Vorschrift ist dabei eine nachträgliche Entlohnung aufgrund einer synallagmatischen Verknüpfung im Rahmen eines gegenseitigen Vertrages zu verstehen (Troll/Gebel/Jülicher/Gottschalk/Gebel [69. Aufl 2024] § 7 Rn 362). Eine solche Verknüpfung kann nur dann zu einer Entgeltlichkeit des Vertrages führen, wenn sie im Voraus vereinbart wurde, mithin feststand, dass die im Nachhinein entlohnte Leistung nur gegen Entgelt erbracht werden sollte (Troll/Gebel/Jülicher/Gottschalk/Gebel [69. Aufl 2024] § 7 Rn 362).

290 In Abs 5–7 des § 7 ErbStG wird der Fall der Gesellschafternachfolge eigens geregelt. **§ 7 Abs 5 S 1 ErbStG** bestimmt, dass bei Schenkungen von Anteilen an einer **Personengesellschaft**, deren Gesellschaftsvertrag eine **Buchwertklausel** für den Fall der Auflösung der Gesellschaft oder des Ausscheidens des Gesellschafters enthält, eine solche Klausel für die **Feststellung der Bereicherung nicht zu berücksichtigen** ist. Die Feststellung der Bereicherung bezieht sich dabei nicht auf die tatbestandlichen Voraussetzungen der Schenkung iRd § 7 ErbStG – eine solche Schenkung unter Lebenden iSd § 7 Abs 1 Nr 1–10 ErbStG wird von der Norm vorausgesetzt (Meincke/Hannes/Holtz [19. Aufl 2025] § 7 Rn 137 f) – sondern auf die steuerlichen Folgen, mithin auf die steuerliche Wertermittlung des § 10 ErbStG (Meincke/Hannes/Holtz [19. Aufl 2025] § 7 Rn 135). Wenn durch eine Buchwertklausel als Abfindungsbetrag der Buchwert des Kapitalanteils des Gesellschafters bestimmt ist, wird nur der anteilige Handelsbilanzwert erfasst, nicht die stillen Reserven sowie die geschaffenen Firmenwerte. Ausgezahlt werden der Kapitalanteil des Gesellschafters, die nicht ausgeschütteten Gewinne und sein Anteil an den offenen Rücklagen (Meincke/Hannes/Holtz [19. Aufl 2025] § 7 Rn 141). Liegt eine Abfindungsklausel vor, die sich an anderen Werten orientiert, ist die Bestimmung nicht anwendbar (Troll/Gebel/Jülicher/Gottschalk/Gebel [69. Aufl 2024] § 7 Rn 379). Soweit die Bereicherung den Buchwert übersteigt, gilt sie gem § 7 Abs 5 S 2 ErbStG als auflösend bedingt erworben. Das bedeutet, dass später eine Berichtigung der Steuerfestsetzung nach § 5 Abs 2 BewG verlangt werden kann, wenn der Erwerb durch Bedingungseintritt rückwirkend entfällt (Troll/Gebel/Jülicher/Gottschalk/Gebel [69. Aufl 2024] § 7 Rn 374; ErbStH HE 7. 7). Unter der von der Norm genannten Bedingung ist der Fall zu verstehen, dass der Steuerwert des Anteils des (Neu-)Gesellschafters im Zeitpunkt seines Ausscheidens über der Abfindung liegt (ErbStH HE 7.7; krit zur FinVerw Troll BB 1990, 674, 679; vgl auch Troll/Gebel/Jülicher/Gottschalk/Gebel [69. Aufl 2024] § 7 Rn 374). Auch nach dem ErbStRG 2009 bleibt die praktische Bedeutung dieser Regelung gering (Troll/Gebel/Jülicher/Gottschalk/Gebel [69. Aufl 2024] § 7 Rn 372).

291 Wird eine Beteiligung an einer Personengesellschaft mit einer überhöhten Gewinnbeteiligung ausgestattet, gilt gem § 7 Abs 6 ErbStG das **Übermaß an der Gewinnbeteiligung als selbständige Schenkung**, die mit dem Kapitalwert anzusetzen ist. Eine solche überhöhte Gewinnbeteiligung ist anzunehmen, wenn die Gewinnbeteiligung insbesondere der Kapitaleinlage, der Arbeits- oder der sonstigen Leistung des Gesellschafters für die Gesellschaft nicht entspricht oder wenn sie einem fremden Dritten üblicherweise nicht eingeräumt wird (zu überhöhten Gewinnbeteiligungen, insbes zu den Beziehungen zur Einkommensteuer s CREZELIUS BB 1980, 1481). Somit wird auch die einheitliche Schenkung eines Gesellschaftsanteils an einer Personengesellschaft in zwei selbständige Teile zerlegt. Auf Schenkungen ohne unselbständige Teile kann die Norm nicht angewendet werden (MEINCKE/HANNES/HOLTZ [19. Aufl 2025] § 7 Rn 152). In der Folge werden zwei Steuerwerte gebildet, einer für die Zuwendung des Gesellschaftsanteils, ein anderer für die der Gewinnübermaßschenkung; dadurch wird die Bemessungsgrundlage erhöht. § 7 Abs 6 ErbStG wirkt damit **steuerverschärfend** (TROLL/GEBEL/JÜLICHER/GOTTSCHALK/GEBEL [69. Aufl 2024] § 7 Rn 386). Wird die überhöhte Gewinnbeteiligung erst nachträglich vereinbart, ist streitig, ob § 7 Abs 6 ErbStG anwendbar ist (so FinVerw ErbStR RE 7.8 Abs 2) oder ob ein Fall des § 7 Abs 1 Nr 1 ErbStG gegeben ist (so MEINCKE/HANNES/HOLTZ [19. Aufl 2025] § 7 Rn 151). Obwohl einiges für die letztere Ansicht spricht, führt es im Ergebnis zu keinen Unterschieden (TROLL/GEBEL/JÜLICHER/GOTTSCHALK/GEBEL [69. Aufl 2024] § 7 Rn 387). Sondervergütungen werden von § 7 Abs 6 ErbStG nicht erfasst, können aber als freigebige Zuwendung steuerbar sein (MEINCKE/HANNES/HOLTZ [19. Aufl 2025] § 7 Rn 152; zu Vereinbarungen zur Vermeidung überhöhter Gewinnbeteiligungen VISKORF/SCHUCK/WÄLZHOLZ/SCHUCK [7. Aufl 2023] § 7 ErbStG Rn 237 ff).

Geht ein **Anteil** oder ein **Teil eines Anteils** eines Gesellschafters einer **Personen- oder Kapitalgesellschaft** aufgrund des **Ausscheidens** eines Gesellschafters **auf die anderen Gesellschafter oder die Gesellschaft über**, gilt dies gem § 7 Abs 7 S 1 ErbStG als Schenkung, soweit der Wert, der sich für seinen Anteil zur Zeit seines Ausscheidens nach § 12 ErbStG ergibt, den Abfindungsanspruch übersteigt. Das Ausscheiden betrifft nicht den Tod des Gesellschafters, wie § 3 Abs 1 Nr 2 S 2 ErbStG zeigt, der gerade diesen Fall erfasst (vgl MEINCKE/HANNES/HOLTZ [19. Aufl 2025] § 7 Rn 160). Das Ausscheiden führt zum Übergang des Gesellschaftsanteils, auch wenn es nicht zur Anteilsübertragung auf die restlichen Gesellschafter, sondern zur Anwachsung der Gesellschafterrechte der übrigen Gesellschafter kommt (BFH 1. 7. 1992 – II R 12/90, BStBl II 1992, 925, 927). Die Übertragung eines Anteils an der Gesellschaft muss aufgrund des Gesellschaftsvertrages oder aufgrund Gesetzes erfolgen (MEINCKE/HANNES/HOLTZ [19. Aufl 2025] § 7 Rn 161). Eine rechtsgeschäftliche Anteilsübertragung des Gesellschafters fällt nicht unter § 7 Abs 7 ErbStG (TROLL/GEBEL/JÜLICHER/GOTTSCHALK/GEBEL [69. Aufl 2024] § 7 Rn 404; FG Düsseldorf 17. 7. 1989 – 4 V 294/88 A (Erb), EFG 1989, 642; BFH 24. 1. 1990 – II B 132/89, BFH/NV 1990, 675). Eine Ausnahme hiervon besteht gem § 7 Abs 7 S 3 iVm § 10 Abs 10 ErbStG, wenn eine rechtsgeschäftliche Anteilsübertragung durch einen Erben erfolgt, der das Mitgliedsrecht an einer Personengesellschaft durch den Erbfall erhalten hat, es aufgrund einer gesellschaftsvertraglichen Bestimmung unverzüglich an die Mitgesellschafter abtritt und dafür eine unter dem Steuerwert seines Anteils liegende Abfindung erhält (TROLL/GEBEL/JÜLICHER/GOTTSCHALK/GEBEL [69. Aufl 2024] § 7 Rn 404). Die Regelungen des § 7 Abs 7 S 1, 2 ErbStG sind hier sinngemäß anwendbar. Im Rahmen des Tatbestandes des § 7 Abs 7 ErbStG werden Merkmale des objektiven Tatbestandes fingiert, konkret die objektive Unentgeltlichkeit (zu den Folgen TROLL/GEBEL/JÜLICHER/GOTTSCHALK/GEBEL [69. Aufl 2024] § 7 Rn 397 ff). Das subjektive Merkmal des Bewusstseins der Unentgeltlichkeit soll dagegen für den BFH nicht zum gesetzlichen Tatbestand des § 7 Abs 7 ErbStG gehören (BFH 1. 7. 1992 – II R 12/90, BStBl II 1992, 925, 927; TROLL/GEBEL/JÜLICHER/GOTTSCHALK/GEBEL [69. Aufl 2024] § 7 Rn 400). Diese ergebnisorientierte Rechtsprechung überzeugt nicht (ebenso zu Recht auch MEINCKE/HANNES/HOLTZ [19. Aufl 2025] § 7 Rn 166; vgl auch SCHULZE-OSTERLOH StuW 1977, 122, 141). Eine vom Gesellschaftsvertrag unabhängige Übertragung der Ge- 292 sellschaftsanteile kann zwar nach § 7 Abs 1 Nr 1 ErbStG steuerbar sein; dies setzt freilich den kompletten Tatbestand und insbesondere das Bewusstsein der Unentgeltlichkeit der Zuwendung voraus. Die Regelung des § 7 Abs 7 S 2 ErbStG stellt lediglich klar, dass im Fall der **Einziehung eines GmbH-Anteils** eines ausscheidenden Gesellschafters, die aufgrund einer gesellschaftsvertraglichen Regelung gegen eine im Vergleich zum Steuerwert des Anteils zu geringe Abfindung erfolgt, der ausgeschiedene Gesellschafter als Schenker gilt (vgl dazu Meincke/Hannes/Holtz [19. Aufl 2025] § 7 Rn 165; ausführlich zu schenkungsteuerlichen Auswirkungen beim Ausscheiden eines Gesellschafters aus einer Freiberuflerpraxis Kreutziger ZEV 2013, 252).

293 Eine Sondervorschrift für **Leistungen an Kapitalgesellschaften** enthält § 7 Abs 8 ErbStG (s auch ErbStR RE 7.5). Dieser erfasst die durch Zuwendungen eines Gesellschafters oder eines Dritten an die Kapitalgesellschaft eintretende Werterhöhung in den Anteilen weiterer unmittelbar oder mittelbar beteiligter Gesellschafter dieser Kapitalgesellschaft (vgl Meincke/Hannes/Holtz [19. Aufl 2025] § 7 Rn 168). Mittels gesetzlicher Fiktion wird diese Werterhöhung nach § 7 Abs 8 S 1 ErbStG als steuerbare Zuwendung behandelt (Troll/Gebel/Jülicher/Gottschalk/Gebel [69. Aufl 2024] § 7 Rn 414; vgl zu Zweifeln an der Verfassungskonformität BeckOK-ErbStG/Erkis/Thonemann-Micker [1. 10. 2025] § 7 Rn 495). § 7 Abs 8 S 1 ErbStG verdrängt dabei als Spezialtatbestand den Grundtatbestand des § 7 Abs 1 Nr 1 ErbStG (BFH 10. 4. 2024 – II R 22/21, DStR 2024, 2116; s zu den aktuellen Entwicklungen der Rechtsprechung etwa Saecker ErbStB 2025, 160). Damit soll eine mögliche Besteuerungslücke infolge der Rechtsprechung des BFH geschlossen werden, der die aufgrund disquotaler Einlagen eintretende reflexartige Bereicherung der übrigen Gesellschafter der Kapitalgesellschaft nicht als steuerpflichtige freigebige Zuwendung angesehen hatte (BFH 9. 12. 2009 – II R 28/08, DStR 2010, 925; Meincke/Hannes/Holtz [19. Aufl 2025] § 7 Rn 168). Entsprechendes gilt nach § 7 Abs 8 S 2 ErbStG für Zuwendungen zwischen Kapitalgesellschaften (etwa in Konzernen), soweit sie in der Absicht getätigt werden, Gesellschafter zu bereichern und soweit an diesen Gesellschaften nicht unmittelbar oder mittelbar dieselben Gesellschafter zu gleichen Anteilen beteiligt sind. § 7 Abs 8 S 3 ErbStG erweitert den Anwendungsbereich auf Genossenschaften. Schließlich stellt § 7 Abs 9 ErbStG seit dem 28. 3. 2024 klar, dass auch die Beteiligung eines persönlich haftenden Gesellschafters einer Kommanditgesellschaft auf Aktien als schenkungsteuerbarer Vorgang erfasst wird (BGBl 2024 I 108; anders noch FG Hamburg 11. 7. 2023 – 3 K 188/21, DStR 2023, 1996).

(6) Zweckzuwendungen

294 Zweckzuwendungen iSd **§ 8 ErbStG** sind Zuwendungen von Todes wegen oder freigebige Zuwendungen unter Lebenden, die mit der **Auflage** verbunden sind, zur Erreichung eines bestimmten Zwecks verwendet zu werden oder hiervon abhängig sind, soweit dadurch die Bereicherung des Erwerbers gemindert wird. Eigentlich liegen hier **zwei steuerpflichtige Vorgänge** vor: Eine steuerpflichtige freigebige Zuwendung unter Lebenden (BFH 13. 3. 1953 – III 29/52 U, BStBl III 1953, 144, 144; Meincke/Hannes/Holtz [19. Aufl 2025] § 8 Rn 4; Troll/Gebel/Jülicher/Gottschalk/Gottschalk [69. Aufl 2024] § 8 Rn 5) und eine Zweckauflage; diese sind miteinander verknüpft. Ein gegenseitiger Vertrag kann daher keine Zweckzuwendung darstellen (Meincke/Hannes/Holtz [19. Aufl 2025] § 8 Rn 4; Troll/Gebel/Jülicher/Gottschalk/Gottschalk [69. Aufl 2024] § 8 Rn 7; BFH 30. 9. 1987 – II R 122/85, BStBl II 1987, 861, 862; **aA** wohl FG Düsseldorf 13. 3. 1985 – IV 374/81 Erb, EFG 1985, 397, 398). § 8 ErbStG beschäftigt sich mit der Besteuerung der

Zweckauflage (Meincke/Hannes/Holtz [19. Aufl 2025] § 8 Rn 1). Bei einer Zweckzuwendung **mindert sich die Bereicherung des Bedachten um den Wert der Erfüllung der Auflage** (vgl § 8 ErbStG aE; ob damit die Bereicherung iRd § 7 ErbStG – so Troll/Gebel/Jülicher/Gottschalk/Gottschalk [69. Aufl 2024] § 8 Rn 8 – oder iRd § 10 ErbStG gemeint ist – dafür Meincke/Hannes/Holtz [19. Aufl 2025] § 8 Rn 8 –, ist umstritten); eine solche wird auch bei einer Kürzung des Erwerbs nach der Rechtsprechung zur gemischten Schenkung bzw Schenkung unter Auflage angenommen (Meincke/Hannes/Holtz [19. Aufl 2025] § 8 Rn 7).

Wenn die **Erfüllung** des Auflagenzwecks im **Interesse** des damit Beschwerten Zuwendungsempfängers liegt, trifft **§ 10 Abs 9 ErbStG** die Regelung, dass Auflagen, die dem Beschwerten selbst zugutekommen, im Rahmen der Bemessungsgrundlage nicht als bereicherungsmindernd berücksichtigt werden, was dazu führt, dass sie **nicht abzugsfähig** sind. Wenn eine **juristische Person** das ihr zugewendete Vermögen unter der Auflage erhält, es gemäß ihrer Satzung zu verwenden, liegt die Auflage in ihrem eigenen Interesse. Unter Berücksichtigung des Rechtsgedankens des § 10 Abs 9 ErbStG wird daher **ihre Bereicherung** durch eine solche Auflage **nicht vermindert** (Meincke/Hannes/Holtz [19. Aufl 2025] § 8 Rn 7; für eine Stiftung BFH 16. 1. 2002 – II R 82/99, BStBl II 2002, 303, 304). Geht die Auflage aber dahin, das zugewendete Vermögen zu satzungsfremden Zwecken zu verwenden, liegt eine **Zweckzuwendung** vor (BFH 16. 1. 2002 – II R 82/99, BStBl II 2002, 303, 304 f). Ferner darf die Zweckauflage keine bestimmte Person begünstigen. Vielmehr muss der Verwendungszweck entweder unpersönlich sein oder einen unbestimmten Personenkreis begünstigen (vgl BFH 5. 11. 1992 – II R 62/89, BStBl II 1993, 161, 161 f; Troll/Gebel/Jülicher/Gottschalk/Gottschalk [69. Aufl 2024] § 8 Rn 9). Ein Interesse des Zuwendenden an der Ausführung der Zweckauflage hindert die Annahme einer Zweckzuwendung nicht, da letzterer ein Interesse des Gebers immanent ist. Anderenfalls würde der Tatbestand des § 8 ErbStG leerlaufen (BFH 5. 11. 1992 – II R 62/89, BStBl II 1993, 161, 161). Eine **ausschließlich im Interesse des Gebers** getroffene Zweckauflage wie zB eine Auflage zur Grabpflege **schließt** allerdings **eine Zweckzuwendung aus** (so BFH 5. 11. 1992 – II R 62/89, BStBl II 1993, 161, 162). **Steuerschuldner** ist gem § 20 Abs 1 S 1 ErbStG der mit der Ausführung der Zuwendung Beschwerte. 295

(7) Schenkung auf den Todesfall

Die Schenkung auf den Todesfall iSd § 2301 BGB ist gem § 3 Abs 1 Nr 2 ErbStG dem Erwerb von Todes wegen zugeordnet. Dennoch müssen alle Tatbestandsmerkmale des steuerlichen Zuwendungstatbestandes iSd § 7 Abs 1 Nr 1 ErbStG vorliegen, insbesondere eine Bereicherung nach bürgerlich-rechtlichen Maßstäben und subjektiv ein Bewusstsein der Unentgeltlichkeit bzw ein Bereicherungswille (BFH 5. 12. 1990 – II R 109/86, BStBl II 1991, 181, 182; Troll/Gebel/Jülicher/Gottschalk/Gottschalk [69. Aufl 2024] § 3 Rn 244; vgl auch ErbStR RE 3.3 S 1). 296

dd) Persönliche Steuerpflicht

Die persönliche Steuerpflicht definiert die Reichweite der Steuerpflicht anhand **personenbezogener Kriterien**. Dabei werden zwei Fälle unterschieden. Die **unbeschränkte Steuerpflicht** trifft nach § 2 Abs 1 Nr 1 S 1 bzw Nr 2 ErbStG Inländer iSd § 2 Abs 1 Nr 1 S 2 lit a–d) ErbStG. Natürliche Personen sind demnach Inländer, wenn sie ihren Wohnsitz (§ 8 AO) oder ihren regelmäßigen Aufenthalt (§ 9 AO) im Inland haben. Körperschaften, Personenvereinigungen und Vermögensmassen sind Inländer, wenn 297 sie ihre Geschäftsleitung (§ 10 AO) oder ihren Sitz (§ 11 AO) im Inland haben. Dabei müssen entweder der **Vermögensgeber** oder der **Vermögenserwerber Inländer** sein. Ist das gegeben, wird auch Vermögen, das nicht Inlandsvermögen nach § 2 Abs 1 Nr 3 ErbStG ist, von einer Steuerpflicht erfasst (vgl § 2 Abs 1 Nr 1 S 1 ErbStG „für den gesamten Vermögensanfall"). Ist das nicht gegeben, kann es nur zu einer **beschränkten persönlichen Steuerpflicht** des Vermögenserwerbers oder des Vermögensgebers nach § 2 Abs 1 Nr 3 ErbStG kommen. Die Steuerpflicht ist auf **Inlandsvermögen** iSd § 121 BewG beschränkt (zu den Problemen der beschränkten Steuerpflicht und internationalen Bezügen vgl Meincke/Hannes/Holtz [19. Aufl 2025] § 2 Rn 9 ff). Maßgeblicher Zeitpunkt für die persönliche Steuerpflicht ist der Zeitpunkt der **Entstehung der Steuer** nach § 9 ErbStG.

298 Eine persönliche Steuerpflicht kann nicht Gesamthandsgemeinschaften treffen. Die Folge einer Schenkung an eine Gesamthandsgemeinschaft ist eine **persönliche Steuerpflicht für die Gesamthänder**, denen schenkungsteuerrechtlich die zivilrechtliche Schenkung an die Gesamthand zugerechnet wird. Der ausschlaggebende Grund dafür liegt in der Zuweisung des Gesamthandsvermögens zum Vermögen der Gesamthänder. Zur Begründung der fehlenden Schenkungsteuersubjektivität der Personengesellschaft wurde insoweit auf § 718 aF verwiesen (vgl BFH 5. 2. 2020 – II R 9/17, dazu Fischnaler FR 2020, 962 ff und Georg ZEV 2020, 574 ff; BFH 30. 8. 2017 – II R 46/15, DStR 2017, 2606, dazu Borggräfe/staud DStR 2018, 833; BFH 14. 9. 1994 – II R 95/92, BStBl II 1995, 81, 82 f; BFH 11. 11. 2009 – II R 31/07, BStBl II 2010, 504, 505; umfassend Georg, Freigebige Zuwendungen an Personengesellschaften [2023] 29 ff). Auch nach der Abschaffung des Gesamthandsprinzips bei Personengesellschaften durch das Gesetz zur Modernisierung des Personengesellschaftsrechts (Gesetz v 10. 8. 2021, BGBl 2021 I 53), hat sich an deren fehlender Schenkungsteuersubjektivität nichts geändert. Denn nach § 2a S 1 ErbStG gelten rechtsfähige Personengesellschaften für Zwecke der Erbschaft- und Schenkungsteuer als Gesamthand und deren Vermögen als Gesamthandsvermögen (vgl Rn 258). Bei einem Erwerb nach § 1 Abs 1 Nr 1 bis 3 ErbStG durch die rechtsfähige Personengesellschaft gelten nach § 2a S 2 ErbStG ausdrücklich deren Gesellschafter als Erwerber. Im umgekehrten Fall einer **Schenkung durch eine Gesamthandsgemeinschaft** sind die **Gesamthänder** durch die Zuwendung entreichert und der Bedachte auf Kosten der Gesamthänder bereichert. Die Gesamthänder sind damit Schenker iSd § 20 Abs 1 ErbStG (so BFH 15. 7. 1998 – II R 82/96, BStBl II 1998, 630, 631). Entsprechend sieht auch § 2a S 3 ErbStG vor, dass bei einer Zuwendung durch eine rechtsfähige Personengesellschaft deren Gesellschafter als Zuwendende gelten. Gleiches gilt für die in einer **Erbengemeinschaft** gesamthänderisch verbundenen Erben (FG Nürnberg 6. 11. 2003 – IV 180/2002, DStRE 2004, 973, 973), zumal dieser zivilrechtlich keine Rechtsfähigkeit zugebilligt wird (vgl BGH 11. 9. 2002 – XII ZR 187/00, NJW 2002, 3389, 3390).

ee) Zeitpunkt der Entstehung der Steuer

299 Bei Schenkungen unter Lebenden entsteht die Steuer gem § 9 Abs 1 Nr 2 ErbStG mit dem Zeitpunkt der **Ausführung der Schenkung**. Dieser Zeitpunkt ist zugleich gem § 11 ErbStG maßgebender Stichtag für die steuerliche Bewertung des Zuwendungsgegenstandes, sog Stichtagsprinzip (vgl dazu Viskorf/Schuck/Wälzholz/Schuck [7. Aufl 2023] § 11 ErbStG Rn 1 ff). Der Zeitpunkt der Vereinbarung des Schenkungsversprechens bzw der notariellen Beurkundung dieses Versprechens ist für das Entstehen der Schenkungsteuer nicht relevant (BFH 28. 11. 1967 – II 72/63, BStBl II 1968, 239, 240 und BFH 30. 1. 1986 – II 49/64, BstBl II 1986, 371, 371). Eine Schenkung wird erst steuerbar, wenn der Be-

schenkte im Verhältnis zum Schenker frei über das Zugewendete verfügen kann, die Vermögensverschiebung also endgültig ist (BFH 23. 1. 1991 – II B 46/90, BStBl II 1991, 310, 311). Daher führt eine einverständliche Aufhebung eines formwirksamen Schenkungsversprechens und damit einhergehend der Verlust des Anspruchs aus dem Schenkungsvertrag nicht zu einer Schenkungsteuerpflicht, da es sich zu diesem Zeitpunkt um den Verzicht auf eine bloße Erwerbsaussicht handelt (Viskorf/Schuck/Wälzholz/Schuck [7. Aufl 2023] § 9 ErbStG Rn 49). Das Datum des tatsächlichen Geschehensablaufs und nicht ein anders lautender Parteiwille ist unter rechtlichen Kriterien maßgeblich für den Zeitpunkt des Vollzugs der Schenkung. Daher sind auch Vor- oder Rückdatierungen von Schenkungsverträgen irrelevant (Troll/Gebel/Jülicher/Gottschalk/Gottschalk [69. Aufl 2024] § 9 Rn 84; BFH 24. 7. 1960 – II 207/61 U, BStBl III 1963, 442, 444).

Ausgeführt ist die Zuwendung, wenn der Beschenkte **erhalten hat, was** ihm nach der **300**
Schenkungsabrede, im Fall der freigebigen Zuwendung nach dem Willen des Zuwendenden, **verschafft werden soll** (BFH 6. 3. 1985 – II R 19/84, BStBl II 1985, 382, 383; BFH 16. 9. 2020 – II R 24/18, DStR 2021, 796. 797); insoweit ist der Begriff der Ausführung der Schenkung mit dem Begriff der Bewirkung der versprochenen Leistung iSd § 518 Abs 2 BGB verwandt (BFH 8. 6. 1977 – II R 79/69, BStBl II 1979, 562, 562; krit dazu Meincke/Hannes/Holtz [19. Aufl 2025] § 9 Rn 52; vgl Rn 245). Der Vollzug der Schenkung richtet sich nach dem Zuwendungsgegenstand und den speziellen Vorschriften, die zu seinem Erwerb erforderlich sind, folglich grundsätzlich nach den jeweiligen zivilrechtlichen Regelungen (Viskorf/Schuck/Wälzholz/Schuck [7. Aufl 2023] § 9 ErbStG Rn 54).

Im Falle der Schenkung **beweglicher Sachen** ist der Vollzug der Schenkung anhand **301**
der §§ 929 ff BGB zu beurteilen. Wird Geld geschenkt, kann dies auch durch die Hingabe eines Wechsels oder Schecks erfolgen (Troll/Gebel/Jülicher/Gottschalk/Gottschalk [69. Aufl 2024] § 9 Rn 81; zu Besonderheiten bei Wertpapieren s Viskorf/Schuck/Wälzholz/Schuck [7. Aufl 2023] § 9 ErbStG Rn 58). Wird eine **Forderung** geschenkt, muss der Beschenkte die Gläubigerstellung erwerben (BFH 22. 10. 1980 – II R 73/77, BStBl II 1981, 78; hinsichtlich der Anforderungen des BFH für die steuerliche Anerkennung von Verträgen zwischen Angehörigen vgl Rn 206; dazu Viskorf/Schuck/Wälzholz/Schuck [7. Aufl 2023] § 9 ErbStG Rn 60 ff). Gleiches gilt für den Fall der Schenkung eines **Grundstücksverschaffungsanspruchs** (BFH 21. 5. 2001 – II R 10/99, ZEV 2001, 373, 373). Wird eine unentgeltliche **Kapitalüberlassung** zugewendet, ist die Schenkung mit Erlangung des Kapitals ausgeführt (BFH 12. 7. 1979 – II R 26/78, BStBl II 1979, 631, 632; zu weiteren Fällen Troll/Gebel/Jülicher/Gottschalk/Gottschalk [69. Aufl 2024] § 9 Rn 81 f).

Auch bei der Zuwendung von **Grundstücken** ist die Schenkung grundsätzlich dann **302**
ausgeführt, sobald der Beschenkte das Eigentum an der Sache erworben hat (BFH 14. 7. 1982 – II R 16/81, BStBl II 1983, 19, 20). Grundbuchrechtlich ergeben sich freilich Besonderheiten. Da eine Schenkung erst steuerbar wird, wenn die Vermögensverschiebung endgültig ist (Rn 299 ff mit BFH 23. 1. 1991 – II B 46/90, BStBl II 1991, 310, 311), gilt eine Grundstücksschenkung bereits als ausgeführt, wenn die Vertragsparteien die für die Eintragung der Rechtsänderung erforderlichen Erklärungen in gehöriger Form abgegeben haben und der Beschenkte aufgrund dieser Erklärungen in der Lage ist, beim Grundbuchamt die Eintragung der Rechtsänderung zu bewirken (BFH 14. 3. 1979 – II R 67/76, BStBl II 1979, 642; ErbStR RE 9.1 Abs 1 S 1, 2). Dies stellt den Zeitpunkt der Ausführung der Grundstücksschenkung dar. Freilich können die Parteien einen späteren Zeitpunkt des Schenkungsvollzugs bewirken, indem sie vereinbaren, dass

die Übertragung des Grundstücks verspätet erfolgen soll oder dass von der Eintragungsbewilligung erst zu einem späteren Zeitpunkt Gebrauch gemacht werden darf (vgl dazu ErbStR RE 9.1 Abs 1 S 7; BFH 8. 2. 2000 – II R 9/98, BFH/NV 2000, 1095). Überraschenderweise ist es nach einer fraglichen Rechtsprechung für die Eintragungsbewilligung nicht erforderlich, dass der Beschenkte den entsprechenden Antrag stellt, den Schutz des § 17 GBO erwirbt und dadurch ein Anwartschaftsrecht erlangt (BFH 26. 9. 1990 – II R 150/88, BStBl II 1991, 320, 321; ErbStR RE 9.1 Abs 1 S 5; **aA** zu Recht Meincke/Hannes/Holtz [19. Aufl 2025] § 9 Rn 53; vgl auch Troll/Gebel/Jülicher/Gottschalk/Gottschalk [69. Aufl 2024] § 9 Rn 96); zivilrechtlich ist dies systemwidrig und führt im Ergebnis zu einer Vorverlegung des Ausführungszeitpunkts der Schenkung und damit der Steuerpflicht. Bleibt der Schenker wirtschaftlicher Eigentümer des Grundstücks, hindert dies die Ausführung der Schenkung nicht (BFH 22. 9. 1982 – II R 61/80, BStBl II 1983, 179, 179 f zwar noch unter Geltung von § 25 ErbStG aF, iE aber noch zutreffend). Erfolgt die Umschreibung des Grundbuchs später nicht, weil der Schenkungsvertrag aufgehoben wird oder die Eintragung aus sonstigen Gründen nicht mehr erfolgen kann, entfällt die mit der Eintragungsbewilligung entstandene Steuer rückwirkend (BFH 27. 4. 2005 – II R 52/02, BStBl II 2005, 892, 894; ErbStR RE 9.1 Abs 1 S 9). Wenn der Beschenkte das Grundstück an einen Dritten veräußert, ist seine Zwischeneintragung entbehrlich, so dass er das Grundstück unmittelbar vom Schenker auf den Dritten umschreiben lassen kann (Troll/Gebel/Jülicher/Gottschalk/Gottschalk [69. Aufl 2024] § 9 Rn 96). Eine Grundstücksschenkung kann dann ggf als Schenkung des Veräußerungserlöses zu qualifizieren sein (s dazu Rn 245 ff).

303 Die Erteilung einer **Auflassungsvollmacht** an eine dritte Person reicht grundsätzlich nicht aus (BFH 14. 7. 1982 – II R 16/81, BStBl II 1983, 19, 20 hinsichtlich der Auflassungsvollmacht für den Bürovorsteher eines Notars; idS auch FinVerw ErbStR RE 9.1 Abs 1 S 3, 4). Haben beide Vertragspartner einen Dritten bevollmächtigt, die zur Rechtsänderung erforderlichen Erklärungen abzugeben und entgegenzunehmen, ist die Schenkung ausgeführt, wenn mit der Auflassung auch noch die Besitzverschaffung des Grundstücks sowie der Übergang der Nutzungen und Lasten auf den Beschenkten erfolgen (Meincke/Hannes/Holtz [19. Aufl 2025] § 9 Rn 50, ErbStR RE 9.1 Abs 1 S 6).

304 Diese Grundsätze gelten ebenfalls bei der **mittelbaren Grundstücksschenkung** (so auch ErbStR RE 9.1 Abs 2 S 1). Wird ein Gebäude auf einem Grundstück mittelbar zugewendet, ist der maßgebliche Zeitpunkt der der Bezugsfertigkeit (BFH 4. 12. 2002 – II R 75/00, BStBl II 2003, 273, 275; ErbStR RE 9.1 Abs 2 S 3). Entsprechendes gilt für die Sanierung und Renovierung eines Hauses. Hier ist der Abschluss dieser Maßnahmen maßgeblicher Zeitpunkt (ErbStR RE 9.1 Abs 2 S 4, BFH 22. 9. 2004 – II R 88/00, BFH/NV 2005, 213). Auch bei den Kosten für Um-, Aus- und Anbauten gelten diese Grundsätze (vgl ErbStR RE 9.1 Abs 2 S 5).

305 Bei der Schenkung von **beschränkt dinglichen Rechten an Grundstücken** gelten die Grundsätze zum Erwerb von Grundeigentum, wobei immer der jeweilige zivilrechtliche Erwerbstatbestand zu berücksichtigen ist.

306 Solange eine Zuwendung von einer **aufschiebenden Bedingung oder Befristung** abhängt, ist noch nicht der gesamte Steuertatbestand verwirklicht (Rn 272, 276, 287). Damit kann die Steuer auch nicht entstehen. Dies erfolgt frühestens mit dem Eintritt der Bedingung (Meincke/Hannes/Holtz [19. Aufl 2025] § 9 Rn 56). Angesichts des § 925

Abs 2 BGB stellt sich dieses Problem bei Grundstücken nicht. Hängt die Grundstücksschenkung jedoch von einer behördlichen oder zivilrechtlichen Genehmigung ab, stellt sich die Frage der Rückwirkung, die im Falle einer zivilrechtlichen Genehmigung steuerlich unbeachtlich ist (BFH 27. 4. 2005 – II R 52/02, BStBl II 2005, 892, 895; ErbStR RE 9.1 Abs 3 S 1–3). Anders verhält es sich bei behördlichen Genehmigungen. Diese wirken auf den Zeitpunkt zurück, zu dem die Beteiligten alles getan haben, um die Genehmigung herbeizuführen (ErbStR RE 9.1 Abs 3 S 4).

Bei **Zweckzuwendungen** entsteht die Steuer gem § 9 Abs 1 Nr 3 ErbStG mit dem Zeitpunkt des Eintritts der Verpflichtung des Beschwerten. 307

ff) Wertermittlung/Bemessungsgrundlage

(1) Grundsätzliches Vorgehen

Gem **§ 10 Abs 1 S 1 ErbStG** gilt als steuerpflichtiger Erwerb die **Bereicherung des Erwerbers, soweit** sie **nicht steuerfrei** gem §§ 5, 13, 13a, 13c, 13d, 16, 17 und 18 ErbStG ist. Der steuerpflichtige Erwerb iSd § 10 Abs 1 S 1 ErbStG stellt die Bemessungsgrundlage der Steuer dar (vgl Troll/Gebel/Jülicher/Gottschalk/Gebel [69. Aufl 2024] § 10 Rn 1). Um ihn zu bestimmen, ist es erforderlich, den steuerlichen Wert der Bereicherung zu ermitteln. Diese Ermittlung geschieht durch die Bewertung und Saldierung von positiven und negativen Vermögensgegenständen, die aufgrund eines steuerbaren Erwerbstatbestandes zugewendet wurden (vgl § 10 Abs 1 S 2 ErbStG). Nur der vom Vermögensanfall ausgelöste Vermögenszuwachs kann als Bemessungsgrundlage herangezogen werden, so dass im Erbschaftsteuerrecht wie im Einkommensteuerrecht ein objektives Nettoprinzip gilt (Meincke/Hannes/Holtz [19. Aufl 2025] § 10 Rn 5). Die Steuerbefreiungen nach §§ 13, 13a, 13c, 13d ErbStG werden bereits im Rahmen der Ermittlung der Bereicherung berücksichtigt; erst im nächsten Schritt werden die Steuerbefreiungen der §§ 5, 16, 17, 18 ErbStG auf die Bereicherung angerechnet. Der sich daraus ergebende Wert ist der steuerpflichtige Erwerb. Dieser wird dann gem **§ 10 Abs 1 S 6 ErbStG auf volle 100 € abgerundet** (Übersicht bei Schulte/Birnbaum, ErbStR [3. Aufl 2022] Rn 95; umfassend ErbStR RE 10.1). Die Wertermittlung richtet sich gem § 12 Abs 1 nach den Vorschriften des Ersten Teils des **Bewertungsgesetzes** (§§ 1–16 BewG), den **Allgemeinen Bewertungsvorschriften**, soweit in § 12 Abs 2–7 ErbStG nichts anderes geregelt ist. **Stichtag** für die Bewertung ist gem **§ 11 ErbStG** der Zeitpunkt der Entstehung der Steuerschuld. Die Voraussetzungen der jeweiligen Steuerbefreiungen müssen zu diesem Zeitpunkt vorliegen, um berücksichtigt werden zu können (Meincke/Hannes/Holtz [19. Aufl 2025] § 11 Rn 5); nach dem Zeitpunkt der Steuerentstehung liegende Vorgänge sind in der Regel unerheblich (Meincke/Hannes/Holtz [19. Aufl 2025] § 11 Rn 9). Die Berücksichtigung früherer Erwerbe gem **§ 14 ErbStG** bildet eine Ausnahme von diesem Grundsatz. Gegenleistungen, die nicht in Geld veranschlagt werden können, bleiben gem **§ 7 Abs 3 ErbStG** im Rahmen der Ermittlung der Bemessungsgrundlage unberücksichtigt (Rn 288). 308

(2) Wert der zugewendeten Vermögensgegenstände

(a) Grundsatz

Der Wert des Vermögensanfalls ist gem **§ 10 Abs 1 S 2 iVm § 12 ErbStG** zu berechnen. 309
Bei Schenkungen unter Lebenden ist gem § 1 Abs 2 ErbStG die Vorschrift auf den zugewendeten Vermögensgegenstand entsprechend anzuwenden. § 12 Abs 1 ErbStG verweist auf die Vorschriften des Bewertungsgesetzes. Demnach ist für den zugewendeten Gegenstand grundsätzlich der **gemeine Wert** anzusetzen (vgl § 12 Abs 1 iVm

§ 9 Abs 1 BewG; vgl ErbStR RE 12.1 S 3). Gem § 9 Abs 2 BewG versteht man unter gemeinem Wert den Preis, der im gewöhnlichen Geschäftsverkehr nach der Beschaffenheit des Wirtschaftsgutes bei einer Veräußerung zu erzielen wäre. Dabei sind alle Umstände, die den Preis beeinflussen, zu berücksichtigen, nicht aber ungewöhnliche oder persönliche Verhältnisse.

(b) Anteile an Kapitalgesellschaften

310 Bei der Bewertung von Kapitalgesellschaftsanteilen ist zwischen börsennotierten und nicht börsennotierten Kapitalgesellschaften zu unterscheiden. **Anteile an börsennotierten Kapitalgesellschaften** werden nach den allgemeinen Regeln gem **§ 12 Abs 1 ErbStG iVm § 11 Abs 1 S 1 BewG** mit dem **niedrigsten Kurswert** am Bewertungstag angesetzt. Dieser Wert stellt für die Anteile den gemeinen Wert dar, ist insofern also Sonderregelung zum § 9 BewG (Viskorf/Schuck/Wälzholz/Viskorf [7. Aufl 2023] § 11 BewG Rn 1; vgl dazu auch ErbStR RB 11.1). Der Wert von **Anteilen an nicht börsennotierten Kapitalgesellschaften** ist gem **§ 12 Abs 2 ErbStG iVm § 151 Abs 1 Satz 1 Nr 3 BewG gesondert festzustellen**. Der Anteilswert ist gem § 11 Abs 2 BewG zu ermitteln, wobei Bewertungsziel gem § 11 Abs 2 S 1 BewG der gemeine Wert ist. Primär soll letzterer aus Verkäufen unter Dritten abgeleitet werden, die weniger als ein Jahr zurückliegen (vgl § 11 Abs 2 S 2 Alt 1 BewG; zu den konkreten Anforderungen vgl ErbStR RB 11.1 Abs 1). Ist dies nicht möglich, kann gem § 11 Abs 2 S 2, 2. Alt BewG das **Ertragswertverfahren** (vgl dazu und zum Discounted Cash Flow-Verfahren Viskorf/Schuck/Wälzholz/Viskorf [7. Aufl 2023] § 11 BewG Rn 44 ff) oder eine andere anerkannte, auch im gewöhnlichen Geschäftsverkehr für nichtsteuerliche Zwecke übliche Methode zur Wertermittlung verwendet werden (vgl auch ErbStR RB 11.1 Abs 2). Das **vereinfachte Ertragswertverfahren** kann gem § 11 Abs 2 S 4 iVm §§ 199–203 BewG verwendet werden (dazu Viskorf/Schuck/Wälzholz/Viskorf [7. Aufl 2023] § 11 BewG Rn 56 ff). **Mindestwert** für den Wertansatz ist der **Substanzwert** gem § 11 Abs 2 S 3 BewG (vgl dazu ErbStR RB 11.3 und zur Ermittlung des Substanzwerts ErbStR RB 11.4).

(c) Grundbesitz

311 Gem § 12 Abs 3 ErbStG iVm § 151 Abs 1 S 1 Nr 1 BewG ist die **Bewertung von Grundbesitz** gesondert mit dem Grundbesitzwert festzustellen. Der Begriff des Grundbesitzes erfasst gem § 19 Abs 1 BewG die wirtschaftlichen Einheiten (vgl § 2 Abs 1 BewG) des inländischen Grundbesitzes von Betrieben der Land- und Forstwirtschaft, das Grundvermögen und die Betriebsgrundstücke. Unter Grundvermögen versteht man gem **§ 68 Abs 1 BewG** Grund und Boden, die Gebäude, die sonstigen Bestandteile und das Zubehör, das Erbbaurecht, das Wohnungseigentum, Teileigentum, Wohnungserbbaurecht und Teilerbbaurecht nach dem Wohnungseigentumsgesetz, soweit es sich nicht um land- und forstwirtschaftliches Vermögen (§ 33 BewG) oder um Betriebsgrundstücke (§ 99 BewG) handelt (zur Besteuerung eines Erbbaurechts Brüggemann ErbBstg 2018, 250). Gem **§ 157 Abs 3 BewG** sind für die wirtschaftlichen Einheiten des Grundvermögens die Grundbesitzwerte unter Anwendung der §§ 159 und 176–198 BewG zu ermitteln, wobei Bewertungsziel gem **§ 177 BewG** der gemeine Wert ist (zu den systematischen Zusammenhängen vgl Viskorf/Schuck/Wälzholz/Bock [7. Aufl 2023] § 182 BewG Rn 4). Nach der Rechtsprechung des Bundesverfassungsgerichts muss sich die steuerliche Bewertung am gemeinen Wert orientieren, wobei es dem Gesetzgeber überlassen wurde, die Wertermittlungsmethode auszuwählen und auch pauschalierende und typisierende Regelungen zu treffen (BVerfG 7. 11. 2006 – 1 BvL 10/02 Tz 103 ff, BVerfGE 117, 1, 33, NJW 2007, 573, 575 f, BStBl II 2007, 192,

215; zu den generellen Anforderungen an solche Regelungen s Rn 207). Die gewählte Methode muss aber zumindest annähernd den gemeinen Wert bei Ermittlung des Steuerwertes erreichen (BVerfG 7. 11. 2006 – 1 BvL 10/02 Tz 110, BVerfGE 117, 1, 36, NJW 2007, 573, 576, BStBl II 2007, 192, 215), wobei eine Streubreite von plus/minus 20 % der Verkaufspreise ausreicht, um den Anforderungen des BVerfG zu genügen. Bei der Ermittlung des gemeinen Wertes des Grundvermögens ist zwischen unbebauten und bebauten Grundstücken sowie Sonderfällen (vgl §§ 192–197 BewG) zu unterscheiden.

Nach **§ 70 Abs 1 BewG** bildet **jede wirtschaftliche Einheit des Grundvermögens** ein Grundstück iSd BewG (Erbbaurechte sind selbständige Grundstücke iSd BewG und damit Bewertungseinheiten; vgl dazu Viskorf/Schuck/Wälzholz/Bock [7. Aufl 2023] § 157 BewG Rn 20). Der gemeine Wert **unbebauter** Grundstücke iSd § 178 BewG ist gem § 179 S 1 BewG iVm § 196 BauGB anhand ihrer Fläche und der Bodenrichtwerte zu bestimmen (beachte zu baureifen Grundstücken § 73 Abs 2 BewG). Für die Ermittlung des gemeinen Wertes von **bebauten** Grundstücken iSd § 180 BewG ist zunächst zwischen den in § 181 Abs 1 Nr 1–6 BewG normierten Grundstücksarten zu unterscheiden. Ein- und Zweifamilienhäuser, Wohnungs- und Teileigentum werden gem § 182 Abs 2 BewG im **Vergleichswertverfahren** nach § 183 BewG bewertet. Mietwohngrundstücke, Geschäftsgrundstücke und gemischt genutzte Grundstücke, für die sich auf dem örtlichen Grundstücksmarkt eine übliche Miete ermitteln lässt, werden gem § 182 Abs 3 BewG im **Ertragswertverfahren** nach § 184 BewG bewertet. Im **Sachwertverfahren** nach § 189 BewG sind gem § 182 Abs 4 BewG nach Vergleichswert zu bewertende Grundstücke, wenn kein Vergleichswert vorliegt, Geschäftsgrundstücke und gemischt genutzte Grundstücke, für die es keine übliche Miete gibt, und alle sonstigen bebauten Grundstücke zu bewerten. Nach der **Öffnungsklausel** des § 198 BewG ist es für den Steuerpflichtigen möglich, einen geringeren Steuerwert als den für die wirtschaftliche Einheit nach den genannten Verfahren ermittelten Steuerwert der Steuer zugrunde zu legen, wenn er einen niedrigeren gemeinen Wert nachweist (zu den einzelnen Verfahren vertiefend Viskorf/Schuck/Wälzholz/Bock [7. Aufl 2023] §§ 184–188 und §§ 189–191 BewG; für den Fall eines nießbrauchbelasteten Grundstücks s Scharfenberg/Dorn ZEV 2021, 431 ff). 312

(d) Betriebsvermögen

Inländisches Betriebsvermögen ist gem **§ 12 Abs 5 ErbStG iVm § 151 Abs 1 S 1 Nr 2 (bzw Nr 4) BewG** mit einem **gesondert festzustellenden Wert** anzusetzen. Das inländische Betriebsvermögen umfasst nach **§ 95 Abs 1 BewG** alle Teile eines Gewerbebetriebs iSd § 15 Abs 1 und 2 EStG, die bei der steuerlichen Gewinnermittlung zum Betriebsvermögen gehören, dh das ertragsteuerliche Betriebsvermögen von Einzelunternehmen und Personengesellschaften, die einen Gewerbebetrieb führen. § 95 Abs 1 BewG definiert damit nur den Umfang der zu bewertenden wirtschaftlichen Einheit, nicht aber die Bewertung als solche (Viskorf/Schuck/Wälzholz/Wälzholz [7. Aufl 2023] § 95 BewG Rn 2). Diese ergibt sich in einem zweiten Schritt unter Anwendung der § 157 Abs 5 S 2 iVm § 109 Abs 1 und 2 BewG. Bewertungsziel ist gem § 109 Abs 1 S 1 bzw Abs 2 S 1 BewG der gemeine Wert. Dieser ist nach § 109 Abs 1 S 2 bzw Abs 2 S 2 BewG entsprechend § 11 Abs 2 BewG zu ermitteln (vgl zu § 11 Abs 2 BewG Rn 310). Diese **Orientierung am gemeinen Wert** setzt die verfassungsgerichtlichen Vorgaben um (BVerfG 7. 11. 2006 – 1 BvL 10/02 Tz 103 f, BVerfGE 117, 1, 33 f, NJW 2007, 573, 575 f, BStBl II 2007, 192, 215) und tritt an die Stelle des früher praktizierten Grundsatzes der Einzelbewertung (vgl § 109 aF BewG), der die Steuerbilanzwerte 313 der einzelnen Wirtschaftsgüter zugrunde lagen (dazu auch Viskorf/Schuck/Wälzholz/Hofmann [7. Aufl 2023] vor § 12 ErbStG Rn 4).

314 Das BewG nimmt hinsichtlich der „steuerlichen Gewinnermittlung" auf das **EStG** Bezug, so dass es sich hier um einen Gewinn handeln muss, der gem **§ 2 Abs 1 S 1 Nr 2, 3 iVm § 2 Abs 2 S 1 Nr 1 EStG** steuerbar ist, bzw **bei juristischen Personen** den Gewinn, der der **Körperschaftsteuer** unterliegt (Viskorf/Schuck/Wälzholz/Wälzholz [7. Aufl 2023] § 95 BewG Rn 19).

315 Die Ausübung eines **freien Berufes** ist zwar vom Begriff des Gewerbebetriebs nicht erfasst (vgl § 15 Abs 2 S 1 aE EStG), wird aber gem **§ 96 HS 1 BewG** dem Gewerbebetrieb gleichgestellt.

316 Zum **Betriebsvermögen einer gewerblichen Personengesellschaft** zählen grundsätzlich alle Wirtschaftsgüter, die der Gesamtheit der Mitunternehmer gehören. Dabei ist unerheblich, ob es sich um notwendiges Betriebsvermögen handelt. Diese Bestandsidentität wird für Wirtschaftsgüter durchbrochen, die ertragssteuerlich notwendiges Privatvermögen bilden. Notwendiges Privatvermögen, das zum Eigentum der Personengesellschaft gehört, ist iSd BewG Betriebsvermögen (vgl § 97 Abs 1 S 1 Nr 5 S 2 BewG; Viskorf/Schuck/Wälzholz/Wälzholz [7. Aufl 2023] § 97 BewG Rn 16; vgl auch ErbStR RB 97.1 Abs 1 S 1 Nr 1, Abs 2). Sonderbetriebsvermögen I und II der Gesellschafter sind ebenfalls dem Gewerbebetrieb der Personengesellschaft zuzuordnen (vgl § 97 Abs 1 S 1 Nr 5 S 2 BewG; ErbStR RB 97.1 Abs 1 S 1 Nr 2 und RB 97.2 zum Wertansatz). Die Zurechnung zum Sonderbetriebsvermögen einer Personengesellschaft geht dabei der Zurechnung zum sonstigen Betriebsvermögen des Gesellschafters vor (vgl § 97 Abs 1 S 1 Nr 5 S 2 HS 2 BewG; ErbStR RB 97.1 Abs 1 S 2; vertiefend Viskorf/Schuck/Wälzholz/Wälzholz [7. Aufl 2023] § 97 BewG Rn 17).

(e) Ausländischer Grundbesitz und ausländisches Betriebsvermögen

317 **Ausländischer Grundbesitz** und ausländisches **Betriebsvermögen** sind gem § 12 Abs 7 ErbStG iVm § 31 BewG anzusetzen. Nach § 31 Abs 1 S 1 BewG iVm § 9 Abs 1 BewG ist grundsätzlich der gemeine Wert anzusetzen.

(3) Wert abzugsfähiger Verbindlichkeiten

(a) Grundsatz

318 Von dem Wert des Vermögensanfalls sind gem **§ 10 Abs 1 S 2 ErbStG** die abzugsfähigen Nachlassverbindlichkeiten mit ihrem nach § 12 ErbStG ermittelten Steuerwert abzuziehen. Gem **§ 1 Abs 2 ErbStG** ist diese Regelung auf **abzugsfähige Verbindlichkeiten, die sich aufgrund der Schenkung unter Lebenden ergeben**, entsprechend anzuwenden. Die Berücksichtigung der Gegenleistung bei gemischten Schenkungen und Auflagenschenkungen erfolgt an dieser Stelle (Rn 261 ff, 265 ff).

(b) Abzugsverbote

319 **Schulden und Lasten iSd § 10 Abs 5 ErbStG** sind gem § 10 Abs 6 S 1 ErbStG nicht abzugsfähig, soweit sie in wirtschaftlichem Zusammenhang mit Vermögensgegenständen stehen, die nicht der Besteuerung nach diesem Gesetz unterliegen. Der dahinterstehende Gedanke findet sich auch in § 3c EStG: Die mit nicht steuerbaren Erwerbsgegenständen zusammenhängenden Schulden und Lasten sollen unberücksichtigt bleiben; anderenfalls käme es zu ungerechtfertigten steuerlichen Vorteilen,

indem diese Gegenstände doppelt berücksichtigt würden (Troll/Gebel/Jülicher/Gottschalk/Gebel [69. Aufl 2024] § 10 Rn 242). Gleiches gilt gem § 10 Abs 6 S 3 ErbStG für teilweise steuerbefreite Gegenstände. Diese sind nur anteilig abzugsfähig (vgl dazu auch die Regelungen in § 10 Abs 6 S 4 und 5 ErbStG zu den §§ 13a, 13c ErbStG). Haben sich Nutzungsrechte als Grundstücksbelastungen bei der Ermittlung des gemeinen Werts einer wirtschaftlichen Einheit des Grundbesitzes ausgewirkt, ist deren Abzug bei der Erbschaftsteuer gem § 10 Abs 6 S 6 ErbStG ausgeschlossen.

(4) Steuerbefreiungen

Unberücksichtigt bei der Ermittlung des steuerpflichtigen Erwerbs bleiben Vermögensgegenstände, die von der Steuer gem **§§ 5, 13, 13a, 13c, 13d, 16, 17, 18 ErbStG** befreit sind. Dabei wird zwischen sachlichen und persönlichen Steuerbefreiungen unterschieden. 320

(a) Sachliche Steuerbefreiungen

Steuerbefreit sind zum einen die zu **eigenen Wohnzwecken** genutzten **Familienwohnheime** gem § 13 Abs 1 Nr 4a bis 4c ErbStG, zum anderen die **zu Wohnzwecken vermieteten Grundstücke** nach § 13d Abs 1 ErbStG; bei Letzteren wird eine Verschonung iHv 10 % gewährt. § 13 Abs 1 Nr 14 ErbStG sieht zudem eine sachliche Steuerbefreiung für **Gelegenheitsgeschenke** vor (vgl dazu Baldauf ErbR 2022, 569). Steuerbefreiungsgründe für **Betriebsvermögen** finden sich in den §§ 13a und 13b ErbStG, deren jetzige Gestalt auf verfassungsrechtliche Vorgaben zurückgeht. Danach wird das Betriebsvermögen zuerst anhand des gemeinen Werts ermittelt; aufbauend auf der zutreffend ermittelten Bereicherung kann der Gesetzgeber es dann mittels Verschonungstatbeständen oder Differenzierungen beim Steuersatz (vgl dazu § 19a ErbStG) begünstigen (BVerfG 7. 11. 2006 – 1 BvL 10/02 Tz 106, BVerfGE 117, 1, 34 f, NJW 2007, 573, 576, BStBl II 2007, 192, 215). In der bis zur Erbschaftsteuerreform 2016 geltenden Fassung des ErbStG gewährte § 13a Abs 1 S 1 iVm § 13b Abs 4 ErbStG als Regel einen **Verschonungsabschlag** iHv 85 % des begünstigten Vermögens. Nach § 13a Abs 2 S 1 ErbStG bestand ein zusätzlicher Abzugsbetrag von 150.000 €, der nach § 13a Abs 2 S 2 ErbStG abzuschmelzen war. Um diese Vergünstigungen in Anspruch nehmen zu können, musste es sich aber um Vermögen iSd § 13b Abs 1 ErbStG handeln (vgl dazu auch die Ausschlusstatbestände des § 13b Abs 2 ErbStG; zu den konkreten Voraussetzungen vgl Viskorf/Schuck/Wälzholz/Löcherbach [7. Aufl 2023] § 13a ErbStG, Viskorf/Schuck/Wälzholz/Viskorf [7. Aufl 2023] § 13b ErbStG). Mit dem Gesetz zur Anpassung des Erbschaftsteuer- und Schenkungsteuergesetzes an die Rechtsprechung des Bundesverfassungsgerichts (G v 4. 11. 2016, BGBl 2016 I 2464) erfuhren die Verschonungsregelungen in § 13a und § 13b ErbStG einmal mehr eine Änderung. Der Gesetzgeber beabsichtigte durch sie eine verfassungsgemäße Ausgestaltung der Verschonung betrieblichen Vermögens und damit eine verfassungskonforme Erhebung der Erbschaft- und Schenkungsteuer zu erreichen. § 13a und § 13b ErbStG sollten in ihrer Grundstruktur erhalten bleiben, soweit aufgrund der Entscheidung des BVerfG kein Änderungsbedarf bestand (Gesetzentwurf v 25. 9. 2015, BT-Drucks 18/5923, 2). In der nunmehr geltenden Fassung des ErbStG bezieht sich der Verschonungsabschlag iSd § 13a abweichend zur aF nicht auf das gesamte unverändert in § 13b Abs 1 definierte Vermögen. Dieses sog begünstigungsfähige Vermögen ist vielmehr aufzuteilen in einen begünstigten Teil und einen nicht begünstigten Teil. Während sich der Verschonungsabschlag nur auf den begünstigten Teil bezieht, unterliegt der nicht begünstigte Teil grundsätzlich der vollen Besteuerung (Meincke/ 321

Hannes/Holtz [19. Aufl 2025], § 13a Rn 1). Eine Vollverschonung kommt gemäß § 13a Abs 10 ErbStG nur noch dann in Betracht, soweit das begünstigungsfähige Vermögen nicht zu mehr als 20 % aus Verwaltungsvermögen besteht.

322 Nach § 5 Abs 2 ErbStG ist die Ausgleichforderung beim **Zugewinnausgleich** kein Erwerb iSd §§ 3 und 7 ErbStG, wenn der Güterstand der Zugewinngemeinschaft auf andere Weise als durch den Tod des Ehegatten oder Lebenspartner beendet wird, oder wenn der Zugewinn nach § 1371 Abs 2 BGB ausgeglichen wird (zum erbrechtlichen Güterausgleich vgl § 5 Abs 1 ErbStG). Der Ausgleichanspruch wird nicht rechtsgeschäftlich zugewendet, sondern entsteht kraft Gesetzes gem § 1378 Abs 3 BGB. § 5 Abs 2 ErbStG, hat somit nur klarstellenden Charakter (BFH, BStBl II 2005, 843, 844; ErbStR RE 5.2 Abs 1 S 1). Dabei bleibt der Ausgleichanspruch steuerfrei, selbst wenn die Ehegatten die Zugewinngemeinschaft durch Ehevertrag beenden und tatsächlich güterrechtlich abwickeln, direkt anschließend aber eine Gütergemeinschaft neu begründen (BFH, BStBl II 2005, 843, 845; sog Güterstandsschaukel; vgl dazu auch Straub, Die Rechtsfolgen ehebezogener Zuwendungen im Erbrecht. Eine Untersuchung der Grenzen anerkennenswerter Vermögensteilhabe im Lichte familien- und erbrechtlicher Wertungen [2009] 184 f).

(b) Persönliche Steuerbefreiungen

323 Die persönlichen Steuerbefreiungen finden sich in den **§§ 16, 17, 18 ErbStG**. Das Prinzip des Verwandtenerbrechts findet seinen Ausdruck in § 16 Abs 1 ErbStG, der nach dem **persönlichen Näheverhältnis zum Schenker gestaffelte Freibeträge** gewährt (Troll/Gebel/Jülicher/Gottschalk/Jülicher [69. Aufl 2024] § 16 Rn 4). Voraussetzung für die Steuerbefreiung ist eine unbeschränkte Steuerpflicht. Dabei kommt es auf formale Kriterien, ua die Steuerklassen an (vgl dazu Übersicht Rn 327). Für den Fall einer beschränkten Steuerpflicht ist gem § 16 Abs 2 ErbStGdie Kürzung des in § 16 Abs 1 ErbStG gewährten Freibetrags vorgesehen. Zudem mussten eingetragene Lebenspartner nach Ansicht des BVerfG mit Eheleuten gleichgestellt werden (BVerfG 21. 7. 2010 – 1 BvR 611/07 Tz 74, 1 BvR 2464/07, BVerfGE 126, 400, 414, NJW 2010, 2783). Dies gilt laut des Beschlusses auch hinsichtlich des persönlichen Freibetrages (BVerfG 21. 7. 2010 – 1 BvR 611/07, 1 BvR 2464/07 Tz 89 ff, BVerfGE 126, 400, 419 ff, NJW 2010, 2783, 2785 ff). Dem ist der Gesetzgeber mit der Gewährung des Ehegattenfreibetrags und der entsprechenden Steuerklasse für Lebenspartner nachgekommen (krit im Hinblick auf die Behandlung der nichtehelichen Lebensgemeinschaft Elden NZFam 2021, 405, 407).

Steuerklasse	**Persönlicher Freibetrag**
Steuerklasse I	
Ehegatten/Lebenspartner (Nr 1)	500.000 €
Kinder/Kinder verstorbener Kinder (Nr 2)	400.000 €
Kinder der Kinder (Nr 3)	200.000 €
Übrige Personen (Nr 4)	100.000 €
Steuerklasse II (Nr 5)	20.000 €
Steuerklasse III (Nr 7)	20.000 €

Ehegatten, Lebenspartnern (vgl dazu auch BVerfG 21. 7. 2010 – 1 BvR 611/07, 1 BvR 2464/07 Tz 108 ff, BVerfGE 126, 400, 428 f, NJW 2010, 2783, 2887 f) und Kindern steht nach § 17 ErbStG ein steuerfreier **Versorgungsbetrag** zu. Dieser beträgt für Ehegatten und Lebenspartner gem § 17 Abs 1 S 1 ErbStG 256.000 €. Für Kinder bis 27 Jahre wird der Freibetrag nach Alter gestaffelt gewährt, vgl § 17 Abs 2 S 1 Nr 1–5 ErbStG. 324

(5) Zuwendung des Steuerbetrages

§ 10 Abs 2 ErbStG regelt die Behandlung der **Übernahme der Steuerschuld** durch den Schenker bzw durch einen Dritten, dem diese Verpflichtung seitens des Schenkers auferlegt wurde. Befreit der Schenker den Beschenkten von der Steuerpflicht, stellt dies gem § 10 Abs 2 ErbStG einen zusätzlichen Vermögensvorteil dar, der den Wert des Erwerbes erhöht (Meincke/Hannes/Holtz [19. Aufl 2025] § 10 Rn 29). Der Wert des Geschenkes wird um eine Leistung in Höhe des Steuerbetrages ergänzt (Troll/Gebel/Jülicher/Gottschalk/Gebel [69. Aufl 2024] § 10 Rn 70). Freilich wird nur die **Übernahme** der sich aus dem **ursprünglichen Zuwendungstatbestand** ergebenden Steuerschuld von § 10 Abs 2 ErbStG erfasst, **nicht** eine zweite **Übernahme der erhöhten Steuer** (Troll/Gebel/Jülicher/Gottschalk/Gebel [69. Aufl 2024] § 10 Rn 73). Die Übernahme der Steuerschuld erhöht die Bemessungsgrundlage (Rechenbsp bei Troll/Gebel/Jülicher/Gottschalk/Gebel [69. Aufl 2024] § 10 Rn 74). Die Erklärung der Übernahme der Steuer unterliegt keinen besonderen Anforderungen. Der Schenker muss sich der FinVerw und dem Beschenkten gegenüber nur ernsthaft zur Zahlung bereit erklären (Meincke/Hannes/Holtz [19. Aufl 2025] § 10 Rn 31). 325

gg) Berechnung der Steuer/Steuerschuld

Die zu zahlende Steuer wird berechnet, indem der im Rahmen der Bemessungsgrundlage ermittelte steuerpflichtige Erwerb mit dem Steuersatz nach §§ 19, 19a ErbStG multipliziert wird. 326

(1) Regelsteuersatz

Der Regelsteuersatz nach § 19 Abs 1 ErbStG ist **doppelt progressiv** gestaltet. Zum einen richtet sich die Steuer nach der Steuerklasse, zum anderen nach der Höhe des steuerpflichtigen Erwerbs. 327

Die Steuerklassen ergeben sich aus § 15 Abs 1 ErbStG:

Steuerklasse	**Persönliche Nähebeziehung**
Steuerklasse I	1. Ehegatte und Lebenspartner
	2. Kinder und Stiefkinder
	3. Abkömmlinge der in Nr 2 genannten Kinder und Stiefkinder
	4. Eltern und Voreltern bei Erwerben von Todes wegen
Steuerklasse II	1. Eltern und Voreltern, soweit sie nicht zur Steuerklasse I gehören

Steuerklasse	Persönliche Nähebeziehung
	2. Geschwister
	3. Abkömmlinge ersten Grades von Geschwistern
	4. Stiefeltern
	5. Schwiegerkinder
	6. Schwiegereltern
	7. Geschiedene Ehegatten und Lebenspartner einer aufgehoben Lebenspartnerschaft
Steuerklasse III	übrige Erwerber und Zweckzuwendungen

328 Die Progression aufgrund des Wertes des steuerlichen Erwerbs richtet sich nach § 19 Abs 1 ErbStG (zur verfassungsrechtlich gebotenen Gleichbehandlung eingetragener Lebenspartnerschaften mit Eheleuten hinsichtlich des Steuersatzes vgl BVerfG 21. 7. 2010 – 1 BvR 611/07, 1 BvR 2464/07 Tz 111 ff, BVerfGE 126, 440, 429 f, NJW 2010, 2783, 2788:

Wert des steuerpflichtigen Erwerbs (§ 10) bis einschließlich … Euro	**Prozentsatz in der Steuerklasse**		
	I	**II**	**III**
75.000	7	15	30
300.000	11	20	30
600.000	15	25	30
6.000.000	19	30	30
13.000.000	23	35	50
26.000.000	27	40	50
über 26.000.000	30	43	50

(2) Tarifbesonderheiten

(a) Progressionsvorbehalt

329 Wird ein Teil des zugewendeten Vermögens der inländischen Besteuerung aufgrund eines **Doppelbesteuerungsabkommens** entzogen, führt dies nicht dazu, dass der Restbetrag aufgrund der Progression des Steuertarifs nach § 19 Abs 1 ErbStG mit einer geringeren Steuer belastet wird. **§ 19 Abs 2 ErbStG** sieht nämlich einen Progressionsvorbehalt vor, indem der Steuersatz angewendet werden muss, der fiktiv auf das ganze zugewendete Vermögen anzuwenden wäre, womit gegen die *ratio* des Doppelbesteuerungsabkommens verstoßen wird.

(b) Härteausgleich

330 Da beim **Übergang** von einer Steuertarifstufe **auf die nächste Tarifstufe** der höhere Steuersatz auf den ganzen Erwerb angewendet wird, kann eine geringfügige Überschreitung einer Tarifstufe zu einer wesentlich größeren Steuerbelastung führen (Meincke/Hannes/Holtz [18. Aufl 2021] § 19 Rn 9). **§ 19 Abs 3 ErbStG** sieht für diese Fälle einen Härteausgleich vor. Die Belastung, die aufgrund des Mehrerwerbs nach Überschreiten der letzten Stufe entsteht, wird begrenzt. Die Differenz zwischen der regulären Steuer und der Steuer, die sich berechnen würde, wenn der Erwerb die letztvorhergehende Wertgrenze nicht überstiegen hätte, wird nur insoweit erhoben, als sie aus der **Hälfte** (Steuersatz bis 30 %) bzw aus **drei Vierteln** (Steuersatz über 30 %) des die Wertgrenze übersteigenden Betrags gedeckt werden kann (Rechenbsp bei Meincke/Hannes/Holtz [19. Aufl 2025] § 19 Rn 9; zu den Grenzwerten für die Tarifüberschreitung vgl ErbStH HE 19).

(c) Tarifbegrenzung

331 Die Tarifbegrenzung des **§ 19a ErbStG** gilt für das nicht von der Regelverschonung des § 13a ErbStG betroffene Vermögen, dh 15 % des begünstigten Vermögens. Die Tarifbegrenzung hat zum Ziel, den Erwerb von Betriebsvermögen iSd § 13b Abs 1 ErbStG im Ergebnis der Steuerklasse I zu unterwerfen (Meincke/Hannes/Holtz [19. Aufl 2025] § 19 Rn 2; ebd auch zur Vorgehensweise).

(3) Berücksichtigung früherer Erwerbe

332 Gem **§ 14 Abs 1 S 1 ErbStG** werden mehrere **innerhalb von zehn Jahren** von derselben Person **anfallende Vermögensvorteile zusammengerechnet**. Zweck der Vorschrift ist zu verhindern, dass durch die Aufteilung einer Schenkung in mehrere innerhalb eines Zehnjahreszeitraums liegende Zuwendungen die Progression des Steuertarifs (vgl § 19 Abs 1 ErbStG) vermieden und für jede dieser Zuwendungen erneut der persönliche Freibetrag (vgl § 16 Abs 1 ErbStG) in Anspruch genommen wird (BFH, BStBl II 1978, 220, 221; vgl zur Berechnungsmethode Meincke/Hannes/Holtz [19. Aufl 2025] § 14 Rn 9 ff und ErbStR RE 14.1 bis 14.3).

hh) Steuerfestsetzung und -erhebung

(1) Steuerschuldner

333 Bei einer Schenkung wird grundsätzlich der **Beschenkte** als Erwerber iSd **§ 20 Abs 1 S 1 ErbStG** zur Zahlung herangezogen (BFH, BStBl III 1962, 323, 324 unter Hinweis auf den Charakter der Schenkungsteuer als Bereicherungsteuer; vgl dazu Troll/Gebel/Jülicher/Gottschalk/Gebel [69. Aufl 2024] ErbStG § 20 Rn 26). Vom **Schenker** kann die Steuer dann verlangt werden, wenn sie mit ihm als **Sekundärschuldner** festgesetzt wurde bzw sich das FA aus sachgerechten Gründen nach pflichtgemäßem Ermessen (§ 5 AO) für den Schenker als **Primärschuldner** entschieden hat (Troll/Gebel/Jülicher/Gottschalk/Gebel [69. Aufl 2024] § 20 Rn 26). Das wird der Fall sein, wenn die Steuervollstreckung beim Beschenkten erfolglos war oder das FA mit guten Gründen davon ausgeht, dass sie es sein wird (FG Köln, EFG 2001, 1154, 1154). Außerdem obliegt die Steuer dem Schenker als Primärschuldner, wenn er dies beantragt (vgl Troll/Gebel/Jülicher/Gottschalk/Gebel [69. Aufl 2024] § 20 Rn 27; FG Köln, EFG 2001, 1154, 1155) oder wenn er die Schenkungsteuer gem § 10 Abs 2 ErbStG übernimmt. In diesem Fall zählt die übernommene Steuer zum Erwerb und wird bemessungserhöhend (vgl Rn 325); die vom Erwerber gezahlte Schenkungsteuer vermindert umgekehrt nicht die Bemessungsgrundlage (vgl § 10 Abs 8 ErbStG). Schenker und Beschenkter sind **Gesamtschuldner**

iSd § 44 AO (Troll/Gebel/Jülicher/Gottschalk/Gebel [69. Aufl 2024] § 20 Rn 23). Bei einer **Zweckzuwendung** ist Steuerschuldner der mit der Ausführung der Zuwendung Beschwerte. **Personengesellschaften** sind keine Steuersubjekte iSd ErbStG und damit keine Steuerschuldner (§ 2a ErbStG; vgl Rn 298).

(2) Erlöschensgründe

334 In § 47 AO wird das Erlöschen von Ansprüchen aus einem Steuerschuldverhältnis im Allgemeinen geregelt. Unter schenkungsteuerrechtlichem Aspekt ist insbesondere die **Festsetzungsverjährung** von Bedeutung, da gem § 169 AO eine Steuerfestsetzung nach Ablauf der Festsetzungsfrist nicht mehr zulässig ist. Diese beträgt gem § 169 Abs 2 S 1 Nr 2 AO regelmäßig 4 Jahre. Die Verjährungsfrist beginnt grundsätzlich mit dem Ablauf des Kalenderjahres, in dem die Steuer entstanden ist (§ 170 Abs 1 Alt 1 AO). Für die Schenkungsteuer gelten jedoch zwei Vorschriften, die eine **Anlaufhemmung** der Frist bewirken. Nach der einen, **§ 170 Abs 2 S 1 Nr 1 AO**, beginnt die Frist erst mit dem Ablauf des Jahres der Abgabe der Steuererklärung (§ 31 ErbStG) oder der Anzeige (§§ 30, 33, 34 ErbStG), spätestens jedoch mit Ablauf des dritten Kalenderjahrs, das auf das Kalenderjahr folgt, in dem die Steuer entstanden ist, es sei denn, dass die Festsetzungsfrist nach Abs 1 später beginnt. Nach der anderen, **§ 170 Abs 5 Nr 2, 3 AO**, beginnt die Festsetzungsfrist bei Schenkungen (Nr 2) nicht vor Ablauf des Kalenderjahrs, in dem der Schenker gestorben ist oder die Finanzbehörde von der vollzogenen Schenkung Kenntnis erlangt hat. Bei einer Zweckzuwendung (Nr 3) beginnt ihr Lauf nicht vor Ablauf des Kalenderjahrs, in dem die Verpflichtung erfüllt worden ist (vgl zur Festsetzungsverjährung im Allgemeinen Tipke/Lang/Seer, Steuerrecht [25. Aufl 2024] § 21 Rn 296 ff; zu den Besonderheiten der Schenkungsteuer Eich ErbStB 2004, 262).

335 **Besondere Erlöschensgründe** finden sich in **§ 29 ErbStG**. Danach erlischt die Steuer mit Wirkung für die Vergangenheit (iSd § 175 Abs 1 S 1 Nr 2 AO), wenn ein Geschenk wegen eines Rückforderungsrechts herausgegeben werden muss (§ 29 Abs 1 Nr 1 ErbStG). Hierbei sind etwa Widerrufsklauseln in Schenkungsverträgen nicht nur zivilrechtlich, sondern in bestimmten Fällen auch steuerlich sinnvoll (ausführlich zu den steuerlichen Folgen von Widerrufsklauseln in Schenkungsverträgen Götz FR 2015, 972; vgl auch Brüggemann ErbBstg 2022, 259; Kamps/Gravenhorst ErbR 2022, 300). Nach § 29 Abs 1 Nr 2 ErbStG gilt dies auch für die Fälle einer Rückforderung der Schenkung wegen Verarmung des Schenkers iSd § 528 Abs 2 BGB, durch die sein angemessener Unterhalt oder der gesetzliche Unterhalt von ihm abhängiger Personen gefährdet ist (ausführlich zum Erlöschen der Erbschaftsteuer in besonderen Fällen Bruschke ErbStB 2017, 85). Gem § 29 Abs 1 Nr 4 ErbStG besteht die Möglichkeit, durch Übertragung des Schenkungsgegenstandes an eine gemeinnützige Einrichtung binnen 24 Monaten die Steuerpflicht rückwirkend entfallen zu lassen. Erlischt die Steuer nach § 29 Abs 1 ErbStG, wird der Erwerber für den Zeitraum, für den ihm die Nutzungen des zugewendeten Vermögens verbleiben, gem § 29 Abs 2 ErbStG wie ein Nießbraucher zu besteuern sein (dies gilt nicht, wenn der Erwerber die Nutzungen herausgeben muss, vgl Troll/Gebel/Jülicher/Gottschalk/Jülicher [69. Aufl 2024] § 29 Rn 122). Ist die Steuer nach § 29 Abs 1 ErbStG mit Wirkung für die Vergangenheit erloschen, muss auf Antrag des Steuerschuldners der Steuerbescheid berichtigt werden gem § 175 Abs 1 S 1 Nr 2 AO. Für die Aufhebung oder Berichtigung des früheren Steuerbescheids gilt ebenfalls eine Festsetzungsfrist (vgl dazu Troll/Gebel/Jülicher/Gottschalk/Jülicher [69. Aufl 2024] § 29 Rn 76 f).

(3) Kleinstbetraggrenze

Nach **§ 22 ErbStG** ist von der Steuerfestsetzung abzusehen, wenn die Steuer den Betrag von 50 € für den einzelnen Steuerfall nicht übersteigt. 336

(4) Stundung

Nach § 28 Abs 1 ErbStG ist auf Antrag die Steuer aufgrund einer Zuwendung von nach § 13b Abs 2 ErbStG begünstigtem Vermögen für bis zu sieben Jahre zu stunden. Die Notwendigkeit der Stundung zur Erhaltung des Betriebs, wie noch nach § 28 Abs 1 ErbStG aF, ist entfallen. Allerdings wurde die Stundungsregelung inzwischen auf Erwerbe von Todes wegen beschränkt – sie ist damit auf Schenkungen nicht anwendbar, auch nicht bei Existenzgefährdung (BeckOK-ErbStG/Erkis/Thonemann-Micker [1. 10. 2025] § 28 Rn 3). Nach **§ 28 Abs 3 ErbStG** kann aus wohnungsmarktpolitischen Gründen und zum Schutz des Erwerbers jedoch **im Zusammenhang mit Wohnimmobilien** auf Antrag die auf den Erwerb entfallende Steuer bis zu zehn Jahre gestundet werden, soweit der Erwerber die Steuer nur durch Veräußerung dieses Vermögens aufbringen kann. § 28 Abs 3 ErbStG findet, da der Wortlaut der Norm allgemein auf einen „Erwerb" abstellt, auch auf die Schenkungsteuer Anwendung (FG Münster 11. 3. 2021 – 3 K 3054/19 AO, DStRE 2022, 215). Die Formulierung „soweit er die Steuer nur durch Veräußerung dieses Vermögens aufbringen kann" soll den Rechtsanspruch auf Stundung (nur) in den Fällen ausschließen, in denen der Erwerber die auf das begünstigte Vermögen entfallende Erbschaft- bzw Schenkungsteuer entweder aus weiterem erworbenem Vermögen oder aus seinem vorhandenen eigenen Vermögen aufbringen kann. Der Erwerber eines zu Wohnzwecken vermieteten Grundstücks kann jedoch nicht darauf verwiesen werden, sich außerhalb der üblichen Bedingungen des Kapitalmarkts zu refinanzieren und muss somit nicht Geldbeschaffungsmöglichkeiten jedweder Art in Anspruch nehmen (FG Münster 11. 3. 2021 – 3 K 3054/19 AO, DStRE 2022, 215). 337

(5) Anzeige- und Erklärungspflicht

Nach **§ 30 Abs 1 ErbStG** ist jeder der Erbschaftsteuer unterliegende Erwerb vom **Erwerber**, bei einer Zweckzuwendung vom Beschwerten, binnen einer Frist von **drei Monaten** nach Kenntniserlangung von dem Anfall oder vom Eintritt der Verpflichtung dem für die Verwaltung der Erbschaftsteuer zuständigen Finanzamt schriftlich anzuzeigen. Bei einer Schenkung trifft diese Pflicht gem **§ 30 Abs 2 ErbStG** auch den **Schenker**. Bei gerichtlicher oder notarieller Beurkundung einer Schenkung unter Lebenden oder einer Zweckzuwendung entfällt die Anzeigepflicht gem § 30 Abs 3 S 1 ErbStG. Den Inhalt der Anzeige regelt **§ 30 Abs 4 ErbStG**. Anzeigepflichten treffen gem **§ 33 ErbStG** auch Vermögensverwahrer, Vermögensverwalter und Versicherungsunternehmen. Gleiches gilt gem **§ 34 ErbStG** für Gerichte, Behörden, Beamte und Notare. Das FA kann nach **§ 31 Abs 1 ErbStG** von jedem an einer Schenkung oder Zweckzuwendung Beteiligten die Abgabe einer Steuererklärung verlangen, unabhängig davon, ob er selbst steuerpflichtig ist. Die Anzeige dient der Erleichterung der Prüfung seitens des FA, ob jemand zur Abgabe einer Steuererklärung aufzufordern ist (Meincke/Hannes/Holtz [19. Aufl 2025] § 30 Rn 1). Demgegenüber dient das Verlangen einer Steuererklärung nach § 31 Abs 1 ErbStG der Berechnung des Steuerbetrags und der Festsetzung einer eventuellen Steuer durch Steuerbescheid (Meincke/Hannes/Holtz [19. Aufl 2025] § 31 Rn 1). 338

VI. Die Schenkung im Prozess – Beweislastfragen

1. Grundsatz der Darlegungs- und Beweislast

339 Bei der Schenkung – auch der remuneratorischen – gelten vorbehaltlich des Eingreifens von gesetzlichen und tatsächlichen Vermutungen oder Beweiserleichterungen die allgemeinen Regeln der **Darlegungs- und Beweislast** (MünchKommBGB/Koch § 516 Rn 51; Erman/Hähnchen § 516 Rn 33; Soergel/Eckert § 516 Rn 39; hingegen für eine Fortgeltung des gemeinrechtlichen Beweisgrundsatzes *donatio non praesumitur* Böhr NJW 2001, 2059, 2061; Wacke AcP 191 [1991] 1, 20, 31 f; Schiemann JZ 2000, 568, 572; auch Staudinger/Lorenz [2007] § 812 Rn 92).

340 Dagegen wurde argumentiert, dass die Schenkung wegen der § 816 Abs 1 S 2, §§ 822, 988 BGB etc als *causa minor* zu behandeln sei, daher dürfe der Schenker nicht das Risiko der Darlegungs- und Beweislast tragen (Böhr NJW 2001, 2059, 2061; in diese Richtung auch Wacke, in: FS Meincke [2015] 397). § 518 BGB zeige, dass Schenkungen nur mit Vorsicht bejaht werden sollten (so Böhr NJW 2001, 2059, 2061). Daraus folge, dass die Schenkung beweisrechtlich nicht wie andere Erwerbsgründe zu behandeln sein dürfe (Schiemann JZ 2000, 570, 572).

341 Dies ist aber unrichtig. Der Umstand, dass das BGB den schenkweisen Erwerb in bestimmten Konstellationen als weniger schutzwürdig behandelt, zeigt, dass diese Wertung gerade nicht allgemein gilt und daher auch nicht auf das Prozessrecht durchschlägt. Es findet sich vorbehaltlich der § 685 Abs 2, § 1360b BGB keine gesetzliche Vorschrift, wonach schenkweiser Erwerb beweisrechtlich in irgendeiner Weise abweichend zu behandeln sei als andere Erwerbsgründe. Den von der Rspr im Zusammenhang mit einzelnen schenkungsbezogenen Ansprüchen entwickelten Beweisregeln (etwa §§ 812 ff BGB, näher Rn 345, 353 ff) ist zuzustimmen, da sie Abweichungen von den allgemeinen Grundsätzen nur in den Grenzen der sog **sekundären Darlegungslast** zulassen. Ihnen ist schon deswegen zu folgen, weil sie der Rechtssicherheit, um die die Mindermeinung besorgt ist, besser dienen als eine Umkehrung der allgemeinen Prinzipien. Kritik an der Rechtsprechung des BGH ist nur insoweit angebracht, als er dogmatisch ungenau nicht zwischen Beweislastumkehr, Anscheinsbeweis, Indizienbeweis und Beweiserleichterung differenziert (insoweit richtig Schiemann JZ 2000, 570).

342 Wer sich auf einen **Rechtssatz beruft**, muss also dessen tatsächliche **Voraussetzungen darlegen** und im Bestreitensfalle deren Wahrheit zur vollen Überzeugung des Gerichts (§ 286 ZPO) beweisen. Daran ändert sich auch nichts, wenn sich die Prozessrollen ändern, etwa bei Widerklagen oder negativen Feststellungsklagen; die Darlegungs- und Beweislast ergibt sich nämlich nicht aus der Parteistellung im Verfahren, sondern aus dem materiellen Rechtssatz, der die von der Partei begehrte Rechtsfolge begründet. Gleiches gilt, wenn es sich bei dem Vorliegen der Schenkung um eine negative Tatsache handelt (BGH 14. 11. 2006 – X ZR 34/05 Tz 9, NJW-RR 2007, 488), wobei hier im Einzelfall die Grundsätze der sog sekundären Darlegungslast zur Geltung kommen können (BGH 14. 11. 2006 – X ZR 34/05 Tz 9; allgemein zum Begriff der sekundären Darlegungslast Thomas/Putzo/Seiler [46. Aufl 2025] Vorbem § 284 Rn 18a; s auch Rn 345, 354).

Eine Einschränkung gilt allerdings insoweit, als das Schenkungsversprechen in § 518 Abs 1 BGB einem Formzwang unterworfen wird, der gerade aus Beweisgründen auch für den Zivilprozess Wirkungen entfaltet und die Darlegungs- und Beweislast modifizieren kann (vor diesem Hintergrund daher zutreffend Böhr NJW 2001, 2059, 2061). Es kommt folglich auch im Schenkungsrecht einerseits auf den **Rechtsgrund** des geltend gemachten Anspruches an, andererseits auf den **Zuwendungsgegenstand**, da hier ggf gesetzliche Vermutungen (§ 1138 mit §§ 891, 1006 BGB) mit der Wirkung von § 292 ZPO eingreifen. Schließlich kann auch die **Verwandtschaft** (§§ 1360b, 685 Abs 2 BGB etc) Einfluss auf die Darlegungs- und Beweislast haben. 343

2. Einzelne Ansprüche im Zusammenhang mit der Schenkung

Wer **Ansprüche aus einem Schenkungsvertrag** herleitet, muss folglich die Tatsachen für ein Zustandekommen des Schenkungsvertrages darlegen und sie im Bestreitensfalle zur vollen Überzeugung des Gerichts beweisen (zum Maßstab des § 286 ZPO grundlegend BGH 17. 2. 1970 – III ZR 139/67, BGHZ 53, 245, 255, NJW 1970, 946, 948 – „Anastasia"; Zöller/Greger [35. Aufl 2024] § 286 Rn 17 ff). Umgekehrt heißt dies, wer Entgeltansprüche aus einem Vertrag herleitet, muss die Tatsachen eines Zustandekommens dieses entgeltlichen Vertrages darlegen und im Bestreitensfalle beweisen; keineswegs muss der Inanspruchgenommene hier eine Schenkung darlegen und beweisen. 344

Wird gegen den Besitzer eine auf **Vertrag** gestützte **Herausgabeklage** oder ein Darlehensrückzahlungsanspruch erhoben und behauptet er schenkweisen Erwerb der streitigen Sache, liegt darin ein Bestreiten der den vertraglichen Anspruch stützenden Tatsachen. Der Kläger muss dann das Zustandekommen des Vertrages beweisen (OLG Hamm 30. 9. 1977 – 11 U 99/77, NJW 1978, 224 m Anm Schmidt JuS 1978, 274; Soergel/Eckert § 516 Rn 40). Gleiches gilt, wenn der Eigentumsübergang zwar unstreitig ist, der Rechtsgrund aber unterschiedlich beurteilt wird: Behauptet der Kläger einen Rechtsgrund, auf den er seine Herausgabeklage stützt (etwa Sicherungsabrede bei **Treuhandgeschäften**) und wendet der Beklagte Schenkung ein, muss der Kläger nach den allgemeinen Grundsätzen den seinen Anspruch tragenden Rechtsgrund auch beweisen (BGB-RGRK/Mezger § 516 Rn 22 mwNw). Stützt der Kläger den Anspruch auf Rückforderung von Treuhandeigentum dagegen auf eine ungerechtfertigte Bereicherung (etwa *condictio ob rem*), kann sich für den Beklagten eine **sekundäre Darlegungslast** ergeben (näher auch zur Gegenansicht Rn 353 f). 345

Stützt der Kläger **Rückforderungsansprüche** auf die **§§ 527, 528, 531 Abs 2 mit §§ 812 ff BGB**, muss er nach allgemeinen Grundsätzen zur Schenkung und den jeweiligen Rückforderungsgründen vortragen und bei Bestreiten Beweis führen (für § 528 BGB: BGH 1. 2. 1995 – IV ZR 36/94, NJW 1995, 1349, 1350). 346

In der Praxis kommen meist **Herausgabeklagen** nach **§ 985 BGB** vor, gegenüber denen sich der Besitzer mit dem Einwand der schenkweisen Zuwendung zur Wehr zu setzen versucht. Handelt es sich um eine bewegliche Sache, kann **§ 1006 Abs 1 BGB** die Darlegungs- und Beweislast **modifizieren**. Dabei gilt aber vor dessen Anwendung wie bei allen gesetzlichen und tatsächlichen Vermutungen, dass sie nachrangig sind und nur greifen, wenn die Tatsache nicht unstreitig, festgestellt oder offenkundig (§ 291 ZPO) ist (Medicus/Petersen, Bürgerliches Recht [30. Aufl 2025] Rn 546), denn Vermutungen helfen dem Gericht nur dort, wo eine bestimmte Tatsache nicht bekannt ist. 347

348 Behauptet der Beklagte, er sei mit der schenkweisen Zuwendung einer beweglichen Sache deren Eigentümer geworden, hilft ihm **§ 1006 Abs 1 BGB**, wenn er die Grundlage der Vermutung – den Erwerb von **Eigenbesitz** (BGH 30. 1. 2015 – V ZR 63/13, NJW 2015, 1678, LMK 2015, 374506 Anm Laukemann; MünchKommBGB/Raff § 1006 Rn 21; Jauernig/Berger § 1006 Rn 2) – dargelegt und im Bestreitensfalle zur Überzeugung des Gerichts bewiesen hat (Zöller/Greger [35. Aufl 2024] § 292 Rn 2). Erwerbsgründe oder dergleichen muss der Beklagte weder vortragen noch beweisen (BGH 10. 5. 1960 – VIII ZR 90/59, NJW 1960, 1517, 1518). Gelingt dem Kläger der Beweis des vollen Gegenteils, dh die Widerlegung des Schenkungsversprechens, kann aufgrund freier richterlicher Beweiswürdigung auch die Eigentumsvermutung widerlegt sein (BGH 30. 1. 2015 – V ZR 63/13, NJW 2015, 1678; BGH 10. 5. 1960 – VIII ZR 90/59, NJW 1960, 1517, 1518). Dem Kläger selbst steht dann **§ 1006 Abs 2 BGB** zur Seite (BGH 10. 5. 1960 – VIII ZR 90/59, NJW 1960, 1518), auch wenn er diese Vermutung meist nicht brauchen wird. Der Beklagte wird nämlich mindestens konkludent vortragen, er habe das Eigentum vom Kläger als Voreigentümer erhalten, was der Kläger gerade durch Erhebung der Vindikationsklage konkludent unstreitig stellen wird.

349 Dagegen **greift § 1006 Abs 1 BGB nicht ein**, wenn der Beklagte die Sache zunächst nicht zu Eigenbesitz erworben haben will (Leihe, Miete, Pacht etc), sondern erst eine spätere schenkweise Eigentumsübertragung behauptet. Denn § 1006 Abs 1 BGB verlangt Eigenbesitz bei Besitzbegründung. Hier hilft dem Kläger stattdessen § 1006 Abs 2 BGB (MünchKommBGB/Koch § 516 Rn 51; Soergel/Eckert § 516 Rn 39; Staudinger/Thole [2023] § 1006 Rn 16 mwNw).

350 Geht es im Vindikationsprozess um **Sparbücher** als qualifizierte Legitimationspapiere oder auch andere **Schuldurkunden** im Sinne von § 952, gilt § 1006 BGB überhaupt nicht (OLG Brandenburg 4. 9. 2019 – 4 U 128/17, ErbR 2019, 774; MünchKommBGB/Raff § 1006 Rn 13; BGB-RGRK/Mezger § 516 Rn 22), weil § 952 BGB vorrangig ist. Der Besitz des Sparbuches ist für den Eigentumserwerb nicht notwendig, weil das Recht am Papier dem Recht aus dem Papier nachfolgt und damit nicht die §§ 929 ff BGB Übereignungstatbestand sind, sondern § 398 BGB (BGH 25. 9. 1972 – VIII ZR 81/71, NJW 1972, 2268, 2269). Gleichzeitig begründet der Besitz des Sparbuches auch keine Vermutung für die schenkweise Abtretung des Anspruchs aus § 488 Abs 1 S 2 BGB (BGH 25. 9. 1972 – VIII ZR 81/71, NJW 1972, 2269; OLG Koblenz 12. 9. 2003 – 12 U 823/02, ZErb 2003, 381, 382; Wacke AcP 191 [1991] 1, 20 f). Allerdings ist der Besitz des Sparbuchs ein **Beweisanzeichen** – wohl im Sinne eines Indizes – (BGH 8. 5. 1972 – VIII ZR 259/68, LM § 1006 Nr 13, WM 1972, 701; ausführlich zum Nachweis der Abtretung OLG Karlsruhe 8. 1. 2019 – 9 U 5/17, NJW-RR 2019, 494, FamRZ 2019, 1371, 1373, m krit Anm Schnauder, jurisPR-BKR 6/2019 Anm 5, ErbStB 2019, 167 f m Anm Esskandari/Bick, FamRB 2019, 315 f m Anm Sarres), wenn jede andere Art der Zuwendung vernünftigerweise und nach den Umständen ausscheidet. Behauptet der Kläger die Übereignung des Sparbuches auf Grund eines Schenkungsversprechens und den Vollzug der Schenkung durch Geldabhebung, so trägt er allein die Darlegungs- und Beweislast für das Versprechen und dessen Formwirksamkeit (BGH 14. 11. 2006 – X ZR 34/05 Tz 17, BGHZ 169, 377, 383, NJW-RR 2007, 488, 490).

351 Wurden Sachen oder Geld im kaufmännischen Verkehr zugewendet, muss dagegen der vermeintlich beschenkte Beklagte darlegen und beweisen, warum die Zuwendung unentgeltlich sein soll; das folgt aus einer **analogen** Anwendung von **§ 354 HGB**

(OLG Düsseldorf 19. 1. 1995 – 10 U 43/94, NJW-RR 1996, 287, 288), dem im **Handelsverkehr** die Funktion einer **Beweiserleichterung** zu Gunsten des Klägers zukommt (MünchKommHGB/Maultzsch § 354 Rn 27).

Bei **unbeweglichen Sachen** greifen die Vermutungen aus **§§ 891, 1138 BGB** ein, so dass die gesetzliche Vermutung der Richtigkeit des Grundbuches auch in Ansehung der Forderung widerlegt werden muss (RG 7. 2. 1920 – V 343/19, RGZ 98, 114, 126, sehr verwickelter Sachverhalt). Der Kläger hat daher nur dann Erfolg, wenn er die Behauptung schenkweiser Begründung der Schuld widerlegen kann (BGB-RGRK/Mezger § 516 Rn 22). **352**

Stützt der Kläger seinen Anspruch auf **ungerechtfertigte Bereicherung** (§§ 812 ff BGB), muss er nach den allgemeinen Grundsätzen darlegen und beweisen, dass die Vermögensverschiebung ohne rechtlichen Grund erfolgt ist. Die Schenkung ist hier **negatives Tatbestandsmerkmal**. Das allein ändert aber an der Darlegungs- und Beweislast nichts (vgl BeckOK-BGB/Gehrlein [1. 11. 2025] § 516 Rn 19; PWW/Stürner [20. Aufl 2026] § 516 Rn 30; Soergel/Eckert § 516 Rn 41; **aA** Böhr NJW 2001, 2059, 2061; Schiemann JZ 2000, 570, 572; Staudinger/Lorenz [2007] § 812 Rn 92; dazu schon Rn 342 f, 345): Der Kläger muss darlegen und im Bestreitensfalle beweisen, dass keine Schenkung vorliegt (grundlegend BGH 18. 5. 1999 – X ZR 158/97, NJW 1999, 2887 m krit Anm Schiemann JZ 2000, 570). Indes bedarf es ausnahmsweise dann keiner gesonderten Darlegung des rechtsgrundlosen Erwerbs, wenn bereits nach dem unstreitigen Vortrag des Klägers der Schluss naheliegt, der Beklagte habe den Gegenstand ohne rechtlichen Grund erlangt (BGH 15. 10. 2002 – X ZR 132/01, ZEV 2003, 207, 208; BGH 22. 2. 2011 – XI ZR 261/09 Tz 14, NJW 2011, 2130, 2131). Allerdings kommen damit **nicht** die Regeln des sog **Anscheinsbeweises** zur Anwendung; die §§ 516 ff BGB unterliegen vielmehr beweisrechtlich strengen Anforderungen (s sogleich und vgl das Gesetz § 518 Abs 1 BGB; auch Böhr NJW 2001, 2059, 2060). Man sollte das in diesem Punkt von der Judikatur angewendete Kriterium eher als eine Art **Anfangswahrscheinlichkeitsindiz** begreifen. Diese Anfangswahrscheinlichkeit kann Wege zur Parteivernehmung als Beweismittel (§ 448 ZPO) eröffnen, wenn andere Beweismittel ausgeschöpft sind. **353**

Liegt die genannte Anfangswahrscheinlichkeit nicht vor, hat die Rspr dem Beklagten aus rein prozessökonomischen Gesichtspunkten eine **sekundäre Darlegungslast** (ausführlich zu Begriff und Voraussetzungen noch MünchKommZPO/Prütting § 286 Rn 109) aufgebürdet: Da der Kläger nicht jeden denkbaren Rechtsgrund durch ziellosen Tatsachenvortrag bestreiten und dazu noch Beweis für seine Behauptung antreten kann, muss der Beklagte wegen unmittelbarer Nähe zum Geschehensablauf und besserer Tatsachenkenntnis jedenfalls die Umstände darlegen, aus denen er einen Rechtsgrund für das Behaltendürfen der Zuwendung herleitet, im Falle der Schenkung also das Behaupten des Zustandekommens eines Schenkungsvertrages. Denn nur so wird der Kläger in der Lage sein, konkret vorzutragen und Beweis für seinen Herausgabeanspruch anzutreten. Der Kläger hat danach weiter die **Hauptdarlegungs- und Beweislast** für das Fehlen dieses Rechtsgrundes (BGH 22. 2. 2011 – XI ZR 261/09 Tz 14, NJW 2011, 142; bestätigt durch BGH 14. 11. 2006 – X ZR 34/05 Tz 9, BGHZ 169, 377, 379 f, NJW-RR 2007, 488, 489; BGH 11. 3. 2014 – X ZR 150/11, NJW 2014, 2275), dh der Schenkung. Die von der Rspr somit entwickelten anschaulichen Grundregeln orientieren sich an Praktikabilitätserwägungen. Daher sind Befürchtungen, dass dies als Aufweichung der Darlegungs- **354** und Beweislast zu Rechtsunsicherheit führen könne (Böhr NJW 2001, 2059, 2061; Schiemann JZ 2000, 570 f; Wacke AcP 191 [1991] 1, 20 und 31 ff), unbegründet.

355 Dieser Grundsatz erfährt hingegen dann Modifikationen, wenn der Beklagte als Rechtsgrund ein **Schenkungsversprechen** (§ 518 Abs 1 BGB) behauptet, dessen Formnichtigkeit durch Vollzug des Versprechens geheilt worden sein soll (§ 518 Abs 2 BGB), was wohl die häufigsten Prozessgestaltungen bilden dürfte. Denn auch im Zivilprozess muss sich auswirken, dass das Schenkungsversprechen unter **Formzwang** steht, dem gerade Beweisfunktion zukommt und der im Prozess auch **besonderen Beweisregeln** unterliegt (§ 415 Abs 1, § 286 Abs 2 ZPO; zur Beweiskraft der notariellen Urkunde im Zivilprozess vgl Musielak/Voit/Röss [22. Aufl 2025] § 415 Rn 10). In diesem Falle trifft den Beklagten die Beweislast, dass die zu seinen Gunsten erfolgte Vermögensmehrung auf einer den Formmangel heilenden Leistungserbringung gemäß § 518 Abs 2 BGB beruht, die Leistung also mit einem konkreten Willen des Leistenden an ihn erbracht wurde. Nicht hat er aber zu beweisen, dass die mit Willen des Leistenden bewirkte Leistung tatsächlich auf einem Schenkungsvertrag mit entsprechendem Schenkungswillen beruht (BGH 11. 3. 2014 – X ZR 150/11, NJW 2014, 2275; OLG Brandenburg 15. 10. 2024 – 3 U 149/22, FamRZ 2025, 720, ErbR 2025, 131; OLG Brandenburg 14. 2. 2018 – 4 U 61/16, juris Rn 31; OLG Düsseldorf 4. 12. 2015 – 7 U 99/14, juris Rn 43; Grüneberg/Weidenkaff [85. Aufl 2026] § 518 Rn 1; Zöller/Greger [35. Aufl 2024] Vorbem zu § 284 Rn 5; unklar hingegen noch BGH 14. 11. 2006 – X ZR 34/05 Tz 13, BGHZ 169, 377, 380 f, NJW-RR 2007, 488, 489 f nach dem es nicht die Sache des Klägers war, das Zustandekommen eines Schenkungsvertrages zu widerlegen). Die sekundäre Darlegungslast des Leistungsempfängers bleibt aber hiervon unberührt (vgl dazu Rn 354).

356 Will der Kläger vom Beklagten Geld kondizieren, das der Beklagte von einem **Sparbuch** abgehoben hat, welches ihm der Kläger geschenkt haben soll, trägt der Beklagte nach dem Gesagten die Darlegungs- und Beweislast für den Rechtsgrund der Abhebung (st Rspr; ohne Begründung noch BGH 5. 3. 1986 – IVa ZR 141/84, NJW 1986, 2107, 2108; BGH 14. 11. 2006 – X ZR 34/05 Tz 17, BGHZ 169, 377, 383, NJW-RR 2007, 488, 489 f).

357 Bei Ansprüchen aus §§ **1807, 1872 Abs 1** oder § **2018 BGB** müssen Mündel bzw Erben darlegen und beweisen, dass der herausverlangte Gegenstand Teil der Erbmasse oder des Mündelvermögens ist, also dass der **Erblasser/Mündel** Eigentümer oder Besitzer war (OLG Oldenburg 31. 3. 1998 – 5 U 92/97, FamRZ 1998, 1468).

3. Verwandtschaftsverhältnisse

358 In **Verwandtschaftsverhältnissen** naher Angehöriger stellen die §§ 685 Abs 2, 1360b, 1620 BGB, § 5 S 2 LPartG in engen Grenzen gesetzliche Vermutungen im Sinne von § 292 ZPO auf (vgl die jeweiligen Einzelerläuterungen). Außerhalb dieser Tatbestände bleibt es prinzipiell aber bei der allgemeinen Darlegungs- und Beweislast (*obiter dictum*: BGH 1. 2. 1995 – IV ZR 36/94, NJW 1995, 1349, 1350; explizit OLG Düsseldorf 5. 2. 2001 – 9 U 136/00, NJW-RR 2001, 1518).

359 Die Rspr hat indes gewisse **Sonderregeln der Beweiswürdigung** gerade im Bereich der **vorweggenommenen Erbfolge** aufgestellt. Hier wird ein Schenkungscharakter präsumiert und zwar auch dann, wenn ein auffälliges Missverhältnis von Leistung und Gegenleistung gegeben sei. Dabei wird grundsätzlich impliziert, dass sich die Vertrags-

schließenden dieses Missverhältnisses bewusst und zumindest teilweise über die Unentgeltlichkeit einig gewesen seien (st Rspr BGH 21. 6. 1972 – IV ZR 221/69, BGHZ 59, 132, 136, NJW 1972, 1709, 1710; BGH 26. 3. 1981 – IVa ZR 154/80, NJW 1981, 1956). Das ist indes keine Ausnahme von dem oben dargelegten Grundprinzip der Verteilung der Darlegungs- und Beweislast. Soweit die **Interessen Dritter** (Arbeitsagenturen, Pflichtteilsberechtigte im Hinblick auf § 2325 BGB, Fiskus) durch Zuwendungen im engen Familienkreis potentiell beeinträchtigt werden können, ist die Annahme einer **Beweiserleichterung** angebracht, und zwar in Form einer tatsächlichen Vermutung für denjenigen, der sich auf das Vorliegen einer **gemischten Schenkung** beruft, wenn zwischen Leistung und Gegenleistung ein objektives, über ein geringes Maß deutlich hinausgehendes Missverhältnis besteht (BGH 1. 2. 1995 – IV ZR 36/94, NJW 1995, 1349, 1350).

Bei voll **entgeltlichen Verträgen** zwischen Verwandten, bspw einem „Darlehen" zwi- **360**
schen Eltern und Kind, hinter denen sich in Wahrheit eine die Interessen Dritter beeinträchtigende **Schenkung** verbergen könnte, ändert sich hingegen nichts am Maßstab von **§ 286 ZPO**.

4. Beweislast bei Sonderformen der Schenkung

Für die **gemischte Schenkung** gelten die dargelegten allgemeinen Grundsätze der **361**
Darlegungs- und Beweislast (Grüneberg/Weidenkaff [85. Aufl 2026] § 516 Rn 20; LG Dortmund 22. 11. 2006 – 22 O 105/05, BeckRS 2007, 01055). Wer Ansprüche aus dem unentgeltlichen Teil einer gemischten Schenkung geltend macht, muss dessen Existenz darlegen und beweisen.

Allerdings streitet eine **tatsächliche Vermutung** für das Vorliegen einer gemischten **362**
Schenkung, wenn zwischen Leistung und Gegenleistung ein objektives, über ein geringes Maß deutlich hinausgehendes Missverhältnis vorliegt (vgl Rn 39, 57, 65 ff, 280 ff und BGH 25. 9. 1986 – II ZR 272/85, NJW 1987, 890, 891). Auf sie kann sich aber nicht die andere Partei berufen, sondern **nur ein Dritter**, dessen Interessen durch die Schenkung beeinträchtigt werden könnten (vgl Rn 57, 65, 68, 280).

Bei den **verschleierten Schenkungen** gelten ebenfalls die allgemeinen Grundsätze der **363**
Darlegungs- und Beweislast: Hier wird letztlich der Einwand eines Scheingeschäfts (§ 117 BGB) vorgebracht: Das eigentlich entgeltliche Geschäft sei nichtig, dahinter verberge sich als verdecktes Geschäft eine (vorbehaltlich § 518 Abs 2 BGB) wirksame Schenkung. Daher trägt derjenige, der die Schenkung als verdecktes Geschäft behauptet, die Darlegungs- und Beweislast (BGH 25. 1. 1977 – VI ZR 85/75, LM § 117 Nr 4, JZ 1977, 341, 342; Staudinger/Singer [2021] § 117 Rn 30; jurisPK-BGB/Linsler § 516 Rn 70), wenn er daraus Ansprüche herleiten will.

5. Beweislast bei § 516 Abs 2 BGB

Auch für § 516 Abs 2 BGB gelten keine Besonderheiten. Wer sich auf eine Schen- **364**
kung beruft, muss hier Zuwendung, Fristsetzung und deren erfolglosen Ablauf vortragen und beweisen (Soergel/Eckert § 516 Rn 39). Der Gegner muss dann darlegen und beweisen, dass es vor Fristablauf zur Ablehnung gekommen ist (vgl nur Rosenberg AcP 94 [1903] 1, 24 f anhand seiner sog Satzbaulehre).

365 Verlangt der vermeintliche Schenker den Zuwendungsgegenstand heraus (§ 516 Abs 2 S 3, §§ 812 ff BGB), muss er auch hier die durch die Zuwendung erfolgte Bereicherung, Fristsetzung und Ablehnung vortragen und ggf beweisen; gelingt ihm das, sind mithin in der Regel auch die Voraussetzungen von §§ 812 ff BGB bewiesen.

§ 516a
Verbrauchervertrag über die Schenkung digitaler Produkte

(1) Auf einen Verbrauchervertrag, bei dem der Unternehmer dem Verbraucher

1. digitale Produkte oder

2. einen körperlichen Datenträger, der ausschließlich als Träger digitaler Inhalte dient, schenkt, und der Verbraucher dem Unternehmer personenbezogene Daten nach Maßgabe des § 327 Absatz 3 bereitstellt oder sich hierzu verpflichtet, sind die §§ 523 und 524 über die Haftung des Schenkers für Rechts- oder Sachmängel nicht anzuwenden. An die Stelle der nach Satz 1 nicht anzuwendenden Vorschriften treten die Vorschriften des Abschnitts 3 Titel 2a.

(2) Für einen Verbrauchervertrag, bei dem der Unternehmer dem Verbraucher eine Sache schenkt, die digitale Produkte enthält oder mit digitalen Produkten verbunden ist, gilt der Anwendungsausschluss nach Absatz 1 entsprechend für diejenigen Bestandteile des Vertrags, welche die digitalen Produkte betreffen.

Materialien: BT-Drucks 19/27653.

Schrifttum

Bauermeister, Die „Bezahlung“ mit personenbezogenen Daten bei Verträgen über digitale Produkte, AcP 222, 372
Bittner, Verträge über digitale Produkte – der Beginn des digitalen Zeitalters im BGB, VuR 2022, 9
Datta/Klein, Kostenlose Apps – eine vertragsrechtliche Analyse, CR 2017, 174
Gansmeier/Kochendörfer, Digitales Vertragsrecht Anwendungssystematik, Regelungsprinzipien und schuldrechtliche Integration der §§ 327 ff. BGB, ZfPW 2022, 1
Hacker, Daten als Gegenleistung: Rechtsgeschäfte im Spannungsfeld von DS-GVO und allgemeinem Vertragsrecht, ZfPW 2019, 148
Kumkar, Herausforderungen eines Gewährleistungsrechts im digitalen Zeitalter, ZfPW 2020, 306
Metzger, Dienst gegen Daten: Ein synallagmatischer Vertrag, AcP 216 (2016) 817
ders, Verträge über digitale Inhalte und digitale Dienstleistungen: Neuer BGB-Vertragstypus oder punktuelle Reform?, JZ 2019, 577
Müller, Auf dem Weg in ein digitales Verbraucherprivatrecht, InTeR 2020, 1
Rosenkranz, Spezifische Vorschriften zu Verträgen über die Bereitstellung digitaler Inhalte und Dienstleistungen, ZUM 2021, 195
Zech, Haftung für Trainingsdaten Künstlicher Intelligenz, NJW 2022, 502.

Systematische Übersicht

I. Regelungszweck

1 § 516a BGB wurde durch das Gesetz v 25. 6. 2021 zur Umsetzung der Richtlinie über bestimmte vertragsrechtliche Aspekte der Bereitstellung digitaler Inhalte und digitaler Dienstleistungen (BGBl I 2123) mit Wirkung zum 1. 1. 2022 eingefügt und soll das Verhältnis der nunmehr in den §§ 327 ff BGB normierten Vorschriften für Verträge über digitale Produkte gegenüber dem Schenkungsrecht regeln (BT-Drucks 19/27653, 83 f; s zu § 516a BGB-E und der Richtlinie [EU] 2019/770, ABl L 136 v 22. 5. 2019 bereits Staudinger/Chiusi [2021] § 523 Rn 1 u § 516 Rn 34). Eine vertragstypologische Einordnung der Bereitstellung digitaler Produkte und digitaler Dienstleistungen hat der Gesetzgeber weder für nötig noch sachgerecht gehalten, sodass er sich bewusst gegen eine Umsetzung *en bloc* als neue Vertragsform im Besonderen Teil des Schuldrechts entschieden hat (BT-Drucks 19/27653, 24 u 27; kritisch Müller InTeR 2020, 1, 2, der insbesondere eine weitere Segmentierung des allgemeinen Schuldrechts befürchtet; Metzger JZ 2019, 577, 586 favorisierte eine Umsetzung *en bloc*). Korrespondierend sah sich der Gesetzgeber – infolge der Verortung der Vorschriften im Allgemeinen Schuldrecht – gezwungen, bei denjenigen Vertragsarten, die besondere Bestimmungen zum Gewährleistungsrecht vorsehen, Regelungen zu treffen, welche den Vorrang der Bestimmungen des neu eingefügten Titels 2a betreffend Verträge über digitale Produkte sicherstellen (BT-Drucks 19/27653, 26).

II. § 516a Abs 1 BGB

2 § 516a Abs 1 BGB schließt die Anwendung der §§ 523 und 524 BGB über die Haftung des Schenkers für Rechts- oder Sachmängel für Verbraucherverträge aus, bei denen der Unternehmer dem Verbraucher digitale Produkte oder einen körperlichen Datenträger, der ausschließlich als Träger digitaler Inhalte dient, zuwendet und der Verbraucher dem Unternehmer personenbezogene Daten nach Maßgabe des § 327 Abs 3 BGB bereitstellt oder sich hierzu verpflichtet. In diesen Fällen sollen vielmehr die Vorschriften des oben genannten Abschnitts 3 Titel 2a, also insbesondere die §§ 327d ff BGB über die Mängelhaftung, Anwendung finden.

3 Bereits zum entsprechenden Gesetzesentwurf wurde darauf hingewiesen, dass die Fassung des § 516a BGB aus dogmatischer Sicht äußerst problematisch erscheint (vgl insoweit schon Staudinger/Chiusi [2021] § 516 Rn 34). Bei der vorliegend in Rede stehenden Bereitstellung digitaler Produkte handelt es sich nämlich **nicht um eine Schenkung**. Umso überraschender ist, dass die Notwendigkeit der Verweisungsnorm mit der Annahme begründet wird, je nach den Umständen könne eine Schenkung vorliegen, wenn die Parteien keinen Preis, sondern allein die verbraucherseitige Bereitstellung personenbezogener Daten für die unternehmerseitige Bereitstellung eines digitalen Produkts vereinbaren (BT-Drucks 19/27653, 83; den Wortlaut des Entwurfs übernimmt BeckOK-BGB/Gehrlein [1. 11. 2025] § 516a Rn 1; Grüneberg/Weidenkaff [85. Aufl 2026]

§ 516a Rn 1 geht ebenfalls von der Möglichkeit einer Schenkung aus), welche sich in dem Wortlaut von § 516a Abs 1 S 1 BGB „schenkt" niederschlägt. Die Überlassung von Daten bzw eine damit verknüpfte datenschutzrechtliche Einwilligung in ihre Verarbeitung stellt hingegen in aller Regel eine die Unentgeltlichkeit der Zuwendung ausschließende Gegenleistung dar (Bittner VuR 2022, 9, 12 „Währung der Digitalisierung"; Kumkar ZfPW 2020, 306, 322; Hacker ZfPW 2019, 148, 167; Datta/Klein CR 2017, 174, 177 ff; Metzger AcP 216, 817, 833; auch in BT-Drucks 19/27653 ist mehrfach von einem „Bezahlen mit Daten" die Rede, 34 ff; s auch § 516 Rn 34 u 40), weshalb eine Schenkung nicht vorliegt (Gansmeier/Kochendörfer ZfPW 2022, 1, 28 gehen angesichts der fehlenden Einigkeit über die Gegenleistungsfreiheit grundsätzlich von einem Tausch aus). Davon geht auch die Neufassung von § 312 BGB aus, in der der „Zahlung eines Preises" (Abs 1) die „Bereitstellung personenbezogener Daten" (Abs 1a) gleichgestellt wird (zu diesem Widerspruch auch Rosenkranz ZUM 2021, 195, 204, der außerdem auf das Fehlen einer entsprechenden Regelung im Leihvertragsrecht aufmerksam macht; Bauermeister AcP 222, 372, 392 verweist dagegen wenig überzeugend auf die Gestaltungsfreiheit des Gesetzgebers, dem die Befugnis zukomme, eine Pflicht aus dem Synallagma auszunehmen). Der Wortlaut von § 516a Abs 1 BGB („schenkt, und") ist damit dogmatisch unzutreffend und gesetzessystematisch widersprüchlich. Die Fälle der ausschließlich vertrags- oder rechtsnotwendigen Datenverarbeitung, in denen sich zumindest die Unentgeltlichkeit der Zuwendung digitaler Produkte bejahen ließe, greift der Gesetzgeber über den Verweis in § 516a Abs 1 S 1 BGB in Verbindung mit § 327 Abs 3 und § 312 Abs 1a S 2 BGB auf und schließt diese gerade von dem Anwendungsbereich des Abschnitts 3 Titel 2a aus. Hinzu kommt, dass es im Fall der Bereitstellung digitaler Produkte regelmäßig an der für das Vorliegen einer Schenkung erforderlichen Vermögensminderung beim Zuwendenden fehlt (hierzu § 516 Rn 15 ff), da das Vermögen desjenigen, der das digitale Produkt zur Verfügung stellt, dadurch nicht gemindert wird (§ 516 Rn 34; so auch Zech NJW 2022, 502, 505). Eine Entreicherung des Zuwendenden ließe sich allenfalls bei der Alternative des § 516a Abs 1 S 1 Nr 2 BGB bejahen, der die Bereitstellung eines körperlichen Datenträgers, der ausschließlich als Träger digitaler Inhalte dient, betrifft. Freilich verbleibt auch in diesem Fall das Argument der fehlenden Unentgeltlichkeit der Zuwendung. Schließlich fehlt es bei beiden Alternativen des § 516a Abs 1 S 1 BGB in der Regel an der subjektiven Absicht des Unternehmers, das Vermögen des Verbrauchers zu bereichern. Damit verbleibt für § 516a Abs 1 BGB mangels Vorliegens einer Schenkung kein Anwendungsbereich, sodass dieser überflüssig ist (so auch BeckOGK/Harke [1. 10. 2025] § 516a Rn 2). Des Weiteren ist § 516a Abs 1 BGB irreführend, insoweit er von einer Derogation der §§ 523 und 524 BGB ausgeht, müssten die übrigen Vorschriften des Schenkungsrechts doch *e contrario* anzuwenden sein, was dem abschließend gedachten Gewährleistungssystem der §§ 327 ff BGB widerspräche (BeckOGK/Harke [1. 10. 2025] § 516a Rn 3 u 6 verweist auf eine richtlinienkonforme Auslegung, vorausgesetzt, man erachte die Vorschrift überhaupt für einschlägig).

III. § 516a Abs 2 BGB

4 Gleiches gilt im Ergebnis für die Vorschrift des § 516a Abs 2 BGB. Bei der Schenkung einer Sache, die digitale Produkte enthält oder mit ihnen verbunden ist, sollen nach § 516a Abs 2 BGB unterschiedliche Vorschriften anwendbar sein, je nach dem, ob ein Mangel an der Sache (Hardware) oder am digitalen Produkt (Software) auftritt. § 516a Abs 2 BGB nimmt dabei auf § 327a Abs 2 BGB Bezug, wonach die Vorschriften des Abschnitts 3 Titel 2a Untertitel 1 nur auf diejenigen Bestandteile des

Vertrags anzuwenden sind, welche die digitalen Produkte betreffen, geht aber nicht über dessen Regelungsrahmen hinaus, sodass auch § 516a Abs 2 BGB keine eigenständige Bedeutung zukommt.

§ 517
Unterlassen eines Vermögenserwerbs

Eine Schenkung liegt nicht vor, wenn jemand zum Vorteil eines anderen einen Vermögenserwerb unterlässt oder auf ein angefallenes, noch nicht endgültig erworbenes Recht verzichtet oder eine Erbschaft oder ein Vermächtnis ausschlägt.

Materialien: MUGDAN Mot II 161; Prot II 739 f; JAKOBS/SCHUBERT, Die Beratung des Bürgerlichen Gesetzbuches 349–353.

Schrifttum

DNotI, Zustimmung des Vertragserben zur beeinträchtigenden Schenkung; Vertretung des Vertragserben aufgrund privatschriftlicher Vollmacht, DNotI-Report 2021, 4
HELLWIG, Die Verträge auf Leistung an Dritte (1899)
KOLLHOSSER, Anm zu BFH, Urt v 24. 7. 2002 – Az II R 33/01, ZEV 2002, 518
PUTZLER, Zur Anwendung der §§ 517, 518 und 780 des Bürgerlichen Gesetzbuches, JW 1901, 387
STÜTZEL, Schenkung und Ausschlagung einer Erbschaft oder eines Vermächtnisses zum Vorteil eines Anderen (1910)
WINDEL, Die Verteilung der Befugnisse zur Entscheidung über Vermögenserwerb zwischen (Gemein-)Schuldner und Konkurs-(Insolvenz-) Verwalter bzw Vollstreckungsgläubiger nach geltendem und künftigem Haftungsrecht, KTS 1995, 367.

Systematische Übersicht

I. Normzweck

1 Nach der Vorstellung des historischen Gesetzgebers dient die Vorschrift der Klarstellung des gesetzlichen Schenkungsbegriffes „im Interesse des praktischen Verständnisses“ (MUGDAN Mot II 161; Vorbem 8 zu §§ 516–534). Insbesondere sollte dadurch die

Entstehung von Rückforderungsansprüchen nach §§ 528 ff BGB unterbunden werden, welche zu einer verworrenen Rechtslage Anlass hätten geben können. Dies hat zu der weithin konsentierten Auffassung geführt, § 517 BGB sei eine **Negativdefinition** der Schenkung und diene der Konkretisierung des Tatbestandsmerkmales „aus dessen Vermögen" im Rahmen des § 516 BGB (MünchKommBGB/Koch § 517 Rn 1; Stützel, Schenkung und Ausschlagung einer Erbschaft oder eines Vermächtnisses zum Vorteil eines Anderen [1910] 30 f misst § 517 BGB eine erläuternde und nachrangig ergänzende Funktion gegenüber § 516 BGB bei). Mit der überwiegenden Ansicht liegt nach § 517 BGB keine Schenkung vor, wenn nichts aus dem Vermögen des „Schenkers" fließt. Das bedeutet, dass § 517 BGB dann einschlägig ist, wenn eine Rechtsposition das Vermögen des „Schenkers" verlässt, die zu keiner tatsächlichen Substanzminderung führt. Diesbezüglich wird kritisch angemerkt, dass der Zuwendende, wenn er auf ein Anwartschaftsrecht verzichtet (vgl Rn 5 f), eine Rechtsposition aufgibt, welche zwar verdinglicht und somit verkehrsfähig und haftungsfähig ist (vgl hierzu auch bereits Windel KTS 1995, 367, 374), aber evident unter § 517 Alt 2 BGB gefasst werden muss (eine teleologische Reduktion der Vorschrift kommt deshalb nicht in Betracht, weil das Anwartschaftsrecht gerade den Hauptanwendungsfall darstellt, vgl Rn 5). Dies lässt sich aber dogmatisch dadurch erklären, dass in diesen Fällen der Zuwendende lediglich – zwar durch die Rechtsprechung der letzten Jahre verdichtete, juristisch betrachtet aber immer noch – Aussichten aufgibt, so dass der **reale Umfang des Vermögens nicht berührt** wird (Savigny, System IV [1841] 26; § 516 Rn 16). So lässt sich auch erklären, dass § 517 BGB zuweilen nicht mit der allgemeinen Lebensanschauung übereinstimmt, welche die Unterlassung des Erwerbs künftigen Vermögens durchaus als Schenkung bezeichnen würde (vgl Heck, Grundriss des Schuldrechts [1929] § 94 Nr 5).

II. Anwendungsbereich des § 517 BGB

2 Nach dem Gesetz lassen sich drei unterschiedliche Fallgruppen unterscheiden, welche durch § 517 BGB vom Schenkungsbegriff ausgenommen werden.

1. Unterlassen eines Vermögenserwerbs, § 517 Alt 1 BGB

3 **Paradigma** des Zwecks von § 517 BGB ist gerade die Alt 1. Hat der Zuwendende sein **Vermögen** durch den Verzicht auf einen Vermögenserwerb **nicht gemindert**, so kann das Regime der §§ 516 ff BGB nicht greifen (anders sieht dies jedoch Windel KTS 1995, 367, 371 f, der auch die im Folgenden genannten Erwerbsaussichten rechtskonstruktiv einer Vermögensposition im Vermögen des „Schenkers" zuordnet). So ist § 517 Alt 1 BGB einschlägig, etwa wenn der Kontrahent das Angebot zum Abschluss eines Vertrags ablehnt oder die Frist zur Annahme verstreichen lässt, wenn ein Anfechtungs- oder Rücktrittsrecht nicht ausgeübt und somit auf den Rückforderungsanspruch gem § 812 Abs 1 S 1 Alt 1 BGB bzw auf die Begründung eines Rückgewährschuldverhältnisses verzichtet wird und wenn der Vertretene ein von einem *falsus procurator* geschlossenes Rechtsgeschäft nicht genehmigt (vgl hierzu Windel KTS 1995, 367, 371; MünchKommBGB/Koch § 517 Rn 2). Gleiches gilt für die Zustimmung des Vertragserben zu einer Schenkung, die der Erblasser zu seinen Lebzeiten tätigt (§ 2287 BGB), und die einen erst mit dem Erbfall entstehenden bereicherungsrechtlichen Anspruch des Vertragserben ausschließen soll (da hier schon der Tatbestand ausgeschlossen wird, der einen solchen Anspruch begründet, vgl DNotI-Report 1/2021, 4, 6, liegt nicht ein § 517 Alt 2 BGB unterfallender Verzicht auf ein angefallenes, aber noch nicht endgültig erworbenes Recht vor). Weiterhin ist

hier der Verzicht auf die Ausübung eines Vor- oder Wiederkaufsrechts einzuordnen. Einen bloßen Verzicht auf eine Erwerbsaussicht stellt auch die Zustimmungserklärung eines Ehegatten zur Zusammenveranlagung im Rahmen der Einkommensteuer nach § 26 EStG dar, wenn der zustimmende Ehegatte selbst einen hohen Verlustvortrag oder Verlustrücktrag zu realisieren hat (FG Rheinland-Pfalz 4. 10. 2001 – 4 K 1832/00, DStRE 2002, 35, 36, wobei das FG dogmatisch ungenau formuliert: Die Zustimmung zur Zusammenveranlagung wird gemäß § 26 Abs 2 S 3 EStG gegenüber dem Finanzamt erklärt, so dass eine Schenkung nur gleichfalls gegenüber dem Ehegatten erklärt sein könnte). In einer solchen Konstellation scheitert freilich die Annahme einer Schenkung schon am Erfordernis der Unentgeltlichkeit. Wenn auch steuerrechtlich keine Pflicht zur Zusammenveranlagung besteht (Tipke/Lang/Hey, Steuerrecht [25. Aufl 2024] Rn 8.843 f), so ergibt sich jedoch eine familienrechtliche Verpflichtung aus § 1353 BGB, die finanziellen Lasten des anderen möglichst zu vermindern (st Rspr, vgl nur BGH 13. 10. 1976 – IV ZR 104/74, NJW 1977, 378; BGH 4. 11. 1987 – IVb ZR 83/86, NJW 1988, 2032, 2033).

2. Verzicht auf ein angefallenes, noch nicht endgültig erworbenes Recht, § 517 Alt 2 BGB

4 Noch nicht endgültig erworbene Rechte sind solche, deren Erwerb durch eine einseitige Erklärung des Erwerbers mit rückwirkender Kraft aufgehoben werden können, so dass es von seinem Entschluss abhängt, ob er das Recht endgültig haben will oder nicht (v Tuhr, AT II 2 [1. Aufl 1918] § 75 I 2 b [S 158 ff]). Hierunter fallen **aufschiebend bedingte Rechte** vor Bedingungseintritt (OLG München 23. 11. 2016 – 20 U 2998/16, ErbR 2017, 634 betreffend einen vormerkungsgesicherten Rückforderungsanspruch für den Fall des Vermögensverfalles) sowie **aufschiebend befristete Rechte** (so auch MünchKommBGB/Koch § 517 Rn 3). Auch wenn der Verzicht auf künftig fällig werdende Zinsen nach dem Wortlaut des § 517 Alt 2 BGB als Schenkung zu qualifizieren ist (vgl Mugdan Mot II 161), so unterfällt es gleichwohl § 517 Alt 1 BGB, wenn der Darlehensgeber bei Abschluss des Darlehensvertrages auf eine Zinsabrede verzichtet, so dass der Zinsanspruch gar nicht erst entstehen kann (Niedersächsisches FG 18. 7. 1978 – III 314/76, III 315/76, EFG 1979, 140). Zuletzt soll auch keine Schenkung vorliegen, wenn ein Hypothekengläubiger auf sein Vorrecht verzichtet (s dazu Putzler JW 1901, 387).

a) Verzicht auf ein Anwartschaftsrecht

5 Strittig ist die Frage, ob der **Verzicht** des Berechtigten auf ein **Anwartschaftsrecht** als Schenkung zu qualifizieren ist. Zutreffend wird ein Anwartschaftsrecht angenommen, wenn von einem mehraktigen Erwerbstatbestand bereits so viele Erfordernisse erfüllt sind, dass von einer gesicherten Rechtsstellung des Erwerbers gesprochen werden kann, die der Veräußerer nicht mehr einseitig zerstören kann (vgl nur BGH 18. 12. 1967 – V ZB 6/67, BGHZ 49, 197, 201, NJW 1968, 493, 494; Staudinger/Bork [2025] Vorbem 53 zu §§ 158–163). Daher trifft der Verzicht in solchen Konstellationen gerade den Wortlaut von § 517 Alt 2 BGB, da das Anwartschaftsrecht in diesem Falle bereits angefallen ist, das Eigentum jedoch noch nicht endgültig erworben wurde. Die Konstellation des Anwartschaftsrechtes ist in den Materialien zum BGB zwar nicht ausdrücklich erwähnt (vgl Mugdan Mot II 161), doch wurde es damals schon als verkehrsfähiger und vererbbarer Vermögenswert einhellig akzeptiert (vgl Mugdan Prot II 710 und die dogmatischen Vorarbeiten von v Tuhr, AT I [1. Aufl 1910] § 9 [180 ff]). Daher besteht kein Grund zu der Annahme, dass das Anwartschaftsrecht nicht unter § 517 Alt 2 BGB fallen sollte. Eine teleologische Reduktion dieser Norm dergestalt, dass

der Verzicht auf ein Anwartschaftsrecht eine Schenkung darstellen soll (Soergel/Eckert § 517 Rn 5; vTuhr, AT II 2 [1. Aufl 1918] § 75 I 2 b [158 ff]), ist nicht geboten. In der heutigen Praxis dürfte der Verzicht auf das Anwartschaftsrecht vielmehr den **Hauptanwendungsfall** dieser Norm darstellen.

6 So ist § 517 Alt 2 BGB auch dann **einschlägig**, wenn bei einer Grundstücksübereignung der Veräußerer die Eintragungsbewilligung nach § 19 GBO sowie die Auflassung erklärt hatte, der Erwerber bereits einen Antrag auf Eigentumsumschreibung beim Grundbuchamt gestellt hatte und anschließend auf das entstandene Anwartschaftsrecht verzichtete (vgl zum Abschluss eines Aufhebungsvertrags vor der Grundbucheintragung BFH 24. 7. 2002 – II R 33/01, ZEV 2002, 518, 519 m Anm Kollhosser). Auch hier gibt es keinen Anlass zu einer zur Annahme einer Schenkung führenden teleologischen Reduktion von § 517 Alt 2 BGB. Denn entgegen einer in der Literatur verbreiteten Meinung (MünchKommBGB/Koch § 517 Rn 4) liegt sowohl beim entgeltlichen als auch beim unentgeltlichen Grundverhältnis (vgl aber FG Mecklenburg-Vorpommern 27. 4. 2001 – 2 K 97/99, DStRE 2002, 106, 107, allerdings zu der Frage, ob eine schenkungssteuerrechtlich relevante Bereicherung iSd § 7 Abs 1 Nr 1 ErbStG vorliegt) im Verzicht auf das Anwartschaftsrecht stets **nur ein Verzicht auf einen Vermögenserwerb**, der weder zur Entreicherung des Verzichtenden noch zu einer Bereicherung des Veräußerers führt. Freilich wird in dem Fall, dass bei einem entgeltlichen Grundverhältnis die Gegenleistung ganz oder teilweise erbracht wurde und der Verzichtende diese beim Veräußerer belässt, eine Schenkung nicht im Verzicht auf das Anwartschaftsrecht liegen, sondern in der **erbrachten Gegenleistung**, soweit Verzichtender und Veräußerer sich darüber einigen, dass diese Zuwendung unentgeltlich erfolgen soll. Das wird regelmäßig anzunehmen sein, wenn die Parteien den ursprünglichen Vertrag nicht rückabwickeln wollen.

b) Zurückweisung einer Drittbegünstigung nach § 333 BGB

7 Weist im Falle eines Vertrages zugunsten Dritter iSd §§ 328 ff BGB der Dritte das ihm zugedachte Forderungsrecht nach § 333 BGB zurück, ist im Hinblick auf die Anwendung des Schenkungsrechts der Besonderheit Rechnung zu tragen, dass § 333 BGB den Grundsatz durchbricht, dass ein erworbenes Forderungsrecht grundsätzlich nicht durch einseitige Erklärung, sondern nur durch Verzicht- oder Erlassvertrag aufgehoben werden kann (Staudinger/Klumpp [2020] § 333 Rn 3). Handelte es sich um eine vertragliche Aufhebung, so wäre unzweifelhaft Schenkungsrecht anwendbar (vgl § 516 Rn 10, 13, 29). Für die Sonderkonstellation gebietet sich jedoch ein differenzierter Ansatz, der danach fragt, ob im **Valutaverhältnis** zwischen Versprechensempfänger und Dritten Entgeltlichkeit oder Unentgeltlichkeit vorliegt (Windel KTS 1995, 367, 375; MünchKommBGB/Koch § 517 Rn 4; **aA** Soergel/Hadding § 333 Rn 8, der die Anwendung des § 333 BGB generell verneint; Hellwig, Die Verträge auf Leistung an Dritte [1899] 229 f, der noch alle Zurückweisungen nach § 333 unter § 517 Alt 2 BGB fasst).

3. Ausschlagung einer Erbschaft oder eines Vermächtnisses, § 517 Alt 3 BGB

8 Zweck der Vorschrift ist es ausweislich der Entstehungsgeschichte, dem Umstand Rechnung zu tragen, dass Erbschaft und Vermächtnis dem Begünstigten *ipso iure* anfallen und dieser durch die **Ausschlagung** eben jener Rechtsposition nicht in weitere Rechtsfolgen verstrickt werden soll (so Mugdan Mot II 161 mit Hinweis auf die „Eigenartigkeit der durch den *ipso jure* Erwerb eintretende[n] Rechtslage"; eingehend zu dieser Alternative und der Rechtfertigung der Herausnahme dieser Konstellationen aus dem Anwendungsbereich des § 516

BGB s STÜTZEL, Schenkung und Ausschlagung einer Erbschaft oder eines Vermächtnisses zum Vorteil eines Anderen [1910] und dabei insbes 57 f zum *ipso iure*-Erwerb). Letztlich folgt § 517 Alt 3 BGB systematisch der *ratio legis* der §§ 1953, 2180 BGB, die die ausgeschlagene Erbschaft oder das ausgeschlagene Vermächtnis als **niemals angefallen** betrachten (RG 17. 4. 1903 – VII 16/03, RGZ 54, 289, 295; s auch STÜTZEL, Schenkung und Ausschlagung einer Erbschaft oder eines Vermächtnisses zum Vorteil eines Anderen [1910] 43 ff). Durch das Schenkungsrecht werden somit keine Konsequenzen gezogen, die das Erbrecht gerade nicht anordnet (anders zur dogmatischen Begründung OERTMANN, Schuldverhältnisse II [5. Aufl 1929] § 517 Nr 1b, nach dem der durch die Ausschlagung Begünstigte nicht durch die Handlung des Ausschlagenden bereichert wird, sondern aufgrund einer Verbindung zum Erblasser einen Vorteil erlangt). Wenn der Ausschlagende durch die Ausschlagung erkennbar nur den Zweck verfolgt, einem anderen dadurch die Erbschaft zu verschaffen, soll diese Auslegung des § 517 Alt 3 BGB allerdings ihre Grenze (HECK, Grundriss des Schuldrechts [1929] § 94 Nr 5a; MünchKommBGB/KOCH § 517 Rn 5) finden. § 517 BGB müsste für diesen Fall also **teleologisch reduziert** werden (anders BeckOGK/HARKE [1. 10. 2025] § 517 Rn 13; SOERGEL/ECKERT § 517 Rn 9).

III. Verzicht außerhalb des Anwendungsbereichs von § 517 BGB

Von § 517 BGB werden die Fälle des Verzichts auf den gemäß § 2317 Abs 1 BGB bereits mit dem Erbfall zum Vermögen des Pflichtteilsberechtigten gehörenden **Pflichtteil** ausweislich der Gesetzesbegründung nicht erfasst (MUGDAN Mot II 161). Grund hierfür ist, dass im Gegensatz zum Vermächtnis der endgültige Anspruchserwerb nicht mehr von einer etwaigen Ausschlagung des Berechtigten abhängt (STAUDINGER/HERZOG [2021] § 2317 Rn 3), so dass eine tatsächliche Minderung des Vermögens des Pflichtteilsberechtigten eintritt, die dem Schenkungsrecht unterfällt (RG 10. 10. 1911 – VII 120/11, RGZ 77, 238, 241). 9

Weiterhin unterfällt der Verzicht auf **betagte Rechte** und auf **künftige, noch nicht fällige Zinsen** nicht § 517 BGB, so dass Schenkungsrecht zur Anwendung gelangt (so bereits ausdrücklich MUGDAN Mot II 161 insoweit Klarheit schaffend, zumal das römische Recht noch nicht fällige Zinsen nicht als Schenkung betrachtete, vgl hierzu MODESTINUS in D. 39. 5. 23pr; vgl OERTMANN, Schuldverhältnisse II [5. Aufl 1929] § 517 Nr 2; BeckOGK/HARKE [1. 10. 2025] § 517 Rn 9). 10

§ 518
Form des Schenkungsversprechens

(1) Zur Gültigkeit eines Vertrags, durch den eine Leistung schenkweise versprochen wird, ist die notarielle Beurkundung des Versprechens erforderlich. Das Gleiche gilt, wenn ein Schuldversprechen oder ein Schuldanerkenntnis der in den §§ 780, 781 bezeichneten Art schenkweise erteilt wird, von dem Versprechen oder der Anerkennungserklärung.

(2) Der Mangel der Form wird durch die Bewirkung der versprochenen Leistung geheilt.

Materialien: MUGDAN Mot II 161 ff; Prot II 740 ff; JAKOBS/SCHUBERT, Die Beratung des Bürgerlichen Gesetzbuches 354–367.

Schrifttum

BAASCH, Lebzeitige Kapitalzuwendungen an Minderjährige auf Spar- und Girokonten am Beispiel der Schenkung und Kontoleihe (2021)
BORK, Schenkungsvollzug mit Hilfe einer Vollmacht, JZ 1988, 1059
BUDZIKIEWICZ, Zur Qualifikation der Brautgabevereinbarung, IPRax 2022, 40
BÜSSELBERG, Anm zu BGH, Urt v 29. 1. 1964 – Az V ZR 209/61, NJW 1964, 1124
CHIUSI, Auswirkungen des Abstraktionsprinzips auf die Formvorschriften des Schenkungsrechts, in: Revista de stiinte juridice, 2 (2016) 38
dies, Die Heilung Formnichtiger Schenkungen. Ein Rechtsvergleichender Überblick, in: 90. Kuruluş Yildönümü Armağani, 353
DAMRAU, Sparbücher – vererbt oder für den Todesfall anderweitig verschenkt, ZErb 2008, 221
DUTTA, Anm zu BGH, Beschl v 18. 3. 2020 – XII ZB 380/19, FamRZ 2020, 1073
ECKSTEIN, Das Schenkungsversprechen AcP 107 (1911) 384
ESSKANDARI/BICK, Anm zu BGH, Urt v 20. 11. 2018 – X ZR 115/16, ErbStB 2019, 166
FINGER, Anm zu KG, Urt v 29. 4. 1971 – Az 12 U 80/71, NJW 1972, 497
FREIHERR VON PROFF ZU IRNICH, Ende des Ausgleichsverbots bei gescheiterter nichtehelicher Lebensgemeinschaft, NJW 2008, 3266
GÖTZ, Oder-Konten als Schenkungsteuerfalle, ZEV 2011, 408
GRUNEWALD, Sportsponsoring und Schenkungsrecht. Zugleich Anm zu BGH. Urt v 28. 5. 2009 – Xa ZR 9/08, ZGS 2010, 164–165
HERRMANN, Sogenannte Schenkungen stiller Beteiligungen, ZHR 147 (1983) 313
dies, Vollzug von Schenkungen nach § 518 II BGB (1978)
dies, Vollzug von Schenkungen nach § 518 II BGB, MDR 1980, 883
HUBER, Vermögensanteil, Kapitalanteil und Gesellschaftsanteil an Personalgesellschaften des Handelsrechts (1970)
HUECK, Anm zu BGH, Urt v 29. 10. 1952 – II ZR 16/52, NJW 1953, 138
IHLE, Anm zu BFH, Urt v 17. 7. 2014 – IV R 52/11, MittBayNot 2015, 353
IVENS, Rückforderung geschenkter Personengesellschaftsanteile, ZErb 2010, 286
KANZLER, Anm zu BFH, Urt v 17. 7. 2014 – IV R 52/11, FR 2015, 76
KOCH, Die Entwicklung der Rechtsprechung zum Zugewinnausgleich, FamRZ 2020, 1517
dies, Formbedürftigkeit des Brautgabeversprechens, FF 2020, 487
KOLLHOSSER, Aktuelle Fragen der vorweggenommenen Erbfolge, AcP 194 (1994) 231
LANGE, Die Eindämmung von Nichtigkeit und Anfechtbarkeit, AcP 44 (1938) 149
LIESECKE, Neuere Entwicklungen im internationalen Scheckrecht, WM 1971, 1222
MAJER, Die Morgengabe im deutschen Sachrecht – Unter besonderer Berücksichtigung der Sittenwidrigkeit, NZFam 2022, 58
MENSCH, Anm zu BGH, Urt v 28. 6. 2016 – X ZR 65/14, notar 2017, 438
MOHRHARD, „Unbenannte Zuwendungen“ zwischen Ehegatten – Rechtsfolgen und Grenzen der Vertragsgestaltung, NJW 1987, 1734
OBERMANN, Anm zu Beschl v 18. 3. 2020 – XII ZB 380/19, NJW 2020, 2024
POHLMANN, Die Heilung formnichtiger Verpflichtungsgeschäfte durch Erfüllung (1992)
REICHEL, Zur Behandlung formnichtiger Verpflichtungsgeschäfte, AcP 104 (1909) 1
REIMANN, Anm zu BGH Urt v 29. 11. 2011 – II ZR 306/09, ZEV 2012, 167
REINHART, Das Verhältnis von Formnichtigkeit und Heilung des Formmangels im bürgerlichen Recht (1969)
REINICKE, Anm zu BGH Urt v 27. 10. 1967 – V ZR 153/64, NJW 1968, 39
REINICKE/TIEDTKE, Heilung eines formnichtigen Vorvertrages und ihre Auswirkung auf die Vertragsstrafe, NJW 1982, 1430
ROHLFING, Formmangel eines Schenkungsver-

trags über das gesamte gegenwärtige Vermögen – Anm zu BGH, Urt v 28. 6. 2016 – X 65/14, FamRB 2016, 470
Rümelin, Zur Lehre von den Schuldversprechen und Schuldanerkenntnis des BGB, AcP 97 (1905) 211
Sandweg, Ehebedingte Zuwendungen und ihre Drittwirkung, NJW 1989, 1965
Sarres, Anm zu OLG Karlsruhe Urt v 8. 1. 2019 – 9 U 5/17, FamRB 2019, 315
Schmalz-Brüggemann, Die Rechtsstellung des Bezugsberechtigten aus einem Lebensversicherungsvertrag nach testamentarischen Widerruf der Bezugsberechtigung, ZEV 1996, 84
Schmidt, Die Schenkung von Personengesellschaftsanteilen durch Einbuchung, BB 1990, 1992
ders, Formfreie Schenkung von stillen Beteiligungen und Unterbeteiligungen? – Nachdenken über eine fünfzig Jahre alte Rechtstradition, DB 2002, 829
ders, Schenkungsvollzug bei atypischer Unterbeteiligung („Unseld") – BGH, Urt v 29. 11. 2011 – II ZR 306/09, JbFfSt 2012/2013, 404
Schnauder, Anm zu OLG Karlsruhe, Urt v 8. 1. 2019 – 9 U 5/17, jurisPR-BKR 6/2019 Anm 5
ders, Nachlassstreit ums Sparbuch – Beweisfragen zur Schenkung im Prozess – zugleich Anmerkung zu LG Koblenz, Urt v 18. 4. 2024 – 3 O 457/23, juris-PR-BKR 4/2025 Anm 1
Seibert, Erfüllung und Konvaleszenz, JZ 1981, 380
Siber, Die schuldrechtliche Vertragsfreiheit, JherJB 70 (1921) 223
Tebben, Unterbeteiligung und Treuhand an Gesellschaftsanteilen (2000)
Thieme, Anm zu BGH, Urt v 11. 6. 1960 – V ZR 200/58, MDR 1960, 1004
Wacke, Donatio non praesumitur, AcP 191 (1991) 1
ders, Donner et retenir ne vaut: Kein Schenkungsvollzug ohne Aushändigung, AcP 2001 (201) 256
Walter, Anm zu KG, Urt v 29. 4. 1971 – 12 U 80/71, NJW 1971, 2311
Yassari, Anm zu AG München, Beschl v 10. 8. 2018 – Az 527 F 12575/17, FamRZ 2019, 867.

Systematische Übersicht

Alphabetische Übersicht

I. Normzweck und Tatbestand

Dient die vollzogene Handschenkung des § 516 BGB in erster Linie dazu, den Rechtserwerb durch Schaffung eines Behaltensgrundes kondiktionsfest auszugestalten (s nur Larenz, Schuldrecht BT II/1 [13. Aufl 1986] § 47 I [200]; zur Diskussion über die Natur der Handschenkung vgl Eckstein AcP 107 [1911] 384, 387 sowie Vorbem 42 zu §§ 516–534 und § 516 Rn 1, 3), so betrifft § 518 BGB das **Schenkungsversprechen**, welches ein Stadium der Vertragsbegründung und ein Stadium der Vertragserfüllung iSd §§ 362 ff BGB kennt. Bisweilen wird auf die zugleich den Vertragsschluss bewirkende Vollziehung einer Handschenkung sowohl § 516 BGB als auch § 518 Abs 2 BGB angewandt (OLG Hamburg 16. 2. 1960 – 2 W 8/60, NJW 1961, 76). Richtiger ist, von einer nicht formbedürftigen Handschenkung auszugehen, die als Realvertrag erst durch die schuldrechtliche Einigung und Übergabe des Schenkungsgegenstandes wirksam wird. Liegt hingegen ein Schenkungsversprechen vor, so ist das Formerfordernis des § 518 BGB zu beachten (vgl Herrmann MDR 1980, 883, 886). Von der Rechtsfolge her ist das freilich nur dann von Bedeutung, wenn zwar ein Schenkungsversprechen nach § 518 Abs 1 BGB vorliegt, der Vollzug nach Abs 2 jedoch ein Defizit aufweist (Herrmann, Vollzug von Schenkungen nach § 518 II [1978] BGB 73), was insbesondere bei bedingten oder befristeten Schenkungen wichtig werden kann (Rn 48). 1

§ 518 Abs 1 BGB **durchbricht** den Grundsatz der **Formfreiheit** bei der Schenkung zugunsten der Form der notariellen Beurkundung iSd § 128 BGB und der §§ 6 ff BeurkG, welche allerdings nach § 127a BGB im Falle eines gerichtlichen Vergleichs durch Aufnahme in das nach den Vorschriften der ZPO zu errichtende Protokoll ersetzt werden kann. Zweck des Formerfordernisses ist neben der **Beweissicherung** – vorwiegend bei Schenkungsversprechen zwischenzeitlich Verstorbener – und dem Schutz vor Umgehung erbrechtlicher Vorschriften (vgl hierzu Mugdan Mot II 162 f) insbesondere der **Übereilungsschutz**. 2

Das in der 1. Kommission aufgekommene, **typisch pandektistische Problem**, ob der Schenker das nichtige Schenkungsversprechen in Kenntnis der Nichtigkeit *animo do-* 3 *nandi* auf der Grundlage eines neuen eigenständigen Schenkungsversprechens formlos oder in Unkenntnis der Nichtigkeit irrig *animo solvendi* mit der Konsequenz eines Rückforderungsanspruchs erfüllt, hat sich durch die Fassung des § 518 Abs 1 BGB **erledigt** (vgl hierzu Mugdan Mot II 163 f sowie Prot II 741; hierzu ausführlich Pohlmann, Die Heilung formnichtiger Verpflichtungsgeschäfte durch Erfüllung [1992] 82; vgl auch Chiusi, Die Heilung Formnichtiger Schenkungen. Ein Rechtsvergleichender Überblick, in: 90. Kuruluş Yildönümü Armağani, 353).

II. § 518 Abs 1 BGB

1. Schenkungsversprechen, § 518 Abs 1 S 1 BGB

a) Gegenstand des Formerfordernisses

4 **Jedes Schenkungsversprechen** unterliegt dem Formerfordernis des § 518 Abs 1 S 1 BGB. Darunter lässt sich jedes Rechtsgeschäft fassen, welches bis auf den Vollzug iSd § 518 Abs 2 BGB alle Voraussetzungen der Handschenkung nach § 516 Abs 1 BGB erfüllt (MünchKommBGB/Koch § 518 Rn 2). § 518 Abs 1 BGB gilt auch bei remuneratorischen Schenkungen (vgl zum Fall einer vom Sponsor ausgelobten Siegprämie BGH 28. 5. 2009 – Xa ZR 9/08, NJW 2009, 2737 f; vgl hierzu Grunewald ZGS 2010, 164 f), mittelbaren Schenkungen (was nach BFH 10. 11. 2004 – II R 44/02, BFHE 207, 360, BStBl II 2005, 188, 189 f, NJW 2005, 927, 928 allerdings nicht für die Zusage, den Kaufpreis übernehmen zu wollen, gelten soll), Pflicht- und Anstandsschenkungen (RG 30. 9. 1929 – IV 800/28, RGZ 125, 380, 384) und bei Handelsgeschäften iSd § 343 HGB (MünchKommBGB/Koch § 518 Rn 2).

5 Eine entsprechende Anwendung des § 518 Abs 1 S 1 BGB auf **ehebedingte Zuwendungen** wird vom XII Zivilsenat des BGH in seiner neuesten Rechtsprechung bejaht (BGH 18. 3. 2020 – XII ZB 380/19, NJW 2020, 2024 m Anm Obermann; vgl allg zum Diskussionsstand § 516 Rn 87 ff; auch MünchKommBGB/Koch § 516 Rn 60 ff). Hierfür spreche Sinn und Zweck des § 518 BGB, der dem Zuwendenden vor Augen führen solle, dass seine Leistung objektiv unentgeltlich ist; eine Unterscheidung von Schenkung und ehebedingter Zuwendung finde sich nur bei dem subjektiven Tatbestand (BGH 18. 3. 2020 – XII ZB 380/19, NJW 2020, 2024 m Anm Obermann; iE auch MünchKommBGB/Koch § 518 Rn 3, der jedoch die unbenannten Zuwendungen generell der Schenkung zuordnet). Darüber hinaus wird unzutreffend vorgebracht, die Formfreiheit der ehebedingten Zuwendung unterlaufe zwingende Formerfordernisse des Erbrechts (so Sandweg NJW 1989, 1965, 1969, dessen Beispiel jedoch eine Sonderkonstellation betrifft; offen gelassen von OLG Schleswig 4. 10. 2006 – 15 UF 50/06, NJW-RR 2007, 508, 509) und sei dogmatisch nicht vertretbar, da eine unbenannte Zuwendung zwar einen Behaltensgrund darstelle, eine nicht vollzogene Zuwendung aber keinen Erfüllungsanspruch begründen könne, so dass auf letztere § 518 Abs 1 BGB in jedem Falle Anwendung fände (Sandweg NJW 1989, 1965, 1969; auf die psychologische Vergleichbarkeit der Interessenlage bei Schenkung und unbenannter Zuwendung abstellend Soergel/Eckert § 518 Rn 2). Vorzugswürdig ist es, von einer Anwendung des § 518 BGB auf unbenannte Zuwendungen abzusehen. Einer solchen steht nicht nur der Vergleich mit § 1624 BGB entgegen, der für das Ausstattungsversprechen ebenfalls nicht die Anwendbarkeit der schenkungsrechtlichen Vorschriften und insbesondere des § 518 Abs 1 BGB vorsieht (so auch Morhard NJW 1987, 1734, 1736; stillschweigend geht auch OLG Köln 22. 11. 2000 – 11 U 84/00, FamRZ 2001, 1608, MDR 2001, 756 davon aus, dass wegen Vorliegens einer unbenannten Zuwendung § 518 Abs 1 BGB keine Anwendung finde; gegen ein Formerfordernis auch OLG Bremen 6. 5. 1999 – 5 U 35/98, FamRZ 2000, 671), sondern viel-

mehr auch der Umstand, dass eine „nicht vollzogene Zuwendung“ **begriffslogisch** keine Zuwendung darstellen kann. Daher wird die Frage der Formbedürftigkeit ehebedingter Zuwendungen grundsätzlich nicht relevant sein, denn sobald die Zuwendung erbracht ist, wäre in schenkungsrechtlicher Terminologie entweder von einer Handschenkung nach § 516 Abs 1 BGB auszugehen oder es läge ein Schenkungsvollzug nach § 518 Abs 2 BGB vor (vgl so auch vPROFF NJW 2008, 3266, 3270).

Auch auf die sog **Mahirvereinbarung** (auch Brautgabevereinbarung oder Morgengabeverpflichtung) nach islamischer Tradition sei nach höchstrichterlicher Rechtsprechung – sofern sie nicht ohnehin als Ehevertrag oder als Vereinbarung über den nachehelichen Unterhalt formbedürftig ist – § 518 BGB analog anzuwenden (BGH 18. 3. 2020 – XII ZB 380/19, NJW 2020, 2024 m Anm OBERMANN; OLG Frankfurt 11. 12. 2019 – 4 UF 23/19, FamRZ 2020 905 m krit Anm DUTTA, der darauf hinweist, dass sich dieser Formzwang im Regelfall zu Lasten der Ehefrau auswirkt, was zwar rechtssoziologisch aber nicht rechtsdogmatisch relevant ist, sofern die Mahir als Schenkung angesehen wird; aufmerksam auf die rechtssoziologische Bedeutung auch KOCH FamRZ 2020, 1517, 1521; OLG Frankfurt 26. 4. 2019 – 8 UF 192/17, MDR 2019, 1136, 1137; AG München 9. 8. 2018 – 527 F 12575/17, FamRZ 2019, 866, 867 m Anm YASSARI; **aA** OLG Saarbrücken 9. 3. 2005 – 9 UF 33/04, NJW-RR 2005, 1306). Sofern man bei einer Streitfrage mit Auslandsbezug zur Anwendbarkeit deutschen Sachrechts kommt (hierzu BUDZIKIEWICZ IPRax 2022, 40 ff), stellt die Mahirvereinbarung aufgrund ihres Ehebezuges keine Schenkung dar, sondern ist als familienrechtlicher Vertrag *sui generis* einzuordnen, der Übereinstimmungen mit dem in der Rechtsprechung entwickelten Rechtsinstitut der unbenannten Zuwendung aufweist (BGH 18. 3. 2020 – XII ZB 380/19, NJW 2020, 2024 m Anm OBERMANN; OLG Celle 24. 1. 2023 – 17 WF 8/23, FamRZ 2023, 679, 680; KOCH FF 2020, 487, 490 weist zutreffend auf die Unterschiede der Interessenlage hin, die gegen eine gerade auf Vergleichbarkeit der Interessenlage basierende analoge Anwendung von § 518 BGB sprechen; aufgrund des versorgungsrechtlichen Charakters der Morgengabe für eine auf §§ 1585c, 1410, 1378 Abs 3, 518 BGB, § 7 Abs 1 VersAusglG gestützte Gesamtanalogie MAJER NZFam 2022, 58, 59). 6

Nicht der Form des § 518 Abs 1 BGB unterfallen Ausstattungsversprechen der Eltern an ihre Kinder iSd **§ 1624 Abs 1 BGB**, da Sinn der Privilegierung solcher Zuwendungen gerade ist, das Schenkungsrecht *in toto* zu derogieren (vgl STAUDINGER/LUGANI [2020] § 1624 Rn 1 u 26). Zuwendungen Dritter unterliegen freilich dem Schenkungsrecht und somit auch § 518 Abs 1 BGB. 7

Nach dem Wortlaut des § 518 Abs 1 S 1 BGB ist nur das **Versprechen beurkundungsbedürftig**, mithin also die Willenserklärung des Schenkers. Der Beschenkte kann den Antrag formlos annehmen, wenn von Gesetzes wegen nicht eine besondere Form vorgesehen ist (vgl bspw § 311b Abs 1 S 1, Abs 3, Abs 5 S 2 BGB, §§ 2033, 2371, 2385 BGB, § 15 GmbHG). 8

b) Umfang des Formerfordernisses

Das Schenkungsversprechen ist **in vollem Umfang** zu beurkunden, so dass insbesondere auch vorbehaltene Rechte des Schenkers und Auflagen mit zu beurkunden sind (OLG Köln 31. 5. 1995 – 2 U 181/94, NJW-RR 1995, 1224, 1225; MünchKommBGB/KOCH § 518 Rn 4; BeckOGK/HARKE [1. 10. 2025] § 518 Rn 16; zum Formerfordernis bei gemischten Schenkungen s § 516 Rn 75 f, 79, 82). Nachträgliche **Erweiterungen** eines bereits formgültig beurkundeten Schenkungsversprechens bedürfen nur dann wiederum der Beurkundung, 9 wenn die Leistungspflicht des Schenkers unentgeltlich erweitert wird (statt aller MünchKommBGB/Koch § 518 Rn 3). Der Sache nach handelt es sich mithin um eine teleologische Reduktion der Formvorschrift des § 518 Abs 1 S 1 BGB. Nachträgliche **Einschränkungen** der Pflichten des Schenkers sind dogmatisch zwar als teilweiser Schulderlass zu qualifizieren, der Verfügungscharakter eines Vertrages nach § 397 Abs 1 BGB führt jedoch dazu, dass hier eine bloße Handschenkung iSd § 516 Abs 1 BGB vorliegt (MünchKommBGB/Koch § 518 Rn 3).

10 Die Rechtsprechung geht zutreffend davon aus, dass die **Unentgeltlichkeit** der Zuwendung **nicht eigens** beurkundet werden muss (RG 7. 2. 1920 – V 343/19, RGZ 98, 124, 128 f; RG 15. 12. 1920 – V 320/20, RGZ 101, 99, 101; KG Berlin 18. 6. 1999 – 15 U 3743/98, 15 U 3743/98 [187/99], MDR 2000, 147). Die dagegen vorgebrachte Kritik, Sinn und Zweck des Formerfordernisses sei gerade der Schutz vor übereilten unentgeltlichen Zuwendungen (Soergel/Eckert § 518 Rn 4; krit auch BeckOGK/Harke [1. 10. 2025] § 518 Rn 15), verkennt, dass die notariellen Aufklärungspflichten gemäß § 17 Abs 1 BeurkG im Vorfeld der Beurkundung dem Übereilungsschutz ausreichend Rechnung tragen (so auch MünchKommBGB/Koch § 518 Rn 4), vor allem aber, dass sich die Unentgeltlichkeit aus dem Gesamtkontext der Urkunde ergibt und die Beurkundung wesentlicher Nebenabreden im Zweifel bereits aus der Aufklärungspflicht des Notars folgt. Damit erübrigen sich auch die Bedenken (so noch Erman/Herrmann [13. Aufl 2011] § 518 Rn 3) hinsichtlich einer eventuellen Gefahr unvollständiger Beurkundung bzw beweisrechtlicher Probleme.

2. Schuldversprechen und -anerkenntnis, § 518 Abs 1 S 2 BGB

a) Grundsatz

11 Der Grund für die Ausdehnung des Formerfordernisses auf Schuldanerkenntnisse und Schuldversprechen in § 518 Abs 1 S 2 BGB liegt in der **Abstraktheit der Verfügungen** nach §§ 780, 781 BGB. Beließe man es bei dem Formerfordernis des § 518 Abs 1 S 1 BGB, so wäre es den Parteien möglich, den **Übereilungsschutz** durch die Leistung eines abstrakten Schuldanerkenntnisses neben oder gleichzeitig mit einem formunwirksamen Schenkungsversprechen zu **umgehen**, welches aufgrund seines Verfügungscharakters einen Schenkungsvollzug nach § 518 Abs 2 BGB bedeuten würde, der Sache nach aber nur einen Anspruch durch einen anderen ersetzen würde (vgl MünchKommBGB/Koch § 518 Rn 5). Da angesichts der Heilung eine Kondiktion des abstrakten Schuldanerkenntnisses ausgeschlossen ist, muss die Formunwirksamkeit des Schenkungsversprechens auch auf das zu dessen Erfüllung abgegebene abstrakte Schuldanerkenntnis durchgreifen. Hierin kann man eine Einschränkung des Trennungs- und Abstraktionsprinzips sehen, weil das an sich abstrakte Geschäft wegen der Besonderheit des ihm zugrunde liegenden Kausalgeschäfts einer besonderen Form unterworfen wird (vgl in diese Richtung bereits Rümelin AcP 97 [1905] 211, 343; Mugdan Prot II 743 f).

b) Analoge Anwendung auf andere Schuldversprechen

12 Der Wortlaut des § 518 Abs 1 S 2 BGB beschränkt sich auf abstrakte Schuldversprechen und -anerkenntnisse iSd §§ 780, 781 BGB. Nach allgemein konsentierter Auffassung ist das Formerfordernis zur effektiven Umsetzung des Übereilungsschutzes auf alle Formen des abstrakten Schuldversprechens im Wege der Analogie anzuwenden (allg Ansicht vgl nur BGH 12. 4. 1978 – IV ZR 68/77, NJW 1978, 2027; BGH 6. 3. 1975 – II ZR

150/74, BGHZ 64, 340, 341, NJW 1975, 1881, 1882; MünchKommBGB/Koch § 518 Rn 6). So stellt auch der **Begebungsvertrag** zum Inverkehrbringen eines Schecks iSd des ScheckG ein von der Scheckabrede losgelöstes abstraktes Schuldversprechen dar (Ebenroth/Boujong/Hakenberg/Rock [5. Aufl 2024], HGB Bank- und Börsenrecht II Kap 3 Teil 1 B III Rn 111), welches bei schenkweiser Zuwendung der Form des § 518 Abs 1 S 2 BGB analog entsprechen muss (BGH 6. 3. 1975 – II ZR 150/74, BGHZ 64, 340, 341, NJW 1975, 1881, 1882). Gleiches gilt für den Fall eines Wechselakzepts (RG 16. 6. 1909 – I 189/09, RGZ 71, 289, 291 ff) oder eines Anweisungsakzepts (MünchKommBGB/Koch § 518 Rn 6).

3. Rechtsfolge

Folge der Nichteinhaltung der von § 518 Abs 1 BGB geforderten Form ist die **Nichtigkeit** des Schenkungsversprechens nach **§ 125 S 1 BGB**. Eine Ausnahme davon ist nach Treu und Glauben dann geboten, wenn die Berufung auf die Formnichtigkeit des Schenkungsversprechens rechtsmissbräuchlich wäre. Hieran sind jedoch hohe Maßstäbe zu setzen, so dass nur dann die Willenserklärung des Schenkers nach § 242 BGB aufrechterhalten werden kann, wenn das Ergebnis die betroffene Partei nicht nur hart trifft, sondern die Folgen schlechthin untragbar sind (vgl BGH 27. 10. 1967 – V ZR 153/64, BGHZ 48, 396, 398, NJW 1968, 39, 42 m abl Anm Reinicke; BGH 24. 4. 1998 – V ZR 197/97, NJW 1998, 2350, 2352 zum Formerfordernis des § 313 aF [= § 311b Abs 1 S 1 BGB nF]). Dies ist insbesondere der Fall, wenn die Berufung auf den Formmangel zur Existenzgefährdung einer Partei führt oder die Nichtbeurkundung auf eine besonders schwerwiegende Treupflichtverletzung des anderen Teils zurückzuführen ist (st Rspr, vgl nur BGH 18. 2. 1955 – V ZR 108/53, BGHZ 16, 334, 336; BGH 3. 12. 1958 – V ZR 28/57, BGZ 29, 6, 10 f, NJW 1959, 626; BGH 27. 10. 1967 – V ZR 153/64, BGHZ 48, 396, 397, NJW 1968, 39; zur Problematik des Rechtsmissbrauchs vgl auch die Kommentierung bei Staudinger/Looschelders/Olzen [2024] § 242 Rn 213 ff). 13

Die eindeutige Rechtsfolge präjudiziert freilich weder die Möglichkeit der **Bestätigung** des Rechtsgeschäfts nach § 141 BGB noch der Heilung nach § 518 Abs 2 BGB. Außerdem kann ein formnichtiges Schenkungsversprechen nach § 140 BGB in eine letztwillige Verfügung **umgedeutet** werden. Hierbei handelt es sich regelmäßig jedoch nur um ein Vermächtnis, da sonst die Universalsukzession iRd Ersatzgeschäftes weiter ginge als das ursprünglich intendierte Geschäft (KG Berlin 26. 5. 2009 – 1 W 61/08, FamRZ 2009, 1621). Eine Ausnahme von dieser Regel soll nur dann denkbar sein, wenn der Schenkungsgegenstand den einzigen Vermögenswert des Erblassers darstellt (KG Berlin 26. 5. 2009 – 1 W 61/08). 14

III. Die Bewirkung der Leistung nach § 518 Abs 2 BGB

1. Dogmatische Begründung

Die Heilung des Formmangels durch die Bewirkung der Leistung wurde dogmatisch **unterschiedlich begründet** (für einem Überblick über den Meinungsstand s Pohlmann, Die Heilung formnichtiger Verpflichtungsgeschäfte durch Erfüllung [1992] 38 ff). So ist man von einer formlos gültigen Rechtsgrundabrede, welche sich vom ursprünglich nichtigen Vertrag trennen lässt (Reichel AcP 104 [1909] 1, 37; Siber JherJB 70 [1921] 223, 237), von einer Bestätigung des formnichtigen Schenkungsversprechens durch Bewirkung (Lange AcP 144 [1938] 149, 158; Flume [4. Aufl 1992], Bürgerliches Recht AT 2 § 15 III 4 c) aa); Reinicke/ 15

Tiedtke NJW 1982, 1430, 1433) oder von einer Einschränkung des § 125 S 1 BGB wegen Erreichung der Formzwecke durch Vornahme (Reinhart, Das Verhältnis von Formnichtigkeit und Heilung des Formmangels im bürgerlichen Recht [1969]) ausgegangen. Sporadisch hat die Rechtsprechung dazu Stellung genommen; so wurde teilweise in der Bewirkung eine gesetzliche Bedingung zur Wirksamkeit gesehen (RG 23. 11. 1931 – VIII 252/31, RGZ 134, 243, 246), teilweise wurde mit der **Erreichung der Formzwecke** argumentiert (RG 19. 9. 1914 – V 83/14, RGZ 85, 272, 274; BGH 5. 11. 1982 – V ZR 228/80, BGHZ 85, 245, 250, NJW 1983, 566, 567; BGH 29. 5. 1952 – IV ZR 167/51, NJW 1952, 1171), ein Rückforderungsausschluss aus Gründen der **Rechtssicherheit** postuliert (BGH 9. 3. 1979 – V ZR 85/77, BGHZ 73, 392, 397, NJW 1979, 1773, 1774) oder auch eine Kombination dieser Aspekte vorgenommen (BGH 28. 6. 2016 – X ZR 65/14, FamRZ 2016, 1923, 1924, FamRB 2016, 470 f m Anm Rohlfing, notar 2017, 438 f m Anm Mensch). Richtigerweise ist auf die Realisierung des Formzweckes abzustellen: Mit Vollzug der Schenkung ist kein **Übereilungsschutz** mehr geboten. Ausgehend von dieser Zwecksetzung ist die Heilung durch Bewirken der Leistung auf den Formmangel nach § 518 Abs 1 BGB beschränkt und kann nicht auf einen zugleich vorliegenden Formmangel nach § 311b Abs 3 BGB übertragen werden (BGH 28. 6. 2016 – X ZR 65/14, FamRZ 2016, 1923, 1924, FamRB 2016, 470 f m Anm Rohlfing, notar 2017, 438 f m Anm Mensch).

2. Begriff der Bewirkung

16 Der Schenker muss die versprochene Leistung **freiwillig** erbringen, so dass ein Schenkungsvollzug im Rahmen der Zwangsvollstreckung oder der Aufrechnung ausscheidet (Mugdan Mot II 163 f). Es kommt dabei nicht darauf an, ob der Schenker den Formmangel des Schenkungsversprechens kennt (Mugdan Prot II 741 f). Bloß vorbereitende und sichernde Handlungen reichen nicht aus (BGH 16. 4. 1986 – IVa ZR 198/84, NJW-RR 1986, 1133, 1134). Ausreichend ist es, wenn der Begünstigte selbst oder ein Dritter nach dem Tode des Schenkers die Schenkung kraft **transmortaler Vollmacht** vollzieht (BGH 5. 3. 1986 – IVa ZR 141/84, NJW 1986, 2107, 2108; BGH 12. 11. 1986 – IVa ZR 77/85, BGHZ 99, 97, 99 ff, NJW 1987, 840; BGH 14. 7. 1976 – IV ZR 123/75, WM 1976, 1130, 1132; BGH 23. 2. 1983 – IVa ZR 186/81, BGHZ 87, 19, 22 f, NJW 1983, 1487, 1488).

17 Mit dem Begriff der „Bewirkung" drückt man sprachlich zwar nicht zwingend die Herbeiführung des **Leistungserfolges** aus (ähnlich Pohlmann, Die Heilung formnichtiger Verpflichtungsgeschäfte durch Erfüllung [1992] 105). Schon die historische Auslegung aber zeigt, dass auf den Leistungserfolg und nicht etwa auf die Leistungshandlung abzustellen ist (so iE auch Herrmann MDR 1980, 883, 885; Schmidt DB 2002, 829, 830 f; Seibert JZ 1981, 380; anders BeckOGK/Harke [1. 10. 2025] § 518 Rn 23), denn der Begriff der Bewirkung ging aus § 441 des BGB-EI hervor, der von „Veräußerung" sprach und damit einen bereits geschehenen Vermögensabfluss im Sinne der Perfektion des dinglichen Geschäfts meinte (vgl Mugdan Mot II 163; Schmidt DB 2002, 829, 831). Die Heilungsvorschrift des § 518 Abs 2 BGB sollte nach den Vorstellungen der 2. Kommission der Rechtssicherheit dienen, was erst dann erreicht werden könne, wenn durch die Zuwendung ein definitiver Rechtszustand geschaffen werde (vgl Mugdan Prot II 740 ff; Herrmann MDR 1980, 883, 885). Damit korreliert, dass erst durch den Eintritt des Leistungserfolgs ein spürbarer Vermögensnachteil für den Schenker eintritt (anders Pohlmann 106) und somit der Übereilungsschutz möglichst lange gewährleistet wird. Die Rechtsprechung scheint dies freilich zu relativieren, indem sie den Leistungserfolg insoweit nicht verlangt, als der Schenker alles getan haben muss, was von seiner Seite

zum Erwerb des Schenkungsgegenstandes durch den Beschenkten notwendig sei (BGH 6. 3. 1970 – V ZR 57/67, NJW 1970, 941, 942; BGH 25. 7. 1970 – III ZR 141/68, NJW 1970, 1638, 1639 f; BGH 14. 7. 1971 – III ZR 91/70, WM 1971, 1338, 1339; OLG Brandenburg 15. 10. 2024 – 3 U 149/22, juris Rn 43; krit dazu Herrmann MDR 1980, 883, 885, die die Formel für juristisch nicht verwertbar hält).

3. Der Tod des Schenkers vor der Bewirkung

Verstirbt der Schenker vor Eintritt des Leistungserfolges, so kann gleichwohl die Schenkung **wirksam vollzogen** werden, sei es durch die Erben, durch Boten oder einen Dritten mit entsprechender Vollmacht (allg Ansicht, vgl nur BGH 12. 11. 1986 – IVa ZR 77/85, BGHZ 99, 97, 99 ff, NJW 1987, 840). Dies könnte unter dem Aspekt überraschen, dass im Rahmen des § 2301 Abs 2 BGB angenommen wird, mit dem Tode des Schenkers sei kein Vollzug mehr möglich (allg Ansicht, vgl Staudinger/Raff [2022] § 2301 Rn 23, so § 516 Rn 164 f). Die unterschiedliche Auslegung beruht aber auf den **systematischen Unterschieden zwischen § 518 BGB und § 2301 BGB**. § 2301 BGB dient der Abgrenzung zwischen lebzeitigen Verfügungen und solchen von Todes wegen und erklärt in Absatz 2 für den lebzeitigen Vollzug durch den Schenker die Vorschriften der §§ 516 ff BGB für anwendbar, welche dann denklogisch nicht mehr beim Vollzug nach dem Tode des Schenkers anwendbar sein können, da dies der Funktion der Norm, die Umgehung erbrechtlicher Formvorschriften zu verhindern, zuwiderlaufen würde (vgl Herrmann, Vollzug von Schenkungen nach § 518 II BGB [1978] 79 ff; Herrmann MDR 1980, 883, 886). Dagegen ist § 518 BGB nicht im Hinblick auf den Tod des Schenkers konzipiert, sondern stellt eine Formvorschrift für die Schenkung unter Lebenden dar. Somit hat der eventuell eintretende Tod des Schenkers grundsätzlich keine Auswirkung auf die Möglichkeit der Heilung durch Vollzug nach § 518 Abs 2 BGB. 18

4. Einzelfälle des Vollzuges

Beim Vollzug eines formunwirksamen Schenkungsversprechens ist nicht nur auf § 518 Abs 2 BGB abzustellen, sondern auch auf die Erfassung des **Schenkungsgegenstandes** (hierzu § 516 Rn 165, 169 f). 19

a) Vollzug durch Eigentumsübertragung

aa) Bewegliche Sachen

Bei der Schenkung einer beweglichen Sache liegt ein Vollzug erst dann vor, wenn der Erwerbsvorgang vollendet, mithin der **vollständige Übertragungstatbestand** eines der Übereignungstatbestände der §§ 929 ff BGB erfüllt ist (OLG Frankfurt 19. 2. 1991 – 8 U 116/89, NJW-RR 1991, 1157). Den Standardfall bildet die Übereignung durch Einigung und Übergabe nach § 929 S 1 BGB. Diese kann jedoch auch im Rahmen des Schenkungsvollzuges durch *brevi manu traditio* nach § 929 S 2 BGB (OLG Marienwerder 23. 1. 1904, Recht 1904 Nr 459) oder Abtretung des Herausgabeanspruchs nach § 931 BGB (RG 22. 10. 1908 – IV 32/08, WarnR 1909 Nr 33) ersetzt werden. Nicht ausreichend ist hingegen, dass sich der Beschenkte den Gegenstand selbst aneignet, selbst wenn ihm dies der verstorbene Schenker gestattet hat (LG Köln 17. 10. 2018 – 4 O 313/13, juris Rn 101). 20

Diskutiert wird, ob auch die Eigentumsübertragung durch Einräumung eines **Besitzkonstituts** nach § 929 S 1, § 930 BGB ausreichen kann. § 518 Abs 2 BGB verlangt te- 21 leologisch, dass der Erwerber sogleich in der Lage ist, allein die Gewalt über die Sache auszuüben, und dass der bisherige Besitzer die von ihm ausgeübte tatsächliche Gewalt über die Sache endgültig aufgibt (so BGH 10. 1. 1979 – VIII ZR 302/77, NJW 1979, 714, 715). Der BGH geht richtigerweise davon aus, dass durch die Vereinbarung eines Besitzmittlungsverhältnisses zwischen dem Schenker, der Eigentümer und unmittelbarer Besitzer der Sache ist, und dem Empfänger die Schenkung vollzogen werden kann (BGH 10. 1. 1979 – VIII ZR 302/77, NJW 1979, 714, 715 für den Fall eines mündlichen Schenkungsversprechens des Schenkers gegenüber seiner Nichte, welches dieser durch Anweisung an seine Bürovorsteherin, den Schenkungsgegenstand als Besitzdienerin für die Nichte zu verwahren, vollzog; BGH 8. 6. 1989 – IX ZR 234/87, NJW 1989, 2542, 2543 f; RG 29. 1. 1906 – IV 362/05, JW 1906, 161, 162; krit dazu Wacke AcP 2001 [201] 256, 273). Dem wird unzutreffend entgegengehalten, dass, nachdem dem Schenker die Nutzungen des Schenkungsgegenstandes verbleiben, zwar *de facto* die Rechtsfolgen eines Vermächtnisses eintreten, jedoch dessen freie Widerruflichkeit (vgl §§ 2253 ff BGB) durch Schenkungsvollzug ausgeschlossen wird (so Wacke AcP 2001 [201] 256). Jedoch wäre die Ablehnung eines Schenkungsvollzugs iSd § 518 Abs 2 BGB im Falle des § 930 BGB ein systemwidriger Verstoß, nicht nur da somit die *causa traditionis* auf sachenrechtlicher Ebene eine Rolle spielen würde (das Problem sieht auch Wacke AcP 2001 [201] 256, 270, der jedoch unterstreicht, dass auch anderenorts der Erwerb nach § 930 BGB nicht gleiche Geltung beanspruchen kann wie eine vollzogene Tradition), sondern weil das Besitzkonstitut keine wertmäßig „mindere" Form der Eigentumsübertragung darstellt.

22 Der Erwerb eines **Anwartschaftsrechts** genügt für einen Vollzug, weil und insoweit als der Eigentumserwerb später ohne Zutun des Schenkers eintritt (BGH 11. 6. 1960 – V ZR 200/58, MDR 1960, 1004 m Anm Thieme).

23 Durch die bloße **Einräumung von Mitbesitz** zugunsten des Beschenkten wird mangels Eigentumsübergangs nach §§ 929 ff BGB auch keine Heilung nach § 518 Abs 2 BGB herbeigeführt (RG 13. 12. 1917 – IV 316/17, Gruchot 62, 614, 615 f; BGH 10. 1. 1979 – VIII ZR 302/77, NJW 1979, 714, 715).

24 Sollen jedoch nur **Besitz** und **Nutzung** einer Sache zugewendet werden, so ist kein Vollzug notwendig: es handelt sich hierbei begrifflich um eine Leihe und nicht um eine Schenkung, so dass die Formvorschrift des § 518 Abs 2 BGB nicht greift (anders noch BGH 6. 3. 1970 – V ZR 57/67, NJW 1970, 941, 942).

bb) Grundstücke

25 Bei der schenkweisen Zuwendung eines **Grundstücks** geht die Rechtsprechung anders als nach der hier vertretenen Auffassung (Rn 17) davon aus, dass die Heilung nach § 518 Abs 2 BGB bereits durch die Auflassung als nach § 873 Abs 2 BGB bindende Einigung der Parteien eintritt (BGH 21. 6. 1972 – IV ZR 69/71, BGHZ 59, 210, 211, NJW 1973, 40; BGH 16. 10. 1974 – IV ZR 85/73, NJW 1974, 2319, 2320; anders jedoch BFH 26. 9. 1990 – II R 150/88, BFHE 163, 214, 216 f, BStBl II 1991, 320, 321, NJW 1991, 2591, der zusätzlich die Eintragungsbewilligung des Schenkers nach § 19 GBO verlangt). Zutreffend ist, dass sowohl die **Auflassung** als auch die **Eintragung** in das Grundbuch notwendig sind, um den Schenkungsvollzug zu bewirken (MünchKommBGB/Koch § 518 Rn 21). Die unterschiedlichen Auffassungen wirken sich auf die Praxis freilich kaum aus, da in jedem Fall zur Heilung des formnichtigen Vertrags gem § 311b Abs 1 S 2 BGB – auch nach der Rechtsprechung – die Eintragung im Grundbuch notwendig ist.

Die bloße Eintragung einer **Auflassungsvormerkung** genügt zum Schenkungsvollzug nicht (BGH 16. 10. 1974 – IV ZR 85/73, NJW 1974, 2319, 2320). Auch die Erteilung einer **unwiderruflichen postmortalen Vollmacht** reicht hierzu nicht aus (BGH 16. 10. 1974 – IV ZR 85/73, NJW 1974, 2319, 2320). Die Schenkung eines Fruchtziehungsrechts wird durch Einräumung einer wirksamen **Aneignungsgestattung** gemäß § 956 Abs 1 BGB (BGH 19. 7. 2005 – X ZR 92/03, NJW-RR 2005, 1718) vollzogen. 26

b) Vollzug durch Einräumung eines Forderungsrechts

aa) Begründung eines Forderungsrechts

Da Schenkungsgegenstand auch eine Forderung sein kann (§ 516 Rn 12, 165), ist insbesondere im Falle eines **Vertrages zugunsten Dritter auf den Todesfall** nach §§ 328, 331 BGB ein Schenkungsvollzug bereits im Moment des Todes des Schenkers anzunehmen; der Dritte erwirbt zu diesem Zeitpunkt unmittelbar das Forderungsrecht (st Rspr, vgl nur BGH 12. 11. 1952 – IV ZB 93/52, BGHZ 8, 23, 31, NJW 1953, 182, 183; BGH 7. 10. 1960 – V ZR 60/59, WM 1961, 87; BGH 29. 1. 1964 – V ZR 209/61, BGHZ 41, 95, 96 f, NJW 1964, 1124, 1125; BGH 30. 10. 1974 – IV ZR 172/73, NJW 1975, 382, 383; OLG Köln 31. 5. 1995 – 2 U 181/94, NJW-RR 1995, 1224). Insoweit liegt auch dann ein Schenkungsvollzug vor, wenn ein **Wertpapierdepot** zwar nicht dinglich übereignet wird, der Beschenkte jedoch mit dem Tode des Erblassers einen Herausgabeanspruch gegen die Bank erwirbt (BGH 29. 1. 1964 – V ZR 209/61, BGHZ 41, 95, 86 f, NJW 1964, 1124 f m abl Anm Büsselberg: der von der Rechtsprechung unterstellte Anspruch konnte gar nicht zur Entstehung gelangen). 27

Ebenso ist die Schenkung eines Geldbetrages dann vollzogen, wenn der Beschenkte mittels Vertrages zugunsten Dritter auf den Todesfall einen Anspruch auf **Auszahlung eines Geldbetrages** vom Konto des Schenkers erhält (BGH 30. 10. 1974 – IV ZR 172/73, NJW 1975, 382). Gleiches gilt bei Zuwendung eines **Sparkassenbriefes** auf den Todesfall, auch wenn der Begünstigte das Schenkungsangebot erst nach dem Versterben des Schenkers annimmt (BGH 9. 11. 1966 – VIII ZR 73/64, BGHZ 46, 198, 201 ff, NJW 1967, 101, 102) und bei der Zuwendung eines Anspruchs aus einem **Bausparvertrag** (BGH 10. 6. 1965 – III ZR 71/63, NJW 1965, 1913 f). 28

bb) Verfügung über ein Forderungsrecht

Sowohl der **Erlass** einer Forderung nach § 397 Abs 1 BGB als auch deren **Abtretung** nach § 398 BGB stellen **Verfügungen** über die Forderung dar (vgl nur zum Erlass Staudinger/Rieble [2022] § 397 Rn 29 ff und zur Abtretung Staudinger/Busche [2022] Einl 12 ff zu §§ 398 ff). Sie dienen bereits der Erfüllung eines nach § 518 Abs 1 BGB formbedürftigen Schenkungsversprechens oder können unmittelbar als Handschenkungen gewertet werden (RG 17. 1. 1903 – I 286/02, RGZ 53, 294, 296, wobei das Gericht aufgrund der Abstraktheit des Erlasses von einem vollzogenen Schenkungsversprechen ausgeht; ebenso RG 4. 3. 1911 – VI 318/10, RGZ 76, 59, 61; Mugdan Prot II 745 f; zur Abtretung eines Sparguthabens auch Bork JZ 1988, 1059). Wird jedoch durch die Aufhebung der Forderung ein ursprüngliches Schuldverhältnis unentgeltlich wiederhergestellt, so liegt hierin ein formbedürftiges Schenkungsversprechen (RG 4. 3. 1911 – VI 318/10, RGZ 76, 59, 61). In der Tat steht hier die Verfügung in Form des Schulderlasses nur scheinbar im Vordergrund, rechtsdogmatisch handelt es sich um die bloße Eingehung einer Verbindlichkeit, die mangels Verfügungscharakters nicht zum Schenkungsvollzug führen kann (vgl MünchKomm-BGB/Koch § 518 Rn 22, der hier § 518 Abs 1 S 2 BGB analog anwendet). Auch ein bedingter oder befristeter unentgeltlicher Erlass bedarf nicht der Formvorschrift des § 518 Abs 1 BGB; es handelt sich dabei um eine Schenkung, die unter Lebenden vollzogen 29 worden ist (RG 17. 1. 1903 – I 286/02, RGZ 53, 294, 296; RG 11. 2. 1908 – III 318/07, WarnR 1908 Nr 302; OLG Hamburg 16. 2. 1960 – 2 W 8/60, NJW 1961, 76; OLG Stuttgart 21. 3. 1986 – 2 U 181/85, NJW 1987, 782, 783).

30 Durch die bloße **Hingabe eines Schecks oder Wechsels** wird die Leistung jedoch noch nicht iSd § 518 Abs 2 BGB bewirkt, da insoweit der Schenker nur für die Zahlung der bezogenen Bank haftet (BGH 6. 3. 1975 – II ZR 150/74, BGHZ 64, 340, 342; vgl auch Liesecke WM 1971, 1222, 1237). Vollzug tritt erst dann ein, wenn Scheck oder Wechsel eingelöst werden (BGH 12. 4. 1978 – IV ZR 68/77, NJW 1978, 2027; OLG München 11. 11. 1982 – 24 U 114/82, OLGZ 1983, 210, JZ 1983, 955). Ebenfalls nicht ausreichend ist die Erteilung einer **Einziehungsermächtigung** (vgl OLG Dresden 30. 9. 1918 – OLGZ 39 [1919] 228, 229 f), da auch hier der Schenker noch nicht verfügt, sondern dem Begünstigen bloß auf schuldrechtlicher Ebene die Ausübung des Forderungsrechts im eigenen Namen gestattet. Die Rechtszuständigkeit des Schenkers bleibt hierbei erhalten; es wird bloß eine Empfangszuständigkeit des Begünstigten geschaffen (vgl dazu BGH 24. 2. 1994 – VII ZR 34/93, BGHZ 125, 196, 205, NJW 1994, 2549, 2551; BGH 23. 3. 1999 – VI ZR 101/98, NJW 1999, 2110, 2111; vgl hierzu umfassend Staudinger/Busche [2022] Einl 118 ff zu §§ 398 ff).

cc) Bankguthaben

31 Bei der **Einzahlung von Bargeld** auf ein bestehendes Bankkonto wird die Schenkung sowohl im Sinne des § 518 Abs 2 BGB als auch des § 2301 Abs 2 BGB bereits durch die Gutschrift auf dem Konto bewirkt (BGH 2. 2. 1994 – IV ZR 51/93, NJW 1994, 931; OLG Saarbrücken 18. 8. 1999 – 1 U 104/99–95, ZEV 2000, 240). Insoweit erwirbt der Begünstigte nämlich unmittelbar einen Auszahlungsanspruch gegen seine kontoführende Bank (OLG Saarbrücken 18. 8. 1999 – 1 U 104/99–95). **Überweist** der Schenker einen Geldbetrag auf ein bereits bestehendes Konto des Begünstigten, so tritt Vollzug mit Gutschrift der zugedachten Geldbeträge ein (BFH 25. 10. 1995 – II R 45/92, BFHE 178, 459, 465, BStBl II 1996, 11, 14, NJW-RR 1996, 515, 516; umfassend zur Kapitalzuwendung auf Konten Minderjähriger Baasch, Lebzeitige Kapitalzuwendungen an Minderjährige auf Spar- und Girokonten am Beispiel der Schenkung und Kontoleihe [2021] 159 ff). Es kommt somit nicht alleine auf den nach § 675n Abs 1 BGB zu bestimmenden Zugang beim Zahlungsdienstleister des Zahlers an, welcher nach allgemeinen Regeln, also § 130 Abs 1 S 1 BGB, zu bestimmen ist (so aber BeckOGK/Harke [1. 10. 2025] § 518 Rn 33). Nicht ausreichend ist ebenfalls die bloße Ausführung des Überweisungsauftrages durch die Bank des Zahlers (so aber Grüneberg/Weidenkaff [85. Aufl 2026] § 518 Rn 11). Vielmehr ist zusätzlich erforderlich, dass die Bank den Betrag dem Konto des Begünstigten tatsächlich gutschreibt (BGH 15. 5. 1952 – IV ZR 157/51, BGHZ 6, 121, 122, NJW 1952, 929; BGH 28. 10. 1998 – VIII ZR 157/97, NJW 1999, 210; MünchKommBGB/Koch § 518 Rn 23; unklar hingegen BGH 2. 2. 1994 – IV ZR 51/93, NJW 1994, 931 der einerseits darauf hinweist, dass der Schenker mit „der Ausführung dieser Weisung [die Überweisung vorzunehmen] seine Rechte gegen die Bank in Bezug auf das Zugewendete“ verliere, andererseits aber hervorhebt, dass mit der Gutschrift des Betrages die Schenkung vollzogen sei). Dies ist auch der Zeitpunkt, zu dem die durch die Überweisung herbeigeführte Erfüllung nach § 362 Abs 1 BGB eintritt (vgl BGH 15. 5. 1952 – IV ZR 157/51, BGHZ 6, 121, 122, NJW 1952, 929).

32 Errichtet der Schenker auf den Namen des Beschenkten ein **Spar- oder Girokonto**, so liegt nur dann ein Vollzug vor, wenn ein echter Vertrag zugunsten Dritter iSd § 328 BGB zwischen dem Schenker und der kontoführenden Bank vorliegt; nur so wird der Begünstigte selbst Kontoinhaber (vgl MünchKommBGB/Koch § 518 Rn 24). Ein an-

sonsten auf den Namen des Begünstigten eröffnetes Spar- oder Girokonto bleibt bloße Expektanz. Geht es um eine Zuwendung durch Errichtung eines Girokontos, so ist nicht in erster Linie anhand der Kontobezeichnung oder daran, aus wessen Mitteln die eingezahlten Gelder stammen, zu bestimmen, ob der Begünstigte wirklich Inhaber der Forderung geworden ist; vielmehr ist auf die Gesamtsituation der Kontoeröffnung abzustellen, somit letztlich nach §§ 133, 157 BGB darauf, wen die kontoführende Bank als Berechtigten ansehen durfte (BGH 25. 6. 1956 – II ZR 270/54, BGHZ 21, 148, 150, NJW 1956, 1593).

Handelt es sich um die **Zuwendung eines Sparbuches**, so muss im Prozess der Abschluss des Vertrages zugunsten Dritter anhand der inneren Willensrichtung des Schenkers bewiesen werden, da die kontoführende Bank selbst keine Vorstellung über den Anspruchsinhaber zu haben braucht: das Sparbuch als Namenspapier mit Inhaberklausel fällt unter § 808 Abs 1 BGB, so dass die Auszahlung an den gegenwärtigen Inhaber Liberationswirkung hat (zum Sparbuch und den Grenzen der Liberationswirkung einer Zahlung an den Inhaber vgl STAUDINGER/MARBURGER [2015] § 808 Rn 49 ff). Die Grundsätze der Vertragsauslegung nach dem verobjektivierten Empfängerhorizont nach §§ 133, 157 BGB müssen an dieser Stelle somit scheitern (auf den „erkennbaren Willen" bereits abstellend RG 8. 4. 1910 – VII 318/09, RGZ 73, 220, 221; BGH 19. 10. 1983 – IVa ZR 71/82, WM 1989, 562; OLG Celle 16. 2. 1994 – 3 U 84/93, NJW 1984, 480, 481; OLG Hamm 14. 12. 1988 – 31 U 169/87, WuB I C 2 Sparkonto 2. 89, welches diesen Auslegungsmaßstab jedoch nicht begründet). 33

Für die Praxis kommt es jedoch in beiden Fällen, gleich ob der Wille des Schenkers oder der objektive Empfängerhorizont der Bank festgestellt werden müssen, darauf an, **Indizien** aufzufinden, die für die Forderungsinhaberschaft des Begünstigten sprechen. Als solche kommen insbesondere die Anlegung des Spar- oder Girokontos unter dem Namen des Begünstigten in Frage (RG 8. 4. 1910 – VII 318/09, RGZ 73, 220, 221; BGH 25. 6. 1956 – II ZR 270/54, BGHZ 21, 148, 150, NJW 1956, 1593). Gegen dic Annahme einer sofortigen Forderungsinhaberschaft des Begünstigten spricht regelmäßig, dass sich der Schenker weiterhin im Besitz des Sparbuchs befindet (BGH 9. 11. 1966 – VIII ZR 73/64, BGHZ 46, 198, 200, NJW 1967, 101, 102; OLG Koblenz 22. 12. 1994 – 5 U 854/94, NJW-RR 1995, 1074). Etwas anderes gilt nur dann, wenn der das Konto Eröffnende gesetzlicher Vertreter des Begünstigten ist – regelmäßig die Eltern nach § 1626 BGB; hier mitteln die Eltern dem Kind den Besitz am Sparbuch (DAMRAU ZErb 2008, 221, 222; allg zur Frage des Eltern-Kind-Verhältnisses als Besitzmittlungsverhältnis vgl BGH 8. 6. 1989 – IX ZR 234/87, NJW 1989, 2542, 2543 f). Behält der Schenker das auf den Beschenkten lautende Sparbuch in seinem Besitz, so sei dies ein Indiz dafür, dass die Forderung mit dem Tode des Schenkers durch Vertrag zugunsten Dritter auf den Todesfall nach §§ 328, 331 BGB übergehen solle (BGH 9. 11. 1966 – VIII ZR 73/64, BGHZ 46, 198, 203, NJW 1967, 101, 102; FG des Saarlandes 31. 5. 2001 – 1 K 90/00, juris Tz 63, allerdings zur gleich gelagerten Frage des Nachweises der Treuhänderschaft iSd § 159 AO). 34

Errichtet der Schenker ein **Oder-Konto**, so erwirbt der Beschenkte bereits in diesem Moment den hälftigen Anteil des Sparguthabens. Da gegenüber der Bank in diesem Falle Gesamtgläubigerschaft besteht, greift insofern die Auslegungsregel des § 430 BGB, so dass – vorbehaltlich anderweitiger Abreden zwischen Schenker und Beschenktem – die Schenkung in Höhe von 50 % des Sparguthabens sofort vollzogen wird (BGH 16. 4. 1986 – IVa ZR 198/84, NJW-RR 1986, 1133, 1134; zur schenkungsteuerrechtlichen 35

Relevanz der Einzahlung auf ein Oder-Konto vgl auch jüngst BFH 23. 11. 2011 – II R 33/10, BFHE 237, 179 ff, BStBl II 2012, 437 ff, NJW 2012, 1837 ff, DStR 2012, 796 ff; Götz ZEV 2011, 408).

36 Bei einem **bereits bestehenden Sparguthaben** des Schenkers reicht eine formlose **Abtretung** nach § 398 BGB aus, um den Schenkungsvollzug sowohl nach § 518 Abs 2 BGB als auch nach § 2301 Abs 2 BGB herbeizuführen (BGH 16. 4. 1986 – IVa ZR 198/84, NJW-RR 1986, 1133, 1134; OLG Hamburg 4. 12. 1962 – 2 U 173/62, NJW 1963, 449 f). Die Abtretung kann insbesondere auch konkludent dadurch erfolgen, dass dem Begünstigten das Sparbuch vom Schenker übergeben wird (so auch MünchKommBGB/Koch § 518 Rn 25). Dies kann jedoch nur ein Beweisanzeichen für eine erfolgte Abtretung sein, da zur Übertragung eines Sparguthabens die Übergabe des Sparbuchs weder erforderlich noch ausreichend ist: Das Sparbuch als qualifiziertes Legitimationspapier folgt nach §§ 402, 952 BGB der Forderung, so dass in jedem Falle ein Vertrag iSd § 398 BGB erforderlich ist (RG 9. 2. 1917 – III 374/16, RGZ 89, 401, 402). Ob eine konkludente Abtretungsvereinbarung mit der Übergabe des Sparbuchs in Betracht kommt, bedarf der Berücksichtigung aller Umstände des Einzelfalls, wobei die Erteilung einer Vollmacht für das Sparbuch gegen einen Abtretungswillen des Schenkers sprechen soll (ausführlich dazu OLG Karlsruhe 8. 1. 2019 – 9 U 5/17, NJW-RR 2019, 494, FamRZ 2019, 1371, 1373, m krit Anm Schnauder, jurisPR-BKR 6/2019 Anm 5, ErbStB 2019, 167 f m Anm Esskandari/Bick, FamRB 2019, 315 f m Anm Sarres; konkludente Abtretungsvereinbarung bei Übergabe zur freien Verfügung bejaht von LG Koblenz 18. 4. 2024 – 3 O 457/23, FamRZ 2024, 1733, m krit Anm Schnauder, jurisPR-BKR 4/2025 Anm 1). Auch ein Sparguthaben kann durch Vertrag zugunsten Dritter auf den Todesfall nach §§ 328, 331 BGB zugewendet werden, wodurch Vollzug erst mit dem Tode des Schenkers eintritt (KG 29. 4. 1971 – 12 U 80/71, NJW 1971, 1808 f, m teilw abl Anm Walter NJW 1971, 2311 und ebenfalls abl Anm Finger NJW 1972, 497).

37 Ebenfalls durch bloße Abtretung können **Sparkassenbriefe und -zertifikate** aufgrund ihres Charakters als Namensschuldverschreibungen und damit Rektapapiere übertragen werden, so dass es nicht der Erfüllung eines der Tatbestände der §§ 929 ff BGB bedarf, um die Schenkung zu vollziehen (OLG Oldenburg 31. 3. 1998 – 5 U 92/97, WM 1998, 2239, FamRZ 1998, 1468; zur Übertragung von Sparkassenbriefen vgl generell BGH 25. 6. 1987 – IX ZR 199/86, NJW-RR 1987, 1260, WM 1987, 1038).

dd) Versicherungsverträge

38 Wendet der Schenker dem Begünstigten den Anspruch aus einem **Lebensversicherungsvertrag** iSd §§ 150 ff VVG durch ein **unwiderrufliches Bezugsrecht** zu (vgl § 159 Abs 3 VVG), so gelten die Ausführungen zur Zuwendung eines Anspruchs entsprechend (RG 25. 3. 1930 – VII 440/29, RGZ 128, 187, 189 f, welches jedoch nicht explizit auf die Unterscheidung zwischen widerruflichem und unwiderruflichem Bezugsrecht eingeht; OLG Karlsruhe 12. 2. 2008 – 1 W 18/08, FamRZ 2008, 2277; s auch § 516 Rn 168 ff), so dass ein sofortiger Schenkungsvollzug eintritt (BGH 26. 6. 2013 – IV ZR 243/12 NJW 2013, 3448, 3451). Notwendig, aber auch ausreichend ist hierbei, dass der Versicherungsnehmer/Schenker die Unwiderruflichkeit nach § 9 Abs 2 ALB mit dinglicher Wirkung herbeiführt (BGH 25. 4. 1975 – IV ZR 63/74, NJW 1975, 1360). Räumt der Schenker dem Begünstigten hingegen bloß ein **widerrufliches Bezugsrecht** nach § 159 Abs 2 VVG ein, so hat sich der Schenker seiner Vermögensposition noch nicht endgültig entäußert: Für ihn besteht bis zum Eintritt des Todes die Möglichkeit, die Bezugsberechtigung gemäß § 9 Abs 2 S 3 ALB zu widerrufen, wobei die Erklärung des Widerrufs in einem Testament, das

dem Versicherer erst nach dem Tode des Erblassers zugeht, nicht ausreicht (LG Koblenz 29. 11. 1996 – 16 O 294/95, FamRZ 1997, 640; MünchKommVVG/Langheid/Wandt/Heiss § 159 Rn 50). Das Zugangserfordernis ist auf den Umstand zurückzuführen, dass die eigentlich nach § 332 BGB dem Versicherungsnehmer zustehende freie Änderungsbefugnis in den ALB der Versicherer durchgehend abbedungen wird (vgl § 9 Abs 4 ALB; BGH 26. 6. 2013 – IV ZR 243/12 NJW 2013, 3448, 3449 zu der Möglichkeit der Einschaltung eines Dritten auf Seiten des Versicherers; insg dazu auch Schmalz-Brüggemann ZEV 1996, 84, 86). Der Begünstigte erwirbt in dieser Konstellation den Anspruch aus dem Versicherungsvertrag erst mit dem Ableben des Versicherungsnehmers; zu diesem Zeitpunkt tritt Schenkungsvollzug ein (BGH 29. 5. 1984 – IX ZR 86/82, BGHZ 91, 288, 291, NJW 1984, 2156 f; 26. 6. 2013 – IV ZR 243/12, NJW 2013, 3448, 3451; OLG Stuttgart 23. 3. 1990 – 2 U 170/89, NJW-RR 1990, 924, 925; OLG Hamm 13. 3. 2002 – 20 U 6/01 V, NJW-RR 2002, 1605, 1606; OLG Saarbrücken 14. 6. 2017 – 5 U 23/17, VersR 2018, 538; OLG Saarbrücken 2. 3. 2022 – 5 U 64/21, NJW-RR 2022, 1045, 1046, VersR 2022, 810, 811). In beiden Fällen ist jedoch Voraussetzung, dass es noch zu Lebzeiten des Versicherungsnehmers zu einer vertraglichen Einigung zwischen ihm und dem bezugsberechtigten Dritten über die schenkweise Einräumung des Bezugsrechts kam (MünchKommVVG/Langheid/Wandt/Heiss § 159 Rn 88). Der Schenkungsvertrag kann etwa dadurch geschlossen werden, dass der Versicherungsnehmer eine Erklärung über die Einräumung des Bezugsrechts abgibt oder dem Dritten eine entsprechende Erklärung mit Hilfe des Versicherers zukommen lässt (OLG Saarbrücken 14. 6. 2017 – 5 U 23/17, VersR 2018, 538). Hat der Versicherungsnehmer den Bezugsberechtigten hingegen nur gegenüber dem Versicherer benannt, ohne dass es zu einer solchen Einigung kam, kann zu Lebzeiten des Versicherungsnehmers mangels Vertrags keine Heilung eintreten (MünchKommVVG/Langheid/Wandt/Heiss § 159 Rn 88). In diesem Fall kann jedoch dem Dritten das Angebot auf Abschluss eines Schenkungsvertrages im Valutaverhältnis noch nach dem Tode des Versicherungsnehmers durch einen Boten übermittelt werden (vgl hierzu § 516 Rn 172 f).

Bisweilen will man den **Schenkungsgegenstand** dahingehend bestimmen, dass nicht 39
die Versicherungsleistung als solche, sondern das **widerrufliche Bezugsrecht** zugewendet werden soll. In diesem Falle würde bereits durch Abschluss des Lebensversicherungsvertrages zwischen Versicherungsnehmer/Schenker und Versicherer die Schenkung gegenüber dem Begünstigten vollzogen (so auch MünchKommBGB/Koch § 518 Rn 27). Hat man ein widerrufliches Bezugsrecht als Schenkungsgegenstand qualifiziert, so müsste im Fall, dass der Schenker das Bezugsrecht des Begünstigten widerruft, mittels ergänzender Vertragsauslegung anzunehmen sein, dass der Schenker seine Schenkung unter einen Widerrufsvorbehalt stellen wollte (vgl § 145 BGB aE). Dieser Widerruf müsste dem Beschenkten entgegen der Grundregel der §§ 145 ff BGB auch nicht zugehen, da aus § 332 BGB – welcher nur im Verhältnis zwischen Versicherungsnehmer und Versichertem durch § 9 Abs 4 ALB abbedungen ist – folge, dass eine freie Widerruflichkeit auch zulasten des Begünstigten der Schenkung im Valutaverhältnis gegeben sei (Schmalz-Brüggemann ZEV 1996, 84, 87).

c) Vollzug im Gesellschaftsrecht

aa) Übertragung eines bestehenden Gesellschaftsanteils

Auch bei der rechtsgeschäftlichen Übertragung eines **Personengesellschaftsanteils** 40
kommt es darauf an, ob man für den Schenkungsvollzug die Vornahme der Leistungshandlung oder den Eintritt des Leistungserfolges als maßgeblich erachtet (vgl Rn 17, § 516 Rn 165). Verlangt man mit der hier vertretenen Ansicht für den Vollzug

nach § 518 Abs 2 BGB den Eintritt des Leistungserfolges, so ist die bloße Abtretung des Gesellschaftsanteils nach §§ 413, 398 BGB nicht ausreichend, da der Gesellschafterwechsel als **Grundlagengeschäft** (allg Ansicht, vgl nur Windbichler/Bachmann, GesellschaftsR [25. Aufl 2024] § 8 Rn 104) der Zustimmung aller Gesellschafter bedarf (MünchKommBGB/Koch § 518 Rn 28; **aA** OLG Frankfurt 15. 4. 1996 – 20 W 516/94, NJW-RR 1996, 1123 zur Übertragung des Anteils an einer BGB-Gesellschaft). Das Zustimmungserfordernis entspricht im Übrigen dem **Trennungsprinzip**, nach dem Gesellschafts- und Schenkungsrecht grundsätzlich getrennt voneinander zu beurteilen sind. Daher kann auch hinsichtlich der Anteilsübertragung das Erfordernis der Zustimmung der Gesellschafter nicht über § 518 Abs 2 BGB übergangen werden (zum Trennungsprinzip vgl BGH 2. 7. 1990 – II ZR 243/89, BGHZ 112, 40 ff, NJW 1990, 2616 ff – „Benteler"; Schmidt BB 1990, 1992, 1995; Ivens ZErb 2010, 286).

41 Soll der Anteil an einer **Kapitalgesellschaft** übertragen werden, so tritt Heilung nach § 518 Abs 2 BGB bei Übertragung eines GmbH-Anteiles – sofern dieser nicht vinkuliert worden ist – durch Abtretung nach §§ 413, 398 BGB in der Form des § 15 Abs 3 GmbHG ein, wobei hierdurch gleichfalls ein Formmangel des Verpflichtungsgeschäftes nach § 15 Abs 4 GmbHG geheilt wird.

42 Bei der Übertragung von **Aktien** ist zu unterscheiden, ob es sich um Inhaber- oder Namensaktien handelt (vgl § 10 Abs 1 AktG). **Inhaberaktien** als Inhaberpapiere werden durch Einigung und Übergabe nach §§ 929 ff BGB übertragen (Windbichler/Bachmann, GesellschaftsR [25. Aufl 2024] § 32 Rn 2), so dass mit vollständiger Erfüllung eines Eigentumsübertragungstatbestandes Vollzug eintritt. Bei **Namensaktien** hingegen handelt es sich um Orderpapiere (MünchKommAktG/Bayer § 68 Rn 2), welche entweder durch Zession formlos nach §§ 413, 398 BGB übertragen werden oder aber durch Indossament, Begebungsvertrag und Übergabe nach § 68 Abs 1 AktG iVm Art 12, 13, 16 WG. Beide Arten des Vollzuges nach § 518 Abs 2 BGB sind also möglich.

bb) Vollzug durch Einbuchungsvorgang

43 In der Praxis wird häufig anstelle der Übertragung eines bestehenden Gesellschaftsanteils *in toto* auch ein **neuer Gesellschaftsanteil** zugunsten des Beschenkten durch bilanziellen Buchungsvorgang **begründet**. Eine solche Einbuchung liegt vor, wenn aufgrund einer Vereinbarung im Gesellschaftsvertrag dem Gesellschafter ein Betrag auf dem Kapitalkonto gutgeschrieben wird, ohne dass der Gesellschafter seinerseits eine Leistung erbracht hat (Huber, Vermögensanteil, Kapitalanteil und Gesellschaftsanteil an Personengesellschaften im Handelsrecht [1970] 200). Anlass zu dogmatischen Zweifeln an der Anwendbarkeit des Schenkungsrechts, welche mancherorts geäußert wurden (Herrmann ZHR 147 [1983] 313, 322), gibt es freilich nicht: Auch wenn bei der Einbuchung anders als in den Fällen der Abtretung eines bestehenden Gesellschaftsanteiles Schenkung und Begründung des Gesellschaftsrechtsverhältnisses *prima facie* nicht voneinander getrennt werden können, so lässt sich dieser Widerspruch dadurch auflösen, dass der Schenkungsgegenstand, der Gesellschaftsanteil, dem Gesellschaftsrecht unterliegt, der Rechtsgrund für das Behaltendürfen jedoch dem Schenkungsrecht unterworfen wird (Schmidt BB 1990, 1992, 1993). Folglich ist die Formvorschrift des § 518 Abs 1 BGB in jedem Falle zu beachten. Unabhängig von der Frage, ob man die Befreiung von der Einlageschuld oder dem Gesellschaftsanteil selbst als Schenkungsgegenstand ansieht (§ 516 Rn 176), tritt mit dem Buchungsvorgang jedoch

Bewirkung nach § 518 Abs 2 BGB ein, da ein konkreter Vermögensgegenstand in das Vermögen des Beschenkten übergegangen ist (Schmidt BB 1990, 1992, 1995).

cc) Vollzug bei Einräumung einer stillen Beteiligung oder Unterbeteiligung

Soll der Beschenkte dergestalt an der Gesellschaft partizipieren, dass er an **Gewinnen und Verlusten beteiligt** wird, **ohne einen Gesellschaftsanteil zu erhalten**, so kommt die Einräumung einer stillen Beteiligung oder einer Unterbeteiligung in Betracht (zur rechtlichen Konstruktion vgl § 516 Rn 175 f). Bislang ging die Rechtsprechung stets davon aus, dass bei unentgeltlicher Einräumung einer solchen Beteiligung ein Schenkungsvollzug durch Zustandekommen des Gesellschaftsvertrages nicht angenommen werden könne. Wird allerdings mit dem Zuwendungsempfänger dergestalt eine stille Gesellschaft gegründet, dass der Zuwendungsempfänger zwar eine Einlage zu erbringen hat, diese jedoch im Innenverhältnis überbewertet wird, so liege eine Schenkung nach § 518 Abs 1 BGB vor. Ein Schenkungsvollzug könne in der bloßen Gutschrift der überbewerteten Einlage jedoch nicht gesehen werden, da eine formlose Verpflichtung nur durch eine andere gleicher Art ersetzt werde (BGH 24. 9. 1952 – II ZR 136/51, BGHZ 7, 174, 178 ff, NJW 1952, 1412). 44

Wird der Zuwendungsempfänger als **Untergesellschafter** am Gesellschaftsanteil des Hauptgesellschafters beteiligt, so liege auch hier mit der **bloßen Umbuchung kein Schenkungsvollzug** vor. Nach dem Willen der Parteien solle sich die Zusage gerade in einer schuldrechtlichen Verpflichtung erschöpfen, welche keine Vermögensgegenstände in das Vermögen des Zuwendungsempfängers übergehen lasse (BGH 29. 10. 1952 – II ZR 16/52, BGHZ 7, 378, 380, NJW 1953, 138, 139 m abl Anm Hueck, der betont, dass die Gesellschafterstellung selbst und nicht der geschuldete Geldbetrag Schenkungsgegenstand sei und damit mit Abschluss des Gesellschaftsvertrages Vollzug vorliegen müsse; OLG Düsseldorf 17. 12. 1998 – 6 U 193/97, NZG 1999, 652, 653). 45

Damit kommt der BGH zu einem zutreffenden Ergebnis, dessen **Begründung** allerdings **nicht überzeugt**, da die schuldrechtliche Verpflichtung, fortan Gewinne und Verluste aus dem Gesellschaftsanteil des Hauptgesellschafters abzuführen, sehr wohl als schuldrechtlicher Anspruch Teil des Vermögens des Begünstigten geworden ist. Grund für den fehlenden Vollzug ist vielmehr, wie der BGH selbst in seiner ersten Entscheidung hervorhob (BGH 24. 9. 1952 – II ZR 136/51, BGHZ 7, 174, 179, NJW 1952, 1412), dass eine formlose Verpflichtung zur Begründung einer stillen Gesellschaft oder Innengesellschaft durch eine weitere formlose Verpflichtung zur Partizipation des Begünstigten an Gewinnen und Verlusten ersetzt wird. Hier findet sich der Gedanke des § 518 Abs 1 S 2 BGB wieder, der abstrakte Verpflichtungen dem Formerfordernis unterwirft, um zu verhindern, dass Vollzug durch Begründung einer weiteren Verpflichtung eintritt (vgl Rn 11). Diese Wertung des Gesetzes ist auf den vorliegenden Fall des Vollzuges zu übertragen, so dass das Ergebnis der Rechtsprechung dadurch gestützt wird (so iE bereits Tebben, Unterbeteiligung und Treuhand an Gesellschaftsanteilen [2000] 227, der sogar von einer Analogie zu § 518 Abs 1 S 2 BGB spricht; eine Analogie ansprechend, aber für die typische stille Beteiligung verneinend Kollhosser AcP 194 [1994] 231, 245). 46

Anders freilich ist der Fall zu beurteilen, in dem eine **atypische Unterbeteiligung** derart ausgestaltet wird, dass dem Begünstigten nicht nur schuldrechtliche Partizipationsrechte an Gewinnen und Verlusten ausbedungen werden, sondern gleichfalls **Mit-** 47

wirkungsrechte wie Stimm- und Direktionsrechte (vgl zu dieser Konstruktion BeckHdB GmbH/Protz/Krome/Prinz/Winkeljohann § 7 Rn 175). So liegt ein Schenkungsvollzug nach § 518 Abs 2 BGB jedenfalls dann vor, wenn dem Begünstigten nicht nur schuldrechtliche Ansprüche auf Beteiligung am Gewinn des Hauptbeteiligten in den Hauptgesellschaften und auf eine Abfindung bei Auflösung der Innengesellschaft eingeräumt werden, sondern auch mitgliedschaftliche Mitwirkungsrechte an der Geschäftsführung der Innengesellschaft (BGH 29. 11. 2011 – II ZR 306/09 Tz 22 ff, 26, BGHZ 191, 354, 360 ff, ZEV 2012, 167, 169 f m Anm Reimann; Schmidt JbFfSt 2012/2013, 404 – „Suhrkamp-Urteil"). Der BGH begründet diese Position damit, dass zwar wiederum keine dingliche Position für den Unterbeteiligten entstünde, dieser aber eine „mitgliedschaftliche Rechtsposition" erwerbe, die der BGH einer dinglichen Berechtigung annähert (BGH 29. 11. 2011 – II ZR 306/09 Tz 26). Dieses Ergebnis ist rechtsdogmatisch zu begrüßen, da gerade hier der Wertung des § 518 Abs 1 S 2 BGB entsprochen wird. Es wird nämlich nicht bloß eine Verpflichtung durch eine andere ersetzt, sondern durch die Mitwirkungsrechte des Unterbeteiligten eine konkrete Rechtsstellung geschaffen, die das Fundament für einen Vollzug bilden kann. Dieser Rechtsprechung des BGH hat sich der IV. Senat des BFH auch für den Fall einer atypisch stillen Gesellschaft durch Übertragung der zur Unterbeteiligung geltenden Grundsätze angeschlossen (BFH 17. 7. 2014 – IV ZR R 52/11, DNotZ 2014, 949, 951, DB 2014, 2503, 2506, MittBayNot 2015, 349, 352 m Anm Ihle, FR 2015, 76 m Anm Kanzler).

d) Schenkung unter einer Bedingung

48 Wird dem Begünstigten der Zuwendungsgegenstand unter einer **auflösenden oder aufschiebenden Bedingung** gewährt, folgt die Rechtsprechung auch hier der Linie, dass die bloße Leistungshandlung genügen soll (OLG Brandenburg 15. 10. 2024 – 3 U 149/22, juris Rn 43). So stehe es einem Vollzug nach § 518 Abs 2 BGB nicht entgegen, wenn der Auftrag eines Erblassers an seine Bank, einen Betrag an den Begünstigten auszuzahlen, jederzeit widerrufen werden kann (BGH 30. 10. 1974 – IV ZR 172/73, NJW 1975, 382, 383). Auch die aufschiebend bedingte Abtretung eines Sparbuches soll den Vollzugserfordernissen des § 518 Abs 2 BGB genügen (BGH 10. 5. 1989 – IVa ZR 66/88, NJW-RR 1989, 1282). Dem kann jedoch mit dem hier vertretenen Ansatz der Notwendigkeit eines Leistungserfolges nicht zugestimmt werden: wurde ein Schenkungsversprechen nach § 518 Abs 1 BGB dergestalt abgegeben, dass Schenkungsgegenstand ein unbedingtes Recht sein sollte, so kann auch nur durch Verschaffung dieses Rechtes die Schenkung nach § 518 Abs 2 BGB vollzogen werden. Freilich tritt aber Vollzug durch bedingte Rechtsverschaffung ein, wenn hingegen nur die Verschaffung eines bedingten Rechtes versprochen wurde (ebenso MünchKommBGB/Koch § 518 Rn 11).

5. Beweislast

49 Zu Fragen der Beweislastverteilung bei auf § 812 Abs 1 S 1 Alt 2 BGB gestützten Rückforderungsverlangen vgl § 516 Rn 346, 353 ff.

IV. Abtretbarkeit

50 Der Abtretbarkeit eines Anspruchs aus einem Schenkungsversprechen stehen keine grundsätzlichen Bedenken gegenüber. Insbesondere kann die **Höchstpersönlichkeit** des Anspruchs nicht dazu führen, dass die Abtretbarkeit generell ausgeschlossen

werden muss. Wertungsmäßig ergibt sich dies daraus, dass die Pfändbarkeit einer solchen Forderung, wie *e contrario* aus § 852 Abs 2 ZPO ersichtlich, uneingeschränkt erlaubt ist; daher ist auch deren Abtretung möglich. Einschränkungen können sich jedoch dann ergeben, wenn das Schenkungsversprechen mit einer Zweckbindung versehen worden ist. Für diesen Fall träte mit Abtretung des Anspruchs eine Inhaltsänderung iSd § 399 Alt 1 BGB ein, so dass bereits aufgrund zwingenden Gesetzesrechts die Abtretbarkeit ausgeschlossen ist.

§ 519
Einrede des Notbedarfs

(1) Der Schenker ist berechtigt, die Erfüllung eines schenkweise erteilten Versprechens zu verweigern, soweit er bei Berücksichtigung seiner sonstigen Verpflichtungen außerstande ist, das Versprechen zu erfüllen, ohne dass sein angemessener Unterhalt oder die Erfüllung der ihm kraft Gesetzes obliegenden Unterhaltspflichten gefährdet wird.

(2) Treffen die Ansprüche mehrerer Beschenkten zusammen, so geht der früher entstandene Anspruch vor.

Materialien: MUGDAN Prot II 747 ff; JAKOBS/SCHUBERT, Die Beratung des Bürgerlichen Gesetzbuches 354–367.

Schrifttum

HEITER, Rückgewährhaftung mehrerer Beschenkter nach § 528 Abs 2, JR 1995, 313
NEUNER, Privatrecht und Sozialstaat (1999)
ZERANSKI, Der Rückforderungsanspruch des verarmten Schenkers (1998).

Systematische Übersicht

I. Normzweck

1 Ist der Schenker außerstande, ein Schenkungsversprechen zu erfüllen, ohne dabei seinen angemessenen Unterhalt oder seine ihm kraft Gesetzes obliegenden Unterhaltspflichten zu gefährden, so gewährt ihm § 519 Abs 1 BGB eine Einrede gegen

das Erfüllungsverlangen des Beschenkten bis zu dem Zeitpunkt, in dem eine solche Gefährdung behoben ist (hierzu näher Rn 4). Die Einrede des Notbedarfs in § 519 BGB normiert also ein **Schutzrecht zur Sicherung des notwendigen Eigenbedarfs**. Grundgedanke ist, dass der Schenker sein Versprechen nicht zu erfüllen braucht, wenn dies für ihn ruinöse Folgen hätte. Die Norm kann unter Geltung des Grundgesetzes als eine privatrechtliche Form des aufgrund des Sozialstaatsprinzips (Art 20 Abs 1 GG) vom Staat gewährleisteten Schutzes der Integrität der Bürger angesehen werden. Zu Recht wurde außerdem darauf hingewiesen, dass es unbillig wäre, den Sozialhilfeträger zugunsten des Beschenkten zu belasten (NEUNER, Privatrecht und Sozialstaat [1999] 238, 242). Vom Ursprung her stellt die Vorschrift eine besondere Ausprägung des **Selbsterhaltungsgrundsatzes** nach der Maxime *nemo liberalis nisi liberatus* dar (vgl MODESTINUS D. 34. 4. 18) und insofern einen Unterfall des gemeinrechtlichen *beneficium competentiae* (s hierzu ZERANSKI, Der Rückforderungsanspruch des verarmten Schenkers [1998] 19 f). Nach diesem allgemeineren Grundsatz konnte der Gläubiger den Schuldner in bestimmten Situationen nicht in voller Höhe des geschuldeten Betrages verklagen, sondern musste auf dessen Unterhaltsbedürfnisse Rücksicht nehmen (die Pfändungsfreigrenzen in § 850c ZPO können als weiterer Ausdruck dieses Prinzips angesehen werden).

2 Die Einrede des Notbedarfs aus § 519 Abs 1 BGB setzt voraus, dass noch **keine Erfüllung** hinsichtlich des Schenkungsversprechens eingetreten ist. Hat der Schenker bereits erfüllt, so kann er, wenn er sich in einer Notsituation befindet, das Geschenk nur unter den erschwerten Voraussetzungen der §§ 528, 529 BGB herausverlangen (s hierzu § 528 Rn 4 u § 529 Rn 1, 4 f). § 519 BGB stellt somit eine anspruchshemmende Einrede dar, die genau wie § 529 Abs 2 BGB nicht dem Erfüllungsanspruch an sich, sondern nur dessen Durchsetzung entgegensteht (BGH 6. 9. 2005 – X ZR 51/03, NJW 2005, 3638); entsprechend muss sie vom Schenker im Prozess erhoben werden (MünchKommBGB/KOCH § 519 Rn 3; OERTMANN, Schuldverhältnisse II [5. Aufl 1929] § 519 Nr 2). § 519 BGB stellt darüber hinaus aufgrund seiner sozialen Schutzfunktion **zwingendes Recht** dar: Weder können die Parteien § 519 BGB abbedingen noch kann der Schenker im Voraus auf die Einrede verzichten (OERTMANN, Schuldverhältnisse II [5. Aufl 1929] § 519 Nr 3).

3 Rechtssystematisch handelt es sich bei § 519 BGB um einen speziell geregelten Fall des **Wegfalls der Geschäftsgrundlage**, wie er jetzt allgemein in § 313 BGB geregelt ist (**aA** BeckOGK/HARKE [1. 10. 2025] § 519 Rn 3). Die Leistungsfähigkeit des Schenkers wird stillschweigend in den Vertrag einbezogen (MünchKommBGB/KOCH § 519 Rn 1). Insoweit schließt § 519 BGB – ebenso wie §§ 528, 529 BGB – als Sonderfall des Wegfalls der Geschäftsgrundlage die Anwendung von § 313 BGB aus, der allerdings zur Anwendung kommt, wenn die Wertungen der speziellen schenkungsrechtlichen Rückforderungstatbestände nicht eingreifen. So etwa entzieht das Scheitern einer Ehe mit dem Kind des Schenkers die Geschäftsgrundlage der Schenkung an das Schwiegerkind (BGH 3. 2. 2010 – XII ZR 189/06 Tz 27, BGHZ 184, 190, 197, NJW 2010, 2202, 2204; so ebenfalls BGH 21. 7. 2010 – XII ZR 180/09 Tz 15, BGH NJW 2010, 2884 f; § 516 Rn 138 ff).

II. Tatbestandsvoraussetzungen

1. Schenkungsversprechen

Die Einrede des Notbedarfs ist auf das **Schenkungsversprechen** des § 518 Abs 1 Satz 1 BGB anwendbar, welches nach § 518 Abs 1 Satz 2 BGB auf Schuldversprechen und -anerkenntnisse erweitert wird. Bereits denklogisch kann § 519 BGB bei der realvertraglichen Handschenkung nach § 516 Abs 1 BGB mangels der von der Notbedarfseinrede vorausgesetzten **Zeitspanne** zwischen Vertragsschluss und Erfüllung keine Anwendung finden. 4

2. Angemessener Unterhalt

Der Begriff des angemessenen Unterhalts ist in Anlehnung an die **unterhaltsrechtlichen Bestimmungen** auszulegen. So ist letztlich der angemessene Unterhalt im Rahmen der §§ 519, 529 Abs 2 BGB im Sinne des angemessenen Bedarfs nach §§ 1603, 1610 Abs 1 BGB zu verstehen (BGH 11. 7. 2000 – X ZR 126/98, NJW 2000, 3488, 3489). Nach dem Gesetz muss der angemessene Unterhalt gefährdet sein; insoweit ist eine Prognoseentscheidung zu treffen. Anders als bei §§ 528, 529 Abs 1 BGB, die eine Zehnjahresfrist für das Eintreten des Notbedarfs vorsehen (vgl hierzu BGH 26. 10. 1999 – X ZR 69/97, BGHZ 143, 51, 54, NJW 2000, 728, 729), muss bei § 519 BGB eine **Beeinträchtigung der Lebensführung noch nicht vorliegen** (BGH 19. 12. 2000 – X ZR 146/99, BGH NJW 2001, 1207, 1209; Zeranski, Der Rückforderungsanspruch des verarmten Schenkers [1998] 19 f). In Ansatz zu bringen ist der Saldo aus dem geschätzten Aktivvermögen des Schenkers abzüglich seiner „sonstigen Verbindlichkeiten“ (zum Begriff vgl Staudinger/Klinkhammer [2022] § 1603 Rn 193 ff). Das Gesetz spricht freilich nur von einer „Berücksichtigung“ der sonstigen Verbindlichkeiten. Daraus wird gefolgert, dass eine **Rangfolge der Verbindlichkeiten** (Oertmann, Schuldverhältnisse II [5. Aufl 1929] § 519 Nr 1) nach der Wahrscheinlichkeit der zwangsweisen Beitreibung aufzustellen sei. Bctagte und bedingte Verbindlichkeiten sind mit ihrem gegenwärtigen wirtschaftlichen Wert anzusetzen (MünchKommBGB/Koch § 519 Rn 2; Enneccerus/Lehmann, Schuldrecht [15. Aufl 1958] § 122 I 5; BGB-RGRK/Mezger § 519 Rn 4; Soergel/Eckert § 519 Rn 2). Nicht zu berücksichtigen sind hingegen eigene Unterhaltsansprüche des Schenkers, da der Normzweck gerade sicherstellen will, dass der Schenker seinen eigenen Unterhalt bestreiten können soll (RG 12. 12. 1935 – IV 194/35, JW 1936, 987, 988; MünchKommBGB/Koch § 519 Rn 2; Zeranski, Der Rückforderungsanspruch des verarmten Schenkers [1998] 19 f). 5

Infolge der unterhaltsrechtlichen Akzessorietät des Begriffs in §§ 519, 529 Abs 2 BGB wird im Einzelfall zu prüfen sein, ob entsprechend den unterhaltsrechtlichen Grundsätzen dem Schenker – im Falle des § 519 BGB – oder dem Beschenkten – im Falle des § 529 BGB – eine **Erwerbsobliegenheit** trifft (BGH 11. 7. 2000 – X ZR 126/98, BGH NJW 2000, 3488, 3491 f; BGH 6. 9. 2005 – X ZR 51/03, NJW 2005, 3638, 3639). Sowohl bei § 519 BGB als auch bei § 529 Abs 2 BGB ist es nach Wortlaut und Schutzzweck der Normen unerheblich, wann und wodurch der Notbedarf entstanden ist (BGH 19. 12. 2000 – X ZR 146/99, BGH NJW 2001, 1207, 1208; Zeranski, Der Rückforderungsanspruch des verarmten Schenkers [1998] 20 f). 6

3. Erfüllung einer Unterhaltspflicht

7 Neben dem eigenen Notbedarf kann der Schenker nach § 519 BGB auch geltend machen, dass er seiner Unterhaltsverpflichtung nicht mehr nachkommen kann. Hierbei muss es sich freilich um eine **gesetzliche Unterhaltsverpflichtung** handeln, also in erster Linie um eine solche aus §§ 1360 ff, 1569 ff, 1601 ff, 1615 ff, 1371 Abs 4, § 1751 Abs 4 BGB (MünchKommBGB/Koch § 519 Rn 2). Eine rein vertragliche Unterhaltsverpflichtung fällt hingegen in die Kategorie der „sonstigen Verpflichtungen", die im Rahmen des § 519 BGB bloß Berücksichtigung finden müssen (Rn 5). Zur konkreten Berechnung können die einschlägigen Tabellen, etwa die Düsseldorfer Tabelle, hinzugezogen werden (BGH 11. 7. 2000 – X ZR 126/98, NJW 2000, 3488, 3489).

III. Beweislastverteilung

8 Der **Schenker** trägt die **Beweislast** hinsichtlich der tatbestandlichen Voraussetzungen der Notbedarfseinrede. Dies umfasst nicht nur den Nachweis der Notbedarfssituation, sondern auch das Vorliegen einer Schenkung im konkreten Falle (BGH 12. 12. 1985 – III ZR 200/84, NJW-RR 1986, 866, 867). Erhebt der Schenker erfolgreich im Prozess die Einrede des § 519 BGB, so wird die Klage als **„zurzeit unbegründet"** abgewiesen. **Klagt** nach Wegfall des Notbedarfs der **Beschenkte** erneut **auf Leistung**, so trägt er nunmehr die Beweislast hierfür (MünchKommBGB/Koch § 519 Rn 3). Tritt der Notbedarf nach rechtskräftiger Verurteilung des Schenkers zur Leistung auf, so kann er die Einrede des § 519 BGB noch im Wege der **Vollstreckungsgegenklage** nach § 767 ZPO geltend machen (RG 8. 3. 1937 – IV 333/36, JW 1937, 1547; MünchKommBGB/Koch § 519 Rn 3).

IV. Umfang der Einrede

1. Rechtsnatur der Einrede

9 § 519 BGB gewährt keine peremptorische, sondern nur eine **dilatorische** Einrede. Steht einem vormerkungsgesicherten Anspruch die Einrede des § 519 BGB entgegen, kann sich ein Grundstückseigentümer gegenüber dem Vormerkungsberechtigten insofern nicht auf den Löschungsanspruch des § 886 BGB berufen (OLG Celle 24. 11. 2006 – 6 W 117/06, NJW-RR 2007, 891).

2. Höchstpersönlichkeit

10 Die Einrede aus § 519 BGB ist **höchstpersönlicher Natur**. Dies folgt aus dem Normzweck, dem Schenker zu ermöglichen, die Erfüllung des Schenkungsversprechens bei Notbedarf zu verweigern. **Schuldübernehmer** oder **Schuldmitübernehmer** können sich nicht auf die Einrede des § 519 BGB berufen (MünchKommBGB/Koch § 519 Rn 4). Ebenso wenig kann sich grundsätzlich ein **Bürge** trotz § 768 Abs 1 S 1 BGB auf § 519 BGB berufen, da die Bürgschaft den Gläubiger gerade vor dem persönlichen Zahlungsausfall des Schuldners schützen soll (vgl MünchKommBGB/Koch § 519 Rn 4 mit Hinweis auf die Rechtsgedanken von § 768 Abs 1 S 2 und § 254 InsO). Anders verhält es sich, wenn die Bürgschaft selbst im Verhältnis zum Gläubiger als Schenkung zu qualifizieren ist (Erman/Herrmann [13. Aufl 2011] § 519 Rn 3; MünchKommBGB/Koch § 519 Rn 4). **Nach- oder Mitschuldner** können sich freilich auf eigenen Notbedarf gem § 519 BGB berufen, da sie aus dem Rechtsgrund der Schenkung haften. Erben können den beim

Erblasser eingetretenen Notbedarf nur durch die **Beschränkung der Erbenhaftung** nach §§ 1975 ff BGB geltend machen (MünchKommBGB/Koch § 519 Rn 4).

3. Leistungsverweigerung bei unteilbaren Leistungen

Die Einrede des § 519 Abs 1 BGB bezieht sich **wertmäßig** auf denjenigen Teil der Zuwendung, der **zum Vorliegen des Notbedarfs führen würde**. Nur in dieser Höhe steht es dem Schenker zu, den Vollzug des Schenkungsversprechens bis auf weiteres zu verweigern. Der Erfüllungsanspruch aus § 518 Abs 1 S 1 BGB ist also nur insoweit durchsetzbar, als der Wert der Zuwendung nicht zur Deckung des Unterhalts des Schenkers erforderlich ist. Ist dies bei einem teilbaren Schenkungsgegenstand unproblematisch, so muss für den Fall eines unteilbaren Schenkungsgegenstandes in teleologischer Auslegung des § 519 Abs 1 BGB eine systemgerechte Lösung gefunden werden. Da durch die Einrede des Notbedarfs gerade sichergestellt werden soll, dass der Schenker in der Lage bleibt, seinen Unterhaltsbedarf zu decken, kann diese nur darin liegen, dass er eine **unteilbare Leistung gänzlich verweigern** darf. Für eine analoge Anwendung des § 528 Abs 1 S 2 BGB mit der Möglichkeit für den Beschenkten, die Notbedarfseinrede durch Zahlung eines entsprechenden Betrages zur Deckung des Unterhaltsbedarfs des Schenkers auszuschalten, besteht mangels Regelungslücke kein Anlass, zumal sich im Fall von § 528 BGB, anders als in der Konstellation des § 519 BGB, der Gegenstand schon im Vermögen des Beschenkten befindet (so unter Hinweis auf eine bewusste gesetzgeberische Entscheidung MünchKommBGB/Koch § 519 Rn 3). 11

V. Prioritätsprinzip, § 519 Abs 2 BGB

§ 519 Abs 2 BGB statuiert ein zeitliches **Prioritätsprinzip** für das Zusammentreffen der Ansprüche mehrerer Beschenkter – das Gesetz formuliert offenbar versehentlich „mehrerer Beschenkten". Der Schenker kann somit einem zeitlich früher entstandenen Anspruch die Einrede aus § 519 Abs 1 BGB solange nicht entgegenhalten, wie es ihm noch möglich wäre, die Erfüllung eines zeitlich später entstandenen Schenkungsversprechens zu verweigern. Maßgeblicher Zeitpunkt für das Rangverhältnis ist nach dem Wortlaut des Gesetzes selbst die Entstehung des Anspruches, so dass auf die Annahme des Schenkungsversprechens abzustellen ist, auch wenn der Anspruch bedingt oder betagt ist (MünchKommBGB/Koch § 519 Rn 5; BGB-RGRK/Mezger § 519 Rn 4; Zeranski, Der Rückforderungsanspruch des verarmten Schenkers [1998] 20 f). 12

Wenn der Schenker die **Notbedarfseinrede** gegen den früher entstandenen Anspruch geltend macht, verliert er seine Einrede nur dann, wenn er sich **arglistig** nicht an die Rangfolge des § 519 Abs 2 BGB hält (MünchKommBGB/Koch § 519 Rn 5; BGB-RGRK/Mezger § 519 Rn 4). Die Gegenansicht, nach der der Schenker seine Einrede gegenüber dem älteren Anspruch stets verliere (Oertmann, Schuldverhältnisse II [5. Aufl 1929] § 519 Nr 6a; Planck/Knoke [4. Aufl 1928] § 519 Anm 2; Soergel/Eckert § 519 Rn 7), übersieht, dass es der primäre Zweck von § 519 BGB ist, eine Bedürftigkeit des Schenkers aufgrund der Schenkung zu vermeiden. Deswegen kann er die Einrede auch dann benutzen, wenn er seine Notlage selbst verursacht hat. Es wäre daher systemwidrig, ihm aufgrund eines bloßen Irrtums die Einrede mit der Konsequenz zu entziehen, in die Bedürftigkeit zu fallen. 13

14 Unzutreffend wird vertreten, dem Schenker komme für den Fall des Notbedarfs ein Wahlrecht zu, welchen Gläubiger er befriedigen wolle, sofern mehrere Ansprüche **gleichzeitig** entstanden sind, die somit in kein Rangverhältnis gebracht werden können (so noch Erman/Herrmann [13. Aufl 2011] § 519 Rn 4). Das Prinzip der Vertragstreue erfordert, die Ansprüche aller Beschenkten **anteilig zu kürzen** und so dem Notbedarf des Schenkers abzuhelfen (MünchKommBGB/Koch § 519 Rn 5; Heiter JR 1995, 313, 316; nunmehr auch Erman/Hähnchen § 519 Rn 4).

§ 520
Erlöschen eines Rentenversprechens

Verspricht der Schenker eine in wiederkehrenden Leistungen bestehende Unterstützung, so erlischt die Verbindlichkeit mit seinem Tode, sofern nicht aus dem Versprechen sich ein anderes ergibt.

Materialien: Mugdan Mot II 165 f; Prot II 752; Jakobs/Schubert, Die Beratung des Bürgerlichen Gesetzbuches 367–370.

Systematische Übersicht

I. Begriff des Rentenversprechens

1 Wird ein Schenkungsversprechen iSd § 518 Abs 1 BGB dergestalt abgegeben, dass Schenkungsgegenstand **wiederkehrende, der Unterstützung des Beschenkten dienende Leistungen** sein sollen, so soll das Schenkungsversprechen kraft gesetzlicher Anordnung in § 520 BGB mit dem Tode des Schenkers erlöschen, wenn die Parteien keine abweichende Vereinbarung getroffen haben. Die Unterstützung ist hier aufgrund der systematischen Stellung der §§ 519, 520 BGB primär unterhaltsrechtlich zu verstehen, so dass vor allem der **laufende Lebensunterhalt** intendiert ist, wie ihn § 1610 BGB definiert. Weiterhin fallen unter den Begriff jedoch auch Kosten zur Finanzierung der Ausbildung und anderer gleichgelagerter Zwecke (MünchKommBGB/Koch § 520 Rn 1). Ausweislich des Gesetzestextes sollen jedoch nur wiederkehrende Leistungen unter § 520 BGB fallen, so dass die Norm nicht einschlägig ist, wenn ein bestimmter Kapitalbetrag geschuldet wird, dieser aber in Raten zu zahlen ist (MünchKommBGB/Koch § 520 Rn 2; Jauernig/Mansel § 520 Rn 1).

II. Normzweck

2 § 520 BGB beinhaltet eine **Auslegungsregel** dahingehend, dass der Wille des Schenkers bei dem Versprechen, wiederkehrende Leistungen schulden zu wollen, im Zweifel **höchstpersönlicher Natur** ist, ist doch ein Versorgungsversprechen gerade Aus-

druck einer besonders engen persönlichen Beziehung zwischen Schenker und Beschenktem (MünchKommBGB/Koch § 520 Rn 1). Insoweit würden auch die allgemeinen Regeln der Vertragsauslegung zu keinem anderen Ergebnis führen (§§ 133, 157 BGB). Zweck dieser Auslegungsregel ist es, übermäßige Belastungen der Erben durch höchstpersönliche Verbindlichkeiten des Schenkers/Erblassers zu vermeiden (Mugdan Mot II 165 f).

Die **prozessuale Konsequenz** von § 520 BGB ist, dass derjenige, der sich auf eine ab- 3
weichende Vereinbarung beruft, die Darlegungs- und Beweislast trägt (MünchKommBGB/Koch § 520 Rn 1). Gelingt dem Beschenkten der Beweis nach § 520 BGB aE, so ist hierin jedoch kein Vertrag zulasten der Erben zu sehen, die ihre Haftung auf den Nachlass beschränken können, §§ 1975 ff BGB. Die bloße Tatsache jedoch, dass eine unentgeltlich erworbene Rente zeitlich befristet ist, kann die Auslegungsregel des § 520 BGB nicht auslösen. Es muss vielmehr positiv bewiesen werden, dass die wiederkehrenden Leistungen tatsächlich der Unterstützung des Beschenkten dienen sollten (BFH 12. 11. 1985 – IX R 2/82, BFHE 145, 368, 372, BStBl II 1986, 261, 263, NJW 1986, 2456, 2457).

III. Tod des Schenkers und des Beschenkten

Rechtsfolge des § 520 BGB ist das Erlöschen des Anspruchs des Beschenkten mit 4
dem **Tode des Schenkers**. Davon betroffen sind freilich nur zukünftige Leistungen; bereits fällig gewordene und rückständige Leistungen fallen als Nachlassverbindlichkeiten iSd § 1967 BGB den Erben an.

Die Auslegungsregel des § 520 BGB gilt nicht beim **Tod des Beschenkten**. Zwar wird 5
meistens festgelegt, dass beim Tod des Beschenkten die Verpflichtung des Schenkers endet. Doch schon der allgemeine Grundsatz der Höchstpersönlichkeit führt zu dem Erlöschen des Anspruchs beim Tod des Beschenkten. Somit sollen die Erben des Beschenkten (Rn 2) nicht begünstigt werden (vgl §§ 759, 1615 BGB; so auch MünchKommBGB/Koch § 520 Rn 1).

Haftet für die Verpflichtung des Schenkers ein **Bürge**, so wird dieser aufgrund der 6
Akzessorietät der Bürgschaft (vgl § 767 BGB) ebenfalls frei (MünchKommBGB/Koch § 520 Rn 2). Der **Schuldübernehmer** kann sich auf § 520 BGB nur dann berufen, wenn ihm der Übernahmevertrag dies gewährt (MünchKommBGB/Koch § 520 Rn 2). Stirbt der Schuldübernehmer selbst, ist § 520 BGB analog anzuwenden.

§ 521
Haftung des Schenkers

Der Schenker hat nur Vorsatz und grobe Fahrlässigkeit zu vertreten.

Materialien: Mugdan Mot II 164; Prot II 747; Jakobs/Schubert, Die Beratung des Bürgerlichen Gesetzbuches 372–379.

Schrifttum

CANARIS, Ansprüche wegen positiver Vertragsverletzung und Schutzwirkung für Dritte bei nichtigen Verträgen, JZ 1965, 475
EHLING/VOGELER, Der Probandenvertrag, MedR 2008, 273
GERHARDT, Der Haftungsmaßstab im gesetzlichen Schuldverhältnis (Positive Vertragsverletzung, culpa in contrahendo), JuS 1970, 597
GRIGOLEIT, Unentgeltliche Verträge und Gefälligkeitsverhältnisse – Die Perspektive des Haftungsrechts –, VersR 2018, 769
GRUNDMANN, Zur Dogmatik der unentgeltlichen Rechtsgeschäfte, AcP 198 (1998) 457
HÜTTEMANN, Haftung des Schenkers für anfängliche Leistungshindernisse?, in: FS Eduard Picker (2010) 377
KOLLHOSSER, Anm zu BGH, Urt v 23. 3. 2000 – X ZR 177/97, ZEV 2000, 319
LITTBARSKI, Interpendenz zwischen Gefälligkeit, Haftung und Haftpflichtversicherung?, VersR 2004, 950
MEDICUS, Zur Reichweite gesetzlicher Haftungsmilderungen, in: FS Walter Odersky (1996) 589
SCHLECHTRIEM, Vertragsordnung und außervertragliche Haftung: eine rechtsvergleichende Untersuchung zur Konkurrenz von Ansprüchen aus Vertrag und Delikt im französischen, amerikanischen und deutschen Recht (1972)
ders, Gutachten und Vorschläge zur Überarbeitung des Schuldrechts II (1981)
ders, Anm zu BGH, Urt v 20. 11. 1975 – Az IVa ZR 104/83, BB 1985, 1356
SCHUBERT, Zur Haftungsmilderung nach § 521 BGB, JR 1985, 324
ders, Anm zu BGH, Urt v 20. 11. 1975 – Az IVa ZR 104/83, JR 985, 322
STOLL, Anm zu BGH, Urt v 20. 11. 1975 – Az IVa ZR 104/83, JZ 1985, 383
THIELE, Leistungsstörung und Schutzpflichtverletzung, JZ 1967, 649.

Systematische Übersicht

I. Regelungszweck der §§ 521 ff BGB

1 Die §§ 521 ff BGB enthalten **Privilegierungstatbestände**, welche die Haftung des Schenkers einschränken. Der Haftungsmaßstab des § 276 Abs 1 S 1 BGB wird insoweit reduziert, als der Schenker Sach- oder Rechtsmängel des Zuwendungsgegenstandes nur bei arglistigem Verschweigen zu vertreten (vgl § 523 BGB) und im Übrigen nur für Vorsatz und grobe Fahrlässigkeit einzustehen hat (§ 521 BGB). Weiterhin muss der Schenker im Falle des Verzuges abweichend von § 287 BGB keine Verzugszinsen entrichten (§ 522 BGB).

2 Diese Haftungsmilderung steht offensichtlich in Zusammenhang mit dem uneigennützigen Motiv der Zuwendung und soll den Schenker aufgrund der erwiesenen Li-

beralität umfassend privilegieren. Daher sind die §§ 521 ff BGB ebenfalls auf die Zurechnung des Vertretenmüssens eines Erfüllungsgehilfen nach § 278 BGB anwendbar (RG 13. 12. 1906 – VI 130/06, RGZ 65, 17, 20). Gleiches gilt auch für den Rechtsnachfolger des Schenkers (vgl Mugdan Mot II 164; OLG Frankfurt 10. 8. 2017 – 3 U 197/15, juris Rn 62) sowie für den Schuldübernehmer.

II. Anwendungsbereich

1. Handschenkung

Der Anwendungsbereich des § 521 BGB bei Handschenkungen ist nur begrenzt. 3
Zum einen können sich bereits begriffsimmanent bei einer realvertraglichen Schenkung keine Erfüllungspflichtverletzungen ergeben, zum anderen gehen, wenn es sich um Sach- oder Rechtsmängel handelt, die Spezialregelungen von §§ 523, 524 BGB vor. Die einzig mögliche Konstellation ist somit bei der Handschenkung die **Verletzung von Nebenpflichten**, insbesondere Schutzpflichten (so auch MünchKommBGB/Koch § 521 Rn 2).

2. Versprechensschenkung

Eigentlich **primärer Anwendungsbereich** der Regelung ist die Versprechensschenkung 4
nach § 518 Abs 1 BGB. In diesem Zusammenhang muss danach differenziert werden, ob es um die Verletzung einer Leistungs- oder einer Schutzpflicht geht.

a) Verletzung von Leistungspflichten

aa) Anfängliche Unmöglichkeit

Ist die vom Schenker versprochene Leistung bereits zum Zeitpunkt des Vertrags- 5
schlusses nach § 275 BGB unmöglich, so ist der Vertrag gleichwohl wirksam zustande gekommen, § 311a Abs 1 BGB. Nach der ursprünglichen Fassung des BGB war umstritten, ob angesichts der **Garantiehaftung** des Schuldners bei anfänglicher Unmöglichkeit und des dadurch implizierten Ausschlusses des Haftungsmaßstabs des § 276 BGB der § 521 BGB im Sinne einer Reduzierung des Haftungsmaßstabes auf Vorsatz und grobe Fahrlässigkeit anwendbar war. Der BGH hatte in einem grundlegenden Urteil die Anwendbarkeit des § 521 BGB verneint (BGH 23. 3. 2000 – X ZR 177/97, BGHZ 144, 118, 119, NJW 2000, 2101, ZEV 2000, 319 m abl Anm Kollhosser). Nach dem Schuldrechtsmodernisierungsgesetz, das die Garantiehaftung des Schuldners für anfängliche Unmöglichkeit in eine Verschuldenshaftung gem § 311a Abs 2 BGB umgewandelt hat, ist dieser Streit **obsolet** geworden. Nach **heutiger Rechtslage** ist § 521 BGB auch auf das **Vertretenmüssen** hinsichtlich der Kenntnis der Unmöglichkeit im Rahmen des § 311a Abs 2 S 2 BGB anwendbar (so auch MünchKommBGB/Koch § 521 Rn 3; **aA** jedoch Hüttemann, in: FS Picker [2010] 377, 381 ff, der eine Haftung für anfängliche Leistungshindernisse für mit dem typischen Inhalt des Schenkungsversprechens unvereinbar hält).

bb) Nachträgliche Unmöglichkeit

Im Fall der **nachträglichen Unmöglichkeit** ist auch im Rahmen der Abwägung des 6
§ 275 Abs 2 S 2 BGB die Wertung des § 521 BGB zu berücksichtigen, so dass der Schenker zu privilegieren ist. Auf den Herausgabeanspruch nach § 285 BGB die Privilegierung freilich keinen Einfluss, da das stellvertretende *commodum* verschuldensunabhängig gewährt wird (MünchKommBGB/Koch § 521 Rn 3).

cc) Verzug

7 Für den Anspruch des Beschenkten auf **Ersatz des Verzugsschadens** nach § 280 Abs 1, Abs 2, § 286 BGB greift die Privilegierung des § 521 BGB ein. Während des Verzuges gilt freilich der Haftungsmaßstab des § 287 BGB, nach welchem der Schuldner jede Fahrlässigkeit zu vertreten hat: Es besteht kein Anlass, den Zweck des § 287 BGB, Haftungsprivilegierungen während des Verzugs aufzuheben (vgl hierzu Staudinger/Feldmann [2025] § 287 Rn 2 f), für das Schenkungsrecht zu unterlaufen (so auch die überwiegende Ansicht, vgl nur MünchKommBGB/Koch § 521 Rn 3; **aA** noch MünchKommBGB/Kollhosser [4. Aufl 2004] § 521 Rn 4 ohne Begründung). Somit gilt § 521 BGB in diesem Zusammenhang nur für den Eintritt des Verzuges nach § 286 Abs 4 BGB (MünchKommBGB/Koch § 521 Rn 3).

b) Verletzung von Schutzpflichten

8 Bei der Verletzung von Pflichten, welche nicht in der bloßen Erfüllung des Schenkungsvertrages liegen, ist fraglich, ob der allgemeine Haftungsmaßstab des § 276 Abs 1 BGB oder die Haftungsmilderung des § 521 BGB gelten soll. Nach der Rechtsprechung soll die Haftungserleichterung nach § 521 BGB dann eingreifen, wenn die verletzte Schutzpflicht in einem **Zusammenhang mit dem Vertragsgegenstand** steht (BGH 20. 11. 1975 – IVa ZR 104/83, BGHZ 93, 23, 27 ff – „Kartoffel-Pülpe“, NJW 1985, 794, 795, BB 1985, 1356 mit krit Anm Schlechtriem, JZ 1985, 384 m abl Anm Stoll, JR 1985, 324 m Anm Schubert; iE auch Schlechtriem, Vertragsordnung und außervertragliche Haftung [1972] 335; zu weitgehend ähnlichen Ergebnissen gelangt auch BeckOGK/Harke [1. 10. 2025] § 521 Rn 12 f, der zwar von der grundsätzlichen Unanwendbarkeit des § 521 BGB bei einer Verletzung von Rücksichtspflichten ausgeht, davon aber eine Ausnahme zulässt, wenn sich der Schaden des Beschenkten aus der Beschaffenheit der Schenksache ergibt.). Im berühmten **Kartoffelpülpefall** entstand einem Landwirt durch die Verfütterung enzymatisch versetzter und deshalb für seine Bullen unverträglicher Kartoffelpülpe ein Schaden. Nach dem BGH konnte hierin kein Sachmangel der geschenkten Pülpe gesehen werden, der zu einer Anwendung des § 524 BGB führen müsste. Vielmehr konnte eine bloße Verletzung der Aufklärungspflicht aus *culpa in contrahendo* angenommen werden (heute: § 280 Abs 1, § 311 Abs 2, § 241 Abs 2 BGB), wofür die allgemeine Haftungserleichterung aus § 521 BGB eingreife, da die Schutzpflicht im Zusammenhang mit dem Vertragsgegenstand – hier also der Kartoffelpülpe als Schenkungsgegenstand – stehe (BGH 20. 11. 1975 – IVa ZR 104/83). Freilich ist damit nicht die Aufstellung eines allgemeinen Kriteriums für die Abgrenzung intendiert, ob ein solcher Zusammenhang zwischen Schenkungsgegenstand und Schaden besteht oder nicht, sondern eher die Selbstverständlichkeit ausgedrückt, dass es darauf ankomme, ob dem Schädiger der **Schaden** gerade **in seiner Eigenschaft als Schenker zugerechnet** werden kann **oder aufgrund des allgemeinen Lebensrisikos** eingetreten ist. Letztlich nimmt die Rechtsprechung eine **Abwägung unter Billigkeitsgesichtspunkten** vor. So wird darauf abgestellt, ob es sich um ein gegenständliches Sachgeschenk handele, dessen Zuwendung an den Beschenkten von vorneherein keine größeren Unwägbarkeiten und Wagnisse im Hinblick auf die konkrete Realisierung unter Mithilfe Dritter verursache, oder ob das Geschenk unterschiedliche Leistungen durch unterschiedlichste, dem Schenker oft nicht einmal bekannte Personen zum Gegenstand habe, wie das etwa bei der schenkweisen Zuwendung einer komplexen Reiseleistung der Fall sei (OLG Saarbrücken 28. 8. 2013 – 1 U 97/12, NJW-RR 2014, 139). Letztere unterliege einer gewissen Dynamik, die die Haftung des Schenkers ins Uferlose und Unkalkulierbare auszuweiten drohe,

würde man von einer Anwendung des § 521 BGB auf rein situativ erfolgte Pflichtverletzungen absehen.

Ein Zusammenhang mit dem Schenkungsgegenstand und damit die Geltung der Privilegierung des § 521 BGB wurde auch bejaht, wenn der Schenker deswegen schadensersatzpflichtig ist, weil er unberechtigterweise Ersatz von Aufwendungen für den geschenkten Gegenstand verlangt, da ausschließlich die Vertragserwartungen des Beschenkten betroffen seien (OLG Köln 11. 3. 2008 – 3 U 145/07, juris Tz 6, OLGR Köln 2008, 657).

In der Literatur wird dagegen argumentiert, § 521 BGB finde auf Schutzpflichtverletzungen überhaupt **keine Anwendung**, da er sich nur darauf beziehen könne, dass der Beschenkte den Schenkungsgegenstand in seiner konkreten Beschaffenheit akzeptieren müsse (Thiele JZ 1967, 649, 654). Fragwürdig wird darüber hinaus vertreten, dass die Privilegierungen der §§ 521 ff BGB eigentlich das vertragliche **Äquivalenzinteresse** alleine beträfen, es bei einer Haftung aus § 280 Abs 1, § 241 Abs 2 BGB (ggf als *culpa in contrahendo* iVm § 311 Abs 2 BGB) jedoch um das **Integritätsinteresse** gehe (Grundmann AcP 198 [1998] 457, 477). Man versucht, diese Auffassung durch den Rekurs auf den 1. Entwurf zum BGB zu stützen, der insoweit von einer Haftungsbeschränkung wegen „Fahrlässigkeit in Ansehung der Erfüllung“ sprach (vgl Mugdan Mot II 164). Abgesehen davon, dass der endgültige Wortlaut des § 521 BGB doch bedeutungsoffen formuliert wurde, verkennt dieses Argument, dass dem historischen Gesetzgeber die Problematik der Schutzpflichtverletzung kaum bewusst war und sein eventueller Wille angesichts der heute immens gesteigerten Bedeutung der Haftung für solche Verletzungen nicht mehr maßgeblich sein kann (vgl Medicus, in: FS Odersky [1996] 589, 593; Schubert JR 1985, 324, 325; zur verfassungsrechtlichen Bindung an den Willen des historischen Gesetzgebers, vgl BVerfG 14. 2. 1973 – 1 BvR 112/65, BVerfGE 34, 269, 286 ff, NJW 1973, 1221, 1225 f – „Soraya“, BVerfG 3. 4. 1990 – 1 BvR 1186/89, BVerfGE 82, 6, 11 ff, NJW 1990, 1593 ff – „nichteheliche Lebensgemeinschaft“). Letztlich wird ein Schutzbedürfnis des Beschenkten schlicht postuliert, aufgrund dessen das altruistische Motiv des Schenkers nur zu einer den Vertragsgegenstand betreffenden, mithin leistungspflichtbezogenen Haftungsmilderung führen könne (Schlechtriem, Vertragsordnung und außervertragliche Haftung S 335). Eine uneingeschränkte Anwendung des § 521 BGB privilegiere den Schenker zu weitgehend, da er nicht erwarten dürfe, über den eigentlichen Schenkungsgegenstand hinaus für seine Freigiebigkeit privilegiert zu werden (MünchKommBGB/Koch § 521 Rn 5; BeckOGK/Harke [1. 10. 2025] § 521 Rn 12 f; Gerhardt JuS 1970, 597, 600), wobei damit das Problem ungelöst bleibt, wie die „Grenzen des eigentlichen Schenkungsgegenstands“ praktisch zu bestimmen sind. 9

Richtigerweise sollte § 521 BGB als eine alle Pflichten des Schenkers erfassende **Haftungsmilderung** angesehen werden (Enneccerus/Lehmann, Schuldrecht [15. Aufl 1958] § 121 IV 2; Canaris JZ 1965, 475, 481). Zutreffend wird in diesem Zusammenhang angemerkt, dass unannehmbare **Wertungswidersprüche** zwischen der Haftung für Mangelfolgeschäden, Schäden an anderen Gegenständen und der Haftung für nicht vertragsbezogene Schutzpflichtverletzungen entstünden, wollte man nach Schutz- und Leistungspflichten differenzieren (vgl Stoll JZ 1985, 384, 385). Grundsätzlich ist die Beschränkung der Anwendung von § 521 BGB nur auf die Leistungspflichten weder mit dem Wortlaut des Gesetzes noch mit dem Normzweck vereinbar, welcher den Schenker aufgrund seines uneigennützigen Handelns umfassend privilegieren will, 10 da ihn ansonsten ungerechtfertigte Risiken träfen (MünchKommBGB/Koch § 521 Rn 5; ähnlich auch Grigoleit VersR 2018, 769, 783, der darauf hinweist, dass es nicht nachvollziehbar sei, das Haftungsprivileg zwar auf die Leistungspflichten anzuwenden, nicht aber auf die bloß flankierenden Schutzpflichten). Gerade auch das von der Rspr angewandte Kriterium des Sachzusammenhangs zwischen Schenkung und Schaden (Rn 8), das in der Literatur zu Unrecht als „mittlere Meinung" stilisiert wurde, dürfte in streitigen Fällen typischerweise auch zu diesem Ergebnis führen. Anders verhält es sich natürlich, wenn der Schenker eine **besondere Sachkunde** gegenüber dem Beschenkten in Anspruch genommen hat, etwa weil er den Schenkungsgegenstand selbst hergestellt hat (vgl hierzu Schubert JR 1985, 324, 325). Auch kann der Argumentationsansatz nicht ganz überzeugen, der die Frage der Anwendung des § 521 BGB – entgegen dessen klarem Wortlaut – bereits auf der Ebene der Pflichtverletzung, nicht erst auf der des Vertretenmüssens nach § 276 BGB ansiedeln will (Medicus, in: FS Odersky [1996] 589, 597). Doch da auf dieser Ebene zwischen Schutz- und Leistungspflichten schwerlich zu trennen sei, kommt diese Ansicht zu dem gleichen Ergebnis, dass § 521 BGB ohne Differenzierung anzuwenden sei (Medicus 594). Im Ergebnis ähnlich wird argumentiert, dass ein Schutzpflichtverhältnis im Sinne des § 311 Abs 2 BGB gar nicht als zustande gekommen erachtet werden sollte, wenn der unentgeltlich Leistende seinen rechtsgeschäftlichen Bindungswillen – wie regelmäßig – nicht explizit zum Ausdruck bringt, sondern seinen rechtsgeschäftlichen Willen allein auf die Schaffung eines Rechtsgrundes zum Behaltendürfen konzentriert (Grigoleit VersR 2018, 769, 781 ff). Ein Anspruch aus *culpa in contrahendo* im Kartoffelpülpefall scheitere daher nicht an den Voraussetzungen des Vertretenmüssens, sondern daran, dass eine **Pflichtverletzung nicht vorliege**, weil aufgrund von § 521 BGB bereits die Aufklärungspflichten des Kartoffellieferanten niedriger zu bemessen seien (Medicus 594).

3. Ausdehnung auf Ansprüche aus unerlaubter Handlung

11 Die Rechtsprechung lässt vertragliche Haftungsbeschränkungen generell **auf konkurrierende deliktische Ansprüche durchschlagen** (st Rspr seit RG 8. 10. 1907 – III 86/07, RGZ 66, 363, 364 f zur Frage der Anpassung der Verjährung; RG 19. 6. 1916 – VI 143/16, RGZ 88, 317, 318, nur *obiter dictum*; BGH 20. 10. 1953 – I ZR 125/52, NJW 1954, 145, in dem der BGH auf die genannten Entscheidungen Bezug nimmt, deren Inhalt aber nicht korrekt referiert). Hierbei wird argumentiert, die vertragliche Haftungsmilderung dürfe nicht durch eine deliktische Verantwortlichkeit unterlaufen und somit entwertet werden (BGH 20. 10. 1953 – I ZR 125/52, NJW 1954, 145; Medicus, in: FS Odersky [1996] 589, 597). Gegen eine pauschale Erweiterung der Privilegierung wurde angeführt (einschränkend im Hinblick auf die Frachtführerhaftung BGH 23. 3. 1966 – Ib ZR 150/63, BGHZ 46, 140 ff, NJW 1967, 42 ff: aus der generell angenommenen Anwendung von §§ 521, 599, 690 BGB auf den konkurrierenden Deliktsanspruch folge nicht allgemein, dass eine vertragliche Haftungserleichterung auf einen Deliktsanspruch durchschlagen müsse), dass die Kommission im 2. Entwurf zum BGB davon ausgegangen sei, zumindest im Rahmen der Haftungserleichterungen der §§ 599, 600 BGB bestünde ein konkurrierender deliktischer Anspruch (vgl Mugdan Prot II 895). Die heutige völlig unterschiedliche Gewichtung von Vertrags- und Deliktsrecht im Vergleich zur Kodifikationszeit relativiert dieses Argument (vgl Medicus, in: FS Odersky [1996] 589, 593; MünchKommBGB/Koch § 521 Rn 6). § 521 BGB ist auf einen konkurrierenden deliktischen Anspruch anzuwenden (vgl Schubert JR 1985, 324, 325, der jedoch das Haftungsprivileg entfallen lässt, wenn der geschenkte Gegenstand abstrakt-generell gefährlich ist; Littbarski VersR 2004, 950, 954). Die Ausdehnung des Haftungsprivilegs führt **nicht** zu einer **unbil-**

ligen Benachteiligung des Beschenkten: Wenn es um eine Pflichtverletzung geht, die der Schädiger nicht in seiner Eigenschaft als Schenker begangen hat (vgl hierzu Rn 8), greift § 521 BGB mit der Konsequenz nicht ein, dass sich die Frage der Milderung der deliktischen Haftung gar nicht stellt (vgl in diese Richtung SCHLECHTRIEM, Vertragsordnung und außervertragliche Haftung [1972] 333 mwNw; SCHLECHTRIEM, Gutachten und Vorschläge zur Überarbeitung des Schuldrechts II [1981] 16, 19). Vielmehr wird durch den zwingenden Gleichlauf von vertraglicher und deliktischer Haftung im Schenkungsrecht ein ausreichendes Schutzniveau erreicht (so auch MünchKommBGB/KOCH § 521 Rn 6). Freilich verwundert, dass bei der Schuldrechtsreform die §§ 521 ff BGB unangetastet blieben (eine Reform verlangte bereits SCHLECHTRIEM, Gutachten und Vorschläge zur Überarbeitung des Schuldrechts II [1981] 16, 19).

III. Abdingbarkeit

12 Die Haftungserleichterung des § 521 BGB ist **kein zwingendes Recht**. Die Parteien können sie vertraglich unter Einhaltung der dem Übereilungsschutz dienenden Form des § 518 Abs 1 BGB abbedingen (RG 13. 12. 1906 – VI 130/06, RGZ 65, 17, 20). Die weitere Milderung der Haftung des Schenkers bedarf zwar nicht der notariellen Beurkundung, muss sich aber an der Grenze des § 276 Abs 3 BGB messen lassen (SOERGEL/ECKERT § 521 Rn 2). Sie muss freilich von der beweisbelasteten Partei dargelegt und bewiesen werden; die bloße Unentgeltlichkeit des Geschäftes lässt nicht auf eine konkludente Abrede schließen (RG 16. 3. 1932 – V 28/32, WarnR 1932 Nr 73).

IV. Entsprechende Anwendung des § 521 BGB

13 Die Haftungserleichterung des § 521 BGB wird allgemein **eng ausgelegt**, so dass eine Analogie außerhalb des Schenkungsrechts zumeist abgelehnt wird. So lehnte bereits das Reichsgericht für den Fall der Mitnahme gefälligkeitshalber im Kfz des Schädigers eine entsprechende Anwendung der §§ 521, 599 BGB ab (RG 13. 12. 1906 – VI 130/06, RGZ 65, 17, 20; RG 22. 11. 1934 – VI 288/34, RGZ 145, 390, 394). Gleichfalls könne § 521 BGB nicht entsprechend für den Fall gelten, dass ein Jäger seinem Jagdgenossen gefälligkeitshalber eine Patrone leiht und dieser aufgrund deren Mangelhaftigkeit eine Verletzung erleidet; einfache Fahrlässigkeit des Jägers führt somit zur Haftung aus § 823 Abs 1 BGB (RG 20. 5. 1935 – VI 21/35, SeuffA 89 Nr 160, 329, 330). Weiterhin argumentiert das Reichsgericht, aus der bloßen Unentgeltlichkeit eines Rechtsgeschäfts könne noch keine entsprechende Anwendung der Haftungsmilderung der Schenkung gefolgert werden, da für das ebenfalls auf Unentgeltlichkeit beruhende Auftragsrecht eine solche Haftungsmilderung fehle (RG 16. 3. 1932 – V 28/32, HRR 1932 Nr 1568). Differenzierter entscheidet der BGH die Frage der analogen Anwendung des § 521 BGB für den Fall der Gefälligkeitsverhältnisse. Besteht ein **auftragsähnliches Rechtsverhältnis**, welches die Wahrung der im Verkehr erforderlichen Sorgfalt verlange, so könne von einer Haftungsmilderung nicht ausgegangen werden. Ist das Gefälligkeitsverhältnis hingegen an einen anderen Vertragstypus angelehnt, hat der BGH in seiner frühen Rechtsprechung offengelassen, ob sich die Gefälligkeitshaftung grundsätzlich auf Vorsatz und grobe Fahrlässigkeit beschränke (BGH 22. 6. 1956 – I ZR 198/54, BGHZ 21, 102, 110, BeckRS 1956, 31396900; abl auch für den Fall der Anwendung des § 598 BGB auf die Gefälligkeitsleihe BGH 9. 6. 1992 – VI ZR 49/91, NJW 1992, 2474). Ein solcher allgemeiner Grundsatz wurde zutreffend ausdrücklich in den Instanzgerichten verneint: §§ 521, 599, 690 BGB enthielten keinen allgemeinen Rechtsgedanken, so dass

außerhalb der gesetzlich geregelten Konstellationen das Verhalten des Schädigers am Maßstab des § 276 BGB zu messen sei (OLG Koblenz 7. 7. 2015 – 3 U 1468/14, VersR 2016, 124; OLG Stuttgart 8. 5. 2008 – 13 U 223/07, NJW-RR 2009, 384, 385; LG Mainz 2. 1. 1988 – 3 S 71/87, NJW 1988, 2116, 2117). Richtigerweise muss § 521 BGB als **Ausnahmeregelung** angesehen werden. Die gesetzlich geregelten Gefälligkeitsverhältnisse kennen keine einheitliche Haftungserleichterung, sondern eigene differenzierte Regelungen, so dass eine Analogie am Fehlen einer planwidrigen Regelungslücke scheitert. Mangels eines einheitlichen gesetzgeberischen Willens kann folglich für die gesetzlich nicht geregelten Fälle keine Haftungserleichterung aus den vorhandenen Normen abgeleitet werden (vgl MünchKommBGB/Koch § 521 Rn 8; zur möglichen Anwendung der §§ 521, 599, 690 BGB analog auf den Probandenvertrag vgl Ehling/Vogeler MedR 2008, 273, 278).

§ 522
Keine Verzugszinsen

Zur Entrichtung von Verzugszinsen ist der Schenker nicht verpflichtet.

Materialien: Mugdan Mot II 165; Prot II 752; Jakobs/Schubert, Die Beratung des Bürgerlichen Gesetzbuches 372–379.

1 Beim Schenkungsvertrag nach § 518 Abs 1 BGB wird der Schenker nach § 522 BGB von der Entrichtung von **Verzugszinsen freigestellt**. Zweck dieser Vorschrift, welche bereits Vorläufer im klassischen römischen Recht und im ALR hatte (vgl Modestinus D. 39. 5. 22; § 1079 I 11 ALR), ist es, den freigiebigen Schenker auch bei verspäteter Leistung nicht in gesteigertem Maße in die Pflicht zu nehmen. Das würde in der Tat eine **unbillige Härte** und einen **systematischen Widerspruch** innerhalb des Schenkungsrechts darstellen, zumal die Verzögerung der Leistung in den allermeisten Fällen deswegen eintreten dürfte, weil der Schenker zur Erfüllung des Versprechens gegenwärtig nicht in der Lage ist. Müsste er in einem solchen Fall zusätzlich Verzugszinsen zahlen und würde er daher möglicherweise in eine Notlage geraten, würde das der *ratio legis* des § 519 BGB widersprechen (vgl Mugdan Prot II 752, die für den Fall einer Pflicht zur Zahlung von Verzugszinsen die Gefahr sehen, dass der Schenker von der Schenkung Abstand nehmen könnte).

2 § 522 BGB sperrt den Anspruch des Gläubigers aus § 288 Abs 1 S 1 BGB auch für den Fall, dass dem Schenker hinsichtlich des Verzuges **Vorsatz oder grobe Fahrlässigkeit** vorzuwerfen wäre (vgl BeckOGK/Harke [1. 10. 2025] § 522 Rn 4.1). Dies gilt ebenfalls für die Ansprüche aus § 290 BGB. Auch gegen die **Erben** des Schenkers kann ein Anspruch auf Verzugszinsen nicht geltend gemacht werden (Mugdan Mot II 165).

3 § 522 BGB findet **keine Anwendung**, wenn der Verzugsschaden gem § 280 Abs 1, Abs 2, § 286 BGB in einem **konkret dargelegten Zinsschaden** besteht (Mugdan Mot II, 165; Oertmann, Schuldverhältnisse II [5. Aufl 1929] 522 Nr 2). Auch **§ 291 BGB** zur Entrichtung von Prozesszinsen bleibt anwendbar; diese beruhen bereits nach dem Wortlaut des § 291 S 1 BGB auf der Rechtshängigkeit und nicht etwa auf dem Verzug (so auch

MünchKommBGB/Koch § 522 Rn 1; Grüneberg/Weidenkaff [85. Aufl 2026] § 522 Rn 1). Gleiches gilt für die Haftung bei einer Herausgabepflicht aus § **292 BGB**.

§ 523
Haftung für Rechtsmängel

(1) Verschweigt der Schenker arglistig einen Mangel im Recht, so ist er verpflichtet, dem Beschenkten den daraus entstehenden Schaden zu ersetzen.

(2) Hatte der Schenker die Leistung eines Gegenstandes versprochen, den er erst erwerben sollte, so kann der Beschenkte wegen eines Mangels im Recht Schadensersatz wegen Nichterfüllung verlangen, wenn der Mangel dem Schenker bei dem Erwerb der Sache bekannt gewesen oder infolge grober Fahrlässigkeit unbekannt geblieben ist. Die für die Haftung des Verkäufers für Rechtsmängel geltenden Vorschriften des § 433 Abs. 1 und der §§ 435, 436, 444, 452, 453 finden entsprechende Anwendung.

Materialien: Mugdan Mot II 164; Prot II 749 ff; Jakobs/Schubert, Die Beratung des Bürgerlichen Gesetzbuches 379–385.

Schrifttum

Huber, Keine Haftung des Schenkers für Rechtsmängel, ZIP 2000, 1372
Hüttemann, Haftung des Schenkers für anfängliche Leistungshindernisse?, in: FS Eduard Picker (2010) 377
Löwisch, Zur Haftung des Schenkers bei anfänglichem Unvermögen, JZ 2001, 355
Lorenz, Schenkungsversprechen – Haftung für anfängliches Unvermögen, EWiR 2000, 715, 716.

Systematische Übersicht

I. Regelungszweck der §§ 523, 524 BGB

1 Die §§ 523, 524 BGB gehen als *leges speciales* dem allgemeinen Haftungsprivileg des § 521 BGB vor (vgl § 521 Rn 3) und schränken die Haftung des Schenkers für Mängel im Recht am Schenkungsgegenstand (§ 523 BGB) und für Sachmängel (§ 524 BGB)

weitestgehend ein. Der Schenker schuldet nur dann Schadensersatz, wenn er den Rechts- oder Sachmangel eines in seinem Vermögen befindlichen Gegenstandes arglistig verschwiegen hat (§ 523 Abs 1 BGB, § 524 Abs 1 BGB) oder wenn ihm der Rechts- oder Sachmangel bei einem noch zu beschaffenden Gegenstand bekannt oder in Folge grober Fahrlässigkeit unbekannt war. § 523 BGB betrifft sowohl das Schenkungsversprechen des § 518 BGB als auch die Handschenkung, allerdings gilt für letztere die Regelung des § 523 Abs 2 BGB nicht. **Keine Anwendung** sollen die §§ 523, 524 BGB nach § 516a BGB im Falle der unternehmerseitigen Zuwendung digitaler Produkte oder eines körperlichen Datenträgers, der ausschließlich als Träger digitaler Inhalte dient, unter gleichzeitiger verbraucherseitiger Zuwendung personenbezogener Daten finden, auch wenn es sich hierbei regelmäßig ohnehin schon um keine Schenkung handelt (hierzu ausführlich § 516a Rn 3).

2 Dem Umstand, dass § 523 Abs 2 S 1 BGB einmal von „Gegenstand", einmal von „Sache" spricht, ist keine inhaltliche Bedeutung beizumessen; gemeint ist in Anlehnung an §§ 435, 633 BGB der Gegenstandsbegriff, der sowohl **Sachen** als auch **Rechte** umfasst (MünchKommBGB/Koch § 523 Rn 1; Soergel/Eckert § 523 Rn 3). Im Rahmen der Schuldrechtsreform ist zwar die **Verweisung** auf kaufrechtliche Normen in § 523 Abs 2 S 2 BGB aktualisiert worden (zur Übergangsregelung vgl Art 229 § 5 EGBGB), die alte Formulierung „Schadensersatz wegen Nichterfüllung" wurde aber beibehalten. Die Verweisung in § 523 Abs 2 S 2 BGB ist allerdings **unvollständig**, da nicht alle relevanten Regelungen des Kaufrechts, insbesondere nicht § 438 BGB (vgl dazu Rn 7), in Bezug genommen werden und die Verweisungskette auch für § 523 Abs 1 BGB gelten muss (so bereits MünchKommBGB/Koch § 523 Rn 1).

II. Die Schenkung aus eigenem Vermögen, § 523 Abs 1 BGB

3 Der Haftungserleichterung des § 523 Abs 1 BGB liegt die Erwägung zugrunde, dass sich der Schenker im Zweifelsfalle nur dazu verpflichten möchte, die **Sache so zu gewähren, wie sie sich in seinem Vermögen befindet** (vgl Mugdan Mot II 164; Prot II 750). Den Schenker trifft grundsätzlich keine Haftung, wenn der Schenkungsgegenstand einen Rechtsmangel aufweist, es sei denn, er hat diesen arglistig verschwiegen (zur Arglist vgl Staudinger/Bach [2023] § 438 Rn 150 ff). Hierbei macht es keinen Unterschied, ob es sich bei dem Schenkungsgegenstand um eine Gattungs- oder Speziessache handelt (Prot II 750).

4 Ob ein Rechtsmangel hinsichtlich des Schenkungsgegenstandes vorliegt, bestimmt sich nach **§ 435 BGB**; die Verweisung des § 523 Abs 2 S 2 BGB muss richtigerweise systematisch auch für § 523 Abs 1 BGB gelten (MünchKommBGB/Koch § 523 Rn 2). Da bei der kaufrechtlichen Gewährleistung die **Verletzung der Eigentumsverschaffungspflicht** nicht von § 435 BGB erfasst wird, führt dies dazu, dass eine solche Pflichtverletzung nicht unter § 523 BGB fällt (MünchKommBGB/Koch § 523 Rn 2; Lorenz EWiR 2000, 715, 716). Ist die Eigentumsverschaffung bereits bei Vertragsschluss unmöglich, so greift § 311a Abs 2 BGB ein, wobei nur die allgemeine Haftungserleichterung des § 521 BGB gilt (**aA** Hüttemann, in: FS Picker [2010] 377).

5 Hat der Schenker dem Beschenkten den Rechtsmangel arglistig verschwiegen, so hat der Beschenkte gleichwohl keinen Anspruch auf Beseitigung des Mangels oder gar Schadensersatz statt der Leistung. Ausweislich der Intention des historischen Gesetzgebers haftet der Schenker nur auf das **negative Interesse**. In der Tat ist ein Schadensersatzanspruch wegen Nichterfüllung bei der Handschenkung begrifflich ausgeschlossen; es besteht kein Anlass, die nach einem Schenkungsversprechen erfolgte Schenkung anders zu behandeln (MUGDAN Prot II 750). Daher muss dem Beschenkten der Vertrauensschaden ersetzt werden (so explizit auch BGH 2. 10. 1981 – V ZR 134/80, NJW 1982, 818, 819). Auf diesen Anspruch findet die Haftung für Erfüllungsgehilfen nach § 278 BGB Anwendung, da es sich phänomenologisch um einen Sonderfall des Verschuldens beim Vertragsabschluss handelt (vgl MünchKommBGB/KOCH § 523 Rn 3; BGB-RGRK/MEZGER § 523 Rn 1). Ein Schaden kann in diesem Zusammenhang freilich nur dann ersatzfähig sein, wenn er kausal auf dem arglistigen Verschweigen des Schenkers beruht (vgl § 442 Abs 1 S 2 BGB). Diese Kausalität entfällt, wenn der Beschenkte nicht auf die Rechtsmängelfreiheit des Schenkungsgegenstandes vertraut hat, da er die Rechte Dritter positiv kannte (HUBER ZIP 2000, 1372, 1373 mwN).

Im Schenkungsrecht besteht – anders als im Kaufrecht (vgl § 433 Abs 1 S 2 BGB) – 6
keine Pflicht zur Verschaffung des Schenkungsgegenstandes frei von Sach- und Rechtsmängeln, da der Schenker nur die Pflicht hat, die Sache so zu gewähren, wie sie in seinem Vermögen vorhanden ist. Stehen dem Schenker bezüglich einer **Gattungsschuld** sowohl rechtsmängelbehaftete als auch rechtsmängelfreie Gegenstände zur Verfügung, hat der Beschenkte gemäß dem Rechtsgedanken des § 524 Abs 2 BGB einen Anspruch auf Lieferung einer rechtsmängelfreien Sache (MünchKommBGB/KOCH § 523 Rn 3; ERMAN/HÄHNCHEN § 523 Rn 6; **aA** BeckOGK/HARKE [1. 10. 2025] § 523 Rn 10, der in diesem Fall von einer Anwendbarkeit des allgemeinen Leistungsstörungsrechts ausgeht). Dem Schenker steht es frei, in der Form des § 518 Abs 1 BGB eine **Garantie** für die Beschaffenheit des Geschenkes zu übernehmen, aus der er dann zur Haftung unabhängig von § 523 BGB verpflichtet ist (vgl OERTMANN, Schuldverhältnisse II [5. Aufl 1929] § 523 Nr 2b).

III. Die Schenkung eines noch zu beschaffenden Gegenstandes, § 523 Abs 2 BGB

Hat sich der Schenker zur Übertragung eines noch zu beschaffenden Gegenstandes 7
verpflichtet, kommt es nicht darauf an, ob eine Gattungs- oder Speziessache geschuldet ist (vgl MUGDAN Prot II 750). Freilich muss beiden Parteien bekannt sein, dass der Schenkungsgegenstand erst noch beschafft werden muss (PLANCK/KNOKE [4. Aufl 1928] § 523 Anm 1b; CROME, System des Deutschen Bürgerlichen Rechts II [1902] 516 Fn 30). Der Schenker haftet bei Vorsatz oder grob fahrlässiger Unkenntnis hinsichtlich des Rechtsmangels auf Schadensersatz wegen Nichterfüllung („Schadensersatz statt der Leistung" nach heutiger Terminologie). Insofern treffen ihn die gleichen Rechtsfolgen, die der allgemeinere § 521 BGB vorsieht. Grund für diese **Haftungsverschärfung** ist, dass der Schenker in diesem Falle die Beschaffung des Schenkungsgegenstandes nicht mehr im eigenen Interesse vornimmt, sondern in demjenigen des Beschenkten und somit „nicht ganz sorglos zu Werke gehen kann" (so MUGDAN Prot II 750).

Als Zeitpunkt der Kenntnis oder grob fahrlässigen Unkenntnis stellt § 523 Abs 2 8
BGB ferner nicht auf die Abgabe des Schenkungsversprechens, sondern vielmehr auf den **Erwerb** des versprochenen Schenkungsgegenstandes ab. Fraglich ist, ob die Bejahung der Haftung es erfordert, dass die Vermeidung oder Beseitigung des Rechtsmangels für den Schenker möglich ist (MünchKommBGB/KOCH § 523 Rn 4). § 523 Abs 2 S 1 BGB solle teleologisch reduziert werden, damit den Schenker keine Haf-

tung trifft, wenn er die Beschaffung einer Speziessache versprochen hat und erst beim Erwerb erkennt, dass die Sache einen nicht behebbaren Rechtsmangel aufweist. Damit wird allerdings in Kauf genommen, dass der Schenker wissentlich eine rechtsmängelbehaftete Sache liefern darf, ohne dass der Beschenkte rechtlich geschützt wird, was gerade der *ratio* von §§ 521 ff BGB widerspricht. Freilich dürfte in der Praxis ein solcher Fall kaum denkbar sein, denn wenn der Schenker beim Erwerb den Rechtsmangel bemerkt, wird er angesichts der typischen Nähebeziehung zum Beschenkten diesen informieren; unterlässt er dies, handelt er arglistig.

9 Dem Schenker kann generell nur ein nach **Treu und Glauben** zu bestimmendes Maß an Anstrengung zugemutet werden, um von einem etwaigen Rechtsmangel **Kenntnis** zu erlangen (vgl Löwisch JZ 2001, 355).

10 Strittig ist, ob der in § 523 Abs 2 S 2 BGB enthaltene Verweis auf § 433 Abs 1 BGB dem Beschenkten einen uneingeschränkten **Erfüllungsanspruch auf Verschaffung einer rechtsmängelfreien Sache** gewährt (Oertmann, Schuldverhältnisse II [5. Aufl 1929] § 523 Nr 2c) oder ob vielmehr ein solcher **Anspruch nur bis zum Gefahrübergang** besteht (MünchKommBGB/Koch § 523 Rn 5; Soergel/Eckert § 523 Rn 12). Letztere Ansicht, die sich nicht explizit am Wortlaut des Gesetzes festmachen lässt, stützt sich darauf, dass der Schadensersatzanspruch nach § 523 Abs 2 S 1 BGB unabhängig von den §§ 280 f BGB gewährt wird und eine Regelung wie die von § 524 Abs 2 S 1 BGB in § 523 BGB gerade fehlt (MünchKommBGB/Koch § 523 Rn 5). Die Gegenansicht zieht aus § 524 Abs 2 S 1 BGB kein *argumentum e contrario*, sondern sieht diesen als beispielhafte Regelung an. Aufgrund der Wertungen der §§ 521, 523 Abs 2 S 1 BGB bezieht sich jedenfalls die Verschaffungspflicht ab Gefahrübergang auf den konkret erworbenen Schenkungsgegenstand, wenn der Schenker alle ihm zumutbaren Anstrengungen unternommen hat, um einen rechtsmangelfreien Gegenstand zu erwerben (MünchKommBGB/Koch § 523 Rn 6).

11 Von den übrigen Verweisen des § 523 Abs 2 S 2 BGB sind vor allem § 435 BGB und § 444 BGB von Bedeutung (Rn 3 f; MünchKommBGB/Koch § 523 Rn 7). Der Verweis auf § 436 BGB bürdet dem Schenker wenig sachgerecht bei Grundstücksschenkungen die Haftung für **Erschließungsbeiträge und sonstige Anliegerbeiträge** auf, die bis zum Tag des Vertragsschlusses entstanden sind. Angesichts des klaren Wortlautes muss sich die Praxis hier mit einem expliziten **vertraglichen Haftungsausschluss** behelfen (MünchKommBGB/Koch § 523 Rn 7).

IV. Entstehung des Rechtsmangels nach Vertragsschluss

12 Verursacht der Schenker einen Rechtsmangel **nach dem Zeitpunkt**, an den § 523 BGB anknüpft, dh dem Vertragsschluss in Abs 1 und dem Erwerb in Abs 2, so haftet er nach der allgemeinen Regel des § 280 Abs 1 BGB, auf den die Haftungsmilderung des § 521 BGB Anwendung findet (Huber ZIP 2000, 1372, 1374; Soergel/Eckert § 523 Rn 7).

V. Abdingbarkeit

13 § 523 BGB ist abdingbar. Nicht ausgeschlossen werden kann nach allgemeinen Regeln die Haftung für **Vorsatz** (vgl § 276 Abs 3 BGB). Aus § 523 Abs 2 S 2 BGB iVm

§ 444 BGB ergibt sich, dass der Haftungsausschluss für Rechtsmängel dann **unwirksam** ist, wenn der Schenker den Mangel arglistig verschwiegen hat. Es bleibt den Parteien andererseits unbenommen, in der Form des § 518 Abs 1 S 1 BGB den Haftungsmaßstab über § 523 BGB hinaus zu **verschärfen** bis zur Garantiehaftung des Schenkers (Rn 7; MünchKommBGB/Koch § 523 Rn 9; BGB-RGRK/Mezger § 523 Rn 2). In diesem Falle kann sich der Schenker weder auf § 523 BGB noch auf § 521 BGB berufen.

VI. Verjährung und Beweislast

Für die Frage der Verjährung enthält § 523 Abs 2 S 2 BGB keinen expliziten Verweis **14** auf **§ 438 BGB**. Dessen **analoge Anwendung** scheint gleichwohl allein schon deswegen geboten, um einen Gleichlauf mit dem Anspruch aus § 524 BGB zu erreichen, der eine Verweisung auf die kaufrechtliche Vorschrift in Abs 2 S 3 BGB enthält (MünchKommBGB/Koch § 523 Rn 8).

Im **Prozess** muss der Beschenkte den Rechtsmangel sowie das Verschulden des **15** Schenkers darlegen und beweisen. Für die Frage der Kenntnis des Beschenkten vom Bestehen des Rechtsmangels ist selbstverständlich der Schenker beweisbelastet.

§ 524
Haftung für Sachmängel

(1) Verschweigt der Schenker arglistig einen Fehler der verschenkten Sache, so ist er verpflichtet, dem Beschenkten den daraus entstehenden Schaden zu ersetzen.

(2) Hatte der Schenker die Leistung einer nur der Gattung nach bestimmten Sache versprochen, die er erst erwerben sollte, so kann der Beschenkte, wenn die geleistete Sache fehlerhaft und der Mangel dem Schenker bei dem Erwerb der Sache bekannt gewesen oder infolge grober Fahrlässigkeit unbekannt geblieben ist, verlangen, dass ihm anstelle der fehlerhaften Sache eine fehlerfreie geliefert wird. Hat der Schenker den Fehler arglistig verschwiegen, so kann der Beschenkte statt der Lieferung einer fehlerfreien Sache Schadensersatz wegen Nichterfüllung verlangen. Auf diese Ansprüche finden die für die Gewährleistung wegen Fehler einer verkauften Sache geltenden Vorschriften entsprechende Anwendung.

Materialien: Mugdan Mot II 164 f; Prot II 751 f; Jakobs/Schubert, Die Beratung des Bürgerlichen Gesetzbuches 385–389.

Schrifttum

Gerhardt, Der Haftungsmaßstab im gesetzlichen Schuldverhältnis (Positive Vertragsverletzung, culpa in contrahendo), JuS 1970, 597

Stoll, Anm zu BGH, Urt v 20. 11. 1975 – IVa ZR 104/83, JZ 1985, 384.

Systematische Übersicht

I. Normzweck

1 Ebenso wie § 523 BGB hinsichtlich der Rechtsmängel normiert § 524 BGB für Sachmängel des Schenkungsgegenstandes eine **Privilegierung des Schenkers** (s zu § 516a BGB-E bereits § 516 Rn 34 u § 523 Rn 1). Der Haftungsmaßstab des § 276 BGB wird somit auch hier modifiziert. Für im Vermögen des Schenkers befindliche Sachen sowie für von ihm noch zu erwerbende Speziessachen haftet der Schenker nur bei arglistigem Verschweigen des Mangels. Für noch zu erwerbende Gattungssachen hingegen hat er schon bei Kenntnis oder grob fahrlässiger Unkenntnis einzustehen. Für die Handschenkung gilt nur § 524 Abs 1 BGB (Heck, Grundriss des Schuldrechts [1929] § 94 Nr 3a; Larenz, Schuldrecht BT II/1 § 47 II b [203]). Wie bei § 523 BGB wurde im Zuge der Schuldrechtsreform darauf verzichtet, systematische und terminologische Korrekturen vorzunehmen. So spricht § 524 BGB noch immer von „Schadensersatz wegen Nichterfüllung“ oder „Fehler“ (vgl Rn 2, 7).

II. § 524 Abs 1 BGB

2 § 524 Abs 1 BGB betrifft bereits im Vermögen des Schenkers befindliche Sachen sowie noch zu erwerbende Speziessachen. Die Vorschrift spricht hier noch von **„Fehler“**, was insofern problematisch ist, als damit eine Kategorie angesprochen wird, die im reformierten Kaufrecht nicht mit dem Mangelbegriff des § 434 BGB übereinstimmt. Unzutreffend ist allerdings, daraus den Schluss zu ziehen, es sei weiterhin auch das Äquivalent zum „Fehler“ im neuen Kaufrecht gemeint, mithin also nur § 434 Abs 1 S 1, 2 BGB (so noch Erman/Herrmann § 524 Rn 1). Die enge Anbindung des schenkungsrechtlichen Gewährleistungsrechts an das Kaufrecht, die in § 524 Abs 2 S 3 BGB zum Ausdruck kommt, impliziert, dass der Begriff des „Fehlers“ auch in diesem Zusammenhang als **„Mangel“** iSd § 434 BGB zu verstehen ist (so auch MünchKommBGB/Koch § 524 Rn 2; Erman/Hähnchen § 524 Rn 3; Grüneberg/Weidenkaff [85. Aufl 2026] § 524 Rn 1, 5).

3 Im Übrigen entspricht § 524 Abs 1 BGB der Regelung des § 523 Abs 1 BGB (vgl Rn 1). Der Schenker haftet somit auf das **negative Interesse** (Mugdan Prot II 752). Dies umfasst auch den Ersatz vergeblicher Aufwendungen, die der Beschenkte in der Hoffnung auf die Nutzung einer mangelfreien Sache getätigt hat (Stoll JZ 1985, 384, 386).

4 Strittig ist weiterhin, ob § 524 Abs 1 BGB die Haftung des Schenkers für **Mangelfolgeschäden** umfasst (Gerhardt JuS 1970, 597, 600; Erman/Hähnchen § 524 Rn 5; Grüneberg/Weidenkaff [85. Aufl 2026] § 524 Rn 6) oder ob diese vielmehr nur von § 521 BGB in Verbindung mit dem allgemeinen Leistungsstörungsrecht abgedeckt werden (Münch-

KommBGB/Koch § 521 Rn 7; Soergel/Eckert § 524 Rn 6). Systematisch erscheint es vorzugswürdig, mit dem BGH (BGH 20. 11. 1984 – IVa 104/83, BGHZ 93, 23, 28, NJW 1985, 794, 795 f) der erstgenannten Meinung zu folgen, da § 524 BGB die Haftung für Sachmängel eben einer Sonderregelung unterworfen hat, während § 521 BGB generell die Verletzung von Leistungs- und Schutzpflichten betrifft (§ 521 Rn 3).

Wie bereits im Rahmen des § 523 Abs 1 BGB schließt die **Kenntnis des Beschenkten** den Kausalzusammenhang zwischen arglistigem Verschweigen und Schaden aus, so dass kein Anspruch aus § 524 Abs 1 BGB besteht. Entsteht der Mangel nach Abschluss des Schenkungsvertrages, so greifen auch hier § 280 Abs 1 BGB iVm § 521 BGB und nicht § 524 Abs 1 BGB, da dem Schenker insofern zuzumuten ist, bis zur Vollziehung der Schenkung pfleglich mit dem Schenkungsgegenstand umzugehen. 5

III. § 524 Abs 2 BGB

§ 524 Abs 2 BGB entspricht im Wesentlichen der Regelung des § 523 Abs 2 BGB. Die Haftung nach § 524 Abs 2 BGB greift jedoch nur für den Fall der **Beschaffung einer Gattungssache**; die Haftung für eine **Speziessache** fällt unabhängig davon, ob sie sich bereits im Vermögen des Schenkers befindet oder nicht, unter § 524 Abs 1 BGB. Parallel zu § 523 Abs 2 BGB beschränkt sich die **Lieferpflicht** des Schenkers in Abweichung von § 243 Abs 1 BGB auch hier auf die mangelhafte Sache, wenn der Schenker bei Erwerb der Sache nicht zumindest grob fahrlässige Unkenntnis von dem Mangel hatte (MünchKommBGB/Koch § 524 Rn 3). Kannte der Schenker hingegen den Mangel der Sache oder blieb ihm der Mangel grob fahrlässig unbekannt, so steht dem Beschenkten ein **Nachlieferungsanspruch** zu (vgl § 523 Rn 6). 6

Hat der Schenker den Mangel **arglistig verschwiegen**, so kann der Beschenkte statt Nacherfüllung auch Schadensersatz wegen Nichterfüllung (terminologisch nach neuem Schuldrecht „Schadensersatz statt der Leistung“, also das **Erfüllungsinteresse**) nach § 524 Abs 2 S 2 BGB verlangen. Mit Rücksicht auf den Normzweck ist dieser Anspruch nicht nur anzuerkennen, wenn der Schenker beim Erwerb der Sache Kenntnis von deren Mangel hatte, sondern auch dann, wenn der Schenker nach dem Erwerb, aber vor Vollziehung der Schenkung Kenntnis erlangt hat (MünchKommBGB/Koch § 524 Rn 3; Soergel/Eckert § 524 Rn 10). 7

IV. Verjährung, Abdingbarkeit und Beweislast

Die Verjährung richtet sich aufgrund des ausdrücklichen Verweises in § 524 Abs 2 S 3 BGB nach **§ 438 BGB**. 8

Hinsichtlich der **Abdingbarkeit** gelten im Rahmen des § 524 BGB die Ausführungen zu § 523 BGB entsprechend; auch hier ist unter Einhaltung der Formvorschrift des § 518 BGB eine Garantieübernahme möglich (was iE der „zugesicherten Eigenschaft“ des alten Schuldrechts entspricht). 9

Schließlich hat der **Beschenkte** auch für § 524 BGB das Vorliegen des Mangels sowie die Arglist oder Kenntnis des Schenkers darzulegen und zu **beweisen**. Eine etwaige Kenntnis des Mangels seitens des Beschenkten muss freilich der Schenker beweisen. 10

§ 525
Schenkung unter Auflage

(1) Wer eine Schenkung unter einer Auflage macht, kann die Vollziehung der Auflage verlangen, wenn er seinerseits geleistet hat.

(2) Liegt die Vollziehung der Auflage im öffentlichen Interesse, so kann nach dem Tod des Schenkers auch die zuständige Behörde die Vollziehung verlangen.

Materialien: Mugdan Mot II 166 f; Prot II 752 ff; Jakobs/Schubert, Die Beratung des Bürgerlichen Gesetzbuches 389–399.

Schrifttum

Becker, Anm zu BGH, Beschl v 28. 11. 2023 – X ZR 11/21, NJW 2024, 1118
Borchers, Die Zweckschenkung und datio ob causam (1932)
Bruns, Fiduziarische Stiftung als Rechtsperson, JZ 2009, 840
Coing, Anm zu OGHBrZ Köln, Urt v 18. 11. 1948 – II ZS 16/48, NJW 1949, 262
Eckstein, Das Schenkungsversprechen, seine Erfüllung und sein Verhältnis zur Realschenkung, AcP 107 (1911) 384
Faber, Die Rechtsstellung derer, die den Vollzug der Auflage verlangen können (1932)
Feick, Die Schenkung unter Auflage als alternative, pflichtteilsfeste Gestaltung zur (unzulässigen) dinglichen Weiterleitungsklausel, ZEV 2002, 85
Feigel, Die Auflage nach dem bürgerlichen Gesetzbuche (1898)
Finkenauer, Restitutionsverbot durch Auflage, KUR 2021, 134
Förster/Heyeres, Vorweggenommene Erbfolge im Zivilrecht, Erbschaftsteuerrecht und Einkommensteuerrecht, BB 1991, 1458
Fromm, Kettenschenkung statt Schenkung unter Auflage, DStR 2000, 453
Goertzen, Nießbrauch und dauernde Lasten im Zusammenhang mit Vermögensübertragungen im Rahmen vorweggenommener Erbfolge, DStR 1994, 1553
Hammen, Anm zu OLG Frankfurt, Urt v 25. 6. 1986 – 21 U 239/84, WM 1987, 1249
Haymann, Die Schenkung unter einer Auflage nach römischem und deutschem bürgerlichen Recht (1905)
ders, Zur Grenzziehung zwischen Schenkung und unentgeltlichem Geschäft. Ein Beitrag zur Causalehre, JherJb 56 (1910) 86
Herrmann, Anm zu BGH 2. 10. 1981 – V ZR 134/80, WM 1982, 1158
Ivens, Rückforderung geschenkter Personengesellschaftsanteile, ZErb 2010, 286
Jacob, Franz Haymann und die Schenkung unter Auflage (1995)
Jülicher, Vertragliche Rückfallklauseln, Widerrufsvorbehalte, auflösende Bedingung und Weiterleitungsklauseln in Schenkungsverträgen, ZEV 1998, 201
Kieffer, Schenkung unter Auflage nach B.G.B. (1908)
Knobbe-Keuk, „Verunglückte Schenkungen“ in: FS Werner Flume II (1978) 149
Kohler, ArchBürgR 21, 259
Kollhosser, Aktuelle Fragen der vorweggenommenen Erbfolge, AcP 94 (1994) 231
Lammfromm, Teilung, Darlehen, Auflage und Umsatzvertrag. Untersuchungen aus dem Privatrecht (1897)
Lehmann, Bilanzielle Behandlung von Zuwendungen (Spenden) an gemeinnützige Einrichtungen DB 2006, 1281
Liebisch, Das Wesen der unentgeltlichen Zuwendungen unter Lebenden im bürgerlichen Recht und im Reichssteuerrecht (1927)
Liebs, Bereicherungsanspruch wegen Mißerfolgs

und Wegfall der Geschäftsgrundlage, JZ 1978, 697
LIPP, Anm zu BGH, Urt v 4. 2. 1998 – XII ZR 160/96, JZ 1998, 908
LIPPMANN, Studien zu § 119 Abs 2 BGB, AcP 102 (1907), 283
PAWLOWSKI, Abschied von der „wirtschaftlichen Betrachtungsweise“ im Steuerrecht?, Methodologische Bemerkungen zur „wirtschaftlichen Betrachtungsweise“ im Steuerrecht und Zivilrecht, BB 1977, 253
PROBST, Anm zu BGH, Urt v 7. 4. 1989 – V ZR 252/87, JR 1990, 193
RAFF, Anm zu BGH, Urt v 28. 11. 2023 – X ZR 11/21, DNotZ 2024, 526
RAMB, Gemischte Schenkung und Schenkung unter Auflage. Verwaltung vereinfacht Rechtslage, NWB 2012, 138
RAWERT, Charitable Correctness. Das OLG Dresden zu Spenden und Pflichtteilergänzung, NJW 2002, 3151
REIFF, Die Dogmatik der Schenkung unter Nießbrauchsvorbehalt und ihre Auswirkung auf die Ergänzung des Pflichtteils und die Schenkungsteuer (1989)
ROELLENBLEG, Ausgewählte Probleme der Grundstücksüberlassung in zivilrechtlicher und steuerrechtlicher Sicht, DNotZ 1973, 708
SALJE, Zur Rückforderung von verdeckten privaten Parteispenden, NJW 1985, 998
SCHMITZ, Übertragung privaten Grundvermögens unter Nießbrauchsvorbehalt in vorweggenommener Erbfolge, DStR 1993, 497
SCHULZE ZUR WIESCHE, Gemischte Schenkung und Schenkung unter Auflage aus steuerlicher Sicht, NJW 1975, 2089
ders, Vermögensübertragung im Wege der vorweggenommenen Erbfolge, BB 1986, 1134
SOELLNER, Der Bereicherungsanspruch wegen Nichteintritts des mit der Leistung bezweckten Erfolgs, AcP 63 (1963) 20
SOKOLOWSKI, Die modale Schenkung als eine gemischte Schenkung nach deutschem und europäischem bürgerlichem Recht, BWNotZ 2013, 162
STREITER, Die Rechtsnatur von Stipendien, WissR 2005, 2
THOMANN, Die Schenkung unter Auflage nach dem BGB (1935)
TIEDKE, Darlehnszinsen als Betriebsausgaben, DStZ 1985, 287
WEBER, Bereicherungsansprüche wegen enttäuschter Erwartung? – Die condictio ob rem, JZ 1989, 25
WERNER, Weiterleitungsklauseln in Schenkungsverträgen – das Urteil des BGH v 28. 11. 2023 – X ZR 11/21
WESTERMANN, Störungen bei vorweggenommener Erbfolge, in: FS Alfred Kellermann (1991) 505
WOCHNER, Die unselbstständige Stiftung, ZEV 1999, 125
WULFF, Zur Rechtsnatur des Übergabevertrages, RdL 1952, 113
ZOELLNER, Zum Begriffe der Sammlung in straf- und civilrechtlicher Hinsicht, SeuffBl 72 (1907) 717.

Systematische Übersicht

Alphabetische Übersicht

I. Bedeutung des § 525 BGB im System des Schenkungsrechts

1 Bei der Schenkung unter Auflage handelt es sich um eine Schenkung, die den Erhalt des Schenkungsgegenstands durch den Beschenkten im **Wege einer Nebenabrede** davon abhängig macht, dass der **Beschenkte selbst eine bestimmte Leistung** erbringt (MünchKommBGB/Koch § 525 Rn 1). Hierin liegt einerseits eine Minderung der Freigiebigkeit und andererseits eine Verpflichtung des Beschenkten zu einer Leistung (BGB-RGRK/Mezger § 525 Rn 1). Zweck dieser Vorschrift ist es, eine etwaige **Nichterfüllung der Auflage zu sanktionieren**, indem der Schenker einen **durchsetzbaren Anspruch** auf ihre Vollziehung erhält (MünchKommBGB/Koch § 525 Rn 1; Esser/Weyers, BT/1 [8. Aufl 1998] § 12 IV 1).

2 Da es sich damit bei der Schenkung unter Auflage um eine Schenkung im Sinne des § 516 BGB handelt, finden auf sie – bis auf die Vorschrift des § 516 Abs 2 S 2 BGB zur Annahmefiktion – alle Bestimmungen des Schenkungsrechts Anwendung (MünchKommBGB/Koch § 525 Rn 1). Die Ausnahme ergibt sich daraus, dass der Beschenkte mit der Auflage auch eine ggf erhebliche Verpflichtung übernimmt, so dass seine Zustimmung zu dem Gesamtgeschäft nicht einfach aus seinem Schweigen geschlossen werden kann (Soergel/Eckert § 525 Rn 4). Dagegen findet das **Formerfordernis** des § 518 Abs 1 BGB auf die Schenkung unter Auflage grundsätzlich Anwendung (Mugdan Mot II 166). Während sich diese Formvorschrift nach teilweise vertretener Auffassung auf die Vereinbarung der schenkweisen Zuwendung beschränken und die Auflage als Nebenbestimmung ausdrücklich nicht erfassen soll (so Erman/Hähnchen § 525 Rn 4; und bereits Erman/Herrmann [13. Aufl 2011] § 525 Rn 2), wird § 518 Abs 1 BGB zutreffend ganz überwiegend auf die Schenkung als Ganzes, also unter Einschluss der Auflage, mit der Konsequenz bezogen, dass die fehlende Beurkundung der Auflage die gesamte Schenkung nach § 125 BGB formnichtig macht (MünchKommBGB/Koch § 525 Rn 1; Grüneberg/Weidenkaff [85. Aufl 2026] § 525 Rn 2; Soergel/Eckert § 525 Rn 1; Enneccerus/Lehmann, Schuldrecht [15. Aufl 1958] § 125 II 2). Die Auflage kann im Übrigen grundsätzlich an eine **Bedingung oder Zeitbestimmung** geknüpft werden.

II. Die Auflage

1. Definition und Inhalt der Auflage im Überblick

3 Eine **Legaldefinition** der Auflage existiert nicht. Dies findet seinen Grund darin, dass es sich nach der Auffassung des historischen Gesetzgebers mit Hinblick auf den bekannten römisch-rechtlichen *modus* um einen nicht weiter erläuterungsbedürftigen, eingebürgerten Rechtsbegriff handelte (Soergel/Eckert § 525 Rn 1; Mugdan Mot II 166; **aA** Kieffer, Schenkung unter Auflage nach B.G.B. [1908] 10 ff; zur geschichtlichen Entwicklung der Auflage und des modernen Auflagebegriffs vgl Thomann, Die Schenkung unter Auflage nach dem BGB [1935] 1 ff, 16 ff; Feigel, Die Auflage nach dem bürgerlichen Gesetzbuche [1898] 8 ff und Lammfromm, Teilung, Darlehen, Auflage und Umsatzvertrag. Untersuchungen aus dem Privatrecht [1897] 156 ff; s ferner auch Haymann, Die Schenkung unter einer Auflage nach römischem und deutschem bürgerlichen Recht [1905] 22 ff; vgl Vorbem 47 zu §§ 516–534). Um sicherzustellen, dass eine entsprechende Vereinbarung auch tatsächlich als Auflage ausgelegt und damit wirklich Grundlage eines durchsetzbaren Anspruchs wird, sollte dies ausdrücklich im Vertragstext bestimmt werden und zudem auch der Fall der Unmöglichkeit aus-

drücklich geregelt werden (jurisPK-BGB/Linsler [10. Aufl 2023] § 525 Rn 23). Zugleich sind bei der Abfassung der Schenkungsurkunde auch die sozialrechtlichen Implikationen zu bedenken (jurisPK-BGB/Linsler [10. Aufl 2023] § 525 Rn 24).

Gegenstand der Auflage kann **jedes Tun oder Unterlassen** nach § 241 BGB sein, sei es **materieller oder immaterieller Art** (MünchKommBGB/Koch § 525 Rn 2; Erman/Hähnchen § 525 Rn 2; BGB-RGRK/Mezger § 525 Rn 2; HP Westermann, in: FS Kellermann [1991] 505, 510). Sie begründet eine schuldrechtliche Leistungspflicht und zeitigt damit keine dinglichen Wirkungen (MünchKommBGB/Koch § 525 Rn 2). Es handelt sich bei ihr um eine **Nebenbestimmung**. Die Leistung als Rechtsverpflichtung des Beschenkten muss dabei nicht aus dem Gegenstand der Schenkung selbst erbracht werden (Soergel/Eckert § 525 Rn 1). Eine Auflagenschenkung soll aber grundsätzlich erst dann vorliegen, wenn die Leistung des Beschenkten nicht für die Zuwendung, sondern auf der Grundlage und aus dem Wert der Zuwendung erfolgt (so BGH 2. 10. 1981 – V ZR 134/80, NJW 1982, 818, 819; im Anschluss daran Erman/Hähnchen § 525 Rn 2; Soergel/Eckert § 525 Rn 1, 9; vgl auch Jülicher ZEV 1998, 201, 205; nach Coing NJW 1949, 262 kommt es allerdings in Abgrenzung zur gemischten Schenkung darauf an, ob die Auflage aus dem Schenkungsgegenstand oder aus dem sonstigen Vermögen des Beschenkten zu erfolgen hat; auch Esser/Weyers, BT/1 [8. Aufl 1998] § 12 IV 1 betonen, dass die Auflage wegen § 526 BGB aus dem Geschenk erfolgen müsse. Insoweit stellt sich allerdings die Frage, ob bei diesen Äußerungen tatsächlich ein engeres Verständnis des Verhältnisses von Auflage und Schenkungsgegenstand vorliegt als bei denjenigen Stimmen, die begrifflich auch eine Erfüllung auf „Grundlage" des Geschenkes genügen lassen und hierin einen sachlichen Unterschied sehen; vgl dazu noch Rn 15 f, 42; ein sehr enges Verständnis vertritt Herrmann WM 1982 1158 f, wonach die Leistung unmittelbar oder doch mittelbar durch Verwertung des Schenkungsgegenstands erfolgen solle). Entscheidend ist, dass es sich bei der Auflage **nicht um einen Ausgleich für die Zuwendung** handelt, sondern lediglich um eine Minderung ihres Wertes (BGH 2. 10. 1981 – V ZR 134/80, NJW 1982, 818; OLG Köln 31. 7. 2013 – I-2 U 153/12, FamRZ 2014, 1945 zur Schenkung eines Hausgrundstücks unter der Auflage, zugunsten des Schenkers ein dingliches Wohnrecht zu bestellen; Larenz, Schuldrecht BT II/1 [13. Aufl 1986] § 47 III [209]). Die Auflage kann also den Wert der Zuwendung schmälern, darf aber nicht ein Entgelt darstellen (vgl Probst JR 1990, 193, 194). Die Einschränkung der freien Verfügung über den Gegenstand kann genügen (Grüneberg/Weidenkaff [85. Aufl 2026] § 525 Rn 1), wobei die Zuwendung eines schon belasteten Gegenstandes wiederum als reine Schenkung und nicht als Auflagenschenkung anzusehen ist (dazu MünchKommBGB/Koch § 525 Rn 2; Soergel/Eckert § 525 Rn 10). Die Auflage braucht keinen Geldwert zu haben und kann **aus dem sonstigen Vermögen** des Beschenkten stammen bzw diesen selbst begünstigen, sofern dann eine Bindung überhaupt gewollt sein sollte (Liebisch, Das Wesen der unentgeltlichen Zuwendungen unter Lebenden im bürgerlichen Recht und im Reichssteuerrecht [1927] 62; Jacob, Franz Haymann und die Schenkung unter Auflage [1995] 88 ff, 104; Goertzen DStR 1994, 1553, 1554). Wenn die Mittel, die zur Erfüllung der Auflage erforderlich sind, aber nicht aus dem Gegenstand der Auflage stammen, kann der Schenkungscharakter problematisch werden (MünchKommBGB/Koch § 525 Rn 2, 4; Soergel/Eckert § 525 Rn 1, 9), selbst wenn eine Schenkungsabsicht der Parteien hervortritt (vgl Jacob, Franz Haymann und die Schenkung unter Auflage [1995] 88 ff, 104). In jedem Fall darf es nicht zu einer über die Zuwendung hinausgehenden Belastung kommen (Goertzen DStR 1994, 1553, 1554). Als **Auflage immaterieller Art** kommt insoweit die Teilnahme an einer Benefizveranstaltung, die Durchführung einer bestimmten Ehrung, die Annahme eines Namens oder Verpflichtungen zur Forschung und Berichterstattung im Rahmen eines Stipendiums in Betracht (MünchKommBGB/Koch § 525 Rn 2 Fn 5). 4

5 Allerdings muss der Beschenkte mit der Auflage **„seinerseits“** eine Leistung erbringen, so dass eine eigene Verpflichtung und nicht nur die **Duldung** fremder Handlungen vorliegt (**aA** Goertzen DStR 1994, 1553, 1554). Keine Auflage liegt danach vor, wenn bei der Zuwendung bereits an dem Schenkungsgegenstand **bestehende gesetzliche oder vertragliche Belastungen bzw Beschränkungen** übernommen werden. Diese schmälern nämlich nur die Schenkung und begründen damit keine Auflage; andererseits ist eine solche dann gegeben, wenn der Beschenkte selbst etwas aus dem Schenkungsgegenstand erbringen soll (MünchKommBGB/Koch § 525 Rn 2; Soergel/Eckert § 525 Rn 10; vgl auch RG 7. 3. 1905 – VII 336/04, RGZ 60, 238, 242 f; RG 10. 9. 1935 – III 42/35, RGZ 148, 321, 324; RG 21. 3. 1916 – VII 9/16, WarnR 1916 Nr 132; OLG München 10. 3. 1942 – 8 Wx 908/41, HRR 1942 Nr 544; BGH 2. 10. 1981 – V ZR 134/80, NJW 1982, 818, 819 f; RG 7. 4. 1989 – V ZR 252/87, BGHZ 107, 156, 159 f, NJW 1989, 2122 f, JR 1990, 192 f mit Anm Probst JR 1990, 193 f; RG 18. 5. 1990 – V ZR 304/88, WM 1990, 1790, 1791; RG 5. 2. 1993 – V ZR 181/91, NJW 1993, 1577; OLG Köln 16. 12. 1997 – 3 U 111/97, NJW-RR 1999, 239). Aus dem **Leistungsbegriff** folgt nämlich, dass der Beschenkte zu mehr verpflichtet wird als zu den Verbindlichkeiten, die sich schon kraft Gesetzes aus dem Zuwendungsgegenstand ergeben; daher handelt es sich nicht um eine Auflage, wenn bereits bestehende Belastungen übernommen werden; andererseits liegt in der Verpflichtung, eine Belastung vorzunehmen, eine Auflage (MünchKommBGB/Koch § 525 Rn 2).

6 Die Annahme einer Auflage kommt allerdings dann **nicht** in Betracht, wenn der Beschenkte zu der im Zusammenhang mit der Zuwendung versprochenen Leistung bereits **aus anderem Grunde verpflichtet** ist. Wendet der Schenker seiner deutlich jüngeren Ehefrau Schmuck und Sparguthaben zu, damit sie ihn nach Eingehung der Ehe pflegt, verspricht sie nur eine bestehende gesetzliche Beistandspflicht; eine Auflagenschenkung liegt daher nicht vor (RG 19. 4. 1917 – IV 10/17, JW 1918, 848).

2. Auflage und Schenkung

7 Schenkung und Auflage sind durch die Motivation und die Interessen von Schenker und Beschenktem miteinander **verknüpft**. Insbesondere kann die Auflage jedenfalls bei oberflächlicher Betrachtung die Bereicherung des Beschenkten so reduzieren, dass die Entgeltlichkeit der ganzen Zuwendung oder eines Teils von ihr dadurch fraglich wird. Denn in vielen Fällen kann die Auflage damit einer zumindest partiellen Gegenleistung nahekommen.

a) Motiv der Auflage

8 Bei der Schenkung unter Auflage treffen das Interesse des Beschenkten, die Zuwendung zu erhalten sowie das Interesse des Schenkers, seine freigebige Motivation gegenüber dem Beschenkten auszudrücken und gleichzeitig den Beschenkten zu einer Leistung zu verpflichten aufeinander. Dabei mag sich gerade das Verhältnis der letzten beiden je nach Fallgestaltung unterscheiden und bei einem überwiegenden Interesse des Schenkers an der Auflagenvollziehung die Einordnung des Gesamtgeschäfts als Schenkung zumindest fraglich sein. Demzufolge soll auch mit Hinblick darauf, dass die Auflage den Charakter einer Nebenabrede aufweist, die Auflage im Verhältnis zu der Zuwendung nur einen **Nebenzweck** erfüllen (OLG München 11. 11. 1940 – 3 U 287/40, HRR 1941 Nr 228 und möglicherweise auch RG 8. 11. 1922 – IV 74/22, RGZ 105, 305, 308, wonach die Erfüllung der Auflage nur Nebenzweck sein dürfe; Kieffer, Schenkung unter Auflage nach B.G.B. [1908] 11 ff). Die gegenteilige Auffassung meint – tatbestandlich frag-

würdig – dass der Hauptzweck des Geschäfts auch in der Erfüllung der Auflage durch den Beschenkten liegen könne (MünchKommBGB/Koch § 525 Rn 1; Erman/Hähnchen § 525 Rn 1; Grüneberg/Weidenkaff [85. Aufl 2026] § 525 Rn 1; RG 7. 3. 1905 – VII 336/04, RGZ 60, 238, 240; RG 9. 6. 1941 – V 2/41, WarnR 1941, Nr 116 [271]; RG 10. 12. 1925 – IV 374/25, RGZ 112, 210, 212). Würde man die Unterscheidung zwischen Haupt- und Nebenzweck vornehmen, spalte man die Schenkung jedenfalls gedanklich in einen entgeltlichen und in einen unentgeltlichen Teil auf und erachtete damit die Auflage immer als partielles Entgelt, wogegen aber bereits die Existenz des § 526 BGB streitet (RG 7. 3. 1905 – VII 336/04, RGZ 60, 238, 240 f). Gerade in den Fällen, in denen eine Handlung dem Zuwendenden besonders am Herzen liege, würden die §§ 525 ff BGB die Durchsetzung dieses Interesses hinreichend ermöglichen (RG 9. 6. 1941 – V 2/41, WarnR 1941, Nr 116 [271]).

b) Auflage und Bereicherung

Abgesehen von der subjektiven Haltung des Schenkers zum Rangverhältnis von 9
Schenkung und Auflage besteht das weitere Problem, dass die Schenkung unter Auflage jedenfalls nach einer wirtschaftlichen Betrachtung zu **Friktionen mit dem Bereicherungselement** der Schenkung führen kann. Das gilt insbesondere dann, wenn die Schenkung **wertmäßig der Auflage entspricht oder diese sogar noch übersteigt** (zu den Reaktionsmöglichkeiten des Beschenkten vgl Rn 36 f und § 526 Rn 1 ff). In dieser Situation kann sich dann auch die Frage aufdrängen, ob die Auflage nicht in Wahrheit eine der Schenkungsnatur des Geschäfts widersprechende Gegenleistung darstellt.

Dem Beschenkten muss auch **nach Vollziehung der Auflage noch eine Bereicherung** 10
verbleiben, weil ansonsten schon begrifflich keine Schenkung mehr vorliegen würde (BGH, 5. 9 2017 – X ZR 119/16, ZEV 2018, 301; MünchKommBGB/Koch § 525 Rn 4; RG 6. 2. 1905 – III 273/05, RGZ 62, 386, 389 ff). Der Beschenkte darf mithin durch die Auflage nicht ärmer werden (Soergel/Eckert § 525 Rn 14). Der von den Parteien angenommene Wert beinhaltet dabei eine Indizwirkung für die Frage der Bereicherung (MünchKommBGB/Koch § 525 Rn 4; Grüneberg/Weidenkaff [85. Aufl 2026] § 525 Rn 7). Zwar machen die Bestimmung des § 526 BGB und die Materialien deutlich, dass der Wert der Schenkung dem der Auflage unter bestimmten Umständen entsprechen kann; so etwa bei einer Zuwendung eines Geldbetrages an eine Stiftung, die diesen gemäß ihres satzungsmäßigen Zweckes verwenden soll (MünchKommBGB/Koch § 525 Rn 4; Soergel/Eckert § 525 Rn 2; Oertmann, Schuldverhältnisse II [5. Aufl 1929] § 525 Nr 4; Thomann, Die Schenkung unter Auflage nach dem BGB [1935] 21 ff; RG 13. 3. 1908 – VII 134/07, Recht 1908 Nr 1778; s ausführlich Rn 50). Irgendeine Form der Bereicherung ist allerdings für den Beschenkten unabdingbar (Erman/Hähnchen § 525 Rn 1). Bei Identität der Werte kann zwar noch eine Schenkung unter Auflage vorliegen, grundsätzlich sind dann aber Zweifel daran angebracht (RG 12. 3. 1915 – III 454/14, JW 1915, 513). Dementsprechend müssen die Parteien der Schenkung wenigstens **subjektiv** eine ggf auch nur unwesentliche Bereicherung beabsichtigen (BGH, 5. 9 2017 – X ZR 119/16, ZEV 2018, 301; MünchKommBGB/Koch § 525 Rn 4; Larenz, Schuldrecht BT II/1 [13. Aufl 1986] § 47 III [209]; RG 8. 11. 1922 – IV 74/22, RGZ 105, 305, 308; Enneccerus/Lehmann, Schuldrecht [15. Aufl 1958] § 125 I, II). Diese kann zunächst in der auch nur zeitlich beschränkten Nutzbarkeit eines Gegenstands oder sonstigen eigenen Interessen liegen (MünchKommBGB/Koch § 525 Rn 5; Soergel/Eckert § 525 Rn 2; Jülicher ZEV 1998, 201, 205; Feick ZEV 2002, 85, 87).

11 Ansonsten muss sich die Bereicherung, wenn sie nicht wirtschaftlicher Natur ist, auf eine andere Weise ausdrücken. Eine solche kann dabei in einer **Selbstbegünstigung des Beschenkten** durch die Auflageerfüllung liegen. Ob dann eine Schenkung vorliegt, ist im Einzelfall zu entscheiden (vgl zur Diskussion Jacob, Franz Haymann und die Schenkung unter Auflage [1995] 8 ff, 52 ff); sie ist jedenfalls nicht allein deshalb unwirksam, weil sie die alleinigen Interessen des Beschenkten betrifft (Mugdan Mot II 166; allerdings dürfte die Annahme einer Schenkung unter Auflage aber oft schwierig sein und weist das Problem auf, dass dann durch Schenkung und Auflage das Interesse derselben Person gefördert wird, so Kieffer, Schenkung unter Auflage nach B.G.B. [1908] 31 f). Allerdings wurde insbesondere früher in Anknüpfung an die gemeinrechtliche Unterscheidung zwischen **modus simplex** und **modus qualificatus** von Haymann vertreten, dass § 525 BGB mit der Folge eines durchsetzbaren Vollziehungsanspruchs nur die Fälle erfasst, in denen der Beschenkte eine Fremdbegünstigung vorzunehmen hat; in den anderen Fällen der *donatio* unter einem *modus simplex* sollte dagegen nur eine Kondiktion in Betracht kommen (Haymann, Die Schenkung unter einer Auflage nach römischem und deutschem bürgerlichen Recht [1905] 24 ff, 139 ff; Haymann JherJb 56 [1910] 86, 119 ff; ähnlich unter Diskussion potentieller Ausnahmen Jacob, Franz Haymann und die Schenkung unter Auflage [1995] 65 ff; zur Abgrenzung zu Rat und Zweckschenkung s Thomann, Die Schenkung unter Auflage nach dem BGB [1935] 18 ff).

12 Daneben kann auch bei subjektiv fehlender Entgeltlichkeit noch ein **verbleibender Vorteil immaterieller Art** für die Annahme einer Schenkung unter Auflage genügen (MünchKommBGB/Koch § 525 Rn 5). Dies wird besonders in den Fällen problematisch, in denen der Empfänger eine Zuwendung beispielsweise als Spende oder in Form einer unselbstständigen Stiftung erhält und vollumfänglich an Dritte wieder herausgeben soll (vgl dazu Rn 48 ff, 69 ff). Im Umkehrschluss bedeutet dies, dass in Wahrheit keine Schenkung vorliegt, wenn sich der Wert der Auflage mindestens auf den der Schenkung beläuft und der Beschenkte aus der Auflage oder der Schenkung noch nicht einmal einen immateriellen Vorteil zieht (MünchKommBGB/Koch § 525 Rn 6). In diesen Fällen ist dann an eine mit der *condictio ob rem* rückforderbare *datio ob causam*, an einen Auftrag bzw an ein fiduziarisches Rechtsgeschäft zu denken (MünchKommBGB/Koch § 525 Rn 6; Soergel/Eckert § 525 Rn 3; vgl zu Schenkung und fiduziarischen Stiftungen Bruns JZ 2009, 840, 844; s auch RG 8. 11. 1922 – IV 74/22, RGZ 105, 305, 308 ff; offen gelassen bei einer Hofübertragung zwischen zwei Brüdern BGH 14. 7. 1953 – V ZR 72/52, NJW 1953, 1585 f; zum Auftrag OLG München 11. 11. 1940 – 3 U 287/40, HRR 1941 Nr 228; die zweite Kommission geht durchaus davon aus, dass Zuwendungen in Form der fiduziarischen Stiftung, also bei denen die Erträgnisse herauszugeben sind, Schenkungen unter Auflage sein können, vgl Mugdan Prot II 754 f; zur Abgrenzung im Einzelnen vgl Rn 48 ff). Wesentlich ist also eine endgültige und nicht formale, sondern materielle Bereicherung (BGH 5. 9. 2017 – X ZR 119/16, ZEV 2018, 301; RG 6. 2. 1905 – III 273/05, RGZ 62, 386, 390).

13 Erweist sich die Annahme der Parteien, dass die Zuwendung zum Vollzug der Auflage mindestens ausreiche, als unzutreffend, weil sie sich geirrt haben oder sich die Verhältnisse aufgrund nachträglicher Ereignisse, die nicht in ihrem Einflussbereich liegen (zB Inflation), geändert haben, liegt eine **Störung der Geschäftsgrundlage** vor. In diesem Fall kann für die Regelung der Rechtsfolgen auf die gesetzliche **Wertentscheidung in § 526 BGB** zurückgegriffen werden (vgl bereits RG 10. 12. 1925 – IV 374/25, RGZ 112, 210, 213; vgl Larenz, Schuldrecht BT II/1 [13. Aufl 1986] § 47 III [210]).

c) Abgrenzung Auflage – Gegenleistung

14 Da die Auflage als Leistungsverpflichtung des Beschenkten jedenfalls dem äußeren Erscheinungsbild einem Entgelt nahe kommen kann und insbesondere auch mit der **gemischten Schenkung** verwechselt werden kann, ist hier entsprechend den subjektiven Vorstellungen der Parteien eine Abgrenzung nach dem Zweck der beiderseitigen Leistungen vorzunehmen (vgl Rn 42 f).

15 Die Schenkung unter Auflage ist im Falle der Realschenkung ein einseitig verpflichtender Vertrag bzw beim Schenkungsversprechen ein zweiseitig verpflichtender Vertrag. Sie ist aber kein gegenseitiger Vertrag, denn stellte die Auflage ein Entgelt dar, würde das Merkmal der Unentgeltlichkeit und daher der Schenkungscharakter des Geschäfts fehlen. Maßgeblich ist mithin, dass nach dem Willen der Parteien beide Leistungen, Zuwendung und Auflage, nicht als **Gegenleistungen in einem Austauschverhältnis** verstanden werden, sondern die **Zuwendung ohne Entgelt und Abhängigkeit von der Auflage als Gegenleistung** erfolgen soll (RG 9. 6. 1941 – V 2/41, WarnR 1941, Nr 116 [270]). Das bedeutet, dass es darauf ankommt, ob ein Austausch von Leistungen oder aber nur eine Minderung der Zuwendung gewollt wird (vgl Liebisch, Das Wesen der unentgeltlichen Zuwendungen unter Lebenden im bürgerlichen Recht und im Reichssteuerrecht [1927] 29 ff, insbes 32, nach dem gem § 526 BGB das Geschenk auch dann als Schenkung gelte, wenn die Auflage den Wert der Zuwendung übersteigt, weil die Parteien es so wollen). Bei der Schenkung unter Auflage darf daher keine wechselseitige Abhängigkeit der beiden Leistungen bestehen, sondern nur ein **einseitiges Abhängigkeitsverhältnis** der Auflage von der zuvor erfolgten Schenkung (RG 7. 3. 1905 – VII 336/04, RGZ 60, 238, 241; RG 12. 3. 1915 – III 454/14, JW 1915, 513). Dies wird dabei auch insoweit deutlich, als bei der Rückabwicklung eines entgeltlichen Schuldvertrags nach §§ 323 ff, 346 ff BGB die Leistungen vollständig zurückzugewähren sind, während bei Nichtvollziehung der Auflage nach § 527 BGB die Zuwendung nur insoweit herausverlangt werden kann, als sie zur Vollziehung der Auflage hätte gebraucht werden sollen (Thomann, Die Schenkung unter Auflage nach dem BGB [1935] 22). Teilweise wird dagegen von einem gegenseitigen Vertrag eigener Art gesprochen, wobei eine Seite vorleistet und die anderen die Gegenleistung aus dieser erbringen kann, aber nicht erbringen muss (Liebs JZ 1978, 697, 699).

16 Neben der Willensrichtung wird zur Abgrenzung von entgeltlicher und unentgeltlicher Leistung weiterhin auf die **Grundlage und Haftungsmasse** der Auflagenleistung abgestellt. Soll die „Auflage" aus dem eigenen Vermögen des „Beschenkten" erbracht werden, liegt ein jedenfalls teilweise entgeltliches Geschäft nahe; soll dagegen die Auflage aus dem Gegenstand der Schenkung selbst bzw auf dessen Grundlage erfüllt werden, liegt darin eben nicht der schuldrechtliche Ausgleich der Zuwendung durch eine Gegenleistung, sondern eine **Schmälerung der Zuwendung und damit Schenkung** (MünchKommBGB/Koch § 525 Rn 4; Soergel/Eckert § 525 Rn 1, 9; Jülicher ZEV 1998, 201, 205; Larenz, Schuldrecht BT II/1 [13. Aufl 1986] § 47 III [209]; vgl Liebisch, Das Wesen der unentgeltlichen Zuwendungen unter Lebenden im bürgerlichen Recht und im Reichssteuerrecht [1927] 62; Jacob, Franz Haymann und die Schenkung unter Auflage [1995] 88 ff, 104; Goertzen DStR 1994, 1553, 1554; vgl auch RG 7. 3. 1905 – VII 336/04, RGZ 60, 238, 240; BGH 2. 10. 1981 – V ZR 134/80, NJW 1982, 818, 819). Dabei bestätigt die Existenz des § 526 BGB diese Verknüpfung und damit gerade den Umstand, dass das Geschenk aus der Auflage zu erbringen ist (Esser/Weyers, BT/1 [8. Aufl 1998] § 12 IV 1). Regelmäßig wird also davon auszugehen sein, dass die Schenkung die Aufwendungen für die Auflagenerfüllung

deckt und das Geschenk demnach aus der Auflage erfüllt werden kann (RG 10. 12. 1925 – IV 374/25, RGZ 112, 210, 212, 215; zu Defizienzfällen vgl Rn 36 f).

d) Umfang der Schenkung

17 Auch wenn die Auflage wirtschaftlich betrachtet eine Minderung der Schenkung darstellt, weil Teile von ihr zur Erbringung der Auflage zu verwenden sind oder ihr Gegenstand belastet wird, ist die Schenkung aber nicht auf den Mehrwert der Zuwendung begrenzt, sondern umfasst die **gesamte Zuwendung** (Mugdan Mot II 166; Soergel/Eckert § 525 Rn 2; RG 7. 3. 1905 – VII 336/04, RGZ 60, 238, 240 ff). Insoweit beeinträchtigt die Auflage den Umfang der Zuwendung als Geschenk nicht (BGH 23. 5. 1959 – V ZR 140/58, BGHZ 30, 120, NJW 1959, 1363; RG 7. 3. 1905 – VII 336/04, RGZ 60, 238, 242).

3. Begünstigter

18 **Begünstigter** der Auflage können Schenker, Beschenkter und Dritte sein (MünchKommBGB/Koch § 525 Rn 3; Grüneberg/Weidenkaff [85. Aufl 2026] § 525 Rn 1; zu einer solchen mehrfachen Begünstigung s BGH 30. 1. 1970 – V ZR 41/67, FamRZ 1970, 1985, 1986). Soweit ein Dritter dabei begünstigt wird, liegt hierin ein **Vertrag zugunsten Dritter** iSv §§ 328 ff BGB (MünchKommBGB/Koch § 525 Rn 3; Erman/Hähnchen § 525 Rn 6). Wenn der Dritte in dessen Folge eine eigene Berechtigung erworben hat, ist diese nicht mehr abänderbar (jurisPK-BGB/Linsler [10. Aufl 2023] § 525 Rn 31). Mit Hinblick auf die Rechtsklarheit sollte die Schenkungsurkunde ausdrücklich regeln, welche Stellung der Drittbegünstigte einnehmen und ob die Möglichkeit einer späteren Abänderung durch den Schenker bestehen soll (jurisPK-BGB/Linsler [10. Aufl 2023] § 525 Rn 31).

19 Problematisch sind in Konstellationen mit Drittbeteiligung die Fälle, in denen der Schenker über den Gegenstand auch **nach seinem Tode** disponieren würde, da zumindest prinzipiell ein Konflikt mit erbrechtlichen Instituten vorstellbar ist. So soll eine Auflage, mit der die Herausgabe des Gegenstands nach dem Tode des Beschenkten durch dessen Erben an einen Dritten ausbedungen wird, wegen Verstoßes gegen § 2302 BGB nichtig sein, weil dies die Verpflichtung zur Aussetzung eines Vermächtnisses beinhaltet (MünchKommBGB/Koch § 525 Rn 3). Möchte der Zuwendende danach über den Tod des Beschenkten hinaus die Vermögenslage regeln, muss er zur Testamentseinsetzung mit Vor- und Nacherbschaft greifen; die vom BGB-Gesetzgeber bewusst abgeschafften Fideikommisse dürfen nämlich nicht wieder eingeführt bzw ein Umgehungstatbestand gefunden werden (OLG Stuttgart 18. 5. 1949 – U 32/49, HEZ 3, 1, 4 f). Allerdings ist in diesem Zusammenhang nur die Verpflichtung, den Gegenstand zu vererben, zu beanstanden. Dagegen kann Gegenstand der Auflage auch eine lebzeitige Weitergabeverpflichtung schuldrechtlicher, nicht dinglicher Art sein, in der die Abrede dahingeht, dass der Erstbeschenkte das Geschenk bis zu seinem Tode an den Zweitbeschenkten weiterzureichen habe (BGH 28. 11. 2023 – X ZR 11/21, NJW 2024, 1113, 1114 m Anm Becker, DNotZ 2024, 518, 519 f m Anm Raff, FamRZ 2024, 647, 648 f; s bereits Feick ZEV 2002, 85, 86; vgl auch Rn 54). Eine solche Auflage ist deshalb zulässig, weil der Beschenkte sie in der letzten juristischen Sekunde seines Lebens hätte erfüllen müssen (damit habe sie – anders als von den Gegenstimmen befürchtet – nach Feick ZEV 2002, 85, 87 f keine dauerhafte Entziehung des Gegenstands aus dem Rechtsverkehr zur Folge); daher stellt die Auflage mangels Ähnlichkeit mit erbrechtlichen Bindungen oder dem abgeschafften Erbschaftsfideikommiss keine Umgehung der Erbrechtsvorschriften dar (BGH 28. 11. 2023 – X ZR 11/21, NJW 2024, 1113, 1114 m Anm Becker, DNotZ 2024, 518, 519 f m Anm Raff,

FamRZ 2024, 647, 648 f; **aA** MünchKommBGB/Koch § 525 Rn 3; OLG Stuttgart 18. 5. 1949 – U 32/49, HEZ 3, 1, 4 f).

4. Anspruchsberechtigung

a) Allgemeines

20 Die **Anspruchsberechtigung** zur Vollziehung der Auflage liegt gemäß § 525 BGB zunächst beim Schenker selbst oder dessen Rechtsnachfolger, und zwar unabhängig davon, wer durch die Auflage begünstigt wird (Soergel/Eckert § 525 Rn 11). Dieser Anspruch unterliegt den allgemeinen schuldrechtlichen Vorschriften. Daher kann der Schenker grundsätzlich darüber nach seinem Belieben **frei verfügen** und ihn insbesondere auch **abtreten** (BGB-RGRK/Mezger § 525 Rn 10; MünchKommBGB/Koch § 525 Rn 14). Bei der Berechtigung Dritter hängt das allerdings von den Vereinbarungen im **Valutaverhältnis** ab (Soergel/Eckert § 525 Rn 11).

b) Drittbegünstigung

21 In den Fällen der **Drittbegünstigung** durch die Auflage ist zu klären, ob ggf auch der Dritte einen Anspruch auf Vollziehung der Auflage hat. Denn die Schenkungsvorschriften selbst geben dafür nichts her (Hammen WM 1987, 1249, 1250 f). Soweit aber eine eigene Anspruchsberechtigung des Begünstigten gewollt ist, dieser also den Anspruch nach Vollzug der Schenkung unmittelbar erwerben soll, liegt hier zugleich ein Fall eines **echten Vertrags zugunsten Dritter** iSv §§ 328 ff BGB vor (MünchKommBGB/Koch § 525 Rn 3, 14; Erman/Hähnchen § 525 Rn 6). In Anwendung von § 330 S 2 BGB ist sogar regelmäßig von einer solchen Berechtigung des Dritten auszugehen, sofern im **Deckungsverhältnis** nicht ausnahmsweise etwas anderes geregelt wird; Schenker und Dritter sind dann Gesamtgläubiger (MünchKommBGB/Koch § 525 Rn 14; Erman/Hähnchen § 525 Rn 6). Dies ist allerdings in Zweifel gezogen worden, weil nur die Leistung an den Bedachten und nicht an den Schenker verlangt werden kann (Kieffer, Schenkung unter Auflage nach B.G.B. [1908] 37). Im Hinblick auf einen eventuellen Drittanspruch ist festzustellen, dass sich die §§ 328 ff, 525 ff BGB mit ihren jeweiligen Regelungen im Detail ergänzen und damit in gewisser Hinsicht modifizieren, zumal auch § 525 BGB dem Schenker grundsätzlich einen Vollziehungsanspruch zuspricht, während der Versprechensempfänger im Falle eines eigenen Anspruchs des Dritten nach den Vorschriften über den Vertrag zugunsten Dritter und namentlich § 335 BGB über einen solchen Anspruch nur im Zweifel verfügen soll (Hammen WM 1987, 1249, 1250 f). Erwirbt der Dritte die Berechtigung, verliert der Schenker zugleich seine freie Verfügungsbefugnis über den Anspruch (MünchKommBGB/Koch § 525 Rn 14). Inwieweit der Dritte die Leistung aus der Auflage allerdings dauerhaft behalten darf, beurteilt sich nach seinem Rechtsverhältnis zum Schenker; hier kann ebenso eine Schenkung wie ein entgeltlicher Erwerb vorliegen (MünchKommBGB/Koch § 525 Rn 14; **aA** unter Hinweis auf § 329 BGB aber Enneccerus/Lehmann, Schuldrecht [15. Aufl 1958] § 35 II 2b). Fehlt es in diesem Verhältnis an einem **Rechtsgrund**, kann der Schenker die Auflagenleistung im Wege der allgemeinen Leistungskondiktion herausverlangen (MünchKommBGB/Koch § 525 Rn 14).

c) Abs 2 – die Erben und die zuständige Behörde

22 § 525 Abs 2 BGB gibt nach dem Tode des Schenkers **der zuständigen Behörde** einen unmittelbaren Anspruch auf Vollziehung der Auflage (MünchKommBGB/Koch § 525 Rn 15). Diesen macht sie im **Zivilprozess** geltend (zur Anwendbarkeit zivilprozessualer

Grundsätze wie dem des Anwaltszwangs s BGH 28. 2. 1957 – III ZR 203/56, BGHZ 23, 377, 384). Hinter dieser gesetzgeberischen Entscheidung liegt der Gedanke, dass der Erbe anders als der Schenker **regelmäßig kein eigenes Interesse** an der Durchsetzung der Auflage haben wird (Mugdan Prot II 753). Sie wird rechtspolitisch durchaus kritisch gesehen (so noch Erman/Herrmann [13. Aufl 2011] § 525 Rn 5). Es handelt sich dabei um nichts anderes als ein **Recht ohne eigenes Interesse**, das ausschließlich dem **Nutzen der Allgemeinheit** dient (BGB-RGRK/Mezger § 525 Rn 10). In technischer Hinsicht entsteht dabei kraft Gesetzes ein echter Vertrag zugunsten Dritter (Erman/Herrmann [13. Aufl 2011] § 525 Rn 5) bzw wird der Behörde eine **Vollstreckungsbefugnis** ohne eigenes Recht an die Hand gegeben (Kieffer, Schenkung unter Auflage nach B.G.B. [1908] 37; Haymann, Die Schenkung unter einer Auflage nach römischem und deutschem bürgerlichem Recht [1905] 173 ff). Dies hat zu Folge, dass der Erbe ohne Zustimmung der Behörde den Anspruch nicht erlassen oder sonst zB durch Stundung nachteilig beeinflussen kann (MünchKommBGB/Koch § 525 Rn 15; Grüneberg/Weidenkaff [85. Aufl 2026] § 525 Rn 14; Haymann, Die Schenkung unter einer Auflage nach römischem und deutschem bürgerlichen Recht [1905] 173 ff und Faber, Die Rechtsstellung derer, die den Vollzug der Auflage verlangen können [1932] 23 f scheinen davon auszugehen, dass zwar die Erben über ihren eigenen Anspruch disponieren können, der Anspruch der Behörde aber davon unberührt bleibt). Umgekehrt kann die Behörde die Vollziehung auch ohne bzw gegen den Willen der Erben durchsetzen. Denn dies ist gerade der Zweck dieser Bestimmung (BGB-RGRK/Mezger § 525 Rn 10). Da somit sowohl die Behörde als auch der Erbe des Schenkers Anspruchsberechtigte sind, handelt es sich bei ihnen um **Gesamtgläubiger** (MünchKommBGB/Koch § 525 Rn 15; Erman/Hähnchen § 525 Rn 7; Soergel/Eckert § 525 Rn 12; s zu den Besonderheiten dieses Anspruchs Kohler ArchBürgR 21, 259 ff). Dies ist früher in Zweifel gezogen worden, weil zwischen der Behörde und dem Beschwerten kein Rechtsverhältnis bestehe und die Behörde nur zur Geltendmachung ermächtigt sei (Kieffer, Schenkung unter Auflage nach B.G.B. [1908] 37; Haymann, Die Schenkung unter einer Auflage nach römischem und deutschem bürgerlichen Recht [1905] 173 f; Faber, Die Rechtsstellung derer, die den Vollzug der Auflage verlangen können [1932] 32 ff).

23 Das Forderungsrecht der Behörde setzt nach § 525 BGB ein **öffentliches Interesse** an ihrer Vollziehung voraus. Hierfür genügt jede Förderung des Gemeinwohls; umfasst sind insbesondere jegliche staatlichen, gemeindlichen, religiösen, sozialen, karitativen und kulturellen Belange (MünchKommBGB/Koch § 525 Rn 15; Grüneberg/Weidenkaff [85. Aufl 2026] § 525 Rn 14; BeckOGK/Harke [1. 10. 2025] § 525 Rn 17). Auch Aufgaben einer Berufsgenossenschaft oder der Schulverwaltung können hierunter fallen (BGB-RGRK/Mezger § 525 Rn 10); eine bloß mittelbare Förderung des Gemeinwohls reicht damit aus.

24 Die jeweilige **Zuständigkeit** ergibt sich aus den entsprechenden landesrechtlichen Bestimmungen. Hierzu gehören ua die § 4 AGBGB Baden-Württemberg, § 69 AGBGB Bayern, § 15 AGBGB Brandenburg, § 3 AGBGB Niedersachsen und § 1 VO vom 9. 9. 1975, GVBl S 257 Schleswig-Holstein. Soweit ausnahmsweise keine Bestimmung vorhanden ist, ist die Behörde zuständig, die das entsprechende Interesse wahrzunehmen hat.

5. Minderjährigkeit des Beschenkten

25 Im Hinblick auf die durch die Auflage begründete Verpflichtung bereitet auch die Frage Schwierigkeiten, wie sich die Auflage zum Minderjährigenrecht verhält. Kernpunkt ist insoweit, ob die Schenkung noch als **lediglich rechtlich vorteilhaft** iSv § 107 BGB angesehen werden kann und die gesetzlichen Vertreter gemäß § 1789 Abs 2 iVm § 1824 BGB von der Vertretung der unter ihrer Sorge stehenden Kinder ausgeschlossen sind.

26 Überwiegend wird davon ausgegangen, dass die Auflage die Schenkung wegen ihres verpflichtenden Inhalts zu einem **nicht nur rechtlich vorteilhaften Geschäft macht**; ein beschränkt Geschäftsfähiger kann daher alleine eine solche Schenkung im Hinblick auf § 107 BGB nicht abschließen und bei einem Vertrag mit seinen sorgeberechtigten Eltern als Gegenüber muss ein **Ergänzungspfleger** eingeschaltet werden (MünchKommBGB/Koch § 525 Rn 3; BGB-RGRK/Mezger § 525 Rn 1; Soergel/Eckert § 525 Rn 1; Kieffer, Schenkung unter Auflage nach B.G.B. [1908] 30; OLG München 10. 3. 1942 – 8 Wx 908/41, HRR 1942 Nr 544; OLG Frankfurt 22. 8. 1974 – 20 W 339/74, Rpfleger 1974, 429 f; OLG Hamm 13. 3. 1978 – 15 W 58/78, OLGZ 1978, 422, 425). Dabei sind die Einzelheiten aber nicht immer ganz eindeutig. So wird insbesondere dann, wenn die Auflage in einem Nießbrauchsvorbehalt an dem zugewendeten Grundstück besteht, teilweise noch kein relevantes nachteiliges Geschäft darin gesehen (s so RG 10. 9. 1935 – III 42/35, RGZ 148, 321, 323 ff und zu den Widersprüchen in diesem Zusammenhang Reiff, Die Dogmatik der Schenkung unter Nießbrauchsvorbehalt und ihre Auswirkung auf die Ergänzung des Pflichtteils und die Schenkungsteuer [1989] 88 ff, 106 f). Auch hier soll es anderer Ansicht nach darauf ankommen, ob das Grundstück bereits mit einem Nießbrauch belastet und deshalb nach § 107 BGB wirksam erworben wird oder der Erwerb daran scheitert, dass der Minderjährige mit dem Erwerb gleichzeitig durch die Auflage die nachteilige Verpflichtung erwirbt, diesen erst noch zu erfüllen (OLG Frankfurt 22. 8. 1974 – 20 W 339/74, Rpfleger 1974, 429 f). Allerdings dürfte im ersten Fall wohl nur eine reine Schenkung vorliegen (vgl Rn 5).

27 Ähnliche Überlegungen finden sich auch bei Verträgen, bei denen Minderjährigen **Kapital** unter der Maßgabe überlassen wird, dass sie dieses dem Schenker sogleich in Form eines Darlehens zurückzugewähren haben. § 1789 Abs 2 iVm § 1824 BGB hat hier jedenfalls dann keinen Platz, wenn dem Minderjährigen ein Geldbetrag mit der Bestimmung, dass der Betrag dem Schenker sogleich wieder zu kreditieren ist, dadurch zugewendet wird, dass er vom betrieblichen Kapitalkonto des Schenkers auf das Darlehenskonto des Minderjährigen gebucht wird; hier liegt dann nämlich keine Schenkung unter Auflage vor, weil die zunächst zugewendete Summe niemals in den Machtbereich des Minderjährigen gelangt, sondern diesem im Ergebnis nur der Rückforderungsanspruch als **Vereinbarungsdarlehen**, also im Sinne der Rückgewähr eines nicht ausgezahlten Darlehens, zugewendet und damit keine Verpflichtung auf seiner Seite herbeigeführt wird (OLG Hamm 13. 3. 1978 – 15 W 58/78, OLGZ 1978, 422, 424 ff). Wird der Vertrag mit dem Minderjährigen dagegen derart ausgestaltet, dass hierin eine Zuwendung des Kapitals mit zusätzlicher Darlehensverpflichtung liegt, besteht eben wegen der Begründung dieser Schuld, die man als Schenkungsauflage verstehen kann, ein **Vertretungsverbot** (BFH 23. 6. 1976 – I R 140/75, BFHE 120, 165, 166, BStBl II 1977, 78, 79, NJW 1977, 456).

28 Dagegen liegt keine § 107 BGB unterliegende Schenkung unter Auflage vor, wenn ein Minderjähriger bei einer Zuwendung für die Zeit nach dem Tode der Eltern zu einem Ausgleich gegenüber den Miterben verpflichtet sein soll, weil es sich dabei um eine **Anordnung nach § 2050 Abs 3 BGB** handele (BGH 10. 11. 1954 – II ZR 165/53, BGHZ 15, 168, 170 f, NJW 1955, 1353 f).

III. Rechtsfolgen

1. Erfüllung

29 Die Erfüllung der Auflage selbst untersteht den allgemeinen Vorschriften der §§ 362 ff BGB (Grüneberg/Weidenkaff [85. Aufl 2026] § 525 Rn 12). Anders als im Erbrecht entsteht aus der Auflage ein **schuldrechtlicher Vollziehungsanspruch** des Schenkers gegen den Beschenkten.

30 In der älteren Literatur wurde teilweise in der Auflage ein Realkontrakt gesehen (Haymann, Die Schenkung unter einer Auflage nach römischem und deutschem bürgerlichen Recht [1905] 95 ff; Kieffer, Schenkung unter Auflage nach B.G.B. [1908] 34 f; Faber, Die Rechtsstellung derer, die den Vollzug der Auflage verlangen können [1932] 13 ff; allerdings gehen diese von einer Bedingung im Gegensatz zu einer Fälligkeitsregelung aus; ablehnend Lammfromm, Teilung, Darlehen, Auflage und Umsatzvertrag. Untersuchungen aus dem Privatrecht [1897] 78 ff, 171 f). Nach heutiger weit überwiegender Auffassung wird der Anspruch auf Erfüllung der Auflage durch die Vollziehung der Schenkung **aufschiebend bedingt** und kann daher von jedem der Berechtigten erst danach geltend gemacht werden (MünchKommBGB/Koch § 525 Rn 13; Grüneberg/Weidenkaff [85. Aufl 2026] § 525 Rn 12; Soergel/Eckert § 525 Rn 13; für den Dritten mit eigenem Recht s § 334 BGB). Eine Mindermeinung geht dagegen davon aus, dass der Anspruch durch den Vollzug der Schenkung überhaupt erst entsteht (so noch Erman/Herrmann [13. Aufl 2011] § 525 Rn 4). Dies setzt allerdings voraus, dass die Verpflichtung zur Erfüllung der Auflage von der Schenkung als Gesamtgeschäft zu trennen ist. Schon das Schenkungsversprechen selbst kommt aber nicht erst durch die unentgeltliche Zuwendung zustande (Eckstein AcP 107 [1911] 384, 392), und so wäre es merkwürdig, wenn die Erfüllung für den auf eben dem Vertrag beruhenden Auflagenvollziehungsanspruch gelten würde. Unabhängig von der Einordnung folgt aber für beide Ansichten, dass der Schenker zur **Vorleistung** verpflichtet ist und insbesondere seine Leistung nicht im Hinblick auf den Nichtvollzug der Auflage nach §§ 273, 320 BGB verweigern kann (MünchKommBGB/Koch § 525 Rn 13; Erman/Hähnchen § 525 Rn 5; Grüneberg/Weidenkaff [85. Aufl 2026] § 525 Rn 12; BGB-RGRK/Mezger § 525 Rn 8; Soergel/Eckert § 525 Rn 13; Oertmann, Schuldverhältnisse II [5. Aufl 1929] § 525 Nr 2a; Enneccerus/Lehmann, Schuldrecht [15. Aufl 1958] § 125 III). Denn nach allgemeinen Grundsätzen suspendiert die Auflage bzw der *modus* den Rechtserwerb des Beschenkten nicht, zwingt ihn aber zur Erfüllung (Mugdan Mot II 166; der Grundsatz geht auf die Abgrenzung von *modus* und Bedingung von Savigny, System III [1840] 231 zurück; vgl auch Feigel, Die Auflage nach dem bürgerlichen Gesetzbuche [1898] 55). Etwas anderes gilt nur dann, wenn die Nichterfüllung der Auflage zu besorgen ist (vgl Rn 38). Soweit dem Schenker neben der Zuwendung weitere durch Nebenabreden vereinbarte Pflichten treffen, gehören sie nur dann zur Vorleistungspflicht, wenn sie für die Erfüllung der Auflage durch den Beschenkten erforderlich sind (BGH 2. 10. 1981 – V ZR 134/80, NJW 1982, 818, 819 mit krit Anm Herrmann WM 1982, 1158 ff, die den Auflagenanspruch in den Mangelfällen nach dem Pflichtenprogramm des § 523 BGB bestimmt).

31 Die gesetzliche Grundkonstruktion der Vorleistungspflicht ist **abdingbar** in dem Sinne, dass die Parteien eine Zug-um-Zug-Leistung vereinbaren können (MünchKommBGB/Koch § 525 Rn 13; Erman/Hähnchen § 525 Rn 5; Grüneberg/Weidenkaff [85. Aufl 2026] § 525 Rn 12). Freilich darf das nicht den unentgeltlichen Charakter der Schen-

kung beeinträchtigen (Rn 14 ff, 30). Daher ist die Möglichkeit der Vereinbarung einer Vorleistungspflicht des Beschenkten (BGB-RGRK/Mezger § 525 Rn 8) eher fraglich.

2. Schwierigkeiten der Auflagenerfüllung

Die Wirksamkeit der Auflage bzw ihre Nichterfüllbarkeit haben Auswirkungen auf die Gültigkeit bzw Beständigkeit der schenkweisen Zuwendung. 32

a) Nichtigkeit der Auflage

Die Auflage kann nach §§ 134, 138 BGB **nichtig** sein. Für die **Beurteilung der Sittenwidrigkeit** kommt es dabei auf den Willen und die Motive der Parteien, das Verhältnis des Werts von Schenkung und Auflage sowie die jeweilige Beeinflussung des Entschlusses einer Partei an. Von einer Nichtigkeit wegen Sittenwidrigkeit ist damit insbesondere immer dann auszugehen, wenn **Fragen höchstpersönlicher Natur** zum Gegenstand der Auflage gemacht werden. Dies wäre zB bei der Eheschließung, der Berufswahl, der Ausübung des Wahlrechts oder des religiösen Bekenntnisses der Fall. 33

Ist die **Nebenabrede** über die Auflage selbst nichtig, hängt das Schicksal der Schenkung als Ganze von § 139 BGB ab (MünchKommBGB/Koch § 525 Rn 3; Grüneberg/Weidenkaff [85. Aufl 2026] § 525 Rn 4). Eine Nichtigkeit der Auflageverpflichtung erfasst dabei regelmäßig die gesamte Schenkung, wenn die zu beanstandende Auflage die Schenkung als Gesamtgeschäft maßgeblich prägt; aber auch bei einer geringeren Intensität ist nach § 139 BGB **im Zweifel von einer Gesamtnichtigkeit** auszugehen, wobei hier die Bedeutung relevant ist, die der Schenker der Auflage im Hinblick auf die Schenkung beimisst (Erman/Hähnchen § 525 Rn 1; MünchKommBGB/Koch § 525 Rn 3). Nach anderer Ansicht, die nur in den Fällen des § 138 BGB eine Gesamtnichtigkeit des Geschäfts annimmt, soll bei Schenkungen unter Auflage grundsätzlich der Ausnahmefall der Teilnichtigkeit nach § 139 BGB gegeben sein und entsprechend dem Rechtsgedanken des § 2195 BGB die Schenkung im Zweifel wirksam bleiben (BGB-RGRK/Mezger § 525 Rn 11; Soergel/Eckert § 525 Rn 5). Die **Rückabwicklung** einer gleichwohl erbrachten Auflage folgt dann aus § 812 BGB (MünchKommBGB/Koch § 525 Rn 3). 34

b) Vollziehungsdefizite

Wird die Auflage **unmöglich**, hat dies gemäß § 275 Abs 1 BGB die Leistungsbefreiung des Beschenkten zur Folge (MünchKommBGB/Koch § 525 Rn 13; Grüneberg/Weidenkaff [85. Aufl 2026] § 525 Rn 3; Soergel/Eckert § 525 Rn 15). Auch in einem solchen Falle kann der Schenker seine Zuwendung nach § 527 BGB zurückfordern, sofern der Beschenkte die Unmöglichkeit zu vertreten hat (RG 9. 6. 1941 – V 2/41, WarnR 1941 Nr 116 [271]). Wird dagegen **das Schenkungsversprechen selbst** unmöglich, wird auch die Auflage *ipso iure* unwirksam, wobei bei **teilweiser Unmöglichkeit** die Auflage insoweit Bestand hat, als sich der Beschenkte zu ihr auch ohne den weggefallenen Teil der Zuwendung verpflichtet hätte (BGB-RGRK/Mezger § 525 Rn 11). Dasselbe gilt auch bei einer Abwicklung der Schenkung gemäß §§ 528, 530 BGB (Soergel/Eckert § 525 Rn 14). Darüber hinaus entfällt der Anspruch auf Vollziehung der Auflage, wenn die Schenkung nach § 527 BGB **gerade wegen der Nichtvollziehung** zurückgefordert wird oder die Schenkung infolge einer Anfechtung wegen **Gläubigerbenachteiligung** nach § 4 AnfG, § 134 InsO keinen Bestand haben wird. Der Beschenkte hat den Schenker 35 über die Unmöglichkeit der Auflagenvollziehung nach § 242 BGB zu unterrichten (Lehmann DB 2006, 1281, 1282). Der Beschenkte wiederum hat in bestimmten Fällen eines Mangels des Schenkungsgegenstands seinerseits ein **Leistungsverweigerungsrecht** bzw einen **Aufwendungsersatzanspruch** (Erman/Herrmann [13. Aufl 2011] § 525 Rn 1).

c) Mehraufwand der Auflagenerfüllung

36 **Irren** die Parteien über einen etwaigen Mehraufwand der Auflage im Vergleich zum Wert der Zuwendung, hat dies im Grundsatz keinen Einfluss auf die Qualifikation der Schenkung unter einer Auflage als solcher (Oertmann, Schuldverhältnisse II [5. Aufl 1929] § 525 Nr 4; Liebisch, Das Wesen der unentgeltlichen Zuwendungen unter Lebenden im bürgerlichen Recht und im Reichssteuerrecht [1927] 32 ff; Lammfromm, Teilung, Darlehen, Auflage und Umsatzvertrag. Untersuchungen aus dem Privatrecht [1897] 152 ff). Eine Anfechtung ist grundsätzlich ausgeschlossen (vgl Lippmann AcP 102 [1907] 283, 400 f; vgl auch Rn 13).

37 Gleichwohl endet die Verpflichtung dort, wo der Schenkungsgegenstand durch die Vollziehung der Auflage erschöpft ist und auch keine weitere materielle Bereicherung verbleibt; denn prinzipiell ist sie immer noch die **Nebensache** und aus der Zuwendung heraus zu erbringen (Enneccerus/Lehmann, Schuldrecht [15. Aufl 1958] § 125 II 2; vgl auch etwas unklar Endemann, Bürgerliches Recht I [9. Aufl 1903] § 164, 4a Fn 29 [1031]). § 526 BGB macht deutlich, dass keine Verschlechterung der Vermögenslage auf Seiten des Beschenkten stattfinden soll (Soergel/Eckert § 525 Rn 14). Soweit die Wertdifferenz auf einem **Mangel** beruht, steht dem Beschenkten § 526 BGB zur Verfügung. In diesem Fall kann er die Vollziehung bis zu einem Ausgleich verweigern oder nach der irrtümlichen Vollziehung seine Aufwendungen vom Schenker ersetzt verlangen. Auf andere Weise begründete **Wertdifferenzen** bzw eine **nachträgliche Entwertung** der Zuwendung sind daher in entsprechender Anwendung von § 526 BGB zu behandeln, ggf auch unter Heranziehung von § 313 BGB (vgl umfassend dazu § 526 Rn 10 ff, 13).

d) Schutz des Schenkers

38 Für den **Fall der Nichtvollziehung** der Auflage sah der erste Entwurf je nach Lage der Dinge einen Schadensersatz wegen Nichterfüllung, den Widerruf oder eine *condictio ob rem* vor (Mugdan Mot II 167). Nach dem Gesetz kann der Schenker nunmehr die Vollziehung nach § 525 Abs 1 BGB durchsetzen, den Schenkungsgegenstand nach § 527 BGB zurückfordern und ggf bei Nichteintritt eines damit bezweckten Erfolgs mit der *condictio ob rem* vorgehen. Für den Fall des Vermögensverfalls des Beschenkten vor Erfüllung der Auflage, steht diesem ein Zurückbehaltungsrecht nach § 321 BGB zu (BGB-RGRK/Mezger § 525 Rn 8; **aA** wohl Kieffer, Schenkung unter Auflage nach B.G.B. [1908] 34). Zudem kann die Erfüllung der Auflage auch durch **einstweilige Verfügung** gesichert werden (MünchKommBGB/Koch § 525 Rn 13; Erman/Hähnchen § 525 Rn 5; Soergel/Eckert § 525 Rn 13); manche wollen das bereits zwischen der Annahme des Schenkungsversprechens und seiner Erfüllung zulassen (BGB-RGRK/Mezger § 525 Rn 8; Soergel/Eckert § 525 Rn 13). Der Schenker kann sich ggf durch **Hinterlegung** befreien.

e) Beweislast

39 Klagt der Vollziehungsberechtigte auf Erfüllung der Auflage, trägt er die **Beweislast** für die ihm günstige Tatsache, dass das Schenkungsversprechen erfüllt wurde (MünchKommBGB/Koch § 525 Rn 13; BeckOGK/Harke [1. 10. 2025] § 525 Rn 21; Grüneberg/Weiden-

kaff [85. Aufl 2026] § 525 Rn 12; Oertmann, Schuldverhältnisse II [5. Aufl 1929] § 525 Nr 2a). Hingegen trägt der Beklagte die Beweislast, wenn er die Erfüllung der Auflage behauptet (BeckOGK/Harke [1. 10. 2025] § 525 Rn 22).

IV. Abgrenzung und Einzelfälle

Die Schenkung unter Auflage weist Bezugspunkte zu unterschiedlichen anderen Rechtsgeschäften bzw Schenkungsarten auf, da auf beiden Seiten des Vertrags Leistungen erbracht werden. Daher ist eine Abgrenzung erforderlich. Zugleich haben sich verschiedene typische Konstellationen herauskristallisiert, in denen eine Schenkung unter Auflage ggf auch neben anderen Rechtsinstituten regelmäßig in Frage kommt. **40**

1. Abgrenzungsfragen

Bei der Abgrenzung kommt es auf die Interessenlage der Beteiligten an. Dabei spielt besonders das der Anordnung zugrunde liegende Motiv und der Wille zur Erzwingbarkeit der Auflage eine Rolle. **41**

a) Schenkung unter Auflage und gemischte Schenkung

Die Schenkung unter Auflage weist zunächst eine gewisse Nähe zur **gemischten Schenkung** auf (zu steuerlichen Fragen s Rn 73 und § 516 Rn 259 ff, 265 ff; vgl auch Ramb NWB 2012, 138 ff), da jedenfalls nach oberflächlicher Betrachtung ein Gegenstand unentgeltlich zugewendet und vom Beschenkten eine im Vergleich geringere Leistung aufgrund einer eigenen Verpflichtung erbracht wird. Gleichwohl sind beide Rechtsinstitute jedenfalls dogmatisch klar zu unterscheiden (in der Praxis ist dies ggf deutlich schwerer, vgl OGH BrZ 18. 11. 1948 – II ZS 16/48, NJW 1949 u Coing NJW 1949, 262), auch wenn die Schenkung unter Auflage gelegentlich als **Sonderform** der gemischten Schenkung gesehen wird (Enneccerus/Lehmann, Schuldrecht [15. Aufl 1958] § 125 II; Sokolowski BWNotZ 2013, 162 ff). Während die gemischte Schenkung aus einem entgeltlichen und einem unentgeltlichen Teil besteht, ist die Schenkung unter Auflage in toto unentgeltlich. Die Auflage kann nämlich bei ihr deshalb nicht als partielles Entgelt betrachtet werden, weil sie jedenfalls auf Grundlage der Zuwendung erbracht wird und diese lediglich in ihrem Wert mindert (s zur Abgrenzung auch Förster/Heyeres BB 1991, 1458, 1459; BGH 23. 5. 1959 – V ZR 140/58, BGHZ 30, 120, NJW 1959, 1363; RG 7. 3. 1905 – VII 336/04, RGZ 60, 238, 242). Bei der gemischten Schenkung erbringt der Beschenkte für den (dann entgeltlichen) Teil der Zuwendung des Schenkers eine Gegenleistung, die mit dem entgeltlichen Teil der Schenkung synallagmatisch verknüpft ist; bei der Schenkung unter Auflage hingegen erfolgt die Zuwendung des Schenkers völlig unentgeltlich und die Verpflichtung zur Erfüllung der Auflage stellt dementsprechend keine Gegenleistung für die Leistung des Schenkers dar, da sie erst nach deren Vollzug und auf deren Grundlage zu erfüllen ist (MünchKommBGB/Koch § 525 Rn 7; Goertzen DStR 1994, 1553, 1554). Sie ist eher mit einer Belastung gleichzusetzen (Schulze zur Wiesche BB 1986, 1134, 1135). Der Schenker ist, wie schon gezeigt (vgl Rn 30), bei der Auflagenschenkung anders als bei der gemischten Schenkung vorleistungspflichtig (MünchKommBGB/Koch § 525 Rn 7, 13; Erman/Hähnchen § 525 Rn 5). Bei der Auflagenschenkung muss also der Beschenkte erst nach Erhalt der Zuwendung selbst leisten, während bei der gemischten Schenkung seine Leistung Voraussetzung für den Leistungsaustausch ist (Erman/Hähnchen § 525 Rn 2). Damit kennzeichnet der Gedanke **42** des **beiderseitigen Leistungsaustausches** die gemischte Schenkung, während bei der Auflagenschenkung nur eine einseitige Abhängigkeit des Anspruchs aus der Auflage gegenüber der erfüllten Zuwendung besteht und nur eine Belastung des Gegenstands der Zuwendung vorliegt (Rn 15; SCHULZE ZUR WIESCHE BB 1986, 1134 f und NJW 1975, 2089, 2090; s auch LAMMFROMM, Teilung, Darlehen, Auflage und Umsatzvertrag. Untersuchungen aus dem Privatrecht [1897] 138 f). Insoweit kann es ein Abgrenzungskriterium darstellen, ob die Zuwendung aus dem Schenkungsgegenstand oder aus dem sonstigen Vermögen des Beschenkten stammt (COING NJW 1949, 262; GOERTZEN DStR 1994, 1553, 1554). Dabei soll es aber darüber hinaus nicht erforderlich sein, dass die Leistung auch mittelbar aus dem Schenkungsgegenstand herrührt; es genügt vielmehr, dass sie aus dem Wert bzw auf Grundlage der Zuwendung erfolgt (SOERGEL/ECKERT § 525 Rn 1, 9). Für die Frage, ob diese Kriterien erfüllt sind, ist der Parteiwille maßgeblich (MünchKommBGB/KOCH § 525 Rn 7; SCHULZE ZUR WIESCHE NJW 1975, 2089, 2090).

43 Nach diesen Maßstäben handelt es sich bei der **dinglichen Übernahme einer Hypothek** anlässlich der Zuwendung eines Grundstücks nicht um eine Schenkung unter Auflage (SCHULZE ZUR WIESCHE NJW 1975, 2089, 2090). Andererseits liegt in der Verpflichtung, nach erfolgter Zuwendung eines Grundstücks im Rahmen eines Übergabevertrags den schenkenden Eltern ein **Wohnrecht zu bestellen** und eine **Abfindung zu zahlen**, keine Gegenleistung und damit keine gemischte Schenkung, weil beides nicht erst den Erhalt der Sache ermöglichen sollte (BGH 30. 1. 1970 – V ZR 41/67, FamRZ 1970, 1985, 1986; OLG Köln 31. 7. 2013 – I-2 U 153/12, FamRZ 2014, 1945).

b) Zweck- und Wunschschenkung

44 Eine nicht unerhebliche Ähnlichkeit besteht auch zu den **Zweck- bzw Wunschschenkungen**. Im Unterschied zur Schenkung unter Auflage liegt bei beiden **keine einklagbare Verpflichtung** des Beschenkten vor.

45 Allerdings möchte der Schenker den Beschenkten jedenfalls bei der **Zweckschenkung** im Zusammenhang mit seiner Zuwendung auch zu einem bestimmten Verhalten motivieren, das aber eben nicht Gegenstand einer einklagbaren Pflicht wird; vielmehr kommt es zu einer vertraglichen Bindung nur über eine ggf **auch stillschweigende tatsächliche Willensübereinstimmung hinsichtlich des Zwecks der Zuwendung** (MünchKommBGB/KOCH § 525 Rn 8; SOERGEL/ECKERT § 525 Rn 6; HP WESTERMANN, in: FS Kellermann [1991] 505, 514; BGH 23. 9. 1983 – V ZR 67/82, NJW 1984, 233; zum Gegenstand des Zwecks s BORCHERS, Die Zweckschenkung und datio ob causam [1932] 13 ff), die teilweise mit der **Geschäftsgrundlage** gleichgesetzt wird (BGH 23. 9. 1983 – V ZR 67/82, NJW 1984, 233; WOCHNER ZEV 1998, 125, 127). Mit der Einigung über den Zweck akzeptiert der Empfänger dabei aber zugleich, dass dieser den **Rechtsgrund zum Behaltendürfen** der Zuwendung bildet und der Bestand der Schenkung damit steht und fällt (HP WESTERMANN, in: FS Kellermann [1991] 505, 514; ESSER/WEYERS, BT/1 [8. Aufl 1998] § 12 IV 1). Dementsprechend wird die Zweckschenkung auch nicht nach § 527 BGB, sondern nach § 812 Abs 1 S 2 Alt 2 BGB abgewickelt, wenn der beabsichtigte Zweck nicht erreicht wird (MünchKommBGB/KOCH § 525 Rn 8; ESSER/WEYERS, BT/1 [8. Aufl 1998] § 12 IV 1; RG 8. 11. 1922 – IV 74/22, RGZ 105, 305, 310; BGH 23. 9. 1983 – V ZR 67/82, NJW 1984, 233; BGH 24. 11. 1993 – XII ZR 130/92, FamRZ 1994, 503 f; BGH 19. 6. 1991 – IV ZR 253/90, NJW-RR 1991, 1154; BGH 13. 11. 2012 – X ZR 80/11, NJW-RR 2013, 618; OLG Hamm 30. 11. 1989 – 22 U 166/89, FamRZ 1990, 1232, 1233; OLG Karlsruhe 13. 1. 1988 – 6 U 202/86, NJW 1988, 3023; OLG Köln 10. 11. 1993 – 27 U 220/93, NJW 1994, 1540, 1541 f; OLG Düsseldorf 30. 3. 1995 – 13 U 98/94, NJW-RR 1996, 517; POELZIG

JZ 2012, 425, 432). Teilweise wird auch auf Grund einer kritischen Haltung gegenüber der *condictio ob rem* eine Anwendung der §§ 525 ff BGB (Weber JZ 1989, 25, 28 f) und der Grundsätze über den Wegfall der Geschäftsgrundlage erwogen (Kollhosser AcP 194 [1994] 231, 250 ff; OLG Oldenburg 23. 7. 1991 – 12 U 22/91, NJW 1992, 1461; OLG Oldenburg 22. 12. 1993 – 3 U 44/93, NJW 1994, 1539 f; in diese Richtung auch OLG Saarbrücken 22. 7. 2015 – 2 U 47/14, BeckRS 2016, 9653 das von einer parallelen Anwendbarkeit des § 313 BGB und der *condictio ob rem* ausgeht, seine Begründung aber maßgeblich auf § 313 BGB stützt; Söllner AcP 163 [1963] 20, 40 sieht jedoch in §§ 525, 527 BGB nur eine die eigentlich einschlägige Zweckverfehlungskondiktion ausschließende Spezialregelung). Allerdings kann sich aus den Umständen des Einfalls ggf eine Beschränkung aus § 527 BGB in entsprechender Anwendung ergeben. Auch wenn es zwischen beiden Möglichkeiten fließende Übergänge gibt, wird man gleichwohl vorrangig § 812 BGB heranziehen müssen, und § 313 BGB wird nur im Falle einer fehlenden tatsächlichen Einigung zum Zuge kommen (vgl MünchKomm-BGB/Koch § 525 Rn 8; Lehmann DB 2006, 1281, 1282 sieht keinen Unterschied zwischen den beiden Möglichkeiten). Zwar hat sich die Schenkung unter Auflage aus der *condictio ob rem* entwickelt (Liebs JZ 1978, 697, 699), gleichwohl lassen sich die heutige Zweckschenkung und die Schenkung unter Auflage auf dogmatischer Ebene sehr wohl unterscheiden (vgl aber zum Verhältnis der Rückabwicklungsvorschriften Söllner AcP 163 [1963] 20, 40), selbst wenn nach teilweise vertretener Auffassung mit der für eine Zweckvereinbarung erforderlichen Einigung regelmäßig auch eine Schenkungsauflage vorliegen solle (Kollhosser AcP 194 [1994] 231, 252 f).

Maßgeblich für die Abgrenzung ist auch hier letztlich der **Parteiwille** im Hinblick auf die Interessenlage (MünchKommBGB/Koch § 525 Rn 8). Entscheidend sind dabei das **Interesse des Schenkers an der ggf klageweisen Durchsetzbarkeit** der Auflage, das **Verhältnis der Parteien zueinander** und der **Wert der Zuwendung** (Lehmann DB 2006, 1281, 1282; Enneccerus/Lehmann, Schuldrecht [15. Aufl 1958] § 125 I). Eine Zweckschenkung liegt dabei besonders dann nahe, wenn die Erfüllung der Auflage im **Interesse des Beschenkten liegt**; besteht an ihr va Interesse auf Seiten des Schenkers oder von Dritten, ist eher von einer Auflagenschenkung auszugehen (MünchKommBGB/Koch § 525 Rn 8; Erman/Hähnchen § 516 Rn 39; Soergel/Eckert § 525 Rn 6). Insoweit gibt es gerade in Selbstbegünstigungsfällen Überschneidungen mit dem gemeinrechtlichen ***modus simplex***, der insbesondere in früherer Zeit auch für das geltende Recht letztlich als Zweckschenkung beurteilt wurde (vgl dazu Haymann, Die Schenkung unter einer Auflage nach römischem und deutschem bürgerlichen Recht [1905] 24 ff, 139 ff; Haymann JherJb 56 [1910] 86, 119 ff; Jacob, Franz Haymann und die Schenkung unter Auflage [1995] 65 ff; zur Abgrenzung zu Rat und Zweckschenkung s Thomann, Die Schenkung unter Auflage nach dem BGB [1935] 18 ff). Neben dem Eigeninteresse des Beschenkten spricht es überdies für eine Zweckschenkung, wenn die Pflicht **nicht aus dem Gegenstand der Schenkung** zu erfüllen ist (Esser/Weyers, BT/1 [8. Aufl 1998] § 12 IV 1). Daneben bleibt die Annahme einer Zweckschenkung nur möglich, wenn der vereinbarte **Zweck nicht klagbar** ist (Erman/Hähnchen § 516 Rn 42). Mit anderen Worten wird bei der Zweckschenkung der Beschenkte selbst begünstigt, während bei der Schenkung unter Auflage auch der Schenker begünstigt wird (Streiter WissR 2005, 2, 25). Soweit allein der Beschenkte im Rahmen der Schenkung bereichert wird und er zudem den Schenkungsgegenstand ausschließlich zu einem auf sich bezogenen Zweck zu verwenden hat, wird in der konkreten Verwendungsbestimmung durch den Schenker meist nur ein unverbindlicher Rat oder allenfalls ein vereinbarter Erfolg im Sinne einer Zweckschenkung vorliegen (vgl Enneccerus/Lehmann, Schuldrecht [15. Aufl 1958] § 125 I); in Ausnahmefällen kann aber **46** der immaterielle Vorteil, den sich der Schenker aus der Verwendungsbestimmung verspricht, bei ausschließlicher Bereicherung des Beschenkten zur Annahme einer vollziehbaren Auflage ausreichen, wenn der Schenker nur ein hinreichendes Interesse an der entsprechenden Verwendung des Schenkungsobjektes hat. Dies mag zB dann der Fall sein, wenn ein Verwandter einem Studenten die finanziellen Mittel für die Erwerbung konkreter Lehrmaterialien zur Verfügung stellt. Gerade wegen der Vollziehungspflicht soll bei **Massenspenden**, bei denen letztlich nur Hilfe für eine bestimmte Art von Unglück zugewendet werde, eine **Zweckschenkung** näher liegen als bei einer als **Auflagenschenkung zu qualifizierenden individualisierten** Einzelspende (Lehmann DB 2006, 1281, 1282).

47 Noch geringere Bindungen als bei den Zweckschenkungen treffen den Beschenkten bei den so genannten **Wunsch- bzw Hoffnungsschenkungen**. Bei ihnen handelt es sich bei dem vom Schenker in Bezug auf das Verhalten des Beschenkten Geäußerten nur um eine einseitige Erwartung, deren Nichterfüllung keine Rechtsfolgen hervorruft und damit auch noch nicht einmal mittelbar durchsetzbar ist (vgl MünchKommBGB/Koch § 525 Rn 8; Lehmann DB 2006, 1281, 1282). Hierzu gehören ebenso bloße Wünsche, Ratschläge, Empfehlungen oder offenbarte Beweggründe des Schenkers (Grüneberg/Weidenkaff [85. Aufl 2026] § 525 Rn 6; Erman/Hähnchen § 525 Rn 2; HP Westermann, in: FS Kellermann [1991] 505, 514; Mugdan Mot II 166).

c) Fiduziarische Rechtsgeschäfte

48 Bei **fiduziarischen Rechtsgeschäften** wie insbesondere der fiduziarischen Abtretung erhält eine Person einen Gegenstand, den sie in vollem Umfang wieder an den Zuwendenden oder einen Dritten herauszugeben hat.

49 Eine Schenkung kann darin dann nicht liegen, wenn der erste Empfänger sozusagen als **Mittels- oder Durchgangsperson** auftritt und nach der Vereinbarung mit dem anderen Teil in keiner Hinsicht bereichert sein soll (BGB-RGRK/Mezger § 525 Rn 10; Soergel/Eckert § 525 Rn 7; RG 6. 2. 1905 – III 273/05, RGZ 62, 386, 389 f; RG 8. 11. 1922 – IV 74/22, RGZ 105, 305, 308 ff; Mugdan Prot II 753). Ist der Gegenstand unmittelbar weiterzugeben, verbleibt keine Bereicherung und es liegt auch keine Schenkung vor (Jülicher ZEV 1998, 201, 205). Hier liegt nämlich auch die Annahme eines **Auftrags** (vgl BGH 10. 12. 2003 – IV ZR 249/02, BGHZ 157, 178, 182 f, NJW 2004, 1382, 1383) oder einer *datio ob causam* (vgl Haymann JherJb 56 [1910] 86, 121) nahe. Ebenso wenig soll eine Schenkung vorliegen, wenn die zugewendete Sache wie bei einem Auftrag nach einer vom Schenker bestimmten Verwendung vollständig an diesen oder aber einen Dritten herauszugeben ist (RG 6. 2. 1905 – III 273/05, RGZ 62, 386, 390 f). Auch bei einem Durchgangserwerb liegt keine Schenkung unter Auflage vor (Hammen WM 1987, 1249, 1250). Ein unentgeltliches Geschäft, bei dem der Beschenkte dagegen etwas aus seinem eigenen Vermögen an den Dritten weitergeben soll, stellt damit eine Schenkung unter Auflage an den Beschenkten und zugleich eine – natürlich abhängig vom Rechtsgrund im Valutaverhältnis zu bestimmende – Zuwendung des Schenkers an den Dritten dar (Liebisch, Das Wesen der unentgeltlichen Zuwendungen unter Lebenden im bürgerlichen Recht und im Reichssteuerrecht [1927] 64). Bei **völliger Weitergabe** des zugewendeten Gegenstands einschließlich der Nutzungen kann dagegen allenfalls eine Schenkung zwischen dem Schenker und dem Dritten vorliegen, wobei dann der Erstempfänger mit dem Schenker durch einen Auftrag oder eine unselbstständige Stiftung verbunden sein mag; ist dagegen nur ein **Teil** weiterzugeben, kann das Geschäft entweder in eine Schenkung

und ein anderes Geschäft getrennt werden oder als Schenkung unter Auflage eines weiteren Vertragsschlusses zwischen dem Erstempfänger und dem Dritten begriffen werden (LIEBISCH, Das Wesen der unentgeltlichen Zuwendungen unter Lebenden im bürgerlichen Recht und im Reichssteuerrecht [1927] 65 f; für die alleinige Einordnung als teilweise Schenkung JACOB, Franz Haymann und die Schenkung unter Auflage [1995] 106 ff). Für den Fall, dass aber nur die Erträgnisse oder der Wert des Gegenstands ganz oder teilweise im Sinne einer fiduziarischen Stiftung zu verwenden sind, kann eine Schenkung unproblematisch vorliegen (vgl MUGDAN Prot II 754 f).

Hiervon ist allerdings der Fall zu trennen, in dem einer **juristischen Person** eine Zu- 50
wendung gemacht wird, die diese wiederum zur **Erfüllung ihres satzungsmäßigen Zwecks** an Dritte unter eigener vollständiger Entreicherung bestimmungsgemäß weiterzugeben hat. Denn in diesem Falle verbleibt ihr trotz der völligen Weitergabe der materiellen Werte noch ein immaterieller Vorteil (BGB-RGRK/MEZGER § 525 Rn 4; ENNECCERUS/LEHMANN, Schuldrecht [15. Aufl 1958] § 125 II; RG 8. 11. 1922 – IV 74/22, RGZ 105, 305, 309; ohne spezifische Ausnahme soll nach SOERGEL/ECKERT § 525 Rn 7 eine Weitergabe die Schenkung aber ausschließen; nach der gegenteiligen Auffassung soll dagegen eine Auflagenschenkung erst vorliegen, wenn die juristische Person durch gesonderte Vereinbarung fiduziarisch gebunden wird, so JACOB, Franz Haymann und die Schenkung unter Auflage [1995] 61 f). Dies gilt allerdings auch nur dann, wenn es sich bei der Verwendung dieser Mittel tatsächlich um den satzungsmäßigen Zweck bzw um eine dem Empfänger obliegende Aufgabe handelt; die einfache Übernahme der Verwaltung und Verteilung genügt dagegen nicht (RG 8. 11. 1922 – IV 74/22, RGZ 105, 305, 309). Dem Zuwendungsempfänger verbleibt aber bei satzungsgemäßer Verwendung als Bereicherung nämlich die **Möglichkeit, seinen Zweck zu verfolgen** (MünchKommBGB/KOCH § 525 Rn 5; LEHMANN DB 2006, 1281 f; deswegen liegt in der Zuwendung eines Geldbetrages an die Militärfiskalverwaltung, welchen diese an Offiziere weiterzugeben habe, mangels einer entsprechenden öffentlichen Aufgabe keine Schenkung vor, RG 8. 11. 1922 – IV 74/22, RGZ 105, 305, 309). Dabei wird die Auflage durch den Satzungszweck gleichsam aufgesogen und so entspricht auch die vollumfängliche Weitergabe an Dritte einer Verwendung der juristischen Person für sich selbst; im Umkehrschluss handelt es sich bei der Zuwendung durch den Schenker im Verhältnis zu dem Dritten nicht um eine schenkweise Leistung desselben (LIEBISCH, Das Wesen der unentgeltlichen Zuwendungen unter Lebenden im bürgerlichen Recht und im Reichssteuerrecht [1927] 63). Für den BGH scheint letztlich maßgeblich zu sein, dass eine Stiftung die Zuwendung nach dem Satzungszweck für sich selbst verwendet, wobei ein materieller endgültiger Vermögenszuwachs bei der Stiftung verbleibt und damit nicht eine vollständige Herausgabe nach Erreichung des Stiftungszwecks an Dritte oder den Schenker erfolgt (vgl BGH 10. 12. 2003 – IV ZR 249/02, BGHZ 157, 178, 182 ff, NJW 2004, 1382, 1383 f). Etwaige Vorgaben des Zuwendenden im Hinblick auf die Zuwendung im Rahmen des satzungsmäßigen Zwecks sind also als Schenkungsauflagen zu verstehen.

Gerade diese **unterschiedliche Behandlung natürlicher und juristischer Personen** auf 51
Grund ihrer rechtlichen Qualifikation hat allerdings Widerspruch erfahren, wobei sich die Stoßrichtungen unterscheiden. So wird einerseits unzutreffend davon ausgegangen, dass angesichts derselben vertraglichen Bindungen eine juristische Person nur wegen ihrer Rechtspersönlichkeit keine Sonderbehandlung erfahren dürfe und deshalb auch bei ihr die Weitergabe die Bereicherung grundsätzlich entfallen lasse. Eine Ausnahme könne dabei nur dann vorliegen, wenn die Auflage die Verwendung

nicht hinreichend konkretisiere oder eine Vermögensverschmelzung eintrete (OLG Dresden 2. 5. 2002 – 7 U 2905/01, NJW 2002, 3181, 3182; dazu abl Rawert NJW 2002, 3151, 3152 mwNw). Die gegenteilige Auffassung scheint dagegen wohl die Rechtsprechung zu den juristischen Personen mit eben demselben Gleichbehandlungsargument ausdehnen zu wollen (Rawert NJW 2002, 3151, 3152, für den es sich bei Spenden um typische Schenkungen handelt, die die Voraussetzungen einer Treuhand ua wegen mangelnden wirtschaftlichen Eigentums beim Treugeber nicht erfüllen; zur Einordnung als Schenkung mit unterschiedlichen Ausgestaltungsformen s Lehmann DB 2006, 1281 ff; zur Annahme einer Treuhandkonstellation s Zoellner SeuffBl 72 [1907] 717, 721 f).

52 Die Abgrenzung zur **Treuhand** setzt dabei auch nach Vollübertragung des Zuwendungsgegenstands insbesondere eine **schuldrechtliche Bindung** in Bezug auf die Verwendung, eine Rückübertragungsverpflichtung nach Zweckerreichung und einen gesonderten kündigungs- und insolvenzrechtlichen Schutz des Treugebers voraus (vgl BGH 10. 12. 2003 – IV ZR 249/02, BGHZ 157, 178, 182, NJW 2004, 1382, 1383).

d) Bedingte Schenkung

53 Bei dieser Konstellation hängt die **Wirksamkeit der Schenkung** insoweit von der Bedingung ab, als der Vertrag bis zum Eintritt der aufschiebenden Bedingung keine Rechtswirkungen zeitigt bzw diese im Falle einer auflösenden Bedingung mit deren Eintritt wegfallen; dies betrifft dann aber bereits den Anspruch auf schenkweise Zuwendung selbst. Die Auflage und insbesondere die Frage ihrer Erfüllung haben dagegen keinen Einfluss auf die Wirksamkeit der **Schenkung** (zur auflösenden Bedingung s Jülicher ZEV 1998, 201, 205; vgl Rn 30 zur Suspensivwirkung der Auflage). Eine Auflagenschenkung liegt in einem solchen Fall nicht vor (BGB-RGRK/Mezger § 525 Rn 6). Als bedingte Schenkung wurde angesehen, wenn die Beschenkte im Falle ihrer Wiederverheiratung dazu verpflichtet sein soll, den Schenkungsgegenstand ihrer Tochter zu übertragen (RG 8. 2. 1932 – IV 312/31, DNotV 1932, 271).

e) Kettenschenkung bzw Schenkung unter Weiterleitungsklausel

54 Eine Schenkung unter **Weiterleitungsklausel** bzw **Kettenschenkung** liegt dann vor, wenn der Erstempfänger noch bei der Weitergabe einen Entscheidungsspielraum hat; ansonsten – also bei **zwingender Weitergabepflicht und besonderem Interesse des Zuwendenden** dahingehend, dass der Dritte die weitergeleitete Zuwendung erhält – **liegt dagegen eine Schenkung unter Auflage vor** und zugleich eine Schenkung des Erstzuwenders an den Dritten (s dazu va mit steuerrechtlichen Implikationen Werner ErbStB 2024, 115 ff; Fromm DStR 2000, 453 ff; teilweise wird die Weiterleitungsklausel aber auch zu den Fällen der Schenkung unter Auflage gezählt, vgl Feick ZEV 2002, 85 ff zur „Vor- und Nachschenkung“). Eine Weiterleitungsklausel mit dinglicher Wirkung iSe Vertrags *sui generis* ist insbesondere im Hinblick auf den Todesfall nach § 1922 BGB unzulässig; mit schuldrechtlicher Wirkung kann sie wirksam vereinbart werden (BGH 28. 11. 2023 – X ZR 11/21, NJW 2024, 1113, 1114 m Anm Becker, DNotZ 2024, 518, 519 f m Anm Raff, FamRZ 2024, 647, 648 f; dafür bereits Feick ZEV 2002, 85, 86 f; **aA** Jülicher ZEV 1998, 285, 288; vgl auch Rn 19).

f) Verwaltungsanordnung oder testamentarische Verfügung

55 Neben den Auflagenschenkungen gibt es noch die vom Gesetz selbst getroffenen **Verwaltungsanordnungen** hinsichtlich eines zugewendeten Vermögens in § 1418 Abs 2 Nr 2, §§ 1638 f, § 1798 Abs 2 S 1 iVm § 1837, §§ 1811, 1813 Abs 1, 1888 Abs 1 iVm § 1798 Abs 2 S 1, § 1837 BGB. Sie sind **keine Schenkungen unter Auflage**, weil sie

keine Leistungen zum Gegenstand haben (MünchKommBGB/Koch § 525 Rn 9; BGB-RGRK/Mezger § 525 Rn 2). Ebenso wenig stellen **testamentarische Auflagen** nach §§ 1940, 2192 ff BGB Auflagen im Sinne des § 525 BGB dar. Sie sind einseitige Rechtsgeschäfte und vermitteln dem Begünstigten keinen Vollziehungsanspruch (MünchKommBGB/Koch § 525 Rn 9).

g) Sonstige entgeltliche Verträge

Die Schenkung unter Auflage hebt sich von sonstigen entgeltlichen Verträgen im 56
Prinzip dadurch ab, dass **kein gleichberechtigtes Leistungs- und Gegenleistungsverhältnis** vorliegt, da die Auflage jedenfalls nach der Grundstruktur des Rechtsgeschäfts neben der Schenkung als Hauptsache nur eine **Nebensache** darstellt; die Auflage stellt sich mithin auch nur als Schmälerung der Zuwendung dar (Rn 4, 15, 17; Grüneberg/Weidenkaff [85. Aufl 2026] § 525 Rn 7; OLG Bamberg 3. 11. 1948 – 1 U 113/48, NJW 1949, 788, 789). Freilich erfolgt hier die Zuwendung unter der Bestimmung, dass eine geringerwertige und andersartige Leistung den Gegenstand der Auflage bildet (RG 29. 10./24. 11. 1923 – V 81/32, Recht 1924 Nr 1489).

Im Hinblick auf die Einordnung als **Scheingeschäft** (RG 7. 3. 1905 – VII 336/04, RGZ 60, 57
238, 242 f) sind die Wertverhältnisse bedeutend, wenn für die Schenkung gegenüber der Auflage nur ein geringer Wert verbleibt oder dieser hinter der eigentlichen Zuwendung zurücktritt. Eher fraglich ist daher, dass ein Scheingeschäft nicht vorliegen soll, wenn die Beschenkte neben den Belastungen auch noch die persönlichen Schulden der Schenkerin übernimmt, diese den Schenkungsbetrag fast erschöpfen und die Schenkerin sich ins Ausland verzieht, so dass in jedem Fall eine Inanspruchnahme der Beschenkten durch die Gläubiger der Schenkerin zu erwarten sei, da die Rechtsverfolgung der Schenkerin – zumindest zum damaligen Zeitpunkt – durch den Wegzug praktisch unmöglich geworden sei. Die Schlussfolgerung des Reichsgerichts, wegen der praktischen Unmöglichkeit der Verfolgung der Schenkerin durch deren Gläubiger stelle die Übernahme ihrer Verbindlichkeiten für sie keinen wirtschaftlichen Vorteil dar, vermischt unzulässigerweise tatsächliche und dogmatische Ebenen und führt zu einer rein praktisch-teleologisch basierten *petitio principii* (RG 7. 3. 1905 – VII 336/04, RGZ 60, 238, 242 f).

Die Konstellationen bei einer Schenkung unter Auflage und einem unentgeltlichen 58
Auftrag können sich ähneln (Rn 12, 49). Im Unterschied zur Schenkung unter Auflage liegt bei einer Weisung mit **Vorschussleistung** iSv § 669 BGB grundsätzlich ein Auftragsverhältnis vor; denn die Vorschussleistung ist hier keine unentgeltliche Zuwendung, sie soll es als Teil des eigentlich erst nach durchgeführtem Auftrag entstandenen Aufwendungsersatzanspruchs dem Beauftragten ermöglichen, den Auftrag auszuführen (vgl zur Einordnung als Auftrag OLG München 11. 11. 1940 – 3 U 287/40, HRR 1941 Nr 228; zu einer etwaigen Einordnung einer Mittelzurverfügungstellung als fiduziarisches Rechtsgeschäft Stiftung insbesondere in der höchstrichterlichen Rechtsprechung von RG und BGH s Rn 12, 48 ff).

In Betracht kommt weiterhin noch das **mandatum post mortem**. Als ein solches kann 59
die Schenkung eines Sparguthabens begriffen werden, welches unter der Auflage der Tragung der Begräbniskosten steht. Hier ist nämlich weniger die Bereicherung des Empfängers, sondern vorrangig die Ermöglichung der Beerdigung intendiert; nur den ggf übrigbleibenden Restbetrag darf der Beschenke behalten. Dementsprechend

liegt auch hier eine Abtretung des Sparguthabens und kein Vertrag zugunsten Dritter vor (OLG Jena 26. 5. 1939 – 1 U 109/39, DR 1939, 1535).

h) Ausstattung

60 Abzugrenzen ist die Schenkung noch von einem Ausstattungsversprechen iSd § 1624 BGB (vgl dazu § 516 Rn 123), das mit einer Auflage verbunden werden kann. In diesem Falle findet § 527 BGB entsprechende Anwendung.

2. Einzelfälle

61 Typischerweise ergeben sich Konstellationen, in denen eine Schenkung unter Auflage regelmäßig oder jedenfalls unter bestimmten Umständen vorliegt.

a) Hof- und Betriebsübergabeverträge sowie Grundstücks- und Vermögensschenkungen

62 Die unentgeltliche Zuwendung von **Höfen, Betrieben** oder aber auch **einfachen Grundstücken** haben oft miteinander gemein, dass der Zuwendende sich des oder jedenfalls eines ganz wesentlichen Teiles seiner **Existenzgrundlage** begibt und hier oftmals familiäre und erbrechtliche Zielsetzungen mit der einer **Altersvorsorge oder der Bewahrung des Erwirtschafteten** verbinden. In diesem Konglomerat versprechen dann die Empfänger Leistungen ganz unterschiedlicher Qualität, die der Zuwendung je nach Sachlage einen entgeltlichen Charakter geben können. Vielfach handelt es sich wegen der besonderen Motivlage aber auch nur um eine Schenkung unter Auflage.

63 Trotz vereinzelter Gegenstimmen (Wulff RdL 1952, 113 ff für einen Vertrag eigener Art; grundsätzliche Zweifel am Charakter einer [gemischten] Schenkung BayObLG 12. 2. 1996 – 1 Z RR 15/94, OLGE 96, 20, 25 ff bei einer Leibgedingvereinbarung) können **Hofübergabeverträge** bei Erfüllung ihrer Voraussetzungen als **Schenkung unter Auflage** begriffen werden. Hierbei handelt es sich um Verträge, bei denen die Eltern ihren Kindern den Hof bzw den Betrieb übertragen und zumeist auch Regelungen einer **vorweggenommenen Erbfolge** treffen. Die Kinder ihrerseits verpflichten sich zu bestimmten Leistungen gegenüber den Eltern. Soweit hier eine Schenkung vorliegt, ist eher an eine **Auflagenschenkung** als an eine **gemischte Schenkung** zu denken. Denn die Verpflichtungen des übernehmenden Teils stellen meist **kein Entgelt** dar, sondern sind aus dem zugewendeten Betrieb zu erbringen (MünchKommBGB/Koch § 525 Rn 10; vgl zur Umsetzung derartiger Verträge Roellenbleg DNotZ 1973, 708, 722 ff). Indem die Leistungen erst aus dem erworbenen Grundbesitz erbracht werden sollen, werden sie eben nicht als Gegenleistung und zur Ermöglichung dessen Erwerbs geleistet, sondern als **Ausgleich gegenüber potentiellen Miterben** bzw dafür, dass sich der Schenker seiner **Lebens- und Existenzgrundlage** durch die Schenkung begibt; insoweit ist es unschädlich, dass die Leistungen erst aus der Bearbeitung des Grundstücks resultieren, wobei nach den Umständen des Einzelfalls eine Schenkung unter Auflage oder eine gemischte Schenkung vorliegen kann (BGH 2. 10. 1951 – V ZR 77/50, BGHZ 3, 206, 211, NJW 1952, 20, 21; BGH 30. 1. 1970 – V ZR 41/67, FamRZ 1970, 1985, 1986; OLG Bamberg 3. 11. 1948 – 1 U 113/48, NJW 1949, 788 f). Eine Schenkung unter Auflage liegt mithin dann vor, wenn die Zuwendung nicht teilweise durch eine Gegenleistung kompensiert wird, sondern die Leistungsverpflichtung aus dem Gegenstand erbracht werden soll, der im Ganzem zugewendet wird (BFH 26. 11. 1985 – IX R 64/82, BFHE 145, 211, 213 ff; BStBl II 1986, 161, 162 f, NJW 1986, 1009). Ohne synallagmatische Verknüpfung herrscht damit in diesen Fällen

bei der Schenkung unter Auflage der **Versorgungsgedanke** vor (Schulze zur Wiesche BB 1986, 1134, 1136). Das Gleiche gilt auch für familiär motivierte Übertragungen (Jacob, Franz Haymann und die Schenkung unter Auflage [1995] 120 ff).

Dementsprechend handelt es sich bei **Altenteilsleistungen** vielfach um Schenkungen 64 unter Auflage (BGH 7. 4. 1989 – V ZR 252/87, BGHZ 107, 156, 159 f, NJW 1989, 2122 f, JR 1990, 192 f; OGH BrZ 18. 11. 1948 – II ZS 16/48, NJW 1949, 260, 261; vgl aber zum Leibgeding gegen eine [gemischte] Schenkung BayObLG 12. 2. 1996 – 1 Z RR 15/94, OLGE 96, 20, 25 ff; Goertzen DStR 1994, 1553, 1555 f), wobei die Unterscheidung schwierig sein kann (OGH BrZ 18. 11. 1948 – II ZS 16/48, NJW 1949, 260, 261; vgl auch dazu Coing NJW 1949, 262). Freilich darf durch die Verknüpfung zwischen der Zuwendung und den Altenteilsleistungen kein Gegenleistungscharakter begründet werden (Probst JR 1990, 193, 194 f will dagegen gerade deswegen hier eine Regelvermutung für ein entgeltliches Geschäft sehen, insbesondere, wenn die Begrenzung der Forderungen auf den Wert des Grundstücks nicht gesichert sei). So können Pflegeleistungen als Auflage angesehen werden (OLG Bamberg 3. 11. 1948 – 1 U 113/48, NJW 1949, 788 f; nach Herrmann WM 1982, 1158 f müssen sie zumindest mittelbar aus den Erträgnissen oder dem Verwertungsgewinn der Zuwendung erbracht werden, da die Erbringung von Pflegeleistungen nicht Gegenstand einer Auflage sein könne). Auch **Abfindungen** zB an Geschwister insbesondere beim Tode des Schenkers im Wege der vorweggenommenen Erbfolge werden mangels gegenseitigen Abhängigkeitsverhältnisses zur Zuwendung und wegen der Möglichkeit, die Abfindung aus ihr zu erbringen, als Auflagenschenkungen angesehen (BFH 21. 8. 1962 – I 82/60, BFHE 76, 482, 485, BStBl II 1963, 178, 179, NJW 1963, 1174; BFH 26. 11. 1985 – IX R 64/82, BFHE 145, 211, 213 ff, BStBl II 1986, 161, 162 f, NJW 1986, 1009; OGH BrZ 18. 11. 1948 – II ZS 16/48, NJW 1949, 260, 261; OLG Köln 16. 12. 1997 – 3 U 111/97, NJW-RR 1999, 239; Schulze zur Wiesche BB 1986, 1134, 1138). In solchen Fällen erwirbt dann das begünstigte Kind vom Schenker und selbst dann nicht von dem Beschenkten, wenn es in Folge eines Vertrags zugunsten Dritter einen eigenen Anspruch erhält (BFH 21. 8. 1962 – I 82/60, BFHE 76, 482, 485 f, BStBl II 1963, 178, 179, NJW 1963, 1174). Insoweit kommt auch eine Anwendung des § 2050 Abs 3 BGB in Betracht. Eine Abfindung an die Zuwender kann unter den obigen Voraussetzungen eine Schenkung unter Auflage darstellen (BGH 30. 1. 1970 – V ZR 41/67, FamRZ 1970, 1985, 1986). Eine Schenkung unter Auflage soll ebenso in der **selbstschuldnerischen Übernahme** von Darlehensverpflichtungen des Schenkers liegen (BFH 26. 11. 1985 – IX R 64/82, BFHE 145, 211, 213 ff, BStBl II 1986, 161, 162 f, NJW 1986, 1009).

Die Schenkung unter Vereinbarung eines **dinglichen Nutzungsrechts** stellt eine Schen- 65 kung unter Auflage dar (BFH 26. 11. 1985 – IX R 64/82, BFHE 145, 211, 213 ff, BStBl II 1986, 161, 162 f, NJW 1986, 1009; s dazu auch § 516 Rn 23), ebenso wie die Übertragung eines Betriebs unter **Nießbrauchsvorbehalt** (BFH 28. 4. 1974 – IV R 60/69, BFHE 112, 257, 259, BStBl II 197, 481, 482; OLG Bamberg 3. 11. 1948 – 1 U 113/48, NJW 1949, 788 f; OGH BrZ 18. 11. 1948 – II ZS 16/48, NJW 1949, 260, 261; OLG Köln 16. 12. 1997 – 3 U 111/97, NJW-RR 1999, 239; Schmitz DStR 1993, 497; **aA** aber Reiff, Die Dogmatik der Schenkung unter Nießbrauchsvorbehalt und ihre Auswirkung auf die Ergänzung des Pflichtteils und die Schenkungsteuer [1989] 104 ff) oder die Schenkung bei Vereinbarung eines Wohnrechts (BGH 30. 1. 1970 – V ZR 41/67, FamRZ 1970, 1985, 1986), denn insoweit ist die Leistung aus dem zugewendeten Gegenstand zu erbringen (Goertzen DStR 1994, 1553, 1554). Auch der Umstand, dass dann Räumlichkeiten in Ausnutzung dieses Rechts an den Beschenkten zurückvermietet werden, macht hier keinen Unterschied (OLG Bamberg 3. 11. 1948 – 1 U 113/48, NJW 1949, 788 f). Allerdings darf der Vorbehalt nicht so verstanden werden, dass nur ein bereits bestehendes dingliches Recht übernommen wird; dann wird nur der Umfang des Schenkungsgegenstandes geschmälert, aber keine zusätzliche Verpflichtung übernommen (Ivens ZErb 2010, 286, 288).

66 Nach früherer Ansicht des BGH sollte bei der Vereinbarung eines **Wohnrechts** und einer **Abfindung** an die Eltern in einem Übergabevertrag keine Gegenleistung und damit **keine gemischte Schenkung** liegen, weil beides nicht den Erhalt der Sache ermöglichen sollte (BGH 30. 1. 1970 – V ZR 41/67, FamRZ 1970, 1985, 1986). Dagegen hat der BGH später in einem Vertrag, bei dem Eltern den Kindern ihr Grundstück gegen ein Wohnrecht schenkten, eine gemischte Schenkung und keine solche unter Auflage angenommen (BGH 4. 2. 1998 – XII ZR 160/96, JZ 1998, 906, 907 f). Dem muss widersprochen werden, da gerade in diesem Fall die Leistung aus dem Grundstück zu erbringen ist (Lipp JZ 1998, 908 f). Auch hier kommt es bei der Abgrenzung zwischen einer reinen Schenkung und einer Schenkung unter Auflage maßgeblich darauf an, ob das Wohnrecht lediglich übernommen wird oder einer Leistung des Beschenkten darstellt.

67 Diese Grundsätze gelten auch bei der **schlichten Übertragung eines Grundstücks**. Denn auch die Schenkung eines Grundstücks unter Gewährung eines **unentgeltlichen Wohnrechts** als beschränkt persönliche Dienstbarkeit kann eine Schenkung unter Auflage darstellen (BGH 2. 10. 1981 – V ZR 134/80, NJW 1982, 818, 819 f; OLG Naumburg 4. 8. 2022 – 2 U 162/21, ErbR 2023, 386, 388; Schulze zur Wiesche BB 1986, 1134, 1135; anders aber in BGH 4. 2. 1998 – XII ZR 160/96, JZ 1998, 906, 907 f mit ablehnender Anm Lipp JZ 1998, 908 f). Ähnliches gilt auch für einen **Nießbrauch** (OLG München 10. 3. 1942 – 8 Wx 908/41, HRR 1942 Nr 544; OLG Oldenburg 3. 3. 2022 – 1 W 37/20, juris Rn 15, ZInsO 2023, 406). Die Auflage stellt dann nämlich keine Gegenleistung dar, sondern es handelt sich dabei vielmehr nur um eine vorübergehende **Nutzungsänderung** (BFH 28. 4. 1974 – IV R 60/69, BFHE 112, 257, 259, BStBl II 197, 481, 482). Für diese Einordnung als Auflage ist allerdings erforderlich, dass der Beschenkte noch vor Bestellung des Wohnrechts mindestens für eine logische Sekunde das unversehrte Eigentum am zugewendeten Grundstück erwirbt; sonst liegt keine Schenkung unter Auflage, sondern eine reine Schenkung vor (§ 516 Rn 43; Ivens ZErb 2010, 286, 288; vgl dazu auch Reiff, Die Dogmatik der Schenkung unter Nießbrauchsvorbehalt und ihre Auswirkung auf die Ergänzung des Pflichtteils und die Schenkungsteuer [1989] 104 ff und zu allgemeinen Konstruktionsmöglichkeiten 25 ff, 49 ff). Auch bei reinen Grundstücksübertragungen können eine **Schuldübernahme** (nach RG 12. 3. 1915 – III 454/14, JW 1915, 513 denkbar) oder eine **Übernahme von Hypotheken** (RG 21. 3. 1916 – VII 9/16, WarnR 1916 Nr 132) eine Auflagenschenkung begründen. Entscheidend ist aber insoweit, dass der Beschenkte nicht nur die Zwangsvollstreckung in das belastet erhaltene Grundstück duldet, sondern dass er die persönliche Haftung übernimmt. Dies ist besonders in **Familienkonstellationen** dann anzunehmen, wenn das veräußerte Grundstück die **Existenz- und Zahlungsgrundlage des Schenkers** darstellte (Schulze zur Wiesche BB 1986, 1134, 1135 f; Jacob, Franz Haymann und die Schenkung unter Auflage [1995] 102 ff, 120 ff). So kann auch die **Vereinbarung einer Rente** oder dauernder Lasten in diesem Zusammenhang eine Auflage darstellen, wenn es nicht um einen Leistungsaustausch geht, sondern der **Versorgungsgedanke** im Vordergrund steht (Schulze zur Wiesche BB 1986, 1134, 1136 ff). Das gilt auch für die in einem Übergabevertrag vereinbarten ortsüblichen Versorgungsleistungen des Übernehmers zugunsten des Übergebenden (OLG Nürnberg 4. 11. 2020 – 4 U 601/20, MittBayNot 2021, 234).

Auch bei **Gesamtvermögensübertragungen** gelten letztlich dieselben Grundsätze. Für die Entscheidung, ob bei Kompensationsleistungen und insbesondere Lasten eine Gegenleistung oder eine Auflage vorliegt, kommt es neben der familiären Verbundenheit besonders auf die Frage an, aus welchem Vermögen diese Leistungen aufzubringen sind (Goertzen DStR 1994, 1553, 1554 f). 68

b) Spenden, Stiftungen und Stipendien

Bei **Spenden und Stiftungen** wird das Problem der vollständigen Weitergabe der Zuwendung durch den Beschenkten relevant (vgl die Abgrenzung zu den fiduziarischen Geschäften Rn 12, 48 ff). Beide Arten mildtätiger oder gemeinnütziger Zuwendungen werden je nach Standpunkt und konkretem Einzelfall sowohl als Zweckschenkungen als auch als Schenkungen unter Auflage aufgefasst, wobei insoweit auf die allgemeinen Abgrenzungskriterien zu verweisen ist (vgl Rn 44 ff, va 46). 69

Zunächst können Zuwendungen an **Stiftungen** Schenkungen sein (RG 24. 6. 1916 – V ZR 137/16, RGZ 88, 335, 339; RG 13. 4. 1927 – IV 802/26, WarnR 1927 Nr 155; vgl aber zu dem Verhältnis der einzelnen Akteure einer Stiftung und der Frage, inwieweit die Errichtung einer solchen dem Schenkungsrecht unterfällt, § 530 Rn 20 und § 516 Rn 189 f), auch wenn sie teilweise als *datio ob rem* aufgefasst werden (Liebs JZ 1978, 697, 699 f). Dies folgt aus dem Vorhandensein des Stiftungszwecks (Erman/Herrmann [13. Aufl 2011] § 525 Rn 6). Auch **fiduziarische Stiftungen** sind, sofern eine Bereicherung verbleibt, als Schenkungen unter Auflage zu qualifizieren; bei natürlichen Personen dürfte das insbesondere dann anzunehmen sein, wenn der Empfänger nur die **Erträgnisse der Zuwendung oder den Wert des Gegenstands** weiterverwenden soll (Wochner ZEV 1999, 125, 127 f; Mugdan Prot II 754 f; vgl auch Liebisch, Das Wesen der unentgeltlichen Zuwendungen unter Lebenden im bürgerlichen Recht und im Reichssteuerrecht [1927] 105 f, den Begriff der unselbstständigen Stiftung einschränkend). Bei **Stipendien** werden die Verpflichtungen des Stipendiaten, seine Forschungen zu betreiben, Berichte zu erstellen usw durch die Zurverfügungstellung finanzieller Mittel erst ermöglicht, so dass eine Auflage anzunehmen ist, zumal hierbei anders als bei der Zweckschenkung eine Verpflichtung besteht (Streiter WissR 2005, 2, 24 ff; für Zweckschenkung dagegen Jacob, Franz Haymann und die Schenkung unter Auflage [1995] 71). Bei **Spenden** kommt es sehr auf den Einzelfall an, tendenziell aber handelt es sich um **Zweckschenkungen** (Lehmann DB 2006, 1281 ff sieht Massenspenden wegen der Fungibilität der Zwecke als Zweckschenkung, bei der Individualspende geht er von einer Auflagenschenkung aus; Liebs JZ 1978, 697, 699 f; s zu Parteispenden auch Salje NJW 1985, 998, 999). 70

Als Schenkung unter Auflage wurde es im Übrigen angesehen, wenn die Witwe das Vermögen ihres verstorbenen Mannes einem Dritten unter der Maßgabe zukommen lässt, dass dieser die **Forschungen** des Ehegatten fortsetzt. Soweit diese Vorgabe über einen bloßen Beweggrund hinausgeht, kann trotz der Verwendungsbestimmung eine Schenkung unter Auflage vorliegen, auch wenn es sich hierbei nicht um etwas Nebensächliches handelt (RG 9. 6. 1941 – V 2/41, WarnR 1941 Nr 116 [269 ff]; **aA** OLG München 11. 11. 1940 – 3 U 287/40, HRR 1941 Nr 228). 71

c) Zuwendung von virtuellen Werten

Die Qualifikation einer Zuwendung als Schenkung unter Auflage erweist sich auch bei der Zuwendung von **virtuellen Werten** als problematisch, wenn diese zu bestimmten Zwecken eingesetzt werden sollen und insbesondere an den Schenker, ggf auch nur vorübergehend, zurückfließen sollen. 72

73 Bedeutsam sind hier zunächst bestimmte **Darlehenskonstruktionen**. Wenden Eltern den Kindern aus Gründen der Steuerersparnis durch Betriebsausgaben einen Geldbetrag zu, der den Eltern dann wieder von den Kindern verzinslich dargeliehen werden soll, kann hierin eine Schenkung unter Auflage gesehen werden (Grüneberg/Weidenkaff [85. Aufl 2026] § 525 Rn 7; Soergel/Eckert § 525 Rn 10; **aA** Jacob, Franz Haymann und die Schenkung unter Auflage [1995] 119 f; vgl zum fingierten Kauf von Gesellschaftsanteilen auch 73 ff). Allerdings kann man auch das Darlehen als eigentlichen Zuwendungsgegenstand begreifen (vgl zu den konstruktiven Möglichkeiten Tiedtke DStZ 1985, 287 ff; Knobbe-Keuk, in: FS Flume II [1978] 149, 168 ff und Pawlowski BB 1977, 253, 254 ff). In der steuerrechtlichen Rechtsprechung wurde dies in Bezug auf das einkommensteuerrechtliche Abzugsverbot des § 12 Nr 2 EStG zurückhaltender beurteilt. Vereinzelt wurde dabei angenommen, dass jedenfalls dann, wenn die Schenkung und das Darlehen zwar am gleichen Tage, aber in **getrennten Urkunden** vereinbart wurden, von zwei tatsächlich getrennten Geschäften, also Schenkung und Darlehen, selbst dann auszugehen sei, wenn in tatsächlicher Hinsicht keine Valuta ausgetauscht wird (BFH 20. 3. 1987 – III R 197/83, BFHE 149, 464, 466 f, BStBl II 1988, 603 f). Die überwiegende Auffassung fragt dagegen danach, ob eine endgültige und materielle, nicht nur vorübergehende bzw formale Vermögensmehrung bei den Kindern vorliegt, wobei die Einheitlichkeit der Vertragsurkunde und ein kurzer Zeitraum zwischen den Leistungsaustauschen als Indiz für ein bedingtes Schenkungsversprechen in Bezug auf die Zinszahlungen gewertet werden könne. Entscheidend sei, dass die Kinder das Darlehen aus eigenem Entschluss und kraft eigener Verfügungsmacht überlassen (BFH 10. 4. 1984 – VIII R 134/81, BFHE 141, 308, 310 f, BStBl II 1984, 705 f, NJW 1985, 760; BFH 12. 2. 1992 – X R 121/88, BFHE 167, 119, 121 ff, BStBL II 1992, 468 ff, NJW 1993, 2556 ff). Daran dürfte es bei reinen internen Buchungsvorgängen fehlen (BFH 17. 6. 1994 – III R 30/92, juris Rn 17 ff). Zudem wurden in weiteren *obiter dicta* mittlerweile erhebliche Zweifel daran geäußert, ob die Aufspaltung des Rechtsgeschäfts in verschiedene Urkunden tatsächlich für eine schenkweise Zuwendung mit anschließender Überlassung als Darlehen spricht, soweit die sonstigen Indizien dagegen sprechen (BFH 12. 2. 1992 – X R 121/88, BFHE 167, 119, 121 ff, BStBL II 1992, 468 ff, NJW 1993, 2556 ff; BFH 18. 1. 2001 – IV R 58/99, BFHE 194, 377, 308 ff, BStBl II 2001, 393, 394 f, NJW 2001, 1743 f; in diese Richtung offen äußert sich aber auch der III. Senat in BFH 17. 6. 1994 – III R 30/92, juris Rn 18). Anders liegt der Sachverhalt aber dann, wenn keine auf einem Gesamtplan beruhende Verknüpfung zwischen dem Schenkungsversprechen und dem Darlehen vorliegt und zwischen diesen und der Erfüllung mehrere Wochen liegen, wobei die Kürze der Zeit dazwischen weder eine unwiderlegliche Vermutung noch einen Anscheinsbeweis begründe (BFH 18. 1. 2001 – IV R 58/99, BFHE 194, 377, 308 ff, BStBl II 2001, 393, 394 f, NJW 2001, 1743 f). Steuerrechtlich soll bei solchem „Hin- und Herschieben" von Geld und damit bei einem engen Zusammenhang zwischen Schenkung und Darlehen gar keine Schenkung mangels definitiver Vermögensübertragung vorliegen; zugewendet werden lediglich die nach § 12 Nr 2 EStG nicht als Sonderausgaben abzugsfähigen Zinsbeträge (MünchKommBGB/Koch § 525 Rn 11; vgl zur Problematik insgesamt Tiedtke DStZ 1985, 287 ff und Pawlowski BB 1977, 253, 254 ff). Sind dagegen die Schenkung und das Darlehensversprechen völlig unabhängig voneinander und stammen die Mittel zu letzterem aus dem Eigenvermögen der Kinder, kann hierin unter Vorbehalt der weiteren steuerlichen Voraussetzungen problemlos eine Schenkung gesehen werden (BFH 12. 2. 1992 – X R 121/88, BFHE 167, 119, 121, BStBL II 1992, 468, 469, NJW 1993, 2556 f; BFH 18. 1. 2001 – IV R 58/99, BFHE 194, 377, 380, BStBl II 2001, 393, 394, NJW 2001, 1743). Dann dürfte aber in der Rückzahlung auch wohl keine Auflage mehr zu sehen sein.

Eine Schenkung unter Auflage kann außerdem auch bei der dann unentgeltlichen Zuwendung eines **Sparkontos** mit der Vereinbarung, die Valuta dem Schenker als Darlehen zurückzugewähren, angenommen werden (BayObLG 12. 2. 1974 – BReg 1 Z 104/73, NJW 1974, 1142 f). Dementsprechend bedürfen Minderjährige in diesem Fall der Einschaltung eines Ergänzungspflegers (BFH 17. 6. 1994 – II R 30/92, juris Rn 16). Haben die Kinder umgekehrt keinen Einfluss auf den Zuwendungsgegenstand, ist das Darlehen daher als Mittel des Schenkers anzusehen, denn für eine Schenkung muss das Kapital übertragen und auf Grund eigener Verfügungsmacht zurückgegeben werden (BFH 17. 6. 1994 – II R 30/92, juris Rn 17 ff). Daher wird der Sachverhalt – und zwar auch in Bezug auf die nach dem Minderjährigenrecht nicht erforderliche Befassung eines **Ergänzungspflegers** – angenommen, wenn die Kapitalzuwendung letztlich einem **Vereinbarungsdarlehen** gleichkommt, weil der Schenker den Betrag von seinem betrieblichen Kapitalkonto auf das Darlehenskonto der Beschenkten bucht. Hier wird nämlich nur der **Rückforderungsanspruch** im Sinne der Rückgewähr eines nicht ausgezahlten Darlehens zugewendet und nicht schon der vom Kapitalkonto abgebuchte Betrag, der nie in den Machtbereich der Beschenkten gelangt, zugewendet und damit auf deren Seite auch keine Darlehenspflicht begründet (OLG Hamm 13. 3. 1978 – 15 W 58/78, OLGZ 1978, 422, 424 ff). Dagegen wurde eine Schenkung unter Auflage bejaht, wenn ein Konto mit der Maßgabe, es zur eigenen Sicherung zu verwenden, zugewendet wird (OLG Köln 28. 10. 1983 – 4 UF 164/83, FamRZ 1984, 64 f, bei einer Vollziehung durch den Beschenkten kommt dann eine Nichteinbeziehung in den Versorgungsausgleich in Betracht, wenn er auf einer nach § 525 BGB durchsetzbaren Verwendungsentscheidung des Schenkers beruht). Gleiches gilt, wenn aus dem geschenkten Sparguthaben später Dritte eine Abfindung erhalten sollen (OLG Frankfurt 25. 6. 1986 – 21 U 239/84, WM 1987, 1248, 1249 m Anm Hammen). Dagegen hatte das Reichsgericht die Zuwendung eines Sparkontos an die deutlich jüngere Frau unter der Vorgabe, die Zinsen für die eheliche Lebensgemeinschaft zu verwenden, nur als kondizierbar angesehen (RG 19. 4. 1917 – IV 10/17, JW 1918, 848). 74

d) Weitere Fälle

Weiterhin gehören zu den Auflagenschenkungen auch Zuwendungen an die Kirche bzw kirchliche Vereinigungen mit der Auflage der **Grabpflege** (RG 10. 12. 1925 – IV 374/25, RGZ 112, 210 ff; RG 10. 12. 1925 – IV 374/25, RGZ 112, 210, 212 ff; s ähnlich aber noch zum PrALR 1. 3. 1928 – IV 605/27, RGZ 120, 237 ff) und **Erlösteilungsklauseln** in Gesellschaftsverträgen (so noch Erman/Herrmann [13. Aufl 2011] § 525 Rn 2). Als Auflage kommen letztlich auch **Verfügungsbeschränkungen** dergestalt in Betracht, dass der Beschenkte über den geschenkten Gegenstand nur mit Billigung des Schenkers verfügen darf oder dessen **Benutzung zu öffentlichen Zwecken zu gestatten hat** (MünchKommBGB/Koch § 525 Rn 12; Soergel/Eckert § 525 Rn 10; vgl zu einem Restitutionsverbot der öffentlichen Hand durch eine Auflage bei bemakeltem Kulturgut im Zusammenhang mit den Washingtoner Prinzipien von 1998 Finkenauer KUR 2021, 134 ff). 75

§ 526
Verweigerung der Vollziehung der Auflage

Soweit infolge eines Mangels im Recht oder eines Mangels der verschenkten Sache der Wert der Zuwendung die Höhe der zur Vollziehung der Auflage erforderlichen Aufwendungen nicht erreicht, ist der Beschenkte berechtigt, die Vollziehung der

Auflage zu verweigern, bis der durch den Mangel entstandene Fehlbetrag ausgeglichen wird. Vollzieht der Beschenkte die Auflage ohne Kenntnis des Mangels, so kann er von dem Schenker Ersatz der durch die Vollziehung verursachten Aufwendungen insoweit verlangen, als sie infolge des Mangels den Wert der Zuwendung übersteigen.

Materialien: MUGDAN Mot II, 167; Prot II, 752 ff; JAKOBS/SCHUBERT, Die Beratung des Bürgerlichen Gesetzbuches 389–399.

Schrifttum

FEIGEL, Die Auflage nach dem bürgerlichen Gesetzbuche (1898)
GOERTZEN, Nießbrauch und dauernde Lasten im Zusammenhang mit Vermögensübertragungen im Rahmen vorweggenommener Erbfolge, DStR 1994, 1553
HAYMANN, Die Schenkung unter einer Auflage nach römischem und deutschem bürgerlichen Recht (1905)
HERRMANN, Zur Einrede des § 526 BGB zugunsten des Beschenkten, WM 1982, 1158
LAMMFROMM, Teilung, Darlehen, Auflage und Umsatzvertrag. Untersuchungen aus dem Privatrecht (1897)
LANGHEINEKEN, Anspruch und Einrede nach dem deutschen bürgerlichen Gesetzbuch (1903)
LIEBISCH, Das Wesen der unentgeltlichen Zuwendungen unter Lebenden im bürgerlichen Recht und im Reichssteuerrecht (1927)
LIPPMANN, Studien zu § 119 Abs 2 BGB, AcP 102 (1907), 283
THOMANN, Die Schenkung unter Auflage nach dem BGB (1935).

Systematische Übersicht

I. Regelungszweck des § 526 BGB

1 § 526 BGB berechtigt den Beschenkten, die Erfüllung der Auflage zu verweigern, wenn der Wert der schenkweisen Zuwendung die Höhe der dazu erforderlichen Aufwendungen auf Grund eines Mangels des Schenkungsgegenstands nicht erreicht (S 1) und gewährt ihm einen Aufwendungsersatzanspruch gegen den Schenker wegen eines etwaigen Fehlbetrags, wenn er die Auflage in Unkenntnis dieser Umstände erfüllt hat. Es handelt sich mithin um eine ausgesprochene **Billigkeitsregelung** (SOERGEL/ECKERT § 526 Rn 1; OERTMANN, Schuldverhältnisse II [5. Aufl 1929] § 526 Nr 1). Denn der Beschenkte soll trotz der Erfüllung der Auflage nicht ärmer werden, als er es ohne das gesamte Rechtsgeschäft gewesen wäre (MünchKommBGB/KOCH § 526 Rn 1; vgl auch

Mugdan Mot II 167). § 526 BGB soll dagegen sicherstellen, dass die Auflage den Schenker zwar vor einem nicht gewollten Verlust schützt, diesem nicht aber auch einen zusätzlichen Gewinn verschafft (Haymann, Die Schenkung unter einer Auflage nach römischem und deutschem bürgerlichen Recht [1905] 121). Wissen die Parteien bei Vertragsschluss, dass die Auflagenpflicht die Schenkung übersteigt, wird es regelmäßig an einer Einigung über eine unentgeltliche Schenkung fehlen und ein entgeltlicher Vertrag beabsichtigt sein (MünchKommBGB/Koch § 526 Rn 1). Stellt sich dagegen erst im Nachhinein heraus, dass ein Mangel des Zuwendungsgegenstands im Hinblick auf die Auflageverpflichtung zu einem für den Beschenkten negativen Saldo führt, dann ermöglicht § 526 BGB eine individuelle Anpassung des Vertrags (MünchKommBGB/Koch § 526 Rn 1). Diese Charakteristika des § 526 BGB entsprechen denen einer Vertragsanpassung nach den **Grundsätzen über den Wegfall der Geschäftsgrundlage**; die Norm kann daher als ein spezialgesetzlich geregelter **Sonderfall** dieses mittlerweile in § 313 BGB umfassend positivierten allgemeinen Rechtsgrundsatzes angesehen werden (MünchKommBGB/Koch § 526 Rn 1; Soergel/Eckert § 526 Rn 1; Medicus/Lorenz, Schuldrecht II [16. Aufl 2012] § 21 Rn 33). Vor dem Hintergrund, dass in Fällen des Rechtsmangels die Verpflichtung des Beschenkten schon nach § 275 BGB entfallen solle und § 526 S 1 BGB dem Schenker dagegen eine Möglichkeit biete, den Beschenkten noch zur Auflagenvollziehung zu verpflichten, wird in § 526 BGB teilweise eine den Schenker schützende Norm gesehen (Herrmann WM 1982, 1158, 1159 f, nach deren Ansicht der Beschenkte die aus dem dinglichen Recht durch Weiterverwertung zu erbringende Auflage im Falle des Rechtsmangels nicht leisten könne).

II. Das Leistungsverweigerungsrecht gemäß § 526 S 1 BGB

1. Voraussetzungen

Das Leistungsverweigerungsrecht des Beschenkten gegenüber dem Anspruch des Schenkers aus § 525 Abs 1 BGB setzt voraus, dass der Schenkungsgegenstand einen Sach- oder Rechtsmangel aufweist und deshalb der Wert der Zuwendung die Höhe der zur Vollziehung der Auflage erforderlichen Aufwendungen nicht erreicht. 2

Erforderlich ist mithin, dass der Wert der Schenkung **objektiv erkennbar** hinter dem der Auflage zurückbleibt (MünchKommBGB/Koch § 526 Rn 2). Als Fehlbetrag gilt dabei nicht die Wertdifferenz zwischen einem mangelhaften und einem mangelfreien Gegenstand, sondern zwischen dem **tatsächlichen Wert der Zuwendung** und den für die **Erfüllung der Auflage erforderlichen Aufwendungen**. Damit kann der Fehlbetrag auch hinter dem objektiven Differenzbetrag zwischen einem mangelfreien und einem mangelhaften Schenkungsgegenstand zurückbleiben, die die Sache durch den Mangel erfahren hat (MünchKommBGB/Koch § 526 Rn 3; Soergel/Eckert § 526 Rn 2; vgl das Rechenbeispiel bei jurisPK-BGB/Linsler 10. Aufl 2023] § 526 Rn 13). Vereinzelt wird dieser Begriff des Fehlbetrags und der Aufwendung zu Unrecht kritisiert: da die Auflage nur aus dem Gegenstand und seinen Erträgnissen zu erbringen sei, sei die Aufwendungsverpflichtung möglicherweise nur Teil der Auflagenpflicht selbst (Herrmann WM 1982, 1158 f). Die Bewertung des Wertes von Auflagenverpflichtungen, die **höchstpersönliche Leistungen** wie die Teilnahme an einer Veranstaltung oder zu erbringende Dienstleistungen zum Gegenstand haben, kann nur, soweit möglich, durch einen objektivierten Drittvergleich erfolgen. Der BGH hat in der Ablösung von Grundschulden an einem geschenkten Grundstück, die eigentlich der Schenker zu beseitigen ge- 3 habt hätte, solche Aufwendungen erkannt und § 526 BGB gegenüber dem Wohnrechtsanspruch des Schenkers für grundsätzlich anwendbar gehalten (BGH 2. 10. 1981 – V ZR 134/80, NJW 1982, 818, 819; dagegen Herrmann WM 1982, 1158 f, nach der es sich hier nicht um die Kosten für die Vollziehung der Auflage handele, sondern um den Erhalt der Sache und Beseitigung des Mangels).

4 Weiterhin muss die Wertdifferenz auf einem Sach- oder Rechtsmangel beruhen; dieser kann schon bei Vertragsschluss vorliegen, aber auch noch bis zum Vollzug der Zuwendung entstehen (MünchKommBGB/Koch § 526 Rn 2; BeckOGK/Harke [1. 10. 2025] § 526 Rn 6). Dabei ist allerdings umstritten, ob § 526 S 1 BGB auch dann eingreift, wenn der Schenker nur eine **mangelhafte Sache schuldet**. Trotz pflichtgemäßer Erfüllung wird von der überwiegenden Ansicht zu Recht bejaht, dass der Schutz des Beschenkten vor einem negativen Saldo auch in dieser Konstellation bestehe (MünchKommBGB/Koch § 526 Rn 2; unzutreffend jurisPK-BGB/Linsler 10. Aufl 2023] § 526 Rn 8, nach dem § 526 BGB hier teleologisch zur reduzieren sei, da sich die Parteien über die Beschaffenheit besonders geeinigt hätten).

5 Ist der **Mangel dem Beschenkten** bei Übergabe des Schenkungsgegenstandes **bekannt**, greift der Grundsatz des *venire contra factum proprium* nach den in § 442 Abs 1 S 1 BGB für den Kauf niedergelegten Grundsätzen ein und schließt eine Berufung auf § 526 S 1 BGB aus (MünchKommBGB/Koch § 526 Rn 2; BGB-RGRK/Mezger § 526 Rn 3; Grüneberg/Weidenkaff [85. Aufl 2026] § 526 Rn 3; Erman/Hähnchen § 526 Rn 3). Der Beschenkte, der ja vor einem negativen Saldo bewahrt werden soll, erweist sich dann nämlich als nicht mehr schutzwürdig. In solchen Fällen wird zudem meist schon gar keine Schenkung mehr vorliegen (MünchKommBGB/Koch § 526 Rn 2; BeckOGK/Harke [1. 10. 2025] § 526 Rn 8). **Grob fahrlässige Unkenntnis** genügt dagegen nicht, um die Berufung aus § 526 S 1 BGB auszuschließen (MünchKommBGB/Koch § 526 Rn 2; Erman/Hähnchen § 526 Rn 3).

2. Rechtsfolge

6 Liegen die Voraussetzungen des § 526 S 1 BGB vor, folgt aus der Norm ein **Leistungsverweigerungsrecht**; als dilatorische Einrede hindert sie die Durchsetzung des Vollziehungsanspruchs aus § 525 Abs 1 BGB so lange, bis der zulasten des Beschenkten bestehende Fehlbetrag durch den Schenker ausgeglichen ist (MünchKommBGB/Koch § 526 Rn 3; BGB-RGRK/Mezger § 526 Rn 3; Langheineken, Anspruch und Einrede nach dem deutschen bürgerlichen Gesetzbuch [1903] § 15 2b [274]). Insoweit ist die Einrede selbst auflösend bedingt (Grüneberg/Weidenkaff [85. Aufl 2026] § 526 Rn 3). Teilweise wird vertreten, dass die Ausgleichung des Fehlbetrags nicht in Geld, sondern vorrangig durch eine Behebung des konkreten Mangels und damit Herstellung vertragsmäßiger Zustände zu erfolgen hat (Herrmann WM 1982, 1158, 1159 f). Die Einrede steht dem Beschenkten **gegen jeden** zu, der einen Anspruch auf Vollziehung der Auflage hat; damit sind insbesondere in Fällen mit Drittbeteiligung iSv §§ 328 ff BGB auch **Drittbegünstigte** umfasst (BGB-RGRK/Mezger § 526 Rn 3).

III. Der Aufwendungsersatzanspruch gemäß § 526 S 2 BGB

7 Hat der Beschenkte dagegen die Auflage in Unkenntnis des Mangels bereits vollzogen, kann er nach § 526 S 2 BGB vom Schenker den Ersatz seiner durch die Voll-

ziehung verursachten Aufwendungen in der Höhe verlangen, in der sie infolge des Mangels den Wert der Zuwendung übersteigen. Bei dem Anspruch handelt es sich nach ganz herrschender Auffassung um einen **Aufwendungsersatzanspruch** nach §§ 526, 256 f BGB (MünchKommBGB/Koch § 526 Rn 4; Grüneberg/Weidenkaff [85. Aufl 2026] § 526 Rn 4; Oertmann, Schuldverhältnisse II [5. Aufl 1929] § 526 Nr 3b). Demnach kann der Beschenkte auch nach § 257 BGB die Freistellung von einer übernommenen Verbindlichkeit begehren (Feigel, Die Auflage nach dem bürgerlichen Gesetzbuche [1898] 56). Als Bereicherungsanspruch kann ein solcher Anspruch dagegen nicht qualifiziert werden, da er gerade keine Bereicherung in der Person des Schenkers zur Voraussetzung hat (BGB-RGRK/Mezger § 526 Rn 4; Oertmann, Schuldverhältnisse II [5. Aufl 1929] § 526 Nr 3b). Ein Verständnis als Schadensersatzanspruch scheitert dagegen daran, dass der Schenker dem Beschenkten nicht den vollen, durch den Mangel verursachten Minderwert zu ersetzen hat und ein Verschulden nicht vorausgesetzt wird (Oertmann, Schuldverhältnisse II [5. Aufl 1929] § 526 Nr 3b). Insgesamt soll § 526 BGB eine **beschränkte Gewährleistungspflicht** des Schenkers normieren (Lippmann AcP 102 [1907] 283, 401 f).

Anders als bei § 526 S 1 BGB besteht der Aufwendungsersatzanspruch **nur gegen den** 8
Schenker, nicht aber gegen einen etwaig durch die Auflage begünstigten Dritten (MünchKommBGB/Koch § 526 Rn 4; Grüneberg/Weidenkaff [85. Aufl 2026] § 526 Rn 5), gegen den auch nicht nach Bereicherungsrecht vorgegangen werden kann (Oertmann, Schuldverhältnisse II [5. Aufl 1929] § 526 Nr 3b).

Der Aufwendungsersatzanspruch besteht allerdings nur dann, wenn der Beschenkte 9
die Auflage in **Unkenntnis des Mangels** vollzogen hat. Im umgekehrten Fall wird der Beschenkte mit anderen Worten so behandelt, als habe er auf die Geltendmachung des Mangels verzichtet. Selbst grob fahrlässige Unkenntnis schadet dem Beschenkten dagegen nicht (MünchKommBGB/Koch § 526 Rn 4; Soergel/Eckert § 526 Rn 5). Dabei kommt es für die Frage der Kenntnis nicht auf das Wissen um die tatsächliche Wertdifferenz zwischen dem des Schenkungsgegenstands und dem der Auflage an; ausreichend ist, dass der Beschenkte die **Mangelhaftigkeit** des Zuwendungsgegenstands als solchen kennt.

IV. Analoge Anwendung des § 526 BGB

Wie gezeigt setzt § 526 BGB tatbestandlich voraus, dass der Fehlbetrag aus einer 10
Mangelhaftigkeit des Schenkungsgegenstands spätestens im Zeitpunkt der Erfüllung des Schenkungsversprechens folgt (vgl Rn 4). Nicht erfasst werden dagegen andere Fälle, in denen die Parteien bei Vertragsschluss einer **ursprünglichen Fehlvorstellung über den Wert** des Schenkungsgegenstands erlegen sind oder dieser durch von den Parteien nicht zu vertretene Umstände später **entwertet** wird. Trotz vereinzelter Gegenstimmen (Thomann, Die Schenkung unter Auflage nach dem BGB [1935] 31 ff; s auch Windscheid/Kipp, Pandektenrecht [9. Aufl 1906] § 368 [567], die in einem solchen Fall in dem Rechtsgeschäft ein in Wahrheit entgeltliches Geschäft erkennen wollen) wird eine **Vertragsanpassung** überwiegend vorgenommen, auch wenn über deren exakte Begründung Uneinigkeit herrscht.

So hatte zunächst das Reichsgericht bei nachträglicher Geldentwertung auf § 526 11
BGB in entsprechender Anwendung zurückgegriffen: Auch wenn die Vorschrift einen Mangel des Schenkungsgegenstands bei Vollzug bedinge und ein solcher an sich

nicht erkennbar sei, könne sie trotz ihres Ausnahmecharakters angewendet werden, da dies dem Grundgedanken des Verhältnisses von Grund- und Nebengeschäft entspreche, wonach die Lasten der Auflage die Schenkung nicht in ihr Gegenteil verkehren dürften und die Abwertung hier überdies eine vom Beschenkten unbeeinflussbare Zwangsläufigkeit darstelle (RG 10. 12. 1925 – IV 374/25, RGZ 112, 210, 212 ff; s ähnlich aber noch zum PrALR 1. 3. 1928 – IV 605/27, RGZ 120, 237 ff; in der Bewertung ebenso BGB-RGRK/Mezger § 526 Rn 2). Auch in der Literatur wird insoweit hervorgehoben, dass – jedenfalls bis zur Einführung des § 313 BGB – eine **unbeabsichtigte Regelungslücke** bestanden habe (Larenz, Schuldrecht BT II/1 [13. Aufl 1986] § 47 III [210]; Liebisch, Das Wesen der unentgeltlichen Zuwendungen unter Lebenden im bürgerlichen Recht und im Reichssteuerrecht [1927] 32 ff; Goertzen DStR 1994, 1553, 1554) und § 526 BGB vorsehe, dass die Auflage gerade **aus dem Geschenk selbst erbracht** werden solle (Esser/Weyers, BT/1 [8. Aufl 1998] § 12 IV 1). Denn der Beschenkte darf durch die Vollziehung der Auflage nicht ärmer werden, als er vor Erhalt der Schenkung gewesen ist (Soergel/Eckert § 525 Rn 14).

12 Auch nach Inkrafttreten des SMG wird vielfach die Lösung in einer **entsprechenden Anwendung des § 526 BGB** gesehen, da es sich hierbei um einen speziellen, der allgemeinen und pauschalen Regelung des § 313 BGB vorgehenden Fall handele (so zB MünchKommBGB/Koch § 526 Rn 5; Soergel/Eckert § 525 Rn 14, § 526 Rn 6; Grüneberg/Weidenkaff [85. Aufl 2026] § 526 Rn 1; BGB-RGRK/Mezger § 526 Rn 2; Esser/Weyers BT/1 [8. Aufl 1998] § 12 IV 1; Liebisch, Das Wesen der unentgeltlichen Zuwendungen unter Lebenden im bürgerlichen Recht und im Reichssteuerrecht [1927] 32 ff; Goertzen DStR 1994, 1553, 1554; Oertmann, Schuldverhältnisse II [5. Aufl 1929] § 525 Nr 4; Lammfromm, Teilung, Darlehen, Auflage und Umsatzvertrag. Untersuchungen aus dem Privatrecht [1897] 152 ff). Der *ratio legis* entsprechend (Rn 1) sollen dagegen die allgemeinen Grundsätze über den **Wegfall der Geschäftsgrundlage** – und nach deren Positivierung durch das SMG – § 313 BGB herangezogen werden, wobei freilich deren Anwendung dann an § 526 BGB und ggf § 242 BGB zu orientieren ist (vor dem SMG so bereits Larenz, Schuldrecht BT II/1 [13. Aufl 1986] § 47 III [210]; Enneccerus/Lehmann, Schuldrecht [15. Aufl 1958] § 125 II 5), zumal der Wegfall der Geschäftsgrundlage eine flexiblere Vertragsanpassung ermöglicht (Enneccerus/Lehmann, Schuldrecht [15. Aufl 1958] § 125 II 5) und gerade die Einführung des § 313 BGB den Rückgriff auf eine Analogie mangels gesetzlicher Regelungslücke entbehrlich macht.

V. Konkurrenzen zu den §§ 521 ff BGB

13 Die Bestimmungen des § 526 BGB und der §§ 521 ff BGB sind **grundsätzlich nebeneinander** anwendbar. Insbesondere schließen die §§ 523 f BGB die Anwendung des § 526 BGB nicht aus, da ansonsten der arglistige Schenker bevorteilt würde (MünchKommBGB/Koch § 526 Rn 3; BGH 2. 10. 1981 – V ZR 134/80, NJW 1982, 818, 819; **aA** aber Lippmann AcP 102 [1907] 283, 401 Fn 101). Auch der Anspruch aus § 526 S 2 BGB schließt §§ 521 ff BGB nicht aus (MünchKommBGB/Koch § 526 Rn 4). Das Konkurrenzproblem stellt sich dann nicht, wenn die Leistung eines mangelhaften Schenkungsgegenstands im Falle der § 523 Abs 2 S 2, § 433 Abs 1 BGB den schenkungsrechtlichen Erfüllungsanspruch fortbestehen lässt und deshalb schon kein Vollziehungsanspruch besteht, dem eine Einrede aus § 526 BGB entgegengehalten werden könnte (Herrmann WM 1982, 1158, 1159 f).

VI. Beweislast

14 Grundsätzlich liegt die **Beweislast** im Rahmen des § 526 BGB bei dem Beschenkten. Dies gilt insbesondere für das Vorliegen eines **Mangels, Fehlbetrags** und – im Falle des § 526 Abs 2 BGB – der **Unkenntnis** des Beschenkten (MünchKommBGB/Koch § 526 Rn 4; Soergel/Eckert § 526 Rn 7; BGB-RGRK/Mezger § 526 Rn 3; Grüneberg/Weidenkaff [85. Aufl 2026] § 526 Rn 2; Oertmann, Schuldverhältnisse II [5. Aufl 1929] § 526 Nr 4).

15 Das gilt allerdings nicht für den Beweis der **fehlenden Kenntnis** von der Mangelhaftigkeit des Schenkungsgegenstands (als ungeschriebenes Tatbestandsmerkmal) im Falle des Leistungsverweigerungsrechts aus § 526 S 1 BGB. Denn anders als in S 2 fordert der Wortlaut hier nicht ausdrücklich die Unkenntnis des Beschenkten, so dass die Beweislast auf Seiten des Schenkers liegt (MünchKommBGB/Koch § 526 Rn 2; Soergel/Eckert § 526 Rn 7; BGB-RGRK/Mezger § 526 Rn 3; Oertmann, Schuldverhältnisse II [5. Aufl 1929] § 526 Nr 4; **aA** Grüneberg/Weidenkaff [85. Aufl 2026] § 526 Rn 2; so noch Erman/Herrmann [13. Aufl 2011] § 526 Rn 5, der die Beweislast wohl grundsätzlich auf Seiten des Beschenkten sieht, aber zugleich darauf verweist, dass es sich bei der Unkenntnis um ein negatives Tatbestandsmerkmal handelt und daher nach den Grundsätzen über die Beweislast bei negativen Tatsachen ein Übergang der Beweislast auf den Schenker ggf möglich ist).

§ 527
Nichtvollziehung der Auflage

(1) Unterbleibt die Vollziehung der Auflage, so kann der Schenker die Herausgabe des Geschenkes unter den für das Rücktrittsrecht bei gegenseitigen Verträgen bestimmten Voraussetzungen nach den Vorschriften über die Herausgabe einer ungerechtfertigten Bereicherung insoweit fordern, als das Geschenk zur Vollziehung der Auflage hätte verwendet werden müssen.

(2) Der Anspruch ist ausgeschlossen, wenn ein Dritter berechtigt ist, die Vollziehung der Auflage zu verlangen.

Materialien: Mugdan Mot II, 167; Prot II, 752 ff; Jakobs/Schubert, Die Beratung des Bürgerlichen Gesetzbuches 389–399.

Schrifttum

S auch unter § 525.
Dürr, Anm zu OLG Düsseldorf, Urt v 12. 7. 1965 – Az 18 U 125/64, NJW 1966, 1659
Ellenbeck, Die Vereinbarung von Rückforderungsrechten in Grundstücksübertragungsverträgen, MittRhNotK 1997, 41
Feigel, Die Auflage nach dem bürgerlichen Gesetzbuche (1898)
Haymann, Die Schenkung unter einer Auflage nach römischem und deutschem bürgerlichen Recht (1905)
Hoppenz, Ehegattenzuwendungen, FPR 2012, 84
Ivens, Rückforderung geschenkter Personengesellschaftsanteile, ZErb 2010, 286
Lehmann, Bilanzielle Behandlung von Zuwendungen (Spenden) an gemeinnützige Einrichtungen, DB 2006, 1281

Kühne, Die Rückforderung von Vermögenszuwendungen zwischen Ehegatten bei Scheidung der Ehe unter besonderer Berücksichtigung des Bereicherungsrechts – Bemerkungen zum Urteil des BGH vom 1967-10-05 VII ZR 143/65, FamRZ 1968, 356
ders, Schenkungen unter Ehegatten, insbesondere ihre Rückabwicklung nach der Scheidung, im deutschen materiellen und internationalen Privatrecht, FamRZ 1969, 371
Salje, Zur Rückforderung von verdeckten privaten Parteispenden, NJW 1985, 998
Soellner, Der Bereicherungsanspruch wegen Nichteintritts des mit der Leistung bezweckten Erfolgs, AcP 63 (1963) 20.

Systematische Übersicht

I. Regelungszweck von § 527 BGB

1 § 527 BGB bietet dem Schenker eine zusätzliche Möglichkeit, den Vollzug der Schenkungsauflage sicherzustellen. Wird die Auflage nicht erfüllt, kann der Schenker zunächst seinen darauf gerichteten **Erfüllungsanspruch** gemäß § 525 Abs 1 BGB geltend machen (MünchKommBGB/Koch § 527 Rn 1). Weiterhin bleibt es ihm unbenommen, **Schadensersatz statt der Leistung** oder **wegen Verzugs** zu verlangen; vielfach werden diese Ansprüche aber an der Schwierigkeit scheitern, einen konkreten Schaden nachzuweisen (MünchKommBGB/Koch § 527 Rn 1; Mugdan Prot II 754). Daher hat der Gesetzgeber dem Schenker in § 527 BGB ein in seinen Rechtsfolgen besonders ausgestaltetes **Rücktrittsrecht** eingeräumt und damit darauf reagiert, dass die Rücktrittsvorschriften unmittelbar nur auf einen bei der Auflagenschenkung nicht gegebenen synallagmatischen Vertrag anwendbar sind (MünchKommBGB/Koch § 527 Rn 1; Soergel/Eckert § 527 Rn 1). Allerdings hatte noch der erste Entwurf keine eigenständige Rückabwicklungsregelung vorgesehen und insbesondere die Anwendung der *condictio ob rem* als mit dem Parteiwillen vielfach unvereinbar angesehen (vgl Vorbem 47 §§ 516–534); vorgezogen wurde dagegen, je nach den Umständen des konkreten Falls das allgemeine bzw schenkungsrechtliche Rückabwicklungsregime anzuwenden (Mugdan Mot II 167). Im Hinblick darauf, dass die Schenkung mit dem vorrangigen Zweck der Begünstigung des Beschenkten gemacht wird, wurde die generelle Anwendbarkeit des Bereicherungsrechts von der zweiten Kommission jedoch abgelehnt und die modifizierte, zugleich auf die Rücktrittsvoraussetzungen abstellende Lösung eingeführt (Mugdan Prot II 752 ff). § 527 BGB beruht dabei auf dem Gedanken, dass die Bereicherung des Beschenkten durch die Zuwendung und nicht die Auflage im Zentrum des Rechtsgeschäfts steht und gerade keine Gegenleistung versprochen wird. Der Schenker soll nämlich den Teil der Schenkung zurückverlangen können, der der Auflagenvollziehung hätte dienen sollen, um sein diesbezügliches Ziel auf andere Weise durchzusetzen; dem Beschenkten entsteht dagegen kein Nachteil, weil

er den entsprechenden Anteil nach den vertraglichen Bestimmungen in jedem Fall zur Auflagenvollziehung hätte verwenden und damit preisgeben müssen (Mugdan Prot II 754; OLG Brandenburg 15. 1. 2020 – 4 U 74/19, BeckRS 2020, 1556). Zugleich soll die Rückforderungsmöglichkeit den Beschenkten zur Erbringung der Auflagenleistung motivieren (Mugdan Prot II 754). Gleichwohl wird die Effektivität dieser Bestimmung immer wieder in Zweifel gezogen und für eine eigenständige vertragliche Regelung geworben (Ellenbeck MittRhNotK 1997, 41, 45; Ivens ZErb 2010, 286, 289 ff). Vor allem in Fällen der **Drittbeteiligung** greift der § 527 Abs 1 BGB nach Maßgabe dessen Abs 2 ins Leere, wenn der Dritte einen Anspruch auf die Vollziehung der Auflage erworben hat; dieser soll ihm nämlich nicht nachträglich wieder genommen werden können (MünchKommBGB/Koch § 527 Rn 1; Soergel/Eckert § 527 Rn 6; Mugdan Prot II 753; vgl dazu Rn 5).

II. Voraussetzungen des § 527 BGB

1. Rücktrittsvoraussetzungen

2 Eine Rückforderung nach § 527 Abs 1 BGB wird vom Gesetz an das Vorliegen der Voraussetzungen eines Rücktritts geknüpft. Anwendbar sind damit insbesondere die §§ 323, 326 Abs 5 BGB. Diese setzen die **Nichterfüllung bzw nicht ordnungsgemäße Erfüllung** der Auflage oder deren Unmöglichkeit voraus (MünchKommBGB/Koch § 527 Rn 2). Anders als nach den Vorschriften des alten Schuldrechts (§ 325 aF) ist der Rücktritt **nach Fristsetzung** generell zulässig, und es kommt für die Unmöglichkeit – auch in Bezug auf die Auflagenschenkung – nicht mehr auf ein etwaiges **Verschulden** des Beschenkten an (MünchKommBGB/Koch § 527 Rn 2; Grüneberg/Weidenkaff [85. Aufl 2026] § 527 Rn 4; Medicus/Petersen, Bürgerliches Recht [30. Aufl 2025] Rn 375; Erman/Hähnchen § 527 Rn 2; anders dagegen früher, s zB RG 23. 6. 1915 – II 127/15, JW 1915, 1117, 1118; BGH 14. 2. 1952 – IV ZR 63/51, LM BGB § 527 Nr 1, NJW 1952, 620). Zwar wurden die Schenkungsvorschriften nicht an das neue Schuldrecht angepasst mit der Konsequenz, dass es sich im Hinblick auf die Notwendigkeit des Verschuldens im Grunde um eine Gesetzesänderung handelt, deren sich der Gesetzgeber nicht bewusst war (vgl jurisPK-BGB/Linsler [10. Aufl 2023] § 527 Rn 5 ff, 15 geht daher davon aus, dass die Rückforderung ausgeschlossen sei, wenn der Auflagenverpflichtete die Nichterfüllung der Auflage nicht zu vertreten hat). Doch bieten die Beschränkungen des Rückforderungsanspruchs nach § 818 BGB dem Beschenkten einen hinreichenden Schutz, so dass man sich über den insoweit eindeutigen Wortlaut des § 527 BGB nicht hinwegzusetzen braucht. Damit muss der Beschenkte heute im Falle der Unmöglichkeit der Auflagenvollziehung den Gegenstand nach Maßgabe des § 527 Abs 1 BGB herausgeben, während er ihn früher ohne eigenes Verschulden lastenfrei behalten konnte. Soweit dagegen der **Schenker** die Unmöglichkeit der Auflagenvollziehung verschuldet hat, ist die Rückforderung nach § 323 Abs 6, § 326 Abs 5 BGB aber ausgeschlossen (MünchKommBGB/Koch § 527 Rn 2).

3 Kein Rückforderungsrecht existiert allerdings in dem Fall, in dem die Auflagenvollziehung unter einer **aufschiebenden Bedingung** steht und diese dann ausfällt; in diesem Fall ist nämlich die schenkweise Zuwendung bei einer Auslegung des Vertrags gerade auch für den Fall gewollt, dass die Bedingung nicht eintritt (RG 25. 6. 1915 – II 127/05, JW 1915, 1117, 1118 f).

4 Dagegen ist eine **entsprechende Anwendung** des § 527 BGB auf die **Ausstattung** gemäß § 1624 BGB möglich (MünchKommBGB/Koch § 527 Rn 1; zur Ausstattung vgl Staudinger/Lugani [2020] § 1624 Rn 1 ff).

2. Anspruchsberechtigung

5 Die Anspruchsberechtigung steht grundsätzlich dem **Schenker** oder **seinen Rechtsnachfolgern** zu. Sie wird aber nach § 527 Abs 2 BGB für beide ausgeschlossen, wenn die Auflage einen **Dritten** begünstigt und dieser zugleich alleine oder gemeinsam mit dem Schenker ein **eigenes Forderungsrecht** aus einem echten Vertrag zugunsten Dritter erworben hat; denn dann darf der Schenker das entstandene Recht nicht alleine in Frage stellen (MünchKommBGB/Koch § 527 Rn 2; Grüneberg/Weidenkaff [85. Aufl 2026] § 527 Rn 4; Oertmann, Schuldverhältnisse II [5. Aufl 1929] § 527 Nr 1a). Insoweit kommt § 527 Abs 2 BGB eine **Klarstellungsfunktion** zu (Soergel/Eckert § 527 Rn 6). Der Ausschluss setzt voraus, dass der Dritte den Anspruch noch innehat, er also nicht aufgehoben wurde oder unmöglich geworden ist (BGB-RGRK/Mezger § 527 Rn 4). Zudem ist auch ein vertraglicher Ausschluss im Schenkungsvertrag möglich (Soergel/Eckert § 527 Rn 6). Im Übrigen scheitert eine Rückforderung auch dann nach § 527 Abs 2 BGB, wenn der weitere Anspruchsberechtigte die **zuständige Behörde** iSv § 525 Abs 2 BGB ist (Soergel/Eckert § 527 Rn 6; BGB-RGRK/Mezger § 527 Rn 4; Grüneberg/Weidenkaff [85. Aufl 2026] § 527 Rn 4).

6 Umgekehrt steht dem **Dritten** selbst kein eigener Anspruch aus § 527 Abs 1 BGB und auch sonst kein Bereicherungsanspruch zu (Oertmann, Schuldverhältnisse II [5. Aufl 1929] § 527 Nr 1a).

3. Anspruchsmerkmale

7 Bei dem Anspruch aus § 527 Abs 1 BGB zugrundeliegenden **Gestaltungsrecht** handelt es sich um ein **höchstpersönliches Recht** des Schenkers bzw seiner Erben, das vor der Ausübung nicht pfändbar ist (Ellenbeck MittRhNotK 1997, 41, 53). Der Anspruch selbst entsteht erst mit **Eintritt der Unmöglichkeit** (Lehmann DB 2006, 1281, 1283). Der Umstand, dass der Beschenkte bereits zur Erfüllung der Auflage rechtskräftig verurteilt wurde, ändert im Hinblick auf den Zweck des § 527 Abs 1 BGB, ihren Nichtvollzug zu sanktionieren, nichts an der weiterhin fortbestehenden **Möglichkeit der Rückforderung** (MünchKommBGB/Koch § 527 Rn 1; Soergel/Eckert § 527 Rn 3; zu § 528 BGB RG 8. 3. 1937 – IV 333/36, JW 1937, 1547 f).

III. Rechtsfolge

8 Liegen die tatbestandlichen Voraussetzungen des § 527 Abs 1 BGB vor, ist das Geschenk nach den Vorschriften über die Herausgabe einer ungerechtfertigten Bereicherung insoweit herauszugeben, als das Geschenk zur **Vollziehung der Auflage** hätte verwendet werden müssen. Was dabei in welchem Umfang und in welcher Gestalt herauszugeben ist, hängt dabei von den **Vereinbarungen** im Einzelfall ab, wobei insoweit keine allgemeingültigen Regeln eingreifen.

1. Anwendung des Bereicherungsrechts

9 Beim Verweis auf die Herausgabe nach den Vorschriften des Bereicherungsrechts handelt es sich um eine **Rechtsfolgenverweisung** (MünchKommBGB/Koch § 527 Rn 3; Erman/Hähnchen § 527 Rn 3; vielleicht aber anders Feigel, Die Auflage nach dem Bürgerlichen Gesetzbuche [1898] 59). Damit sind im Falle der Unmöglichkeit die Vorschriften über den Wertersatz, § 818 Abs 2 BGB, über den Wegfall der Bereicherung, § 818 Abs 3 BGB, und über die verschärfte Haftung nach § 818 Abs 4, § 819 Abs 1 BGB anwendbar (MünchKommBGB/Koch § 527 Rn 3; Erman/Hähnchen § 527 Rn 3; BGB-RGRK/Mezger § 527 Rn 3; vgl zu den Fragen von Bösgläubigkeit und Bereicherung allerdings in Bezug auf eine Rückforderung nach §§ 530 ff BGB, §§ 812 ff BGB BGH 10. 7. 1981 – V ZR 79/80, NJW 1981, 2687, 2688 f; zur Problematik der Rückabwicklung nach langer Zeit und der Saldotheorie s Ellenbeck MittRhNotK 1997, 41, 42). Maßgeblich für den Zeitpunkt der **Bösgläubigkeit** ist dabei nicht der Zeitpunkt der Fälligkeit der Auflage, sondern der der Rückforderung (vgl BGB-RGRK/Mezger § 527 Rn 3).

2. Rückforderung und Auflagenbestimmung

10 Weiterhin wird die Rückforderung nach § 527 Abs 1 BGB nur zugelassen, soweit der zugewendete **Gegenstand zur Erbringung der Auflage** verwendet werden sollte, so dass die Zuwendung trotz Rückforderung ansonsten Bestand hat (OLG Brandenburg 15. 1. 2020 – 4 U 74/19, BeckRS 2020, 1556). Aus dieser Verknüpfung folgt dabei als erstes, dass § 527 BGB nur dann Anwendung finden kann, wenn die Vollziehung der Auflage mit einem Vermögensaufwand verbunden ist (Grüneberg/Weidenkaff [85. Aufl 2026] § 527 Rn 4). Bei rein **immateriellen Auflagen** kann diese Bestimmung dagegen mangels eines entsprechenden Zusammenhangs zwischen Auflage und Zuwendung keine Anwendung finden, weil aus einer Zuwendung nichts zur Erfüllung einer immateriellen Pflicht entnommen werden kann (MünchKommBGB/Koch § 527 Rn 3 f; Grüneberg/Weidenkaff [85. Aufl 2026] § 527 Rn 4 f; Soergel/Eckert § 527 Rn 5). Allerdings ging noch die zweite Kommission davon aus, dass eine Rückforderung gerade in diesen Fällen wegen ihres motivierenden Charakters von besonderer Bedeutung für den Schenker sei (Mugdan Prot II 754).

11 Aber auch bei **vermögenswerten Auflagen** ist die Bestimmung des Inhalts der Herausgabepflicht nicht immer einfach. Entscheidend ist letztlich, was nach der Vereinbarung genau zur Erfüllung der Auflage zu verwenden war. Die **Herausforderung des „Geschenks"** kann nämlich sowohl auf die individuelle Substanz des Gegenstands ebenso wie auf dessen Wert abzielen. Im Einzelnen ist zu unterscheiden, ob die Auflage aus dem **Gegenstand als Ganzem** oder nur **aus einem Teil** zu erbringen ist. Im ersten Fall ist der gesamte Zuwendungsgegenstand herauszugeben, sofern die Auflage gerade aus dessen **individueller Substanz** zu leisten ist; soll dieser dagegen nur **wertmäßig** die Grundlage für die Auflagenvollziehung schaffen, ist die Rückforderung auf einen Wertersatzanspruch beschränkt. Ist die Auflage dagegen nur aus einem **real abtrennbaren** Teil der Zuwendung zu erfüllen, ist eben dieser zurück zu gewähren (OLG Brandenburg 15. 1. 2020 – 4 U 74/19, BeckRS 2020, 1556; MünchKommBGB/Koch § 527 Rn 3).

12 Zusätzliche Komplikationen ergeben sich dann, wenn eine **gemischte Schenkung unter Auflage** rückgängig zu machen ist. Vielfach soll hier für die Rückforderung der

Schwerpunkt des Rechtsgeschäfts maßgeblich sein (vgl zB Grüneberg/Weidenkaff [85. Aufl 2026] § 516 Rn 16; krit dagegen MünchKommBGB/Koch § 516 Rn 42). Bei einer **teilweisen Schenkung** mit **teilbarer Leistung** wird der rückforderbare Teil dadurch doppelt begrenzt, dass er weder den Aufwand der Auflagenerfüllung noch den Wert des unentgeltlichen Teils der Zuwendung übersteigen darf. Bei **unteilbarer Leistung** kommt es dagegen darauf an, ob der gesamte Gegenstand oder lediglich ein Teil davon zur Auflagenerfüllung verwendet werden sollte; sollte **der ganze Gegenstand** verwendet werden, ist er bei Überwiegen des unentgeltlichen Teils gegen Erstattung der Gegenleistung, im umgekehrten Falle nur der Wert des Schenkungsanteils herauszugeben. War lediglich **ein Teil des Gegenstands** zu verwenden, ist Wertersatz zu leisten. In jedem Fall ist aber darauf zu achten, dass die Rückforderung wertmäßig den unentgeltlichen Teil des Rechtsgeschäfts zur Obergrenze hat. Gerade aus bereicherungsrechtlicher Perspektive ist dagegen nicht zwingend aus dem Wortlaut des § 527 Abs 1 BGB zu folgern, dass im Falle der Herausgabe in Bezug auf einen unteilbaren Gegenstand grundsätzlich Wertersatz nach § 818 Abs 2 BGB und zwar begrenzt durch den Wert des unentgeltlichen Teils der Schenkung zu leisten sei (so aber MünchKommBGB/Koch § 516 Rn 42); dem Beschenkten stehe es allerdings frei, sich durch Herausgabe des ganzen Gegenstands gegen die von ihm erbrachte Gegenleistung Zug um Zug zu befreien.

13 Bei lediglich **teilweiser Auflagenerfüllung** durch den Beschenkten kann der Schenker bei Nichtinteresse an der Teilerfüllung den Wert der ganzen Auflage, ansonsten den anteiligen Wert verlangen.

IV. Konkurrenzen

14 Eine va **früher vertretene Ansicht**, die von einem absoluten Vorrang der §§ 527 ff BGB und damit von einem generellen Ausschluss jeglicher sonstiger Lösungsmöglichkeiten ausgegangen ist, hat sich nicht durchgesetzt (RG 23. 2. 1939 – IV 174/38, HRR 1938 Nr 678; OLG Düsseldorf 12. 7. 1965 – 18 U 125/64, NJW 1966, 550, 551 mit abl Anm Dürr NJW 1966, 1659 f). Dagegen wurde darauf verwiesen, dass die §§ 527 ff BGB die Beseitigung der vertraglichen Bindungen bei der Schenkung im Vergleich zum sonstigen Schuldrecht sogar lockerten, und als Konsequenz eine noch weitergehende Anspruchskonkurrenz als nach der hM in Betracht gezogen (vgl hierzu Kühne FamRZ 1968, 356, 360 und FamRZ 1969, 371, 373; Dürr NJW 1966, 1659 f). Eine weitere ältere Auffassung wollte dagegen dazwischen unterscheiden, ob die Zuwendung oder die Auflage bei dem Rechtsgeschäft im Vordergrund steht: Während im ersten Fall § 527 BGB zum Tragen kommen sollte, müsse der zweite Fall über § 812 Abs 1 S 2 Alt 2 BGB abzuwickeln sein (Enneccerus/Lehmann, Schuldrecht [15. Aufl 1958] § 125 IV; allerdings dann mit der Deutung als Mischvertrag Heck, Grundriss des Schuldrechts [1929] § 95 Nr 8). Unzutreffend wurde auch erwogen, dass bei einer **Auflage im Interesse des Beschenkten** eine Zweckbestimmung vorliege und daher die *condictio ob rem* der richtige Rechtsbehelf sei, ansonsten solle § 527 BGB ausschließlich Anwendung finden (Haymann, Die Schenkung unter einer Auflage nach römischem und deutschem bürgerlichen Recht [1905] 151).

15 Richtigerweise schließt § 527 Abs 1 BGB ebenso wie die §§ 528, 530 BGB alle anderen Rückabwicklungsvorschriften und insbesondere solche über den **Wegfall der Geschäftsgrundlage**, über die ***condictio ob rem*** und über **§ 530 BGB** aus, soweit das Anwendungsgebiet der jeweiligen Spezialvorschrift einen Sachverhalt erfasst. Damit

können die anderen Bestimmungen angewendet werden, soweit ein Sachverhalt nicht unter die in den §§ 527 ff BGB vertypten Konstellationen fällt, da ein vollständiger Ausschluss zu weit ginge (hM, s MünchKommBGB/Koch § 527 Rn 4; Soergel/Eckert § 527 Rn 7; Erman/Hähnchen § 527 Rn 5; BGB-RGRK/Mezger § 527 Rn 1; Hoppenz FPR 2012, 84, 85; Söllner AcP 163 [1963] 20, 40; Salje NJW 1985, 998, 999 ff; Ivens ZErb 2010, 286, 288 f; BGH 14. 7. 1953 – V ZR 72/52, NJW 1952, 1585; BGH 23. 2. 1968 – V ZR 166/64, FamRZ 1968, 247, 249; BGH 18. 10. 1968 – V ZR 38/65, FamRZ 1969, 28, 29; BGH 3. 12. 1971 – V ZR 134/69, NJW 1972, 247, 248; BGH 17. 1. 1990 – XII ZR 1/89, NJW-RR 1990, 386, 387; BGH 21. 12. 2005 – X ZR 108/03, NJW-RR 2006, 699, 700; OLG Stuttgart 4. 9. 1987 – 2 U 272/86, NJW-RR 1988, 134, 135; unklar in Bezug auf die Reichweite noch in BGH 14. 2. 1952 – IV ZR 63/51, LM BGB § 527 Nr 1, NJW 1952, 620).

Neben dem **Rückforderungsrecht** des § 527 Abs 1 BGB kann im Übrigen auch auf die **16**
§§ 530 ff BGB zurückgegriffen werden, sofern zugleich auch deren Voraussetzungen gegeben sind (Soergel/Eckert § 527 Rn 5; Söllner AcP 163 [1963] 20, 40; Ivens ZErb 2010, 286, 289; Feigel, Die Auflage nach dem bürgerlichen Gesetzbuche [1898] 60; **aA** aber wohl Grüneberg/Weidenkaff [85. Aufl 2026] § 527 Rn 2; vgl dazu auch § 530 Rn 55, 57).

Eine Rückforderung über § 812 Abs 1 S 2 Alt 2, § 313 BGB soll dagegen in Anwen- **17**
dung der vorstehenden Prinzipien in den Fällen unmöglich sein, in denen eine **immaterielle Auflage** nicht vollzogen wird. Denn in diesem Fall lägen die grundsätzlichen Voraussetzungen des § 527 Abs 1 BGB vor, die aber in diesem Sonderfall ausnahmsweise nicht zu einer Rückgewähr führten, weil der Gegenstand hierzu nicht zu verwenden gewesen sei (MünchKommBGB/Koch § 527 Rn 3 f; Grüneberg/Weidenkaff [85. Aufl 2026] § 527 Rn 4 f; Soergel/Eckert § 527 Rn 5; **aA** aber wohl noch Mugdan Prot II 754). Doch ist aber jedenfalls zur Vermeidung unbilliger Ergebnisse die *condictio ob rem* anzuwenden (Oertmann, Schuldverhältnisse II [5. Aufl 1929] § 527 Nr 2 f), zumal es äußerst fraglich ist, ob der Fall der immateriellen Auflage tatbestandlich unter § 527 BGB fällt. Freilich kann der Schenker auch in einer solchen Konstellation seinen Erfüllungsanspruch aus § 525 BGB Abs 1 geltend machen bzw sich zusätzlich durch eine vertragliche Rückforderungsabrede absichern (MünchKommBGB/Koch § 527 Rn 4; Soergel/Eckert § 527 Rn 5; BGB-RGRK/Mezger § 527 Rn 1). Ein Widerruf nach § 530 BGB ist jedenfalls möglich (Soergel/Eckert § 527 Rn 5; zum Verhältnis von §§ 527, 530 BGB vgl Rn 15).

Zu etwaigen Beschränkungen der Rückforderung bei Zuwendungen im gesell- **18**
schaftsrechtlichen Bereich vgl § 530 Rn 45 ff, 55.

V. Beweislast

Für die **Beweislast** beanspruchen die allgemeinen Regeln Geltung: Der Schenker **19**
muss insbesondere das Unterlassen des Auflagenvollzugs vortragen und beweisen. Bei zusätzlichen Vereinbarungen ist diejenige Partei darlegungs- und beweispflichtig, zu deren Gunsten die Abrede wirkt (MünchKommBGB/Koch § 527 Rn 3).

§ 528
Rückforderung wegen Verarmung des Schenkers

(1) Soweit der Schenker nach der Vollziehung der Schenkung außerstande ist, seinen angemessenen Unterhalt zu bestreiten und die ihm seinen Verwandten, seinem Ehegatten, seinem Lebenspartner oder seinem früheren Ehegatten oder Lebenspartner gegenüber gesetzlich obliegende Unterhaltspflicht zu erfüllen, kann er von dem Beschenkten die Herausgabe des Geschenkes nach den Vorschriften über die Herausgabe einer ungerechtfertigten Bereicherung fordern. Der Beschenkte kann die Herausgabe durch Zahlung des für den Unterhalt erforderlichen Betrags abwenden. Auf die Verpflichtung des Beschenkten findet die Vorschrift des § 760 sowie die für die Unterhaltspflicht der Verwandten geltende Vorschrift des § 1613 und im Falle des Todes des Schenkers auch die Vorschrift des § 1615 entsprechende Anwendung.

(2) Unter mehreren Beschenkten haftet der früher Beschenkte nur insoweit, als der später Beschenkte nicht verpflichtet ist.

Materialien: Mugdan Prot II 747 ff; Enneccerus, Bericht der Reichstagskommission über den Entwurf eines Bürgerlichen Gesetzbuchs und Einführungsgesetzes 66 f; Jakobs/Schubert, Die Beratung des Bürgerlichen Gesetzbuches 399–402.

Schrifttum

Amann/Bambring/Hertel, Die Schuldrechtsreform in der Vertragspraxis (2002)
Bieresborn, Wenn zwei sich beschenken, freut sich der Dritte? Zum Rechtsschutz gegen nach § 93 SGB XII übergeleitete Schenkungsrückforderungsansprüche durch Sozial- und Zivilgerichte, SGb 2024, 561
Brähler-Boyan/Mann, Die Überleitung des Rückforderungsanspruchs des verarmten Schenkers auf den Sozialhilfeträger, NJW 1995, 1866
Bress-Brandmaier/Gühlstorf, Schenkungsrückforderungsansprüche bei geschütztem Vermögen nach § 90 SGB XII, ZfF 2016, 37
Brückner, Wohnungsrecht und subjektives Ausübungshindernis, NJW 2008, 1111
Burschel, Anm zu BGH, Urt v 20. 2. 2019 – Az XII ZB 364/18, NZFam 2019, 305
Doering-Striening, Sozialhilferegress und Gestaltungsfreiheit, ASR 2008, 179
dies, Sozialhilferegress bei Erbfall und Schenkung (2. Aufl 2022)
Eupen, Sozialhilferegress nach Immobilienschenkung im Wege vorweggenommener Erbfolge, Grundeigentum 2010, 1398
Franzen, Der Rückforderungsanspruch des verarmten Schenkers nach § 528 BGB zwischen Geschäftsgrundlagenlehre, Unterhalts- und Sozialhilferecht, FamRZ 1997, 528
Germer, Rückforderung der Schenkung wegen Verarmung des Schenkers, BWNotZ 1987, 61
Heinrichs, Anm zu BGH, Urt v 26. 10. 1999 – Az X ZR 69/97, EWiR 2000, 163
Heiter, Rückgewährhaftung mehrerer Beschenkter nach § 528 Abs 2 BGB, JR 1995, 313
Hörlbacher, Die vertragliche Modifizierbarkeit des Rückforderungsanspruchs des Schenkers wegen Notbedarfs nach § 528 BGB, ZEV 1995, 202
Kamps, Steuerneutrale Rückabwicklung von Schenkungen – zivilrechtliche Rückforderungsrechte (Teil 2), ZErb 2002, 212
Knütel, Anm zu BGH, Urt v 3. 2. 1989 – Az V ZR 190/87, JZ 1989, 378
ders, § 822 BGB und die Schwächen des unentgeltlichen Erwerbs, NJW 1989, 2504
Koch, Die Bestandskraft von Schenkungen bei späterer Inanspruchnahme von Sozialhilfe, JR 1993, 313
Kollhosser, Verfügbarkeit und Vererblichkeit

des Rückforderungsanspruchs aus § 528 Abs 1 S 1 BGB, ZEV 1995, 391
ders, Anm zu BGH, Urt v 28. 10. 1997 – Az X ZR 157/96, EWiR 1998, 105
ders, Anm zu BGH, Urt v 23. 9. 1999 – Az X ZR 114/96, ZEV 2000, 71
ders, Der Rückforderungsanspruch des verarmten Schenkers aus § 528 Abs 1 Satz 1 BGB – Entstehung, Fortbestand, Vererblichkeit, Pfändbarkeit, ZEV 2001, 289
ders, Anm zu BGH, Urt v 5. 11. 2002 – Az X ZR 140/01, ZEV 2003, 206
Krauss, Der Rückforderungsanspruch wegen Verarmung des Schenkers im Kontext des Sozialhilferechts, ZEV 2001, 417
Lambrecht, Der Zugriff des Sozialhilfeträgers auf den erbrechtlichen Erwerb (2001)
Liceni-Kierstein, Immobilienschenkung: Geeignete Rettung von Immobilienvermögen oder überflüssige Vermögensmanipulation, SR 2019, 152
Ludyga, Schenkungsrückforderungsansprüche gemäß § 528 BGB bei Pflege durch den Zuwendungsempfänger und § 93 SGB XII, NZS 2012, 121
Medicus, Anm zu BGH, Urt v 5. 11. 2002 – Az X ZR 140/01, EWiR 2003, 253
Meisterernst, Anm zu BGH, Urt v 19. 10. 2004 – Az X ZR 2/03, DNotZ 2005, 283
Muscheler, Das Rückforderungsrecht des Schenkers wegen Verarmung, JR 2024, 623
ders, Das Rückforderungsrecht des verarmten Schenkers im Erbfall: Im Wesen ein Unterhaltsanspruch, ZEV 2024, 649
Probst, Anm zu BGH, Urt v 14. 6. 1995 – Az IV ZR 212/94, JR 1996, 196
Roglmeier, Der Schenkungswiderruf wegen Verarmung und groben Undanks, ErbR 2015, 292
Roth, Verjährung des Schenkungsrückforderungsanspruchs aus § 528 I 1 BGB nach Überleitung auf den Sozialhilfeträger, NZFam 2018, 961
Ruby, Sozialhilferegress: Der Anspruch auf Herausgabe der Schenkung bei Verarmung des Schenkers als sozialrechtlicher Überleitungsgegenstand, ZEV 2005, 102
Rundel, Rückforderung wegen Verarmung des Schenkers bei mehreren Beschenkten, MittBayNot 2003, 177
Schippers, 10-Jahres-Frist und Nießbrauchsvorbehalt beim Rückforderungsanspruch des verarmten Schenkers (§§ 528, 529 BGB) – Kann sich eine zeitliche „Schwelle“ zur „Hürde“ wandeln? RNotZ 2006, 42
Seiler, Anm zu BGH, Urt v 20. 2. 2019 – Az XII ZB 364/18, FamRZ 2019, 698
Sick, Zur Darlegungs- und Beweislast bei übergegangenen Schenkungsrückforderungsansprüchen, NJ 2021, 18
Siegel/Jauss, Anm zu BGH, Urt v 20. 2. 2019 – Az XII ZB 364/18, MittBayNot 2020, 162
Spall, Notar und Sozialrecht – Rechtsgestaltung im Spannungsverhältnis zwischen privater und öffentlicher Solidarität, MittBayNot 2014, 211
Vaupel, Der Sozialhilferegress in der notariellen Praxis, RNotZ 2009, 497
Vollkommer/Schwaiger, Zur Frage der Vererblichkeit des Rückforderungsanspruchs aus BGB § 528 Abs 1 JZ 1996, 633, 635
Wacke, Die Rückauflassungsvormerkung für den Fall des vom Beschenkten verübten groben Undanks, JZ 2003, 179
Weber, Aufgabe des Wohnungsrechts und Schenkungsrückforderung, ZNotP 2019, 20
Werner, Anm zu OLG Köln, Urt v 28. 3. 2007 – Az 2 U 37/06, ZEV 2007, 489
Wimmer-Leonhardt, Anm zu BGH, Urt v 7. 11. 2006 – Az X ZR 184/04, ZEV 2007, 134
Wüllenkemper, Zur Abtretbarkeit des Rückforderungsanspruchs des verarmten Schenkers, JR 1988, 353
Zeranski, Ausschluss der Ansprüche auf Pflichtteilsergänzung und Schenkungsrückforderung wegen Fristablaufs, NJW 2017, 1345
ders, Der Rückforderungsanspruch des verarmten Schenkers (1998)
ders, Die postmortale Überleitung des Rückforderungsanspruchs des verarmten Schenkers durch den Sozialhilfeträger, NJW 1998, 2574
ders, Die Rückforderung von Schenkungen wegen Verarmung (2014)
ders, Zur Bedeutungslosigkeit des § SGB XII § 93 Abs SGB XII § 93 Absatz 1 Satz 3 SGB XII bei der Überleitung von Schenkungsrückforderungsansprüchen, NZS 2018, 673
ders, Verjährung des Schenkungsrückforderungsanspruchs und Regress des Sozialhilfeträgers, NJW 2020, 3409.

Systematische Übersicht

Alphabetische Übersicht

I. Regelungszweck

1 Beim Rückforderungsanspruch des Schenkers aus § 528 Abs 1 S 1 BGB handelt es sich um einen **gesetzlich speziell geregelten Fall des Wegfalls der Geschäftsgrundlage**: nach der Interessenlage der Parteien wird vorausgesetzt, dass der Schenker über eine auskömmliche Vermögenslage verfügt und ansonsten die Schenkung gar nicht oder nicht in diesem Maße vorgenommen hätte (Heck, Grundriss des Schuldrechts [1929] § 94 Nr 4; Franzen FamRZ 1997, 528, 529: vgl aber kritisch Muscheler JR 2024, 623, 629 ff, nach dem das Rückforderungsrecht des Schenkers keine nachvollziehbare Ratio besitzt).

2 Hieraus kann auch systematisch gefolgert werden, dass dort, wo die §§ 528 ff BGB Regelungslücken entstehen lassen, die allgemeinen Regeln des Wegfalls der Geschäftsgrundlage fruchtbar gemacht werden können (Franzen FamRZ 1997, 528, 529). Gleichfalls schließt die Tatsache, dass die §§ 527, 528 Abs 1 S 1 BGB und § 530 BGB spezielle Fälle des Wegfalls der Geschäftsgrundlage regeln, die **Anwendbarkeit des**

§ 313 BGB nicht aus, wenn der Sachverhalt außerhalb des speziellen Anwendungsbereichs der Herausgabeansprüche liegt (BGH 21. 12. 2005 – X ZR 108/03, NJW-RR 2006, 699, 701; vgl § 527 Rn 14 sowie § 530 Rn 57).

3 Unter **Abwägungsgesichtspunkten** trifft § 528 Abs 1 S 1 BGB eine Entscheidung zwischen den Interessen des Beschenkten am Fortbestand der Schenkung und den Interessen des Schenkers daran, seinen Lebensunterhalt aus eigener Kraft bestreiten zu können (OLG Koblenz 13. 6. 1990 – 5 U 75/90, NJW-RR 1991, 1218). Hierbei sind – im Gegensatz zu § 519 BGB, der nur eine Einrede gewährt – die Bestandsinteressen des Beschenkten stärker zu gewichten. Der Wortlaut des § 528 Abs 1 S 1 BGB legt bereits nahe, dass es hier um die **Rückabwicklung** einer bereits vollzogenen Schenkung geht. Der Unterschied zwischen § 519 BGB und § 528 BGB ist somit auf Tatbestandsseite gerade auch, aber nicht ausschließlich, zeitlicher Natur.

4 § 528 BGB wurde erst durch die Reichstagskommission in das BGB eingefügt. Bereits das **Allgemeine Preußische Landrecht** hatte in § 1123 I 11 BGB für den verarmten Schenker die Kompetenz, „von dem Beschenkten Sechs vom Hundert von der geschenkten Summe, oder dem Werthe der geschenkten Sache" zurückzufordern. Wie auch in § 528 Abs 1 S 2 BGB konnte der Beschenkte dies nach § 1126 I 11 ALR abwehren, indem er das Geschenk selbst, soweit gegenständlich oder seinem Wert nach noch in seinem Vermögen vorhanden, an den Schenker herausgab (vgl hierzu auch RG 20. 5. 1895 – IV 420/95, RGZ 35, 243).

5 Während man ursprünglich aus dem den Normzweck prägenden Gedanken des Eintretens der Notsituation beim Schenker folgerte, dass dieser **der einzige Nottragende** war, falls das Geschenk nicht herausgegeben wurde, trägt heute potentiell die **Allgemeinheit** das Risiko der Nichtherausgabe, da der Schenker bei Verarmung **Anspruch auf Sozialhilfe** geltend machen kann. Somit trifft das alte Prinzip der Selbsterhaltung auf das moderne Sozialstaatsprinzip mit nicht zu unterschätzenden Konsequenzen für die Auslegung des § 528 BGB (Rn 17 ff, 29 ff, 33, 52 ff).

II. Rückforderungsanspruch, § 528 Abs 1 S 1 BGB

1. Tatbestand

a) Notbedarf des Schenkers

aa) Unfähigkeit, den angemessenen Unterhalt zu bestreiten

6 Die Frage der Bedürftigkeit des Schenkers ist hierbei nach **Unterhaltsrecht** zu bestimmen. Wie bei § 519 Abs 1 BGB (vgl § 519 Rn 4) muss auch hier für das Maß des Unterhalts auf § 1610 Abs 1 BGB und die hierzu ergangene Rechtsprechung rekurriert werden (MünchKommBGB/Koch § 528 Rn 3). Naturgemäß anders als die Regelung des § 519 BGB, die ein noch nicht erfülltes Schenkungsversprechen betrifft und daher von der Prognose einer Gefährdung des angemessenen Unterhalts und Unterhaltspflichten des Schenkers ausgeht, stellen die sich auf die vollzogene Schenkung beziehenden §§ 528, 529 BGB grundsätzlich auf die **eingetretene Bedürftigkeit** des Schenkers ab (BGH 26. 10. 1999 – X ZR 69/97, BGHZ 143, 51, 54, NJW 2000, 728, 729; BGH 19. 7. 2011 – X ZR 140/10, BGHZ 190, 281, NJW 2011, 3082, 3083). Das schließt weder tatsächlich noch denklogisch aus, dass die zeitlich noch nicht eingetretene aber hinreichend konkrete und mit großer Wahrscheinlichkeit drohende Notsituation des Schenkers aus-

reichend sein kann, einen Rückforderungsanspruch nach § 528 Abs 1 S 1 BGB zu gewähren, welcher es dem Schenker ermöglichen soll, durch die Rückgabe des Geschenks seinen Notbedarf **von vorneherein und mit eigenen Mitteln zu bestreiten** (VG Düsseldorf 22. 8. 2008 – 21 K 4231/06, juris Tz 86; **aA** BGH 26. 10. 1999 – X ZR 69/97, BGHZ 143, 51, 54, NJW 2000, 728, 729; BGH 19. 7. 2011 – X ZR 140/10, BGHZ 190, 281, NJW 2011, 3082, 3083; MünchKommBGB/Koch § 528 Rn 4).

Kein Notbedarf besteht, wenn der Schenker eine nahe liegende **Erwerbsmöglichkeit** – die Verwertung eines ihm gegenüber dem Beschenkten zustehenden Wohnrechts – **nicht wahrnimmt**. Diese Erwerbsmöglichkeit kann ggf auch aus ergänzender Vertragsauslegung abgeleitet werden (OLG Koblenz 6. 1. 2004 – 5 W 826/03, juris Tz 9, ZEV 2004, 341, WuM 2004, 103 für den Fall der Umwandlung eines höchstpersönlichen Wohnrechts in die Befugnis, den Wohnraum an Dritte zu vermieten; vgl hierzu und zu den Grenzen der Vertragsauslegung bei Wohnrechten Ruby ZEV 2005, 102, 104). Danach ist ein Bedürftiger dann nicht mehr dazu in der Lage, sich selbst zu versorgen, wenn er seinen Unterhalt **weder aus Einkommen noch aus der Verwertung von Vermögen** bestreiten kann (VG Düsseldorf 22. 8. 2008 – 21 K 4231/06, juris Tz 77). 7

Die Bedürftigkeit des Schenkers besteht auch dann fort, wenn er seinen Lebensunterhalt durch **Rückgriff auf gesetzliche Unterhaltsansprüche** gegen seine Abkömmlinge bestreiten könnte; die *ratio* von § 528 Abs 1 S 1 BGB ist gerade, dass der Schenker selbst für seinen Lebensunterhalt aufkommen können soll (BGH 13. 2. 1991 – IV ZR 108/90, NJW 1991, 1824, 1825, MDR 1991, 908; Brähler-Boyan/Mann, NJW 1995, 1866, 1868). Unterhaltsansprüche des Schenkers werden somit ausnahmslos als **subsidiär** gegenüber der Rückgabe des Geschenkes angesehen. 8

Legt man diesen Zweck der Unterhaltssicherung des Schenkers zugrunde, so muss der **Anspruch ausgeschlossen sein**, wenn der Schenker verpflichtet wäre, den Schenkungsgegenstand sofort an einen Dritten weiterzuveräußern (OLG Celle 19. 10. 1998 – 4 W 227/98, NJW-RR 1999, 197). 9

Der Begriff der **Angemessenheit des Lebensbedarfs** im Rahmen des § 528 Abs 1 BGB bemisst sich weiterhin objektiv: der Schenker kann auf einen **Unterhalt** verwiesen werden, der nicht zwingend seinem bisherigen Lebensstil entspricht, sondern der **objektiv seiner Lebensstellung nach der Schenkung angemessen ist** (BGH 5. 11. 2002 – X ZR 140/01, juris Tz 42, FamRZ 2003, 224, 228, ZEV 2003, 206, 207 m zust Anm Kollhosser, vgl auch Anm Medicus EWiR 2003, 253). 10

Zur Frage der Entstehung des Anspruches aus § 528 Abs 1 S 1 BGB schweigt das Gesetz indessen. Einerseits wäre es möglich, auf den Zeitpunkt des **Entstehens des Notbedarfs** abzustellen, andererseits auf denjenigen Zeitpunkt, in dem der Schenker zum ersten Mal **Aufwendungen tätigt, um dem Notbedarf abzuhelfen**. Teleologisch betrachtet soll § 528 BGB den Schenker jedoch dazu in die Lage versetzen, seinen Notbedarf von vorneherein und rechtzeitig mit eigenen Mitteln zu decken. Würde man den Schenker darauf verweisen, den Notbedarf zuerst mit Fremdmitteln abzuwenden, so liefe dieser Gefahr, sich bis zur Vollstreckung eines rechtskräftigen Leistungsurteils überhaupt nicht finanzieren zu können. Es ist somit auf den **objektiven Bestand einer Notlage** abzustellen (Kollhosser ZEV 2001, 289, 292). 11

12 Wie bereits im Rahmen des § 519 BGB ist eine **Vermögensbilanzierung** notwendig, die das Aktivvermögen des Schenkers seinem Unterhaltsbedarf und seinen gesetzlichen Unterhaltsverpflichtungen gegenüberstellt (vgl hierzu bereits § 519 Rn 4 ff; BeckOK-BGB/Gehrlein [1. 11. 2025] § 528 Rn 2). Da jedoch in diesem Falle der Beschenkte stärker in die Bestandskraft der Schenkung vertrauen darf als vor deren Vollzug, müssen die weiteren, strengeren Voraussetzungen des § 528 BGB vorliegen.

bb) Unfähigkeit, gesetzliche Unterhaltspflichten zu erfüllen

13 Der Unfähigkeit des Schenkers, seinen eigenen Unterhalt zu bestreiten, stellt das Gesetz in einer zweiten Alternative die Unfähigkeit gleich, gesetzliche Unterhaltspflichten zu erfüllen. Hierbei muss freilich nur eine der Alternativen des § 528 Abs 1 S 1 BGB erfüllt sein. Unterhaltsbegründend wirken hier vor allem die **§§ 1360 ff, 1569 ff, 1601 ff, 1615a ff, §§ 5, 12, 16 LPartG**. Es reicht somit nicht aus, wenn einer rechtsgeschäftlich begründeten Unterhaltspflicht nicht mehr nachgekommen werden kann (MünchKommBGB/Koch § 528 Rn 3).

14 Aus der *ratio* des Rückforderungsanspruchs, die Erfüllung gesetzlicher Unterhaltsansprüche zu ermöglichen, folgt, dass eine Rückgewähr des geschenkten Vermögensgegenstands nur dann geschuldet sein kann, wenn dadurch die **unterhaltsrechtliche Leistungsfähigkeit tatsächlich** hergestellt wird. Dies ist der Fall, wenn der Unterhaltspflichtige aus dem verschenkten Gegenstand entweder unterhaltsrelevante Erträge erzielen kann oder ihn insoweit eine unterhaltsrechtliche Verwertungsobliegenheit trifft. Ergibt sich aus der Rückgewähr dagegen keine Verbesserung der unterhaltsrechtlichen Leistungsfähigkeit des Schenkers, könnte ein Rückforderungsanspruch seinen Zweck nicht erfüllen und scheidet daher aus (BGH 20. 2. 2019 – XII ZB 364/18, FamRZ 2019, 698, 699 m Anm Seiler, MDR 2019, 942 f; BGH 20. 2. 2019 – XII ZB 364/18 MittBayNot 2020, 159 m Anm Siegel/Jauss; vgl zur selben Frage im Anschluss BGH 20. 2. 2019 – XII ZB 365/18, FamRZ 2019, 885 ff, NJW 2019, 1439 ff; s auch Liceni-Kierstein SR 2019, 152 ff). Nach diesen Maßstäben besteht kein Anspruch auf Rückübertragung eines Miteigentumsanteils an einem Hausgrundstück bzw auf Zahlung des für den Unterhalt erforderlichen Betrags, wenn sich der Schenker ein lebenslanges Nießbrauchsrecht an der Wohnung vorbehalten hat, diese selbst bewohnt und hierauf für seinen weiteren eigenen Lebensunterhalt angewiesen ist. In diesem Fall trifft den Schenker neben der bestehenden Nutzungsobliegenheit keine Obliegenheit zur Vermögensverwertung (BGH 20. 2. 2019 – XII ZB 365/18).

b) Schenkungsvollzug

15 Im Hinblick auf die **Tatbestandsvoraussetzung** des Eintretens des Notbedarfs nach Vollzug der Schenkung ist eine Abgrenzung zur Einrede des Notbedarfs nach § 519 BGB zu treffen. Die Wendung „nach Vollziehung" **setzt** nämlich nicht voraus, dass die Bedürftigkeit des Schenkers Folge der Schenkung sein muss. Das „nach" in § 528 Abs 1 S 1 BGB ist rein temporal zu verstehen und drückt keinerlei Kausalbeziehung aus (BGH 19. 10. 2004 – X ZR 2/03, NJW 2005, 670, 671 m zust Anm Meisterernst DNotZ 2005, 283). Für die Geltendmachung des Anspruchs aus § 528 Abs 1 S 1 BGB kommt es somit alleine auf die **Entstehung des Notbedarfs** an. Ob der Notbedarf zeitlich nach dem Vollzug der Schenkung eingetreten ist, oder sogar bereits zuvor bestand, ist unerheblich (BGH 7. 11. 2006 – X ZR 184/04 Tz 19, BGHZ 169, 320, 325, NJW 2007, 60, 62, ZEV 2007, 134, 135 m teilw zust Anm Wimmer-Leonhardt; MünchKommBGB/Koch § 528 Rn 4). Gleichwohl kann nicht pauschal postuliert werden, dass § 528 Abs 1 S 1 BGB bereits

dann geltend gemacht werden kann, wenn überhaupt ein Schenkungsvertrag wirksam geschlossen worden ist (so missverständlich BGH 7. 11. 2006 – X ZR 184/04 Tz 19), da der Vollzug gerade die Grenze zwischen § 519 BGB einerseits und § 528 BGB andererseits markiert. Nach Vollzug soll der Bestand der Schenkung gerade grundsätzlich gewährleistet und daher nur eng gefasste Ausnahmen davon zulässig sein (so auch Wimmer-Leonhardt ZEV 2007, 137, 138).

c) Passivlegitimation

Nach dem klaren Wortlaut des § 528 Abs 1 S 1 BGB kann der Schenker **„von dem Beschenkten"** die Herausgabe des Geschenkes fordern. Dem kommt es gleich, wenn der Beschenkte verstirbt und beerbt wird; der **Rückforderungsanspruch** richtet sich **gegen die Erben**. Dagegen kann nicht eingewendet werden, dass der Anspruch auf Rückgewähr gegebenenfalls noch gar nicht entstanden ist. § 1967 Abs 2 BGB setzt nur voraus, dass die Ansprüche vom Erblasser „herrühren", so dass auch „verhaltene", also noch werdende und schwebende Rechtsbeziehungen vom Erblasser auf den Erben übergehen (BGH 7. 6. 1991 – V ZR 214/89, NJW 1991, 2558, 2559). 16

Gibt der Beschenkte den Schenkungsgegenstand **unentgeltlich an einen Dritten** weiter, so ist er – vorbehaltlich der Fälle verschärfter Bereicherungshaftung – nach § 818 Abs 3 BGB **entreichert** (BGH 10. 2. 2004 – X ZR 117/02, BGHZ 158, 63, 65, NJW 2004, 1314). Die Rechtsprechung erweitert die Bereicherungshaftung in analoger Anwendung des **§ 822 BGB** für diese Fälle **auf den Zweitbeschenkten**, so dass dieser *de facto* anstelle des Beschenkten passiv legitimiert ist (BGH 3. 2. 1989 – V ZR 190/87, BGHZ 106, 354, 358, NJW 1989, 1478, 1479, LM Nr 4 zu § 528, m zust Anm Knütel JZ 1989, 378; BGH 23. 9. 1999 – X ZR 114/96, BGHZ 142, 300, 301 f, NJW 2000, 134, 136; BGH 10. 2. 2004 – X ZR 117/02, BGHZ 158, 63, 65 f, NJW 2004, 1314; OLG Koblenz 13. 6. 1990 – 5 U 75/90, NJW-RR 1991, 1218). Begründet wird die Analogie mit dem fortbestehenden Interesse des Schenkers an seiner Unterhaltssicherung, welches auch gegenüber einem Zweitbeschenkten Geltung behalten muss (OLG Koblenz 13. 6. 1990 – 5 U 75/90, NJW-RR 1991, 1218). 17

Der **analogen Anwendung des § 822 BGB** stehe auch der Wortlaut von § 528 Abs 1 S 1 BGB („von dem Beschenkten") nicht entgegen. Die fehlende Beschränkung der Passivlegitimation in § 527 BGB sowie der Zweck des § 528 BGB indizieren eine weite Auslegung: der **Zweitbeschenkte ist nicht schutzwürdiger als der Erstbeschenkte** und auch nicht schutzwürdiger als ein Zweitbeschenkter in normalen Bereicherungsfällen (BGH 23. 9. 1999 – X ZR 114/96, BGHZ 142, 300, 302, NJW 2000, 134, 136; OLG Koblenz 13. 6. 1990 – 5 U 75/90, NJW-RR 1991, 1218). 18

Hat der Erstbeschenkte das Geschenk dazu verwendet, eine Sache zu erwerben, die er daraufhin dem Dritten zuwendet, so soll der **Dritte** zwar nach § 818 Abs 2 BGB nur auf **Wertersatz** haften, gleichzeitig aber die Möglichkeit haben, sich **durch Herausgabe** der zugewendeten Sache von seiner Pflicht zu **befreien** (BGH 10. 2. 2004 – X ZR 117/02, BGHZ 158, 63, 65 ff, NJW 2004, 1314 f). Hierbei ist es unerheblich, dass es sich im Verhältnis zwischen Beschenktem und Drittbegünstigtem um eine **unbenannte Zuwendung** handelt (zum Begriff vgl § 516 Rn 87 ff): für diese Fälle ist gewöhnlich das Schenkungsrecht zwischen den Ehegatten ausgeschlossen, um die primär güterrechtliche Abwicklung nicht zu gefährden. Im Verhältnis zu Dritten, also dem Anspruchsgegner nach § 822 BGB, könne hierdurch jedoch keine Modifikation entstehen (BGH 23. 9. 1999 – X ZR 114/96, BGHZ 142, 300, 303, NJW 2000, 134, 137; **aA** noch OLG Koblenz 13. 6. 19

1990 – 5 U 75/90, NJW-RR 1991, 1218, das auf den Wortlaut des § 822 BGB abstellt, der eine „unentgeltliche Zuwendung" voraussetzt; vgl KOLLHOSSER ZEV 2000, 71: Schenkung und unbenannte Zuwendung hätten sich soweit angenähert, dass nur noch im Rahmen der Rückforderungsansprüche und der Störung der Geschäftsgrundlage überhaupt Unterschiede bestünden).

20 **Gegen eine analoge Anwendung des § 822 BGB** wurde erwogen, dass die Norm, da es sich um einen eigenen Anspruch handele, rechtssystematisch bereits keine Anwendung finden könne, weil § 528 Abs 1 S 1 BGB nach einhelliger Ansicht (vgl Rn 37, 39) eine bloße Rechtsfolgenverweisung ins Bereicherungsrecht beinhalte (KNÜTEL NJW 1989, 2504, der iE eine zulässige Analogie bejaht; KOCH JR 1993, 313, 315). Das ist insoweit **unzutreffend**, als es sich bei der vom BGH zu Recht vorgenommenen analogen Anwendung des § 822 BGB auf den Fall des Zweitbeschenkten nicht um die typische Rechtsfolgenverweisung des § 528 handelt, sondern um die entsprechende Anwendung eines Rechtsgedankens bei vergleichbarer Interessenlage. Die Fokussierung dieser Diskussion auf die Frage der Rechtsnatur des § 822 BGB als eigenständige Anspruchsgrundlage ist im Hinblick auf den Anspruchsgegner iSd § 528 BGB unfruchtbar. Sie kann übrigens auch irreführend sein, wenn aus ihr zu Unrecht gefolgert wird, dass es sich dann bei § 822 BGB nur um eine Haftungserweiterung und keinen eigenständigen Anspruch handeln könne (so iE MünchKommBGB/SCHWAB § 822 Rn 6; richtigerweise krit dazu STAUDINGER/LORENZ [2007] § 822 Rn 2).

21 Freilich kommt die extensive Auslegung des Kreises der Rückforderungsschuldner den **Bedürfnissen der Praxis der Sozialhilfeträger** entgegen, die darauf bedacht sind, den nach § 93 SGB XII oder § 33 SGB II auf sie übergeleiteten bzw übergegangenen Anspruch auch gegenüber Dritten geltend zu machen. Doch die Analogie zu § 822 BGB hat ihren Ursprung in der Unterhaltssicherung des Schenkers, so dass, da es sich sowohl bei § 528 Abs 1 S 1 BGB als auch bei § 822 BGB um Billigkeitsregelungen handele, eine Analogie gerechtfertigt sei (so LAMBRECHT, Der Zugriff des Sozialhilfeträgers auf den erbrechtlichen Erwerb [2001] 196). Richtig allerdings ist, dass der Sozialhilfeträger öffentlich-rechtlich agiert; ein Anspruch aus § 528 Abs 1 S 1 iVm § 822 BGB analog betrifft die Grundrechte des Zweitbeschenkten, so dass dieser Eingriff für den Fall des Rückgewähranspruchs als Inhalts- und Schrankenbestimmung an den Grenzen des Art 14 Abs 1 S 2 GG zu messen sei (KOCH JR 1993, 313, 316, wo auch darauf hingewiesen wird, dass § 528 BGB als Spezialfall des Wegfalls der Geschäftsgrundlage impliziere, dass nur die ursprünglichen Vertragsparteien sich gegenseitige Rücksichtnahme schuldig seien und daher ein unbeteiligter Dritter nicht mit der Veränderung der Lebensumstände des Schenkers belastet werden dürfe, KOCH JR 1993, 315).

22 Richtet sich der Anspruch gegen **mehrere Beschenkte**, so ist vorrangig zu prüfen, ob ein Stufenverhältnis, wie es § 528 Abs 2 BGB anordnet (vgl hierzu Rn 50 f), besteht. Ist dies nicht der Fall, so haften mehrere gleichzeitig bedachte Beschenkte dem Schenker bis zur Haftungsobergrenze **nicht anteilig**, sondern im Rahmen des Bereicherungsrechts **bis zur Obergrenze des angemessenen Unterhaltsbedarfs** (BGH 13. 2. 1991 – IV ZR 108/90, NJW 1991, 1824; BGH 28. 10. 1997 – X ZR 157/96, BGHZ 137, 76, 79 f, NJW 1998, 537, 538 m zust Anm KOLLHOSSER EWiR 1998, 105; OLG Karlsruhe 12. 10. 2021 – 24 U 7/21, FamRZ 2022, 909, 912, NJOZ 2022, 334, 338; OLG Frankfurt 8. 1. 1993 – 25 U 162/92, NJW-RR 1993, 835; **aA** HEITER JR 1995, 313, 316 mit Hinweis auf die Parallelvorschrift des § 2329 Abs 3 BGB und auf die Wertungen des § 528 Abs 2 BGB und des § 1603 Abs 3 S 1 BGB). Eine nur anteilige Haftung lässt sich auch nicht aus § 528 Abs 2 BGB analog oder aus § 242 BGB herleiten:

§ 528 Abs 2 BGB gilt explizit nur für zeitlich auseinanderliegende Schenkungen und im Rahmen von Treu und Glauben müssen die Interessen des Beschenkten den Interessen des Schenkers an einer effektiven Sicherung seines Unterhalts weichen (OLG Frankfurt 8. 1. 1993 – 25 U 162/92, NJW-RR 1993, 835). Dies ist insbesondere auch der Fall, wenn nach dem Willen der Parteien beide Schenkungen als einheitlicher Akt angesehen werden können, was anzunehmen ist, wenn beide Schenkungen in der gleichen notariellen Urkunde festgehalten werden (BGH 28. 10. 1997 – X ZR 157/96, BGHZ 137, 76, 80 f, NJW 1998, 537, 538 m zust Anm Kollhosser EWiR 1998, 105). Eine **Aufspaltung des Anspruchs nach Anteilen**, wie sie § 426 Abs 1 S 2 BGB vorsieht, ist § 528 Abs 1 BGB ebenfalls **wesensfremd**. Teleologisch geht es um die Sicherung der Lebensgrundlage des Schenkers, die gefährdet wäre, wenn er im Prozess ggf eine aufwendige Bewertung des auf den in Anspruch genommenen Beschenkten entfallenden Anteils vornehmen müsste (BGH 13. 2. 1991 – IV ZR 108/90, NJW 1991, 1824, 1825, MDR 1991, 908).

Die Haftung eines jeden Beschenkten für die volle Summe der Schenkung ist als **Gesamtschuldverhältnis** nach §§ 421 ff BGB (analog) anzusehen (BGH 13. 2. 1991 – IV ZR 108/90, NJW 1991, 1824, 1825, MDR 1991, 908). Diese Wertung folgt bereits daraus, dass der Schenker die Beschenkten frei wählen konnte und somit auch den Rückforderungsschuldner nach § 528 Abs 1 S 1 BGB frei wählen können muss (OLG Frankfurt 8. 1. 1993 – 25 U 162/92, NJW-RR 1993, 835). Die **Gleichstufigkeit der Verbindlichkeiten** beider Beschenkter liegt weiterhin vor, da sie im Außenverhältnis in Höhe des Gesamtbedarfs des Schenkers – in den Grenzen der eigenen Bereicherung nach § 818 Abs 1 BGB – haften (BGH 13. 2. 1991 – IV ZR 108/90). Eine Verminderung der Haftungsobergrenzen und somit eine Rangordnung kann es bei gleichzeitig Beschenkten nicht geben (OLG Frankfurt 8. 1. 1993 – 25 U 162/92). 23

Im Innenverhältnis der Beschenkten ist nach § 426 BGB Ausgleich zu leisten, soweit sich die Verpflichtungen beider Schuldner decken. Auch im Innenausgleich zwischen den Beschenkten kann § 528 Abs 2 BGB nicht zur Anwendung kommen, da er alleine das Verhältnis zwischen Schenker und Beschenktem betrifft (BGH 13. 2. 1991 – IV ZR 108/90, NJW 1991, 1824, 1825, MDR 1991, 908). Für darüberhinausgehende Verpflichtungen besteht die Notwendigkeit anderer Regressinstrumente bzw vertraglicher Ausgleichsregelungen (Heiter JR 1995, 313, 317 ff; Kollhosser EWiR 1998, 105, 106; zu den Auswirkungen von Einwendungen und Einreden auf den Gesamtschuldnerausgleich – insbes § 818 Abs 3 BGB – vgl Rundel MittBayNot 2003, 177, 182). 24

d) Aktivlegitimation

aa) Schenker

§ 528 BGB sieht den **Schenker als primär zur Geltendmachung des Anspruchs Berechtigten**. Dieser kann also frei darüber entscheiden, ob er im Falle des Notbedarfs von dem Beschenkten das Geschenk zurückverlangen will, oder lieber eine unangemessene Lebensführung in Kauf nimmt. Daraus folgt *per se* nicht (das wäre nach Kollhosser ZEV 1995, 391, 392 „schlechte Begriffsjurisprudenz"; s auch Vollkommer/Schwaiger JZ 1996, 633, 635), dass der Anspruch höchstpersönlicher Natur sei (BGH 25. 4. 2001 – X ZR 229/99, BGHZ 147, 288, 290, NJW 2001, 2084, 2085; BGH 9. 11. 1994 – IV ZR 66/94, BGHZ 127, 354, 356, NJW 1995, 323). Aus der besonderen Interessenlage des Schenkers ergibt sich vielmehr, dass es sich bei § 528 Abs 1 S 1 BGB um einen **zweckgebundenen Anspruch** handelt, wobei der Zweck in der Deckung des Notbedarfs des Schenkers liegt (MünchKommBGB/Koch § 528 Rn 17; Probst JR 1996, 196, 197). Mit diesem Ansatz lassen 25 sich va die **Abtretbarkeit** und **Vererblichkeit** des Anspruchs (vgl Rn 28 ff, 33 f) begründen, die im Gegensatz zu früheren Tendenzen heute nicht mehr ausgeschlossen werden (BGH 25. 4. 2001 – X ZR 229/99, BGHZ 147, 288, 290 ff, NJW 2001, 2084, 2085 f; BGH 9. 11. 1994 – IV ZR 66/94, BGHZ 127, 354, 355 ff, NJW 1995, 323 f; BGH 7. 11. 2005 – X ZR 184/04 Tz 26, BGHZ 169, 320, 327 f, NJW 2007, 60, 62 f). Das Kriterium der **Zweckgebundenheit** muss konsequenterweise auch eng verstanden werden. So lässt sich nicht vertreten, mit Leistung der Sozialhilfe falle der Zweck fort, für den der Rückforderungsanspruch bestimmt war, da der Notbedarf mit der Sozialhilfeleistung bereits gedeckt sei (Kollhosser ZEV 1995, 391, 393 und ZEV 2001, 289, 292 mit Hinweis auf eine treuhänderische Verpflichtung des Schenkers nach § 242 BGB, den Anspruch dem Sozialhilfeträger abzutreten; vgl auch Vollkommer/Schwaiger JZ 1996, 633, 635). Allerdings muss es für den Insolvenzverwalter ausgeschlossen sein, einen Anspruch aus § 528 Abs 1 S 1 BGB geltend zu machen, wenn das Geschenk nur den Massegläubigern zugutekommen kann (insoweit äußert das OLG Stuttgart 21. 3. 1986 – 2 U 181/85, NJW 1987, 782, 783 in einem *obiter dictum* grundsätzlich Zweifel daran, dass der Insolvenzverwalter einen Anspruch aus § 528 BGB zugunsten der Massegläubiger geltend machen kann; in dem Falle hatte der Schenker einem Verein ein verzinsliches Darlehen gewährt, welches erst nach dreißig Jahren und nur für den aus Altersgründen nicht unbedingt wahrscheinlichen Fall des Überlebens des Zuwendenden zu tilgen war, weshalb eine Schenkung nahe liege).

26 Erfolgt eine Schenkung durch eine **Erbengemeinschaft**, so kann gleichwohl **einer der Miterben** den Anspruch aus § 528 Abs 1 S 1 BGB geltend machen, wenn auch nur in seiner Person der Notbedarf gegeben ist: Die Erbengemeinschaft hat zwar gesamthänderisch gehaltenes Sondervermögen, sie ist jedoch nicht ähnlich wie eine juristische Person soweit verselbstständigt, dass man auf sie selbst als Schenker rekurrieren müsste. Vielmehr ist durch die Weggabe eines Vermögenswertes, der der Erbengemeinschaft zusteht, mittelbar gleichsam das Vermögen eines Miterben gemindert. Würde nur die Erbengemeinschaft den Anspruch geltend machen können, würde das vielmehr zu unauflösbaren Wertungswidersprüchen führen (OLG Köln 28. 3. 2007 – 2 U 37/06, ZEV 2007, 489 m teilw zust Anm Werner).

bb) Überleitung auf den Träger der Sozialhilfe

27 Ist der Sozialhilfeträger mit **Sozialleistungen in Vorlage getreten**, so kann er gemäß § 93 Abs 1 SGB XII den **Anspruch** aus § 528 Abs 1 S 1 BGB **auf sich überleiten** (hierzu ausführlich Rn 52 ff). Folge dieser Überleitung ist es, dass **der Schenker seine Aktivlegitimation verliert**. Der Beschenkte kann sich dann nicht dadurch von seiner Zahlungspflicht befreien, dass er im Einvernehmen mit dem Schenker den Schenkungsvertrag aufhebt und das Geschenk an den Schenker zurückgibt (BGH 11. 3. 1994 – V ZR 188/92, BGHZ 185, 283 ff, NJW 1994, 1655 f). Durch die Überleitung auf den Sozialhilfeträger hat der Schenker seine Forderungsinhaberschaft verloren, so dass der Beschenkte sich keinesfalls auf die Ersetzungsbefugnis des § 528 Abs 1 S 2 BGB berufen kann, wenn er an den Schenker leistet; innerhalb der Grenzen des § 407 BGB – der in diesen Fällen nicht einschlägig sein wird, da die Anspruchsüberleitung die schriftliche Anzeige des Sozialhilfeträgers an den Beschenkten voraussetzt (vgl § 93 Abs 2 S 1 SGB XII) – erbringt der Beschenkte durch Restitution an den Schenker somit nicht eine andere Leistung iSd § 528 Abs 1 S 2 BGB, sondern vielmehr gar keine Leistung (BGH 11. 3. 1994 – V ZR 188/92).

cc) Übertragung kraft Erbfolge

28 Der Anspruch nach § 528 Abs 1 S 1 BGB **erlischt nicht** mit dem Tode des Schenkers; vielmehr geht er auf die Erben des Schenkers kraft Universalsukzession (§ 1922 BGB) über. Dagegen kann weder der höchstpersönliche Charakter des Anspruchs eingewendet werden (so auch BGH 14. 6. 1995 – IV ZR 212/94, NJW 1995, 2287 m iE zust Anm Probst JR 1996, 196; Rn 25) noch der Verweis in § 528 Abs 1 S 3 BGB auf § 1615 BGB, der das Erlöschen des Unterhaltsanspruchs für den Fall des Todes des Berechtigten vorsieht (das Erlöschen annehmend VGH Mannheim 31. 7. 1985 – 6 S 2606/83, NJW 1986, 272, 273). Da nämlich § 760 BGB sich nur auf die Ersetzungsbefugnis des Beschenkten nach § 528 Abs 1 S 2 BGB beziehen kann (vgl Oertmann, Schuldverhältnisse II [5. Aufl 1929] § 528 Nr 3a), ist davon auszugehen, dass die Verweisungen in § 528 Abs 1 S 3 BGB nur für die **Ersetzungsbefugnis** des § 528 Abs 1 S 2 BGB, nicht jedoch für den Anspruch aus S 1 gelten (hM; MünchKommBGB/Koch § 528 Rn 24; Grüneberg/Weidenkaff [85. Aufl 2026] § 528 Rn 7; OLG Karlsruhe 18. 3. 1994 – 15 U 251/93, NJW-RR 1995, 571; BGH 29. 3. 1985 – V ZR 107/84, BGHZ 94, 141, NJW 1985, 2419; **aA** Vollkommer/Schwaiger JZ 1996, 633, 635: § 1615 BGB sei anwendbar teleologisch reduziert aufgrund des Rechtsgedankens von § 1613 Abs 2 BGB; vgl Rn 48 f).

29 Vor allem die **Rechtsprechung** weist darauf hin, dass der Zweck des Anspruches aus § 528 Abs 1 S 1 BGB auch **nach Ableben des Schenkers** weiterhin gewahrt wird, wenn dieser Sozialhilfeleistungen in Anspruch genommen hat, da der Zweck hier in der Sicherung des Nachranges der Sozialhilfe besteht (BGH 20. 12. 1985 – V ZR 66/85, BGHZ 96, 380, 382, NJW 1986, 1606; BGH 14. 6. 1995 – IV ZR 212/94, NJW 1995, 2287; BVerwG 10. 5. 1990 – 5 C 63/88, BVerwGE 85, 136, 138, NJW 1990, 3288, 3289; OLG Karlsruhe 18. 3. 1994 – 15 U 251/93, NJW-RR 1995, 571; Zeranski NJW 1998, 2574, 2575; so iE auch Vollkommer/Schwaiger JZ 1996, 633, 635, die den Anspruch wegen seiner „notwendigen Funktion als Regressinstrument" aufrechterhalten). Dem Beschenkten dürfe es nicht zugutekommen, dass der Sozialhilfeträger häufig erst nach dem Tode des Schenkers aufgrund von Ermittlungen von der Schenkung erfahre; dies sei mit dem Zweck des § 93 SGB XII nicht vereinbar (OLG Karlsruhe 18. 3. 1994 – 15 U 251/93). Weiterhin wird aus einer teleologischen Betrachtung des Überleitungsmechanismus des § 93 SGB XII gefolgert, dass, da die Überleitung auch ohne oder gegen den Willen des Bedürftigen erfolgen könne, die **Rechtsposition des Beschenkten** ohnehin **materiell-rechtlich mit einer Rückgewährpflicht belastet** sei, die mit der Überleitungsanzeige nur konkretisiert und individualisiert werde; dies müsse auch nach dem Tode des Schenkers möglich sein (BGH 14. 6. 1995 – IV ZR 212/94, NJW 1995, 2287).

30 Freilich macht es für die **Vererbbarkeit** keinen Unterschied, ob die Überleitung des Anspruchs auf den Träger der Sozialhilfe oder auf jemand anderen erfolgt (vgl Probst JR 1996, 196, 197). Zu seinen Lebzeiten hat der Schenker prinzipiell die Möglichkeit, zu wählen, ob er bei Notbedarf den Anspruch aus § 528 Abs 1 S 1 BGB geltend macht oder er vielmehr seine Bedürfnisse unterhalb des Maßes eines angemessenen Unterhalts ansiedelt. Hat der Schenker bereits zu Lebzeiten signalisiert, er möchte sich nicht so weit einschränken, dass er seinen angemessenen Lebensunterhalt nicht mehr decken kann, und daher **die Hilfe Dritter** in Anspruch nehmen– wobei es gleichgültig sein muss, ob es sich um die öffentliche Hand oder private Dritte handelt – so hat sich der Zweck des § 528 Abs 1 S 1 BGB entfaltet. Somit materialisiert sich die zuvor noch von dem Willen des Schenkers abhängige Anspruchsposition mit der Konsequenz, dass der **Anspruch nicht mit dem Tode des Schenkers wegen Zweck-**

fortfalls untergehen kann (BGH 25. 4. 2001 – X ZR 229/99, BGHZ 147, 288, 289 ff, NJW 2001, 2084, 2085 f, ZEV 2001, 241, 242 f; BGH 14. 6. 1995 – IV ZR 212/94, NJW 1995, 2287).

31 Ist der Beschenkte gleichzeitig Alleinerbe des Schenkers, fragt es sich, ob aufgrund der Identität von Gläubiger- und Schuldnerposition der Anspruch aus § 528 Abs 1 S 1 BGB wegen **Konfusion** erlischt. Die Frage stellt sich in der Praxis insbesondere, wenn der Träger der Sozialhilfe den Anspruch gegen den Beschenkten auch noch nach Eintritt des Erbfalles auf sich überleiten möchte. Gingen frühere Entscheidungen noch davon aus, dass eine solche öffentlich-rechtliche Überleitung mangels zivilrechtlichen Anspruchs ins Leere gehen müsste (so bspw OLG Celle 7. 9. 1992 – 20 W 7/92, NdsRpfl 1993, 11), so geht die **Rechtsprechung** heute davon aus, dass die **Vereinigung von Gläubiger- und Schuldnerstellung** im Falle des § 528 Abs 1 S 1 BGB nicht in jedem Falle zum **Untergang des Anspruchs** wegen Konfusion führen muss (BGH 14. 6. 1995 – IV ZR 212/94, NJW 1995, 2287, 2288). Zwar gehe der Anspruch regelmäßig mit der Konfusion unter, dies sei aber nicht gesetzlich vorgeschrieben, vielmehr kenne das Gesetz gerade in den §§ 1976, 1991 Abs 2, §§ 2143, 2175, 2377 BGB auch Forderungsfiktionen. Dann könne aber auch bei Konfusion von Schenker und Beschenktem je nach der Interessenlage der Parteien mit Rücksicht auf etwaige Rechte Dritter von einem Fortbestehen auszugehen sein, wenn zB der beschenkte Erbe sich in einer Erbengemeinschaft mit Dritten befindet oder aber wie hier der Sozialhilfeträger zugunsten des Schenkers Leistungen erbracht hat (BGH 14. 6. 1995 – IV ZR 212/94, der zudem eine Parallele zur Situation eines Pfandrechtsgläubigers bei Pfandrechten an Rechten zieht). Dies lässt sich durch eine entsprechende Anwendung des **Rechtsgedankens des § 2175 BGB stützen** (so erstmals Zeranski NJW 1998, 2574, 2576), nach dem die Rechte als nicht erloschen gelten, welche im Wege des Vermächtnisses zugewendet worden sind. Freilich kann dieser Gedanke nicht zum Vorteil des Sozialhilferegresses überstrapaziert werden (davon geht wohl aber Zeranski NJW 1998, 2574, 2576 aus; explizit mit dem Nachrang der Sozialhilfe argumentierend BGH 14. 6. 1995 – IV ZR 212/94, NJW 1995, 2287). § 2175 BGB soll das Interesse des Vermächtnisnehmers am Erhalt der Forderung schützen, garantiert mittelbar also die Testierfreiheit des Erblassers; bei der Überleitung des Anspruchs aus § 528 BGB auf den Sozialhilfeträger wird jedoch der Nachrang der Sozialhilfe wiederhergestellt, also einem Interesse der Allgemeinheit Rechnung getragen; dh hier wird in Analogie zu einer privatrechtlichen Norm ein Grundrechtseingriff vorgenommen (hierzu noch Rn 59).

dd) Rechtsgeschäftliche Verfügungen

(1) Erfüllung

32 Hat sich der Schenker in der Lebensführung derart eingeschränkt, dass er seine Lage ohne Inanspruchnahme des Geschenks bestreiten konnte, so erlischt der Anspruch wegen **Zweckfortfalls**. Eine Leistung aus § 528 Abs 1 S 1 BGB ist bereits teleologisch nur für die **Zukunft** zu gewähren. Für die **Vergangenheit** kann eine solche dagegen nicht gefordert werden. Der Anspruch erlischt zu Lebzeiten des Schenkers auch durch Erfüllung, § 362 Abs 1 BGB, wenn der Beschenkte bzw sein Erfüllungsgehilfe (§ 278 BGB) den **Schenkungsgegenstand zurückgibt** oder ein Dritter iSd § 267 BGB leistet. Weder Dritter noch Erfüllungsgehilfe sind insoweit die Sozialhilfeträger und private Dritte, die nach dem Nachrangprinzip leisten. Für den Sozialhilfeträger ergibt sich das Bestehenbleiben des Anspruchs bereits aus § 2 Abs 1 SGB XII, für private Dritte aus § 843 Abs 4 BGB analog (Kollhosser ZEV 2001, 289, 292).

(2) Abtretbarkeit

33 Unproblematisch ist die **Abtretung des Anspruchs** aus § 528 Abs 1 S 1 BGB nach §§ 398 ff BGB für den Fall der Überleitung auf den Sozialhilfeträger nach § 93 Abs 1 SGB XII, da hier in § 93 Abs 1 S 4 SGB XII die Überleitbarkeit trotz Unpfändbarkeit oder Unübertragbarkeit bestimmt wird (BGH 25. 4. 2001 – X ZR 229/99, BGHZ 147, 288, 292 f, NJW 2001, 2084, 2085, ZEV 2001, 241, 242 f; OLG München 30. 4. 1992 – 1 U 6234/91, NJW-RR 1993, 250). Hierbei kann weiterhin festgehalten werden, dass die Abtretbarkeit des Anspruchs jedenfalls **nicht** an **§ 400 BGB iVm § 852 Abs 2 ZPO** scheitert. Die Anwendbarkeit des § 400 BGB scheidet nämlich unter dem teleologischen Gesichtspunkt aus, dass Unterhaltsansprüche abtretbar sind, wenn sie ihre Unterhaltssicherungsfunktion erfüllen; eine Unpfändbarkeit liegt danach insbesondere dann nicht mehr vor, wenn der Anspruchsinhaber den vollen Gegenwert der Forderung erhalten hat und diesen behält. Dieser Gedanke ist auf den Rückforderungsanspruch dergestalt übertragbar, dass er an diejenige Person abtretbar ist, die die Finanzierung des Unterhalts des Schenkers ermöglicht (Franzen FamRZ 1997, 528, 534; Wüllenkemper JR 1988, 353, 356 f; BGH 9. 11. 1994 – IV ZR 66/94, BGHZ 127, 354, 355 ff, NJW 1995, 323; vgl Krauss ZEV 2001, 417, 418, der den Verweis in § 400 BGB nicht auf § 852 Abs 2 ZPO, sondern auf die Pfändungsverbote der §§ 850–850l ZPO bezieht).

34 Steht § 400 BGB einer Abtretbarkeit des Anspruchs nicht entgegen, so muss der Anspruch letztlich an **§ 399 Alt 1 BGB** gemessen werden, wonach eine Forderung dann nicht abgetreten werden kann, wenn sich dadurch der Inhalt der Leistung verändern würde. Anspruchszweck und somit Inhalt der Leistung ist die Sicherung des Unterhalts des Schenkers (BGH 9. 11. 1994 – IV ZR 66/94, BGHZ 127, 354, 355 ff, NJW 1995, 323; Rn 1 ff, 6 ff, 25, 29 f). Konsequenterweise kann der Anspruch aus § 528 Abs 1 S 1 BGB nur an diejenigen Personen abgetreten werden, die in die Unterhaltssicherung des Schenkers involviert sind, insbesondere dadurch, dass sie in Vorlage für den Bedarf des Schenkers getreten sind; der Anspruch ist somit nur an diejenigen **Dritten abtretbar, die in Vorlage getreten sind, ohne dadurch Erfüllung des Anspruchs zu bewirken** (Rn 21, 33, 36, 55). Andernfalls würde eine Inhaltsänderung iSd § 399 Alt 1 BGB eintreten (OLG München 30. 4. 1992 – 1 U 6234/91, NJW-RR 1993, 250; vgl aber auch BGH 25. 4. 2001 – X ZR 229/99, BGHZ 147, 288, 293, NJW 2001, 2084, 2086, ZEV 2001, 241, 243, der die Abtretbarkeit davon abhängig macht, ob der Schenker zu erkennen gegeben hat, dass er nicht mit einem geringeren als dem angemessenen Unterhalt auskommen möchte). Stützen lässt sich diese Erwägung auch dadurch, dass dem Verweis in § 528 Abs 1 S 3 BGB auf § 1613 BGB teleologisch zu entnehmen ist, dass der Anspruch aus § 528 Abs 1 S 1 BGB in seiner Unterhaltssicherungsfunktion generell verfügbar ist (Franzen FamRZ 1997, 528, 535). Dies ist nur dann der Fall, wenn er an die in Vorlage Getretenen abgetreten wird.

(3) Verzichtbarkeit

35 Schenker und Beschenkter können sich **nicht vertraglich dergestalt einigen**, dass der Anspruch aus § 528 Abs 1 S 1 BGB **abbedungen** wird. Dies würde gegen **§ 138 Abs 1 BGB** verstoßen (MünchKommBGB/Koch § 528 Rn 18). In solchen Fällen nämlich nehmen Schenker und Beschenkter in Kauf, dass der Schenker später der Sozialhilfe überantwortet wird (Eupen, Grundeigentum 2010, 1398, 1402; Krauss ZEV 2001, 417, 422). Der Anspruch aus § 528 BGB soll den Schenker dergestalt vor Verarmung schützen, dass er auch freiwillig nicht auf die Rückforderung zum Erhalt des notwendigen Unterhalts verzichten kann. Dies kann *a fortiori* auch dann nicht möglich sein, wenn dadurch sozialhilferechtliche Bedürftigkeit geschaffen werden soll. **Mittelbar** schützt

§ 528 BGB auch die **Interessen der Allgemeinheit**, weil grundsätzlich der Wert des Geschenks zur Deckung eines später eintretenden Notbedarfs herangezogen werden und eine Belastung des Sozialhilfeträgers insoweit vermieden werden kann (zur sittenwidrigen Vereitelung des Rückgriffs des Sozialleistungsträgers durch Erhebung der Notbedarfseinrede BGH 20. 11. 2018 – X ZR 115/16, FamRZ 2019, 701, 703 m Anm Seiler; vgl insoweit § 529 Rn 11). Über die Generalklausel des § 138 Abs 1 BGB hält auch die grundgesetzliche Wertung des **Sozialstaatsprinzips** Einzug ins Zivilrecht. Somit kann die Sittenwidrigkeit des Verzichts über § 138 Abs 1 BGB begründet werden (so auch Hörlbacher ZEV 1995, 202, 204, der eine Parallele zur Rechtsprechung über die Sittenwidrigkeit des Verzichts auf nachehelichen Unterhalt zieht).

(4) Verpfändbarkeit

36 Bereits aus § 1274 Abs 2 BGB ergibt sich ein Parallelismus zwischen Pfändbarkeit des Anspruchs aus § 528 Abs 1 S 1 BGB und Abtretbarkeit des Anspruchs. Dieser kann somit nur an die **Unterhaltsgläubiger des Schenkers** sowie an solche **Personen** verpfändet werden, die für den Schenker in **Vorlage** getreten sind (MünchKommBGB/Koch § 528 Rn 19). Ebenfalls parallel zu den bereits behandelten Grundsätzen (vgl Rn 34) kann der Tod des Schenkers nicht zum Erlöschen des Pfandrechts führen (MünchKommBGB/Koch § 528 Rn 19). Dies ergibt sich bereits daraus, dass sich die Unterhaltssicherungsfunktion des Anspruchs durch die Bestellung des Pfandrechts aktualisiert hat und mit dem Tode des Schenkers kein Zweckfortfall mehr möglich ist.

2. Rechtsfolge

a) Verweis auf das Bereicherungsrecht

37 In dem Verweis des § 528 Abs 1 S 1 BGB aE ist eine **Rechtsfolgenverweisung** ins Bereicherungsrecht zu sehen (allg A, vgl nur BGH 19. 12. 2000 –X ZR 146/99, NJW 2001, 1207, 1208; OLG Frankfurt 8. 1. 1993 –25 U 162/92, NJW-RR 1993, 835; OLG Köln 26. 6. 1985 –26 U 6/85, FamRZ 1986, 988; MünchKommBGB/Koch § 528 Rn 5). § 528 BGB möchte den Schenkungen eines verarmten Schenkers somit ihre schuldrechtliche Wirkung nehmen, indem er den Schenker zur Herausgabe verpflichtet, als hätte dieser das Geschenk ohne Rechtsgrund erlangt (OLG Frankfurt 8. 1. 1993 –25 U 162/92, NJW-RR 1993, 835).

b) Umfang des Anspruchs

38 Wird das Geschenk nach § 528 Abs 1 S 1 BGB zurückgefordert oder wendet der Beschenkte die Rückforderung durch Unterhaltsleistung nach § 528 Abs 1 S 2 BGB ab, so erlischt rückwirkend die **Schenkungsteuerschuld** nach § 29 Abs 1 Nr 1 oder Nr 2 ErbStG mit der Folge, dass die Schenkungsteuer zurückgewährt wird (vgl hierzu näher Kamps ZErb 2002, 212).

aa) Herausgabe

39 Der Umfang des Herausgabeanspruchs aus § 528 Abs 1 S 1 BGB richtet sich aufgrund der Rechtsfolgenverweisung primär nach **§ 818 Abs 1 BGB** (vgl hierzu Staudinger/Lorenz [2007] § 818 Rn 3 ff). So ist in erster Linie der Schenkungsgegenstand als „Erlangtes“ herauszugeben. Dies folgt bereits aus dem Rechtsgedanken des § 812 Abs 1 S 1 BGB selbst und wird von § 818 Abs 1 BGB vorausgesetzt (Grüneberg/Retzlaff [85. Aufl 2026] § 818 Rn 5). Ansonsten umfasst der Anspruch gemäß § 528 Abs 1 S 1 iVm § 818 Abs 1 BGB die tatsächlich gezogenen Nutzungen sowie die für den Schenkungsgegenstand erlangten Surrogate (BGH 11. 4. 1957 – II ZR 182/55, BGHZ

24, 106, 110 f, NJW 1957, 1026, 1027). Hierunter fallen freilich keine rechtsgeschäftlichen **Surrogate**, so dass insoweit nur Wertersatz nach **§ 818 Abs 2 BGB** zu leisten ist (BGH 11. 4. 1957 – II ZR 182/55). Bei einem wirtschaftlich nutzbaren Gegenstand sind – wie gesagt – jedenfalls die tatsächlich gezogenen **Nutzungen** herauszugeben (BGH 17. 4. 2018 – X ZR 65/17, NJW 2018, 3775, 3776 m Anm Zeranski, RNotZ 2018, 694, 695 m Anm Henning). Zu weitgehend ist dabei die Auffassung des BGH, wonach die Nutzungsherausgabe alle seit dem Vollzug der Schenkung gezogenen Nutzungen umfassen soll (BGH 17. 4. 2018 – X ZR 65/17). Zurecht wird darauf hingewiesen, dass hierdurch das Haftungsrisiko des Beschenkten, freilich in den Grenzen des § 818 Abs 3 BGB, insbesondere dann erhöht werde, wenn sich dieser durch Eigennutzung des Schenkungsgegenstands Aufwendungen erspart habe (Zeranski, Anm zu BGH 17. 4. 2018 – X ZR 65/17, NJW 2018, 3775, 3777 f). Soweit der BGH darüber hinaus auf die bloße Möglichkeit zur Nutzung des geschenkten Gegenstands abstellt (BGH 17. 4. 2018 – X ZR 65/17) und dadurch rein hypothetische Nutzungen seit dem Vollzug der Schenkung einzubeziehen scheint, greift er in nicht gerechtfertigter Weise in die **Dispositionsbefugnis** des Beschenkten über den Schenkungsgegenstand ein. Nach der schuldrechtlich und dinglich wirksam vollzogenen Schenkung gebührt die Zuwendung samt den sich daraus ergebenden Rechten und Befugnissen bis zur Entstehung des Anspruchs aus § 528 BGB dem Beschenkten (Zeranski NJW 2018, 3775, 3778). Schließlich kann der Schenker nach dem Wortlaut des § 528 BGB nur die Herausgabe „des Geschenks" verlangen; die tatsächlich gezogenen Nutzungen sind dem Beschenkten jedoch nicht durch den Schenker zugewandt, sondern stammen etwa im Fall von Mieten aus einem Rechtsverhältnis mit einem Dritten (Hennig RNotZ 2018, 694, 698). So ginge der Anspruch aus § 528 BGB nach Ansicht des BGH letztlich weit über das hinaus, was der Schenker dem Beschenkten zugewendet hatte. Die bis zur Entstehung des Anspruchs, dh dem Eintritt der Bedürftigkeit des Schenkers, **gezogenen Nutzungen müssen daher beim Beschenkten verbleiben** (BeckOGK/Harke [1. 10. 2025] § 528 Rn 10).

Aus dem Verweis in § 528 Abs 1 S 1 BGB ergeben sich jedoch auch spezifische Modifikationen hinsichtlich des **Umfanges der Bereicherung**. Der Anspruch ist der Höhe nach durch die Wertungen des Schenkungsrechts in doppelter Hinsicht begrenzt: einerseits kann der Schenker nichts über den **Wert des Geschenkes** hinaus verlangen, andererseits kann er nichts über seine **Bedürftigkeit** hinaus verlangen (MünchKommBGB/Koch § 528 Rn 5). § 528 Abs 1 S 1 BGB stellt somit keinen Widerruf der Schenkung dar; er soll die Schenkung nicht in ihrer Gesamtheit umstoßen (BVerwG 25. 6. 1992 – 5 C 37/88, BVerwGE 90, 245, 247, NJW 1992, 3312, 3313). Besteht der Anspruch aus § 528 Abs 1 S 1 BGB aufgrund geringerer Bedürftigkeit des Schenkers somit nur in Höhe eines Teiles des Geschenkes, so kann der Schenker bei einem **teilbaren Schenkungsgegenstand** denjenigen realen Bruchteil des Geschenkes herausverlangen, den er zur Abwendung seines Notbedarfs benötigt; handelt es sich um einen **unteilbaren Schenkungsgegenstand**, so geht der Anspruch nach § 818 Abs 2 BGB von vorneherein nur auf Wertersatz in Höhe des eingetretenen Notbedarfs (BGH 29. 3. 1985 – V ZR 107/84, BGHZ 94, 141, 143 f, NJW 1985, 2419; OLG Düsseldorf 22. 11. 1995 – 9 U 71/95, DNotZ 1996, 652, 654; Ludyga NZS 2012, 121, 126 f). Maßgebend für die Ermittlung des Werts des Geschenks ist der Zeitpunkt, zu dem der Rückforderungsanspruch des Schenkers entsteht (BGH 17. 4. 2018 – X ZR 65/17, NJW 2018, 3775, 3776 m Anm Zeranski, RNotZ 2018, 694, 695 m Anm Henning). 40

41 Ist Schenkungsgegenstand ein **Grundstück**, dessen Wert die Bedürftigkeit des Schenkers übersteigt, so kann der Schenker nach § 818 Abs 1 BGB das Hausgrundstück grundsätzlich nur in Höhe des Bedarfs herausverlangen. Da eine solche Teilherausgabe meist unmöglich ist, kann nur gemäß § 818 Abs 2 BGB Wertersatz verlangt werden (BGH 29. 3. 1985 – V ZR 107/84, BGHZ 94, 141, 143 f, NJW 1985, 2419; BGH 17. 12. 2009 – Xa ZR 6/09, NJW 2010, 2655). In diesem Falle kann sich der Beschenkte gleichwohl durch Rückgabe des Geschenks von seiner Leistungspflicht befreien. Die Beschränkung des § 528 Abs 1 S 1 BGB auf den konkreten Notbedarf des Schenkers soll den Beschenkten nur in seinem Vertrauen auf die Beständigkeit der Schenkung schützen. Mehr als die **Rückgabe des Geschenkes** kann *a fortiori* vom Beschenkten nicht erwartet werden (BGH 17. 12. 2009 – Xa ZR 6/09 Tz 16, NJW 2010, 2655, 2656). Dem Beschenkten wird somit eine „umgekehrte Ersetzungsbefugnis" zugesprochen (Eupen, Grundeigentum 2010, 1398, 1401).

42 Besteht die Schenkung im **Verzicht auf ein Wohnrecht** (zum Vorliegen einer Schenkung vgl § 516 Rn 29), so soll der herauszugebende Wert der Bereicherung nicht im Wert des Wohnrechts selbst liegen, sondern nur im Wertzuwachs, den das Grundstück durch den Wegfall des Wohnrechts erfährt (BGH 17. 4. 2018 – X ZR 65/17, NJW 2018, 3775, 3775 m Anm Zeranski, RNotZ 2018, 694, 696 m Anm Henning; BGH 26. 10. 1999 – X ZR 69/97, NJW 2000, 728, 730 [insoweit in BGHZ 143, 51 nicht abgedruckt] m Anm Heinrichs EWiR 2000, 163; zum Umzug des Berechtigten ins Pflegeheim OLG Nürnberg 22. 7. 2013 – 4 U 1571/12, ZEV 2014, 38; gleiches gilt insoweit für den Nießbrauch OLG Köln 9. 3. 2017 – 7 U 119/16, NJW-RR 2017, 915 f). Dabei kommt es nicht darauf an, ob, in welcher Weise und in welcher Höhe der Beschenkte die ihm durch den Verzicht und die Löschung des Wohnrechts zugeflossene Wertsteigerung tatsächlich realisiert hat (BGH 17. 4. 2018 – X ZR 65/17, NJW 2018, 3775, 3776 m Anm Zeranski, RNotZ 2018, 694, 696 m Anm Henning). Besteht ein **wiederkehrender Unterhaltsbedarf des Schenkers**, so ist der Anspruch nach § 528 Abs 1 S 1 BGB auf wiederkehrende Leistungen des Beschenkten an den Schenker in Höhe des Unterhaltsbedarfs gerichtet (BGH 20. 2. 2019 – XII ZB 364/18, FamRZ 2019, 698, 699 m Anm Seiler, MDR 2019, 942 f, MittBayNot 2020, 159 m Anm Siegel/Jauss), wobei jedoch auch bei weiter fortbestehendem Unterhaltsbedarf die vollständige Aufzehrung des Schenkungsgegenstandes eine Grenze der Inanspruchnahme bildet (BGH 17. 1. 1996 – IV ZR 184/94, NJW 1996, 987; ablehnend Muscheler ZEV 2024, 649).

bb) Aufwendungen auf den Schenkungsgegenstand

43 Hat der Beschenkte Aufwendungen auf den Schenkungsgegenstand getätigt, so **vermindert sich der Umfang**, in dem der Beschenkte bereichert ist, entsprechend bis zur völligen Entreicherung (§ 818 Abs 3 BGB). Ob hierbei der Aufwand für vom Beschenkten erbrachte **Pflegeleistungen** in Ansatz zu bringen ist, hängt maßgeblich davon ab, ob sich der Beschenkte zu diesen Pflegeleistungen vertraglich verpflichtet hat oder er vielmehr nur freiwillig die Betreuung unternimmt (dann kein Abzug nach BGH 28. 10. 1997 – X ZR 157/96, BGHZ 137, 76, 88, NJW 1998, 537, 538).

c) Vormerkungsfähigkeit

44 Der Anspruch aus § 528 Abs 1 S 1 BGB ist **vormerkungsfähig**. Dem Einwand, der Anspruch entspreche nicht dem sachenrechtlichen Bestimmtheitsgebot, da er von einer Vielzahl von Bewertungsfaktoren abhängig sei, die durch die Zukunftsprognose der Entwicklung der persönlichen Verhältnisse von Schenker und Beschenktem verbunden mit einer Interessenabwägung festgestellt werden müssten (deshalb die Vormer-

kungsfähigkeit verneinend OLG Hamm 23. 5. 2000 – 15 W 119/00, NJW-RR 2000, 1611, 1614; zur Vormerkungsfähigkeit vgl umfassend auch Wacke JZ 2003, 179 ff), lässt sich entgegnen, dass die Voraussetzungen der Verarmung in § 528 Abs 1 BGB gesetzlich geregelt sind, auch wenn deren Vorliegen im Einzelfall durch richterliche Entscheidung festgestellt werden muss. Durch den Rekurs auf die Rechtsprechung zum Unterhaltsrecht ist das Ergebnis der Prognoseentscheidung vorhersehbar (OLG Düsseldorf 24. 7. 2002 – 3 Wx 320/01, juris Tz 10, OLGR Düsseldorf 2003, 41 in Fortführung der Rechtsprechung des BGH, der für den Anspruch aus § 530 BGB die Vormerkungsfähigkeit positiv entschieden hat; BGH 13. 6. 2002 – V ZB 30/01, BGHZ 151, 116, 121 ff, NJW 2002, 2461, 2462 f; vgl auch § 530 Rn 53, 56).

III. Abwendungsbefugnis des Beschenkten

1. § 528 Abs 1 S 2 BGB

Bei der in § 528 Abs 1 S 1 BGB gesetzlich angeordneten **Ersetzungsbefugnis** handelt es sich um eine *facultas alternativa* des Beschenkten, **nicht um ein Wahlrecht** des Schenkers (MünchKommBGB/Koch § 528 Rn 21; Soergel/Eckert § 528 Rn 11). 45

a) Abwendung durch Unterhaltsleistung

Hat sich der Beschenkte dazu entschieden, den für den Unterhalt des Schenkers erforderlichen Betrag zu zahlen, statt das Geschenk herauszugeben, so kann er **einseitig nicht mehr auf Herausgabe des Geschenkes umstellen** (MünchKommBGB/Koch § 528 Rn 21). Ist bereits der **Primäranspruch** aus § 528 Abs 1 S 1 iVm § 818 Abs 1 und 2 BGB auf Wertersatz gerichtet, so bleibt für die Ersetzungsbefugnis aus § 528 Abs 1 S 2 BGB kein Raum mehr (BGH 29. 3. 1985 – V ZR 107/84, BGHZ 94, 141, 144, NJW 1985, 2419). Ebenfalls ausgeschlossen ist die Ersetzungsbefugnis dann, wenn sich der Anspruch auf einen abgeschlossenen Zeitraum der Unterhaltsbedürftigkeit bezieht (BGH 9. 4. 1986 – IVa ZR 125/84, NJW 1986, 1926). Die Ersetzungsbefugnis kann also nur dann denkbar sein, wenn der **Schenkungsgegenstand teilbar** ist oder der Unterhaltsbedarf den **Wert des Schenkungsgegenstandes** insgesamt **übersteigt** (zusammenfassend Franzen FamRZ 1997, 528, 532). Eine Befreiung von der Unterhaltszahlung bei Ausübung der *facultas alternativa* tritt freilich nicht schon ein, wenn der Beschenkte sich zur Unterhaltsleistung entschieden hat, sondern erst, wenn der Unterhalt tatsächlich geleistet wurde (Franzen FamRZ 1997, 532): Die Abwendungsbefugnis des § 528 Abs 1 S 2 BGB wird durch **Zahlung** und nicht durch bloße Erklärung der Zahlungsbereitschaft ausgeübt (OLG Düsseldorf 24. 5. 1984 – 18 U 220/83, FamRZ 1984, 887). 46

b) Analoge Anwendung auf den Anspruch aus § 826 BGB

Führen Schenker und Beschenkter durch die Vermögensverschiebung die Notbedarfssituation des Schenkers **vorsätzlich** herbei, um Sozialleistungen beantragen zu können, so ergibt sich ein weiterer **Rückforderungsanspruch** bereits **aus § 826 BGB** (OLG Köln 26. 6. 1985 – 26 U 6/85, FamRZ 1986, 988). Der Beschenkte ist insofern nach § 249 Abs 1 BGB verpflichtet, das Geschenk herauszugeben, damit sich der Sozialhilfeträger daraus befriedigt. Übersteigt der Erlös die Bedürftigkeit des Schenkers, so wird der Mehrwert wieder an den Beschenkten ausgekehrt (LG Bonn 5. 7. 1988 – 7 O 90/88, NJW-RR 1989, 284). Auf diese Fälle der **Kollusion** ist die **Abwendungsbefugnis** des **§ 528 Abs 1 S 2 BGB analog anzuwenden** (OLG Köln 26. 6. 1985 – 26 U 6/85, FamRZ 1986, 988; LG Bonn 5. 7. 1988 – 7 O 90/88, NJW-RR 1989, 284). Da nur für die Fälle der Kollusion die Privatautonomie der Beteiligten zugunsten des Sozialhilfeträgers eingeschränkt 47 wird, bestehen diesbezüglich keine verfassungsrechtlichen Bedenken (Koch JR 1993, 313, 316).

2. § 528 Abs 1 S 3 BGB

48 § 528 Abs 1 S 3 BGB konkretisiert die **Modalitäten der Ersetzungsbefugnis** des § 528 Abs 1 S 2 BGB. Richtig wurde angemerkt, dass die Anwendung von § 760 BGB nur im Hinblick auf die Befugnis des Beschenkten nach § 528 Abs 1 S 2 BGB möglich sei (vgl MünchKommBGB/Koch § 528 Rn 24); wenn schon nach S 1 nur eine Rente zu zahlen wäre, wäre die Ersetzungsbefugnis nach S 2 überflüssig (Oertmann, Schuldverhältnisse II [5. Aufl 1929] § 528 Nr 3a). Darüber hinaus sei der Ausdruck „Zahlung des für den Unterhalt erforderlichen Betrags" unpräzise; gemeint sei damit nämlich die Übernahme einer Rentenverpflichtung aus § 760 BGB (Oertmann, Schuldverhältnisse II [5. Aufl 1929] § 528 Nr 3c). Außerdem wurde vorgebracht, dass die Anwendung von § 1613 BGB auf § 528 Abs 1 S 1 BGB grob interessenwidrige Ergebnisse produzieren würde: für den Beschenkten bestünde die Möglichkeit, durch möglichst lange Verweigerung der Erfüllung des Herausgabeanspruchs nach § 528 Abs 1 S 1 BGB und andererseits durch Verzögerung der Entstehung der Rentenzahlungspflicht mittels Ausübung der Ersetzungsbefugnis nach S 2 seine Leistungspflicht zu verringern (MünchKommBGB/Koch § 528 Rn 25). Jedenfalls liefert der Wortlaut des Gesetzes das entscheidende Argument, wenn es in S 2 die „Zahlung" für den Fall ermöglicht, dass der Beschenkte sich von der „Herausgabepflicht" befreien will. Da sich die Möglichkeit des Wertersatzes in S 1 aus den Grundsätzen des Bereicherungsrechts ergibt, kann das Gesetz in S 2 nur den Fall der Herausgabe des Gegenstandes gemeint haben, wofür dann die Regelungen von §§ 760, 1613, 1615 BGB nützlich gemacht werden können. Daher lässt sich weder der Herausgabeanspruch aus § 528 BGB insoweit einheitlich auslegen, als der unter Umständen nach § 528 Abs 1 S 1 BGB zu leistende Wertersatz auch zum Bestreiten des Unterhalts verwendet werden könnte, nach S 2 dies abgewendet werden könnte und nach S 3 iVm § 760 Abs 2 BGB die Geldrente 3 Monate im Voraus zu entrichten wäre (Planck/Greiff [4. Aufl 1928] § 528 Nr 3 [439]). Noch kann man behaupten, dass dadurch § 528 Abs 1 S 2 BGB dem Schenker einen neuen, von § 528 Abs 1 S 1 BGB unabhängigen Anspruch gewähren würde (so Franzen FamRZ 1997, 528, 530): die „Herausgabe" in S 2 bezieht sich freilich auf den Anspruch von S 1 (daher unzutreffend Oertmann, Schuldverhältnisse II [5. Aufl 1929] § 528 Nr 3a, der die Rentenzahlung nach § 528 Abs 1 S 2 BGB nicht durch den Wert des Geschenkes begrenzen möchte, da insoweit dessen Voraussetzungen nicht gelten würden; dagegen Germer BWNotZ 1987, 61, 63). Es ist daher weder notwendig noch überzeugend, § 1613 BGB im Rahmen von § 528 Abs 1 S 1 BGB in dem Sinne teleologisch zu reduzieren, dass eine verzugsbegründende Leistungsaufforderung bzw Mahnung dann entbehrlich sei, wenn der Beschenkte die Bedürftigkeit des Schenkers kenne und wisse, dass die Leistung Dritter – regelmäßig des Trägers der Sozialhilfe – ihn bestimmungsgemäß nicht entlasten solle (Franzen FamRZ 1997, 533 f).

49 Die Rechtsprechung folgt gleichwohl dem Grundsatz, dass § 528 Abs 1 S 3 BGB nicht auf den ursprünglichen Herausgabeanspruch des § 528 Abs 1 S 1 BGB anwendbar ist: Stirbt der Schenker, bevor dessen Pfleger das Geschenk nach § 528 Abs 1 S 1 BGB herausverlangt, so erlischt der Anspruch gleichwohl nicht nach § 528 Abs 1 S 3 iVm § 1615 BGB. Die Verweisung in § 528 Abs 1 S 3 BGB gilt nur für die Abwendungsbefugnis aus § 528 Abs 1 S 2 BGB. Wenn, wie hier, der Beschenkte nicht von

seiner Befugnis Gebrauch gemacht hat, sich durch Rentenzahlungen von seiner Verpflichtung zu befreien, kann das Geschenk zurückgefordert werden (OLG Zweibrücken 13. 10. 1988 – 3 W 105/88, MDR 1989, 454).

IV. § 528 Abs 2 BGB

§ 528 Abs 2 BGB regelt eine **zeitliche Rangfolge** für den Fall, dass der Schenker mehrere Beschenkte nacheinander bedacht hat (zur Lage bei gleichzeitig Beschenkten s Rn 22 f): grundsätzlich ist der **zuletzt Beschenkte vorrangig in Anspruch zu nehmen** (OLG Frankfurt 8. 1. 1993 – 25 U 162/92, NJW-RR 1993, 835). Damit stellt die Norm das Kriterium des Zeitablaufs als maßgeblich zur Regelung der Haftungsverhältnisse zwischen den Beschenkten im Fall des Notbedarfs des Schenkers auf. Genau wie beim wortlautidentischen § 2329 Abs 3 BGB verfestigt sich durch Zeitablauf die Position des früheren Beschenkten sowohl im Verhältnis zum Schenker als auch zu den anderen Beschenkten (vgl Staudinger/Herzog [2021] § 2329 Rn 56; MünchKommBGB/Lange § 2329 Rn 23; implizit auch OLG Frankfurt 8. 1. 1993 – 25 U 162/92, NJW-RR 1993, 835). Er wird dadurch vor späteren Schenkungen insoweit geschützt (vgl Heiter JR 1995, 313, 314), als er nur für den **Restbedarf** des Schenkers nach der Inanspruchnahme der späteren Beschenkten aufzukommen braucht (MünchKommBGB/Koch § 528 Rn 26). Maßgebend ist wie bei § 2329 BGB die abstrakte Leistungspflicht des später Beschenkten unabhängig von seiner Leistungsfähigkeit (MünchKommBGB/Kollhosser [4. Aufl 2004] § 528 Rn 25; Soergel/Eckert § 528 Rn 10; **aA** MünchKommBGB/Koch § 528 Rn 26). 50

Für die konkrete Bestimmung der zeitlichen Abfolge der Schenkungen ist auf den **Abschluss des Schenkungsvertrages** abzustellen (vgl BGH 28. 10. 1997 – X ZR 157/95, BGHZ 137, 76, 81, NJW 1998, 537, 538, in dem aber von einer Gleichzeitigkeit der Schenkungen ausgegangen wird, wenn die schenkenden Eltern in einem einheitlichen Vertrag ein Grundstück im Wege der vorweggenommenen Erbfolge an einen Sohn verschenken und dieser seinem Bruder, der auch als von den Eltern Beschenkter angesehen wird, eine später erfüllte schenkweise Zahlung verspricht). Damit ist die Reihenfolge nicht von einseitigen Willensentschlüssen oder Zufälligkeiten wie etwa der Bearbeitungsdauer beim Grundbuchamt abhängig gemacht. Dies wäre der Fall, wenn der Eintritt des Leistungserfolgs oder das Bewirken sämtlicher Leistungshandlungen maßgeblich wären (vgl Heiter JR 1995, 313, 315: letzteres impliziere, dass sich der zugewendete Gegenstand schon selbst rechtlich oder wirtschaftlich von dem Vermögen des Gebers gelöst haben müsste). 51

V. Sozialhilferegress

Sehr praxisrelevant ist § 528 BGB aufgrund von **§ 93 Abs 1 S 1 SGB XII**, nach dem der Sozialhilfeträger nach erbrachten Sozialleistungen den Rückforderungsanspruch aus § 528 Abs 1 S 1 auf sich überleiten und diesen gegenüber dem Beschenkten geltend machen kann (vgl Doering-Striening, Sozialhilferegress bei Erbfall und Schenkung [2. Aufl 2022], § 12 BGB auch zu möglichen Verteidigungsstrategien aus anwaltlicher Sicht). Dies gilt nur für den Rückgriff bei nicht erwerbsfähigen Hilfsbedürftigen (Brückner NJW 2008, 1111, 1112). Eine ähnliche Regelung, als *cessio legis* ausgestaltet, findet sich in **§ 33 SGB II** für den Regress nach erbrachten Leistungen gegenüber Empfängern der Grundsicherung für Arbeitssuchende (OLG Saarbrücken 30. 10. 2020 – 5 U 22/20; Sick NJ 2021, 18). Im Bereich des BAföG kommt wiederum eine Zurechnung des Vermögens wegen Rechtsmissbräuchlichkeit in Betracht, wenn die auszubildende Person etwas 52 ohne adäquate Gegenleistung weggegeben hat (Doering-Striening, Sozialhilferegress bei Erbfall und Schenkung [2. Aufl 2022], § 8 Rn 76).

53 **Gegen die Überleitung** steht seit der Arbeitsmarktreform der Rechtsweg zu den **Sozialgerichten** offen (vgl § 51 Abs 1 Nr 6a SGG), wohingegen für die **Entscheidung** über den Anspruch selbst die **Zivilgerichte** zuständig sind (Brückner NJW 2008, 1111; zur Konkurrenz der ordentlichen Gerichte und der Sozialgerichte s auch Ludyga NZS 2012, 121, 122 ff). Die Sozialrechtsreformen haben es insoweit versäumt, auch § 93 SGB XII zu einer Legalzession umzuwandeln; dies hätte einen einheitlichen Rechtsweg zu den Zivilgerichten bewirkt (Brückner NJW 2008, 1111, 1112). Der Überleitungsanspruch zielt seinem Zweck nach auf die **Herstellung** derjenigen **Haushaltslage** beim Sozialhilfeträger ab, die bestünde, wenn der Anspruch des Hilfeempfängers schon früher erfüllt worden wäre (BVerwG 10. 5. 1990 – 5 C 63/88, BVerwGE 85, 136, 137 f, NJW 1990, 3288). Entgegen mancherorts geäußerter Prognosen, dass sich die Schenkungsrückforderungsfälle mit Einführung einer Pflegeversicherung erledigen werden (vgl etwa Koch JR 1993, 313, 317), hat der **Rückforderungsanspruch seine Relevanz uneingeschränkt beibehalten**, zumal die Pflegeversicherung vielfach nicht in der Lage ist, die exorbitanten Kosten einer Heimunterbringung zu decken (s zur wachsenden Bedeutung des Sozialhilferegresses insb Ludyga NZS 2012, 121 ff, der sich krit mit der Rechtsprechung auseinandersetzt und insbesondere für eine Berücksichtigung von privaten Pflegeleistungen votiert).

1. § 528 Abs 1 S 1 BGB als Mittel des Sozialhilferegresses

54 Die Verbindung aus § 528 Abs 1 S 1 BGB mit § 93 Abs 1 SGB XII habe zu einem umfassenden **„allgemeinen sozialrechtlichen Erstattungsanspruch"** geführt. Der Sozialhilferegress ist eine Schöpfung der Rechtspraxis (Doering-Striening ASR 2008, 179 180). Bereits früh haben die Zivilgerichte befunden, der Anspruch aus § 528 Abs 1 S 1 BGB sei ein nach § 93 Abs 1 SGB XII überleitungsfähiger Anspruch, wobei die Überleitung nicht sofort erfolgen müsse (OLG Düsseldorf 24. 5. 1984 – 18 U 220/83, FamRZ 1984, 887). Denn wenn der bedürftige Schenker das Geschenk nicht zurückfordere, gehe das zu Lasten der Allgemeinheit. Sicherlich hat die veränderte sozialstaatliche Wirklichkeit die Auslegung der Norm beeinflusst (vgl LG Karlsruhe 5. 8. 1993 – 5 S 115/93, NJW 1994, 137; Spall MittBayNot 2014, 211, 215 f).

a) Nachrang der Sozialhilfe

55 Der Schenker hat grundsätzlich, wenn er seinen notwendigen Lebensunterhalt (§ 8 Nr 1 SGB XII) oder seinen Bedarf in besonderen Lebenslagen (§ 8 Nr 6 SGB XII) nicht bestreiten kann, einen Anspruch auf Sozialhilfe (§ 17 SGB XII). Die Notwendigkeit eines allgemeinen Regressanspruchs ergibt sich vor diesem Hintergrund aus dem **sozialhilferechtlichen Nachrangprinzip**. § 2 SGB XII bringt zum Ausdruck, dass der Träger der Sozialhilfe nur dann zu Leistungen verpflichtet ist, wenn der Bedürftige seine Bedürftigkeit nicht durch eigene Arbeitsleistung oder durch die Leistung anderer abwenden kann. Der Sozialhilfeträger soll also auch bei Leistungen an einen verarmten Schenker grundsätzlich nur in Vorlage treten und gegebenenfalls die erbrachten Leistungen im Wege des Regresses zum Wohle der Allgemeinheit zurückfordern (MünchKommBGB/Koch § 528 Rn 28; vgl zum Nachrangprinzip und den Grundsätzen der Gewährung von Sozialhilfe Vaupel RNotZ 2009, 497).

b) Überleitung durch privatrechtsgestaltenden Verwaltungsakt

Gemäß § 93 Abs 1 S 1 SGB XII geht der Anspruch einer leistungsberechtigten Person gegen einen anderen, der nicht selbst Sozialleistungsträger ist, nicht bereits *ipso iure* im Wege der Legalzession auf den Träger der Sozialhilfe über, sondern muss vielmehr durch Anzeige auf diesen übergeleitet werden. Die Überleitungsanzeige nach § 93 Abs 1 S 1 SGB XII (ehemals § 90 Abs 1 S 1 BSHG) enthält eine sozialhilferechtliche Wirkung und ist somit **privatrechtsgestaltender Verwaltungsakt** (BVerwG 26. 11. 1969 – V C 54. 69, juris Tz 5, BVerwGE 34, 219, 220; BVerwG 25. 6. 1992 – 5 C 37/88, BVerwGE 90, 245, 247, NJW 1992, 3312, 3313; s auch LUDYGA NZS 2012, 121). Dem Träger der Sozialhilfe wird dabei nicht aufgebürdet, Bestehen und Umfang des Anspruchs, welchen er überleitet, zu überprüfen (BVerwG 26. 11. 1969 – V C 54. 69, 221 f). Die Überleitung hängt somit insbesondere auch nicht vom Bestehen des Anspruchs ab; existiert der in Rede stehende Anspruch nicht, so geht die Überleitung ins Leere (vgl BVerwG 26. 11. 1969 – V C 54. 69, 222). Im Prozess vor dem Sozialgericht (vor 2005 dem Verwaltungsgericht), in dem nur die Überleitungsanzeige als Verwaltungsakt angegriffen wird, hat das Gericht Bestand und Umfang des übergeleiteten Anspruchs nicht zu prüfen (BRÄHLER-BOYAN/MANN NJW 1995, 1866, 1869). Zu prüfen sind nur sozialhilferechtliche Grundsätze (BVerwG 26. 11. 1969 – V C 54. 69, 223 f; zur Frage, inwieweit auch die Rechtmäßigkeit der Sozialhilfegewährung selbst zu prüfen ist, vgl LUDYGA NZS 2012, 121, 122 f). Damit prüfen also die Sozialgerichte – in früheren Zeiten die Verwaltungsgerichte – hinsichtlich des Anspruchs aus § 528 BGB nur, ob der Anspruch gegen den Dritten offensichtlich ausgeschlossen ist, sog **Negativevidenz** (BSG 23. 2. 2023 – B 8 SO 9/21 R, NJW 2024, 853, 854, NZS 2024, 95, 97; OLG Stuttgart 4. 8. 2016 – 9 U 118/16). Auch kann der Beschenkte in dem Verfahren vor den Zivilgerichten keine Einwendungen gegen die Rechtmäßigkeit der Überleitungsanzeige erheben (OLG Hamm 17. 12. 2019 – 10 U 99/18, FamRZ 2020, 1269, 1270; vgl zum Rechtsschutz gegen nach § 93 SGB XII übergeleitete Schenkungsrückforderungsansprüche BIERESBORN SGb 2024, 561). Macht der Sozialhilfeträger den Anspruch im gerichtlichen Verfahren vor den Zivilgerichten geltend, hat das Gericht daher nur das Vorliegen der Voraussetzungen für das **Bestehen der Forderung** zu prüfen, nicht aber die **Rechtmäßigkeit der Anspruchsüberleitung**, abgesehen von dem seltenen Fall der Nichtigkeit. Die Prüfung dieser öffentlich-rechtlichen Frage ist dem Sozialgericht vorbehalten (OLG Hamm 17. 12. 2019 – 10 U 99/18, FamRZ 2020, 1269, 1270; OLG Stuttgart 4. 8. 2016 – 9 U 118/16). Dieses hat auf die Anfechtungsklage eines Beschenkten gegen den Überleitungsbescheid hin auch zu prüfen, ob der beklagte Sozialhilfeträger den Schenker als bisherigen Gläubiger des Rückforderungsanspruchs vor der Überleitung angehört hat (BSG 23. 2. 2023 – B 8 SO 9/21 R, NJW 2024, 853, NZS 2024, 95). Die Geltendmachung eines Schenkungsrückforderungsanspruchs, mit dem eine häufig aus ideellen Motiven getroffene unentgeltliche Zuwendung rückgängig gemacht wird, greift nach Auffassung des BSG nämlich typischerweise in die familiären Verhältnisse ein und bedeutet eine nicht unerhebliche Gefahr für das dortige friedliche Miteinander. Allein den Verstoß gegen die Anhörungspflicht aus § 24 Abs 1 SGB X könne der Kläger zwar mangels Verletzung eigener subjektiver Rechte nicht als Verstoß gegen die formelle Rechtmäßigkeit der Überleitungsentscheidung geltend machen. Die Anhörung habe aber zu erfolgen, um alle ermessensrelevanten Gesichtspunkte zu ermitteln, die in der Sache die familiären Interessen berühren. Nicht zuletzt im Hinblick auf das Gebot familiengerechter Leistungen (§ 16 SGB XII) sei es daher zwecks vollständiger Tatsachenermittlung unabdingbar, vor der zu treffenden Ermessensentscheidung über eine Überleitung auch die bisherigen Gläubiger anzuhören. Unterbleibe die Anhörung vor der Überleitung und liege damit 56 keine ausreichende Tatsachengrundlage für die Ermessensentscheidung vor, beruhe die Ermessenentscheidung auf einer **unvollständigen Sachverhaltsermittlung und sei deshalb materiell rechtswidrig**. Ausdrücklich unbeantwortet ließ das BSG einerseits, ob es sich bei dem in § 93 Abs 1 S 1 SGB XII eingeräumten Ermessen um ein intendiertes Ermessen handele, bei dem in der Regel der Nachranggrundsatz in der Regel die Überleitung gebietet, wovon noch das BVerwG zu § 90 BSHG ausgegangen war. Dagegen spreche der Wortlaut („kann"), der die Ermessensausübung nicht auf atypische Fälle beschränkt. Jedenfalls sei der Nachranggrundsatz aber zulässiger Abwägungsgesichtspunkt. Andererseits hat das BSG offengelassen, ob die Rechtmäßigkeit der Leistungserbringung wie bei der Kostenersatzpflicht des Erben nach § 102 SGB XII sowie der inhaltsgleichen Vorschrift des § 92c BSHG auch ungeschriebenes Tatbestandsmerkmal der Überleitung nach § 93 SGB XII ist, oder ob die Tatbestandswirkung der faktischen Gewährung von Sozialhilfe selbst bei Rechtswidrigkeit nach der Wertung der §§ 44 ff SGB X die Überleitung rechtfertigt (BSG 23. 2. 2023 – B 8 SO 9/21 R, NJW 2024, 853, NZS 2024, 95).

57 Dem Anspruch kann insbesondere auch nicht entgegengehalten werden, dass der Schenkungsgegenstand im Vermögen des Schenkers zum **Schonvermögen** nach § 90 Abs 2 Nr 8 SGB XII (ehemals 88 Abs 2 Nr 7 BSHG) gezählt hätte. § 90 Abs 2 Nr 8 SGB XII betrifft nur das Verhältnis zwischen Sozialhilfeträger und Schenker, nicht jedoch zwischen Beschenktem und Schenker; in letzteres Verhältnis tritt jedoch der Träger der Sozialhilfe ein (zur Vorgängervorschrift BGH 19. 10. 2004 – X ZR 2/03, NJW 2005, 670, 671; BVerwG 25. 6. 1992 – 5 C 37/88, BVerwGE 90, 245, 247 ff, NJW 1992, 3312, 3313; OVG Münster 15. 10. 1991 – 8 A 1271/89, NJW 1992, 1123, 1124; insg dazu Zeranski NZS 2018, 673, der darauf hinweist, dass das Problem bei § 93 Abs 1 S 3 SGB XII zu verorten ist). **Schenkungsrecht** und **Sozialhilferecht** sind insoweit zwei abgeschlossene Systeme, die **unabhängig voneinander zu beurteilen** sind (BGH 19. 10. 2004 – X ZR 2/03, NJW 2005, 670, 671 m zust Anm Meisterernst DNotZ 2005, 283; Ludyga NZS 2012, 121, 126).

c) Zeitpunkt

58 Bei der Frage, ob Notbedarf des Schenkers vorliegt, kommt es alleine auf den **Zeitpunkt der Beantragung der Sozialhilfe** an, nicht auf eine später wieder eintretende Leistungsfähigkeit des Schenkers. Durch die Überleitungsanzeige wird der Anspruch des Schenkers in dem Umfange, wie er beim Schenker besteht, auf den Sozialhilfeträger übergeleitet, unabhängig von weiteren Tatsachen, die bis zur letzten mündlichen Verhandlung in der Tatsacheninstanz hinzutreten (BGH 20. 5. 2003 – X ZR 246/02, BGHZ 155, 57, 59 ff, NJW 2003, 2449, 2450). Die Überleitung des Anspruchs aus § 528 Abs 1 S 1 setzt somit im Hinblick auf den Regress **keine zeitliche Identität** zwischen Sozialhilfeempfang und Bedürftigkeit des Schenkers voraus. Nur terminologische Besonderheiten ergeben sich aus der Einordnung des Rückforderungsanspruchs als Vermögen statt als Einkommen. Anders als bei einem Einkommen, das schon bestimmungsgemäß der Bedarfsdeckung für einen konkreten Zeitraum dient und sich somit, wie von § 90 SGB XII gefordert, mit dem Zeitraum der Sozialhilfegewährung als Leistung zur Bedarfsdeckung für einen gewissen Zeitraum decken kann, besteht der Rückforderungsanspruch schon seiner Art nach nicht für einen bestimmten Zeitraum; gleichwohl handelt es sich bei dem Rückforderungsanspruch aber um einzusetzendes Vermögen, so dass es darauf ankommt, ob dieser Anspruch im Leistungszeitpunkt bereits fällig gewesen ist (OVG Münster 27. 4. 1987 – 8 A 1750/85, NJW 1988, 1866 f).

2. Notwendigkeit eines originär öffentlich-rechtlichen Regresses?

59 Der Ausbau des § 528 Abs 1 S 1 BGB zu einem vollumfänglichen Sozialhilferegress hat zu einer **Vermengung** zivil- und öffentlich-rechtlicher Wertungen geführt. Vereinzelt wurde in der Judikatur angemerkt, es sei allein Aufgabe des Gesetzgebers, den veränderten sozialstaatlichen Gegebenheiten Rechnung zu tragen (mit diesem Argument wendet sich das OLG Frankfurt 1. 12. 1993 – 21 U 196/92, NJW 1994, 1805, 1806 gegen eine „weite" Auslegung des § 528 BGB dahingehend, dass dieser Anspruch auch noch nach dem Tode des Schenkers übergeleitet werden könne). Anknüpfungspunkt ist hier die verfassungsrechtliche **Wesentlichkeitstheorie**: das Sozialrecht ist in dieser Konstellation nicht in erster Linie Leistungs-, sondern Eingriffsverwaltung, die einer gesetzlichen Grundlage bedarf. Andererseits hat der Gesetzgeber durch die Inkorporation des § 90 BSHG aF in das SGB XII signalisiert, dass er an der von der Rechtsprechung erarbeiteten Lösung festhält und keinen eigenen echten Regressanspruch normieren möchte (krit Schippers RNotZ 2006, 42, 51). In der Tat wäre es vor dem Hintergrund der *ratio legis* von §§ 528, 529 BGB, die von einer Balance zwischen dem Selbsterhaltsanspruch des Schenkers und der Schutzbedürftigkeit der Interessen des Beschenkten ausgehen, bedenklich, wenn vorrangig die Entlastung der Allgemeinheit zum Normzweck des § 528 BGB erhoben würde. Doch die von der Rechtsprechung erzielte Rechtsfolge lässt sich durchaus alleine mit dem **zivilrechtsdogmatischen Instrumentarium** begründen (vgl Rn 34; daher fragwürdig Krauss ZEV 2001, 417, 418, der von einer Wandlung des „bipolaren" Verhältnisses zwischen Schenker und Beschenktem zu einem „tripolaren" Verhältnis spricht; vgl auch Schippers DNotZ 2006, 42, 52).

VI. Verjährung

60 Bereits vor der Schuldrechtsmodernisierung wurde einhellig angenommen, dass der Rückforderungsanspruch aus § 528 Abs 1 S 1 BGB der **regelmäßigen Verjährungsfrist** unterliegt (vgl nur BGH 19. 12. 2000 – X ZR 128/99, BGHZ 146, 228, NJW 2001, 1063). Die damalige dreißigjährige Verjährungsfrist ist nunmehr auf drei Jahre reduziert worden (vgl § 195 BGB). Regelmäßig wird diese Frist nach § 199 Abs 1 BGB mit Abschluss des Kalenderjahres zu laufen beginnen, in dem der Notbedarf des Schenkers eingetreten ist – der Schenker erhält bis dorthin regelmäßig Kenntnis der anspruchsbegründenden Umstände (MünchKommBGB/Koch § 528 Rn 34). Der Anspruch ist dabei spätestens nach **zehn Jahren kenntnisunabhängig** nach **§ 199 Abs 4 BGB verjährt**. Ist Schenkungsgegenstand ein **Grundstück**, so greift **§ 196 BGB**, der generell eine zehnjährige Verjährungsfrist bestimmt. Hierbei reicht es auch schon aus, dass nur Teilwertersatz für das Grundstück zu gewähren ist (BGH 22. 4. 2010 – Xa ZR 73/07 Tz 20, NJW 2011, 218, ZEV 2010, 423; MünchKommBGB/Koch § 528 Rn 34). Es ist nicht notwendig, dass die Rückgabe des gesamten Grundstücks geschuldet wird (MünchKommBGB/Koch § 528 Rn 34).

61 Problematisch wird dieses Ergebnis, wenn der Anspruch auf den Sozialhilfeträger übergeleitet worden ist. Wirken der Schenker und der Beschenkte **kollusiv** dergestalt zusammen, dass sie die Schenkung möglichst lange vor dem Sozialhilfeträger verschleiern, so erhält dieser meist erst dann Kenntnis von der Schenkung, wenn die Frist des § 195 BGB bereits verstrichen ist. Aufgrund dieser **Missbrauchsmöglichkeit** wird vielfach vertreten, den Fristbeginn nach § 199 Abs 1 BGB erst mit Kenntniserlangung des Sozialhilfeträgers laufen zu lassen (Amann/Brambring/Hertel, Die Schuldrechtsreform in der Vertragspraxis [2002] 214 f; Roth NZFam 2018, 961; BeckOGK/Harke [1. 10.

2025] § 528 Rn 23; **aA** LG Stuttgart 18. 12. 2007 – 15 O 452/06, BeckRS 2011, 13045; LG Bamberg 5. 1. 2011 – 1 O 295/09, BeckRS 2011, 5512, die beide allein auf die Kenntnis des Schenkers abstellen; s zu den Auswirkungen des geltenden Verjährungsrechts auf einen Regress des Sozialhilfeträgers mittels Rückforderung einer Schenkung Zeranski NJW 2020, 3409, 3410 ff). Dafür gibt das Gesetz freilich keinen Anhalt; eine Auslegung *in dubio pro fisco* ist sehr fraglich (vgl hierzu Rn 59). Die gegebenen Missbrauchsmöglichkeiten ließen sich wohl am besten durch die Schaffung eines originär öffentlich-rechtlichen Regressanspruchs des Sozialhilfeträgers beseitigen (in diese Richtung auch MünchKommBGB/Koch § 528 Rn 34; Roth NZFam 2018, 961).

VII. Prozessuales

1. Darlegungs- und Beweislast

62 Der **Schenker**, der einen Anspruch aus § 528 Abs 1 S 1 BGB geltend macht, hat die volle oder teilweise **Unentgeltlichkeit** der Zuwendung zu **beweisen** (BGH 1. 2. 1995 – IV ZR 36/94, NJW 1995, 1349, 1350; OLG Köln 12. 1. 2001 – 19 U 134/00, OLGR Köln 2001, 126). Weiterhin muss der Schenker die Voraussetzungen des § 528 Abs 1 S 1 BGB, insbesondere, dass und inwieweit er **außerstande** ist, seinen angemessenen **Lebensunterhalt zu bestreiten**, darlegen und beweisen (BGH 17. 9. 2002 – X ZR 196/01, NJW-RR 2003, 53, 54). Für das Vorliegen der Entreicherung nach § 818 Abs 3 BGB wiederum ist der Beschenkte darlegungs- und beweispflichtig (MünchKommBGB/Koch § 528 Rn 35; Erman/Hähnchen § 528 Rn 4).

2. Zwangsvollstreckung

63 Im Rahmen der Zwangsvollstreckung gilt es zu beachten, dass nach § 852 Abs 2 ZPO der Anspruch aus § 528 Abs 1 S 1 BGB nur dann der Pfändung unterliegt, wenn **er durch Vertrag anerkannt oder rechtshängig geworden ist** (vgl OLG Frankfurt 1. 12. 1993 – 21 U 196/92, NJW 1994, 1805, 1806). Zweck der Vorschrift ist es, dem Schenker die Möglichkeit zu belassen, diesen zweckgebundenen Anspruch nur dann zum Einsatz zu bringen, wenn er nicht freiwillig auf den angemessenen Lebensunterhalt verzichten möchte. § 852 Abs 2 ZPO ist jedoch teleologisch dahingehend zu reduzieren, dass nur solche Gläubiger darunterfallen, die dem Schuldner für die Sicherung seines Notbedarfs nichts geleistet haben (Kollhosser ZEV 2001, 289, 292).

§ 529
Ausschluss des Rückforderungsanspruchs

(1) Der Anspruch auf Herausgabe des Geschenkes ist ausgeschlossen, wenn der Schenker seine Bedürftigkeit vorsätzlich oder durch grobe Fahrlässigkeit herbeigeführt hat oder wenn zur Zeit des Eintritts seiner Bedürftigkeit seit der Leistung des geschenkten Gegenstandes zehn Jahre verstrichen sind.

(2) Das Gleiche gilt, soweit der Beschenkte bei Berücksichtigung seiner sonstigen Verpflichtungen außerstande ist, das Geschenk herauszugeben, ohne dass sein standesmäßiger Unterhalt oder die Erfüllung der ihm kraft Gesetzes obliegenden Unterhaltspflichten gefährdet wird.

Materialien: Mugdan Prot II 747 ff; Enneccerus, Bericht der Reichstagskommission über den Entwurf eines Bürgerlichen Gesetzbuchs und Einführungsgesetzes 66 f; Jakobs/Schubert, Die Beratung des Bürgerlichen Gesetzbuches 399–402.

Schrifttum

S auch unter § 528.
Armbrüster, Anm zu BGH, Urt v 20. 11. 2018 – X ZR 115/16, LMK 2019, 417908
Conradis, Anm zu BGH, Urt v 16. 4. 2024 – X ZR 14/23, NJW 2024, 2112
Esskandari/Bick, Anm zu BGH, Urt v 20. 11. 2018 – X ZR 115/16, ErbStB 2019, 166
Grziwotz, Anm zu BGH, Urt v 20. 11. 2018 – X ZR 115/16, FamRB 2019, 198
Hauss, Anm zu LG Köln, Urt v 22. 3. 2016 – 22 O 396/10, FamRB 2017, 208
Krauss, Der Rückforderungsanspruch wegen Verarmung des Schenkers im Kontext des Sozialhilferechts, ZEV 2001, 417
Muscheler, Das Rückforderungsrecht des Schenkers wegen Verarmung, JR 2024, 623
Schürmann, Anm zu BGH, Urt v 16. 4. 2024 – X ZR 14/23, FamRZ 2024, 939
Wedemann, Rückforderung wegen Verarmung des Schenkers versus Elternunterhalt, NJW 2011, 571
Zeranski, Ausschluss der Ansprüche auf Pflichtteilsergänzung und Schenkungsrückforderung wegen Fristablaufs, NJW 2017, 1345.

Systematische Übersicht

I. Regelungszweck

§ 529 BGB dient dazu, den Rückforderungsanspruch aus § 528 Abs 1 S 1 BGB – sowie auch die Ersetzungsbefugnis des S 2 – **einzuschränken**. Im Gegensatz zu § 519 BGB genießt der Beschenkte nach vollzogener Schenkung einen **erhöhten Vertrauensschutz**, den zu gewichten § 529 BGB berufen ist. Es handelt sich bei der Norm um eine besondere **Ausprägung des Grundsatzes von Treu und Glauben**, wobei jedoch keine abschließende Regelung intendiert ist. Es ist also noch möglich, die Rückforderung auf Grundlage des § 242 BGB aus anderen Gründen scheitern zu lassen. Der Anspruch aus § 528 Abs 1 S 1 BGB ist somit ausgeschlossen, wenn der Schenker seine Bedürftigkeit selbst verschuldet hat (§ 529 Abs 1 Alt 1 BGB), wenn eine Frist von zehn Jahren seit der Schenkung verstrichen ist (§ 529 Abs 1 Alt 2 BGB) oder der Beschenkte selbst durch Herausgabe des Geschenkes bedürftig werden würde (§ 529 Abs 2 BGB). 1

II. Tatbestand

2 Rechtssystematisch ist Voraussetzung aller drei Alternativen des § 529 BGB, dass überhaupt ein **Anspruch** aus § 528 Abs 1 S 1 BGB **entstanden ist.** Ist dieser Anspruch der Höhe nach aufgrund einer Entreicherung des Beschenkten nach § 818 Abs 3 BGB nicht mehr gegeben, so kann es auch nicht zur Anwendung des § 529 BGB kommen (BGH 19. 12. 2000 – X ZR 146/99, NJW 2001, 1207, 1208). Unerheblich ist es hierbei, ob der Anspruch aus § 528 Abs 1 S 1 BGB vom Schenker selbst oder von seinem Rechtsnachfolger – insbesondere dem **Träger der Sozialhilfe** – geltend gemacht wird. An der zivilrechtlichen Beurteilung kann dies nichts ändern.

1. Bedürftigkeit des Schenkers durch eigenes Verschulden, § 529 Abs 1 Alt 1 BGB

3 Durch den Rückforderungsausschluss bei vorsätzlich oder durch grobe Fahrlässigkeit herbeigeführter Bedürftigkeit soll der Beschenkte vor einem **verschwenderischen Lebenswandel** des Schenkers geschützt und der Schenker gleichfalls sanktioniert werden (BGH 5. 11. 2002 – X ZR 140/01, NJW 2003, 1384, 1385; MünchKommBGB/Koch § 529 Rn 1). Anzulegen ist hierbei der Verschuldensmaßstab des § 276 BGB: grobe Fahrlässigkeit liegt somit vor, wenn die im Verkehr erforderliche Sorgfalt in besonders schwerem Maße verletzt und dasjenige nicht beachtet wird, was jedem einleuchten musste (BGH 5. 11. 2002 – X ZR 140/01, NJW 2003, 1384, 1385). Beispiele für die **vorsätzliche** oder **grob fahrlässige Herbeiführung einer Notlage** sind Verschwendung, Spielen oder unseriöse Spekulation (Soergel/Eckert § 529 Rn 2; BGB-RGRK/Mezger § 529 Rn 2; MünchKommBGB/Koch § 529 Rn 2). Nicht schuldhaft ist jedoch die Herbeiführung der Bedürftigkeit dann, wenn sich die Ausgaben des Schenkers im Rahmen der **Sozialadäquanz** halten (vgl BGH 5. 11. 2002 – X ZR 140/01, NJW 2003, 1386 für den Fall der Zuwendung von vergleichsweise geringen Beträgen an karitative Organisationen).

4 Anders als im Rahmen des § 519 BGB reicht es nicht aus, dass innerhalb der Zehnjahresfrist die **Bedürftigkeit** des Schenkers **absehbar** wird; sie muss tatsächlich **bereits eingetreten** sein. Dies zeigt schon der Wortlaut der Norm, aber auch deren Zweck, eine Einrede gegen ein bereicherungsrechtliches Rückforderungsrecht zu gewähren (BGH 26. 10. 1999 – X ZR 69/97, BGHZ 143, 51, 54 f, NJW 2000, 728, 729). Weiterhin greift die Regelung des § 529 Abs 1 Alt 1 BGB auch nur dann ein, wenn der Schenker seine Bedürftigkeit **nach Vollzug der Schenkung** herbeiführt und dieser Zustand für den Beschenkten noch nicht vorhersehbar war (BGH 5. 11. 2002 – X ZR 140/01, NJW 2003, 1384, 1385). Dies ergibt sich aus der Natur dieser dem Vertrauensschutz dienenden Norm (MünchKommBGB/Koch § 529 Rn 2; **aA** noch Erman/Herrmann [13. Aufl 2011] § 529 Rn 2).

2. Zeitablauf, § 529 Abs 1 Alt 2 BGB

5 Der Rückforderungsanspruch des § 528 Abs 1 S 1 BGB ist weiterhin dann ausgeschlossen, wenn die Bedürftigkeit des Schenkers erst zehn Jahre nach dem Vollzug der Schenkung eintritt. Es reicht dabei insbesondere nicht aus, wenn innerhalb der Zehnjahresfrist lediglich diejenigen Umstände eingetreten sind, die früher oder später zu einem Notbedarf des Schenkers führen werden; die Bedürftigkeit des Schenkers muss vielmehr bereits eingetreten sein (VG Düsseldorf 22. 8. 2008 – 21 K 4231/06, juris Tz 90). § 529 Abs 1 BGB hebt explizit auf die „Zeit des Eintritts seiner Bedürftigkeit“

ab; Zweck der §§ 528, 529 BGB ist im Gegensatz zu § 519 BGB nicht, eine Einrede mit Blick auf die Zukunft, sondern einen endgültigen bereicherungsrechtlichen Rückforderungsanspruch zu gewähren, so dass eine **bereits eingetretene Bedürftigkeit** zu verlangen ist (so auch BGH 26. 10. 1999 – X ZR 69/97, BGHZ 143, 51, 54 f, NJW 2000, 728, 729).

Es kommt im Rahmen des § 529 Abs 1 Alt 2 BGB – wie bereits bei § 518 Abs 2 BGB (vgl § 518 Rn 17) – nicht auf die Vornahme der Leistungshandlung, sondern vielmehr auf den Eintritt des **Leistungserfolges** an (wie hier MünchKommBGB/Koch § 529 Rn 3; BeckOGK/Harke [1. 10. 2025] § 529 Rn 6). Betrifft die Herausgabepflicht ein Grundstück, so beginnt die Frist des § 529 Abs 1 Alt 2 BGB nicht mit dem Eingang des Antrags auf Eintragung im Grundbuch beim Grundbuchamt (so aber OLG Köln 26. 6. 1985 – 26 U 6/85, FamRZ 1986, 988), sondern in dem Moment der Eigentumsumschreibung. Auf die tatsächliche wirtschaftliche Nutzungsmöglichkeit durch den Beschenkten kann es jedoch im Rahmen des § 529 Abs 1 BGB nicht ankommen (anders allerdings für die entsprechende Vorschrift des § 2325 Abs 3 BGB; vgl BGH 27. 4. 1994 – IV ZR 132/93, BGHZ 125, 395, 397 ff, NJW 1994, 1791 f für einen Fall, in dem sich der Schenker den Nießbrauch vorbehalten hatte; ebenso MünchKommBGB/Koch § 529 Rn 3). 6

Liegen die Voraussetzungen des § 529 Abs 1 Alt 2 BGB nicht vor, ist eine umfassende **Rückgewähr** nach Maßgabe des § 818 BGB zu leisten (vgl § 528 Rn 38 ff). Diese **„Alles oder Nichts"-Regelung** des § 529 Abs 1 Alt 2 BGB ist annähernd deckungsgleich mit der Regelung des § 2325 Abs 3 BGB in der bis zum 31. 12. 2009 geltenden Fassung. Letztere wurde als zu starr angesehen, da, wenn der Erblasser auch nur einen Tag vor Ablauf der Frist verstarb, eine entsprechende Schenkung noch berücksichtigt werden musste (BT-Drucks 16/8952, 21; MünchKommBGB/Lange § 2325 Rn 75). Die nunmehr nach § 2325 Abs 3 S 1 BGB geltende *pro rata*-Regelung des § 2325 BGB im Bereich der Pflichtteilsergänzung unterscheidet sich für den Betroffenen drastisch von der Regelung nach § 529 Abs 1 Alt 2 BGB (vgl auch Zeranski NJW 2017, 1345). 7

3. Eigene Bedürftigkeit des Beschenkten, § 529 Abs 2 BGB

Der die Bedürftigkeit des Beschenkten betreffende § 529 Abs 2 BGB entspricht in seinem Regelungsgehalt § 519 BGB, hier allerdings aus der Perspektive des Beschenkten. So ist auch der Begriff des **„standesmäßigen"** Unterhalts in § 529 Abs 2 BGB mit dem „**angemessenen** Unterhalt" in § 519 BGB **gleichzusetzen** (§ 519 Rn 5). Hierbei handelt es sich um ein bloßes **Redaktionsversehen** bei der Reform der Normen (BGH 11. 7. 2000 – X ZR 126/98, NJW 2000, 3488, 3489). Das FamRÄndG von 1961 hat den § 529 Abs 2 BGB schlicht übersehen (MünchKommBGB/Koch § 529 Rn 4). Die **Notbedarfseinrede** beruht auf der Erwägung, dass die Rechtsordnung kein Interesse daran haben kann, den Beschenkten durch die Rückgabe des Geschenks in eine Notlage zu stürzen, nur um den Schenker aus einer solchen Lage zu entreißen (BGH 20. 11. 2018 – X ZR 115/16, NJW 2019, 1229, 1230). 8

Wie im Rahmen des § 519 BGB sind zur Bemessung des dem Beschenkten verbleibenden angemessenen Unterhalts die allgemeinen **familienrechtlichen Bestimmungen** und die hierzu von der **Rechtsprechung entwickelten Grundsätze** heranzuziehen (BGH 11. 7. 2000 – X ZR 126/98, NJW 2000, 3488, 3489; BGH 19. 12. 2000 – X ZR 146/99, NJW 2001, 1207, 1209; OLG Köln 2. 12. 2016 – 1 U 21/16, FamRZ 2017, 1313 ff, FamRB 2017, 207 f Anm Hauss; so 9 unter Verweis auf die Systematik des Normbestandes der §§ 519, 529 BGB auch MünchKommBGB/Koch § 529 Rn 4; für eine Entkoppelung von familienrechtlichen Wertungen und Rückforderung wegen Verarmung des Schenkers unzutreffend Wedemann NJW 2011, 571). Der durch das Inkrafttreten des Angehörigen-Entlastungsgesetzes in § 94 Abs 1a Satz 2 SGB XII vorgesehene Ausschluss des Übergangs von Unterhaltsansprüchen auf Sozialhilfeträger bei einem jährlichen Gesamteinkommen des Schuldners von nicht mehr als 100.000 Euro soll auf Ansprüche aus § 528 Abs 1 BGB dabei nicht entsprechend anzuwenden sein (BGH 16. 4. 2024 – X ZR 14/23, NJW 2024, 2110, 2111 f m krit Anm Conradis, FamRZ 2024, 937, 938 f m krit Anm schürmann, ZEV 2024, 463, 465, DNotZ 2024, 760, 762 f; krit auch Muscheler JR 2024, 623, 632 ff).

10 In zeitlicher Hinsicht ist es sowohl bei § 519 BGB als auch bei § 529 Abs 2 BGB nach Wortlaut und Schutzzweck der Normen **unerheblich**, wann und wodurch der **Notbedarf entstanden** ist (BGH 19. 12. 2000 – X ZR 146/99, BGH NJW 2001, 1207, 1208; OLG Köln 2. 12. 2016 – 1 U 21/16, FamRZ 2017, 1313 ff). Für § 529 Abs 2 BGB gilt dabei jedoch die äußerste Grenze der unzulässigen Rechtsausübung aus § 242 BGB. Hierbei sind die Voraussetzungen der **§ 1579 Nr 3 und § 1611 Abs 1 BGB** bezüglich des Verlusts des Unterhaltsanspruchs durch den Unterhaltsberechtigten bei selbstverschuldeter Bedürftigkeit heranzuziehen. Hinreichende Kenntnis des Beschenkten liegt dabei in Anbetracht des bindenden vertraglichen Versprechens regelmäßig erst vor, wenn er von Umständen Kenntnis erlangt, die die Bedürftigkeit des Schenkers begründen und er **gleichzeitig** eine Leistungsaufforderung erhalten hat oder ihm eine entsprechende Klage zugestellt wurde (BGH 19. 12. 2000 – X ZR 146/99, BGH NJW 2001, 1208). Ebenfalls wie bei § 519 BGB muss es nicht zu einer Beeinträchtigung des angemessenen Unterhalts gekommen sein; eine bloße Gefährdung reicht bereits aus, um die Einrede zu begründen (BGH 19. 12. 2000 – X ZR 146/99, BGH NJW 2001, 1209).

11 Nach Ansicht des BGH (BGH 20. 11. 2018 – X ZR 115/16, NJW 2019, 1229 ff, FamRB 2019, 198 f m Anm Grziwotz, ErbStB 2019, 166 f m Anm Esskandari/Bick, Armbrüster, LMK 2919, 417908) kann der Beschenkte auch dann bedürftig sein, wenn ihm, wenn er den Schenkungsgegenstand zurückgibt, ein **Anspruch auf Sozialhilfe** zustehen würde. Analog §§ 412, 404 BGB sei § 529 Abs 2 BGB auch im Verhältnis zum Sozialhilfeträger grundsätzlich anwendbar (BGH 20. 11. 2018 – X ZR 115/16, NJW 2019, 1229 ff, FamRB 2019, 198 f m Anm Grziwotz, ErbStB 2019, 166 f m Anm Esskandari/Bick, Armbrüster, LMK 2919, 417908). Jedoch sei dem Beschenkten die Notbedarfseinrede gegenüber dem Sozialleistungsträger verwehrt, wenn der Schenker dem Beschenkten einen Vermögensgegenstand zuwendet, den er zur Deckung seines Unterhaltsbedarfs benötigt, dieser Unterhaltsbedarf infolgedessen vom Sozialhilfeträger befriedigt werden muss und der Beschenkte annehmen muss, der zugewendete Gegenstand werde mit der Schenkung einer Verwertung zur Deckung des Unterhaltsbedarfs des Schenkers entzogen. Die sich aus dem Gesetz ergebende Notbedarfseinrede unterliege zwar nicht der Nichtigkeitsfolge des § 138 BGB, jedoch würde der Schenkungsgegenstand faktisch der Verwertung zur Deckung des Unterhaltsbedarfs des Schenkers entzogen, was treuwidrig sei. Dabei sei es nicht erforderlich, dass der Beschenkte bei Zuwendung des Gegenstands positive Kenntnis von der Möglichkeit habe, die Notbedarfseinrede zu erheben. Es reiche vielmehr die allgemeine Vorstellung aus, mit der Zuwendung den Vermögensgegenstand dem Zugriff des Sozialleistungsträgers zu entziehen (BGH 20. 11. 2018 – X ZR 115/16, NJW 2019, 1229 ff, FamRB 2019, 198 f m Anm Grziwotz, ErbStB 2019, 166 f m Anm Esskandari/Bick, Armbrüster, LMK 2919, 417908; vgl zum kollusiven

Zusammenwirken von Schenker und Beschenkten auch § 528 Rn 47). Das vom BGH gefundene Ergebnis trifft sicherlich zu, obgleich die Begründung unter Bezugnahme auf Treu und Glauben bzw § 138 BGB gewagt ist. Jedenfalls bedarf es konkreter Anhaltspunkte, dass die Parteien des Schenkungsvertrags zum Zeitpunkt der Schenkung die Sozialhilfebedürftigkeit bewusst oder zumindest grob fahrlässig herbeiführten. Das ist nicht der Fall, wenn der Schenker bei der Schenkung einen erheblichen Teil seines Vermögens behalten hat und zwischen der Schenkung und dem Einzug des Schenkers in ein Pflegeheim, welcher zu einem erhöhten Eigenbedarf geführt hat, ein erheblicher Zeitraum – etwa sechs Jahre – vergangen ist (OLG Nürnberg 12. 5. 2022 – 13 U 3853/21, BeckRS 2022, 51125 = juris Rn 38).

Im Einzelfall kann dem Beschenkten regelmäßig nicht zugemutet werden, ein an- **12**
gemessenes **Familieneigenheim** zu veräußern (BGH 5. 11. 2002 – X ZR 140/01, NJW 2003, 1384, 1388; vgl krit Wedemann NJW 2011, 571, 575). Hat der Beschenkte hingegen den erhaltenen Schenkungsgegenstand zur **Alterssicherung** angelegt, so steht § 529 Abs 2 BGB nicht entgegen, da es sich hierbei nicht um angemessenen Unterhalt iSd Vorschrift handelt (BGH 9. 4. 1986 – IVa ZR 125/84, NJW 1986, 1926). Diese Ersparnisse dienen nämlich nicht dem aktuellen standesgemäßen Unterhalt des Beschenkten, sondern sollen allenfalls einen solchen in der Zukunft sichern; da aber nicht sichergestellt ist, dass sie tatsächlich zu diesem Zweck einmal erforderlich werden und von dem Beschenkten auch dazu und nicht vorher schon anderweit verwendet werden, ist hier die Rückerstattung an den aktuell bedürftigen Schenker prioritär (OLG Düsseldorf 24. 5. 1984 – 18 U 220/83, FamRZ 1984, 887, 888 f).

III. Rechtsnatur des § 529 BGB

In der Literatur umstritten ist, ob es sich bei allen drei Alternativen des § 529 BGB **13**
um Einreden handelt oder ob die erste bzw die ersten beiden Alternativen (Enneccerus/Lehmann, Schuldrecht [15. Aufl 1958] § 122 II 2; Oertmann, Schuldverhältnisse II [5. Aufl 1929] § 529 Nr 2; Soergel/Eckert § 529 Rn 5) vielmehr als Einwendungen zu betrachten sind. Trotz des unpräzisen Wortlauts „ist ausgeschlossen“ sind die drei Alternativen mit der hM als **Einreden** zu qualifizieren (MünchKommBGB/Koch § 529 Rn 6; Krauss ZEV 2001, 417, 423; Grüneberg/Weidenkaff [85. Aufl 2026] § 529 Rn 1). Wie bereits erwähnt (Rn 1), stellt § 529 BGB eine **Schutznorm zugunsten des Beschenkten** dar; es besteht kein Grund, gemäß der Rechtsregel *invito beneficium non datur* (Paulus D. 50.17.69) diesen zur Geltendmachung seines Anspruchs zu zwingen, wenn er es nicht will. Dafür spricht außerdem die festgestellte Übereinstimmung von § 529 Abs 2 BGB mit § 519 Abs 1 BGB, der eindeutig als Einrede konstruiert ist; schließlich widerspricht es dem Wortlaut und va der *ratio* der Norm, die von einer Gleichbehandlung aller drei Alternativen ausgeht, eine unterschiedliche Rechtsnatur der Konstellationen zu postulieren.

Daraus folgt auch, dass der Beschenkte freiwillig auf diesen weitergehenden Vertrau- **14**
ensschutz **verzichten** kann; die Norm ist somit **abdingbar**, wobei die Grenzen des § 138 Abs 1 BGB einzuhalten sind (MünchKommBGB/Koch § 529 Rn 6). Die Parteien können eine Verkürzung der Zehnjahresfrist des § 529 Abs 1 Alt 2 BGB vereinbaren (**aA** BeckOGK/Harke [1. 10. 2025] § 529 Rn 12).

IV. Andere Ausschlussgründe nach Treu und Glauben

15 Da die drei speziell normierten Alternativen des § 529 BGB keine abschließende Regelung der Fälle einer Berufung auf Treu und Glauben im Rahmen des § 528 Abs 1 S 1 BGB darstellen (vgl Rn 1), bleibt es dem Beschenkten unbenommen, sich in sonstiger Weise auf § 242 BGB zu stützen. So sei die Herausgabe des Geschenkes unzumutbar, wenn der Schenkungsgegenstand **keinen nennenswerten Verkehrswert** hat und somit den Notbedarf des Schenkers nicht wesentlich lindern kann (OLG München 9. 7. 1938 – 4 U 169/38, HRR 1938 Nr 1327; **aA** zu Recht BGH 25. 4. 2001 – X ZR 229/99, BGHZ 147, 288, 295, NJW 2001, 2084, 2086, ZEV 2001, 241, 244). Ebenfalls unzumutbar sei die Herausgabe eines geschenkten Miteigentumsanteils an einem Grundstück, wenn der Beschenkte sein Familienheim auf dem Grundstück errichtet und somit **wesentliche Aufwendungen** getätigt hat (fraglich OLG Hamm 26. 11. 1992 – 22 U 347/91, FamRZ 1993, 1436). Anderes gelte jedoch dann, wenn der Beschenkte ein unbebautes Grundstück herauszugeben hat, aus dem er keinerlei Erträge zieht (OLG Hamm 26. 11. 1992 – 22 U 347/91).

V. Darlegungs- und Beweislast

16 Der Schenker ist hinsichtlich der Tatbestandsvoraussetzungen des § 528 Abs 1 S 1 BGB beweispflichtig (vgl § 528 Rn 62). Ist ihm dieser Beweis gelungen, so muss der **Beschenkte** seinerseits darlegen und beweisen, dass **eine der Alternativen des § 529 BGB greift** (OLG Düsseldorf 20. 12. 1996 – 7 U 56/96, FamRZ 1997, 769, 770; MünchKommBGB/Koch § 529 Rn 4). Trägt der Schenker hingegen vor, die Berufung auf § 529 BGB sei gemäß § 242 BGB rechtsmissbräuchlich, so trifft ihn wiederum die Darlegungs- und Beweislast.

§ 530
Widerruf der Schenkung

(1) Eine Schenkung kann widerrufen werden, wenn sich der Beschenkte durch eine schwere Verfehlung gegen den Schenker oder einen nahen Angehörigen des Schenkers groben Undanks schuldig macht.

(2) Dem Erben des Schenkers steht das Recht des Widerrufs nur zu, wenn der Beschenkte vorsätzlich und widerrechtlich den Schenker getötet oder am Widerruf gehindert hat.

Materialien: Mugdan Mot II 168 f; Prot II 755 f; Jakobs/Schubert, Die Beratung des Bürgerlichen Gesetzbuches 402–415.

Schrifttum

Balz/Ilina, Rückabwicklung nach Sonderrechtsnachfolge in Kommanditanteile – Grundsätze fehlerhafter Gesellschaft oder Bereicherungsrecht, BB 2006, 2764

Bergmann, Ewiger Dank – Später Undank, Die zeitlichen Grenzen des Widerrufs einer Schenkung wegen groben Undanks, JZ 2021, 16

Böhringer, Anm zu BayObLG, Beschl v 2. 8.

2001 – 2 ZBR 71/01 u 2 ZBR 72/01, ZEV 2002, 32
Bosch, Widerruf von Schenkungen unter (geschiedenen) Ehegatten, in: FS Günther Beitzke (1979) 121
ders, Anm zu OLG Köln, Urt v 25. 3. 1981 – 2 U 3/81, FamRZ 1981, 782
ders, Anm zu BGH, Urt v 9. 7. 1982 – V ZR 142/81, FamRZ 1982, 1067
ders, Anm zu BGH, Beschl v 28. 10. 1982 – IX ZR 62/82, FamRZ 1983, 350
ders, Anm zu OLG Hamm 30. 11. 1989 – 22 U 166/89, FamRZ 1991, 568
Bücherl, Die vermögensrechtliche Rückabwicklung nach Beendigung nichtehelicher Lebensgemeinschaften. Das „Gesellschaftsrecht-rechtliche daran" und die Bedeutung eines konkludenten Vertragsschlusses (2008)
Chiusi, Anm zu BGH, Urt v 25. 3. 2014 – X ZR 94/12, LMK 360638
Ellenbeck, Die Vereinbarung von Rückforderungsrechten in Grundstücksübertragungsverträgen, MittRhNotK 1997, 41
Friedhofen, Schenkungen unter Widerrufsvorbehalt im Erbschaftssteuerrecht – zivil und steuerrechtlich betrachtet, DB 1972, 458
Friedrich, Rückabwicklung von Schenkungen und Zuwendungen unter Ehegatten nach der Scheidung, JR 1986, 1
Grziwotz, Rechtsprechung zur nichtehelichen Lebensgemeinschaft, FamRZ 1994, 1217
ders, Die nichteheliche Lebensgemeinschaft, MDR 2018, 907
ders, Grober Undank bei familiären Auseinandersetzungen, FamRB 2020, 74
ders, Anm zu BGH, Urt v 22. 10. 2019 – X ZR 48/17, FamRB 2020, 75
Grünenwald, Güterrechtlicher und schuldrechtlicher Ausgleich (1988)
Harbecke, Die vermögensverwaltende KG- und GbR-Familiengrundbesitzgesellschaft als Gestaltungsmittel der vorweggenommenen Erbfolge, RNotZ 2022, 521
K Heinemann, Gesellschafter am seidenen Faden? Zur freien Widerruflichkeit von Schenkungsverträgen über Gesellschaftsbeteiligungen, ZHR 155 (1991) 447
J Heinemann, Zum Wesen des Schenkungsvertrags, des Widerrufsrechts und des Rückforderungsanspruchs, ZNotP 2020, 212
Herrler, Höchstpersönliche Ansprüche und Rechte bei lebzeitigen Vermögenszuwendungen, NJW 2025, 1235
Holzer, Anm zu OLG Schleswig, Beschl v 2. 9. 2021 – 2 Wx 53/20, FGPrax 2021, 253
Huber, Vermögensanteil, Kapitalanteil und Gesellschaftsanteil (1970)
Hueck, Schenkung von Beteiligungen an Handelsgesellschaften und Widerruf wegen groben Undanks, DB 1966, 1043
Huffmann, Die Erfassung der Familie im Zivilrecht (1990)
Ivens, Rückforderung geschenkter Personengesellschaftsanteile, ZErb 2010, 286
Jülicher, Der freie Widerrufsvorbehalt bei Schenkung einer Kommanditbeteiligung – Kollision von Schenkungs- und Gesellschaftsrecht, ZGR 1996, 82
Karakatsanes, Zum Widerruf von Schenkungen unter (geschiedenen) Ehegatten wegen Ehebruchs, FamRZ 1986, 1049, 1178
Kirnberger/Werz, Freier Widerrufsvorbehalt bei Schenkungen. Zivil- und steuerrechtliche Beratungsaspekte, ErbStB 2003, 292
Klumpp, Die Schenkung von Gesellschaftsanteilen und deren Widerruf, ZEV 1995, 385
Knobbe-Keuk, „Verunglückte" Schenkungen, in: FS Werner Flume II (1978) 149
Knütel, Tätige Reue im Zivilrecht. Eine Untersuchung der Auswirkungen nachträglichen Wohlverhaltens auf die Folgen der Verletzung zivilrechtlicher Obliegenheiten (2000)
Koch, Anm zu BGH, Urt v 10. 7. 1991 – XII ZR 114/89, JR 1992, 236
Koch/Holle, Anm zu BGH, Urt v 22. 10. 2019 – X ZR 48/17, JZ 2020, 422
Kollhosser, Aktuelle Fragen der vorweggenommenen Erbfolge, AcP 194 (1994) 231
Kralemann, Die Rückforderung von Ehegattenschenkungen im Falle der Scheidung (1983)
Kühne, Schenkungen unter Ehegatten, insbesondere ihre Rückabwicklung nach der Scheidung, im deutschen materiellen und internationalen Privatrecht, FamRZ 1969, 371
Langenfeld, Zur Rückabwicklung von Ehegattenzuwendungen im gesetzlichen Güterstand, NJW 1986, 2541

Lehmann, Anm zu RG 7. 12. 1936 – IV 199/36, JW 1937, 990
Lohr, Rückforderungsvorbehalte bei Anteilsschenkungen, GmbH-StB 2020, 367
Löffler, Ehegattenschenkungen und ihre Rückgängigmachung nach französischem und deutschem Recht (1987)
Mayer, Schenkungswiderruf bei Gesellschaftsanteilen im Spannungsfeld zwischen Gesellschafts- und Schenkungsrecht, ZGR 1995, 93
vMorgen, Das Recht zum Widerruf der Schenkung wegen groben Undanks gemäß §§ 530–534 BGB (1989)
Müller, Anm zu BGH, Urt v 25. 3. 2014 – X ZR 94/12, NJW 2014, 3021
Müssig, Ehebezogene Zuwendungen als Schenkungen unter Ehegatten, FPR 2007, 194
Muscheler, Stiftung und Schenkung – Zum Kausalverhältnis in den Beziehungen zwischen Stifter, Stiftung, Destinatären, Anfallberechtigten, AcP 203 (2003) 469
ders, Die Rechtsstellung der Stiftungsdestinatäre WM 2003, 2213
Olschewski, Zum Widerruf von Schenkungen nach § 530 BGB bei ehebedingten Drittrechtsbeziehungen, MDR 1975, 626
Olzen, Anm zu BGH, Urt v 24. 3. 1983 – IX ZR 62/83, JR 1983, 455
Ortloff, Die Schenkung, ArchBürgR 21 (1902) 269
Probst, Anm zu BGH, Urt v 7. 4. 1989 – V ZR 252/87, JR 1990, 193
Rauscher, Dingliche Mitberechtigung in der Zugewinngemeinschaft, AcP 86 (1986), 529
Schippers, Ungewiss und doch bestimmt! Bestimmtheitsanforderungen und Vormerkungsfähigkeit beim bedingten Rückforderungsrecht im Übergabevertrag, DNotZ 2001, 756
Schmidt, Die Schenkung von Personengesellschaftsanteilen durch Einbuchung, BB 1990, 1992
Schreiber, Der Widerruf der Schenkung nach Gemeinem Recht und Bürgerlichem Gesetzbuche (1903)
Schulze-Schröder, Anm zu OLG München, Urt v 9. 11. 1999 – 25 U 3831/99, NJW 2000, 1423
Schumacher, Anm zu OLG Hamburg 19. 6. 1959 – 4 W 68/59, FamRZ 1960, 151
Schweizer, Anm zu OLG Düsseldorf, Urt v 12. 7. 1965 – 18 U 125/64, NJW 1966, 1269
Schwab, Neue Rechtsprechung zum Zugewinnausgleich, FamRZ 1984, 525
ders, Vorsorgevollmacht und Selbstbestimmung, FamRZ 2014, 888
Seif, Ehebezogene Zuwendungen als Schenkungen unter Ehegatten, FamRZ 2000, 1193
Selvanayagam, Die Gestaltung von Rückforderungsklauseln in Schenkungsverträgen, NWB 2021, 2534
Seutemann, Der Widerruf von Schenkungen unter Ehegatten (1984)
ders, Anm zu BGH 25. 5. 1983 – IV a ZR 182/81, FamRZ 1983, 990
ders, Anm zu BGH 23. 5. 1984 – IVa ZR 229/82, FamRZ 1984, 1084
ders, Anm zu BGH 8. 11. 1984 – IX ZR 108/83, FamRZ 1985, 351
ders, Anm zu OLG Hamm 30. 11. 1989 22 U 166/89, FamRZ 1992, 547
Sina, Widerruf und Zweckverfehlung einer Schenkung von GmbH-Anteilen, GmbHR 2002, 58
Söllner, Der Bereicherungsanspruch wegen Nichteintritts des mit einer Leistung bezweckten Erfolges, AcP 163 (1963), 20
Stein, Sozialhilferegress: Mit dieser Vereinbarung spart die Oma für ihre Enkel und nicht fürs Sozialamt, SR 2020, 132
Volmer, Anm zu OLG Düsseldorf, Beschl 4. 4. 2008 – I-3 Wx 45/08, DNotZ 2008, 619
Wacke, Die Rückauflassungsvormerkung für den Fall des vom Beschenkten verübten groben Undanks, JZ 2003, 179
Wälzholz, Rückforderungsrechte an Gesellschaftsanteilen für den Fall von Insolvenz und Zwangsvollstreckung. Eine Herausforderung der Gestaltungspraxis, GmbHR 2007, 1319
ders, Rückforderungsrechte an Gesellschaftsanteilen nach vorweggenommener Erbfolge. Zulässigkeit, Abfindung und Vertragsgestaltung, GmbHR 2007, 1177
Weser, Rücknahmevorbehalte bei Grundstücksschenkungen im Wege vorweggenommener Erbfolge aus zivilrechtlicher Sicht, ZEV 1995, 353
Westermann, Störungen bei vorweggenom-

mener Erbfolge, in: FS Alfred Kellermann (1991) 505
WESTHOFF, Fragen zur vorweggenommenen Erbfolge, DB 1972, 809
WEVER, Anm zu OLG München 19. 1. 1999 – X ZR 60/97, FamRZ 1999, 1421
ders, Anm zu BGH, Urt v 22. 10. 2019 – X ZR 48/17, FamRZ 2020, 204
WEYL, System der Verschuldensbegriffe im Bürgerlichen Gesetzbuche für das Deutsche Reich (1905)
WIEDEMANN/HEINEMANN, Der Widerruf der Schenkung einer Gesellschaftsbeteiligung, DB 1990, 1649.
ZIMMER, ZEV-Report Zivilrecht, ZEV 2020, 249.

Systematische Übersicht

Alphabetische Übersicht

I. Regelungszweck

1 Nach den gängigen gesellschaftlichen Vorstellungen schuldet der Beschenkte dem Schenker gegenüber ein gewisses Maß an **Dankbarkeit** für seine freigiebige Zuwendung. Hierbei handelt es sich aber **nicht um eine Rechtspflicht**. Eine dankbare Haltung bzw dankbares Verhalten des Beschenkten gegenüber dem Schenker ist mithin juristisch nicht erzwingbar. Gleichwohl kam die Rechtsordnung nicht umhin, jedenfalls für Fälle schwerer Undankbarkeit dem Schenker ein Regelungsinstrumentarium zur Verfügung zu stellen. Als solches regeln die §§ 530 ff BGB die Rückabwicklung von Schenkungen, wenn gegen dieses zuvörderst **moralisch-ethische Gebot** in nicht unwesentlichem Maße verstoßen und damit das **Pietätsverhältnis** verletzt wird (vgl zu dieser Zwecksetzung Mugdan Mot II 168, Prot II 755 f; MünchKommBGB/Koch § 530 Rn 1; Muscheler AcP 203 [2003] 469, 498 f; RG 14. 2. 1924 – IV 38. 23, Gruchot 67, 562, 564; OLG Hamburg 19. 6. 1959 – 4 W 68/59, FamRZ 1960, 151 mit abl Anm Schumacher; OLG Hamm 25. 11. 1988 – 29 U 313/86, ZIP 1989, 1055, 1056 sowie umfassend zum Inhalt des Pietätsverhältnisses und der Entstehungsgeschichte der Vorschriften vMorgen, Das Recht zum Widerruf der Schenkung wegen groben Undanks gemäß §§ 530–534 BGB [1989] 47 ff, 85 ff). Vergleichbare Lösungen dieses Konflikts zwischen einer juristisch unverbindlichen Dankespflicht und einer juristischen Beachtlichkeit auch sittlich-ethischer Werte finden sich auch in den vor dem BGB existierenden Privatrechtskodifikationen mit entsprechenden Bestimmungen (Muscheler AcP 203 [2003] 469, 498; zur Normgeschichte vgl auch Knütel, Tätige Reue im Zivilrecht [2000] 129 ff und Schreiber, Der Widerruf der Schenkung nach Gemeinem Recht und Bürgerlichem Gesetzbuche [1903]; ablehnend gegenüber den §§ 530 ff BGB im Ganzen aber vMorgen, Das Recht zum Widerruf der Schenkung wegen groben Undanks gemäß §§ 530–534 BGB [1989]; vgl

Vorbem 48 ff, 79 ff zu §§ 516–534). Dogmatisch gesehen erfasst § 530 BGB einen **Sonderfall** des Instituts der **Störung der Geschäftsgrundlage** und begründet zugleich auf Seiten des Beschenkten eine im Vertragscharakter der Schenkung wurzelnde **Dankesobliegenheit** (vgl MünchKommBGB/Koch § 530 Rn 1; Muscheler AcP 203 [2003] 469, 498 f; BGH 21. 12. 2005 – X ZR 108/03 Tz 18, NJW-RR 2006, 699, 700; OLG Köln 25. 3. 1981 – 2 U 3/81, NJW 1982, 390; zu konstruktiven und dogmatischen Erklärungsansätzen bezüglich § 530 BGB krit vMorgen, Das Recht zum Widerruf der Schenkung wegen groben Undanks gemäß §§ 530–534 BGB [1989] 67 ff, 174 ff). § 530 BGB schafft mit anderen Worten in den Fällen Abhilfe, in denen die **Erwartung des Schenkers** an eine sich auf Dankbarkeit gründende **Rücksichtnahme** in nicht mehr hinnehmbarer Weise unerfüllt bleibt (BGH 19. 1. 1999 – X ZR 60/97, NJW 1999, 1623). Insoweit beruht der Widerruf auch auf dem Gedanken, dass der Schenker die Schenkung unterlassen hätte, sofern er die Verfehlung vorausgesehen hätte (RG 25. 1. 1906 – VI 452/05, RGZ 62, 328). Gleichwohl ist in Rechnung zu stellen, dass auch die Entscheidung für die unentgeltliche Zuwendung die Ausübung eines privatautonomen Gestaltungsakts ist und damit nur bei Vorliegen gewichtiger Gründe wieder infrage gestellt werden darf (Karakatsanes FamRZ 1986, 1178, 1181; zur Qualifikation als Gestaltungsrecht vgl Bosch FamRZ 1981, 782).

II. Tatbestand

Tatbestandlich knüpft § 530 Abs 1 BGB den Widerruf der Schenkung als Grundlage einer Rückforderung des Geschenkes daran, dass der Beschenkte sich durch eine schwere Verfehlung gegen den Schenker oder einen Angehörigen des Schenkers des groben Undanks schuldig macht. 2

1. Schwere Verfehlung

Das Tatbestandselement der **schweren Verfehlung** unterscheidet sich jedenfalls denklogisch von dem des **groben Undanks, obgleich** eine Verfehlung auch Undank ausdrückt (daher trifft es nicht zu, dass es sich um einen Pleonasmus handeln soll, so Weyl, System der Verschuldensbegriffe im Bürgerlichen Gesetzbuche für das Deutsche Reich [1905] 384 f; vgl auch MünchKommBGB/Koch § 530 Rn 2; Kralemann, Die Rückforderung von Ehegattenschenkungen im Falle der Scheidung [1983] 42 ff; zum Verhältnis der beiden Merkmale krit vMorgen, Das Recht zum Widerruf der Schenkung wegen groben Undanks gemäß §§ 530–534 BGB [1989] 240 ff). Das gilt zwar unmittelbar für die Fälle, in denen sich das vorwerfbare Verhalten alleine gegen den Schenker richtet. Doch kann § 530 Abs 1 BGB auch durch eine schwere Verfehlung gegenüber einem nahen Angehörigen des Schenkers verwirklicht werden, die dann aber groben Undank allein gegenüber dem Schenker selbst zum Ausdruck bringt (Kralemann, Die Rückforderung von Ehegattenschenkungen im Falle der Scheidung [1983] 44 f). Denn die Erweiterung auf die nahen Angehörigen des Schenkers bezieht sich schon nach dem Wortlaut der Bestimmung selbst nur auf die schwere Verfehlung (vgl Rn 13). Deswegen sind dann beide Elemente gedanklich und in der Praxis zu unterscheiden, auch wenn sie oft ineinandergreifen und verschwimmen mögen. 3

Nach ständiger, weitgehend unangefochtener Rechtsprechung setzt sich bereits die schwere Verfehlung aus **einer objektiven und einer subjektiven Komponente** zusammen. Eine demnach dem Beschenkten vorzuwerfende Verfehlung muss nämlich **objektiv ein gewisses Maß an Schwere** erreichen und **subjektiv einer tadelnswerten Gesinnung** entspringen, die typischerweise mangelnde Dankbarkeit zum Ausdruck bringt 4

(BGH 25. 3. 1977 – V ZR 48/75, NJW 1978, 213, 214; BGH 23. 5. 1984 – IVa ZR 229/82, BGHZ 91, 273, 278, NJW 1984, 2089, 2090; BGH 24. 3. 1983 – IX ZR 62/82, BGHZ 87, 145, 149, NJW 1983, 1611, 1612; BGH 8. 11. 1984 – IX ZR 108/83, FamRZ 1985, 351; BGH 27. 9. 1991 – V ZR 55/90, NJW 1992, 183, 184; BGH 30. 6. 1993 – XII ZR 210/91, NJW-RR 1993, 1410, 1411; BGH 11. 7. 2000 – X ZR 89/98, BGHZ 145, 35, 38, NJW 2000, 3201; BGH 4. 12. 2001 – XII ZR 167/99, NJW 2002, 1046, 1047; BGH 5. 10. 2004 – X ZR 25/02, FamRZ 2005, 337; BGH 14. 12. 2004 – X ZR 3/03, FamRZ 2005, 511; BGH 19. 1. 1999 – X ZR 42/97, NJW 1999, 1626, 1627 [insoweit nicht in BGHZ 140, 275 abgedruckt]; OLG Hamm 25. 11. 1988 – 29 U 313/86, ZIP 1989, 1055, 1056; OLG Frankfurt 10. 1. 1985 – 8 U 172/94, NJW-RR 1996, 781, 782; RG 11. 2. 1905 – V 553/04, BayZ 1905, 203; RG 30. 10. 1907 – IV 90/07, Gruchot 52, 982, 984 f; RG 4. 8. 1938 – IV 104/38, RGZ 158, 141, 144; RG 27. 3. 1916 – IV 429/15, JW 1916, 883, 884; RG 1. 11. 1907 – VII 42/07, JW 1907, 744; RG 16. 5. 1935 – IV 339/34, WarnR 1935 Nr 112). Hierbei ist nach dem BGH zunächst zu prüfen, ob unter Berücksichtigung der berechtigten Erwartungen des Schenkers Umstände vorliegen, die objektiv die gebotene Rücksicht auf seine Belange vermissen lassen. Nur wenn solche Umstände vorliegen, ist in einer zweiten Stufe zu prüfen, ob sie Ausdruck einer subjektiv undankbaren Einstellung des Beschenkten gegenüber dem Schenker sind (BGH 25. 3. 2014 – X ZR 94/12, NJW 2014, 3021 m Anm Müller, LMK 2014, 360638 m Anm Chiusi, FamRZ 2014, 888 m Anm Schwab). Ob eine schwere Verfehlung vorliegt, ist angesichts der normativen Begriffe anhand einer **Gesamtwürdigung** des Verhaltens von Schenker und Beschenktem unter Berücksichtigung aller Aspekte des Einzelfalls zu ermitteln; Anhaltspunkte dafür können der ursprünglich im Ersten Entwurf zum BGB vorgesehene Katalog von Widerrufsgründen in § 449 BGB-EI oder aber die Gründe bieten, die nach geltendem Recht gemäß §§ 2333, 2339 BGB den Pflichtteilsentzug rechtfertigen können (vgl MünchKommBGB/Koch § 530 Rn 2; Mugdan Mot II 168; Prot II 756; RG 11. 2. 1905 – V 553/04, BayZ 1905, 203; 7. 6. 1915 – IV 691/14, WarnR 1915 Nr 281; 30. 10. 1907 – IV 90/07, Gruchot 52, 982, 984; 16. 5. 1935 – IV 339/34, WarnR 1935 Nr 112; 22. 5. 1939 – IV 157/38, WarnR 1940 Nr 5; OLG Köln 25. 3. 1981 – 2 U 3/81, NJW 1982, 390; Seutemann FamRZ 1983, 990, 991 f). Hierbei ist zunächst **keine zeitlich-sachliche Nähe** oder sonstige Verbindung zur Schenkung erforderlich, soweit sich in dem Verhalten nur eine undankbare Gesinnung ausdrückt (RG 30. 10. 1907 – IV 90/07, Gruchot 52, 982, 984 f; RG 1. 11. 1907 – VII 42/07, JW 1907, 744; RG 19. 4. 1920 – IV 548/19, LZ 1920, 860 f, WarnR 1920 Nr 169; RG 13. 4. 1920 – VII 433/19, Das Recht 1920 Nr 2830; OLG Hamm 25. 11. 1988 – 29 U 313/86, ZIP 1989, 1055, 1056; OLG Köln 25. 3. 1981 – 2 U 3/81, NJW 1982, 390). Im Einzelfall kann aber Berücksichtigung finden, dass sich die Dankesobliegenheit mit zunehmendem zeitlichen Abstand zur Schenkung mindert (Bergmann JZ 2021, 16, 21, der jedoch zu weitgehend für ein pauschales Erlöschen der Dankesobliegenheit aufgrund Zeitablaufs zehn Jahre nach der Schenkung plädiert). In Betracht kommen auch **fortgesetzte Verstöße oder ein wiederholtes Fehlverhalten**, wobei mehrere leichtere Verfehlungen einer schweren gleichkommen können und auch solche, die für sich genommen verfristet sind, in die Beurteilung einfließen können (OLG Köln 25. 3. 1981 – 2 U 3/81, NJW 1982, 390). Verfehlungen des Beschenkten können sich unproblematisch sowohl in einem **Tun** wie in einem **Unterlassen** ausdrücken. In letzterem Falle ist jedoch erforderlich, dass den Beschenkten eine sittlich-moralische Handlungspflicht getroffen hatte (BGH 23. 5. 1984 – IVa ZR 229/82, BGHZ 91, 273, 276 ff, NJW 1984, 2089, 2090 m zust Anm Seutemann FamRZ 1984, 1084; BGH 27. 9. 1991 – V ZR 55/90, NJW 1992, 183, 184; OLG Köln 25. 3. 1981 – 2 U 3/81, NJW 1982, 390; RG 4. 8. 1938 – IV 104/38, RGZ 158, 141, 144).

5 Grundsätzlich kommt es hierbei zunächst auf das Verhalten des Beschenkten dem Schenker gegenüber an. Daneben sind aber auch **etwaige Verfehlungen des Schenkers** bei der vorzunehmenden Abwägung zu berücksichtigen; zwar kann ein Fehlverhal-

ten des Schenkers ein Fehlverhalten des Beschenkten nicht schlechthin rechtfertigen, ggf lässt es dieses aber in einem milderen Lichte erscheinen (BGH 22. 10. 2019 – X ZR 48/17, FamRB 2020, 75 m Anm GRZIWOTZ, FamRZ 2020, 204 m Anm WEVER, MDR 2020, 153, JZ 2020, 419 m Anm KOCH/HOLLE; BGH 24. 3. 1983 – IX ZR 62/82, BGHZ 87, 145, 149, NJW 1983, 1611, 1612; BGH 4. 12. 2001 – XII ZR 167/99, NJW 2002, 1046, 1048; RG 7. 12. 1936 – IV 199/36, HRR 1937 Nr 371, JW 1937, 988, 989; OLG Hamm 4. 2. 1999 – 10 U 173/95, FamRZ 2001, 545; OLG Hamm 25. 11. 1988 – 29 U 313/86, ZIP 1989, 1055, 1056; zurückhaltender: OLG Köln 25. 3. 1981 – 2 U 3/81, FamRZ 1981, 779, 780 und RG 17. 1. 1910 – IV 577/09, JW 1910, 148; RG 1. 11. 1907 – VII 42/07, JW 1907, 744; RG 27. 3. 1916 – IV 429/15, JW 1916, 883, 884; RG 19. 4. 1920 – IV 548/19, LZ 1920, 860 f, WarnR 1920 Nr 169; RG 16. 5. 1935 – IV 339/34, WarnR 1935 Nr 112). Allerdings kommt es beim abwägenden Vergleich des Verhaltens von Schenker und Beschenktem nicht alleine auf die äußerlich identische Handlungsweise an; vielmehr sind bei der Würdigung des Gesamtverhaltens auf der Seite des Beschenkten auch die Konsequenzen aus der Dankesschuld zu berücksichtigen (vgl dazu RG 14. 2. 1924 – IV 38. 23, Gruchot 67, 562, 564 f).

6 Während das objektive Fehlverhalten völlig unstreitig ist, wurden allerdings vereinzelt Zweifel daran geäußert, ob subjektiv eine **vorwerfbare Gesinnung** ebenso zu fordern ist. Nicht auf die individuelle geistige Sicht des Beschenkten abzustellen, sondern eine Wertung ausschließlich nach dem Maßstab eines billig und gerecht denkenden Vertreters des jeweils beteiligten Personenkreises vorzunehmen (so KARAKATSANES FamRZ 1986, 1178, 1182), geht wohl zu weit. Denn man kann eine Verfehlung nicht losgelöst von subjektiven Aspekten annehmen (OLG Frankfurt 10. 1. 1985 – 8 U 172/94, NJW-RR 1996, 781, 782). Dementsprechend ist die Gesinnung konkret und fallbezogen zu ermitteln; dabei sind dann auch alle **Begleitumstände und Beweggründe** zu berücksichtigen (BGH 11. 7. 2000 – X ZR 89/98, BGHZ 145, 35, 39, NJW 2000, 3201, 3202), etwa, ob der Beschenkte im Affekt gehandelt hat, ob sich sein Verhalten als geplantes, wiederholt auftretendes, von einer grundlegenden Antipathie geprägtes Vorgehen darstellt, oder ob aufgrund einer besonderen Nähebeziehung zwischen Schenker und Beschenktem eine Pflicht zu gegenseitiger Rücksichtnahme besteht (BGH 22. 10. 2019 – X ZR 48/17, FamRB 2020, 75 m Anm GRZIWOTZ, MDR 2020, 153, JZ 2020, 419 m Anm KOCH/HOLLE, FamRZ 2020, 204 m Anm WEVER, der die Entscheidung zu Recht als nicht wesentlich neu einschätzt. Dagegen – überraschend – HEINEMANN ZNotP 2020, 212, 214 „Spektakuläres […] zur wechselseitigen Rücksichtnahmepflicht bei gemeinsamem Zusammenleben"). Im Rahmen dieser **Abwägung** ist auch das vorangegangene Verhalten des Schenkers zu würdigen (BGH 22. 10. 2019 – X ZR 48/17, FamRB 2020, 75 m Anm GRZIWOTZ, FamRZ 2020, 204 m Anm WEVER, MDR 2020, 153, JZ 2020, 419 m Anm KOCH/HOLLE). Für die Vorwerfbarkeit kann es aber mit Hinblick auf die ethisch-moralische Verankerung der Schenkung nicht auf einen Verstoß gegen eine Rechtspflicht ankommen; persönlich vorwerfbar ist die Verfehlung bereits dann, wenn den Beschenkten eine **moralische Verantwortlichkeit** trifft (LARENZ, Schuldrecht BT II/1 [13. Aufl 1986] § 47 II c 3 Fn 25 [205]; OLG Hamm 25. 11. 1988 – 29 U 313/86, ZIP 1989, 1055, 1056; zur moralischen Verantwortlichkeit bei der Formulierung „sich schuldig machen" in Abgrenzung zum allgemeinen Verschuldensbegriff vgl WEYL, System der Verschuldensbegriffe im Bürgerlichen Gesetzbuche für das Deutsche Reich [1905] 331). Nicht erforderlich ist es allerdings, dass die Kränkung als solche bezweckt wurde (OLG Düsseldorf 19. 11. 1979 – 5 U 116/79, FamRZ 1980, 446 f).

7 Der Umstand, dass es sich gerade um eine moralische Verantwortlichkeit des Beschenkten gegenüber dem Schenker handelt, **schließt** es **aus**, dem Beschenkten **frem-**

des Fehlverhalten zuzurechnen. Dies gilt mangels einer Schuld insbesondere für die Bestimmungen der §§ 166, 278 BGB (Larenz, Schuldrecht BT II/1 [13. Aufl 1986] § 47 II c 3 Fn 25 [205]: Es gibt bei der moralischen Verantwortlichkeit keine Stellvertretung). Außerdem scheitert eine Anwendung des § 166 BGB auch daran, dass es gerade um die Zurechnung von Handlungen oder Unterlassen, nicht aber von Wissen bzw Kenntnissen geht (BGH 7. 3. 1962 – V ZR 132/60, NJW 1962, 955, 956 [insoweit nicht in BGHZ 36, 395 abgedruckt] zur Rückforderung eines Gemäldes durch die Stadt Köln gegenüber der Tochter von Herrmann Göring; BGH 23. 5. 1984 – IVa ZR 229/82, BGHZ 91, 273, 277, NJW 1984, 2089, 2090). Dementsprechend soll dem beschenkten Schwiegersohn eine Handgreiflichkeit seiner neuen Lebenspartnerin gegenüber seinen Schwiegereltern als Schenkern nicht nach § 166 BGB zugerechnet werden (OLG Naumburg 14. 10. 1999 – 11 U 121/99, NJW-RR 2000, 1673, 1674). Unabdingbar ist also ein **eigenes Verschulden** des Beschenkten. Mit anderen Worten muss er selbst unmittelbarer bzw mittelbarer Täter oder Teilnehmer an der Verfehlung oder bei dem Handeln Dritter zu gegenläufigen Handeln verpflichtet sein (BGH 23. 5. 1984 – IVa ZR 229/82, BGHZ 91, 273, 276 f, NJW 1984, 2089, 2090 mit Anm Seutemann FamRZ 1984, 1084 f). Bei **Verfehlungen von Dritten** kann ein solches **eigenes Fehlverhalten** nur in **seiner Inaktivität liegen**. Diese ist für den Schenkungswiderruf allerdings nur dann relevant, wenn ein Einschreiten geboten ist. Nur dann, wenn das Verhalten eines Dritten von erheblichem Gewicht ist, kann eine solche sittliche Pflicht entstehen (BGH 23. 5. 1984 – IVa ZR 229/82, BGHZ 91, 273, 276 f, NJW 1984, 2089, 2090). Einmalige Beleidigungen Dritter begründen dabei nicht unbedingt eine Pflicht zum Einschreiten, unverzügliches Handeln kann jedenfalls nicht gefordert werden (BGH 23. 5. 1984 – IVa ZR 229/82, BGHZ 91, 273, 277 f, NJW 1984, 2089, 2090). Setzen aber nahe Angehörige des Beschenkten ein bereits undankbares Verhalten des Beschenkten lediglich fort, kann man ggf von einer **Billigung** durch diesen ausgehen und ein **Einwirken** durch den Beschenkten auf seine Ehefrau bzw Kinder **erwarten** (RG 14. 2. 1924 – IV 38. 23, Gruchot 67, 562, 564 f). Gibt die Beschenkte jedoch bereits unberechtigt ein Anwaltsschreiben gegen den Schenker in Auftrag, muss sie sich von etwaigen übermäßigen Schärfen seitens ihres Anwalts distanzieren (BGH 27. 9. 1991 – V ZR 55/90, NJW 1992, 183, 184). Weist der Ehemann die Schwiegereltern unter Misshandlungen aus dem Haus, hat die beschenkte Tochter als seine Ehefrau mäßigend auf ihn einzuwirken und sich ggf zu entschuldigen; ein entschuldigender Pflichtenwiderstreit ist nicht erkennbar, da die Mäßigung auch im Interesse ihres Mannes liegt (RG 4. 8. 1938 – IV 104/38, RGZ 158, 141, 143 f).

8 Während also die subjektiv-moralische Komponente eine „Haftung" für Dritte praktisch ausschließt, bedeutet dieses Erfordernis, dass umgekehrt die Bestimmungen der §§ 827 f BGB über die **Deliktsfähigkeit** in entsprechender Anwendung herangezogen werden können und ggf eine schwere Verfehlung seitens des Beschenkten abzulehnen ist (Muscheler AcP 203 [2003] 469, 499; OLG Königsberg 28. 3. 1941 – 4 U 3/41, HRR 1941 Nr 871; OLG Hamburg 19. 6. 1959 – 4 W 68/59, FamRZ 1960, 151 mit abl Anm Schumacher; Larenz, Schuldrecht BT II/1 [13. Aufl 1986] § 47 II c 3 Fn 25 [205]).

9 Zusammenfassend machen aber die Aspekte der Nichtzurechnung und der Verschuldensfähigkeit deutlich, dass auf eine **subjektivierende Betrachtung** nicht verzichtet werden kann. Auch hier ist allerdings zu beachten, dass die Verschuldensfähigkeit letztlich kein formell widerrechtliches Verhalten zur Voraussetzung hat. Vielmehr genügt die ethisch-moralische Verantwortlichkeit, so dass auch in **Irrtumskonstellationen** auf Seiten des Beschenkten die Annahme einer schweren Verfehlung jedenfalls nicht

per se ausgeschlossen ist (OLG Köln 25. 3. 1981 – 2 U 3/81, NJW 1982, 390). So kann nämlich die irrige Rechtsdurchsetzung auch subjektiv vorwerfbar sein, wenn die Verfehlung selbst ein erhebliches Gewicht aufweist (OGH 18. 11. 1948 – II ZS 16/48, NJW 1949, 260, 261). Anderseits schließt das Vorliegen von anerkannten **Rechtfertigungsgründen** wie Notwehr oder Notstand wiederum die Annahme eines widerrufsrechtlich relevanten Fehlverhaltens aus (Ortloff ArchBürgR 21 [1902] 269, 304).

2. Grober Undank

Die schwere Verfehlung drückt groben Undank aus und soll als solcher beim Schenker empfunden werden. Eine schwere Verfehlung **indiziert** das Vorliegen **groben Undanks**, soweit nicht nur Schenkungen von geringem Wert in Rede stehen (vgl Rn 3; MünchKommBGB/Koch § 530 Rn 7; OLG Köln 25. 3. 1981 – 2 U 3/81, NJW 1982, 390; das LG Flensburg 26. 6. 1987 – 2 O 153/87, FamRZ 1988, 57 lehnt allerdings schematische Beurteilungen ab, wiewohl es von einem schwergewichtigen Faktor bei der Abwägung spricht). Umgekehrt kann man sagen, dass sich die Dankesschuld **proportional** zur Freigiebigkeit des Schenkers erhöht (Sina GmbHR 2002, 58). Der Begriff des groben Undanks ist dabei kein rechtlicher, sondern ein tatsächlicher, der auf die **innere Empfindung** des Schenkers als Reaktion auf das Fehlverhalten des Beschenkten abzielt. Auch dieser Begriff kann nur bei Würdigung des gesamten beiderseitigen Verhaltens ermittelt werden (BGH 8. 11. 1984 – IX ZR 108/83, FamRZ 1985, 351). Dabei kann dann auch nachträgliches Wohlverhalten die Kränkung, auf die es maßgeblich ankommt, lindern und damit den Vorwurf beseitigen (so Knütel, Tätige Reue im Zivilrecht [2000] 131, 132 ff und Seutemann FamRZ 1984, 1084). Umgekehrt kann dann aber trotz eines **Verzichts** bei einer Gesamtwürdigung auf früheres Fehlverhalten zur Begründung groben Undanks unterstützend, wenn auch nicht selbstständig, zurückgegriffen werden (BGH 2. 7. 1990 – II ZR 243/89, BGHZ 112, 40, 50 f, NJW 1990, 2616, 2619; OLG Hamm 25. 11. 1988 – 29 U 313/86, ZIP 1989, 1055, 1056). Eine grobe Verfehlung kann aber freilich nur dann Ausdruck groben Undanks sein, wenn die Schenkung der Verfehlung vorgeht (OLG München 28. 1. 2009 – 20 U 2673/08, MittBayNot 2009, 308, 310). 10

Unerheblich für das Vorliegen groben Undanks ist dagegen, dass der Schenkungsakt und die Undank darstellende Verfehlung selbst nicht in einer irgendartigen Beziehung zueinander stehen (RG 30. 10. 1907 – IV 90/07, Gruchot 52, 982, 984 f; RG 1. 11. 1907 – VII 42/07, JW 1907, 744; RG 19. 4. 1920 – IV 548/19, LZ 1920, 860 f, WarnR 1920 Nr 169; RG 13. 4. 1920 – VII 433/19, Recht 1920 Nr 2830; OLG Hamm 25. 11. 1988 – 29 U 313/86, ZIP 1989, 1055, 1056; OLG Köln 25. 3. 1981 – 2 U 3/81, NJW 1982, 390). Völlig ausreichend ist es, wenn der Beschenkte beim Begehen der Verfehlung über die Kenntnis von der erfolgten Schenkung und von der Qualität des Verletzten als Schenker verfügt. Ebenso irrelevant soll dabei die **Enge eines etwaigen Verwandtschaftsverhältnisses** zwischen dem Schenker und dem Beschenkten auch vor dem Hintergrund der Grundrechtsgewährleistungen des Art 6 GG sein; insbesondere soll die Verwandtschaft keine schenkungsrechtlich bedeutsamen Rücksichtnahmepflichten erhöhen (fraglich BGH 25. 3. 1977 – V ZR 48/75, NJW 1978, 213, 214; BGH 11. 1. 1992 – II ZR 10/92, DStR 1993, 332, 333, hier jeweils Eltern bzw Geschwister). Denn diese seien autonom nach dem Schenkungsverhältnis und nicht nach verwandtschaftsrechtlichen Graden zu bestimmen. 11

3. Rechtssubjekte des Schenkungsverhältnisses

12 Wurzelt der Schenkungswiderruf in der **Dankesobliegenheit** und damit in dem **Pietätsverhältnis** zwischen Schenker und Beschenktem, kommt der persönlichen Betroffenheit des Schenkers auf der einen Seite und der persönlichen Beteiligung des Beschenkten – dies hat bereits die Frage der Zurechnung gezeigt – auf der anderen Seite besondere Bedeutung zu (vgl Rn 1, 3 ff). Mit anderen Worten geht es darum, dass das Rechtsverhältnis zwischen den Parteien maßgeblich von seiner höchstpersönlichen Natur geprägt ist (vgl MünchKommBGB/Koch § 530 Rn 5). Dies hat erhebliche Konsequenzen, wenn auf der einen wie der anderen Seite der Schenkung Anomalien auftreten.

a) Verfehlung gegenüber nahen Angehörigen

13 Aus dem höchstpersönlichen Verhältnis zwischen Schenker und Beschenktem ergibt sich, dass grundsätzlich nur eine Verfehlung des Beschenkten gegenüber dem Schenker als grober Undank gewertet werden kann. Deswegen lässt das Gesetz dies nur für nahe Angehörige des Schenkers ausdrücklich zu; deren ausschließliche Erwähnung indiziert, dass der Beschenkte sich durch die **„schwere Verfehlung"** gegenüber den nahen Angehörigen des groben Undanks gerade gegenüber dem Schenker selbst schuldig gemacht haben muss – dem Dritten kann der Beschenkte auch mangels Zuwendung gar nicht undankbar sein. Angesichts dessen und der Zwecksetzung des § 530 Abs 1 BGB kann ein Fehlverhalten gegenüber einem Dritten nur dann Anlass für einen Schenkungswiderruf sein, wenn eben darin auch ein **grober Undank gegenüber dem Schenker** selbst liegt (BGH 19. 1. 1999 – X ZR 60/97, NJW 1999, 1623; Mugdan Prot II 756; Olschewski MDR 1975, 626, 628 unterscheidet zwischen Finalität in Bezug auf die Verfehlung und Kausalität beim groben Undank). Maßgeblich ist dabei, dass sich gerade der Schenker **selbst gekränkt** fühlt (OLG Karlsruhe 9. 9. 1988 – 10 U 32/88, NJW 1989, 2136; OLG Köln 20. 10. 1994 – 18 U 64/94, NJW-RR 1995, 584, 585; vgl auch OLG Hamm 30. 11. 1989 – 22 U 166/89, FamRZ 1990, 1232, 1233; Seutemann FamRZ 1992, 547 verlangt insoweit eine enge Beziehung zwischen dem Dritten und dem Schenker; Mugdan Prot II 756). Eine solche rechtserhebliche Kränkung wurde beispielsweise dann angenommen, wenn die von ihrer Großmutter beschenkten Enkelinnen ihren Vater und damit den eigenen Sohn der Schenkerin bezichtigten, er habe eine von ihnen missbraucht, um die Großmutter zur Schenkung eines Grundstücks zu bewegen (OLG Koblenz 7. 3. 2002 – 5 U 1591/01, NJW-RR 2002, 630). In einer zerrütteten Ehe kann dagegen die Verfehlung gegen den einen Gatten insbesondere bei einer feindlichen Haltung der Eheleute zueinander keinen groben Undank gegenüber dem anderen Ehegatten ausdrücken (RG 8. 11. 1943 – III 91/43, DR 1944, 118).

14 Besondere Bedeutung kommt der Behandlung einer Verfehlung gegenüber einem nahen Angehörigen insbesondere auch in den Konstellationen zu, in denen **Schwiegereltern** ihrem Schwiegerkind etwas schenkungshalber zuwenden und dieses dann gegenüber seinem Partner, dem Kind der Schenker, ein Fehlverhalten an den Tag legt. Gerade mit der neueren höchstrichterlichen Rechtsprechung, die alle objektiv unentgeltlichen Zuwendungen von Schwiegereltern nunmehr in Gänze dem Schenkungsrecht unterstellt, ist neben einer **Rückabwicklung** nach §§ 313, 812 BGB eine Rückabwicklung über § 530 Abs 1 BGB denkbar, wenn auch im Ergebnis meist erfolglos (vgl zu Verfehlungen unter Eheleuten und Schwiegereltern Rn 34 ff und zur Einordnung der schwiegerelterlichen Zuwendungen § 516 Rn 135 ff).

15 Neben der persönlichen Betroffenheit des Schenkers muss zudem auch ein **naher Angehöriger** Ziel des schweren Fehlverhaltens sein. Als Anhaltspunkt zur Abgrenzung bietet sich der Katalog des § 11 Abs 1 Nr 1 StGB jedenfalls zur Orientierung an (vgl vMorgen, Das Recht zum Widerruf der Schenkung wegen groben Undanks gemäß §§ 530–534 BGB [1989] 267). Letztlich ist aber nicht die formale Stellung als rechtlicher Verwandter bzw der tatsächliche Verwandtschaftsgrad entscheidend; maßgeblich ist vielmehr allein die **persönliche Nähe** zwischen dem Schenker und seinem Angehörigen (MünchKommBGB/Koch § 530 Rn 5, 7; Mugdan Prot II 756; ausführlich vMorgen, Das Recht zum Widerruf der Schenkung wegen groben Undanks gemäß §§ 530–534 BGB [1989] 264 ff). Überdies muss man den Angehörigen nicht zwingend als Verwandten, sondern kann ihn auch als sonst nahestehende Person begreifen (Huffmann, Die Erfassung der Familie im Zivilrecht [1990] 290 ff). Diese Nähebeziehung muss angesichts der subjektiven Elemente der schweren Verfehlung und des groben Undanks dem Beschenkten bekannt sein, weil sich ansonsten ein entsprechender Vorwurf tadelnswerter Gesinnung nicht konstruieren lässt.

b) Personenmehrheiten

16 Schwierigkeiten bereiten auch die nicht unumstrittenen Konstellationen, bei denen sich auf Seiten des Schenkers oder des Beschenkten eine Personenmehrheit befindet. Soweit die Zuwendung selbst unproblematisch **teilbar** ist, können solche Fälle zwischen dem jeweiligen verletzten Schenker bzw undankbaren Beschenkten ohne Betroffenheit der anderen Beteiligten gelöst werden. Insoweit kommt es dann zu einem **anteiligen Widerruf** (BGH 13. 2. 1963 – V ZR 82/62, MDR 1963, 575, 576; MünchKommBGB/Koch § 530 Rn 4; BGB-RGRK/Mezger § 530 Rn 3; krit zum Begriff der Teilbarkeit, der eher die Rechtsfolgenseite betreffe, vMorgen, Das Recht zum Widerruf der Schenkung wegen groben Undanks gemäß §§ 530–534 BGB [1989] 293 ff). Ist der Zuwendungsgegenstand dagegen **unteilbar** setzt ein Widerruf im Falle **mehrerer Beschenkter** eine Verfehlung durch alle Beschenkten voraus (so auch MünchKommBGB/Koch § 530 Rn 4; BGB-RGRK/Mezger § 530 Rn 3; vMorgen, Das Recht zum Widerruf der Schenkung wegen groben Undanks gemäß §§ 530–534 BGB [1989] 297 f mit Bedenken). Dies entspricht sowohl dem dem Schenkungsrecht immanenten Vertrauensschutzgedanken für den Beschenkten als auch dem Prinzip der Höchstpersönlichkeit des Verhältnisses zwischen dem Schenker und jedem einzelnen Beschenkten. Daher wird unzutreffend vereinzelt vertreten, dass angesichts der **„Dankesgemeinschaft“**, in der sich alle Beschenkten dem Schenker gegenüber befinden, bereits das undankbare und vorwerfbare Verhalten eines Beschenkten den Widerruf der gesamten Schenkung rechtfertigen soll (jurisPK-BGB/Linsler [10. Aufl 2023] § 530 Rn 14). In der umgekehrten Konstellation des undankbaren Verhaltens gegenüber nur **einem von mehreren Schenkern** kann bei **Teilbarkeit** des Schenkungsgegenstands der gekränkte Schenker seinen Anteil herausverlangen. Ist der Gegenstand **unteilbar**, wird er die Schenkung alleine widerrufen und dann Rückgabe des gesamten Zuwendungsgegenstands an alle Schenker verlangen können; dies ergibt sich aus § 432 Abs 2 BGB, nach dem allein der Schenker, dem Undank gegenüber verübt wurde, widerrufen kann. Aus ihm kann zwar auch nicht gefolgert werden, dass eine Rückforderung erst bei einer Verfehlung gegenüber allen Schenkern widerrufbar wäre (BGH 13. 2. 1963 – V ZR 82/62, MDR 1963, 575, 576; BGB-RGRK/Mezger § 530 Rn 3; krit dagegen vMorgen, Das Recht zum Widerruf der Schenkung wegen groben Undanks gemäß §§ 530–534 BGB [1989] 293 ff). Doch gerade im Hinblick auf die Bedeutung des § 530 Abs 1 BGB ist in entsprechender Anwendung der in § 528 Abs 1 BGB enthaltenen **Rechtsfolgeverweisung** auf das Bereicherungsrecht eine Rückforderung nur der

anteiligen Bereicherung des Beschenkten durch den Gekränkten denkbar und vorzugswürdig (so wird in RG 8. 11. 1943 – III 91/43, DR 1944, 118 eine anteilige Herausgabe an den gekränkten Schenker vorgeschlagen, wobei die Möglichkeit erwähnt wird, dass dies bei unteilbarem Gegenstand möglicherweise die Rückgabe des gesamten Gegenstands zur Folge haben könne, welches aber nur von dem Gekränkten geltend gemacht werden könne).

17 Eine besondere Form der Personenmehrheit kann sich auch in den Fällen eines **echten Vertrags zugunsten Dritter** in Erfüllung einer Schenkung ergeben. Denn in diesen Fällen erwirbt der Zuwendungsempfänger einen Direktanspruch gegen den Versprechenden ggf auch unter Ausschluss des Versprechensempfänger, der selbst weder Anspruch noch Leistung erhält. Für die Frage, wem gegenüber ein etwaiger grober Undank des Zuwendungsempfängers widerrufsrechtlich relevant ist, entscheidet sich die Rechtsprechung zu Recht für das Verhältnis zwischen Zuwendungsempfänger und Versprechendem. Leitender Gedanke ist dabei, dass tatsächlich nur der Zuwendungsempfänger und nicht der Versprechensempfänger den Zuwendungsgegenstand erwirbt und daher auch nur er ggf zu dessen Herausgabe in der Lage ist. Darüber hinaus ist angesichts dieser Erwerbslage auch der Zuwendungsempfänger derjenige, den die Sanktion des §§ 530, 531 BGB bestimmungsgemäß treffen soll (OLG München 9. 11. 1999 – 25 U 3831/99, NJW 2000, 1423, m krit Anm Schulze-Schröder). In dem Fall der Begünstigung eines Dritten mit einer **Auflage** kann sich der Beschenkte nur gegenüber dem Schenker, aber – abgesehen von den Ausnahmen des § 530 Abs 1 BGB selbst – nicht gegenüber dem Begünstigten allein des groben Undanks schuldig machen (BGH 19. 1. 1951 – V ZR 74/50, MDR 1951, 335).

c) Beteiligung juristischer Personen

18 Schwierig und umstritten ist auch die Frage, ob bei Schenkungen, an denen auf einer der Seiten eine **juristische Person beteiligt ist**, ein Widerruf wegen groben Undanks in Betracht kommt. Nicht selten wird eine Anwendung grundsätzlich abgelehnt (so noch Soergel/Mühl/Teichmann [12. Aufl 1997] § 530 Rn 13; dieses Ergebnis missbilligend vMorgen, Das Recht zum Widerruf der Schenkung wegen groben Undanks gemäß §§ 530–534 BGB [1989] 298 ff; nunmehr mit differenzierender Betrachtung Soergel/Eckert § 530 Rn 13 ff; für den Schenker deutlich RG 2. 2. 1931 – VI 260/30, SeuffArch 85 Nr 124). Neben für die beiden Seiten des Vertragsverhältnisses spezifischen Argumenten wurde dazu insbesondere darauf hingewiesen, dass der im Ersten Entwurf zum BGB noch enthaltene Widerrufskatalog bestehend aus Strafvorschriften unter Beteiligung juristischer Personen nicht hätte verwirklicht werden können (OLG Karlsruhe 13. 12. 1992 – 10 U 153/91, DStR 1993, 177). Denn der Begriff des groben Undanks mit seinen subjektiven Aspekten auf der **Beschenktenseite** und seiner **höchstpersönlichen Natur** bereitet Probleme. Da nämlich eine juristische Person keine eigene Gesinnung habe, könne sie selbst jedenfalls die subjektive Seite nicht erfüllen. Dementsprechend wird ein Widerruf wegen groben Undanks einer juristischen Person vielfach abgelehnt oder auf **Einmanngesellschaften** bzw Fälle des **Zusammenwirkens aller Gesellschafter** beschränkt (OLG Düsseldorf 12. 7. 1965 – 18 U 125/64, NJW 1966, 550 f; Grüneberg/Weidenkaff [85. Aufl 2026] § 530 Rn 1; BGB-RGRK/Mezger § 530 Rn 4). Damit soll dann auch eine etwaige Beeinflussung des Verhaltens bei gemeinnützigen, religiösen bzw politischen Vereinigungen über die Möglichkeit der Ausübung des Widerrufs verhindert werden können (AK-BGB/Däubler §§ 530 ff Rn 1). Dies übersieht aber, dass eine juristische Person nicht tatsächlich handeln kann und ihr daher nach der **Organtheorie** in jeder Beziehung das Handeln ihrer Organe zugerechnet wird. Daher spricht auch nichts dagegen, ihr das grob undankbare Verhalten ihrer **Organe objektiv** wie **subjektiv** als **eigenes Handeln zuzurechnen** (MünchKommBGB/Koch § 530 Rn 14; Erman/Hähnchen § 530 Rn 8; Soergel/Eckert § 530 Rn 14; Muscheler AcP 203 [2003] 469, 499 f; **aA** OLG Düsseldorf 12. 7. 1965 – 18 U 125/64, NJW 1966, 550 f, das § 31 BGB alleine als deliktsrechtliche Zuordnungsnorm begreifen will; vgl dagegen aber Schweizer NJW 1966, 1269; BeckOGK/Harke [1. 10. 2025] § 530 Rn 17). Dabei geht es im Übrigen um eine andere Form der Zurechnung als bei einfachen (gesetzlichen oder rechtsgeschäftlichen) **Vertretern**, bei denen auch bei juristischen Personen nicht anders als schon bei natürlichen Personen eine Zurechnung von Fehlverhalten außer Betracht zu bleiben hat (vgl im Ergebnis ebenso Muscheler AcP 203 [2003] 469, 499 f). Die vorstehenden Grundsätze beanspruchen dann gleichermaßen Geltung für Personenhandelsgesellschaften.

Entsprechendes gilt, wenn eine juristische Person auf der **Schenkerseite** steht. Zwar will § 530 BGB letztlich auch ein höchstpersönliches Dankbarkeitsverhältnis schützen, Reaktion auf eine persönliche Kränkung sein und damit letztlich die Personenwürde verwirklichen und scheint damit **personale Attribute** vorauszusetzen, die dann letztlich nicht auf eine juristische Person, der ebendiese fehlen, passen würden (BGH 7. 3. 1962 – V ZR 132/60, NJW 1962, 955, 956 [insoweit nicht in BGHZ 36, 395 abgedruckt]: Rückforderung eines Gemäldes durch die Stadt Köln gegenüber der Tochter von Hermann Göring; Muscheler WM 2003, 2213, 2217; Soergel/Mühl/Teichmann [12. Aufl 1997] § 530 Rn 13: anders bei Einmanngesellschaften). Doch rückt man bei § 530 Abs 1 BGB den Verstoß gegen die **Dankespflicht** und deren **Sanktionierung** in den Vordergrund und begreift den Regelungszweck dieser Vorschrift zutreffend in einer besonderen gesetzlichen Regelung der **Geschäftsgrundlage**, muss man ihren Anwendungsbereich auch auf eine juristische Person als Schenkerin erstrecken (MünchKommBGB/Koch § 530 Rn 14; Soergel/Eckert § 530 Rn 15). 19

Nicht unproblematisch ist auch die Anwendung des § 530 Abs 1 BGB im Umfeld des **Stiftungsgeschäfts**, sofern man trotz gegenteiliger Rechtsprechung des BGH das Schenkungsrecht hier überhaupt anwenden möchte (vgl dazu BGH 7. 10. 2009 – Xa ZR 8/08 Tz 12, 14, NJW 2010, 234 f und MünchKommBGB/Koch § 530 Rn 14). Eine Anwendung zwischen den Organen der Stiftung und dem Stifter selbst kommt dabei nicht in Betracht, weil die Stiftung nach der entsprechenden Maßgabe vom Stifter geschaffen wurde und insoweit ein Pietätsverhältnis auch nicht zur Entstehung gelangt. Auch zwischen dem Stifter auf der einen Seite und den Destinatären auf der anderen Seite fehlt es wiederum an einem Rechtsverhältnis. Lediglich im Verhältnis zwischen den Destinatären der Stiftung und der Stiftung selbst lässt sich an eine analoge Anwendung denken, wenn man nicht das auch bei einer Stiftung fehlende Element der Personenwürde zur einzigen Voraussetzung des § 530 Abs 1 BGB macht (vgl zu allen Konstellationen noch vor dem nachfolgend aufgeführten höchstrichterlichen Judikat und gegen eine analoge Anwendung Muscheler AcP 203 [2003] 469, 500 ff, der das Ergebnis aber gleichwohl als misslich ansieht, und Muscheler WM 2003, 2213, 2217; s aber gegen eine Einordnung als Schenkung nunmehr BGH 7. 10. 2009 – Xa ZR 8/08 Tz 12, 14, NJW 2010, 234 f). 20

4. Fallgruppen

Schwere Verfehlungen, die groben Undank gegenüber dem Schenker zum Ausdruck bringen, können ein sehr **unterschiedliches Gepräge** aufweisen. Die Spannbreite reicht von körperlichen Misshandlungen und Ehrverletzungen über sonstiges nach- 21 teiliges rechtliches bzw tatsächliches Handeln bis hin zu Pflichtverletzungen in Verbindung mit der Schenkungsabrede. In familien- und gesellschaftsrechtlichen Konstellationen ergeben sich überdies weitere Besonderheiten (vgl zur Kasuistik und zu besonderen Maßstäben im Familienrecht auch SEUTEMANN, Der Widerruf von Schenkungen unter Ehegatten [1984] 97 ff).

a) Beeinträchtigung von Leib und Leben

22 Vorsätzliche und rechtswidrige tätliche Angriffe auf **Leib und Leben** des Schenkers oder Drohungen, derlei Taten an ihm verüben zu werden, drücken Undankbarkeit in erheblichem Maße aus. Sie stellen damit regelmäßig einen tauglichen Widerrufsgrund dar (OLG für Hessen 16. 2. 1949 – 2 W 195/48, HEZ 2, 241, 244; RG 23. 4. 1913 – V 520/12, Recht 1913 Nr 2862). Dies gilt zB für den Fall, in dem der Beschenkte den Schenker misshandelte und mit einer Axt bedrohte (BGH 2. 10. 1951 – V ZR 77/50, BGHZ 3, 206, 212, NJW 1952, 20, 21 mit weiteren Pflichtverletzungen). Gegen eine rechtfertigende Notwehrlage spricht es dabei in solchen Fällen, wenn die Beschenkte einen Begleiter ihrer ehemaligen Partnerin mit einem Messer bedroht und sie sich nacheinander mit zwei verschiedenen Messern bewaffnet hatte (OLG Hamm 4. 7. 2000 – 34 U 61/00, FamRZ 2001, 456, 548, wobei hier auch noch wiederholte Beleidigungen als weiterer tauglicher Widerrufsgrund hinzukamen). Neben der Begehung von Straftaten sollen auch bereits darauf gerichtete Vorbereitungshandlungen genügen (ORTLOFF ArchBürgR 21 [1902], 269, 303 f). Eine Freiheitsberaubung durch Einschließen der Schenkerin in ihrer Küche genügt auch bei erheblichen gegenseitigen Streitigkeiten für die Annahme groben Undanks (RG 14. 2. 1924 – IV 38.23, Gruchot 67, 562, 563 ff). Allerdings können auch Tätlichkeiten wie zwei Ohrfeigen im Affekt einen Widerruf dann nicht rechtfertigen, wenn diese Tätlichkeiten unmittelbar auf eine schwere verbale Kränkung hin erfolgen (RG 30. 10. 1907 – IV 90/07, Gruchot 52, 982, 983 ff; ähnlich auch der Sachverhalt bei RG 23. 4. 1913 – V 520/12, Recht 1913 Nr 2862). Dies mag gerade auch bei geringfügigen Tätlichkeiten gelten, wenn sie Ausfluss der zwischen den Parteien der Schenkung bestehenden Zänkereien sind und die Schenkerin den Beschenkten dadurch gereizt hat, dass sie die Geschlechtsehre dessen Ehefrau verletzt hat (RG 11. 2. 1905 – V 553/04, BayZ 1905, 203). Allerdings soll ein Schlag ins Gesicht dann keine verständliche Reaktion auf die Frauenehre verletzende Vorhaltungen sein, wenn die geäußerten Vorwürfe der Wahrheit entsprechen (heutzutage eher fraglich RG 23. 4. 1913 – V 520/12, Recht 1913 Nr 2862).

b) Ehrverletzungen

23 **Ehrverletzungen** können einen Widerrufsgrund darstellen, wobei auch hier eine genaue Prüfung des Verhaltens von Schenker und Beschenktem und der jeweiligen Hintergründe notwendig ist (MünchKommBGB/KOCH § 530 Rn 9). Denn oftmals stellen derartige Äußerungen auch nur die Reaktion auf ein entsprechendes Verhalten des Schenkers dar (vgl zu gegenseitigen Beleidigungen auch BGH 11. 1. 1992 – II ZR 10/92, DStR 1993, 332, 333; RG 11. 2. 1905 – V 553/04, BayZ 1905, 203). Zudem ist bei ehrabschneidenden Äußerungen, die auch gegenüber Dritten erfolgen können, neben allen weiteren Umständen die Wahrheit der Äußerung im Rahmen der Abwägung zu ermitteln (BGH 11. 1. 1992 – II ZR 10/92, DStR 1993, 332, 333). So wurde es beispielsweise nicht als grober Undank gewertet, wenn der Sohn den Vater, der ihn durch Täuschung zur Herausgabe eines Teils der Schenkung bestimmt hatte, in scharfer Form in einem Brief als unehrlich bezeichnet und in Bezug auf diese Vorkommnisse von einer Gemeinheit spricht; denn das ist die Reaktion auf das Verhalten des Vaters, der selbst ein in ihn gesetztes Vertrauen missbräuchlich ausgenutzt hatte (RG 27. 3. 1916 – IV 429/

15, JW 1916, 883, 884). Als ausreichend wurde es in der Sache angesehen, wenn die schenkenden Eltern als „asoziale Assis“ bezeichnet wurden und ihnen damit gedroht wurde, sie unter die Erde zu bringen (OLG Köln 19. 3. 2002 – 11 W 19/02, NJW-RR 2002, 1595). Auch innerhalb von seitens des Schenkers initiierten Streitigkeiten stellen gröbste Beleidigungen wie die Bezeichnung als „Geisteskranker“ groben Undank dar, wenn sie den Rahmen einer vertretbaren Reaktion überschreiten; dabei ist ggf auch auf bekannte Ansichten des Schenkers Rücksicht zu nehmen (OLG Hamm 4. 2. 1999 – 10 U 173/95, FamRZ 2001, 545 f). Ebenso genügen abfällige Äußerungen, die dem Schenker den Tod wünschen, ihn als „geisteskrank“ darstellen oder seine Sexualsphäre betreffen, und können insbesondere auch dann keine verständliche Reaktion auf von dem Schenker initiierte Rechtsstreite darstellen, wenn diese auf ein Verhalten des Beschenkten zurückzuführen sind (OLG Brandenburg 15. 8. 2012 – 4 U 175/11, juris Rn 13, 35 ff). Wiederholte Beleidigungen und Bedrohungen genügen für den Vorwurf groben Undanks, wobei die Vornahme solcher Äußerungen am Arbeitsplatz der Schenkerin wegen der damit einhergehenden Konsequenzen von besonderer Bedeutung ist (OLG Hamm 4. 7. 2000 – 34 U 61/00, FamRZ 2001, 456, 548). Trotz gegenseitigen Beleidigungen können die durch Tätlichkeiten verstärkten Bezichtigungen von Straftaten oder die Bezeichnung als Luder als Ausdruck groben Undanks genügen, wenn die Dankesschuld und das Pietätsverhältnis bei dem Beschenkten einen gewichtigeren Gesinnungsverstoß offenbaren; dies ist dann der Fall, wenn die Mutter ihrem Sohn ihr Grundstück überträgt, welches im Wesentlichen ihr Vermögen ausmacht (RG 14. 2. 1924 – IV 38. 23, Gruchot 67, 562, 563 ff). Auch der Umstand, dass der Ehemann die Nachbarn schriftlich unter Auslobung einer Belohnung dazu auffordert, die Liebhaber der Ehefrau zu benennen, wurde als Ausdruck groben Undanks gewertet (RG 8. 10. 1924 – IV 50/23, LZ 1924, 86, 87).

c) Anzeigen gegenüber Behörden bzw Arbeitgeber

Auf einem schwierigen Grat schreiten Beschenkte, die den Schenker bei **Behörden** 24
oder aber dem Arbeitgeber wegen (ggf auch nur vermeintlicher) **Straftaten anzeigen** bzw die Einleitung eines **Betreuungsverfahrens** (früher Entmündigung) anregen. Denn selbst wenn eine solche Anzeige bzw Anregung in der Sache gerechtfertigt ist, wirkt er sich nachteilig auf die Position des Schenkers aus und kann insoweit einen Anknüpfungspunkt für die Annahme groben Undanks darstellen. Auf der anderen Seite gilt es aber auch zu berücksichtigen, dass der Beschenkte ggf ein eigenes virulentes Interesse an der Strafverfolgung haben kann und eine Betreuung oder die Überprüfung ihrer Notwendigkeit jedenfalls im objektiven Interesse des Schenkers liegen kann. Während also ein Handeln **wider besseren Wissens** nur einer tadelnswerten Gesinnung entspringen kann und damit angesichts der erheblichen Unannehmlichkeiten und auch Kränkungen, die die Bezichtigung von Straftaten bzw die Einleitung eines Betreuungsverfahrens mit sich bringen, den Vorwurf groben Undanks begründen muss, wird bei irrtümlichem Handeln des Beschenkten oder aber Zutreffen der Anzeige im Wege einer Interessenabwägung entschieden. Maßgeblich sind dabei die Folgen der Information an die Behörde, die anerkennenswerten Interessen des Beschenkten und seine Intentionen sowie die Sorgfalt, mit der er seine Äußerungen geprüft hat.

Grober Undank wurde bejaht bei **Strafanzeigen** wegen falscher eidesstattlicher Ver- 25
sicherung oder der Mitwirkung an Anzeigen wegen Untreue und Unterschlagung, wenn der Beschenkte damit den Schenker „kaputtmachen“ wolle (BGH 24. 3. 1983 –

IX ZR 62/82, NJW 1983, 1611, 1612 [in BGHZ 87, 145 nicht abgedruckt]). Bei einer Strafanzeige kommt es auch darauf an, ob durch die Formulierungen eine **Belastungstendenz** zum Ausdruck kommt, also eine über das erforderliche Maß hinausgehende Belastung erfolgt; hierzu gehören auch Andeutungen und Formulierungen, die den Schenker in ein verdächtiges Licht rücken (BGH 2. 7. 1990 – II ZR 243/89, BGHZ 112, 40, 51, NJW 1990, 2616, 2619 f). Auch wenn die Stellung einer Strafanzeige im Grundsatz eine schwere Verfehlung darstellen kann, gilt dies nicht allgemein; anders ist dies bei Anzeigen wider besseres Wissen. Aber auch irrtümlicherweise erstattete Anzeigen können groben Undank ausdrücken, wenn der anzeigende Beschenkte kein eigenes Interesse am Verfahren hat, sondern unter Verstoß gegen seine Leistungstreuepflicht gemäß § 242 BGB in Wahrnehmung allgemein staatsbürgerlicher Rechte nur das Ziel verfolgt, den Schenker einem Strafverfahren auszusetzen (OLG Celle 3. 4. 2003 – 6 U 212/02, juris Rn 57). Anders liegt der Fall aber dann, wenn Schenker und Beschenkter sich in verschiedenen gegeneinander gerichteten Straf- und Zivilverfahren befinden, dem Schenker auch Straftaten zum Nachteil des Beschenkten zur Last zu legen sind und sich der Beschenkte mit der Strafanzeige gegen einen ihn betreffenden erhobenen fünfstelligen Zahlungsantrag zur Wehr setzt; auch wenn die Nutzung der Ermittlungsbehörden zur Durchsetzung zivilrechtlicher Ansprüche nicht regelmäßig unbedenklich sein sollte, gilt dies jedenfalls in der vorgenannten Konstellation (OLG Celle 3. 4. 2003 – 6 U 212/02, juris Rn 58 ff). Ist der Beschenkte selbst Mitbeschuldigter, so ist es bei einem schweren, aber unbegründeten Verdacht ohne ernsthafte Belastung nicht gerechtfertigt, wenn er den Verdacht mit Belastungstendenz auf den Schenker lenkt, gegenüber dem er als Sohn auch ein Zeugnisverweigerungsrecht innehatte; denn in dieser Situation dürfte seiner Aussage zudem besonderes Gewicht und Aufmerksamkeit beigemessen werden (OLG Hamm 25. 11. 1988 – 29 U 313/86, ZIP 1989, 1055, 1058).

26 Ebenso begründet die Anzeige bei **Verwaltungsbehörden**, dass die vorbehaltene Nutzung eines Schwimmbades und eines Pferdestalles auf dem geschenkten Grundstück eine Umweltgefahr darstelle, eine schwere Verfehlung, zumindest wenn die angeblichen Umweltgefahren jahrelang geduldet wurden und die Anzeige erst nach einer massiven Verschlechterung der Beziehung erfolgt (BGH 19. 1. 1999 – X ZR 42/97, NJW 1999, 1626, 1628 [insoweit nicht in BGHZ 140, 275 abgedruckt]). Auch eine Mitteilung an den **Arbeitgeber** des Schenkers, dass dieser eine Straftat begangen haben soll, stellt den Vorwurf groben Undanks dar, selbst wenn sie nicht wider besseres Wissen erfolgt. Abzuwägen sind gerade bei Äußerungen gegenüber dem Arbeitgeber die existentiellen Folgen für den Betroffenen, dies umso mehr bei vagen Verdachtsmomenten (BGH 28. 9. 1990 – V ZR 109/89, BGHZ 112, 259, 263 f, NJW 1991, 830, 831 f).

27 Allgemein verletzt der Beschenkte seine Dankesobliegenheit jedenfalls mit unnötig nachteilig gehaltenen Anzeigen oder Äußerungen, wenn sie nicht auf berechtigten **Eigeninteressen**, sondern auf der Wahrnehmung lediglich **allgemeiner Staatsbürgerpflichten** beruhen. Auch kann es dem Beschenkten zumutbar sein, ein Zeugnisverweigerungsrecht zu nutzen (Grüneberg/Weidenkaff [85. Aufl 2026] § 530 Rn 6; BGH 30. 1. 1970 – V ZR 41/67, FamRZ 1970, 185, 186 f). Ein Schenkungswiderruf wurde demnach bejaht, wenn die Tochter ihren Vater trotz Belehrung über ein bestehendes Aussageverweigerungsrecht in einem Strafverfahren wegen Kuppelei belastet, auch wenn sich die Kuppelei auf die Enkelin bezog, so dass die Tochter selbst nicht betroffen war, und der Ehemann die Anzeige erstattete. Dass sie sich ggf über die Richtigkeit ihrer Aussagen geirrt habe, sei dann unbedeutend. Die Wahrnehmung berechtigter

Interessen scheide im Übrigen deshalb aus, weil sie sich für die Einleitung eines Zivilverfahrens durch ihren Vater, den Schenker, rächen wollte (BGH 30. 1. 1970 – V ZR 41/67, FamRZ 1970, 185, 186 f). Eine fälschliche Beschuldigung des Vaters bei den Finanzbehörden, die zu missbilligen ist und selbst bei hartem gegenseitigen Konkurrenzkampf einen weder zu rechtfertigenden noch zu entschuldigenden Auswuchs darstellt, kann jedoch in Anbetracht der Gesamtumstände nicht die für einen Widerruf erforderliche Schwere erreichen (vgl BGH 1. 3. 1974 – IV ZR 58/72, NJW 1974, 1084, 1086 zum Pflichtteilsentzug).

Weiterhin kann die grundlose Anregung einer **Entmündigung**, heute **Betreuung**, den Vorwurf groben Undanks begründen (Mugdan Prot II 756). Dabei ist zu beachten, dass es nach § 1814 Abs 4 S 1 BGB eines förmlichen Antrages zur Einrichtung einer Betreuung nicht bedarf, da das Betreuungsgericht in Folge einer entsprechenden Anregung einen Betreuer von Amts wegen bestellen kann. Dies hat zur Folge, dass auch bei Fehlen eines ausdrücklichen Antrags grober Undank vorliegen kann. Allein das Fehlen stichhaltiger Gründe für dessen Stellung genügt nicht, groben Undank zu begründen. Vielmehr muss sich der Beschenkte dieses Umstandes auch **bewusst sein**. Dementsprechend kann es beim Beschenkten, wenn er zunächst Rat suchend bei der Behörde vorstellig wird und ihm dann eine entsprechende Antragstellung empfohlen wird, an der subjektiven Seite des Undanks fehlen. Anders liegt die Sache jedoch dann, wenn der Antragsteller auch nach einer in Bezug auf die beanzeigte Trunksucht negativen amtsärztlichen Untersuchung und einer darauf gestützten gerichtlichen Aufforderung, den Antrag zurückzunehmen, auf diesem beharrt (BGH 11. 1. 1980 – V ZR 155/78, NJW 1980, 1789, 1790). Als ebenso undankbar wurde es beurteilt, wenn ein grundloser Entmündigungsantrag gestellt, nach dessen Ablehnung Beschwerde eingelegt und diese nach Anhörung und gutachtlicher Prüfung trotz ablehnender Abhilfeentscheidung weiterverfolgt wurde. Erschwerend kam in eben jenem Fall für das Gericht hinzu, dass die Vorwürfe zurücklagen und der Antrag erst nach der Geltendmachung eigener Ansprüche durch die Schenkerin erhoben wurde (BGH 5. 2. 1993 – V ZR 181/91, NJW 1993, 1577, 1578). Diese Grundsätze wurden auch nach der Abschaffung der Entmündigung und Einführung der rechtlichen Betreuung für einen darauf gerichteten Antrag bestätigt. Undankbar zeigt sich demnach auch ein Beschenkter, wenn er einen grundlosen Betreuungsantrag auf erkennbar unrichtige Tatsachen stützt (OLG Düsseldorf 13. 1. 1998 – 22 U 56/97, NJW-RR 1998, 1432, 1433). Gerade aber in Fällen, in denen dem Beschenkten eine gute Absicht unterstellt werden kann, muss man ihm dann auch einen Beurteilungsspielraum zuteilwerden lassen (Kollhosser AcP 194 [1994] 231, 250). 28

d) Privatrechtliche Streitigkeiten

Auch im Rahmen der sonstigen privatrechtlichen Rechtsverhältnisse zwischen Schenker und Beschenktem können Verhaltensweisen des Beschenkten als grober Undank gegenüber dem Schenker aufgefasst werden. Das gilt in Hinblick auf die erforderliche Intensität des Fehlverhaltens besonders dann, wenn die Ausübung von Rechten mit einer **erheblichen vorsätzlichen Vermögensschädigung aus feindseliger Gesinnung** einhergeht (OLG Karlsruhe 26. 10. 2009 – 3 U 22/09, ZErb 2010, 55 f). Eine solche liegt beispielsweise dann vor, wenn die Ehefrau, der ein Grundstück nur aus steuerlichen Gründen geschenkt worden war, den mit ihrem Mann abgeschlossenen Mietvertrag zu kündigen versucht, so dass dieser dadurch den Gebrauch der darin gemieteten Werkstatt verlieren würde, auf deren Nutzung er wegen der besonderen 29 baulichen Verhältnisse für die Fortführung seines Gewerbes zwingend angewiesen ist (BGH 30. 6. 1993 – XII ZR 210/91, NJW-RR 1993, 1410, 1411). Das bedeutet aber auch, dass eine Schenkung nicht grundsätzlich dazu führen kann, dass der Beschenkte seine Rechte aus von der Schenkung unabhängigen Schuldverhältnissen mit dem Schenker nicht wie ein gewöhnlicher Vertragspartner geltend machen darf. Ebenso muss der Beschenkte seine eigenen Interessen bei Meinungsverschiedenheiten über das respektive Pflichtenprogramm nicht von vornherein hintanstellen. Grundsätzlich hindert deshalb seine Dankesobliegenheit den Beschenkten nicht daran, ihm tatsächlich zustehende Rechte auch auszuüben. Im Gegenzug wird der Schenker jedoch vom Beschenkten erwarten dürfen, dass der Beschenkte nicht vorschnell, sondern erst nach gewissenhafter Prüfung seiner Ansprüche und unter gebührender Berücksichtigung der Interessen des Schenkers handelt. Mit anderen Worten darf der Beschenkte seine Rechte nur rücksichtsvoll und schonend ausüben (MünchKommBGB/Koch § 530 Rn 12). Dementsprechend kann auch die Ausübung einer **umfassenden Vorsorgevollmacht** durch den Beschenkten eine schwere Verfehlung darstellen, wenn von den darin gewährten rechtlichen Befugnissen ohne Verständigung mit dem Schenker nicht in schonender Weise unter bestmöglicher Wahrung der personellen Autonomie des Schenkers Gebrauch gemacht wird (BGH 25. 3. 2014 – X ZR 94/12, NJW 2014, 3021 m Anm Müller, LMK 2014, 360638 m Anm Chiusi, FamRZ 2014, 888 m Anm Schwab).

30 Im Einzelnen kann der Beschenkte in einem Zivilverfahren gegen den Schenker grundsätzlich gegen ihn erhobene **Ansprüche bestreiten**, sofern dieses nicht lediglich aus einer feindlichen Gesinnung heraus erfolgt oder mit erheblichen Nachteilen für den Schenker verbunden ist. So begründet es keinen groben Undank, wenn die Parteien eines nichtigen Verlöbnisses über die Rückabwicklung einer Innengesellschaft und damit um Werte in Millionenhöhe streiten, wenn dabei zur Verteidigung der eigenen Rechtsposition Leistungen des anderen prozessual bestritten und eigene in den Vordergrund gerückt werden; denn eine Partei kann ihre Rechte auch mit Nachdruck verteidigen und darf in diesem Recht auf Rechtsverteidigung nicht eingeschränkt werden (OLG Karlsruhe 13. 1. 1988 – 6 U 202/86, NJW 1988, 3023 f). Grundgedanke dieser Rechtsprechung ist damit, dass der **Beschenkte** letztlich **seinen Prozess** losgelöst von der Schenkung und dem Risiko eines potentiellen Schenkungswiderrufs **führen können soll**. Dies kann allerdings die missliche Folge haben, dass ein unter dem Gesichtspunkt des Prozessbetrugs ggf strafbares Handeln gegen den Schenker aus prozessualen Erwägungen widerrufsrechtlich unbeachtlich sein müsste. Trotz dieser durchaus erkannten Problematik ist nach der Rechtsprechung das einfache Bestreiten von Zahlungen im laufenden Verfahren nicht als Widerrufsgrund geeignet (OLG Oldenburg 22. 12. 1993 – 3 U 44/93, NJW 1994, 1539). Unabhängig vom ehelichen Fehlverhalten kann gegenüber Schwiegereltern auch dann im Einzelfall ein Widerrufsgrund wegen Undanks vorliegen, wenn das Schwiegerkind die Todesumstände oder den Begräbnisort seines Gatten und damit des Kindes der Schenker nicht offenbart; allerdings soll dies gerade nicht zwingend sein, da es durchaus unterschiedliche Vorstellungen über die Trauerarbeit geben könne und auch der Ehegatte einen Anspruch auf intime Trauer habe; dies gelte insbesondere auch dann, wenn der Gatte nachvollziehbar befürchte, die Schwiegereltern würden dies nicht respektieren (OLG Köln 22. 10. 2012 – 19 U 97/12, juris Rn 8 f).

31 Auch die Geltendmachung eines bestehenden **Pflichtteilsrechts** nach der verstorbenen Mutter gegenüber dem alleinerbberechtigten Vater (und Schenker) begründet keinen groben Undank, wenn der Pflichtteilsanspruch besteht und die Möglichkeit eines etwaigen Pflichtteilsverzichts im Rahmen der Schenkungsvereinbarung selbst nach den Vertragsunterlagen keine Rolle gespielt hat (OLG Karlsruhe 26. 10. 2009 – 3 U 22/09, ZErb 2010, 55 f). Die Geltendmachung eines **Unterlassungsanspruchs** gegen eine Prozessbehauptung der Schenkerin, der nach zivilrechtlichen Grundsätzen zwar nicht gegeben ist, gleichwohl aber der Abwehr von Behauptungen dient, die zu einer strafrechtlichen Verurteilung der Schenkerin wegen falscher Verdächtigung geführt haben, kann ebenso wenig den Vorwurf groben Undanks rechtfertigen (OLG Celle 3. 4. 2003 – 6 U 212/02, juris Rn 76 ff).

e) Verletzungen schenkungsrechtlicher Pflichten

Oftmals wird widerrufsrechtlich relevanter grober Undank auch dadurch verübt, 32
dass bei der Schenkung vereinbarte **anteilige Gegenleistungen** nicht erbracht oder sich vom Schenker an dem Schenkungsgegenstand **vorbehaltene Rechte** durch den Beschenkten beeinträchtigt werden. In dieser Situation wird dabei der Undank anders als bei sonstigen privatrechtlichen Streitigkeiten bereits deshalb besonders augenfällig, weil sich der Beschenkte letztlich ein Mehr gegenüber dem nimmt, was vereinbart war. Auf diese Weise rüttelt er an der **Geschäftsgrundlage** der Schenkung. Der Paradefall hierfür liegt dann vor, wenn der Beschenkte die Erfüllung des bei der Schenkung vorbehaltenen **Wohnrechts** des Schenkers nicht nur vorübergehend, sondern hartnäckig verhindert oder in sonstiger Weise beschränkt (BGH 27. 9. 1991 – V ZR 55/90, NJW 1992, 183, 184; BGH 19. 1. 1999 – X ZR 42/97, NJW 1999, 1626, 1627 [nicht in BGHZ 140, 275 abgedruckt]; BGH 11. 7. 2000 – X ZR 89/98, BGHZ 145, 35, 38 f, NJW 2000, 3201). Dies kann auch durch die tatsächliche Austreibung aus dem Hof und Abbruch der vereinbarten Verköstigung geschehen (BGH 2. 10. 1951 – V ZR 77/50, BGHZ 3, 206, 212, NJW 1952, 20). Ebenso ist aber eine Vereitelung bzw ihr Versuch dann anzunehmen, wenn das beschenkte Kind eine dem an der geschenkten Immobilie bestellten Wohnrecht im Rang vorgehende dingliche Sicherheit im Wege der **Zwangsversteigerung** zu verwerten sucht (OLG Köln 19. 3. 2002 – 11 W 19/02, NJW-RR 2002, 1595). Entsprechendes kommt für die **Nichtbegleichung von Darlehensleistungen gegenüber der Bank** in Betracht, wodurch mittelbar die Nießbrauchrechte des Schenkers betroffen werden (OLG Frankfurt 17. 5. 2024 – 13 U 118/10, ZEV 2024, 617). Dagegen wurde es revisionsrechtlich nicht beanstandet, wenn nach der Beendigung der Ehe weitere Raten zu dem übertragenen Hausanteil nicht gezahlt und eine Teilungsversteigerung beantragt wurde (BGH 7. 7. 1983 – IX ZR 69/82, NJW 1983, 2933). Anders begründet jedoch auch die hartnäckige Nichterfüllung der bei der Schenkung vereinbarten Verpflichtung, eine **Grundschuld** zugunsten des Schenkers an dem geschenkten Grundstück zu bestellen, groben Undank (BGH 5. 2. 1993 – V ZR 181/91, NJW 1993, 1577, 1578). Das gilt auch für die Verweigerung, dem Schenker die bei der Grundstücksschenkung vorbehaltene **Gartennutzung** zu gewähren (BGH 27. 9. 1991 – V ZR 55/90, NJW 1992, 183, 184 jedenfalls zusammen mit einem unberechtigten und übermäßig scharf gehaltenen Anwaltsschreiben). In Verbindung mit weiteren Vorwürfen kann hier auch die Einstellung der Beheizung des sich vom Schenker zur alleinigen Nutzung vorbehaltenen **Schwimmbads** einen Widerruf legitimieren, selbst wenn der Beschenkte sich als zur Unterhaltung des Pools nicht verpflichtet ansah; denn auch in einem solchen Fall gebietet es die Dankbarkeit, einseitige Handlungen zu unterlassen und jedenfalls keine vollendeten Tatsachen zu schaffen (BGH 19. 1. 1999 – X ZR 42/97, NJW 1999, 1626, 1627 [insoweit nicht in BGHZ 140, 275 abgedruckt]). Dabei ist es im Übrigen nicht erforderlich, dass das Recht selbst beeinträchtigt oder bestehende Pflichten schon verletzt werden. Auch ein Verhalten des Beschenkten,

das die von den Parteien gleichsam als Geschäftsgrundlage vorausgesetzte Ausgangslage nachhaltig zu verändern und die Pflichterfüllung nachteilig zu beeinflussen geeignet ist, kann schon als Widerrufsgrund genügen. So stellt es auch eine schwere Verfehlung dar, wenn der Beschenkte ernsthafte **Veräußerungsbemühungen** bezüglich des ihm übertragenen Mehrparteienhauses mit Einsitzrecht des mit ihm verwandten und auf Grund des Vertrags pflegeberechtigten Schenkers aufnimmt, selbst wenn das Einsitzrecht gewahrt sein soll; denn der Schenker dürfe auch ohne ausdrückliches Veräußerungsverbot erwarten, dass er sich auf seine alten Tage nicht mit fremden Menschen auf seinem Grundstück arrangieren müsse und dass die Pflege durch den ständig anwesenden Verwandten sichergestellt sei; die wirtschaftliche Verwertung des Grundstücks ohne gewisse Fortsetzung der Pflegeleistungen begründe demnach eine erhebliche Kränkung des Schenkers (OLG Frankfurt 10. 1. 1985 – 8 U 172/94, NJW-RR 1996, 781, 782). Andererseits können aus finanziellen Gründen durchgeführte Verkaufsbemühungen aber dann keinen groben Undank begründen, wenn eine vorherige Rücksprache mit dem Schenker über eine andere finanzielle Regelung unterlassen wird; denn dieser Mangel an Kommunikation mit dem Schenker muss keiner feindlichen Haltung entspringen, sondern kann auch Folge von Scham oder Unbeholfenheit sein (BGH 14. 12. 2004 – X ZR 3/03, FamRZ 2005, 511).

33 Auch wenn die **vertragswidrige Nichterfüllung übernommener Verpflichtungen** regelmäßig eine schwere Verfehlung und groben Undank begründen mag, bleiben auch hier die **Umstände** der Nichterfüllung genau zu prüfen. Gerade die Nichtleistung auf übernommene Zahlungsverpflichtungen muss nicht zwingend Ausdruck einer tadelnswerten, feindlichen Gesinnung sein bzw einen zwingenden Rückschluss darauf zulassen. Vielmehr können hier auch andere Gründe maßgeblich sein, die einen Widerruf nicht zu rechtfertigen vermögen. So liegt es insbesondere dann, wenn die Erfüllung der Zahlungspflicht nur an der **mangelnden Leistungsfähigkeit des Beschenkten** scheitert; allerdings ist der Beschenkte auch hier jedenfalls dann, wenn der Schenker sich durch die Zuwendung an ihn seiner Lebensgrundlage begeben hat, dazu verpflichtet, den Schenker bevorzugt, wenn auch nicht in allen Fällen vorrangig zu bedienen (BGH 11. 7. 2000 – X ZR 89/98, BGHZ 145, 35, 39 f, NJW 2000, 3201, 3202).

f) Eheliches Fehlverhalten

34 **Partnerschaftliches Fehlverhalten** kann angesichts der moralisch-ethischen Verortung des Schenkungswiderrufs für diesen dem Grundgedanken nach durchaus relevant sein (s hierzu Löffler, Ehegattenschenkungen und ihre Rückgängigmachung nach französischem und deutschen Recht [1987] 120 ff, 144 ff). Dem begegnet aber schon die Schwierigkeit, dass das Partnerschaftsverhältnis zunächst neben dem schenkungsrechtlichen Rechtsverhältnis steht (vgl dazu vMorgen, Das Recht zum Widerruf der Schenkung wegen groben Undanks gemäß §§ 530–534 BGB [1989] 207 ff). Zugleich ist zu berücksichtigen, dass die Durchsetzbarkeit ehelicher Pflichten ausgeschlossen und die güterrechtliche Abwicklung von ehelichen Lebensgemeinschaften bereits gesetzlich geregelt sind. Vor diesem Hintergrund stellt sich im partnerschaftlichen Bereich auch im Hinblick auf die Figur der **unbenannten Zuwendung**, die eine Anwendung des § 530 BGB von vorneherein ausschließt (vgl zur Abgrenzung von Schenkung und unbenannter Zuwendung auch Wever FamRZ 1999, 1421 f und va § 516 Rn 87 ff), zunächst die Frage, ob gleichwohl mögliche tatbestandliche Schenkungen überhaupt zurückzugewähren sind. Auf einer zweiten Ebene ist dann zu klären, ob ein genuin eheliches Fehlverhalten wie die eheliche

Untreue eine schwere Verfehlung darstellen und in der Konsequenz den Vorwurf groben Undanks begründen kann.

35 Nicht nur in den 70er und 80er Jahren des letzten Jahrhunderts wurde besonders erwogen, § 530 Abs 1 BGB bei Schenkungen unter Ehegatten nur sehr restriktiv anzuwenden und hierfür ein **exzessives Fehlverhalten** des Beschenkten zu fordern (OLG Frankfurt 7. 2. 1981 – 7 U 146/80, FamRZ 1981, 778, 779; LG Essen 18. 4. 1980 – 9 O 138/80, FamRZ 1980, 791; LG Bonn 15. 11. 1979 – 8 O 209/79, FamRZ 1980, 359, 361 als obiter dictum; Bosch, in: FS Beitzke [1979] 121, 128 ff; Langenfeld NJW 1986, 2541, 2542; Seutemann FamRZ 1983, 990, 991 ff; Seif FamRZ 2000, 1193, 1195; grundsätzlich ablehnend Koch JR 1992, 236 f; Seutemann, Der Widerruf von Schenkungen unter Ehegatten [1984] 95 ff, 110 fordert entsprechend den partnerschaftlichen Beziehungen in abgestufter Weise ein außergewöhnliches Fehlverhalten; Löffler, Ehegattenschenkungen und ihre Rückgängigmachung nach französischem und deutschen Recht [1987] 121 ff, 144 ff, 150 verlangt ein Ausbrechen aus der intakten Ehe, sieht aber regelmäßig eine Gleichrangigkeit der Ursachenbeiträge beider Partner im Falle einer Zerrüttung, lehnt allerdings das grundsätzliche Erfordernis eines exzessiven Fehlverhaltens ab; einen zur historischen Entwicklung des Verhältnisses von Schenkungs- und Eherecht s Löffler 5 ff sowie vMorgen, Das Recht zum Widerruf der Schenkung wegen groben Undanks gemäß §§ 530–534 BGB [1989] 192 ff; vMorgen 207 ff, der unter Verneinung eines weiteren gesonderten Pietätsverhältnisses neben den partnerschaftlichen Bindungen einen Widerruf ausschließt; s auch Kralemann, Die Rückforderung von Ehegattenschenkungen im Falle der Scheidung [1983] 1 ff). Grundgedanke dieser Überlegungen war es dabei, dass nach Abschaffung des Verschuldensprinzips bei der Scheidung entgegen dieser gesetzgeberischen Wertentscheidung nunmehr eheliches Fehlverhalten zentriert beim Schenkungswiderruf erörtert würde; dies wurde jedoch bis auf die wenigen Fälle für unangemessen gehalten, in denen auch im Eherecht exzessives Verschulden eines Ehegatten ausnahmsweise noch im Recht der Scheidungsfolgen eine Rolle spielen sollte (Bosch, in: FS Beitzke [1979] 121, 128 ff; Bosch FamRZ 1983, 350; jedoch grundsätzlich ablehnend Koch JR 1992, 236).

36 Die überwiegende Auffassung will den Widerruf – bei gleichzeitiger Beachtung ehelicher Besonderheiten – aber **keinen weiteren Restriktionen** unterwerfen. Weder die Abschaffung des § 73 EheG noch die Regeln des Scheidungs- und Scheidungsfolgenrechts sprechen nämlich für eine besondere Behandlung von Ehegattenschenkungen, da sie keine speziellen bzw zusätzlichen Anforderungen an den Widerruf von Ehegattenschenkungen stellen und auch die Gesetzesmaterialien diese Einschätzung bestätigen; denn der Gesetzgeber ging darin ausdrücklich von der Anwendbarkeit des § 530 BGB aus (BT-Drucks 7/650, 180 f; BGH 9. 7. 1982 – V ZR 142/81, FamRZ 1982, 1066 f [ohne nähere Begründung]; BGH 28. 10. 1982 – IX ZR 62/82, FamRZ 1983, 449 f mit abl Anm Bosch FamRZ 1983, 350; BGH 24. 3. 1983 – IX ZR 62/82, BGHZ 87, 145, 147 ff, Olzen JR 1983, 455 f m zust Anm; ablehnend dagegen Seutemann FamRZ 1983, 990 ff; BGH 8. 11. 1984 – IX ZR 108/83, FamRZ 1985, 351; BGH 30. 6. 1993 – XII ZR 210/91, NJW-RR 1993, 1410, 1411; BGH 18. 4. 1986 – V ZR 280/84, NJW-RR 1986, 1202; OLG Düsseldorf 19. 11. 1979 – 5 U 116/79, FamRZ 1980, 446; OLG Frankfurt 18. 2. 1986 – 8 U 44/85, FamRZ 1986, 576, 577; OLG Nürnberg 17. 12. 1981 – 8 U 1724/81, OLGZ 18 [1982] 230, 232; Friedrich JR 1986, 1, 3; Kralemann, Die Rückforderung von Ehegattenschenkungen im Falle der Scheidung [1983] 52 ff; Grünenwald, Güterrechtlicher und schuldrechtlicher Ausgleich [1988] 111 f; Rauscher AcP 86 [1986] 529, 559 ff; krit zu den herrschenden Argumenten, wenn auch im Ergebnis gleich, Karakatsanes FamRZ 1986, 1178 ff; früher schon für parallele Anwendbarkeit RG 17. 1. 2010 – IV 577/09, JW 1910, 148; RG 19. 4. 1920 – IV 548/19, LZ 1920, 860 f, WarnR 1920 Nr 169. Zum Wechselspiel zwischen Widerruf und Zugewinnausgleich

vgl Schwab FamRZ 1984, 525, 527; Seutemann FamRZ 1983, 990, 991 f; Seutemann, Der Widerruf von Schenkungen unter Ehegatten [1984] 111 ff; Grünenwald, Güterrechtlicher und schuldrechtlicher Ausgleich [1988] 112 f). Auch lässt sich erwägen, dass die besonders hohen Anforderungen der **Unterhaltsreduktion nach § 1579 BGB** auf der Angewiesenheit des Berechtigten beruhen, während ein Schenkungswiderruf keine derartigen Nachteile beim Beschenkten verursacht und damit die üblichen Kriterien genügen (Karakatsanes FamRZ 1986, 1178, 1180). Zugleich erscheint es unangemessen, wenn andere Verwandte oder Partner einer nichtehelichen Lebensgemeinschaft bei Fehlverhalten des Beschenkten schenkungsrechtlich besser behandelt werden als Ehepartner untereinander (Rauscher AcP 86 [1986] 529, 559; s auch Löffler, Ehegattenschenkungen und ihre Rückgängigmachung nach französischem und deutschen Recht [1987] 148 ff, der allgemein für eine Angleichung der Undankgründe zwischen partnerschaftlich und nicht partnerschaftlich verbundenen Personen plädiert). Selbst bei höheren Hürden wird zudem die Erörterung ehelicher Verfehlungen, die auch im Eherecht immer noch nicht völlig ausgeschlossen sind, nicht verhindert (Karakatsanes FamRZ 1986, 1178, 1180 f; Grünenwald, Güterrechtlicher und schuldrechtlicher Ausgleich [1988] 112).

37 Wenn demnach die §§ 530 ff BGB grundsätzlich Anwendung auch auf Ehegattengeschenke finden, wird va die Frage bedeutsam, wie **eheliche Verfehlungen** und insbesondere der **Ehebruch** als schwerster Vorwurf zu behandeln sind. Im Ausgangspunkt ist dabei zu berücksichtigen, dass die Komplexität von Paarbeziehungen, wie auch die Abschaffung des Verschuldensprinzips bei der Scheidung zeigt, die Zuweisung klarer Schuldvorwürfe schwierig macht und oftmals beide Partner an dem Zerbrechen einer Beziehung ihre auch unterschiedlichen Anteile haben (vgl Karakatsanes FamRZ 1986, 1049 f; Karakatsanes FamRZ 1986, 1178, 1181, 1183 f; s auch Löffler, Ehegattenschenkungen und ihre Rückgängigmachung nach französischem und deutschen Recht [1987] 121 ff, 148 ff, und zum Aspekt der Zerrüttung BGH 19. 1. 1999 – X ZR 60/97, NJW 1999, 1623, 1624; deshalb sollen strenge Anforderungen an die Annahme groben Undanks gestellt werden, so Friedrich JR 1986, 1, 3).

38 Gleichwohl kann ein **Ehebruch** eine **relevante Verfehlung** darstellen (OLG München 28. 1. 2009 – 20 U 2673/08, MittBayNot 2009, 308, 310; Soergel/Eckert § 530 Rn 10). Welche ggf auch zusätzlichen Voraussetzungen allerdings an diesen zu stellen ist, wird unterschiedlich beurteilt. Teilweise und dabei tendenziell in der Vergangenheit wurde dies ohne Umschweife selbst noch nach der Trennung so gesehen, sofern nicht auch der andere Ehegatte seinerseits aus der Ehe drängt (so OLG Düsseldorf 19. 11. 1979 – 5 U 116/79, FamRZ 1980, 446 f, auch wenn das Verhalten des Schenkers hier zur Trennung berechtigte, wobei die Beziehung zum Schenkungsgegenstand eheliches Heim statt Vermögensanlage von Bedeutung sein könnte mit ablehnender red Anm Bosch). War demnach nach Ansicht des BGH der **Treueverstoß** eine entscheidende Ursache für das Scheitern der Ehe, sollte sich geradezu aufdrängen, dass eine **objektive Verfehlung** vorliegt, was allerdings nicht von einer **Gesamtwürdigung des beiderseitigen Verhaltens** enthebe; die Bewertung der tatsächlichen Gesinnung des Beschenkten ebenso wie die objektive Schwere des Verstoßes seien dabei unabhängig davon, wie schwer das vorwerfbare Verhalten den Schenker trifft. Ein Angriff des Partners auf die Ehe liege damit vor, ohne dass es auf die Stärke der durch die sich daran anknüpfenden Folgen verursachten Belastungen auf den anderen Partner ankomme. Deshalb sei es auch für den Widerruf unerheblich, ob der verlassene Partner sich selbst bald einem neuen Partner zuwendet (BGH 9. 7. 1982 – V ZR 142/81, FamRZ 1982, 1066, 1067, mit abl Anm Bosch FamRZ 1982, 1067).

Diese einen Widerruf eher begünstigende Haltung tritt auch in weiteren Entscheidungen zutage. Demgegenüber war bei der Judikatur des Reichsgerichts eine gewisse Abkehr von seiner zuvor noch strengeren Entscheidungspraxis festzustellen. In dieser wurde allmählich deutlich gemacht, dass zwar der Ehebruch in der Regel als schwere Verfehlung zu werten sei, eine solche Wertung müsse gleichwohl nicht immer zwingend sein, weshalb die Verfehlung umfassend geprüft werden müsse. Ehebruch begründe der späteren Ansicht des RG zufolge jedenfalls nicht ohne Weiteres den relevanten Vorwurf groben Undanks (RG 7. 12. 1936 – IV 199/36, HRR 1937 Nr 371, JW 1037, 988, 989, mit Anm LEHMANN JW 1937, 990; RG 16. 5. 1935 – IV 339/34, WarnR 1935 Nr 112; noch RG 19. 4. 1920 – IV 548/19, LZ 1920, 860 f, WarnR 1920 Nr 169 sah allerdings darin neben der Lebensnachstellung die schwerste Verfehlung; RG 17. 1. 1910 – IV 577/09, JW 1910, 148; gegen eine schematische Lösung spricht sich das LG Flensburg 26. 6. 1987 – 2 O 153/87, FamRZ 1988, 57 aus). Demnach sollten schwere Eheverfehlungen und eine Mitschuld an der Scheidung für sich genommen nicht als Widerrufsgrund genügen, sondern es musste eine Gesamtabwägung des Verhältnisses der Verfehlungen zueinander getroffen werden (RG 16. 5. 1935 – IV 339/34, WarnR 1935 Nr 112). Doch stellte in den 80er Jahren des letzten Jahrhunderts der wiederholte Ehebruch auch in Verbindung mit verbotener Eigenmacht stets eine schwere Verfehlung dar, wobei die Freiheit in der Ehe einen Widerruf nicht hindere; denn wenn sich ein Partner lossagen möchte, sei es nicht gerechtfertigt, dass er die finanziellen Vorteile aus der Lebensgemeinschaft behalte (OLG Köln 25. 3. 1981 – 2 U 3/81, NJW 1982, 390 f). Dies ging letztlich auf literarische Stimmen zurück, die zutreffend aus der ehelichen Freiheit gerade nicht schließen wollten, dass Geschenke nach Scheitern der Ehe behalten werden dürften, weil es auch **in der Ehe keine Freiheit um jeden Preis** gebe und der Widerruf des einen letztlich die Konsequenz des freien Entschlusses des anderen Partners sei (OLSCHEWSKI MDR 1975, 626, 627 und insgesamt krit auch in Bezug auf Angehörige von Ehepartnern 628 ff). Umgekehrt sollte es auch innerhalb einer nichtehelichen Lebensgemeinschaft nicht als grober Undank gewertet werden, wenn die beiderseitig ehebrecherische Beziehung den Sittenanforderungen entsprechend beendet werde (BGH 11. 6. 1969 – VIII ZR 151/67, FamRZ 1970, 19, 23; anders zum Bereicherungsrecht aber zwischenzeitlich BGH 28. 9. 1990 – V ZR 109/89, BGHZ 112, 259, 262 f, NJW 1991, 830, 831).

Neben diesen Aussagen fanden und finden sich dagegen auch Stimmen, die von ei- 39
ner sehr **differenzierten Sicht** der Dinge ausgehen und insbesondere zunehmend auch einen Widerruf wegen genuinen Eheverfehlungen überwiegend ablehnen. So betonte der BGH in neuerer Rechtsprechung, der Ehebruch stelle eine Verfehlung dar, müsse aber nicht in der Regel als schwer iSd § 530 BGB betrachtet werden, wenn zB die Ehe schon durch den Auszug eines Gatten dokumentiert gescheitert sei oder auch dem anderen Partner Verfehlungen vorzuwerfen seien, wobei auch die Leistungen des Beschenkten selbst zu berücksichtigen seien (BGH 8. 11. 1984 – IX ZR 108/83, FamRZ 1985, 351 f, mit zust Anm SEUTEMANN; vgl weiterhin auch OLG Düsseldorf 5. 10. 2004 – 24 U 83/04, NJW-RR 2005, 300, 301; auch das OLG Oldenburg 22. 12. 1993 – 3 U 44/93, NJW 1994, 1539 hält den Ehebruch – allerdings im Verhältnis zu den Schwiegereltern – für irrelevant). Damit hat er nicht überzeugend mit seiner früheren Rechtsprechung gebrochen, die jedenfalls für den Regelfall einen Widerruf infolge Ehebruchs als begründet ansah. Vielmehr müssen nunmehr die **Umstände des Einzelfalls ermittelt** werden, ohne dass regelmäßig ein Widerruf anzunehmen sei (vgl GRÜNEBERG/WEIDENKAFF [85. Aufl 2026] § 530 Rn 7). Sicherlich stelle der Ehebruch noch immer meist eine schwere Verfehlung dar, im Hinblick auf die Gesamtumstände und das Verhalten des Partners müsste da-

rin jedoch nicht zwingend Ausdruck groben Undanks zu erkennen sein (so in der Bewertung des Rechtsprechungswechsels KARAKATSANES FamRZ 1986, 1049, 1050; FamRZ 1986, 1178, 1183 f; LG Flensburg 26. 6. 1987 – 2 O 153/87, FamRZ 1988, 57; nach MünchKommBGB/KOCH § 530 Rn 11 indiziert ehewidriges Verhalten regelmäßig groben Undank). Fraglich hat allerdings das OLG Hamm entschieden, dass – in Bezug auf ein Schwiegerelterngeschenk – nach der Verkehrsauffassung nicht erwartet werde, dass eine eheliche Untreue wegen eines gemachten Geschenks unterbleibe (vgl zu diesem Gedanken auch OLG Hamm 30. 11. 1989 – 22 U 166/89, FamRZ 1990, 1232, 1233; krit dagegen SEUTEMANN FamRZ 1992, 547, 548 und BOSCH FamRZ 1991, 568 f).

40 Bei der demnach vorzunehmenden Gesamtabwägung soll es zunächst auf die tatsächliche **persönliche Nähebeziehung** zwischen den Eheleuten ankommen. So wurde vertreten, dass bei lockeren Bindungen ein einmaliges Fehlverhalten als Anknüpfungspunkt für einen Widerruf reichen solle, während bei engem Zusammenleben in einer von tiefen Gefühlen geprägten Paarbeziehung singuläre bzw weniger schwere Entgleisungen zu tolerieren seien (SEUTEMANN FamRZ 1983, 990, 991 f). Dies würde zu dem verwunderlichen Ergebnis führen, dass bei einer tiefen Beziehung, bei der ein größeres Vertrauensverhältnis besteht, schwerere Entgleisungen zu tolerieren wären. Nach anderer Ansicht soll es erforderlich sein, dass sich der Partner ohne Grund in intakter Ehe abwendet (MÜSSIG FPR 2007, 194, 195; LÖFFLER, Ehegattenschenkungen und ihre Rückgängigmachung nach französischem und deutschen Recht [1987] 150). Ein Ehebruch kann auch dann zum Widerruf führen, wenn **manipulative Handlungen** des Beschenkten hinzukommen. So stellt es jedenfalls dann einen entsprechenden Grund dar, wenn der Mann eine Beziehung zu einer neuen Partnerin beginnt, seine schwangere Frau nach zunächst vorgespielter Trennung von der Geliebten erneut verlässt und die Zuwendung das Familienheim betrifft (OLG Nürnberg 17. 12. 1981 – 8 U 1724/81, OLGZ 18 [1982] 230, 232). Das Gleiche wurde auch in dem Fall angenommen, in dem ein Partner eine anderweitige Liebesbeziehung **verheimlicht** und seiner Frau, mit der er weiterhin geschlechtlich verkehrt, ein intaktes Eheleben vorspielt, was sich durch weitere Urlaubsplanung dokumentiert (OLG Frankfurt 18. 2. 1986 – 8 U 44/85, FamRZ 1986, 576, 577). Nach neuerer obergerichtlicher, sehr fraglicher, Judikatur stellt die eheliche Untreue grundsätzlich keinen groben Undank dar, sofern nicht besondere Umstände wie zB die einseitige Abkehr bei einer intakten Ehe vorliegen, wobei auch eine in feindlicher Gesinnung herbeigeführte **Schwangerschaft** an der prinzipiellen Irrelevanz des Ehebruchs nichts ändere (OLG Düsseldorf 5. 10. 2004 – 24 U 83/04, NJW-RR 2005, 300, 301; auch OLG Oldenburg 22. 12. 1993 – 3 U 44/93, NJW 1994, 1539 hält den Ehebruch – allerdings im Verhältnis zu den Schwiegereltern – für irrelevant). Ist die Partnerschaft zudem bereits zerrüttet oder gibt es unüberbrückbare Differenzen, wird man eheliche Untreue kaum als tauglichen Widerrufsgrund ansehen können (vgl dazu SEUTEMANN, Der Widerruf von Schenkungen unter Ehegatten [1984] 100 f). Das gilt zum Beispiel dann, wenn die Partner letztlich in schicksalhafter Weise an dem **wechselseitigen Unverständnis** gescheitert sind, ihre Ehe bereits fünf Jahre vor der Trennung gestört war und die infrage stehende Beziehung erst nach der Trennung aufgenommen wurde (OLG Frankfurt 7. 2. 1981 – 7 U 146/80, FamRZ 1981, 778, 779). Auch dann, wenn der Partner an einer schweren, dauerhaften **Alkoholkrankheit** leidet, kann es dem Partner nicht zugemutet werden, auf Dauer an der Partnerschaft festzuhalten. Kommt es demnach in einem solchen Fall zur Abwendung vom bisherigen Partner und Hinwendung zu einem neuen Partner, muss hierin kein grober Undank erkannt werden (LG Flensburg 26. 6. 1987 – 2 O 153/87, FamRZ 1988, 57 f). Eine Rückforderung eines mittelbar geschenkten Grund-

stücks soll im Übrigen nach § 313 BGB oder infolge einer Anfechtung nach § 123 BGB möglich sein, wenn der Ehemann seiner von ihm bereits getrennt lebenden Ehefrau das Grundstück als Obdach und Unterhalt für seinen Sohn zuwendet und sich die Nichtvaterschaft des Ehemanns herausstellt (BGH 27. 6. 2012 – XII ZR 47/09 Tz 19 ff, NJW 2012, 2278, 2279 f, eine typische unbenannte Zuwendung liegt dagegen wegen Scheiterns der Ehe nicht vor; nicht behandelt wird die Frage des § 530 BGB). Allerdings wurde die Wiederaufnahme ihrer ursprünglichen Tätigkeit durch eine ehemalige Prostituierte dann als potentieller grober Undank angesehen, wenn ihr Lebenspartner und späterer Ehemann ihr ein dauerhaftes und vom Bestehen der Lebensgemeinschaft unabhängiges Wohnrecht zuwendet und dies in der gemeinsamen Vorstellung erfolgt, die Partnerin werde ihre Tätigkeit im Hinblick auf das Geschenk aufgeben; insoweit sei es dann auch unerheblich, wenn sie besonders diskret vorgehe, der schenkende Partner sie als Kunde im Rotlichtmilieu kennengelernt hat und sie nicht die Absicht gehabt habe, das Ansehen des Schenkers zu beeinträchtigen (BGH 13. 11. 2012 – X ZR 80/11 Tz 13 ff, BeckRS 2012, 25607).

41 Damit bleiben wohl künftig fragwürdigerweise nach der Rechtsprechung in **Bezug auf Ehegatten** va nur diejenigen Gründe für einen Schenkungswiderruf relevant, die auch **zwischen nicht verheiratetem Schenker und Beschenkten gelten**. Soweit hier außerhalb des Intimbereichs beispielsweise finanzieller Streit über die Scheidungsfolgen in Betracht kommt, wird auch hier entsprechend den Grundsätzen über die **Wahrnehmung prozessualer Rechte** (vgl Rn 29 ff) ein grober Undank abgesehen von Sonderkonstellationen zu verneinen sein (vgl OLG Köln 20. 10. 1994 – 18 U 64/94, NJW-RR 1995, 584, 585; vgl auch Löffler, Ehegattenschenkungen und ihre Rückgängigmachung nach französischem und deutschen Recht [1987] 140 ff). Das gilt jedenfalls vor Erhebung der Ausgleichklage auch in Bezug auf den Versuch, den **Zugewinnausgleich** zum Nachteil des Partners zu beeinträchtigen (OLG Karlsruhe 9. 9. 1988 – 10 U 32/88, NJW 1989, 2136). Unabhängig aber von diesen Einzelfragen muss, sofern man dem Ehebruch überhaupt eine selbstständige Bedeutung als tauglichen Widerrufsgrund zumisst, dieser der Schenkung zeitlich nachfolgen, so dass ein zehn Jahre vor der erfolgten Zuwendung begangener Ehebruch keinen Widerrufsgrund darstellt (OLG München 28. 1. 2009 – 20 U 2673/08, MittBayNot 2009, 308, 310).

42 Ähnliche Fragen werfen auch die Schenkungen auf, die **Schwiegereltern** an ihre Schwiegerkinder machen und die nun auch nach der höchstrichterlichen Rechtsprechung (vgl § 516 Rn 143 ff) wieder als Schenkungen eingeordnet werden. Hier hängt die Frage, ob ein eheliches Fehlverhalten gegenüber dem Kind der Schwiegereltern geeignet sei, groben Undank wider die Schwiegereltern auszudrücken, von der Bedeutung des ehewidrigen Handelns ab, die daher im Vordergrund der Diskussion steht. Grober Undank wird hier **regelmäßig verneint**. Dies gilt für den alleinigen Umstand der Scheidung (OLG Oldenburg 22. 12. 1993 – 3 U 44/93, NJW 1994, 1539) oder des Ehebruchs (OLG Köln 20. 10. 1994 – 18 U 64/94, NJW-RR 1995, 584, 585; OLG Hamm 30. 11. 1989 – 22 U 166/89, FamRZ 1990, 1232, 1233; zu Recht krit dagegen Seutemann FamRZ 1992, 547, 548 und Bosch FamRZ 1991, 568 f). Auch ein Ehebruch und der Versuch, den Zugewinnausgleich zu beeinträchtigen, werden als Interna aufgefasst, die sich nicht auf die Schwiegereltern erstrecken (OLG Karlsruhe 9. 9. 1988 – 10 U 32/88, NJW 1989, 2136 f). Die Schwiegereltern mögen zwar durch einen Ehebruch in der Tat gekränkt sein; nach der Verkehrssitte sei aber nicht zu erwarten , dass ein Ehepartner intime Beziehungen zu anderen nur wegen der reichlichen Beschenkung unterlässt (OLG Hamm 30. 11.

1989 – 22 U 166/89, FamRZ 1990, 1232, 1233; zu Recht krit dagegen Seutemann FamRZ 1992, 547, 548 und Bosch FamRZ 1991, 568 f). Auch sonstige Verstöße gegenüber dem Kind sollen nur in Ausnahmefällen relevant sein. Dementsprechend kann eine Beleidigung des Kindes va dann und ggf sogar in Abwesenheit der Schwiegereltern eine groben Undank begründende schwere Verfehlung darstellen, wenn das Kind noch mit seinen Eltern in einem Haushalt lebt; eine Haushaltsgründung zwischen dem Kind und dem beschenkten Schwiegerkind soll aber die Verhältnisse ändern. Eine eheliche Verfehlung kann daher dann nur bei Hinzutreten besonderer Umstände auch eine solche gegen die Schwiegereltern darstellen; in diesem Zusammenhang können nämlich auch schwerste Beleidigungen gerade Ausdruck der Zerrüttung der Ehe sein (BGH 19. 1. 1999 – X ZR 60/97, NJW 1999, 1623, 1624). Selbst wenn die Verfehlungen insbesondere im Fall ehrabschneidender Äußerungen in Bezug auf die Schwiegereltern erfolgen, sollen nach einer sehr fraglichen Rechtsprechung die besonderen Umstände der Äußerung zu beachten sein. Fallen diese nämlich nur gegenüber dem Ehegatten und damit innerhalb der ehelichen Intimsphäre, könne dies nicht immer den Vorwurf groben Undanks rechtfertigen. Begründet wird dies mit dem nicht einschlägigen Argument, dass zum einen die Äußerung ihren Kontext gerade auch in der ehelichen Beziehung selbst haben könne, zum anderen müsse der Beschenkte auch nicht zwingend damit rechnen, dass die Äußerung an den Schwiegerelternteil weitergegeben werde und bei diesem eine Kränkung verursache. Aus diesen Erwägungen soll eine wachsende Abneigung gegen die schenkende Schwiegermutter auch dann nicht ausreichen, wenn die beleidigenden Äußerungen nur gegenüber dem Ehepartner erfolgen, da eine Weitergabe davon nicht zwangsläufig sei. Damit bleibt unberücksichtigt, dass die Beleidigung der Eltern eine schwere Verfehlung gegenüber dem Kind darstellen kann, die wiederum Ausdruck des groben Undanks gegenüber dem Schenker sein kann. Die **Unterstellung**, dass das Kind dies zugunsten des Ehepartners nicht seinen Eltern hätte erzählen müssen, **konterkariert** gerade die **Indizwirkung** des in § 530 BGB enthaltenen Rechtsgedankens, dass eine schwere Verfehlung gegenüber den nahen Angehörigen des Schenkers groben Undank ihm gegenüber ausdrückt, deren Wurzel wiederum gerade in der engen Beziehung zwischen Schenker (hier Eltern) und nahem Angehörigen (hier Kind) liegt. Vorwerfbar sei es selbst nach der og Rechtsprechung, wenn der mit dem 75/1000-Anteil an einem Grundstück Beschenkte im auch ruhenden Rückübertragungsverfahren die Zwangsversteigerung betreibe und damit wegen des geringen Anteils der Schwiegermutter, den Ehegatten und dem Kind das Heim zu entziehen suche (LG Oldenburg 30. 4. 1996 – 8 O 496/95, NJW-RR 1998, 1, 2).

43 In Bezug auf Zuwendungen, die der **türkische Schwiegervater** an seine Schwiegertochter vor dem Hintergrund anderer religiöser und kultureller Werte gemacht hat, wurde neuerdings richtig festgestellt, dass es nach den **Wertungen des Grundgesetzes** keine Berücksichtigung finden könne, wenn in diesem Zusammenhang die Abwendung der Braut nach kurzer Ehe von dem Schwiegervater wie von dem Ehemann auch ohne schwerwiegende Eheverfehlung als grober Undank und Schmähung empfunden wird (LG Limburg 12. 3. 2012 – 2 O 384/10, juris Rn 39 ff mit weiteren Überlegungen zu einer zu verneinenden Rückabwicklung über die *condictio ob rem*). Wenn allerdings das angenommene Brautgeschenk gerade der **Versorgung der Frau** beim Scheitern der Ehe auf einseitige Initiative des Ehemannes hin dienen soll, konkret aber die **Scheidung alleine von der Frau ausgeht**, dürfte die Anwendung der Grundsätze über den **Wegfall der Geschäftsgrundlage** nicht prinzipiell ausgeschlossen sein.

g) Fehlverhalten in der nichtehelichen Lebensgemeinschaft

44 In der **nichtehelichen Lebensgemeinschaft** gelten letztlich vergleichbare Standards, wobei auch hier in objektiv unentgeltlichen Vermögensübertragungen meist **unbenannte Zuwendungen** und keine Schenkungen liegen dürften (s hierzu allgemein § 516 Rn 124 ff). In diesen Fällen kommt dann regelmäßig nur eine Abwicklung über gesellschaftsrechtliche Instrumente sowie über §§ 313, 812 BGB in Betracht, die allerdings bei tatsächlichem Vorliegen einer Schenkung dann auch auf diese Anwendung finden (vgl Rn 57). Angesichts der fehlenden **rechtlichen Bindungen** kann hier die partnerschaftliche Untreue und die Beendigung der Partnerschaft an und für sich keinen groben Undank ausdrücken, sofern nicht **anderweitiges Fehlverhalten** hinzukommt (OLG Karlsruhe 3. 10. 1985 – 4 U 51/84, FamRZ 1986, 1095, 1096, das aber offen auf die Bindungen bei einem Verlöbnis hinweist; vgl zum Ganzen auch Bücherl, Die vermögensrechtliche Rückabwicklung nach Beendigung nichtehelicher Lebensgemeinschaften [2008] 46 f; Grziwotz FamRZ 1994, 1217, 1223; Grziwotz MDR 2018, 907). Das mag allerdings anders sein, wenn ein Partner erhebliche Geldgeschenke von seiner Partnerin annimmt, obwohl er parallel Beziehungen zu anderen Partnerinnen unterhält (OLG Hamm 30. 9. 1977 – 11 U 99/77, NJW 1978, 224; Grziwotz FamRZ 1994, 1217, 1223). Für den Fall, dass § 530 BGB infolge des Vorliegens einer unbenannten Zuwendung nicht eingreift, wird im Übrigen bei der Annahme von Geschenken trotz des Entschlusses, die Partnerschaft zu beenden, eine Anwendung des § 826 BGB erwogen (OLG Celle 18. 11. 1982 – 12 U 15/82, NJW 1983, 1065, 1066). Sonstige Handlungen, wie zB nicht gerechtfertigte Strafanzeigen, können in diesen Fällen zudem unproblematisch wie auch außerhalb einer Beziehung einen Schenkungswiderruf begründen (BGH 28. 9. 1990 – V ZR 109/89, BGHZ 112, 259, 263 f, NJW 1991, 830, 831 f). Fraglich ist, ob mit der zunehmenden rechtlichen Anerkennung der nichtehelichen Lebensgemeinschaft aus den fehlenden Bindungen selbst eine grundsätzlich fehlende Relevanz einer Untreue nicht mehr hergeleitet werden soll, soweit man sie auch unter Eheleuten für relevant hält (vgl dazu MünchKommBGB/Koch § 530 Rn 11).

h) Gesellschaft

45 Ein besonderes Beziehungsgeflecht entsteht auch dann, wenn der Schenker und der Beschenkte im unternehmerischen Wettbewerb stehen und womöglich auch eine Gesellschaftsbeteiligung Gegenstand der freigiebigen Zuwendung ist (vgl dazu im Einzelnen § 516 Rn 61, 172 ff). In diesen Fällen können nämlich die Dankesobliegenheit und die **gesellschaftsrechtliche Treuepflicht** mit den Gesellschafterrechten bzw den **Grundsätzen des freien Wettbewerbs** in Kollision treten. Darüber hinaus kann die Dankesobliegenheit dem Schenker gegenüber mit dessen Pflichten gegenüber der Gesellschaft selbst kollidieren, so dass dem Beschenkten in Bezug auf seine Handlungen bei der Beurteilung als Widerrufsgrund zumindest ein Beurteilungsspielraum zugestanden werden muss (Kollhosser AcP 194 [1994] 231, 249).

46 **Gesellschaftsrechtliche Grundsätze** stehen zunächst der **Anwendung der §§ 530 ff BGB nicht entgegen**, da insoweit zwischen den gesellschafts- und schenkungsvertraglichen Rechtsverhältnissen zu trennen ist und die **Rückforderung** anders als eine Ausschließung nach gesellschaftsrechtlichen Grundsätzen andere Voraussetzungen und – besonders im Hinblick auf einen Abfindungsanspruch – andere Folgen hat. Mit Rücksicht auf die zukunftsgerichtete Rückabwicklung kollidiert die Anwendung der §§ 530 f BGB nicht mit der Lehre von der fehlerhaften Gesellschaft. Der Gedanke, der schenkweise Erwerb mache aus dem Empfänger einen vollwertigen Mitgesell-

schafter und nicht nur einen solchen zweiter Klasse, spricht ebenso wenig gegen eine Anwendung der Vorschriften über den groben Undank; denn diese Grundsätze betreffen nur das gesellschaftsrechtliche, nicht aber das schenkungsrechtliche Verhältnis. Daraus folgt, dass derjenige, der Gesellschaftsanteile im Wege der Schenkung erhalten hat, zwar gesellschaftsrechtlich nicht daran gehindert ist, von seinen ihm als Gesellschafter eingeräumten Rechten Gebrauch zu machen. Gleichwohl kann ein solches gesellschaftsrechtlich zulässiges Verhalten im Kontext der zuvor erfolgten Schenkung als grober Undank zu werten sein und den Widerruf der Schenkung rechtfertigen. Die **Rechte aus dem Schenkungsvertrag** werden somit bei der Zuwendung von Gesellschaftsanteilen nicht durch die gesellschaftsrechtlichen Beziehungen überlagert, sondern **stehen nebeneinander** (BGH 2. 7. 1990 – II ZR 243/89, BGHZ 112, 40, 46 ff, NJW 1990, 2616, 2618 – „Benteler-Urteil"; s hierzu ausführlich Ivens ZErb 2010, 286 ff; zu den Auswirkungen auf die notarielle Praxis bei vermögensverwaltenden Familiengrundbesitzgesellschaften Harbecke RNotZ 2022, 521, 531; OLG Brandenburg 21. 6. 2016 – 6 U 101/14, ErbStB 2016, 337; Balz/Ilina BB 2006, 2764, 2766 f; Westermann, in: FS Kellermann [1991] 505, 510 ff; Schmidt BB 1990, 1992 ff, 1995 f; Kollhosser AcP 194 [1994] 231, 238 ff und Mayer ZGR 1995, 93, 98 ff; Jülicher ZGR 1996, 82 ff; umfassend zum Verhältnis beider Rechtsgebiete und krit zum Trennungsdogma Wiedemann/Heinemann DB 1990, 1649, 1652 ff und Heinemann ZHR 155 [1991] 447 ff; vgl zur Interpretation der Entwicklung in der Judikatur Wälzholz GmbHR 2007, 1177 ff, der ein Nebeneinander zwischen § 530 BGB und den gesellschaftsrechtlichen Grundsätzen zulässt und va freie Widerrufsklauseln im Blick hat; grundsätzlich krit gegenüber § 530 BGB auch wegen der Friktionen zum Gesellschaftsrecht vMorgen, Das Recht zum Widerruf der Schenkung wegen groben Undanks gemäß §§ 530–534 BGB [1989] 315 ff; Huber, Vermögensanteil, Kapitalanteil und Gesellschaftsanteil [1970] 205 ff möchte die Schenkungsvorschriften nur auf die Begründung der Gesellschaft anwenden, während das Rechtsverhältnis dann durch Novation umgestaltet werde und für die innergesellschaftlichen Fragen das Gesellschaftsrecht maßgeblich sei). Letztlich unterscheiden sich die Voraussetzungen beider Regime zur Rückabwicklung nach Tatbestand und Rechtsfolge (MünchKommBGB/Koch § 530 Rn 17; Hueck DB 1966, 1043, 1046 f; Ivens ZErb 2010, 286 f; Schmidt BB 1990, 1992 ff mit umfangreicher Erörterung der Problematik der Einbuchung). Bei der rein schenkungsrechtlich zu betrachtenden Rückgabepflicht ist allerdings zu beachten, dass ggf ein **Zustimmungsbeschluss** der übrigen Gesellschafter erforderlich sein kann und der Schenker auf einen Wertersatzanspruch zu verweisen ist (Ivens ZErb 2010, 286 ff; Hueck DB 1966, 1043, 1046 f; Schmidt BB 1990, 1992 f; Wiedemann/Heinemann DB 1990, 1649, 1655; Jülicher ZGR 1996, 82, 86).

47 Auch ohne Vereinbarung eines Wettbewerbsverbots kann der Aufbau eines **Konkurrenzunternehmens** derselben Branche durch den mit einem Unternehmensanteil Beschenkten in derselben Stadt durchaus widerrufsrechtliche Relevanz erlangen, wenn zudem auch **Kunden abgeworben** werden (BGH 4. 12. 2001 – XII ZR 167/99, NJW 2002, 1046, 1047 f). Dagegen soll – allerdings in Bezug auf die Frage, ob ein Fehlverhalten eine Pflichtteilsentziehung rechtfertige – auch **harter Wettbewerb** selbst bei gegenseitigen Wettbewerbsverstößen wegen der rechtmäßigen Grundlage kein grobes Missverhalten darstellen (BGH 1. 3. 1974 – IV ZR 58/72, NJW 1974, 1084, 1085).

48 Die als solche zulässige **Ausübung von Gesellschafterrechten** kann unter besonderen Umständen im Kontext der zuvor erfolgten Schenkung eine schwere Verfehlung begründen. Liegen solche besonderen Umstände nicht vor, fehlt eine tadelnswerte Gesinnung und der Grund liegt auch nicht in dem persönlichen Verhältnis von Schenker und Beschenktem begründet (Ivens ZErb 2010, 286, 287). Eine schwere Verfehlung kann sich jedenfalls daraus ergeben, dass der Schenker von Gesellschaftsanteilen jedes Einflusses auf die Geschäftsführung der Gesellschaft und jeglicher Möglichkeit der Information über den Stand der Geschäfte dadurch beraubt wird, dass er als Geschäftsführer abberufen wird, seine Stimmrechtsvollmachten entzogen werden und der Sitz der Gesellschaft verlegt wird, obgleich die Schenkung allein der Regelung des Nachlasses dienen und nicht dem Beschenkten die wirtschaftliche Führung der Gesellschaft ermöglichen sollte (OLG Brandenburg 21. 6. 2016 – 6 U 101/14, juris Rn 98 ff, ErbStB 2016, 337). Aber bereits der **Versuch**, den Schenker aus einer feindlichen Gesinnung heraus aus dem Vorstand und dem Unternehmen **zu drängen** und hierbei mit anwaltlicher Beratung eine **Gesamtstrategie** zu entwickeln, diesen „weich zu kochen", zusammen mit einer Anzeige wegen Steuerhinterziehung, stellt groben Undank dar. Die Kündigung einer Relevanzerklärung mag zwar als Folge der gesellschaftsrechtlichen Möglichkeiten an und für sich zulässig sein; als Teil einer auf **Herausdrängen** gerichteten Strategie begründet sie auch angesichts dessen, dass die Schenkung aus steuerrechtlichen und erbrechtlichen Gründen im Interesse des Unternehmens erfolgt sei, den Vorwurf groben Undanks (BGH 2. 7. 1990 – II ZR 243/89, BGHZ 112, 40, 49 ff, NJW 1990, 2616, 2618 ff mit Balz/Ilina BB 2006, 2764, 2766 f; Schmidt BB 1990, 1992 ff und vorgehend OLG Hamm 25. 11. 1988 – 29 U 313/86, ZIP 1989, 1055, 1057 ff).

Treten auf der subjektiven Seite diesbezüglich **Nachweisschwierigkeiten** auf, kann der 49 Schenker seine Zuwendung über eine **condictio ob rem** rückgängig machen. Das ist va dann der Fall, wenn mit der Zuwendung der Zweck des Erhalts und der Sicherung eines Familienunternehmens verbunden ist. Hier kommt nämlich als Anknüpfungspunkt der Gedanke in Betracht, dass bei auftretenden nachhaltigen Spannungen gerade dieser Zweck nicht bzw nicht mehr erreicht wird (Sina GmbHR 2002, 58, 59).

5. Prozessuales

Besondere Bedeutung kommt im Prozess der Feststellung des Vorliegens der schwe- 50 ren Verfehlung und des groben Undanks zu. Für einen Widerruf ist der klagende Schenker wie auch für alle anderen Elemente des § 530 Abs 1 BGB als anspruchsbegründende Voraussetzungen **darlegungs- und ggf beweispflichtig**. Gerade bei diesen Umständen, die va die innere Seite des Beschenkten betreffen, wird es dem Schenker allerdings nicht immer leichtfallen, insbesondere die subjektiven Elemente der groben Verfehlung, aber auch dessen Leistungsfähigkeit vortragen zu können. Insoweit wird ihm dann regelmäßig über die Grundsätze der **sekundären Beweislast** zu helfen sein (BGH 11. 7. 2000 – X ZR 89/98, BGHZ 145, 35, 40 f, NJW 2000, 3201, 3202; BGH 8. 11. 1984 – IX ZR 108/83, FamRZ 1985, 351 f).

Revisionsrechtlich gilt für die Feststellung, ob die tatsächlichen Voraussetzungen der 51 beiden Rechtsbegriffe der schweren Verfehlung und des groben Undanks im konkreten Fall gegeben sind, der insoweit übliche Überprüfungsrahmen. Beide Fragen sind zunächst tatsächlicher Natur und daher grundsätzlich allein vom Tatrichter zu entscheiden; der **Überprüfung des Revisionsgerichts** unterliegt aber die Frage, ob die Vorinstanzen von einem irrigen Verständnis des auszufüllenden Rechtsbegriffs ausgegangen sind oder Prozessstoff unbeachtet geblieben ist (BGH 25. 3. 1977 – V ZR 48/75, NJW 1978, 213, 214; BGH 9. 7. 1982 – V ZR 142/81, FamRZ 1982, 1066 f; BGH 23. 5. 1984 – IVa ZR 229/82, BGHZ 91, 273, 275, NJW 1984, 2089; BGH 8. 11. 1984 – IX ZR 108/83, FamRZ 1985, 351; BGH 27. 9. 1991 – V ZR 55/90, NJW 1992, 183, 184; BGH 30. 6. 1993 – XII ZR 210/91, NJW-RR

1993, 1410, 1411; BGH 19. 1. 1999 – X ZR 60/97, NJW 1999, 1623; BGH 7. 7. 1983 – IX ZR 69/82, NJW 1983, 2933; BGH 5. 10. 2004 – X ZR 25/02, FamRZ 2005, 337; RG 19. 4. 1920 – IV 548/19, LZ 1920, 860, 861, WarnR 1920 Nr 169).

52 Bezieht sich der Kläger zulässigerweise zur Begründung des Vorwurfs groben Undanks auf unterschiedliche Verfehlungen als **Gesamtverhalten**, kann hierbei die Geltendmachung weiterer Verfehlungen als stets zulässige **Ergänzung des Vortrags** gewertet werden (RG 7. 6. 1915 – IV 691/14, WarnR 1915 Nr 281; RG 22. 5. 1939 – IV 157/38, WarnR 1940 Nr 5; bestätigt und auf das Heimfallrecht übertragen in BGH 14. 10. 1959 – V ZR 101/59, BGHZ 31, 77, 81 ff, NJW 1960, 194, 196; SOERGEL/ECKERT § 531 Rn 1; BGB-RGRK/MEZGER § 531 Rn 4). Dieser Vortrag kann im Rahmen der Gesamtwürdigung berücksichtigt werden, wobei auch solche Verfehlungen Beachtung finden, die für sich genommen verfristet sind (siehe hierzu § 530 Rn 4). Ansonsten würde derjenige Schenker benachteiligt, der den frühzeitigen Widerruf zunächst in trügerischer Hoffnung auf eine Versöhnung unterlässt.

Stützt der Schenker seinen Widerruf jedoch zunächst auf einen **genau bezeichneten Widerrufsgrund**, stellt dessen vollständiger Austausch einen neuen Widerruf dar, für den eine selbstständige Frist gilt (OLG Saarbrücken 22. 7. 2015 – 2 U 47/14, BeckRS 2016, 9653; vgl auch § 531 Rn 3). So wird eine Klageänderung erforderlich, die sich aber meist als sachdienlich im Sinne des § 263 ZPO darstellen wird. In diesem Fall müssen die noch nicht verfristeten und nach Klageerhebung entstandenen oder bekanntgewordenen Widerrufsgründe berücksichtigt werden. Diese Differenzierung zwischen dem Austausch eines – mehr oder weniger – bestimmten Widerrufsgrundes und der Ergänzung des Vortrags bei mehreren Verfehlungen als Gesamtverhalten kann in Grenzfällen problematisch sein. Konsequenterweise wurde in beiden Fällen gefordert, dass die jeweilig herangezogenen Verfehlungen in der Widerrufserklärung – und somit auch im Urteil – vollständig und umfassend benannt und zeitlich bestimmt werden (OLG Saarbrücken 22. 7. 2015 – 2 U 47/14, BeckRS 2016, 9653; RG 22. 5. 1939 – IV 157/38, WarnR 1940 Nr 5 nach dem allgemeine Aussagen über Gehässigkeiten oder eheliches Fehlverhalten nicht genügen), so dass der Beschenkte den zugrundeliegenden Sachverhalt von anderen Geschehnissen unterscheiden kann, die Einhaltung der in § 532 BGB vorgesehenen Jahresfrist beurteilen und im Umkehrschluss gegebenenfalls erkennen kann, welche anderen Vorfälle der Schenker nicht zum Anlass für die Erklärung des Widerrufs genommen hat (BGH 22. 10. 2019 – X ZR 48/17, FamRB 2020, 75 m Anm GRZIWOTZ, FamRZ 2020, 204 m Anm WEVER, MDR 2020, 153, JZ 2020, 419 m Anm KOCH/HOLLE). Einer umfassenden rechtlichen Begründung des Widerrufs bedurfte es hingegen nicht (BGH 22. 10. 2019 – X ZR 48/17, FamRB 2020, 75 m Anm GRZIWOTZ, FamRZ 2020, 204 m Anm WEVER, MDR 2020, 153, JZ 2020, 419 m Anm KOCH/HOLLE). Inzwischen hat der BGH jedoch entschieden, dass eine wirksame Widerrufserklärung weder eine rechtliche Begründung noch eine Sachverhaltsdarstellung voraussetzt (BGH 11. 10. 2022 – X ZR 42/20, FamRZ 2023, 397, MDR 2023, 154, VersR 2023, 332, BWNotZ 2023, 41, ZEV 2023, 174; vgl hierzu umfassend § 531 Rn 3). Das dürfte eine Verschiebung der Mitteilung der Gründe des Schenkungswiderrufs auf das gerichtliche Verfahren zur Folge haben. Liegen gleichwohl verschiedene Widerrufserklärungen vor, sind diese gesondert zu prüfen (OLG München 19. 10. 2016 – 7 U 4839/12, juris Rn 34, LSK 2016, 18631). Ist der **Beschenkte zwischenzeitlich verstorben**, können grundsätzlich keine sonstigen Verfehlungen als Widerrufsgrund nachgeschoben werden. Vielmehr handelt es sich in diesem Fall um eine erneute Erklärung des Widerrufs, die jedoch aufgrund des § 532 BGB unwirksam ist (RG 23. 2. 1939 – IV 174/38, HRR 1939 Nr 678). Freilich kann der Schenker zur Unterstützung seines bereits geltend gemachten Widerrufsgrunds Verfehlungen aus der Zeit vor dem Tode des Beschenkten, die ihm erst danach bekannt werden, anführen. Bei der Herausgabeklage kann überdies mit Hilfe einer **Zwischenfeststellungsklage** nach § 256 Abs 2 ZPO das Bestehen der Schenkung zusätzlich festgestellt werden; zwar dürften alle wesentlichen Fragen bei Zusprechen der Rückgabeklage geklärt sein, jedenfalls aber für den Fall der Klageabweisung sind weitere Verfahren denkbar, in denen das Bestehen der Schenkung von Bedeutung sein kann (BGH 2. 3. 1979 – V ZR 102/76, MDR 1979, 746 f).

Der **Anspruch auf Rückübertragung** lässt sich im Wege der **einstweiligen Verfügung** 53 durch **Eintragung einer Vormerkung** ohne den Nachweis einer besonderen Eilbedürftigkeit sichern (OLG Hamm 4. 7. 2000 – 34 U 61/00, FamRZ 2001, 546, 547 f; OLG Köln 25. 3. 1981 – 2 U 3/81, NJW 1982, 390 f; RG 17. 1. 2010 – IV 577/09, JW 1910, 148; zur Vormerkungsfähigkeit des Anspruchs s Rn 56). Dagegen kommt aber die Eintragung eines **Amtswiderspruchs** bei der Rückforderung einer Grundstücksschenkung nicht in Betracht, weil der Widerruf allein an der dinglichen Güterzuordnung nichts ändert (BayObLG 15. 4. 1992 – 2 ZBR 31/92, NJW-RR 1992, 1236).

6. Vererblichkeit (Abs 2)

Der **höchstpersönliche Charakter** des Schenkungswiderrufs kommt besonders deutlich 54 in § 530 Abs 2 BGB zum Ausdruck (vgl MünchKommBGB/Koch § 530 Rn 15). Danach kann der Erbe eine Schenkung nämlich in Abweichung von §§ 1922, 1967 BGB allein dann anstelle des schenkenden Erblassers widerrufen, wenn der Beschenkte diesen vorsätzlich oder widerrechtlich getötet oder auf andere Weise am Widerruf der Schenkung gehindert hat. Einerseits ermöglicht das Gesetz damit den Widerruf in einem Fall, in dem auf Seiten des Beschenkten ein grober Undank vorliegt und dieser durch die Tötung oder durch die Hinderung das Widerrufsrecht vereitelt hat. Bei letzterem handelt es sich um ein **unselbstständiges Gestaltungsrecht**, das weder abtretbar noch pfändbar und nur im Rahmen von Abs 2 vererblich ist. Sobald das Widerrufsrecht allerdings ausgeübt wurde, gehen die daraus folgenden entstandenen Rechte auf die Erben des Schenkers über (OLG Schleswig 2. 9. 2021 – 2 Wx 53/20, BWNotZ 2021, 421, 426 m Anm Holzer FGPrax 2021, 253; MünchKommBGB/Koch § 530 Rn 15; Mugdan Mot II 168). Das **Erbenwiderrufsrecht** selbst teilt, wie sich gerade aus der *ratio* des § 530 Abs 2 BGB ergibt, die Charakterzüge des Widerrufsrechts nicht. Es ist nicht mehr höchstpersönlich ausgestaltet, sondern selbstständig und damit ggf auch vererblich. Dementsprechend steht es je nach Lage der Dinge auch erst den Erben des Erben zu, wenn erst diese beispielsweise Kenntnis von dem Widerrufsgrund erlangen sollten (BGB-RGRK/Mezger § 530 Rn 6). Der umgekehrte Fall, in dem der Schenker wegen eines Verhaltens der Erben des Beschenkten widerrufen will, wird dagegen nicht erfasst (Soergel/Eckert § 530 Rn 13).

7. Konkurrenzen

§ 530 BGB regelt den Widerruf wegen groben Undanks **erschöpfend** (RG 23. 2. 1939 – 55 IV 174/38, HRR 1939 Nr 678; OLG Karlsruhe 9. 9. 1988 – 10 U 32/88, NJW 1989, 2136, 2137) und erfasst dabei alle Formen der Schenkung unter Einschluss remuneratorischer Zuwendungen (s insgesamt BGH 2. 10. 1951 – V ZR 77/50, BGHZ 3, 206, 213 [in NJW 1952, 20 insoweit nicht abgedruckt]; bei erfüllter Auflage OLG Darmstadt 29. 11. 1901 [ohne –], OLGE 5, 145). Er bezieht sich auch bereits auf das **Schenkungsversprechen** (BGH 18. 5. 1966 – IV ZR 105/65, BGHZ 45, 258, 260, NJW 1966, 1653, 1654). **Gemischte Schenkungen** sind dabei unproblematisch eingeschlossen, wenn ein objektiver Überschuss des Wertes der Zuwendung verglichen mit ihren Gegenleistungen vorliegt (vgl hierzu Rn 65; BGH 23. 5. 1959 – V ZR 140/58, BGHZ 30, 120 ff, NJW 1959, 1363 f; BGH 3. 12. 1971 – V ZR 134/69, NJW 1972, 247, 248; BGH 17. 2. 1993 – XII ZR 232/91, NJW-RR 1993, 773, 774; BGH 19. 1. 1999 – X ZR 60/97, NJW 1999, 1623; BGH 19. 1. 1999 – X ZR 42/97, NJW 1999, 1626, 1627 [nicht in BGHZ 140, 275 abgedruckt]; BGH 7. 4. 1989 – V ZR 252/87, BGHZ 107, 156, 158 f, NJW 1989, 2122; RG 7. 3. 1903 – V 450/02, RGZ 54, 107, 110 f; OLG Hamm 25. 11. 1988 – 29 U 313/86, ZIP 1989, 1055, 1056). Bei ihnen ist allenfalls zu fragen, inwieweit sich der Zwittercharakter auf die Rückgabe des Schenkungsgegenstands selbst auswirkt (vgl § 531 Rn 7). Der Widerruf ist eine Bestimmung zwingenden Rechts und kann daher **nicht im Voraus abbedungen** werden (Müller SeuffBl 66 [1901] 21, 27; BGH 2. 10. 1951 – V ZR 77/50, BGHZ 3, 206, 213 [in NJW 1952, 20 nicht abgedruckt]; MünchKommBGB/Koch § 530 Rn 18; OLG Hessen 16. 2. 1949 – 2 W 195/48, HEZ 2, 241, 244). Das bedeutet allerdings nicht, dass im umgekehrten Fall neben den gesetzlichen Regelungen eine **vertragliche Widerrufsbestimmung** zwischen den Parteien des Schenkungsvertrags nicht möglich wäre. Vielmehr können sie darüber hinaus ein **freies oder bedingtes bzw dem § 530 BGB nachgebildetes Widerrufsrecht** privatautonom vereinbaren (vgl dazu im Einzelnen LG München I 11. 2. 2002 – 13 T 2232/02, MittBayNot 2002, 404 f; Selvanayagam, NWB 2021, 2534; Jülicher ZGR 1996, 82, 88 ff; Seutemann, Der Widerruf von Schenkungen unter Ehegatten [1984] 50 ff; Klumpp ZEV 1995, 385, 387 f; Sina GmbHR 2002, 58, 59; Ellenbeck MittRhNotK 1997, 41, 103 ff; BGB-RGRK/Mezger § 530 Rn 7; Westhoff DB 1972, 809 ff; Friedhofen DB 1972, 458; Schmidt BB 1990, 1992, 1996 ff; zur praktischen Gestaltung von vertraglichen Rückforderungs- bzw Widerrufsrechten s Herrler NJW 2025, 1235 ff, der ein zweistufiges Optionsmodell als vorzugswürdig erachtet; dazu auch Ivens ZErb 2010, 286, 289 ff, der aber einen sachlichen Grund wegen dem auch im Schenkungsrecht geltenden § 138 BGB fordert, 290; Gestaltungsempfehlungen samt Formulierungsvorschlägen bei der Übertragung von GmbH-Geschäftsanteilen in Lohr GmbH-StB 2020, 367, 369 f, der gleichzeitig auf die der Vereinbarung eines freien Rückforderungsrechts innewohnenden Gefahren hinweist; Weser ZEV 1995, 353, 354, 356 ff; Kirnberger/Werz ErbStB 2003, 292 ff und Wälzholz GmbHR 2007, 1319, 1322 f, 1177 ff, mit Hinweis auf Rechtsprechungstendenzen ein freies Widerrufsrecht ablehnend; krit überdies auch Mayer ZGR 1995, 93, 98 ff; für gesellschaftsrechtliche Zusammenhänge fordert Heinemann ZHR 155 [1991] 447 ff einen triftigen Grund; s auch Kollhosser AcP 194 [1994] 231, 236 ff zur Unterscheidung zwischen gewöhnlichen Zuwendungen und solchen von Gesellschaftsbeteiligungen; Knobbe-Keuk, in: FS Flume II [1978] 149, 157 ff will bei einem freien Widerruf in einer Zuwendung keine Bereicherung und damit keine Schenkung sehen. S insbes zu einem § 530 BGB entsprechenden, zulässigen Vorbehalt BGH 13. 6. 2002 – V ZB 31/01, Rpfleger 2002, 612 ff; Larenz, Schuldrecht BT II/1 [13. Aufl 1986] § 47 II 4 S 206 f; MünchKommBGB/Koch § 530 Rn 18). Allerdings dürfte ein **freies Widerrufsrecht** zumindest einer **Willkürkontrolle gemäß § 242 BGB** unterstehen (Jülicher ZGR 1996, 82, 100 ff; Schmidt BB 1990, 1992, 1997 leitet dies in Bezug auf eine Gesellschaftsbeteiligung ausdrücklich nicht aus gesellschaftsrechtlichen, sondern genuin schenkungsrechtlichen Erwägungen ab; vgl auch Kollhosser AcP 194 [1994] 231, 243; BGB-RGRK/Mezger § 530 Rn 7). Eine solche Regelung mag sich dabei besonders in Fällen einer vorweggenommenen Erbfolge anbieten (Westhoff DB 1972, 809 ff; Friedhofen DB 1972, 458; Sina GmbHR 2002, 58, 59 f; krit Wälzholz GmbHR 2007, 1177 ff).

56 Ein vertragliches Widerrufsrecht kann dabei wie auch ein solches nach § 530 BGB durch **Auflassungsvormerkung** gesichert werden. Dass der Anspruch sich bei Wohlverhalten des Beschenkten ggf nie realisieren wird bzw seine Realisierung ungewiss ist, vom Verhalten des Beschenkten abhängt und sein Bestehen möglicherweise erst durch eine richterliche Entscheidung festgestellt werden kann, steht dabei einer **Vormerkungsfähigkeit nicht entgegen**, da der schuldrechtlich als Bedingung vereinbarte Rückforderungsanspruch eine hinreichend stabile Grundlage dafür findet und sich die Frage der Bestimmtheit des Anspruchs insoweit nach schuldrechtlichen Kriterien richtet (BGH 13. 6. 2002 – V ZB 30/01, BGHZ 151, 116, 121 ff, NJW 2002, 2461, 2462 f; BGH 13. 6. 2002 – V ZB 31/01, Rpfleger 2002, 612 ff; OLG München 17. 12. 2013 – 34 Wx 270/13, juris Rn 8; BayObLG 2. 8. 2001 – 2 ZBR 71/01 und 2 Z 72/01, NJW-RR 2001, 1529 f, ZEV 2002, 32 f mit zust Anm Böhringer; MünchKommBGB/Koch § 531 Rn 5; Klumpp ZEV 1995, 385, 387; Ellenbeck MittRhNotK 1997, 41, 50; vgl insbes zur Vormerkungsfähigkeit des gesetzlichen Rückforderungsanspruchs Schippers DNotZ 2001, 756, 766 f und Wacke JZ 2003, 179 ff; **aA** zu § 528 OLG Düsseldorf 4. 4. 2008 – I-3 Wx 45/08, DNotZ 2008, 619 ff m abl Anm Volmer). Denn die Rechtsprechung hat mittlerweile die Voraussetzungen eines Widerrufs wegen groben Undanks soweit präzisiert, dass diese unproblematisch bestimmbar sind. Zudem wird vorgeschlagen, dass sich der Schenker den freien Widerruf durch eine entsprechende unwiderrufliche und von den Beschränkungen des § 181 BGB entbundene Vollmacht zur Rückübertragung von dem Beschenkten gewähren lässt (Sina GmbHR 2002, 58, 59; Ellenbeck MittRhNotK 1997, 41, 50).

Der **erschöpfende Charakter der Widerrufsvorschriften** schließt es allerdings nicht aus, 57
dass bei Vorliegen ihrer jeweiligen tatbestandlichen Voraussetzungen auch andere Rückabwicklungsmechanismen eingreifen. Nur soweit der Anknüpfungspunkt allein unter dem Gesichtspunkt eines **vorwerfbaren Fehlverhaltens** erfolgt, treffen die §§ 530 ff BGB eine abschließende Regelung. Entsprechend dem Vorstehenden kommt demnach eine **Rückabwicklung nach bereicherungsrechtlichen Grundsätzen** und dabei insbesondere im Wege der *condictio ob rem* in Betracht, soweit sie tatbestandlich einschlägig sind und auch kein vorrangiger Spezialfall gegeben ist (BGH 7. 7. 1983 – IX ZR 69/82, NJW 1983, 2933, 2934; BGH 19. 6. 1991 – IV ZR 253/90, NJW-RR 1991, 1154; BGH 28. 9. 1990 – V ZR 109/89, BGHZ 112, 259, 263, NJW 1991, 830, 831; BGH 19. 1. 1999 – X ZR 60/97, NJW 1999, 1623, 1625 f; BGH 5. 10. 2004 – X ZR 25/02, FamRZ 2005, 337; BGH 13. 11. 2012 – X ZR 80/11 Tz 21, BeckRS 2012, 25607 für den Fall einer Zweckschenkung; OLG Köln 20. 10. 1994 – 18 U 64/94, NJW-RR 1995, 584, 585; OLG Karlsruhe 13. 1. 1988 – 6 U 202/86, NJW 1988, 3023; LG Oldenburg 30. 4. 1996 – 8 O 496/95, NJW-RR 1998, 1, 2; MünchKommBGB/Koch § 530 Rn 16; Westermann, in: FS Kellermann [1991] 505, 513 ff; Sina GmbHR 2002, 58, 59; Seutemann FamRZ 1992, 547; **aA** Söllner AcP 163 [1963] 20, 40; Kollhosser AcP 194 [1994] 231, 250 ff und wohl auch OLG Hamm 30. 11. 1989 – 22 U 166/89, FamRZ 1990, 1232, 1233, das eine *condictio* nach Ausschluss eines groben Undanks mit dem Hinblick darauf gewährt, dass der Beschenkte den Vorrang des § 530 BGB eingewendet hatte; hierzu in der Begründung, nicht im Ergebnis krit Bosch FamRZ 1991, 568 f). Dasselbe gilt auch für eine Rückabwicklung der Schenkung nach den **Grundsätzen über den Wegfall der Geschäftsgrundlage** gemäß §§ 313, 346 BGB (BGH 21. 12. 2005 – X ZR 108/03 Tz 18, NJW-RR 2006, 699, 700; BGH 5. 10. 2004 – X ZR 25/02, FamRZ 2005, 337, 338; BGH 19. 1. 1999 – X ZR 60/97, NJW 1999, 1623, 1625; BGH 17. 2. 1993 – XII ZR 232/91, NJW-RR 1993, 773, 774; BGH 28. 9. 1990 – V ZR 109/89, BGHZ 112, 259, 261 ff, NJW 1991, 830, 831 f: entscheidend sei dabei nur, ob das Risiko des Scheiterns der NELG in Kauf genommen wurde, wobei Art 6 GG kein Hindernis für eine Rückforderung begründe; BGH 17. 1. 1990 – XII ZR 1/89, NJW-RR 1990, 386, 387; BGH 7. 7. 1983 – IX ZR 69/82, NJW 1983, 2933, 2934; BGH 3. 12. 1971 – V ZR 134/69, NJW 1972, 247, 248 f; OLG Köln 20. 10. 1994 – 18 U 64/94, NJW-RR 1995, 584, 585; OLG Frankfurt 7. 2. 1981 – 7 U 146/80, FamRZ 1981, 778, 779; OLG Oldenburg 22. 12. 1993 – 3 U

44/93, NJW 1994, 1539; OLG Naumburg 14. 10. 1999 – 11 U 121/99, NJW-RR 2000, 1673, 1674; OLG Düsseldorf 5. 10. 2004 – 24 U 83/04, NJW-RR 2005, 300, 301; OLG Stuttgart 4. 9. 1987 – 2 U 272/86, NJW-RR 1988, 134, 135; MünchKommBGB/Koch § 530 Rn 16; Grüneberg/Weidenkaff [85. Aufl 2026] § 530 Rn 1; Westermann, in: FS Kellermann [1991] 505, 513 ff; Sina GmbHR 2002, 58, 59; Kollhosser NJW 1994, 2313, 2317 und AcP 194 [1994] 231, 250; Rauscher AcP 86 [1986] 529, 561 f; Ellenbeck MittRhNotK 1997, 41, 43; s zur Frage, wann ein außerhalb der Sondervorschriften gelegener Fall vorliegt, Kühne FamRZ 1969, 371, 373 f und Kralemann, Die Rückforderung von Ehegattenschenkungen im Falle der Scheidung [1983] 114 ff; **aA** OLG Karlsruhe 9. 9. 1988 – 10 U 32/88, NJW 1989, 2136, 2137 aber hier wohl auch mit Hinblick auf die verstrichene Zeit; OLG Düsseldorf 12. 7. 1965 – 18 U 125/64, NJW 1966, 550, 551; OLG München 28. 1. 2009 – 20 U 2673/08, MittBayNot 2009, 308, 309; RG 23. 2. 1939 – IV 174/38, HRR 1939 Nr 678; Langenfeld NJW 1986, 2541, 2542).

58 Die §§ 530 ff BGB werden auch regelmäßig nicht dadurch ausgeschlossen, dass die Schenkung sich auf anderen Rechtsgebieten vollzieht. Dies gilt namentlich für Schenkungen im partnerschaftlichen oder gesellschaftsrechtlichen Bereich (vgl Rn 34 ff, 44 ff). Auch zu § 1301 BGB, also bei der Rückgabe von **Verlobungsgeschenken**, besteht ohne Zweifel Anspruchskonkurrenz, da eine Verlobung unabhängig von schweren Verfehlungen bzw grobem Undank gelöst werden kann (MünchKommBGB/Koch § 530 Rn 16; vgl auch dazu offen, aber die Bindungen betonend OLG Karlsruhe 3. 10. 1985 – 4 U 51/84, FamRZ 1986, 1095, 1096; s auch OLG für Hessen 16. 2. 1949 – 2 W 195/48, HEZ 2, 241, 244; zur Rückabwicklung nach § 1301 BGB bei treuwidriger Verhinderung der Eheschließung BGH 18. 5. 1966 – IV ZR 105/65, BGHZ 45, 258 ff, NJW 1966, 1653 ff). Die §§ 532, 534 BGB sind dementsprechend dann aber auf § 1301 BGB unanwendbar. Auch **Altersverträge** nach landesrechtlichen Vorschriften schließen einen schenkungsrechtlichen Widerruf nicht aus, da Art 96 EGBGB einen solchen Ausschluss nur für dispositive Bestimmungen des bürgerlichen Rechts zugunsten landesrechtlicher Regelungen zulässt (RG 7. 3. 1903 – V 450/02, RGZ 54, 107, 110; BGH 2. 10. 1951 – V ZR 77/50, BGHZ 3, 206, 213 [in NJW 1952, 20 insoweit nicht abgedruckt]; BGH 7. 4. 1989 – V ZR 252/87, BGHZ 107, 156, 158, NJW 1989, 2122 mit Anm Probst JR 1990, 193 ff; OLG Frankfurt 16. 2. 1949 – 2 W 195/48, HEZ 2, 241 ff; MünchKommBGB/Koch § 530 Rn 17).

§ 531
Widerrufserklärung

(1) Der Widerruf erfolgt durch Erklärung gegenüber dem Beschenkten.

(2) Ist die Schenkung widerrufen, so kann die Herausgabe des Geschenks nach den Vorschriften über die Herausgabe einer ungerechtfertigten Bereicherung gefordert werden.

Materialien: Mugdan Mot II 169; Prot II 758 f; Jakobs/Schubert, Die Beratung des Bürgerlichen Gesetzbuches 402–415.

Schrifttum

S auch unter § 530.
Hadding, Die Verweisungen auf die Vorschriften über die Herausgabe einer ungerechtfertigten Bereicherung im BGB, in: FS Otto Mühl (1981) 225
Hueck, Schenkung von Beteiligungen an Handelsgesellschaften und Widerruf wegen groben Undanks, DB 1966, 1043
Grziwotz, Grober Undank bei familiären Auseinandersetzungen, FamRB 2020, 74
ders, Anm zu BGH, Urt v 22. 10. 2019 – X ZR 48/17, FamRB 2020, 75
ders Anm zu BGH, Urt v 11. 10. 2022 – X ZR 42/20, FamRB 2023, 114
Ivens, Rückforderung geschenkter Personengesellschaftsanteile, ZErb 2010, 286
Jülicher, Der freie Widerrufsvorbehalt bei Schenkung einer Kommanditbeteiligung – Kollision von Schenkungs- und Gesellschaftsrecht, ZGR 1996, 82
ders, Vertragliche Rückfallklauseln, Widerrufsvorbehalte, auflösende Bedingung und Weiterleitungsklauseln in Schenkungsverträgen, ZEV 1998, 201
Klumpp, Die Schenkung von Gesellschaftsanteilen und deren Widerruf, ZEV 1995, 385
Koch/Holle, Anm zu BGH, Urt v 22. 10. 2019 – X ZR 48/17, JZ 2020, 422
Kochendörfer, Die Begründungsbedürftigkeit der Ausübung zivilrechtlicher Gestaltungsrechte (2010)
Kulp/Kaspar, Si tacuisses… Zur Begründungsbedürftigkeit des Schenkungswiderrufs im Lichte der aktuellen Rechtsprechung des Bundesgerichtshofs, JZ 2025, 145
Löhnig, Anm zu BGH, Urt v 11. 10. 2022 – X ZR 42/20, NZFam 2023, 240
Looschelders, Anm zu BGH, Urt v 11. 10. 2022 – X ZR 42/20, JA 2023, 596
vMorgen, Das Recht zum Widerruf der Schenkung wegen groben Undanks gemäß §§ 530–534 BGB (1989)
Wever, Anm zu BGH, Urt v 22. 10. 2019 – X ZR 48/17, FamRZ 2020, 204
Wiedemann/Heinemann, Der Widerruf der Schenkung einer Gesellschaftsbeteiligung, DB 1990, 1649.

Systematische Übersicht

I. Regelungszweck des § 531 BGB

1 § 531 BGB bestimmt, auf welche Weise der Schenker einen Widerrufsgrund nach § 530 Abs 1 BGB geltend machen und nach welchen Modalitäten er den Zuwendungsgegenstand von dem Beschenkten zurückverlangen kann. Rechtstechnisch erfolgt dabei die Rückgängigmachung der Schenkung in zwei Schritten. Zunächst beseitigt der Schenker durch die **Erklärung des Widerrufs** nach § 531 Abs 1 BGB die Schenkung als **Rechtsgrund** der Zuwendung für die Zukunft. Die vollzogene Zuwendung selbst ist dagegen von dem Widerruf nicht unmittelbar berührt, da der Widerruf nur schuldrechtliche, keine dingliche Wirkung zeitigt (BayObLG 15. 4. 1992 – 2 ZBR 31/92, NJW-RR 1992, 1236; Soergel/Eckert § 531 Rn 2; MünchKommBGB/Koch § 531 Rn 4; Erman/Hähnchen § 531 Rn 2; nach Mugdan Mot II 169 entsteht ein persönlicher Anspruch). Daher

kann der Schenker vom Beschenkten nach erklärtem Widerruf auch weder die Eintragung eines Amtswiderspruchs (BayObLG 15. 4. 1992 – 2 ZBR 31/92, NJW-RR 1992, 1236) noch eine Grundbuchberichtigung (OLG Rostock 12. 9. 1996 – 7 U 104/96, juris Rn 11 ff) verlangen, sondern nur die Rückübertragung des geschenkten Grundstücks. Da die Schenkung als Rechtsgrund zum Behalten der Zuwendung in Folge des Widerrufs für die Zukunft wegfällt, ist dann der Weg für die **Rückforderung** des Geschenks über die **condictio ob causam finitam**, § 812 Abs 1 S 2 Alt 1 BGB, frei (Mugdan Mot II 169; Mugdan Prot II 758 f; MünchKommBGB/Koch § 531 Rn 4, 10; Soergel/Eckert § 531 Rn 2; BGH 19. 1. 1999 – X ZR 42/97, BGHZ 140, 275, 284, NJW 1999, 1626, 1630). Dieser zweischrittige Abwicklungsmodus wird durch § 531 Abs 2 BGB lediglich **deklaratorisch** bestätigt (Soergel/Eckert § 531 Rn 2). Mit anderen Worten handelt es sich demnach bei dieser Vorschrift entgegen einzelner abweichender Stimmen mit der ganz herrschenden Meinung um eine **Rechtgrundverweisung** (BGH 19. 4. 1961 – IV ZR 217/60, BGHZ 35, 103, 107 ff, NJW 1961, 1458, 1459; BGH 28. 3. 1996 – XII ZR 181/93, BGHZ 132, 105, 108, 110, NJW 1996, 1411, 1412; BGH 19. 1. 1999 – X ZR 42/97, BGHZ 140, 275, 277, NJW 1999, 1626, 1627; OLG Koblenz 6. 10. 2005 – 5 U 1220/04, NJW-RR 2006, 437, 438; BayObLG 15. 4. 1992 – 2 ZBR 31/92, NJW-RR 1992, 1236; MünchKommBGB/Koch § 531 Rn 4; Soergel/Eckert § 531 Rn 2; so muss man auch die Motive, Mugdan Mot II 169, verstehen, die einen bereicherungsrechtlichen Anspruch entstehen lassen; **aA** Jauernig/Mansel §§ 530 ff Rn 8 und etwas undeutlich RG 24. 11. 1932 – VIII 331/32, RGZ 17, 22; krit überdies Hadding, in: FS Mühl [1981] 225, 235 f). Dies zeigt auch der Kontrast zu § 528 Abs 1 BGB, der für den Fall des Notbedarfs kein dem Widerruf der Schenkung vergleichbares Institut zur Beseitigung der Schenkung als *causa* der Zuwendung vorsieht, sondern die Wirksamkeit der Schenkung nicht berührt und folgerichtig einen zusätzlichen Rückforderungsanspruch schafft (vgl MünchKommBGB/Koch § 531 Rn 4 und § 528 Rn 5 sowie Hadding, in: FS Mühl [1981] 225, 231 ff). Soweit die Schenkung noch nicht erfüllt ist, lässt der Widerruf nur die schuldrechtliche Verpflichtung des Schenkers entfallen (MünchKommBGB/Koch § 531 Rn 4; BGB-RGRK/Mezger § 531 Rn 2; Erman/Hähnchen § 531 Rn 2). Im Falle eines **abstrakten Leistungsversprechens** greift zudem § 821 BGB ein.

II. Der Widerruf

2 Der Widerruf selbst ist eine **einseitige empfangsbedürftige Willenserklärung**. Durch sie bringt der Schenker zum Ausdruck, dass er sich **wegen einer bestimmten Verfehlung** von der Schenkung lossagen möchte (MünchKommBGB/Koch § 531 Rn 2; zur dogmatischen Struktur als Gestaltungsrecht vgl vMorgen, Das Recht zum Widerruf der Schenkung wegen groben Undanks gemäß §§ 530–534 BGB [1989] 6 ff). Auf sie finden damit die allgemeinen Vorschriften für Willenserklärungen Anwendung (Soergel/Eckert § 531 Rn 1; Erman/Hähnchen § 531 Rn 1). Für den Widerruf ist wie auch sonst bei Willenserklärungen nicht erforderlich, dass der Schenker wortwörtlich die Schenkung „widerruft" bzw einen „Widerruf der Schenkung" erklärt. Maßgeblich ist vielmehr allein, dass das Ziel, die Schenkung für die Zukunft zu beseitigen, im Rahmen der **Auslegung** nach §§ 133, 157 BGB für den Empfänger klar erkennbar wird. Eine besondere Form ist nicht vorgesehen (MünchKommBGB/Koch § 531 Rn 2; Erman/Hähnchen § 531 Rn 1; Soergel/Eckert § 531 Rn 1). Dementsprechend kann auch eine **Anfechtung** jedenfalls dann in einen Schenkungswiderruf umgedeutet werden, wenn sie auf Umstände gestützt wird, die groben Undank zum Ausdruck bringen (MünchKommBGB/Koch § 531 Rn 3). Dies gilt gleichermaßen auch für eine **Rücktrittserklärung** (BGH 2. 10. 1951 – V ZR 77/50, BGHZ 3, 206, 211 ff, NJW 1952, 20, 21, wobei ggf nach § 139 ZPO auf eine sachdienliche Antrags-

stellung hinzuwirken ist [insoweit in der NJW nicht abgedruckt]). Gleichwohl empfiehlt sich aus Sicht des Beschenkten insbesondere bei erheblichen Zuwendungen die Vereinbarung der Schriftform. Ein solches **gewillkürtes Schriftformerfordernis** darf nicht zu einer Erschwerung der Widerrufsmöglichkeit führen. Die Erklärung muss nur gegenüber dem Beschenkten erfolgen. Sie kann auch durch einen Vertreter abgegeben werden. Vor diesem Hintergrund kann der Widerruf auch in der **Klageschrift** bzw durch **Testament** erfolgen. Dass der Zugang bei einem testamentarischen Widerruf ggf auch planmäßig dem Beschenkten erst nach dem Tode des Schenkers und dabei in einem nicht zuvörderst an ihn gerichteten Testament zugeht, ist im Ergebnis unerheblich; denn der Schenker hat durch die Errichtung des Testaments alles Notwendige für die Kundgabe seines Willens getan und § 130 Abs 2 BGB lässt sich nicht auf die Fälle eines zufälligen Ablebens beschränken (RG 8. 2. 1943 – III 111/42, RGZ 170, 380, 382 ff; MünchKommBGB/Koch § 531 Rn 4; Soergel/Eckert § 531 Rn 1). Erfolgt der Widerruf weiterhin erst in der Klageerhebung, droht dem Kläger im Falle eines dann ggf berechtigten sofortigen Anerkenntnisses die negative Kostenfolge des § 93 ZPO (MünchKommBGB/Koch § 531 Rn 2).

Ausdrücklich aufgegeben hat der BGH die Auffassung, die Widerrufserklärung müsse den zugrundeliegenden Sachverhalt so weit darstellen, dass der Beschenkte ihn von anderen Geschehnissen unterscheiden, die Einhaltung der in § 532 BGB vorgesehenen Jahresfrist beurteilen und im Umkehrschluss erkennen könne, welche gegebenenfalls anderen Vorfälle der Schenker nicht zum Anlass für die Erklärung des Widerrufs genommen hat (BGH 11. 10. 2022 – X ZR 42/20, FamRZ 2023, 397, MDR 2023, 154, VersR 2023, 332, BWNotZ 2023, 41, ZEV 2023, 174 m Anm Udwari; zustimmend Looschelders JA 2023, 596, 598; BeckOGK/Harke [1. 10. 2025] § 531 Rn 5; jedenfalls im Ergebnis auch Kulp/Kaspar JZ 2025, 145, 148; anders noch BGH 22. 10. 2019 – X ZR 48/17, FamRB 2020, 75 m Anm Grziwotz, FamRZ 2020, 204 m Anm Wever, MDR 2020, 153, JZ 2020, 419 m Anm Koch/Holle; s auch OLG Rostock 21. 6. 2022 – 3 U 71/20, BeckRS 2022, 49494 = juris Rn 13). Eine wirksame Widerrufserklärung setzt demnach **weder eine rechtliche umfassende Begründung noch eine Sachverhaltsdarstellung** voraus. Das Gesetz sehe keine Pflicht zur Begründung vor und auch aus dem Sinn und Zweck des § 531 Abs 1 sowie der §§ 530 und 532 BGB könne keine Begründungspflicht hergeleitet werden. Zusätzlich stützt der BGH seine Argumentation auf einen – nicht wirklich überzeugenden – systematischen Vergleich zur fristlosen Kündigung eines Dienstvertrags aus wichtigem Grund, bei der der Kündigende dem anderen Teil auf Verlangen den Kündigungsgrund unverzüglich schriftlich mitteilen muss (§ 626 Abs 2 S 3 BGB). Da die Wirksamkeit der Kündigung aber nicht davon abhängt, dass der Dienstherr dieser Pflicht nachkommt und allein ausschlaggebend ist, ob ein wichtiger Grund vorliegt und die Erklärungsfrist eingehalten ist, könne für den Widerruf einer Schenkung wegen groben Undanks, für die das Gesetz nicht einmal eine Pflicht zur nachträglichen Begründung vorsieht, insoweit nichts anderes gelten. Der Beschenkte sei bereits dadurch ausreichend geschützt, dass die materielle Wirksamkeit des Widerrufs an enge objektive und subjektive Voraussetzungen geknüpft ist und der Schenker deren Vorliegen vor Gericht darlegen und beweisen muss (auch ein Auskunftsanspruch des Beschenkten nach §§ 311 Abs 2 Nr 3, 241 Abs 2 BGB, wie von Kochendörfer, Die Begründungsbedürftigkeit der Ausübung zivilrechtlicher Gestaltungsrechte, S 181 erwogen, dürfte damit ausscheiden). Diese Verschiebung der Mitteilung der Gründe des Schenkungswiderrufs auf das gerichtliche Verfahren ist im Ergebnis nicht überzeugend und hat eine Schlechterstellung des Beschenkten gegenüber dem Schenker zur Folge. Zu Recht wird darauf hingewiesen, 3 dass die bisher herrschende Auffassung dem Versuch der Vermeidung einer rechtlichen Auseinandersetzung sowie dem vom Gesetzgeber in modernen familienrechtlichen Rechtsvorschriften gewollten Dialog in der Familie diente (Grziwotz FamRB 2023, 114, 116; „erhebliches Konfliktpotential" sieht auch Löhnig NZFam 2023, 240, 240). Ob diese Entscheidung allgemeine Bedeutung über den Widerruf einer Schenkung hinaus hat, bleibt abzuwarten, zumal der Vergleich mit der fristlosen Kündigung eines Dienstvertrages eher fernliegend wirkt (vgl dazu Kulp/Kaspar JZ 2025, 145, 147 ff, die dem BGH im Ergebnis, nicht jedoch in der Argumentation zuzustimmen). So gehen etwa die Auffassungen, ob die Anfechtungserklärung die Gründe enthalten muss, aus denen angefochten wird, ebenfalls auseinander. Das Gesetz sieht zwar für die Anfechtungserklärung, wie übrigens regelmäßig für die Ausübung von Gestaltungsrechten, keinen Begründungszwang vor. Um sich angemessen gegen die Anfechtung verteidigen zu können, wird aber auch für die Anfechtungserklärung gefordert, dass der Anfechtungsgrund für den Anfechtungsgegner wenigstens erkennbar sein muss und dieser genannt werden muss, wenn er unklar ist (vgl Staudinger/Roth [2025] § 143 Rn 10 f).

Die nachträgliche Angabe anderer Gründe, die nicht bloß als Präzisierung oder Konkretisierung bereits genannter Gründe erscheint, stellt jedenfalls eine neue Widerrufserklärung dar (OLG Saarbrücken 22. 7. 2015 – 2 U 47/14, BeckRS 2016, 9653; vgl hierzu auch § 530 Rn 52).

III. Rückforderungsrecht

1. Herausgabe in natura

4 Der Beschenkte hat im Falle des Widerrufs zunächst nach § 812 Abs 1 S 2 Alt 1 BGB das erhaltene Geschenk selbst **in natura** herauszugeben. Hierbei handelt es sich um einen **schuldrechtlichen Anspruch** (Mugdan Mot II 169). Unerheblich ist es dabei für die Rückgabe, ob der Gegenstand der Zuwendung ursprünglich aus dem Vermögen des Schenkers stammt. Auch **mittelbare Zuwendungen** werden daher durch Herausgabe in Natur an den Schenker rückgängig gemacht (BGB-RGRK/Mezger § 531 Rn 3; MünchKommBGB/Koch § 531 Rn 5 f; zum Fall einer gemischten Schenkung vgl BGH 3. 12. 1971 – V ZR 134/69, NJW 1972, 247, 248). Letztlich kommt es für die **Bestimmung des Gegenstands der Herausgabepflicht** zentral auf den Willen der Parteien an. Entscheidend ist, ob der ursprünglich erlangte Gegenstand oder aber die zu seiner Anschaffung zur Verfügung gestellten Finanzmittel den Gegenstand der Schenkung bilden (RG 19. 6. 1941 – V 129/40, RGZ 167, 199, 202 ff; BGH 3. 12. 1971 – V ZR 134/69, NJW 1972, 247, 248; vgl zum Gegenstand der Schenkung bei mittelbaren Zuwendungen auch BGH 29. 5. 1952 – V ZR 167/51, NJW 1952, 1171). Ist der Gegenstand nur noch in Teilen vorhanden, kommt eine **partielle Herausgabepflicht** im Rahmen des noch Möglichen in Betracht (BGH 11. 7. 2000 – X ZR 78/98, NJW-RR 2001, 6, 7).

5 Soweit der Gegenstand, insbesondere ein Grundstück, mit **Grundpfandrechten** belastet ist, besteht die Herausgabeverpflichtung des Beschenkten darin, die notwendige Ablösesumme zu zahlen; die Beseitigung des Grundpfandrechts selbst kann der Schenker dagegen ebenso wenig verlangen. Denn auch im Falle einer Veräußerung der Sache wird der Schenker nur auf einen Wertersatzanspruch verwiesen (BGH 26. 10. 1990 – V ZR 22/89, BGHZ 112, 376, 380 f, NJW 1991, 917, 918 [allgemein]; BGH 19. 1. 1999 – X ZR 42/97, BGHZ 140, 275, 277, NJW 1999, 1626, 1627; OLG Hamm 4. 2. 1999 – 10 U 173/95,

FamRZ 2001, 545, 546; OLG Celle 14. 11. 2002 – 22 U 60/01, juris Rn 11). Solange allerdings die durch das entsprechende Grundpfandrecht gesicherten Forderungen Dritter gegen den Beschenkten noch bestehen, liegt eine Bereicherung des Letzteren nicht vor. Infolgedessen kann der Schenker seinen diesbezüglichen Wertersatzanspruch nur dann durchsetzen, wenn er den Beschenkten gleichzeitig von seinen schuldrechtlichen Verbindlichkeiten befreit (OLG Hamm 4. 2. 1999 – 10 U 173/95, FamRZ 2001, 545, 546; OLG Celle 14. 11. 2002 – 22 U 60/01, juris Rn 12; allgemein für die bereicherungsrechtliche Rückabwicklung einer Grundstücksübertragung s BGH 26. 10. 1990 – V ZR 22/89, BGHZ 112, 376, 380 f, NJW 1991, 917, 918).

Auch bei einer **Schenkung unter Auflage** finden die Widerrufsregelungen grundsätzlich Anwendung. So ist der Schenkungsgegenstand herauszugeben; der Beschenkte wird lediglich von der Erfüllung der Auflage frei (OGH BrZ 18. 11. 1948 – II ZS 16/48, NJW 1949, 260, 261; OGH BrZ 19. 5. 1949 – I ZS 232/48, NJW 1949, 581, 582, dies gelte auch für den Fall einer gemischten Schenkung, bei der die Rückgabe des Gegenstands statt einer Übertragung der Wertdifferenz zum marktüblichen Preis nur gefordert werden könne, wenn ein Verkauf zu solchen Bedingungen nicht erfolgt wäre). Soweit die Auflage im Zeitpunkt des Widerrufs bereits erfüllt ist, kann sich der Beschenkte insoweit auf eine **Entreicherung** berufen, als die Auflage aus dem Geschenk erfüllt wurde. Hat der Beschenkte diese aus seinem anderweitigen Vermögen aufgebracht, hat er dagegen einen Anspruch auf Ersatz seiner Aufwendungen. 6

Bei **gemischten Schenkungen** ist von **teilbaren Schenkungsgegenständen** nur der unentgeltliche Teil herauszugeben (Soergel/Eckert § 531 Rn 3; BGH 23. 5. 1959 – V ZR 140/58, BGHZ 30, 120, 122, NJW 1959, 1363, 1364; vgl auch BGH 27. 11. 1952 – IV ZR 146/52, NJW 1953, 501, 502 zu § 2287 BGB). In Bezug auf **unteilbare Gegenstände** sind unterschiedliche Lösungen vorgeschlagen worden. Das Reichsgericht wollte zunächst nur den entgeltlichen Mehrwert erstatten lassen, weil nur dieser als Gegenstand der Schenkung zu betrachten sei (RG 7. 3. 1903 – V 450/02, RGZ 54, 107, 110 f; RG 2. 5. 1908 – V 387/07, RGZ 68, 326, 328 f; RG 27. 6. 1935 – IV 28/35, RGZ 148, 236, 239 f; RG 22. 2. 1940 – VIII 9/40, RGZ 163, 257, 260 f [allerdings nach ABGB, Instanzgerichte in Gitschin und Prag]). Mit der inzwischen herrschenden Ansicht in Judikatur wie Schrifttum ist dagegen eine Herausgabe des Gegenstands dann zuzulassen, wenn der **unentgeltliche Teil** des Geschenks überwiegt; denn gerade in diesem gesetzlich nicht ausdrücklich geregelten Fall muss man davon ausgehen, dass ein Verbleib des überwiegend schenkweise zugewendeten Gegenstands als unbillig erscheint (BGH 23. 5. 1959 – V ZR 140/58, BGHZ 30, 120 ff, NJW 1959, 1363 f; BGH 3. 12. 1971 – V ZR 134/69, NJW 1972, 247, 248; BGH 2. 10. 1987 – V ZR 85/86, NJW-RR 1988, 584, 585, DNotZ 1988, 364; BGH 19. 1. 1999 – X ZR 42/97, BGHZ 140, 275, 277, NJW 1999, 1626 f; BGH 11. 7. 2000 – X ZR 78/98, NJW-RR 2001, 6; Soergel/Eckert § 531 Rn 3; BGB-RGRK/Mezger § 531 Rn 3; Ivens ZErb 2010, 286, 290; zu § 2287 BGB s BGH 27. 11. 1952 – IV ZR 146/52, NJW 1953, 501 f). Anders als noch der Oberste Gerichtshof für die Britische Zone gemeint hatte, kann daher eine Rückgabe in Natur nicht an die Frage geknüpft werden, ob bei einer gemischten Schenkung die Schenkung auch zum verkehrsüblichen Preis abgeschlossen worden wäre, da sich dies letztlich nicht feststellen lässt (BGH 23. 5. 1959 – V ZR 140/58, BGHZ 30, 120, 122, NJW 1959, 1363, 1364). Folgt man damit der herrschenden Ansicht, wird man von einer Rückforderung ausgehen können, wenn der Wert der vereinbarten Gegenleistung die Hälfte des effektiven Wertes des Schenkungsgegenstandes unterschreitet (BGH 22. 10. 2019 – X ZR 48/17, FamRB 2020, 75 m Anm Grziwotz, FamRZ 2020, 204 m Anm Wever, MDR 2020, 153, JZ 2020, 419 m Anm Koch/ 7

Holle; vgl BGH 27. 11. 1952 – IV ZR 146/52, NJW 1953, 501, 502 zu § 2287 BGB). Bei gemischten **mittelbaren Zuwendungen** sind die Aufwendungen vom Beschenkten und Schenker in Bezug zu setzen (BGH 3. 12. 1971 – V ZR 134/69, NJW 1972, 247, 248). Die Rückgabe erfolgt allerdings in allen Fällen nur gegen **Wertausgleich** für den entgeltlich erbrachten Teil; dieser muss zudem nicht einredeweise geltend gemacht werden, sondern ist von Amts wegen zu berücksichtigen (BGH 7. 4. 1989 – V ZR 252/87, BGHZ 107, 156, 158 f, NJW 1989, 2122; BGH 11. 7. 2000 – X ZR 78/98, NJW-RR 2001, 6, 7 mwNw; Klumpp ZEV 1995, 385, 390). Bei **Pflicht- und Anstandsschenkungen** kann überdies der über das für solche Schenkungen Angemessene hinausgehende Teil zurückgefordert werden, wobei bei unteilbaren Gegenständen eine Rückgabe Zug um Zug gegen eine der sittlichen Pflicht entsprechenden Leistung denkbar ist (vgl BGH 13. 2. 1963 – V ZR 82/62, MDR 1963, 565 f).

8 Werden **Gesellschaftsanteile an Personen- oder Kapitalgesellschaften** zugewendet, sind diese zunächst nach den allgemeinen Grundsätzen herauszugeben. Mithin ist also die zugewendete Beteiligung auf den Schenker zurückzuübertragen. Je nach Ausgestaltung des Schenkungsvertrags kann dies der Gesellschaftsanteil selbst oder aber auch der Einlagebetrag sein (BGH 2. 7. 1990 – II ZR 243/89, BGHZ 112, 40, 45 f, NJW 1990, 2616, 2617 f – „Benteler-Urteil"). Allerdings kann auch bei einer **Einbuchung** der Gesellschaftsteil und nicht bloß die Einlage Gegenstand der Schenkung sein (Klumpp ZEV 1995, 385, 390). Eine Einschränkung mag sich lediglich dort ergeben, wo zwingende Vorschriften des Gesellschaftsrechts eine **Beteiligung bzw Zustimmung der weiteren Gesellschafter** verlangen (BGH 2. 7. 1990 – II ZR 243/89, BGHZ 112, 40, 47 ff, NJW 1990, 2616, 2618 – „Benteler-Urteil"; Hueck DB 1966, 1043, 1046 f; Klumpp ZEV 1995, 385, 390; Wiedemann/Heinemann DB 1990, 1649, 1655; zum Verhältnis beider Rechtsgebiete vgl auch § 530 Rn 45 ff und § 516 Rn 172). Bei der Abstimmung über den gesellschaftlichen Ausschluss selbst soll dann der betroffene Gesellschafter nicht (Wiedemann/Heinemann DB 1990, 1649, 1655) bzw nur schenkungsrechtlich gebunden (Hueck DB 1966, 1043, 1046 f) zu beteiligen sein. Scheitert die Rückabwicklung mangels Zustimmung der anderen Gesellschafter, kann der Schenker nur **Wertersatz** verlangen bzw – dann allerdings ohne Erhalt seiner konkreten Beteiligung – die **Gesellschaft** als Privatgläubiger gemäß **§§ 135, 161 Abs 2 HGB kündigen** (MünchKommBGB/Koch § 531 Rn 6; Jülicher ZGR 1996, 82, 86; Klumpp ZEV 1995, 385, 390). Grundsätzlich werden allerdings die schenkungsrechtlichen Widerrufsvorschriften, die zu einer Rückabwicklung gerade berechtigen, nicht durch das gesellschaftsrechtliche Sittenwidrigkeitsverdikt über freie Hinauskündigungsklauseln erfasst (s auch § 516 Rn 59). Unabhängig davon können Wertsteigerungen des Schenkungsgegenstands durch den Schenker berücksichtigt werden. Zu Personenmehrheiten vgl § 530 Rn 16 f.

9 § 818 Abs 1 BGB erstreckt die Rückforderung neben der des geschenkten Gegenstands auch auf die **gezogenen Nutzungen** und etwaige **Surrogate**. Dies steht insbesondere im Hinblick auf die gezogenen Nutzungen auch nicht im Widerspruch zu den Grundsätzen der *condictio ob causam finitam*, die den Fall des späteren **Wegfalls des Rechtsgrunds, hier der Schenkung**, betrifft. Denn auch wenn vor der Rückforderung die *causa* für die Nutzungsziehung ursprünglich bestand und auch nicht nachträglich beseitigt wird, ordnet § 818 Abs 1 BGB deren Herausgabe ausdrücklich an (BGH 19. 1. 1999 – X ZR 42/97, BGHZ 140, 275, 284 f, NJW 1999, 1626, 1630).

2. Wertersatz

Ist die Herausgabe des geschenkten Gegenstands unmöglich, hat der Beschenkte dem Schenker gemäß § 818 Abs 2 BGB **Wertersatz** zu leisten. Dabei genügt für den Verweis des Schenkers auf Wertersatz zunächst auch ein **subjektives Unvermögen**. Ein solches ist zB dann anzunehmen, wenn der Rückerwerb eines weiterveräußerten Grundstücks oder die Trennung eines verbundenen Grundstücks einen den Wert des Erlangten übersteigenden finanziellen Aufwand verlangt (BGH 10. 7. 1981 – V ZR 79/80, NJW 1981, 2687, 2689). 10

Der Unmöglichkeit iSd § 818 Abs 2 BGB steht es zudem gleich, wenn die Herausgabe des geschenkten Gegenstands dem Beschenkten **unzumutbar** ist. Das folgt daraus, dass bei der Anwendung dieser Vorschrift eine wirtschaftliche Betrachtungsweise geboten ist (vgl MünchKommBGB/Koch § 531 Rn 6; BGH 10. 7. 1981 – V ZR 79/80, NJW 1981, 2687, 2688; BGH 2. 10. 1987 – V ZR 85/86, NJW-RR 1988, 584, 585, DNotZ 1988, 364, 365). Problematisch sind hierbei besonders die Fälle, in denen der Beschenkte den Schenkungsgegenstand **tatsächlich verändert** und in Bezug auf diesen **Aufwendungen oder Verwendungen** tätigt. In solchen Fällen ist von einer Unmöglichkeit der Rückgabe auszugehen, wenn der zugewendete Gegenstand in einem Umfang verändert wird, dass er nunmehr eine vollständig neue Sache darstellt (vgl BGH 11. 7. 2000 – X ZR 78/98, NJW-RR 2001, 6, 7). In diesem Zusammenhang schließt allerdings der Umstand, dass der Beschenkte Verwendungen auf den Schenkungsgegenstand getätigt hat, dessen Rückforderung nicht *per se* aus. Ein maßgebliches Kriterium liegt hierbei zunächst darin, ob der Schenkungsgegenstand eine **Funktionsänderung** erfahren hat (MünchKommBGB/Koch § 531 Rn 6; vgl aber den Gedanken bei Wiedemann/Heinemann DB 1990, 1649, 1655, dass ein geschenkter Gesellschaftsteil sich über die Jahre auch durch verantwortliche Mitarbeit des Beschenkten so verändern könne, dass § 530 BGB bereits tatbestandlich gar nicht mehr greifen solle; vgl auch Ivens ZErb 2010, 286, 289, demzufolge die strukturelle Veränderung einer Gesellschaft dazu führen kann, dass nunmehr ein *aliud* zum Schenkungsgegenstand vorliegt). Eine solche wesentliche Veränderung kann beispielsweise durch die Bebauung eines Grundstücks eintreten (RG 30. 3. 1942 – II 96/41, RGZ 169, 65, 76; keine Probleme mit der Rückgabe eines von Schenker und Beschenkten gemeinsam bebauten Hauses auf einem zur Hälfte geschenkten Grundstück hatte aber BGH 11. 1. 1980 – V ZR 155/78, NJW 1980, 1789, 1790). Dagegen liegt ohne Änderung des Grundstücks dann keine Unmöglichkeit vor, wenn nur eine Modernisierung, Erweiterung oder Umbau vorgenommen wird (RG 20. 5. 1927 – [VII] VI 518/27, RGZ 117, 112, 113). Auch dann ist eine wesentliche Funktionsänderung abzulehnen, wenn Stall- und Stadelgebäude in ein Wohngebäude umgebaut wurden, dies aber schon zum Zeitpunkt der Schenkung begonnen hat und bereits Wohnungseigentum Gegenstand der Schenkung war (BGH 2. 10. 1987 – V ZR 85/86, NJW-RR 1988, 584, 585, DNotZ 1988, 364, 365). Dagegen wurde beispielsweise eine Herausgabe eines Grundstücks verneint, welches mit Fabrikgebäuden einschließlich sehr wertvoller Maschinen bebaut wurde, die nicht mehr getrennt werden konnten (RG 21. 9. 1931 – VI 51/31, RGZ 133, 293, 294 f). Schon diese letzte Position macht bereits wie die anderen Entscheidungen deutlich, dass der formale Aspekt der Funktionsänderung allenfalls neben der zentralen Frage steht, ob die Änderungen dazu führen, dass die Herausgabe in Natur **wirtschaftlich unzumutbar ist**. Denn es geht letztlich um eine Frage der **wirtschaftlichen Unmöglichkeit** (BGH 2. 10. 1987 – V ZR 85/86, NJW-RR 1988, 584, 585, DNotZ 1988, 364, 365; BGH 10. 7. 1981 – V ZR 79/80, NJW 1981, 2687, 2688; va die letzte Entscheidung macht deutlich, dass das eigentlich maßgebliche Kriterium der Rechtsprechung die wirtschaftliche 11

Unzumutbarkeit und nicht die Charakteränderung ist). Wird demnach ein geschenktes Grundstück bebaut oder ein bebautes Grundstück wesentlich verändert, kann ein Fall vorliegen, der denen in § 818 Abs 2 BGB nahekommt; entscheidend ist aber nicht allein die Funktionsänderung, sondern unter einer wirtschaftlichen Betrachtung die Zumutbarkeit der Herausgabe, da es um eine Gleichstellung mit einer Unmöglichkeit geht (BGH 2. 10. 1987 – V ZR 85/86, NJW-RR 1988, 584, 585, DNotZ 1988, 364, 365; BGH 10. 7. 1981 – V ZR 79/80, NJW 1981, 2687, 2688). Hat überdies der mit einem Miteigentumsanteil an einem Hausgrundstück Beschenkte seinen hälftigen Anteil an eine Dritte übertragen und haben alle mit den Schenkern Wohnungseigentum mit Sondereigentum begründet, liegt bei der Rückforderung keine Gemeinschaft nach WEG, sondern eine solche nach §§ 741 ff BGB mit der Folge vor, dass § 11 Abs 1 WEG eine Rückgabe des teilweise noch vorhandenen Miteigentumsanteils nicht hindert, sondern diese nach § 747 S 1 BGB gerade möglich ist (BGH 11. 7. 2000 – X ZR 78/98, NJW-RR 2001, 6, 7).

12 Zuletzt kann die **Rückgabe** der Sache auch gemäß **§ 242 BGB ausgeschlossen** sein; das ist beispielsweise dann der Fall, wenn die Aufwendungen den Wert der Sache praktisch völlig erfassen, so dass dann nur noch eine verbleibende Bereicherung herauszugeben ist.

3. Wegfall der Bereicherung

13 Auf den Rückforderungsanspruch findet auch § 818 Abs 3 BGB Anwendung, soweit die Vermögensminderung **zeitlich vor** der Abgabe der Widerrufserklärung eingetreten ist. Dies gilt zunächst dann, wenn der zugewendete Gegenstand ersatzlos untergegangen ist. In der Praxis schwieriger sind jedoch die Konstellationen, in denen der Beschenkte **Aufwendungen bzw Verwendungen** in Bezug auf den Schenkungsgegenstand gemacht hat und diese nunmehr sowohl gegenüber dem Herausgabe- wie dem Wertersatzanspruch geltend gemacht werden (BGH 19. 1. 1999 – X ZR 42/97, BGHZ 140, 275, 281 ff, NJW 1999, 1626, 1629 f; OLG Hamm 4. 2. 1999 – 10 U 173/95, FamRZ 2001, 545, 546). Erforderlich ist insoweit, dass die Aufwendungen im Vertrauen auf den Bestand der Schenkung erfolgt sind und ohne die Schenkung nicht vorgenommen worden wären (MünchKommBGB/Koch § 531 Rn 7; BGH 11. 1. 1980 – V ZR 155/78, NJW 1980, 1789, 1790; BGH 2. 10. 1987 – V ZR 85/86, NJW-RR 1988, 584, 585, DNotZ 1988, 364 f; BGH 7. 4. 1989 – V ZR 252/87, BGHZ 107, 156, 159, NJW 1989, 2122; BGH 27. 9. 1991 – V ZR 55/90, NJW 1992, 183, 184; BGH 19. 1. 1999 – X ZR 42/97, BGHZ 140, 275, 279 ff, NJW 1999, 1626, 1628 ff; OLG Hamm 4. 2. 1999 – 10 U 173/95, FamRZ 2001, 545, 546; ablehnend gegenüber einer Vermögensminderung nach § 818 BGB mangels ursächlichen Zusammenhangs bei nicht notwendigen Verwendungen auf den Schenkungsgegenstand, wenn diese auch schon aufgrund ehegüterrechtlicher Pflichten unabhängig von der Schenkung erfolgt wären, RG 8. 10. 1924 – IV 50/23, LZ 1924, 86 f, Recht 1924 Nr 22 [dort aber zu verkürzt wiedergegeben]). Dabei sind die abzugsfähigen Aufwendungen weder auf notwendige noch auf nützliche Aufwendungen begrenzt; erfasst werden letztlich **alle vermögensmindernden** Aufwendungen, auch wenn diese nicht zu einer Wertsteigerung geführt haben bzw eine solche mittlerweile wieder weggefallen ist (MünchKommBGB/Koch § 531 Rn 7; BGH 19. 1. 1999 – X ZR 42/97, BGHZ 140, 275, 282, NJW 1999, 1626, 1629; vgl auch BGH 11. 1. 1980 – V ZR 155/78, NJW 1980, 1789, 1790). **Im Rückforderungsprozess** müssen diese **(unmittelbaren) Aufwendungen** und **Verwendungen** nicht vom Beschenkten einredeweise geltend gemacht, sondern seitens des Gerichts von **Amts wegen** berücksichtigt werden und führen zu einer Verurteilung nur **Zug um Zug** (BGH 11. 1. 1980 –

V ZR 155/78, NJW 1980, 1789, 1790; BGH 10. 7. 1981 – V ZR 79/80, NJW 1981, 2687, 2688; BGH 2. 10. 1987 – V ZR 85/86, NJW-RR 1988, 584, 585, DNotZ 1988, 364 f; BGH 27. 9. 1991 – V ZR 55/90, NJW 1992, 183, 184; BGH 19. 1. 1999 – X ZR 42/97, BGHZ 140, 275, 282, NJW 1999, 1626, 1629; MünchKommBGB/Koch § 531 Rn 7). Im Einzelnen gehören zu den berücksichtigungsfähigen Kosten die Übertragungs-, Umbau- und Ausbaukosten auch für Eigenleistungen und die Finanzierungskosten vor Rückgabe (OLG Hamm 4. 2. 1999 – 10 U 173/95, FamRZ 2001, 545, 546, wobei die Finanzierungskosten auf Darlehensraten vor Erklärung des Widerrufs begrenzt sind). Auch die Erfüllung einer Schenkungsauflage kommt insoweit in Betracht, als sie ursprünglich aus dem Eigenvermögen des Beschenkten stammt (MünchKommBGB/Koch § 531 Rn 7).

14 Solche Gegenrechte können neben ihrer Erfassung durch § 818 Abs 3 BGB auch als eigenständige Gegenansprüche aus einer *condictio ob rem* bzw Verwendungskondiktion oder aber § 292 Abs 2, § 994 Abs 2, § 995 BGB begriffen werden und dann durch Aufrechnung oder im Wege der Einrede berücksichtigt werden (BGH 19. 1. 1999 – X ZR 42/97, BGHZ 140, 275, 279 f, NJW 1999, 1626, 1629; MünchKommBGB/Koch § 531 Rn 8). Diese Konstruktion wird dabei va in den Konstellationen relevant, in denen ein solcher Anspruch sich nicht auf unmittelbar vermögensmindernde Aufwendungen bezieht; im Rückforderungsprozess muss dieser Anspruch wegen **mittelbarer Aufwendungen** allerdings anders als die unmittelbaren Aufwendungen gemäß §§ 273 f BGB geltend gemacht werden (BGH 19. 1. 1999 – X ZR 42/97, BGHZ 140, 275, 280, 282 ff, NJW 1999, 1626, 1629 f; MünchKommBGB/Koch § 531 Rn 8). Zu diesen mittelbaren Aufwendungen sind beispielsweise unentgeltliche Arbeitsleistungen Dritter zu zählen, die mit einer Verwendungskondiktion erstattet werden können, soweit bei Rückgabe eine Bereicherung noch vorliegt (BGH 19. 1. 1999 – X ZR 42/97, BGHZ 140, 275, 282 ff, NJW 1999, 1626, 1629 f). Dementsprechend ist das Eingreifen dieser Rückforderungsansprüche schon deshalb vorteilhaft, weil von ihnen auch solche Aufwendungen erfasst werden, die dem Bereicherungsausgleich nicht unterfallen, weil sie bereits **vor Abschluss des Schenkungsvertrags** vom Beschenkten getätigt wurden (BGH 19. 1. 1999 – X ZR 42/97, BGHZ 140, 275, 279 f, NJW 1999, 1626, 1629; MünchKommBGB/Koch § 531 Rn 8). Zudem kann der Beschenkte alle Kosten geltend machen, die er in den Vollzug der Schenkung investiert hat; gleichzeitig sind dann aber auch etwaige ersparte Aufwendungen einzustellen (OLG Hamm 4. 2. 1999 – 10 U 173/95, FamRZ 2001, 545, 546; vgl auch BGH 7. 4. 1989 – V ZR 252/87, BGHZ 107, 156, 158 f, NJW 1989, 2122).

15 Für **nach Rechtshängigkeit** gemachte Verwendungen gelten die allgemeinen Vorschriften, die den Ersatz auf notwendige Verwendungen beschränken; eine Einstellung in den Bereicherungsausgleich erfolgt nicht (BGH 19. 1. 1999 – X ZR 42/97, BGHZ 140, 275, 280, NJW 1999, 1626, 1629). Dementsprechend werden **Kreditverbindlichkeiten** als Aufwendungen nur für vor dem Widerruf liegende Tranchen, nicht aber auch für solche in der Zukunft ersetzt (OLG Hamm 4. 2. 1999 – 10 U 173/95, FamRZ 2001, 545, 546).

16 Soweit der Beschenkte **Leistungen an Dritte** zu erbringen hat, werden diese durch die Rückforderung nicht berührt; auch sie wirken sich vielmehr nur bereicherungsmindernd beim Beschenkten aus (anders scheint dies das OLG Darmstadt 29. 11. 1901, OLGE 5, 145 zu sehen, welches dies in Verfahren zwischen dem Beschenkten und den von diesem bedachten Dritten klären möchte).

4. Verschärfte Haftung

17 Weiterhin finden auch die im Bereicherungsrecht vorgesehenen Haftungsverschärfungen der § 818 Abs 4 BGB, § 819 BGB, §§ 292, 997 ff BGB Anwendung.

18 Soweit es auf die Frage der **Kenntnis** von dem Mangel des rechtlichen Grundes nach § 819 Abs 1 BGB ankommt, ist der Anknüpfungspunkt umstritten. Teilweise wird in entsprechender Anwendung des § 142 Abs 2 BGB vorgeschlagen, den Zeitpunkt des **Entstehens des Widerrufsgrundes** und damit der Begehung der schweren Verfehlung iSd § 530 Abs 1 BGB zu wählen. Denn schon ab diesem muss der Beschenkte auf Grund seines eigenen Handelns mit der späteren Abgabe einer Widerrufserklärung rechnen; eine etwaige Unkenntnis seinerseits kann dann nur darauf beruhen, dass der Beschenkte sich seiner Kenntnis bewusst verschließt (für diese Auffassung zB noch MünchKommBGB/Kollhosser [4. Aufl 2004] § 531 Rn 4; auch Jülicher ZEV 1998, 201, 203 weist beim freien Widerruf darauf hin, dass die Einzeltatbestände bekannt seien; iE ebenso Ivens ZErb 2010, 286, 288). Die meisten Stimmen gehen allerdings davon aus, dass die Bösgläubigkeit erst mit dem **Zugang der Widerrufserklärung** beginnt (MünchKommBGB/Koch § 531 Rn 9; Soergel/Eckert § 531 Rn 4; Erman/Hähnchen § 531 Rn 2; BGB-RGRK/Mezger § 531 Rn 2; Hadding, in: FS Mühl [1981] 225, 236; BGH 19. 1. 1999 – X ZR 42/97, BGHZ 140, 275, 281, NJW 1999, 1626, 1629; vgl Mugdan Mot II 169, Prot II 758). Auch wenn das Gesetz selbst keine ausdrückliche Antwort bietet, spricht für diese Ansicht dabei tatsächlich, dass ohne die Widerrufserklärung keine Sicherheit darüber besteht, ob die einzelne Verfehlung zur Begründung eines Widerrufsgrunds genügt bzw ob der Schenker aus dem Fehlverhalten überhaupt Konsequenzen ziehen möchte (vgl MünchKommBGB/Koch § 531 Rn 9; BGH 19. 1. 1999 – X ZR 42/97, BGHZ 140, 275, 281, NJW 1999, 1626, 1629). Im Übrigen entspricht diese Auslegung des Gesetzes auch den Gesetzesmaterialien (Mugdan Mot II 169, Prot II 758 f; so auch MünchKommBGB/Koch § 531 Rn 9) und erfährt besonders dann Bedeutung, wenn erst mehrere Verfehlungen zusammen zu einem Widerruf berechtigen (MünchKommBGB/Koch § 531 Rn 9; Soergel/Eckert § 531 Rn 4).

5. Anspruchsausschluss

19 Eine Rückforderung kann allerdings ausgeschlossen sein, wenn die Voraussetzungen des § 817 S 2 BGB vorliegen (BGH 29. 1. 1960 – IV ZR 155/59, FamRZ 1960, 129; BGH 19. 4. 1961 – IV ZR 217/60, BGHZ 35, 103, 107 ff, NJW 1961, 1458, 1459 f; OLG Hamm 30. 9. 1977 – 11 U 99/77, NJW 1987, 224). Der Umstand, dass dem Partner von der **Lebensgefährtin** eine Zuwendung gemacht wird, stellt dabei aber nach den **heutigen Anschauungen keinen Sittenverstoß** dar (OLG Hamm 30. 9. 1977 – 11 U 99/77, NJW 1987, 224). In den 60er Jahren hatte der BGH bereits angedeutet, dass ein Ausschluss nach § 817 S 2 BGB dann nicht in Betracht komme, wenn echte innere Bindungen und Verantwortung füreinander bestehen; sollte damals dagegen die Aufrechterhaltung außerehelicher Beziehungen bezweckt bzw die Schaffung der Voraussetzung für ein **Konkubinat** geschaffen werden, war von einem **Sittenverstoß** auszugehen, wobei wohl auch schon das nichteheliche Zusammenleben auszureichen schien (BGH 29. 1. 1960 – IV ZR 155/59, FamRZ 1960, 129; BGH 19. 4. 1961 – IV ZR 217/60, BGHZ 35, 103, 107 ff, NJW 1961, 1458, 1459 f).

6. Durchgriffskonstellationen

Bei einer **unentgeltlichen Weitergabe** des Schenkungsgegenstands durch den Beschenkten finden die § 816 Abs 1 S 2, § 822 BGB Anwendung. Dies gilt sowohl für den Fall, in dem der Beschenkte den Schenkungsgegenstand schenkungsweise weitergegeben hat, als auch für den Fall, in dem der Übertragung eine unbenannte Zuwendung zugrunde liegen sollte (BGH 11. 7. 2000 – X ZR 78/98, NJW-RR 2001, 6, 7; zu § 528 BGB: BGH 23. 9. 1999 – X ZR 114/96, BGHZ 142, 300, 302 ff, NJW 2000, 134, 136 f). Hat der Beschenkte den Gegenstand veräußert und den als Gegenleistung erhaltenen Ersatzgegenstand einem Dritten **unentgeltlich** zugewendet, schuldet der Dritte dem Schenker grundsätzlich wie der Beschenkte nur **Wertersatz**; der Dritte kann sich jedoch im Hinblick auf die Wertung des § 822 BGB durch Hingabe des Gegenstands von dieser Verpflichtung befreien (BGH 10. 2. 2004 – X ZR 117/02, BGHZ 158, 63, 65 ff, NJW 2004, 1314 f). 20

7. Anspruchscharakteristika

Der Bereicherungsanspruch aus erfolgtem Widerruf teilt den speziellen Charakter des Widerrufs als unvererbliches, unübertragbares und unpfändbares Gestaltungsrecht nicht. Daher ist der Rückforderungsanspruch auch ohne Einschränkungen **übertragbar, vererblich und pfändbar** (MünchKommBGB/Koch § 531 Rn 10; Soergel/Eckert § 531 Rn 2). Dies folgt bereits aus den Gesetzesmaterialien (zum Übergang des Rückforderungsrechts bei ausgeübtem Widerruf nach allgemeinen Grundsätzen s Mugdan Mot II 168; in der Deutung ebenso MünchKommBGB/Koch § 531 Rn 10). 21

Solange damit keine Aushöhlung des Widerrufsrechts verbunden ist, kann über den Anspruch zudem auch **frei verfügt** werden und dieser durch Vertrag oder Erlass geändert oder beseitigt werden. In den genannten Grenzen ist auch eine Abänderung im Voraus möglich (MünchKommBGB/Koch § 531 Rn 10; Erman/Hähnchen § 531 Rn 2). Im Hinblick auf § 533 BGB kann aber nicht der Anspruch als solcher ausgeschlossen, sondern nur sein Inhalt verändert werden; dies ist dann der Fall, wenn statt der Rückgabe in Natur eine Geldabfindung vereinbart wird (BGH 17. 9. 1971 – V ZR 177/69, MDR 1972, 36). 22

§ 532
Ausschluss des Widerrufs

Der Widerruf ist ausgeschlossen, wenn der Schenker dem Beschenkten verziehen hat oder wenn seit dem Zeitpunkt, in welchem der Widerrufsberechtigte von dem Eintritt der Voraussetzungen seines Rechts Kenntnis erlangt hat, ein Jahr verstrichen ist. Nach dem Tode des Beschenkten ist der Widerruf nicht mehr zulässig.

Materialien: Mugdan Mot II 169; Prot II 757 f; Jakobs/Schubert, Die Beratung des Bürgerlichen Gesetzbuches 402–415.

Schrifttum

SEUTEMANN, Anm zu BGH, Urt v 23. 5. 1984 – Az IVa ZR 229/82, FamRZ 1984, 1084

ders, Anm zu OLG Hamm, Urt v 30. 11. 1989 – 22 U 166/89, FamRZ 1992, 547.

Systematische Übersicht

I. Regelungszweck

1 Die §§ 530 ff BGB ermöglichen es dem Schenker, den Schenkungsgegenstand zurückzufordern, wenn der Beschenkte der aus dem zwischen den beiden bestehenden Pietätsverhältnis folgenden Dankesobliegenheit in besonderem Maße nicht nachkommt (vgl dazu § 530 Rn 1). Auch in solchen Fällen kann jedoch der Widerruf **unangemessen** erscheinen, wenn sich die Umstände zwischenzeitlich geändert haben. Dies gilt zum einen für den Fall, in dem der Schenker dem Beschenkten ausdrücklich verzeiht und damit die **Kränkung** aus seiner Sicht nicht so schwer war oder aber nunmehr beseitigt ist. Der Ausschluss des Widerrufs ergibt sich dabei schon aus der Natur der Sache (MUGDAN Mot II 169). Zum anderen wird man auch im Falle schlichten Zeitablaufs ohne Widerruf davon ausgehen können, dass die erfahrene Kränkung keinen Einfluss auf die Schenkung mehr haben soll und letztlich eine **faktische Verzeihung** vorliegt (SEUTEMANN FamRZ 1992, 547, 548). Denn mit der Zeit, in der der Schenker keine Konsequenzen aus einer Verfehlung des Beschenkten zieht, **schwindet das Gewicht der Verfehlung** gegenüber der eigentlichen schenkungsvertraglichen Bindung (ERMAN/HÄHNCHEN § 532 Rn 5). Zuletzt kann die Kränkung für die Aufrechterhaltung der Güterlage angesichts des **höchstpersönlichen Einschlags** der Schenkung keine Bedeutung mehr haben, wenn der Beschenkte als Urheber eben dieser Kränkung verstorben ist (vgl Rn 11 dazu und zu den Folgen gegenüber den Erben des Beschenkten).

2 Der Widerrufsausschluss setzt im Hinblick auf das Vorgehende voraus, dass der Schenker die Schenkung noch nicht widerrufen hat. Hat der Schenker dagegen bereits **mit einem erklärten Widerruf** die rechtlichen Konsequenzen aus einer schweren Verfehlung des Beschenkten gezogen, wird der **entstandene Rückforderungsanspruch aus § 531 Abs 2 BGB, §§ 812 ff BGB** durch das zeitlich nachfolgende Eintreten der Voraussetzungen des § 532 BGB **nicht mehr berührt**. Allerdings steht es dem Schenker frei, den Rückforderungsanspruch dem Beschenkten gemäß § 397 BGB ausdrücklich oder im Rahmen einer Verzeihung konkludent zu erlassen; dementsprechend kann in einem Verhalten des Schenkers, das vor erfolgtem Widerruf als Verzeihung zu begreifen gewesen wäre, danach ggf der Antrag auf Abschluss eines **Erlassvertrags** gesehen werden (MünchKommBGB/KOCH § 532 Rn 3; RG 8. 10. 1924 – IV 50/23, LZ 1924, 86, 87; SOERGEL/ECKERT § 532 Rn 5; BGB-RGRK/MEZGER § 532 Rn 1). Dies kann aber nur dann gelten, wenn der Tatbestand des § 532 S 1 Alt 1 BGB verwirklicht ist, der Schenker dem Beschenkten also verziehen hat. Die bloße Untätigkeit des Schen-

kers gem § 532 S 1 Alt 2 BGB nach erklärtem Widerruf ist aber keineswegs als konkludentes Angebot auf Abschluss eines Erlassvertrages auszulegen, da dies den grundlegenden Anforderungen an eine Willenserklärung widerspricht.

II. Verzeihung

3 Verzeihung ist hier ein **Rechtsbegriff**, der anders als der allgemeine Sprachgebrauch ein **äußeres Verhalten** des Schenkers verlangt, welches die Verzeihung erkennbar werden lässt (MünchKommBGB/Koch § 532 Rn 2; Soergel/Eckert § 532 Rn 2; Erman/Hähnchen § 532 Rn 2). Terminologisch entspricht die Verzeihung iSd § 532 S 1 BGB der in §§ 2337, 2243 BGB (MünchKommBGB/Koch § 532 Rn 2; Soergel/Eckert § 532 Rn 2; BGB-RGRK/Mezger § 532 Rn 1). Das nach außen hervortretende Verhalten kann sich demnach sowohl in einer ausdrücklichen Erklärung, also durch **Worte**, wie in sonstigen **Taten** manifestieren. Es muss dabei unabhängig von dem konkreten Ausdrucksmittel bloß erkennbar werden, dass der Schenker die Kränkung nicht mehr als solche empfindet (Erman/Hähnchen § 532 Rn 2; BGB-RGRK/Mezger § 532 Rn 1; Seutemann FamRZ 1984, 1083, 1084; BGH 23. 5. 1984 – IVa ZR 229/82, BGHZ 91, 273, 280, NJW 1984, 2089, 2090). In diesem Sinne kommt es eben nicht darauf an, wie der Beschenkte das Verhalten des Schenkers verstanden hat, sondern ob dem Verhalten des Schenkers **objektiv** eine innere versöhnliche Haltung zu entnehmen ist (in Bezug auf eine Eheverfehlung RG 7. 7. 1922 – VII 7/22, RGZ 105, 106, 107).

4 Bei der Verzeihung handelt es sich nach dem bisher Gesagten zuvörderst um ein **tatsächliches Verhalten** und damit nicht um ein Rechtsgeschäft oder eine rechtsgeschäftsähnliche Handlung (Grüneberg/Weidenkaff [85. Aufl 2026] § 532 Rn 2; RG 7. 7. 1922 – VII 7/22, RGZ 105, 106, 107 zur Verzeihung bei der Eheverfehlung; BGH 1. 3. 1974 – IV ZR 58/72, NJW 1974, 1084, 1085 zum Pflichtteilsentzug; BGB-RGRK/Mezger § 532 Rn 1; ausdrücklich offen gelassen Mugdan Mot II 169). Sie muss dementsprechend auch nicht gegenüber dem Beschenkten abgegeben werden (MünchKommBGB/Koch § 532 Rn 2; Erman/Hähnchen § 532 Rn 2; BGH 1. 3. 1974 – IV ZR 58/72, NJW 1974, 1084, 1085 zum Pflichtteilsentzug). Diese Einordnung hat weiterhin zur Folge, dass alle **Regelungen über Willenserklärungen** und besonders die der Geschäftsfähigkeit, Anfechtung, Bedingung und Stellvertretung auf die Verzeihung **keine Anwendung** finden. Dagegen kann im Falle **mangelnder Einsichtsfähigkeit** des Verzeihenden die Verzeihung entsprechend §§ 827 f BGB beurteilt werden (MünchKommBGB/Koch § 532 Rn 2; Erman/Hähnchen § 532 Rn 2). Der Schenker muss folglich zwar bei der Verzeihung die Verfehlung kennen; dass er rechtlich die richtigen Schlüsse daraus zieht und ihm insbesondere das Recht der Verzeihung bewusst ist, ist nicht erforderlich (MünchKommBGB/Koch § 532 Rn 3). Allerdings wird trotz erkannter Nichtanwendbarkeit der Regelungen über die Willenserklärungen teilweise davon ausgegangen, dass Willensmängel wie **Irrtümer** oder aber ein **geheimer Vorbehalt** schon *per se* das Vorliegen einer Verzeihung **ausschlössen** und zugunsten des Schenkers allenfalls Vertrauensschutzgesichtspunkte eingriffen; nach dieser Auffassung wären damit auch Bedingungen zulässig (Soergel/Eckert § 532 Rn 2). Diese Überlegungen **treffen aber nicht zu**. Lässt das nach außen gerichtete Verhalten des Schenkers nach einer objektiven Betrachtung keinen Zweifel daran, dass er verziehen hat, lässt auch ein geheimer Vorbehalt die Verzeihung nicht scheitern (MünchKommBGB/Koch § 532 Rn 3; zur Eheverfehlung BGH 8. 3. 1957 – IV ZR 298/56, FamRZ 1957, 208, 209 f). In Betracht kommt hier eine Berufung auf das *venire contra factum proprium* (RG 6. 11. 1931 – VII 112/31, RGZ 134, 139, 140 zur Eheverfehlung). Ist das Verhalten eindeu-

tig, kann daher auch eine ausdrückliche gegenteilige Bekundung iSe *protestatio facto contraria* keine Bedeutung haben (vgl RG 6. 11. 1931 – VII 112/31, RGZ 134, 139, 140 zur Eheverfehlung). Das bedeutet, dass ein solches objektiv eindeutiges Schenkerverhalten nur dann nicht als Verzeihung gewertet werden kann, wenn es auf **Zwang, Täuschung** oder auf einer **momentanen emotionalen Regung** beruht (BGH 8. 3. 1957 – IV ZR 298/56, FamRZ 1957, 208, 209 f zur Eheverfehlung).

5 Die inhaltlichen Anforderungen an die Annahme einer Verzeihung dürfen nicht überspannt werden, weil das die Verzeihung zum Ausdruck bringende Verhalten „nur" die Beseitigung oder wenigstens signifikante Milderung der Kränkung des Schenkers voraussetzt. So ist es insbesondere **nicht erforderlich**, dass das vor der Verfehlung **innige Verhältnis** zwischen dem Beschenkten und dem Schenker vollständig in der gleichen Qualität wiederhergestellt wird; ausreichend ist nur, dass die Kränkung weggefallen ist, was zB in einer Kontaktaufnahme, in Besuchen und Geschenkannahmen zu erkennen sein kann (BGH 7. 6. 1961 – V ZR 18/60, MDR 1961, 840 f, Pflichtteil). Ebenso wenig ist es nötig, dass zwischen den Parteien des Schenkungsverhältnisses erneut eine **besondere Vertrautheit** entsteht. Eine Verzeihung muss also gerade nicht bedeuten, dass die Kränkung völlig beseitigt wäre; dementsprechend kann eine Verzeihung auch selbst dann vorliegen, wenn der Schenker beispielsweise zusätzlich noch eine **Entschuldigung** von dem Beschenkten verlangt oder an ihn sonst weitere „Bedingungen" mit dem Ziel der Disziplinierung oder Demütigung des Beschenkten bzw Anerkennung der Überlegenheit des Schenkers durch den Beschenkten stellt; denn in diesen Fällen kann eine Verzeihung durchaus vorliegen und die Kränkung letztlich nur noch das argumentative Vehikel für die Durchsetzung sachfremder Motive darstellen (BGH 23. 5. 1984 – IVa ZR 229/82, BGHZ 91, 273, 280, NJW 1984, 2089, 2091; MünchKommBGB/Koch § 532 Rn 3; Seutemann FamRZ 1984, 1083, 1084). Ist aber die Linderung der Kränkung umgekehrt nur Folge einer **Indifferenz** des Schenkers gegenüber dem Beschenkten oder Ausdruck seines **Vergessens**, kann von einer Verzeihung nicht ausgegangen werden (MünchKommBGB/Koch § 532 Rn 2; BGH 23. 5. 1984 – IVa ZR 229/82, BGHZ 91, 273, 280, NJW 1984, 2089, 2091). Ein **Versöhnungsversuch** muss allerdings für sich genommen noch keine Verzeihung begründen (MünchKommBGB/Koch § 532 Rn 3; Grüneberg/Weidenkaff [85. Aufl 2026] § 532 Rn 2; RG 6. 11. 1931 – VII 112/31, RGZ 134, 139, 140 f zur Eheverfehlung; BGH 19. 1. 1999 – X ZR 42/97, NJW 1999, 1626, 1627 [insoweit nicht in BGHZ 140, 275 abgedruckt]). Gleichwohl können auch **Versöhnungsversuche** ihre Bedeutung erlangen: Bestehen zwischen dem Schenker und dem Beschenkten Rechtsstreitigkeiten, die durch Vergleich mit dem Ziel der Aussöhnung auf Initiative des Schenkers beendet wurden, kann eine spätere Benutzung als Pflichtteilsentziehungsgrund den Geboten von Treu und Glauben zuwiderlaufen, selbst wenn dies erst ein Schritt zur Versöhnung war (BGH 1. 3. 1974 – IV ZR 58/72, NJW 1974, 1084, 1085 f).

6 Inhaltlich kann die Verzeihung auf **bestimmte Verfehlungen** beschränkt sein (MünchKommBGB/Koch § 532 Rn 3; vgl zur Einzelwirkung der Verfehlungen RG 22. 5. 1939 – IV 157/38, WarnR 1940 Nr 5). Zudem können auch bloß **vermutete Verfehlungen** verziehen werden, wenn sie hinreichend bestimmt sind (vgl BGH 8. 3. 1957 – IV ZR 298/56, FamRZ 1957, 208, 210). Wurden **mehrere Schenker** gekränkt, müssen grundsätzlich alle die Verzeihung aussprechen (vgl aber zu den Personenmehrheiten § 530 Rn 16 f). Eine **nach dem Widerruf erklärte Verzeihung** kann das Angebot auf **Abschluss eines Erlassvertrags** beinhalten, nicht aber die bloße Untätigkeit nach erklärtem Widerruf (Rn 2; MünchKommBGB/

Koch § 532 Rn 3; RG 8. 10. 1924 – IV 50/23, LZ 1924, 86, 87; Soergel/Eckert § 532 Rn 5; BGB-RGRK/Mezger § 532 Rn 1).

III. Ablauf der Jahresfrist

7 Ein Widerruf ist nach § 532 S 1 Alt 2 BGB nicht mehr möglich, wenn der Schenker ein Jahr seit Erlangung der Kenntnis von der Verfehlung verstreichen lässt, ohne die entsprechenden Konsequenzen daraus zu ziehen. Es geht hierbei letztlich um nichts anderes als einen Fall der **faktischen Verzeihung** (Seutemann FamRZ 1992, 547, 548). Das ist insoweit nicht ganz unbedenklich, als der Schenker in der Hoffnung auf eine Versöhnung von dem Widerruf absieht, sein Wunsch sich aber nicht erfüllen muss (vgl Seutemann FamRZ 1992, 547, 548; krit auch MünchKommBGB/Koch § 532 Rn 6 mit Fn 20).

8 Die Bestimmung enthält dabei keine Verjährungsvorschrift, sondern eine **rechtsvernichtende Ausschlussfrist** (vgl MünchKommBGB/Koch § 532 Rn 4; OLG Hamm 30. 3. 2000 – 22 U 112/99, NJWE-FER 2001, 1, 3; OLG Dresden 27. 9. 2017 – 4 U 1013/17, BeckRS 2017, 149484). Die Frist berechnet sich nach § 187 Abs 1, § 188 Abs 2 Alt 1 BGB und wird für jede Verfehlung gesondert bestimmt (MünchKommBGB/Koch § 532 Rn 4; Erman/Hähnchen § 532 Rn 5; BGB-RGRK/Mezger § 532 Rn 1; Soergel/Eckert § 532 BGB Rn 3; RG 22. 5. 1939 – IV 157/38, WarnR 1940 Nr 5; BGH 14. 10. 1959 – V ZR 101/59, BGHZ 31, 77, 81 f, NJW 1960, 194, 196). Besteht die Verfehlung in einem **Unterlassen**, kommt es für den Fristbeginn auf den Zeitpunkt der ersten Handlungsmöglichkeit an. Ein Widerruf ist von da an nach einjähriger Duldung ausgeschlossen, selbst wenn das Unterlassen weiter fortgesetzt wird. Denn in dieser Zeit kann es dem Schenker durchaus zugemutet werden, die Nichtleistung zu beanstanden und seine Konsequenzen daraus zu ziehen. Ansonsten stünde der Widerruf dauerhaft im Belieben des Schenkers (OLG Frankfurt 17. 2. 1993 – 12 W 17/93, FamRZ 1994, 375 f; MünchKommBGB/Koch § 532 Rn 4). Führt allerdings der Beschenkte seine Verfehlungen durch **aktives Tun** fort und unterhält zB der Ehemann ein schenkungsrechtlich relevantes ehewidriges Verhalten, beginnt die Widerrufsfrist mit jeder weiteren Zuwiderhandlung erneut (OLG Köln 25. 3. 1981 – 2 U 3/81, NJW 1982, 390, 391). Soweit dem groben Undank dann mehrere Verfehlungen zugrunde liegen, können dann auch an sich **verfristete Verfehlungen** in der Gesamtabwägung herangezogen werden (MünchKommBGB/Koch § 532 Rn 4; BGH 23. 1. 1967 – II ZR 166/65, NJW 1967, 1081, 1082 [insoweit nicht in BGHZ 46, 392 abgedruckt]).

9 Maßgeblich für den Fristbeginn selbst ist die **verlässliche Kenntniserlangung** von den tatbestandlichen Voraussetzungen des Widerrufsgrunds und im Falle des Erbenwiderrufs auch von der eigenen Erbenstellung (MünchKommBGB/Koch § 532 Rn 4; Erman/Hähnchen § 532 Rn 5; Grüneberg/Weidenkaff [85. Aufl 2026] § 532 Rn 2). Eine solche Kenntniserlangung kann jedoch noch nicht bereits dann angenommen werden, wenn dem Schenker eine Verfehlung des Beschenkten in – im Übrigen nicht hinreichend konkretisierten – **anonymen Briefen** mitgeteilt wird (OLG Frankfurt 18. 2. 1986 – 8 U 44/85, FamRZ 1986, 576, 577). Soweit mehrere Verfehlungen eine Widerrufserklärung rechtfertigen (hierzu umfassend § 530 Rn 52), gilt für jede Verfehlung eine selbstständige Frist (OLG Saarbrücken 22. 7. 2015 – 2 U 47/14, BeckRS 2016, 9653). Die verschiedenen auf Widerruf der Schenkung gerichteten Erklärungen sind dementsprechend gesondert zu prüfen (OLG München 19. 10. 2016 – 7 U 4839/12, juris Rn 34, LSK 2016, 18631).

10 Wenn der Widerruf erklärt wurde, unterliegt der **Rückforderungsanspruch** der allgemeinen Verjährung.

IV. Tod des Beschenkten

11 Nach dem **Tode des Beschenkten** ist der Widerruf ausgeschlossen, § 532 S 2 BGB. Dies findet seinen Grund darin, dass der Widerruf im **Pietätsverhältnis** zwischen dem Schenker und dem Beschenkten wurzelt und als Reaktion auf einen Moralverstoß des Beschenkten zu begreifen ist. Schon die Mehrheit in der zweiten Kommission wandte sich gegen die Möglichkeit, auch gegenüber den Erben zu widerrufen mit dem Argument, dass, genauso wie eine Zurechnung moralischer Schuld bei der Frage nach dem Widerrufsgrund ausgeschlossen ist (vgl dazu § 530 Rn 7), sich diese Schuld nicht auf die Erben des Beschenkten übertragen lässt (vgl Mugdan Prot II 758; MünchKommBGB/Koch § 532 Rn 5; Erman/Hähnchen § 532 Rn 6). Sie werden vielmehr nur mit den Rechtsfolgen eines bereits zu Lebzeiten des Beschenkten erklärten Widerrufs belastet (MünchKommBGB/Koch § 532 Rn 5; Grüneberg/Weidenkaff [85. Aufl 2026] § 532 Rn 3). Konsequenterweise muss der Widerruf dem Beschenkten auch **zu Lebzeiten zugehen** (BGB-RGRK/Mezger § 532 Rn 1). Eine **Verfehlung der Erben** des Beschenkten begründet dagegen kein eigenständiges Widerrufsrecht.

V. Prozessuale Struktur

12 Die Formulierung des § 532 BGB, der Widerruf sei ausgeschlossen, lässt zunächst die Frage unbeantwortet, ob es sich hierbei um eine Einwendung oder aber um eine Einrede handelt. Im Hinblick auf den Zweck der Vorschrift, eine Rückforderung in jeder Hinsicht auszuschließen, verträgt sich die Einordnung als **Einwendung** für § 532 S 2 BGB, also beim Tod des Beschenkten, am ehesten mit den Gesichtspunkten von Sachgerechtigkeit und Zweckmäßigkeit (MünchKommBGB/Koch § 532 Rn 6; Grüneberg/Weidenkaff [85. Aufl 2026] § 532 Rn 1). Für den § 532 S 1 BGB wird dagegen insoweit unterschieden, als ganz überwiegend die Verzeihung als **Einrede** und der Ablauf der Jahresfrist als Einwendung verstanden werden. Zur Begründung wird hier besonders auf die unterschiedlich gute Feststellbarkeit der beiden Umstände verwiesen (Erman/Hähnchen § 532 Rn 4 f; Soergel/Eckert § 532 BGB Rn 6; BGB-RGRK/Mezger § 532 Rn 2; Grüneberg/Weidenkaff [85. Aufl 2026] § 532 Rn 1; OLG Hamm 30. 3. 2000 – 22 U 112/99, NJWE-FER 2001, 1, 3 [Jahresfrist]; **aA** Oertmann, Schuldverhältnisse II [5. Aufl 1929] § 532 Nr 1, der auch in der Verzeihung aus Wortlautgründen eine Einwendung sieht). **Zutreffender** ist es, für beide Alternativen des § 532 S 1 BGB auf die moralische Dimension von Schenkung und Widerruf abzustellen und es dem Beschenkten im Wege der **Einrede** zu überlassen, ob er sich der Rückforderung tatsächlich unter Berufung auf eine Verzeihung bzw einen Zeitablauf entziehen will (so auch bereits MünchKommBGB/Koch § 532 Rn 6, der dabei den Kerngedanken des Instituts der Einrede betont, wonach dem Schuldner die Berufung auf sie freigestellt wird; nun auch BeckOGK/Harke [1. 10. 2025] § 532 Rn 11). Dies scheint auch deswegen vorzugswürdig, weil die Regelung der Jahresfrist anerkanntermaßen rechtspolitisch bedenklich ist, indem sie denjenigen Schenker benachteiligt, der den Widerruf in der trügerischen Hoffnung auf eine Versöhnung unterlässt (MünchKommBGB/Koch § 532 Rn 6 mit Fn 20; zur Kritik an § 532 S 1 Alt 2 BGB vgl Seutemann FamRZ 1992, 547, 548).

13 Grundsätzlich gilt § 532 BGB nur für die in § 530 BGB genannten Fälle (OLG Brandenburg 26. 10. 2015 – 4 U 159/15, BeckRS 2016, 135387). Eine **entsprechende Anwendung** auf

ein **vertraglich vereinbartes Widerrufsrecht** wird insbesondere in Bezug auf die Jahresfrist nur dann anzunehmen sein, wenn dies von den Parteien vereinbart ist oder eine nicht anders zu schließende vertragliche Lücke besteht. Regeln die Parteien aber den Widerruf, ggf auch in den Gründen abweichend von § 530 BGB, vertraglich, wird man den gesetzlichen Widerrufsausschluss nach § 532 BGB schon nach dessen Wortlaut und seiner systematischen Stellung in Bezug auf § 530 BGB eher nicht auf vertraglich vereinbarte Widerrufsgründe ausdehnen können. Das gilt jedenfalls dann, wenn das Widerrufsrecht nach ausdrücklicher Vereinbarung zu Lebzeiten des Beschenkten soll ausgeübt werden können (vgl insoweit OLG Hamm 13. 2. 2012 – II – 8 UF 263/11, juris Rn 30 ff).

Die **Beweislast** für die Voraussetzungen des § 532 BGB liegt beim Beschenkten, wo- **14**
bei die rechtliche Würdigung seines Verhaltens dem Tatrichter obliegt (BGH 10. 7. 1981 – V ZR 79/80, NJW 1981, 2687, 2688; BGH 23. 5. 1984 – IVa ZR 229/82, BGHZ 91, 273, 280, NJW 1984, 2089, 2091; BGH 11. 1. 1992 – II ZR 10/92, DStR 1993, 332, 333). Beruft sich dagegen der Schenker darauf, er habe die Schenkung bereits gegenüber dem Beschenkten zu seinen Lebzeiten widerrufen, muss er dies darlegen und ggf beweisen.

§ 533
Verzicht auf Widerrufsrecht

Auf das Widerrufsrecht kann erst verzichtet werden, wenn der Undank dem Widerrufsberechtigten bekannt geworden ist.

Materialien: Mugdan Mot II 168 f; Prot II 858 f; Jakobs/Schubert, Die Beratung des Bürgerlichen Gesetzbuches 402–415.

Systematische Übersicht

I. Regelungszweck

Nach § 533 BGB ist ein rechtsgeschäftlich erklärter Verzicht auf das Widerrufsrecht **1**
nichtig, sofern dem Schenker bei seiner Erklärung der grobe Undank des Beschenkten nicht bekannt war (MünchKommBGB/Koch § 533 Rn 1). Auf diese Weise will das Gesetz den Schenker davor **schützen**, dem Beschenkten auch im Hinblick auf jedwede künftige Verfehlung sozusagen einen Freibrief auszustellen (MünchKommBGB/Koch § 533 Rn 1). Vielmehr soll sich der Schenker erst, wenn er Kenntnis über alle Umstände des groben Undanks hat, **freiwillig** für den Verzicht auf alle Handlungsinstrumente entscheiden, die ihm das Gesetz zubilligt. Mit anderen Worten wird dem Schenker

seine **Reaktionsmöglichkeit erhalten**. Gleichzeitig soll auf diese Weise generalpräventiv das **sittliche Gebot der Dankbarkeit** in Bezug auf vollzogene Schenkungen gestärkt werden. Auf den bereits **erklärten Widerruf** ist der Verzicht nicht anwendbar; in diesen Fällen kommt aber noch der **Abschluss eines Erlassvertrags** in Betracht (Erman/Hähnchen § 533 Rn 2; Soergel/Eckert § 533 Rn 2; vgl dazu auch § 532 Rn 2, 6).

II. Dogmatische Struktur des Verzichts

2 Beim Verzicht handelt es sich anders als bei dem daneben auch möglichen zweiseitigen Erlassvertrag um eine **einseitige empfangsbedürftige Willenserklärung** des Schenkers (MünchKommBGB/Koch § 533 Rn 1; Erman/Hähnchen § 533 Rn 1; Soergel/Eckert § 533 Rn 2). In diesem Umstand **unterscheidet er sich** von dem tatsächlichen Akt der Verzeihung nach § 532 S 1 Alt 1 BGB (vgl § 532 Rn 4). Als Rechtsgeschäft sind auf den Verzicht alle Vorschriften über Willenserklärungen anwendbar; dementsprechend ist die Erklärung auch durch einen **Stellvertreter** oder aber einen **Erben** zulässig (MünchKommBGB/Koch § 533 Rn 1; BGB-RGRK/Mezger § 533 Rn 1). **Inhaltlich** muss die Willenserklärung darauf gerichtet sein, dass der Schenker in Kenntnis des Widerrufstatbestands die Schenkung nicht widerrufen will.

III. Nichtigkeit des Verzichts

3 Ein Verzicht auf das Widerrufsrecht ist **nichtig**, sofern dem Schenker bei seiner Erklärung die schwere Verfehlung und der grobe Undank nicht bekannt waren (MünchKommBGB/Koch § 533 Rn 1). Dies betrifft sowohl die Fälle, in denen der Verzicht **vor der grob undankbaren Handlung** erklärt wird, wie auch die, bei denen bereits eine Verfehlung vorliegt, diese dem Schenker aber bei Erklärung des Widerrufs **unbekannt** ist (BGB-RGRK/Mezger § 533 Rn 1). Die für einen Verzicht erforderliche Sachkenntnis muss dabei auch das **Bestehen des Rückgabeanspruchs** einschließen (BGB-RGRK/Mezger § 533 Rn 1). Die Nichtigkeitsfolge des § 533 BGB ist **zwingenden Rechts** und kann schon nach ihrem Zweck vertraglich nicht abbedungen werden (RG 25. 1. 1906 – VI 452/05, RGZ 62, 328, 329; BGH 2. 10. 1951 – V ZR 77/50, BGHZ 3, 206, 213 [insoweit in NJW 1952, 20 nicht abgedruckt]; MünchKommBGB/Koch § 533 Rn 1; Erman/Hähnchen § 533 Rn 1; BGB-RGRK/Mezger § 533 Rn 1; Soergel/Eckert § 533 Rn 1). Denkbar ist jedoch, dass der **Inhalt des Rückforderungsanspruchs** modifiziert wird (MünchKommBGB/Koch § 533 Rn 2; Grüneberg/Weidenkaff [85. Aufl 2026] § 533 Rn 1; Erman/Hähnchen § 533 Rn 2; BGB-RGRK/Mezger § 533 Rn 1; Soergel/Eckert § 533 Rn 1; BGH 17. 9. 1971 – V ZR 177/69, MDR 1972, 36; vgl dazu auch § 531 Rn 22).

IV. Entsprechende Anwendung

4 Der Grundgedanke des § 533 BGB findet auch auf einen **Erlassvertrag** in Bezug auf den in Folge eines erklärten Widerrufs nach § 531 Abs 2, §§ 812 ff BGB entstandenen Rückforderungsanspruch entsprechend Anwendung. Demzufolge ist auch der Abschluss eines Erlassvertrags im Voraus ebenso wenig möglich wie ein solcher für unbekannte Verfehlungen (Grüneberg/Weidenkaff [85. Aufl 2026] § 533 Rn 1; Soergel/Eckert § 533 Rn 1).

V. Wirkung des Verzichts und seine prozessuale Geltendmachung

Mit wirksamer Erklärung des Verzichts **erlischt** das Recht auf Widerruf der Schenkung (Erman/Hähnchen § 533 Rn 2). Die **Darlegungs- und Beweislast** hinsichtlich des Verzichts wie im Übrigen auch hinsichtlich einer inhaltlichen Änderung des Rückforderungsanspruchs liegt ausschließlich beim Beschenkten, der ggf auch die umfassende Kenntnis des Schenkers von den relevanten Umständen nachzuweisen hat. 5

§ 534
Pflicht- und Anstandsschenkungen

Schenkungen, durch die einer sittlichen Pflicht oder einer auf den Anstand zu nehmenden Rücksicht entsprochen wird, unterliegen nicht der Rückforderung und dem Widerruf.

Materialien: Mugdan Prot II 755 f; Jakobs/Schubert, Die Beratung des Bürgerlichen Gesetzbuches 415.

Schrifttum

S auch unter § 530.
Grundmann, Zur Dogmatik der unentgeltlichen Geschäfte, AcP 198 (1998) 457
Haase, Anm zu BGH, Urt v 11. 11. 1981 – Az IVa ZR 182/80, JR 1982, 197
Hölscher, Anm zu OLG Düsseldorf, Urt. v 27. 1. 2017 – I-7 U 40/16, ZEV 2017, 330
Holzhauer, Schenkungen aus dem Vermögen Betreuter, FamRZ 2000, 1063
Jhering, Das Trinkgeld (4. Aufl 1902)
Karakatsanes, Zum Widerruf von Schenkungen unter (geschiedenen) Ehegatten wegen Ehebruchs, FamRZ 1986, 1049
Ludyga, Schenkungsrückforderungsansprüche gemäß § 528 BGB bei Pflege durch den Zuwendungsempfänger und § 93 SGB XII, NZS 2012, 121
Migsch, Die sogenannte Pflichtschenkung, AcP 173 (1973) 46
Rümelin, Zur Lehre von den Schuldversprechen und Schuldanerkenntnissen des BGB, AcP 97 (1905) 211
Schierlinger, Sittliche Pflichten und Anstandspflichten, SeuffBl 71 (1906) 661
Seutemann, Der Widerruf von Schenkungen unter Ehegatten (1984)
Siber, Der Rechtszwang im Schuldverhältniss nach deutschem Reichsrecht (1903)
Stein, Sozialhilferegress: Mit dieser Vereinbarung spart die Oma für ihre Enkel und nicht fürs Sozialamt, SR 2020, 132
Strätz, Rechtsfragen des Konkubinats im Überblick, FamRZ 1980, 434
Zimmer, ZEV-Report Zivilrecht, ZEV 2020, 249.

Systematische Übersicht

I. Regelungszweck

1 § 534 BGB nimmt **Pflicht- und Anstandsschenkungen** vom Widerruf nach §§ 530 ff BGB und von der Rückforderung nach §§ 528 ff BGB aus. Diese Bestimmung wurde erst in den 2. Entwurf zum BGB aufgenommen (Soergel/Eckert § 534 Rn 1; Mugdan Prot II 755 f). Sie ersetzt dabei einerseits den im gemeinen Recht mit Hinblick auf Paulus, D. 39. 5. 34. 1 enthaltenen Widerrufsausschluss gegenüber einem Beschenkten, der den Schenker aus einer Lebensgefahr gerettet hat, und erweitert damit dessen Anwendungsbereich; zugleich erfährt dabei ein Teil der **remuneratorischen** Schenkungen eine besondere Regelung (vgl dazu Oertmann, Schuldverhältnisse II [5. Aufl 1929] § 534 Nr 1; Haase JR 1982, 197; Mugdan Prot II 755 f; s zudem auch Rn 8 f, 17, 21).

2 **Grundgedanke** des § 534 BGB, der sich im 2. Entwurf auch zunächst nur auf den Widerruf wegen groben Undanks erstreckte, war dabei, dass in Fällen von Pflicht- und Anstandsschenkungen den Beschenkten anders als bei den übrigen Schenkungen keine den Widerruf legitimierende **Dankespflicht** trifft (Mugdan Prot II 755). Diese Ausnahme eines erhöhten Bestandsschutzes der Schenkung rechtfertigt sich hierbei mithin dadurch, dass der **Schenker** seine Zuwendung auch auf Grund einer **eigenen moralischen Pflicht** erfüllt und damit die ebenfalls nur moralische Dankesobliegenheit, die durch §§ 530 ff BGB sanktioniert wird, an Bedeutung verliert (MünchKommBGB/Koch § 534 Rn 1; Erman/Hähnchen § 534 Rn 1). Dementsprechend schützt § 534 BGB insoweit den Beschenkten und ist als Vorschrift **abdingbar**.

3 Vereinzelt wurden Pflicht- und Anstandsschenkungen nur als verwandtes bzw als neben den Schenkungen stehendes, **eigenständiges Rechtsinstitut** angesehen (Migsch AcP 173 [1973] 46 ff; Karakatsanes FamRZ 1986, 1049, 1052 ff). Gerade aus § 534 BGB folgt jedoch, dass auf Pflicht- und Anstandsschenkungen abgesehen von den Vorschriften der §§ 528 ff BGB alle Bestimmungen über Schenkungen anzuwenden sind und diese daher **echte Schenkungen** im Sinne des Gesetzes darstellen (so die ganz hM; MünchKommBGB/Koch § 534 Rn 1; Erman/Hähnchen § 534 Rn 1; Grüneberg/Weidenkaff [85. Aufl 2026] § 534 Rn 1; Soergel/Eckert § 534 Rn 1; BGB-RGRK/Mezger § 534 Rn 1; Seutemann, Der Widerruf von Schenkungen unter Ehegatten [1984] 88 ff; Rümelin AcP 97 [1905] 211, 302 f; RG 30. 9. 1929 – IV 800/28, RGZ 125, 380, 382 ff). Damit findet insbesondere auch **§ 518 BGB** auf derartige Zuwendungen Anwendung (RG 30. 9. 1929 – IV 800/28, RGZ 125, 380, 382 ff; RG 25. 1. 1937 – IV 256/36, WarnR 1937 Nr 47; Rümelin AcP 97 [1905] 211, 302 f; Grundmann AcP 198 [1998] 457, 478). Denn auch bei Zugrundeliegen einer moralischen Verpflichtung zur Vornahme der Schenkung auf Seiten des Schenkers einigen sich die Parteien doch gerade auch über die Unentgeltlichkeit der Leistung (RG 30. 9. 1929 – IV 800/28, RGZ 125, 380, 382 ff; BGB-RGRK/Mezger § 534 Rn 1). Ebenso greifen auch **§ 519 BGB** (BGB-RGRK/Mezger § 534 Rn 1) und – wenn auch in der Praxis wohl eher selten in einer solchen Konstellation anzutreffen – **§ 527 BGB** bei Pflicht- und Anstandsschenkungen ein; denn gerade bei einer Auflagenschenkung steht bei deren Nichterfüllung nicht die Dankesobliegenheit, sondern die Erfüllung ebendieser Auflage im Vordergrund (MünchKommBGB/Koch § 534 Rn 1; Erman/Hähnchen § 534 Rn 1; Grüneberg/Weidenkaff [85. Aufl 2026] § 534 Rn 1; Soergel/Eckert § 534 Rn 1; RG 25. 4. 1929 – IV 443/28, JW 1929, 2594, 2595 für die Ausstattung). Wegen dieser strukturellen Prägung kann man, anders als einige Stimmen meinen (AK-BGB/Däubler § 534 Rn 1; OLG Nürnberg 29. 10. 1965 – 6 U 84/65, BB 1965, 1426; BGB-RGRK/Mezger § 534 Rn 1 möchte hier eine Abwägung vornehmen), auch einen Anwendungsausschluss des § 527 BGB nicht damit begründen, dass die-

ser Vorwurf gegenüber dem Beschenkten weniger schwer wiegt als der groben Undanks (zum Verhältnis von Pflichten aus dem Schenkungsvertrag und dem Vorwurf groben Undanks vgl auch § 530 Rn 32 f).

Auch wenn die **Anstands- und Pflichtschenkungen** damit Schenkungen im Sinne des Gesetzes sind, finden sich für sie nicht wenige **Sonderregelungen** im BGB (§§ 814, 1375 Abs 2 S 1 Nr 1, § 1425 Abs 2, § 1641 S 2, § 1798 Abs 3 S 2, § 2113 Abs 2, § 2205 S 3, § 2207 S 3, § 2230 BGB; zu den Schenkungsverboten in Bezug auf das Vermögen Betreuter bei Pflicht- und Anstandsschenkungen s Holzhauer FamRZ 2000, 1063, 1064 f; ob ein Fall des § 534 BGB vorliegt, hat der Pfleger in eigener Verantwortung zu prüfen, so dass er auch nicht durch die Versagung einer nicht erforderlichen vormundschaftsgerichtlichen Genehmigung beschwert wird, so BayObLG 9. 7. 1987 – 3 Z 91/87, Rpfleger 1988, 22). Daneben existieren sowohl im BGB (§ 1380 Abs 1 S 2, § 1854 Nr 8 BGB) wie auf anderen Rechtsgebieten (§ 13 Abs 1 Nr 14 ErbStG, § 4 Abs 2 AnfG, § 134 Abs 2 InsO, § 802c Abs 2 S 3 Nr 2 ZPO) Sonderbestimmungen für übliche bzw gebräuchliche **Gelegenheitsgeschenke von geringem Wert**. Diese dürften sich jedenfalls im Wesentlichen mit den Anstandsschenkungen decken (BGH 3. 7. 1984 – IVa ZR 152/82, NJW 1984, 2939, 2940; BGH 19. 9. 1980 – V ZR 78/79, NJW 1981, 111; OLG Naumburg 15. 11. 1999 – 6 U 51/99, FamRZ 2001, 1406, 1407; **aA** Migsch AcP 173 [1973] 46 ff, 67 ff, der den Pflicht- und Anstandsschenkungen die Entgeltlichkeit und Freiwilligkeit abspricht und sie unter diesen Gesichtspunkten von den gebräuchlichen Gelegenheitsgeschenken trennt). 4

Letztlich ist die **Abgrenzung** von § 534 BGB, der bei den entsprechenden Schenkungen den Widerruf ausschließt, zu § 814 BGB, der bei einer entsprechenden Schenkung die Kondiktion ausschließt, dogmatisch klar. Der Unterschied beider Normen liegt nämlich selbstverständlich darin, dass bei § 534 BGB eine rechtsgeschäftliche Schenkung vorliegt, während bei § 814 BGB die Rückforderung einer irrtümlich zu Erfüllungszwecken und damit rechtsgrundlos erbrachten Leistung auf einer sittlichen Pflicht bzw Anstand beruht (vgl Siber, Der Rechtszwang im Schuldverhältnis nach deutschem Reichsrecht [1903] 49 ff; s auch Schierlinger SeuffBl 71 [1906] 661 ff; Staudinger/Lorenz [2007] § 814 Rn 16). 5

II. Pflichtschenkungen

Der Ausschluss von Rückforderung und Widerruf erfasst zunächst sog Pflichtschenkungen. Diesem Begriff liegt dabei ein **enges Verständnis der Pflicht** zugrunde (Soergel/Eckert § 534 Rn 2). Es bedingt besondere **Beziehungen** zwischen den Parteien der Schenkung, die meist auf Verwandtschaft, Hausstand bzw früheren Leistungen beruhen (Soergel/Eckert § 534 Rn 2, zu Fallgruppen vgl Migsch AcP 173 [1973] 46, 47 ff). Eine Pflichtschenkung ist in diesem Sinne daher nur dann anzunehmen, wenn eine sittliche Pflicht die Vornahme der Zuwendung in dem Sinne nicht nur rechtfertigt, sondern gerade gebietet, also mit anderen Worten der Schenker im Falle ihrer Nichtvornahme eine ihn treffende **sittliche Pflicht verletzt** (MünchKommBGB/Koch § 534 Rn 2; Erman/Hähnchen § 534 Rn 2; Ludyga NZS 2012, 121, 125; BGH 13. 2. 1963 – V ZR 82/62, MDR 1963, 575, 576; BGH 3. 7. 1984 – IVa ZR 152/82, NJW 1984, 2939, 2940; BGH 9. 4. 1986 – IVa ZR 125/84, NJW 1986, 1926; BGH 11. 7. 2000 – X ZR 126/98, NJW 2000, 3488; OLG Oldenburg 5. 3. 1996 – 12 U 60/95, FamRZ 1996, 1281, 1282; OLG Naumburg 15. 11. 1999 – 6 U 51/99, FamRZ 2001, 1406, 1407; RG 16. 10. 1908 – VII 595/07, RGZ 70, 15, 19). Diese Pflicht muss sich weiterhin aus den **konkreten Umständen** des Einzelfalls ergeben und ist anhand der **Vermögens-** 6

und Lebensstellung sowie **des persönlichen Verhältnisses** von Schenker und Beschenktem zueinander zu ermitteln (MünchKommBGB/Koch § 534 Rn 2; Erman/Hähnchen § 534 Rn 2; Grüneberg/Weidenkaff [85. Aufl 2026] § 534 Rn 2; RG 16. 10. 1908 – VII 595/07, RGZ 70, 15, 19; RG 12. 3. 1909 – VII 228/08, RGZ 70, 383, 386; RG 29. 1. 1923 – IV 170/22, LZ 1923, 448 f; RG 15. 4. 1913 – VII 24/13, WarnR 1913 Nr 409; BGH 13. 2. 1963 – V ZR 82/62, MDR 1963, 575, 576; BGH 9. 4. 1986 – IVa ZR 125/84, NJW 1986, 1926; vgl auch BGH 11. 7. 2000 – X ZR 126/98, NJW 2000, 3488). Nicht erforderlich ist allerdings wohl, dass der Schenker **subjektiv** gerade dieser Pflicht nachkommen wollte (aber iE offen BGH 11. 11. 1981 – IVa ZR 235/80, WM 1982, 100, 101). Ebenso wenig kommt es darauf an, dass der Schenkungsvertrag die Schenkung ausdrücklich als Pflicht- oder Anstandsschenkung ausweist, maßgeblich sind dagegen vielmehr die konkreten Umstände der Zuwendung (BGH 26. 4. 1978 – IV ZR 26/77, WM 1978, 905). Der **Begriff der sittlichen Pflicht**, der sich im Übrigen nicht mit dem Sittenwidrigkeitsbegriff in § 138 BGB deckt (Seutemann, Der Widerruf von Schenkungen unter Ehegatten [1984] 90; zur Begrifflichkeit s auch Schierlinger SeuffBl 71 [1906] 661 ff), geht dabei seiner Natur nach über die Anforderungen hinaus, die dem allgemeinen Gebot der **Nächstenliebe** innewohnen (RG 29. 1. 1923 – IV 170/22, LZ 1923, 448 f; MünchKommBGB/Koch § 534 Rn 2; Erman/Hähnchen § 534 Rn 2; BGB-RGRK/Mezger § 534 Rn 2) bzw **tugendhaftem Verhalten** entsprechen (RG 12. 3. 1909 – VII 228/08, RGZ 70, 383, 385 f; RG 15. 4. 1913 – VII 24/13, WarnR 1913 Nr 409).

7 Typischerweise wird eine Pflichtschenkung vorliegen, wenn ein **Verwandter oder Lebenspartner einem anderen bedürftigen Verwandten Unterhalt** gewährt, ohne untereinander gesetzlich dazu verpflichtet zu sein, wie beispielsweise Geschwister oder nichteheliche Lebenspartner (MünchKommBGB/Koch § 534 Rn 3; Erman/Hähnchen § 534 Rn 2; Grüneberg/Weidenkaff [85. Aufl 2026] § 534 Rn 2; BGB-RGRK/Mezger § 534 Rn 3; BeckOGK/Harke [1. 10. 2025] § 534 Rn 7; BGH 3. 7. 1984 – IVa ZR 152/82, NJW 1984, 2939, 2940). In solchen Konstellationen können Pflichtschenkungen auch durchaus einen hohen Wert haben (BGH 27. 5. 1981 – IVa ZR 132/80, NJW 1981, 2458, 2459; BGH 3. 7. 1984 – IVa ZR 152/82, NJW 1984, 2939, 2940).

8 Allerdings wird eine sittliche Pflicht zur Vornahme **remuneratorischer Schenkungen**, die **Pflegeleistungen des Beschenkten** belohnen sollen, in der Regel verneint. Hier wird einhellig davon ausgegangen, dass die Schenkung seitens des Gepflegten sittlich nur dann geboten ist, wenn der Beschenkte zur Vornahme seiner Pflegeleistungen **erhebliche eigene Opfer** bringen muss oder dadurch selbst in eine finanzielle Notlage gerät (MünchKommBGB/Koch § 534 Rn 3; BGB-RGRK/Mezger § 534 Rn 1; Ludyga NZS 2012, 121, 125 f; BGH 9. 4. 1986 – IVa ZR 125/84, NJW 1986, 1926 f; BGH 11. 7. 2000 – X ZR 126/98, NJW 2000, 3488; zögerlich BGH 3. 7. 1984 – IVa ZR 152/82, NJW 1984, 2939, 2940; OLG Naumburg 15. 11. 1999 – 6 U 51/99, FamRZ 2001, 1406, 1407; OLG Oldenburg 5. 3. 1996 – 12 U 60/95, FamRZ 1996, 1281, 1282; LG Mönchengladbach 12. 10. 1995 – 10 O 84/95, NJW 1996, 467). Diese Umstände, wie zB die Aufgabe des Berufs aus dem alleinigen Grund der Pflege, müssen dementsprechend konkret nachgewiesen werden (BGH 9. 4. 1986 – IVa ZR 125/84, NJW 1986, 1926 f).

9 Der Hintergrund dieser Wertentscheidung, die trotz der grundsätzlich anzuerkennenden Schutzwürdigkeit des freiwillig Pflegenden gilt (Ludyga NZS 2012, 121, 125 f), liegt darin, dass Zuwendungen zB an die pflegenden Kinder letztlich auf allgemeiner **familiärer Verbundenheit** beruhen und letztlich die Kinder mit der Pflege zudem nur **eine eigene moralische Pflicht erfüllen**; dann kann aber eine Zuwendung für die Erfül-

lung dieser moralischen Pflicht nicht selbst einer solchen entspringen (vgl BGH 9. 4. 1986 – IVa ZR 125/84, NJW 1986, 1926; LG Mönchengladbach 12. 10. 1995 – 10 O 84/95, NJW 1996, 467). Daher wird eine Schenkung auch dann nicht zur Pflichtschenkung, wenn der Beschenkte den Schenker den ganzen Tag pflegt und vollständig für dessen Unterhalt aufkommt (LG Mönchengladbach 12. 10. 1995 – 10 O 84/95, NJW 1996, 467). Ebenso wenig liegen die Voraussetzungen des § 534 BGB vor, wenn der Beschenkte zwar den Schenker jahrelang mit erheblichen Einschränkungen in der Berufsausbildung gepflegt hatte, letztere aber auch auf anderen Gründen beruhten, der Beschenkte beim Schenker mietfrei wohnen konnte und die häusliche Pflege erkennbar nicht mehr dauerhaft möglich ist (OLG Oldenburg 5. 3. 1996 – 12 U 60/95, FamRZ 1996, 1281, 1282 f).

Soweit im **partnerschaftlichen Bereich** und namentlich in nichtehelichen Lebensge- 10
meinschaften bei Zuwendungen überhaupt Schenkungen im Sinne des Gesetzes anzunehmen sind (vgl dazu § 516 Rn 86 ff, 124 ff), kommt hier unter Abwägung aller Umstände des Einzelfalls auch bei größeren Zuwendungen von Unterhalt oder Alterssicherung aus Dankbarkeit die Annahme einer moralischen Pflicht gerade bei **langjährigen Beziehungen** in Betracht (vgl MünchKommBGB/Koch § 534 Rn 3; BGH 3. 7. 1984 – IVa ZR 152/82, NJW 1984, 2939, 2940). Die **Ehe** als solche begründet dabei zwar keine sittliche Pflicht für jegliche Form der Zuwendung, weil dann § 534 BGB jenseits der konkreten Umstände immer eingriffe; sie kann aber die **Grundlage** für eine solche sein (Seutemann, Der Widerruf von Schenkungen unter Ehegatten [1984] 90 f). Eine moralische Versorgungspflicht wurde beispielsweise gegenüber einer 19-jährigen und damit bedeutsam jüngeren Frau angenommen, die nach erfolgter Scheidung von ihrem früheren Manne in einer zunächst wilden Ehe ihrem neuen Manne den Haushalt führte, wenn der neue Partner ihr ein Konto einrichtet (RG 7. 12. 1936 – IV 199/36, HRR 1937 Nr 371, allerdings auch mit zusätzlichen rassistischen Argumenten). Eine Schenkung, die der 74-jährige Ehemann seiner 41-jährigen Frau kurz nach der Hochzeit für noch zu erwartende Pflege- und Dienstleistungen macht, soll dagegen nach älterer Rechtsprechung nicht unter § 534 BGB fallen (OLG Dresden 16. 2. 1910, Recht 1910 Nr 3478). Freilich liegen dieser älteren Entscheidung mindestens zum Teil andere moralische Vorstellungen und ein unterschiedliches gesetzliches Leitbild von Ehe und Scheidung zugrunde.

Besondere Bedeutung kommt dabei in vielen Fällen dem Spannungsfeld zwischen 11
dem **Versorgungsanliegen** gegenüber dem Partner und – dann allerdings meist im Zusammenhang mit dem wie § 534 BGB auszulegenden § 2330 BGB – den Interessen eines **Pflichtteilsberechtigten** zu. Denn die Versorgung eines Gatten nach dem Tode des anderen kann sehr wohl einer sittlichen Pflicht entspringen (BGH 11. 11. 1981 – IVa ZR 235/80, WM 1982, 100, 101). Auch hier muss in Anwendung der allgemeinen Definition der sittlichen Pflicht die Benachteiligung des Pflichtteilsberechtigten zwingend geboten sein. Bei der Abwägung ist die Pflicht zur Altersvorsorge gegen diejenige umfassend abzuwägen, einem Pflichtteilsberechtigten den Pflichtteil zu erhalten; auch hier sind die konkreten Umstände des Einzelfalls zu ermitteln und der für den Lebenspartner künftige notwendige Betrag auch unter dem Gesichtspunkt der Möglichkeit zu erwägen, wieder eine Erwerbstätigkeit aufzunehmen (BGH 3. 7. 1984 – IVa ZR 152/82, NJW 1984, 2939, 2940). Im Einzelfall muss daher abgewogen werden, ob das Verhältnis von Beschenktem und Schenker es als zwingend erscheinen lässt, die **Mindestbeteiligung eines Pflichtteilsberechtigten am Nachlass des Schenkers einzuschränken**; die Erbringung auch erheblicher Pflegeleistungen genügt ohne zusätzliche Kriterien

nicht; erhält demnach die Beschenkte das Alleinerbe und bezieht sie gleichzeitig eine eigene und eine Witwenrente, ist eine Pflichtteilsschmälerung nicht veranlasst (OLG Naumburg 15. 11. 1999 – 6 U 51/99, FamRZ 2001, 1406, 1407). Das Gleiche gilt auch für den Fall, in dem der Ehefrau ein Anspruch auf Zugewinnausgleich und ggf auf den Pflichtteil nach ihrem Ehegatten zusteht (BGH 11. 11. 1981 – IVa ZR 235/80, WM 1982, 100, 101). In Ermangelung entsprechender Versorgungsregelungen kommt daher – sofern man nicht ohnehin von unbenannten Zuwendungen ausgeht – in der nichtehelichen Lebensgemeinschaft eine Pflichtschenkung im Fall der Versorgung besonders in Betracht (vgl Strätz FamRZ 1980, 434, 435 f; nach einer älteren Entscheidung soll das besonders dann bedeutsam sein, wenn die Partnerin ihre Ehe und damit Versorgung aufgegeben hat und ein entsprechendes Versorgungsversprechen seitens des neuen Partners vorliegt, RG 29. 1. 1923 – IV 170/22, LZ 1923, 448 f).

12 Auch in **erbrechtlichen** Konstellationen wird eine sittliche Pflicht eher verneint. Eine solche besteht beispielsweise nicht darin, seinen Schwestern einen Nießbrauch am Elternhaus mit der Konsequenz zu bestellen, selbst entsetzt zu werden (BGH 13. 2. 1963 – V ZR 82/62, MDR 1963, 575, 576). Auch Schenkungen im Rahmen einer vorweggenommenen Erbfolge fußen nicht auf einer sittlichen Pflicht (OLG Oldenburg 5. 3. 1996 – 12 U 60/95, FamRZ 1996, 1281, 1282).

13 Weiterhin können Pflichtschenkungen darin gesehen werden, wenn **nichteheliche Kinder** ohne Rechtspflicht unterstützt werden (Migsch AcP 173 [1973] 46, 56). So kann die Zahlung des Erben-Gesellschafters eines Kaufmanns an dessen nichteheliche Kinder ohne bestehende Rechtspflicht den Pflichtschenkungen unterfallen (vgl RG 30. 9. 1929 – IV 800/28, RGZ 125, 380, 382 ff, das dies allerdings nur in Bezug auf die Frage prüft, ob das aufgrund einer nur moralischen Pflicht übernommene Leistungsversprechen als unentgeltliches Schenkungsversprechen nach § 518 BGB formbedürftig ist, was bejaht wird). Letztlich kann die Leistung **freiwilligen Schadensersatzes** auf einer moralischen Pflicht beruhen (Migsch AcP 173 [1973] 46, 58 f).

14 Auch wenn es auf das Verhältnis zwischen Schenker und Beschenktem ankommt, kann auch im Hinblick auf einen **Dritten** eine moralische Verpflichtung bestehen und diese muss sich nicht zwingend auf den Anlass der Schenkung selbst erstrecken (MünchKommBGB/Koch § 534 Rn 2; RG 17. 1. 1911 – VII 376/10, WarnR 1911 Nr 162). Ein solcher Fall ist dann gegeben, wenn ein Bruder die Erblasserin zu seiner alleinigen Erbeinsetzung mit dem formlosen Versprechen bewegt, seine Schwestern später als Beschenkte auszuzahlen (RG 17. 1. 1911 – VII 376/10, WarnR 1911 Nr 162). Allerdings wird in diesen Fällen gelockerter Beziehungen eine Pflicht eher weniger anzunehmen sein. So existiert zB keine sittliche Pflicht, die veruntreuten Gelder des Stiefbruders der Ehefrau zurückzuzahlen, wenn man selbst an der vom Stiefbruder gegenüber der Ehefrau begangenen Vermögensstraftat völlig unbeteiligt ist (RG 25. 1. 1937 – IV 256/36, WarnR 1937 Nr 47). Ebenso gibt es trotz möglicher kultureller oder religiöser Pflichten keine allgemeine Pflicht, nach Erhalt einer großen Erbschaft Spenden vorzunehmen (BGB-RGRK/Mezger § 534 Rn 2; RG 12. 3. 1909 – VII 228/08, RGZ 70, 383, 386 f; **aA** aber noch StudKomm/Lüderitz § 534 Anm 1 bei Zahlungen an kollektive Wohlfahrtseinrichtungen, da dieses im Massenstaat erforderlich sei).

III. Anstandsschenkungen

Anstandsschenkungen beruhen im Vergleich zu den Pflichtschenkungen zwar auf einer **geringeren moralischen Verpflichtung**, ihr Unterlassen würde jedoch gegen die Anschauungen der sozialen Kreise des Schenkers verstoßen und einen **Verlust an Achtung und Ansehen** für ihn mit sich bringen (MünchKommBGB/Koch § 534 Rn 4; Erman/Hähnchen § 534 Rn 3; BGB-RGRK/Mezger § 534 Rn 3; Soergel/Eckert § 534 Rn 1, 3; BGH 19. 9. 1980 – V ZR 78/79, NJW 1981, 111; OLG Köln 22. 11. 1996 – 11 U 107/96, FamRZ 1996, 1113, 1114). Anders als bei den Pflichtschenkungen kommt es hier nicht auf eine allgemeine Rechtsüberzeugung an, sondern eben auf den Kreis des Schenkers, der nicht nur aus Freunden und Verwandten, sondern auch aus seinen **Berufs- und Lebensgenossen** besteht (BGB-RGRK/Mezger § 534 Rn 3). Bedeutung kommt allerdings auch **regionalen und überregionalen Sitten** zu. Maßstab für die Bestimmung des Anstands und ggf für die Begrenzung des Umfangs eines Geschenks sind daher die Personen, die aus den sozialen Kreisen des Schenkers stammen; diese lassen sich unter Berücksichtigung aller Umstände des Einzelfalls an Hand der **örtlichen, sozialen und standesgemäßen Verkehrssitte** bestimmen (MünchKommBGB/Koch § 534 Rn 4; Soergel/Eckert § 534 Rn 3; BGH 19. 9. 1980 – V ZR 78/79, NJW 1981, 111; OLG Düsseldorf, 27. 1. 2017 – I 7 U 40/16, ZEV 2017, 328 m krit Anm Hölscher; OLG Naumburg 15. 11. 1999 – 6 U 51/99, FamRZ 2001, 1406 f; LG Mönchengladbach 12. 10. 1995 – 10 O 84/95, NJW 1996, 467; LG Lübeck 30. 1. 1996 – 6 S 136/95, FamRZ 1996, 961, 962). Auch wenn die Anstandsgeschenke – meistens aber nicht zwingend – im Wert geringer sind als Pflichtschenkungen, müssen sie im Hinblick auf einen möglichen Ansehensverlust gerade **geboten** sein (BGH 3. 7. 1984 – IVa ZR 152/82, NJW 1984, 2939, 2940; BGH 19. 9. 1980 – V ZR 78/79, NJW 1981, 111). 15

Bedeutsam für die Einordnung eines Geschenks als Anstandsschenkung sind unter Zugrundelegung dieser Kriterien letztlich zwei Aspekte, die aber auch nur indikativen Charakter haben: nämlich die **Anlassbezogenheit** und der – relativ – (Rn 15) **geringe Wert** der Zuwendung. Daher werden ungewöhnliche Schenkungen aus Sicht des jeweiligen Verkehrskreises kaum Anstandsschenkungen sein (Grüneberg/Weidenkaff [85. Aufl 2026] § 534 Rn 3). 16

Anstandsgeschenke beziehen sich damit zunächst sozusagen als **Gelegenheitsgeschenke** auf bestimmte **soziale Ereignisse**; zu diesen gehören zB Feiertage, Geburtstage, Besuche und Jubiläen (MünchKommBGB/Koch § 534 Rn 4; Erman/Hähnchen § 534 Rn 3; Soergel/Eckert § 534 Rn 3; BGB-RGRK/Mezger § 534 Rn 3; BGH 3. 7. 1984 – IVa ZR 152/82, NJW 1984, 2939, 2940; OLG Naumburg 15. 11. 1999 – 6 U 51/99, FamRZ 2001, 1406 f). Ebenso sind zu dieser Kategorie auch **Trinkgelder** zu zählen, wenn diese als Zugabe zu einer bezahlten Leistung üblich sind (MünchKommBGB/Koch § 534 Rn 4; Holzhauer FamRZ 2000, 1063, 1064; BGH 3. 7. 1984 – IVa ZR 152/82, NJW 1984, 2939, 2940; OLG Naumburg 15. 11. 1999 – 6 U 51/99, FamRZ 2001, 1406 f). Freilich verfolgt das Trinkgeld, obwohl es sich sicherlich dabei um eine freiwillige Zuwendung handelt, mindestens zum Teil einen remuneratorischen Zweck (vgl richtig vJhering, Das Trinkgeld [4. Aufl 1902] 16 f). Auch **Spenden bei öffentlichen Sammlungen** können als Anstandsschenkungen qualifiziert werden (MünchKommBGB/Koch § 534 Rn 4; BGB-RGRK/Mezger § 534 Rn 3). Gleichwohl genügt es dabei nicht, dass nur eine entsprechende typische Gelegenheit vorliegt; hinzu kommt noch, dass die **persönliche Beziehung** sowie die **gesellschaftlichen und wirtschaftlichen Verhältnisse**, also Stand und Vermögenslage der Parteien, mit dem Umfang des Geschenks im Einklang stehen (RG 4. 11. 1915 – IV 150/15, JW 1916, 119: Zuwendung von Schmuck zum 17

30. Geburtstag der Frau und zur Geburt eines Kindes). Soweit zwischen **Ehegatten** eine Schenkung vorliegt, wird man hier meist von Anstandsschenkungen ausgehen können (va auch bei Anstandspflichten, wegen sittlicher Pflichten allerdings etwas zurückhaltender Seutemann, Der Widerruf von Schenkungen unter Ehegatten [1984] 90 ff; vgl auch Karakatsanes FamRZ 1986, 1049 ff).

18 Daneben zeichnen sich die Anstandsgeschenke durch ihren – relativ – (Rn 15) geringen Wert aus (BGH 19. 9. 1980 – V ZR 78/79, NJW 1981, 111, allerdings nicht nur; OLG Naumburg 15. 11. 1999 – 6 U 51/99, FamRZ 2001, 1406 f; LG Mönchengladbach 12. 10. 1995 – 10 O 84/95, NJW 1996, 467; OLG Köln 22. 11. 1996 – 11 U 107/96, FamRZ 1996, 1113, 1114). Sie sind nämlich letztlich mit dem Begriff der **gebräuchlichen Gelegenheitsgeschenke gleichzusetzen** (BGH 3. 7. 1984 – IVa ZR 152/82, NJW 1984, 2939, 2940; BGH 19. 9. 1980 – V ZR 78/79, NJW 1981, 111; OLG Naumburg 15. 11. 1999 – 6 U 51/99, FamRZ 2001, 1406, 1407; vgl aber dazu Migsch AcP 173 [1973] 46 ff, 60, 67 ff, der hier einen wesentlichen Unterschied in der fehlenden Freigiebigkeit und Unentgeltlichkeit sieht). Erforderlich ist mithin, dass sich diese Zuwendungen in einem **jeweils angemessenen Rahmen** halten (MünchKommBGB/Koch § 534 Rn 4; LG Mönchengladbach 12. 10. 1995 – 10 O 84/95, NJW 1996, 467; LG Lübeck 30. 1. 1996 – 6 S 136/95, FamRZ 1996, 961, 962) und hierbei der üblichen Höhe eines Geschenks und der Leistungsfähigkeit des Schenkers entsprechen. Hierbei handelt es sich um eine Einzelfallentscheidung, bei der alle maßgeblichen Umstände zu berücksichtigen sind. Folglich ist die Rechtsprechung von einer umfangreichen Kasuistik geprägt. Danach könne bei einer Zuwendung von 200.000 DM nicht mehr von einem Gelegenheitsgeschenk gesprochen werden (OLG Naumburg 15. 11. 1999 – 6 U 51/99, FamRZ 2001, 1406, 1407). Dasselbe gelte auch für überzogene Geldbeträge zu Hochzeit oder Geburt des Enkelkinds (LG Lübeck 30. 1. 1996 – 6 S 136/95, FamRZ 1996, 961, 962). Denn bei **größeren Schenkungsgegenständen** sei eine Anstandspflicht dazu regelmäßig inexistent, da ihr Unterlassen wegen des hohen Wertes praktisch keine Einbuße an sozialem Ansehen zur Folge haben könne (OLG Köln 22. 11. 1996 – 11 U 107/96, FamRZ 1996, 1113, 1114). Ist eine Schenkung demnach Ausdruck von **besonderer Großzügigkeit oder Freigiebigkeit**, scheidet die Anwendung des § 534 BGB regelmäßig aus (BGH 19. 9. 1980 – V ZR 78/79, NJW 1981, 111). Allerdings ist nicht völlig ausgeschlossen, dass auch große Schenkungen partiell als Anstandsschenkungen gewertet werden können. So hat man zu Recht den **Wert der Zuwendung zum Gesamtvermögen des Schenkers ins Verhältnis gesetzt** und die Schenkung einer Yacht im Wert von ca 575.000 € anlässlich der Hochzeit mit der langjährigen Lebenspartnerin als angemessen qualifiziert (OLG Düsseldorf 27. 1. 2017 – I 7 U 40/16, ZEV 2017, 328 m krit Anm Hölscher). Wird das Maß des Angemessenen bei einer Gelegenheit überschritten, kann nur der Mehrwert beim Pflichtteil ergänzungspflichtig werden (BGH 26. 4. 1978 – IV ZR 26/77, WM 1978, 905 f; vgl Rn 23 zur Behandlung von „gemischten" Pflicht- und Anstandsschenkungen). Im Hinblick auf die wirtschaftlichen Verhältnisse der Parteien und ihrer verwandtschaftlichen Verbundenheit ließ man auch erhebliche Zuwendungen als Anstandsschenkungen zu, wenn der Schenker durch sie praktisch nicht belastet wird und dem beschenkten Verwandten dadurch regelmäßige Besuche beim hochbetagten Schenker erst ermöglicht werden, wobei in diesen Fällen freilich schon die Unentgeltlichkeit zweifelhaft sein kann (BayObLG 9. 7. 1987 – 3 Z 91/87, Rpflger 1988, 22, 23).

19 Liegen diese Merkmale bzw Fallgruppen vor, kann vergleichsweise unproblematisch vom Vorliegen einer Anstandsschenkung ausgegangen werden; unterfällt eine Zuwendung diesen Kriterien nicht, fällt die Annahme einer Anstandsschenkung dagegen eher schwer, auch wenn eine solche Zuwendung auf Grund der besonderen Umstände des Einzelfalls vom gesetzlichen Sinngehalt der Vorschrift ausnahmsweise erfasst werden kann (BGH 19. 9. 1980 – V ZR 78/79, NJW 1981, 111; BGH 13. 4. 1986 – V ZR 280/84, NJW-RR 1986, 1202; Soergel/Eckert § 534 Rn 4).

Im Einzelnen sind vor diesem Hintergrund **finanzielle Hilfen an die eigenen Kinder oder Enkel** zB bei einer Haushaltsgründung normal. Unzutreffend ist daher die Ansicht, nach welcher es sich bei langjährigen monatlichen Zahlungen in Höhe von jeweils 50 € auf ein Bonussparkonto zugunsten der Enkel, um zu deren Gunsten Vermögen aufzubauen, nicht um Anstandsschenkungen handele, da das Ausbleiben monatlichen Kapitalansparens zugunsten des Enkelkindes zu keinem Verlust von Anerkennung führe (OLG Celle 13. 2. 2020 – 6 U 76/19, NJW-RR 2020, 497, FamRZ 2020, 803 f, ZEV 2020, 501 f; unnötig ist daher der Vorschlag, durch eine Vereinbarung zwischen Eltern und Großeltern des Kindes, einen Vertrag zugunsten Dritter zu konstruieren, so Stein SR 2020, 132 ff). Dies ist nicht mit der ratio des § 534 BGB vereinbar (zutreffend daher LG Aachen 14. 2. 2017 – 3 S 127/16, MittBayNot 2018, 238 m zust Anm Bergmann, das in der monatlichen Zuwendung von Taschengeld in Höhe von 50 € durch die Großeltern eine Anstandsschenkung sieht; ein Grund zur Differenzierung zwischen einem monatlichen Taschengeld und der Zahlung auf ein Sparkonto besteht nicht; schließlich ist der auf den grundrechtsgebunden Sozialhilfeträger übergeleitete Anspruch aufgrund des Eingriffscharakters zusätzlich als Inhalts- und Schrankenbestimmung an den Grenzen des Art 14 Abs 1 S 2 GG zu messen, was eine erweiterte Auslegung der Anstandsschenkung gebietet, um die Entlastung der Allgemeinheit nicht zum primären Normzweck des § 528 zu erheben und so die Schutzwürdigkeit des Beschenken zu gering zu gewichten; krit auch Zimmer ZEV 2020, 249, 252). Eine Anstandsschenkung liegt aber nicht vor, soweit die Zuwendung das **Vermögen des Schenkers ausschöpft** und dieser zugleich noch **Unterhaltspflichten** Dritten gegenüber zu erfüllen hat; insoweit kann sich der Schenker seiner Pflicht aus § 1601 BGB gegenüber den eigenen Eltern nicht durch unangemessene Schenkungen an seine Nachkommen entziehen (LG Lübeck 30. 1. 1996 – 6 S 136/95, FamRZ 1996, 961, 962). Ebenso wenig ist es mit einem relevanten Ansehensverlust verbunden, wenn jemand einem Verwandten keine hohen Geldbeträge für als selbstverständlich angesehene Pflegeleistungen zuwendet (LG Mönchengladbach 12. 10. 1995 – 10 O 84/95, NJW 1996, 467). Auch umfangreiche Zuwendungen für den Partner zB als Dank für eigene Leistungen werden über den Rahmen von Anstandsschenkungen regelmäßig hinausgehen (MünchKommBGB/Koch § 534 Rn 5; BGH 13. 4. 1986 – V ZR 280/84, NJW-RR 1986, 1202 f; vgl auch BGH 11. 12. 1992 – V ZR 241/91, NJW-RR 1993, 450). Ebenso führt das Unterlassen der Zuwendung eines Grundstücks zwischen Partnern einer nichtehelichen Lebensgemeinschaft in einfachen wirtschaftlichen Verhältnissen nicht zu einem Ansehensverlust (OLG Köln 22. 11. 1996 – 11 U 107/96, FamRZ 1996, 1113, 1114). Aber auch die Zuwendung des hälftigen Miteigentumsanteils an einem Grundstück an den Ehegatten, der dort **Wertsteigerungen** herbeigeführt hat, muss nicht als anstandshalber gemacht angesehen werden, selbst wenn der Beschenkte allein für den Unterhalt aufkommt; denn die Schenkerin führte den Haushalt, es handelte sich um ihr Vermögen und die Zuwendung diente nur der Verwirklichung des Lebensunterhalts (BGH 13. 4. 1986 – V ZR 280/84, NJW-RR 1986, 1202 f). Das gilt auch dann, wenn der Beschenkte auf dem kleinen landwirtschaftlichen Betrieb **zusammen** mit der Schenkerin **arbeitet** und Ausbauleistungen vornimmt; denn die Arbeit soll beiden zugutekommen (BGH 11. 12. 1992 – V ZR 241/91, NJW-RR 1993, 450). Andererseits soll eine dem § 534 BGB unterfallende Schenkung nicht ausgeschlossen sein, wenn die Schenkerin eines Grundstücks dreißig Jahre gepflegt wurde und weiter gepflegt wird und ihr durch die Vornahme 20 von Instandsetzungsarbeiten die **Belastung des Hauses** zu ebendiesem Zweck **erspart** wird (BGH 26. 4. 1978 – IV ZR 26/77, WM 1978, 905, 906). Zuletzt wird man dann auch in der Zuwendung eines solchen Miteigentumsanteils an den Schwiegersohn keine Anstandsschenkung sehen können, selbst wenn er erhebliche Eigenleistungen vornimmt; denn auch gegenüber dem eigenen Kind besteht schon keine entsprechende Anstandspflicht (BGH 19. 9. 1980 – V ZR 78/79, NJW 1981, 111; **aA** aber LG Wuppertal 16. 11. 1982 – 1 O 352/80, FamRZ 1983, 278, 279, allerdings bei erheblichen Leistungen des Partners an dem auf dem Grundstück befindlichen Familienheim). Anders mag es nur sein, wenn der **Wert der Aufwendungen denen der Zuwendung weitgehend entspricht** (BGH 19. 9. 1980 – V ZR 78/79, NJW 1981, 111).

21 Auch **remuneratorische Schenkungen** können insbesondere Anstandsschenkungen darstellen, ohne dass aber zwingend von einer Identität der Konstellationen ausgegangen werden kann. Die Frage eines Widerrufsausschlusses ist daher im Einzelfall zu prüfen, da nicht alle remuneratorischen Schenkungen die für § 534 BGB notwendigen Merkmale vorweisen (für Erman/Herrmann [13. Aufl 2011] § 534 Rn 1 werden remuneratorische Schenkungen meist von § 534 BGB erfasst, in der Neuauflage geht Erman/Hähnchen § 534 Rn 1 von einer Teilmenge aus; Haase JR 1982, 197 scheint von einer Deckung auszugehen; für partielle Deckung auch Oertmann, Schuldverhältnisse II [5. Aufl 1929] § 534 Nr 1; bei der Beratung des BGB wurden beide Typen parallel diskutiert, vgl Mugdan Prot II 755 f). Für die Frage der Qualifikation als Anstandsschenkung wird es dabei darauf ankommen, ob sich die Zahlung im Rahmen dessen hält, was der **Beschenkte nach den Geboten des Anstands hätte erwarten dürfen**; das kann man dann annehmen, wenn die Zuwendung im Wesentlichen seine Aufwendungen deckt (MünchKommBGB/Koch § 534 Rn 5; Soergel/Eckert § 534 Rn 5; Schierlinger SeuffBl 71 [1906] 661, 663; BGH 19. 9. 1980 – V ZR 78/79, NJW 1981, 111; BGH 13. 4. 1986 – V ZR 280/84, NJW-RR 1986, 1202). Maßgeblich soll sein, ob durch die Zuwendung Dankbarkeit entsprechend den Regeln des Anstands zum Ausdruck gebracht werden soll oder nur eine auch großzügige, aber letztlich billige Entlohnung gewollt ist (Larenz, Schuldrecht BT II/1 [13. Aufl 1986] § 47 I [199]).

22 Problematisch sind auch – zumindest arbeitsvertraglich nicht ausdrücklich geschuldete – **Zuwendungen eines Arbeitgebers** an den Arbeitnehmer während seiner Tätigkeit und im Ruhestand. Soweit hier früher von Schenkungen ausgegangen wurde, wurde eine Pflicht- bzw Anstandsschenkung mangels einer Berührung des persönlichen Verhältnisses dann abgelehnt, wenn Ruhegelder an die Witwen und Waisen eines Beamten bzw an den Arbeitnehmer über Zuwendung an einen zwischengeschalteten Verein bzw Kasse geleistet wurden; denn in diesen Konstellationen verliert das Unternehmen nicht unbedingt sein Ansehen, das nicht nur auf der Leistung solcher Beiträge an Dritte beruht (RG 16. 10. 1908 – VII 595/07, RGZ 70, 15, 19; RG 15. 4. 1913 – VII 24/13, WarnR 1913 Nr 409). Für den Fall direkter Leistungen wurde dagegen eine Verpflichtung unter dem Gesichtspunkt des Vertrauensschutzes andererseits für möglich gehalten (RG 15. 4. 1913 – VII 24/13, WarnR 1913 Nr 409). Mittlerweile wird die Frage nach der Qualifikation solcher Zuwendungen nach § 534 BGB jedoch daran scheitern, dass man entsprechende freiwillige Zusatzleistungen meist bereits als **entgeltliches Geschäft** einordnen wird; dies gilt dann auch für betriebliche Zuwendungen nach dem Ausscheiden aus dem aktiven Dienstverhältnis, da auch diese auf einer ggf freiwilligen Fürsorgepflicht des ehemaligen Arbeitgebers beruhen und an die früher geleisteten Dienste anknüpfen (s dazu MünchKommBGB/Koch § 534 Rn 5; BGB-RGRK/Mezger § 534 Rn 4; Soergel/Eckert § 534 Rn 3; Grüneberg/Weidenkaff [85. Aufl 2026] § 516

Rn 9a; BAG 23. 4. 1963 – 3 AZR 173/62, BAGE 14, 174, 176 ff; OLG München 7. 12. 1994 – 12 UF 1150/94, FamRZ 1995, 1069 f).

IV. „Gemischte" Pflicht- und Anstandsschenkungen

Eine Zuwendung kann im Hinblick auf ihren Anlass durchaus als Pflicht- oder Anstandsschenkung qualifiziert werden, in Bezug auf ihren tatsächlichen Umfang aber über das jeweils Gebotene hinausgehen (vgl Rn 18). Soweit in diesen Fällen gleichwohl doch von einer Schenkung iSv § 534 BGB ausgegangen werden kann, muss diesem Umstand bei der Anwendung des § 534 BGB Rechnung getragen werden. Ähnlich wie bei den „echten" gemischten Schenkungen wird hier bei **teilbaren Leistungen** nur der Teil zurückgefordert werden können, um den die Pflicht oder Anstandsschenkung überstiegen wird. Erweist sich eine Zuwendung dagegen als **unteilbar**, wird zumeist vorgeschlagen, die Rückforderung des Schenkungsgegenstands nur gegen **Ausgleich Zug um Zug des Wertes des Anteils der Schenkung** zu beschränken, der einer sittlichen Pflicht oder einer auf den Anstand zu nehmenden Rücksicht entspricht (MünchKommBGB/Koch § 534 Rn 6; Grüneberg/Weidenkaff [85. Aufl 2026] § 534 Rn 1; Soergel/Eckert § 534 Rn 6; BGB-RGRK/Mezger § 534 Rn 5; Seutemann, Der Widerruf von Schenkungen unter Ehegatten [1984] 87; BGH 13. 2. 1963 – V ZR 82/62, MDR 1963, 575, 576). Teilweise wird dies unter Heranziehung der Grundsätze von Treu und Glauben gemäß § 242 BGB insoweit ergänzt, als unter Zumutbarkeitsgesichtspunkten auch die Herausgabe des Schenkungsgegenstandes ausgeschlossen sein und nur der Ausgleich des (geringfügigen) Differenzbetrags gefordert werden kann, um den der Wert des Schenkungsgegenstandes über dem nach § 534 BGB Gebotenen liegt (MünchKommBGB/Koch § 534 Rn 6). Bei der Rückforderung von schenkweisen Zuwendungen **im ehelichen Bereich**, sofern diese dem Schenkungsrecht unterfallen, soll allerdings eine Aufteilung des zugewendeten Grundvermögens in einen nach § 534 BGB und einen nach allgemeinen Grundsätzen abzuwickelnden Teil im Hinblick auf den Zweck der nachehelichen Vermögensregelung ausgeschlossen sein, sofern die Anwendung des § 534 BGB für den Schenker nicht unzumutbar ist (LG Wuppertal 16. 11. 1982 – 1 O 352/80, FamRZ 1983, 278, 279; vgl zur Abwicklung partnerschaftlicher Zuwendungen im Allgemeinen § 516 Rn 86 ff). Im Falle der **Pflichtteilsergänzung** wird nur der übersteigende Wert ersetzt (BGH 27. 5. 1981 – IVa ZR 132/80, NJW 1981, 2458, 2459; BGH 2. 11. 1977 – IV ZR 144/76, WM 1977, 1410, 1411). Ist die Frage des Inhalts eines Widerrufsrechts für die **unterhaltsrechtliche Leistungsfähigkeit** einer Person nach §§ 1601, 1603 Abs 1 BGB relevant, wird bei der Bemessung der Leistungsfähigkeit insoweit ein angemessener Abzug für den entsprechenden auszugleichenden Teil der Schenkung vorgenommen (LG Lübeck 30. 1. 1996 – 6 S 136/95, FamRZ 1996, 961, 962). 23

V. Prozessuale Geltendmachung

Bei § 534 BGB handelt es sich um eine **Einrede**, auf die sich der Beschenkte im Zivilprozess berufen muss (MünchKommBGB/Koch § 534 Rn 7; Erman/Hähnchen § 534 Rn 5; OLG Oldenburg 5. 3. 1996 – 12 U 60/95, FamRZ 1996, 1281, 1282). Richtigerweise wird dies damit begründet, dass es auch hier wie bei § 529 BGB (§ 529 Rn 11) und § 532 S 1 BGB (§ 532 Rn 12) um eine letztlich moralische Wertung geht und man deshalb den Widerruf nur dann ausschließen sollte, wenn der Beschenkte sich auch positiv für eben diese Rechtsfolge entscheidet. Die gegenteilige Auffassung sieht in § 534 BGB eine bereits von Amts wegen zu berücksichtigende **rechtshindernde Tatsache** und da- 24 mit eine **Einwendung** (so noch Erman/Herrmann [13. Aufl 2011] § 534 Rn 1; Soergel/Eckert § 534 Rn 7; BGB-RGRK/Mezger § 534 Rn 5; Seutemann, Der Widerruf von Schenkungen unter Ehegatten [1984] 87; RG 4. 11. 1915 – IV 150/15, JW 1916, 119) aufgrund des formalistischen Arguments, dass in den Fällen des § 534 BGB das Gestaltungsrecht zum Widerruf und damit nach seiner Erklärung der Anspruch auf die Rückforderung erst gar nicht entstehe (Seutemann, Der Widerruf von Schenkungen unter Ehegatten [1984] 87; RG 4. 11. 1915 – IV 150/15, JW 1916, 119). Dies übersieht, dass das Vorliegen einer Pflicht- bzw Anstandsschenkung im Prozess erst festgestellt werden muss. Die Bestimmung ist nicht auf das Verhältnis zwischen dem Schenker und dem Beschenkten beschränkt und kann damit auch dem **regressnehmenden Sozialhilfeträger** entgegen gehalten werden (OLG Celle 13. 2. 2020 – 6 U 76/19, NJW-RR 2020, 497; jurisPK-BGB/Linsler [10. Aufl 2023] § 534 Rn 13).

Sachregister

Die fetten Zahlen beziehen sich auf die Paragraphen, die mageren Zahlen auf die Randnummern.

J. von Staudingers Kommentar zum Bürgerlichen Gesetzbuch mit Einführungsgesetz und Nebengesetzen

Übersicht vom 1. 4. 2026

Die Übersicht informiert über die Erscheinungsjahre der Neubearbeitungen der Kommentierungen (= Gesamtwerk STAUDINGER).

Die Übersicht ist zugleich ein Vorschlag für das Aufstellen des „Gesamtwerk STAUDINGER" (insbesondere für solche Bände, die nur eine Sachbezeichnung haben). Es wird empfohlen, die Austauschbände chronologisch neben den überholten Bänden einzusortieren, um bei Querverweisungen auf diese schnell Zugriff zu haben. Bei Platzmangel sollten die ausgetauschten Bände an anderem Ort in gleicher Reihenfolge verwahrt werden.

	Neubearbeitungen				
Buch 1. Allgemeiner Teil					
Einl BGB; §§ 1–14; VerschG	2004	2013	2018	2024	
§§ 21–79a	2005	2019	2023		
§§ 80–89	2017				
§§ 90–124; 130–133	2012	2017	2021		
§§ 125–129; BeurkG	2012	2017	2023		
§§ 134–138	2003	2011	2017	2021	2024
§§ 139–163	2003	2010	2015	2020	2025
§§ 164–240a	2004	2009	2014	2019	2024
Buch 2. Recht der Schuldverhältnisse					
§§ 241–243	2005	2009	2015	2019	2024
§§ 244–248; PrKG	2016	2021	2024		
§§ 249–254	2005	2017	2021		
§§ 255–304	2004	2009	2014	2019	2025
§§ 305–310; UKlaG	2006	2013	2019	2022	2025
Anh zu §§ 305–310			2019	2022	2025
§§ 311, 311a–c	2012	2018	2023		
§§ 312–312m	2012	2019	2024		
§§ 313, 314	*2028*				
§§ 315–326	2004	2009	2015	2020	2026
§§ 327–327u	2023				
§§ 328–345	2009	2015	2020		
§§ 346–354	2012	2022			
§§ 358–360	2016	2021			
§§ 362–396	2006	2011	2016	2022	2026
§§ 397–432	2005	2012	2017	2022	
§§ 433–480	2004	2013			
§§ 433–448			2023		
§§ 449–473; 480–487			2024		
Wiener UN-Kaufrecht (CISG)	1999	2005	2013	2018	2025
§§ 488–490; 607–609	2010	2015	2025		
§§ 491–512	2004	2012			
§§ 516–534	2005	2013	2021	2026	
§§ 535–556g	2011	2014	2018	2021	2024
§§ 557–580a; Anh AGG	2011	2014	2018	2021	2024
Leasing	2004	2014	2018	2023	
§§ 581–606	2005	2013	2018	2024	
§§ 607–610 (siehe §§ 488–490; 607–609)	./.				
§§ 611–613	2011	2016	2020	2022	2025
§§ 613a–619a	2011	2016	2019	2022	2025
§§ 620–630	2012	2016	2019	2022	2025
§§ 630a–630h	2021				
§§ 631–650h; §§ 650p–650t	2024				
§§ 650i–650o; §§ 650u–650v	2025				
§§ 651a–651y	2003	2011	2016	2024	
§§ 652–655; 656a–656d	2021				
§§ 655a–656; 657–661a	2020				
§§ 662–675b	2017				
§§ 675c–676c	2012	2020			
§§ 677–704	2015	2020	2025		
§§ 705–740	2003				
§§ 741–764	2002	2008	2015	2021	
§§ 765–778	2013	2020	2025		
§§ 779–811	2002	2009	2015		
§§ 779–782				2020	2026
§§ 809–811				2023	
§§ 812–822	1999	2007			
§§ 823 A–D	2017				
§§ 823 E–I, 824, 825	2009	2021			
§§ 826–829; ProdHaftG	2003	2009	2014	2018	2021
§§ 830–838	2002	2008	2012	2018	2022
§§ 839, 839a	2007	2013	2020		
§§ 840–853	2007	2015	2023		
AGG	2018	2020			
UmweltHR	2002	2010	2017		
Buch 3. Sachenrecht					
§§ 854–882	2000	2007	2012	2018	2025
§§ 883–888	2002	2008	2013	2020	2026
§§ 889–902	2019	2025			

§§ 903–924	2002	2009	2016	2020	2025
§§ 925–984; Anh §§ 929 ff	2004	2011	2017	2020	
§§ 985–1011	1999	2006	2013	2019	2023
ErbbauRG	2021				
§§ 1018–1112	2025				
§§ 1113–1203	2002	2009	2015	2019	
§§ 1204–1296; §§ 1–84 SchiffsRG	2002	2009	2019		
§§ 1–17 WEG	2018	2023			
§§ 18–49 WEG	2018	2023			

Buch 4. Familienrecht

§§ 1297–1352	2007	2012	2015	2018	2023
LPartG	2010				
§§ 1353–1362	2007	2012	2018	2024	
§§ 1363–1407	2017				
§§ 1408–1563	2018	2023			
§§ 1564–1568b	2004	2010	2018	2024	
§§ 1569–1586b	2014				
§§ 1587–1588; VAHRG	2004				
§§ 1589–1600d	2000	2004	2011		
§§ 1601–1615n	2000	2018	2022		
§§ 1616–1625	2007	2015	2020		
§§ 1626–1633; §§ 1–11 RKEG	2007	2015	2020		
§§ 1638–1683	2004	2009	2016	2020	
§§ 1684–1717	2006	2014	2018	2023	
§§ 1741–1772	2007	2019	2023		
§§ 1773–1895	2004	2014	2020		
§§ 1896–1921	2006	2013	2017		

Buch 5. Erbrecht

§§ 1922–1966	2000	2008	2017		
§§ 1967–2063	2002	2010	2016	2020	
§§ 2018–2063					2025
§§ 2064–2196	2003	2013	2019		
§§ 2087–2196				2026	
§§ 2197–2228	2003	2012	2016	2021	
§§ 2229–2302	2022				
§§ 2303–2345	2015	2021			
§§ 2346–2385	2010	2016			
§§ 2346–2352			2022		
§§ 2353–2370			2023		

EGBGB

Einl EGBGB; Art 1, 2, 50–218	2005	2013	2018	2025	
Art 219–232	2016				
Art 233–248	2016				

EGBGB/Internationales Privatrecht

Einl IPR	2012	2019	2024		
Art 3–6	2013				
Art 3–4		2019	2025		
Art 7–12, 47, 48	2007	2013	2019	2024	
IntGesR	1998	2024			
Art 13–17b	2003	2010			
Art 18; Vorbem A + B zu Art 19	2003				
Haager Unterhaltsprotokoll (HUP)		2016	2021		
Vorbem C–H zu Art 19	2009				
EU-VO u Übk z Schutz v Kindern		2018			
IntVerfREhe 2	2016				
IntVerfREhe (Brüssel IIb-VO)	2015	2023			
Art 19–24	2008	2014	2019	2022	
Art 25, 26	2000	2007			
Art 1–10 Rom I-VO	2011	2016	2021		
Art 11–29 Rom I-VO; Art 46b, c; IntVertrVerfR	2011	2016	2021		
Art 1–3; 10–14 Rom II-VO	2023				
Art 38–42	2001				
IntWirtschR	2006	2010	2015	2019	2023
Art 43–46	2015				

Eckpfeiler des Zivilrechts	2014	2018	2020	2022	2024

Demnächst erscheinen

§§ 839, 839a				2026	
§§ 1616–1625				2026	
UmweltHR				2026	

Verlag Dr. Otto Schmidt und Walter de Gruyter Verlag OHG
Genthiner Str. 13, 10785 Berlin, Telefon (030) 2 60 05-0, E-Mail staudinger@degruyterbrill.com